财经系列经典教材
智能会计系列

CENGAGE
Learning™

James A.Hall

会计信息系统

会计智能化基础 第10版

Accounting Information Systems

Tenth Edition

［美］ 詹姆斯·A.霍尔 ◉ 著

杨澄 杨志强 郑培培 等 ◉ 译

东北财经大学出版社 ｜ 大连
Dongbei University of Finance & Economics Press

辽宁省版权局著作权合同登记号：图字 06-2022-38 号

James A. Hall： Accounting Information Systems，Tenth Edition

Original ISBN：978-1-337-61920-2
Copyright © 2019,2016 Cengage Learning,Inc.
Original edition published by Cengage Learning. All rights reserved.

Dongbei University of Finance & Economics Press is authorized by Cengage Learning to publish and distribute exclusively this simplified Chinese edition. This edition is authorized for sale in the People's Republic of China only (excluding Hong Kong， Macao SAR and Taiwan). Unauthorized export of this edition is a violation of the Copyright Act. No part of this publication may be reproduced or distributed by any means， or stored in a database or retrieval system， without the prior written permission of the publisher.

图书在版编目（CIP）数据

会计信息系统：会计智能化基础 /（美）詹姆斯·A.霍尔著；杨澄等译．—10 版．—大连：东北财经大学出版社，2024.8
（财经系列经典教材）
ISBN 978-7-5654-5200-0

Ⅰ.会…　Ⅱ.①詹…②杨…　Ⅲ.会计信息-财务管理系统　Ⅳ.F232

中国国家版本馆 CIP 数据核字〔2024〕第 060837 号

东北财经大学出版社出版发行
　大连市黑石礁尖山街 217 号　邮政编码　116025
　网　　址：http：//www.dufep.cn
　读者信箱：dufep@dufe.edu.cn
大连图腾彩色印刷有限公司印刷

幅面尺寸：200mm×270mm　字数：1 000 千字　印张：44.25
2024 年 8 月第 1 版　　　2024 年 8 月第 1 次印刷
责任编辑：刘东威　　　　责任校对：一　心
封面设计：原　皓　　　　版式设计：原　皓
定价：156.00 元

教学支持　售后服务　联系电话：（0411）84710309
版权所有　侵权必究　举报电话：（0411）84710523
如有印装质量问题，请联系营销部：（0411）84710711

党的二十大报告中提出："推动制造业高端化、智能化、绿色化发展。"人工智能（以下称AI）与教育的融合发展已上升到国家战略层面，国家连续出台《高等学校人工智能创新行动计划》等多项政策，2020年教育部再次审批通过180所高校开设人工智能专业，都强调必须加快推进智能化时代的教育变革。随着人工智能在各行各业的应用，智能财会人才的需求日益凸显。如何才能推动智能财会人才培养向高质量发展，是高校财会学科急需解决的问题。《会计信息系统：会计智能化基础》是为商科会计专业学生而写的，是寻求全面了解会计信息系统（AIS）和内部控制问题的通用商业、工业工程和计算机科学专业学生的有效教材。詹姆斯·A.霍尔根据美国反虚假财务报告委员会下属的发起人委员会（COSO）的框架，提出了一个设计和评估内部控制的概念模型，使用COSO框架探讨与AIS的人工和IT方面相关的控制问题。

智能技术是智能会计得以全面实现的底层技术和前提条件。智能会计涵盖对信息系统自动化、智能化、在线化、实时化和业务流程的数字化等多方面的要求。第10版《会计信息系统》在前9版的基础上，进行了一系列新的修订，并重新组织某些章节。数据分析与构成和传统结构化报告有着显著的区别，涉及管理报告技术，这些技术产生的信息来源于大量数据、非结构化的格式和多个来源，本书介绍了两种数据分析方法：小数据分析和大数据分析。该书为会计智能化提供了可靠的基础。因此，翻译组认为第10版《会计信息系统》的副标题——会计智能化基础——更能反映本书的特色。

本书专业性强，内容丰富，翻译组经过一年多不懈的努力，终于完成了本书的翻译工作。具体分工如下：杨志强负责翻译第1章、第2章和第3章，郑培培负责翻译第4章、第5章和第6章；钟红英负责翻译第10章，杨澄负责翻译第7至第9章、第11至第16章。杨澄对本书翻译的全文进行组织和统稿，最后由陈建林对书稿进行审校。感谢翻译组全体成员，每一位译者都花费了大量的时间精推细敲，反复斟酌原文和译文，几经修订才使本书得以呈现在读者面前。

感谢东北财经大学出版社编辑们的精心编校，没有大家高效紧密的团结合作与共同努力，本书的中文版本不可能如此顺利地与读者见面。

在AI技术迅猛发展的时代，会计智能化技术也日新月异，我们衷心地希望本书的引进出版能顺利推动会计智能化教学与实践应用的发展。

译者
2024年初夏

前言

0.1 欢迎来到第 10 版

第 10 版《会计信息系统》包括一系列新增的和修订的课后习题以及最新的内容变化，还有几章是重新编写的。所有这些变化加起来，使学生和教师得到比以前更多的提升。正如本前言所表明的那样，我们作出了这些改变，是为了让学生和教师尽可能地了解最新的业务流程、系统开发方法、IT 治理和战略、安全性、内部控制以及《萨班斯–奥克斯利法案》的相关问题。

0.2 设计 AIS 课程的重点和灵活性

在会计课程中，会计信息系统（AIS）课程往往是最不标准规范的。通常，是教师的目标、背景和方向而不是其所遵循的标准的知识体系决定了 AIS 课程的方向，因此，我们在设计这本教科书时考虑了最大的灵活性：

• 本书涵盖了 **AIS 的全部主题**，为教师提供了设置课程方向和难度的灵活性。

• 同时，对于那些希望有结构化模式的人来说，本书的前 9 章以及关于电子商务和一般 IT 控制的章节，**为开发 AIS 课程提供了一个成功的模板**。

• 本书的先前版本已经成功地用于**入门级、高级和研究生级的 AIS 课程**。

• **本书的主题是从管理者和会计师在《萨班斯–奥克斯利法案》下的 AIS 相关职责的角度提出的**。

• 虽然本书主要是为了满足即将进入现代商业世界的会计专业学生的需要而撰写的，**但其也将是一本对一般商业、工业工程和计算机科学专业学生来说有效的教材，这些学生寻求在专业教育中全面了解 AIS 和内部控制问题**。

0.3 主要特点

0.3.1 概念框架

本书采用了一个概念框架来强调会计师、审计师和管理层在设计、操作和控制 AIS 应用方面的专业和法律责任。这种责任与被狭义定义为财务交易的业务事件有关。

处理非财务交易的系统交易不受《萨班斯–奥克斯利法案》规定的内部控制标准的约束。然而，为了迎合现代组织中所有用户的信息需求，需要同时整合会计和非会计双重功能的系统。虽然为组织提供了毋庸置疑的好处，但这种整合的一个潜在后果是，由于传统上将 AIS 与非 AIS 职能分开的界限模糊而导致失去控制。**本书提出的概念框架区分了在法律上受特定内部控制标准约束的 AIS 应用**。

0.3.2 演变方法

多年来，会计信息系统一直以一些不同的方法或模式来呈现。每一个新模式都是由其前身的缺点和局限性演变而来的。这种演变的一个有趣的特征是，旧模式不会立即被最新的技术所取代。因此，在任何时候，不同的组织都存有不同年代的遗留系统，并且通常在一个企业中共存。现代会计师需要熟悉他们可能遇到的所有 AIS 方法的操作特点。**因此，本书介绍了遗留系统和先进系统的突出特点。**

0.3.3　强调内部控制

本书根据美国反虚假财务报告委员会下属的发起人委员会（COSO）的框架，提出了一个设计和评估内部控制的概念模型。我们使用 COSO 模式来探讨与 AIS 的人工和IT 方面相关的控制问题。除了旨在影响人类行为的经典控制措施（如职责分离、独立核查和监督）之外，还特别强调解决以下 IT 风险和问题：

- 计算机应用完整性
- 操作系统安全性
- 数据库管理系统安全性
- 电子数据交换（EDI）
- 电子商务和网络安全
- 企业资源规划（ERP）系统
- 系统开发和程序更改步骤
- 企业 IT 功能的组织
- IT 外包和云计算
- 数据中心安全

0.3.4　接触系统设计和文档工具

IT 专业人员使用许多文档工具来传递信息系统的关键功能。这些工具包括数据流程图（DFDs）、系统流程图、实体关系图（ERDs）和程序逻辑流程图。现代会计师，无论是在进行审计还是提供咨询服务时，都要与 IT 专业人员密切合作，并且必须掌握IT 文档工具和技术的使用。本书包含许多系统设计以及旨在培养学生在该领域的能力的文档案例和习题。

0.4　第 10 版的重大变化

0.4.1　章末材料

第 10 版的章末材料经过了重大修订。大多数的选择题和问题以及所有的案例，都被修改或替换了。这套重要的材料是根据章节内容量身定制的，手册中提供的解决方案准确地揭示了问题的答案。特别将重点放在内部控制案例的解决方案上，以确保与外部要求的一致性和对文档中案例的准确回答。所有案例的解决方案流程图均采用数字编码，并与解释内部控制问题的文字相互照应。这种方法已经经过课堂测试，有助于有效地呈现内部控制案例材料。

0.4.2　第 8 章"财务报告系统和管理报告系统"

这一章增加了一节关于数据分析的内容。数据分析与构成本章主体的传统结构化报告有着显著的区别。本节中的资料涉及管理报告技术，这些技术产生的信息来源于大量数据、非结构化的格式和多个来源，这些信息需要在短时间内获得。本节介绍了两种数据分析方法：小数据分析和大数据分析。

0.4.3　第 13 章"系统开发和程序变更活动"

这一章经过修订，将第九版的第 13 章"系统开发生命周期的管理"和第 14 章"系统项目的构建、交付和维护"合并，以方便教师教学。

0.4.4　MindTap

在这一版的数字平台上，学生可以很容易地访问交互式电子书，完成家庭作业和学习测试。MindTap平台鼓励学生除了记忆之外还要掌握案例资料。

（1）增强学生的能力

MindTap是一个推动学生从记忆到掌握的平台。它让你完全掌握你所学的课程，通过提供吸引人的内容，挑战每个学习者，并使学生建立信心。自定义交互式教学大纲可以突出强调重要主题，然后根据需要向电子书添加自己的资料或笔记。这个结果驱动的应用为你提供了增强学习能力以及提高理解力和表现力的工具。

（2）在一个地方访问需要的所有内容

借助预装和已组织好的MindTap课程资料减少预习时间。通过交互式多媒体、作业、测验等提高教学效率。赋予学生在手机上阅读、聆听和学习的权利，这样他们就可以按照自己的方式学习。

（3）激励学生，使其发挥潜能

12个不同的指标让老师对学生参与度有可操作的空间。找出让全班同学感到困扰的话题，并立即与那些陷入困境的同学交流。学生可查看他们的分数，以保持朝着自己的目标前进的动力。

（4）灵活安排你需要学习的课程和内容

读者可灵活地重新安排教科书章节的顺序，添加自己的笔记，并嵌入各种内容，包括开放教育资源（OER）。学生根据个人的需求，将课程内容个性化。他们甚至可以阅读老师的笔记，添加他们自己的笔记，并划出关键内容，以帮助自己学习。

（5）在你需要的时候，获得一个专门的团队支持

MindTap不仅仅是一个工具，它还拥有一个竭力支持老师的个性化团队。它可以帮助老师设置课程并根据其具体目标进行调整，这样老师就可以从第一天起即做好发挥影响的准备。MindTap也会随时准备支持老师及其学生，直到学期的最后一天。

（6）动画视频

这些嵌入在MindTap平台中的有用的视频，可引导学生完成各种图表的创建和流程，以加深学生的理解，并为学生提供另一种学习方法。

0.5　组织和内容

0.5.1　第一部分：会计信息系统概述

（1）第1章"信息系统：会计师的视角"

这一章从会计人员的角度对会计信息系统的主题进行了阐述。它分为三节，每节都涉及信息系统的一个方面。

• 1.1节探讨了企业的信息环境。它确定了业务中使用的信息类型，描述了信息在组织中的流动，并提出了一个框架，以便将AIS与其他信息系统组件联系起来。第一节最后回顾了AIS通用模型的关键要素。

• 1.2节论述了组织结构对AIS的影响。它将企业组织作为一个相互关联的职能系统。IT和会计部门受到了广泛的关注，这两个部门作为财务信息的传播者，为该组织

部门之间的沟通发挥着协同作用。

·1.3节讨论了会计师作为AIS的设计者和审计师的角色，研究了会计师和计算机专业人员在开发AIS应用程序方面所承担责任的性质。

（2）第2章"交易处理介绍"

这一章将交易处理系统的业务处理分为六个主要部分。

·2.1节概述了交易处理，展示了其作为财务报告、内部管理报告和支持日常运营的信息提供者的重要作用。三个交易循环占据了公司的大部分经济活动：收入循环、支出循环和现金转换循环。

·2.2节描述了在形成审计线索过程中会计记录（包括打印件和数字）之间的关系。

·2.3节描述了用于存储会计数据的平面文件和数据库结构的主要特征。

·2.4节概述了用于描述系统主要特征的文档技术。它介绍了几种用于表示人工程序和计算机操作的文档技术，这些技术包括数据流程图、实体关系图、系统流程图、程序流程图和记录布局图。

·2.5节讨论了其他交易的处理方法。它回顾了批处理和实时处理技术的基本特征，以及它们对交易处理的影响。

·2.6节研究了数据编码方案、它们在交易处理中的作用、AIS作为协调和管理公司交易的手段，以及主要类型的数字和字母编码方案的优点与缺点。

（3）第3章"道德、欺诈和内部控制"

这一章涉及与道德、欺诈和内部控制相关的主题。

·3.1节考察了与商业有关的道德问题，特别是与计算机系统有关的道德问题。所提出的问题旨在激发课堂讨论。

·3.2节涉及欺诈主体及其对会计师的影响。尽管"欺诈"一词在今天的财经媒体上经常出现，但人们并不总是清楚什么构成欺诈。本部分对管理层欺诈和员工欺诈进行了区分。本部分介绍了用于识别不道德和不诚实的管理层以及评估管理层欺诈风险的技巧。员工欺诈可以通过内部控制制度来预防和发现。本部分讨论了美国注册舞弊审查师协会（ACFE）进行的一项研究的结果。

·3.3节描述了COSO框架中规定的内部控制结构和控制活动。本节介绍的控制（包括物理控制和IT控制）将出现在后面章节的具体应用中。

0.5.2 第二部分：交易循环和业务流程

第二部分包括第4章"收入循环"，第5章"支出循环Ⅰ：采购和现金支付程序"，第6章"支出循环Ⅱ：工资单处理和固定资产程序"。

这三章采取的方法相似。首先，从概念上回顾了各个循环，使用数据流程图介绍主要特征和控制每个主要子系统的点。然后，介绍研究物理系统时要考虑两个目标：①说明系统的功能在不同的技术水平下是如何变化的；②说明内部控制的重点是如何随着技术和手动程序的组合变化而转移的。为了达到这个目的，我们回顾了处于技术连续体上不同点的系统示例。第一个例子是基本的技术系统，使用独立的个人电脑，主要作为记录设备。然后，我们再来看看整合关键业务功能的先进技术的例子。在每一种技术下，都会检查错误和欺诈带来的风险，并讨论降低风险的控制措施。这种方法使学生对每个循环的业务任务有切实的了解，并认识到不同的技术如何影响系统的运行和控制的变化。

（2）第7章"转换循环"

制造系统是 AIS 的一个动态方面。这一章讨论了用于支持两种替代性制造环境的技术和工艺：传统的大规模生产（批量）加工和精益生产。这些环境由信息技术驱动，如物料需求计划（MRP）、制造资源计划（MRP Ⅱ）和企业资源计划（ERP）。本章讨论了传统成本会计模式的缺点，将它与两种替代模式进行了比较：作业成本法（ABC）和价值流会计。

（3）第8章"财务报告系统和管理报告系统"

这一章研究了一个组织的非选择性和自主性报告系统。

• 首先，主要介绍总账系统（GLS）和构成 GLS 数据库的文件。

• 接下来，研究财务报表信息如何通过多步骤的报告流程提供给外部和内部用户。可扩展商业报告语言（XBRL）这一新兴技术正在改变许多组织的传统财务报告，这一节介绍了 XBRL 的主要特征以及该技术对内部控制的影响。

• 最后，探讨了构成管理报告系统（MRS）的酌情报告系统。自主性报告不受管理非选择性的专业准则和法律规定的约束。财务报告则相反，它是由几个因素驱动的，包括管理原则，管理职能、水平和决策类型，问题结构，责任会计，以及行为方面的考虑。这一章研究了每个因素对管理报告系统设计的影响。

0.5.3　第三部分：会计信息的先进技术

（1）第9章"数据库管理系统"

这一章涉及组织数据资源的设计和管理。

• 9.1节展示了在数据库方法下如何解决与传统平面文件系统相关的问题。

• 9.2节详细描述了数据库环境中四个主要元素的功能和关系：用户、数据库管理系统（DBMS）、数据库管理员（DBA）和物理数据库。

• 9.3节是对关系型数据库模型特点的深入解释。

• 9.4节研究数据库设计主题，包括数据建模、从 ER 图中导出关系表、创建用户视图和数据规范化技术。

• 本章最后讨论了分布式数据库问题。它研究了分布式环境中三种可能的数据库配置：集中式、分区式和复制式数据库。

（2）第10章"数据库建模的 REA 方法"

这一章介绍了资源、事件和代理（REA）模型，作为指定和设计会计信息系统的一种手段，以满足组织内所有用户的需求。这一章由三节组成。

• 10.1节首先定义了 REA 的关键要素。基本模型采用了一种独特的 ER 图形式，称为 REA 图。该图由三种实体类型（资源、事件和代理）和连接它们的一组关联组成。

• 10.2节详细解释和说明绘制 REA 图的规则。该模型的一个重要方面是经济二元性的概念，它规定每个经济事件必须由一个相反方向的相关经济事件来反映。这一节说明了为一个假设的公司开发一个REA数据库，遵循一个称为视图建模的多步骤过程。这个过程的结果是一个单一组织功能的REA图。

• 10.3节解释了如何将多个REA图（收入循环、采购、现金支付和工资）整合成一个全面的或企业范围的模型。然后，企业模型被用于一个关系数据库结构中，并构建用户视图。此节最后讨论了REA建模如何通过允许管理层专注于其业务的增值活动来扩大竞争优势。

（3）第11章"企业资源规划（ERP）系统"

这一章介绍了一些与实施企业资源规划系统（ERP）有关的问题。它由五个主要部分组成。

• 11.1节通过比较传统的平面文件或数据库系统与ERP系统的功能和数据存储技术，概述了通用ERP系统的主要特征。

• 11.2节介绍了与服务器、数据库和附加软件有关的各种ERP配置。

• 数据仓库是11.3节的主题。数据仓库是一个支持在线分析处理的关系型或多维数据库（OLAP）。讨论的问题包括数据建模、从业务中提取数据仓库、清理数据、转换数据，以及将数据加载到仓库中。

• 11.4节探讨了与ERP实施相关的风险。这些风险包括"大爆炸"问题、组织内部对变革的反对、选择错误的ERP模型、选择错误的顾问、成本超支问题和运营中断等。

• 11.5节回顾了与ERP有关的几个控制和审计问题。该讨论遵循COSO框架。

（4）第12章"电子商务系统"

在互联网革命的推动下，电子商务正在急剧发展并经历着巨大的变化。尽管电子商务为消费者和企业带来了大量的机会，但它的有效控制给组织管理团队和会计师带来了挑战。为了正确评估这一环境中的潜在风险，现代会计师必须熟悉支撑电子商务的技术和工艺。第12章及其相关附录涉及电子商务的几个方面。

• 这一章首先主要考察了互联网商务，包括B to C和B to B。它呈现了与电子商务相关的风险，包括硬件故障、软件错误、来自远程地点的未经授权的访问以及可阻止组织开展业务的拒绝服务攻击。

• 然后，回顾了安全和保证技术，以减少风险和促进信任。

• 最后，讨论了互联网商务如何影响会计和审计行业。

• 附录中介绍了内部使用网络支持分布式数据处理和通过EDI系统进行的传统企业对企业交易的网络的内部使用情况。

0.5.4　第四部分：系统开发活动

（1）第13章"系统开发和程序变更活动"

这一章考察了会计师在系统开发过程中的作用。

• 这一章首先研究了系统开发生命周期（SDLC），组织通过它来设计、获取和实施其信息系统。系统开发的参与者的角色包括系统专家、用户和利益相关者。与SDLC相关的关键任务包括两组主要活动：新系统开发和项目变更程序（维护）。前者包括系统规划、系统分析、概念设计、系统选择、详细设计、系统编程和测试以及系统实施。这个多阶段的过程通过开发和/或购买信息系统来指导组织的管理。

• 然后，讨论了与系统维护有关的重要活动，以及管理人员、会计师和审计师所关注的相关风险。实施后，新系统进入 SDLC 的系统维护阶段，在此阶段，它们会经历不同程度的修改，以保持它们的有效性，直到最终被取代。系统维护过程可确保只对应用程序进行合法的修改，并且这些修改在实施前也要经过测试。

• 这一章最后回顾了会计师在管理 SDLC 中的作用。大多数系统故障是由于设计不良和实施不当造成的。作为所有财务系统的主要利益相关者，会计师在 SDLC 的各个环节提供专业知识，以指导和塑造最终的系统。具体来说，这种参与包括提供有关会计程序、规则和需要纳入系统的惯例的技术知识。会计师也参与到制定文件标准和控制要求中。

• 基于团队的系统开发项目而设计的几个综合案例可在网上获得，网址为 www.cengagebrain.com。这些案例已经被作为设计团队工作的三个或四个学生小组有效地使用。每个案例都有足够的细节来分析用户的需求，提供概念解决方案，以及详细的开发设计方案，包括用户视图（输入和输出）、流程和数据库。

0.5.5　第五部分：计算机控制和 IT 审计

（1）第 14 章"审计 IT 控制Ⅰ：《萨班斯-奥克斯利法案》和 IT 治理"

这一章首先概述了 IT 审计，其中讨论了审计的关键组成部分，包括审计标准、审计结构、管理主张和审计风险模型。接下来研究了《萨班斯-奥克斯利法案》第 302 节和第 404 节下的管理层和审计师的责任。IT 控制的设计、实施和评估是这一章和后面两章的核心主题。这一章介绍了与 IT 治理有关的风险、控制和控制测试，包括组织 IT 功能、控制计算机中心的运作、设计一个适当的灾难恢复计划以及 IT 外包。

（2）第 15 章"审计 IT 控制Ⅱ：安全和访问"

这一章继续遵循 COSO 控制框架处理 IT 控制。本章的重点是介绍关于操作系统、数据库管理系统以及通信网络的安全和控制遵循 SOX 法案的合规性。本章研究了风险、控制、审计目标以及为满足合规性或鉴证责任而可能进行的控制测试。

（3）第 16 章"审计 IT 控制Ⅲ：系统开发、程序更新和应用程序审计"

这一章结束了对 COSO 控制框架中概述的一般 IT 控制的检查，重点介绍关于系统开发和项目变更程序遵循 SOX 法案的合规性。它检查风险、控制、审计目标以及为满足合规性或鉴证责任而可能进行的控制测试。本章还研究了几种计算机辅助审计的工具和技术（CAATTs），用于测试 IT 应用控制和执行实质性测试。

0.5.6　补充资料

（1）产品网站

额外的教学资源，包括获取额外的内部控制和系统开发案例，可从本书的网站下载，网址为：www.cengagebrain.com。

访问 CengageBrain

• 使用浏览器前往 www.CengageBrain.com。

• 第一次访问该网站时，你需要注册，这是免费的。点击页面右上角的"注册"，填写注册信息。（登录一次后，每当你返回 CengageBrain 时，都要输入你的用户名和密码，然后你将跳转到配套网站以获取你的图书）

·首次注册并登录后，转到"搜索图书或资料"栏，输入你想找的教科书的作者或 ISBN。当你的文本标题出现时，单击它，你将被带到配套网站。在那里，你可以在网站的学生端提供的各种文件夹中进行选择。注意：如果你当前使用的 Cengage 教科书不止一本，则使用相同的用户名和密码，可以进入 Cengage 所有书的配套网站。输入每本教科书的信息后，你正在使用的所有教科书都将出现在"搜索书籍或资料"栏的下拉菜单中。每当你返回 CengageBrain 时，你都可以单击你要访问的网站的标题并直接前往那里。

（2）PowerPoint 幻灯片

完全更新了的 PowerPoint 幻灯片提供了丰富多彩的课程大纲，大纲是每一章的文本加上图形和流程图。PowerPoint 演示文稿可从文本网站下载。

（3）试题库

该试题库以 Word 形式提供，包含判断题、选择题、简答题和问题。这些文件可从文本网站下载。

（4）解答手册

《解答手册》包含针对所有章末问题和案例的解决方案。若要采用《解答手册》中教师的答案，可在本书网站的"教师资源"页面下载《解答手册》（有密码保护）。

在此感谢以下人士，他们对本书的最新版本进行了审稿并提供了有益的意见：

Beth Brilliant
肯恩大学

Sarah Brown
南阿肯色大学

Stephen Burd
新墨西哥大学

David M. Cannon
大峡谷州立大学

Meir Fischer
普斯特大学

James A. Hall
里海大学

James Holmes
肯塔基大学

Alan Levitan
路易斯维尔大学

Andrew D. Luzi
加州州立大学富勒顿分校

Sakthi Mahenthiran
巴特勒大学

Gerald Myers
太平洋路德大学

John Nader
格雷斯圣经学院

Jeff L. Payne
肯塔基大学

Srini Ragothaman
南达科他大学

H. Sam Riner
北阿拉巴马大学

Kirsten Rosacker
威斯康星大学拉克罗斯分校

Helen M. Savage
扬斯敦州立大学

Jerry D. Siebel
南佛罗里达大学

Richard M. Sokolowski
帝京邮政大学

Dennis Stovall
大峡谷州立大学

Jerry Turner
得克萨斯基督教大学

Patrick Wheeler
密苏里大学哥伦比亚分校

目 录 CONTENTS

第一部分 会计信息系统概述

第一部分　会计信息系统概述

第 1 章

信息系统：会计师的视角

学习目标

学习本章后，你应该：

- 认识商业环境中的主要信息流。
- 了解会计信息系统和管理信息系统之间的区别。
- 了解财务交易和非财务交易之间的区别。
- 了解信息系统通用模型的主要特征。
- 了解企业的组织结构和职能领域。
- 能够区分与会计信息系统相关的外部审计、内部审计和咨询服务。

与许多其他会计科目（如中级会计）不同，**会计信息系统（AIS）**缺乏一个明确的知识体系。对于 AIS 课程中应该和不应该包括哪些内容，在大学教师之间存在很多争议。然而，在某种程度上，这种争议正在通过立法得到解决。2002 年的《萨班斯-奥克斯利法案》（SOX 法案）为在美国证券交易委员会（SEC）注册的上市公司制定了新的公司治理条例和标准。这项广泛的立法影响了上市公司及其管理层和审计师。对于学习 AIS 的学生来说，特别重要的是，SOX 对内部控制标准和相关审计程序的影响。尽管 SOX 没有定义 AIS 课程的全部内容，但它确实确定了需要包括的关键研究领域。这些主题以及更多内容都在本书的各章节中有所涉及。

本章的目的是为会计人员提供 AIS 这一主题的视角。为此，本章分为三节，每一节涉及信息系统的不同方面。第一节探讨了公司的信息环境，它确定了业务中使用的信息类型，描述了信息在组织中的流动，并提出了一个与其他信息系统组件相关的 AIS 框架。这一节最后回顾了 AIS 通用模型的主要因素。本章的第二节涉及组织结构对 AIS 的影响。在这里，我们将企业组织视为一个相互关联的功能系统来研究，对 IT 和会计部门给予了广泛的关注，它们作为财务信息的传播者，为企业组织部门之间的沟通发挥着协同作用。最后一节讨论了会计师作为领域专家在设计 AIS 方面以及作为 AIS 审计师的独特责任。

1.1 信息环境

我们开始研究 AIS 时，认识到信息是一种业务资源。与原材料、资本和劳动力等其他业务资源一样，信息对当代企业组织的生存至关重要。每个营业日，大量的信息流向决策者和其他用户，以满足各种内部需求。此外，信息从组织流向对公司感兴趣的外部用户，如客户、供应商和利益相关者。图1-1概述了这些内部和外部**信息流**。

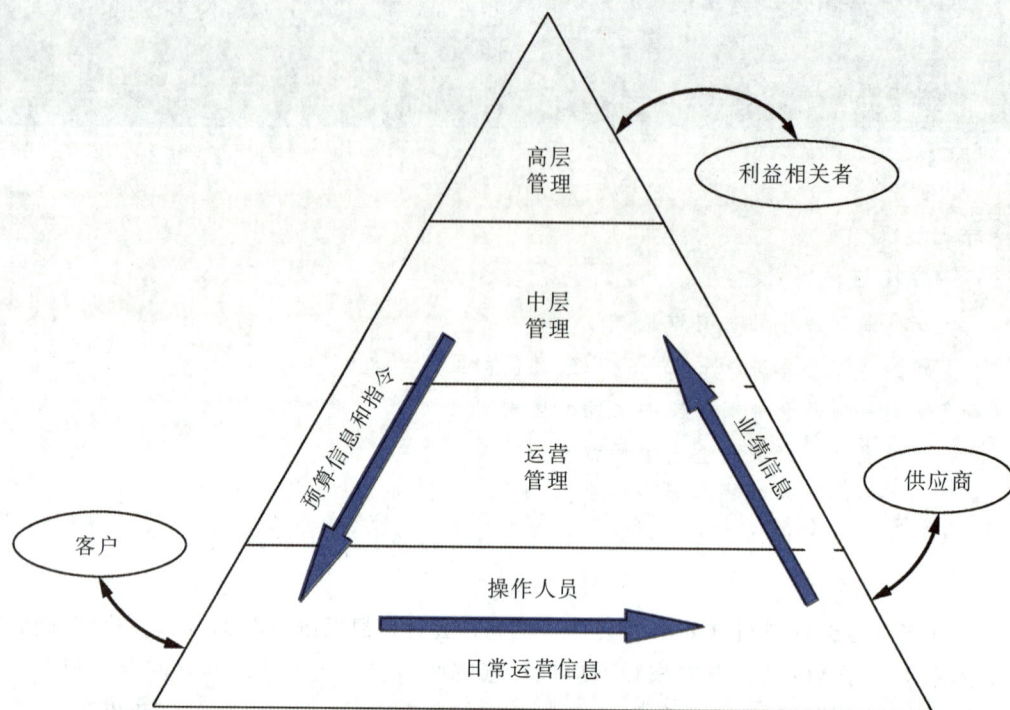

图1-1 中的金字塔显示了企业组织在纵向上被分为几个活动层次。业务运营构成了金字塔的基础。这些活动包括组织中以产品为导向的工作，如制造、销售、分销、开票和现金收入。在此基础之上，组织被分为三个管理层次：运营管理、中层管理和高层管理。运营管理人员直接负责控制日常运营。中层管理人员负责短期规划和协调完成组织目标所需的活动。高层管理人员负责长期规划和制定组织目标。从业务运营到高层管理，组织中的每个人都需要信息来完成其任务。

请注意图1-1中的信息如何在组织内向两个方向流动：横向和纵向。横向流动信息支持运营层面的任务，提供关于影响公司许多业务交易的极为详细的信息。这包括货物的销售和运输，生产过程中劳动力和材料的使用以及内部资源从一个部门转移到另一个部门等事件的信息。纵向流动信息以指令、配额和预算的形式从高级管理人员向下传递给初级管理人员和操作人员。此外，与业务和其他活动有关的汇总信息向上流向各级管理人员。管理层使用这些信息来支持其各种计划和控制职能。

图1-1中描述的第三个信息流表示组织与外部环境中的客户之间的交流。外部客户分为两类：**贸易伙伴**和**利益相关者**。与贸易合作伙伴的交流包括客户的销售和账单信息、供应商的采购信息和收到存货信息。利益相关者是与公司有直接或间接利益关系的外部实体。外部利益相关者有股东、金融机构和政府机构等。与这些群体的信息交换包

括财务报表、纳税申报表和股票交易信息。

1.1.1　信息目标

由于具体的用户需求不同，各公司的具体信息目标也不同。然而，有三个基本目标是所有组织共有的：

（1）支持公司的日常运作。操作人员利用信息来协助他们高效地执行日常任务。

（2）支持管理决策。管理人员利用信息来协助他们作出与其职责领域相关的计划和控制决策。

（3）支持管理层的管理职能。管理是指管理者有责任妥善管理公司的资源，并报告其活动。外部用户通过传统的财务报表和其他规定的报告获得管理信息。在内部，管理人员从各种责任报告中获得管理信息。

这些目标要求信息集的详细程度和性质各不相同。例如，管理人员无法有效地利用支持日常运营所需的详细信息。管理决策信息往往是高度概括的，并以报告整体业绩和趋势为导向，而不是以日常任务为导向。同样，为利益相关者编制的基于权责发生制的财务报表信息也不适合大多数内部使用情况。满足这些不同需求的信息是信息系统的产物。

1.1.2　信息系统框架

信息系统是一套正式的程序，通过这套程序，数据被收集、存储、评估为信息，并分发给用户。

图 1-2 展示的是一个假设的制造公司的信息系统，它被分解为基本的子系统。请注意，在分解过程中出现了两大类系统：AIS 和**管理信息系统**（MIS）。我们将使用这个框架来确定 AIS 的领域并将其与 MIS 区分开来。请记住，图 1-2 是一个概念视图；客观存在的信息系统通常不会被组织成这样的离散包。更多的时候，MIS 和 AIS 的功能被整合在物理系统中，以实现运行效率。

AIS 和 MIS 的区别集中在交易的概念上，如图 1-3 所示。信息系统接受被称为交易的输入，并通过各种程序将其转换为输出信息，然后提供给用户。交易可分为两类：财务交易和非财务交易。在探讨这种区别之前，让我们首先定义一下"交易"这个术语：

交易是*一个影响组织或与组织有关的事件，由其信息系统作为工作单元进行处理。*

这个定义包括了财务和非财务事件。由于财务交易对会计人员对信息系统的理解特别重要，我们需要对这一类交易进行精确的定义。

财务交易是*一个影响组织资产和权益的经济事件，反映在其账户中，并以货币形式衡量。*

向客户销售产品，从供应商处购买存货，以及现金的支付和收款都是财务交易的例子。每个企业组织都有正确地处理这类交易的法律义务。

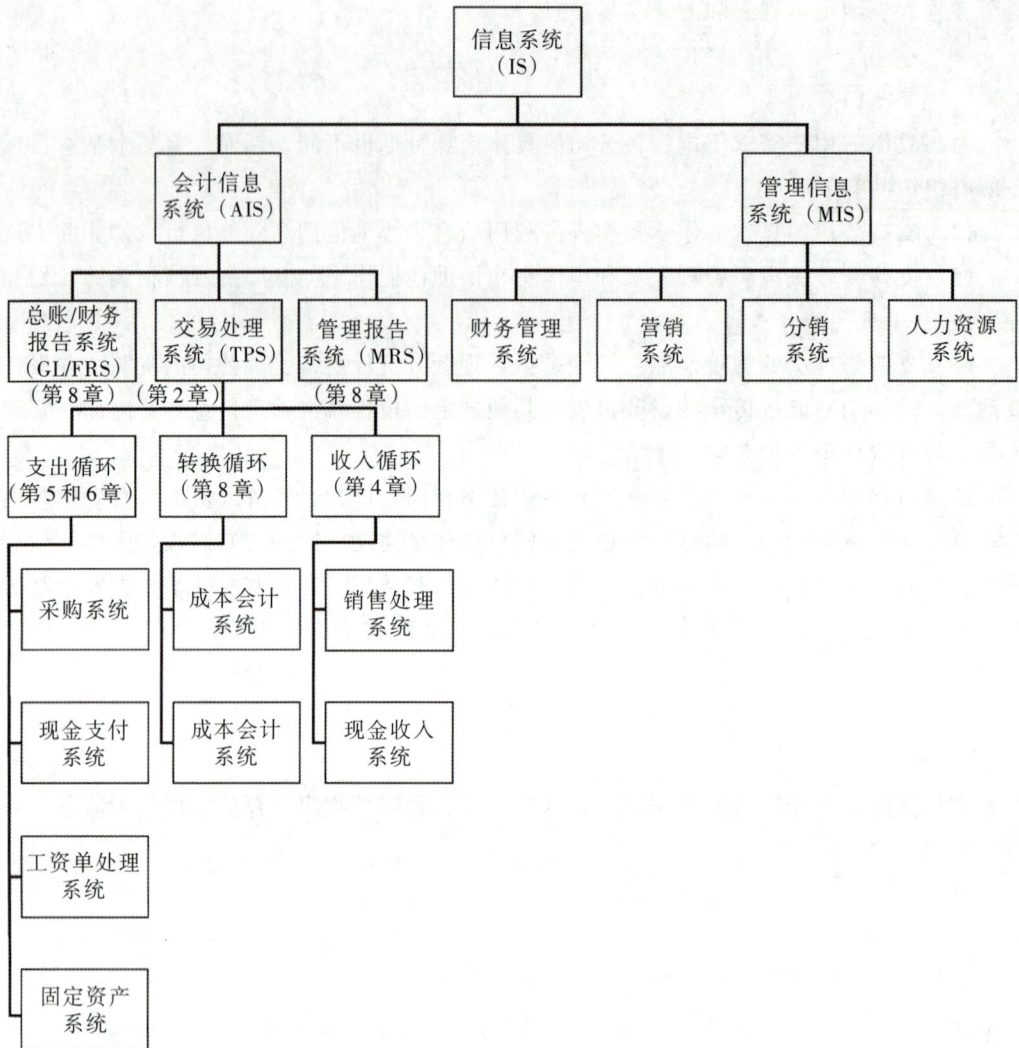

图1-2　信息系统框架

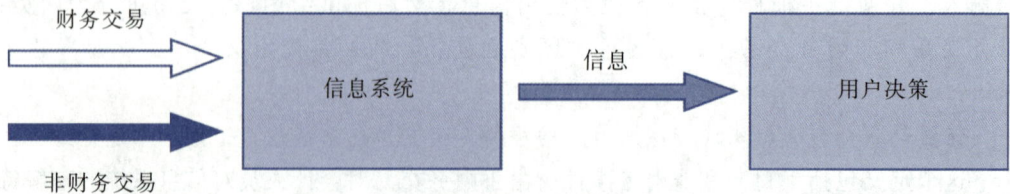

图1-3　信息系统处理交易

非财务交易是不符合财务交易狭义定义的事件。例如，在有效的供应商名单上增加一个新的原材料供应商是一个可以被企业的信息系统作为交易来处理的事件。尽管这个信息很重要，但它不是一个财务交易，公司没有法律义务正确地处理或者根本不处理。

财务交易和非财务交易是密切相关的，通常由同一个物理系统处理。例如，考虑一个收集和跟踪股票价格的金融投资组合管理系统（非财务交易）。当股票达到一个阈值价格时，系统会自动下一个买入或卖出指令（财务交易）。高买低卖对企业不利，但这并不违反法律。因此，没有法律要求公司管理层在其系统中设计最佳的买卖规则。然而，一旦下单，该财务交易的处理必须符合法律和专业准则。

1.1.2.1　会计信息系统

AIS 的子系统处理直接影响财务交易处理功能的财务交易和非财务交易。例如，客户姓名和地址的变更由 AIS 处理，以保持客户档案的有效性。尽管从技术上来看，这些变化并不是财务交易，但它们为处理未来对客户的销售提供了重要的信息。

AIS 由三个主要的子系统组成：①**交易处理系统（TPS）**，为整个组织的用户提供大量的报告、文件和信息，以支持日常业务运作；②**总账/财务报告系统（GL/FRS）**，生成传统的财务报表，如利润表、资产负债表、现金流量表、纳税申报表以及法律要求的其他报告；③**管理报告系统（MRS）**，为内部管理层提供特殊用途的财务报告和决策所需的信息，如预算、差异报告和责任报告。我们在本章后面的部分中分别对这些子系统进行研究。

1.1.2.2　管理信息系统

管理部门经常需要超出 AIS 领域的信息。随着组织规模的扩大和复杂性的增加，出现了专门的职能领域，需要额外的信息用于生产计划和控制、销售预测、库存仓库计划、市场研究等。管理信息系统处理通常不由传统的 AIS 处理的非财务交易。表 1-1 给出了与公司职能领域相关的典型的 MIS 应用实例。

表1-1 MIS在功能领域的应用示例

功能	MIS应用示例
财务管理	投资组合管理系统 资本预算系统
营销	市场分析 新产品开发 产品分析
分销	仓库组织与调度 配送调度 车辆装载和分销模型
人力资源	人力资源管理系统 ■工作技能跟踪系统 ■员工福利制度

1.1.2.3　区分 AIS 和 MIS 的必要性

SOX 法案要求公司管理层设计并实施对整个财务报告过程的内部控制。这包括为财务报告提供数据的 FRS、GLS 和 TPS。SOX 法案还进一步要求管理层对这些控制进行鉴证，并要求外部审计师对控制的有效性发表意见。由于现代信息系统的高度集成性，管理层和审计师需要对信息系统有一个概念性的观点，来清楚地将信息系统的关键流程和风险及法律责任领域与系统的其他（无法律约束力）方面区分开来。如果没有这样的模式，SOX 法案下的管理和审计责任可能无法有效或充分地履行。

1.1.3　AIS子系统

我们用单独的章节对图1-2中描述的每个AIS子系统进行深入研究。在此，我们简要地介绍一下每个子系统的作用。

1.1.3.1　交易处理系统

TPS是信息系统整体功能的核心。它将经济事件转化为财务交易，并通过会计记录（日记账和分类账）记录下来，再将基本的财务信息分发给业务人员，以支持他们的日常运作。

TPS处理的是频繁发生的业务事件。在某一天，一个公司可能会处理成千上万的交易。为了有效地处理这样的交易量，相似类型的交易被纳入交易循环系统。TPS由三个交易循环组成：收入循环、支出循环和转换循环。每个循环都捕获和处理不同类型的财务交易。本书第2章对交易处理进行了概述。第4、5、6和7章详细介绍了收入、支出和转换循环。

1.1.3.2　总账/财务报告系统

总账系统（GLS）和财务报告系统（FRS）是两个密切相关的子系统。然而，由于它们在操作上相互依赖，因此通常被视为一个单一的集成系统，即GL/FRS。系统GL的大部分输入来自交易循环子系统。交易活动的总和由GLS处理，以更新总账控制账户。其他不太常见和不经常发生的事件，如股票交易、合并和法律诉讼的解决，可能没有正式的处理循环，会通过其他来源进入GLS。财务报告系统衡量财务资源的状况和这些资源的变化，并将这些信息传达给外部用户。这种类型的报告被称为**非歧视性报告**，因为组织在其提供的信息中几乎没有或根本没有选择。这些信息大多由传统的财务报表、纳税申报表和法律要求的其他报告组成。

1.1.3.3　管理报告系统

管理人员必须对许多日常业务问题作出快速反应，并规划和控制其业务。MRS提供管理企业所需的内部财务信息。由MRS产生的典型报告包括预算、差异报告、本–量–利分析以及使用当前（而不是历史）成本数据的报告。这种类型的报告被称为**酌情报告**，因为组织可以选择报告什么信息以及如何呈报信息。

1.1.4　AIS的通用模型

图1-4展示了**AIS通用模型**。它是一个通用模型，因为它适用于所有AIS，无论其基础技术如何。该模型描述了构成AIS应用的关键元素之间的关系：终端用户、数据源、数据收集、数据处理、数据库管理、信息生成和反馈。下面将分别讨论这些要素。

1.1.4.1　终端用户

终端用户分为两大类：外部用户和内部用户。**外部用户**包括债权人、股东、潜在投资者、监管机构、税务机关、供应商和客户。**内部用户**包括组织的各级管理人员以及运营人员。与更结构化的外部报告责任相比，组织在内部报告方面有很大的自由，这是由完成工作的最佳方式驱动的。然而，内部报告的特点是，内部用户的信息需求经常变化。这种不稳定性给系统设计者带来了巨大挑战，他们必须平衡内部用户的信息要求和需求以及法律、经济、内部控制和安全问题。信息需求的频繁变化使得信息系统必须改变，这反过来又使系统暴露在出现重大错误的风险中，正如我们将在本书后面看到的，有可能发生欺诈。

数据与信息。在讨论图 1-4 的数据源部分之前，我们需要对数据和信息这两个词作出重要的区分。**数据**是事实，可能会也可能不会被处理（编辑、汇总或提炼），对用户的操作没有直接影响。相比之下，**信息**使用户采取他或她在其他方面不能或不会采取的行动。信息通常被简单地定义为经过处理的数据，但这个定义并不充分。信息是由其对用户的影响决定的，而不是由其物理形式决定的。例如，一个采购人员每日收到列出处于低水平的原材料库存项目的报告。这份报告导致采购人员下订单以获取更多的库存。这份报告中的事实为采购人员提供了信息内容。然而，同样的报告在人事经理的手中，仅仅是事实或数据的集合，没有引起任何行动，也没有信息内容。

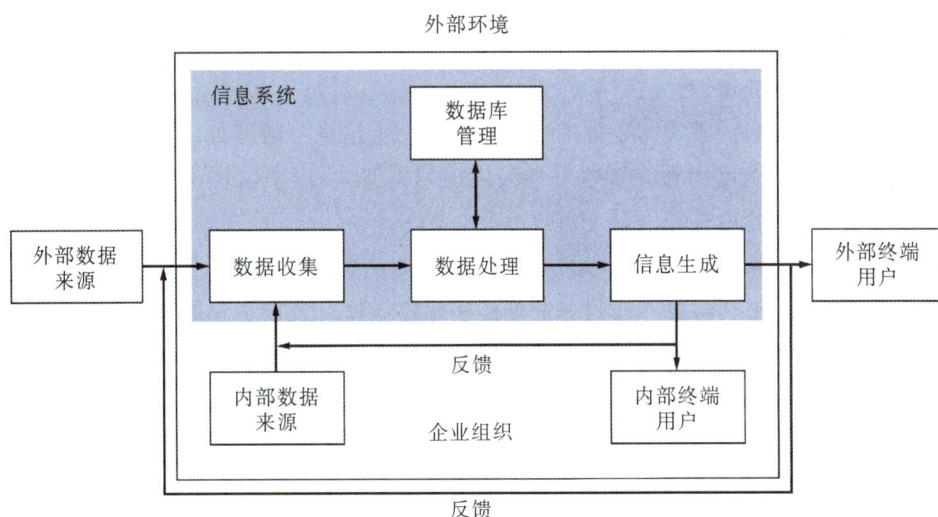

图1-4　会计信息系统的通用模型

换句话说，一个人的信息就是另一个人的数据。因此，信息不仅仅是在正式报告中的一组经过处理的事实。信息会触发用户采取支持其日常业务任务的行动，解决冲突并规划未来。我们应该注意到，行动并不一定意味着实际行为。例如，一个采购员收到一份显示库存充足的报告，他的反应是不订货。他不采取任何行动的行为是一个有意识的决定，由信息触发，不同于因为不知情而不采取任何行动。数据和信息之间的区别对研究信息系统有着普遍意义。如果信息系统的输出信息不能引起用户的行动，那么这个系统就没有用。

1.1.4.2　数据源

数据源是从内部或外部来源进入信息系统的财务交易。外部财务交易是最常见的数据来源。这些是与公司以外的其他商业实体和个人的经济交流。例如，商品和服务的销售、存货的购买、现金的收取和现金的支付（包括工资）。内部财务交易涉及组织内资源的交换或流动。例如，将原材料转移到在制品（WIP）中，将劳动力和管理费用投入WIP中，将WIP转移到成品库存中，以及工厂和设备的折旧。

1.1.4.3   数据收集

数据收集是信息系统的第一个操作阶段。其目的是确保进入系统的事件数据是有效的、完整的，并且没有重大错误。在很多方面，这是系统中最重要的阶段。如果交易错误在数据收集过程中没有被发现，系统可能会处理这些错误并产生错误的和不可靠的输出信息。这反过来又会导致用户采取不正确的行动和作出错误的决定。

数据收集程序的设计有两条规则：相关性和效率。信息系统应该只采集相关的数据。系统设计者的一个基本任务是确定哪些数据是相关的，哪些是不相关的。他或她通过分析用户的需求来做到这一点。只有那些最终对信息有贡献的数据（如前所述）才是相关的。数据收集阶段应该被设计为从系统中过滤不相关的事实。

高效的数据收集程序被设计为只收集一次数据。然后，这些数据可以提供给多个用户使用。多次采集相同的数据会使设施超载，并导致数据冗余，从而造成冗余元素之间的不一致，降低整个系统的有效性。

1.1.4.4   数据处理

一旦收集了数据，通常需要处理这些数据以产生信息。**数据处理**任务从简单到复杂不等，如用于生产调度的数学算法（如线性规划模型）、用于销售预测的统计技术以及用于会计应用程序的过账和汇总。

1.1.4.5   数据库管理

组织的**数据库**是其财务和非财务数据的实际存储库。我们在一般意义上使用数据库这一术语。这个术语可以适用于一个文件柜或计算机磁盘。无论数据库的实际形式如何，业务数据都是按逻辑层次结构组织的。图 1-5 显示了数据层次结构中的各个层次——数据的属性、记录和文件。

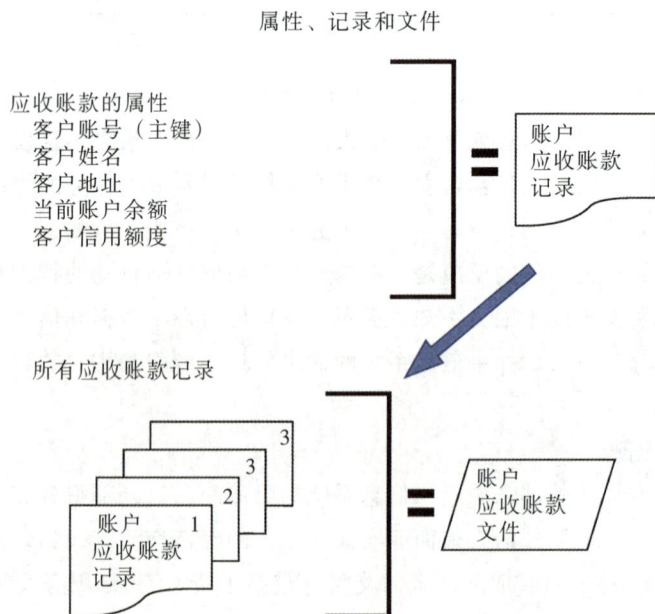

图1-5   数据结构层次

数据属性。数据属性是数据库中最基本的潜在有用数据。属性是公司获取数据时发现的实体的逻辑和相关特征。图 1-5 所示的属性是合乎逻辑的，因为它们都与一个共同的实体——应收账款（AR）有关。每个属性都是相关的，因为它有助于了解整个属性集的信息内容。作为证明，任何一个相关属性的缺失都会减少或破坏这组属性的信息内容。增加不相关或不符合逻辑的属性也不会提高集合的信息含量。

记录。记录是实体类中某个单一事件的一组完整属性。例如，一个特定客户的姓名、地址和账户余额都是 AR 类中的一个事件（或记录）。为了在数据库中查找到特定的记录，我们必须能够唯一地标识它。因此，数据库中的每条记录必须至少有一个属性是唯一的。这个唯一的标识符属性被称为主键。因为没有一个自然属性（如客户姓名）可以保证唯一性，所以我们通常会给记录人工分配主键。

图 1-5 中 AR 记录的主键是客户账号。这是此类记录中唯一的标识符。其他属性具有的值也可能存在于其他记录中。例如，多个客户可能有相同的名称、销售金额、信用额度和余额。使用这些属性中的任何一个作为键都无法有效地查找到一个特定的记录。然而，这些非唯一的属性经常被用作对数据进行分类的辅助键。例如，账户余额属性可用于列出余额大于 1 万美元的客户名单。

文件。文件（或表格）是一个完整的相同类别的记录集。例如，组织的所有 AR 记录构成 AR 文件。同样，其他类别的记录，如库存、应付账款和工资，也构成了文件。该组织的数据库就是这类文件的全部集合。

数据库管理任务。**数据库管理**涉及三项基本任务：存储、检索和删除。存储任务为新的记录分配键，并将其存储在数据库的适当位置。检索是指从数据库中定位和提取现有记录进行处理的任务。处理完成后，存储任务将更新的记录重新存储到其在数据库中的位置。删除是将过时的或多余的记录从数据库中永久删除的任务。

1.1.4.6　信息生成

信息生成是对信息进行编辑、安排、格式化以及呈现给用户的过程。信息可以是一个业务文件，如销售订单、结构化报告或计算机屏幕上的信息。无论实际形式如何，有用的信息具有以下特点：相关性、及时性、准确性、完整性和总结性。

相关性。报告或文件的内容必须有目的。这可以用来支持经理的决定，也可以用来支持职员的工作。我们已经确定，只有与用户行动相关的数据才具有信息内容。因此，信息系统只应在其报告中提供相关数据。包含不相关信息的报告会浪费资源，并可能对用户产生反作用。不相关信息会分散对报告真实信息的关注，并可能导致不正确的决定或行动。

及时性。信息的时效性是决定其有用性的一个关键因素。信息不得早于其支持的行动的时间范围。例如，如果一个经理每天根据库存状态报告作出向供应商购买存货的决定，那么报告中的信息应该是不超过一天的。

准确性。信息必须不存在重大错误。然而，重要性是一个很难量化的概念。它没有绝对值，它是一个针对具体问题的概念。这意味着，在某些情况下，信息必须是完全准确的。在其他情况下，准确程度可能较低。当信息的不准确程度导致用户作出错误决定

（1）当库存水平下降至再订购点时，采购部负责从供应商那里订购存货。这项任务的性质因组织而异。在某些情况下，采购只需要向指定的供应商发送一份采购订单即可。在其他情况下，这项任务包括向许多相互竞争的供应商招标。业务性质和库存类型决定了采购职能的范围。

（2）收货是接收采购部之前订购存货的任务。收货活动包括清点和检查这些物品的实际状况。这是一个组织第一次，也许是唯一一次，在商品进入生产过程之前检查发现不完整交货和损坏商品的机会。

（3）仓库对收到的存货进行保管，并根据需要将这些资源投入生产过程中。

表1-2　　　　　　　　来自资源的功能

资源	职能部门
原材料	材料管理 生产 市场营销 配送
劳动力	人事
财务资本	财务
信息	会计 信息技术

1.2.1.2　生产

生产活动发生在转换循环中，其中，原材料、劳动力和固定资产被用来生产成品。具体的活动是由所制造的产品的性质决定的。一般来说，它们分为两大类：（1）初级制造活动；（2）生产支持活动。初级制造活动将原材料加工并组装成成品。生产支持活动确保初级制造活动高效且有效地运行。这些包括但不限于以下类型的活动：

生产计划涉及安排材料、劳动力和机器的运转，有效满足生产需求。这需要有关销售订单状态、原材料库存、成品库存以及机器和劳动力可用性的信息。

质量控制对生产过程中的各个环节进行监控，以确保成品符合公司的质量标准。有效的质量控制可以及早发现问题，以利于采取纠正措施。如果不这样做，可能会导致材料和劳动力的过度浪费。

维护使公司的机器和其他制造设施保持正常运转。制造过程依赖于公司的工厂和设备，在生产高峰期出现故障是不被接受的。因此，维护的关键是预防——定期将设备从运行中移走进行清洁、维护和修理。许多制造商都有详细的预防性维护计划。为了计划和协调这些活动，维护工程师需要有关设备使用历史和未来生产计划的大量信息。

1.2.1.3　市场营销

市场需要了解并获得一个公司的产品。市场营销的功能是处理产品推广、广告和市场调研的战略问题。在操作层面上，市场营销执行诸如销售订单输入等日常活动。

1.2.1.4　配送

配送是在销售后将产品交付给客户的活动。这是一个关键步骤，因为在客户拿到产品之前可能会出现很多问题。不正确的装运、损坏的商品或接受和履行订单的过度滞后都可能导致客户的不满和销售的损失。归根结底，成功取决于仓库人员准确地填写订单、正确包装货物并快速将它们运送给客户。

1.2.1.5 人事

有能力且可靠的员工是企业的宝贵资源。人事职能的目标是有效地管理这一资源。一个完善的人事职能包括招聘、培训、继续教育、咨询、评估、劳动关系和薪酬管理。

1.2.1.6 财务

财务职能部门通过银行和财务活动、投资组合管理、信用评估、现金支付和现金收入来管理公司的财务资源。由于业务的周期性，许多公司在资金过剩和现金赤字之间摇摆。为了应对这些现金流模式，财务规划人员寻求在股票和其他资产方面有利可图的投资，并从银行获得低成本的信贷额度。财务部门还负责管理公司日常现金的流入与流出。

1.2.2 会计职能

会计管理着公司的财务信息资源。在这方面，它在交易处理中扮演着两个重要角色。首先，会计捕捉并记录构成公司交易的经济事件的财务影响。这些事件包括原材料从仓库进入生产，将成品运送给客户，现金流入公司并存入银行，购买存货，以及清偿债务。其次，会计向操作人员提供交易信息，以协调他们的许多关键任务。下列会计职能直接有助于企业运营：库存控制、成本会计、薪酬、应付账款、应收账款、开票、固定资产会计和总账。我们将在后面的章节中具体讨论这些职能。然而，就目前而言，我们需要保持对会计的广泛视野，以了解其在组织中的职能作用。

1.2.2.1 信息的价值

信息对用户的价值是由其**可靠性**决定的。我们在前面已经看到，信息的目的是引导用户执行所需的操作。要做到这一点，信息必须具备某些属性：相关性、准确性、完整性、概括性和及时性。当这些属性持续存在时，信息就具有可靠性，并为用户提供价值。不可靠的信息是没有价值的。在最好的情况下，它是一种资源的浪费；在最坏的情况下，它可能导致错误的决策。请看下面的例子。

一位营销经理与客户签订了一份合同，要求在截止日期前供应大量产品。他是根据成品库存水平的信息作出这个决定的。然而，由于记录保存不当，这些信息是不正确的。产品的实际库存水平不足以满足订单的要求，而且无法在截止日期前制造出必要的数量。由于其没有遵守合同条款，导致发生了诉讼。

这个糟糕的销售决策是由错误信息造成的。有效的决策需要高度可靠的信息。

1.2.2.2 会计独立性

信息的可靠性在很大程度上依赖于会计的**独立性**。简单地说，会计活动必须独立于管理和保管实物资源的职能部门。例如，会计监督并记录原材料进入生产的过程以及向客户销售成品的过程，会计授权原材料的采购以及向供应商和雇员支付现金。会计用信息支持这些职能，但不参与实际活动。

1.2.3 信息技术

图 1-6 描绘了四种信息技术（IT）功能：（1）数据处理；（2）系统开发和维护；

（3）数据库管理；（4）网络管理。尽管一个组织可能有许多额外的 IT 功能，但这四项都包含在本书的讨论中，因为它们为管理层和审计师带来了具体的内部控制问题，我们将在后面的章节中详细研究。在下面的章节中，我们将概述它们各自的主要特征。

1.2.3.1　数据处理

数据处理功能通过交易处理和信息报告满足用户的信息需求，使 IT 人员、计算机硬件、应用程序（软件）和企业数据发挥作用。数据处理功能的配置在不同类型的商业实体中有所不同。在一个连续的选项中，一端是集中式数据处理模式，另一端是分布式数据处理模式。许多组织采用了集中式和分布式处理的组合。

集中式数据处理。在**集中式数据处理**模式下，所有的数据处理都是由一台或多台大型计算机进行的，这些计算机放置在一个公共数据中心，为整个组织的用户服务。图 1-7 说明了集中式数据处理模式的过程。终端用户通过他们各自部门的终端处理交易，这些终端与中央计算机和数据库相连。由于计算资源（IT 人员、硬件、软件和数据）集中在一起，所有被授权的用户都可以访问，集中式数据处理配置有利于组织内部的通信和用户部门之间的数据共享。

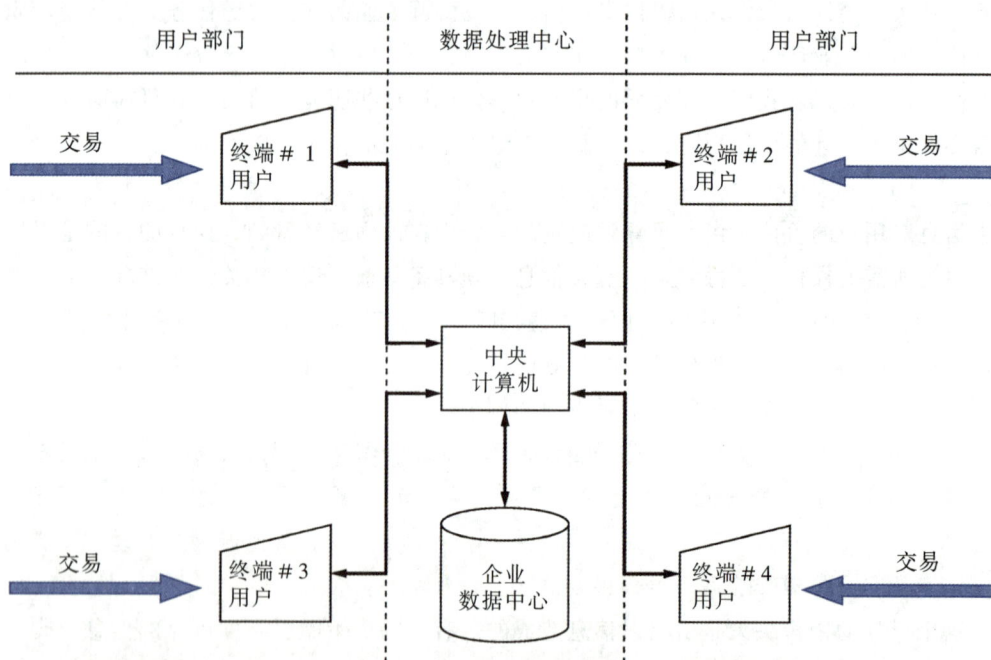

图1-7　集中式数据处理模式

分布式数据处理。图 1-8 描述了**分布式数据处理**（DDP）模式，用户在本地处理交易。在这种配置下，每个用户部门都拥有其所需的 IT 人员、设施、硬件、软件和数据来支持操作。与集中式不同，DDP 环境中的用户是独立运作的，往往不共享数据和信息。任何必要的共享都是通过用户之间的网络连接来完成的。

集中式和分布式数据处理模式都有各自的好处、风险和内部控制影响。我们将在后续章节中具体研究这些问题。

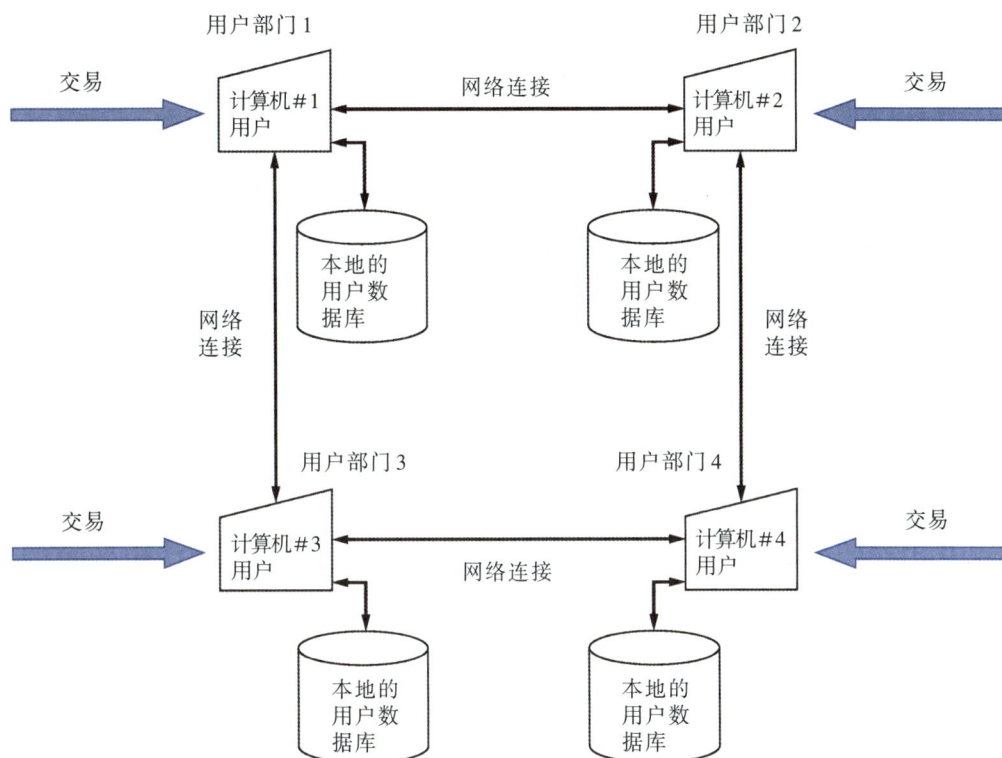

图1-8 分布式数据处理模式

1.2.3.2 系统开发和维护

组织的信息系统需求由两个相关职能来满足：系统开发和系统维护。系统开发职能是组织获取信息系统的过程。系统维护职能负责对现有系统进行更改，以适应用户需求的变化。我们将进一步分别研究这些职能。

系统开发。组织通过两种方式获得信息系统：它们购买商业软件和/或从零开始在内部构建自定义系统。**商业软件**既可用于一般行业会计，也可用于特定行业会计，如医疗行业会计。商业软件包有时被称为**交钥匙系统**，因为它们通常可以由用户在很少或不需要修改的情况下实施。

商业界已经认识到购买商业系统的许多优势。Microsoft、Oracle和SAP等软件供应商设计了大量产品以吸引众多用户，从而降低客户的单位成本。此外，通过购买商业软件包，客户公司可以获得有效的业务解决方案，这些解决方案经过全面测试，没有错误，并且符合领域专家设计的专业标准和技术创新要求。具有标准化信息需求的小型和大型公司都是商业软件的潜在客户。具有独特信息需求的大型组织经常需要通过一个被称为**系统开发生命周期**的正式过程来开发**定制软件**。创建定制软件需要企业拥有一支由系统分析师、程序员和数据库设计师组成的有资质且经验丰富的IT专业人员团队。IT团队与企业用户合作，评估它们对信息的需求，设计计算机解决方案，并具体实施。

定制系统比商业软件包更昂贵，因为企业必须承担所有的开发成本，而商业软件供应商却能够将这些成本分摊到整个用户群中。例如，在竞争激烈、发展迅速的行业中，如电信、制药和金融服务业，公司在定制软件上投资了数亿美元。然而，当信息需求是独特的，并且没有商业软件包能充分满足需求时，定制软件往往是唯一的选择。

为了填补这一空白，一些商业软件供应商将其系统设计成模块，通过提供多个处理选项来实现灵活性。大规模的**企业资源计划（ERP）**系统就是这种方法的一个例子。基本的ERP系统包括数千个小的程序模块。从这个数量庞大的选项中，IT团队选择那些支持组织特定的信息和数据处理需求的模块。以这种方式配置系统往往需要几个月的时间，但能获得一个具有商业系统优势的定制系统。ERP的主要特点、好处、风险和控制问题将在第11章进行讨论。

系统维护。在系统的使用过程中（通常是几年），随着用户需求的变化和发展，系统可能会被多次修改。系统的变化可能是微不足道的，如修改系统以生成附加报告，也可能是重大的，如修改系统以执行影响许多不同系统模块的新会计规则。一个系统的总成本的80%~90%可能是由维护活动产生的。

系统开发和维护活动是许多组织在硬件、软件和人员方面的重大财务投资。这些活动也代表了需要控制的重大风险，因此也是管理层和会计人员关注的问题。我们在第13、14和16章中详细讨论这些问题。

1.2.3.3　数据库管理

采用集中式数据处理的企业将其数据资源维护在一个由所有授权最终用户共享的中心位置（参见图1-7）。在这种共享数据的安排下，一个由数据库管理员领导的特殊独立小组——数据库管理组——负责数据库的安全性和完整性。我们将在第9章中探讨数据库的概念和数据库管理员的作用。

1.2.3.4　网络管理

网络是一个由相互连接的计算机和通信设备组成的集合，允许用户连接、访问数据和应用程序，以及共享信息和资源。**网络管理**负责构成组织网络的软件和硬件的有效运行。这包括配置、实施和维护网络设备。此外，网络管理还负责监控网络活动，以确保网络的使用符合公司政策，并确保网络安全，不受来自组织外的黑客和组织内未经授权的个人的攻击。网络技术、安全问题和控制技术是第12章和第15章的主题。

1.2.3.5　外包IT功能

从这个简短的讨论中，我们看到一个组织的IT部门包括高度技术性的、动态变化的和昂贵的活动。公司管理层长期以来一直抱怨管理和维护IT功能所带来的管理负担和高成本。为了控制成本和摆脱IT难题，许多公司高管把目光投向了**IT外包**。在这一实践中，企业将其IT资源（硬件、软件和设施）出售给第三方外包供应商，如惠普企业服务（原EDS）。然后，从供应商处租回IT服务资源，合同期限通常为5到10年。公司的IT员工经常在此类交易中被调走，成为外包供应商的员工。当然，当供应商将IT职能撤掉时，员工调动是不可能的。

IT外包的一种变体，称为**云计算**，是与位置无关的计算，共享数据中心通过Internet提供托管IT服务。这些服务分为三类：**软件即服务（SaaS）**、**基础设施即服务（IaaS）**和**平台即服务（PaaS）**。这个概念可以等同于将电力输送到私人住宅的方式。

房主与当地公用事业公司签订合同，根据需要提供电力。公用事业公司可能会生产一些电力，但在高需求时期，它将进入国家电网，以利用全国其他发电机的生产能力。同样，追求云计算的组织与 IT 服务供应商签订合同，由供应商提供计算资源。当需求超过供应商的 IT 能力时，它从通过互联网连接的"云"中的数据中心获得额外的能力。客户公司的一个潜在风险是，它不一定知道其数据实际在哪里被处理，就像房主不知道他或她的电力从哪里输送过来一样。客户组织的优势是可以获得它需要的任何计算能力，而只需要为其使用的服务付费。此外，云计算合同灵活且期限相对较短。相比之下，传统的外包合同往往价格固定、不灵活且期限更长。

IT 外包是一项快速增长的业务。它所代表的对传统的背离，既有优势也有风险，管理层和审计师需要认识到这一点。在第 14 章中，我们详细探讨了这些问题。

1.3　会计师在 AIS 中的作用

会计师参与 AIS 的设计和审计。本章的最后一节简要概述了会计师的主要职责领域，这些问题在随后的章节中进行展开。

1.3.1　会计师作为设计师

会计师作为领域专家在系统开发团队中发挥着重要作用，他们以这种身份对概念系统的许多方面负责。这涉及说明某些操作规则、报告要求和制定框架所必须实现的内部控制目标。团队中的 IT 专业人员负责物理系统，包括系统架构、编程和数据库设计。为了说明概念系统和物理系统之间的区别，请看以下示例：

一家零售企业的信贷部门需要从应收账款部门获得有关拖欠账款的信息，该信息用于支持信贷经理就客户信用作出的决策。

概念系统的设计涉及明确识别客户拖欠的标准和需要报告的信息。作为领域专家，会计师确定所需信息的性质、来源、目的地以及所要应用的会计准则。**物理系统**包括要使用的**数据存储**介质以及获取和呈现信息的方法。IT 专业人员确定完成任务的最经济和最有效的技术。因此，系统设计是一项协作工作。由于会计准则的特殊性、重大错误的影响和潜在的欺诈行为，会计师参与系统设计是必不可少的，并且贯穿于整个开发过程。

1.3.2　会计师作为系统审计师

会计师出于各种原因对商业组织进行审计，这通常涉及 AIS。最常见的审计是外部（鉴证）审计、内部（运营）审计和欺诈审计。每种类型的审计都要求**审计师**对 AIS 的职能和内部控制有一个全面的了解。

外部审计是由一位专家——审计师——进行的独立鉴证，审计师以正式审计报告的形式对财务报表发表意见，此任务被称为**鉴证职能**，由独立于被审计的客户组织的公共会计师事务所的注册会计师（CPAs）执行。审计的目的是确保公司财务状况被公允地呈报，要求审计师对信息系统的内部控制进行测试，并对系统数据库中的数据进行**实质**

性测试。外部审计通常被称为财务审计，美国证券交易委员会要求所有公开交易的公司每年进行一次财务审计。执行此类审计的注册会计师代表股东、债权人、政府机构和公众等外部人士行事。

审计师和其服务对象之间关系的一个关键因素是审计师的独立性概念。在审计范围内，独立性意味着审计师不受可能影响审计师报告关于客户公司财务状况的因素的影响。这些因素包括但不限于客户公司的财务利益（包括持有股票或在审计服务之外的工作），与客户的家庭或其他个人存在关系，或为审计客户提供非审计（咨询）服务。在缺乏独立性的情况下，审计师的报告对其使用者来说就没有什么价值。

1.3.2.1　鉴证服务与咨询服务

关于外部审计师的鉴证职能和快速增长的许多公共会计师事务所提供的咨询服务领域，我们需要作出一个重要的区分。咨询服务是由公共会计师事务提供的专业服务，以提高其客户组织的运营效率和效益。咨询服务的范围是有意未作限制的，这样就不会抑制目前无法预见的未来服务的发展。举例来说，咨询服务包括精算咨询、商业咨询、欺诈调查服务、信息系统设计和实施，以及遵守SOX法案的内部控制评估。

在SOX法案通过之前，会计师事务所被允许同时向客户提供咨询服务和鉴证服务。然而，SOX立法极大地限制了审计师为审计客户提供的非审计服务类型。现在为客户提供鉴证服务的注册会计师事务所提供以下服务是违法的：

- 与审计客户的会计记录或财务报表有关的簿记或其他服务
- 财务信息系统的设计与实现
- 评估或估值服务、公允性意见或实物捐助报告
- 精算服务
- 内部审计外包服务
- 管理职能或人力资源
- 经纪人或交易商、投资顾问或投资银行服务
- 与审计无关的法律服务和专家服务
- 根据董事会规定未获准许的任何其他服务

公共会计师事务所的IT咨询服务部门在不同的事务所有不同的名称，但其都从事一般所称的风险管理的工作。这些部门通常在各自的事务所内扮演着双重角色：为非审计客户提供IT咨询服务，同时也与事务所的财务审计人员合作，进行与IT相关的**控制测试**（通常称为**IT审计**），作为鉴证职能的一部分。请记住，在许多情况下，任务的目的定义了所提供的服务，而不是任务本身。例如，风险管理专业人员可以为准备接受另一家会计师事务所财务审计的非审计客户进行与IT相关的控制测试，作为一项咨询服务。同一专业人员可以为一个审计客户进行同样的测试，作为鉴证职能的一部分。

1.3.2.2　内部审计

内部审计是在一个组织内部设立的独立评估职能，用于检查和评估其活动。内部审计师从事广泛的活动，包括进行财务审计、执行IT审计、检查一项业务是否符合组织政策和法律义务、评估运营效率以及发现和追究公司内部的欺诈行为。

内部审计通常由为该组织工作的审计师执行，但这项任务也可能会外包给其他组织。内部审计师通常持有注册内部审计师（certified internal auditor，CIA）或注册信息系统审计师（certified information systems auditor，CISA）证书。虽然内部审计师为有效履行其职责而被要求自我独立，但他们受雇于组织并代表其利益。这些审计师通常对组织的行政管理层或董事会的审计委员会负责。内部审计的标准、指导和认证主要由内部审计师协会（Institute of Internal Auditors，IIA）管理，在较小程度上由信息系统审计和控制协会（Information Systems Audit and Control Association，ISACA）管理。

1.3.2.3　外部审计师与内部审计师

从概念上区分外部审计师和内部审计师，在特征上他们有各自的服务对象：外部审计师代表外部人士的利益，而内部审计师代表组织的利益。然而，内部审计师经常在这种身份下与外部审计师合作，并协助其执行财务审计。这种合作是为了提高审计效率和降低审计费用。例如，一个内部审计师团队可以在一个外部审计师的监督下进行计算机控制测试。

内部审计人员的独立性和能力决定了外部审计人员可以在多大程度上与内部审计人员合作并依赖其开展的工作。一些内部审计部门直接向财务总监报告。在这种安排下，内部审计师的独立性将会受到影响，职业标准规定外部审计师不得依赖其提供的证据。相比之下，外部审计师可以在一定程度上依赖组织内部独立审计部门收集的证据，并向董事会的审计委员会报告（后面会讨论）。真正独立的内部审计人员为审计过程增加了价值。例如，内部审计师可以收集整个财务期间的审计证据，外部审计师可以在年终时利用这些证据对组织的财务报表进行更有效、更少的干扰和更低成本的审计。

1.3.2.4　欺诈审计

不过，近年来，欺诈审计作为一种公司治理工具越来越受欢迎。在企业环境中，员工盗窃资产和管理层的重大财务欺诈（如安然和世通）已经变得非常猖獗，因此欺诈审计备受瞩目。欺诈审计的目的是发现异常情况并收集可能导致刑事定罪的欺诈证据。有时，当公司管理层怀疑员工有欺诈行为时，就会启动欺诈审计。另外，如果怀疑内部高层有资产盗窃或财务欺诈行为，董事会可能会聘请欺诈审计师来调查自己的高管。受欺诈之害的组织通常与公共会计公司的专司反欺诈部门或专门从事法务会计的公司签订合同。通常情况下，欺诈审计师已经获得了由美国注册舞弊审查师协会（Association of Certified Fraud Examiners）管理的CFE认证。

1.3.2.5　审计委员会的作用

上市公司的董事会成立了一个小组委员会，被称为审计委员会，专门负责审计工作。这个委员会通常应该由三个局外人（与高管家属或前任官员等无关）组成。随着SOX法案的出台，审计委员会中至少有一名成员必须是"财务专家"。审计委员会作为内部审计职能的独立"制衡机构"与外部审计师联络。SOX法案所带来的最重要的变化之一是管理层和外部审计师之间的关系变化。在SOX法案颁布之前，外部审计师是由管理层聘用和解雇的。许多人认为，这种关系在审计实践出现争议时削弱了审计师的独立性，这是有一定道理的。现在SOX法案要求外部审计师向审计委员会报告，审计委员会负责聘用和解雇审计师并解决争议。

为了达到有效的目的，审计委员会在必要时会对内部审计师（或履行该职能的实体）以及管理层提出质疑。委员会成员的部分职责是寻找识别风险的方法。例如，他们可以为观察到可疑行为或发现欺诈活动的员工充当传声筒。一般来说，他们能够通过任何适当的方式成为实体资产的独立监护人。公司欺诈通常与审计委员会的失职有关，其中包括审计委员会成员缺乏独立性，审计委员会缺乏经验丰富的成员，审计委员会不活跃，以及根本没有设立审计委员会。

1.3.2.6　设计师/审计师的二元性

会计师兼有设计师和审计师的双重角色，须具备两者都需要的技能。如果会计师不了解系统设计的原则，就无法有效地进行审计。系统中涉及的功能、系统执行的任务以及已经实施或应该实施的内部控制，都是审计人员经常收集证据的对象，设计系统时应予以考虑。同样，如果会计师对审计问题和关注点没有了解透彻，就无法正确设计系统。例如，设计师必须先了解特定审计风险的性质，然后才能设计降低风险所需的内部控制技术。此外，设计人员必须了解收集有关证据的审计目标，以便可以创建一个有助于随后提取审计证据的系统。

会计师对系统设计和审计的双重责任极大地影响了本书所采用的组织和方法。本书虽然主要介绍 AIS 的设计内容，但各章的主题都是从审计师的角度提出的。构成 AIS 的人类活动、人工程序和信息技术，如网络、数据库和计算机应用程序，都是在它们所带来的审计风险以及如何通过内部控制来降低这些风险的背景下提出和讨论的。这种方法贯穿于本书其余各章。

总 结

本章第一节介绍了基本的系统概念，并提出了区分 AIS 和 MIS 的框架。这种区别与这些系统处理的交易类型有关。AIS 程序处理财务交易，MIS 程序处理非财务交易。然后，该部分介绍了 AIS 的通用模型。该模型由所有 AIS 程序中存在的四个主要任务组成：数据收集、数据处理、数据库管理和信息生成。第二节考察了组织结构与信息系统之间的关系。它以职能细分为主要方法来构建组织结构，并研究了一个典型的制造业公司的职能。该部分介绍了组织 IT 功能的两种通用方法：集中式方法和分布式方法。

本章的最后一节探讨了会计师作为 AIS 设计师和 AIS 审计师的双重角色。IT 职能部门负责设计物理系统，会计职能部门负责说明概念系统。审计是审计师对公司财务报表的公允性发表意见的独立鉴证。鉴证服务和财务服务之间是有区别的。外部审计师和内部审计师都进行 IT 审计。

关键术语

会计信息系统（AIS）	集中式数据处理
鉴证职能	云计算
审计师	商业软件

概念系统　　　　　　　　　　　基础设施即服务（IaaS）

定制软件　　　　　　　　　　　内部审计

数据　　　　　　　　　　　　　内部用户

数据库　　　　　　　　　　　　IT审计

数据库管理　　　　　　　　　　IT外包

数据收集　　　　　　　　　　　管理信息系统（MIS）

数据处理　　　　　　　　　　　管理报告系统（MRS）

数据源　　　　　　　　　　　　网络

数据存储　　　　　　　　　　　网络管理

数据库管理　　　　　　　　　　非歧视性报告

酌情报告　　　　　　　　　　　非财务交易

分布式数据处理（DDP）　　　　物理系统

终端用户　　　　　　　　　　　平台即服务（PaaS）

企业资源规划（ERP）　　　　　可靠性

外部用户　　　　　　　　　　　细分

反馈　　　　　　　　　　　　　软件即服务（SaaS）

财务交易　　　　　　　　　　　利益相关者

总账/财务报告系统（GL/FRS）　实质性测试

AIS通用模型　　　　　　　　　系统开发生命周期

独立性　　　　　　　　　　　　控制测试

信息　　　　　　　　　　　　　贸易伙伴

信息流　　　　　　　　　　　　交易

信息生成　　　　　　　　　　　交易处理系统（TPS）

信息系统　　　　　　　　　　　交钥匙系统

复习题

1. 在代表企业组织的金字塔中活动的四个层级是什么？区分信息的横向和纵向流动。

2. 数据、信息和信息系统之间的关系是什么？

3. 区分AIS和MIS。

4. 业务处理系统的三个循环是什么？

5. 什么是酌情报告？

6. 好的或有用的信息有什么特点？

7. 数据收集有哪些规则？

8. 数据层次结构有哪些？

9. 数据库管理的三个基本任务是什么？

10. 什么是反馈？它在信息系统中有何用处？

11. 所有信息系统的基本目标是什么？

12. 管理是什么意思？它在信息系统中的作用是什么？

13. 列出五个职能领域及其子职能。

14. 区分内部审计师和外部审计师的角色。

15. 数据库管理员的角色是什么？

16. 会计职能在一个组织中的作用是什么？

17. 区分组织 IT 职能的集中式和分布式方法。

18. 什么是分布式数据处理？

19. 什么是 ERP 系统？

20. 会计师在信息系统中扮演哪两个角色？

21. 定义"鉴证职能"。

22. 定义"财务服务"。

23. 什么是 IT 审计？

24. 区分概念系统和物理系统。

25. 董事会审计委员会的作用是什么？

26. 谁在组织内发起欺诈审计？

27. 外部审计师何时可以依赖内部审计师所做的工作？

28. 说出审计师为收集证据而进行的测试。

29. 内部审计和外部审计在概念上有什么区别？

30. 网络管理的作用是什么？

31. 什么是云计算？

32. 说出组织获得信息系统的两种方式。

33. 为什么定制系统比商业系统更昂贵？

34. 哪些类型的公司是商业软件的潜在客户？

35. 简述会计独立性。

36. 为什么系统设计师需要了解审计方面的知识？

讨论题

1. 讨论信息的内部和外部用户之间的区别以及他们对信息系统的需求和要求。从历史上看，公司最能迎合哪种类型的用户？

2. 评论运营管理、中层管理和股东所需的报告详细程度。

3. 区分财务交易和非财务交易，分别举三个例子。

4. 信息系统必须满足三个基本目标。讨论为什么这些目标不能通过一组共同的信息有效地实现。

5. 你认为的业务处理系统在服务业和制造业是否存在显著差异？它对这两个行业同样重要吗？

6. 讨论财务报告系统和总账系统之间的区别。

7. 观察图 1-4 并讨论可能会在何处以及为何出现可能导致生成的信息错误或无效的问题。

8. 讨论效率、有效性和灵活性等要素为何对信息系统的设计至关重要。

9. 讨论以下陈述的含义："会计系统是一种概念性的信息流，它代表实体人员、机器以及原材料和现金在组织中的流动。"

10. 讨论会计信息系统中会计独立性的重要性。举一个例子说明这个概念在哪里很重要（使用库存控制以外的例子）。

11. 讨论为什么内部审计师只向董事会的审计委员会报告而不向其他群体负责是至关重要的。

12. 对比集中式数据处理与分布式数据处理，两种方法之间终端用户的角色有何不同？

13. 讨论概念系统和物理系统有何不同，以及这些系统有哪些功能。

14. 为什么活跃的董事会审计委员会对组织很重要？

15. 你是否同意"IT 审计师这个词应该被认为已经过时，因为它暗示了普通审计人员和检查计算机化 AIS 审计师之间的区别"的说法？为什么同意？或者为什么不同意？

16. 描述云计算并解释它与获得商品的相似之处。

17. 为什么在组织中将会计职能与组织的其他职能区分开很重要？

18. 什么是外部财务审计？审计证据的来源有哪些？

19. 为什么公司将其 IT 职能外包？解释传统 IT 外包和云计算的选项，以及它们之间的区别。

多项选择题

1. 以下各项中（　　）不是交易处理系统的目的。

a. 管理和报告财务投资的状况

b. 将经济事件转化为财务交易

c. 向操作人员分发基本信息以支持他们的日常操作

d. 在会计记录中记录财务交易

2. 以下各项中（　　）是 AIS 通用模型中数据收集活动的目标。

a. 相关和冗余　　　　　　　　　　b. 高效且相关

c. 高效冗余　　　　　　　　　　　d. 高效、客观

3. 以下各项中（　　）不是数据库管理任务。

a. 恢复　　　　　　　　　　　　　b. 存储

c. 总结　　　　　　　　　　　　　d. 删除

4. 以下各项中（　　）不是财务交易。

a. 更新有效的供应商文件　　　　　b. 购买产品

c. 现金收入　　　　　　　　　　　d. 库存出售

5. 以下是会计信息系统的子系统，除了（　　）。

a. 交易处理系统　　　　　　　　b. 总账/财务报告系统

c. 人力资源系统　　　　　　　　d. 管理报告系统

6. 以下各项中（　　）不是有效信息的特征。

a. 相关性　　　　　　　　　　　b. 精确性

c. 准确性　　　　　　　　　　　d. 概括性

7. 当从最高到最基本的层次来看，数据的层次结构是（　　）。

a. 文件，记录，属性　　　　　　b. 属性，记录，文件

c. 记录，属性，键　　　　　　　d. 表，记录，键

e. 键，记录，表

8. 以下各项中（　　）最不可能被外部审计师用作证据。

a. 实质性测试结果

b. 在组织上向控制人报告的内部审计师执行的工作

c. 控制测试结果

d. 向董事会审计委员会报告的内部审计师执行的工作

9. 以下各项中（　　）不是所有信息系统的目标。

a. 支持管理层的管理职能　　　　b. 支持管理决策

c. 支持公司的日常运营　　　　　d. 以上都是目标

10. 以下各项中（　　）最能描述材料管理职能的活动。

a. 采购、接收和库存控制　　　　b. 采购、接收和存储

c. 接收、销售、分发和采购　　　d. 收货、存储、采购和应付账款

e. 采购、存储和分发

11. 以下各项中（　　）最能描述生产功能的活动。

a. 维护、库存控制和生产计划

b. 质量控制、生产计划、制造和工资单

c. 维护、生产计划、存储和质量控制

d. 生产计划、质量控制、制造和维护

e. 制造、质量控制和维护

12. 以下各项中（　　）最能描述会计职能的活动。

a. 库存控制、现金收入、应付账款、现金支付和工资单

b. 固定资产、应付账款、现金支付和成本会计

c. 采购、现金收据、应付账款、现金支付和工资单

d. 库存控制、应付账款、固定资产和工资单

e. 库存控制、成本会计、应付账款、现金支付和工资单

13. 以下各项中（　　）说法最能描述云计算。

a. 云计算涉及长期合同

b. 云计算是独立于位置的计算

c. 云计算涉及组织将其 IT 资源出售给供应商并从供应商处租回 IT 服务

d. 云计算涉及固定价格合同

e. 云计算涉及与多个 IP 服务提供商签订多个合同以创建资源云

14. 以下各项中（　　）陈述最准确。

a. ERP 系统是商业软件包，有时被称为交钥匙系统，因为它们可以由用户实施，几乎不修改或无须修改

b. 实质性测试提供了侧重于系统控制的证据

c. 根据 SOX 法案，提供鉴证服务的公共会计师事务所不得提供 IT 咨询服务

d. 具有标准化信息需求的小型和大型公司都是商业软件的潜在客户

e. 外部审计师只有在向客户公司的财务总监或首席执行官报告时，才可以依赖内部审计师的工作

问题

1. 信息用户

将以下信息用户分类为：

I ——内部用户

T ——外部用户：贸易伙伴

S —— 外部用户：利益相关者

a. 国税局　　　　　　　　　　　　f. 美国证券交易委员会

b. 库存控制经理　　　　　　　　　g. 股东

c. 董事会　　　　　　　　　　　　h. 首席执行官

d. 客户　　　　　　　　　　　　　i. 供应商

e. 贷款机构　　　　　　　　　　　j. 债券持有人

2. AIS 通用模型

重新绘制问题 1 中的图表，如图 P.1 所示。标明图中的每个元素，并简要描述其作用和主要特征。

3. 购置会计信息系统

对于以下每种情况，最有可能的系统获取方法是什么——商业软件、定制软件或ERP？解释你的答案。

• 一家拥有 20 名员工的供暖和空调供应公司向当地社区的批发客户销售标准的现成产品，需要一个系统来管理其交易。

• 一家拥有不同控股权、复杂石油租约和深奥会计实务的大型石油公司需要一个能协调其众多企业的系统。

• 一家具有多个部门的大型组织需要一个信息系统来支持其运营。各个部门的信息需求各不相同，但在各自的行业中都是标准的。

记录类型	主键
应收账款	客户编号
应付账款	
存货	
客户销售订单	
给供应商的采购订单	
收到客户的现金（支票）	
支付供应商的现金（支票）	
员工工资收入记录	

10. 数据属性

根据你的基本会计知识，列出构成此处给出的记录类型的相关数据属性。确定哪个属性是记录的主键。

应付账款记录　　　　　　　　　　给供应商的采购订单

库存记录　　　　　　　　　　　　收到客户的现金（支票）

客户销售订单记录　　　　　　　　员工工资收入记录

11. 内部审计职能的作用

Nano 电路公司是一家生产电子控制电路的上市公司，这些电路被用于许多产品。为了遵守 SOX 法案的规定，Nano 要设立一个内部审计职能。该公司的内部审计职能以前一直是外包的。该公司通过聘请内部审计总监开始了这个过程。Nano 的 CEO 最近召开了一次计划会议，讨论公司主要参与者在实施和维护内部控制方面的作用。这一决定的关键是未来内部审计职能的组织安排以及新的内部审计总监应向谁报告。此外，Nano 还在考虑是否需要重组其董事会审计委员会。参加会议的人员包括公司首席执行官（CEO）、首席财务官（CFO）、审计委员会成员、Nano 外部审计公司的一名合伙人，以及内部审计总监。下面总结了与会者提出的期望和问题。

• CEO：CEO 对 Nano 符合 SOX 法案和 PCAOB 的要求和建议表示关注。内部审计职能部门应通过制定控制政策和程序以及发现违反政策和程序的行为来加强组织的内部控制系统。

• CFO：CFO 认为内部审计职能的作用应主要集中在财务问题上，因此，内部审计总监应向 CFO 报告。

• 审计委员会成员：审计委员会成员强烈认为目前组成的审计委员会是合适的，不需要进行任何改变。虽然审计委员会成员都不是训练有素的会计师，但他们都具有丰富的行业经验，都以各种身份与 Nano 公司合作多年，他们完全有资格履行其政策监督职责。

• 外部审计合伙人：外部审计合伙人指出，内部审计职能的安排应使其支持与外部审计师建立密切的工作关系。这将包括持续监测内部控制体系，以便为外部审计师提供可依赖的大量证据。

• 内部审计总监：内部审计总监认为，新的内部审计职能应该更多地关注运营审计问题，但它也应该在审查财务报告的内部控制方面发挥作用。

要求：

a. 描述以下各方面在建立、维护和评估内部控制方面的作用

i. 管理层

ii. 外部审计师

iii. 内部审计师

b. 内部审计总监应向谁报告？解释你的答案

c. 评论审计委员会成员对委员会当前组成的看法

12. 内部审计师的独立性

Technical 解决方案公司正在扩展和重组其内部审计职能。最近，内部审计总监 Sharon Kalafut 向公司财务总管（controller）报告，并将内部审计报告的副本转发给董事会的审计委员会和直接负责被审计职能部门的经理。公司财务总监接收并审查所有内部审计报告。

管理团队之间存在争议的一个问题涉及内部审计总监应向哪个部门或职能部门报告。公司的首席执行官 Martin Stevens 希望确保公司能遵守 SOX 法案，并确保内部审计部门的组织结构能强化公司的内部控制系统。另外，重组后的审计职能的一个总体目标是，外部审计师能在很大程度上依赖内审部门所做的工作，下面将介绍有关各方就内审部门在组织上应设在何处提出的论点。

• 首席运营官（COO）：首席运营官 John Sweeney 认为内部审计总监应该向他汇报。在这种安排下，内部审计人员将参与编制有关资产保护的内部控制政策声明和业务流程的设计。

• 首席信息官（CIO）：首席信息官 Larry Rich 一直在努力争取让内审部门向他汇报，并在新计算机化系统的设计、安装和初始运行中发挥积极作用。内审人员将主要关注内部会计控制的设计和实施，并在试运行和审计期间对这些控制进行评估。

• 公司财务总管：公司财务总管 Linda Johnson 认为内部审计小组应该留在她的职能范围内。目前，内审人员执行了许多与财务总管相关的任务。这些任务包括以下内容：

（1）内部审计师每月都会对公司的银行对账单进行核对。财务总管认为这强化了内部控制的功能，因为内部审计师不参与现金的收取或支付。

（2）内部审计师每年在批准预算之前都会审查年度预算的相关性和合理性。在每月末，财务总管的下属都会分析预算的差异并准备好对这些差异解释的相关资料。内部审计师随后会审查这些差异和解释。

（3）最后，当会计部门的员工没有接受过处理复杂交易的充分培训时，内部审计师就会编制这些交易的会计分录。财务总管认为这为准确记录此类交易事件提供了额外的保证。

要求：

a. 定义与内部审计职能相关的独立性。

b. 对于拟由内部审计职能执行的每项任务，说明该公司的内部审计独立性是否会受到重大损害。独立考虑每个经理的论点。

c. 为了保持独立性，内部审计总监应该向哪个部门报告？解释你的答案。

第 2 章

交易处理介绍

学习目标

学习本章后，你应该：

- 理解交易周期的广泛目标。
- 识别三个交易周期中每一个处理的交易类型。
- 了解交易处理系统中使用的基本会计记录。
- 了解传统会计记录与其在基于计算机的系统中对应的数字记录之间的关系。
- 熟悉用于表示手动程序和系统计算机组件的文档技术。
- 了解批处理和实时处理之间的区别以及这些技术对交易处理的影响。
- 熟悉会计信息系统中使用的数据编码方案。

第 1 章介绍了交易处理系统（TPS），其作为一项活动由三个所谓的循环（cycle，也译作周期）的主要子系统组成：收入循环、支出循环和转换循环。尽管每个循环执行不同的特定任务并支持不同的目标，但它们具有共同的特征。例如，所有三个 TPS 循环都捕获财务交易，通过会计记录来记录交易的影响，并向用户提供有关交易的信息以支持其日常活动。此外，交易循环产生了管理报告和财务报表所依据的大部分原始数据。由于它们对公司的财务影响，交易循环要求会计师予以专业关注。

本章的目的是介绍所有三个交易处理循环共有的一些基本主题。在随后的章节中，我们将大量利用这些材料，详细研究每个循环的各个子系统。本章分为六节。2.1 节是交易处理的概述。本节定义了三个交易循环的广泛目标，并说明了其各个子系统的角色。2.2 节阐述了传统会计和数字会计的记录在形成审计跟踪方面的关系。2.3 节描述了用于存储会计数据的平面文件和数据库结构的主要特征。2.4 节研究了用于表示系统的几种文档技术，包括手动程序和系统的计算机组件。2.5 节讨论了可供选择的交易处理方法。它回顾了批处理和实时技术的基本特征及其对交易处理的影响。2.6 节介绍了数据编码方案及其在交易处理中的作用。

2.1 交易处理概述

TPS 应用软件是用来处理财务交易的。财务交易在第 1 章中被定义为：

影响组织资产和权益的经济事件，反映在其账户中，并以货币形式衡量。

最常见的财务交易是与外部各方的经济交易，包括商品或服务的销售、存货的购买、财务义务的履行以及从客户处收取现金。财务交易还包括某些内部事件，如固定资产的折旧，劳动力、原材料和间接费用在生产过程中的运用，以及将存货从一个部门转移到另一个部门。

　　财务交易是经常发生的商业活动。例如，每天可能会发生数千个特定类型的交易（向客户销售）。为了有效地处理这样的交易，商业公司将相似类型的交易组合成交易循环。

2.1.1　交易循环

　　三个交易循环处理公司的大部分经济活动：支出循环、转换循环和收入循环。这些循环存在于所有类型的企业中——营利和非营利性企业。例如，每个企业发生支出以换取资源（支出循环），通过其产品或服务提供增值（转换循环），并且从外部来源获得收入（收入循环）。图 2-1 显示了这些循环的关系以及它们之间的资源流动。

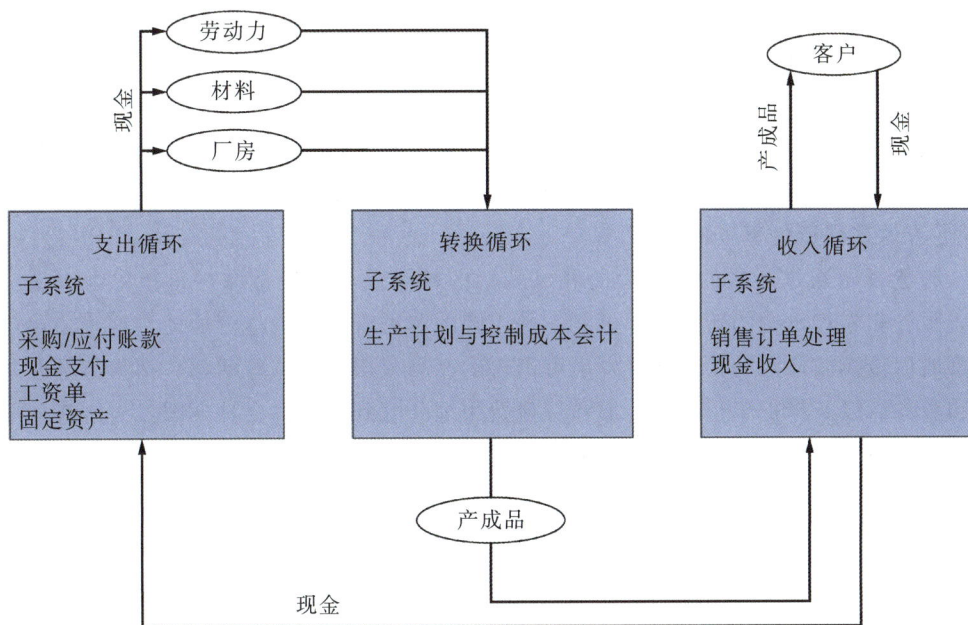

图2-1　交易循环之间的关系

2.1.1.1　支出循环

　　商业活动从用现金购买原材料、不动产和劳动力开始——**支出循环**。图 2-1 显示了现金从组织流向这些资源的各个提供者的过程。大多数企业对企业（B2B）的支出交易都基于交易双方之间的信用关系。实际支付现金发生在收到商品或服务后的某个时间点。这两个事件之间可能间隔几天甚至几周。因此，从系统的角度来看，该交易有两个部分：物理部分（商品或服务的获取）和财务部分（向供应商支付现金）。每个部分分别由这个循环的独立子系统处理。接下来概述主要支出循环子系统。由于这部分内容的范围很广，因此用两章专门研究。采购/应付账款和现金支付系统是第 5 章的主题。工资单和固定资产系统将在第 6 章进行研究。

采购/应付账款（AP）系统。*该系统识别需要实际获取的存货（例如原材料）并向供应商下订单。当收到货物时，采购系统通过增加存货和建立一个以后支付的应付账款账户来记录该事件。*

现金支付系统。*当采购系统中创建的债务到期时，现金支付系统授权付款，将资金支付给供应商，并通过减少现金和应付账款来记录交易。*

薪酬（工资单）系统。*工资单系统收集每个员工的劳动力使用数据，计算工资，并向员工支付薪酬。从概念上讲，工资单系统是一种特殊情况下的采购和现金支付系统。由于与工资相关的会计工作的复杂性，大多数公司都有单独的工资处理系统。*

固定资产系统。*公司的固定资产系统处理与固定资产的购置、维护和处置有关的交易。这些相对永久性的资产，通常共同代表组织最大的财务投资。固定资产的例子有土地、建筑物、家具、机械和机动车辆。*

2.1.1.2　转换循环

转换循环主要包括两个子系统：生产系统和成本会计系统。生产系统涉及通过制造过程对实物产品进行计划、调度和控制。这包括确定原材料需求、授权要执行的工作和将原材料投入生产，以及指导在制品在各个制造阶段的流动。成本会计系统监控成本信息的流动，包括与生产有关的人工、间接费用和原材料信息。该系统生成的信息用于库存估价、预算编制、成本控制、绩效报告和管理决策，如自制或外购决策。我们将在第7章研究这些系统的基本特征。

制造公司通过正式的、物理的和可观察的转换循环操作将原材料转化为成品。然而，服务和零售机构的转换循环可能不是正规的和可观察的。尽管如此，这些公司仍然从事增值转换循环活动，最终开发出可销售的产品或服务。这些活动包括为市场准备产品和服务，以及将折旧、建筑折旧和待摊费用等分配到适当的会计期间。与制造公司不同，商品销售公司不通过正式的转换循环子系统来计算这些活动，这些子系统跟踪和分配特定商品的成本。相比之下，一些服务机构，如会计师事务所、律师事务所、咨询公司确实会跟踪客户账户的特定成本（主要是劳动力），就像制造成本会计系统跟踪企业生产产品的劳动力和原材料一样。

2.1.1.3　收入循环

公司通过**收入循环**向客户销售商品和服务，包括处理现金销售、赊销以及赊销后的现金收入。收入循环交易也有实物和财务部分，它们是被分开处理的。收入循环的主要子系统是第4章的主题，将在正文中进一步简要概述。

销售订单处理。*大多数业务销售都是以赊账方式进行的，包括准备销售订单、授权信用、为客户运送产品（或提供服务）、向客户开票并在账户中记录交易（应收账款、库存、费用和销售额）。*

现金收入。*对于赊销，从销售时点到收到现金之间要经过一段时间（几天或几周）。现金收入处理包括收取现金、将现金存入银行并将这些事件记录在账户中（应收账款和现金）。*

2.2 会计记录

2.2.1 人工系统

本节描述了在交易周期中使用的每种**会计记录**的用途。我们从人工系统（文档、日记账和分类账）中使用的传统记录开始，然后在基于计算机的系统中检查这些数字对应的文档。

2.2.1.1 文档

文档在交易处理中具有多种用途。文档可以启动交易处理或作为流程的输出资料。它们还为审计师提供经济事件的证据。在本节中，我们检查三种类型的文档：源文档、产品文档和周转文档。

源文档。经济事件在交易的开始（来源）创建了一些文件。这些称为**源文档**，用于捕获和格式化交易循环所处理的交易数据。图 2-2 展示了源文档的创建。经济事件（在本例中为销售）导致销售人员准备一式多份的销售订单，这是销售发生的正式证据。此源文档的副本进入销售系统并用于将信息传递给各个功能，如开票、运输和应收账款。销售订单中包含的信息会触发每个功能的特定活动。

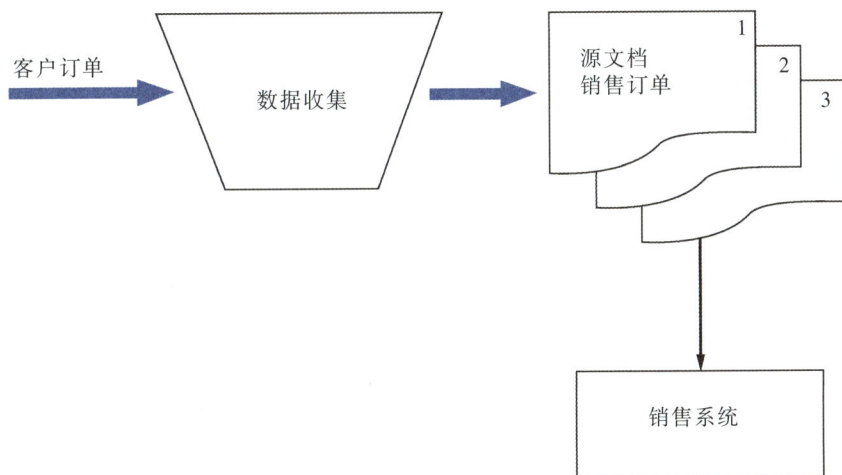

图2-2 创建源文档

产品文档。**产品文档**是交易处理的结果，而不是流程的触发机制。例如，检查员工的工资单是工资单系统的产品文档。图 2-3 扩展了图 2-2 的例子，说明客户的账单是销售系统的产品单据。我们将在后面的章节中研究产品文档的许多其他示例。

周转文档。**周转文档**是一个系统的产品文档，转而成为另一个系统的源文档。如图 2-4 所示。客户收到打印的一式两份账单或报表，一份是实际账单，另一份是汇款通知单。客户取下汇款通知单并将其与付款（通常是支票）一起退还给公司。汇款通知书是一个周转文档，其中包含有关客户账户的重要信息，以帮助现金收入系统处理付款。现金收入系统的设计者面临的问题之一是将客户付款与正确的客户账户相匹配。将所需信息作为销售系统的产品提供，可确保现金收入系统处理这些信息的准确性。

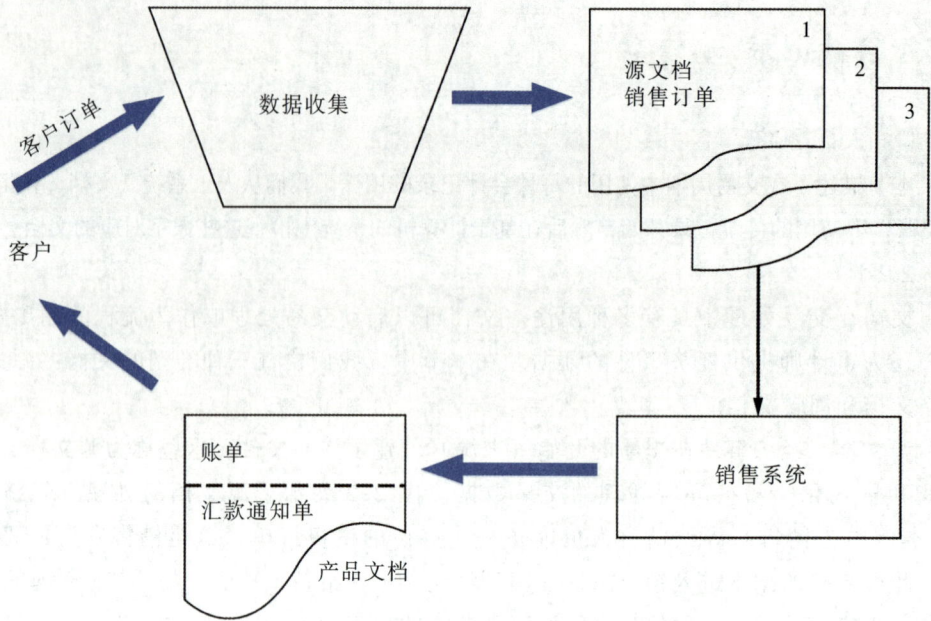

图2-3 产品文档

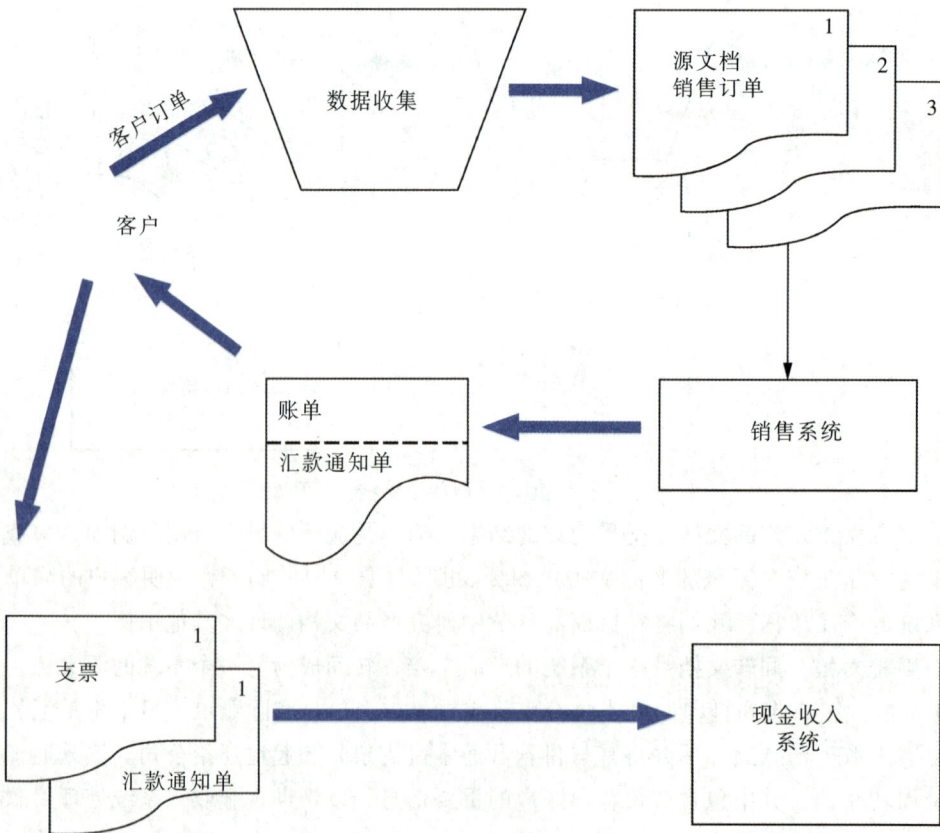

图2-4 周转文档

2.2.1.2　日记账

日记账是按时间顺序排列的财务交易记录。在交易过程中的某个时刻，当有关交易的所有相关事实都已知时，该事件会按时间顺序记录在日记账中。进入日记账的数据的主要来源是文档。例如，图 2-5 显示了客户销售（经济事件）被记录在销售订单（文件）上，接着被记录在销售日记账上（参见下面关于特殊日记账的讨论）。每笔交易都会产生一个单独的日记账分录，其中标记了受影响的账户以及要借记和贷记的金额。日记账分为两类：特种日记账和普通日记账。

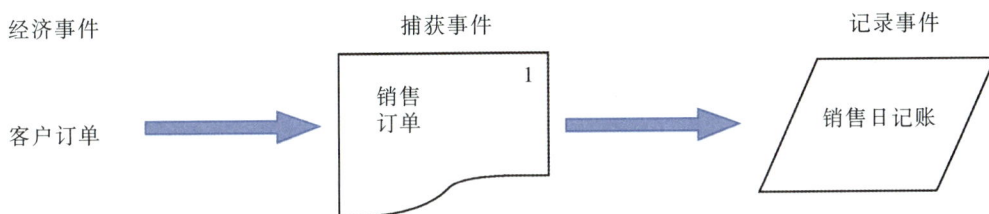

经济事件	捕获事件	记录事件
客户订单 →	销售订单　1 →	销售日记账

图2-5　销售订单记录在销售日记账上

特种日记账。特种日记账用于记录大量发生的特定类别的交易。此类交易可以集中记录在特种日记账中，处理起来比普通日记账效率更高。图 2-6 显示了用于记录销售交易的特种日记账。

日期	客户	发票编号	账户编号	过账	借方 会计记录#102	贷方 销售#401
9 月 1 日	Hewitt Co.	4523	1120		3300	3300
15 日	Acme Drilling	8821	1298		6825	6825
10 月 3 日	Buell Corp.	22987	1030		4000	4000
10 日	Check Ltd .	66734	1110		8500	8500

图2-6　特种日记账

如你所见，销售日记账提供了一种专门用于记录销售交易的方式。在处理周期（月、周或日）结束时，职员将各栏中的金额过账到指定的分类账户（参见本章中对分类账的讨论）。例如，总销售额将过账到 401 号账户。大多数组织使用其他几种特种日记账，包括现金收入日记账、现金支出日记账、采购日记账和工资日记账。

登记日记账。术语**登记簿**（register）通常用于表示某些类型的特种日记账。例如，工资日记账通常称为工资登记簿。然而，我们也使用登记簿来表示日志。例如，收货登记簿是从供应商处订购的原材料或商品的所有收据的记录。同样，发货登记簿是记录所有发货给客户的日志。

普通日记账。公司使用普通日记账来记录非经常性、不频繁和不同的交易。例如，折旧和结算分录通常记录在普通日记账中。图2-7展示了普通日记账的一页。请注意，这些列不是特定的，允许记录任何类型的交易。

实际上，通常的做法是用收款**日记账凭证**代替传统的普通日记账，这是为满足普通日记账要求的为每笔交易准备的书面授权。每张日记账凭证都包含以下信息：（1）唯一的凭证编号；（2）交易日期；（3）交易金额；（4）待更新的分类账；（5）授权创建或批准日记账凭证的个人签名。后续章节将讨论该技术在交易处理中的使用。

2.2.1.3　分类账

分类账是反映公司交易从各种日记账和日记账凭证过账后的财务影响的账簿。日记账显示业务活动的时间效应，分类账则按账户类型显示活动。分类账显示每个账户的增加、减少和当前余额。组织使用这些信息来编制财务报表、支持日常运营和编制内部报告。图2-8显示了财务信息从源文档到日记账和分类账的流程。

	普通日记账					页
	日期	描述	过账参考号	借方	贷方	
1	20××年9月1日	折旧费用	520	5000		1
2		累计折旧	210		5000	2
3						3
4	20××年9月2日	保险费用	525	1200		4
5		预付保险	180		1200	5
6						6
7	20××年9月3日	现金	101	11000		7
8		股本	310		11000	8
9						9
10						10
11						11
12						12

图2-7　普通日记账

分类账分为两类：（1）总分类账（简称总账），采用高度汇总的控制账户形式，包含公司的账户信息；（2）明细分类账（简称明细账），包含支持特定控制账户的详细信息。[1]

---

[1]　并非总账中的所有科目都有相应的子科目。销售和现金等控制账户通常没有明细账形式的支持性详细信息。同时，应收账款控制账户和库存控制账户通常会有明细账。

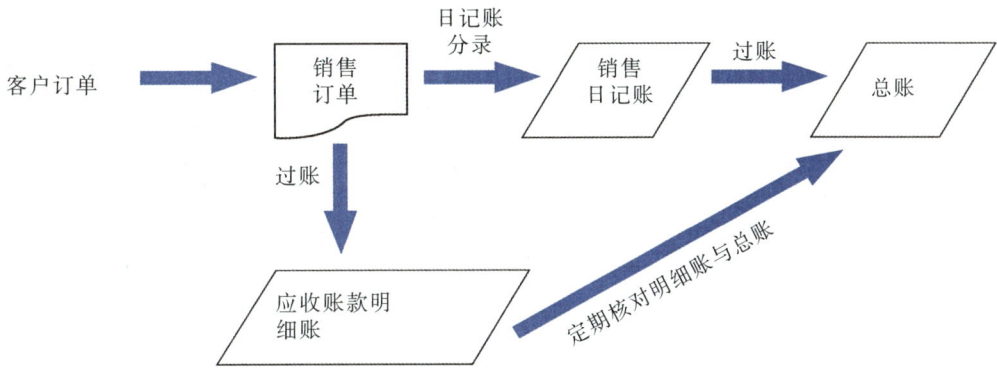

图2-8　从经济事件到总账的信息流

总分类账。总分类账（GL）汇总了组织每个财务账户的活动。总账功能根据组织内各个会计部门提交的日记账凭证更新这些记录。图 2-9 中的总账显示了几个不同账户在特定日期的期初余额、变化和期末余额。

现金　　　　　　　　　　　　　　　　　　　　　　　账户编号：101

日期		项目	过账参考号	借方	贷方	余额	
						借方	贷方
9月	10		S1	3300		3300	
	15		S1	6825		10125	
10月	3		S1	4000		14125	
	10		CD1		2800	11325	

应收账款　　　　　　　　　　　　　　　　　　　　　账户编号：102

日期		项目	过账参考号	借方	贷方	余额	
						借方	贷方
9月	1		S1	1400		1400	
	8		S1	2605		4005	
	15		CR1		1650	2355	

应收账款　　　　　　　　　　　　　　　　　　　　　账户编号：201

日期		项目	过账参考号	借方	贷方	余额	
						借方	贷方
9月	1		P1		20500		20500
	10		CD1	2800			17700

图2-9　总账

采购							账户编号：502		
日期	项目	过账参考号	借方		贷方		余额		
							借方	贷方	
9月 1		P1	2 0 5 0 0				2 0 5 0 0		

图2-9 总账（续）

总账为每个控制账户提供单一值，如应付账款、应收账款和库存。这种高度概括的信息对于财务报告来说已经足够了，但对于支持日常业务操作却没有用处。例如，出于财务报告的目的，公司的 AR（应收账款）总价值必须在资产负债表中以一个数字形式呈现。该值是从总账中的应收账款控制账户中获得的。然而，要实际收取该账户显示的现金，公司需要该汇总数字未提供的有关客户的详细信息。公司必须知道客户的地址，哪些客户欠钱，每个客户欠多少钱，客户上次付款的时间，下次付款的到期时间等。AR 明细账包含这些基本细节。

明细分类账。明细分类账保存在公司的各个会计部门，包括库存、应付账款、应付工资和应收账款。这种分离提供了更好的操作控制和支持。图 2-10 说明明细账中的账户余额总和应等于相应总账控制账户中的余额。因此，除了提供财务报表信息之外，总分类账还是一种用于验证各个会计部门已处理的会计数据的整体准确性的机制。任何错误地记录在日记账或明细账中的事件都将导致总账不平，应在总账更新期间检测到这种情况。通过定期核对来自明细账、日记账和控制账户的汇总余额，可以正式评估交易处理的完整性和准确性。

2.2.2 审计跟踪

前面描述的会计记录提供了一个**审计跟踪（线索）**，用于从财务报表中包含的账户余额追溯到源文档和创建它们的经济事件。在进行财务审计时，审计跟踪至关重要。

外部审计师的责任部分涉及审核选定的账户和交易，以确定其有效性、准确性和完整性。假设审计师希望验证其年度财务报表中公布的客户应收账款（AR）余额的准确性。审计师可以从资产负债表上的 AR 值追溯到总账 AR 控制账户，然后将此余额与应收账款明细账的总额进行核对。

审计师将使用抽样技术来检查具有代表性的交易子集，而不是检查每笔交易。按照这种方法，审计师可以从应收账款明细账中选择多个账户，并从这些账户追溯到销售日记账。从销售日记账中，审计师可以识别发起交易的特定源文档，并从文档中提取它们，以验证其有效性和准确性。

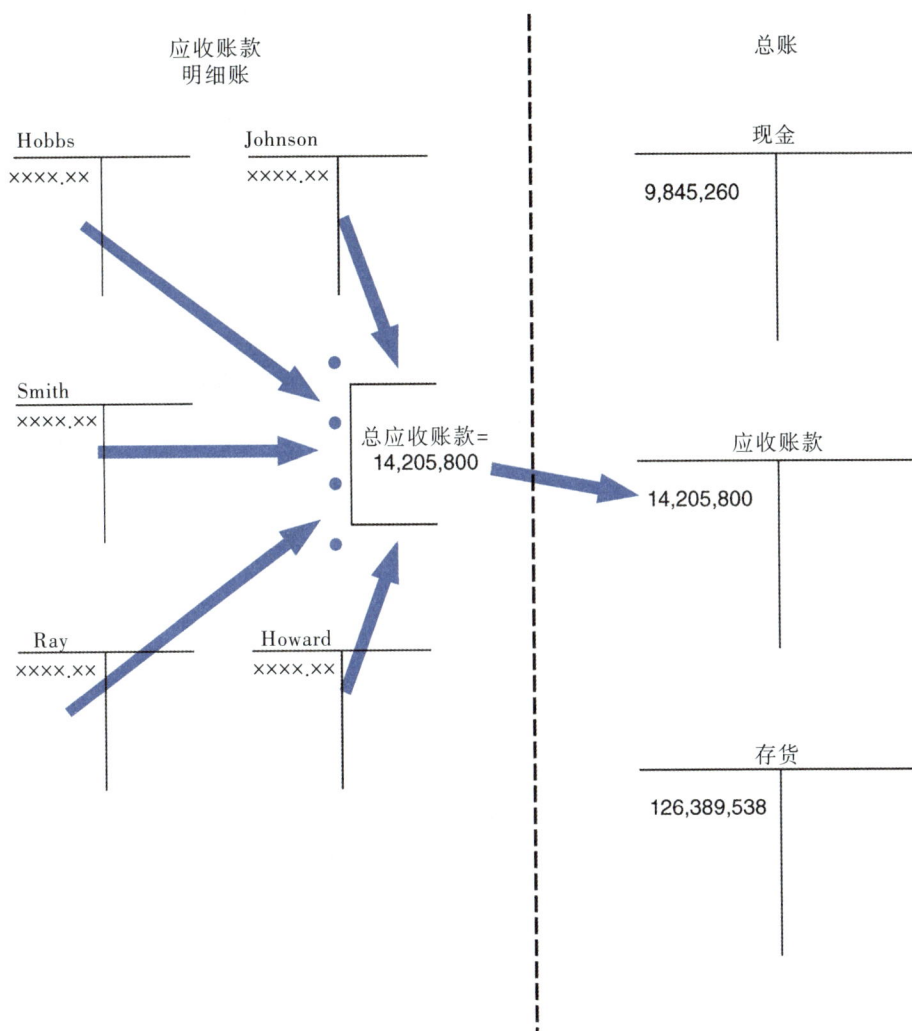

图2-10　明细账与总账之间的关系

　　AR 的审计通常包括一个称为函证的程序。这涉及联系选定的客户，以确定账户中记录的交易是否实际发生，以及客户是否认同记录的余额。源文档和明细账中包含的信息使审计师能够识别并选定函证的客户。核对应收账款与控制账户并向客户发出函证得出的结果，有助于审计师对资产负债表上报告的应收账款的准确性形成意见。审计师对其客户公司的所有主要账户和交易进行类似的测试，以得出财务报表是否公允列报的总体意见。审计跟踪在此过程中起着重要作用。

2.2.3　数字会计记录

　　现代会计系统将数据存储在四种类型的数字计算机文件中：主文件、交易文件、参考文件和存档文件。图 2-11 说明了这些文件在形成审计跟踪时的关系。

　　主文件。**主文件**包含账户数据。总账和明细账是主文件的示例。主文件中的数据值因交易而更新（更改）。

交易文件。交易文件是交易记录的临时文件，用于更新主文件中的数据。销售订单、库存收据和现金收据是交易文件的示例。实际的文件更新过程将在本章后面解释。

参考文件。参考文件存储用作处理交易标准的数据。例如，工资核算程序可以参考税表来计算工资的正确预扣税金额。其他参考文件包括用于准备客户发票的价目表、授权供应商名单、员工花名册、用于批准赊销的客户信用历史文件，以及用于计算向客户发货所付的运费。图2-11中的参考文件是一个运费文件。

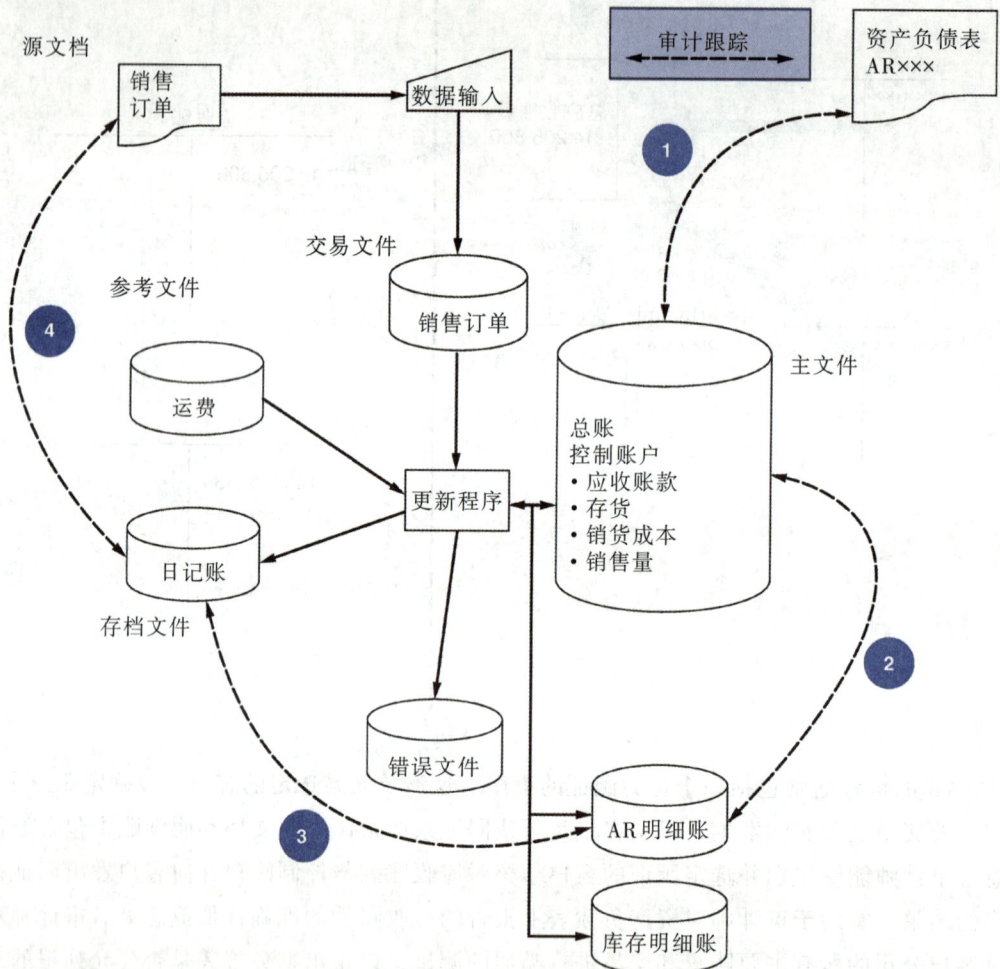

图2-11　计算机系统中的会计数据记录

存档文件。存档文件包含过去交易的记录，这些记录被保留以供将来参考，并构成审计跟踪的重要组成部分。存档文件包括日记账、前期工资单信息、前雇员名单、注销账户记录和前期分类账。

数字审计跟踪

数字记录之间的审计线索不如打印文件之间的审计线索明显，但它们仍然存在。让我们通过图2-11所示的系统来说明数字文件如何提供审计线索。我们从捕捉经济事件开始。在此示例中，销售是以人工记录在源文档上的。此过程的下一步是将源文档转换为数字形式。这是在数据输入阶段完成的。根据正在处理的交易的性质和数量，系统可能不使用机打源文档。相反，交易将直接被记录在数字媒体上。我们稍后会研究其他处理方法。

下一步是更新受交易影响的各种主文件明细账和总账控制账户。在更新过程中，会编辑交易事项以检测是否有错误。某些交易可能由于账号错误、待处理交易事项少或数据输入过程中出现笔误等原因而出现错误或无效。由于检测到错误而被拒绝的记录将被转移到错误文件中，该文件稍后可离线查看、更正并重新提交以进行处理。成功通过编辑的记录用于更新主文件。只有这些有效的交易才被添加到作为销售日记账的归档文件中。将有效交易复制到日记账中，审计跟踪不需要原始交记录文件。该文件现在可以被删除（划掉），为下一批销售订单作准备。

与纸质审计跟踪一样，这种数字审计跟踪允许进行交易跟踪。同样，试图评估资产负债表中公布的 AR 数据准确性的审计师可以通过以下步骤进行评估，这些步骤在图 2-11 中用虚线箭头标识。

（1）将资产负债表中的应收账款余额与主文件应收账款控制账户余额进行比较。

（2）将应收账款控制账户数字与应收账款明细账总额核对。

（3）随机抽取 AR 明细账中更新过的账户分录样本，并跟踪这些项目在销售日记账（归档文件）中的交易记录。

（4）从这些日记账分录中确定可以从其文件中提取并验证的特定源文档。如有必要，审计师可以通过向相关客户发询证函来验证这些原始文件的准确性和适当性。

2.3　文件结构

数字文件结构和存储技术在不同交易处理系统中差异很大。这是因为没有单一的结构适用于所有数据处理任务。某些结构在处理大型主文件中的所有记录时非常有效。例如，在发薪日，员工工资单主文件中的每个员工记录都需要处理，因为所有（或大多数）员工都获得了报酬。有些文件结构更适合直接定位和处理大型文件中的单个记录，而无须搜索文件中的数千或数百万条其他记录。例如，从包含一百万条记录的客户主文件中选择特定客户的记录，以回应客户的电话查询，这需要直接访问文件结构。由于没有哪种结构在所有应用程序中都能发挥最大作用，因此选择数据管理文件结构通常会采取折中办法。本章的附录提供了几个文件结构的例子，并讨论了它们各自的优缺点。

在这一点上，我们将文件结构大致分为两类：（1）平面文件；（2）数据库。以下部分将分析每个类别的一般特征并说明数据管理系统的发展。平面文件方法通常与所谓的**遗留系统**相关联，这些遗留系统是大型主机系统，在 20 世纪 60 年代和 70 年代很常见，直到今天仍然存在。大多数现代系统的运行都采用数据库技术，尽管平面文件系统仍然在特殊应用程序中运行。此外，自 20 世纪 60 年代以来，数据库技术一直存在，一些遗留系统使用早期的数据库技术。最终，平面文件系统将消失，但现下会计师和审计师必须处理这两个问题。

2.3.1 平面文件模型

平面文件模型为最终用户拥有其数据文件而不是与其他用户共享数据文件的环境提供服务，因此，独立应用程序而不是整合系统执行数据处理。当多个用户出于不同目的需要相同或相似的数据时，他们需要获取针对其特定需求的结构化单独数据集，这会导致大量数据冗余。图 2-12 说明了客户销售数据如何呈现给耐用品零售组织中的三个不同用户。会计职能部门需要按账号排序的客户销售数据，其结构显示未结余额。它可用于向客户开票、AR 维护和财务报表编制。营销部门需要按人统计键入组织的客户销售历史数据。营销部门利用它来确定新产品促销的目标和销售产品的升级。产品服务组需要按产品组织并予以结构化，以显示计划服务日期的客户销售数据。此类信息用于与客户进行售后联系，以安排预防性维护并争取签订销售服务协议。

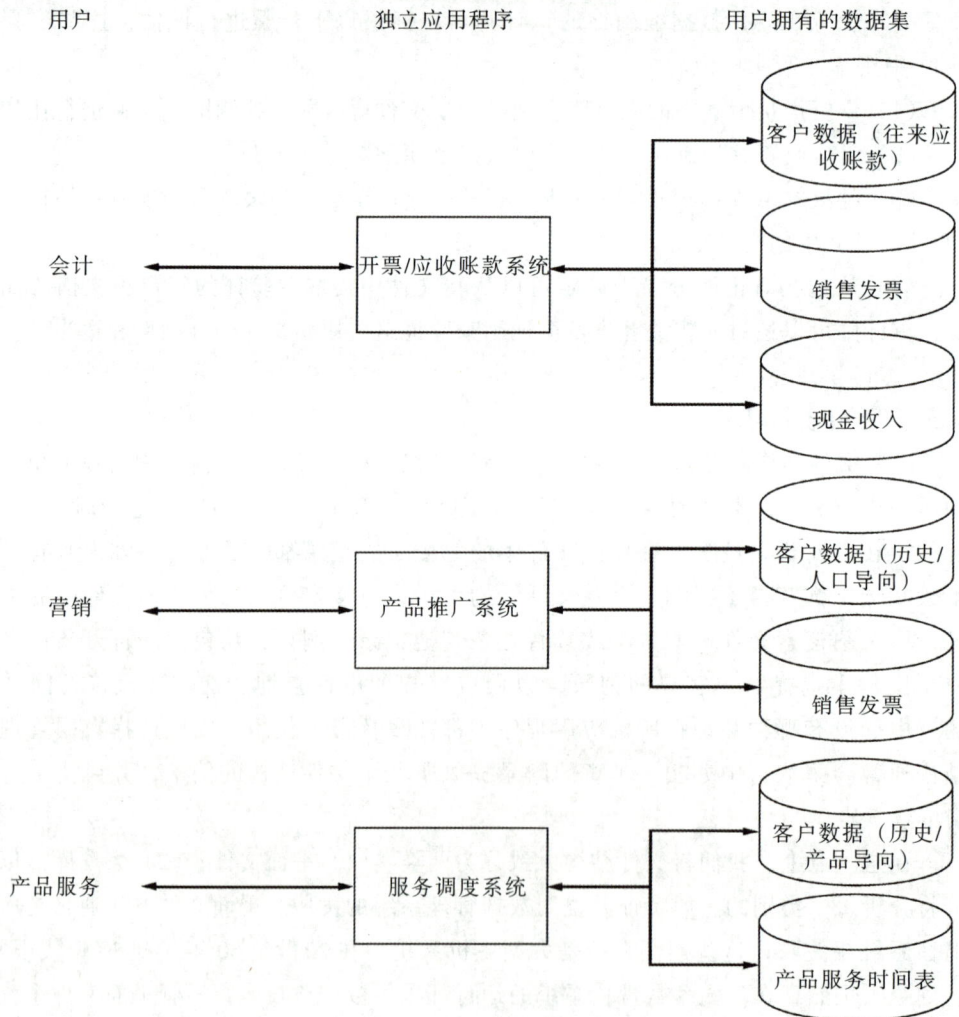

图2-12　平面文件模型

此示例中展示的数据冗余导致了平面文件环境中的三个重要问题：**数据存储**、**数据更新**和**信息流通**。以下部分将讨论与平面文件相关的这些及其他问题。

2.3.1.1　数据采集和存储

一个高效的信息系统只捕获和存储一次数据，并使这个单一来源供所有需要它的用户使用。在平面文件环境中，这是不可能的。为了满足用户的专用数据需求，组织必须承担多次收集和多次存储过程的成本。一些常用的数据可能会被重复存储数十次、数百次甚至数千次。

2.3.1.2　数据更新

组织存储的数据需要定期更新以反映变化。例如，客户姓名或地址的更改必须反映在包含这些数据的所有主文件中。当用户保留单独的文件时，必须为每个用户单独进行所有更改。这大大增加了数据管理的工作量和成本。

2.3.1.3　信息货币

与执行多次更新的问题相反的问题是，无法更新受状态变化影响的所有用户文件。如果更新信息没有正确地发布到系统中，更改将不会反映在某些用户的数据中，从而导致基于过时信息作出行动和决策。

2.3.1.4　任务数据依赖

平面文件方法的另一个问题是用户无法在其需求发生变化时获得额外信息。这个问题被称为**任务数据依赖**。用户的信息集受到他或她拥有和控制的数据的约束。在这样的环境中，建立正式的数据共享机制是困难的，因为用户是独立行动的，而不是作为用户社区的成员行动。因此，新的信息需求往往通过获取新的数据文件来满足。这需要时间，会抑制运行速度，进一步增加数据冗余，并提高数据管理成本。

2.3.1.5　平面文件限制数据整合

平面文件方法是单用户视图模型。文件经过结构化、格式化和排列，以满足数据所有者或主要用户的特定需求。然而，这种结构可能会排除其他用户使用所需的数据，从而阻止数据在整个组织中的成功整合。例如，由于会计职能部门是会计数据的主要用户，因此通常会捕获、格式化和存储这些数据，以适应财务报告和公认会计原则（GAAP）的要求。然而，这种结构可能对组织的其他（非会计）数据用户（如营销、财务、生产和工程职能）无用。平面文件为这些用户提供了三个选项：（1）不使用会计数据来支持决策；（2）操纵和调整现有数据结构以满足其独特需求；（3）获得额外的专用数据集，并产生与数据冗余相关的成本和操作问题。尽管存在这些固有的限制，一些组织仍然在其旧的遗留系统中有限地使用平面文件。

2.3.2　数据库模型

通过将**数据库模型**运用到数据管理中，组织已经克服了与平面文件相关的一些问题。图 2-13 说明了这种方法如何将组织数据集中到一个由其他用户共享的公共数据库中。由于组织的数据位于中心位置，所有用户都可以访问实现各自目标所需的数据。值得注意的一点是，数据以最细粒度的格式存储，而不是根据任何单个用户的需求进行调整和配置。对数据资源的访问由**数据库管理系统**（database management system，DBMS）控制。DBMS 是一个软件系统，它只允许用户访问经过授权的数据。用户的应用程序向 DBMS 发送数据请求，DBMS 根据用户的访问权限验证并授权其对数据库的访问。如果用户请求他或她无权访问的数据，那么请求将被拒绝。很明显，分配用户权限的程序是审计师需要考虑的重要控制问题。

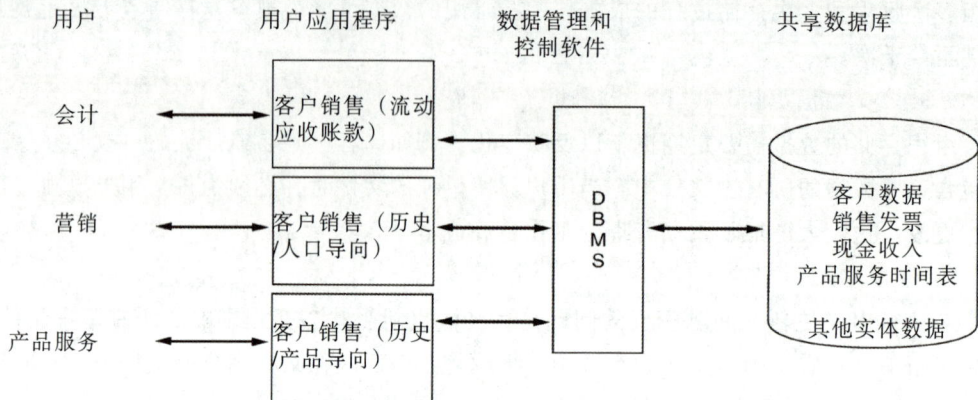

图2-13　数据库模型

数据库模型和平面文件模型之间最显著的区别是，前者将数据汇集到所有组织用户共享的公共数据库中。通过访问实体数据的全域，无须获取额外的专用数据集，即可满足用户信息需求的变化。用户仅受实体可用数据的限制以及他们访问数据的合法性的限制。通过数据共享，可以消除前面描述的与平面文件系统相关的传统问题。

我们在第9章和第10章详细研究了关系数据库模型以及它特有的过程和控制问题。在此之前，为了简化后续交易处理章节中的讨论，我们没有提及可能在所介绍的系统中采用的特定文件技术。所采用的特定文件结构，无论是平面文件还是数据库，在很大程度上与这些章节所关注的过程和控制问题相关。相反，我们将使用通用术语来指代数字数据文件，如 AR 明细账、应付账款控制账户和客户订单文件。类似地，本章和后续章节中的系统流程图中描述的数字数据存储符号代表通用数据文件。

2.4　文档技术

在记录会计信息系统时，"一图胜千言"这句老话非常适用。系统的书面描述可能冗长且难以理解。经验表明，视觉图像比文字能更有效地传达重要的系统信息。作为系统设计师和审计师，会计师经常使用系统文档。因此，以图形形式记录系统的能力是会计师必须掌握的一项重要技能。本节介绍了五种基本的文档技术：数据流程图、实体关系图、系统流程图、程序流程图和记录布局图。

2.4.1　数据流程图和实体关系图

两种常用的系统设计和文档技术是数据流程图和实体关系图。本节介绍这些技术的主要特征，说明它们的用途，并说明它们之间的关系。

2.4.1.1 数据流程图

数据流程图（data flow diagrams，DFD）使用符号来表示与系统相关的实体、流程、数据流和数据存储。图2-14展示了最常用的数据流程图符号集。DFD用于表示从非常一般到极为详细的不同层级细节的系统。在第13章，我们将研究多级DFD的构造。此时，单级DFD足以证明其作为文档工具的作用。图2-15提供了一个例子。

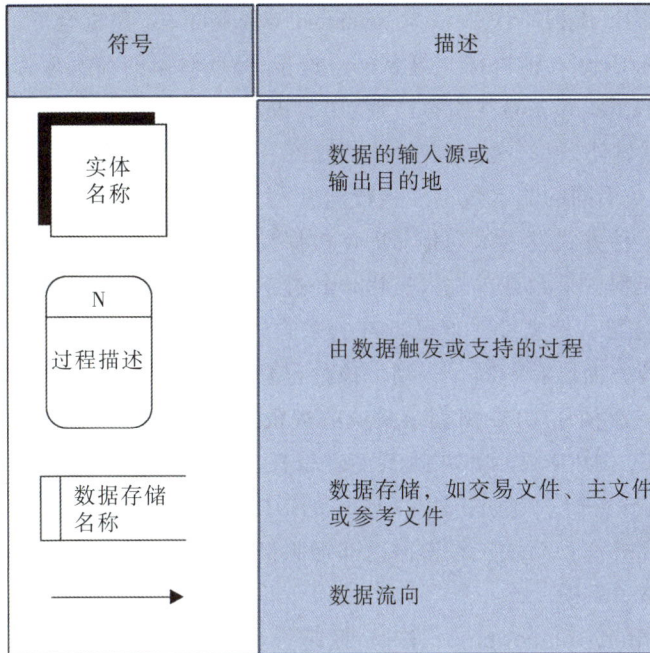

符号	描述
实体名称	数据的输入源或输出目的地
N 过程描述	由数据触发或支持的过程
数据存储名称	数据存储，如交易文件、主文件或参考文件
→	数据流向

图2-14 数据流程图符号集

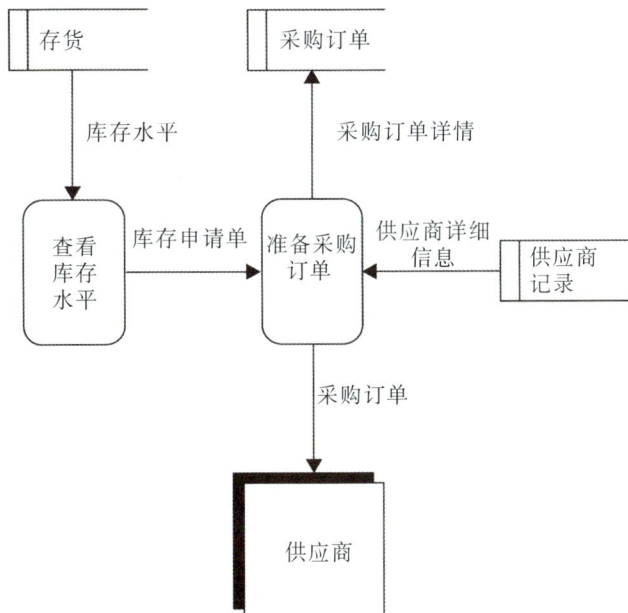

图2-15 数据流程图采购系统

DFD 中的实体表示位于被建模系统之外的对象。它们是数据的来源和目的地。这些可能是组织外部的其他接口系统或实体。按照惯例，实体在 DFD 上被标记为单数名词，如客户和供应商。数据存储代表每个流程中使用的会计文件和记录，带标签的箭头代表流程、数据存储和实体之间的数据流。

DFD 中的流程应标有描述性动词，如查看库存水平、准备采购订单、接收客户订单和更新应收账款。流程不应表示为 Inventory Warehouse（存货仓库）、Purchase Dept.（采购部）和 Sales Dept.（销售部）等名词。连接 DFD 对象的箭头应标记为表示特定数据流，如 Inventory Requisition（库存申请单）、Purchase Order（采购订单）和 Sales Order（销售订单）。另外，每个数据流标签都应该有不同的命名，同一个标签不应贴在同一个 DFD 中的两条不同的流水线上。当数据流入一个进程并再次流出（到另一个进程）时，数据已经以某种方式发生了变化。即使数据没有被物理改变也是如此。例如，考虑采购订单的审批流程：采购订单进入流程，经过正确审核，获得批准，然后到下一个流程。虽然实际上是同一份文件，但已批准的采购订单（PO）与进入流程的未批准的采购订单在信息内容方面已有不同。否则，该过程毫无意义。

系统分析师广泛使用 DFD 来表示系统的逻辑元素。然而，这种技术并没有描述物理系统。换句话说，DFD 显示正在执行的逻辑任务，但不显示它们是如何执行的或谁（或什么）正在执行它们。例如，图 2-15 中的 DFD 没有显示查看库存水平是否与准备采购订单流程实际分离，而这正是遵循内部控制目标所要求的。

2.4.1.2　实体关系图

实体关系（entity relationship，ER）**图**是一种用于表示业务实体之间关系的建档技术。在这种情况下，"实体"一词适用于组织捕获数据的任何事物。实体可以是物理资源（汽车、现金或存货）、事件（客户订单、购买库存或接收付款）或代理（销售人员、客户或供应商）。ER 图的一个常见用途是为组织的数据库建模，我们将在第 9 章和第 10 章详细讨论。

图 2-16 显示了 ER 图中使用的符号集。方形符号代表系统中的实体。标记的连接线表示两个实体之间关系的性质。关系的程度，称为**基数**，是实体之间的数值映射，例如一对一（1∶1）、一对多（1∶M）和多对多（M∶M）。[①]基数反映了正常的业务规则以及组织策略。例如，图 2-16 中第一个示例中的 1∶1 基数表明组织中的每个销售人员都被分配了一辆汽车。相反，如果组织的政策是将一辆汽车分配给多个共享该汽车的销售人员，则该政策将反映在 1∶M 关系中。同样，图 2-16 中供应商和库存之间的 M∶M 关系意味着组织从一个或多个供应商处购买相同类型的产品。仅从单个供应商处购买特定商品的公司政策可以用 1∶M 基数表示。

系统设计者识别组织实体并为它们构建模型，类似于图 2-17 中所示的模型。该**数据模型**最终将成为物理数据库的蓝图。然而，在我们的例子中展示的数据模型还不够完善，不足以作为一个可行的数据库计划。构建真实的数据模型是一个高级主题，涉及理

[①]　当我们更详细地研究数据建模时，我们将在第 9 章中研究这三个基本基数的变体。届时，将引入一种更精确的表示基数的文档技术，称为鱼尾纹标记法。

解和应用第9章和第10章中介绍的技术和规则。

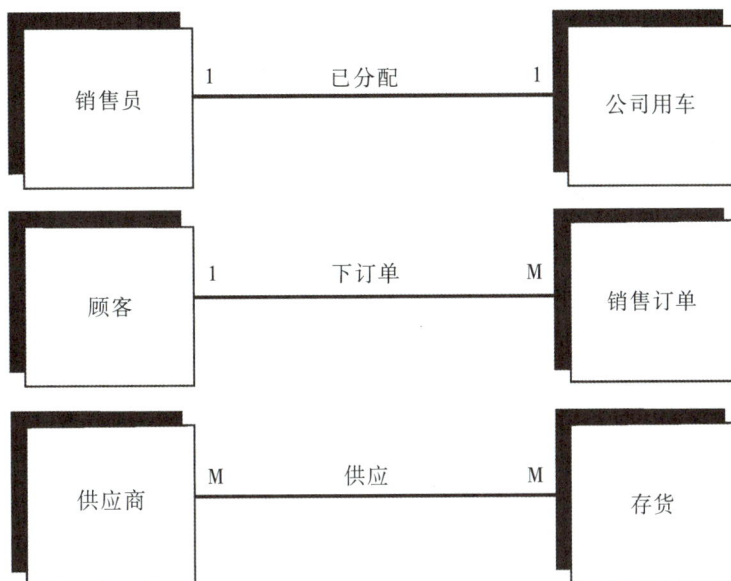

图2-16 实体关系图符号集

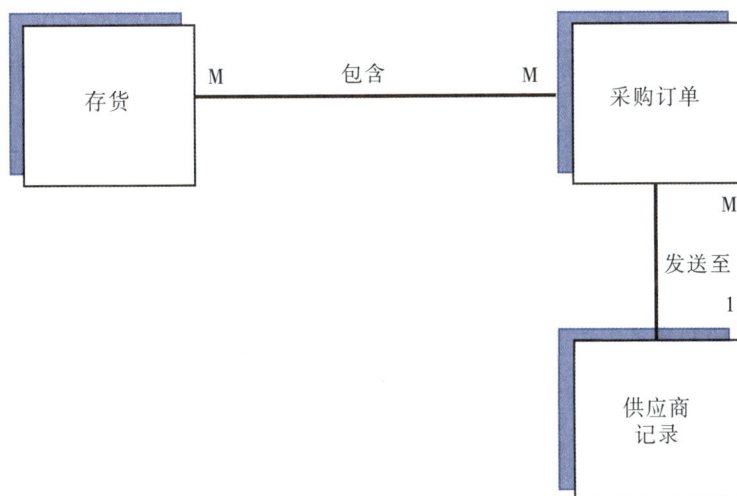

图2-17 数据模型

2.4.1.3 ER图和DFD之间的关系

DFD和ER图记录了系统的不同方面，但它们是相关的。DFD对系统流程进行建模，而ER图对系统中使用的数据进行建模。DFD中的每个数据存储都表示为相应ER图中的一个实体。图2-17显示了图2-15中DFD的ER图。

2.4.2 系统流程图

系统流程图是系统关键元素之间物理关系的图形表示。这些元素可能包括组织部门、人工活动、计算机程序、打印会计记录（文档、日记账、分类账和文件）和数字记录（参考文件、交易文件、档案文件和主文件）。①系统流程图还描述了系统中使用的物理计算机介质，如磁带、磁盘和终端。

以下部分中的流程图示例说明了表示人工活动和计算机过程的技术。我们首先记录人工活动，然后将计算机流程添加到系统中。

2.4.2.1　流程图人工活动

为了演示人工活动的流程图，我们假设审计师需要绘制销售订单系统的流程图来评估其内部控制和程序。审计师将首先采访参与销售订单流程的个人，以确定他们的工作。这些信息将被记录在一组书面事实中，与文中进一步讨论的内容相似。请记住，此处的目的是演示流程图。因此，为了清楚起见，系统事实是特意简化的。

（1）销售部门的一名职员通过邮件收到一份机打的客户订单，并人工准备了一式四份的销售订单打印件。

（2）这名职员将销售订单副本1发送给信用部门以供审批。其他三份副本和原始客户订单暂时归档，等待信用审批。

（3）信用部门职员根据信用部门保存的机打信用记录来验证客户的订单，在副本1上签字表示同意，并返给销售部门的职员。

（4）当销售部门的职员收到信用审批时，他或她将副本1和部门的客户订单归档。这名职员将副本2发送到仓库，将副本3和副本4发送到运输部门。

（5）仓库职员从货架上挑选产品，在机打库存记录中记录转移，并将产品和副本2发送给运输部门。

（6）运输部门从仓库部门收到副本2和货物，将副本2作为装箱单附上，然后将货物运送给客户。最后，运输部门的职员将副本3和副本4归档到运输部门。

基于这些事实，审计师可以创建该部分系统的流程图。重要的是，要注意流程图既是一种艺术形式，也是一种技能，这给了流程图绘制者很大的自由。然而，流程图的主要目标应该是提供系统的明确描述。考虑到这一点，需要遵守某些规则和约定：

（1）流程图应该被标记以清楚地识别它所代表的系统。

（2）应该使用正确的符号来表示系统中的各种实体。

（3）流程图上的所有符号都应标明。

（4）线条应带有箭头，以清楚地显示流程流向和事件顺序。

（5）如果复杂的过程需要额外的解释来说明清楚，则应在流程图或流程图引用的附件中附带文字描述。

阐述活动的物理区域。请记住，流程图反映的是物理系统，它是由分界线分隔的事件和动作的垂直列来表示的。通常，每一个活动领域都是一个带有标题的单独列。从以上所写的系统事实中，我们看到有四个不同的活动领域：销售部门、信用部门、仓

---

①　这个术语与我在本书早期版本中遵循的会计惯例略有不同。在早期版本中，对文件流程图和系统流程图进行了区分。"文件流程图"一词是在专门采用人工记录和粘贴活动以及纸质（硬拷贝）文件、日记账和分类账的系统普遍存在的时候创造的。如今，很少有功能系统属于这一类，即使是基本的现代会计系统也包括人工操作和计算机操作。除了过时之外，我发现这个术语——文件流程图——对试图掌握流程图的学生来说可能会产生误导。因此，在本书中，我们将使用系统流程图或简单的流程图来表示实体会计系统，无论是人工的还是基于计算机的，或者两者都有。

库和运输部门。绘制流程图的第一步是对这些活动领域进行布局并标记每个领域。此步骤如图2-18所示。

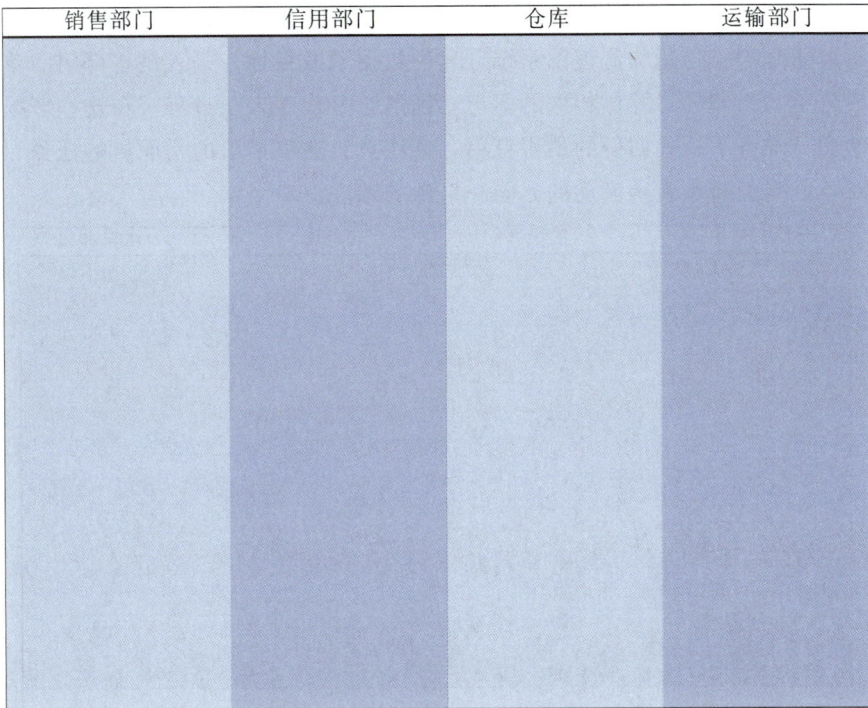

销售部门	信用部门	仓库	运输部门

图2-18 流程图显示活动领域

将书面事实转录为视觉格式。此时,我们已经准备好开始可视化地表示系统事实。用于此目的的符号将从图2-19所示的集合中选择。我们从陈述事实(1)开始。

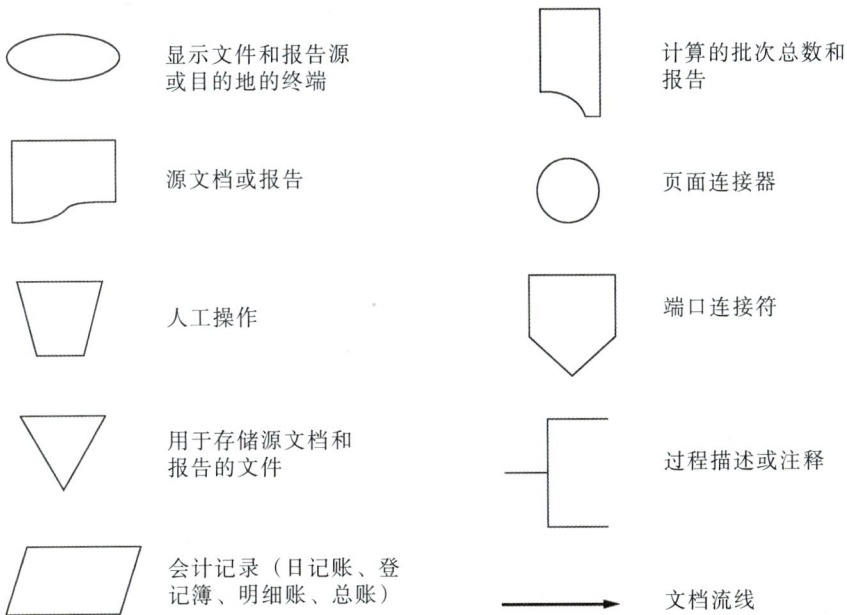

显示文件和报告源或目的地的终端		计算的批次总数和报告	
源文档或报告		页面连接器	
人工操作		端口连接符	
用于存储源文档和报告的文件		过程描述或注释	
会计记录(日记账、登记簿、明细账、总账)		文档流线	

图2-19 代表人工程序的符号集

（1）销售部门的一名记账员通过邮件收到一份机打客户订单，并人工准备了一式四份的销售订单打印件。

图2-20说明了这个事实是如何表示的。客户是订单的来源，但不是系统的一部分。椭圆形对象通常用于传达与流程图系统分离的数据源或目标。进入销售部门的单据符号表示客户订单的打印件，并作相应的标记。桶形符号代表人工过程。在这种情况下，销售部门的职员准备了一式四份的销售订单。请注意，这里描绘的是职员的任务，而不是职员。对象之间的箭头表示流动的方向和事件的顺序。

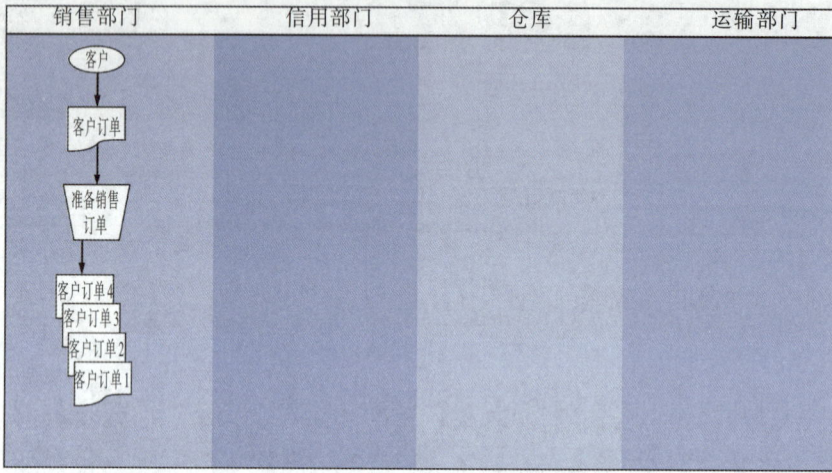

图2-20　将陈述事实（1）转化成视觉符号的流程图

通过以这种方式转录每个事实，我们系统地构建了一个流程图。请看文中进一步重申的事实（2）和（3）是如何添加到图2-21的流程图中的。

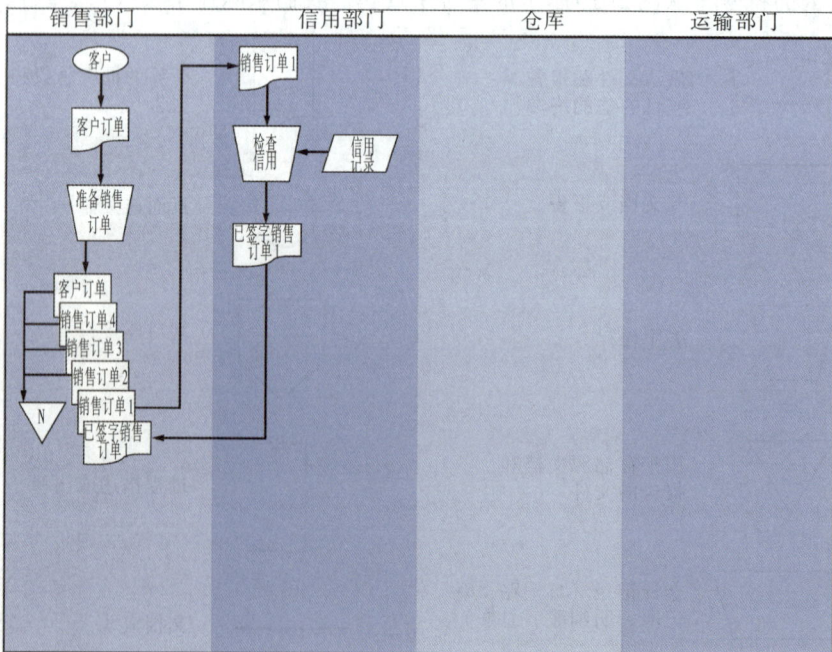

图2-21　流程图显示了陈述事实（1）、（2）和（3）被转化成视觉符号

（2）记账员将销售订单副本 1 发送给信用部门以供审批。其他三份副本和原始客户订单暂时归档，等待信用审批。

（3）信用部门职员根据信用部门保存的机打信用记录来验证客户的订单。该职员在副本 1 上签字表示同意，并返回给销售部门职员。

此图中引入了两个新符号。首先，倒三角形符号代表事实（2）中提到的临时文件。这是纸质的物理文件。这些文件通常按照指定的顺序排列。为了表示所使用的归档系统，文件符号通常包含一个"N"代表编号（发票编号），"C"表示时间顺序（日期），或"A"表示字母顺序（客户名称）。其次，平行四边形代表事实（3）中提到的信用记录。该符号用于描述多种类型的机打会计记录，如日记账、明细账、总账和运输日志。有了这些基础后，现在让我们通过描述剩下的事实来完成流程图。

（4）当销售部门职员收到信用审批时，他或她将副本 1 和部门的客户订单归档，并将副本 2 发送到仓库，将副本 3 和 4 发送到运输部门。

（5）仓库职员从货架上挑选产品，在机打库存记录中记录转移，并将货物和副本 2 发送给运输部门。

（6）运输部门职员从仓库收到副本 2 和货物，将副本 2 作为装箱单附上，然后将货物运送给客户。最后，该职员将副本 3 和副本 4 在本部门归档。

完成的流程图如图 2-22 所示。请注意标有"A"的圆形符号，这是一个页面连接器，用于替换会导致页面过度混乱的流线。在这种情况下，连接器替换了表示副本 3 和副本 4 从销售部门移动到运输部门的线路。应尽可能使用线条以提高清晰度。但是，有限制地使用连接器可以提高流程图的可读性。

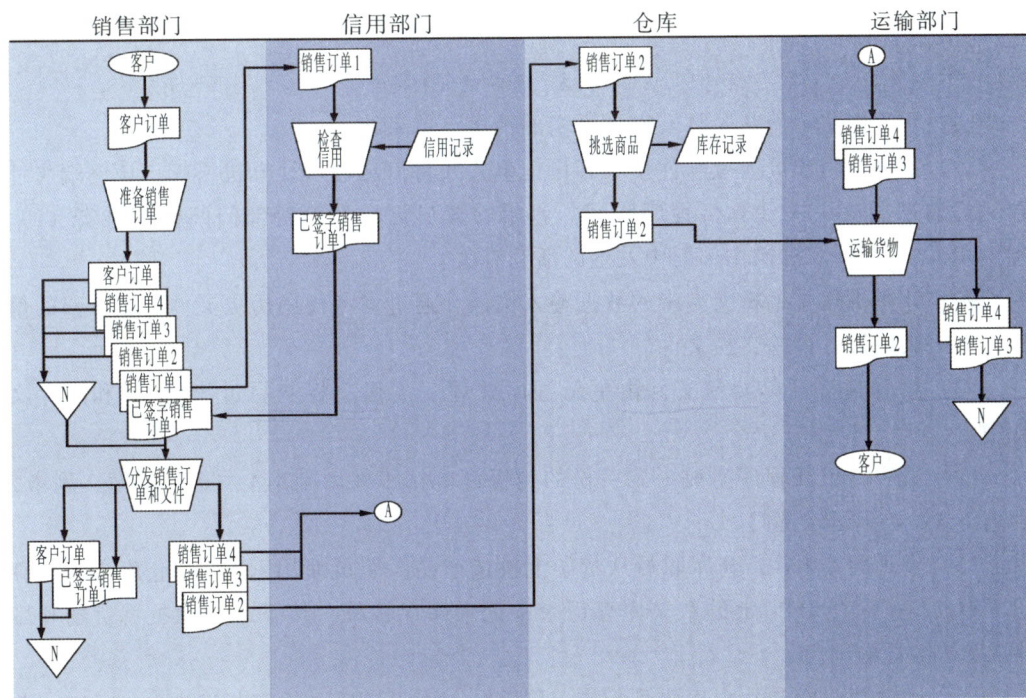

图 2-22 流程图显示所有陈述的事实转化为视觉符号

另请注意，事实（5）中提到的货物或商品并未显示在流程图中。但是，显示了随附和控制货物的文件（副本2）。通常，系统流程图仅显示文档流，而不显示实物资产。

最后，为了清晰起见，系统流程图仅显示单个交易的处理。但是，你应该记住，交易可能成批（组）发生而不是作为单个事件流经系统。批处理涉及将大量类似交易收集在一起并将它们作为单个工作单元进行处理。这提高了本章后面部分讨论的某些操作的效率。

2.4.2.2　以流程图来显示计算机处理过程

我们现在来研究以流程图技术来显示一个使用人工和计算机处理的系统。用于绘制此系统流程图的符号集将来自图2-19和图2-23。

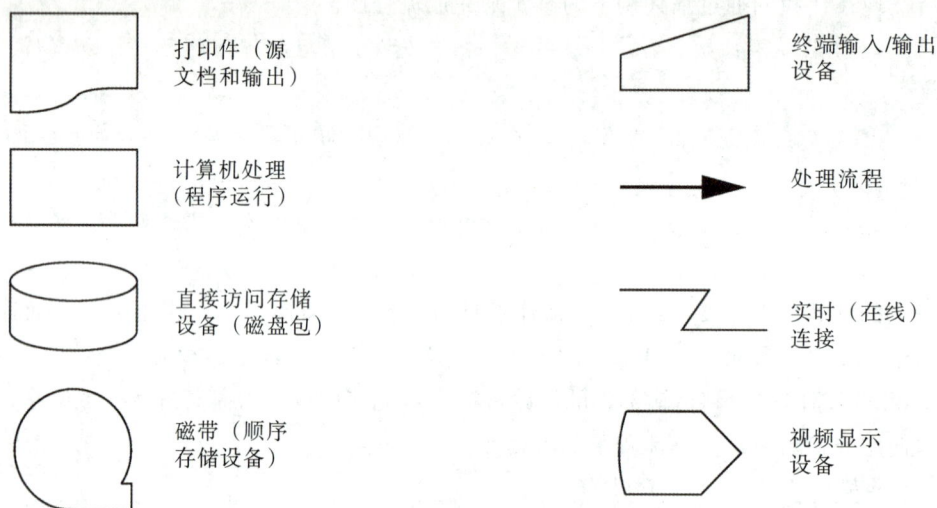

	打印件（源文档和输出）		终端输入/输出设备
	计算机处理（程序运行）		处理流程
	直接访问存储设备（磁盘包）		实时（在线）连接
	磁带（顺序存储设备）		视频显示设备

图2-23　代表计算机处理的符号集

同样，我们的示例基于具有以下事实的销售订单系统：

（1）销售部门职员通过邮件接收客户订单，并将信息输入计算机终端，该终端与计算机运营部门的中央计算机程序联网。原始的客户订单在销售部门归档。事实（2）、（3）和（4）与计算机操作部门中发生的活动有关。

（2）计算机程序编辑交易中的数据输入错误，通过参考信用历史文件检查客户的信用，并生成销售订单的交易文件。

（3）然后销售订单交易文件由更新程序处理，该程序将交易过账到 AR 和库存文件中。

（4）最后，更新程序生成一式三份的销售订单打印件。副本1发送到仓库，副本2和副本3发送到运输部门。

（5）收到副本1后，仓库职员从货架上挑选产品。职员使用副本1和仓库个人计算机（PC），在保存于 PC 上的数字库存记录中记录库存转移。接下来，职员将货物和副本1发送给运输部门。

（6）运输部门职员从仓库收到副本1和货物。该职员核对货物与副本1、2和3，并附上副本 1 作为装箱单。接下来，职员将货物（附有副本 1）递送给客户。最后，职员在机打装运日记账中记录装运情况，并将副本 2 和副本 3 在本部门存档。

流程图首先创建一个模板，该模板描述了类似于图 2-18 中所示的活动区域。此案例的不同之处在于，该系统有计算机操作部门，没有信用部门。

将书面事实转换为视图格式。与人工系统示例一样，下一步是将书面事实系统地转换为视图对象。图 2-24 说明了事实（1）、（2）和（3）如何进行视图转换。

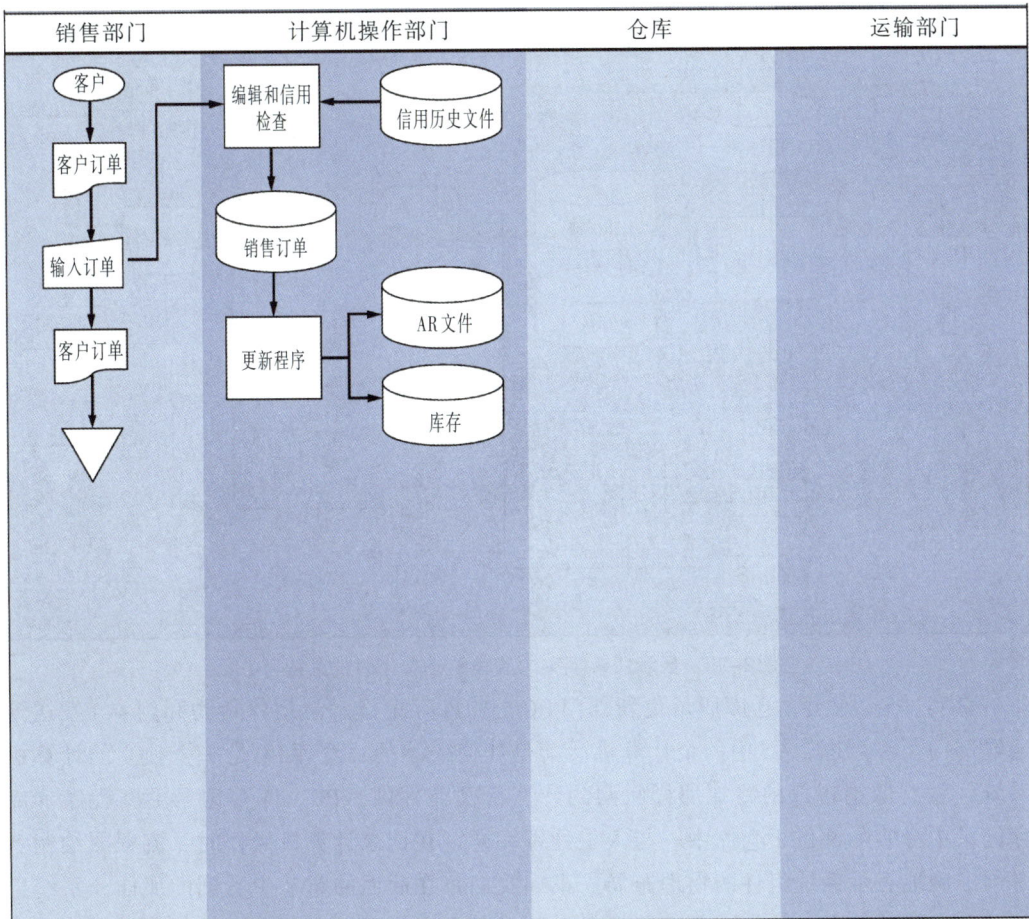

图 2-24　将事实（1）、（2）和（3）转换为视觉符号的流程图

此流程图中的客户、客户订单和文件符号与前面的示例相同。然而，销售部门职员的活动现在是自动化的，人工流程符号已替换为计算机终端符号。此外，由于这是一个数据输入操作，流程图直线箭头指向编辑和信用检查程序的方向。如果终端也用于接收输出（事实没有指定这样的操作），箭头将在行的两端。

回想一下，流程图的重点是物理系统。例如，销售部门职员用于输入客户订单的终端实际上位于销售部门，但处理交易的程序以及它使用和更新的文件存储在单独的计算机操作部门中。

注意从信用历史文件到编辑程序的流线是指向哪里的。这表明该文件已被程序读取（引用）但未更改（更新）。相比之下，更新程序与 AR 文件和库存记录之间的交互方向相反。这些文件中的相关记录已更改以反映交易。文件更新过程将在本章后面解释。

现在让我们将剩余的事实转换为视觉符号。事实（4）指出，更新程序在计算机操作部门生成三个机打文档，然后分发给仓库和运输部门。这个事实的转换如图2-25所示。

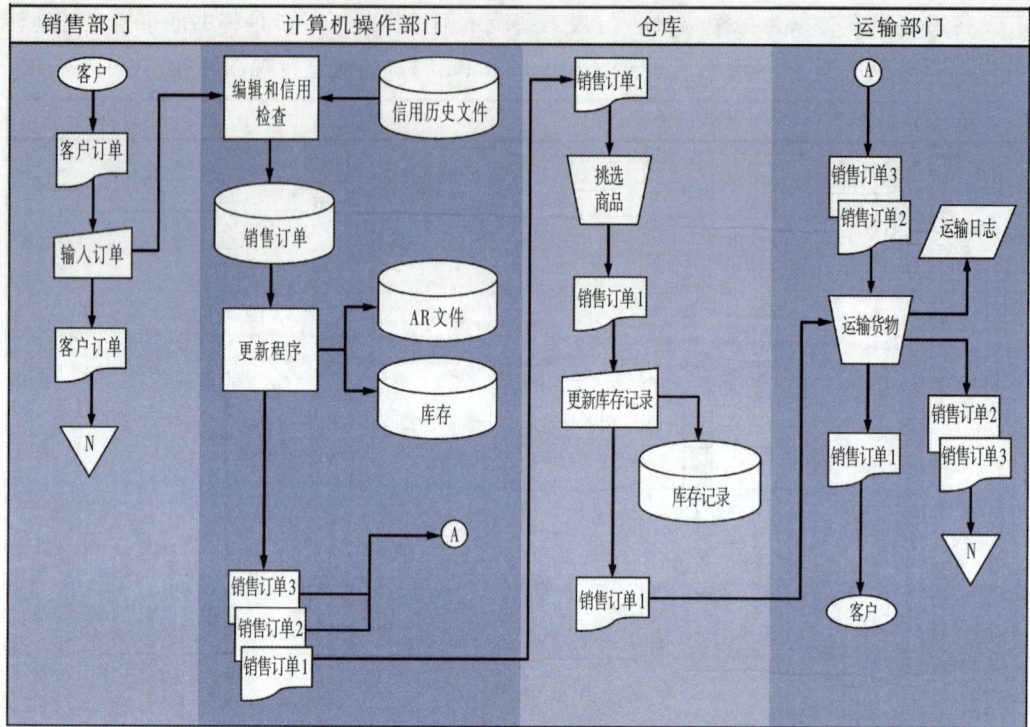

图2-25　显示所有事实的流程图已转化为视觉符号

事实（5）指出，仓库职员更新部门PC上的库存记录，然后将货物和副本1发送到运输部门。注意图2-25中的个计算机活动是如何表示的：仓库PC是一个独立的计算机系统，没有像销售部的终端那样联网到计算机操作部门。PC、库存记录更新程序和库存记录本身实际都位于仓库中。与人工处理一样，在记录计算机操作时，流程图绘制者必须准确地表示系统组件的物理布局。正如我们将在后面的章节中看到的那样，系统组件（人工和计算机）的物理布局通常在审计师对内部控制的评估中发挥重要作用。

最后，事实（6）描述了运输部门职员如何核对货物与支持文件，将货物和装箱单发送给客户，更新运输日志，并归档两份销售订单。这完全是人工操作，如图2-25中的符号所示。请注意，运输日志使用的符号与用于表示日记账和分类账的符号相同。

2.4.3　程序流程图

图2-25中的系统流程图介绍了计算机程序、它们使用的文件以及它们产生的输出之间的关系。但是，此高级文档并未提供有所有的操作细节，而这些细节有时是需要的。例如，希望评估编辑程序逻辑正确性的审计师无法通过系统流程图进行评估。这需要一个**程序流程图**。用于程序流程图的符号集如图2-26所示。

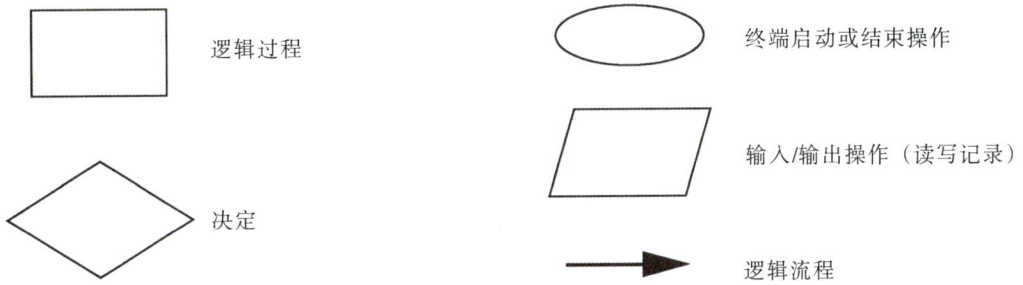

图2-26　程序流程图符号集

　　系统流程图中表示的每个程序都应该有一个描述其逻辑的支持程序流程图。图 2-27 给出了图 2-28 所示的编辑程序的逻辑。一个单独的符号代表程序逻辑的每个步骤，每个符号代表一行或多行计算机程序代码。符号之间的连接线建立了执行的逻辑顺序。

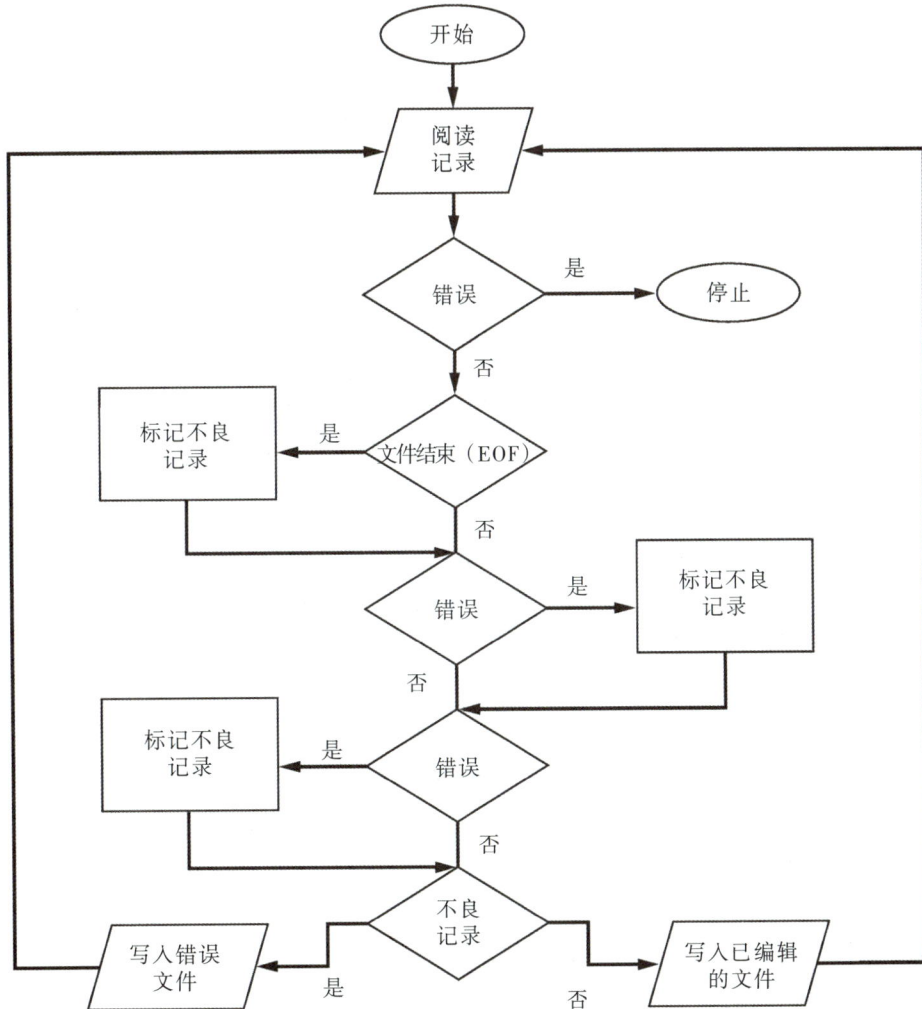

图2-27　编辑程序的流程图

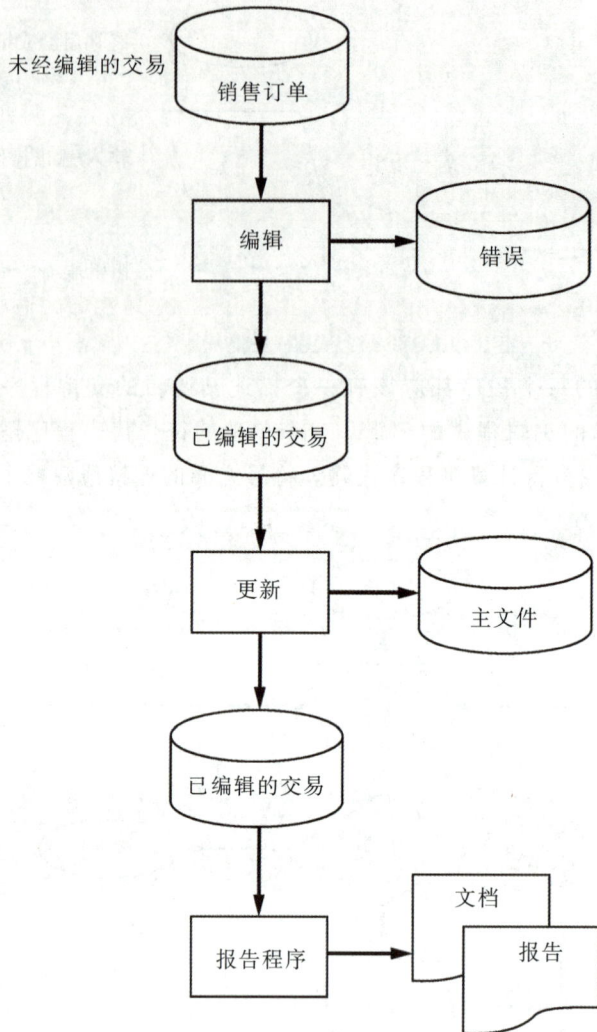

图2-28　程序流程图

从开始符号向下跟踪流程图，我们看到程序按列出的顺序执行以下逻辑步骤：

（1）程序从未编辑的交易文件中检索单个记录并将其存储在内存中。

（2）第一个逻辑测试是查看程序是否已达到交易文件结束（EOF）的条件。大多数文件结构使用特殊记录或标记来指示EOF条件。当到达EOF条件时，编辑程序将终止，系统中的下一个程序（在本例中为更新程序）将被执行。只要在未编辑的交易文件中有记录，EOF测试的结果就会是"否"，并且过程控制被传递到编辑程序的下一个逻辑步骤。

（3）处理涉及一系列测试，以识别某些笔误和逻辑错误。每个测试由一个决定符号表示，评估一个条件的存在或不存在。例如，编辑测试可以检测应仅包含数字数据的字段中是否存在字母数据。我们将在第3章中检查具体的编辑和验证测试。

（4）无错误的记录被发送到已编辑的交易文件。

（5）含有错误的记录被发送到错误文件。

（6）程序循环回到步骤1，并重复该过程，直到达到EOF条件。

会计师有时会使用程序流程图来验证程序逻辑的正确性。他们将程序流程图与实际的程序代码进行比较，以确定程序是否确实在执行文档中描述的操作。程序流程图为进行 IT 应用程序审计提供了必要的细节，我们将在第 16 章对此进行讨论。

2.4.4 记录布局图

记录布局图用于显示平面文件或数据库表中数字记录的内部结构。布局图通常显示记录中每个属性（或字段）的名称、数据类型和长度。识别某些类型的系统故障、分析错误报告并设计用于调试和审计目的的计算机逻辑测试等任务，都需要详细的数据结构信息。如图 2-29 所示的一种较简单的记录布局形式最符合我们的目的要求。这种类型的布局显示记录的内容。每个数据属性和关键字段都根据其名称和在记录中的相对位置来显示。

客户档案

关键字

客户编号	客户姓名	街道地址	城市	州	邮政编码	信用额度

图2-29 客户文件的记录布局图

2.5 交易处理模型

本节考察了可供选择的交易处理模型，它们大致分为两种类型：（1）批处理；（2）实时处理。批处理涉及将交易收集到组或批次中，然后将整个批次作为单个事件处理。实时处理系统在单个交易发生时进行连续处理。许多系统结合了实时和批处理功能。系统设计人员基于各种因素来选择布局。表 2-1 总结了批处理和实时处理的一些显著特征，这些特征在这些决策中非常突出。

表2-1　　批处理与实时处理的特性差异

特性	数据处理方法	
	批处理	实时处理
信息时间范围	经济事项发生的时间与记录的时间之间存在滞后	不存在时间滞后，在经济事项发生时处理
资源	通常需要较少的资源（例如，硬件、编程和培训）	比批处理需要更多的资源
操作效率	某些记录在事件发生后处理，以避免操作延误	操作延误不是问题，与事件有关的所有记录都会立即被处理

2.5.1 批处理和实时系统之间的差异

2.5.1.1 信息时间框架

由于**批处理系统**将交易组合成组进行处理，因此经济事件发生的时点与系统处理并反映在公司账目中的时点之间总是存在时间滞后。延迟的长度（分钟或周）取决于批处理的频率。例如，工资单处理通常是一个具有较长滞后时间的批处理系统。经济事件——员工劳动的应用——在整个薪酬期间持续发生。在周期结束时（一周或一个月），所有员工的薪酬将作为一个批次一起处理。**实时系统**则在事件发生时单独处理交易，因此发生和处理之间不存在时间滞后。实时处理的一个示例是航空公司预订系统，该系统在一位旅客等待时一次处理他或她的交易。

2.5.1.2 资源

通常，批处理系统比实时处理系统需要更少的组织资源（如编程成本、计算机时间和用户培训）。例如，由于批处理系统的编程逻辑通常比等效的实时处理系统的编程逻辑更简单，因此它们往往具有较短的开发周期，并且程序员更易于维护。同时，实时处理系统的总编程成本的很大一部分是在设计用户界面时产生的。实时处理系统必须用户友好、具有兼容性且易于使用；弹出菜单、联机教程和特殊帮助功能需要额外的编程，从而增加了系统的成本。

此外，实时处理系统需要专用的处理能力，因为它们必须在交易发生时处理交易。无论实时处理系统是否被使用，它们都需要全天 24 小时可用。专用于此类系统的计算机容量不能用于其他目的。因此，实现实时处理可能需要购买专用计算机或投资扩大计算机容量。相反，批处理系统仅在程序运行时才使用计算机容量。批处理作业完成处理后，释放的容量将重新分配给其他应用程序。

2.5.1.3 操作效率

实时处理大量交易可能会导致操作效率低下。一笔交易可能会影响几个不同的账户。但是，其中一些账户可能不需要实时更新，并且做这类任务需要时间，当乘以数千个交易时，可能会导致严重的处理延迟。对非关键账户进行批处理，可以消除流程中关键点的不必要活动，从而提高操作效率。

2.5.1.4 效率与有效性

在选择交易处理模式时，设计人员必须考虑效率和有效性之间的平衡。当即时获取当前信息对用户的需求至关重要时，实时处理是合乎逻辑的选择。当信息中的时间滞后对用户的绩效没有不利影响，并且可以通过批量处理数据来实现操作效率时，批处理可能是最佳选择。

2.5.2 从交易更新主文件

无论使用的是批处理还是实时处理，更新主文件记录都涉及更改一个或多个变量字段的值以反映交易的影响。图 2-30 显示了一个销售订单交易文件和两个相关主文件（AR 明细账和库存明细账）的记录结构。库存文件的主键（PK）（唯一标识符）是库存编号。AR 文件的主键是账号。请注意，销售订单文件的记录结构包含一个主键（销售订单号）和两个辅助键（SK）字段，即"账号"和"库存编号"。这些辅助键用于在主文件中查找相应的记录。为了简化示例，我们假设每笔销售仅针对单个库存商品。

此示例中的更新过程涉及以下步骤：

（1）计算机更新程序读取销售订单记录。

（2）账号用于搜索 AR 主文件并检索相应的 AR 记录。

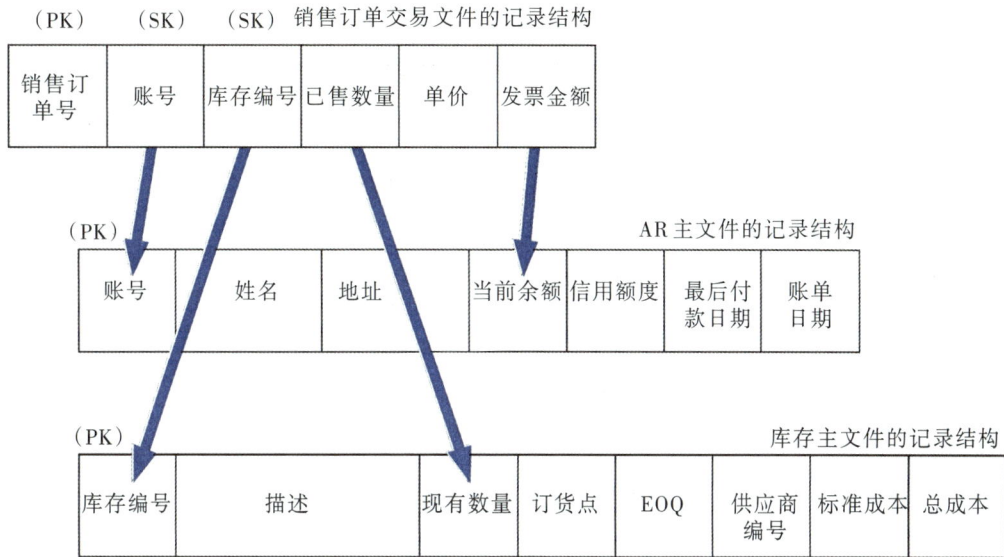

图2-30 销售、库存和应收账款文件的记录结构

（3）更新程序通过将销售订单记录的"发票金额"字段中存储的值添加到 AR 主记录中的"当前余额"字段值来计算新的客户余额。

（4）接下来，库存编号用于在库存主文件中搜索相应的记录。

（5）更新程序通过从库存记录的"现有数量"值中扣除交易记录中的"已售数量"值来降低库存水平。

（6）读取新的销售订单记录，并重复该过程。

主文件备份过程

主文件备份是交易处理系统中的标准过程，用于在发生以下任何问题时保持主文件的完整性：

（1）更新程序错误，损坏了正在更新的主文件。

（2）交易数据中未检测到的错误导致主文件余额损坏。

（3）火灾或洪水等灾难导致当前的主文件遭到物理性破坏。

如果当前主文件被损坏或销毁，公司的 IT 专业人员可以从存档中检索最新的备份文件，并使用它来重建主文件的当前版本。备份过程将根据采用的是批处理模式还是实时处理模式而有所不同。文件备份是一个重要的 IT 控制问题，我们将在第 3 章中对此进行介绍。

2.5.3 使用实时数据收集进行批处理

一种流行的数据处理方法（特别是对于大型操作）是在发生交易的源头以数字方式捕获和处理交易的各个方面，并以批处理模式处理交易的其他方面。图 2-31 使用销售订单系统（如百货商店中使用的系统）演示了这种方法。请注意，尽管系统流程图中只显示一个销售部门，但这样的系统可能有数十个甚至数百个，都连接到同一个中央系统。

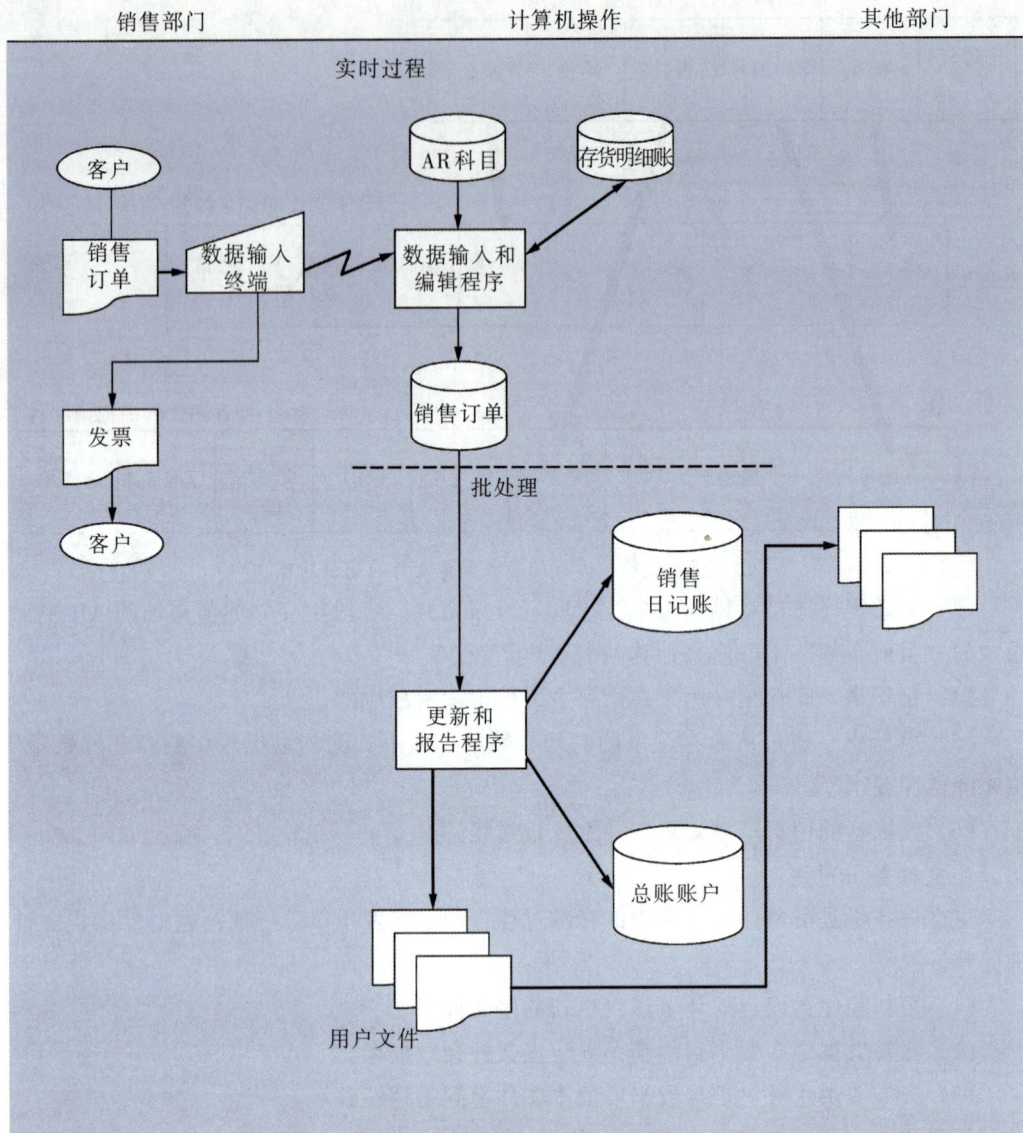

图2-31 实时数据收集的批处理

该过程的关键步骤如下：

• 销售部门职员捕获与要购买的物料和客户的账户相关的顾客销售数据。

• 系统根据客户记录（应收账款明细文件）中的数据检查客户的信用额度，并更新其账户余额以反映销售金额。

• 接下来，系统更新库存记录（库存明细文件）中的现有数量字段以反映库存减少。这为其他职员提供了有关库存可用性的最新信息。

• 将销售记录添加到销售订单文件（交易文件）中，该文件在工作日结束时以批处理模式进行处理。此批处理在销售日记账中记录每笔交易并更新受影响的总账账户。

此时你可能想知道为什么销售日记账和总账账户是以批处理方式处理的。为什么不将它们与明细账一起实时更新呢？答案是能够避免潜在的处理延迟，实现操作效率。接下来我们研究这个问题。

假设一个组织使用一个能处理大批量销售订单的系统，类似于图 2-31 中的系统，它能够处理来自其众多大型部门的分布式终端的数千个并发交易。

每笔客户销售交易都会影响以下六项会计记录的变化：

- 客户应收账款（客户唯一的明细账）
- 库存项目（明细账几乎是唯一的）
- 库存控制（对所有客户通用的总账（GL））
- 应收账款控制（GL 通用）
- 销售（GL 通用）
- 销货成本（GL 通用）

为了保持会计数据的完整性，一旦访问特定记录以进行更新，它就会被系统锁定，并且在当前流程完成之前，其他流程（客户交易）不可用。以这里的六项会计记录为例，考虑这个数据锁定规则对使用系统的客户的影响。

在处理客户应收账款明细账时，该规则对系统的其他客户没有任何影响。每个客户只能访问他或她的唯一记录。例如，访问 John Smith 的账户不会阻止 Mary Jones 访问她的账户。更新库存明细账几乎是唯一的。然而，由于 Mary Jones 和 John Smith 有可能同时独立购买同一个商品，Mary Jones 可能需要等待几秒钟，直到 John Smith 的交易解除对库存账户的锁定，但这种罕见的冲突对顾客来说不会造成什么不便。因此，一般而言，交易独有的主文件记录（如客户账户和个人库存记录）可以实时更新，而不会导致操作延迟。

然而，在大容量数据处理系统中，实时更新总账记录可能会导致数据访问延迟。前面列出的总账账户对于系统正在处理的所有顾客交易都是通用的，并且需要在每笔交易完成之前进行更新。如果 John Smith 的实时交易处理在 Mary Jones 之前开始，那么她只需等待几秒钟，直到所有四个总账记录都已更新，她的交易才能继续进行。然而，这一短暂的延迟时间与同时处理交易的成百上千个用户相乘时，可能会导致顾客的交易被搁置很长时间，直到他们可以访问完成该过程所在的总账账户。

此外，系统分配记录锁的方式，可能会导致被称为**死锁**的破坏性情况。当一个进程锁定一个或多个它需要处理的记录，但没有锁定所有记录时，就会发生这种情况。同时，第二个进程对第一个进程所需的剩余记录加锁。这两笔交易都无法完成，它们处于死锁状态，因为两个进程都在等待对方移除锁。例如，假设流程#1 锁定了 AR 控制——GL 记录，流程#2 锁定了销售——GL 记录，流程#3 锁定了库存控制——GL 记录，流程#4 锁定了 CGS——GL 记录。这些流程都不能完成更新 GL 账户以记录它们的交易。这种情况会造成僵局，导致处理停止，因为如果没有外部干预，死锁永远不会自行解除。通常在检测到死锁一段时间后，系统将终止离完成时间最远的交易，并使其重新启动。

为了避免这些问题并获得与批处理相关的内部控制优势（在第 3 章中讨论），总账账户通常以批处理模式定期更新。批处理可以在一天结束时执行，或者在一天中更频繁地执行。

2.5.4　实时处理

实时处理系统在整个交易发生时进行处理。例如，图2-32中系统处理的销售订单可以在同一天被捕获、填写和发货。这样的系统有许多潜在的好处，包括提高生产率、降低库存、提高库存周转率、减少向顾客收款的滞后性以及提高客户满意度。由于交易信息以电子方式传输，物理源文档可以被淘汰或大大减少。

实时处理非常适合处理较低交易量和不用共享的公共记录的系统。这些系统广泛使用局域网和广域网技术。遍布整个组织的分布式站点的终端用于接收、处理和发送有关当前交易状态的信息。这些站点被链接在网络中，因此用户可以进行连接。第12章研究了网络的运行特性。

2.6　数据编码方案

数据编码涉及创建简单的数字或字母代码来表示有助于有效处理数据的复杂经济现象。例如，在图2-30中，我们看到了交易文件记录的辅助键是如何链接到主文件记录的主键上的。示例中的辅助键和主键是数据编码的实例。在本节中，我们将探讨几种数据编码方案及其在AIS中的应用。为了强调数据编码的重要性，我们首先考虑一个不使用它们的假设系统。

2.6.1　没有编码的系统

商业组织处理大量基本属性相似的交易。例如，一家公司的AR文件可能包含多个具有相同名称和相似地址的不同客户的账户。为了根据正确的账户准确地处理交易，公司必须将这个John Smith和另一个John Smith区分开。随着项目类中相似属性数量的增多，这项任务变得异常困难。

以机械加工批发公司可能在其库存中提取的最基本物品——机械螺母——为例。假设螺母的总库存只有三个不同的属性：尺寸、材料和螺纹类型。因此，必须根据这三个特征来区分整个库存项目类别，具体如下：

（1）尺寸属性在直径的¼英寸到1¾英寸的范围内，增量为1英寸，提供96种螺母尺寸。

（2）对于每个尺寸子类，有四种材料可供选择：黄铜、铜、低碳钢和表面硬化钢。

（3）这些尺寸和材料子类中的每一个都有三种不同的螺纹：细螺纹、标准螺纹和粗螺纹。

在这些假设下，此类库存可能包含1 152个单独的项目（96×4×3）。因此，识别此类中的单个项目需要具有这些区别属性的描述。为了说明，请考虑以下日记账分录，以记录价值1 000美元、由俄亥俄州克利夫兰市工业零件制造商提供的标准螺纹表面硬化钢螺母的收入。

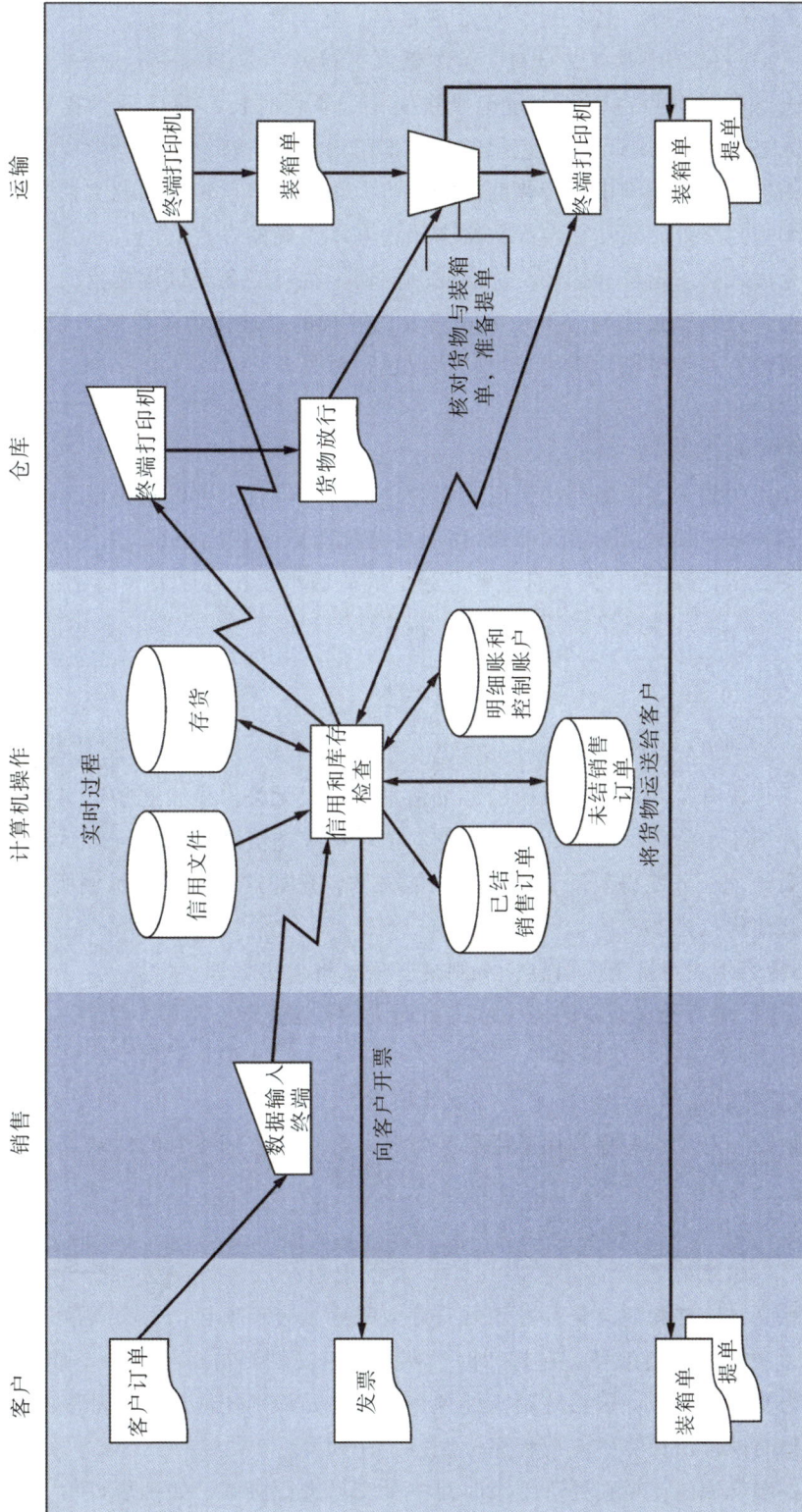

图2-32 实时处理销售订单

借：*库存——螺母，$\frac{1}{2}$ 英寸，表面硬化钢，标准螺纹*　　　　　　　　　*1 000*

　　贷：*AP——工业零件制造商，俄亥俄州克利夫兰*　　　　　　　　　　*1 000*

这种未编码的项目占用了大量记录空间，记录耗时长，并且显然容易出现多种错误。这种方法的负面影响可以在组织的许多部门中看到：

（1）销售人员。正确识别所售商品需要将大量详细信息转录到源文档中。除了所消耗的时间和精力之外，还往往会导致文书错误和不正确的发货。

（2）仓库人员。定位和拣选货物会受到阻碍，很可能会导致运输错误。

（3）会计人员。过账到分类账账户需要用冗长的描述作为关键字来搜索辅助文件。这将非常缓慢，并且过账到错误账户的情况也很常见。

2.6.2　有代码的系统

通过使用代码来表示库存和供应商账户中的每个项目，可以解决或至少大大减少这些问题。假设我们为之前示例中的库存项目分配了数字代码896，并为AP账户中的供应商分配了数字代码321。以前日记账分录的编码版本现在可以大大简化：

账户	借方	贷方
896	1 000	
321		1 000

这并不是说有关库存和供应商的详细信息与组织无关。显然这些事实将保存在参考文件中，并用于编制零件清单、目录、物料清单和邮寄信息等目的。然而，纳入这些细节会使交易处理任务变得混乱，并证明功能失调，正如这个简单的示例所示。AIS中数据编码的其他优点是：

- 简洁地表示大量复杂的信息，否则这些信息将无法管理。
- 提供一种对所处理交易的完整性进行问责的方法。
- 识别文件中的唯一交易和账户。
- 通过提供有效的审计跟踪来支持审计功能。

以下讨论考查了一些更常用的编码技术，并探讨了它们各自的优缺点。

2.6.3　数字和字母编码方案

2.6.3.1　顺序编码

顾名思义，**顺序编码**以某种顺序（升序或降序）表示项目。数字按顺序编码的一个常见应用是源文档的预编号。在打印时，每个机打文档都被赋予了一个唯一的序列号。该编号成为交易编号，允许系统跟踪处理每笔交易并识别任何丢失或乱序的文档。数字文档在创建时同样由计算机应用程序分配一个序列号。

优点。顺序编码支持在处理结束时对一批交易进行协调，如销售订单。如果交易处理系统检测到交易编号序列中的任何间断，它会提醒管理人员注意交易丢失或放错位置的可能性。通过在流程的各个阶段追溯交易编号，管理层可以最终确定错误的原因和影响。如果是没有按顺序编号的文档，此类问题将很难被检测和解决。

缺点。顺序编码不携带超出其在序列中的顺序的信息内容。例如，分配给原材料库存项目的顺序编码不会告诉我们有关项目的属性（类型、尺寸、材料、仓库位置等）的任何信息。此外，顺序编码方案很难改变。在某个中点插入新项目需要相应地对这一类的后续项目进行重新编号。在应用程序中，记录类型必须按逻辑组合在一起，并且经常发生添加和删除，这种编码方案是不合适的。

2.6.3.2 块代码

数字**块代码**是顺序编码的一种变体，它在一定程度上弥补了上面描述的顺序编码的缺点。通过将每个类别限制在编码方案的特定范围内，这种方法可用于表示整个项目类别。块代码的一个常见应用是构建**会计科目表**。

精心设计且全面的会计科目表是建立总账的基础，因此对公司的财务和管理报告系统至关重要。会计科目表越广泛，公司对其交易的分类就越准确，向内部和外部的用户提供信息的范围也越大。

图2-33显示了使用块代码的账户示例。

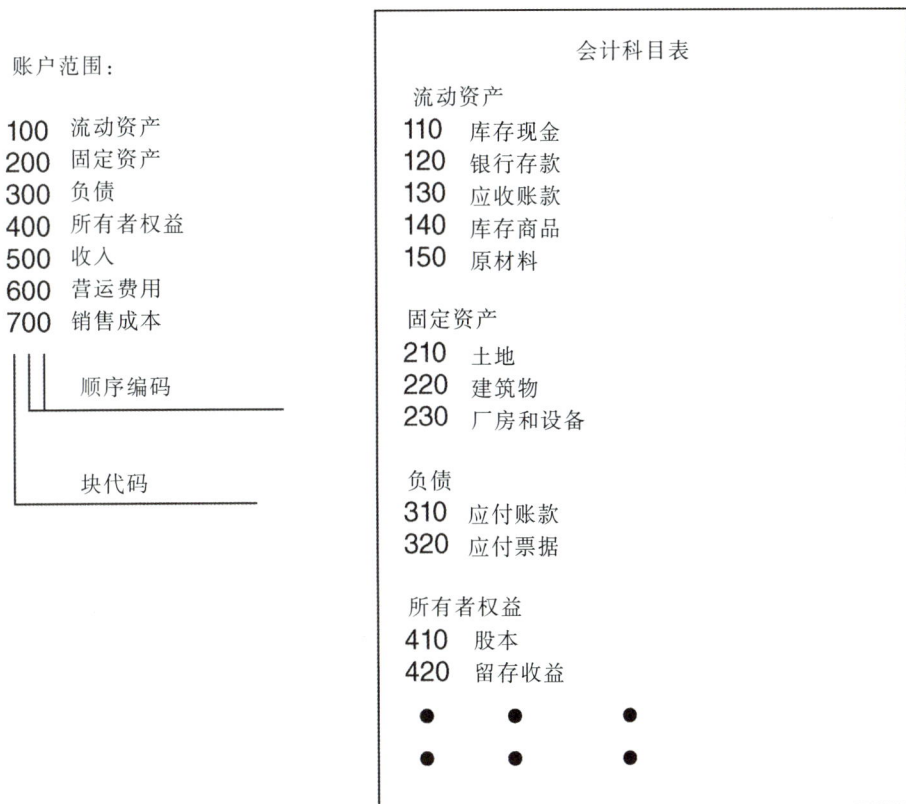

图2-33 会计科目表

请注意，每种账户都由一系列唯一的编码或块代码表示，因此可以呈现资产负债表和利润表账户分类和子分类。在此示例中，每个账户都由一个三位数代码组成。第一个数字是块数字，代表账户分类。例如，流动资产、负债和营运费用。代码中的其他数字按顺序分配。

优点。块代码允许在块内插入新代码，而无须重新组织整个编码结构。例如，如果广告费用是账号626，则第一个数字表示该账户是营运费用。由于产生了新类型的费用项目并且必须具体核算，它们可以在600账户分类中按顺序添加。这个三位数的代码在每个块中包含100个单独的项目（X00到X99）。显然，代码范围内的位数越多，可以表示的项目就越多。

缺点。与顺序编码一样，块代码的信息内容并不明显。例如，账号626在与会计科目表匹配之前没有任何意义，会计科目表将其标识为广告费用。

2.6.3.3　组码

数字**组码**用于表示涉及两个或多个相关数据的复杂项目或事件。组码由具有特定含义的区域或字段组成。例如，一家百货连锁店可能对来自其分店的销售订单交易进行如下编码：

店铺编号	部门编号	货号	销售员编号
04	09	476214	99

优点。组码相比顺序编码和块代码有很多优点。

（1）它们有助于表示大量不同的数据。

（2）它们允许以分层形式表示复杂的数据结构，合乎逻辑并且更容易被记住。

（3）它们允许在一个项目类别内或对跨不同类别的项目进行详细分析和报告。

用前面的例子来说明，店铺编号04可以代表艾伦镇的Hamilton Mall商店；部门编号09代表体育用品部；货号476214是曲棍球棒；销售员编号99是Jon Innes。有了这个层面的信息，企业经理可以按商店衡量盈利能力，比较所有商店类似部门的绩效，跟踪特定库存项目的变动，并评估员工在此商店内以及各商店的销售业绩。

缺点。具有讽刺意味的是，组码的主要缺点来自它作为分类工具的成功。因为组码可以有效地呈现多样化的信息，所以它们往往被过度使用。不相关的数据可能仅仅因为可以被链接而被链接。这可能会导致产生无法被轻松解释的不必要的复杂组码。最后，过度使用会增加存储成本，产生文书错误，并增加处理时间和工作量。

2.6.3.4　字母编码

字母编码用于许多与数字编码相同的目的。字母字符可以按顺序（按字母顺序）分配，也可以用于块和组码技术。

优点。通过使用纯字母代码或嵌入数字编码（**字母数字编码**）中的字母字符，显著提高了表示大量项目的能力。前面的会计科目表示例使用三位顺序编码和一个块代码，将数据表示限制为仅10个账户块（从0到9）。但是，使用字母字符进行分块会将可能的块数量增加到26个（A到Z）。此外，虽然该代码的两位顺序部分只能表示100项（10^2），但两位字母编码可以表示676项（26^2）。因此，通过在相同的三位编码空间中使用字母编码，我们看到数据表示的潜力呈几何级数增长：

从

$$10\ \text{块} \times 100\ \text{项/块} = 1\ 000\ \text{项}$$

到

$$26\ \text{块} \times 676\ \text{项/块} = 17\ 576\ \text{项}$$

缺点。字母编码的主要缺点是：（1）与数字编码一样，难以合理化已按顺序分配的编码的含义；（2）用户往往难以对按字母编码的记录进行分类。

2.6.3.5 助记码

助记码是以首字母缩写和其他形式组合表达含义的字母字符。例如，注册大学课程的学生可以在注册表中输入以下课程代码：

课程类型	课程代码
Acctg	101
Psyc	110
Mgt	270
Mktg	300

这种助记码和数字编码的组合传达了有关这些课程的大量信息。稍加分析，我们可以推断 Acctg 是会计，Psyc 是心理学，Mgt 是管理，Mktg 是市场营销。代码的序号部分表示每门课程的水平。另一个使用助记码的例子是在邮寄地址中分配州代码：

代码	意义
NY	New York（纽约）
CA	California （加利福尼亚）
OK	Oklahoma（俄克拉何马）

优点。助记码编码方案不需要用户记忆含义，代码本身就传达了有关所代表项目的充分信息。

缺点。尽管助记码对于表示项目类别很有用，但它们在表示一个类别中的项目时能力有限。例如，整个应收账款类别可以用助记码 AR 来表示，但如果我们试图表示构成该类别的各个账户，我们很快会用尽有意义的字母字符组合。这些账户可以通过顺序编码、块代码或组码技术的组合更好地表示。

总结

本章将交易处理系统的处理分为六节。2.1 节概述了交易处理，介绍了它作为财务报告、内部管理报告和日常操作支持的信息提供者的重要作用。为了有效地处理大量的财务交易，商业组织将相似类型的交易组合成交易循环。三个交易循环占公司经济活动的大部分：收入循环、支出循环和转换循环。2.2 节描述了人工和计算机系统中会计记录之间的关系。我们看到了机打和数字文档是如何形成审计线索的。2.3 节介绍了文件结构。具体分别介绍平面文件模型和数据库模型。2.4节介绍了用于描述系统关键特征的文档技术。会计师必须熟练使用文档工具来履行其专业职责。五种类型的文档通常用于此目的：DFD、ER图、系统流程图、程序流程图和记录布局图。2.5节介绍了交易处理的两种模型：（1）批处理；（2）实时处理。本节还考查了与每种配置相关的操作效率问题。2.6节研究了数据编码方案及其在交易处理中的作用和AIS作为协调、管理公司交易的手段的作用。在检查主要类型的数字和字母编码方案时，我们了解了每种方案的优缺点。

附录：数据结构

数据结构表示文件和数据库中数据的物理和逻辑排列。数据结构有两个基本组成部分：组织和访问方法。**组织**是指记录在辅助存储设备（如磁盘）上的物理排列方式。它可以是连续的或随机的。按顺序记录的文件被存储在占据磁盘指定空间区域的不连续位置上。随机文件中所存储的记录不考虑其与同一文件中其他记录的物理关系。事实上，随机文件的记录可能分布在整个磁盘中。**访问方法**是使用定位记录和浏览数据库或文件的技术。

没有一种结构适合所有的处理任务，选择结构涉及在可取的特征之间进行权衡。影响数据结构选择的文件操作要求如表2-2所示。

表2-2 典型的文件处理操作

---

1. 根据文件的主键值从文件中检索记录
2. 在文件中插入一条记录
3. 更新文件中的记录
4. 阅读完整的记录文件
5. 查找文件中的下一条记录
6. 扫描文件以查找具有公用辅助键的记录
7. 从文件中删除记录

在A.1节中，我们将研究平面文件系统中使用的几种数据结构。回想一下，平面文件模型描述了一个单个数据文件不与其他文件整合的环境。此环境中的终端用户拥有他们的数据文件，而不是与其他用户共享文件。因此，数据处理由独立应用程序而不是综合系统执行。**平面文件方法**是一种单一视图模型，它描述了遗留系统的特征，其中数据文件的结构、格式和排列符合系统所有者或主要用户的特定需求。然而，这种结构可能会忽略或破坏对其他用户来说至关重要的数据属性，从而阻碍整个组织的系统成功整合。

A.1 顺序结构

图2-34说明了**顺序结构**，通常称为**顺序访问方法**。在这种安排下，例如，键值为1875的记录被放置在紧跟键值为1874的记录之后的物理存储空间中。因此，文件中的所有记录都位于连续的储存空间中，按照主键的指定顺序（升序或降序）排列。

记录按顺序读取

| 键值
1874 | 其他数据 | | 键值
1875 | 其他数据 | | 键值
1876 | 其他数据 |

键是按顺序排列的
（在这种情况下是升序）

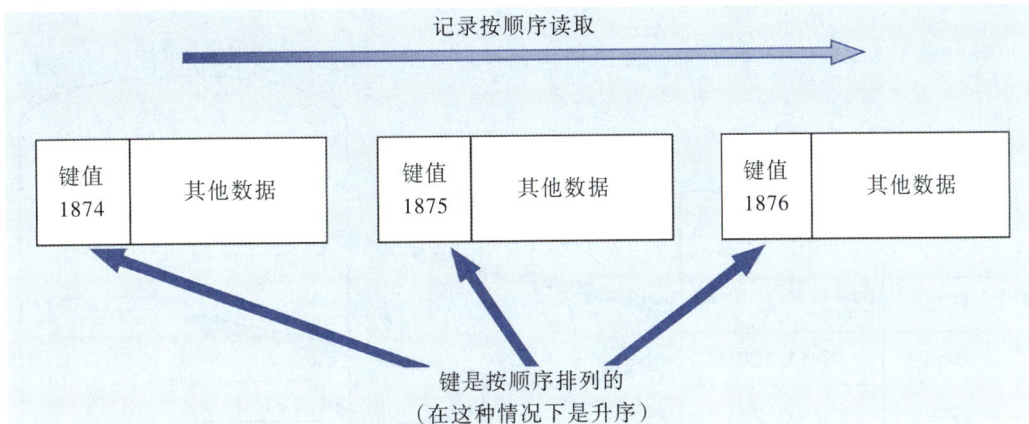

图2-34 顺序存储和访问方法

顺序文件简单且易于处理。计算机应用程序从文件开头开始读取数据，并按顺序处理每条记录。在表 2-2 中的文件处理操作中，这种方法对于操作 4 和 5 是有效的，它们分别读取整个文件和查找文件中的下一条记录。此外，当文件的大部分（可能 20% 或更多）要在一个操作中处理时，顺序结构对于记录更新是有效的（表 2-2 中的操作 3）。当用户只想在文件中定位一条或几条记录时，顺序文件效率不高。顺序文件应用程序的一个示例是工资单处理，其中工资单文件上 100% 的员工记录在每个工资核算期得到处理。磁带（magnetic tape）是一种廉价、有效且常用的顺序文件存储介质。顺序文件也可以存储在磁盘（magnetic disk）上。

顺序访问方法不允许直接访问记录。需要直接访问操作的应用程序有不同的数据结构。接下来介绍的技术满足了这一需求。

A.2 直接访问结构

直接访问结构将数据存储在磁盘上的唯一位置，该位置称为地址。操作系统使用此地址来存储和检索数据记录以进行处理。直接访问方法类似于将歌曲存储在 CD 上的方式。如果听众选择，他或她可以直接选择一首特定歌曲，而无须搜索所有其他歌曲。

直接访问方法的一个重要部分是根据记录的主键确定磁盘地址。银行账号、社会保险号、信用卡号和车牌号是主键的示例，它们被转换为地址，由不同的业务应用程序存储以供检索数据。以下技术是具有直接访问能力的数据结构的示例。

A.3 索引结构

索引结构之所以如此命名，是因为除了实际的数据文件之外，还存在一个单独的索引，该索引本身就是一个记录地址的文件。该索引包含相关数据文件中每条记录的物理磁盘存储位置（磁道柱面、曲面和记录块）的数值。数据文件本身可以按顺序组织或随机组织。图 2-35 给出了一个索引随机文件的例子。

索引随机文件中的记录分散在整个磁盘中，但不考虑它们与其他相关记录的物理接近程度。事实上，属于同一文件的记录可能位于不同的磁盘上。只要操作系统软件可以

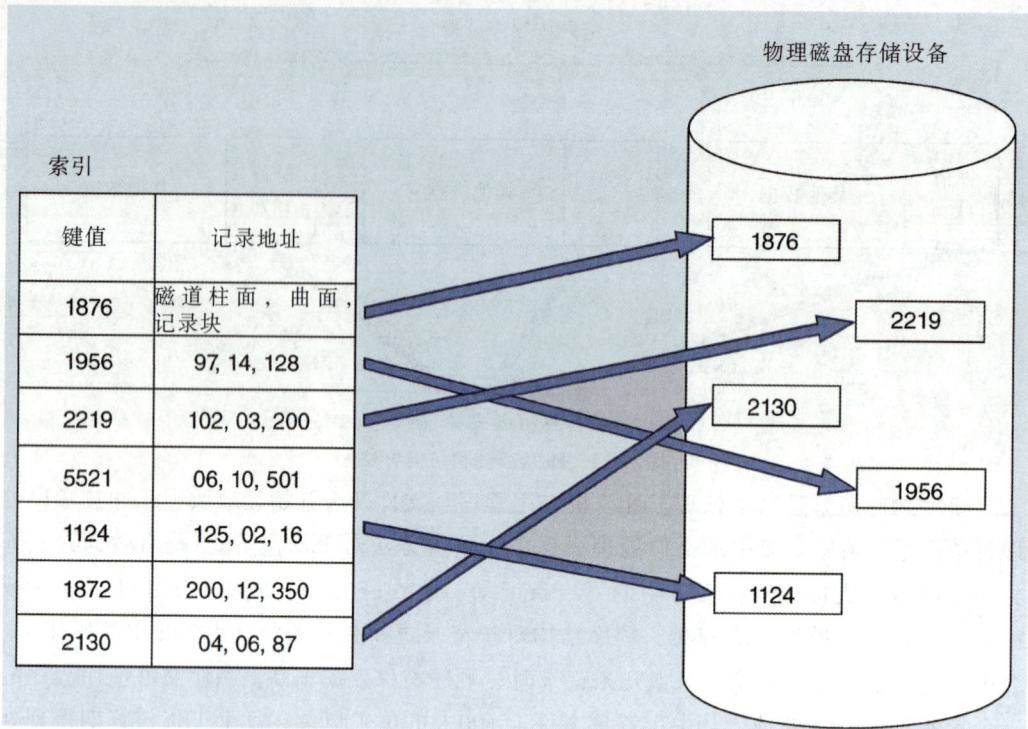

图2-35 索引随机文件结构

在需要时找到它，因此记录的物理位置就并不重要。在索引中搜索所需的键值，读取相应的存储位置（地址），然后将磁盘读/写磁头移到地址位置即可完成此操作。当向文件添加新记录时，数据管理软件会选择一个空闲的磁盘位置，存储该记录，并将新地址添加到索引中。

索引本身的物理组织可以是有顺序的（按键值）或随机的。在添加记录方面，随机索引更容易维护，因为新的关键记录只是简单地添加到索引的末尾而不需要考虑它们的顺序。顺序索引更难维护，因为必须在现有键之间插入新的记录键。顺序索引的一个优点是可以快速搜索。由于其逻辑排列，算法可通过索引的搜索快速找到键值。这对于具有相关大型索引的大型数据文件尤为重要。

索引随机文件的主要优势是处理单个记录的操作（表2-2中的操作1、2、3和6）很有效。另一个优点是它们可以有效地使用磁盘存储空间。记录可以放在任何有空间的地方，而不用担心保持连续的存储位置。然而，对于涉及处理大部分文件的操作来说，随机文件不是有效的结构。访问随机分散在整个存储设备中的所有记录文件可能需要比较长的访问时间，因此，顺序文件更有效。

A.4 虚拟存储访问方法结构

虚拟存储访问方法（virtual storage access method，VSAM）结构用于需要常规批处理和适度的单个记录处理的非常大的文件。例如，公用事业公司的客户档案将被批量处理以用于开票目的，并可直接访问以响应单个客户的查询。由于它按顺序组织，VSAM

结构可以按顺序搜索以进行有效的批处理。图 2-36 说明了 VSAM 如何使用索引以直接进行访问处理。

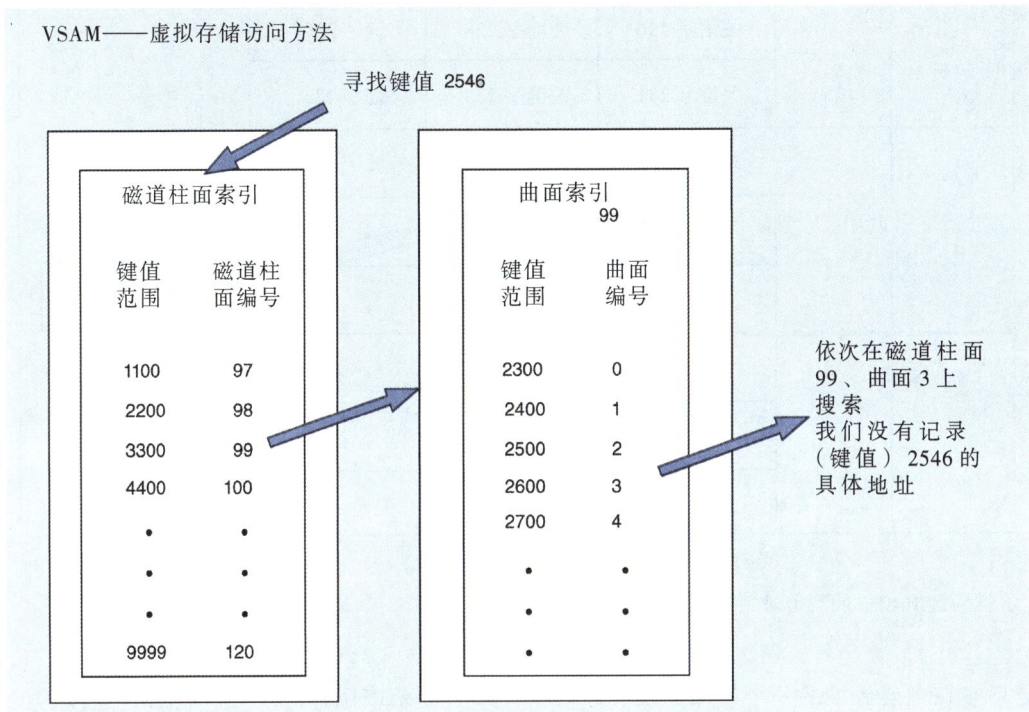

图2-36 虚拟存储方法（VSAM）用于直接访问

VSAM 结构通常用于存储在磁盘上多个相邻磁道柱面的文件。为了找到特定的记录位置，VSAM 文件使用了许多索引，这些索引以汇总的形式描述了每个磁道柱面的内容。例如，在图 2-36 中，我们正在搜索键值为 2546 的记录。方法是首先访问整个文件索引，该索引仅包含文件中每个磁道柱面的最高键值，并确定该记录 2546 在磁道柱面 99 的某个位置。然后对磁道柱面 99 的曲面进行快速扫描，显示该记录在磁道柱面 99 的曲面 3 上。VSAM 索引不为单个记录提供确切的物理地址。相反，它们会识别相关记录所在的磁盘磁道。最后一步是依次搜索识别出磁道，找到键值为 2546 的记录。

VSAM 结构对表 2-2 中的操作 1 和 3 是适度有效的。由于 VSAM 必须读取多个索引并按顺序搜索磁道，因此单个记录的平均访问时间比索引顺序或索引随机结构慢。为了在操作 4、5 和 6 中实现非常高效的性能，牺牲了直接访问速度。

VSAM 结构的最大缺点是它不能有效地执行记录插入操作（操作 2）。由于 VSAM 文件是按顺序组织的，因此向文件中插入新记录需要对位于插入点之外的所有记录进行物理重新定位。因此，描述这种物理排列的索引也必须随着每次插入而更新。这是非常耗时且具有破坏性的。处理此问题的一种方法是将新记录存储在与文件中的其他数据记录物理分离的溢出区域中。图 2-37 显示了该操作是如何完成的。

VSAM 文件具有三个物理组件：索引、主要（数据存储）区域和溢出区域。数据管理软件不是将新记录直接插入主要区域，而是将其放置在溢出区域中随机选择的位置。

		关键字 223	关键字 224	关键字 225	
		关键字 226	关键字 228	关键字 229	
		关键字 231	关键字 233	关键字 234	
		关键字 225	关键字 238	关键字 239	溢出区域
	索引	关键字 240			
		•••	•••	•••	关键字 237
		•••	•••	•••	
		•••	主要区域	•••	
		•••	关键字 269	关键字 270	

插入键值=237的新记录

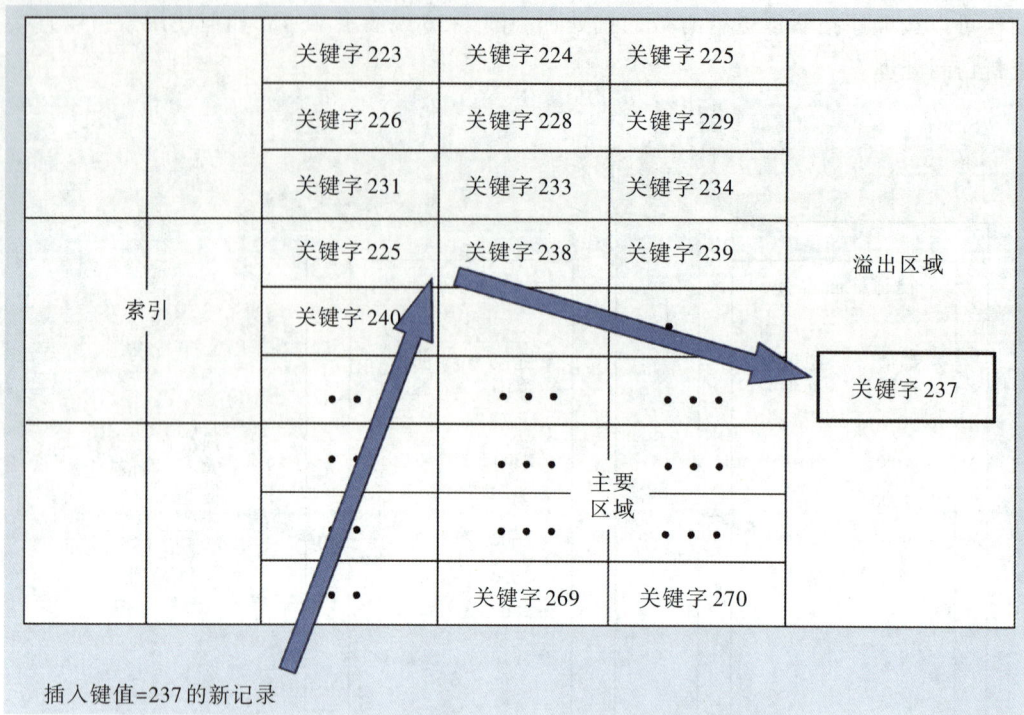

图2-37　将记录插入采用虚拟存储访问方法的文件

然后它在主要区域的一个特殊字段（称为指针）中记录该位置的地址。稍后，当搜索记录时，索引将访问方法定向到记录应该驻留的磁道位置。该位置的指针显示了记录在溢出区域中的实际位置。因此，访问记录可能涉及搜索索引、搜索主要数据区域中的磁道，最后搜索溢出区域。这会使直接访问和批处理的数据访问速度变慢。

VSAM 文件必须定期整理，将溢出记录整合到主要区域，然后重建索引。这涉及时间、成本和对操作的干扰。因此，当文件极其易变（频繁添加或删除记录）时，与 VSAM 方法相关的维护负担往往会使它变得不可行。然而，对于需要直接访问和批处理的大型稳定文件，VSAM 结构是一种选择。

A.5　散列结构

散列结构采用将记录的主键直接转换为存储地址的算法。散列消除了对单独索引的要求。通过计算地址，而不是从索引中读取地址，可以更快地检索记录。图 2-38 说明了散列方法。

此示例假定一个包含 100 000 个库存项目的库存文件。该算法将库存编号（主键）设定为质数。回想一下，质数是一个只能被它自己和 1 整除而不会留下余值的数。因此，计算将始终产生一个可以转换为存储位置的值。因此，残差 6.27215705 转换为磁道柱面 272、曲面 15 和记录号 705 的存储位置。散列结构使用随机文件组织，因为计算残差并将其转换为存储位置的过程会产生广泛分散的记录地址。散列的主要优点是访问速度快。计算记录地址比通过索引搜索要快。这种结构适用于在执行表 2-2 中的操作

1、2、3和6时需要快速访问单个记录的应用程序。散列结构有两个明显的缺点。首先，这种技术不能有效地使用存储空间。为记录选择的存储位置是其主键值的数学函数。该算法永远不会选择某些磁盘位置，因为它们没有对应于合法的键值。多达1/3的磁盘空间可能会被浪费。第二个缺点与第一个相反，不同的记录键可能会产生相同（或相似）的残差，这会转化为相同的地址。这称为冲突，因为两条记录不能存储在同一位置。这个问题的一个解决方案是为第二条记录随机选择一个位置，并在第一个（计算的）位置放置一个指向它的指针。图2-38中的深色箭头呈现了这种技术。

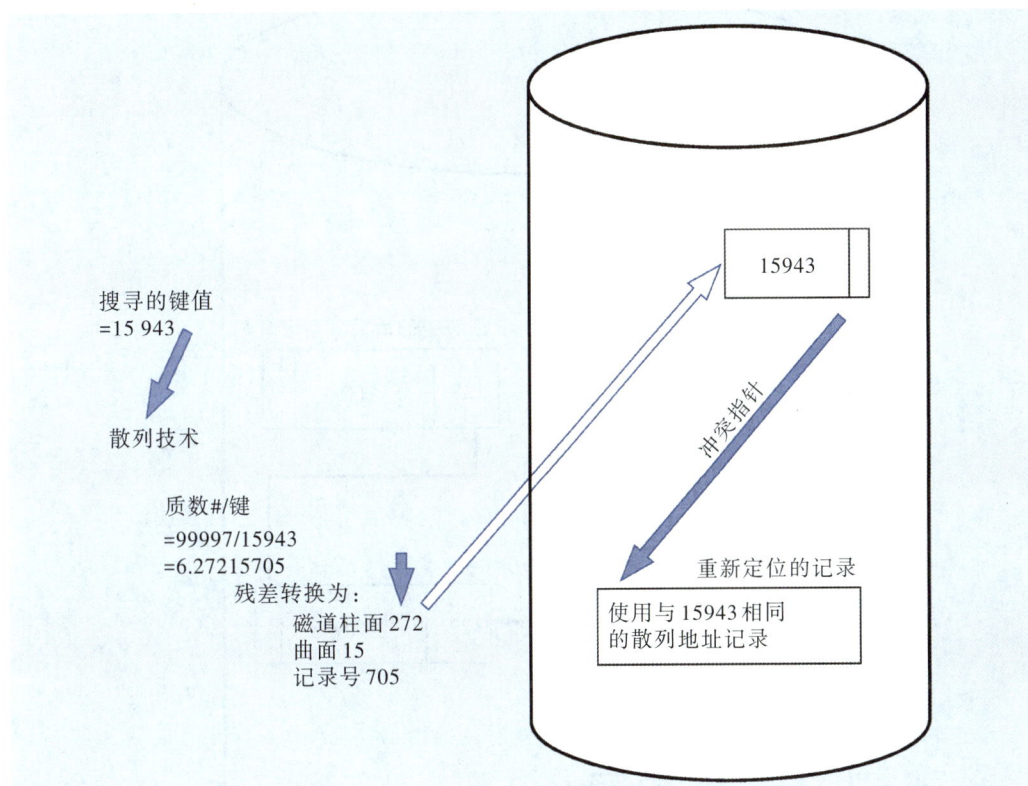

搜寻的键值
=15 943

散列技术

质数#/键
=99997/15943
=6.27215705

残差转换为：
磁道柱面272
曲面15
记录号705

15943

冲突指针

重新定位的记录

使用与15943相同
的散列地址记录

图2-38　使用指针重新定位有冲突记录的散列技术

冲突问题使访问记录的速度变慢。定位以这种方式放置的记录首先需要计算其理论地址，搜索该位置，然后根据包含在该位置的记录中的指针确定实际地址。这对表2-2中的操作7另有含义——从文件中删除记录。如果从文件中删除第一条记录，则指向第二条（冲突）的记录也将被删除，并且第二条记录的地址将丢失。这可以通过两种方式处理：（1）在删除第一条记录后，冲突记录可以重新物理定位到其计算的地址，该地址现在是空的；（2）第一条记录被标记为已删除但留在原地以使指针指向冲突记录。

A.6　指针结构

图2-39展示了**指针结构**。在这个例子中，它被用来创建一个链表文件。这种方法将相关记录的地址（指针）存储在一个记录的字段中。指针提供记录之间的连接。在此

示例中，记录124指向记录125的位置，记录125指向记录126，依此类推。随着每条记录的处理，计算机程序读取指针字段以定位下一条记录。列表中的最后一条记录包含EOF标记。这种类型的文件记录分散在整个磁盘上，而不用担心它们与其他相关记录的物理接近度。指针以这种方式使用可以有效地利用磁盘空间，并且对于涉及表2-2中的操作4、5和6的应用程序来说是有效的结构。

指针类型

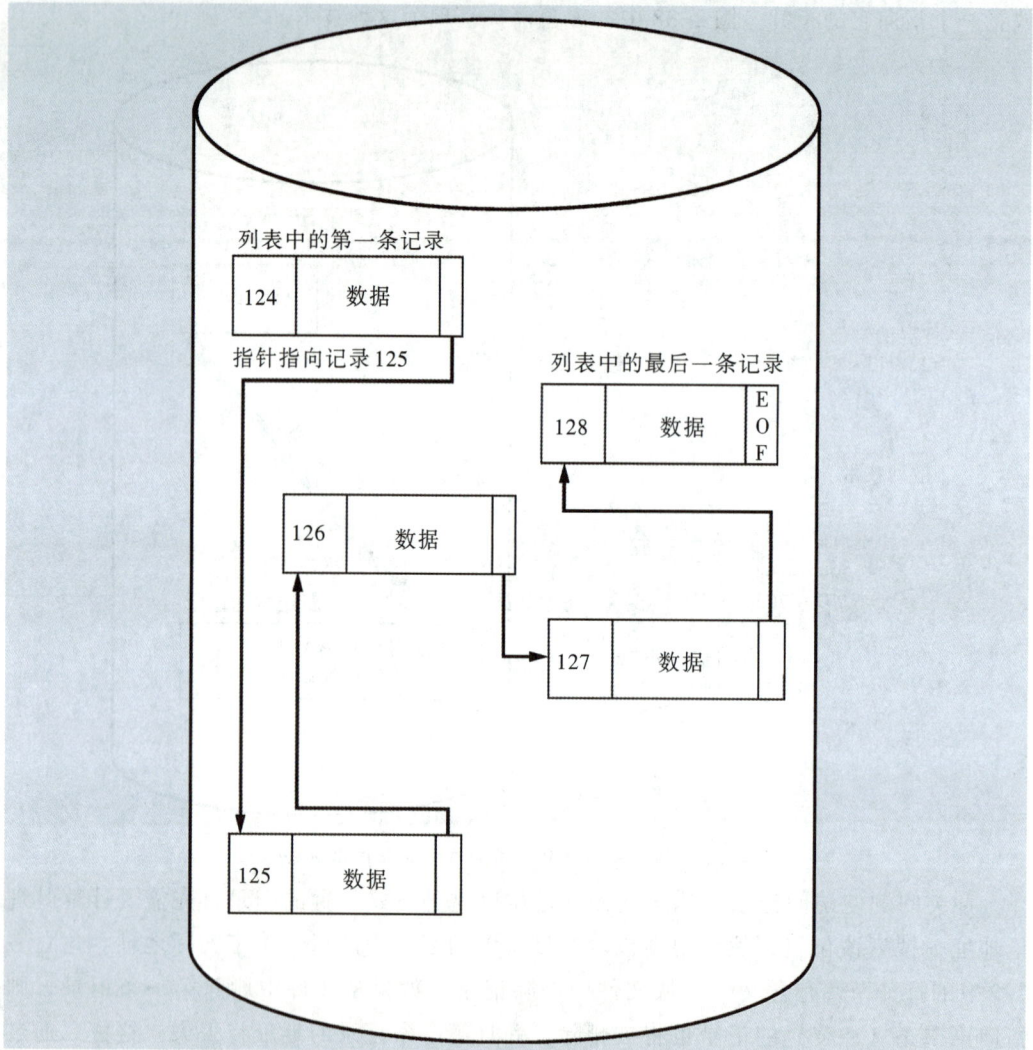

图2-39　链表文件

图2-40显示了三种类型的指针：物理地址指针、相对地址指针和逻辑键指针。**物理地址指针**包含磁盘控制器需要的实际磁盘存储位置（磁道柱面、曲面和记录号）。该物理地址允许系统直接访问记录而无须获取更多的信息。这种方法具有速度优势，因为它不需要进一步操作来确定记录的位置。但它也有两个缺点：首先，如果相关记录从一个磁盘位置迁移到另一个磁盘位置，则必须更改指针。当磁盘被定期整理或复制时，这就是一个问题。其次，物理指针与其标识的记录没有逻辑关系。如果指针丢失或被破坏

且无法恢复，则它引用的记录也会丢失。

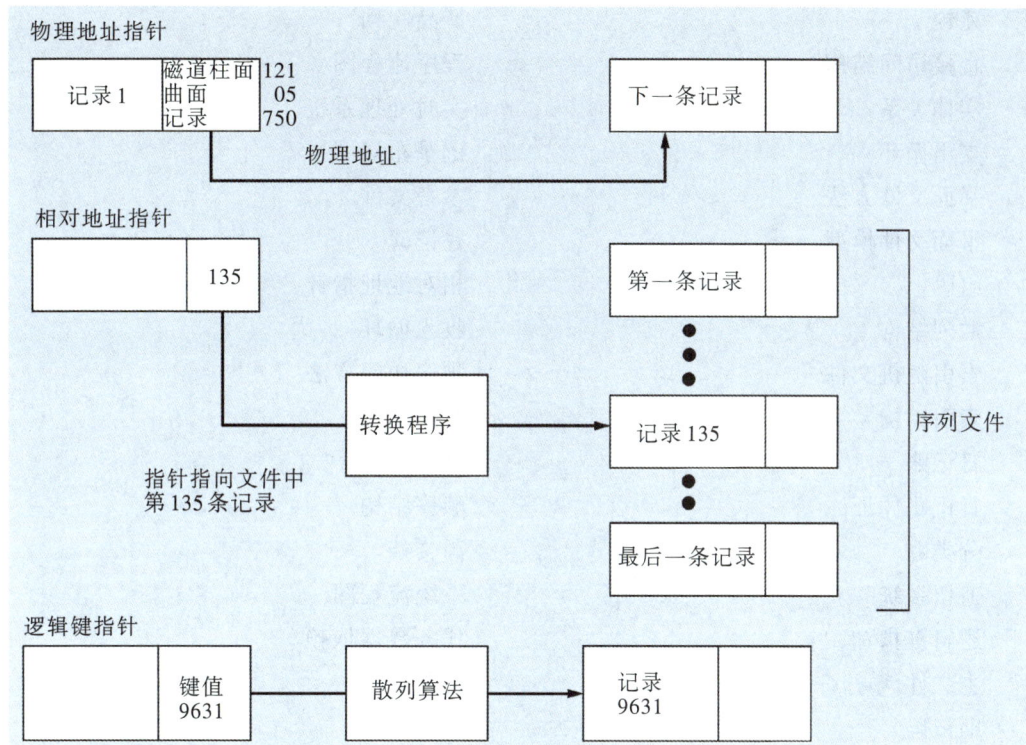

图2-40　指针类型

　　相对地址指针包含文件中记录的相对位置。例如，指针可以指定文件中的第 135 条记录，但必须进一步对其进行操作以将其转换为实际地址。转换软件通过使用文件开头的物理地址、文件中每条记录的长度以及正在查找的记录的相对地址来计算实际地址。

　　逻辑键指针包含相关记录的主键，然后通过散列算法将该键值转换为记录的物理地址。

关键术语

访问方法	会计科目表
会计记录	转换循环
字母编码	信息流通
字母数字编码	数据库管理系统 （DBMS）
存档文件	数据库模型
审计跟踪	数据流程图 （DFD）
批处理系统	数据模型
块代码	数据结构
基数	数据存储

数据更新	指针结构
死锁	产品文档
直接访问结构	程序流程图
实体关系（ER）图	实时处理系统
支出循环	记录布局图
平面文件方法	参考文件
平面文件模型	登记簿
组码	相对地址指针
散列结构	收入循环
索引随机文件	顺序访问方法
索引结构	顺序编码
日记账	顺序文件
日记账凭证	顺序结构
分类账	源文档
遗留系统	系统流程图
逻辑键指针	任务数据依赖
主文件	交易文件
助记码	周转文档
组织	虚拟存储访问方法（VSAM）
物理地址指针	

复习题

1. 所有企业都存在哪三个交易循环？
2. 说出支出循环的主要子系统。
3. 识别并区分支出循环的物理和财务组成部分。
4. 列出转换循环的主要子系统。
5. 说出收入循环的主要子系统。
6. 说出三种类型的文档。
7. 说出两种日记账的名称。
8. 区分普通日记账和日记账凭证。
9. 说出两种分类账。
10. 什么是审计跟踪？
11. 函证流程是怎样的？
12. 基于计算机的系统使用四种类型的文件，请说明。
13. 举例说明在计算机系统中四种数字文件类型中的每一种记录的内容。
14. 数字审计跟踪的目的是什么？
15. 举例说明基数是如何与业务策略相关的。

16. 区分实体关系图、数据流程图和系统流程图。

17. 实体关系图中的基数是什么意思?

18. 使用实体关系图的目的是什么?

19. 什么是实体?

20. 区分批处理和实时处理。

21. 什么是平面文件模型?

22. 数据流程图是否是一种有效的文档技术,用于识别执行特定任务的人员或内容? 请解释。

23. 流程图是否是一种有效的文档技术,用于识别执行特定任务的人员或内容? 请解释。

24. 如何使用批处理来提高操作效率?

25. 为什么审计师可以使用程序流程图?

26. 系统流程图和程序流程图有什么关系?

27. 与数据冗余相关的三个一般问题是什么?

28. 什么是任务数据依赖?

29. 什么是数据库模型?

30. 记录布局图提供了哪些信息?

31. 用一句话来说,更新主文件记录涉及什么?

32. DBMS 的目的是什么?

33. 平面文件限制了数据整合,请解释。

34. 什么因素会影响决定采用批量更新的实时数据收集而不是纯粹的实时处理? 请解释。

35. 实时数据处理的优势是什么?

36. 实时数据采集有哪些优势?

37. 会计信息系统中数据编码的常见用途有哪些?

38. 比较和对比顺序编码、块代码、组码、字母编码和助记码的相对优缺点。

讨论题

1. 讨论通过交易循环的现金流动。在你的讨论中包括相关的子系统和可能发生的任何时间延迟。

2. 解释成本会计系统主要支持内部报告还是外部报告。

3. 讨论转换循环对服务和零售实体的作用。

4. 周转文档能否包含随后用作源文档的信息? 为什么或者为什么不?

5. 报废存货的减记是记入特种日记账还是普通日记账? 为什么?

6. 登记簿和特种日记账都需要设置吗?

7. 讨论应付账款总账控制账户中的余额与应付账款明细账中的余额之间的关系。

8. 审计跟踪在函证任务中扮演什么角色?

9. 大批量比小批量更可取吗？请解释。

10. 讨论为什么了解遗留系统技术对审计师来说很重要。

11. 如果一个组织处理大量使用通用数据记录的交易，那么哪种类型的系统最有效（其他条件相同）？

12. 如果一个组织处理具有独立（唯一）数据需求的交易，那么哪种类型的系统最有效（其他条件相同）？

13. 数据库模型和平面文件模型最显著的区别是什么？

14. 适用于平面文件的术语"单一用户视图"是什么意思？为什么这是一个问题？

15. 解释与平面文件相关的数据更新和信息流通问题的异同。

16. 希望评估职责分离是否充分的审计师应该检查数据流程图或系统流程图吗？为什么？

17. 讨论与没有数据编码方案的总账系统相关的一些问题。

18. 对于以下每一项，指出顺序编码、块代码、组码、字母编码或助记码是否最合适（你可以列出多种方法，举例说明每种方法适用的原因）：

a. 州代码   f. 销售订单号

b. 支票号码   g. 供应商代码

c. 会计科目表   h. 发票编号

d. 库存项目编号   i. 客户编号

e. 仓号（库存仓库位置）

多项选择题

1. 以下各项中（   ）不是文件实时处理相对批处理的优势。

a. 交易处理时间更短   b. 减少库存

c. 改善客户服务   d. 都是优点

e. 以上都不是优点

2. 关于批量处理，以下各项中（   ）陈述不正确。

a. 处理普通账户时会出现死锁

b. 允许在单独的计算机运行中编辑数据

c. 可以使用数据库和平面文件

d. 可以从终端启动

3. 对于实时处理系统，以下各项中（   ）交易类型最不合适。

a. 航空公司机票预订   b. 销售点交易

c. 每周处理工资单   d. 空中交通管制系统

e. 以上都是实时处理系统

4. 以下各项中（   ）陈述是不正确的。

a. 数据库方法使用一个通用数据库来推广单一用户视图的概念

b. 数据库系统解决了任务数据依赖

c. 平面文件模型鼓励数据冗余

d. 数据库系统的主要目标是最小化数据冗余

e. 数据库系统提高了对数据和数据集成的可访问性

5. 以下各项中（　　　）不属于对周转文件的描述。

a. 它可以减少外部各方所犯的错误

b. 它仅用作内部文件

c. 它通常被公用事业公司（燃气、电力、水）使用

d. 它既是输入文件又是输出文件

6. 用于表示系统逻辑元素的文档工具是一个（　　　）。

a. 数据流图　　　　　　　　　　　b. 编程流程图

c. 实体关系图　　　　　　　　　　d. 系统流程图

e. 上述所有的

7. 以下各项中（　　　）不是正确的陈述。

a. 交易记录在分类账中并过账到日记账

b. 交易记录在日记账中并过账到分类账中

c. 不经常发生的交易记录在普通日记账中

d. 频繁发生的交易记录在专门的日志中

8. 下列关于明细账和总账科目关系的叙述正确的是（　　　）。

a. 两者包含不同且不相关的数据

b. 两者之间的关系构成了审计跟踪的一部分

c. 所有总账科目都有明细账

d. 明细账科目的总额通常超过相关总账科目的总额

9.（附录问题）以下各项中（　　　）陈述不正确。

a. 索引随机文件分散在整个存储设备中，而不考虑与相关记录的物理接近度

b. 索引随机文件有效地使用磁盘存储空间

c. 一次处理大部分文件时，索引随机文件非常有效

d. 索引随机文件在添加记录方面易于维护

10. 数据库死锁是（　　　）。

a. 放置在记录上的锁，以防止它被其他程序访问

b. 当两条记录意外地分配了相同的主键时会发生

c. 当几个不同的程序同时访问一个唯一的记录时，就会发生这种情况

d. 以上都不是

11. 发票文件最好使用（　　　）编码方案。

a. 拼音　　　　　　　　　　　　　b. 助记码

c. 块代码　　　　　　　　　　　　d. 顺序

12. 以下各项中（　　　）陈述不正确。

a. 遗留系统不处理具有重大财务意义的交易

b. 大型机是遗留系统独有的，而现代系统只使用客户端服务器模型

c. 遗留系统可能使用数据库技术

d. 以上都是对的

13. 描述与通过组织的特定交易相关的物理信息流的文档工具是（　　）。

a. ER 图　　　　　　　　　　b. 系统流程图

c. 程序流程图　　　　　　　　d. 决策表

e. 数据流图

14. 以首字母缩写词和其他组合形式表达含义的编码方案是（　　）。

a. 顺序编码　　　　　　　　　b. 助记符

c. 字母编码　　　　　　　　　d. 块代码

15.（附录问题）在散列结构中（　　）。

a. 指针用于指示与另一条记录具有相同地址的记录的位置

b. 两个记录可以存储在同一个地址

c. 指针用于指示所有记录的位置

d. 磁盘上的所有位置都用于记录存储位置

16.（附录问题）物理地址指针的一个优点是（　　）。

a. 重新整理磁盘时它保持不变

b. 如果不小心丢失，很容易恢复

c. 它直接指向实际的磁盘存储位置

d. 以上都是物理地址指针的优点

17.（附录问题）关于虚拟存储访问方法，以下各项中（　　）陈述不正确。

a. 用于需要直接访问和批处理的非常大的文件

b. 可以使用溢出区域来记录

c. 为每条记录提供准确的物理地址

d. 适用于插入或删除很少的文件

18.（附录问题）关于散列结构，以下各项中（　　）陈述是正确的。

a. 可以为两个不同的记录计算相同的地址

b. 存储空间得到有效利用

c. 无法快速访问记录

d. 需要单独的索引

19. 以下各项中（　　）陈述不正确。

a. 对用户来说，对按字母编码的记录进行排序比对按数字编码的记录进行排序更困难

b. 助记码需要用户记忆代码

c. 助记码在表示类内项目的能力方面受到限制

d. 顺序编码不携带超出其在序列中的顺序的信息内容

20. 转换循环的生产子系统包括以下所有内容，除了（　　）。

a. 零部件的制造或购买决策　　　b. 确定原材料要求

c.将原材料投入生产　　　　　　　d.安排要生产的货物

21.以下各项中（　　）陈述不正确。

a.制造公司有一个转换循环，但零售公司没有

b.转换循环包括确定原材料需求的任务

c.工资支票是工资单系统产品文档的一个示例

d.普通日记账可以用日记账凭证集合代替

e.商业活动始于以现金换取原材料、财产和劳动力

22.以下各项中（　　）是临时文件。

a.参考文件　　　　　　　　　　　b.交易文件

c.主文件　　　　　　　　　　　　d.以上都不是

问题

1. 交易循环识别

将以下每个活动分类为支出、转换或收入循环，并确定适用的子系统。

a.为制造人员准备每周工资单　　　b.投放原材料供制造循环使用

c.已售商品的付款收据　　　　　　d.记录客户下的订单

e.订购原材料　　　　　　　　　　f.确定要订购的原材料数量

2. 文件类型

对于以下每条记录，请指明适当的相关文件结构：主文件、交易文件、参考文件或存档文件。

a.客户记录　　　　　　　　　　　b.订单

c.授权供应商名单　　　　　　　　d.与先前支付期相关的记录

e.供应商记录　　　　　　　　　　f.每个员工在当前工资期内的工作时间

g.税表　　　　　　　　　　　　　h.已处理和记录的销售订单

3. 工资单系统流程图

正文中的图 2-4 说明了如何将客户订单转换为源文档、产品文档和周转文档。绘制类似的流程图，用于支付小时工的工资。

流程：主管从员工那里收集工时表，审查其正确性，并将其提交给工资单系统，将已准备好的工资支票发放给员工。此外，总工资费用的汇总报告会发送给每个部门经理，由他们审查其正确性，签署报告，并将其返回工资部门制成文件。

4. 系统流程图 AP

使用正文中图 2-4 所示的格式，为支付供应商应付账款的流程绘制类似的流程图。

流程：供应商将发票发送到 AP 部门，在那里进行审核并批准付款。一旦获得批准，发票和现金支付凭证将被发送到现金支付部门，并准备一张支票发送给供应商。支票、发票和凭证的副本将返回 AP 部门并归档。

5. 库存收据流程的记录结构

请参阅正文中的图 2-30 以及关于根据交易文件更新主文件的讨论。讨论涉及销售交易的记录结构。绘制一张图（类似于图 2-30），显示先前订购的存货项目的收货记录结构。假设存在采购订单文件，并将通过收货报告收集的信息进行更新，该收货报告是交易记录。此外，假设采购是赊购，并且需要更新供应商 AP 记录。不要在图表中显示总账记录。解释更新过程中的每个步骤。

6. 账户现金收入的记录结构

参见图 2-30 和关于从交易文件更新主文件的讨论。讨论介绍了销售交易的记录结构。绘制一张图（类似于图 2-30），显示从支付未结清应收账款的客户那里收到现金的记录结构。假设存在现金收入文件，其中包含要处理的交易记录。显示明细账和总账文件。解释更新过程中的每个步骤。

7. 系统流程图

使用图 P.1，回答下列问题：
- 符号 1 和 2 代表什么？
- 涉及符号 3 和 4 的操作描述了什么？
- 涉及符号 4 和 5 的操作描述了什么？
- 涉及符号 6、8 和 9 的操作描述了什么？

8. 系统流程图批处理

分析图 P.2，并详细描述正在发生的过程。

9. 系统流程图和程序流程图

从问题 8 的图中，确定可能导致工资单记录被放入错误文件的三种类型的错误。使用程序流程图说明编辑程序。

10. 数据流程图——工资单

绘制一个数据流程图，以反映问题 3 中概述的工资核算流程中出现的活动。

11. 系统流程图——工资单（人工流程）

使用正文中图 2-22 所示的流程图结构，为问题 3 中概述的工资核算流程绘制系统流程图。假设所有活动都是人工执行的。

12. 系统流程图——工资单（自动化流程）

使用正文中图 2-25 所示的流程图结构，为问题 3 中概述的过程绘制系统流程图。假设如下：

员工将机打工时表提交给部门管理层。

管理人员从其部门终端以数字方式将工时表数据提交到位于数据中心的自动工资单应用程序。

自动化系统将交易过账到数字工资单文件中。

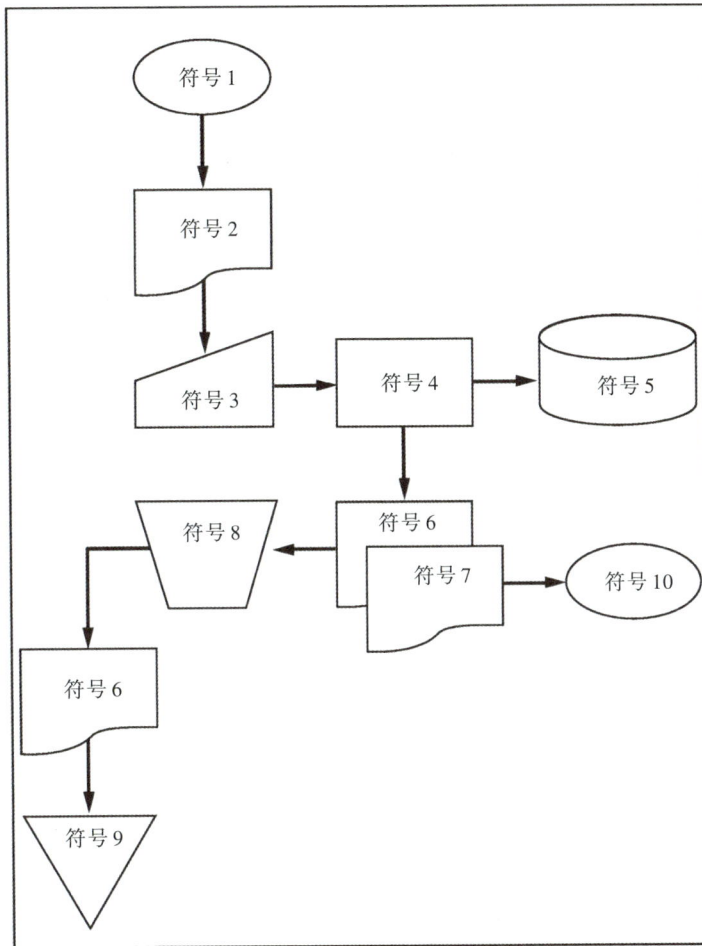

图P.1 问题7系统流程图

该系统还准备分别向员工和管理层发送机打支票和成本中心报告。

经理审查报告并将其归档在其部门。

13. 数据流程图——现金支付

绘制一个数据流程图，反映问题4所概述的过程提出的活动。

14. 系统流程图——现金支付（手动流程）

使用正文中图2-22所示的流程图结构，为问题4中概述的过程绘制系统流程图。假设所有活动都是人工执行的。

15. 系统流程图——现金支付（自动化流程）

使用正文中图2-25所示的流程图结构，为问题4中所概述的过程绘制系统流程图。假设如下：

机打发票由供应商邮寄给AP部门。

AP部门职员从其部门终端审查发票的详细信息并将其转录成数字形式，提交给位于数据中心的自动现金支付应用程序。

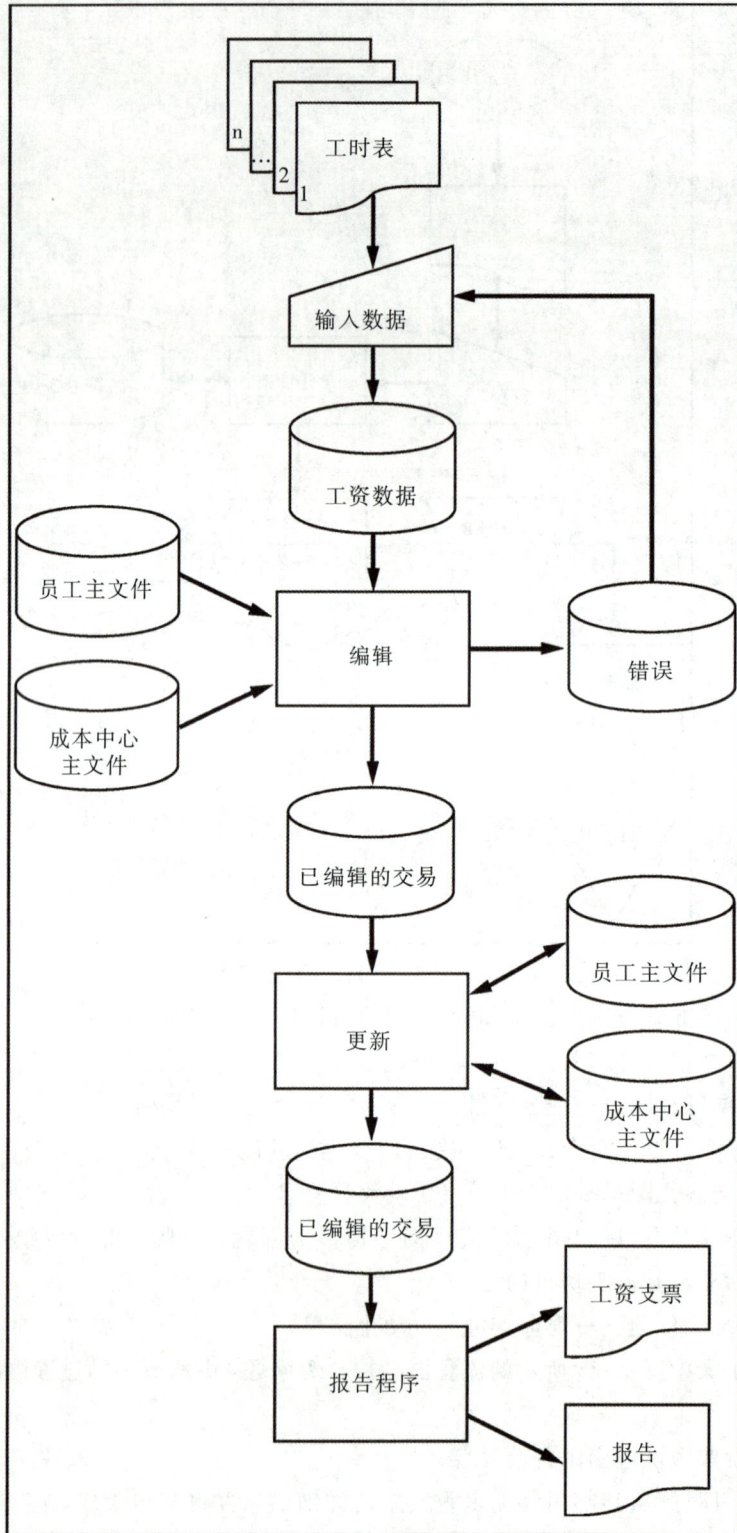

图P.2 问题8系统流程图

16. 交易循环——关系

请参阅本章图 2-1，它提供了交易循环之间关系的通用视图。修改此图以反映你可能在牙医诊所发现的交易循环。

17. 系统流程图——人工销售程序

以下描述了一家假设公司的销售程序。所有程序都是人工执行的，并使用打印文件。

销售部职员从顾客那里接收顾客订单并准备一式三份的销售订单。三份副本被发送到信用部门进行审核，由其职员审查顾客信用记录。审核通过后，信用部门职员将销售订单副本退回销售部门，由销售部门审核备案。剩下的两份被送到仓库。仓库职员从货架上挑选货物，并将它们与一份销售订单一起发送给运输部门。销售订单的第三份副本在仓库中归档。收到货物后，发货员准备发货通知，并将货物和销售订单的一份副本发送给顾客。然后，发货员将发货通知发送给财务部门。收到发货通知后，财务部职员更新应收账款，并将发货通知归档到本部门。

要求：按照前面描述的销售程序绘制系统流程图。

18. 系统文档——支出循环（人工程序）

以下描述了假设公司的支出循环人工程序。

库存控制职员检查必须补充的项目的库存记录并准备一式两份的采购申请。将申请单的副本 1 发送到采购部门，并将副本 2 归档。

收到申请后，采购员从有效的供应商文件（参考文件）中选择供应商，并准备一式三份的采购订单。副本 1 发给供应商，副本 2 发给临时备案的 AP 部门，副本 3 发给采购部门。

供应商发货几天后，货物到达收货部门。检查货物后，收货员准备一式三份的收货报告，描述收到的物品的数量和质量。收货报告的副本 1 随货物一起送到商店，并保存在那里。副本 2 被发送给库存控制职员，在那里该职员将其记入库存文档并归档。副本 3 发送到 AP 部门，与采购订单一起归档。

一两天后，AP 职员收到发货物品供应商发票（账单）。该职员从临时文件中提取采购订单和收货报告，并比较订购的数量、收到的数量和收取的价格。核对三份单据后，该职员在采购日记账中输入采购信息，并将欠款过到 AP 明细账中。

在付款到期日，AP 职员将付款过账到 AP 子账户以解除负债并准备授权向供应商付款的凭证。然后将凭证发送给现金支付职员。在收到凭证后，现金支付职员准备一张支票并将其发送至供应商。该职员将支票记录在支票登记簿中，并将支票副本存入部门档案柜。

要求：根据前面描述的支出循环程序绘制数据流程图和系统流程图。

19. 系统文件——现金收入程序（手册和计算机）

邮件收发室接收客户支付应付账款的支票和汇款通知。收发室职员审核文件的完整性和正确性，将支票发送至现金收入部，并将汇款通知单发送至 AR 部。AR 职员从 AR 部门的个人电脑端接收汇款通知并更新客户的 AR 记录。现金收入职员收到支票，并将它们从部门的个人电脑端过账到现金收入日记账。然后，该职员将支票存入银行。

要求：根据前面描述的过程绘制系统流程图。

20. 系统文件——工资单

以下描述了一家假设公司的工资核算程序。

每个星期四，考勤员将员工考勤卡送到工资部门进行处理。根据考勤卡上反映的工时、员工档案中的员工工资率、预扣税信息以及税率参考文件，工资员计算每个员工的总工资、预扣税和净工资。然后，工资员手动为每个员工准备工资支票，将工资支票的打印件归档到工资部门，并将收入过账到机打的员工记录中。最后，工资员手动编制工资单汇总表并将其和工资单发送到现金支付部门。

现金支付部门职员将工资单汇总表与工资总额核对，并在打印的现金支付日记账中手动记录交易。然后，该职员提交工资单汇总表并将工资支票发送给财务主管签署，最后将签名的支票发送给付款职员，后者在周五早上将支票分发给员工。

要求：根据前面描述的工资核算程序绘制数据流程图和系统流程图。

21. 系统文档——工资单（自动化系统）

要求：假设问题14中描述的工资单系统使用数据库文件和计算机处理程序，绘制数据流程图、实体关系图和系统流程图。

22. 系统文档——收入循环（人工和计算机流程）

以下描述了假设公司的收入循环程序。

销售部门职员收到纸质顾客订单并手动准备一式六份的纸质销售订单。销售订单的副本分发到以下部门：副本1、2和3发给运输部门，副本4、5和6发给开票部门，由开票员临时归档。

收到销售订单副本后，运输部门职员从仓库货架上挑选货物，然后将销售订单的副本1连同货物一起发送给顾客，将副本2发送到结算部门，副本3由运输部门归档。

当结算部门职员收到副本2时，她从临时文件中提取其他副本并通过添加价格、税金和运费来完成文档。然后，使用部门个人电脑，将销售记录在数字销售日记账中，将副本4（客户账单）发送给顾客，并将副本5和6分别发送到AR部门和库存控制部门。

收到结算部门职员的文件后，AR部门和库存控制部门职员分别使用其部门个人电脑将交易过到AR明细账和库存明细分类账。然后，两个部门职员将各自的销售订单副本在本部门归档。

在付款到期日，顾客将全额支票和账单副本（汇款通知单）发送给公司。这些文件由收发室职员接收，他们按如下方式分发：

（1）支票交给现金收入部门职员，后者手动将其记录在纸质现金收入日记账中，并准备一式两份的存款单。一份存款单和支票寄到银行；另一份存款单在现金收入部门存档。

（2）汇款通知书被发送给AR部门职员，后者将金额过账到数字明细账，然后归档文件。

要求：根据前面描述的收入循环程序绘制数据流程图和系统流程图。

23. 系统文档——支出循环（人工和计算机程序）

下面描述了一家假设公司的支出循环。

公司有一个集中式计算机系统，终端分布在各个部门。终端与计算机应用程序联网，数字会计记录被托管在数据处理部门的服务器上。

每天，数据处理中心的计算机都会快速检查库存记录，寻找必须补充的货物。对低于其再订购点的每个项目，系统会创建一个数字采购订单并打印。数据中心的技术人员将采购订单发送给采购部门的职员。

采购部门的职员收到采购订单后，审核并签字。他将副本1发送给供应商，并将副本2归档到本部门。

几天后，供应商发货，货物到达收货部门。收货员从他的终端审查数字采购订单，检查货物，创建数字收货报告记录，并打印两份收货报告。系统自动更新库存记录以反映收货情况。收货员将收货报告的副本1与货物一起发送到商店，并保存在那里。副本2在收货部门存档。

一两天后，AP部门职员收到一份用于运送货物的纸质供应商发票（账单）。AP职员从她的终端访问数字收货报告和采购订单。然后，她将这些文件与供应商的发票核对。如果订单的所有方面都正确，AP职员会在数字采购日记账中记录采购，并从她的终端将欠款金额过账到AP子账户。

每天，数据处理部门的计算机应用程序都会自动检查AP明细文件，以查找到期付款的项目并打印支票。系统关闭AP记录并在数字现金支付日记账中创建记录。然后，数据处理部门职员将支票正联发送到现金支付部门，由现金支付部门批准、签署并发给供应商。支票存根联在现金支付部门存档。

要求：根据前面描述的支出循环程序绘制数据流程图和系统流程图。

24. 系统文件——现金收入程序（集中式计算机）

该系统使用集中式计算机和数据库，用户终端连接到这些计算机和数据。

收发室从客户那里接受支付应付账款的支票和汇款通知。收发室职员检查文件的完整性和正确性，并手动准备一式两份的汇款清单以供控制。该职员将支票和汇款单的一份副本发送给现金收入部。他将汇款通知书和第二份汇款清单发送给AR部门。现金记账员从部门的终端接收支票并将其过账到现金收入日记账。然后现金记账职员准备三份存款单复印件；支票和存款单的两份复印件被送到银行，第三份在本部门存档。最后，现金记账职员将汇款清单发送至财务总监办公室。当AR部门职员收到汇款通知书和汇款清单后，她会从AR部门的终端更新客户的AR记录。然后，该职员提交汇款通知书和该部门的汇款清单。财务总监办公室职员从现金收入部门收到汇款清单和银行的存款单副本。该职员核对文件以确保所有支票都已存入并将两份文件归档到本部门。

要求：根据前面描述的过程绘制系统流程图。

25. 系统文档——采购和AP程序（集中式计算机）

该系统使用集中式计算机和数据库，用户通过终端连接到这些计算机和数据。

采购系统监控库存文件中的库存水平。当库存项目下降到其预定的再订购点时，系统会自动在数字采购订单文件中创建记录，并准备一份采购订单打印件，并将其发送给供应商。

存货到达收货部门时附有装箱单。收货职员对物品进行检查、清点，确认无误后，将收货记录在部门终端的收货报告档案中。系统自动更新库存记录，收货职员将装箱单归档到本部门。

几天后，供应商的机打发票到达AP部门。AP部门职员从她的终端访问采购系统并查看数字采购订单和收货报告，以确保收到订购的物品和账单吻合。然后，AP部门职员将发票记录在数字供应商发票文件中，并在数字AP文件中创建应付账款记录。最后，AP部门职员在本部门归档纸质发票。

要求：根据前面描述的过程绘制系统流程图。

26. 系统文件——现金支付程序（集中式计算机）

该系统采用集中式计算机和数据库文件，用户可以从其部门的终端通过中央采购系统访问这些文件。

以前的程序创建了一个采购订单记录和一个接收报告记录，它们存储在数据中心的各个文件中。

几天后，一份机打的供应商发票到达AP部门。AP部门职员从她的终端访问采购系统并查看数字采购订单和收货报告，以确保所收到的订购物品和账单吻合。然后，AP部门职员将发票金额记录在数字供应商发票文件中，并在数字AP文件中创建应付账款记录，为AP规定了一个付款截止日期。最后，AP部门职员在本部门归档纸质发票。

现金支付职员审查应付项目的应付账款文件并批准付款。系统自动在数字现金支付日记账中记录支付并打印支票，将其发送给供应商。现金支付职员打印现金支出汇总表并将其归档在本部门中。

要求：根据前面描述的过程绘制系统流程图。

27. 编码方案

为Jensen相机分销商的会计科目表设计一个使用块代码和顺序编码的方案。

现金	普通股票
应收账款	超出面值的实收资本
办公用品库存	库存股票
预付保险费	留存收益
存货	销售额
有价证券投资	销货退回与折让
送货卡车	股息收入
累计折旧——送货卡车设备	商品销售成本
累计折旧——设备、家具和固定装置	工资费用
累计折旧——家具和固定装置	公用事业费用
办公楼	办公用品费
累计折旧——建筑用地	保险费
应付账款	折旧费
应付工资	广告费
应付税款	燃油费
应付票据	利息费
应付债券	

第 3 章

道德、欺诈和内部控制

学习目标

学习本章后，你应该：

- 了解与商业道德相关的广泛问题。
- 对与使用信息技术相关的道德问题有基本的了解。
- 能够区分管理欺诈和员工欺诈。
- 熟悉常见的欺诈计划类型。
- 熟悉 COSO 内部控制框架的主要特点。
- 了解物理和 IT 控制活动的目标和应用。

本章探讨了三个与《萨班斯–奥克斯利法案》（SOX 法案）密切相关的领域，并且这些领域对会计师和管理层很重要。它们是道德、欺诈和内部控制。我们从调查伦理问题开始本章，这些问题强调了组织对其员工、股东、客户和公众相互冲突的责任。组织管理者负有道德责任，在他们的决定给这些成员带来的风险和收益之间寻求平衡。管理层和会计师必须认识到信息技术对诸如工作条件、隐私权和潜在欺诈等历史问题的新影响。3.1 节最后总结了 SOX 法案规定的道德规范要求。3.2 节涉及欺诈主题及其对会计师的影响。尽管"欺诈"一词在当今的财经媒体中很常见，但人们还不够清楚什么是欺诈。在本节中，我们讨论了欺诈的性质和含义，区分了员工欺诈和管理欺诈，解释了欺诈的驱动因素，介绍了一些常见的欺诈技术，并概述了 SOX 法案为解决这些问题而立法的改革框架的关键要素。本章的最后一节探讨了内部控制的主题。经理和会计师都应该关注组织内部控制结构的充分性，以作为阻止欺诈和防止错误的手段。本节首先从概念层面介绍内部控制问题。然后，我们将在 COSO 为遵守 SOX 法案而建议的框架下讨论内部控制。

3.1 商业道德问题

道德标准源于社会习俗和关于是非问题的根深蒂固的个人信念，这些信念并未得到普遍认同。即使两个人都认为自己是合乎道德的，但在一个问题上也很有可能会站在完全不同的立场。通常，我们将道德问题与法律问题混为一谈。当来自××州的尊贵先生，被指控有不道德行为，站在国会面前宣称自己"无罪"时，他真的是在说他没有违法吗？

股市丑闻、计算机犯罪和传播病毒的故事，以及企业高管因不当行为和非法行为受到的指控不绝于耳。安然公司的首席财务官（CFO）安迪·法斯托（Andy Fastow）使用隐蔽的薪酬计划，设法将他的个人财富增加了大约 4 000 万美元。同样，泰科公司的丹尼斯·科佐夫斯基（Dennis Kozowski）、Health-South 的理查德·斯克鲁希（Richard Scrushy）和世通公司的伯尼·埃伯斯（Bernie Ebbers）都变得超乎想象的富有，同时使他们的公司陷入了困境。事实上，在 1999 年初至 2002 年 5 月期间，25 家公司的高管从他们的组织中榨取了价值 250 亿美元的特殊薪酬、股票期权和私人贷款，而他们公司的股票暴跌了 75% 甚至更多。[①]

在本章中我们不可能对道德问题进行彻底的处理。相反，本章的目的是提高读者对与商业、信息系统和计算机技术相关的道德问题的认识。

3.1.1　商业道德

道德与个人在涉及对与错的概念的情况下作出选择和指导他们的行为时使用的原则有关。更具体地说，**商业道德**涉及寻找两个问题的答案：（1）管理者在开展业务时如何判断什么是正确的？（2）一旦管理者认识到什么是正确的，他们如何实现它？

商业中的伦理问题可以分为四个方面：公平、权利、诚实和行使公司权力。表 3-1 列出了每个领域中具有影响的一些商业道德问题。

表3-1 商业道德问题

公平	高管薪酬 可比价值 产品定价
权利	公司正当程序 员工健康筛查 员工隐私 性骚扰 多元性 平等就业机会 举报
诚实	员工和管理层利益冲突 组织数据和记录的安全性 误导性广告 在外国有问题的商业行为 准确报告股东利益
行使公司权力	政治行动委员会 工作场所安全 产品安全 环保问题 权益剥离 企业政治贡献 缩减规模和关闭工厂

3.1.1.1　作出合乎道德的决定

商业组织对其员工、股东、客户和公众负有相互冲突的责任。每个重大决定都会产生可能有害或有利于这些成员的后果。例如，在一个组织内实施一个新的计算机信息系

---

① Robert Prentice，*Student Guide to the Sarbanes-Oxley Act*（Thomson Publishing，2005）：p. 23.

统可能会导致一些员工失去工作，而那些留下来的人则享受改善工作条件的好处。在这些后果之间寻求平衡是管理者的**道德责任**。以下道德原则为履行这一责任提供了一些指导。①

恰当性。决策的好处必须大于风险。此外，必须没有其他决策可以提供相同或更大的利益而风险更低。

正义。决策的好处应该公平地分配给那些分担风险的人。那些没有受益的人不应该承担风险。

将风险降至最低。即使根据原则判断可以接受，也应执行该决定，以尽量减少所有风险并避免任何不必要的风险。

3.1.2 计算机道德

在商业中使用信息技术对社会产生了重大影响，因此引发了有关计算机犯罪、工作条件、隐私等方面的重大伦理问题。**计算机道德**是"对计算机技术的本质和社会影响的分析，以及相应地制定和论证对这种技术的道德使用的政策……（这包括）对软件和硬件的担忧，以及对连接计算机的网络和计算机本身的担忧"。

一位研究人员定义了三个级别的计算机道德：流行的计算机道德、准计算机道德和理论计算机道德。②流行的计算机道德只是暴露于流行媒体中的关于计算机技术的好坏影响的故事和报道。整个社会都需要了解诸如计算机病毒和为帮助残疾人而设计的计算机系统之类的事情。准计算机道德涉及对计算机道德案例产生真正的兴趣，并在该领域获得一定程度的技能和知识。所有系统专业人员都需要达到这种能力水平，这样他们才能有效地完成工作。会计信息系统的学生也应该达到这种层次的道德理解水平。理论计算机道德是多学科研究人员都感兴趣的，他们将哲学、社会学和心理学理论应用于计算机科学，目的是为该领域带来一些新的认识。

3.1.2.1 是新问题还是老问题的新转折？

一些人争辩说，所有相关的道德问题都已经在其他领域得到了研究。例如，人们对产权问题已有探索并制定了版权法、商业秘密法和专利法。尽管计算机程序是一种新型资产，但许多人认为这些程序应被视为与其他形式的财产没有区别。这种争论引发的一个基本问题是，计算机是否会带来新的道德问题，或者只是旧问题产生新的转折。在后者的情况下，我们只需要了解所涉及的一般价值和应该适用的原则。③然而，有相当一部分人强烈反对计算机与其他技术没有什么不同的假设。例如，许多人反对将知识产权与不动产视为相同的概念。到目前为止，在这个问题上还没有达成共识。

下一节将讨论学习会计信息系统的学生所关心的几个问题。这份清单并不详尽，对每个问题的全面讨论超出了本章的范围。相反，我们对这些问题进行了简要的定义，并

① M.McFarland，"Ethics and the Safety of Computer System," *Computer* （February 1991）.
② T. W. Bynum，"Human Values and the Computer Science Curriculum"（Working paper for the National Conference on Computing and Values，August 1991）.
③ G. Johnson，"A Framework for Thinking about Computer Ethics," in J. Robinette and R. Barquin （eds），*Computers and Ethics: A Sourcebook for Discussions* （Brooklyn: Polytechnic Press，1989）: 26‑31.

提供了几个触发因素。希望这些问题能在课堂上引发思考和讨论。

3.1.2.2 隐私

人们希望完全控制自己的哪些信息和多少信息可以提供给他人，以及可以提供给谁。这是**隐私**问题。巨大的共享数据库的创建和维护使得保护人们免受潜在的数据滥用成为必要需求。这就引发了个人信息行业的**所有权**问题。[①]个人隐私是否应该通过政策和制度得到保护？个人拥有哪些关于自己的信息？与个人无关的公司是否可以在未经本人许可的情况下买卖个人信息？

3.1.2.3 安全性（准确性和保密性）

计算机**安全**的目的是避免发生机密性或完整性的数据丢失等风险。安全系统试图防止欺诈和其他滥用计算机系统的行为；设计者获取行动保护和促进系统的合法利益。涉及安全的道德问题源于共享的计算机化数据库的出现，这些数据库有可能通过向授权用户传播不准确的信息（如通过不正确的信用报告）对个人造成无法弥补的伤害。[②]传播准确的信息也存在类似的危险，即将信息由未经授权的人接收。然而，提高安全性实际上会导致其他问题。例如，安全性既可用于保护个人财产，也可用于破坏访问数据的自由，这可能对某些个人产生有害影响。哪个目标更重要？自动监控可用于检测入侵者或其他滥用行为，但它也可以用来监视合法用户，从而侵犯他们的隐私。界限应该怎么划？什么是适当的用途和安全级别？哪个最重要：安全性、准确性，还是保密性？

3.1.2.4 财产所有权

旨在保护不动产权利的法律已经扩展到涵盖所谓的知识产权，即软件。这里的问题变成了个人（或组织）可以拥有什么。想法？媒体？源代码？目标代码？一个相关的问题是所有者和用户是否应该在使用或访问方面受到限制。为了保护那些开发软件的人不被盗版，人们援引了版权法。毫无疑问，花费数十万小时开发的程序应该受到保护，不受盗版的影响。然而，许多人认为版权法弊大于利。例如，是否应该授予软件包的外观和观感版权保护？有人认为，这违背了法律的初衷。虽然保护版权的目的是促进科学和实用艺术的进步，让用户界面受到版权法保护可能适得其反。当行业标准出现时，计算机用户的最大利益才会得到满足；版权法反对这一点。部分问题在于软件的独特性、易于传播以及精确复制的可能性。软件是否符合有关所有权的这一类别和惯例？

3.1.2.5 访问公平

一些访问障碍是信息系统技术固有的，但有些障碍可以通过精心的系统设计来避免。有几个因素，其中一些不是信息系统所独有的，可以限制对计算技术的访问。个人的经济地位或组织的富裕程度将决定其获得信息技术的能力。文化也限制了访问。例如，当文档仅以一种语言编写或翻译不佳时，访问受到限制。另外，安全功能或缺乏安全功能限制了孕妇的访问。如何在考虑身体和认知技能差异的情况下设计硬件和软件？提供公平访问的成本是多少？对哪些社会群体而言，公平获取应成为优先事项？

---

① W. Ware，"Contemporary Privacy issues"（Working Paper for the National Conference on Computing and Human Values，August 1991）.

② K. C. Laudon，"Data Quality and Due Process in Large Interorganizational Record Systems，" *Communications of the ACM*（1986）：4 - 11.

3.1.2.6　环境问题

配备高速打印机的计算机可以比以往更快地生成打印文档。仅仅打印文档可能比考虑是否应该打印文档以及真正需要打印多少份更容易。除了电子版之外，拥有打印件可能更有效，也更令人放心。然而，纸张来自树木，树木是一种宝贵的自然资源，如果回收不当，最终会进入垃圾填埋场。组织是否应限制不必要的打印件？可以定义非必要性吗？谁可以而且应该定义它？是否应该要求适当的回收？如何执行？

3.1.2.7　人工智能

由于专家系统的普及，出现了一系列新的社会和道德问题。由于这些系统的营销方式——作为决策者或专家的替代者，有些人非常依赖它们，因此知识工程师（编写程序的人）和领域专家（提供有关自动化任务的知识的人）都必须关注他们有关错误决策、不完整或不准确的知识库以及在决策过程中赋予计算机的责任。[1]此外，由于专家系统试图克隆经理的决策风格，个人的偏见可能隐含或明确地包含在知识库中。需要探讨的一些问题是：谁对知识库的完整性和适当性负责？谁对专家系统作出的决策负责？该决策在执行时会造成伤害吗？一旦专业知识被编码到知识库中，谁将拥有它？

3.1.2.8　失业和流离失所

由于计算机技术的可用性，许多工作已经并正在发生变化。无法或没有准备好改变的人将失业。雇主是否应负责对因职能计算机化而流离失所的工人进行再培训？

3.1.2.9　滥用计算机

计算机可能以多种方式被滥用。复制专有软件，使用公司的计算机谋取个人利益，以及窥探他人的文件只是一些明显的例子。[2]虽然复制专有软件（制作个人备份副本除外）是非法的，但这是普遍的做法。为什么人们认为没有必要遵守这条法律？是否有任何充分的理由试图改变这一法律？当人们生成未经授权的副本时，对软件开发人员有什么伤害？计算机不是一种随着使用而变质的物品，那么如果将其用于员工的个人利益，是否会对雇主造成伤害？在工作时间或工作时间以外使用计算机是否重要？如果发生一些营利活动，而不是使用计算机写私人信件，是否有区别？如果营利活动发生在工作时间内或工作时间之外，是否会有所不同？可以查看明显属于他人的纸质文件吗？纸质文件和计算机文件之间有什么区别吗？

3.1.3　《萨班斯-奥克斯利法案》和道德问题

公众对安然（Enron）、环球电讯（Global Crossing）、泰科（Tyco）、阿德尔菲亚（Adelphia）、世通（WorldCom）等公司高管的不道德行为和欺诈行为的强烈抗议促使美国国会通过了 2002 年的《美国竞争力和企业责任法案》（American Competitiveness and Corporate Accountability Act of 2002）。这项广泛的立法，通常被称为《萨班斯-奥克斯利法案》（SOX 法案），是美国自 1933 年《证券法》和 1934 年《证券交易法》以来最重要

---

①　R. Dejoie, G. Fowler, and D. Paradice (eds), *Ethical Issues in Information Systems* (Boston: Boyd & Fraser, 1991).

②　K. A. Forcht, "Assessing the Ethic Standards and Policies in Computer-Based Environments," in R. Dejoie, G. Fowler, and D. Paradice (eds), *Ethical Issues in Information Systems* (Boston: Boyd & Fraser, 1991).

的证券法。SOX 法案有许多条款旨在处理与资本市场、公司治理和审计专业相关的具体问题。本章后面将讨论其中的几个问题。在这一点上，我们主要关注该法案的第 406 条，该条款涉及道德问题。

第 406 条——高级财务官道德准则

SOX 法案第 406 节要求上市公司向 SEC 披露它们是否采用了适用于公司首席执行官（CEO）、首席财务官（CFO）、财务总管或执行类似职能的人员的道德准则。如果公司没有采用这样的准则，必须解释为什么。上市公司可以通过多种方式披露其道德准则：（1）将准则作为其年度报告的附件；（2）将准则发布到公司网站上；（3）同意根据要求提供准则的副本。

虽然第 406 条特别适用于公司的行政和财务人员，但公司道德准则应平等地适用于所有员工。高层管理人员对道德的态度为商业实践定下了基调，但遵守公司的道德标准也是较低级别的管理人员和非管理人员的责任。从董事会会议室到收货处，整个组织都可能发生道德违规行为。因此，必须制定办法，将所有管理层和员工都纳入公司的道德规范体系中。美国证券交易委员会规定，要遵守第 406 条规定，就必须制定书面道德准则，以解决以下道德问题：

（1）利益冲突。公司的道德准则应概述处理个人和职业关系之间实际或明显利益冲突的程序。请注意，这里的问题是处理利益冲突，而不是禁止它们。虽然回避是最好的策略，但有时冲突是不可避免的。因此，一个人对此事的处理和充分披露成为道德问题。经理和员工都应该了解公司的道德准则，公司应给他们提供决策模型，并让他们参加探讨解决利益冲突问题的培训计划。

（2）充分和公允的披露。该条款规定，组织应在其提交给 SEC 和公众的文件、报告和财务报表中提供完整、公允、准确、及时和可理解的事实。过于复杂和有误导性的会计技术被用来掩盖可疑的活动，这些活动是最近许多财务丑闻的核心。该规则的目的是确保未来的披露是坦诚、公开、真实的且没有此类欺骗行为。

（3）法律合规。道德准则应要求员工遵守适用的政府法律、法规和规章。如前所述，我们绝不能将道德问题与法律问题混为一谈。然而，做正确的事情需要对法律、规则、法规和社会期望保持敏感。为了实现这一目标，组织必须为员工提供培训和指导。

（4）内部报告违规行为。道德准则必须提供一种机制，允许对违反道德的行为进行及时的内部报告。该条款在性质上与旨在鼓励和保护举报人的第 301 条和第 806 条相似。员工道德热线正在成为处理这些相关要求的机制。因为 SOX 法案对此功能要求保密，所以许多公司正在将其员工热线服务外包给独立供应商。

（5）问责。当发生违反准则的行为时，有效的道德规范程序必须采取适当的措施。这将包括各种纪律措施，包括解雇。员工必须确认员工热线是可信的，否则他们不会使用它。第 301 条指示组织的审计委员会制定程序，接收、保留和处理有关会计程序和内部控制违规的投诉。审计委员会还将在监督道德操守执行活动方面发挥重要作用。

3.2 欺诈和会计师

独立审计师在审计过程中发现欺诈行为的责任可能是其职责中最受争议的。近年来，美国财务报告制度的结构已成为审查的对象。美国证券交易委员会、法院和公众以及国会都将注意力集中在企业破产和涉嫌欺诈的公司管理层的可疑行为上。经常被问到的问题是："审计师在哪里？"SOX法案的通过对外部审计师在财务审计期间发现欺诈的责任产生了巨大影响。它要求审计师测试专门用于防止或检测可能导致财务报表重大错报的欺诈行为的控制措施。目前关于欺诈检测的权威准则载于《**审计准则声明第99号**》（**SAS 99**），*在财务报表审计中要考虑欺诈行为*。SAS 99的目标是将审计师对欺诈的考虑无缝地融入审计流程的所有阶段。此外，SAS 99要求审计师执行新的步骤，如在审计计划期间进行头脑风暴，以评估欺诈计划导致财务报表重大错报的潜在风险。

3.2.1 欺诈的定义

虽然*欺诈*在当今的财经媒体中是一个常见的术语，但人们对其含义并不是很清楚。例如，在企业破产和倒闭的情况下，被指控的欺诈行为往往是管理决策不力或商业条件不利导致的。在这种情况下，有必要明确界定和理解欺诈的性质和含义。

欺诈是指一方当事人向另一方当事人虚假陈述重要事实，意图欺骗并诱使另一方当事人合理地依赖该事实而损害其利益。根据普通法（common law），欺诈行为必须符合以下五个条件：

（1）*虚假陈述*。必须有虚假陈述或未披露事实。

（2）*重要事实*。事实必须是诱使某人采取行动的重要因素。

（3）*意图*。必须有欺骗的意图或知道一个人的陈述是虚假的。

（4）*合理的依赖*。失实陈述一定是受害方所依赖的一个重要因素。

（5）*受伤或损失*。欺骗行为必须对欺诈的受害者造成伤害或损失。

商业环境中的欺诈具有更专业的含义。它是故意欺骗，挪用公司资产或操纵公司财务数据以利于犯罪者。在会计文献中，欺诈通常也被称为白领犯罪、诽谤、贪污和违规行为。审计师在两个层面上遇到欺诈：员工欺诈和管理欺诈。由于每种形式的欺诈对审计师有不同的影响，因此我们需要区分两者。

员工欺诈或非管理员工的欺诈通常旨在直接将现金或其他资产转换为员工的个人利益。通常，员工为了个人利益而规避公司的内部控制系统。如果公司拥有有效的内部控制系统，通常可以防止或发现挪用公款或贪污。

员工欺诈通常涉及三个步骤：（1）窃取有价值的东西（资产）；（2）将资产转换为可用形式（现金）；（3）隐瞒犯罪行为以免被发现。第三步往往是最困难的。对于仓库职员来说，从雇主的仓库中窃取存货可能相对容易，但更改库存记录以隐藏盗窃行为更具挑战性。

管理欺诈比员工欺诈更阴险，因为在组织遭受无法弥补的损害或损失之前，它往往无法被发现。管理欺诈通常不涉及直接盗窃资产。高层管理人员可能会从事欺诈活动，以抬高公司股票的市场价格。这样做可能是为了满足投资者的期望，或者是利用经理薪酬中包含的股票期权获利。审计师责任委员会称这种欺诈为业绩欺诈，这往往涉及欺骗性做法，如夸大收入、阻止承认破产或收益下降的行为。较低级别的管理欺诈通常涉及对财务数据和内部报告的重大错报，以获得额外的报酬、获得晋升或逃避对表现不佳的处罚。管理欺诈有三个决定性特征：[1]

（1）欺诈行为发生在管理层级，即与之相关的内部控制结构之上。

（2）欺诈行为经常涉及使用财务报表来制造一种错觉，即一个实体比实际上更健康、更繁荣。

（3）如果欺诈涉及挪用资产，它往往会被复杂的商业交易所掩盖，通常涉及相关第三方。

上述管理层欺诈的特征表明，管理层往往可以通过推翻本来有效的内部控制结构（防止下级雇员出现类似的违规行为），从而实施违规行为。

3.2.2 欺诈三角理论

欺诈三角由三个因素组成，这些因素导致或与管理层和员工欺诈有关。它们是：（1）情境压力，包括个人或与工作相关的压力，这些压力可能迫使个人不诚实地行事；（2）机会，涉及直接访问资产和/或访问控制资产的信息；（3）道德，这与一个人的性格和对不诚实行为的道德反对程度有关。图3-1以图形方式描绘了这三种力之间的相互作用。该图表明，一个道德水平高的人，如果面临低压力和有限的欺诈机会，比一个道德水平低的人更有可能诚实行事，而道德水平低的人则有更大的欺诈机会。

司法专家和学者的研究表明，当考虑欺诈三角因素时，审计师对欺诈的评估工作会有所侧重。显然，道德和个人压力的问题不容易被观察和分析。为了深入了解这些因素，审计师通常使用由以下类型的问题组成的危险信号清单[2]：

• 主要高管的个人债务是否异常高？

• 主要高管似乎过着入不敷出的生活吗？

• 主要高管是否沉迷于赌博？

• 主要高管是否滥用酒精或毒品？

• 是否有主要高管缺乏个人道德准则？

• 公司所在行业的经济状况是否不好？

• 该公司是否使用几家不同的银行，但这些银行都看不到公司的整体财务状况？

• 是否有主要高管与供应商有密切的联系？

• 公司是否正在经历核心员工的快速更替，无论是辞职还是解雇？

• 是由一两个人主导公司吗？

---

[1] R. Grinaker, "Discussant's Response to a Look at the Record on Auditor Detection of Management Fraud," *Proceedings of the 1980 Touche Ross University of Kansas Symposium on Auditing Problems* (Kansas City: University of Kansas, 1980).

[2] R. Grinaker, "Discussant's Response to a Look at the Record on Auditor Detection of Management Fraud," *Proceedings of the 1980 Touche Ross University of Kansas Symposium on Auditing Problems* (Kansas City: University of Kansas, 1980).

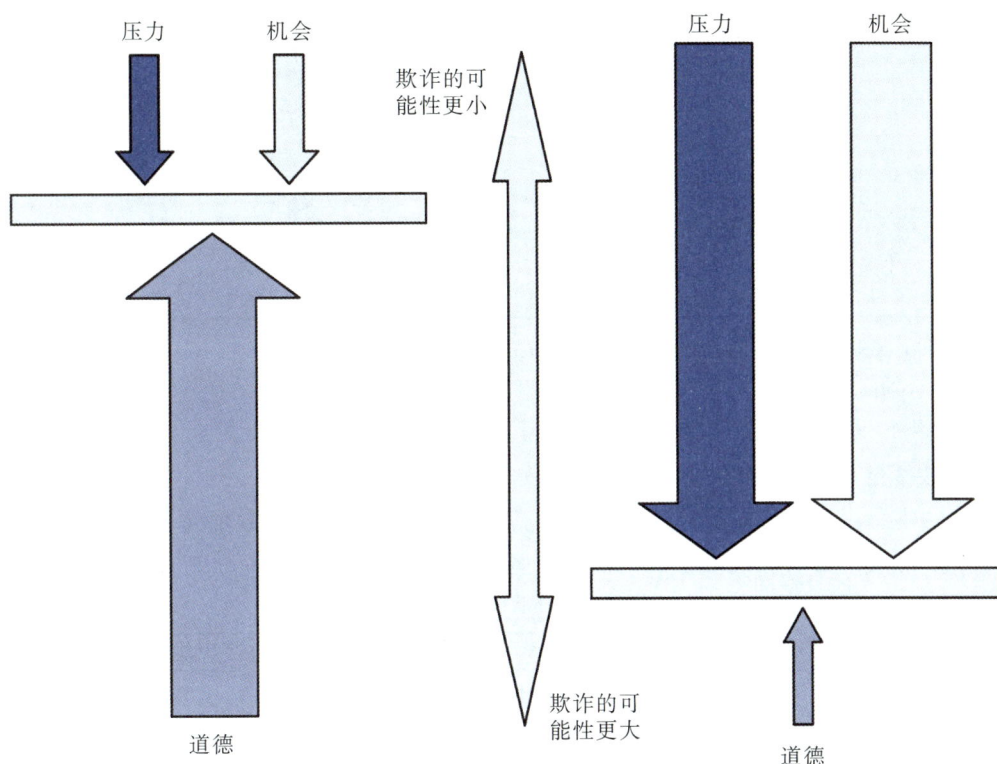

图3-1 欺诈三角

对其中一些问题的审查表明，当代审计师可能需要聘请专业的调查机构对现有和潜在客户公司的主要管理人员进行秘密的背景调查。

3.2.3 欺诈造成的经济损失

美国注册舞弊调查师联合会（Association of Certified Fraud Examiners，ACFE）在2014年发表的一项研究估计，欺诈和滥用造成的损失占组织年收入的5%。这意味着大约有3.7万亿美元的欺诈损失。然而，欺诈的实际代价难以量化，原因如下：（1）并非所有的欺诈行为都能被发现；（2）检测到的并非是全部报告；（3）在许多欺诈案件中，收集的信息不完整；（4）信息未妥善分发给管理部门或执法机关；（5）商业组织往往决定不对欺诈行为人采取民事或刑事行动。除了考虑组织的直接经济损失外，还需要考虑间接成本，包括生产力下降、法律诉讼成本、失业增加以及由于调查欺诈而导致的业务中断。

由ACFE研究发布的2 410起职业欺诈案件审查中，欺诈造成的损失中位数为20万美元，而超过23%的组织遭受了100万美元或更多的损失。金额损失的分布见表3-2。

3.2.4 欺诈犯罪者

ACFE的研究考查了许多因素来描述欺诈者，包括在组织内的地位、与他人的勾结、性别、年龄和受教育情况，计算了每个因素的经济损失中位数。表3-3至表3-7总结了研究结果。

损失金额（美元）	欺诈百分比（%）
1~200 000	53.6
200 000~400 000	11.5
400 000~600 000	6.1
600 00~800 000	3.5
800 000~1 000 000	2.1
1 000 000及以上	23.2

表3-2 损失分布

Source：*Association of Certified Fraud Examiners World Headquarters* "The Gregor Building 716 West Avenue" Austin, TX, 2012.

3.2.4.1 按职位划分的欺诈损失

表3-3显示，44.3%的报告欺诈案件是由非管理人员造成的，36.8%是由经理造成的，18.9%是由所有者或高管造成的。虽然员工实施欺诈的报告数量高于经理欺诈的报告数量，是高管欺诈报告数量的两倍多，但每个类别的平均损失呈负相关。

表3-3 按职位划分欺诈造成的损失

职位	欺诈百分比（%）	损失（美元）
所有者/高管	18.9	703 000
经理	36.8	173 000
员工	40.9	65 000
其他	3.4	104 000

3.2.4.2 欺诈损失和合谋效应

员工串通起来进行欺诈是很难预防和发现的。当经理与其下属员工之间勾结时尤其如此。管理层在组织的内部控制结构中起着关键作用。管理者被信赖以预防和发现下属之间的欺诈行为。当他们与本应受监督的员工勾结进行欺诈时，组织的控制结构被削弱或完全被规避，就更容易遭受损失。

表3-4比较了一个人单独行动（无论职位如何）和涉及串通的欺诈所造成的中位数损失。这包括内部勾结和员工或经理与供应商或客户等外部人员勾结的计划。虽然涉及共谋的欺诈行为不太常见（占案例的47%），但中位数损失为1 297 000美元，而一个人单独实施欺诈行为造成的损失则为85 000美元。[①]

表3-4 损失分布

欺诈者人数	损失（美元）
两个或更多（47%）	1 297 000
一个人（53%）	85 000

3.2.4.3 按性别划分的欺诈损失

表3-5显示，男性造成的每宗欺诈损失中位数（187 000美元）几乎是女性的（100 000美元）2倍。

---

① 表3-4的结果来自2016年的ACFE所告。

表3-5   按性别划分欺诈造成的损失

欺诈者性别	损失（美元）
男性（69%）	187 000
女性（31%）	100 000

3.2.4.4　按年龄划分的欺诈损失

表3-6表明，26岁以下的犯罪者造成的损失中位数为15 000美元，而50岁及以上的人造成的损失要大很多倍。

表3-6   按年龄划分欺诈造成的损失

欺诈者年龄范围	损失（美元）
<26岁	15 000
26~30岁	50 000
31~35岁	100 000
36~40岁	100 000
41~45岁	250 000
46~50岁	250 000
51~55岁	280 000
56~60岁	258 000
>60岁	630 000

3.2.4.5　教育欺诈损失

表3-7显示了不同教育水平犯罪者的欺诈损失中位数。高中毕业生的欺诈行为造成损失的平均数为90 000美元，而拥有学士学位的人造成损失的平均数为200 000美元。拥有高学位的犯罪者的欺诈行为造成的损失中位数为300 000美元。

表3-7   按受教育程度划分欺诈造成的损失

欺诈者受教育程度	损失（美元）
中学	90 000
大学	200 000
研究生	300 000

3.2.4.6　得出的结论

尽管ACFE欺诈研究结果很有趣，但它们似乎并没有提供反欺诈决策标准。然而，经过更深入的研究，发现了一个共同的线索。尽管个人道德和情境压力在诱使某人进行欺诈方面很重要，但机会实际上是促进该行为的因素。机会以前被定义为获得资产和/或控制资产的信息。无论一个人在情境压力的驱使下欺诈欲望变得多么强烈，但是如果没有机会这样做，即使是最不道德的个人也无法实施欺诈。事实上，机会因素在很大程度上解释了ACFE研究中提出的每个人口统计类别中的财务损失差异。

•职位。在组织内担任最高职位的个人超出了内部控制结构的范围，最有可能获得公司资金和资产。

•性别。从根本上说，女性并不比男性更诚实，但男性在企业中担任高级职位的人数比女性多。这为男性提供了更多接近公司资产的机会。

• 年龄。年长员工往往占据更高级别的职位，因此通常更容易接近公司资产。

• 教育。一般来说，受教育程度较高的人在其组织中占据较高职位，因此更容易接近公司资金和其他资产。

• 共谋。分离职业职责的原因之一是不让潜在的犯罪者有机会进行欺诈。当处于关键位置的个人串通起来时，他们就会创造机会来控制或获得原本不存在的资产。

3.2.5　欺诈计划

欺诈计划可以以多种不同的方式进行分类。出于讨论的目的，本节介绍 ACFE 分类的方式，定义了三大类欺诈计划：欺诈性陈述、腐败和资产挪用。[①]

3.2.5.1　欺诈性陈述

欺诈性陈述与管理欺诈有关。虽然所有欺诈都涉及某种形式的财务错报，但要符合此类欺诈计划的定义，财务报表的失实陈述本身必须为犯罪者带来直接或间接的经济利益。换句话说，报表不仅仅是掩盖或掩护欺诈行为的工具。例如，虚报现金账户余额以掩盖现金被盗不是财务报表欺诈。但为了呈现更有利的组织财务状况、抬高股价而低估负债确实属于欺诈性陈述。

表 3-8 显示，虽然欺诈性陈述仅占 ACFE 欺诈研究涵盖的欺诈案件的 9.6%，但此类欺诈计划的中位数损失显著高于腐败和资产挪用造成的损失。

表3-8　　　　　　　　　　　按计划类型划分的欺诈损失

计划类型	欺诈百分比（%）*	损失（美元）
欺诈性陈述	9.6	975 000
腐败	35.4	200 000
资产挪用	83.5	125 000

*百分比总和超过100，因为ACFE研究中报告的一些欺诈行为涉及不止一种类型的欺诈计划。

尽管这种类型的欺诈损失在纸面上看起来令人震惊，但这些数字未能反映与现实世界相似的苦难。在欺诈的消息传出后，股民眼睁睁地看着自己的毕生积蓄和退休金蒸发，该如何衡量对他们的影响？允许和助推这些欺诈行为的根本问题发生在董事会，而不是收发室。

在本节中，我们研究了一些典型的公司治理失败案例以及补救这些损失的立法。

根本问题。以安然、世通和 Adelphia 破产为标志的一系列事件使许多人质疑现有的联邦证券法是否足以确保上市公司全面和公允地披露财务信息。以下潜在问题是这种担忧的根源。

（1）审计师缺乏独立性。

受客户委托从事非会计活动（如精算服务、内部审计外包服务和咨询）的审计公司缺乏独立性。这些公司基本上是在审计它们自己的工作。风险在于，作为审计师，他们不会将发现的可能对其咨询费用产生不利影响的问题告知管理层。例如，安然的审计公

---

① *Report to the Nation on Occupational Fraud & Abuse*（Austin，TX： Association of Certified Fraud Examiners，2016）：12.

司——安达信——也是安然的内部审计师和管理顾问。

（2）董事缺乏独立性。

许多董事会由不独立的个人组成。缺乏独立性的例子包括：董事通过在其他公司的董事会任职而建立私人关系；作为公司的主要客户或供应商有商业贸易关系；作为主要股东有财务关系或曾从公司获得个人贷款；或作为公司员工有业务关系。

企业近亲繁殖的一个臭名昭著的例子是阿德菲亚（Adelphia）电信公司。它成立于 1952 年，1986 年上市，通过一系列收购迅速成长。在会计丑闻曝光之前，它是美国第六大有线电视提供商。其创始家族（首席执行官兼董事会主席约翰·里加斯；首席财务官、首席行政官兼审计委员会主席蒂莫西·里加斯；运营副总裁迈克尔·里加斯；战略规划副总裁 J.P.里加斯）实施欺诈。1998 年至 2002 年 5 月期间，里加斯家族成功隐瞒交易，歪曲公司财务状况，并挪用公款，导致股东损失超过 600 亿美元。

尽管建立一个完全不顾自身利益的董事会既不现实也不明智，但普遍的观点认为，一个健康的董事会应该是其大多数董事都是独立的局外人，他们诚信并有资格了解公司，能够客观地规划公司的发展方向。

（3）可疑的高管薪酬计划。

汤姆森金融（Thomson Financial）公司的一项调查显示，人们强烈认为高管们滥用了基于股票的补偿计划。[1]普遍的看法是，应提供比目前更少的股票期权。过度使用短期股票期权来补偿董事和高管，可能会导致以牺牲公司长期健康为代价推高股价的短期思维和策略。在极端情况下，财务报表失实陈述是实现行使期权所需股价的工具。例如，安然的管理层是使用股票期权的坚定支持者。几乎每个员工都有某种安排，他或她可以通过这种安排以折扣价购买股票，或者根据未来的股价获得期权。在休斯敦的安然总部，电梯中安装了电视，以便员工可以追踪安然（以及他们自己的投资组合）的业绩。在公司倒闭之前，安然高管通过行使股票期权增加了数百万美元的个人财富。

（4）不适当的会计实务。

使用不适当的会计技术是许多财务报表欺诈计划的共同特征。安然利用特殊目的实体，通过资产负债表外的核算来隐藏负债。特殊目的的实体是合法的，但其在本案中的应用显然是为了欺骗市场。安然还采用了夸大收入的手段。例如，当公司出售为期两年的天然气供应合同时，公司将在合同出售期间确认所有未来的收入。

WorldCom 是不当会计做法的另一个罪魁祸首。2001 年 4 月，WorldCom 管理层决定将传输线路成本从经常费用账户转移到资本账户。这使他们能够推迟一些运营费用并报告更高的收益。此外，通过收购，他们抓住了提高收益的机会。一方面，WorldCom 将 MCI 硬资产的账面价值减少了 34 亿美元，并增加了相同数额的商誉。如果这些资产保持账面价值，它们将在 4 年内从收益中扣除。另一方面，商誉在更长的时间内摊销。2002 年 6 月，该公司宣布多报了 38 亿美元的利润，原因是前 5 个季度的费用记录不实。在接下来的几个月中，随着更多不正当会计证据的曝光，这种欺诈的规模增加到 90 亿美元。

---

[1] H. Stock, "Institutions Prize Good Governance: Once Bitten, Twice Shy, Investors Seek Oversight and Transparency." *Investor Relations Business* (November 4, 2002).

SOX法案和欺诈。为了解决部分由企业倒闭和会计重述引发的机构和个人投资者信心骤降的问题，国会于2002年7月颁布SOX法案。这项具有里程碑意义的立法旨在解决与资本市场、公司治理和审计行业相关的问题，并从根本上改变了上市公司开展业务的方式以及会计专业如何履行其证明职能。

该法案建立了一个框架，以加快上市公司的现代化并改革上市公司审计的监督和监管职能。其主要改革涉及：①会计监督委员会的建立；②审计师的独立性；③公司治理和责任；④披露要求；⑤欺诈和刑事处罚。下一节将讨论这些规定。

（1）会计监督委员会。

SOX法案的出台导致创建了一个**上市公司会计监督委员会**（PCAOB）。PCAOB有权制定审计、质量控制和道德标准；检查注册会计师事务所；进行调查；并予以纪律处分。

（2）审计师的独立性。

该法案通过在公司的认证和非审计活动之间设立更多的隔离来解决审计师的独立性问题，旨在规定公共会计师事务所不能为其客户提供的服务类别。其中包括以下九项功能：

a. 与会计记录或财务报表有关的记账或其他服务

b. 财务信息系统设计与实施

c. 评估或估价服务、出具公允意见或实物捐助报告

d. 精算服务

e. 内部审计外包服务

f. 管理职能或人力资源服务

g. 经纪人或交易商、投资顾问或投资银行服务

h. 与审计无关的法律服务和专家服务

i. PCAOB认为不允许的任何其他服务

尽管SOX法案禁止审计师向其审计客户提供这些服务，但并未禁止他们为非审计客户或私营公司提供此类服务。

（3）公司治理和责任。

该法案要求所有审计委员会成员保持独立，并要求审计委员会聘请和监督外部审计师。这一规定与许多认为董事会的组成是关键投资因素的投资者一致。例如，汤姆森金融的一项调查显示，大多数机构投资者希望公司董事会由至少75%的独立董事组成。[1] 该法案中与公司治理有关的另外两个重要规定为：①禁止上市公司向执行官和董事提供贷款；②该法案要求律师向首席执行官、首席财务官或PCAOB报告重大违反证券法或违反信托义务的证据。

（4）对发行人和管理层的披露要求。

SOX法案规定了新的公司披露要求，包括以下内容：

---

[1] H. Stock, "Institutions Prize Good Governance: Once Bitten, Twice Shy, Investors Seek Oversight and Transparency." *Investor Relations Business* (November 4, 2002).

a. 上市公司必须报告所有资产负债表外的交易。

b. 向 SEC 提交的年度报告必须包括管理层声明，声明其负责建立并维护充分的内部控制，声明这些控制的有效性。

c. 管理人员必须证明公司的账目"公允地报告"了公司的财务状况和经营成果。

d. 故意提交虚假证明是刑事犯罪。

（5）欺诈和刑事处罚。

SOX 法案对欺诈和其他不法行为实施了一系列新的刑事处罚。特别是，该法案列举了新的联邦罪行，涉及破坏文件或审计工作底稿、证券欺诈、篡改官方程序中使用的文件以及针对举报人的行动。

3.2.5.2　腐败

腐败涉及组织的高管、经理或员工与外人勾结。ACFE 研究确定了四种主要的腐败类型：贿赂、非法酬金、利益冲突和经济勒索。腐败约占职业欺诈案件的10%。

贿赂。贿赂涉及给予、提供、索取或接受有价物以影响官员履行其合法职责。官员可能受雇于政府（或监管）机构或私人组织。贿赂会使实体（商业组织或政府机构）从其雇员那里获得诚实和忠诚服务的权利受到欺骗。例如，一家肉类包装公司的经理以现金贿赂美国卫生检查员。作为回报，检查员隐瞒了他在对肉类包装设施进行例行检查时发现的违反卫生规定的操作。在这种情况下，受害者是那些依赖检查员诚实报告的人。损失是支付给检查员的未执行工作的工资以及因未执行而导致的任何损害。

非法酬金。非法酬金涉及由于公务行为而给予、接受、提供或索取有价值的东西。这类似于贿赂，但非法酬金是在事后发生的。例如，一家大公司的工厂经理利用他的影响力确保按照投标书的编写要求只有一个承包商能够提交令人满意的投标书。结果，受青睐的承包商的提案以没有竞争力的价格被接受。作为回报，承包商秘密地向工厂经理支付了一笔款项。在这种情况下，受害者是那些期望竞争性采购过程的人。损失是公司因建设的非竞争性定价而产生的超额成本。

利益冲突。每个雇主都应该期望他或她的雇员以符合雇主利益的方式履行职责。当员工在履行职责期间代表第三方行事或在所执行的活动中具有自身利益时，就会发生**利益冲突**。当雇主不知道雇员的利益冲突并导致财务损失时，就发生了欺诈。上述贿赂和非法酬金的例子也构成利益冲突。然而，当不存在贿赂和非法酬金，但员工与经济事件的结果有利害关系时，这种类型的欺诈也可能存在。例如，建筑承包商的采购代理也是管道供应公司的部分所有者。代理商可自行决定为合同建筑物所需管道选择供应商。代理向他的公司发出超出数量的采购订单，该公司对其产品收取高于市场的价格。代理人在供应商中的经济利益不为雇主所知。

经济勒索。经济勒索是个人或组织使用威胁或武力（包括经济制裁）以获得有价值的东西。有价值的项目可以是金融或经济资产、信息或合作，以获得对某些审查事项的有利决定。例如，州政府的合同采购代理威胁说，如果公路承包商不向其支付款项，就会将他列入黑名单。如果承包商不配合，黑名单将有效地将他排除在未来工作的考虑范围之外。面对经济损失的威胁，承包商不得不付款。

3.2.5.3　资产挪用

最常见的欺诈计划涉及某种形式的资产挪用，其中资产直接或间接转移到犯罪者手里。ACFE 研究中几乎 90% 的欺诈行为都属于这一类别。然而，某些资产比其他资产更容易被盗用。涉及现金、支票账户、存货、用品、设备和信息的交易最容易被滥用。表 3-9 显示了资产挪用的八个子类别中欺诈损失发生的百分比和中值。以下部分提供了表中所列欺诈类型的定义和示例。

表3-9　　　　　　　　　　　　　　　　资产挪用计划造成的损失

欺诈类型	欺诈百分比*	损失（美元）
偷窃	11.9	53 000
现金盗窃	8.4	90 000
开票计划	22.2	100 000
检查篡改	11.4	158 000
工资单	8.5	90 000
费用报销	14.0	40 000
盗窃现金	11.5	25 000
非现金欺诈	19.2	70 000

*百分比总和超过100，因为ACFE研究中报告的一些欺诈案例及来自多个类别的多个计划。

（1）偷窃。

偷窃涉及从组织之前记录的账簿窃取现金。偷窃的一个例子是一名员工接受来自某客户的销售付款但不记录。另一个例子是**收发室欺诈**，其中一名员工打开邮件窃取客户的支票并销毁相关的汇款通知单。通过销毁汇款通知单，就不存在现金收入的证据。这种类型的欺诈可能会持续数周或数月，直到被发现。最终，当客户抱怨他的账户没有被记入贷方时，欺诈行为才会被发现。但是，到那时，收发室员工已离开组织，不知去向。

（2）现金盗窃。

现金盗窃是指在组织的账簿和记录中记录现金收入后再将其从组织中窃取的阴谋。这方面的一个例子是**重叠**（用后来的款项填补之前的亏空）。现金收款职员首先从客户 A 那里窃取并兑现支票。为了掩盖资产损失造成的账不平，客户 A 的账户贷方没有记入金额。稍后（下一个结算周期），员工将从客户 B 收到的款项记入客户 A 的账户。下一个期间从客户 C 收到的款项将转入客户 B 的账户，以此类推。

参与此类欺诈的员工通常会理直气壮地说，他们只是在借钱，并计划在未来某个日期偿还。这种会计掩盖行为会无限期地持续下去，或者直到该员工退还资金为止。当该员工离开组织或生病并且必须请假时，才会被发现。除非欺诈行为持续存在，否则最后一位被挪用资金的客户将被重新开票，并且这种欺诈手段也会被发现。雇主可以通过定期将员工轮换到不同的工作岗位并强制他们按计划休假来阻止骗局的发生。

（3）开票计划。

开票计划，也称为**供应商欺诈**，是由员工实施的，他们通过提交虚构商品或服务的发票、虚开发票或个人购买发票，导致其雇主向虚假供应商（供应商）付款。此处介绍了开票方案的三个示例。

空壳公司欺诈首先要求肇事者在受害公司的账簿上建立虚假供应商。然后，欺诈者以供应商的名义制造虚假采购订单、收货报告和发票，并将其提交给会计系统，从而造成交易合法的假象。根据这些文件，系统将设置应付账款，并最终向虚假供应商（欺诈者）签发支票。这种欺诈行为可能会持续数年才被发现。

传递欺诈类似于空壳公司欺诈，不同之处在于交易确实发生了。同样，犯罪者创建了一个虚假的供应商并向其发出采购订单以获取库存或供应品。然后，虚假供应商从合法供应商处购买所需的库存。虚假供应商向受害公司收取远高于商品市场价格的费用，但只向合法供应商支付市场价格。不同的是犯罪者获利的多少。

支付和退货计划涉及有开具支票权限的记账员，他故意为购买库存或用品的同一张支票向供应商支付两次款项。供应商意识到其客户支付了两笔款项，向受害公司开出一张报销支票，记账员截获并兑现了该支票。

（4）支票篡改。

支票篡改涉及以某种实质性方式伪造或更改组织已写给合法收款人的支票。这方面的一个例子是一名员工偷了一张寄给供应商的支票，伪造收款人的签名，然后兑现支票。这种方式的一种变体是一名员工从受害公司窃取空白支票并将其提供给自己或同谋。

（5）工资单欺诈。

工资单欺诈是向现有和/或不存在的员工发放欺诈性工资。例如，主管将已离开组织的员工保留在工资单上。每周，主管都会继续向工资部门提交考勤卡，就好像该员工仍在为受害组织工作一样。在主管负责向员工分配工资的组织中，这种欺诈行为最有效。主管可能因此截取工资，伪造前雇员的签名并将其兑现。工资单欺诈的另一个例子是夸大员工考勤卡上的工作时间，以便他或她收到比应得的更多的工资。这种类型的欺诈通常涉及与主管或考勤员的勾结。

（6）费用报销。

费用报销欺诈是员工要求报销虚构或夸大的业务费用的阴谋。例如，公司销售人员提交了虚假的费用报告，申请并未发生的餐饮、住宿和旅行费用。

（7）盗窃现金。

现金盗窃是涉及直接盗窃组织现有现金的计划。这方面的一个例子是，一名员工在收银机上做虚假记录。例如，取消一笔销售收入，以掩盖欺诈性的现金转移行为。另一个例子是银行员工从金库中窃取现金。

（8）非现金欺诈。

非现金欺诈计划涉及盗窃或滥用受害组织的非现金资产。这方面的一个例子是，仓库职员从仓库或储藏室窃取库存商品。另一个例子是客户服务职员向第三方出售客户机密信息。

3.2.5.4　计算机欺诈

由于计算机是现代会计信息系统的核心，因此**计算机欺诈**这一话题对审计师来说非常重要。尽管计算机没有改变欺诈的基本结构——欺诈性陈述、腐败和资产挪用——但它确实增加了欺诈的复杂性。要充分理解这些复杂性，需要了解后续章节中讨论的技术和内部控制问题。因此，计算机欺诈被推迟到第14章，我们将在其中研究一些相关主题。

3.3 内部控制概念与技术

在道德和欺诈的背景下，现在让我们研究处理这些问题的内部控制概念和技术。**内部控制系统**包括组织为实现四大目标而采用的政策、做法和程序：

（1）保护公司的资产。

（2）确保会计记录和信息的准确性和可靠性。

（3）提高公司运营效率。

（4）衡量对管理层规定的政策和程序的遵守情况。[①]

修正假设。这些控制目标中包含着四个修正假设，可以指导内部控制的设计者和审计师。

管理责任。这一概念认为，建立和维护内部控制体系是一种**管理责任**。这一点在SOX法案立法中得到突出体现。

合理的保证。内部控制系统应**合理保证**，以符合成本-收益的方式实现内部控制的四大目标。这意味着没有任何内部控制系统是完美的，实行改进控制的成本不应超过其收益。

数据处理方法。无论使用何种数据处理方法，内部控制都应实现四大目标。然而，用于实现这些目标的控制技术将随着不同类型的技术而变化。

限制。每个内部控制系统的有效性都有局限性。这些包括：①错误的可能性——没有一个系统是完美的；②规避——人员可能通过串通或其他方式规避系统；③管理层否决——管理层可以通过个人扭曲交易来否决控制程序或通过指示下属这样做；④不断变化的条件——条件可能会随着时间的推移而变化，并使现有的控制失效。

控制弱点和危险。简单地说，内部控制的目的是降低风险。图3-2将内部控制系统描述为保护公司资产免受众多风险冲击的盾牌。其中包括对公司资产的未授权访问；公司内外人员的欺诈企图；由于员工不称职、计算机程序错误和输入数据被破坏而导致的错误；以及恶意行为，如计算机黑客未经授权的访问、恶意软件、破坏程序和数据库的计算机病毒。

控制弱点在图3-2中显示为控制盾中的孔。这些增加了公司因前面讨论的威胁而遭受财务损失或伤害的风险。内部控制薄弱可能会使公司面临以下一种或多种风险：

（1）资产（实物资产和信息）被破坏。

（2）资产被盗窃。

（3）信息或信息系统腐败（corruption）。

（4）信息系统中断。

预防-检测-纠正内部控制模型。图3-3说明了内部控制盾由三层控制组成：预防控

---

① American Institute of Certified Public Accountants，*AICPA Professional Standards*，Vol. 1. AU Sec. 320.（New York：AICPA，1987）：30-35

制、检测控制和纠正控制。这称为预防−检测−纠正（PDC）控制模型。

（1）预防控制。预防是控制结构中的第一道防线。**预防控制**是一种旨在减少风险发生频率的被动技术。

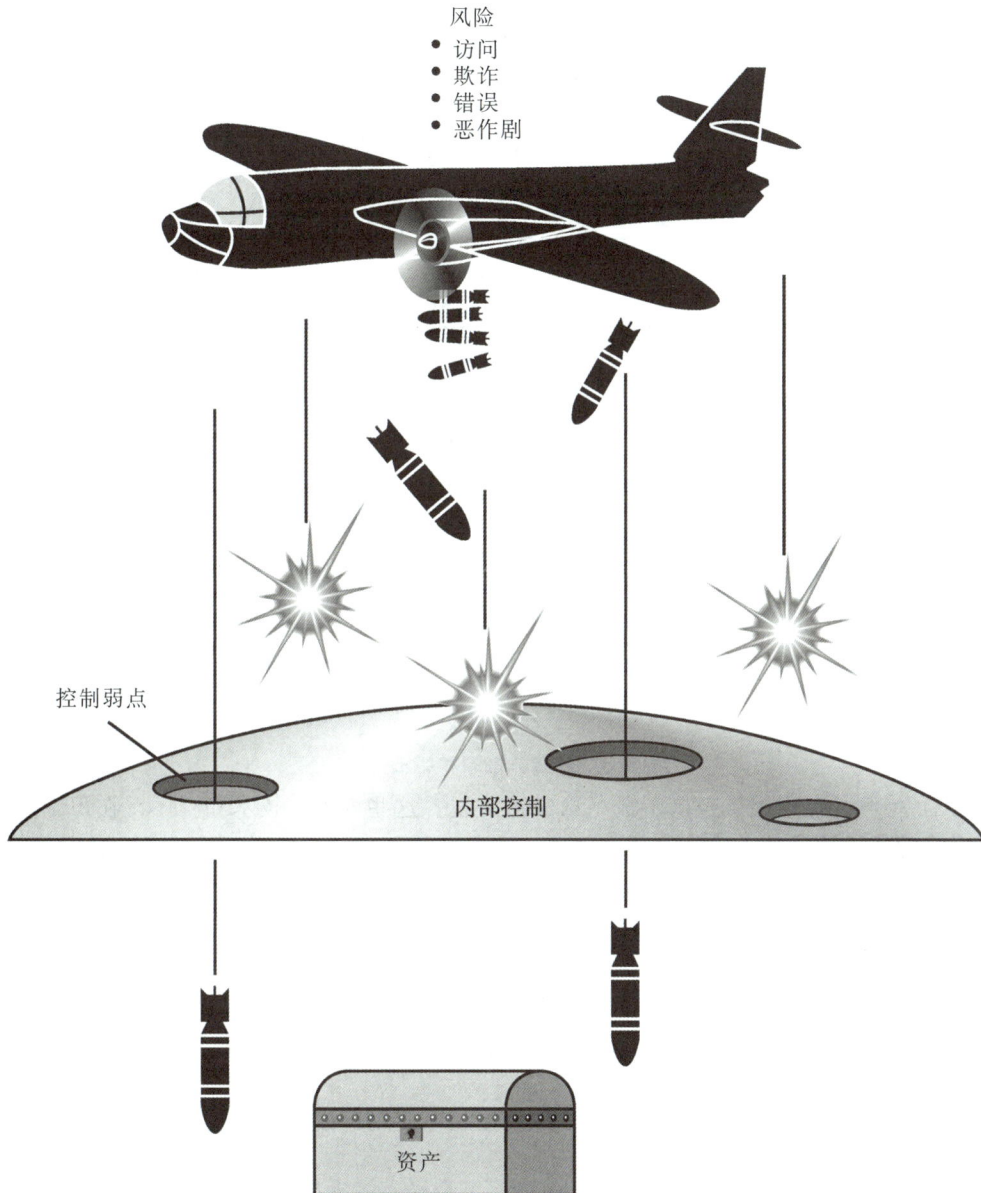

图3−2 内部控制盾

预防性控制迫使人们遵守规定或实行期望的行动，从而筛选出异常事件。在设计内部控制系统时，一分预防胜过一分治疗。预防错误和欺诈比在问题发生后发现和纠正问题更具成本−效益。大多数风险都可以在这一级被阻止。例如，精心设计的源文档就是预防控制的一个例子。文档在逻辑布局上划分在包含特定数据的区域，如客户姓名、地址、销售的物品和数量，迫使职员输入必要的数据。因此，源文档可以防止必要的数据被遗漏。然而，并非所有问题都可以预见和预防。有些问题会避开最全面的预防控制网络。

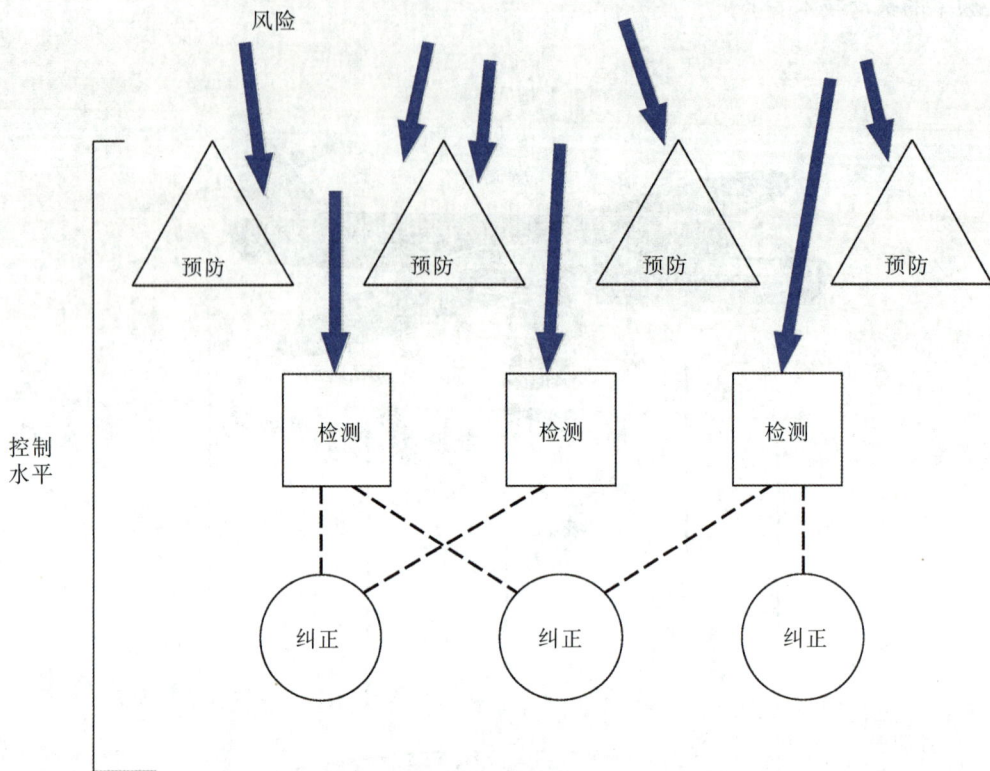

图3-3　预防、检测和纠正控制

（2）检测控制。**检测控制**形成了第二道防线。这些设备、技术和程序旨在识别和暴露无法预防控制的风险。检测控制通过将实际发生的事件与预先建立的标准进行比较来揭示特定类型的错误。当检测控制识别出偏离标准的情况时，它会发出警报，使人们注意到这个问题。例如，假设职员在客户销售订单中输入了以下数据：

数量	价格（美元）	总计（美元）
10	10	1 000

在处理此交易并过账到账户之前，检测控制应使用价格和数量重新计算总价值，并披露错误。

（3）纠正控制。**纠正控制**是为扭转上一步中检测到的错误的影响而采取的措施。检测控制和纠正控制之间有一个重要的区别：检测控制识别异常并引起注意；纠正控制实际上可以解决问题。然而，对于任何检测到的错误，可能有不止一种可行的纠正措施，而最佳的措施可能并不总是显而易见的。例如，在查看前面讨论的错误时，你的第一个倾向可能是将总价值从 1 000 美元更改为 100 美元以纠正问题。这样做的前提是，单据上的数量和价格是正确的，但它们可能不正确。此时，我们无法确定问题的真正原因，我们只知道有问题存在。

将纠正措施与检测到的错误联系起来，作为自动响应，可能会导致不正确的措施，从而导致比原始错误更严重的问题。出于这个原因，纠错应该被视为一个单独的控制步骤，应谨慎执行。PDC 控制模型在概念上是完整的，但为设计特定控制提供的实际指导很少。为此，我们需要一个更精确的框架。当前规定内部控制目标和技术的权威文件是基于 COSO 框架的《审计准则声明第 109 号》（SAS 109）[①]。我们稍后将讨论 COSO 框架的关键要素。

SOX 法案和内部控制

SOX 法案要求上市公司的管理层对其财务报告流程实施充分的内部控制系统。这包括对向财务报告系统提供数据的交易处理系统的控制。SOX 法案的第 302 节和 404 节规定了管理层在这方面的责任。第 302 节要求公司管理层（包括 CEO）每季度和每年对组织的内部控制进行认证。此外，第 404 节要求上市公司的管理层评估组织内部控制的有效性。这需要提供一份年度报告，阐述以下几点：（1）管理层建立和维护充分的内部控制的责任声明；（2）对公司财务报告内部控制有效性的评估；（3）组织的外部审计师已就管理层对公司内部控制的评估出具鉴证报告的声明；（4）关于财务报告内部控制有效性的明确书面结论；（5）确定用于评估内部控制的框架的声明。

关于要使用的控制框架，PCAOB 和 SEC 都认可了美国反虚假财务报告委员会下属的发起人委员会（COSO）提出的框架。此外，他们要求使用的任何其他框架都应涵盖 COSO 的所有一般主题。美国反虚假财务报告委员会下属的发起人委员会（COSO）框架是 SAS 109 的基础，该框架是为审计师开发的，描述了公司内部控制、审计人员风险评估和审计程序计划之间的复杂关系。COSO 框架的关键要素将在下一节中介绍。

3.3.1   COSO 内部控制框架

COSO 框架由五个部分组成：控制环境、风险评估、信息和通信、监督和控制活动。

3.3.1.1   控制环境

控制环境是其他四个控制组件的基础。控制环境为组织定下基调，并影响其管理层和员工的控制意识。控制环境的重要元素如下：

- 管理的诚信和道德价值观。
- 组织结构。
- 组织的董事会和审计委员会（如果有的话）的参与。
- 管理理念和经营方式。
- 授予责任和权力的程序。
- 管理层评估绩效的方法。
- 外部影响，如监管机构的审查。

[①]   SAS 109，*Understanding the Entity and Its Environment and Assessing the Risks of Material Misstatement*（New York：AICPA，March 2006）.

·组织管理其人力资源的政策和做法。

SAS 109要求审计师有足够的知识，以评估组织管理层、董事会和所有者对内部控制的态度和意识。以下段落提供了可用于了解控制环境的技术示例。

（1）审计师应评估组织管理的完整性，并可利用调查机构报告关键管理人员的背景。一些"四大"公共会计师事务所雇用了前联邦调查局特工，他们的主要职责是对现有和潜在客户进行背景调查。如果发现有理由对客户的诚信提出严重的保留意见，审计师应退出审计。公司经理的声誉和诚信是决定组织可审计性的关键因素。在客户管理被视为处于不道德和腐败的环境中，审计师无法正常工作。

（2）审计师应了解使组织管理层容易实施欺诈的条件。一些明显的条件包括：缺乏足够的营运资金，不利的行业条件，不良的信用评级以及银行或契约协议中存在极度限制性的条件。如果审计师遇到任何此类情况，他们的审查应适当考虑财务报告欺诈的可能性，应采取适当措施，并尽一切努力揭露欺诈行为。

（3）审计师应了解客户的业务和行业，并应了解可能影响审计的行业特有条件。审计师应阅读与行业相关的文献，并熟悉业务中固有的风险。

（4）董事会至少应采用SOX法案的规定。此外，以下准则代表了既定的最佳做法。

·分设首席执行官和董事长。首席执行官和董事会主席的角色应该是分开的。执行会议使董事有机会在没有管理层在场的情况下讨论问题，而独立的董事长对于促进此类讨论非常重要。

·制定道德标准。董事会应制定道德标准准则，管理层和员工将从中获取指导。道德准则至少应解决诸如外部就业冲突、接受可能被视为贿赂的礼物、伪造财务和/或绩效数据、利益冲突、政治捐款、公司和客户数据的保密性、与内部和外部审计师交流的诚实性以及外部董事会成员身份等问题。

·成立独立的审计委员会。审计委员会负责遴选和聘用独立审计师，确保进行年度审计，审查审计报告，并确保缺陷问题得到解决。具有复杂会计实务的大型组织可能需要创建专门从事特定活动的审计小组委员会。

·薪酬委员会。薪酬委员会不应该是管理层的橡皮图章。过度使用短期股票期权来补偿董事和高管可能会导致影响股价的决策，而损害公司的长期健康。应仔细评估薪酬计划，以确保它们能产生预期的激励。

·提名委员会。董事会提名委员会应该有一个计划，在未来几年内保持一个配备充足人才的董事会。委员会必须认识到独立董事的必要性，并制定确定独立性的标准。例如，根据其新实施的治理标准，如果董事担任高管的公司向通用电气（GE）公司销售和从GE购买商品的总额不到该公司收入的1%，则GE认为该董事是独立的。类似的标准也适用于GE向GE董事担任高级职员或董事的组织提供慈善捐款。此外，该公司还设定了一个目标，即董事会2/3的人将是独立的非雇员。

·接触外部专业人员。董事会的所有委员会都应能够接触到除公司普通律师和顾问以外的律师和顾问。根据SOX法案的规定，向SEC报告的公司审计委员会有权独立接触此类代表。

3.3.1.2　风险评估

组织必须执行**风险评估**，以识别、分析和管理与财务报告相关的风险。风险可能因以下情况而产生或改变：

- 经营环境的变化给公司带来了新的或变化的竞争压力。
- 对内部控制有不同认识或认识不足的新员工。
- 影响交易处理的新的或重新设计的信息系统。
- 显著而快速的增长使现有的内部控制不堪重负。
- 将新技术运用于影响交易处理的生产过程或信息系统中。
- 引入组织缺乏经验的新产品线或活动。
- 组织重组导致人员减少和/或重新分配，从而影响业务运营和交易处理。
- 进入可能影响运营的国外市场（即与外币交易相关的风险）。
- 采用影响财务报表编制的新会计原则。

SAS 109要求审计师充分了解组织的风险评估程序，以了解管理层如何识别、优先处理和管理与财务报告相关的风险。

3.3.1.3　信息与沟通

会计信息系统由用于启动、识别、分析、分类和记录组织交易以及核算相关资产和负债的记录和方法组成。

会计信息系统产生的信息质量影响到管理层采取行动和作出与组织业务有关的决定，以及编制可靠财务报表的能力。有效的会计信息系统将：

- 识别并记录所有有效的财务交易。
- 及时提供有关交易的足够详细的信息，以便进行适当的分类和财务报告。
- 准确衡量交易的财务价值，以便将其影响记录在财务报表中。
- 在交易发生的时间段内准确记录交易。

SAS 109要求审计师拥有关于组织信息系统的足够知识，以了解：

- 对财务报表具有重要意义的交易类别以及这些交易的启动方式。
- 用于处理重大交易记录的会计记录和账户。
- 从交易启动到将其纳入财务报表所涉及的交易处理步骤。
- 用于编制财务报表、披露和会计估计的财务报告流程。

3.3.1.4　监测

管理层必须确定内部控制是否按预期运作。**监测**是评估内部控制设计和操作质量的过程。这可以通过单独的程序或正在进行的活动来实现。

一个组织的内部审计师可以单独执行程序监测该实体的活动。他们通过测试控制来收集控制充分性的证据，然后将控制优势和劣势传达给管理层。作为此过程的一部分，内部审计师会提出改进控制的具体建议。通过将特殊的计算机模块集成到信息系统中，可以实现持续监测，这些模块将捕获关键数据和/或允许作为常规操作的一部分进行控制测试。因此，嵌入式模块允许管理层和审计师对内部控制的运行进行持续监控。在第16章中，我们研究了一些嵌入式模块技术。

实现持续监测的另一种技术是明智地使用管理报告。及时的报告使销售、采购、生产和现金支付等职能领域的管理人员能够监督和控制其运行。通过总结活动、突出趋势和识别正常业绩中的异常情况，精心设计的管理报告提供了内部控制职能或故障的证据。在第8章中，我们介绍了管理报告制度，并考察了有效管理报告的特征。

3.3.1.5 控制活动

控制活动是用于确保采取适当措施来处理组织已识别风险的政策和程序。控制活动分为两个不同的类别：信息技术（IT）控制和物理控制。

IT控制。具体来说，IT控制与计算机环境相关。它们分为两大类：一般控制和应用控制。**一般控制**涉及实体范围的IT问题，如对数据中心、组织数据库、网络安全、系统开发和程序维护的控制。这些控制问题需要在作为本书几章主题的特定技术背景下进行讨论。因此，我们将一般IT控制的处理推迟到第15章、第16章和第17章，这些章处理了大量材料。**应用程序控制**确保特定计算机系统的完整性，如销售订单处理、应付账款和工资单应用程序。我们将在本章后面讨论应用程序控制问题和技术。

物理控制。此类控制与会计系统中使用的人类活动有关。这些活动可能是纯人工操作的，如资产的实物保管，或者它们可能涉及使用计算机来记录交易或更新账户。物理控制与实际执行会计任务的计算机逻辑无关。相反，它们与触发这些任务或利用这些任务结果的人类活动有关。换句话说，物理控制侧重于人，但不限于职员用笔和墨水更新纸质账户的环境。几乎所有系统，无论其复杂程度如何，都需要人类活动的参与。

我们的讨论将涉及与六类物理控制活动有关的问题：交易授权、职责分离、监督、会计记录、访问控制和独立验证。

（1）交易授权。**交易授权**的目的是确保信息系统处理的所有重大交易都是有效的并符合管理层的目标。授权可以是一般的或特定的。一般授权是授予业务人员执行日常操作的权限。一般授权的一个例子是仅当库存水平下降到其预定的再订购点时，才授权从指定供应商处购买存货的程序。这被称为程序化程序（不一定是计算机意义上的），其中预先指定了决策规则，不需要额外的批准。特定授权则处理与非常规交易相关的个案决策。这方面的一个例子是将特定客户的信用额度扩展到正常金额以上。特定权限通常是一种管理职责。

（2）职责分离。最重要的控制活动之一是员工职责分离，以最大程度地减少不可兼有的职能。**职责分离**可以采取多种形式，具体取决于要控制的具体职责。但是，以下三个目标提供了适用于大多数组织的一般准则。这些目标如图3-4所示。

目标1. 职责分离应使交易的授权与交易的处理分开。例如，在库存控制部门授权之前，采购部门不应执行采购。这种任务分离是一种控制，以防止个人购买不必要的存货。

目标2. 资产保管责任应与记录保存责任分开。例如，对成品库存进行实物保管的部门（仓库）不应保留正式的库存记录。制成品库存的会计处理由库存控制（一种会计职能）执行。当单个人或部门同时负责资产保管和记录保存时，就会存在欺诈的可能性。资产可能被盗或丢失，会计记录可能被伪造以隐藏事实。

交易

控制目标1	授权	处理

控制目标2	授权	保管	记录保存

控制目标3	日记账	明细账	总账

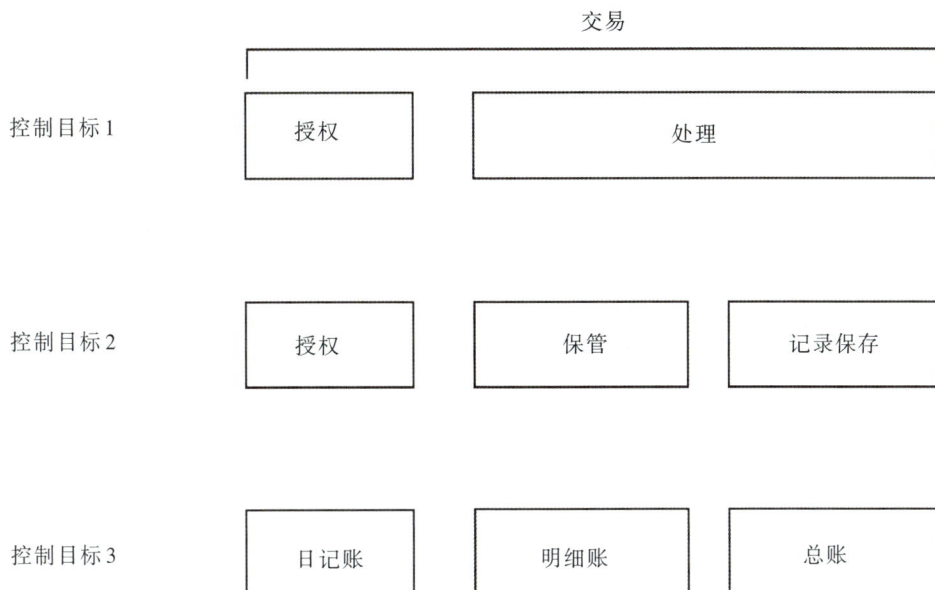

图3-4 职责分离目标

目标 3.组织结构应确保成功的欺诈需要两个或多个职责不相容的人串通。例如，任何人都不应该有足够的权限访问会计记录来进行欺诈。因此，日记账、明细账和总账应该分开维护。对于大多数人来说，一想到要向另一名员工提出串通欺诈的提议，就会产生难以逾越的心理障碍。对被拒绝和随后的纪律处分的恐惧阻止了这种行为。然而，当职责不相容的员工每天近距离地一起工作时，由此产生的熟悉感往往会削弱这一心理障碍。出于这个原因，不相容任务的隔离应该既有物理上的也有组织上的。事实上，对工作中个人熟悉程度的担忧是制定禁止裙带关系规则的理由。

（3）监督。实施充分的职责分离要求公司雇用足够多的员工。实现适当的职责分离通常会给小型组织带来困难。显然，不可能在三个员工之间分离出五个不相容的任务。因此，在缺乏足够人手的小型组织或职能领域，管理层必须通过密切监督来弥补职责分离控制的缺失。因此，**监督**通常被称为弥补控制。

监督控制的一个基本假设是公司雇用有能力和值得信赖的职员。显然，没有一家公司可以在员工不称职和不诚实的假设下长期运作。称职和值得信赖的员工假设提高了监督效率。因此，公司可以建立一个管理控制范围，由一名经理监督多名员工。在人工系统中，维护控制范围往往很简单，因为经理和员工都在同一个物理位置。

（4）会计记录。组织的**会计记录**由原始文件、日记账和分类账组成。这些记录捕捉交易的经济本质，并提供经济事件的审计线索。审计跟踪使审计师能够在从事件到财务报表的所有处理阶段跟踪任何交易。组织必须维护审计跟踪有两个原因。首先，这些信息是进行日常操作所必需的。审计跟踪通过显示正在进行的交易的当前状态，帮助员工回应客户的询问。其次，审计线索在公司财务审计中起着至关重要的作用。它使外部（和内部）审计师能够从财务报表、分类账、日记账、源文档追溯到其原始来源来验证选定的交易。出于实用和法律义务的原因，商业组织必须保留足够的会计记录以保存其审计线索。

（5）访问控制。**访问控制**的目的是确保只有授权人员才能访问公司的资产。未经授权的访问会使资产遭受盗用、损坏和盗窃。因此，访问控制在保护资产方面发挥着重要作用。对资产的访问可以是直接的或间接的。物理安全设备，如锁、保险箱、围栏以及电子和红外线警报系统，可以控制直接访问。间接访问资产是通过访问控制资产使用、所有权和处置的记录及文件来实现的。例如，有权访问所有相关会计记录的个人可以破坏描述特定销售交易的审计线索。因此，通过删除交易记录，包括应收账款余额，则销售可能永远不会被开具账单，公司将永远不会收到所售商品的付款。保护会计记录所需的访问控制将取决于会计系统的技术特征。间接访问控制是通过控制文件和记录的使用，以及分离必须访问和处理这些记录的人员的职责来实现的。

（6）独立验证。**验证程序**是对会计系统的独立检查，以识别错误和虚假陈述。验证与监督不同，因为它发生在事后，由不直接参与正在被核查的交易或任务的个人进行。监督是在活动进行时进行的，由直接负责该任务的监督者进行。通过独立的验证程序，管理层可以评估：①个人的表现；②交易处理系统的完整性；③会计记录中包含的数据的正确性。独立验证的示例如下：

- 在交易处理期间的各个时间点核对批次总计。
- 将实物资产与会计记录进行比较。
- 核对明细账户与控制账户。
- 审查总结业务活动的管理报告（计算机和手动生成的）。
- 验证的时间取决于会计系统中采用的技术和正在审查的任务。验证可能每小时发生几次或一天发生几次。在某些情况下，可以每天、每周、每月或每年进行验证。

3.3.2　IT 应用程序控件

SOX 法案要求管理层和审计师考虑与财务报告相关的 IT 应用程序控件。应用程序控件与特定应用程序相关联，如工资单、采购和现金支付系统，并分为三大类：**输入控件**、**处理控件**和**输出控件**。

3.3.2.1　输入控件

输入控件是程序化的程序，通常称为编辑，它对交易数据执行测试以确保它们没有错误。根据处理是实时的还是批处理的，编辑程序在不同的点被设计到系统中。实时系统中的编辑控件设置在数据收集阶段，以监控从终端输入的数据。批处理系统在交易文件中收集数据，这些数据暂时保存在其中以供后续处理。在这种情况下，编辑测试在主文件更新过程之前的单独过程（编辑运行）中执行。

无论使用何种编辑方法，在交易经过有效性、准确性和完整性测试之前，交易数据都不应更新主文件。如果记录未通过编辑测试，则将其标记为"错误"记录并拒绝。稍后，我们将看到如何处理这些记录。参见以下示例。

检查数字。数据代码广泛用于交易处理系统中，用于在科目表中表示诸如客户账户、库存项目和 GL 账户等内容。如果特定交易的数据代码输入错误且未被检测到，则会发生交易处理错误，如过账到错误的账户。这些处理问题是由两种常见类型的数据输入错误引起的：转录错误和转置错误。

转录错误分为三类：

（1）当代码中添加了额外的数字或字符时，会发生加法错误。例如，库存项目编号 83276 被记录为 832766。

（2）从代码末尾删除数字或字符时会发生截断错误。在这种类型的错误中，上面的库存项目将被记录为 8327。

（3）替换错误是将代码中的一个数字替换为另一个数字。例如，代码编号 83276 被记录为 83266。

转置错误分为两类：

（1）当两个相邻的数字颠倒时，就会出现单个换位错误。例如，83276 被记录为 38276。

（2）当转置不相邻的数字时会发生多个转置错误。例如，83276 被记录为 87236。

这些问题是通过使用**校验位**编辑来控制的。校验位是在最初分配数据代码时添加到数据代码的控制数字（或多个数字）。这样做允许在后续处理期间建立代码的完整性。校验位可以位于代码中的任何位置，作为前缀、后缀或嵌入中间的某个位置。校验位最简单的形式是将代码中的数字求和，并将这个和用作校验位。例如，对于客户账户代码 5372，计算的校验位将是：

5+3+7+2=17

通过删除十位列，将校验位 7 添加到原始代码中以生成新代码 53727。整个数字字符串（包括校验位）成为客户账号。在数据录入过程中，系统可以重新计算校验位，以确保代码正确。该技术将仅检测转录错误。例如，如果发生替换错误并且上述代码输入为 52727，则计算出的校验位将为 6（5+2+7+2=16=6）并且会检测到错误。然而，这种技术将无法识别转置错误。例如，转置前两位数字会产生代码 35727，它的总和仍为 17 并产生校验位 7。此错误不会被检测到。

处理转置错误的一种常用的校验位技术是模数 11。使用代码 5372，下面概述了该技术中的步骤。

（1）分配权重。代码中的每个数字都乘以不同的权重。在这种情况下，使用的权重为 5、4、3 和 2，如下所示：

数字		权重
5	×	5=25
3	×	4=12
7	×	3=21
2	×	2=4

（2）将乘积相加：25+12+21+4=62。

（3）除以模数。在这种情况下，我们使用模数 11，给出 62/11=5，余数为 7。

（4）从模数中减去余数以获得校验位：11 − 7 = 4（校验位）。

（5）将校验位添加到原始代码中以产生新代码：53724。

在处理过程中使用这种技术重新计算校验位，代码中的换位错误将产生一个非4的校验位。例如，如果上面的代码错误地输入为35724，则重新计算的校验位为6。

缺少数据检查。此编辑方式应包含处理交易所需的数据的空白或不完整的输入字段。

数字字母检查。这种编辑方式可以识别某一特定字段中的数据的格式错误。例如，客户的账户余额不应该包含字母数据，它的存在会导致数据处理错误。因此，如果检测到字母数据，则设置错误记录标志。

限制检查。限制检查用于识别超出授权限制的字段值。例如，假设公司的政策是没有员工每周工作超过44小时。工资单系统输入控制程序可以测试每周工资记录中的工时（HOURS WORKED）字段的值是否大于44。

范围检查。很多时候，数据的可接受值都有上限和下限。例如，如果公司中小时工的工资率范围在18美元到30美元之间，则此控件可以检查所有工资记录的工资率字段，以确保它们在此范围内。此控制的目的是检测数据录入人员的录入错误。但如果将正确的工资率（例如19美元）错误地输入为29美元，它无法检测到错误。

合理性检查。上面的错误可以通过一个测试来检测，该测试确定一个字段中一个已经通过限制检查和范围检查的值，再与记录的其他字段中的数据一起考虑是否合理。例如，员工每小时28美元的工资率在可接受的范围内。然而，与雇员工作技能代码693相比，这个比率过高；该技能等级的员工每小时收入不应超过20美元。

有效性检查。有效性检查将实际字段值与已知的可接受值进行比较。此控件用于验证交易代码、州的缩写或员工工作技能代码等内容。如果字段中的值与可接受的值不匹配，则将记录标记为错误。

这是现金支付系统中经常使用的控件。现金支付欺诈的一种形式涉及操纵系统向不存在的供应商进行欺诈性付款。为了防止这种情况发生，公司可以建立一个与其有业务往来的有效供应商名单。因此，在支付任何交易之前，验证程序将现金支付凭证上的供应商编号与有效供应商列表进行匹配。如果代码不匹配，则拒绝付款，并且管理层会审查交易。

3.3.2.2 处理控件

输入数据被编辑后，交易进入应用程序的处理阶段。处理控件是程序化的程序，以确保应用程序按逻辑正常运行。在本节中，我们介绍了一些处理控件的常见示例，但列表并不详尽。当我们在后面的章节中检查特定的应用程序时，我们将回顾适用于它们的特定处理控制。

批处理控件用于管理通过批处理系统的大量交易流。批量控件的目的是使系统输出与最初输入系统的输入相协调。该控件确保：

- 批处理中的所有记录不被遗漏。
- 任何记录都不会被多次处理。
- 从输入到处理再到系统的输出阶段，都会创建交易的审计跟踪。

批量控件从数据输入阶段开始工作，并持续到应用程序的所有数据处理阶段。为了实现这一点，当批次交易输入系统时，会创建批次控制记录。控制记录包含有关批次的相关信息，例如：

- 唯一的批号。
- 批日期。
- 交易代码（指示交易类型，例如销售订单或现金收入）。
- 批处理中的记录数（记录计数）。
- 财务字段的总美元价值（各批次控制总计）。
- 唯一非财务字段的总计（散列总计）。

图3-5描述了与交易批次相关的批次控制记录。控制记录中的数据用于在所有后续处理过程中评估批次的完整性。例如，图中的批次控制记录显示了一批50条的销售订单记录，总金额为122 674.87美元，散列总计为4537838。

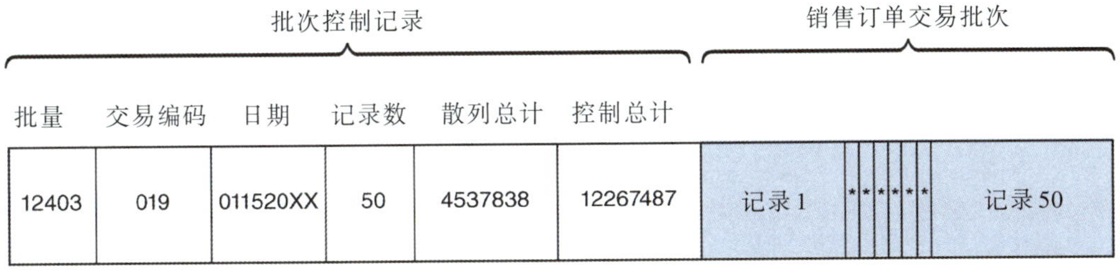

图3-5 批次控制记录

逐次运行控件使用批次控制记录中的值来监控批次从一个程序化程序（运行）移动到另一个程序。因此，在整个处理过程中的各个点处理结束时，重新计算批次总数并与批次控制记录进行比较。这可确保系统中的每次运行都正确且完整地处理批次。

图3-6说明了在销售订单系统中使用逐次运行控件。该应用程序包括四个运行阶段：（1）数据输入；（2）AR更新；（3）库存更新；（4）输出。在应收账款运行结束时，重新计算批次控制数字并与从数据输入运行传递的控制总计进行核对。然后将这些数字传递到库存更新程序，在那里它们被重新计算、核对并传递到输出程序。每次运行中检测到的错误都会被标记并放置在错误文件中。然后调整批次控制值以反映从批次中删除的这些记录。

请注意，从图3-6可以看出，错误记录可能会在过程中的几个不同点放置在错误文件中。在单独的程序（未显示）中，授权用户代表将对错误记录进行更正，并将其作为特殊批次重新提交以进行重新处理。在处理过程中检测到的错误需要小心处理，因为这些记录可能已经被部分处理。简单地将更正的记录重新提交到数据输入阶段可能会导致这些交易的部分内容被处理两次。有两种方法用于处理这种复杂问题。首先是扭转部分处理交易的影响，并将更正的记录重新提交到数据输入阶段。第二种方法是将更正的记录重新插入检测到错误的处理阶段。

前面讨论中使用的术语**散列总计**是一个非财务字段的总和，用于跟踪批次中的记录。任何数字字段，如客户的账号、采购订单编号或库存项目编号，都可用于计算散列总计。在以下示例中，将整批销售订单记录的销售订单编号（SO#）字段相加以生成散列总计。

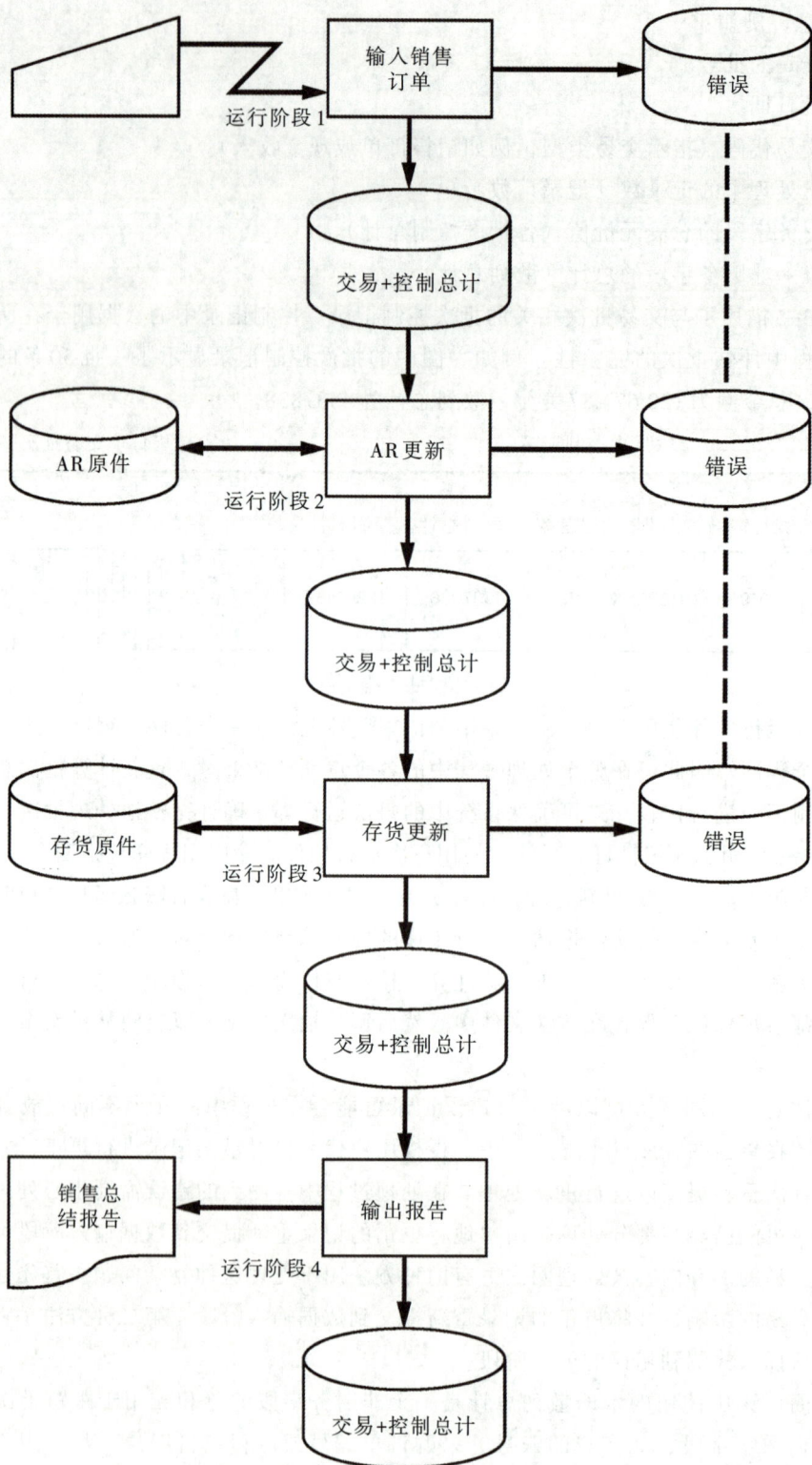

图3-6 "运行到运行"的控制

```
        SO#
       14327
       67345
       19983
         •
         •
         •
       88943
       96543
```

<u>4537838</u>（散列总计）

让我们看看如何使用这个看似毫无意义的数字。假设在创建了这批记录后，有人用相同金额的虚构记录替换了该批次中的一个销售订单。批次控制程序如何检测这种不正常现象？记录数和金额控制总额仍将保持平衡。但是，批处理控制程序计算的散列总计会不一样。因此违规行为将会被检测到。

3.3.2.3 审计跟踪控件

IT 环境中的**审计跟踪控件**确保每笔交易都可以通过从经济来源到财务报表呈现的每个处理阶段进行跟踪。以下是审计跟踪控件的示例。

交易日志。系统成功处理的每个交易都应记录在所称的交易日志中。图 3-7 显示了这个过程。三个原因强调了此日志的重要性。首先，交易日志是交易的永久记录，尽管输入交易文件通常是临时文件。一旦处理完毕，输入文件上的记录就会被删除，以便为下一批交易腾出空间。其次，并非输入文件中的所有记录都可以被成功处理。其中一些在后续处理期间无法通过测试，被传递到错误文件。交易日志只包含成功的交易——那些改变了主文件账户余额的交易。合并的交易日志和错误文件应说明批处理中的所有交易。然后可以在不丢失数据的情况下删除经过验证的交易文件。最后，正如我们稍后将看到的，交易日志有助于主文件备份程序。

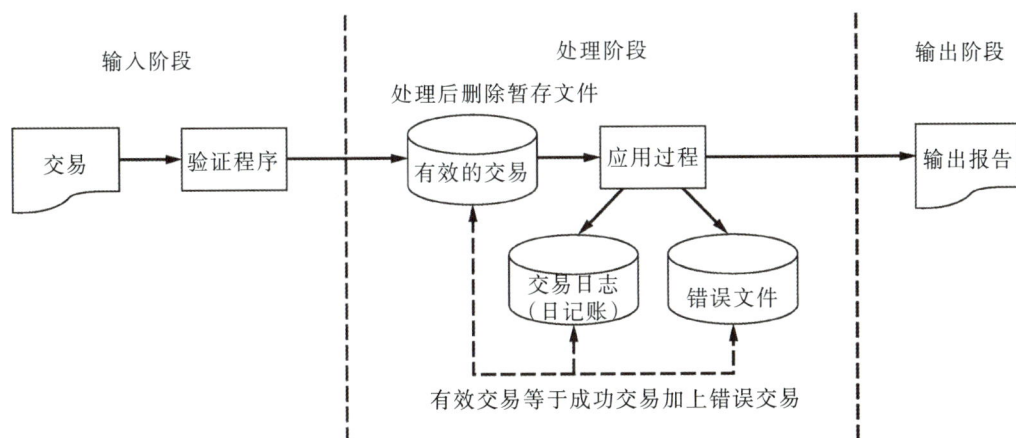

图3-7 保留审计跟踪的交易日志

自动交易日志。系统在内部触发一些交易。例如，当库存低于再订购点时，系统会自动生成采购申请。为了维护这些活动的审计跟踪，所有内部生成的交易都必须放在交易日志中。

3.3.2.4 主文件备份控件

根据系统的类型，主文件备份控件可以被视为通用控件或应用程序控件。在数据库环境中，数据库支持所有企业用户，并且数据库备份程序适用于所有应用程序。因此，数据库环境中的备份是一种通用控件。在第15章中，我们介绍了数据库备份作为影响整个IT功能的通用控件。在平面文件环境中，企业用户不共享数据文件，因此需要专门为每个用户的应用程序设计单独的备份程序。在这种情况下，备份是一种应用程序控件。下面的讨论介绍了三种平面文件系统的主文件备份过程：使用顺序全文件的批处理、使用直接访问文件的批处理和实时处理系统。

3.3.3 GFS 备份技术

使用顺序主文件（无论是磁带还是磁盘）的系统采用一种被称为**祖父—父—子**（GFS）的备份技术，这是主文件更新过程的一个组成部分。图 3-8 说明了 GFS 备份技术，该技术从当前主文件（父文件）针对交易文件进行处理以生成新的更新主文件（子文件）时开始。请注意，儿子与父亲在物理上是不同的文件。随着下一批交易的进行，儿子成为当前的主文件（新父亲），而原来的父亲成为备份文件（祖父）。此过程在每一批新交易中继续进行，创建几代备份文件。当达到所需的备份副本数时，最旧的备份文件将被删除（划掉）。如果当前主文件被破坏或损坏，则通过针对相应的交易文件处理最新的备份文件来重建它。

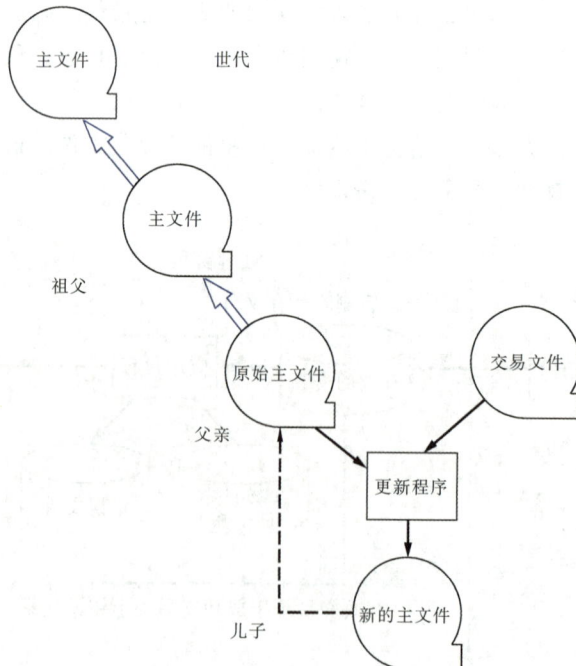

图3-8　祖父—父—子方法

系统设计人员确定每个应用程序所需的备份主文件的数量。有两个因素影响这个决定：（1）系统的财务重要性；（2）文件活动的程度。例如，每天更新几次的主文件可能需要 30 或 40 个备份，而每月仅更新一次的文件可能只需要 4 或 5 个备份。这个决定很重要，因为某些类型的系统故障可能会导致同一文件系列中的大量备份被破坏。

3.3.4 使用直接访问文件的批处理系统备份过程

直接访问文件中的每条记录都分配有唯一的磁盘位置或地址（有关直接访问文件结构的示例，请参见第 2 章附录），该位置或地址由其主键值确定。因为每条记录只存在一个有效位置，所以必须就地更新记录。图 3-9 显示了这种技术。

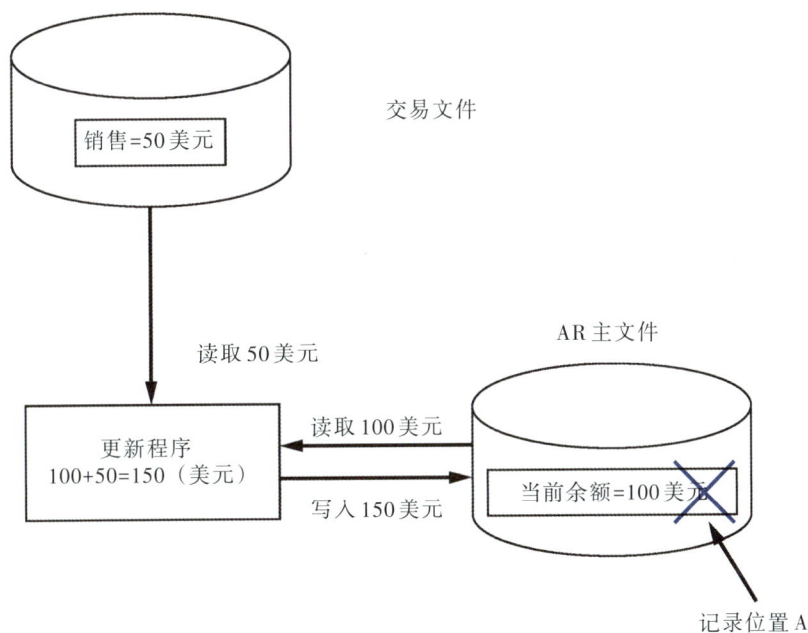

图3-9 破坏性更新方法

在此示例中，当前余额为 100 美元的 AR 记录正在通过 50 美元的销售交易进行更新。主文件记录永久存储在指定位置 A 的磁盘地址。更新程序将交易记录和主文件记录都读入内存。应收账款重新计算以反映新的当前余额 150 美元，然后返回到位置 A。当替换为 150 美元的新值时，100 美元的原始 AR 余额值将被销毁。这种技术称为破坏性更新。

破坏性更新方法不会留下原始主文件的备份副本，只有当前值可供用户使用。要备份主服务器，必须执行图 3-10 所示的单独过程。在每次计划更新运行之前，将复制正在更新的主文件以创建备份。如果原件被破坏或损坏，可以分两个阶段进行重建。首先，一个特殊的恢复程序使用备份的主文件重建一个新的主文件。其次，使用前一批交易重复文件更新过程，以将主服务器恢复到当前状态。

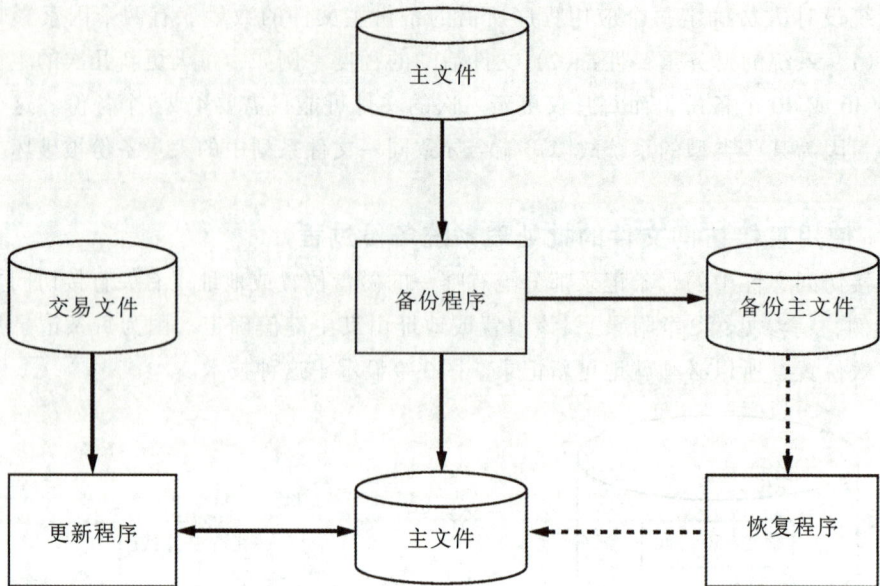

图3-10 使用直接访问文件的批处理系统备份程序

3.3.5 在实时处理系统中备份主文件

实时处理系统提出了一个更困难的问题，因为交易是连续处理的。因此，备份程序被安排在一天中预先指定的时间间隔（例如，每15分钟一次）。如果当前版本的主文件因磁盘故障而被破坏或因程序错误而损坏，可以从最新的备份文件中重建。然而，自上次备份以来处理的交易需要重新处理，以使主文件恢复到当前状态。这些记录是从实时连续创建的交易日志中检索的。此过程如图 3-11 所示。

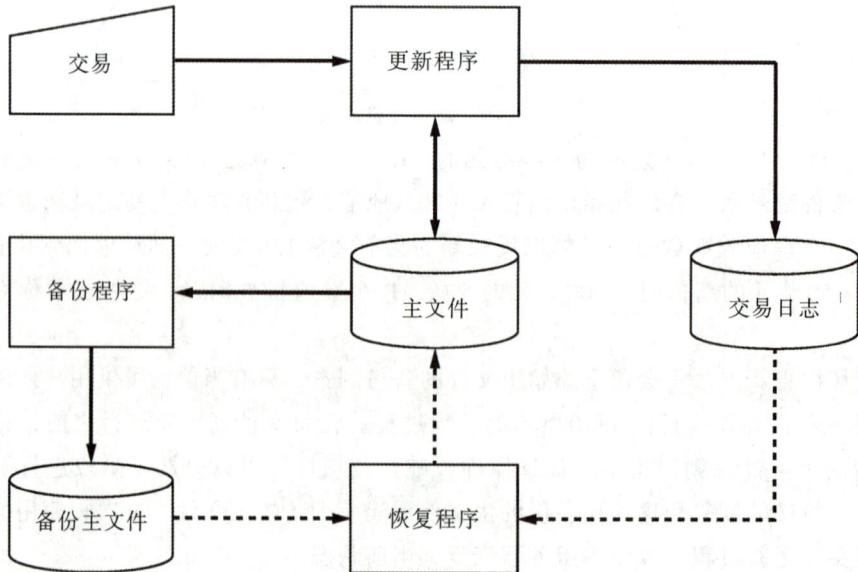

图3-11 实时处理系统的备份过程

3.3.6　输出控件

输出控件是编程和其他程序的组合，以确保系统输出不会丢失、误导或损坏，并且不会侵犯隐私。此类风险可能会对运营造成严重干扰，并可能导致公司遭受财务损失。例如，如果一家公司的现金支付系统出现支票丢失、寄错或被销毁等情况，则交易账户和其他账单可能无法支付。这可能会损害公司的信用评级，并导致失去折扣、无法支付利息或被罚款。如果某些类型输出的隐私受到侵犯，公司的业务目标可能受到损害，或者可能面临诉讼。隐私曝光的例子包括商业秘密、正在申请的专利、市场研究结果和患者医疗记录泄露。本节介绍打印件和数字输出的风险和控制。

3.3.6.1　控制打印件输出

批处理系统通常产生打印件，这通常需要中间人参与其生产和分发。图 3-12 显示了此输出过程中的各个阶段，并作为本节的基础。

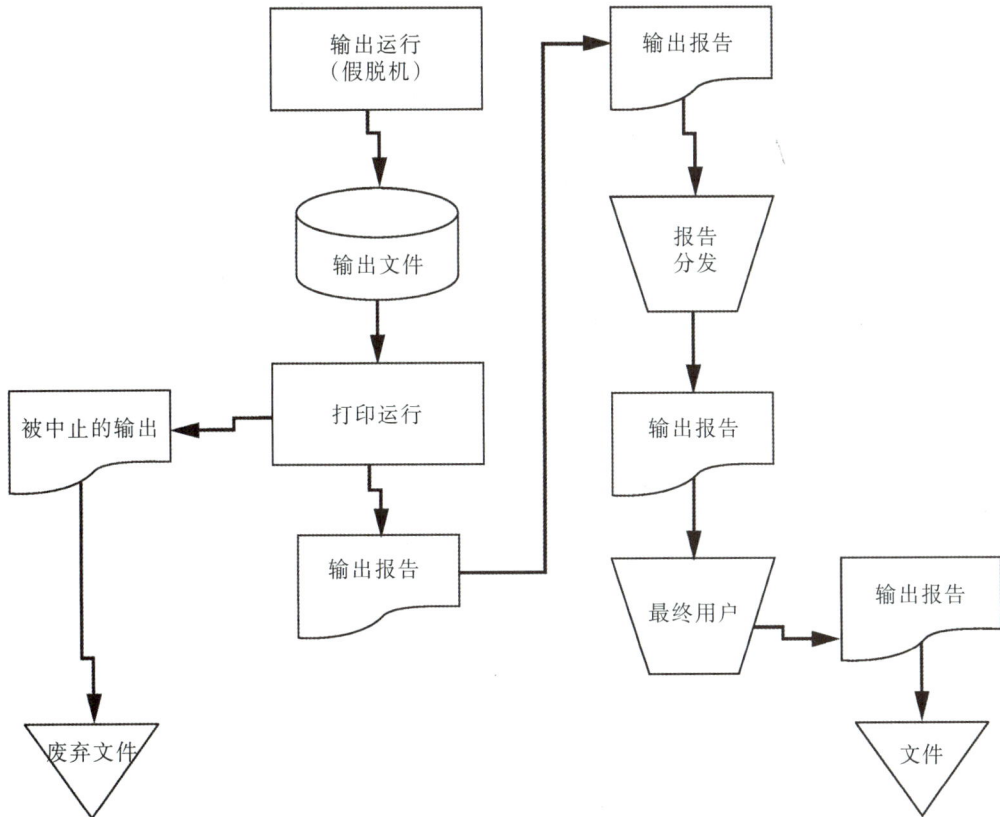

图3-12　输出过程各阶段

输出后台处理。在大规模的数据处理操作中，由于许多程序同时需要有限的资源，行式打印机等输出设备可能会出现积压现象。这可能会导致瓶颈，并对系统吞吐量产生负面影响。为了减轻这种负担，应用程序通常设计为将其输出定向到磁盘文件，而不是直接打印。这称为**假脱机**。稍后，当打印机资源可用时，再打印输出文件。

创建输出文件作为打印过程中的中间步骤会带来额外的曝光量。计算机犯罪分子可能会利用此机会：

（1）访问输出文件并更改关键数据值（例如，支票上的美元金额）。然后，打印机程序将打印错误的结果，就好像系统生成的一样。

（2）访问文件并更改要打印的份数。然后，在打印阶段，多余的副本可能会未经通知而被删除。

（3）复制输出文件以生成非法的输出报告。

（4）在进行输出打印之前销毁输出文件。

管理层和审计师需要了解这些潜在的风险，并确保有适当的访问和备份程序来保护输出文件。

打印程序。当打印机可用时，打印运行程序将根据输出文件生成打印件输出结果。打印程序通常是需要操作员干预的复杂系统。操作员操作的四种常见类型是：

（1）暂停打印程序以加载正确类型的输出文档（检查库存、发票或其他特殊表单）。

（2）输入打印运行所需的参数，如要打印的份数。

（3）打印机出现故障后，在规定的检查点重新启动打印运行程序。

（4）从打印机中取出打印件以便进行检查和分发。

打印程序控制应设计为处理此环境中存在的两种类型的暴露：①制作未经授权的输出副本；②员工浏览敏感数据。某些打印程序允许操作员指定输出比所要求的更多的副本，这就可能生成未经授权的输出副本。控制这种情况的一种方法是使用输出文件控件。这在处理向客户开具的预编号的发票或预编号的支票时最为有效。在运行结束时，输出文件指定的副本数应与实际使用的输出文件数进行核对。

为了防止操作员和其他人查看敏感的输出信息，可以使用特殊的纸张，顶部副本为灰色，以防止读取打印件内容。这种类型的产品通常用于工资单支票打印。另一种隐私控制是将输出定向到可以进行密切监控的特殊远程打印机。

废弃文件。计算机输出的废弃文件是潜在的暴露源。需要妥善处理中止打印的报告和特殊纸张打印件。众所周知，伪装成清洁工的计算机罪犯会在垃圾桶中筛选出被认为毫无价值而不小心丢弃的废弃文件。从这些垃圾中，计算机犯罪分子可能会获得有关公司市场研究、客户信用评级甚至商业秘密的信息，他们可以将其卖给公司的竞争对手。计算机废弃文件也是犯罪者用来访问公司计算机系统密码的来源。为了防止这种威胁，所有敏感的计算机输出的废弃文件都应通过碎纸机处理。

报告分发。与分发敏感报表相关的主要风险包括其在传输过程中丢失、被盗或被误传给用户。可以使用以下控制技术：

（1）报告可以放在只有用户拥有密钥的安全邮箱中。

（2）用户可能需要亲自到分发中心签收报告。

（3）安全人员或特殊快递员可以将报告发送给用户。

最终用户控件。一旦输出报告到达用户手中，应检查其正确性。用户检测到的错误应报告给相应的IT管理部门。发生此类错误的原因可能是系统设计不当、程序不正确、在系统维护期间意外插入的错误或未经授权访问数据文件或程序。报告达到其目的后，应将其存储在安全的位置，直到其存档期到期，然后应将其粉碎。

3.3.6.2 控制数字输出

数字输出可以定向到用户的计算机屏幕或打印机。主要的输出威胁是输出消息在通过通信网络时被拦截、中断、破坏或损坏。这种威胁来自两种类型的暴露：（1）设备故障暴露；（2）颠覆行为暴露。我们将在第 15 章中讨论网络安全问题。

总 结

本章首先探讨了人类社会思考了几个世纪的伦理问题。越来越明显的是，良好的道德规范是企业长期盈利的必要条件。这要求在公司的各个层面理解道德问题——从高层管理人员到一线员工。在 3.1 节中，我们确定了会计师和经理直接关注的几个商业道德问题。SOX 法案直接解决了这些问题。

3.2 节审查了欺诈及其与审计的关系。欺诈分为两大类：员工欺诈和管理欺诈。员工欺诈通常旨在将现金或其他资产直接转化为员工的个人利益。通常，员工为了个人利益而规避公司的内部控制结构。但是，如果公司拥有有效的内部控制系统，往往可以防止或发现贪污或挪用公款行为。管理欺诈通常涉及对财务数据和报告的重大错报，以获得额外的报酬或晋升或逃避因表现不佳遭受的处罚。实施欺诈的管理人员往往通过推翻内部控制结构来做到这一点。允许和助长这些欺诈的根本问题往往与公司治理不善有关。在本节中，我们研究了一些突出的公司治理失败案例，并概述了 SOX 法案的关键要素，SOX 法案已通过立法来纠正这些缺陷。最后，审查了几种有据可查的欺诈技术。

3.3 节审查了内部控制问题。内部控制结构的充分性对管理层和会计师来说都是非常重要的问题。首先使用 PDC 控制模型来检查内部控制，该模型将控制分为预防性、检测性和纠正性。接下来，对 COSO 框架进行了检查，该框架推荐遵守 SOX 法案。COSO 框架包括五个级别：控制环境、风险评估、信息与沟通、监测和控制活动。在这一节中，我们研究了物理和 IT 控制活动。

关键术语

访问控制	支票篡改
会计记录	美国反虚假财务报告委员会下属的发
应用程序控件	起人委员会（COSO）
审计跟踪控件	计算机道德
批处理控件	计算机欺诈
开票计划	利益冲突
贿赂	控制活动
商业道德	控制环境
现金盗窃	控制弱点
校验位	纠正控制

腐败	支付和退货
检测控制	工资单欺诈
经济勒索	预防控制
员工欺诈	隐私
道德责任	处理控件
道德	上市公司会计监督委员会（PCAOB）
费用报销欺诈	合理保证
欺诈	风险评估
欺诈三角	逐次运行控件
欺诈性陈述	《萨班斯—奥克斯利法案》（SOX法案）
一般控制	安全
祖父—父—子（GFS）	职责分离
散列总计	空壳公司
非法酬金	偷窃
输入控件	假脱机
内部控制系统	《审计准则声明第109号》（SAS 109）
重叠	《审计准则声明第99号》（SAS 99）
收发室欺诈	监督
管理欺诈	现金盗窃
管理责任	交易授权
监测	转录错误
非现金欺诈	转置错误
输出控件	供应商欺诈
所有权	验证程序
传递欺诈	

复习题

1. 什么是道德？

2. 什么是商业道德？

3. 商业道德问题的四个方面是什么？

4. 证券交易委员会要求的商业道德准则中要解决的主要问题是什么？

5. 可以为道德责任提供一些指导的三项道德原则是什么？

6. 什么是计算机道德？

7. 计算机道德的三个层次——流行的计算机道德、准计算机道德和道德——有何不同？

8. 计算机道德问题是新问题还是旧问题的新转折？

9. 关于隐私的计算机道德问题是什么？

10. 关于安全的计算机道德问题是什么？

11. 关于财产所有权的计算机道德问题是什么？

12. 关于访问公平的计算机道德问题是什么？

13. 关于环境的计算机道德问题是什么？

14. 关于人工智能的计算机道德问题是什么？

15. 有关失业和流离失所的计算机道德问题是什么？

16. 关于滥用计算机的计算机道德问题是什么？

17. 《审计准则声明第 99 号》的目标是什么？

18. 普通法下构成欺诈的五个条件是什么？

19. 说出三种欺诈动机。

20. 什么是员工欺诈？

21. 什么是管理欺诈？

22. 哪三种力量构成了欺诈三角？

23. 外部审计师如何试图发现欺诈的动机？

24. 什么是假脱机？

25. 什么是勾结？

26. 什么是贿赂？

27. 什么是经济勒索？

28. 什么是利益冲突？

29. 定义支票篡改。

30. 什么是开票（或供应商）欺诈？

31. 定义现金盗窃。

32. 什么是偷窃？

33. 内部控制的四大目标是什么？

34. 指导内部控制系统设计者和审计师的四个修改假设是什么？

35. 举一个预防控制的例子。

36. 举一个检测控制的例子。

37. 举一个纠正控制的例子。

38. 根据 SOX 法案第 302 条 和 第 404 条，管理层的责任是什么？

39. COSO 框架描述的五个内部控制组成部分是什么？

40. COSO 定义的六类物理控制活动是什么？

41. 有效供应商文件的目的是什么？

42. 举一个校验位控件检测到的错误的例子。

43. 批次控制的主要目标是什么？

44. 如果所有输入在处理之前都已经过验证，那么逐次运行控件的目的是什么？

45. 交易日志的目标是什么？

46. 假脱机如何增加曝光？

47. 限制检查的目的是什么？

48. 范围检查的目的是什么？

49. 什么是有效性检查？

50. 批次控制记录将包含哪些信息？

讨论题

1. 区分道德问题和法律问题。

2. 一些人反对企业参与对社会负责的行为，因为这种行为所产生的成本使组织在竞争市场中处于不利地位。讨论这个论点的优点和缺陷。

3. 尽管高层管理人员对道德的态度为商业实践定下了基调，但在某些情况下，维护公司的道德标准是底层管理人员的职责。运营层经理 John 发现公司非法倾倒有毒材料，违反了环保法规。John 的直属上司也参与了倾倒事件。John 应该采取什么行动？

4. 当公司拥有强大的内部控制结构时，股东可以期望消除欺诈。评论此说法的合理性。

5. 区分员工欺诈和管理欺诈。

6. 每年对计算机欺诈造成的损失的估计差异很大。为什么你认为很难对这个数字进行良好的估计？

7. 《萨班斯-奥克斯利法案》如何对公司治理产生重大影响？

8. 讨论披露的概念并解释为什么公司可以容忍一些披露。

9. 如果检测控制发出错误标志，为什么这些类型的控制不应该自动纠正已识别的错误？为什么需要纠正控制？

10. 讨论不再允许外部审计师向审计客户提供非会计服务。

11. 讨论一个员工数量少于不相容任务数量的公司是否应该更多地依赖一般权力而不是特定权力。

12. 组织的内部审计部门通常被认为是评估组织内部控制结构的有效控制机制。Birch 公司的内部审计师直接向控制人报告。评论这种组织结构的有效性。

13. COSO 框架认为，适当的职责分离是一种有效的内部控制程序。评论将编制工资单和分发员工工资的任务结合起来造成的风险（如果有的话）。

14. 解释一项行为被视为欺诈的五个必要条件。

15. 区分披露和风险。

16. 说明管理层欺诈的特点。

17. 本书确定了可能有助于发现欺诈活动的经理和其他员工的一些个人特征。讨论三个特征。

18. 举两个员工欺诈的例子，并解释盗窃是如何发生的。

19. 讨论贿赂、非法酬金和经济勒索的欺诈计划。

20. 区分偷窃和现金盗窃。

21. 区分空壳公司欺诈和传递欺诈。

22. 为什么会计人员对隐私、安全和财产所有权等计算机伦理问题感兴趣？

23. 由注册舞弊审查师协会编制的欺诈犯罪者概况显示，成年男性的高级学位与欺诈数额不成比例。解释这些发现。

24. 解释为什么员工和管理层之间的勾结欺诈行为很难预防和被发现。

25. 因为所有欺诈都涉及某种形式的财务错报，所以与陈述欺诈有何不同？

26. 解释与缺乏审计师独立性相关的问题。

27. 解释与缺乏董事独立性相关的问题。

28. 解释与可疑的高管薪酬计划相关的问题。

29. 解释与不当会计做法相关的问题。

30. 解释成立上市公司会计监督委员会的目的。

31. 为什么独立审计委员会对公司很重要？

32. 《萨班斯-奥克斯利法案》的"发布人和管理层披露"的重点是什么？

33. 在这个高科技和基于计算机的信息系统时代，为什么会计师关心物理（人）控制？

34. 转录错误有哪些类别？

35. 设置校验位的目的是什么？

36. 散列总计是否需要基于财务数据字段？请解释。

37. 解释 GFS 备份技术。它是用于顺序文件还是直接访问技术？请解释。

多项选择题

1. 设计用于在数据输入点验证交易的控制示例是（　　）。

a. 重新计算批次总数　　　b. 一个记录计数

c. 一个校验位　　　d. 检查点

e. 重新计算散列总计

2. 应用程序控制分为（　　）。

a. 输入、处理和输出　　　b. 输入、处理、输出和存储

c. 输入、处理、输出和控制　　　d. 输入、处理、输出、存储和控制

e. 收集、整理、总结和报告

3. 以下不是欺诈三角要素的是（　　）。

a. 伦理　　　b. 合理的依赖

c. 情境压力　　　d. 机会

e. 以上都是

4. 如何编辑实时处理系统中的事务？（　　）

a. 在单独的计算机上运行　　　b. 在输入交易时处于在线模式

c. 在备份过程中　　　d. 因时间关系未编辑

e. 无须实时编辑交易

5. 在自动工资核算处理环境中，部门经理用一张假员工的考勤卡代替被解雇的员

工。虚构员工的工资率和工作时间与被解雇的员工相同。使用员工识别号检测此行为的最佳控制技术是使用（　　　）。

  a. 批次总数   b. 记录计数

  c. 散列总计   d. 后续检查

  e. 财务总额

6. 以下选项通常被称为弥补控制的是（　　　）。

  a. 交易授权   b. 监督

  c. 会计记录   d. 职责分离

7. 对内部控制实施的合理保证的基本假设意味着（　　　）。

  a. 审计师有理由确信该期间没有发生欺诈

  b. 审计师有理由确信，员工的粗心大意会削弱内部控制结构

  c. 控制程序的实施不应对效率或盈利能力产生重大不利影响

  d. 管理层关于控制有效性的声明应为审计师提供合理的保证

  e. 控制适用于所有形式的计算机技术

8. 记账员会制作（　　　）日记账分录来隐瞒客户在支付账款时盗窃现金收入。

    借   贷

  a. 杂项费用现金   现金

  b. 备用金   现金

  c. 现金   应收账款

  d. 销售退货   应收账款

  e. 以上都不是

9. 以下（　　　）不是预防控制的例子。

  a. 记录、保管和授权功能的职责分离 b. 健全的人事制度

  c. 政策和程序文件   d. 密码认证软硬件

  e. 用于捕获销售数据的源文档

10. 以下（　　　）没有违反职责分离。

  a. 出纳员有权签署支票，但将签名块交给助理出纳员操作支票签名机

  b. 对仓库中的库存负有保管责任的仓库职员在库存低时选择供应商并授权采购

  c. 销售经理有责任批准信贷和核销账目

  d. 部门考勤员收到未发的工资支票，邮寄给缺勤员工

  e. 对应收账款明细账负有记账责任的会计人员每月对明细账和控制账户进行核对

11. 用于检查交易数据的有效性和准确性的计算机程序的名称是（　　　）。

  a. 操作系统程序   b. 编辑程序

  c. 编译程序   d. 综合测试程序

  e. 询问程序

12. 收货部门的一名员工从远程终端输入货物，但无意中遗漏了采购订单号。检测此错误的最佳应用程序控制是（　　　）。

a. 批次总数　　　　　　　　b. 缺失数据检查

c. 完整性检查　　　　　　　d. 合理性测试

e. 兼容性测试

13. 以下（　　）控制最能防止应收账款的重叠。

a. 分离职责，使负责记录应收账款明细账的职员无法访问总账

b. 要求客户查看他们的月度报表并报告任何未记录的现金付款

c. 将存入现金账户和过账到应收账款分类账的任务分开

d. 要求客户将支票支付给公司

14. 确保信息系统处理的所有重大交易都是有效的并符合管理层的目标的一个例子是（　　）。

a. 交易授权　　　　　　　　b. 监督

c. 会计记录　　　　　　　　d. 独立验证

15. 以下（　　）是输入控制的示例。

a. 确保将报告分发给适当的人

b. 监控数据录入人员的工作

c. 在收集数据的同时收集历史交易的准确统计数据

d. 对客户账号执行校验位测试

e. 让另一个人审查业务表单的设计

16. 及时提供足够详细的交易信息以允许进行适当的分类和财务报告的一个例子是（　　）。

a. 控制环境　　　　　　　　b. 风险评估

c. 信息和沟通　　　　　　　d. 监控

17. 类似于"拆东墙补西墙"的欺诈计划是（　　）。

a. 费用账户欺诈　　　　　　b. 贿赂

c. 重叠　　　　　　　　　　d. 交易欺诈

18. 在计算机系统中过账到会计记录的过程是（　　）。

a. 主文件更新为交易文件　　b. 主文件更新为索引文件

c. 交易文件更新为主文件　　d. 主文件更新为年初至今的文件

e. 当前余额文件更新为索引文件

19. 以下（　　）收益最不可能来自内部控制系统。

a. 降低外部审计成本

b. 防止员工串通欺诈

c. 为决策目的提供可靠数据

d. 遵守 1977 年《反海外腐败法》的一些保证

e. 确保重要文件和记录受到保护

问题

1. 欺诈计划——卫生检查员

如果业主不向卫生检查员支付费用，城市卫生检查员会发出虚假的健康违规通知，威胁要关闭餐厅。如果餐馆老板不配合，他将无法营业，而这种宣传将永久性地赶走他的顾客。面临经济损失的威胁，餐馆老板只得付款。

要求：这是什么类型的欺诈，可以实施哪些控制措施来预防或检测欺诈？

2. 欺诈计划——采购代理

大型硬件零售商的采购代理可以自行决定为公司销售的零件和用品选择供应商。代理商将不成比例的采购订单发送给代理商的姐夫开办的供应公司，该公司对其产品收取高于市场的价格。代理人与供应商的关系不为雇主所知。

要求：这是什么类型的欺诈，可以实施哪些控制措施来预防或检测欺诈？

3. 收发室欺诈和内部控制

职业罪犯 Sarat Sethi 在一家大型百货公司（本森公司）担任收发室职员的工作。收发室是一个非常忙碌的工作环境，由一名主管和 45 名职员组成。职员负责处理促销邮件、目录和办公室邮件，接收各种外部信件并分发到各个内部部门。Sethi 的工作之一是打开客户用信用卡余额付款的现金收据信封。他把汇款通知单（账单）和支票分成两堆。然后，他向 AR 部门发送了汇款通知单，在那里更新客户账户以反映付款情况。他将支票送到现金收入部，在现金日记账中记录，然后存入银行。每晚他都会对收到的现金和更新的应收账款的各批次总数进行核对，以确保所有业务都入账了。然而，在一个月的时间里，Sethi 设法从客户付款中窃取了 100 000 美元，然后悄无声息地离开了该州。

骗局是这样发生的：由于公司名称比较长，有些人养成了简单给本森公司开支票的习惯。Sethi 以 John Benson 的名义准备了一个虚假的身份证明。每当他发现一张开给 Benson 的支票时，他都会把它连同汇款通知单一起偷走。有时人们甚至会将支票上的收款人栏空着，他也偷了这些支票。然后，他修改支票，令其支付给 J. Benson 并兑现。

由于 AR 部门没有收到汇款通知单，因此与收到的现金进行的日终对账也没有发现任何差异。

要求：

a. 这似乎是一个万无失的方案。为什么 Sethi 在离开城镇前将自己的活动时间限制在一个月内

b. Benson & Abernathy 可以实施哪些控制措施来防止这种情况再次发生

4. 职责分离

解释为什么以下各项任务组合应该或不应该分开以实现充分的内部控制。

a. 批准坏账核销和核对应收账款明细账及总账控制账户

b. 向员工发放工资支票并批准员工考勤表

c. 将现金收入和现金支出日记账中的金额过账

d. 给供应商写支票并过账到现金账户

e. 在日记账中记录现金收入并准备银行对账

5. 费用账户欺诈

在审计 Petty 公司的财务报表时，注册会计师事务所的 True Blue 和 Smith 发现其客户的法律费用账户异常高。对记录的进一步调查表明：

• 自今年年初以来，已向 Swindle、Fox 和 Kreip 律师事务所支付了几笔总计 15 000 美元的款项。

• Swindle、Fox 和 Kreip 不是 Petty 公司的律师。

• 对作废支票的审查表明，这些支票是由现金支付职员 Mary Boghas 编写和批准的。

• Boghas 的其他职责包括月末进行银行对账。

• 随后的调查显示，Swindle、Fox 和 Kreip 代表 Mary Boghas 处理了一起无关的挪用公款案件，她是该案的被告。这些支票是为了支付她的个人法律费用而开的。

要求：

a. Petty 公司可以采用哪些控制程序来防止这种未经授权的现金使用？按照 COSO 框架对每个控制程序进行分类（授权、职能分离、监督等）

b. 评论本案中的道德问题

6. 对以下任务组合特定风险（如果有）引起的问题进行职责分离评论

a. 销售经理根据销售总额收取佣金，批准信贷并有权注销无法收回的账户

b. 对仓库中的存货负有保管责任的仓库职员更新库存明细账，并为总账部门准备库存汇总表

c. 记账员向客户开具账单并在销售日记账中记录销售额

d. 车间领班批准并提交考勤卡，将工资发给员工

e. 会计职员将交易金额过账到个别应收账款明细账，并进行明细账和总账控制账户的对账

7. 欺诈动机因素研究表明，情境压力和机会是导致欺诈行为的因素

要求：

a. 确定上市公司中会增加欺诈可能性的两种情境压力

b. 确定三个会增加欺诈可能性的机会

8. 经济援助欺诈

Harold Jones 是一所小型大学的经济援助官员，负责管理经济援助计划的各个方面。Jones 收到学生的援助申请，确定学生是否符合援助标准，批准援助款项，通知申请人他们的申请已被批准或拒绝，在他控制的账户上开具经济援助支票，并要求学生亲自到他的办公室领取支票。多年来，Jones 一直利用他的职权进行以下欺诈。

Jones 鼓励那些显然没有资格申请经济援助的学生提出申请。尽管学生们并不相信一定能获得援助，但他们会在期望获得援助的情况下申请。Jones 修改了学生申请中的财务信息，使其符合既定的援助准则。然后，他批准援助并开出支付给学生的援助支票。然而，学生们被告知援助被拒绝。因为学生们并未期望得到援助，所以 Jones 办公

室的支票永远不会被收回。Jones伪造了学生的签名并兑现了支票。

要求：确定可以防止或检测这种欺诈的内部控制程序（按COSO分类）。

9. 回扣欺诈

回扣是一种通常与购买相关的欺诈形式。大多数组织希望它们的采购代理选择以最低价格提供最好产品的供应商。为了影响采购代理的决定，供应商可能会给予代理经济利益（现金、礼物、足球门票等）。此活动可能导致组织向供应劣质产品或收取过高价格的供应商下订单。

要求：描述组织可以用来避免回扣的控制措施。将每个控制分为三类：预防、检测、纠正。

10. 评估内部控制

下面描述了一家在线和基于目录的中型零售商的现金收入程序。

客户付款与其他邮件一起直接进入普通收发室。客户付款邮件约占每天收到的邮件总数的20%。收发室职员整理邮件，打开客户付款信封，取出客户支票和汇款单，核对两份文件。然后，收发室主管将核对过的支票和汇款单发送给AR职员，后者将收到的金额过账到客户的AR明细账和来自她的计算机终端的现金收入日记账。接着，AR职员手动编制所有收到的支票的汇款清单，为支票背书"仅用于存款"，并将支票和汇款清单发送给财务主管。最后，AR职员将汇款单归档在本部门。

支票和汇款单到达财务部后，财务主管就会核对文件，并手动准备一式三份的纸质存款单。接下来，他将支票和两份存款单副本寄给银行。最后，他将存款单的第三份副本和汇款单归档到本部门。

要求：

a. 识别现金收入流程中的内部控制弱点

b. 对于每个弱点，描述相关的风险

c. 对于每个弱点，提供一个可能的控制活动

11. 评估内部控制

下面描述了建筑供应批发公司的现金支付程序。

当应付账款职员收到供应商的发票时，她在采购日记账中记录采购，在AP明细账中记录负债，并根据发票上说明的条款设置到期日。然后，该职员更新总账中的库存控制账户和应付账款控制账户，最后将发票提交给本部门。

每天，应付账款职员从她的计算机终端直观地搜索AP明细账以查找应支付的发票。该职员通过她的计算机终端准备支票并将其记录在支票登记簿中，将可兑现的支票邮寄给供应商，并提交支票副本。然后，该职员结清应付账款明细账中的负债，并更新总账中的应付账款控制账户和现金账户。

要求：

a. 识别现金收入流程中的内部控制弱点

b. 对于每个弱点，描述相关的风险

c. 对于每个弱点，提供一个可能的控制活动

12. 内部控制评价

Never Sink Canoe （NSC）公司是一家高品质独木舟、浮桥和渔船的小型制造商。它向美国东北部和加拿大部分地区的体育用品商店销售其产品。NSC 最初是一家服务于当地市场的小型家族企业。多年来，它通过使用季节性销售人员来扩大市场。销售人员于水上运动和钓鱼季节期间在体育用品店和贸易展览中接受客户的订单，同时直接接受佣金并经常出差。所有销售均为赊购，货款应在开票后 30 天内支付。在深秋季节结束时，临时销售人员被解雇，直到来年春天。NSC 员工流动率很高，大约 50% 的被解雇销售人员在次年返回。

NSC 公司与其销售人员活动相关的收入和费用程序如下：

业务员接单，审核客户的信誉，将批准的订单提交给公司的会计职员，会计职员计算应汇出的销售佣金，并及时向业务员开具支票。然后，会计职员为客户建立应收账款账户，待收到客户支付的现金，更新相关的客户 AR 记录。

会计职员将订单发送到结算部门，在那里记录销售并向客户开具账单。然后，订单被发送到仓库，在仓库中商品被选择、包装并运送给客户。之后仓库职员更新库存明细账以反映装运情况。

销售人员定期以纸质形式向会计职员提交差旅费用报销申请。NSC 公司的政策要求销售人员保留收据，但不需要与报销单一起提交。会计职员根据他们的报销表为每个销售人员准备应付账款，并每月两次为他们开出支票，金额为他们个人 AP 账户中显示的金额。

在上一季结束临时员工下岗后，NSC 公司的财务数据显示销售额与往年相比大幅增长。然而，这些增长在很大程度上被产品的高退货率所抵消。此外，与往年相比，差旅费用高得不成比例。

要求：

a. 使用 COSO 内部控制模型进行控制活动（例如，交易授权和职责分离），识别 NSC 系统中任何潜在的内部控制弱点

b. 对于每个弱点，讨论系统中存在欺诈的可能性

c. 为纠正每个已识别的控制弱点提出建议

13. 记录系统和评估控制

以下部分描述了公司的仓库和运输程序：

仓库职员从销售部门收到两份库存放行文件。库存发放文件描述了已售出的商品、要从货架上挑选的数量以及商品的仓库位置。然后，仓库职员挑选商品并将它们与一份库存放行文件一起送给运输部门。使用库存放行文件的第二个副本，仓库职员从仓库中的个人电脑访问库存明细账，并更新库存以反映已发货的商品。仓库职员还查找低于再订购点的商品，选择供应商，准备采购订单，并将其发送给供应商。

收到商品和库存放行文件副本后，装运职员准备要装运的商品，将装运情况记录在纸质装运日志中，并将出售的商品与库存放行文件一起发送给承运人。

要求：绘制前面描述的程序的系统流程图。识别系统中的任何控制问题。在这个系统中可能发生哪些类型的欺诈？

14. 流程图分析，内部控制

图 P.1 的流程图描述了一家小公司会计职员的职责。

要求：识别系统中的任何控制问题。在这个系统中可能发生哪些类型的欺诈？

15. 评估内部控制

Gaurav Mirchandaniis 是一家大型办公用品批发商的仓库经理。Mirchandaniis 从销售部门收到两份客户销售订单。他从货架上挑选货物并将它们和一份销售订单副本发送给运输部门。然后，他将第二个副本归档到一个临时文件中。到一天结束时，Mirchandaniis 从临时文件中检索销售订单，并从他办公室的终端更新库存明细账。那时，他识别出已经下降到低水平的项目，选择一个供应商，并准备了三份采购订单，一份发给供应商，一份发给应付账款记账员，一份归档在仓库。当货物从供应商处到达时，Mirchandaniis 检查随附的装箱单，清点并检查货物，将它们放在货架上，而后更新库存分类账以反映收到的货物。最后，他准备一份收货报告并将其发送给应付账款部门。

要求：

a. 绘制前面描述的程序的系统流程图

b. 识别系统中的任何控制问题

c. 在这个系统中可能发生哪些类型的欺诈

会计职员

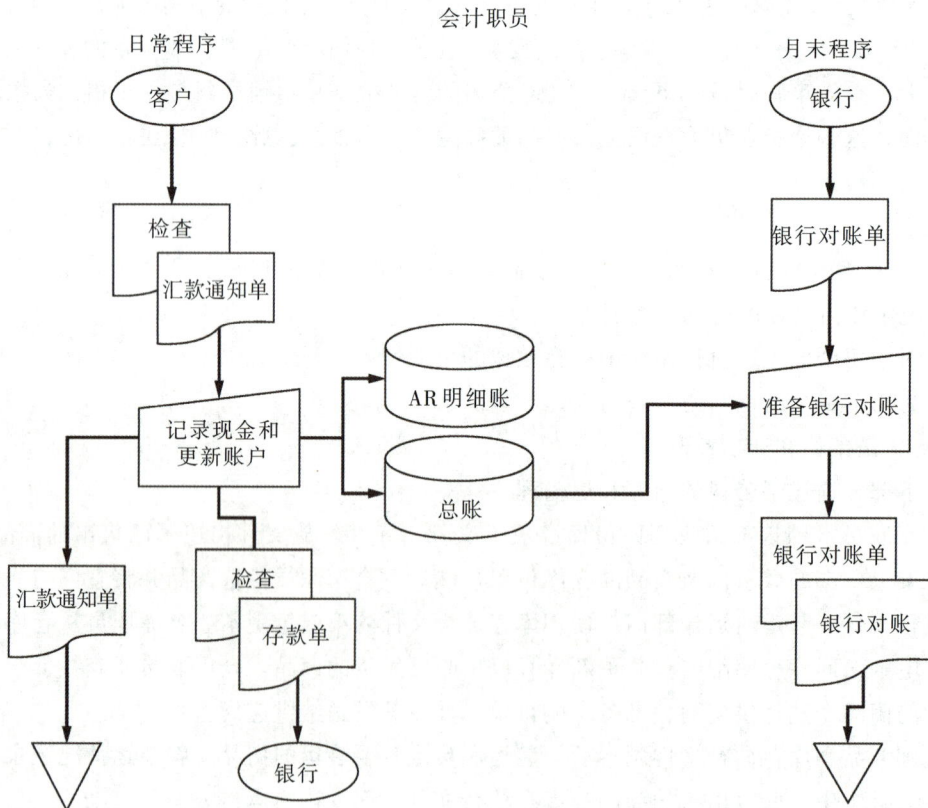

图 P.1　问题 14

16. 工资控制的评估

一家建筑公司的工头负责管理由许多非熟练工人组成的施工队伍。他们的任务包括搅拌水泥、挖地基和装车。工作很辛苦，工人流失率很高，经常不告而别。在整个工作周内，工人将他们的出勤情况记录在单独的考勤卡上，由工头批准并在周末提交给工资部门。根据考勤卡，工资部门准备薪水并将其发送给工头，然后工头将支票分发给他的工人。

要求：

a. 编制此处描述的程序的系统流程图

b. 识别系统中的任何控制问题

c. 在这个系统中可能发生哪些类型的欺诈

17. 控制评估

近 20 年来，Mary Jane Smith 一直是 Brier 公司备受好评的员工。她对公司的忠诚反映在她作为普通会计职员的奉献精神上，她已经近 12 年没有休假了。由于她的敬业精神和长期任职，她承担了许多相关职责，这使得 Brier 公司能够通过自然减员减少劳动力，控制工资支出，提高效率和竞争力。以下描述了 Mary Jane 的职责。

Mary Jane 收到来自销售部门的赊销订单副本。根据这些文件，她从她的办公室计算机访问 AR 明细分类账并记录应收款。然后她在销售日记账中记录销售并将交易过到总账。客户支付的应收账款的现金收据直接送到她的办公室。她在 GL 现金和 AR 账户中记录现金收入，并更新 AR 明细账。然后，她为这些支票背书"仅供存款"，并在每天下班前将它们存入银行。

a. 识别上述程序中的所有控制问题

b. 在这个系统中可能发生哪些类型的欺诈

c. 需要哪些控制措施来降低欺诈风险

18. 输入验证

描述以下用于工资系统中数据输入的编辑类型。

a. 员工姓名   f. 家属人数

b. 员工编号   g. 成本中心

c. 社会保险号   h. 正常工作时间

d. 每小时费率或工资   i. 加班时间

e. 婚姻状况

19. 应用程序控制

应用程序控制分为：（1）输入控制；（2）处理控制；（3）输出控制。

要求：对列出的三个控制类别中的每一个，提供两个特定的控制并解释每个控制如何有助于确保数据的可靠性，使用以下格式：

控制类别	具体控制	对数据可靠性的贡献

20. 输入控制销售订单系统

一家老式汽车零部件和配件公司需要设计一个新的销售订单处理系统，来处理电话和电子邮件订单。该公司目前有一个网页，客户可以在该网页上浏览商品目录，但不能直接在线订购。大部分订单是通过电话下达的，其余的是通过电子邮件下达的。所有销售均通过信用卡或支票进行支付。收到电话订单后，需要将其输入系统。但是，可以在一天结束时对电子邮件订单进行批处理并提交输入数据的信息。系统将针对每个订单收集以下信息：

- 客户编号（如果是新客户，需要分配一个）
- 客户姓名
- 地址
- 付款方式（信用卡或支票）
- 信用卡号和到期日
- 订购的商品和数量
- 单价

要求：描述确保订单准确输入系统所需的输入控制应用程序。此外，讨论批处理和实时处理之间控制措施的任何差异。

第二部分　交易循环和业务流程

第 4 章

收入循环

学习目标

学习本章后，你应该：

- 不论采用何种技术，了解在收入循环中执行的基本任务。
- 能够识别涉及收入循环活动的职能部门，并追踪整个组织的收入交易流向。
- 能够详述提供审计跟踪、促进重要历史记录的维护、支持内部决策制定和支持财务报告的文件、日记账和账户。
- 理解与收入循环相关的风险，并识别降低这些风险的控制措施。
- 了解用于自动化和重新设计收入循环的技术对运营和控制的影响。

经济型企业包括营利企业和非营利企业，通过完成其收入循环的业务流程产生收入。在最简单的形式中，收入循环是在买卖双方之间的单一交易中直接将产品或服务换成现金。更复杂的收入循环表现在赊销方面，即从销售交易发生时到收到现金之间可能要经过许多天或数周。这个时滞将收入交易分为两个阶段：（1）实物阶段，涉及资产或服务从卖方转移到买方；（2）财务阶段，涉及卖方收回应收账款。为了处理方便，大多数公司将每个阶段视为单独的交易，因此收入循环实际上由两个主要的子系统组成：（1）销售订单处理子系统；（2）现金收入子系统。

本章由两大部分组成。第一部分从概念上介绍收入循环，概述了关键活动、逻辑任务、信息的来源和使用，以及会计信息在组织内部的流动。第二部分考察实际收入循环系统，而所有的物理系统都是在不同程度上由技术和人类活动组成，本节回顾了位于技术/人类持续活动不同点的系统选项，围绕两大任务展开。任务一是阐述不同技术水平下的系统功能、效率问题和工作流特征；任务二是演示内部控制问题在技术/人类持续活动的不同点下呈现的系统差异性。本章将详细讨论基本技术系统、高级集成系统和销售终端（POS）系统。此外，还介绍了电子数据交换（EDI）和互联网销售系统。

4.1 概念系统

4.1.1 收入循环活动的概述

本节主要是从概念上研究收入循环。以数据流图（DFD）作为指南，我们将通过组成大多数零售、批发和制造企业收入循环的三个程序来跟踪交易活动的顺序，即销售订单程序、销售退货程序和现金收入程序。医院、保险、银行等服务型企业将根据行业使用不同的特定方法。

　　本节所描述的任务可以是人工或计算机执行，因此重点是（概念上）需要做什么，而不是（实际中）如何完成。在流程的各个阶段，我们将检查遇到的特定文档、日记账和分类账，这些文档和文件可能是实体的（打印件）或数字的（计算机生成的）。在下一节中，将研究物理系统案例。

4.1.1.1　销售订单程序

　　销售订单程序包括接收和处理客户订单、填写订单并将产品发送给客户、在适当的时间向客户开具账单，以及正确核算交易等任务。这些任务之间的关系通过图4-1呈现，并在下一节中进行描述。

　　接收订单。销售订单程序从收到**客户订单**开始，订单表明其想要的商品类型和数量。此时，客户订单不是标准格式，可能是实体文档，也可能不是。订单可能通过邮件、电话或拜访客户的现场代表送达。当客户也是实体企业时，订单经常是客户采购订单的副本。采购订单属于支出循环，将在第5章讨论。

　　由于客户订单不是卖方订单处理程序需要的标准格式，因此首要任务便是将其转变成标准格式的**销售订单**，其示例如图4-2所示。

　　销售订单捕集重要信息，如客户姓名、地址、账号和出售商品的名称、编号、产品描述，以及数量和销售单价等重要信息，此时税收、折扣和运费等财务信息可能包括，也可能不包括。销售订单生成后，会将其副本放在客户采购订单文档里，以备将来参考。填写订单并将产品交付给客户的任务可能需要几天甚至几周的时间。在此期间，客户可能会联系其供应商，以检查其订单状态。每次订单状态（如信用审批、延期交货和发货）发生变化时，客户订单文件都会被更新。因此，客户订单文件能够使客服及时、准确地回答客户的问题。

　　检查信用。在进一步处理订单之前，需要确定客户的信用。销售情况将决定信用检查的性质和程度。例如，新的客户可能要接受一次全面的财务调查以确定其信用额度。然而，一旦设置了信用额度，对后续销售的信用检查可能仅限于确保客户有支付（他或她的）账单的历史，并且当前销售额不超过预先设定的限额。

　　信用审批流程是一种授权控制，应作为独立于销售活动的职能来执行。在本书的概念系统中，接收订单任务是指将**销售订单（信用副本）**发送到检查信用任务，以获得信用审批，然后返回的**已批准的销售订单**通过将销售订单信息同时发布到各种任务来触发销售流程的继续。以下各节中提到的一些文件，如库存放行单、装箱单、装运通知和销售发票，都只是销售行订单的专用副本，不再单独说明。

　　拣货。接收订单活动将**库存放行单**（也称为拣货单）转发到仓库中的拣货功能。本文档确定了必须从仓库货架上定位和挑选的库存商品。它还为仓库人员发放指定商品提供正式授权。拣货后，订单将被验证准确无误，货物连同经过验证的库存放行单一起被发送到发货任务。如果库存水平不足以满足订单，仓库员工会调整**已验证的库存放行单**以反映实际流向客户的商品数量。然后，员工准备一份**延期交货记录**，该记录保留在档案中，直到商品从供应商处到达（图4-1中未显示）。延期交货的商品在处理新的销售交易之前发货。

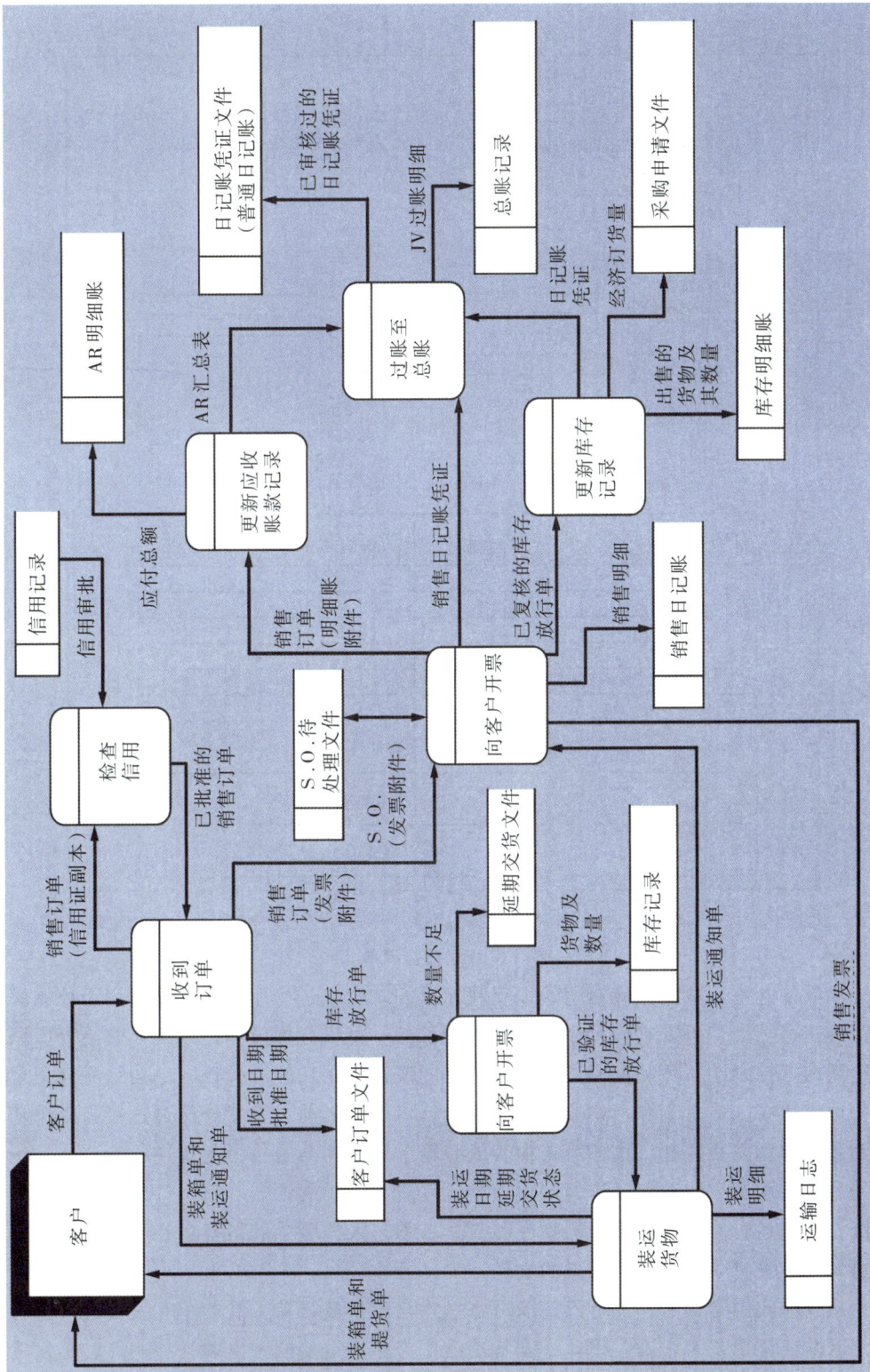

图 4-1 销售订单处理系统的 DFD

赊销发票

MONTEREY PENINSULA CO-OP
527 River Road
Chicago, IL 60612
(312) 555-0407

发票编号 _____

出售给
FIRM NAME _____
ATTENTION OF _____
ADDRESS _____
CITY _____
STATE _____ ZIP _____

发票日期 _____
编制
信用条款 _____

客户采购订单
编号 _____
日期 _____
签字人 _____

装运日期 _____
装运通过 _____
提单编号 _____

订购数量	产品编号	产品描述	装运数量	单价	合计
			销售总额		
			客户账号		
			验证		

图4-2　销售订单

最后，仓库职员调整**库存记录**以反映库存的减少。这些库存记录不是用于控制库存资产的正式会计记录。它们仅用于仓库管理目的。将资产保管和记录工作交给仓库职员将违反内部控制的一项关键原则。稍后讨论的库存控制功能维护正式的会计库存记录。

运送货物。在货物和经过验证的库存放行单到达之前，发货部门通过接收订单功能收到**装箱单**和**发货通知**。描述订单内容的装箱单最终将与货物一起传递给客户。发货通知稍后将转发给开票功能，作为客户订单已完成并发货的证据。该文件传达了相关的新事实，如装运日期、实际装运的物品和数量、承运人的名称和运费。在某些系统中，发货通知是在发货功能中单独准备的文件。

从仓库收到货物后，发货部门职员将货物与库存放行单、装箱单和发货通知进行核对，以验证订单是否正确。因此，发货功能作为一个重要的独立验证控制点，是发货前检测错误的最后机会。装运职员打包货物，附上装箱单，填写装运通知单，并准备**提货单**。提货单，如图4-3所示，是卖方与装运公司（承运人）之间为将货物运送给客户的正式合同。该文件规定了在途资产的合法所有权和责任。货物转移给承运人后，装运职员将**发货**记录在**装运日志**中，将装运通知单和库存放行单转发给账单-客户功能作为装运证明，并更新客户订单文件以反映"已发货"的交易状态。

```
统一记名提单——国内

Monterey Peninsula Co-Op                  文件编号 _____
527 River Road
Chicago, IL 60612
(312) 555-0407                            托运人编号 _____
                                          承运人编号 _____
TO:                                       日期      _____
收货人 _____
Street _____
City/State _____          _____
Zip Code _____          （承运人名称）

路线：                                    │    运输工具
货运 │ 包装样式                           │
批号 │ 货物描述                           │
     │ 特殊标记和例外                     │ 重量 │单价│ 收费
─────┼────────────────────────────────────┼──────┼────┼──────
     │                                    │      │    │
     │                                    │      │    │
     │                                    │      │    │
     │                                    │      │    │
     │                                    │      │    │
     │                                    │      │    │
     │                                    │      │    │
     │                                    │      │    │
─────┴────────────────────────────────────┴──────┴────┴──────
                    费用总额（美元）

托运人特此明确规定，财         如果无追索权：
产的约定或申报价值不得超         承运人不得在未支付运费
过（单位：美元）：              的情况下交付这批货物。
_____ per_____
                               _____
                               （发货人签名）
运费
  勾选                         下面的签名表明，除另有说明
  [ ] 预付                      外，上述货物显然完好无损。
  [ ] 到付                      发货人特此证明其熟悉所有提
  [ ] 托运人付                  单条款并同意这些条款。
托运人 Monterey Peninsula Co-Op 托运人
PER                            PER            DATE

          （本提单由托运人和签发提单
           的承运人、代理人签字）
                收货人
```

图4-3 提单

向客户收费。货物的装运标志着经济事件的完成以及应向客户收费的时间点。装运前开票会导致记录保存不准确和运营效率低下。最初准备客户订单时，可能无法确定某些细节，如库存可用性、价格和运费。例如，在延期交货的情况下，供应商通常不会向

客户收取缺货商品的费用。未发货就开票会导致混乱，损害与客户的关系，并需要额外的工作来调整会计记录。

为了防止此类问题，开票功能在开票之前需等待发货通知。图 4-1 显示在信用审批后，账单-客户功能从接收订单任务接收**销售订单（发票副本）**。此文档放置在收到发货通知之前的**S.O.（销售订单）待处理文件中**，该通知描述了实际运送给客户的商品。到达后，发货的商品与订购的商品进行核对，并将单价、税金和运费添加到销售订单的发票副本中。完成的**销售发票**是客户的账单，它正式描述了向客户收取的费用。此外，开票功能还执行以下记录保存任务：

- 将库存放行文档发送到更新库存记录任务。
- 将销售订单的分类账副本转发到更新应收账款任务。
- 在销售日志中记录销售。

销售日记账是一种特殊的日记账，用于记录已完成的销售交易。销售发票的详细信息在日记账中单独输入。期末，这些分录汇总在销售日记账凭证中，该凭证被发送到总账任务以过账到以下账户：

	借方	贷方
应收账款——控制	××××.××	
销售收入		××××.××

图 4-4说明日记账凭证。每个日记账凭证代表一个普通日记账分录，并指明受影响的总账（GL）账户。交易摘要、调整分录和结算分录均通过此方法输入总账。如果得到适当的批准，日记账凭证是防止未经授权进入总账的有效控制。日记账凭证系统无须正式的普通日记账文件，而是由**日记账凭证文件**代替。

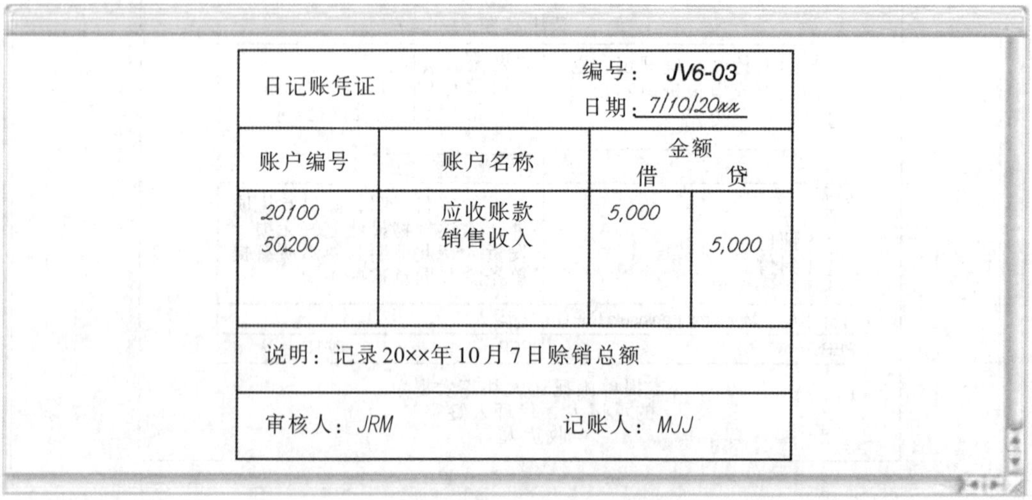

日记账凭证　　编号：JV6-03　　日期：7/10/20××

账户编号	账户名称	金额 借	金额 贷
20100	应收账款	5,000	
50200	销售收入		5,000

说明：记录20××年10月7日赊销总额

审核人：JRM　　记账人：MJJ

图4-4　日记账凭证

更新库存记录。库存控制功能根据库存发放文件中包含的信息更新**库存明细账**科目。在永续盘存系统中，每个库存项目在分类账中都有自己的记录，其中至少包含图 4-5 中描述的数据。每个库存放行文件都会减少一个或多个库存账户的现有数量。当现有数量低于再订购点时，会在采购申请文件中添加一条记录，这将触发再订购流程。总库存减少的财务价值将在日记账凭证中定期汇总，并发送到总账功能以过账到以下账户：

	借方	贷方
销售成本	××××.××	
存货——控制账户		××××.××

永续盘存记录——项目#86329

商品描述	日期	收货数量	出售数量	现有库存数量	再订购点		已订购数量	采购数量#	供应商编号	标准成本	存货总成本
3" Pulley	9/15		50	950	200	1,000	–	–	–	2	1,900
	9/18		300	650							1,300
	9/20		100	550							1,100
	9/27		300	250							500
	10/1		100	150	200	1,000	1,000	87310	851	2	300
	10/7	1,000		1,150			–				2,300

图4-5 存货明细账

更新应收账款记录。应收账款（AR）明细账中的客户记录根据销售订单提供的信息（**分类账副本**）进行更新。

每个客户在 AR 明细账中都有一个账户记录，其中至少包含以下数据：客户名称、客户地址、当前余额、剩余金额、交易日期、发票号码，以及用于支付、退货和补贴的贷方账户。图4-6 展示了一个 AR 明细账记录的示例。定期在发送到总账的报告中汇总各个账户余额。其目的将在下面讨论。

Name: Howard Supply
Address: 121 Maple St.
         Winona, NY 18017

账户编号1435

日期	说明	发票编号	付款（贷）	销售（借）	账户余额	信用额度	可用额度
9/27	3" Pulley (300 Units)	92131		600.00	600.00	1000.00	400.00
10/7			600.00		0.00		1000.00

图4-6 应收账款明细账

过账到总账。在交易处理期结束时，总账功能已收到来自开票和库存控制任务的日记账凭证以及来自 AR 功能的账户汇总。该信息集有两个目的。总账使用日记账凭证过账到以下控制账户：

	借方	贷方
应收账款——控制账户	××××.××	
销售成本	××××.××	
库存控制		×××.××
销售收入		××××.××

首先，因为总账账户用于编制财务报表，所以它们只包含汇总数字（没有支持性细节），并且只需要汇总过账信息。其次，该信息支持重要的独立验证控制功能。应收账款功能独立提供的应收账款汇总，用于从开票角度来验证日记账凭证的准确性。应收账款汇总数字应等于交易期间日记账凭证中反映的应收账款借方总额。通过核对这些数字，总账功能可以检测出许多类型的错误。我们将在后面处理收入循环控制的部分更全面地研究这一点。

4.1.1.2 销售退回程序

企业可以预期其销售商品的一定百分比将被退货。出现这种情况的原因有很多，其中一些原因如下：

- 公司向客户运送了错误的商品。
- 货物有缺陷。
- 产品在运输过程中损坏。
- 买方拒绝收货，因为卖方发货太晚或运输延误。

当需要退货时，买方会要求退还不需要的产品，这涉及冲销销售订单程序中先前的交易。使用图4-7中的DFD，现在让我们回顾一下批准和处理退货的过程。

准备退货单。 当货物被退回时，接收部门的员工会清点、检查并准备一张描述货物的**退货单**。货物连同退货单副本一起送去仓库以重新存储。然后，员工将退货单的第二份副本发送给销售部门以准备贷项通知单。

准备贷项通知单。 收到退货单后，销售人员准备**贷项通知单**。该文件对客户而言是获得退回商品信用的授权。请注意，图4-8中所示的贷项通知单在外观上类似于销售订单。某些系统实际上可能使用标记为贷项通知单的销售订单副本。

在需要特定授权的情况下（如果退货金额超额或退货的情况需要销售员工的一般权限批准），贷项通知单将提交给信用经理审批。但是，如果员工有足够的一般权限来批准退货，贷项通知单将直接发送到开票功能，在此客户销售交易会被冲销。

批准贷项通知单。 信用经理评估退货的情况并作出授予（或不批准）信用的判断。然后经理将**已批准的贷项通知单**返给销售部门。

更新销售日记账。 收到批准的贷项通知单后，交易会在销售日记账中作为对销分录予以记录，然后将贷记通知单转发到库存控制功能进行过账。期末，汇总日记账凭证中的销售退回，并发送到总账部门。

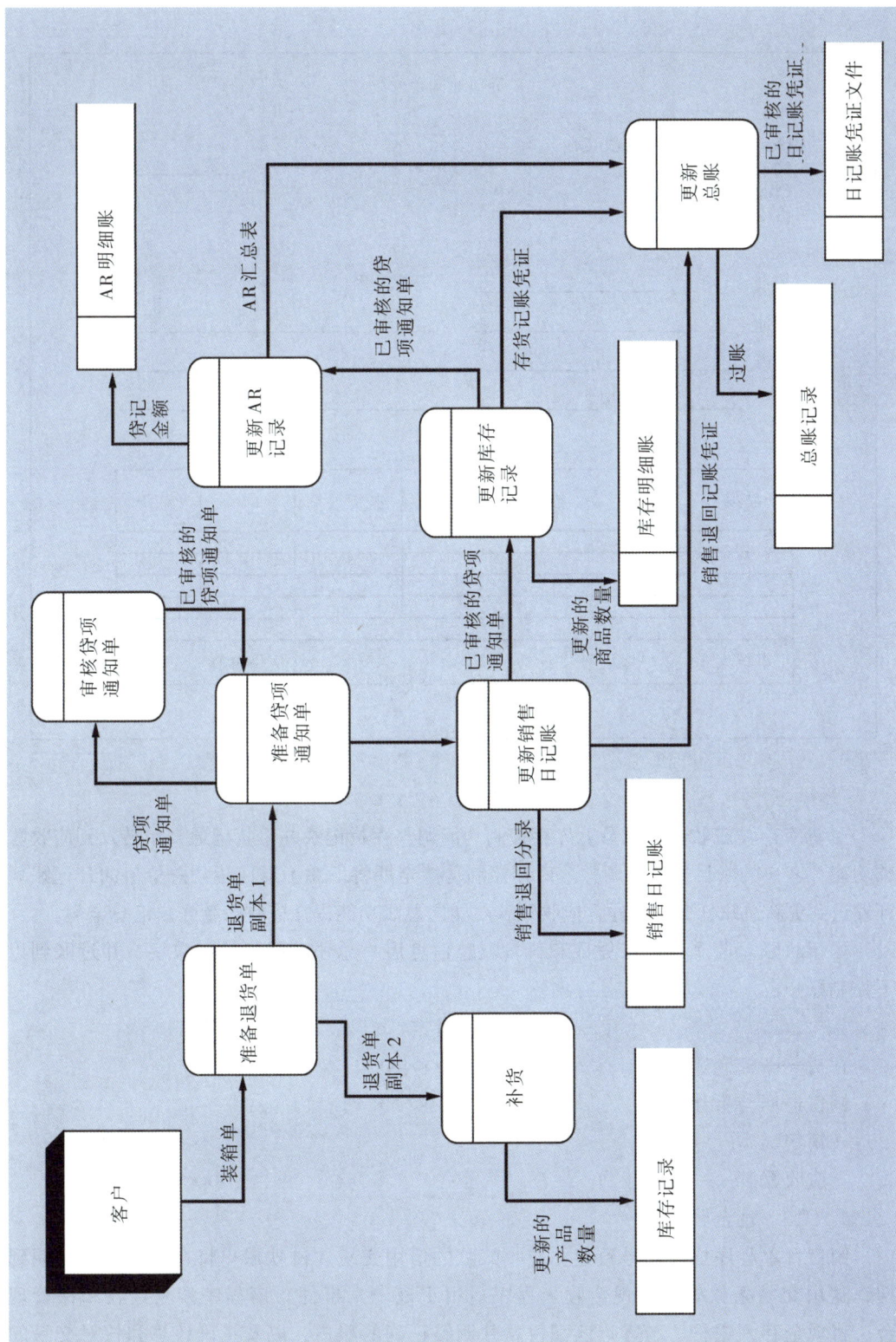

图4-7 销售退回程序的DFD

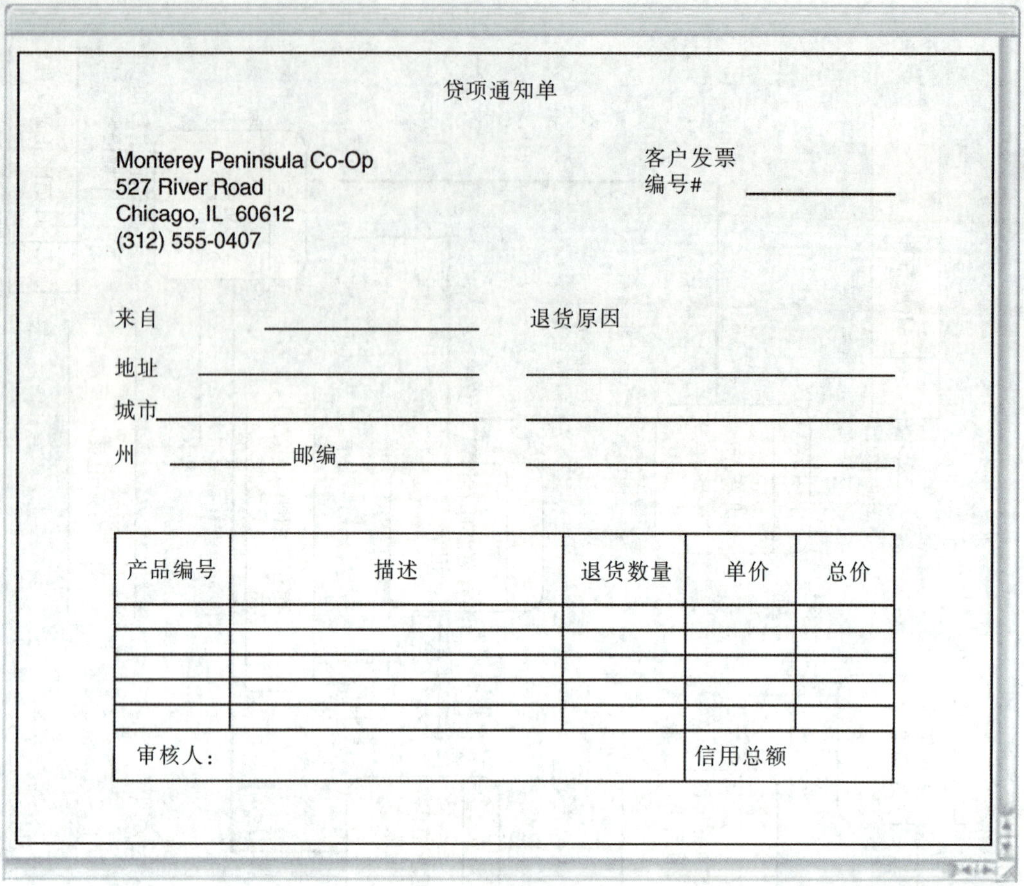

贷项通知单

Monterey Peninsula Co-Op
527 River Road
Chicago, IL 60612
(312) 555-0407

客户发票编号# ______

来自 ______　退货原因

地址 ______

城市 ______

州 ______ 邮编 ______

产品编号	描述	退货数量	单价	总价
审核人：			信用总额	

图4-8 贷项通知单

更新库存和应收账款记录。库存控制功能调整存货记录并将贷记通知单转发到应收账款功能，客户的账目也随之调整。库存控制功能定期将汇总了退回货物总价值的日记账凭证发送到更新总账任务。同样，应收账款功能向总账功能提交应收账款账户汇总金额。

更新总账。收到日记账凭证和科目汇总信息后，总账功能将核对数字，并过账到以下控制账户：

	借方	贷方
存货——控制账户	×××.××	
销售退回与折让	××××.××	
销售成本		×××.××
应收账款——控制账户		××××.××

4.1.1.3 现金收入程序

销售订单程序描述了导致建立应收账款的信用交易。付款账户将在未来某个日期到期，这由交易条款确定。现金收入程序适用于该未来事件。该程序涉及接收和保管现金、将现金存入银行、与客户匹配付款并调整正确的账户，以及正确核算和核对交易的财务细节。图4-9中的DFD显示了这些任务之间的关系。下一节将详细介绍它们。

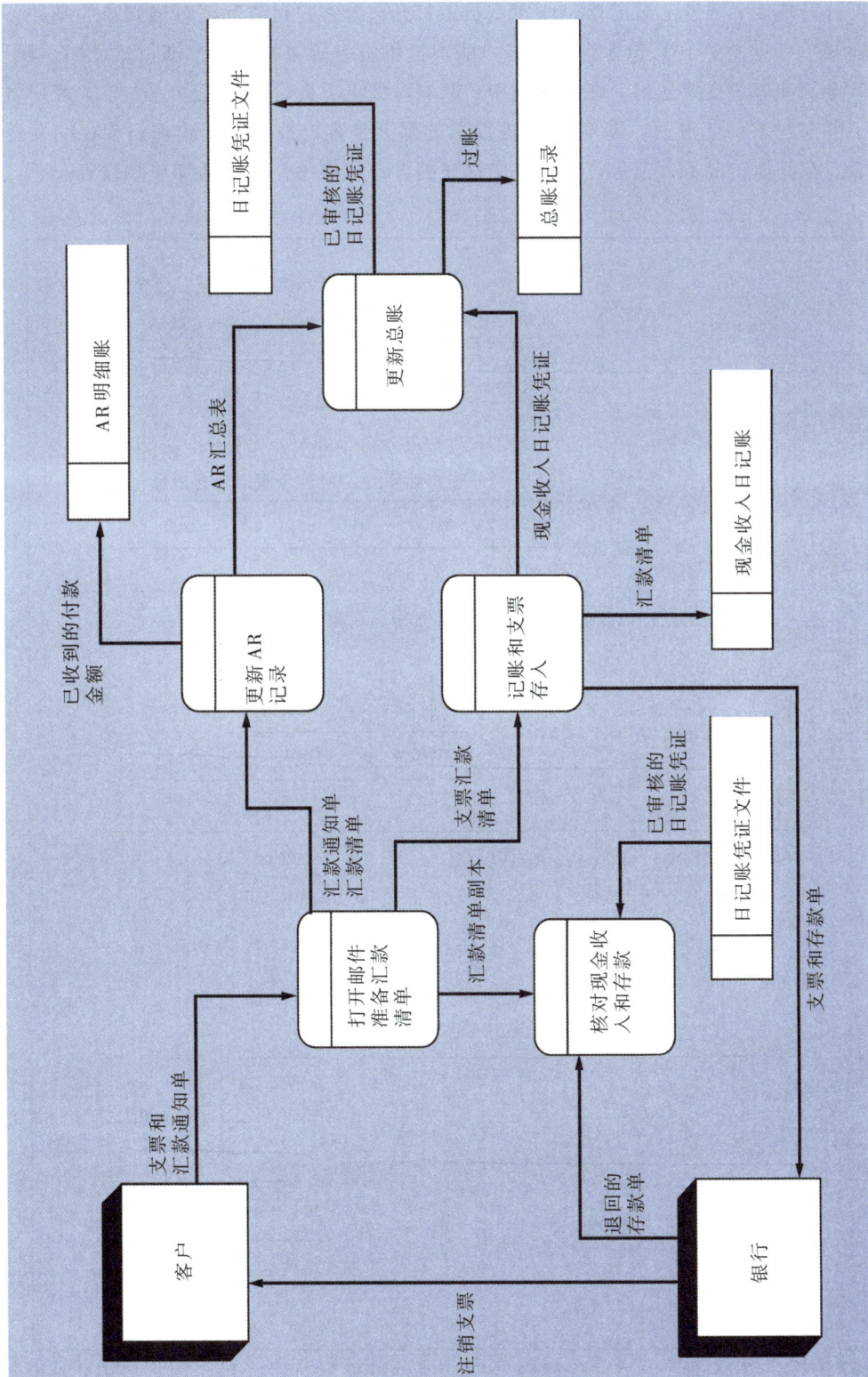

图4-9　现金收入程序DFD

打开邮件并准备汇款清单。收发室员工打开包含客户付款和**汇款通知单**的邮件。汇款通知单（见图4-10）包含为个人客户账户提供服务所需的信息，即付款日期、账号、付款金额和客户支票号码。在此示例中，只有虚线上方的部分是汇款通知单，客户将其取下并与付款一起退回。图4-10中虚线下的部分是客户报表，开票部门会定期发送该报表。在其他情况下，销售订单程序中描述的客户发票用作汇款通知单和报表。

发送：　　　　　MONTEREY PENINSULA CO-OP　　　　页码：1
　　　　　　　　527 River Road
　　　　　　　　Chicago, IL 60612
　　　　　　　　(312) 555-0407

汇款通知：

日期	客户编号	付款金额	支票号
10/4/xx	811901	125.00	2002

- -

请退回付款的上半部分，谢谢

致：　John Smith
　　　R.D. #2, Box 312
　　　Prunedale, CA 09278–5704

到期日	客户编号	到期金额
10/10/xx	811901	125.00

日期	发票编号	描述	到期金额
9/28/xx	6112115	清洁用品	125.00

感谢您让 Monterey Peninsula 有机会为您服务

上次结余	300.00
付款	300.00
销售	125.00
滞纳金	—
税	—
本次结余	125.00

图4-10　汇款通知单

如第2章所述，汇款通知单是周转文件的一种形式。它的重要性对于每天处理大量现金收入的公司来说最为突出。例如，处理来自John Smith的没有详细支持信息的支票不但耗时，而且可能通过搜索数千条记录才能找到真正的付款人John Smith，所花费的成本也高。当客户提供必要的账号和过账信息时，此任务将大大简化。但是，由于可能出现抄写错误和遗漏情况，卖方并不依赖客户直接在支票上提供的信息。使用汇款通知单可以避免错误并大大提高操作效率。

收发室人员将支票和汇款通知单送交给行政人员，行政人员在支票上背书"仅限存款"，并将每张汇款通知单上的金额与相应的支票进行核对，然后将每张支票记录在**汇款清单**（或现金预清单）上，其中记录了所有收到的现金。在本例中，行政人员准备了一式三份的汇款清单。原件与支票一起发送到记录和存款审核功能，第二份与汇款通知一起发送到更新应收账款功能，第三份发送到对账任务。

记录和存款审核。负责现金收入的职员根据预清单验证支票的准确性和完整性。任何可能在收发室和此功能之间丢失或错误发送的支票都因此被识别。在将预清单和支票核对后，职员将支票记录在**现金收入日记账**中。所有现金收入交易，包括销售、杂项现金收入和账户收到的现金，都记录在现金收入日记账中。图4-11以每种交易类型举例说明了这一点。请注意，从客户那里收到的每张支票都单列一行。

日期	账户	过账标记	支票#	现金#101（借）	销售折扣#430（借）	应收账款#102	销售收入#401贷	杂项账户借（贷）
9/3	Capital Stock	301	2150	14,000				14,000
9/5	Ogment Supply	✓	6712	2,970	30	3,000		
9/9	Marvin Co.		3491	1,000			1,000	

图4-11 现金收入日记账

接下来，该职员准备一张银行**存款单**，显示当天收入的金额，并将其与支票一起转发给银行。存入资金后，银行柜员验证存款单并将其退回公司进行对账。在一天结束时，负责现金收入的职员汇总日记账分录，并将带有以下分录的日记账凭证发送到总账功能。

	借方	贷方
现金	××××.××	
应收账款——控制账户		××××.××

更新应收账款记录。在过账到应收账款明细账的客户账户时要用到汇款通知单，定

期汇总账户余额的变化并将其转发到总账功能。

更新总账。收到日记账凭证和日记账汇总单后，总账功能将对数字（金额）进行核对，过账到现金和应收账款控制账户，并归档日记账凭证。

核对现金收入和存款。**财务总监**办公室的职员（或未参与现金收入程序的员工）定期通过比较以下文件来核对现金收入：（1）预清单的副本；（2）从银行收到的存款单；（3）相关的日记账凭证。

4.2 物理系统

物理会计信息系统是计算机技术和人类活动的结合，这种技术/人的组合创建了一系列备选项。它存在两种极端情况，一种是极少使用信息技术、严重依赖手动程序的系统，另一种是用自动化流程取代手工操作的先进技术系统。一般来说，小企业倾向于较少地依赖技术，而更多地依赖于手动程序，而大公司倾向于采用先进技术。特定系统中采用的技术/人员组合的性质直接影响控制系统所需的内部控制的性质。

本节的目标是：（1）说明不同技术水平下的 AIS 功能和工作流模式；（2）演示内部控制文件如何随着技术/人员组合的变化而变化。为了实现该目标，我们回顾了技术连续体中不同点的系统示例。示例 1 是基本技术系统，它使用独立的个人电脑，其功能主要是记录和保存；示例 2 是先进技术系统，它通过一台中央计算机集成了所有业务功能。接下来我们回顾了百货商店和超市中常用的**销售点（POS）系统**的主要特点。最后，我们研究了电子数据交换（EDI）和互联网作为重新设计收入循环的替代技术。本章的附录介绍了销售退货系统的示例以及与旧系统相关的批处理技术示例，这些系统虽然很少见，但仍在运行。

4.2.1 基本技术收入循环

本节介绍基本技术收入循环系统的示例。这些系统中使用的计算机是独立的（非联网的）个人电脑。因此，部门之间的信息流通过打印文件进行交流。另外，在该系统中维护源文档的物理文件对于审计跟踪来说极其重要。当我们浏览各种流程图时，注意到在较多的部门中，当个人完成其被指定的任务后，文件就会被归档为其已执行任务的证据。

4.2.1.1 基本技术销售订单处理系统

图 4-12 中的系统流程图列示了基本技术销售订单系统的流程、文档和数据文件。以下部分概述了该系统中的关键活动。

销售部门

销售流程始于客户通过电话、邮件、电子邮件、传真或亲自上门等方式联系销售部门，销售部门职员手动记录销售订单的基本细节。这个多联（multipart）文件稍后会触发许多任务，但目前，它被归档，同时将其一份副本发送给信贷部门以供审批。

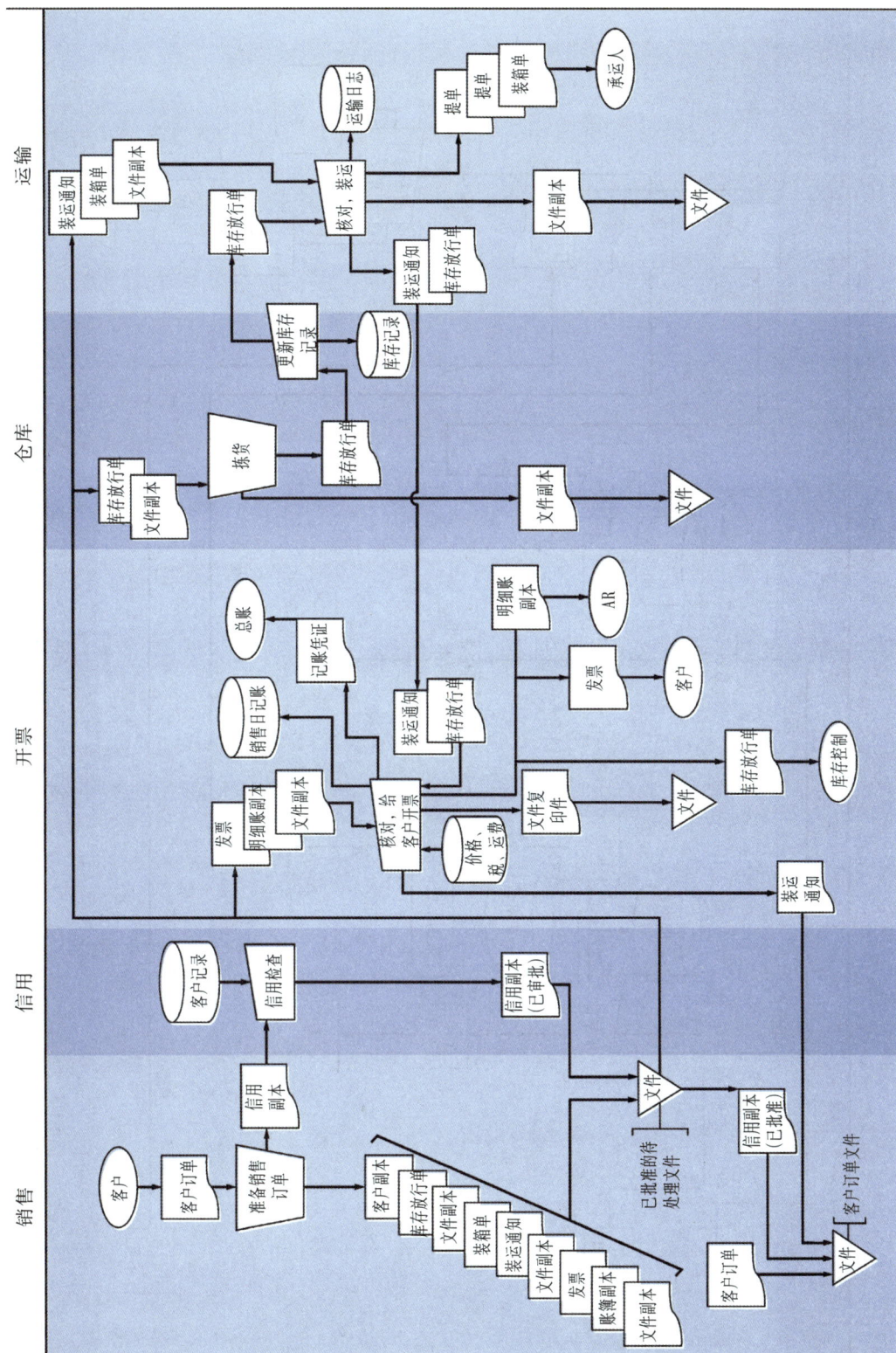

图4-12　基本技术：销售订单处理系统

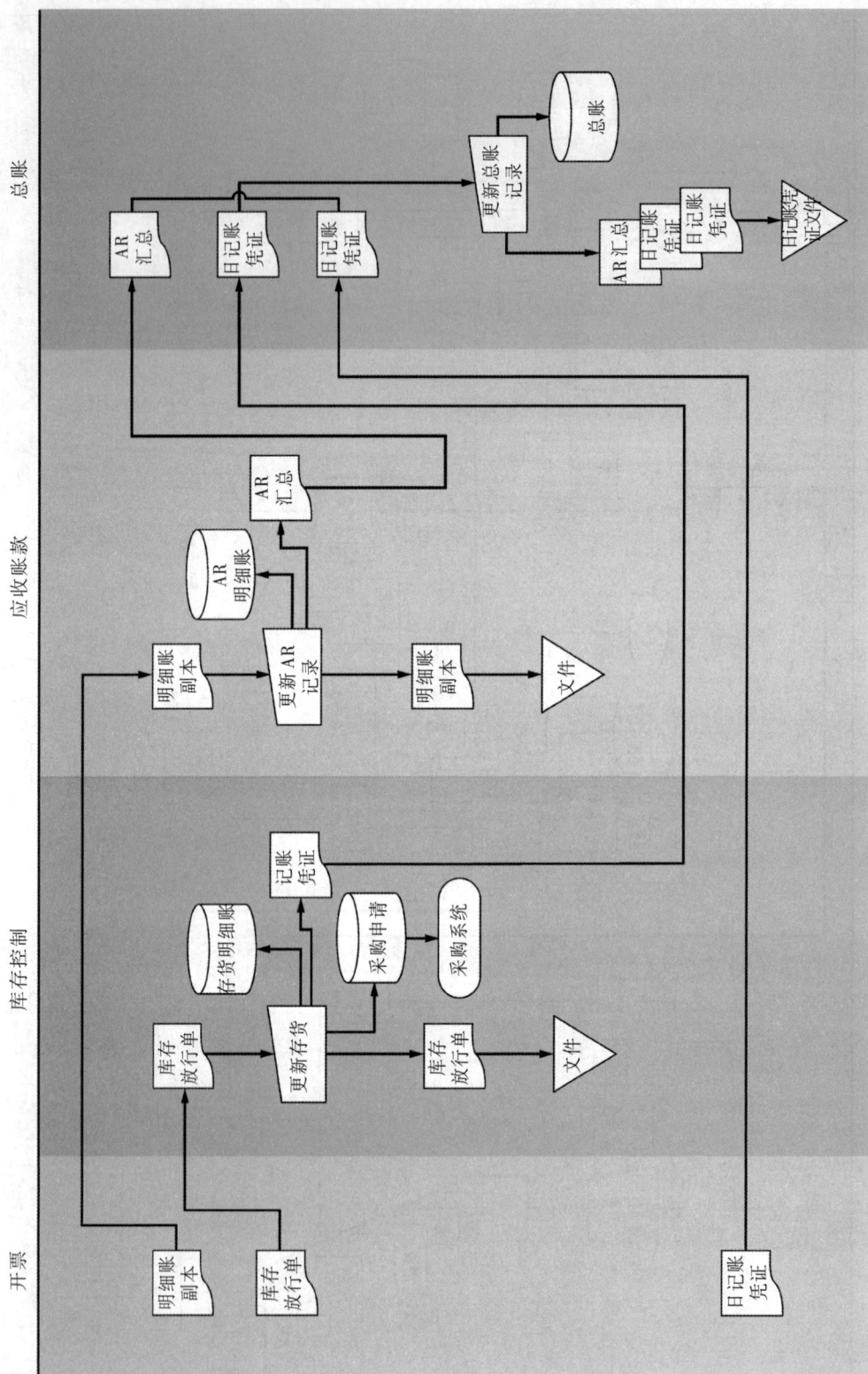

图4-12 基本技术：销售订单处理系统（续）

信用部门批准

为了使信用授权程序独立，信用部门在组织上和物理上与销售部门分开。信用部门员工通过使用部门计算机查看客户记录文件中的客户信用记录来验证客户的信用度。或者，对于新客户，员工可以在线访问信用局。当信用被批准时，销售部门的员工从待处理的文件中提取销售订单的各种副本，并将它们下达给开票、仓库和运输部门，然后将客户订单和信用审批放入客户订单文件中。

仓库程序

下一步是运送商品。仓库职员收到销售订单的库存放行副本并使用它来定位库存，然后将库存项目（所购货物）和库存放行单（出库单）发送到运输部门。最后，仓库职员使用部门个人电脑在库存记录文件中记录库存减少。

运输部门

装运职员将从仓库收到的产品与之前收到的销售订单的装运通知单副本进行核对。如前所述，这种核对是一个重要的控制节点，用于确保公司向客户发送正确的产品和数量。确定订单正确后，将准备提货单，把产品包装好并通过常用的承运人运送给客户。然后，装运职员使用部门的个人电脑将交易记录在运输日志中，并将发货通知和库存放行文件发送到计费部门（开票部门）。

开票部门

发货通知提供产品已发货的证明，并且是启动开票流程的触发文件。在收到发货通知和库存放行单后，开票人员使用部门的个人电脑编制交易的相关事实（产品价格、手续费、运费、税金和折扣条款），并向客户开具账单。然后，开票员将交易记录到销售日记账文件中，并将销售订单的库存放行单和分类账副本分别发给库存控制人员和 AR 部门。发货通知被发送到销售部门后，要在客户订单文件中归档，以反映订单的发货状态。销售部门人员定期打印出反映销售总额的机打日记账凭证，并将其发送到总账部门。

应收账款、存货控制和总账部门

收到开票部门的文件后，AR 和库存控制人员更新他们各自的明细账。图 4-13 显示了与用于更新它们的销售订单文档相关的应收账款明细文件和库存明细文件的文件结构。AR 和库存控制人员通过将销售订单中的主要关键数据输入他们的计算机系统来搜索他们各自的文件以查找正确的记录。AR 人员输入客户编号，库存控制人员输入库存编号。系统搜索文件并检索匹配的记录。AR 人员通过将销售订单金额数据输入系统来更新 AR 记录中的当前余额字段。同样，库存控制人员基于销售订单上的数量信息来更新现有数量字段。

随着每个库存项目的更新，库存控制人员的系统会自动检查现有数量是否低于再订购点。如果是这种情况，则下单采购并将库存记录标记为"已订购"，以防止在采购流程更新库存之前再次订购该库存。可以通过多种方式设置这种标志。在本例中，经济订购量（EOQ）设置在订购标志字段中。接下来，将一条记录添加到采购申请文件中，这将触发采购程序（在第 5 章中介绍）。AR 和库存控制人员要定期准备纸质日记账凭证和账户汇总，并将其发送到总账部门进行对账并过账到总账账户。

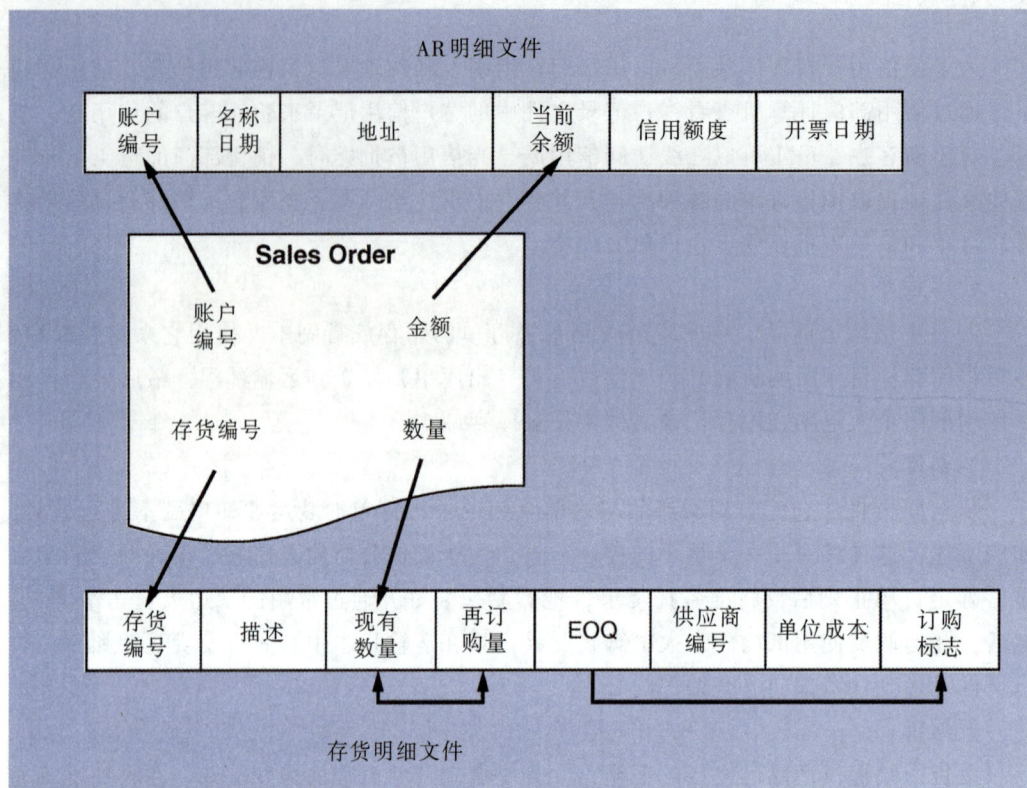

图4-13 AR和存货明细文件的结构

4.2.1.2 基本技术现金收入系统

图4-14是一个系统流程图，描述了从收发室开始的现金收入程序。

收发室

客户付款和汇款通知单到达收发室，收发室人员打开信封，核对支票和汇款单，为支票背书，将汇款通知单和支票分批归集，并准备汇款清单。接下来，该人员将支票和汇款清单的副本发送给现金收款部门的出纳。汇款通知单和汇款清单副本将发送至应收账款部门。出纳将支票记录在现金收入日记账中，并立即将支票连同两份存款单副本送给银行。出纳定期准备日记账凭证并将其发送到总账部门。

应收账款

应收账款部门使用汇款通知单来减记与已支付金额一致的客户账户余额。应收账款人员准备账户余额变化汇总表，将其发送至总账部门。

总账部门

收到现金收入和应收账款的日记账凭证和账户汇总表后，负责总账的人员对信息进行核对并过账到控制账户。

财务部门

由于现金是一种流动资产，容易被挪用，财务部门工作人员定期通过比较银行存款单、账户汇总表和日记账凭证来进行银行对账。

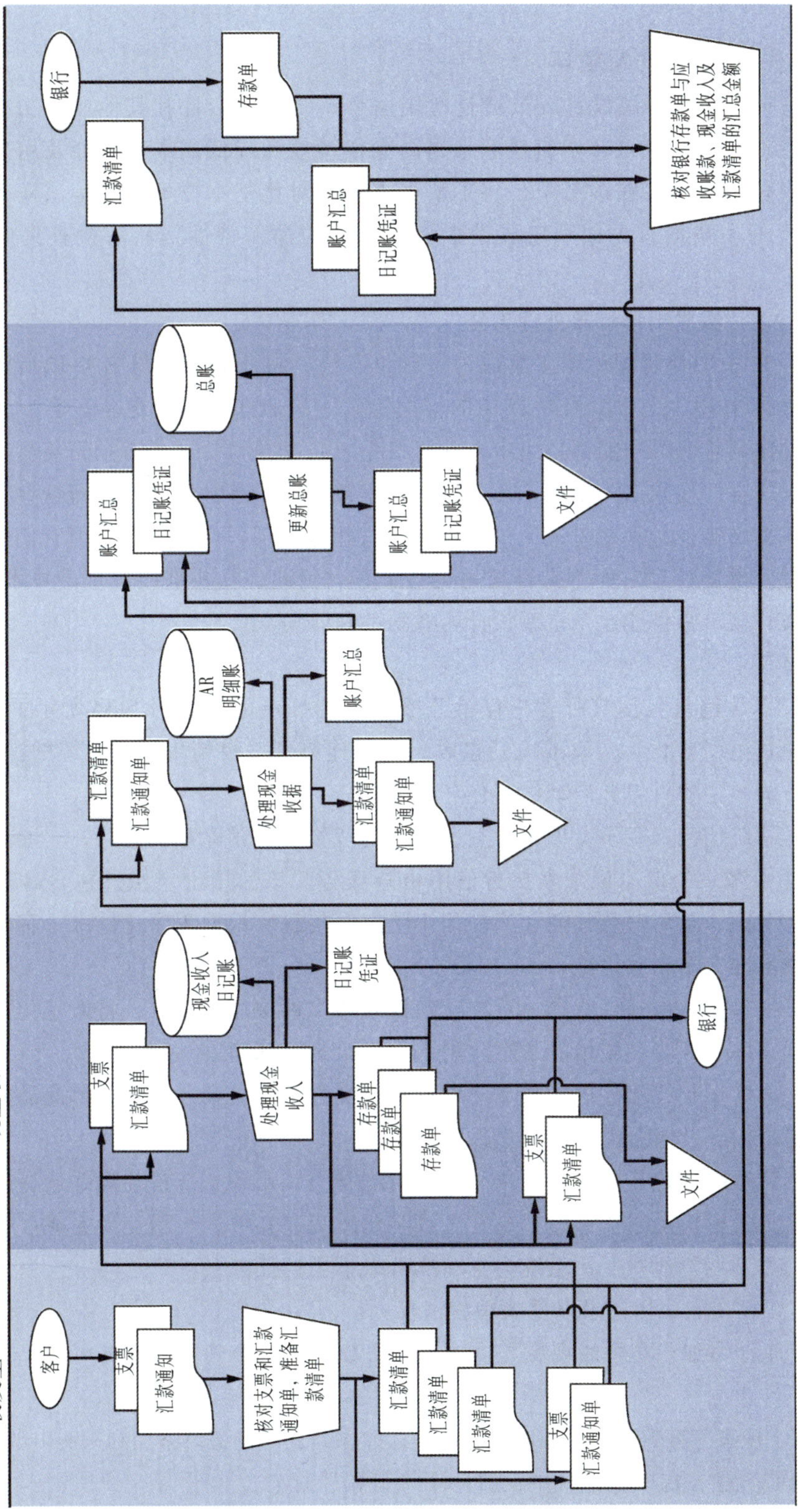

图4-14　基本技术：现金收入系统

4.2.2 先进技术收入循环

先进技术允许系统设计人员通过通用信息系统集成会计和其他业务功能。集成的目标是通过识别和消除非增值任务来提高操作绩效和降低成本，这涉及用非常不同的程序替换传统程序。在本节中，将了解先进技术对比基本技术，它是怎样改变和简化收入循环的。我们首先回顾集成销售订单系统的操作特性，然后检查集成现金收入系统。

4.2.2.1 集成销售订单处理系统

图4-15中的流程图说明了集成销售订单系统。将此流程图与图4-12所示的基本技术系统进行比较。注意，图4-15中的信用检查、应收账款账户更新、客户开票、库存更新和过账到总账等功能都是由中央计算机系统自动执行。这些劳动密集型活动大大增加了操作成本并导致人为错误。在先进的技术系统中，计算机程序执行这些任务，成本低且不容易出错。尽管在先进的技术环境中这些传统部门仍然存在，但它们的职责集中在对异常问题的处理，而不是日常的文书工作。因此，这些部门比基础技术部门更小，效率更高。接下来描述这个重新设计的系统的每个阶段。

销售程序

该流程从销售人员接收客户订单开始，这些订单可能是图4-15所示的机打文件，也可能通过电子邮件、传真或电话接收。使用连接到中央销售订单系统的计算机终端，销售人员输入销售订单并启动以下任务：

（1）系统访问库存子文件并检查所请求的货物的可用库存。然后，它通过查看信用记录文件中客户的信用记录来执行信用检查任务。该信用记录文件包含客户的信用额度、当前余额、最后付款日期和当前信用状态等信息。根据程序化标准，客户的信贷请求要么被批准，要么被拒绝。

（2）如果信贷申请被批准，系统在销售发票文件中添加记录，将数字化库存放行文件传输到仓库，并将装箱单的数字化副本发送给运输部门。

（3）仓库职员终端立即将数字化库存放行文件打印出来，然后分拣商品并将它们发送到运输部门，并附上库存放行文件的副本。

（4）装运部门执行其常规任务，即核对货物与装箱单、准备装运并选择承运人。货物发出后，运输部门职员通过系统发送数字化发货通知单，表示交易完成。

（5）收到发货通知后，系统会自动执行以下会计任务：

• 更新客户的信用记录以反映销售情况。

• 将库存明细记录中的现有数量减去已售数量，以准确提供现有可用于销售的存货数量。

• 确定现有库存数量是否低于再订购点，如果是，则将记录添加到采购申请文件中。

• 如前所述，在库存记录中设置一个"订购"标志。

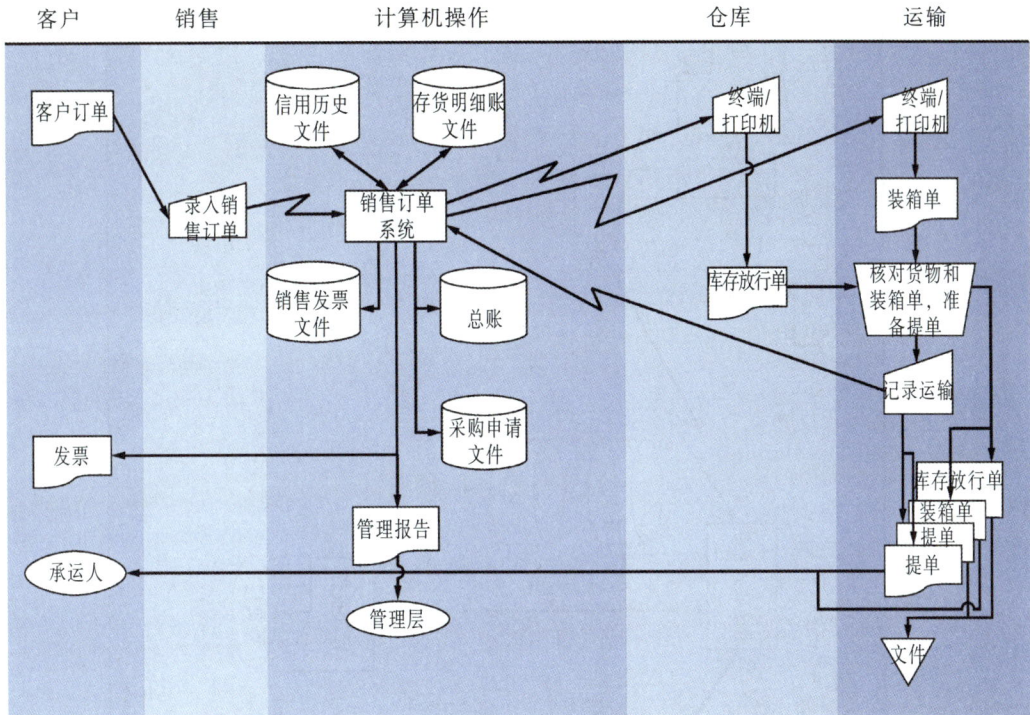

图4-15 集成销售订单系统

• 在销售发票记录中插入发货日期以指示订单状态。许多从事企业对企业（B2B）交易的公司使用销售发票文件代替传统的销售日记账和应收账款明细账。销售发票文件中的发货票提供了该期间总销售额的时间顺序记录（相当于销售日记账），任何时间点未支付的发货票将形成企业的应收账款。

• 更新总账账户。在本例中，总账账户是实时更新的。但是，考虑到企业的交易量，此活动可能按批量模式执行。回想一下第2章，总账记录的批量更新是为了在大量交易处理的系统中实现操作效率。

• 最后，系统生成并分发各种管理报表，如销售汇总报告、库存状态报告和总账变更报告。

4.2.2.2 集成现金收入系统

图 4-16 展示了一个集成现金收入系统。与图 4-14 所示的基本技术系统相比，我们再次看到使用自动化系统替代手工操作。

此处介绍的系统和接下来进一步介绍的讨论存在这样的一个假设，即客户通过邮寄支票的方式来付款。客户若采用电子资金转账方式来付款，则要采用第12章中描述的程序。

收发室

收发室职员打开装有支票和汇款通知单的信封，并为这些支票背书，然后核对支票和汇款通知单，并准备一份汇款清单。支票、汇款通知单和汇款清单副本将被发送到现金收入部门。

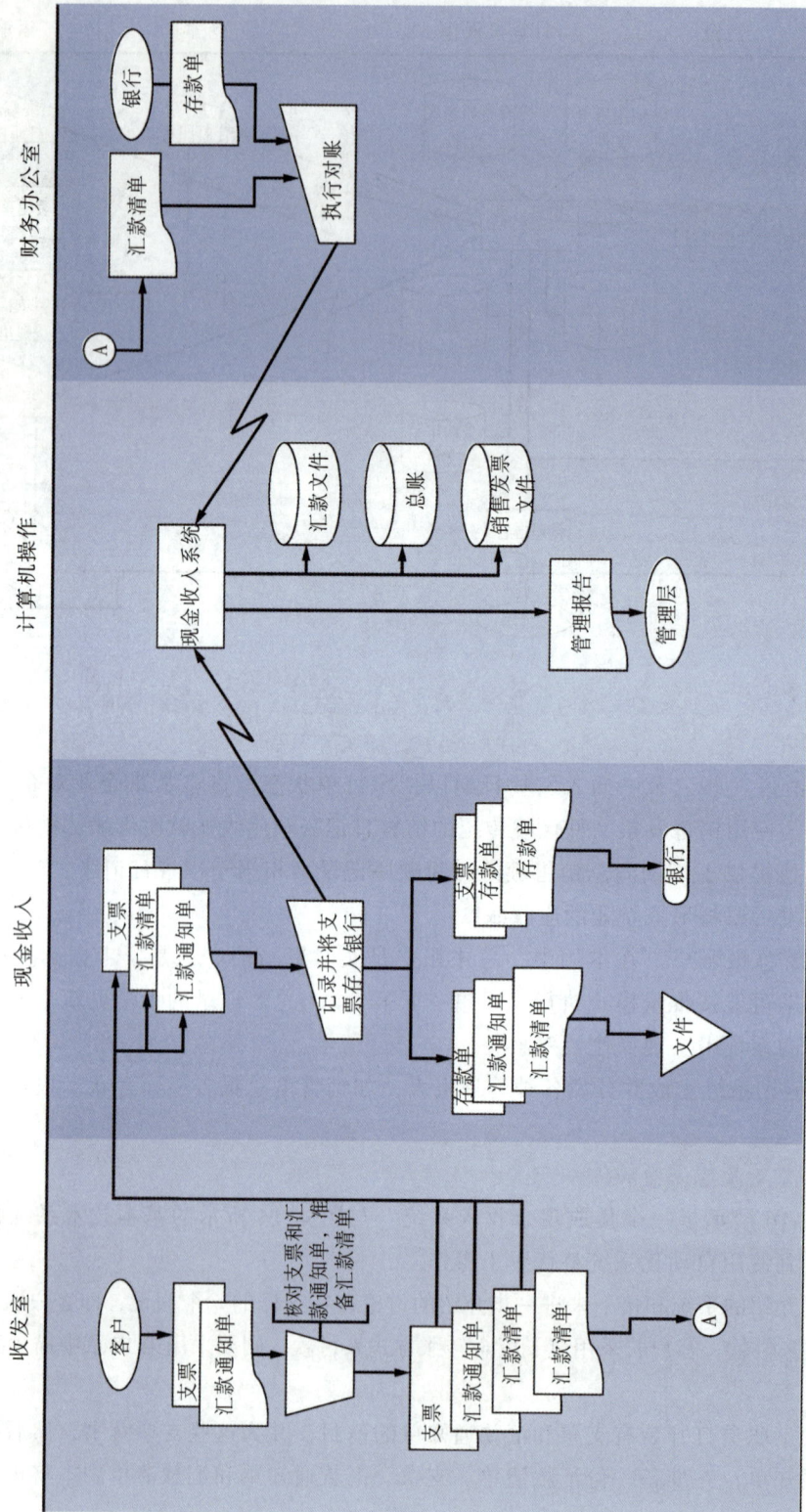

图4-16　集成现金收入系统

现金收入部门

现金收款职员将支票和汇款通知单与汇款清单核对并准备存款单，通过终端访问现金收入系统并在汇款文件（现金收据日记账）中为收到的每笔汇款通知单创建记录，并且将汇款清单、汇款通知单和存款单副本予以存档。当一天结束时，安保组员工会将支票存入银行。

自动化数据处理程序

完成现金收入数据录入后，系统会自动执行以下任务：

- 通过将客户支票编号和付款日期录入发票记录中，关闭客户支票涉及的销售发票。
- 过账到总账账户。
- 编制和分发各种管理报告，包括交易清单、差异报告和总账变更报告。

4.2.6.4 财务部门

最后，财务部门的职员定期对汇款清单、银行存款单、现金日记账和现金总账进行核对。

4.2.3 收入循环存在的风险和内部控制

内部控制的一个目标是降低错误和欺诈风险。与收入循环交易相关的主要风险如下所示：

- 向信誉不佳的客户销售
- 发错货或者发货数量不对
- 日记账和总账中交易的记录不准确
- 挪用现金收入和存货
- 未经授权访问系统察看会计记录和机密报告

第3章将内部控制活动界定为两类：物理控制和信息技术（IT）控制。物理控制旨在控制人的行为，具体包括六种内部控制活动：交易授权、职责分离、监督、会计记录、访问控制和独立验证。IT控制包括一般控制和应用控制。一般控制并非特定的交易循环或子系统所独有的，因此它不适合直接用于控制收入循环风险。计算机应用控制包括输入控制、处理控制和输出控制。下面的讨论主要考察物理控制和信息技术控制降低收入循环风险的效果，这两类控制既适用于基础技术系统，也适用于先进技术系统。表4-1进行了该内容的概述。

表4-1 收入循环风险和控制概要

风险	物理控制	IT控制
向信誉不佳的客户销售	交易授权——信用风险 职责分离——分离信用和销售功能	自动信用检查
发错货物/数量不对	独立验证——运输部门核对装运情况和订单	扫描仪技术 自动存货订购
记录不准确	交易授权——汇款清单 会计记录——审计跟踪文件、日记账、账簿和文档 独立验证——装运、开票和总账	编辑输入的数据 自动过账 文件备份

续表

风险	物理控制	IT控制
挪用资产	交易授权——汇款清单 监督——收发室 访问控制——仓库保安、每日存放现金、夜间存款箱、保险箱上锁 职责分离——现金收入、总账、AR功能、仓库和存货记录	多级安全，实现职责分离
未经授权访问数据	访问控制——原始文件、日记账、明细账 职责分离——明细账、总账和资产保管	密码控制 多级安全，防止未经授权的访问

4.2.3.1 向信誉不佳的客户销售的风险

向未经适当审查的客户进行赊销可能会导致过多的坏账损失。这种风险在销售人员按佣金获得报酬的企业中更为明显。基于个人销售业绩定薪的销售人员与企业之间潜在的目标冲突应当予以考虑。在这种情况下，销售人员有动力将销量最大化，因此可能不会充分考虑潜在客户的信誉。

4.2.3.1.1 物理控制

交易授权。交易授权的目的是确保只有有效的交易能够得到处理。销售功能中的授权处理是对客户的信用检查。这项任务是信用部门的一项职能，负责确保企业信贷政策得到正确运用。确定客户的信用是此职能的主要关注点。在作出这种判断时，信用部门可能会采用各种技术和测试。信用程序的复杂性取决于企业本身、企业与客户的关系以及交易的重要性。新客户的信用审批可能需要时间，以及咨询外部信用机构。相比之下，对于现有客户及信用审批，仅确保当前交易不超过客户信用额度的信用决策，可能会很快得到处理。无论公司政策认为有必要进行何种级别的测试，在信用获得批准之前，对销售交易不允许做进一步处理。

职责分离。如第3章所述，职责分离的目标是*将交易授权与交易处理分开*。

为了确保信用授权过程的独立性，信用职能应在组织上和实际操作中都与销售职能分开，从而有助于确保客观地执行审查潜在客户的任务，以及确保信用职能在检测风险交易和禁止不良、不负责任的销售决策方面不受限制。

4.2.3.1.2 信息技术控制

自动化信用检查。信用检查可以由系统作为程序化过程控制来自动执行，即由系统而非人，根据信用记录文件中的客户信用记录来决定授予或拒绝信用。如果信用被拒绝，销售人员不能强制交易继续进行。然而，为了在特殊情况下实现操作灵活性，系统通常会提供一个只能由主管执行的管理否决选项。任何此类否决都应完整记录在信用记录文件和管理报告中。

4.2.3.2 发错货物或者发货数量不对的风险

向客户发错货物或者发货数量不对可能会导致客户关系受损、销售退货过多、未来销售损失和会计错误。该风险可能是由于从仓库中拣选货物时出现了人为错误或者由于缺货等原因而导致的。

4.2.3.2.1 物理控制

独立验证。发货功能验证从仓库发出的货物类型和数量是否正确。在将货物发送给客户之前，需要核对库存放行文件和装箱单。

4.2.3.2.2 信息技术控制

扫描仪技术。仓库和运输部门的产品代码扫描仪将降低在拣选和运输产品时出现人为错误的风险。当仓库和/或发货职员扫描时，系统将验证所选项目与销售订单上的项目是否匹配。

自动库存订购。当更新库存记录以反映销售时，计算机逻辑会进行检查以确定库存的减少是否会导致剩余库存数量低于库存再订购点。在这种情况下，企业需要重新订购货物以避免缺货。系统逻辑创建采购申请记录，将其添加到采购申请文件中。然而，一旦货物被订购，则要采取控制措施以确保在从供应商处收到订购单上的货物之前不会再次订购该商品。完成该任务的一种方法是通过在库存记录的"按订单"（on-order）字段中输入一个值（例如，订购的项目数量）来"标记"该货物项目在"订购中"。当低库存的货物未被订购时，此字段的值为零。下面的伪代码说明了计算机逻辑应该如何测试和控制低库存情况：

*If Quantity-on-Hand < Reorder Point **AND** On-Order field = zero*

Then create a purchase requisition record and place the quantity ordered in the inventory

On-Order field

Else Do Nothing

在此逻辑下，第一次检测到低库存情况时，On-Order 字段为零，则创建采购申请，然后计算机程序将一个非零数量值写入 On-Order 字段中。随着库存项目继续销售，系统将继续测试其是否为低库存，并将在每次后续销售中确定现有数量是否低于再订购点。但是，由于 On-Order 字段包含一个非零值，不满足上述伪代码中的"AND"（并且）条件，因此不会创建额外的采购申请。在第 5 章中，我们看到当从供应商处收到存货并更新库存记录时，On-Order 重置为零。

如果没有此标志控件或其变体，则每次检测到低库存情况时都会创建采购申请，这可能会给企业带来重大的财务损失，因为它无意中订购了大量不需要的存货。

4.2.3.3 日记账和总账中交易的记录不准确的风险

不准确的记录可能有多种情形。以下概述了一些常见的收入循环中错误的记录，但并非详尽清单：

- 客户的销售额计算不正确。
- 销售记录在错误的期间。
- 对客户未收到的商品开具发票。
- 客户现金收入不准确地过账到账户或者是过账到错误的客户账户。
- 销售、应收账款、现金收入和库存水平的汇总被错误地过账到各自的总账账户。

4.2.3.3.1　物理控制

交易授权。汇款清单或现金预清单提供了一种验证客户支票和汇款通知单的金额是否匹配并代表有效交易的方法。当文件记录在汇款清单中时，应注意支票和汇款通知单之间的差异。

会计记录。第2章描述了公司的源文档、日记账和分类账如何形成审计线索，从而使独立审计师能够通过各个处理阶段跟踪交易。这种控制也是健全的会计系统的一个重要操作特征。

有时交易会在系统中丢失。通过跟踪审计线索，管理层可以发现哪儿出错了。以下几种特定的控制技术有助于审计跟踪。

预先编号的文件。预先编号的文件（销售订单、发货通知、汇款通知单等）由打印机按顺序编号打印，并且每笔交易的标签是唯一的，这使得会计系统可以在数千个实践中隔离和跟踪单个事件。如果没有唯一的标签，一笔交易看起来很像另一笔交易。如果是没有预先编号的源文档，验证财务数据和追踪交易将是困难的，甚至是不可能的。

特种日记账。通过将类似的交易进行组合后记入到特种日记账中，系统可以提供整个类别事件的简明记录。为此，收入循环系统使用销售日记账和现金收入日记账。

明细账。有两个明细账用来反映收入循环中发生的交易事件详细信息：存货明细账和应收账款明细账。产品销售一方面减少了存货明细记录中的现有库存数量，另一方面增加了应收账款明细记录中的客户余额。现金收入会减少应收账款明细账记录中的客户余额。这些明细账记录为回溯到日记账分录和反映事件的源文档提供了链接。

总账。总账控制账户是编制财务报表的基础。收入循环交易影响以下总账：销售、库存、销售成本、应收账款和现金。将日记账和明细账中所反映的业务活动予以汇总而形成的日记账凭证过账到总账后，这些总账账户将会被更新。因此，通过总账、明细账和特种日记账，我们将拥有从财务报表到源文档之间完整的审计线索。

文件。收入循环使用了几个临时的和永久的文件，有助于开展审计跟踪。具体如下：

- 客户订单文件显示了客户订单的状态。
- 发货日志说明了在此期间发货的订单。
- 客户记录文件提供了客户信用数据。
- 延期交货文件包含了缺货项目的客户订单。
- 日记账凭证文件是过账到总账的所有日记账凭证的汇编。

独立验证。独立验证的目的是验证流程中由其他功能执行的任务的准确性和完整性。为了有效，独立验证必须在流程的关键点进行，以便快速发现并纠正错误。收入循环中的独立验证控制有以下几点：

（1）运输部门根据装箱单核对即将运输的货物，以确保客户收到的商品种类及其数量无误。

（2）开票功能将原始销售订单与发货通知进行核对，以确保客户仅按发货数量付款，并且仅在货物发出后，在正确的期间内将销售额记录在销售日记账中。

（3）在过账到控制账户之前，总账功能对日记账凭证与在不同功能领域独立编制的汇总报告进行核对。开票功能汇总销售日记账，库存控制总账汇总库存明细账的变化，现金收入功能汇总现金收入日记账，应收账款账户汇总应收账款明细账。

这些不同来源提供的数字之间的差异说明存在错误，且该错误在过账到总账之前需要解决。例如，总账功能将检查出那些已在销售日记账中录入但未过账到应收账款明细账中的客户账户的销售交易。来自开票功能的日记账凭证汇总出来的总赊销额却不等于过账到应收账款明细账中总的增加额。此时虽然无法确定导致不相等情况出现的具体客户账户，但错误会被记录下来。找到该错误会涉及前面提到的跟踪交易。

4.2.3.3.2 信息技术控制

数据输入编辑控件。交易处理系统设计中的一个基本假设是主文件——如库存、应收账款和总账——是"干净的"且没有错误的。相比之下，交易数据被认为是"脏"的，并且包含各种错误，如账号的数字颠倒、所售货物的无效零件编号和文书错误。如果在被处理之前未检测到，这些错误将损坏系统的主文件。在系统中设置如下的数据输入编辑控件，则可最大限度地降低数据输入错误风险：

（1）检查缺失数据、数字-字母数据和有效数据值将降低应收账款、库存控制、开票和现金收款等部门的员工未发现数据输入错误的风险。

（2）在对客户销售和现金收入交易进行过账时，校验数字编辑控件对访问错误的账户将实施控制。长的客户账号在数据输入过程中容易出现转录和转置错误。校验数字控制降低了基础的和先进的技术系统中发生此类错误的风险。

自动过账到明细账和总账。记录、保存功能在基本技术系统里由会计人员手工操作完成，但在先进技术系统里则是自动执行。在手动环境中，应收账款、开票和总账这些功能之间的职责分离是一项重要的物理控制，旨在预防或发现人为错误和欺诈。对于先进的技术系统来说，其计算机应用程序不会受到前面第3章所提到的环境压力、机会和道德缺陷等的影响，它可决定哪些账户要更新及更新金额是多少。通过杜绝人为因素参与这些会计活动，则可以降低错误的发生率和防止欺诈。而且，这些活动本身是劳动密集型活动，将其自动化大大提高了企业运营效率。

文件备份。数字会计记录的物理丢失、破坏或损坏是一个严重的问题。为了降低数据丢失的风险，需要设置备份程序。这些技术（在第3章中讨论）是可能不会出现在系统流程图中的幕后活动。会计师应核实这些程序对所有明细账和总账文件都已实际执行。

4.2.3.4 挪用现金收入和存货的风险

现金和存货是收入循环中存在风险的实物资产。在缺乏适当控制的情况下，来自客户付款的现金在被记录之前可能会被"掠夺"或在收到和记录后被"贪污"。仓库中的存货会被盗并出售以换取现金。

4.2.3.4.1 物理控制

交易授权。汇款清单可防止支票和汇款通知单在经过系统时丢失或被盗。将批次与预清单进行核对（支票与汇款预清单）可以检测到应收账款部门存在额外的汇款通知或现金收款部门没有收到客户支票。

监督。在大多数现金收入系统中，收发室是一个风险点。打开邮件的人可以同时接触到现金（资产）和汇款通知单（交易记录）。不诚实的员工可能会利用这个机会窃取支票、兑现并销毁汇款通知单，从而不留下任何交易证据。最终，当客户再次被开票后进行投诉并出示已被兑付的支票以证明其已付款时，这种欺诈行为就会暴露出来。然而，当公司查明这个问题时，犯罪者可能已经多次犯罪并离开了企业。事后侦破收效甚微，预防才是最好的解决办法。监督的威慑作用可以提供有效的预防控制。

此外，一些企业的员工太少，导致无法实现充分的职责分离。它们必须依靠监督作为控制的一种补充形式。通过对执行可能不兼容功能（如现金收入和应收账款更新）的员工实施密切监督是可以弥补这种控制缺陷的。

访问控制。应实施以下物理访问控制，以帮助预防和发现对公司资产的未经授权的访问：

- 设置金库安全设施，如围栏、警报器和警卫。
- 每天将现金存入银行。
- 使用保险箱或夜间存款箱存放现金。
- 将现金收入部门的现金抽屉和保险箱上锁。

职责分离。职责分离可以确保没有单个人或部门能完整地处理交易。回想一下第3章，职责分离的一个目标是将资产保管与记录保存这两项任务分开。为与此目标一致，应实施以下职责分离措施：

（1）保管现金资产的现金收入功能应与在客户记录中记录付款的应收账款功能分开。负责这两项任务的个人可能会实施欺诈，或者会窃取客户的支票并将应收账款注销为坏账。

（2）执行现金收入功能的个人不应访问现金总账。他或她可以从公司中取出现金并调整现金账户以掩盖该行为。

（3）对存货资产进行实物保管的仓库人员不应同时承担更新存货记录的会计任务。将这两项任务合并起来将会导致欺诈和重大错误。一个具有两项任务的人可能会因窃取或丢失库存而调整库存记录以隐藏该事件。

4.2.3.4.2　信息技术控制

多级安全保护。在基本的技术环境中，职责分离是通过分离各职责的员工以及他们所保管的数据来实现的。然而，在集成数据处理环境中，计算机处理和数据这二者高度集中，可通过通用的中央应用程序来访问。在这种环境下，前面描述的职责分离是通过限制个人访问已授权流程和数据的多级安全程序来实现的。下一节将更详细地讨论此技术。

4.2.3.5　未经授权访问会计记录和报告的风险

会计信息面临外部人员和内部员工未经授权访问的风险。访问会计信息的动机包括：

- 企图进行欺诈，如创建虚假销售订单和清除应收账款余额。
- 窃取数据，如窃取竞争对手的客户名单，下载客户信用卡卡号和PIN码，并在网上出售。
- 恶意行为，如破坏和删除财务数据。

4.2.3.5.1 物理控制

访问控制。源文档和会计记录需要受到物理保护。硬盘驱动器里含有会计信息的机打会计记录，部门电脑应被保存在安全区域，并应在已知的基础上限制对它们的访问。

职责分离。第3章规定的职责分离目标指出：企业的组织结构应使欺诈的实施需要两个或多个人之间勾结。遵守这一目标要求将某些记录保存任务予以分开。具体来说，明细账（应收账款和存货）、日记账（销售和现金收入）和总账应分开维护。若负责记录、保存任务的员工与资产保管人相互串通，就可能出现欺诈行为。通过分离这些任务，并不能消除串通的风险，但可以降低风险，因为串通需要更多人的参与。涉及的人数越多，串通被发现的风险就越大，这能够对那些考虑实施欺诈的人产生威慑作用。

4.2.3.5.2 信息技术控制

密码。数字会计记录容易经历未经授权和未被检测到的访问，这可能是欺诈行为、不满员工的破坏性行为、员工的无心之过。同样处于危险之中的还有计算机程序，这些程序可能会作出程序化决策、操纵会计记录并允许访问资产。

为了降低这些风险，组织管理者应执行功能强大的密码控制方案，以防止他人未经授权就访问各部门的计算机文件和程序。应用程序逻辑应该要求并提示用户定期更改密码，并且不允许使用简单易猜的密码。加强密码控制的一种方法是要求密码足够长（六个或八个字符）并由字母和数字字符组成。当我们处理更广泛的系统安全问题时，可参见在第16章详细讨论的密码控制问题。

多级安全保护。**多级安全**保护采用编程技术，允许许多具有不同访问权限的用户同时访问中央系统，也能防止他们获取未经授权的信息。**访问控制列表**（access control list，**ACL**）和**基于角色的访问控制**（role-based access control，**RBAC**）是实现多级安全保护的两种常用方法。ACL方法将特权（例如，执行计算机程序过程和访问数据文件）直接分配给个人。在拥有数千名员工的大型企业中，这可能会成为相当大的管理负担，因为访问需求会随着工作职责的变化而不断变化。RBAC方法涉及创建被称为角色的标准任务（例如，现金收入处理）。每个**角色**都被分配了对特定数据和程序的访问权限，如将记录添加到现金收入日记账的权限。一旦创建了角色，就会将员工分配给它。使用这种技术，员工随着其工作职责的变化可以很容易地被添加或删除角色。被分配了特定角色的员工不得访问该角色未指定的程序过程和数据。ACL和RBAC将在后面的章节中更详细地讨论。

4.2.4 销售点（POS）系统

迄今为止，我们研究过的收入循环系统被向客户提供信用的企业所使用。显然，这种假设并不适用于所有类型的企业。例如，杂货店通常不以这种方式运作，此类企业在销售点完成的交易中直接将商品换成现金。

POS系统，如图4-17所示，广泛用于杂货店、百货商店和其他类型的零售企业。在本例中，企业没有应收账款，所有交易都是以现金、支票或银行信用卡/借记卡来支付的。此外，商品保存在商店的货架上，而不是单独的仓库中，客户亲自挑选他们想购买的商品并将它们带到交易的结账地点。

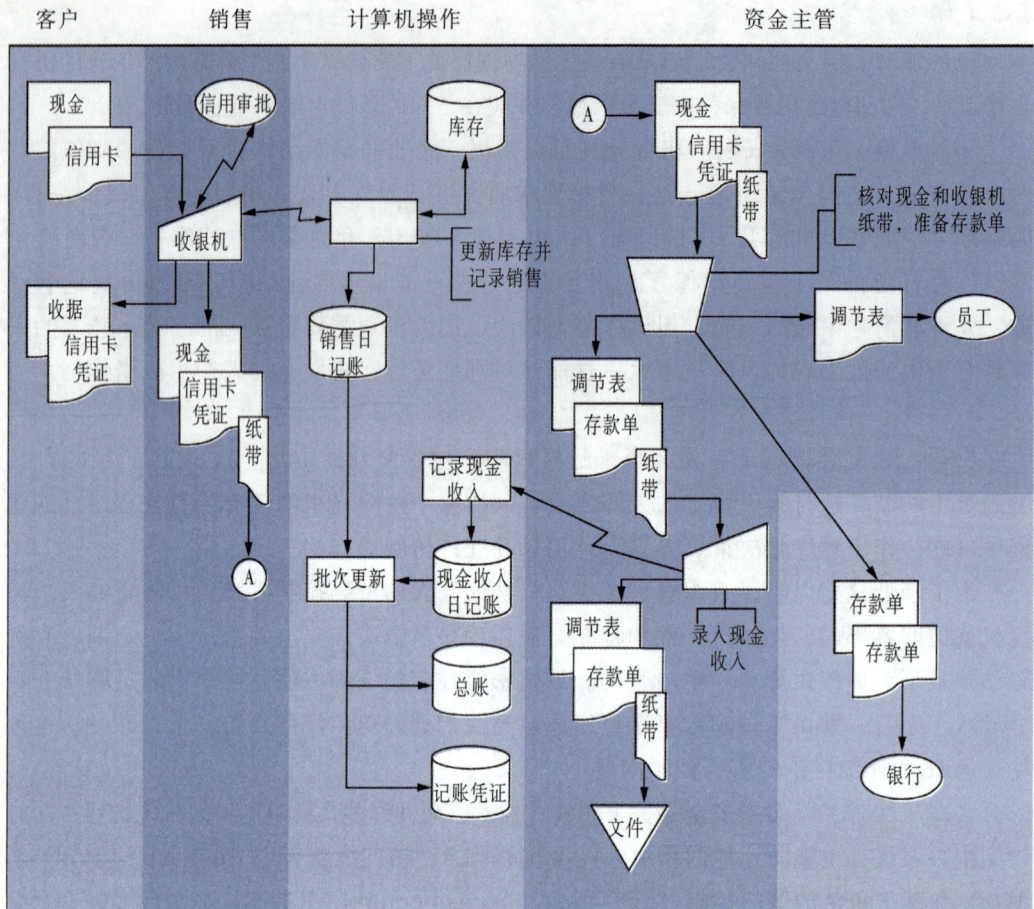

图4-17　POS系统

4.2.4.1　日常程序

首先，收银员使用激光扫描仪扫描所购买商品上的**通用产品代码（UPC）标签**。扫描仪是POS系统中的主要输入设备，可以手持或安装在收银台上，POS系统在线连接到库存文件，从中检索产品价格数据，并将数据显示在收银员的终端上。实时减少现有库存数量以反映已售商品情况。当库存商品数量降至最低水平时，系统会自动下单去订购。

扫描完所有UPC后，系统会自动计算税金、折扣和交易总额。在使用信用卡交易的情况下，售货员通过在线连接从信用卡发卡机构处获得交易批准。当获得批准时，售货员准备一张含有销售金额的信用卡消费凭证，拿给客户签字，然后给顾客一份信用卡消费凭证副本，并在收银机的现金抽屉中也存放一份副本。现金销售方式，是指客户用现金支付货款，收银员将现金放在抽屉里保管。

收银员通过收银机的键盘将交易输入POS系统，销售记录将实时添加到销售日记账中。该记录包含以下关键数据：日期、时间、终端编号、销售总额、现金或信用卡销售、销售商品成本、销售税金和销售折扣。销售也记录在一式两份的纸带上，一份副本作为收据提供给客户，另一份保存在收银机内部的收据抽屉内，收银员无法打开。该内部收据抽屉稍后在收银员轮值结束时关闭。

在收银员轮值结束时，主管解锁收银机并取回内部收据。现金抽屉被拿走，并更换为包含已知数量的启动（浮动）现金的新现金抽屉，供下一位收银员使用。主管和收银员在轮值结束时会将现金抽屉带到现金室（金库），并将抽屉里的东西与内部收据进行核对。现金抽屉里应包含与收据上记录金额相等的现金和信用卡凭证。

通常，由于为客户找零错误，会导致核对结果出现小的差异。企业的政策会规定如何处理现金差异。一些企业要求通过扣减店员工资来弥补所有现金短缺，而其他企业则建立了重要性阈值。在阈值内的现金短缺，不会扣减员工的工资；然而，应审查现金的过度短缺，以采取可能的纪律处分措施。

对现金抽屉核对完毕后，现金收银员要编制现金调节表，将其中一份副本提供给收银员，作为现金汇出的收据。现金收银员从计算机终端访问系统，在现金收入日记账中记录收到的现金和现金短缺/溢余，并归档信用卡凭证，将现金存入保险箱，以便在一天结束时存入银行。

4.2.4.2 日终程序

在一天结束时，现金收银员根据收到的现金总额来编制一式三份的存款单。一份副本归档，另外两份随现金一起送到银行。由于涉及现金，因此经常使用武装警卫将资金护送到银行钱库。最后，批处理程序将汇总销售日记账和现金收入日记账，编制日记账凭证，并按如下方式过账到总账账户：

	借方	贷方
现金	××××.××	
现金溢余/短缺	××.××	
应收账款（信用卡企业）	×××.××	
销售成本	×××.××	
销售额		××××.××
存货		×××.××

上述的会计分录可能因企业而异。一些企业会将信用卡销售视为现金，另一些企业将其记录为应收账款，直到信用卡发卡机构将资金转入它们的账户。

4.2.4.3 销售点控制问题

前面讨论的信息技术控制问题也适用于 POS 交易处理系统，此处不再赘述。然而，POS 环境下有着其独特的风险，且这些风险导致需要额外的物理控制，这将在下面讨论。

授权

在 POS 系统中，授权过程牵涉到验证信用卡费用并确定客户是该卡的有效用户。在收到信用卡机构的在线批准后，收银员应将客户在销售凭证上的签名与信用卡上的签名进行核对。

监督

POS 环境将商品和现金置于风险之中。客户可以直接接触商品，因此入店行窃是管理层非常关注的问题。同样，不诚实的员工也可以从现金抽屉中取出现金。使用监控摄像头和保安进行监督可以降低这些风险。

访问控制

由于POS系统涉及现金交易，因此企业必须限制对现金资产的访问。方法之一是给每个售货员分配一台单独的收银机，用于其整个轮值过程。当售货员离开收银台休息时，应锁上现金抽屉以防止未经授权的访问，这可以通过物理锁和钥匙或密码控制来完成。售货员下班后应取出现金抽屉，并立即将资金存入现金室。当售货员需要共用登记簿时，资产保管责任将在他们之间分摊，那么售货员的责任会有所减轻。

必须保护POS系统中的库存免遭未经授权的访问和盗窃。物理约束和电子设备都可以达到该目的。例如，服装店经常使用钢索将昂贵的皮大衣固定在衣架上，带锁的陈列柜用于展示珠宝和昂贵的电子设备。在商品上附带磁性标签，当其从商店中被拿走时防盗设备会发出警报。

会计记录

除了通常的那些收入循环记录外，收银机内部的纸带也是重要的会计文件。纸带是收银机登记处理的所有销售交易记录。只有商店的主管才能接触到纸带，该纸带在轮值结束时将用来核对现金。

独立验证

当轮值结束的店员将现金抽屉带到资金室时，要将其里面的内容与内部纸带进行核对。现金抽屉里的现金和信用卡凭证二者的合计金额应与纸带上记录的金额相等。

4.2.5 使用 EDI重新设计

通过 EDI开展业务

许多企业已经通过**电子数据交换（EDI）**重新设计了它们的销售订单流程。EDI技术旨在加快制造商和批发商之间以及批发商和零售商之间的日常交易。客户的计算机通过专用网络或互联网方式连接到卖方的计算机。当客户的计算机系统检测到需要订购货物时，它会自动将采购订单（客户订单）发送给卖方。卖方系统收到客户订单后就会自动处理它。该系统很少需要人或者根本不需要人参与。

EDI不只是一种技术。它代表了买卖双方之间的战略性商业安排，在这种安排中双方事先同意了两者之间的关系条款。例如，双方同意销售价格、销售数量、保证交货时间、付款条件和处理纠纷的方法。这些条款在贸易伙伴协议中已有规定，具有法律约束力。一旦协议生效，购买方或销售方的任何个人都不会真正授权或批准特定的EDI交易。交易是完全以自动化方式进行的。

EDI给组织带来了独特的控制问题。例如，要确保在没有明确授权的情况下，只处理有效的交易；贸易伙伴或伪装成贸易伙伴的人会以未经贸易伙伴协议授权的方式访问公司的会计记录。第12章介绍了EDI的主要特征及对业务的影响。EDI控制问题在第16章中讨论。

4.2.6　使用 Internet 进行重新设计

通过互联网开展业务

全世界数以千计的企业在互联网（Internet）上都有主页，以宣传它们的产品和招揽生意。通过访问卖家的主页，潜在客户可以浏览卖家的产品列表、产品线并下订单。通常，互联网销售是一种向卖家发送电子邮件文件的信用卡交易。

在卖家端，员工审核订单，验证信用，并将交易输入卖家系统进行正常处理。由于在处理交易前需要查看电子邮件文件，这使得处理互联网销售交易的周转时间有时比电话订单长。为了加快处理速度，一些企业使用智能代理（软件程序）来自动审查和验证收到的互联网订单。

与 EDI 不同，EDI 仅是贸易伙伴之间的 B2B 安排，互联网销售既是 B2B 交易，也是企业对消费者（B2C）的交易。互联网向成千上万与其没有正式协议的潜在商业伙伴敞开了大门。除了史无前例的商机外，互联网技术还给买卖双方带来了风险。连接到互联网会使企业面临来自电脑黑客、病毒和交易欺诈的威胁。大多数企业都认真对待这些威胁并实施控制措施，包括密码技术、消息加密和防火墙，以最大限度地降低风险。互联网技术和互联网商务是第 12 章的主题。在第 16 章中，我们将研究与这些技术和商业模式相关的风险控制技术。

总结

本章主要由两大部分组成。4.1 节从概念上研究了典型的商品销售企业的收入循环，并侧重于：（1）功能区域和触发关键任务的交易信息流；（2）支持审计跟踪、决策制定和财务报告的文件、日记账和总账。

4.2 节检查了位于技术/人类连续体不同点的实例收入循环系统。本部分的目标是：（1）说明不同技术的系统功能、效率问题和工作流程特征；（2）在技术/人类连续体的不同点展示内部控制问题在系统之间有何不同。本部分回顾了与几种系统配置相关的物理控制和计算机控制，包括基本技术系统、现金集成系统和销售点（POS）系统。本章最后概述了与电子数据交换（EDI）和互联网销售系统相关的主要特征和风险。EDI 和互联网系统将在后面的章节中详细讨论。

附录

A4.1　销售退回系统

大多数组织会基于退货交易的重要性和退货情况针对现金返还和信用条件制定自己的具体规则。因而，退货授权可能涉及信用部门或管理层。第 3 章所讨论到的特殊的和一般的授权概念会影响退货活动。图 4-18 列示了处理销售退回的程序和相关文档。

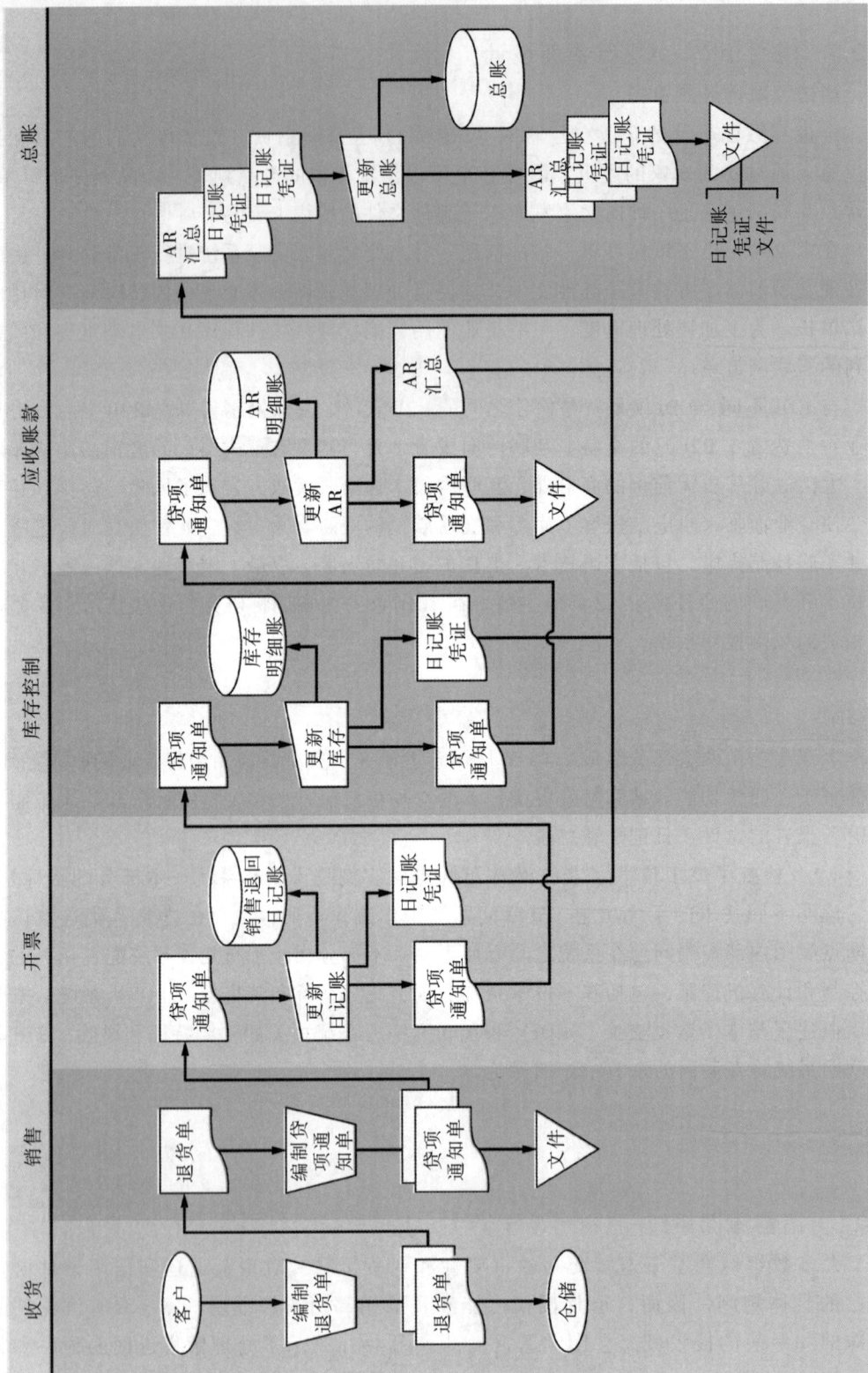

图4-18 基本技术：销售退回系统

A4.1.1 收货部门

销售退货流程始于收货部门，部门职员收到退货时，边清点数量，边检查所退货物的损毁情况，然后将退回的货物送到仓库。收货职员手工填制一张退货单，并将其送给销售部门以进一步处理。

A4.1.2 销售部门

销售部门在收到退货单后，部门职员手工填制一张贷项通知单。根据退货交易的重要性及退货情况，公司政策将决定是否需要信贷部门的审批（图 4-18 中未列示）。

A4.1.3 处理贷项通知单

销售退货系统的目的是冲销原销售交易的影响。开票部门将销售退回记录到销售退回和备抵日记账中（或者，销售日记账中的抵销分录），而且库存控制账户要借记库存商品以反映所收到的退货。应收账款会计要在应收账款明细账中贷记该客户。所有部门都要定期准备日记账凭证和账户汇总的打印件，送给总账部门以便进行对账和过账。

A4.2 传统的会计系统

传统的会计系统通常采用批处理方法。本附录考察了两个批处理技术：（1）使用连续文件进行批处理；（2）通过直接访问文件进行批处理。

A4.2.1 使用连续文件进行批处理

图 4-19 列示了传统销售订单系统，该系统通过计算机对连续文件进行批处理。在销售、信用、仓库和运输部门，需要手动操作该系统。该系统里由计算机操作的部分则是根据业务量和当前的信息需求来执行。这可能是一天结束时的单一任务或者是每天要执行几次的任务。下面介绍了计算机操作的主要内容。

A4.2.1.1 数据输入

该程序从运输部门的发货通知单到达开始。发货通知单是销售订单的副本，包含所发货物的数量信息和承运人信息，发货通知单是按批次处理的，数据录入员将上面的信息转换为数字形式，生成销售订单的交易文件。此交易文件实际上包含许多独立批次的销售订单。批处理控制的总数是通过交易文件中各批次的数据加总而得到的。[1]

A4.2.1.2 编辑运行

批处理系统由一系列运行程序组成。在本例中，编辑程序是第一次运行，通过测试每条记录是否存在文书错误或逻辑错误来验证交易。典型的测试包括现场检查、极限测试、范围测试和价格×数量。[2]任何检测到的错误都会从批处理系统里删除，并复制到单独的错误文件中。后来这些错误由授权人员更正，并重新提交，进入第二天的交易处理流程。编辑程序重新计算批处理控制总计额，以反映由于删除错误记录而导致的变化。经过编辑运行后的文件将传递到流程中的下一运行阶段。

---

[1] 批处理控制是用来管理系统里大量记录的流动，包括各批次的总数量、各批次的总金额，以及非财务字段信息的汇总。详细讨论见第 3 章。
[2] 第 3 章详细讨论了计算机应用控制。

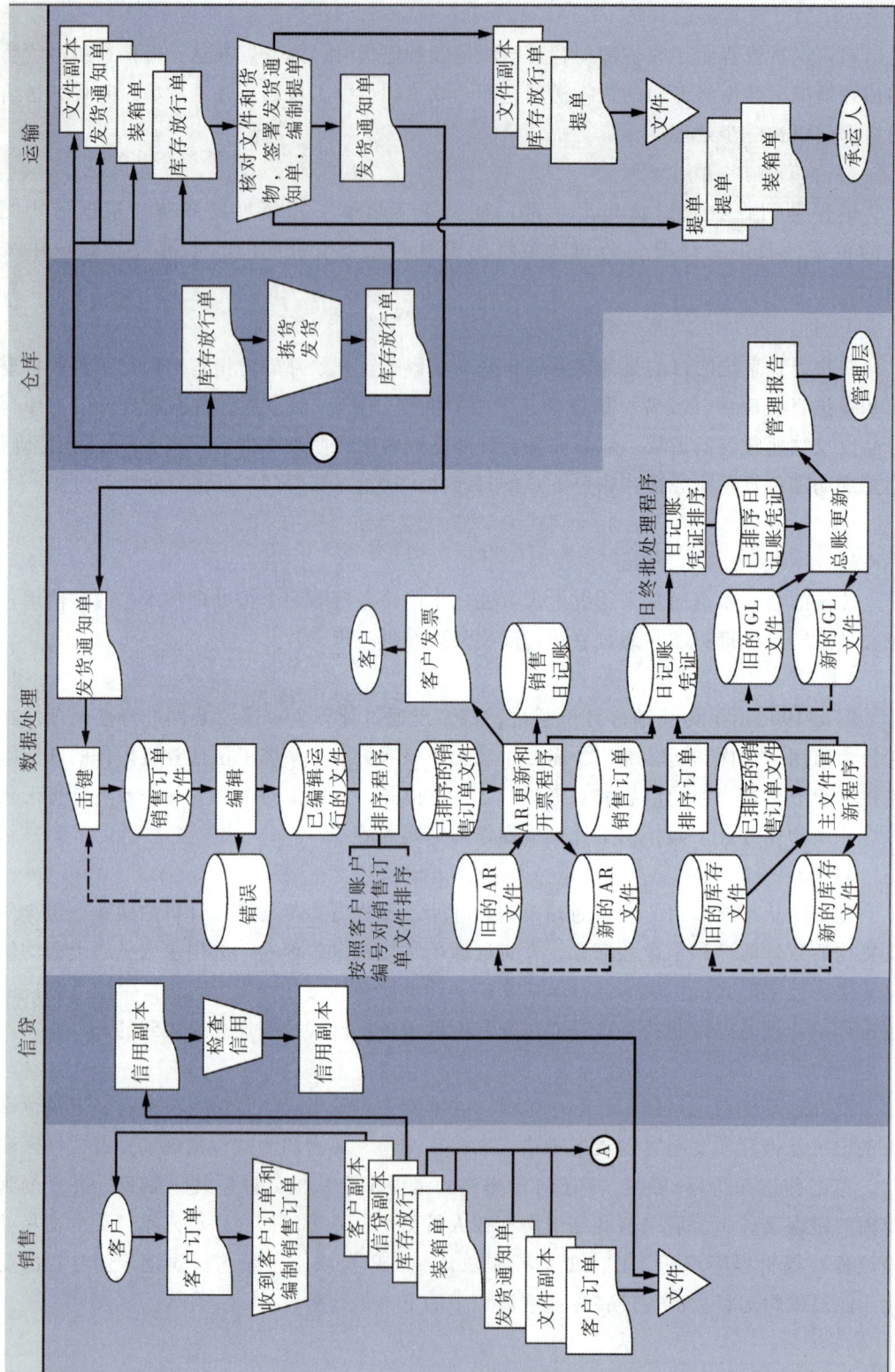

图4-19　使用连续文件进行批处理

A4.2.1.3 排序运行

在此时，销售订单交易文件是无有用信息的序列。回想一下第2章附录中的内容，交易文件必须按照其在更新的主文件中相同的顺序进行排序。在本例中，要更新的第一个主文件是应收账款文件，其关键字段是账户编号（ACCOUNT NUMBER）。因此，该系统中第一个排序运行便是按客户的账户编号重新排列销售订单文件，账户编号是交易文件中的次要关键字段。

A4.2.1.4 AR更新和发票运行

既然交易文件按正确的顺序已排序，那就可以更新应收账款（AR）主文件。图4-20用一些样本记录来说明该过程。AR更新程序将第一个销售订单交易记录中的账户编号关键字段与AR明细账主文件中的相应记录依次进行匹配。然后程序重新计算主文件记录中AR"当前余额（CURRENT BALANCE）"字段的数值，并将其添加到交易记录中的发票金额栏。此重新计算的值与主记录中的其他数据字段一起录入到新的主文件中。对下一个销售订单记录重复此过程，并一直持续到处理完所有交易记录。没有相应销售订单记录的任何主文件记录都会从原始文件复制到新的主文件中。因此，更新过程实际上创建了一个新的AR明细账主文件，该文件包括受交易记录影响的客户账户的所有更改记录以及不受交易影响的记录。另外，该程序使原始的AR明细账主文件保持完整和不变更。此自动备份功能是连续文件处理的一个优势。

作为更新程序的一部分，每个成功处理（无错误）的销售交易都会添加到销售日记账文件中。在运行结束时，对所有交易进行汇总，并在日记账凭证文件中进行账务处理，以反映总销售额和AR总增加额。最后，运行程序开具销售发票，并将其发给客户。

A4.2.1.5 排序和库存更新运行

第二次排序的程序和库存更新运行的程序与前面描述的类似。排序程序根据次关键字段"库存编号（INVENTORY NUMBER）"对销售订单交易文件进行排序。库存更新程序按照每个销售订单记录中"已出售数量（QUANTITY SOLD）"字段的数值来相应地减少库存记录中的"库存数量（QUANTITY-ON-HAND）"字段的数值。新的库存主文件将会在这个过程中被创建。图4-21用一些样本数据来说明该过程。

此外，该程序还比较"库存数量"字段的值和"再订购点（REORDER POINT）"字段的值，以确定需要补充的库存货物数量。此信息会被发送到采购部门。最后，编制日记账凭证以反映货物的销售成本和库存减少。

A4.2.1.6 总账更新运行

在对连续文件进行批处理的方法下，总账主文件不会在每批交易后更新。因为若这样做将导致每次处理一批交易（例如，销售订单、现金收入、采购和现金支出）时重新创建整个总账。使用连续文件进行批处理的组织通常采用单独的日终程序来更新总账（GL）账户，如图4-19所示。

一天结束时，总账将访问日记账凭证文件。此文件包含反映组织当天处理的所有交易记录的日记账凭证。日记账凭证按总账账户编号来排序，并只通过一次运行就可以过账到总账，然后创建一个新的总账。

销售订单交易文件

订单#(PK)	账户编号(SK)	库存编号	订单日期	运输日期	承运人代码	运费	销售数量	单价	发票金额
3	1	17	12/22	12/24	011	10	25	10	250
1	4	14	12/22	12/24	011	5	10	2	20
2	7	16	12/22	12/24	011	20	100	5	500

按主文件的次关键字段到主关键字段对交易进行排序

更新字段

旧的应收账款主文件

账户编号(PK)	地址	当前余额	信用额度	上次付款日期	开票日期
1	123 Elm St., City	350	1000	12/8/xx	1
2	35 Main S.	600	1500	12/12/xx	1
3	510 Barclay Dr. Beth.	1000	1500	12/5/xx	1
4	26 Taylor Rd. Alltn.	100	2000	12/16/xx	8
5	4 High St., Naz.	800	1000	12/9/xx	1
6	850 1st, Beth.	700	2000	12/7/xx	8
7	78 Market Alltn.	150	2000	12/17/xx	15

新的应收账款主文件

账户编号	地址	当前余额	信用额度	上次付款日期	开票日期
1	123 Elm St., City	(600)	1000	12/8/xx	1
2	35 Main S.	600	1500	12/12/xx	1
3	510 Barclay Dr. Beth.	1000	1500	12/5/xx	1
4	26 Taylor Rd. Alltn.	(120)	2000	12/16/xx	8
5	4 High St., Naz.	800	1000	12/9/xx	1
6	850 1st, Beth.	700	2000	12/7/xx	8
7	78 Market Alltn.	(650)	2000	12/17/xx	15

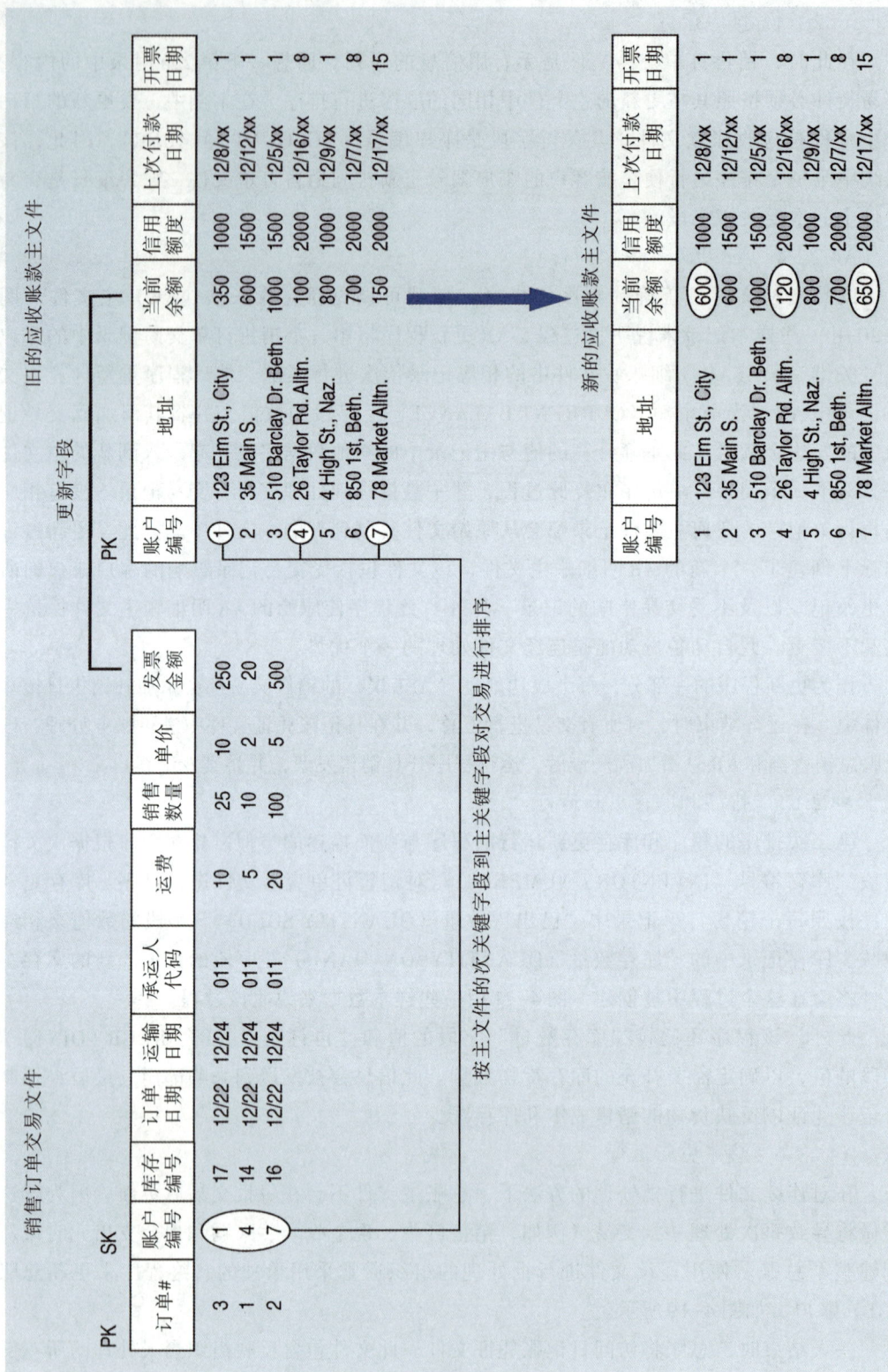

图4-20 基本销售订单对应收账款进行更新

销售订单交易文件 SK

更新字段

PK 订单#	账户编号	库存编号	订单日期	发货日期	承运人代码	运费	销售数量	单价	发票金额
1	4	14	12/22	12/24	011	5	10	2	20
2	7	16	12/22	12/24	011	20	100	5	500
3	1	17	12/22	12/24	011	10	25	10	250

按主文件的次关键字段到主关键字段进行排序

旧的库存主文件

PK 库存编号	描述	库存数量	再订购点	订购数量	经济订购量	供货商编号	标准成本	存货总成本
11		300	100	0	500	25	1	300
12		100	20	0	200	25	2	200
13		200	150	0	500	18	3	600
14		800	100	800	1000	25	2	1600
15		250	300	0	800	18	3	750
16		700	60	0	500	18	4	2800
17		850	200	0	1000	25	1	850

新的应收账款主文件

PK 库存编号	描述	库存数量	再订购点	订购数量	经济订购量	供货商编号	标准成本	存货总成本
11		300	100		500	25	1	300
12		100	20		200	25	2	200
13		200	150		500	18	3	600
14		(790)	100	800	1000	25	2	(1580)
15		250	300		800	18	3	750
16		(600)	50		500	18	4	(2400)
17		(825)	200		1000	25	1	(825)

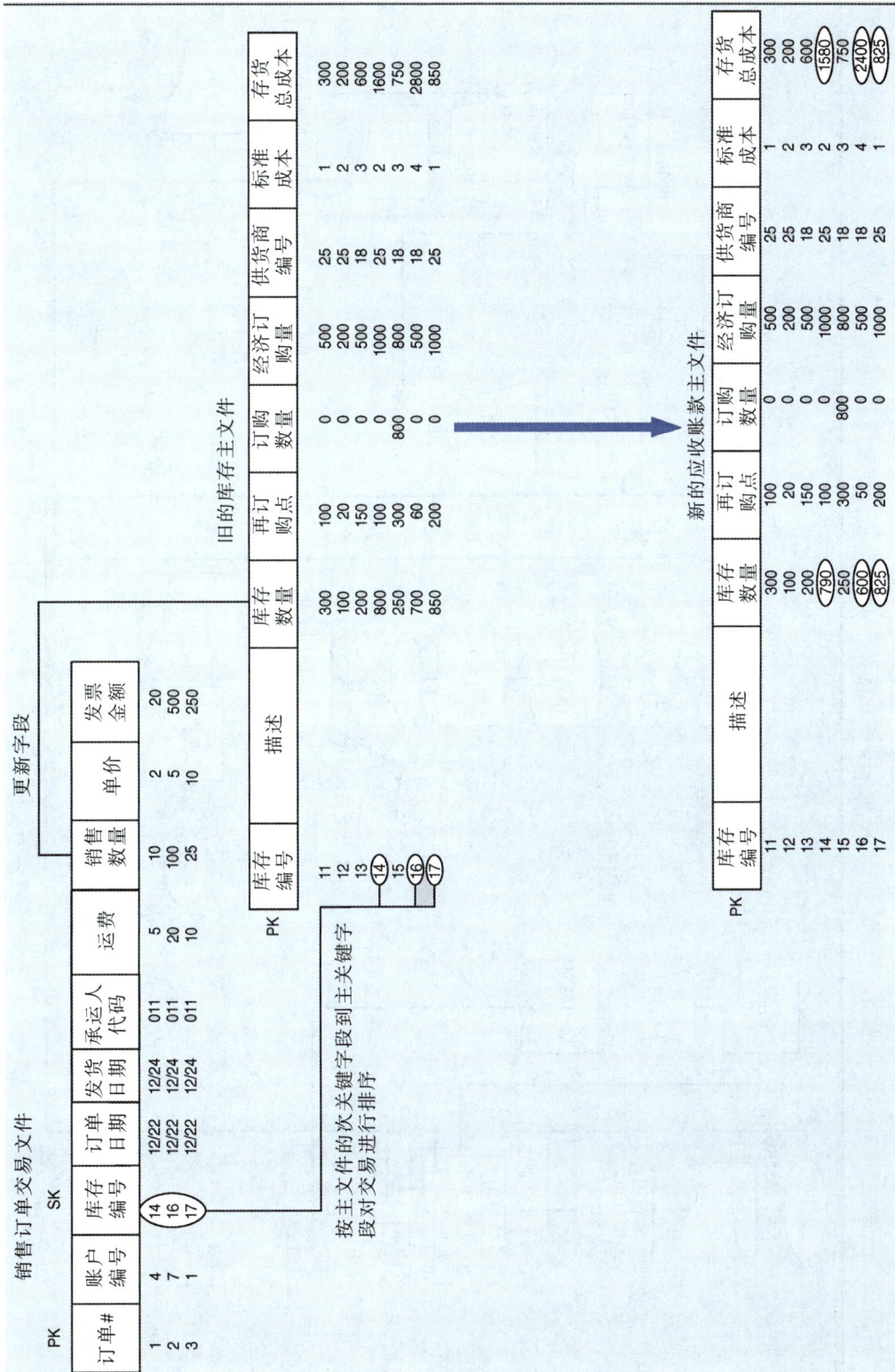

图4-21 基于销售订单对库存进行更新

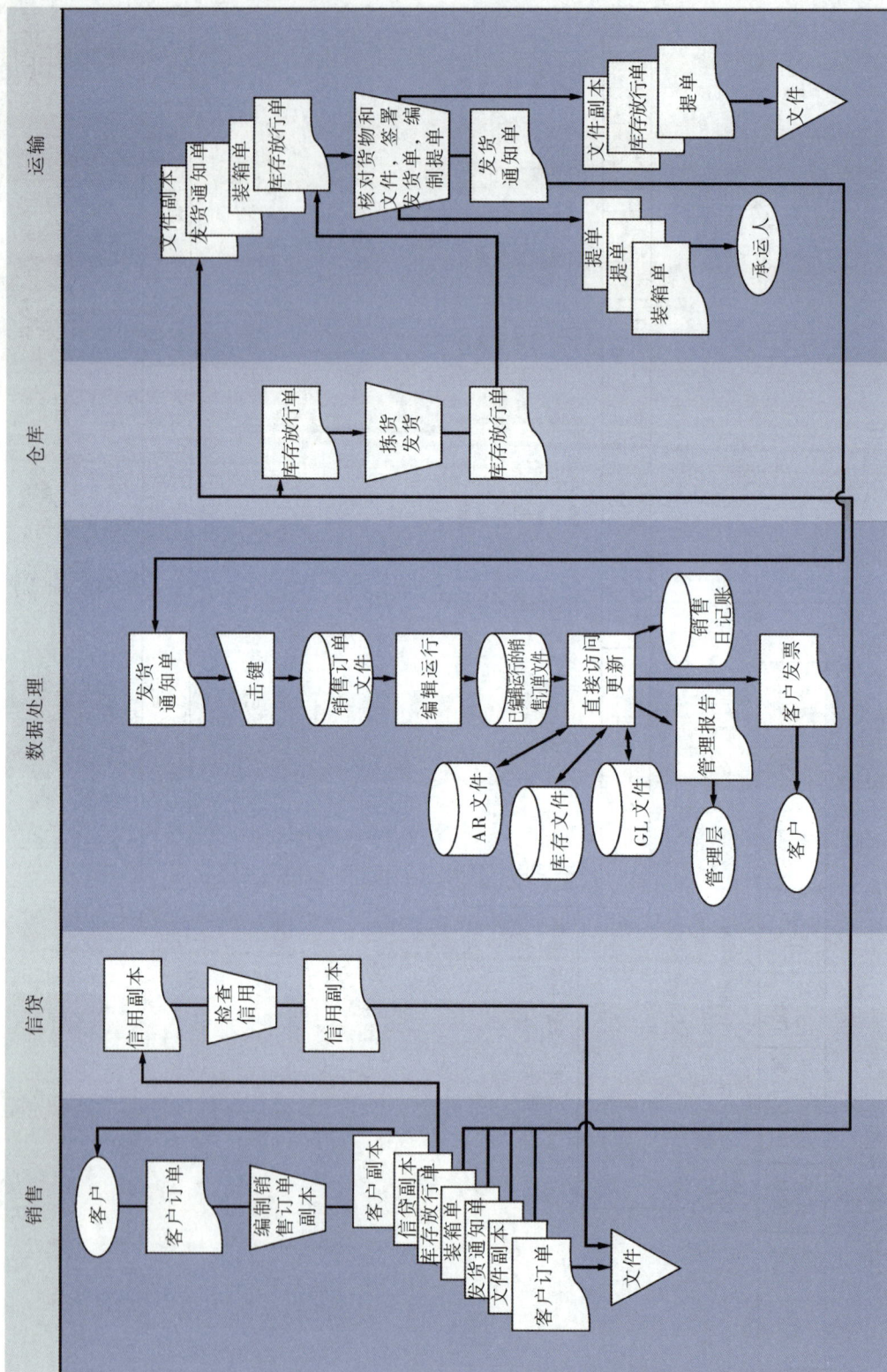

图4-22　直接访问方式下的批处理系统

销售订单交易文件

订单# (PK)	账户编号 (SK)	库存编号 (SK)	销售数量	单价	发票金额
1	4	14	10	2	20
2	7	16	100	5	500
3	1	17	25	10	250

库存主文件

库存编号 (PK)	收货数量	销售数量	库存数量	再订购点	订购数量	经济订购量	供货商编号	标准成本	存货总成本
11			300	100	0	500	25	1	300
12			100	20	0	200	25	2	400
13			200	150	0	500	18	3	600
14			790	100	800	1000	25	2	1590
15			250	300	0	800	18	3	750
16			600	60	0	500	18	4	2400
17			825	200	0	1000	25	1	825

主文件记录可直接访问并就地地更新，此过程不会创建新的主文件

应收账款文件

账户编号 (PK)	地址	当前余额	信用额度	上次付款日期	开票日期
1	123 Elm St., City	600	1000	12/8/xx	1
2	35 Main S.	600	1500	12/12/xx	1
3	510 Barclay Dr. Beth.	1000	1500	12/5/xx	1
4	26 Taylor Rd. Alltn	120	2000	12/16/xx	8
5	4 High St., Naz.	800	1000	12/9/xx	1
6	850 1st, Beth.	700	2000	12/7/xx	8
7	78 Market Alltn.	650	2000	12/17/xx	15

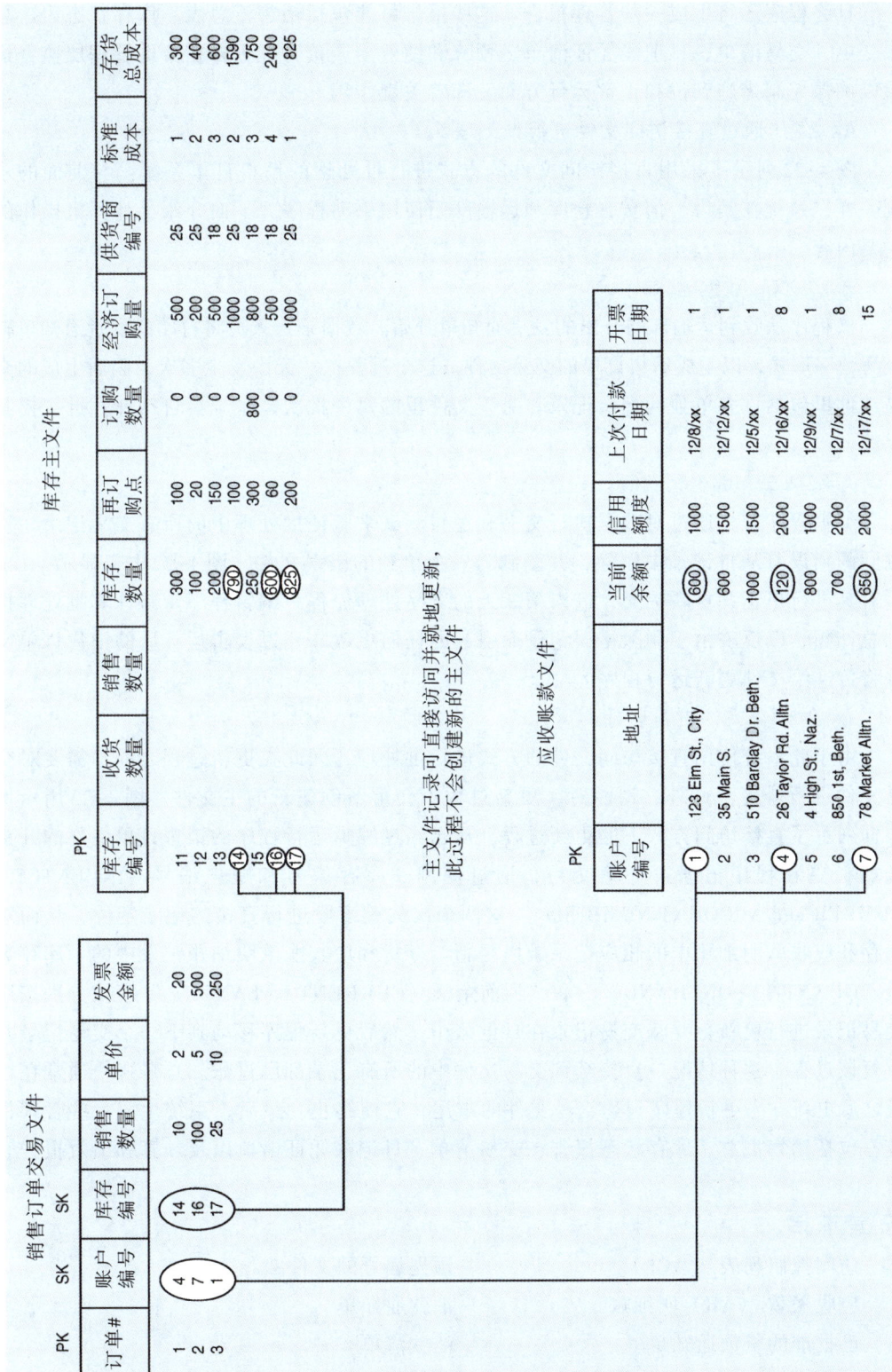

图4-23　直接访问方式下AR和库存的同时更新

日终程序还将生成一些管理报告。这些报告可能包括销售汇总表、库存状态表、总账变更、交易清单、日记账凭证清单、预算和绩效。质量管理报告在帮助管理层监督运营以确保控制措施到位和正常运行方面发挥着关键作用。

A4.2.2 通过直接访问文件进行批处理

图4-22列示了采用直接访问文件的方式进行批处理的销售订单系统。与前面的示例一样，系统在销售、信贷、仓库和运输部门使用手动程序。下面介绍了计算机操作的主要内容。

A4.2.2.1 数据输入

该程序从收到运输部门开出的发货通知单开始。数据录入人员将打印的发货通知单转换为数字形式，以生成销售订单的交易文件。这个过程在一天中发生多次，因而生成的交易文件里包括许多单独的批次记录。对于文件里的每个批次，系统会自动计算批次控制总数。

A4.2.2.2 编辑运行

编辑程序首先通过对数据执行文书和逻辑测试来验证批处理中的所有交易记录。检测到的错误将从批记录中删除，并复制为一个单独的错误文件（图4-22中未显示），稍后对其进行更正并重新提交，进入第二天的交易处理流程。编辑程序重新计算批处理控制总计额，以反映由于删除错误记录而引起的任何更改。经过编辑运行后的销售订单文件将传递给文件更新运行程序。

A4.2.2.3 文件更新运行

由于此系统使用直接访问文件的方式进行批处理，因此在更新过程之前不需要对交易文件进行排序。此外，请注意，更新过程不会重新创建新的主文件。图4-23用示例数据列示了直接访问方式下的更新过程。从已经过编辑运行程序的销售订单文件的开头开始，更新程序根据第一笔交易，通过使用"库存编号和账户编号（INVENTORY NUMBER and ACCOUNT NUMBER）"这两个次关键字段进行直接的记录定位，从而对库存和应收款明细账中的相应记录予以更新。存货和应收账款明细账记录中的"库存数量（QUANTITY-ON-HAND）"和"当前余额（CURRENT BALANCE）"字段分别按照交易记录进行更新，并将交易记录在日记账中。然后更新程序移动到下一个交易记录并重复该过程。这种情况一直持续到交易文件中的所有记录都已过账。总账账户通常在每批之后更新。当更新程序到达交易文件的末尾，它便终止。最后，系统生成一些管理报告，包括销售汇总、库存状态报告、交易清单、日记账凭证清单以及预算和绩效报告。

关键术语

访问控制列表（ACL）	预先编号的文件
应收账款（AR）明细账	汇款通知单
已批准的贷项通知单	汇款清单
已批准的销售订单	退货单
延期交货记录	角色

提货单	基于角色访问的控制（RBAC）
现金收入日记账	S.O.待处理文件
财务总监	销售发票
贷项通知单	销售日记账
客户订单	销售订单
存款单	销售订单（信用副本）
电子数据交换（EDI）	销售订单（发票副本）
库存明细账	发货日志
日记账凭证	发货通知
日记账凭证文件	库存记录
分类账副本	库存放行单
多级安全	通用产品代码（UPC）
装箱单	已验证的库存放行单
销售点（POS）系统	

复习题

1. 什么文件启动了销售流程？

2. 区分装箱单、发货通知单和提货单。

3. 收款部门在收入循环中承担何种职能？

4. 总账人员从哪些部门接收汇总数据？汇总数据有哪些形式？

5. 三个授权控制是什么？

6. 确保没有单个员工或部门能完整地处理交易的三个规则是什么？

7. 收入循环中的哪些节点需要独立的验证控制？

8. 物理控制的目的是什么？

9. 如何防止每次系统检测到低库存水平时自动重新订购货物？

10. 区分编辑运行、排序运行和更新运行。

11. POS 系统的主要特点是什么？

12. 先进技术系统中的信用检查与基础技术系统中的信用检查有何区别？

13. 什么是多级安全保护？

14. 为什么当订单被批准时，开单部门收到了订单副本，却是在货物发货后才开单呢？

15. 为什么要设计 EDI？

16. POS 系统中哪些资产风险最大？

17. 在手工系统中，销售流程中的哪个事件发生后才向客户开票？

18. 什么是提货单？

19. 什么文件启动向客户开票的流程？

20. 在现金收入过程中，监管在哪些方面起重要作用？

讨论题

1. 为什么公司有独立的仓库和运输部门？仓库和库存控制又是怎回事？这不是造成更多的文书工作吗？

2. 区分销售订单、开票和应收账款部门。为什么销售订单或应收账款部门不能开票呢？

3. 说明设立收发室程序的目的。

4. 解释如何在集成数据处理环境中实现职责分离。

5. 如果没有适当的职责分离和授权控制，员工如何通过签发未经授权的销售贷项通知单来挪用资金？

6. 应收账款部门可以开展哪些工作来验证所有客户的支票是否已正确存入和记录？

7. 为什么收入循环文件的访问控制与现金和存货的物理控制设备一样重要？

8. 如何利用互联网完成销售订单处理子系统的再造？

9. 不一致的信用政策可能导致哪些财务报表失实？请具体说明。

10. 列举三个POS系统访问控制的例子。

11. 讨论选择实时更新总账或批量更新这两种方案的利弊。

12. 如果自动信用检查功能拒绝批准客户信贷申请，销售职员是否有权否决该决定？如果有权，那是什么时候？

13. 先进的技术交易处理系统如何减少欺诈？

14. 是什么让POS系统与制造企业的收入循环不同？

15. 使用条形码和激光扫描仪的POS系统是否可以万无一失地防止不准确的更新？请讨论。

16. EDI如何超越技术？它可能带来哪些独特的控制问题？

17. 讨论在系统中实现多级安全保护的两种常用方法。

多项选择题

1.（　　）职能在销售日记账中记录销售。

a. 开票部门　　　　　　　　　　　b. 仓库

c. 销售部门　　　　　　　　　　　d. 存货控制

2.（　　）职能需要分离。

a. 授权信用和确定再订货数量

b. 从仓库货架上拣货和更新库存明细账

c. 向客户开票和将账单过账到销售日记账

d. 提供有关库存水平的信息和核对银行对账单

3. 以下（　　）是不兼容的任务。

a. 应收账款职员每月编制客户报表

b. 存货控制职员更新存货明细账

c. 应收账款职员授权核销坏账

d. 会计人员更新应收账款和应付账款明细账

e.以上都是不兼容任务

4.（　　）控制有助于确保运送给客户的商品类型和数量正确。

a.三方匹配　　　　　　　　　　　b.提货单和收货报告的核对

c.采购订单副本的签发　　　　　　d.核对放行文件和提货单

5.提货单由（　　）编制。

a.销售人员　　　　　　　　　　　b.仓库人员

c.运输人员　　　　　　　　　　　d.开票人员

6.以下（　　）不是独立的验证控制。

a.发货部门核实从仓库发出的货物种类和数量是否正确

b.销售员在处理销售之前验证客户的信誉

c.总账人员核对各部门独立编制的日记账凭证

d.开票部门将发货通知单与销售发票进行核对，以确保仅按发货数量向客户收费

e.以上都是独立的验证控制

7.（　　）文件规定了已装运货物的所有权。

a.装箱单　　　　　　　　　　　　b.发货通知单

c.客户发票　　　　　　　　　　　d.提货单

8.以下（　　）任务设置不需要职责分离。

a.处理客户订单和批准信用

b.收到现金和更新应收账款明细账

c.把货物存入仓库和更新内部使用存货的记录

d.处理客户销售订单和过账到销售日记账

e.以上任务都应职责分离

9.以下（　　）经常被称为弥补控制。

a.监督　　　　　　　　　　　　　b.访问控制

c.职责分离　　　　　　　　　　　d.会计记录

10.以下（　　）文件触发了开票功能。

a.发货通知　　　　　　　　　　　b.客户订单

c.提货单　　　　　　　　　　　　d.销售订单

问题

1.职责分离

如果有，以下（　　）情况代表职责分离不当。解释你的答案。

a.开票部门向客户开票并将销售记录在销售日记账中

b.收发室职员打开客户的现金收入信封，并编制汇款清单

c.会计职员从各个部门接收日记账凭证，并过账到总账账户

d.由于销售退回，销售部门批准销售贷项通知单，并将其转发到应收账款部门，用来调整客户应收账款账户余额以反映销售退回

2.内部控制和流程图分析

a.识别问题2流程图（图P.1）描述的物理控制缺陷

b.描述本系统中应设置的信息技术控制

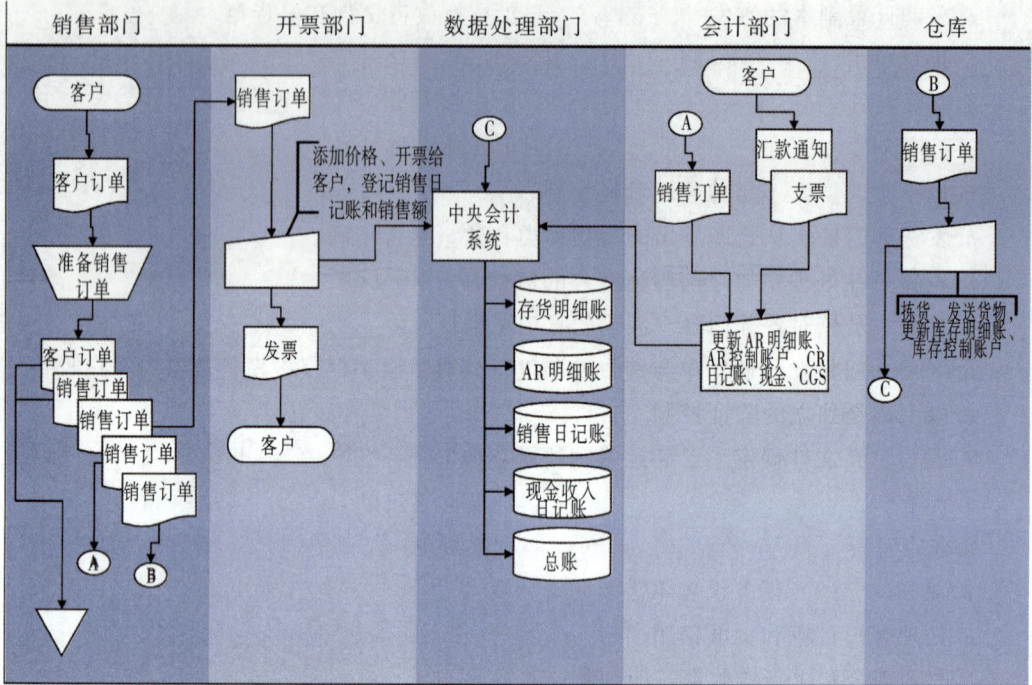

图P.1 问题2：内部控制和流程图分析

3.流程图分析

使用问题3的流程图（图P.2）来回答以下a至h这8个问题：

a.符号A代表什么会计文件

b.符号B的部门的合适名称是什么

c.过程C的适当描述是什么

d.符号D表示的位置是什么

e.符号E代表什么会计记录

f.符号H的部门合适名称是什么

g.符号F代表什么过程

h.符号G代表什么会计记录

4.系统文档、风险分析和内部控制

以下描述了一家公司的现金收入流程：收发室有35名员工，负责接收和分拣一般邮件。邮件中包含客户支票和汇款通知单的信件，收发室人员打开这些信件以验证支票是否已签名并且与汇款通知单的金额相一致。支票和汇款通知单被分批发送到应收账款部门，由应收账款职员审查它们的正确性，并过账到应收账款明细分类账。然后，应收账款职员准备两份汇款清单副本。其中一份与汇款通知单一起在本部门归档，另一份与支票一起发送到现金收入部门。

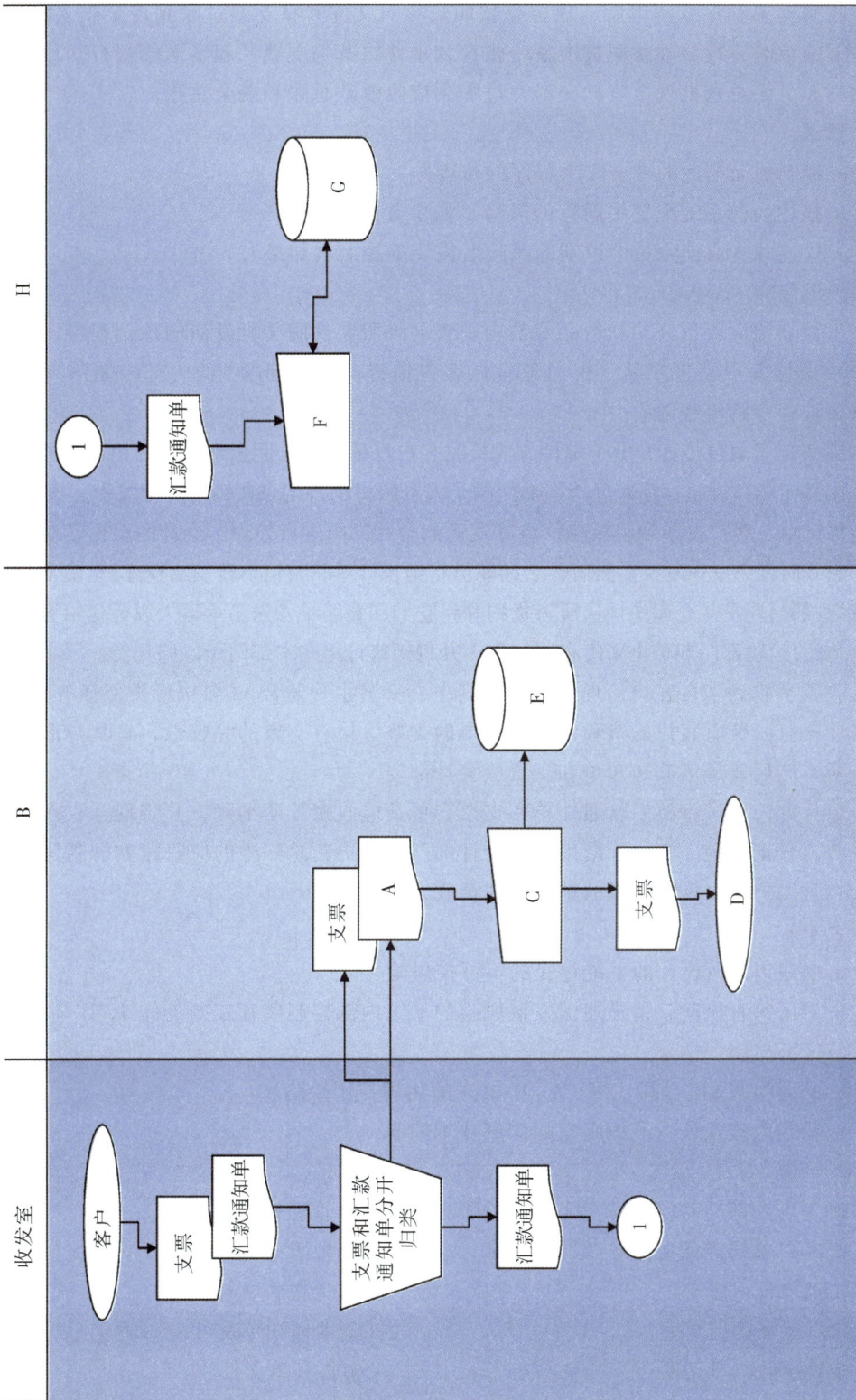

图P.2　问题3：系统流程分析

收到支票和汇款清单后，现金收款职员核对文件并将支票过账到现金收入日记账。在一天结束时，现金收款职员准备一张存款单并将其与支票一起发送给银行。最后，现金收款职员汇总这批现金收款交易并过账到应收账款总账和现金总账。

要求：

a. 编制前面描述的现金收入程序的流程图

b. 描述当前系统配置中固有的风险（如果有）

c. 描述减少或消除 b. 中识别的风险所需要的控制（如果有）

5. 风险和内部控制

下面介绍向百货公司和精品服饰店销售名牌服装的服装批发商的赊销程序。该公司既向一次性客户销售产品，也向经常性客户销售产品。问题5的内部控制图（图 P.3）提供了该程序的流程图。

销售部门通过传真和电子邮件方式接收客户订单。基于佣金来计薪的销售职员批准赊销，计算佣金和折扣，并通过销售部门的个人电脑将销售记录在销售日记账中。该职员准备销售订单、客户发票和装箱单，将其发送到会计部门进行处理。会计职员更新应收账款明细账并向客户发送发票。然后，会计职员将销售订单和装箱单转发给仓库-运输部门。仓库-运输部门职员从仓库中挑选所售货物并将它们和装箱单发送给承运人以运送给客户。最后，仓库-运输部门职员更新库存明细账，并将销售订单在本部门予以归档。

收发室收到来自客户的现金支票，其中有一名主管监督32名执行类似任务的职员：一名职员打开装有客户支票和汇款通知单的支票，检查支票的完整性，将其与汇款通知单核对，然后发送汇款通知单和支票给会计部门。

会计部门职员审核汇款通知单和支票，更新应收账款明细账，并将现金收入记录在现金收入日记账中。在一天结束时，会计部门职员更新总账中的应收账款控制账户、现金和销售账户，以反映当天的销售和现金收入。

要求：

a. 描述当前所设计的系统存在的不可控风险

b. 对于每种风险，请描述引发该风险的系统内部控制所存在的具体缺陷

6. 内部控制评估

a. 识别问题6流程图（图 P.4）中描述的物理控制缺陷

b. 描述应该在该系统中实施的信息技术控制

7. 管理

确定哪个部门对以下日记账、分类账和文件具有管理权。

a. 客户未结订单文件   g. 销售历史文件

b. 销售日记账   h. 装运报告文件

c. 日记账凭证文件   i. 贷项通知单文件

d. 现金收入日记账   j. 销售订单文件

e. 存货明细账   k. 已结销售订单文件

f. 应收账款明细账

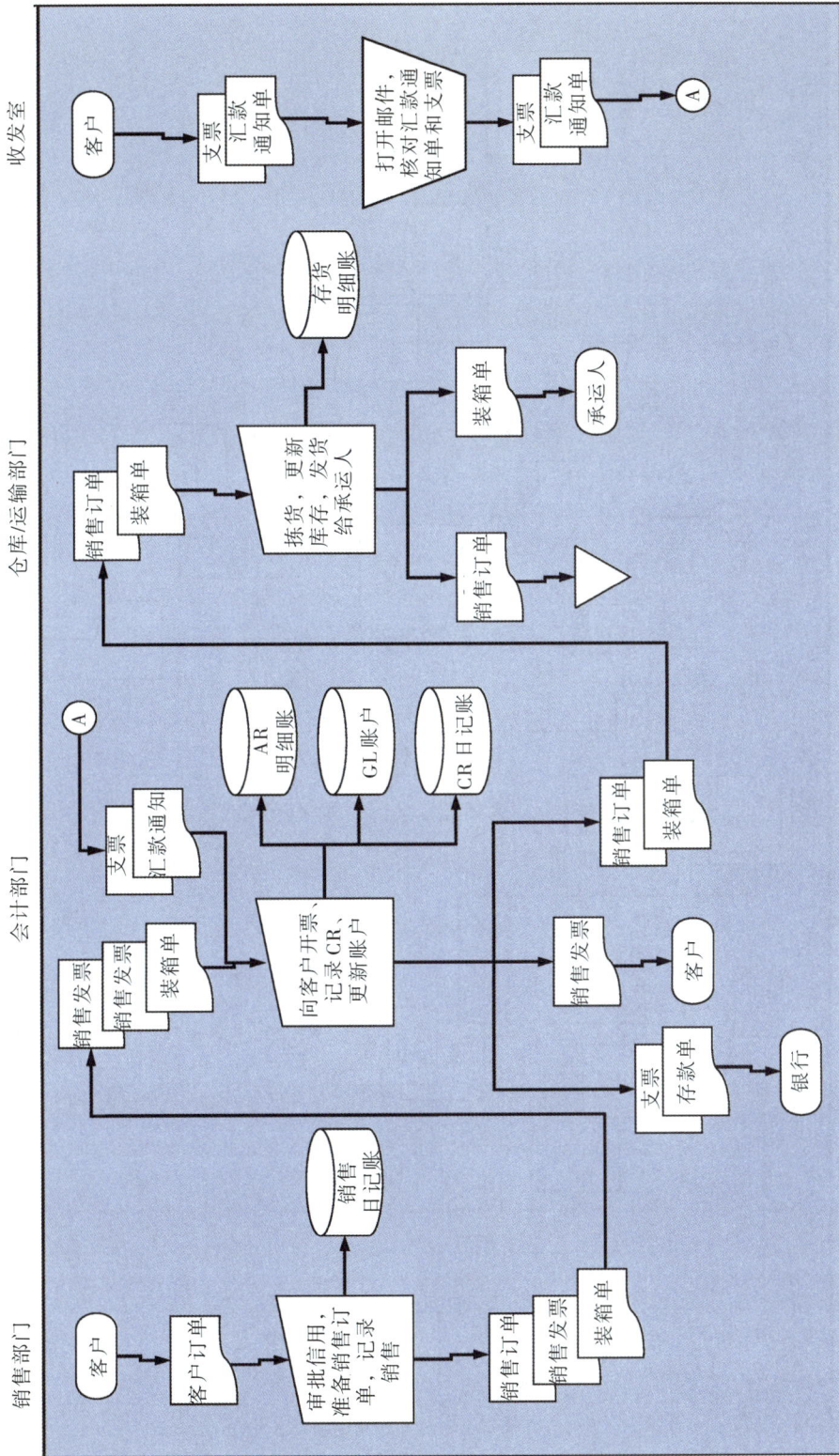

图 P.3　问题 5：内部控制

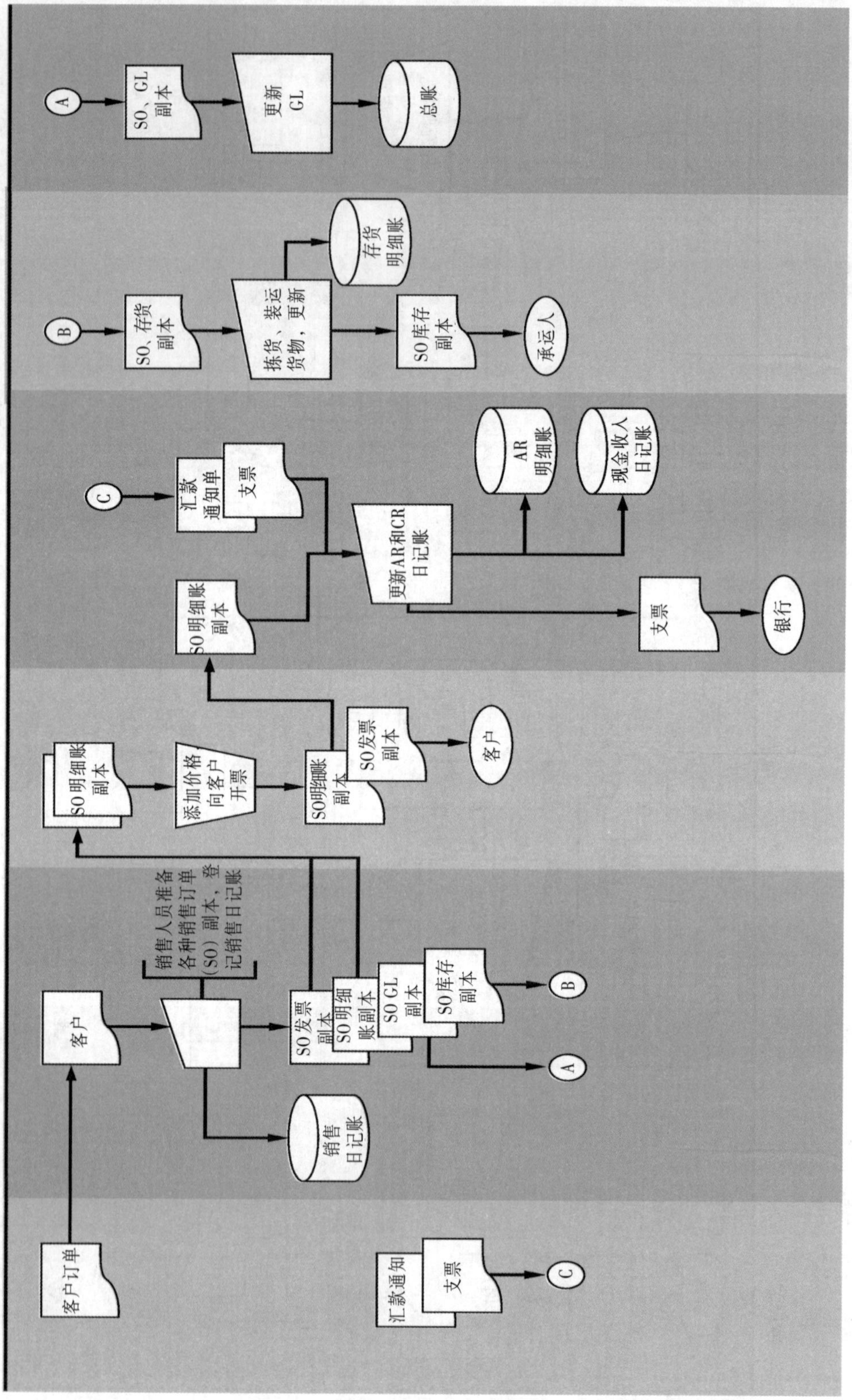

图P.4 问题6：内部控制评估

8. 风险分析和控制

Denis Frederick 开设了 Never Leak 公司，这是一家小型管道供应公司，有16名从事管道工作的工人和3名办公室工作人员。其中一位办公室工作人员是 John Higgins，他自公司开业以来一直在公司工作。在那段时间里，他赢得了老板的信任，证明了他是一个勤奋的员工，经常加班到很晚，偶尔周末也加班但不加薪，十多年来没有放过长假。相反，他将全年的假期错开，以避免更换人员，确保他的工作不会给其他的办公室工作人员带来负担。

John 的主要任务包括：
- 负责 POS 现金和赊账销售
- 向赊购的客户开具账单
- 打开邮件并将其过账到应收账款记录
- 为企业准备每日现金存款单

办公室工作人员 Larry Jones 负责从供应商处订购存货和用品、保管存货、运送商品、更新库存记录，并在购买付款时向供应商开具支票。

办公室工作人员 Margaret Lilly 负责编制工资单和记录工资单支付，以及编制总账功能。

要求：

a. 讨论上述场景中的固有风险。

b. 在无法雇用其他员工的限制下，提出降低风险的控制建议。

9. 内部控制缺陷——超市

以下描述超市的信息系统：

顾客将他们的购物车推到收银台，收银员在那里处理销售。超市里有几个收银台，但根据超市的业务水平，它们并不是都在持续使用中。在繁忙时期，将从其他工作岗位（如搬货到货架和从卡车卸货）抽调员工来管理收银，这可以快速有效地完成收银工作。因为收银台没有分配给特定的职员，所以无须登录系统。

在轮值开始时，店长将100美元的小额钞票放入每台收银机中，以便收银员能够进行找零。店长在金库办公室日志上签字，表明他已经拿走了现金，并将现金抽屉放入相应的收银机里。

对顾客的销售仅限现金或信用卡，大部分销售为现金。收银员从顾客那里收到现金，找零，然后开具购买收据。对于信用卡销售，收银员在销售时刷卡并获得发卡机构的在线批准。然后，顾客在信用卡消费单据上签名，收银员将其放入收银台抽屉里的一个特殊格子里。顾客收到购买收据和信用卡消费单据副本。

轮值结束时，店长将装有现金、支票和信用卡单据的收银机里的抽屉交给收银员，并在收银台抽屉的记录日志上签字。收银员随后清点现金和信用卡收据。他通过一台独立的个人电脑，将销售总额录入到销售日记账、销售总账和现金总账。然后，收银员填制一张存款单，将现金、支票和信用卡凭证存到离超市相隔两个街区的本地银行分行。

要求：讨论物理系统中的内部控制缺陷。

10. 内部控制缺陷——制造企业

以下描述的是制造企业的销售程序：

当客户通过传真、电子邮件或电话向销售部门下订单时，销售流程便开始了。销售部门的职员创建销售订单，详细说明客户所需的货物。接下来，该职员对客户进行信用检查。如果是回头客，那么会从集中的信用记录中检查客户的付款历史。对于新客户，通过在线征信机构进行全面的信用检查。当客户的信用审核通过后，销售人员便会打印销售订单、装箱单和库存放行文件，并在线上将记录添加到未结销售订单文件中，之后将这些文件的机打件分别送到开票部门、运输部门和仓库。

当仓库收到库存放行文件时，仓储员配货，将其连同库存发放文件一起送到运输部门。最后，仓储员从仓库终端更新库存明细账。

当运输部门收到库存放行文件时，会将其与之前从销售部门收到的装箱单进行核对，然后，填制一份提单，并将货物移交给运输人员。最后，运输部门将发货情况记录在数字化运输日志中。

收到销售订单后，开票部门给客户开具销售发票，并且在系统上更新应收账款明细账和销售日记账。当天结束时，还打印一份应收账款汇总表和销售日记账凭证，交到总账部门。总账部门收到后，在系统里更新总账并将销售日记账凭证的详细信息录入到日记账凭证文件中。

要求：分析系统中的物理内部控制缺陷。

11. 控制缺陷和相关风险——现金收入

请参阅问题 11 的系统流程图。

要求：

a. 描述系统流程图中的控制缺陷

b. 讨论为降低上述 a. 中的风险而需要实施的控制措施

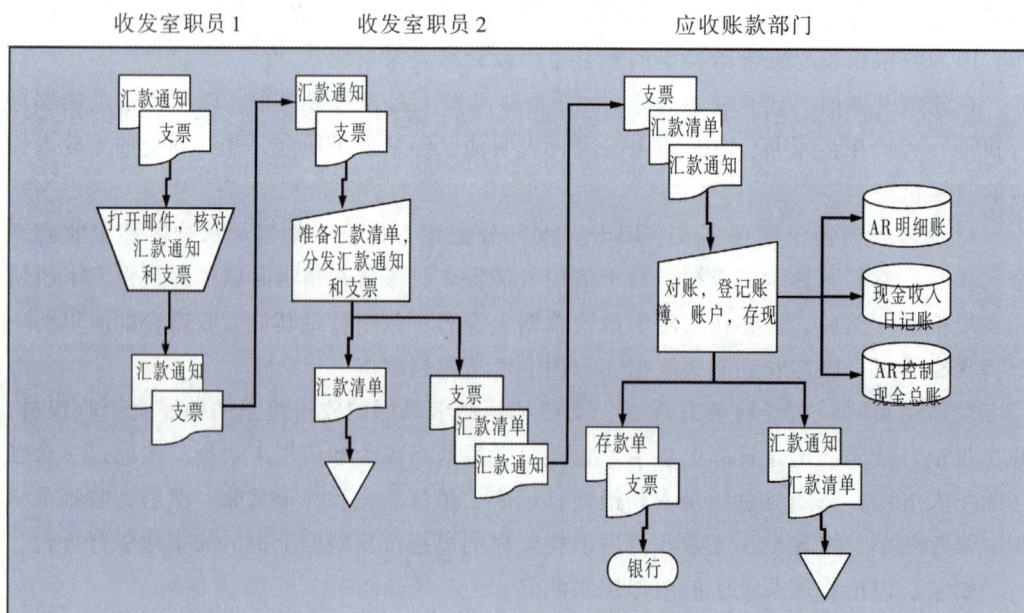

图P.5　问题11

12.内部控制和相关风险——销售过程

请参阅问题12的系统流程图（图P.6）。

要求：

a.描述系统流程图中的控制缺陷

b.讨论与上述a.中确定的控制缺陷相关的风险

内部控制案例

1. Smith 的市场（小型企业 POS 会计系统）

1989 年，Robert Smith 在宾夕法尼亚州伯利恒开了一个小型水果和蔬菜市场。最初，Smith 只出售他的家庭农场和果园种植的产品。然而，随着市场受欢迎程度的提高，新增了面包、罐头食品、鲜肉和限量的冷冻食品。现在，Smith 的市场是一个综合农贸市场，在当地有强大的顾客群。实际上，"物美价廉"的口碑还吸引了来自宾夕法尼亚州其他城市甚至附近州——新泽西州——的顾客。目前，Smith 的市场有40名员工。其中包括销售人员、上货人员、农场工人、轮值主管和行政人员。最近，Smith注意到公司的销售额和利润在下降，可商品进货量还在上升。虽然公司不需要编制财务报表以供审计，但他已委托会计师事务所评估其销售程序及其控制。以下段落描述了Smith的市场收入循环程序：

收入循环

顾客将他们的购物车推到收银台，销售人员在那里收银。市场有四个收银台，但它们并不专门分配给特定的销售人员，因为这些销售人员在日常运营中扮演着许多角色。除了为顾客收银外，销售人员还将根据一天中各个地区的需求波动情况来上（下）架货物、卸载送货卡车的货物或执行其他任务。这种流动性的工作需求使得将销售人员分配到特定的收银台是不切实际的。

轮值开始时，轮值主管从市场后面的金库办公室职员那里集齐四个收银机抽屉。抽屉里装着合计100美元的小额钞票（称为浮动钞票），以便收银员为顾客找零。主管在日志上签字，表明他已经收到了小额钞票，并将抽屉放入相应的收银机。

向顾客收银仅限现金、支票或信用卡。信用卡销售以通常的方式进行。

收钱时，收银员刷卡并获得发卡机构的在线批准。然后顾客在信用卡消费单据上签名，店员将其放入收银台的特殊格子中。客户收到购物收据和信用卡单据副本。

对于支票付款，店员要求客户出示有效的驾驶执照。在支票上添加车牌号码，并且将支票与以前未通过支票检查而形成的"黑"名单相核对。如果客户不在名单上，则接受支票付款并将其放入收银机抽屉，然后收银员给顾客一张收据。

大部分销售都收取现金。收银员从顾客那里收到现金，找零，然后开具购物收据。

轮值结束时，轮值主管将装有现金、支票和信用卡单据的收银台抽屉交给资金主管，并在收银日志上签字。收银员稍后计算现金和信用卡销售额，并录入销售日记账、销售总账和现金总账。然后，资金主管填制存款单，将现金、支票和信用卡单据送存于离市场有两条街距离的本地银行分行。

要求：

a.创建当前系统的数据流图

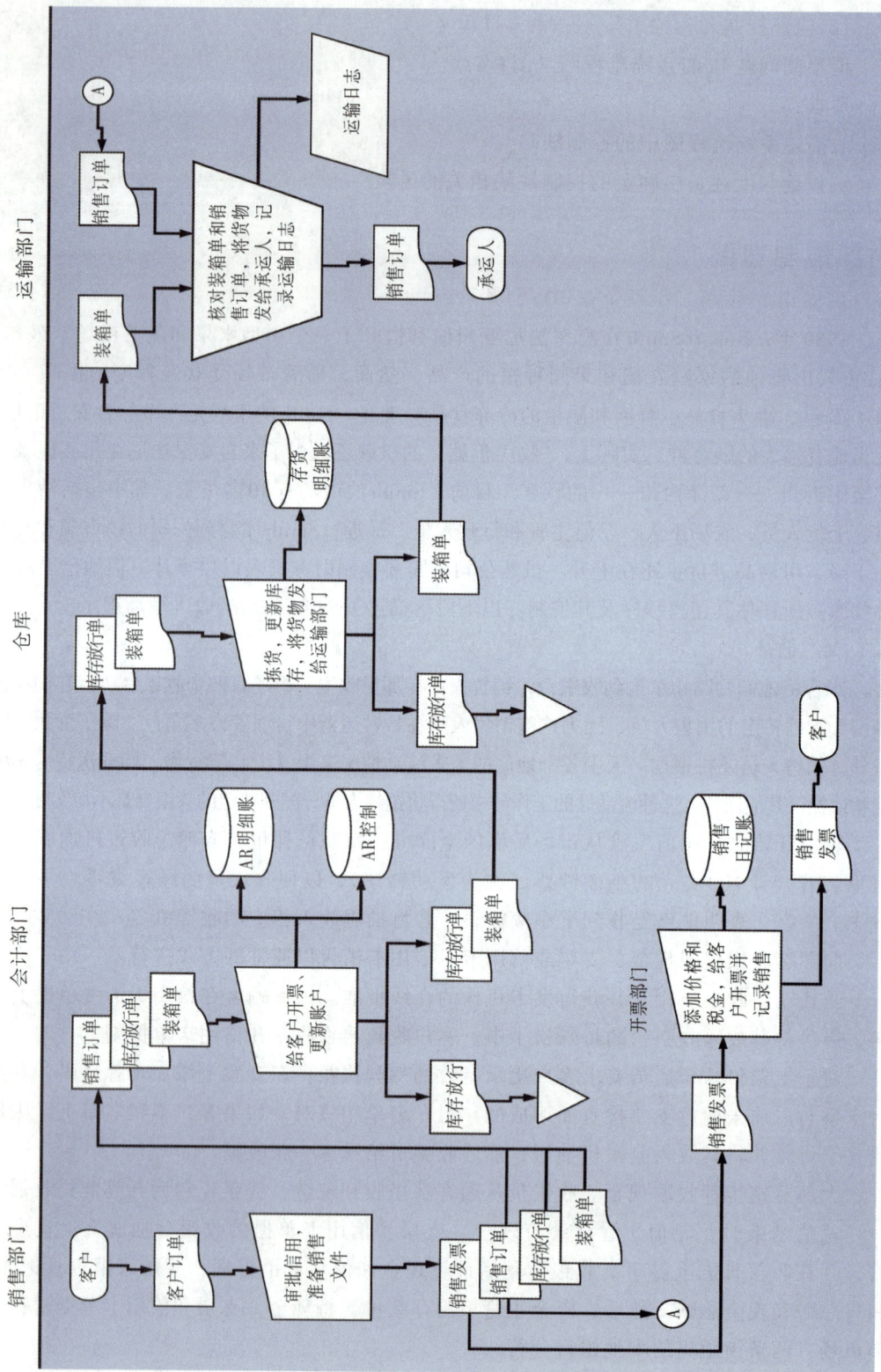

图P.6　问题12

b. 创建现有系统的系统流程图

c. 分析系统中的物理内部控制缺陷。根据 COSO 内部控制模型中指定的六类物理控制活动，提出应对方法

d. 描述应该在该系统中实施的信息技术控制

2. Posavek 改造和建筑供应公司（集中式小型企业会计系统）

Posavek 是波士顿都会区为建筑承包商、五金店和家居装修中心提供服务的建筑用品批发供应商。这些年来，Posavek 的业务范围在逐渐扩大，可以为全国各地的客户提供服务。目前，它有包括技术人员、采购员、仓管员和行政人员等 200 多名员工。最近，Posavek 面临着来自大型在线折扣店的激烈竞争。此外，该公司还因老旧的信息系统而运营效率低下。下面描述了 Posavek 公司的收入循环程序。

收入循环

Posavek 的销售部门代表通过传统邮件、电子邮件、电话和偶尔的顾客上门等方式接收订单。由于 Posavek 是一家批发商，因此其绝大多数业务都是以信用为基础进行的。收入循环始于销售部门，销售职员将客户的订单输入中央计算机销售订单系统。计算机和文件服务器位于 Posavek 的小型数据处理部门。

如果顾客过去与 Posavek 有过业务往来，则他或她的数据已经存档。但是，如果顾客是首次购买者，职员会在顾客账户文件中创建新记录，然后系统在未结销售订单文件中创建交易记录。输入订单后，其电子副本会发送到顾客的电子邮箱以供顾客确认。

仓库部门的职员定期从终端查看未结销售订单文件，并为每次新销售交易打印两份库存放行文件，根据库存放行文件去从货架上挑选所售的货物。仓库职员将一份存货放行文件发送给销售部门，另一份连同货物一起交给运输部门。然后，仓库职员更新库存明细账以反映已发运的货物及其数量。销售职员收到库存放行文件后，从终端访问未结销售订单文件，关闭销售订单，并将库存放行文件在销售部门存档。销售订单系统自动将这些交易过账到总账文件中的销售、库存控制和销售成本账户。

收到货物和库存放行单后，运输部门职员准备将货物运送给客户。该职员准备三份提货单，其中两份与货物一起交给承运人，第三份连同库存放行文件一起在运输部门存档。

开票部门职员从终端查看已结销售订单，并准备两份销售发票，一份邮寄给客户，另一份在开票部门存档。然后，该职员在应收账款明细文件中创建新记录。销售订单系统自动在总账文件中更新应收账款控制账户。

现金收入程序

收发室职员打开客户现金收据，检查支票和汇款通知单的完整性，并准备两份汇款清单。一份与支票一起发送到现金收入部门，另一份发送给开票部门。

当现金收入部门的职员收到支票和汇款清单时，将对照汇款清单来核实支票，并对支票背书"仅供存款"字样。一旦支票被背书，他就在自己的电脑终端将现金收入记录在现金收入日记账中，然后填写存款单并将支票存入银行。

开票部门职员收到汇款清单后，从部门终端将金额记入应收账款明细账中。系统会

自动更新总账中的应收账款控制账户。

Posavek 已聘请公共会计师事务所审查其销售订单程序以确保内部控制合规并提出更改建议。

要求：

a. 创建当前系统的数据流图

b. 创建现有系统的系统流程图

c. 分析系统中的物理内部控制缺陷

d. （可选项）针对上述提到的控制缺陷，重新设计计算机操作系统，并画出其流程图。阐述你的解决方案

3. Green Pond Nursery（单机会计系统）

Green Pond Nursery 供应公司（GPNS）是宾夕法尼亚州东部的一家园艺产品批发商，销售并配送各种园艺产品和设备，如有机肥料、优质花草种子、有机农药和播种机等，其客户以大西洋中部各州的小型花园中心和园林公司为主。它以赊销方式进行销售。

GPNS 当前运行的信息系统是由各个部门独立（非联网）个人电脑（单机）支持的手动程序。最近，GPNS 收到了客户和供应商关于开票、运输和付款错误的投诉。管理层认为，这些投诉部分源于他们过时的计算机系统。你受雇评估 GPNS 的程序和内部控制。以下是 GPNS 的收入循环说明。

销售程序

当客户通过电话或传真向销售代表下订单时，收入循环就开始了。销售部门员工使用安装在电脑上的文字处理器将客户订单输入标准销售订单格式中，以生成：三份销售订单副本、一份库存放行文件、一份装运通知单和一张装箱单。会计部门收到销售订单副本，仓库收到库存放行文件和销售订单副本，发货部门收到装运通知单和装箱单，剩下的一份销售订单副本被送到存货控制部门。

收到销售订单后，会计部门职员手工开具发票并将其发送给客户，然后，该职员使用销售订单中的数据在部门的个人电脑中输入销售明细，并在销售日记账和应收账款明细账中记录销售。每天结束时，该职员打印一份销售日记账凭证，将其送到总账部门。

在收到销售订单和库存放行文件后，仓库职员挑选产品并将它们与库存放行文件一起送到运输部门。然后，仓库职员更新仓库个人电脑上的内部存货记录，并将销售订单在仓库部门存档。

运输部门职员收到销售部门发来的装运通知单和装箱单后，将装运通知单存档，并一直保管着未结装箱单，直到他从仓库收到库存放行文件和货物。收到库存放行文件后，运输职员使用文字处理器准备两份提货单副本。提货单和装箱单与产品一起发送给承运人，而库存放行文件则存档在本部门。

收到销售订单副本后，负责存货控制的职员更新库存明细账并将销售订单归档在本部门。当一天结束时，其准备一份存货账户汇总的打印件，将其发送给总账部门。

总账职员将日记账凭证和存货账户汇总过账到存储在部门电脑上的总账，然后再将

这些文件归档于总账部门。

现金收入程序

收发室员工打开客户的现金支票，核对支票和汇款通知单上的金额，然后将汇款通知单发送到会计部门，会计部门的职员将每笔汇款通知单记录在汇款清单上，并将汇款清单发送到现金收入部门。根据汇款通知单，会计人员在部门的个人电脑上更新客户应收账款，并将汇款通知单存档。当一天结束时，会计人员在个人电脑上准备一份应收账款汇总的打印件，并发送给总账部门。

收发室职员将支票发送到现金收入部门，职员在每张支票上背书"仅限存款"。接下来，将支票与汇款清单进行核对，并将现金收入记录在部门个人电脑上的现金收入日记账中。最后，职员准备存款单并将其和支票寄给银行。

总账职员将应收账款汇总过账到应收账款控制总账和现金总账，并在总账部门归档。

要求：

a. 创建当前系统的数据流图

b. 创建现有系统的系统流程图

c. 分析系统中物理内部控制的缺陷

d.（可选项）针对上述提到的控制缺陷，重新设计计算机操作系统，并画出其流程图，阐述你的解决方案

4. CUSTOM FABRICATIONS 公司（独立个人电脑会计系统）

（由利哈伊大学的 Will Richens 和 Michael Catchpole 编写）

CUSTOM FABRICATIONS 是一家自行车制造公司，成立于 2000 年，目前有 126 名员工。该公司在其位于加利福尼亚州洛杉矶附近的工厂生产定制自行车。每辆自行车都是基于身高、体重、腿长和臂长等诸多测量值为骑手量身定制的。这些测量值来自南加州附近的 30 家已通过 CUSTOM FABRICATIONS 自行车尺寸认证的专业自行车店。CUSTOM FABRICATIONS 确保每辆自行车都与骑手精确匹配。CUSTOM FABRICATIONS 的自行车质量极好，该公司以其只使用世界各地最好的自行车零件而自豪。因此，CUSTOM FABRICATIONS 只从产品质量和可靠性有保证的数百家供应商处采购自行车零件。

近年来，CUSTOM FABRICATIONS 自行车的需求量剧增。需求激增有些令人意外，该公司的工厂已满负荷运转一年多，目前的订单面临大约五到六周的生产积压。传统的会计体系导致的低效率和控制缺陷，会进一步损害该企业的运营。现贵公司已被聘为外部顾问，以提出建议改进该公司的会计程序。以下段落描述了该公司的收入循环。

收入循环

销售订单系统。 当获得许可的 CUSTOM FABRICATIONS 经销商将完整的客户订单和测量表传真给销售部门时，销售订单流程就开始了。收到传真后，销售代表致电经销商以确认订单详情，并根据订单的复杂程度生成报价。然后，将测量结果和报价输入他的个人电脑终端，该终端会自动生成销售订单表格。职员打印三份销售订单表。第一份发送给开票部门，第二份发送给工厂，而第三份连同客户订单一起存档于销售部门未结

客户订单文件中。

开票部门职员使用销售订单副本来计算最终销售价格，并手动准备两份客户发票，一份发送给客户，而另一份则由开票职员用于在其电脑终端更新销售订单日记账和应收账款明细账。每天结束时，该职员打印出应收账款汇总表和销售日记账，并将它们转发给总账部门。

当工厂收到销售订单的第二份副本时，将其转发给生产计划员进行排产。生产计划员设置生产日期，手工准备一份物料申请表和两份生产订单。生产订单的第一份副本被发送到销售部门并归档在未结客户订单文件中，以告知客户预期的生产日期。生产订单的第二份副本和物料申请表临时存档在工厂。

每天一开始，工厂生产线经理访问临时生产档案，提取当天要完成的生产订单。然后，他将物料申请表转发到仓库，以获取生产所需的原材料和组件。一旦材料被转发到生产部门，仓库职员就会从他的终端更新数字化库存明细账。每天结束时，打印纸质日记账凭证，并将其送到总账部门。

当一个循环的生产完成后，自行车和生产订单的第二份副本被送到仓库等待发货。仓库职员收到一辆自行车及其随附的生产订单后，他或她将自行车打包以便运输。然后，从生产订单文档中手动准备库存放行文件。最后，仓库职员将包装好的自行车连同库存放行文件一起转发给运输部门。

在自行车将要发货的日期，运输职员使用库存放行文件准备三份提货单和一份来自部门电脑的装箱单。在这台个人电脑上，他更新了公司的运输日志。两份提货单和装箱单与包装好的自行车一起转发给承运人，第三份提货单发送给销售部门以关闭未结客户订单文件。

每天下班时，总账部门职员收到日记账凭证和应收账款汇总后，在部门内的个人电脑上更新总账账户。应收账款汇总和日记账凭证存档于本部门。

现金收款系统。CUSTOM FABRICATIONS 的收发室处理客户付款和收到的其他邮件。收发室职员打开装有客户汇款通知单的信封并查看支票和汇款通知单，手动准备三份汇款清单。

第一份汇款清单连同支票一起发送到现金收入部门。一旦现金收入部门职员收到汇款清单，他或她就会核对支票和汇款清单，并在其电脑上更新现金收入日记账，并打印两份存款单，连同支票一起寄给银行。

第二份汇款清单连同汇款通知单一起发送给开票部门。开票部门人员核对这些文件并更新应收账款明细账以反映收到的付款。

第三份汇款清单被发送到总账部门，总账部门使用它来更新应收账款控制和现金账户。

要求：

a.创建当前系统的数据流图

b.创建现有系统的系统流程图

c.分析系统中的物理内部控制缺陷

d.描述与这些控制缺陷相关的风险

e.（可选项）针对上述提到的控制缺陷，重新设计计算机操作系统，并画出其流程图，阐述你的解决方案

5. Generators R Us（带有分布式终端的集中式系统）

Generators R Us（GRU）是一家领先的为民用和私人救灾提供紧急电力的可分离式发电机制造商。GRU 的主要客户是协助在洪水和其他自然灾害中受灾的住户进行灾后恢复的公司。另外，其也向建筑承包商、市政当局和租赁公司出售产品。公司发布发电机和其他辅助设备的行业目录，分发给现有和潜在的客户。GRU 的总部和制造基地都位于得克萨斯州达拉斯，在那里 GRU 总共雇用了 125 名生产工人和行政人员。GRU 在其各个部门使用带有分布式终端的集中式计算机系统。最近，计算机系统出现了运行问题，公司的管理层已聘请会计师事务所来评估其运行和内部控制程序。

销售订单程序

收入流程起始于客户通过传真、电子邮件或电话向公司的销售部门提交订单。销售部门的职员创建详细说明客户所需货物的销售订单。接下来，销售职员对客户进行信用检查。如果是回头客，那么销售职员会从集中的信用记录中检查客户的付款历史；对于新客户，则通过在线征信机构进行全面的信用检查。当销售职员批准客户的信用申请后，他会打印一份销售订单、装箱单和库存放行文件，并将该销售记录添加到系统里未结销售订单文件中，然后将销售单、装箱单和库存放行文件的打印件分别送到开票部门、运输部门和仓库。

当仓库收到库存放行文件，仓库人员便会拣好货物，随库存放行文件一同送到运输部门，然后仓库人员在系统里更新存货明细账。

当运输部门人员收到库存放行文件后，会先将其与之前销售部门送来的装箱单进行对比。然后，填制一份提单，连同货物随附给承运人。最后，运输部门人员将货物记录在数字化运输日志中。

收到销售订单后，开票部门便会开具销售发票，交给客户。然后，在系统里更新销售明细账，并将该销售明细录入销售日记账。在一天结束时，开票部门人员就会打印应收账款汇总和销售日记账凭证，送到总账部门。总账人员收到这些后，就会在系统里更新总账，并且将凭证明细录入日记账凭证文件中。

现金收入程序

收发室职员打开客户的现金支票，检查支票和汇款通知单的完整性，并准备两份汇款清单复印件。一份与支票一起送到现金收入部门，另一份和汇款通知单送到开票部门。当现金收入部门职员收到支票和汇款清单后，会核对支票与汇款清单，并在支票上背书"仅供存款"字样。一旦支票被背书，他就从他的终端将收入记录在现金收入日志中。然后该职员填写存款单并将支票存入银行。一天结束时，现金收入职员打印纸质现金收款日记账凭证，发送至总账部门。开票部门职员收到汇款后，从部门终端将金额记入应收账款明细账中。在一天结束时，该职员还会打印一份应收账款汇总表并发送给总账部门。总账部门用日记账凭证验证应收账款汇总额，然后用验证的交易金额更新日记账凭证文件和总账。

要求:

a.创建当前系统的数据流图

b.创建现有系统的系统流程图

c.分析系统中的物理内部控制弱点

d.描述应该在该系统中实施的 IT 控制

e.(可选项)针对上述提到的控制缺陷,重新设计计算机操作系统,并画出其流程图,阐述你的解决方案

6.户外探险公司:漂流和露营用品(联网计算机系统和手动程序)

户外探险公司坐落于蒙大拿州,是一家为美国西北地区的户外运动零售商提供漂流和露营设备的批发商。户外探险公司聘请你评估其交易流程、风险和内部控制。以下段落描述了户外探险公司的收入循环程序。

收入循坏

(1)销售订单处理程序。

客户订单被邮寄或通过电子邮件发送给销售部门。收到订单后,销售职员通过运行验证应用程序从计算机终端检查客户的信誉度。信用检查程序确定客户的账户最近是否有付款并且客户没有超出他或她的信用限额。应用程序中的计算机控制程序将阻止进一步处理任何未通过信用检查的交易。在某些情有可原的情况下,信用经理可能会否决验证控制结果。

在核实客户的信用后,销售职员通过他的电脑终端记录销售订单。订单的数字化副本被分发到仓库和运输部门终端以供进一步处理。计算机系统自动将销售记录在销售日志中。最后,销售职员将客户订单的打印件归档到销售部门。

仓库经理收到仓库终端上的数字销售订单的提示。经理打印出两份订单副本:库存放行单和发货通知。根据库存放行单副本,仓库职员从货架上挑选指定的货物并将它们与库存放行单和发货通知一起发送到运输部门。然后仓库经理从他的计算机终端更新库存明细账和总账控制账户。当发货员收到货物、库存放行单和发货通知时,他会将它们与终端上显示的相应的数字化销售订单进行核对。如果一切相符,他会打印出三份纸质提单和一张装箱单,装箱单和提单的两份副本连同货物一起发送给承运人,将库存放行单副本和发货通知发送到应收账款部门,第三份提单副本在运输部门备案。收到库存放行单和发货通知后,应收账款职员手动创建纸质发票,并立即邮寄给客户。邮寄发票后,该职员使用库存发放信息从他的计算机终端更新应收账款明细账和总账。记录更新后,业务员将库存放行单和发货通知归档到应收账款部门。

(2)现金收入程序

客户付款与其他邮件一起直接送到普通收发室。邮件收发职员对邮件进行分类,打开客户付款信封,取出客户的支票和汇款通知单,并对两份文件进行核对。为了控制支票和汇款通知单,该职员手动准备了两份汇款清单的打印件。他将一份副本连同相应的汇款通知单一起发送给应收账款部门。汇款清单的另一份副本随支票一起送到现金收入部门。一旦支票和汇款清单到达现金收入部门,财务主管会核对文件,为支票背书,并

手动准备三份纸质存款单。然后，他从他的计算机终端更新现金收入日记账和总账。接下来，财务主管将支票和两份存款单寄给银行。最后，他将存款单和汇款清单的第三份副本归档到本部门。

应收账款职员从收发室收到汇款清单和汇款通知单后，对两份单据进行核对。然后，他更新应收账款明细账和总账。最后，他将两份文件归档到部门。

要求：

a.创建当前系统的数据流图

b.创建现有系统的系统流程图

c.描述系统中的内部控制弱点并讨论与这些弱点相关的风险

d.（可选项）针对上述提到的控制缺陷，重新设计计算机操作系统，并画出其流程图，阐述你的解决方案

7.Classic Restorations 公司（手动和单机处理）

Classic Restorations 公司专门销售产于 20 世纪六七十年代的经典跑车和高性能赛车的原件或替代件。随着"婴儿潮一代"年龄的增长，他们变得更加富有，想要重温美好的回忆，这使得经典车行业近年来发展迅猛。经典车的销售和修复是一个价值数十亿美元的产业，在美国从事该产业的员工数量达到 3 万多人。然而，这是一个高度分散的行业，由许多小企业组成。Classic Restorations 的总部位于加利福尼亚州洛杉矶，目前有 95 名全职员工，包括销售人员、销售代表和行政人员。Classic Restorations 的主要客户群为西海岸的小型修复店和经典车经销商。Classic Restorations 的许多零件都来自国外，但越来越多的零件也渐渐在美国制造。

Classic Restorations 使用的是老旧的会计系统，即各个部门的单机与人工操作相结合。最近，他们经历了与过时的会计系统有关的业务效率低下。Classic Restorations 的管理层已聘请你审查其程序是否符合有效的内部控制标准。Classic Restorations 的收入循环程序在以下段落中介绍。

销售订单程序

Classic Restorations 的销售部门位于其洛杉矶总部。所有客户订单都通过销售代表访问他们销售区域的当前和潜在客户获得。订单由代表在每天结束时传真、邮寄或亲自交给销售部门。

收到订单后，销售人员通过针对信用记录运行验证应用程序，从计算机终端检查客户的信誉度。信用检查程序确定客户的账户最近是否有付款，并且客户没有超过他或她的信用额度。应用程序中的计算机控件将阻止进一步处理任何未通过信用检查的交易。在某些情有可原的情况下，信贷经理可能会否决验证控制结果。经验证后，销售人员会从计算机终端准备一式三份的销售订单打印件。业务员将销售订单副本发送到开票部门，将库存放行副本发送到仓库，将装箱单副本发送到运输部门。原始客户订单在销售部门归档。

收到销售订单后，开票职员使用部门的个人电脑将销售记录在数字销售日志中，并打印一份发票，发送给客户，然后将销售订单发送到应收账款部门进行进一步处理。在

一天结束时，该职员从个人电脑打印出销售日记账凭证并将其发送到总账部门。仓库职员使用库存放行副本从货架上拣货，然后使用仓库个人电脑更新库存明细账。接下来，该职员将货物和库存放行单发送到运输部门。在一天结束时，该职员从个人电脑上打印一份销售日记账凭证，并将其发送到总账部门。

仓库职员对照库存放行副本从货架上挑选商品，然后使用仓库电脑更新库存明细账。接下来，将货物和库存放行单发送到运输部门。在下班前，该职员从个人电脑上打印一份库存汇总表，将其发送到总账部门。

运输职员核对从销售部门送来的装箱单与从仓库收到的库存放行单和货物。如果一切正确，该职员会手工填制一份纸质提单。然后，他将装箱单和提单附在货物上，由承运人送交客户。最后，该职员将库存放行单归档到本部门。应收账款职员从开票部门接收销售订单，并使用它从部门的个人电脑上更新AR明细账。然后将销售订单提交到本部门。在一天结束时，该职员从电脑上打印AR汇总表，将其发送到总账部门。

现金收入流程

客户付款进入收发室，收发室职员打开信封并将支票和汇款通知单发送到应收账款部门。应收账款职员将汇款通知单与支票核对并更新客户在电脑上的应收账款明细账。然后，该职员在该部门提交汇款通知单，并将支票发送到现金收入部门。如前所述，在一天结束时，应收账款职员从部门的个人电脑上打印一份应收账款汇总表，并将其发送到总账部门。现金收入职员收到支票并将付款记录在现金收入日记账中，然后，手工填制纸质存款单，并将支票和存款单发送给银行。一天结束时，该职员从部门电脑打印现金收入日记账凭证，并发送到总账部门。总账职员收到销售日记账凭证、现金收入日记账凭证、应收账款汇总表和库存汇总表，然后核对这些文件并将它们从部门的个人电脑上过账到总账中相应的控制账户。最后，总账职员将汇总表和日记账凭证归档到本部门。

要求：

a.创建当前系统的数据流图

b.创建现有系统的系统流程图

c.分析系统中的物理内部控制弱点

d.（可选项）针对上述提到的控制缺陷，重新设计计算机操作系统，并画出其流程图，阐述你的解决方案

8.Architect's Depot（带有手动程序的联网计算机系统）

Architect's Depot（AD）是一家在线公司，为建筑承包商和个人提供一系列建筑产品，包括山墙通风口、百叶窗、乙烯基壁板和各种材料的装饰条等。

该公司使用人工和终端分布在几个部门的联网会计系统相结合的操作程序。然而，在顺利使用几年之后，AD出现了运营效率低下和会计错误等问题。贵公司已受聘评估AD的业务流程和内部控制。收入循环在以下段落中描述。

销售订单程序

AD的收入流程在客户通过在线、邮件或电话代表等方式下订单时启动。由系统自动输入在线订单，邮件和电话订单手动输入。输入客户订单后，系统会自动执行在线信

用检查。如果信用申请被批准，销售过程将继续。如果信用申请被拒绝，则终止程序并自动通知客户拒绝接单。

对于已批准的订单，职员手动为每个销售订单准备四份打印件。然后，该职员将销售信息从他的终端输入电脑销售日志中，并在销售部门提交一份销售订单副本。第二份副本被发送到开票部门，在那里进行进一步处理。第三份销售副本被送到仓库。最终副本作为收据发送给客户，说明订单已收到并处理。

仓库职员使用销售订单作为库存放行凭证，从货架上挑选所需的货物。然后，职员手动准备提单和装箱单，和货物一同发送给承运人。仓库职员随即访问计算机终端并为开票部门创建数字化运输通知。最后，该职员在仓库中归档库存放行文件。

开票部门职员核对销售订单打印件和显示在他或她的终端上的数字化运输通知。然后，他或她打印两张纸质发票，一份作为账单发送给客户，另一份发送给应收账款部门。之后，该职员将销售订单副本归档到本部门。收到纸质发票后，应收账款职员从其终端在应收账款明细账中创建数字化记录。然后，该职员将发票副本归档到部门。

现金收入程序

客户付款和汇款通知进入收发室。收发室职员将单据分开，将汇款通知单发送至应收账款部门，并将支票发送至现金收入部门。应收账款职员收到汇款通知后，从终端访问客户在应收账款明细账中的账户，并据此调整余额，同时在部门归档汇款通知。在终端，现金收入职员将收到的支票过账到现金收入日记账。然后，其在系统上手工填制一份存款单，打印出来随现金一起送到银行。最后，在每天结束时，系统会准备所有批次的销售和现金收入交易汇总表，并自动将它们过账到数字化总账中的控制账户。

要求：

a.创建当前系统的数据流图

b.创建现有系统的系统流程图

c.分析系统中的物理内部控制弱点

d.描述应该在该系统中实施的 IT 控制

e.（可选项）针对上述提到的控制缺陷，重新设计计算机操作系统，并画出其流程图，阐述你的解决方案

第 5 章

支出循环 I：采购和现金支付程序

学习目标

学习本章后，你应该：

• 认识构成采购和现金支付流程的基本任务。

• 能够识别采购和现金支付活动所涉及的职能领域，并跟踪这些交易在组织内部的流动。

• 能够说明提供审计跟踪、促进历史记录维护以及支持内部决策和财务报告的文件、日记账和账户。

• 了解与采购和现金支付活动相关的风险，并熟悉降低这些风险的控制措施。

• 了解采购和现金支付系统中使用的技术的操作特征和控制影响。

支出循环的目标是将企业的现金转化为开展业务所需的物理材料和人力资源。在本章中，我们将重点介绍从供应商处获取原材料和产成品的系统和程序，而在第 6 章将研究工资单和固定资产系统。

大多数商业实体以信用为基础运营，并且在获得资源之前不支付对价。这些事件之间的时间差将采购过程分为两个阶段：（1）物理阶段，涉及资源的获取；（2）财务阶段，涉及现金支付。实际上，这些事件被视为独立交易，通过单独的子系统进行处理。

本章考察了构成支出循环的两个主要子系统的重要特征：（1）采购处理子系统；（2）现金支付子系统。本章分为两个主要部分。5.1 节为概念系统的概述，包括逻辑任务、关键实体、信息的来源和使用，以及关键文件在组织内部的流动。5.2 节涉及物理系统，这些系统在不同程度上由技术和人类活动组成。这一节回顾了位于技术/人类连续体不同点的系统选项。有两大目标推动了这一节的讨论：一是说明系统不同技术的系统功能、效率问题和工作流程特征；二是展示内部控制问题在技术/人类连续体的不同点上系统之间的差异。本章还探讨了基本技术系统和高级集成系统。本章末尾概述了电子数据交换（EDI）。

5.1 概念系统

5.1.1 采购和现金支付活动的概述

在本节中，我们从概念上研究支出循环。使用数据流图（DFD）作为指导，我们将通过采购处理程序和现金支付程序跟踪活动的顺序。第 6 章介绍了同样属于支出循环的工资单和固定资产系统。

与第 4 章一样，概念体系的讨论旨在实现技术中立。5.1 节中描述的任务可以通过手动或计算机执行。在这一点上，我们的重点是（在概念上）需要做什么，而不是如何（在实际中）完成。在流程的各个阶段，我们将检查遇到的特定文档、日记账和分类账。这些文档和文件可能是物理的（打印件）或数字的（计算机生成的）。在本章后面，我们将研究物理系统的示例。

5.1.1.1　采购处理程序

采购程序包括识别库存需求、下订单、收货和确认负债等任务。这些任务之间的关系用图 5-1 中的 DFD 表示。一般来说，这些程序适用于制造和零售企业。两种业务类型之间的主要区别在于采购的授权方式。制造企业为生产采购原材料，其采购决策由生产计划和控制职能部门授权。这些程序在第 7 章中进行描述。商业企业购买产成品以进行转售，由其库存控制职能部门提供采购授权。

监控库存记录。公司通过将原材料投入到生产过程（转换循环）和向客户出售产成品（收入循环）来减少库存。这里以后一种情况来进行说明，其中库存控制会监控和记录产成品的库存水平。当库存下降到预设的再订购点时，系统会编制**采购申请单**并将其发送到编制采购订单（PO）功能以启动采购流程。回想一下，识别低水平的库存情形和创建采购申请的任务都属于收入循环中的活动，已在第 4 章中详细描述过。图 5-2 给出了采购申请的示例。

出于效率和控制的目的，采购申请单涵盖从库存明细账和从**有效供应商文件**中获取的日常订购信息，如主要供应商的名称和地址、存货的经济订购数量以及存货的标准或预期单位成本，将这些信息提供给采购代理，可以让他或她在良好控制允许的情况下尽可能有效地处理日常采购，并将他或她的主要精力用于解决非常规问题，如采购稀缺的、昂贵的或不寻常的库存物品。有效的供应商文件通过仅列出已批准的供应商来提供重要的控制，其目的是确保企业仅从已获得授权的供应商处购买存货，这有助于减少某些供应商的欺诈，如采购代理从与其有关系的供应商（亲戚或朋友）处购买或以过高的价格从供应商那里购买以换取回扣或贿赂。

尽管采购程序因公司而异，但通常会在需要时为每个库存物品编制单独的采购申请单，这通常会导致针对单个供应商的多个**采购申请**。因此采购申请单需要合并为一个采购订单（下面讨论），然后发送给供应商。在这种类型的系统中，每个采购订单都与一个或多个采购申请单相关联。

准备采购订单。"编制采购订单"功能接收到采购申请后，如果有需要会按照供应商进行分类。接下来，为每个供应商编制**采购订单**（PO），如图 5-3 所示。将采购订单的一个副本发送给供应商，一个副本发送给应付账款（AP）功能，以便在 AP 待处理文件中临时归档。另外，还发送一份采购订单的密件（blind copy）给收货功能并保存，直到所购存货到达。采购订单的最后一个副本归档在**未结/已结采购订单文件**中。

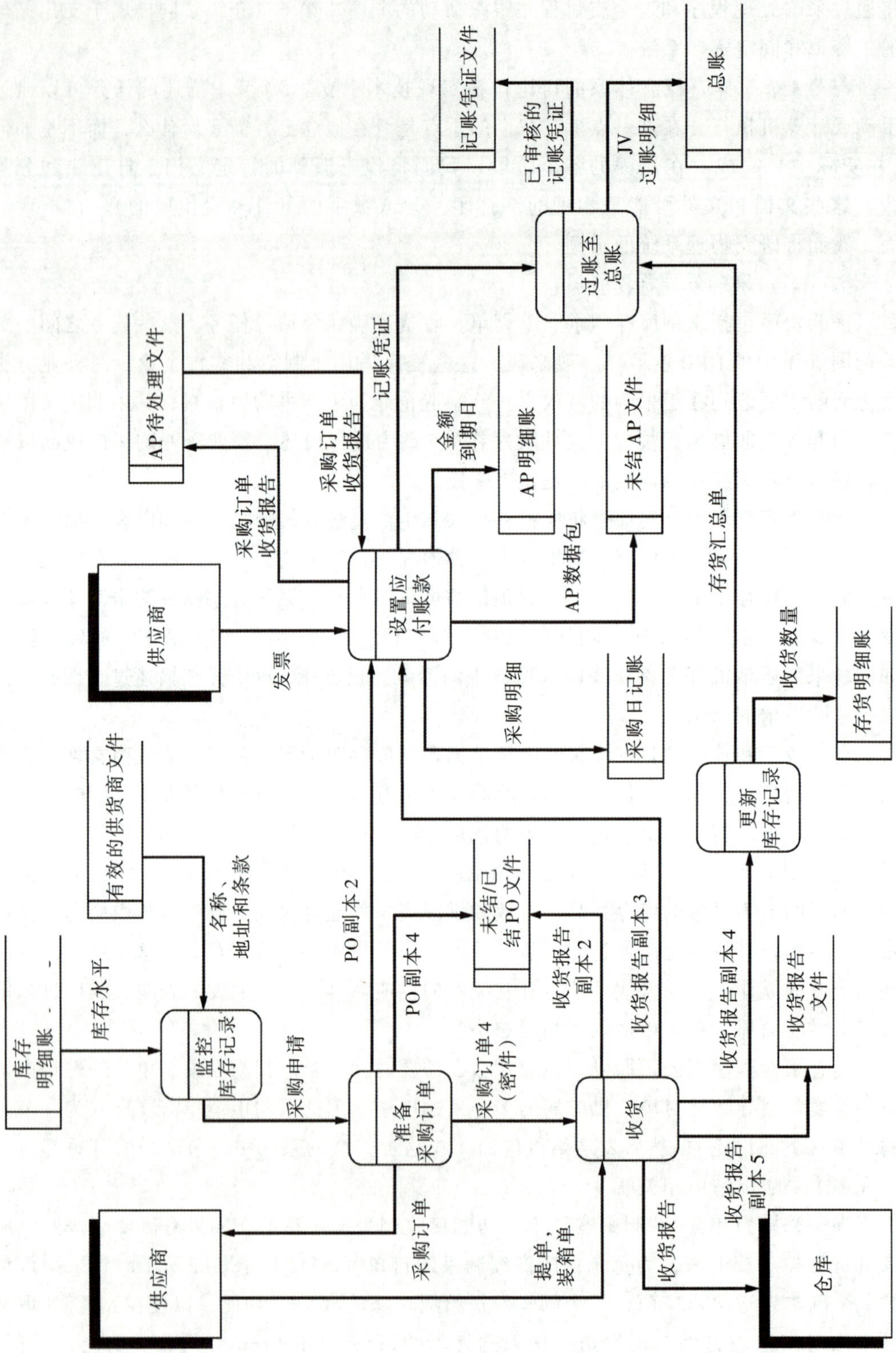

图5-1 采购系统的DFD

图5-2 采购申请

图5-3 采购订单

收货。大多数公司在下订单和收到存货之间都会存在一个时间差（有时时间差较大）。在此期间，采购订单的副本存放在各个部门的临时文件中。请注意，还尚未发生任何经济事件。在此时，企业未收到任何存货，也没有承担任何债务。因此，做任何会计记录都没有依据。然而，公司通常会对待处理的库存收据和相关债务进行备忘。

支出循环中的下一个事件是收到存货。从供应商处收到的货物与采购订单的密件进行核对。如图5-4所示，**密件**不包含所收到的产品数量或价格信息。密件的目的是迫使收货员在完成收货报告之前清点和检查存货。有时，收货码头非常繁忙，收货人员在压力之下从送货卡车上卸货，并签署提货单，这样卡车司机才可以继续前往下一站。如果向收货人员提供了数量信息，他们可能会仅仅根据这些信息接受交货，而不是核实货物的数量和状况。在企业接受货物并将其放入仓库之前，必须检测出丢失的货物或损坏的货物、不正确的货物。密件是降低这种风险的重要控制手段。

			Hampshire Supply Co. 采购订单		No. 23591
至：	*Jones and Harper Co.* *1620 North Main St.* *Bethlehem PA 18017*				请在所有运输文件和发票上显示上述编号

供应商编号 *4001*	订购日期 *8/15/20xx*		要求日期 *9/1/20xx*	采购代理 *J. Buell*	条款 *2/10, n/30*
采购申请编号	零件编号	数量	描述	单价	总价
89631 *89834* *89851*	*86329* *20671* *45218*		*Engine Block Core Plug* *Brake Shoes* *Spring Compressors*		
制单人： *BKG*		审批人： *RMS*		总额	

图5-4　采购订单密件

在完成实际盘点和检查后，收货职员编制一份**收货报告**，说明所收货物的数量和状况。图 5-5 为收货报告的示例。收货报告的一份副本随存货一起送到原材料仓库或产成品仓库进行保管，另一份副本归到未结/已结采购订单文件中存档，以关闭采购订单。收货报告的第三份副本发送至设置应付账款功能，并在**应付账款待处理文件**中存档，第四份副本发送给库存控制账户，以更新库存记录。最后，在**收货报告文件**中也放一份收货报告副本。

更新库存记录。根据现有的存货估价方法，不同公司的存货控制程序可能有所不同。使用**标准成本系统**的企业按照预定的标准值更新存货记录，而不考虑实际支付给供应商的价格。图5-6显示了标准成本法下存货明细账的副本。

过账到标准成本存货明细账只需要收到的存货数量信息。因为收货报告包含数量信息，所以它可以用于此目的。更新**实际成本存货明细账**则需要额外的财务信息，如已收到的供应商发票副本。

记录应付账款。在该交易过程中，设置应付账款功能收到了采购订单和收货报告的副本，并将其临时存档。企业收到供应商发来的货物，便产生了支付货物价款的债务。

	Hampshire Supply Co. 收货报告		No. 62311
供货商	*Jones and Harper Co.*	收货方式	*Vendor*
采购订单编号	*23591*	收货日期	*9/1/20xx*

零件编号	数量	描述	状况
86329	*200*	*Engine Block Core Plug*	*Good*
20671	*100*	*Brake Shoes*	*Good*
45218	*10*	*Spring Compressors*	*Ear on one unit bent*

收货：	检查：	交付至：
RTS	*LEW*	*DYT*

图5-5 收货报告

HAMPSHIRE MACHINE CO.									
永续盘存记录——项目#86329									
项目描述	收货数量	销售数量	库存数量	再订购点	订购数量	EOC	供货商编号	标准成本	存货总成本
Engine Block Core Plug	200		200	30		200	4001	$1.10	$220
		30	170						$187
		20	150						$165

图5-6 标准成本法下存货明细账

　　然而，在这个过程中，该企业尚未收到包含记录该交易所需财务信息的**供应商发票**。因此，该公司将推迟记录（确认）负债，直到供应商发票送到。这种常见情况会在记录过程中产生轻微的延迟（几天），在此期间，严格来说该公司的负债被低估了。实际上，只有在公司编制财务报表的期末，这种错报才是一个问题。为了结账，会计需要在发票到达之前估计债务的价值。如果估算存在重大错误，则必须进行调整，以纠正错误。由于收到发票通常会触发AP程序，会计人员需要意识到期末结账时可能存在未记录的负债。

　　发票到达后，AP职员将财务信息与AP待处理文件中的收货报告和PO进行核对。这被称为三方匹配，它验证订购的商品是否已收到且价格合理。对账完成后，AP职员

准备一个 **AP数据包**，其中包括支持文件（PO、收货报告和发票），并将 AP数据包归档到**未结 AP 文件**中。一旦对账，AP 数据包就被正式授权记录负债并随后付款。接下来，交易记录在采购日记账中，并过账到 **AP明细账**中的供应商账户。

图 5-7 显示了这些会计记录之间的关系。

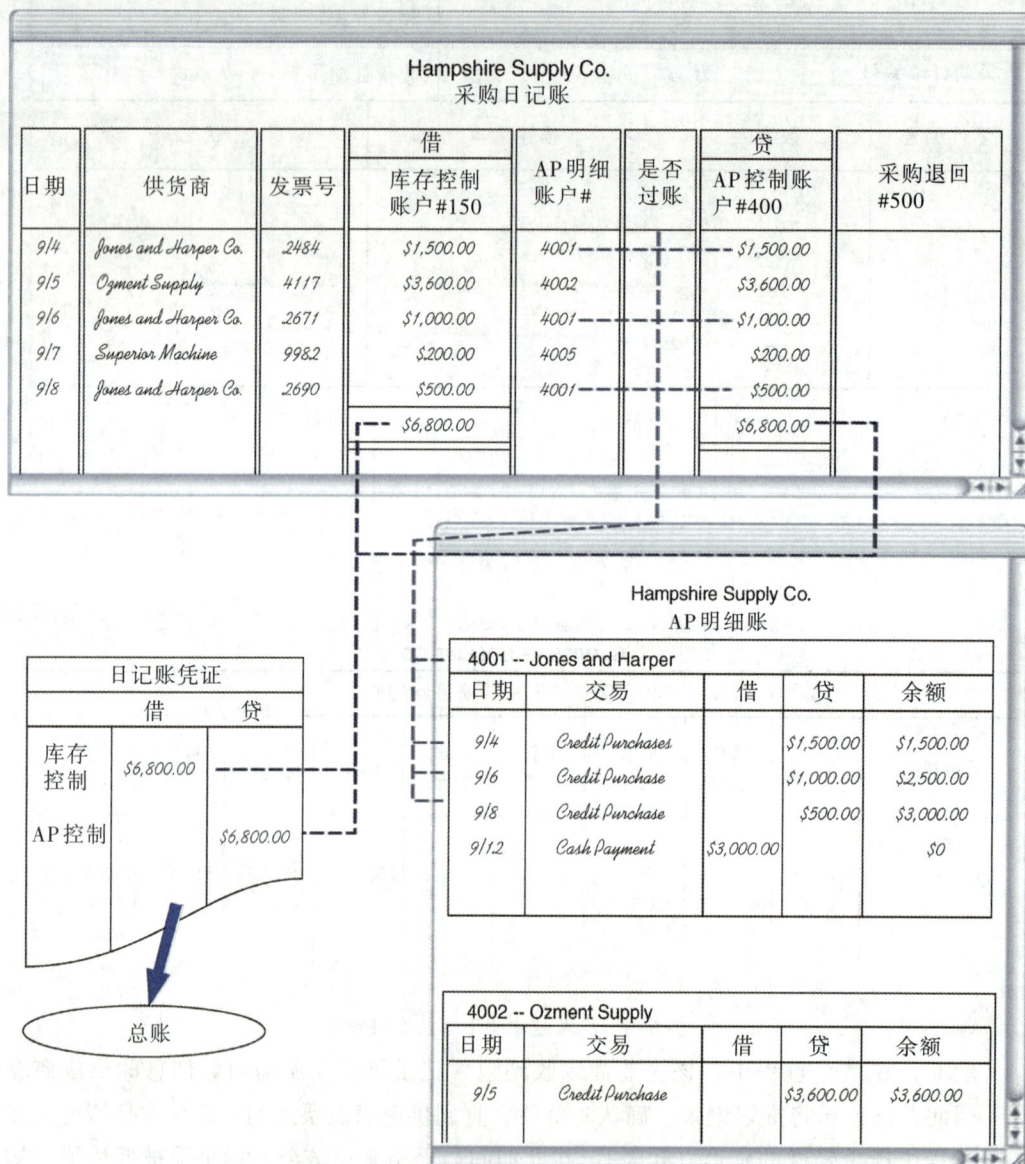

Hampshire Supply Co.
采购日记账

日期	供货商	发票号	借 库存控制账户#150	AP明细账户#	是否过账	贷 AP控制账户#400	采购退回#500
9/4	Jones and Harper Co.	2484	$1,500.00	4001		$1,500.00	
9/5	Ozment Supply	4117	$3,600.00	4002		$3,600.00	
9/6	Jones and Harper Co.	2671	$1,000.00	4001		$1,000.00	
9/7	Superior Machine	9982	$200.00	4005		$200.00	
9/8	Jones and Harper Co.	2690	$500.00	4001		$500.00	
			$6,800.00			$6,800.00	

日记账凭证

	借	贷
库存控制	$6,800.00	
AP控制		$6,800.00

总账

Hampshire Supply Co.
AP明细账

4001 -- Jones and Harper

日期	交易	借	贷	余额
9/4	Credit Purchases		$1,500.00	$1,500.00
9/6	Credit Purchase		$1,000.00	$2,500.00
9/8	Credit Purchase		$500.00	$3,000.00
9/12	Cash Payment	$3,000.00		$0

4002 -- Ozment Supply

日期	交易	借	贷	余额
9/5	Credit Purchase		$3,600.00	$3,600.00

图5-7 采购日记账、AP明细账与日记账凭证之间的关系

回想一下，存货估价方法将决定库存控制部门如何记录收到存货。如果公司使用实际成本法，AP 职员将向库存控制部门发送供应商发票的副本。如果使用标准成本法，则无须执行此步骤。

最后，应付账款职员汇总该期间（或批次）采购日记账中的分录，并为总账功能编制日记账凭证（见图 5-7）。假设该企业使用永续盘存法，日记账分录为：

	借方	贷方
存货——控制账户	6 800.00	
应付账款——控制账户		6 800.00

假设企业采用定期盘存方法，日记账分录为：

	借方	贷方
采购	6 800.00	
应付账款——控制账户		6 800.00

5.1.1.2　应付凭证系统

作为上一节中描述的 AP 程序的替代方案，一些公司使用**应付凭证系统**。在此系统下，AP 部门使用**现金付款凭证**并维护应付凭证登记簿。AP 员工在进行三方匹配后，编制现金付款凭证，用来批准付款。凭证提供了对现金付款的更好控制，并允许公司在一张凭证上合并对同一供应商的多笔付款，从而减少签发的支票数量。图 5-8 为凭证示例。

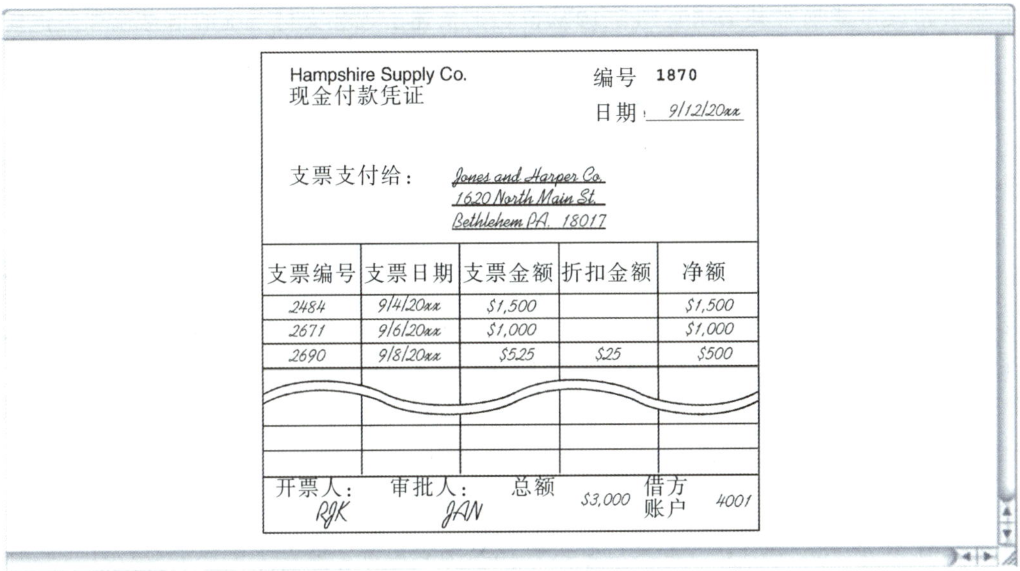

图5-8　现金付款凭证

每张凭证都记录在**凭证登记簿**中，如图 5-9 所示。凭证登记簿反映了公司的应付账款负债；登记簿中未付凭证的总和（那些没有支票号码和付款日期的凭证）是公司的总应付账款余额。AP 职员将现金付款凭证及其附属的原始凭证一起在**应付凭证文件**中归档。

过账到总账。总账功能接收来自 AP 部门的日记账凭证和来自库存控制账户的汇总表。总账功能将日记账凭证中包含的数据过账到库存控制账户和应付账款控制账户，并将库存控制账户与库存明细汇总表进行核对，然后将日记账凭证归档到已批准的日记账凭证文件中。至此，支出循环的采购阶段就完成了。

日期	凭证编号	支付		应付凭证（贷）	库存商品（借）	供应商（借）	销售费用（借）	管理费用（借）	固定资产（借）	杂项（借）	
		支票号	日期							账户编号	金额
9/12/20xx	1870	104	9/14	$3,000	$3,000						
9/13/20xx	1871			$3,600		$3,600					
9/14/20xx	1872	105	9/15	$500		$500					

（表头上方：Hampshire Supply Co. 凭证登记簿）

图5-9　凭证登记簿

5.1.1.3　现金支付系统

现金支付系统处理在采购系统中产生的债务的支付。该系统的主要目标是确保只有有效的债权人才能收到付款，并且支付的金额既及时又准确。如果系统提前付款，企业就放弃了本可以从资金中获得的利息收入。然而，如果债务延迟支付，企业将失去采购折扣或可能损害其信用。图5-10从概念上描述了现金支付系统的信息流和关键任务的DFD。

识别到期债务。现金支付流程从AP部门开始，AP职员每天都会在该部门查看未结AP文件中的到期付款项目。通常，此文件按付款到期日进行管理，以确保在最后可能的日期偿还债务，而不会错过到期日和失去折扣。AP职员以AP数据包（PO、收货报告和供应商发票）的形式向现金支付部门发送付款批准意见。

准备现金支付。现金支付职员收到AP数据包并检查其完整性和准确性。对于每笔支出，现金支付职员都会准备一张支票，并在**支票登记簿**（或称为"现金支出日记账"）中记录支票号码、金额和其他相关数据。图5-11为支票登记簿示例。

根据企业设置的重要性阈值，支票可能需要现金支付部门经理或财务主管的额外批准（图5-10中未显示）。可兑付发票邮寄给供应商，它的副本附在AP数据包上，作为付款证明，支票副本在本部门存档。现金支付职员在已付款的数据包中标记该文件并将其返还给AP职员。最后，现金支付职员将在**支票登记簿**中的分录予以汇总，并将载有以下日记账分录的日记账凭证发送到总账功能：

	借方	贷方
应付账款	××××.××	
现金		××××.××

更新AP记录。在收到已付款的AP数据包后，AP职员通过借记供应商的AP明细账来解除负债，然后将AP数据包归档在**已结AP文件**中，并编制一份应付账款汇总表，将其发送到总账功能。

过账到总账。总账功能收到来自现金支付的日记账凭证和来自应付账款的AP汇总表。日记账凭证显示了由于向供应商付款而导致企业负债和现金账户的总减少额，该金额与应付账款账户汇总表里的金额相一致，并且总账中的应付账款控制账户和现金账户会相应更新。然后将已审核的日记账凭证予以归档。现金支付程序到此结束。

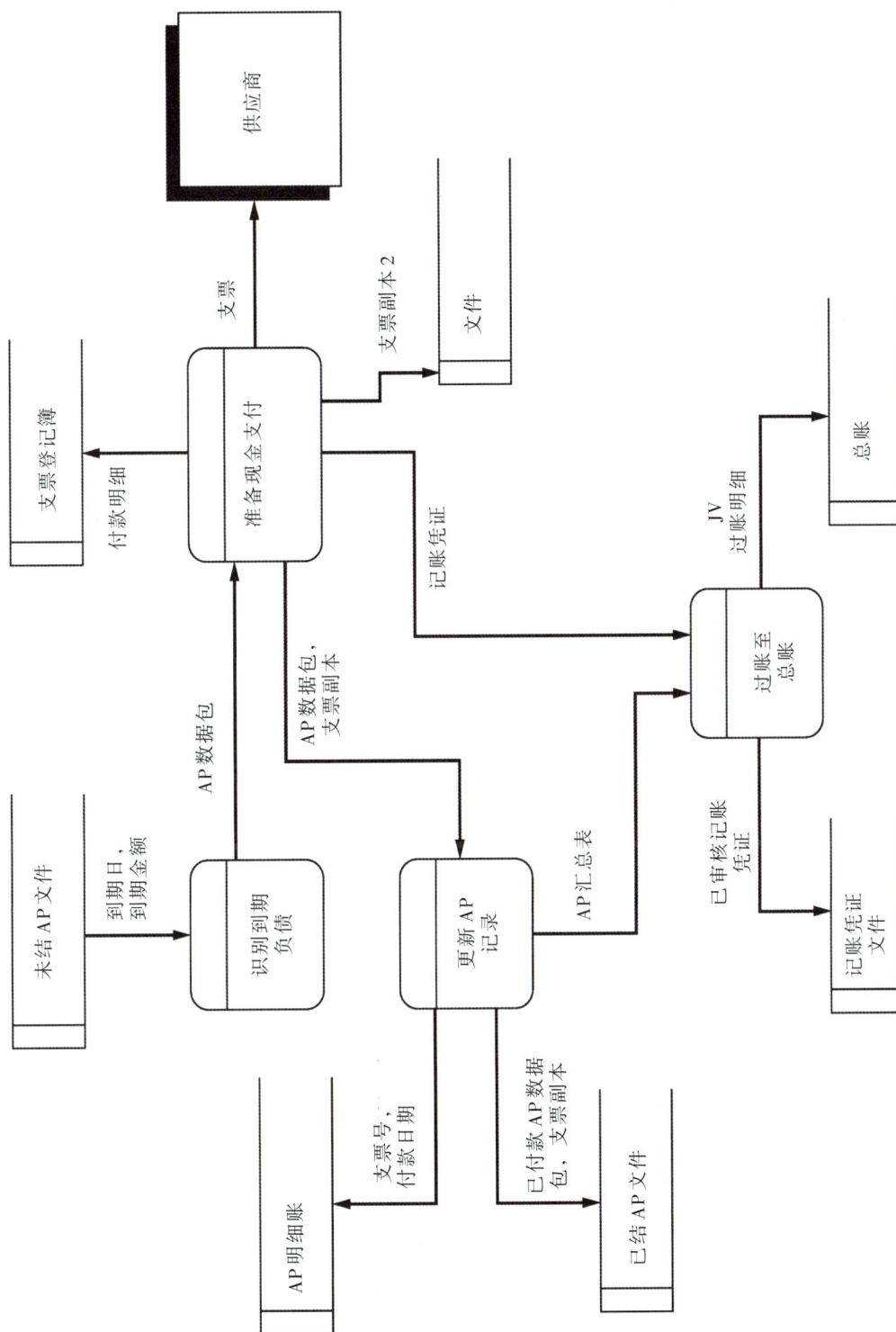

图5-10 现金支付系统（DFD）

现金支付日记账											
日期	支票号	凭证号	描述	贷		总账/明细账户借	过账	应付账款 #401	运费 #516	运营费用 #509	其他 过账
				现金	进货折扣						
9/4/20xx	101	1867	Martin Motors	$500		Auto					$500 ✓
9/4/20xx	102	1868	Pen Power	$100		Utility	✓			$100	
9/12/20xx	103	1869	Acme Auto	$500		Purchases					$500 ✓
9/14/20xx	104	1870	Jones and Harper	$3,000				$3,000			

图5-11　现金支付日记账（支票登记簿）

5.2　物理系统

在第4章中我们看到，物理会计信息系统是计算机技术和人类活动的结合。可能的技术/人类选择的混合创造了一个连续统一体。它存在两种极端情况：一种是极少使用信息技术、严重依赖手工操作的系统；另一种是用自动化流程取代手工操作的先进技术系统。

连续统一体上不同点的系统运行方式不同，并存在不同的内部控制问题。本部分的目标是：（1）说明不同技术水平下的会计信息系统（AIS）功能和工作流程模式；（2）展示内部控制概况如何随着技术/人员组合的变化而变化。为实现这一目标，我们回顾了连续体不同点的系统示例。示例1是基本技术系统，它使用独立的个人电脑（单机），其功能主要是记录和保存；示例2是先进技术系统，它通过一台中央计算机集成所有业务功能。

5.2.1　基本技术支出循环

本节介绍基本技术支出循环系统的示例。这些系统中使用的计算机是独立的（非联网的）个人电脑。因此，部门之间的信息流通用打印文件进行沟通。另外，在该系统中维护源文档的物理文件对于审计跟踪来说极其重要。当我们浏览各种流程图时，注意到在较多部门中，当个人完成其被指定的任务后，文件就会被归档为其已执行任务的证据。

5.2.1.1　基本技术采购处理系统

图5-12的系统流程图显示了基本技术销售订单系统里的流程、文档和数据文件。以下部分概述了该系统中的关键活动。

库存控制。当库存控制职员通过访问**采购申请文件**，并从他的个人电脑上打印采购申请时，该活动便开始了。回想一下，采购申请文件是在销售活动期间当库存水平下降到其预定的再订购点时创建的。一份采购申请发送给采购部门，另一份放在机打的**未结采购申请文件**中。请注意，为了提供适当的授权控制，库存控制部门独立于执行采购交易的采购部门。

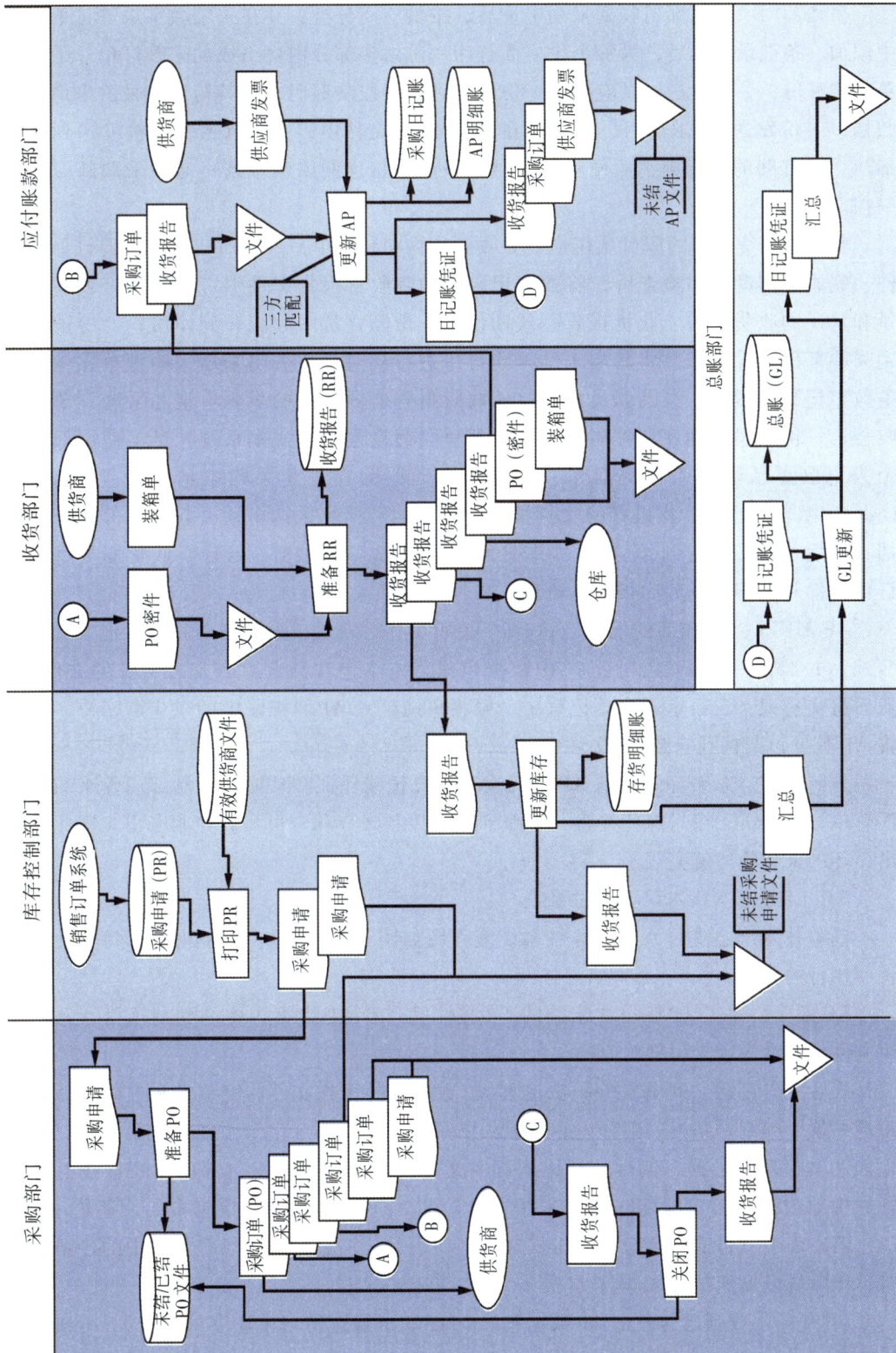

图5-12 基本技术采购系统

　　采购部门。采购部门收到采购申请后，按供应商分类，并在未结数字采购订单文件中添加一条记录。然后，为每个供应商打印一份由多部分内容组成的采购订单。采购订单一式五份：一份发送给供应商；一份发送到库存控制部门，将其与未结采购申请一起归档；一份发送给 AP 部门，以归档在 AP 待处理文件中；一份（密件）被发送到收货部门，当订购的存货到达后便将其归档；最后一份连同采购申请一起在采购部门予以归档。

　　收货。收货部门的职员从供应商处收到货物和装箱单，并核对货物与采购订单的密件。完成实物盘点和检查后，将数字记录添加到收货报告文件中，并打印记载库存数量和状况的收货报告。收货报告一式四份：一份随存货一起流转到库房；一份被发送到采购部门，采购职员将其与未结采购订单进行核对，并关闭未结采购订单文件中该条数字记录，然后，采购职员将机打的收货报告连同之前的采购申请和采购订单一起归档；一份被发送到库存控制部门，在那里（假设是标准成本系统）员工使用部门的个人电脑更新数字库存明细账，系统会自动删除在创建采购申请时设置的"On-Order"标志，然后，将机打的收货报告连同采购订单和采购申请一起在本部门予以归档；最后一份被发送到 AP 部门，并在 AP 待处理文件中归档。最后，收货职员将采购订单密件和装箱单一起归档在本部门。

　　AP 部门。当供应商的发票到达时，AP 职员核对发票、采购订单和收货报告（三方匹配）并准备一个 AP 数据包，AP 数据包只是一个包含已核对的支持文件的文件夹，然后将交易记录在数字采购日记账中，并将负债记入 AP 明细账中的供应商账户，最后将 AP 数据包归档到未结 AP 文件中。

　　总账部门。总账部门收到 AP 部门发来的日记账凭证和从库存控制部门发来的账户汇总单。总账员工核对这些并将其过账到库存控制账户和应付账款控制账户。至此，支出循环的采购阶段就完成了。

5.2.1.2　基本技术现金支付系统

　　基本技术现金支付系统的详细系统流程图如图 5-13 所示。接下来讨论每个关键流程中执行的任务。

　　AP 部门。每天 AP 职员在未结的 AP 文件里查看 AP 数据包中的到期项目，并将证明文件发送给现金支付部门。

　　现金支付部门。现金支付职员接收 AP 数据包并检查文件的完整性和准确性。对于每笔付款，编制一张由三部分内容组成的支票，并在支票登记簿中记录支票号码、美元金额和其他各项数据，然后支票连同证明文件一起交给现金支付部门的经理或财务主管，由他或她签名。可兑付支票邮寄给供应商；AP 数据包和支票副本要返还给 AP 部门，但在现金支付部门会归档一份支票副本。最后，汇总检查支票登记簿中的各项，并将日记账凭证发送给总账部门。

　　AP 部门。收到已付款的 AP 数据包后，AP 职员通过借记供应商的数字 AP 明细账来解除负债，然后 AP 数据包就被归档在已结 AP 文件中，最后 AP 职员向总账部门发送一份应付账款汇总表。

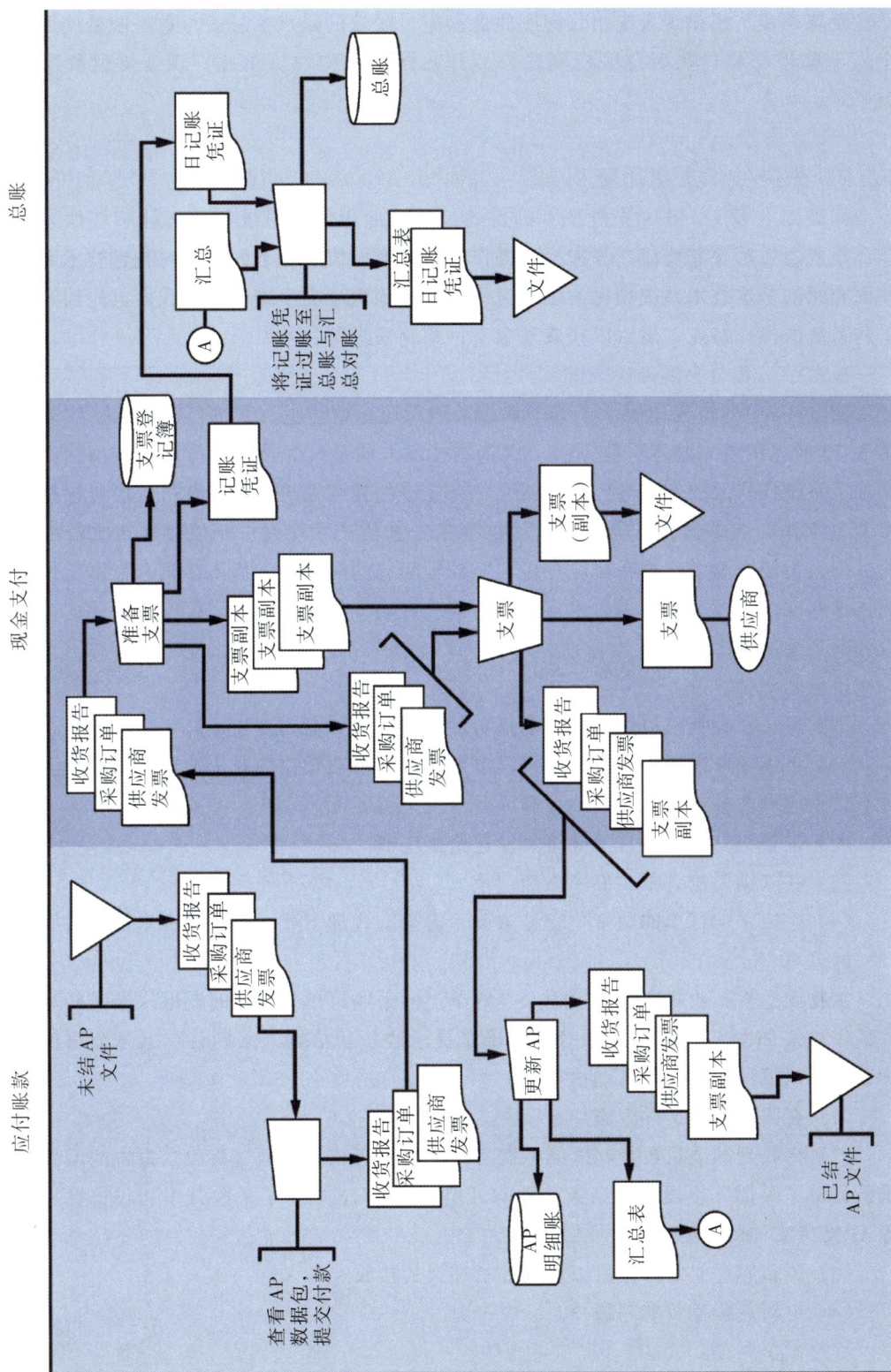

图5-13 基本技术现金支付系统

总账部门。根据现金支出日记账凭证和应付账款的账户汇总表，总账职员使用部门个人电脑将交易过账到总账控制账户，并归档这些文件。至此，现金支付程序就结束了。

5.2.2 先进技术支出循环

回顾第 4 章，AIS 中先进技术的目的是通过通用信息系统集成会计和其他业务功能。集成通过消除非增值任务来提高操作效率并降低成本。下面将探讨先进技术系统与前面介绍的基本技术系统相比，是如何显著改变和简化支出循环的。我们首先回顾集成采购系统的操作特点，然后以集成现金支付系统来举例。

5.2.2.1 集成采购处理系统

图 5-14 中的流程图展示了一个集成采购系统。请注意，其部门活动水平明显低于图 5-12 所示的基本技术采购系统。以基本技术采购系统为特征的劳动密集型活动大大增加了系统操作的成本并导致人为错误。在先进的技术系统中，计算机程序可以执行许多文书工作，成本低且不容易出错。尽管在先进的技术环境中仍然存在传统的部门结构，但人员职责重新集中在财务分析和对异常问题的解决上，而不是日常文书工作。因此，这些部门规模虽比基本技术环境下的部门更小，但效率更高。接下来描述这个重新设计的系统的每个阶段。

计算机操作

采购环节，计算机应用程序自动执行以下任务：

（1）系统读取需要补充货物的采购申请文件，按照供应商对采购申请进行分类，并与有效供应商文件中的供应商地址和联系信息进行匹配。

（2）准备机打的采购订单并将其发送给供应商。

（3）在未结采购订单文件中添加记录。

（4）生成采购订单的数字化交易清单，由采购代理下载、审核并在本部门归档。

收货部门

货物到达后，收货职员通过输入提货单上的采购订单号，实时获取未结采购订单文件的密件。如图 5-15 所示，系统收货屏幕提示收货职员输入采购订单上每个项目的收货数量。以下任务由系统自动执行：

（1）在收货报告文件中添加记录。

（2）将收到的项目数量与未结采购订单记录进行核对，通过将收货报告的编号录入采购订单"关闭"字段中来结束该采购订单。图 5-16 显示了采购订单和收货报告文件等 AP 支持文件的可能结构。

（3）更新库存明细账记录以反映存货项目的接收。

（4）更新总账存货控制账户。

应付账款部门

当 AP 职员收到供应商的发票时，访问系统并将记录添加到供应商发票文件中。然后，将机打发票归档到本部门。以下任务由系统自动执行：

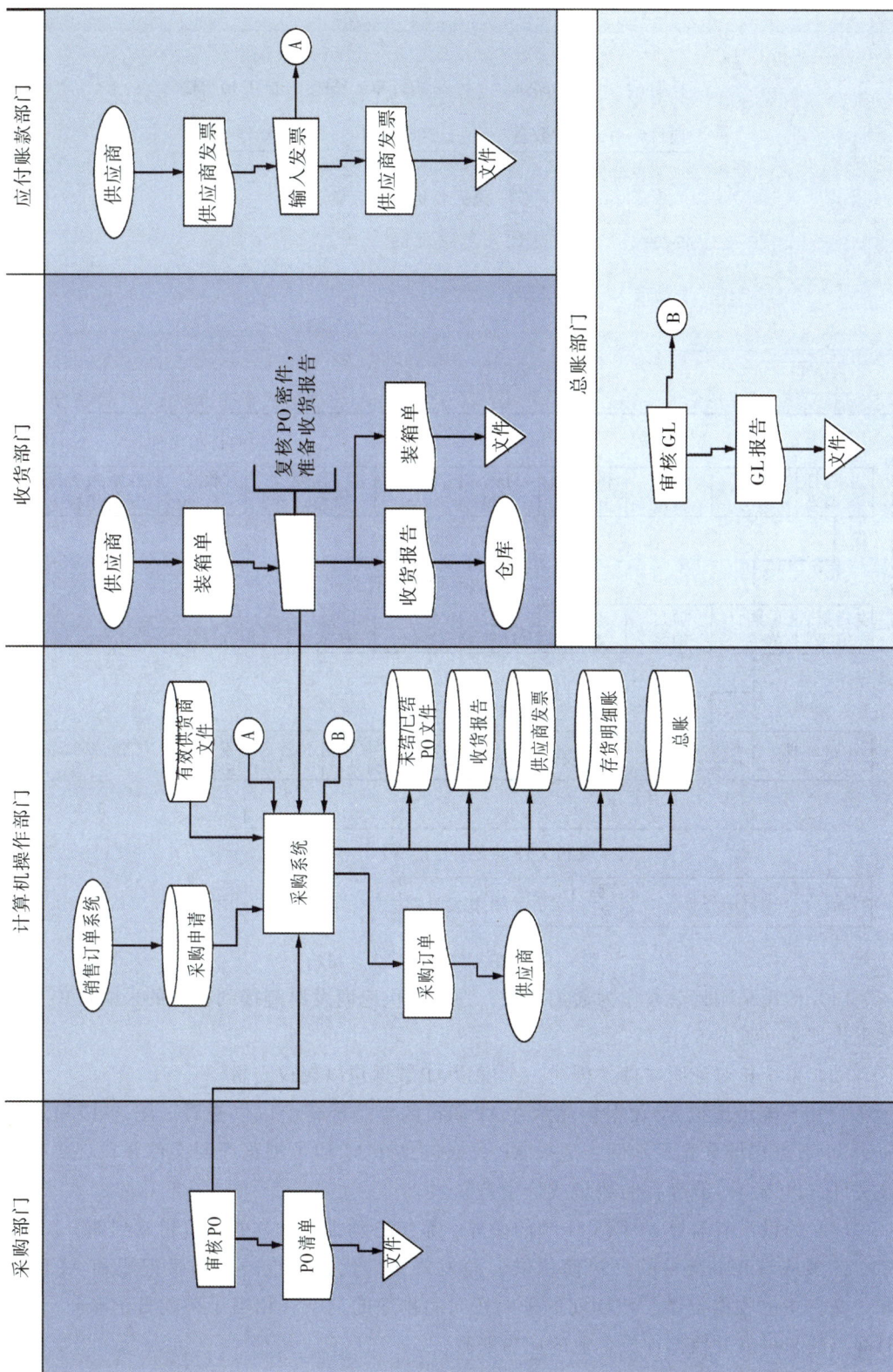

图5-14　集成采购系统

图5-15 收货屏

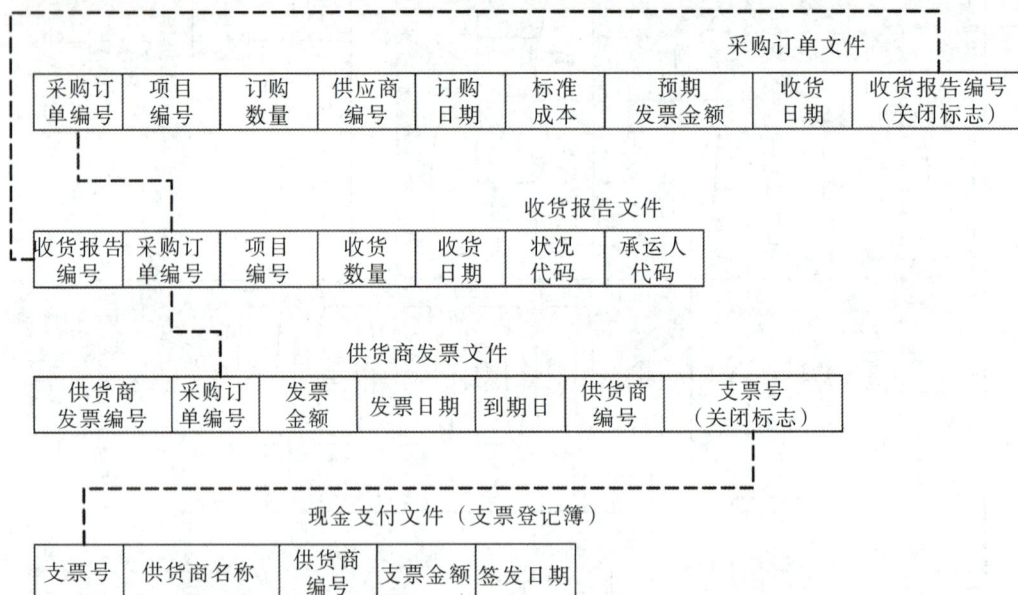

图5-16 AP支持文档的文件结构

（1）使用采购订单号作为通用属性，系统将供应商发票链接到相关的采购订单和收货报告记录（见图5-16）。

（2）系统核对证明文件并创建一个虚拟AP数据包以授权支付。

（3）系统将虚拟AP数据包显示在AP职员的电脑屏幕上以供查看。图5-17呈现了一个AP数据包屏幕显示示例。虚拟AP数据包允许AP职员浏览证明文件并在必要时修改文件，以调整可能存在的数量或价格差异。

（4）假设没有需要AP职员干预的差异，系统自动批准付款并设置付款到期日。

许多从事B2B交易的公司使用供应商发票文件代替传统的采购日记账和AP明细账。文件中的发票提供了该期间的采购按时间排序的记录（相当于采购日记账），任何时间点的未付款发票都构成企业的应付账款。

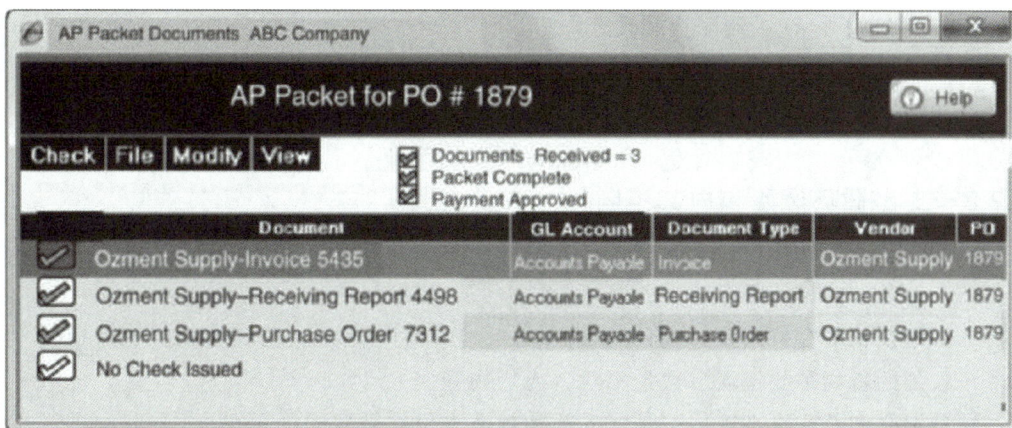

图5-17 虚拟AP数据包

5.2.2.2 集成现金支付系统

图 5-18 展示了现金支付系统。在该系统中，企业通过将机打支票邮寄给供应商的方式来付款，而使用电子资金转账（EFT）付款的企业将采用第 12 章中描述的不同程序。每天，供应商发票记录的"到期日字段"都会被扫描以查找应付款的项目。对到期项目执行以下程序：

（1）支票自动打印、签名并分发到收发室以邮寄给供应商。超过预设重要性阈值的支票将在邮寄之前收到额外的签名（未显示）。

（2）付款自动记录在支票登记簿中。

（3）通过将支票号码录入"关闭"标志字段中来关闭供应商发票（参见图 5-18）。

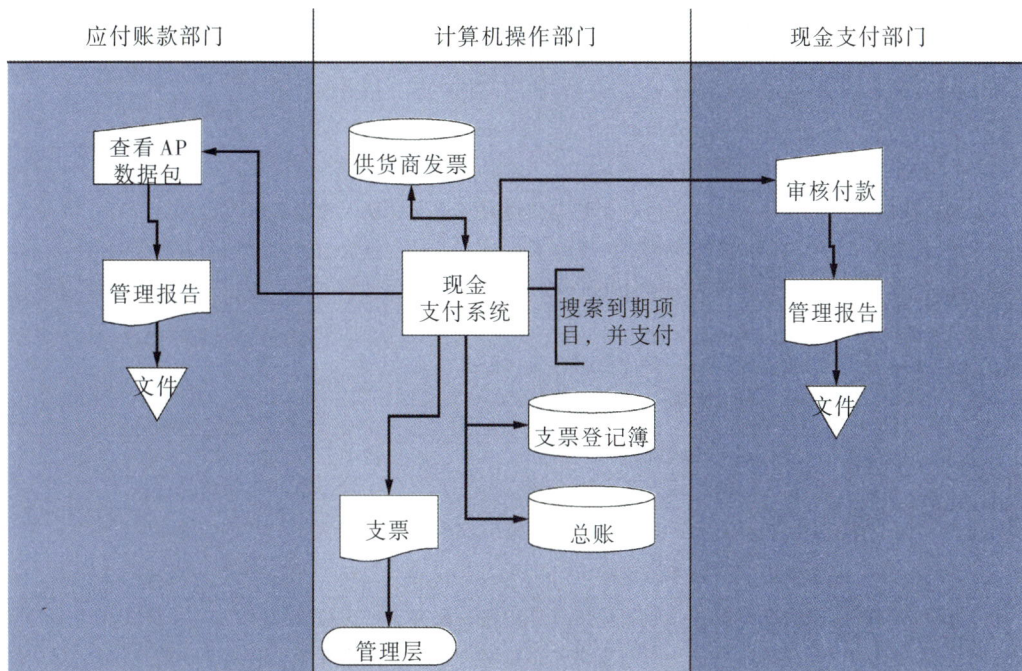

图5-18 集成现金支付系统

（4）更新总账AP控制账户和现金账户。

（5）通过终端将详细说明这些交易的报告传送给AP部门和现金支付部门，以供管理审查和归档。

5.2.3 支出循环风险和内部控制

内部控制的目标之一是降低错误和欺诈的风险。以下是与支出循环交易相关的主要风险：

- 未经授权的存货采购
- 收到的货物种类错误、数量不对，或货物受损
- 日记账和总账未准确地记录（采购和现金支付）交易
- 挪用现金和存货
- 未经授权访问会计记录和机密报告

内部控制活动由物理控制和IT控制组成。物理控制主要用来控制人的行为，涵盖六类内部控制活动：交易授权、职责分离、监督、会计记录、访问控制和独立验证。IT控制包括一般控制和应用控制。一般控制并非针对某一特定循环或子系统而设计，因此不能直接用来控制支出循环风险。应用控制包括输入控制、过程控制和输出控制。下面将考察并比较物理控制和IT控制在基本技术和先进技术系统中是如何运用的，从而降低支出循环风险。表5-1汇总了这方面的内容。

表5-1 支出循环存在的风险及其控制

风险	物理控制	IT控制
未经授权的存货采购	交易授权——正式的采购申请	自动采购审批
收到的货物有误	独立验收——验收部门将收到的货物与采购订单进行核对 监督验收部门	扫描仪技术
未准确地记录	交易授权——应付账款部门授权现金支付职员支付现金 会计记录——审计跟踪文件、日记账、账户和文件 独立验证——存货控制、应付账款、现金支付和总账	输入数据编辑 错误信息 自动过账 文件备份
挪用现金和存货	监督——验收部门 独立验证——三方匹配 职责分离——现金支付、总账、应付账款、仓库、存货记录	自动三方匹配 多级安全，实现职责分离
未经授权访问数据	访问控制——原始凭证、日记账、账簿 职责分离——明细账簿、总账簿、资产保管	密码控制 多级安全，防止未经授权访问数据

5.2.3.1　风险：未经授权的存货采购

未经授权的存货采购是指决定买什么、何时买以及向谁买等决策完全由采购代理自行决定，这可能导致某些物品的库存水平过高，而另一些则缺货。这两种情况都可能对公司造成损害，过多的库存占用了企业的留存现金，缺货则导致销售损失和生产延迟。此外，这种自由裁量权可能会导致欺诈行为。例如，采购代理从未经批准的供应商那里收取回扣，而这些供应商提供的采购价格却高于市场价格。

5.2.3.1.1　物理控制

交易授权。交易授权的目的是确保只有有效的交易才能得到处理。当库存水平下降到事先确定的再订购点时，库存控制正式授权使用请购单进行补货，以触发采购功能。授权流程的正式化促进了有效的库存管理，并确保了与有效供应商之间进行采购交易的合法性。

5.2.3.1.2　IT 控制

自动采购审批。自动采购审批的目的是预防从未经批准的供应商处进行未经授权的采购。因此决定何时买、买什么以及从哪个供应商处买等决策不是由人决定的，而是由计算机逻辑决定的。执行此逻辑所需的关键属性来自采购申请文件和有效的供应商文件。此控制的正常运行取决于识别供应商并将其置于有效供应商名单上这一适当的程序。如果对有效供应商文件的访问没有通过密码或加密（在第 12 章中讨论）进行特别控制，则可能将未经批准的供应商添加到文件中，从而绕过控制。然而，考虑到不寻常的情况下操作的灵活性，系统应提供一个管理否决选项，以便从未经批准的供应商处进行采购，这可能只能由主管执行。任何此类否决都应完整地记录在管理报告中。

5.2.3.2　风险：收到的货物种类错误、数量不对，或货物受损

收货部门负责对从供应商处运来的大量有价值资产进行检查和清点。检查完毕，编制验收报告，并将货物存储在仓库。未正确执行收货任务会使公司面临收到的货物种类错误、数量不对或货物受损的风险。

5.2.3.2.1　物理控制

独立验收。当货物从供应商处送达时，收货职员会核实货物类型和数量是否正确，并检查它们的状况（损坏、变质等）。为了执行此验证，收货职员从采购处获得原始采购订单的"密件"。除了数量和价格外，采购订单"密件"含有关于所接收货物的所有相关信息。为了填写验收报告上的数量信息，收货职员不得不对货物进行实物清点和检查。

监督。监督对于确保收货员正确履行其重要职责至关重要。装箱单上的数量信息可用于规避货物清查过程，通常与货物一起送达。在收货职员清点和检查货物时，主管应保管装箱单。如果收货职员通过未结采购订单文件或装箱单获得货物数量信息，他们可能会在没有进行实物盘点和检查的情况下就将这些信息填入验收报告。

5.2.3.2.2　IT 控制

扫描仪技术。使用 IT 控制可以强化检查的基本概念。收货部门和仓库的产品代码扫描仪可以降低在接收和存储错误的产品时出现人为错误的风险。当收货职员和仓库职

员扫描货物时，系统将验证收到的货物是否与采购订单上的货物相符。

5.2.3.3 风险：日记账和总账未正确记录交易

不准确的记录可能有多种形式。以下概述了一些常见的支出循环中的记录错误，但并非详尽无遗：

- 从供应商处采购的计算不正确。
- 应付账款未记录或记录在错误期间。
- 供应商向未收到货物（延期交货）的客户开具账单。
- 供应商价款未正确地过账到应付账款账户或过账到错误的供应商应付账款账户。
- 采购、应付账款、现金支付和库存水平的汇总额未正确地过账到其各自的总账。

5.2.3.3.1 物理控制

交易授权。AP 功能通过 AP 数据包授权现金支付。为了有效控制公司的现金流，现金支付功能不能在没有明确授权的情况下开出支票。

会计记录。会计记录的控制目标是提供审计线索，从而可以对某交易从源文档追踪到财务报表。支出循环用到以下会计记录：AP 明细账、支票登记簿和总账。在支出循环中，审计师重点关注由于未记录的交易而导致在财务报表中被严重低估的负债。这在年终结算时很正常，只是因为一些供应商发票没有及时到达，进而未确认负债。然而，这在企图故意少报负债的情况下也会发生。因此，除了日常的会计记录外，支出循环系统还必须提供支持性信息，如采购申请文件、采购订单文件和验收报告文件。通过审查这些次要的文件，审计师可以获得那些未确认为负债的存货采购证据。

独立验证。在系统中，总账功能提供了重要的独立验证。它接收来自库存控制、应付账款和现金支出的日记账凭证和汇总报告。基于这些来源，总账功能验证所记录的负债总额是否等于所收到的存货价值，以及应付账款的减少总额是否等于现金支出的总和。源子系统中可能发生的许多交易错误将通过它们提交的汇总数字差异予以标记。

5.2.3.3.2 IT控制

输入数据编辑。回想一下，交易处理系统设计的基本假设之一，便是主文件（如库存、应付账款和总账）是"干净的"且没有错误的；相比之下，交易数据被认为是"脏"的，并且包含各种错误，如账户编号中的数字颠倒、无效库存零件编号和笔误，如果在处理之前未检测到，这些错误将损坏系统的主文件。

输入控件专注于输入应用程序的交易数据完整性的编辑。系统里设置如下的输入控件，则可以最大限度地降低数据输入错误的风险。

（1）控件（包括检查缺失数据、字符型数据和无效数据值）将降低 AP、库存控制、验收和现金支付等部门的职员未检测到数据输入错误的风险。

（2）校验位控件将对访问错误账户予以控制。长的供应商编号和存货账户编号在数据输入过程中容易受到转录和转置错误的影响。当部门职员将账号输入其系统时，校验位控件将降低发生此类错误的风险。

错误信息。将交易过账到库存和应付账款明细账时，计算机程序逻辑必须将验收报告和供应商发票中的库存项目编号、供应商账号以及库存和 AP 明细账文件分别进行核对。任何不匹配的情形都应向计算机操作员发出错误消息。

自动过账到明细账和总账。记录、保存功能在基本技术系统里是由会计职员手工操作完成的，而在先进技术系统里则可以自动执行。在人工环境中，库存控制、采购、应付账款、现金支付和总账功能之间的职责分离等重要物理控制旨在防止或检测人为错误和欺诈。在先进技术系统中，计算机应用程序并不会受到因屈服情景压力或道德标准缺失等导致的人为失误的影响，它可自动更新账户以及金额。通过消除会计活动的人为因素，可以明显减少错误发生率和欺诈的机会。而且，这些活动本身是劳动密集型活动，将其自动化则大大提高了企业运营效率。

自动化带来的好处取决于执行会计任务的计算机应用程序的正常运行。未检测到的程序错误可能会影响数千甚至数百万笔交易，进而对财务报表造成毁灭性后果。因此，一个组织的系统开发和程序更改过程对于确保计算机应用程序在投入使用时执行其预期操作，并在其使用寿命期间免受意外、恶意或欺诈性修改至关重要。在评估应用程序完整性时，审计师寻求以下问题的答案：计算机程序的逻辑是否正确？自上次测试以来，是否有人篡改过该应用程序？是否对程序进行了可能导致无法发现错误的更改？第 16章详细讨论了为这些问题提供答案的一般控制和审计测试。

文件备份。数字会计记录的物理丢失、破坏或损坏是第 3 章中讨论过的严重问题。文件备份程序应当作为日常交易数据处理的一部分。会计人员应该核实所有明细账和总账文件均已执行此类程序。

5.2.3.4　风险：挪用现金和存货

存货被盗的最大风险源于收货部门和仓库。挪用现金可能采取向冒充供应商的个人进行欺诈性付款的形式，或者是对未订购或未收到的货物进行错误付款。这些风险可以通过监督、独立验证、职责分离和自动化程序等控制措施来降低。

5.2.3.4.1　物理控制

监督。在繁忙时期，收货部门有时会很忙乱。在这种环境下，购进的存货在被仓库保管之前会被盗。监管不力会滋生有利于在途库存被盗的环境。

独立验证。AP 功能在验证该系统中其他人所做的工作方面起着至关重要的作用。关键源文档的副本流入该部门以备审查和比较。每份文件都包含有关购买交易的独特事实，AP 职员必须在公司确认一项义务之前对其进行核对。这种控制称为三方匹配，涉及以下三个文件：

（1）采购订单，表明采购代理仅从有效供应商处订购了所需的存货。

（2）验收报告，是所订购货物的实际交付及其状况、数量等方面的证据。将该文件与采购订单核对，表明该组织承担了合法的付款义务。

（3）供应商发票，提供将付款义务确认为应付账款所需的财务信息。AP 职员验证发票上的价格与采购订单上的预期价格相比是否合理。

职责分离——存货控制与仓库。这一点在第 4 章中已经提出。存货控制负责资产的详细记录，而仓库则负责资产的保管，这两项任务应该分开。在任何时候，审计师都应该将存货账面记录与存货实物进行核对。

职责分离——应付账款与现金支付。兼任应付账款账户记录与向供应商开具支票以支付应付账款这两类职责的员工可能会对公司实施欺诈。例如，他可以虚构负债（冒充供应商公司的员工），然后开出支票以履行虚假义务。分离这两类职责可以大大降低此类欺诈的可能性。

5.2.3.4.2 IT 控制

自动三方匹配和付款批准。自动三方匹配可以代替手工执行如下工作：当 AP 职员收到供应商的发票时，职员访问系统并将记录添加到供应商发票文件中。此行为促使系统通过使用 PO 编号作为公共属性，将供应商发票链接到相关的采购订单和验收报告记录来自动创建虚拟 AP 数据包。然后，该应用程序使用用于评估差异的程序化标准来核对支撑性文件。例如，可以设置系统自动批准任何发票金额不超过 100 美元或者是采购订单估计价格的 1% 的付款。属于限制范围内的项目将被自动批准并在到期日付款；超过阈值的差异将提交给管理层进行审查和人工批准。通过虚拟 AP 数据包屏幕，管理人员可以查看支撑性文件并否决系统控制，进行强制付款。否决系统控制的强制付款应仅由授权管理人员执行，并应在管理报告中完整记录。

多级安全。这是一种编程技术，允许多人同时访问系统，实现职责分离以限制他们的访问权限和活动。下一节将进一步讨论该技术。

5.2.3.5 风险：未经授权访问会计记录和机密报告

会计信息面临外部人员和企业员工未经授权访问的风险。访问会计信息的动机包括：

- 企图实施供应商欺诈。
- 盗窃存货。访问库存记录可以让犯罪者隐瞒盗窃行为。
- 恶意行为，如破坏或删除财务数据。

5.2.3.5.1 物理控制

访问控制。公司必须限制访问其控制实物资产的文件。例如，同时有权访问采购申请、采购订单和验收报告的个人可能会实施欺诈性采购交易。因为有了适当的支持性文件，就可以进行欺诈交易，而从系统程序来看是合法的，那么系统便会付款。

职责分离。第 3 章介绍了职责分离的目标是：

企业的组织结构应使得欺诈的实施需要两个或多个人之间的合谋。

为实现这一目标，应将某些记录任务分开。具体来说，应分离明细账（应付账款和存货）、日记账（采购和现金支出）和总账等职责。如果承担记录职责的人员与资产保管人员相勾结，就可能发生欺诈行为。虽然不能完全消除欺诈，但分离这些职责能够降低串通的风险。参与一项任务的人越多，串通就越困难，被发现的风险也越大，这将对那些考虑实施欺诈行为的人产生威慑作用。

5.2.3.5.2 IT 控制

密码控制。第 4 章讨论了数字会计记录如何容易受到未经授权的访问。为了降低该风险，企业管理层应执行强密码控制策略，以防止各部门的计算机文件和程序遭遇未经授权的访问。应用程序逻辑应要求并提示用户定期更改密码。企业政策应规定用户设置的密码含有 6 个或 8 个字符，由字母和数字组成。第 15 章将详细研究密码控制问题。

多级安全。第 4 章介绍了多级安全的概念，即通过编程技术，既允许具有不同访问权限的多个用户同时访问一个中央系统，又阻止他们获取未经授权的信息。访问控制列表（ACL）和基于角色访问的控制（RBAC）是实现多级安全的两种方法。通过这些技术，采购、验收、应付账款、现金支付和总账等人员的访问权限会受到分配给他们的权限的限制。ACL 和 RBAC 将在后面的章节中更详细地予以讨论。

5.2.4　使用 EDI 进行重组

第 4 章中提到，EDI 技术旨在通过专用网络或 Internet 连接买卖双方的计算机来加快制造商、批发商和零售商之间的日常交易处理。当买方的计算机系统检测到需要订购存货时，它会自动将采购订单发送给卖方，卖方系统会在很少或者是没有人工参与的情况下来批准和处理该订单。

EDI 得以成功实施的一个关键要素则是签订贸易伙伴协议，以消除需要人工参与才能解决的差异问题。特别是，执行货物验收和 AP 任务时，核对采购订单、验收报告和供应商发票属于劳动密集型工作，且成本高昂。以下示例显示了重组这些活动如何可以节省大量成本。

福特汽车公司在其北美 AP 部门雇用了 500 多名员工。对该职能的分析表明，员工的大部分时间都用于核对供应商发票、验收报告和采购订单之间的差异。这些差异是由供应商过多和供应商不可靠造成的，解决该问题的第一步则是改变商业环境。因此，福特与少数的供应商签订了贸易伙伴协议，双方事先就价格、质量、发货数量、折扣和交货时间等贸易条款达成一致。此外，福特使用的每件物品都将由单一供应商提供。在消除了主要的差异来源后，福特对其工作流程进行再造，以利用新环境。该系统的主要特点如下：

（1）当检测到需要订购货物时，系统自动向供应商发送数字化 EDI 采购订单。

（2）货物到达时，收货人员只进行粗略的检查，因为质量和数量已通过贸易伙伴协议予以保证。

（3）因为采购的财务信息是从贸易伙伴协议中提前知道的，所以**供应商发票**未提供除了验收报告以外的其他关键信息。通过消除这种潜在差异的来源，福特能够避免大多数采购交易的三方匹配。

（4）直接通过电子转账自动付款至供应商的银行账户。

由于重组，福特得以简化其工作流程，并将其 AP 员工从 500 人减少到 125 人。

一些企业通过完全取消验收功能进一步进行了重组。这样做的目的是将货物直接发送到生产部门，从而绕过收货区，避免生产延误和相关的处理成本。一个必须克服的会计和审计问题是在没有收货功能和没有收货报告的情况下如何核算到货的库存。处理此问题的一种方法是根据所生产的以零件为组件的产品来计算收到的零件数量。供应商付款是根据生产（使用的零件）分配的，并且每个零件只有一个供应商，那么向哪个供应商付款就很清楚了。另一个需要处理的问题便是生产过程中的废品核算。由于废品不属于产成品，因此不对其进行核算，也不向供应商支付废料的费用。记录和监控废料则需要实施单独的会计程序，这个问题将在第 7 章中讨论。

EDI 控制问题

EDI会给组织带来一些特有的风险，需要予以识别和控制。其中一个风险就是确保在没有明确授权的情况下，只处理有效的交易；另一个风险则是贸易伙伴或伪装成贸易伙伴的人在没有获得贸易伙伴协议授权的前提下访问公司的会计记录。第 12 章更详细地介绍了 EDI 及其对企业的影响。EDI 控制问题将在第 15 章中讨论。

总结

本章分为两大部分：5.1节从概念上研究了典型商品公司的支出循环，重点在于：（1）触发关键任务的功能和交易信息流；（2）支持审计跟踪、决策制定和财务报告的文件、日记账和账户。5.2节检查了位于技术/人类连续体不同点的物理支出循环系统。本节的目标是：（1）阐述不同技术水平下的系统功能、效率问题和工作流程特征；（2）展示在技术/人类连续体的各个点上系统之间就内部控制问题存在的差异。该部分审查了与基本技术系统和先进集成系统相关的物理控制和计算机控制。本章最后概述了与 EDI 系统相关的好处、主要特征和风险。EDI 系统将在后面的章节中详细讨论。

关键术语

实际成本存货明细账　　　　采购订单
AP 数据包　　　　　　　　采购申请单
应付账款处理文件　　　　　采购申请文件
AP 明细账　　　　　　　　收货报告
密件　　　　　　　　　　　收货报告文件
现金付款凭证　　　　　　　标准成本系统
现金支出日记账　　　　　　供应商发票
支票登记簿　　　　　　　　有效供应商文件
已结 AP 文件　　　　　　　供货商发票
未结 AP 文件　　　　　　　凭证登记簿
应付凭证文件　　　　　　　未结采购申请文件
应付凭证系统　　　　　　　未结/已结采购订单文件

复习题

1.区分采购申请和采购订单。

2.采购部门的作用是什么？

3.区分应付账款文件和应付凭证文件。

4.现金支付系统的三个逻辑步骤是什么？

5.采购系统触发了哪些总账/日记账分录？这些分录涉及哪些部门？

6.收货部门的严密监管可以降低哪两类风险？

7.什么是三方匹配？

8.总账部门进行哪些独立验证步骤？

9.维护有效供应商文件的目的是什么？

10.一些组织不使用应付账款明细账或采购日记账，这可能吗？

11.采购订单使用密件的目的是什么？

12.介绍使用应付凭证系统的一个优点。

讨论题

1.AP 数据包由哪些文件构成？每份文件提供什么证据？

2.在基础技术系统中，库存控制职员审核采购申请文件，识别库存需求。解释这个文件是如何创建的。

3.讨论验收部门监督控制的重要性以及验收报告出现盲区的原因。

4.先进技术系统的日常部门活动水平明显低于基本技术系统。这些部门不再需要了吗？

5.讨论：即使在先进技术系统中，AP 职员也必须执行三方匹配来批准所有供应商发票以进行付款。

6.成功实施 EDI 的核心是什么？

7.讨论消除验收功能的目的。需要解决哪些会计/审计问题？

8.多级安全控制在综合采购/现金支付系统中起到什么作用？

9.你正在进行年终审计。假设买卖方之间的贸易条款是卖方承担运输途中货物损失的风险，直到货物到达买方。什么文件提供证据证明负债存在但可能未记录？

10.系统开发和程序变更的一般控制如何影响日常业务处理？

多项选择题

1.以下（　　）说法是正确的。

a.现金支付功能是应付账款的一部分　　b.现金支付是一种财务职能

c.现金支付是一项独立的会计职能　　d.现金支付功能是总账部门的一部分

2.以下（　　）代表不相容的任务。

a.应付账款负责支付发票　　　　　　b.现金支付维护支票登记簿

c.应付账款维护 AP 明细账　　　　　d.应付账款负责授权发票支付

3. （　　）文件通常会触发三方匹配。

a. 采购申请

b. 供应商发票

c. 采购订单

d. 收货报告

4. 以下（　　）部门不使用验收报告副本。

a. 仓库

b. 应付账款

c. 总账

d. 采购部门

5. （　　）控制有助于确保收到的存货类型正确、数量正确且状况良好。

a. 与装箱单核对

b. 三方匹配

c. 编制送货单

d. 采购订单密件的签发

6. 支出循环中以下（　　）职能无须职责分离。

a. 采购存货与更新存货明细账

b. 仓库储存货物与更新存货明细账

c. 更新应付账款记录与过账到现金支付日记账

d. 以上所有都应分离

e. 以上都不需要分离

7. 以下（　　）描述了不相容的任务。

a. 授权付款与开具支票

b. 匹配采购订单、验收报告和发票与授权付款

c. 授权付款与维护应付账款明细账

d. 以上都是不相容的任务

8. 以下（　　）任务是现金支付职员不应该执行的。

a. 批准负债

b. 审查支持文件的完整性和准确性

c. 签发支票

d. 标记已支付的证明文件

9. （　　）可以仅通过验收报告来更新。

a. 总账

b. 标准成本存货明细账

c. 实际成本存货明细账

d. 应付账款明细账

10. 以下（　　）文件最有可能提供未记录负债的审计证据。

a. 发票

b. 收货报告

c. 采购订单

d. 采购申请

问题

1. 内部控制和风险

查看以下对公司采购和 AP 程序的描述，并回答最后的问题。

采购代理通过其计算机终端的库存控制应用程序来接收库存状态报告，该报告标识需要订购的存货。他选择供应商并将信息输入计算机终端以创建数字采购订单。然后，打印采购订单并将其发送给供应商。

当货物到达仓库时，仓库经理会清点并检查它们，然后创建数字验货报告并在仓库

终端更新库存明细账。

几天后，供应商将发票发送给 AP 职员，AP 职员将其与验货报告的数字副本进行核对。AP 职员通过其电脑终端将采购记录到采购日记账中，然后在 AP 明细账中添加一条记录，以确认负债，并指定负债到期日。

每天，现金支付职员从她的终端直观地搜索 AP 明细账以查找应支付的发票。该职员签发支票并将其记录在数字支票登记簿中。可兑付支票被邮寄给供应商，而支票副本则归档。然后，其关闭 AP 明细账中的负债，标记该负债已支付。

要求：

a.识别该系统中的内部控制缺陷

b.描述这些缺陷引起的不受控制的风险

2. 存货订购方案

问题 2 的流程图（图 P.1）列示了两种可供选择的存货订购方案。

要求：

a.区分采购申请单和采购订单

b.讨论两种方案的各自优点

c.设想一下方案一和方案二的适用情形

3. 系统流程图分析

使用问题 3 的流程图（图 P.2），回答下列问题：

a.X 和 Y 部门的名称是什么

b.系统中以字母标识的文件名称是什么？使用以下格式：例如，Doc A =（此处的文件名称）

c.系统中字母所代表的流程有哪些

d.系统中字母代表的文件有哪些

e.流程图终端字母 "Z" 代表什么

4. 流程图分析——控制

请参阅问题 4 （图 P.3）的系统流程图。

要求：

a.讨论与当前配置的系统相关的不受控制的风险

b.描述需要在系统中实施的控制措施，以降低给定场景中的风险

5. 风险分析和内部控制

下面描述了草坪和园艺用品批发商的采购和现金支付程序，该批发商使用在各部门中具有分布式终端的中央计算机系统。

库存控制职员从他的计算机终端直观地查看库存水平，以确定需要订购的货物。然后，他打印采购申请并将其发送给采购代理。根据采购申请，采购代理从采购部门的电脑终端选择供应商并在采购订单文件中添加一条数字记录。然后，库存控制职员打印采购订单并将其邮寄给供应商。最后，采购代理销毁采购申请，由于相关详细信息在采购订单上，因此不再需要该采购申请。

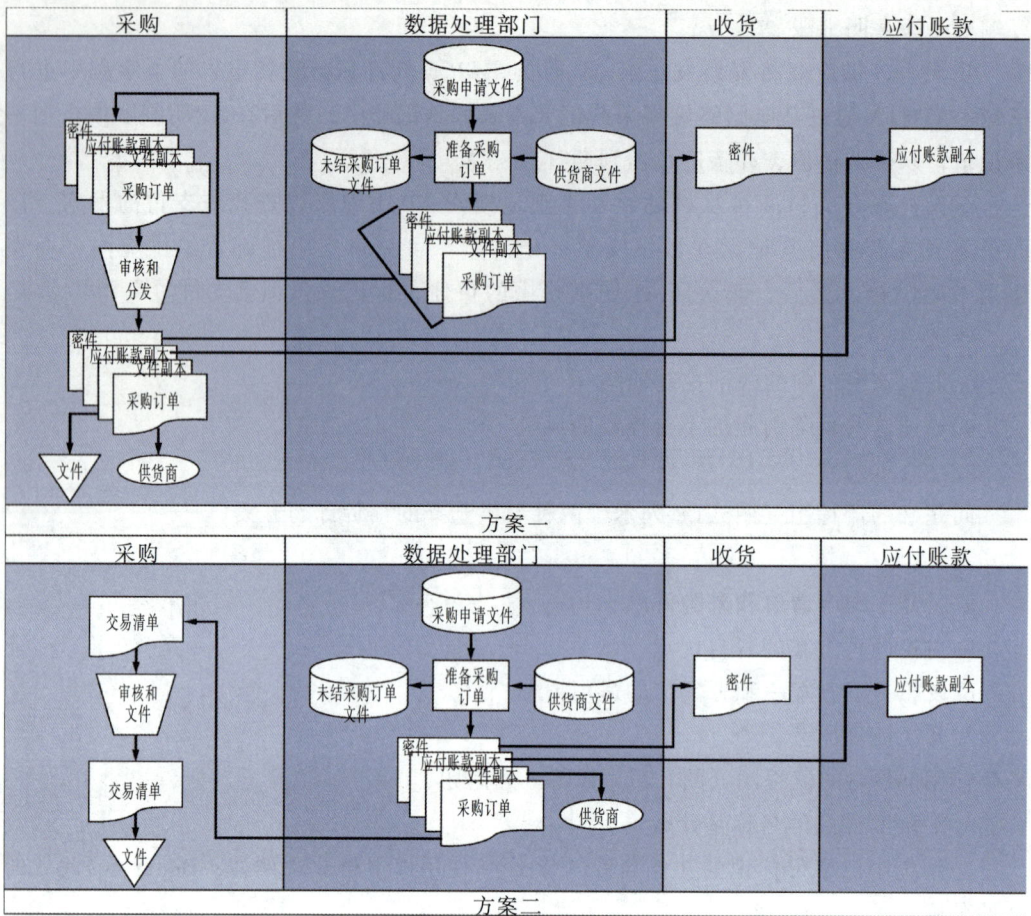

图P.1 问题2：存货订购方案

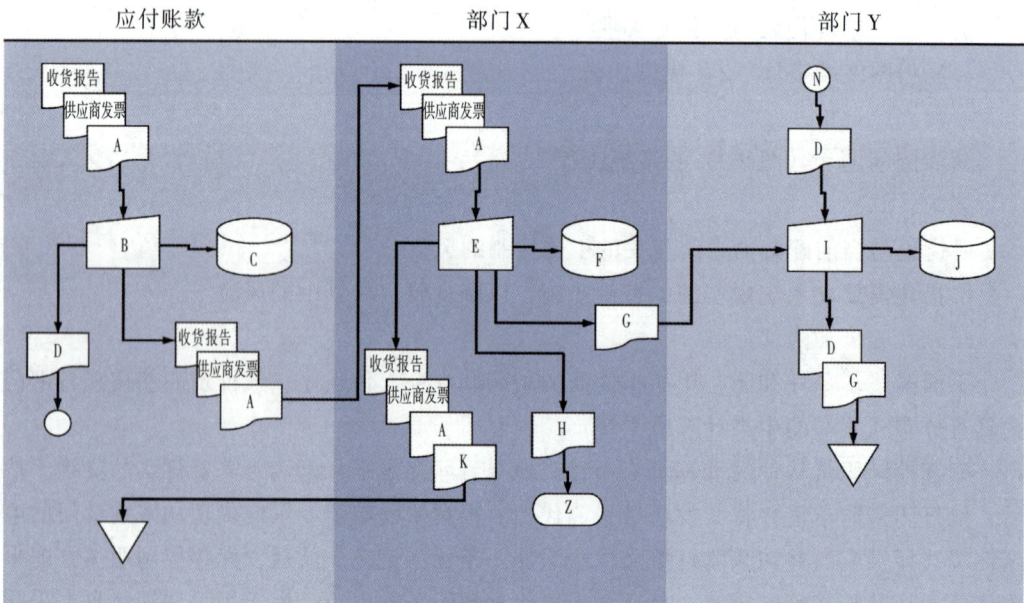

图P.2 问题3：系统流程图分析

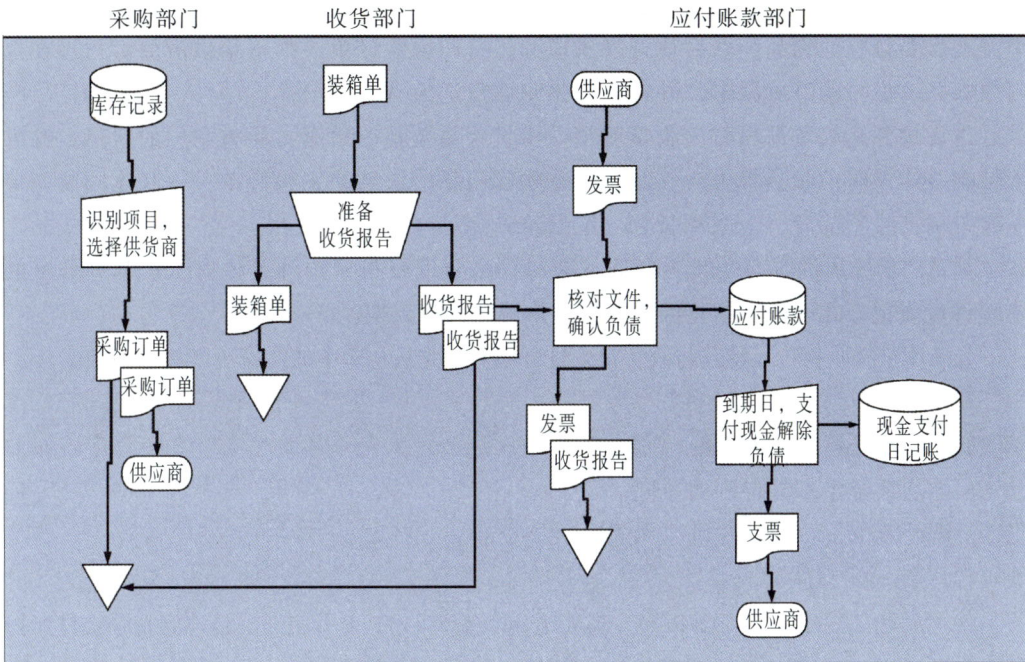

图 P.3　问题 4：系统流程图分析

　　当所采购的货物到达收货部门时，收货职员会从他的电脑终端打印一份采购订单，并将其与装箱单核对。然后，他手工创建一个由两部分组成的机打验收报告。验收报告的一份副本发送给库存控制部门，另一份副本发送给采购部门。装箱单与存货一起发送到仓库。

　　当采购代理收到验收报告时，他会关闭数字采购订单记录，在数字验收报告文件中添加一条记录。然后，他销毁不再需要的机打验收报告。

　　在收到验收报告副本后，库存控制职员更新库存明细账以记录收货。然后，他销毁机打验收报告。

　　供应商将机打发票发送给 AP 职员进行处理。当 AP 职员收到发票时，她会将其与数字采购订单和验收报告进行核对。然后，她设置付款到期日并在供应商发票文件中添加记录，供应商发票文件服务于 AP 明细账，最后将发票归档。

　　在到期日，计算机系统自动打印一张支票，将其邮寄给供应商，关闭供应商发票记录以解除负债，并将付款记录在现金支付文件中。

　　要求：

　　a.创建系统流程表

　　b.描述系统中不可控制的风险

　　c.描述降低上述风险的物理控制

　　d.描述该系统可适用的 IT 控制

6. 采购系统——风险和控制

回顾以下对采购系统的描述并回答最后的问题。

采购代理定期从连接到中央会计系统的计算机终端检查库存水平。代理在库存文件中搜索需要订购的物品。然后他选择供应商，打印采购订单，邮寄给供应商。代理在部门中归档一份采购订单副本，并将第二份副本发送给 AP 职员。

当货物到达收货部门时，收货职员会将货物与装箱单核对，检查它们的状况，并手工填制一式三联的收货报告：一联发给采购部门结清未结的采购订单，一联连同装箱单一起归档到收货部门，一联和货物一起发给仓库。

当 AP 职员从供应商处收到纸质发票时，她将发票与采购订单核对，从其办公室的终端将负债记录在 AP 子公司明细账中，并指定付款到期日。

仓库职员接收存货，将其与收货报告进行核对，并从仓库中的终端更新库存明细账。

要求：

a.创建系统的系统流程图

b.描述系统中不受控制的风险。

c.描述减少 b.中确定的风险所需的物理控制。

7. IT 控制——集中式系统

使用问题 7 的流程图（图 P.4），描述适用于系统的 IT 应用控件。具体到每个控件所扮演的角色。

8. 物理控制

使用问题 8 的采购系统流程图（图 P.5），确定系统中的六个主要物理控制弱点。讨论与每个弱点相关的未降低的风险。

9. IT 控制——分布式系统

使用问题 8 的流程图，描述适用于系统的 IT 应用控件。具体到每个控件所扮演的角色。

10. 内部控制

以下是制造公司采购程序的描述。公司的所有计算机都联网到一个集中的会计系统，这样每个终端都可以访问一个公共数据库。

库存控制职员定期从计算机终端检查库存水平，以确定需要订购的物品。然后，他选择一个供应商，在采购订单文件中添加一条记录，从终端创建一个采购订单。该职员打印采购订单并将其邮寄给供应商。电子通知也会发送到 AP 和收货部门，使每个部门的职员可以从各自的终端访问采购订单。

当原材料到达卸货码头时，收货职员从他的终端打印一份原始采购订单的副本，并将其与装箱单核对。然后，该职员从收货部门的终端创建数字接收报告。数字通知被发送到应付账款和库存控制部门，使相关的职员可以访问收货报告。库存控制职员随后更新库存记录。

当 AP 职员收到供应商的机打发票时，其将发票与数字采购订单和收货报告进行核对，并在数字 AP 明细账中添加记录，将负债金额记录在部门的采购日志终端上。AP 职员定期审查应付项目的 AP 文件，在确定项目后准备到期金额的支票。最后，使用部门终端，该职员从 AP 子文件中解除负债并将付款过账到现金账户。

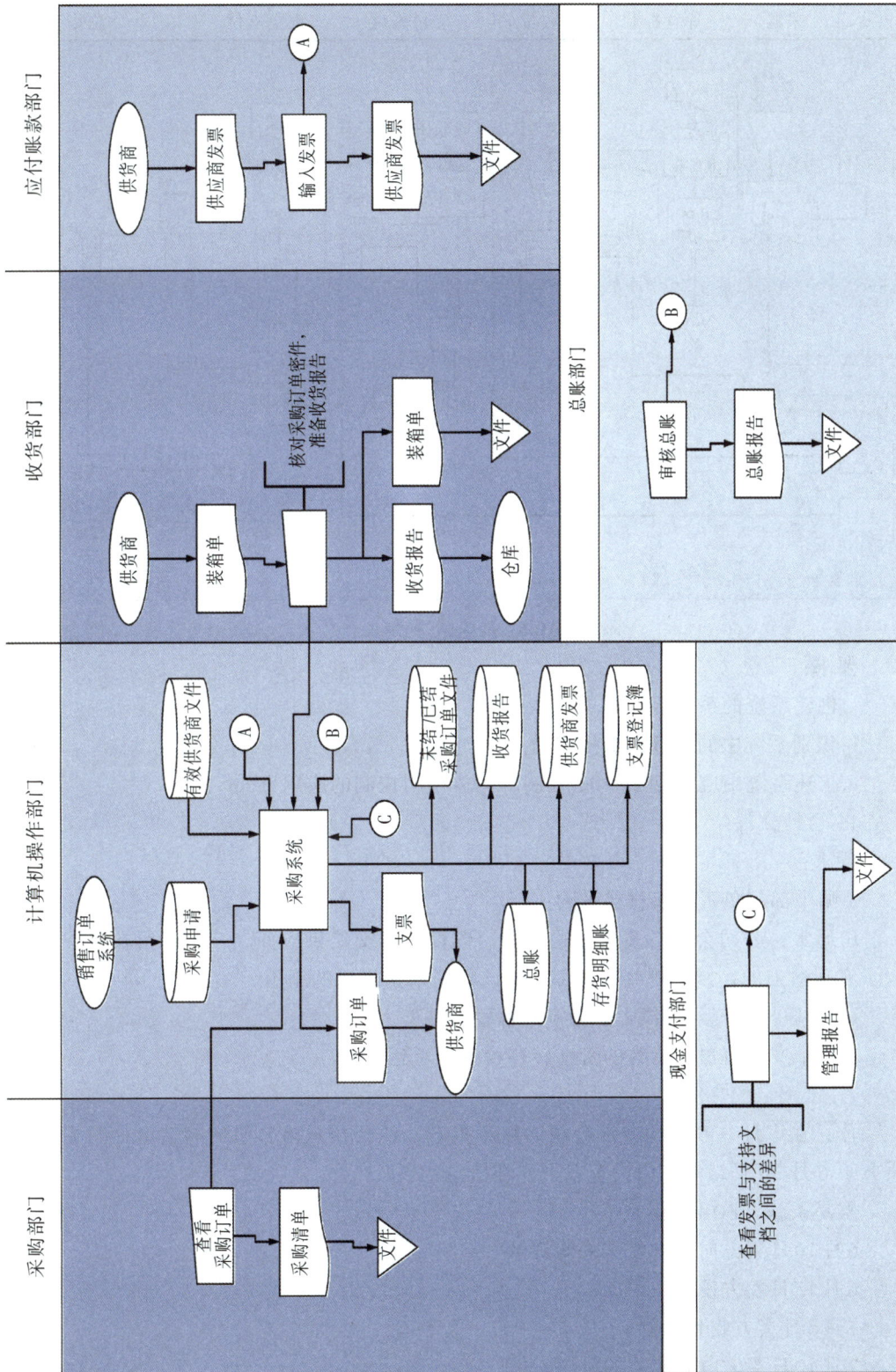

图P.4 问题7：IT控制

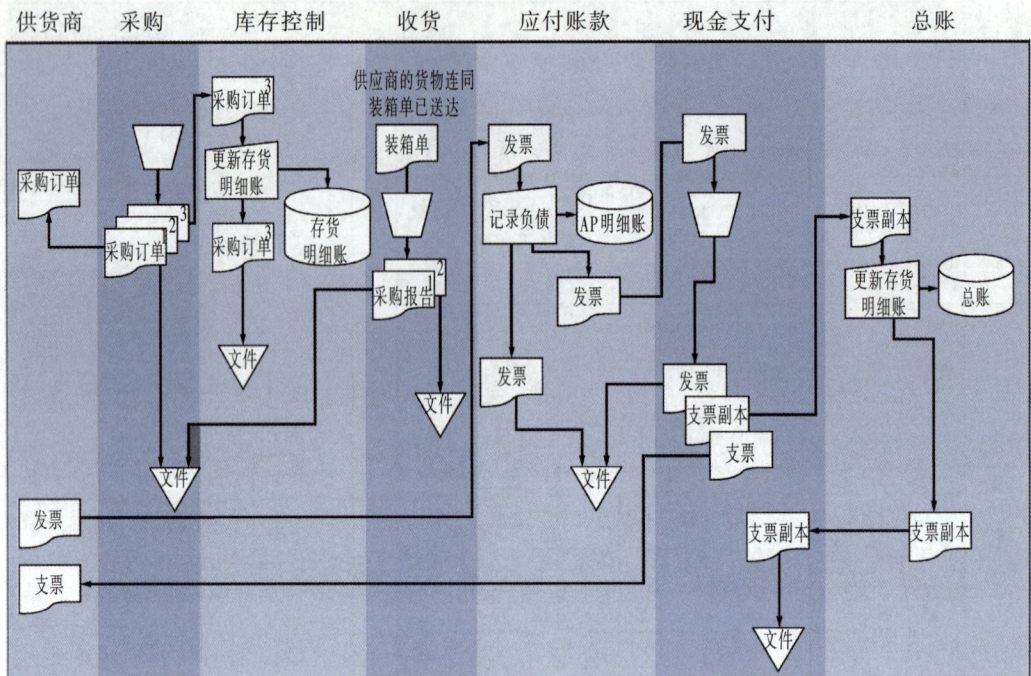

图P.5　问题8：物理控制

要求：

a.创建系统的系统流程图

b.识别系统中的物理内部控制弱点

c.描述系统中应该存在的 IT 控制。具体说明控制的应用方式

11.会计文件

要求：

a.哪个部门负责发起材料采购

b.通常，公司会准备多份采购订单。假设一份交给供应商，一份保留在采购部门。为了实现适当的控制，哪些其他部门应该收到采购订单的副本

c.AP 职员在记录负债之前会审查哪些文件

d.哪个文件将出售货物的责任转移给共同承运人

12. 未记录的负债

你正在审计一家纽约城市公司的财务报表，该公司从洛杉矶的制造商处购买产品。买方于 6 月 30 日结账。假设有以下详细信息：

贸易条款，FOB 装运点

6 月 10 日买方向卖方发送采购订单

6 月 15 日卖方发货

7 月 5 日买方收到货物

7 月 10 日买方收到卖方的发票

要求：

a.该交易是否会导致买方财务报表中出现未记录的负债

b.如果是，哪些文件提供了负债的审计跟踪证据

c.买方在哪一天产生负债

d.买方在哪一天确认该负债

新假设：

贸易条款，FOB 目的地

a.该交易是否会导致买方财务报表中出现未记录的负债

b.如果是，哪些文件提供了负债的审计跟踪证据

c.买方在哪一天产生负债

d.买方在哪一天确认该负债

内部控制案例

1. Smith 的市场（小型企业会计系统）

1989 年，Robert Smith 在宾夕法尼亚州伯利恒开设了一个小型果蔬市场。最初，Smith 只出售自家农场和果园种植的农产品。然而，随着市场受欢迎程度的提高，新增了面包、罐头食品、鲜肉和限量的冷冻食品。现在，Smith 的市场是一个综合农贸市场，在当地有强大的顾客群。实际上，"物美价廉"的口碑还吸引了来自宾夕法尼亚州其他城市甚至临近的新泽西州的顾客。目前，Smith 的市场有 40 名员工。其中包括销售人员、上货人员、农场工人、轮值主管和行政人员。最近，Smith 注意到公司的销售额和利润在下降，可商品进货量还在上升。虽然公司不需要编制财务报表以供审计，但他已委托会计师事务所评估其销售程序及其控制。Smith 的市场支出循环程序如下所述。

支出循环

支出循环始于与市场相邻的仓库，Smith 在那里存放不易腐烂的商品，如罐头食品和纸制品。该市场还在仓库中保留了一天的农产品和其他易腐烂产品，以便上货人员在必要时可以快速补充货架。每天晚上下班时，仓库职员会检查市场货架上需要补充的物品，并从仓库的个人电脑中相应地调整数字库存记录。此时，该职员会记下需要从供应商处重新订购的物品并打印来自个人电脑的购买订单。根据产品的性质和需求的紧迫性，该职员要么将采购订单邮寄给供应商，要么通过电话订购，并通过将采购订单传真给供应商来跟进电话订单。当货物从供应商处到达时，仓库职员会检查装箱单，重新装满货架，并在个人电脑上更新库存记录。在一天结束时，该职员从个人电脑上准备一份机打的采购汇总表，并将其发送给财务职员，以便过账到总账。

会计职员收到供应商的发票，检查它的正确性并将其归档在一个临时文件中，直到到期付款。该职员每天检查临时文件，寻找要支付的发票。该职员使用会计部门的个人电脑打印一张支票并将其记录在数字支票登记簿中。然后她归档发票并将支票邮寄给供应商。一天结束时，她从个人电脑上打印出纸质日记账凭证，汇总当天的现金支出，然后将其发送给财务职员，以便过账到总账。财务职员使用部门的个人电脑将日记账凭证和采购汇总信息过账到相应的总账。

要求：

a.创建当前系统的数据流图

b.创建当前系统的系统流程图

c.分析系统中的物理内部控制弱点。根据COSO指定的六类物理控制活动对你的答案进行建模

d.描述应该在该系统中实施的IT控制

2. Posavek 改造和建筑供应公司（集中式小企业会计系统）

Posavek 是波士顿都会区为建筑承包商、五金店和家居装修中心提供服务的建筑用品批发供应商。这些年来，Posavek 的业务范围在逐渐扩大，可以为全国各地的客户提供服务。目前，其已有200多名员工，包括技术人员、采购员、仓库工人、销售人员和行政人员等。最近，Posavek 面临着来自大型在线折扣店的激烈竞争。此外，该公司还因老旧的信息系统而运营效率低下。下面描述了 Posavek 的支出循环程序。

支出循环

Posavek 使用集中式会计系统来管理库存采购和记录交易。该系统几乎完全无纸化。每个部门都有一个计算机终端，该终端与一个小型数据处理部门运行的采购/AP系统联网。所有会计记录都保存在中央计算机文件中，这些文件存储在数据处理部门的文件服务器上。

采购

流程从采购部门开始。每天早上，采购代理都会从他的部门终端查看库存水平，并搜索已降至再订购点且需要补充的物品。然后采购代理选择供应商并在采购订单文件中创建数字采购订单。接着，他打印两份采购订单，并将它们发送给各自的供应商。

收货

收货后，收货部门职员将货物与随附的装箱单和数字采购订单核对，后者可从他的计算机终端访问。然后，该职员创建一份数字收货报告，说明收到的材料的状况。系统自动关闭采购代理先前创建的采购订单。此外，收货职员打印收货报告，将其与货物一起发送到存放物品的仓库。

仓库

收到货物后，仓库职员将项目与收货报告进行核对并更新库存明细账。会计系统会立即自动更新总账中的存货控制账户。

应付账款

AP 职员收到供应商的发票后，将其与采购订单和她的电脑中的收货报告进行核对。然后，该职员创建数字供应商发票记录并设置付款到期日。系统自动更新总账中的应付账款控制账户。每天，AP 职员从其终端查看未结的供应商发票记录，寻找需要付款的项目。然后，该职员在数字支票登记簿中记录付款并关闭未结的供应商发票。最后，该职员打印支票并将其发送给供应商。系统自动更新应付账款和现金总账科目。

要求：

a.创建当前系统的数据流图

b.创建现有系统的系统流程图

c.分析系统中的物理内部控制弱点

d.（可选项）针对上述识别出的控制缺陷，重新设计计算机操作系统，并画出系统流程图。阐述你的解决方案

3. Green Pond Nursery（单机会计系统）

Green Pond Nursery 供应公司（GPNS）是宾夕法尼亚州东部的一家园艺产品批发商，销售并配送各种园艺产品和设备，如有机肥料、优质花草种子、有机农药和播种机等，其客户以大西洋中部各州的小型花园中心和园林公司为主。它以赊销方式进行销售。

GPNS 当前运行的信息系统是由各个部门独立（非联网）的个人电脑（单机）支持的手动程序。部门之间的沟通完全是通过打印文件进行的。最近，GPNS 收到了供应商关于付款错误的投诉。管理层认为，这些投诉部分源于他们过时的计算机系统。你受雇评估 GPNS 的程序和内部控制。以下是 GPNS 的支出循环说明。

采购流程

采购代理从库存控制部门收到一份库存状态报告，该报告确定需要重新订购的项目。代理选择供应商，将此信息输入计算机终端以创建数字采购订单，然后打印三份采购订单：其中一份发送给供应商；一份发送给 AP 部门，用于临时备案；第三份留在采购部门备案。

收货后，收货部门使用附在货物上的装箱单对其进行检查和验收。收货职员手工填制收货报告，一式两联，其中一联存放在仓库，另一联发送给采购代理，他将关闭未结采购订单。然后采购代理将验收报告转发给库存控制职员。

库存控制职员收到收货报告并更新库存明细账。营业结束时，该职员准备一份库存汇总表，并将其发送给总账职员。

应付账款和现金支付程序

AP 职员收到供应商的发票后，先将其与临时文件中的采购订单核对；然后通过她的计算机终端在采购日记账里记录采购，并在 AP 明细账里添加一条记录，以确认负债；最后，将采购订单和发票在本部门归档。

每天，AP 职员会通过其电脑终端直接查看 AP 明细账，以识别出到期应支付的采购发票。该职员准备支票并将其记录在数字支票登记簿中。支票的可转让部分邮寄给供应商，并提交支票副本。然后，该职员关闭 AP 明细账中的负债并准备日记账凭证，将其发送给总账职员。

在收到库存汇总表和日记账凭证后，总账职员更新库存控制账户、应付账款控制账户和现金账户。

要求：

a.创建当前系统的数据流图

b.创建现有系统的系统流程图

c.分析系统中的物理内部控制弱点

d.（可选项）针对上述已识别出的控制缺陷，重新设计计算机操作系统，并画出系统流程图。阐述你的解决方案

4. CUSTOM FABRICATIONS公司（单机会计系统）

CUSTOM FABRICATIONS是一家自行车制造公司，成立于 2000 年，目前拥有 126 名员工。该公司在其位于加利福尼亚州洛杉矶附近的工厂生产定制自行车。每辆自行车都是基于身高、体重、腿长和臂长等诸多测量值为骑手量身定制的。这些测量值来自南加州附近的 30 家已通过 CUSTOM FABRICATIONS 自行车尺寸认证的专业自行车店。CUSTOM FABRICATIONS确保每辆自行车都与骑手精确匹配。CUSTOM FABRICATIONS 的自行车质量极好，该公司以其只使用世界各地最好的自行车零件而自豪。因此，CUSTOM FABRICATIONS 只从产品质量和可靠性有保证的数百家供应商处采购自行车零件。

近年来，CUSTOM FABRICATIONS 自行车的需求量剧增。需求激增有些令人意外，该公司的工厂已满负荷运转一年多。因此，当前订单面临大约五到六周的生产积压。传统的会计体系导致的低效率和控制缺陷，会进一步损害该企业的运营。现贵公司已被聘为外部顾问，以帮助改进该公司的会计程序。以下段落描述了该公司的支出循环。

采购系统

所有原材料的采购都是由 CUSTOM FABRICATIONS 的采购部门发起的。

该部门的一名职员通过他的个人电脑监控库存水平，该个人电脑与库存明细账相连。一旦需要补充零件，他就会在系统上创建一个采购订单，打印三份，其中一份邮寄给供应商，一份采购订单的密件发送到仓库，第三份留在采购部门备案。

通常在 3~5 个工作日内，仓库会收到来自供应商的订购零件和装箱单，仓库职员会将其与采购订单的密件进行核对。核对完成后，仓库职员就会在系统上填制一式三联的收货报告，以说明收货的数量和状况。然后将打印的收货报告中的一联送至总账部门以更新数字库存控制账户，一联送至 AP 部门，第三联送至采购部门更新存货明细账。

一周之内，收发室收到供应商的发票，立即发送给 AP 部门。AP 职员将发票与收货报告核对，然后在部门的个人电脑的 AP 明细账中记录负债。

最后，该职员从终端打印 AP 汇总表并将其发送给总账职员。

现金支付系统

AP 职员定期在其终端检查 AP 明细账，以确保及时向供应商付款。对于那些到期付款的项目，他以付款凭证的形式向现金支付部门发送批准意见。

出于控制目的，现金支付是手动处理的。支票的详细信息记录在纸质现金支付日志中，将支票邮寄给供应商。然后，该职员准备日记账凭证并将其发送到总账职员。

总账职员收到日记账凭证、AP 汇总表和收货报告后，会从部门的个人电脑上更新受影响的总账账户。

要求：

a.创建当前系统的数据流图

b. 创建现有系统的系统流程图

c. 分析系统中的物理内部控制弱点

d. 描述与这些控制弱点相关的风险

e.（可选项）针对上述识别出的控制缺陷，重新设计计算机操作系统，并画出系统流程图。阐述并解释你的解决方案

5. Generators R Us（带有分布式终端的集中式系统）

Generators R Us（GRU）是一家领先的为民用和私人救灾提供紧急电力的可分离式发电机的制造商。GRU 的主要客户是协助在洪水和其他自然灾害中受灾的住户进行灾后恢复的公司。GRU 还向建筑承包商、市政当局和租赁公司销售产品。该公司直接从制造商那里购买原材料，包括轴承、铜线和绝缘材料。GRU 的总部和制造基地都位于得克萨斯州达拉斯，在那里其总共雇用了 125 名生产工人和行政人员。GRU 在其各个部门使用带有分布式终端的集中式计算机系统。最近，计算机系统出现了运行问题，公司的管理层已聘请你所在的会计师事务所来评估其运行和内部控制程序。

采购系统

当库存项目下降到再订货点时，采购部门的终端自动创建并打印采购申请。该部门的文员选择供应商并准备采购订单。将采购订单副本发送给供应商，并将副本发送给收货部门。然后，业务员通过数据处理部门的更新程序将记录添加到未结/已结的采购订单文件中。

当收货职员收到货物时，他将货物与装箱单和采购订单核对。核对后，收货职员在系统上填制载有收货数量和状况的收货报告，打印两份，其中一份随货物送到仓库，一份留在收货部门归档。通过部门终端，收货员将记录添加到数字收货报告文件中，然后系统自动关闭采购订单。仓库职员收到货物后，通过仓库终端更新库存明细账。

当供应商的发票到达时，AP 职员将记录添加到供应商发票文件中，这会触发系统根据发票中包含的财务信息在 AP 明细账中自动设置负债。然后系统会自动更新所有受影响的总账账户。

现金支付系统

每天，系统都会扫描 AP 明细账中的应付款项目并打印支票。支票被发送给供应商，支票副本被送到现金支付部门，并在那里存档。接下来，系统在检查登记文件中添加一条记录，并在 AP 明细账中解除负债。最后，系统会自动更新总账账户。

要求：

a. 创建当前系统的数据流图

b. 创建现有系统的系统流程图

c. 分析系统中的物理内部控制弱点

d. 描述应该在该系统中实施的 IT 控制

e.（可选项）针对上述识别的控制缺陷，重新设计计算机操作系统，并画出系统流程图，阐述你的解决方案

6.户外探险（Outdoor Adventure）公司：漂流和露营用品（联网计算机系统和手动程序）

户外探险公司坐落于蒙大拿州，是一家为美国西北地区的户外运动零售商提供漂流和露营设备的批发商。户外探险公司聘请你评估其交易流程、风险和内部控制。以下段落描述了户外探险的支出循环程序。

采购系统

当采购职员每天早上在他的计算机终端上检查库存明细账时，支出循环就开始了。当某存货水平过低时，采购人员就会从有效的供应商文件中选择一个供应商并创建一个数字采购订单，打印两份，其中一份送给供应商，另一份留在采购部门归档。数字采购订单记录会被添加到采购订单文件中。

当采购的货物到达收货部门时，收货职员会先根据数字采购订单和装箱单中的信息检查和核对这些货物。然后，在系统上手工填制收货报告，打印两份。其中一份随货物送到仓库，仓库职员将货物上架后，将在电脑终端更新库存明细账，并将收货报告予以归档；另一份送到 AP 部门，直到供应商的发票到达，AP 职员将其归档。当 AP 职员收到发票时，他从临时文件中提取收货报告，打印数字采购订单，并核对三个文件。这时，该职员从他的终端更新了总账中的数字 AP 明细账、AP 控制账户和库存控制账户，然后将发票、收货报告和采购订单副本发送给现金支付部门。

现金支付系统

收到 AP 部门的文件后，现金支付职员将文件归档，直至其付款到期日。在到期日，职员按发票金额准备一张支票，该支票将发送给财务主管，财务主管签字并邮寄支票给供应商。

然后，现金支付职员从他的终端更新支票登记簿、AP 明细账和 AP 控制账户。最后，该职员将发票、采购订单副本、收货报告和支票副本归档到本部门。

要求：

a.创建当前系统的数据流图

b.创建现有系统的系统流程图

c.描述系统中的内部控制弱点并讨论与这些弱点相关的风险

d.（可选项）针对上述识别出的控制缺陷，重新设计计算机操作系统，并画出系统流程图，阐述你的解决方案

7. Classic Restorations 公司（手动和单机处理）

Classic Restorations 公司专门销售产于 20 世纪六七十年代的经典跑车和高性能赛车的原件或替代件。随着"婴儿潮一代"年龄的增长，他们变得更加富有，想要重温美好的回忆，这使得经典车行业近年来发展迅猛。经典车的销售和修复是一个价值数十亿美元的产业，在美国从事该产业的员工数量达到 3 万多人。然而，这是一个高度分散的行业，由许多小企业组成。Classic Restorations 的总部位于加利福尼亚州洛杉矶，目前有95 名全职员工，包括销售人员、销售代表和行政人员。Classic Restorations 的主要客户群为西海岸的小型修复店和经典车经销商。Classic Restorations 的许多零件都来自国外，

但越来越多的零件也开始在美国制造。

Classic Restorations 使用的是老旧的会计系统，即各个部门的单机与人工操作相结合。最近，该公司经历了与其过时的会计系统有关的业务效率低下。Classic Restorations 的管理层已聘请你审查其程序是否符合有效的内部控制标准。Classic Restorations 的支出循环程序在以下段落中介绍。

支出循环程序

当特定产品的现有数量下降到较低水平时，仓库职员会选择一个供应商并在系统上手工填制采购订单，打印两份，其中一份发送给供应商，另一份发送给收货部门。当货物到达时，收货职员会对照装箱单和先前收到的采购订单进行货物验收。如果验收没问题，收货职员会在采购订单上签字并将其送至会计部门。然后，收货职员会在系统上手工填制收货报告，并打印一份，随货物一起发送到仓库。仓库职员根据收货报告，在其部门的个人电脑上更新库存明细账以反映货物的收货情况。

随后，会计部门的 AP 职员收到供应商的发票，她将其与之前从收货职员那里收到的采购订单进行匹配和核对。然后，AP 职员从她的部门个人电脑上更新数字 AP 子分类账以反映新的负债，并将该事件记录在数字采购日记账中。

现金支付程序

会计部门的 AP 职员通过在部门的个人电脑中搜索 AP 明细账来查询到期的负债。然后，打印出每个已到期需付款项目的现金付款凭证，将其送到现金支付部门进行支付。一天结束时，职员会从部门个人电脑打印一份 AP 汇总表并送至总账部门。

在部门的个人电脑上，现金支付职员根据现金付款凭证将付款记录在数字支票登记簿中，并打印载有三部分内容的支票。然后，其在可兑付支票上签字并将其送给供应商。一份支票副本在现金支付部门存档，另一份支票副本连同现金付款原始凭证一起送给会计部门 AP 职员。在一天结束时，现金支付职员打印出支票登记簿的汇总表，并将其送至总账部门。

通过会计部门的个人电脑，AP 职员根据支票副本和现金付款凭证在凭证登记簿中记录付款，并在 AP 明细账中解除负债。然后，该职员将现金付款凭证和支票副本归档在会计部门。

通过部门个人电脑，总账职员将从会计部门和现金支付部门收到的 AP 汇总表和支票登记簿汇总信息过账到相应的总账账户，并将汇总文件在总账部门归档。

要求：

a. 创建当前系统的数据流图

b. 创建现有系统的系统流程图

c. 分析系统中的物理内部控制弱点

d.（可选项）针对上述识别出的控制缺陷，重新设计计算机操作系统，并画出系统流程图，阐述你的解决方案

8. Architect's Depot（带有手动程序的联网计算机系统）

Architect's Depot（AD）是一家在线公司，为建筑承包商和个人提供一系列建筑产

品，包括山墙通风口、百叶窗、乙烯基壁板和各种材料的装饰条等。

该公司使用人工和终端分布在几个部门的联网会计系统相结合的操作程序。然而，在顺利使用几年之后，AD出现了运营效率低下和会计错误等问题。贵公司已受聘评估AD的业务流程和内部控制。AD的支出循环在以下段落中描述。

采购系统程序

AD的采购交易是从采购部门职员查看库存文件中需要补货的物品开始的。采购人员选择一个供应商，并在系统里的数字采购订单文件中创建采购订单，打印四份，其中一份留在采购部门备案，一份送至收货部门，一份送至AP部门，一份送给供应商。

当订购的货物和装箱单到达收货部门时，收货职员对照装箱单检查货物的状况并核对收到的货物数量。之后，收货职员在系统上手工填制收货报告，并打印两份，其中一份留在收货部门备案，另一份随货物送到仓库。

货物到达仓库后，仓库职员将货物上架，并在相应的存货记录里登记收到的存货数量和金额，从而更新库存文件。当AP部门职员收到供应商的发票时，他会将其与存档的纸质采购订单进行匹配，然后将记录添加到供应商发票文件中，该文件用作AP明细账，同时设置付款到期日。

最后，在每天结束时，仓库职员和AP职员创建数字日记账凭证以反映当天的交易。系统自动将日记账凭证过账到相关的总账控制账户。

要求：

a.创建当前系统的数据流图

b.创建现有系统的系统流程图

c.分析系统中的物理内部控制弱点

d.描述应该在该系统中实施的IT控制

e.（可选项）针对上述识别出的控制缺陷，重新设计计算机操作系统，并画出系统流程图，阐述你的解决方案

第6章

支出循环 II：工资单处理和固定资产程序

学习目标

学习本章后，你应该：

• 认识构成工资单和固定资产流程的基本任务。

• 能够识别涉及工资单和固定资产活动的职能部门，并跟踪这些交易在组织中的流动。

• 能够说明提供审计跟踪、促进历史记录维护以及支持内部决策和财务报告的文件、日记账和账户。

• 了解与工资单和固定资产活动相关的风险，并识别降低这些风险的控制措施。

• 了解工资单和固定资产系统中使用的技术的操作特征和控制含义。

本章有三节。6.1节先阐述了工资单系统的相关概念，主要包括逻辑任务、关键实体、信息的来源和使用，以及关键文件在组织内部的流动；6.2节探讨物理工资系统（基本技术系统和先进技术系统）的操作特征、风险和控制；最后回顾了工资单系统外包，这是许多公司追求的一种选择。

6.3节讨论固定资产系统。固定资产是企业经营中使用的不动产、厂房和设备。本部分讨论的重点是与固定资产的购置、维护和处置相关的流程。最后，我们用一个实时处理系统来说明这些概念。

6.1 物理工资单系统的概念

工资单处理实际上是一种特殊情况的采购系统。在该系统中，组织购买劳动力而不是原材料或成品以进行转售。然而，工资单处理的性质导致需要专门的程序，原因如下：

（1）公司可以设计适用于所有供应商和库存项目的一般采购和支付程序。然而，工资核算程序在不同类别的员工之间存在很大差异。例如，对于小时工、受薪员工、计件工和委托员工（commissioned employees）需要用不同的程序。此外，工资单处理需要针对不适用于购销账户的员工扣除和预扣税款进行特殊的会计处理。

（2）一般性支出活动构成了相对稳定的采购和支出交易流。因此，商业组织设计采购系统来处理它们的正常活动。同时，支付工资活动是离散事件，一般是每周、每两周或每月向员工支付款项。除了正常的购销账户支票之外，定期准备大量工资支票的任务可能会使一般采购和现金支付系统过载。

（3）给员工开支票需要特殊控制。将工资单和购销交易结合起来会鼓励工资单欺诈。

6.1.1 工资单系统的一般任务

尽管具体的工资单系统因公司而异，图6-1给出了一个数据流程图，描述了制造公司工资单系统的一般任务。以下段落描述了该过程的关键点。

6.1.1.1 人事部

人事部准备并提交**人事行动表**给*准备工资*单功能。这些文件确定了有权领取薪水的员工，并用于反映小时工资率、工资扣除额和岗位分类的变化。图6-2显示了一个人事行动表，建议加薪时使用。

6.1.1.2 生产部

生产部员工准备两类时间记录：作业单和考勤卡。**作业单**记录了单个工人在每项生产作业上花费的时间。成本会计根据这些文件将直接人工费用分配到在制品（work-in-process，WIP）账户。**考勤卡**记录员工工作的时间。这些被发送到准备工资单功能，以计算员工的工资额。图6-3显示了作业单，图6-4显示了**考勤卡**。

每天轮值开始时，员工将他们的考勤卡插入一个记录时间的特殊时钟中。通常，他们会在午餐和轮值结束时打卡。这张考勤卡是日常考勤的正式记录。在一周结束时，主管审查、签字后将考勤卡送至工资部门。

6.1.1.3 更新WIP账户

成本会计将人工成本分配到WIP账户后，费用就会被汇总到**人工成本分配汇总表**并转发到总账功能。

6.1.1.4 准备工资单

工资部门从人事部门获取工资率和预扣数据，从生产部门获取工时数据。然后，工资部门的职员执行以下任务：

（1）准备工资登记簿（图6-5），显示工资总额、扣除额、加班费和净工资。

（2）将此信息输入员工工资记录（图6-6）。

（3）准备员工工资单（图6-7）。

（4）将工资单发送到*发放工资*功能。

（5）归档考勤卡、人事行动表和工资登记簿副本（未显示）。

6.1.1.5 发放工资

工资造假的形式之一便是为不存在的员工提交考勤卡，造假者之后收到工资，并提现。为了防止这种情况的发生，许多公司让工资主管发放工资，此人独立于工资系统——不参与工资发放授权和工资单编制。如果工资单上的员工未领取工资，工资主管会将工资支票返给工资部门。支票无人认领的原因后续可以进一步调查。

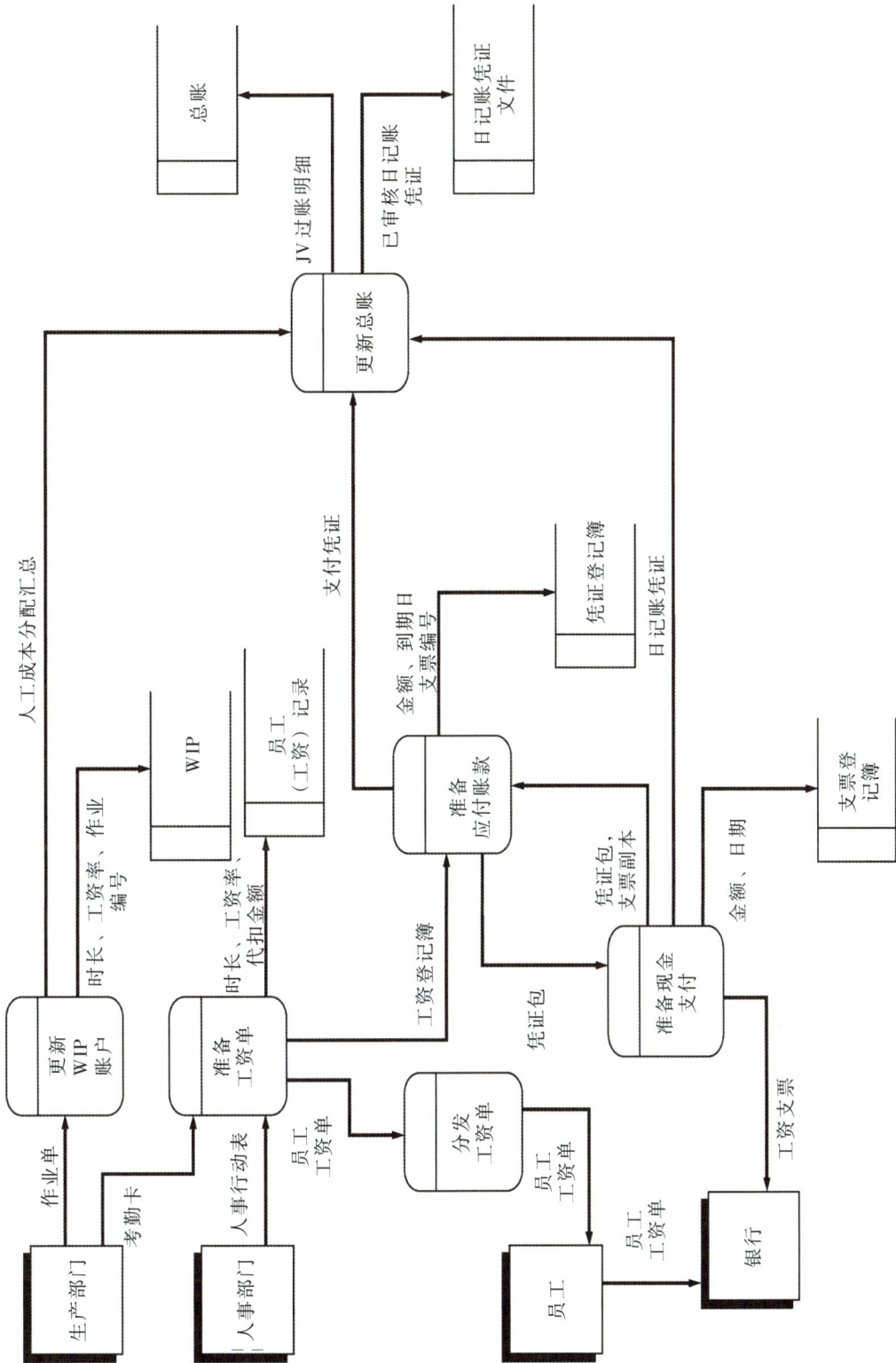

图6-1 工资系统数据流程图

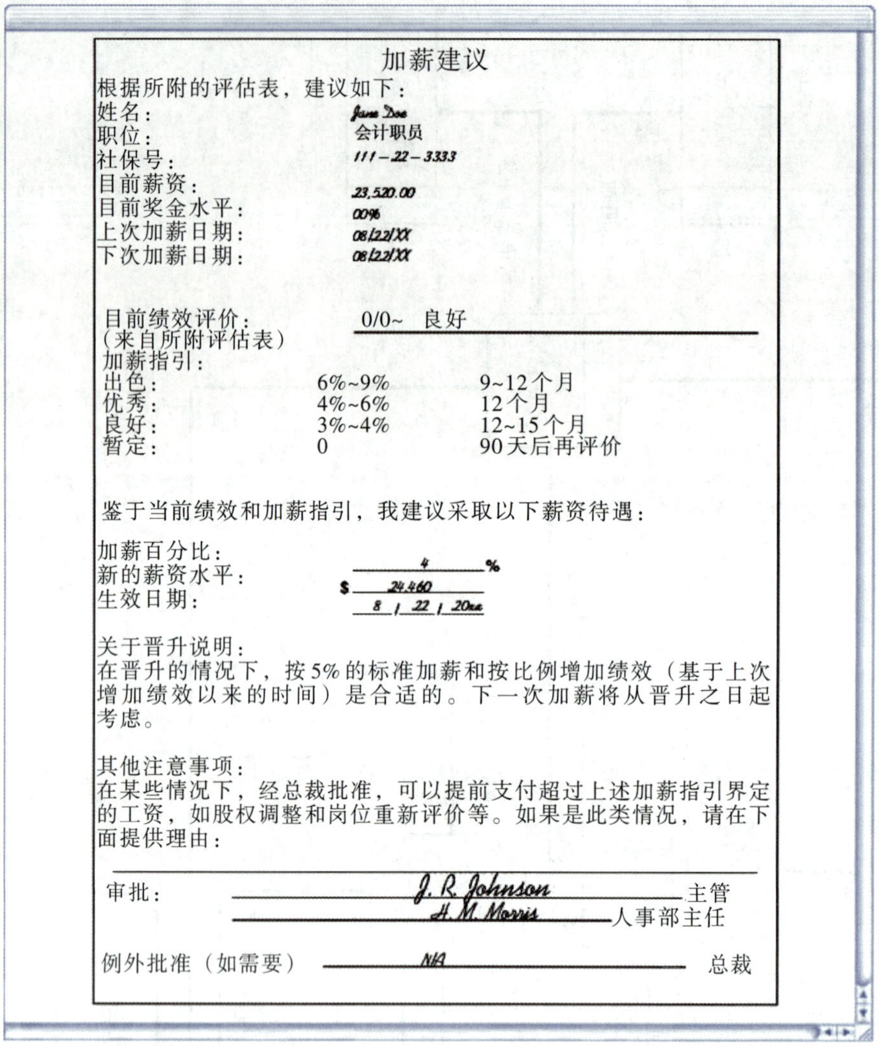

加薪建议

根据所附的评估表，建议如下：

姓名： *Jane Doe*
职位： 会计职员
社保号： *111－22－3333*
目前薪资： *23,520.00*
目前奖金水平： *00%*
上次加薪日期： *08/22/XX*
下次加薪日期： *08/22/XX*

目前绩效评价： 0/0~ 良好
（来自所附评估表）

加薪指引：
出色： 6%~9% 9~12个月
优秀： 4%~6% 12个月
良好： 3%~4% 12~15个月
暂定： 0 90天后再评价

鉴于当前绩效和加薪指引，我建议采取以下薪资待遇：

加薪百分比： *4* %
新的薪资水平： $ *24,460*
生效日期： *8* / *22* / *20xx*

关于晋升说明：
在晋升的情况下，按5%的标准加薪和按比例增加绩效（基于上次增加绩效以来的时间）是合适的。下一次加薪将从晋升之日起考虑。

其他注意事项：
在某些情况下，经总裁批准，可以提前支付超过上述加薪指引界定的工资，如股权调整和岗位重新评价等。如果是此类情况，请在下面提供理由：

审批： *J. R. Johnson* 主管
 H. M. Morris 人事部主任

例外批准（如需要） *N/A* 总裁

图6-2 人事行动表

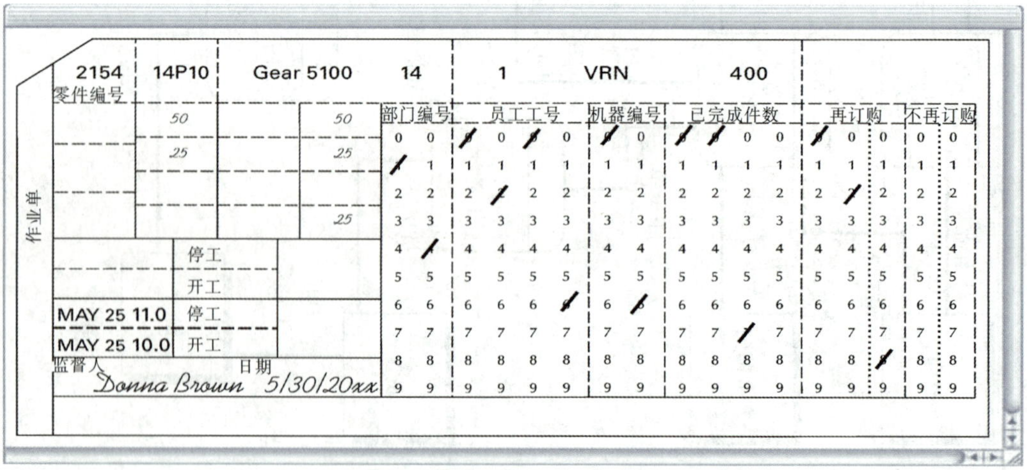

图6-3 作业单

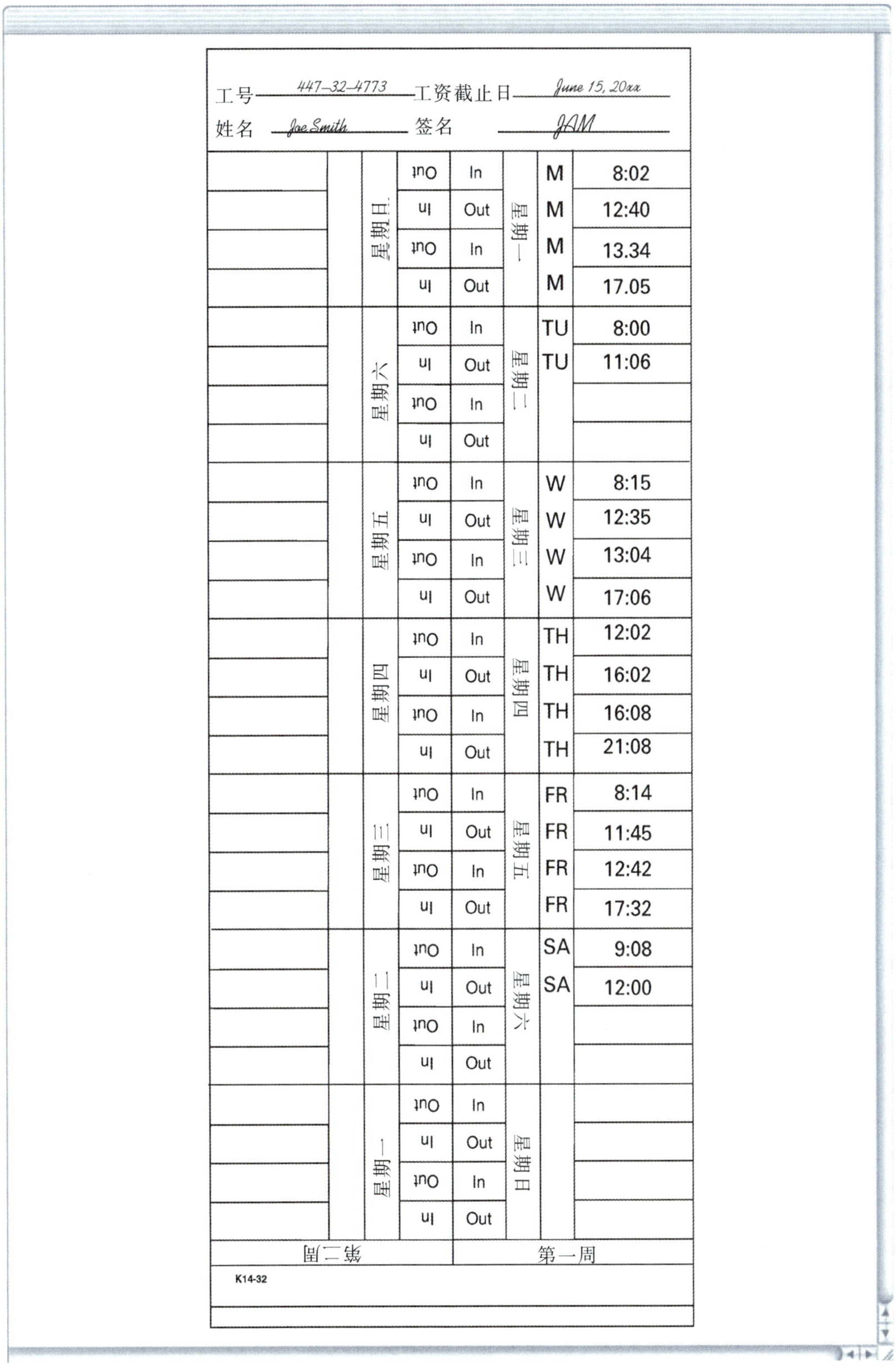

工号 447-32-4773 **工资截止日** June 15, 20xx
姓名 Joe Smith **签名** JAM

		In/Out	In/Out		日	时间
	星期日	Out / In	In	星期一	M	8:02
		In	Out		M	12:40
		Out / In	In		M	13.34
		In	Out		M	17.05
	星期六	Out / In	In	星期二	TU	8:00
		In	Out		TU	11:06
		Out / In	In			
		In	Out			
	星期五	Out / In	In	星期三	W	8:15
		In	Out		W	12:35
		Out / In	In		W	13:04
		In	Out		W	17:06
	星期四	Out / In	In	星期四	TH	12:02
		In	Out		TH	16:02
		Out / In	In		TH	16:08
		In	Out		TH	21:08
	星期三	Out / In	In	星期五	FR	8:14
		In	Out		FR	11:45
		Out / In	In		FR	12:42
		In	Out		FR	17:32
	星期二	Out / In	In	星期六	SA	9:08
		In	Out		SA	12:00
		Out / In	In			
		In	Out			
	星期一	Out / In	In	星期日		
		In	Out			
		Out / In	In			
		In	Out			

铨二图　　　　第一周

K14-32

图6-4 考勤卡

HAMPSHIRE SUPPLY COMPANY

工资登记簿截止日期　**10/31/20xx**

支票：全部

员工：全部

支票号# 5000　　发工资给 # CAS：CASEY, SUE

工资	时长	工资率	应发工资	代扣	
正常工资	173.33		1,000.00	残疾险	9.00
加班工资			0.00	健康险	100.00
病假工资			0.00	超值储蓄	100.00
假日津贴			0.00		0.00
假期工资			0.00	联邦所得税	16.25
			0.00	附加联邦所得税	0.00
				州所得税	21.77
合计	173.33		1,000.00	社会保险	62.00
				医疗保险	14.50
工作天数 21				实发工资	676.48

支票号# 5001　　发工资给 # JON：JONES, JESSICA

工资	时长	工资率	应发工资	代扣	
正常工资	173.33	15.00	2,599.95	残疾险	23.40
加班工资		30.00	0.00	健康险	100.00
病假工资		15.00	0.00	超值储蓄	260.00
假日津贴		45.00	0.00		0.00
假期工资		15.00	0.00	联邦所得税	255.24
			0.00	附加联邦所得税	0.00
				州所得税	116.98
合计	173.33		2,599.95	社会保险	161.20
				医疗保险	37.70
工作天数 21				实发工资	1,644.43

支票号# 5002　　发工资给 # ROB：ROBERTS, WILLIAM

工资	时长	工资率	应发工资	代扣	
正常工资	173.33	15.00	2,599.95	残疾险	23.40
加班工资		30.00	0.00	健康险	100.00
病假工资		15.00	0.00	超值储蓄	260.00
假日津贴		45.00	0.00		0.00
假期工资		15.00	0.00	联邦所得税	396.07
			0.00	附加联邦所得税	0.00
				州所得税	208.04
合计	173.33		2,599.95	社会保险	161.20
				医疗保险	37.70
工作天数 21				实发工资	1,413.54

图6-5　工资登记簿

HAMPSHIRE SUPPLY COMPANY

员工工资和收入信息

截止日期　　　10/31/20xx

员工#：JON 社保号#：682-63-0897　JESSICA JONES

工资率：15.00/小时

附加联邦所得税　　　　0.00

正常代扣（s）			金额
代扣1残疾险 %	0.9000		0.00
代扣2健康险 %	0.0000		100.00
代扣3储蓄 %	10.0000		0.00
代扣4 %	0.0000		0.00

收入：	本季度迄今			
	时长	金额	时长	金额
正常工资	173.3	2,599.95	173.3	2,599.95
加班工资	0.0	0.00	0.0	0.00
病假工资	0.0	0.00	0.0	0.00
假期工资	0.0	0.00	0.0	0.00
假日工资	0.0	0.00	0.0	0.00
	0.0	0.00	0.0	0.00
预提：				
联邦所得税		256.24		256.24
州所得税		116.98		116.98
社会保险		161.20		161.20
医疗保险		37.70		37.70
代扣：				
残疾险		23.40		23.40
健康险		100.00		100.00
储蓄		260.00		260.00
		0.00		0.00

图6-6　员工工资记录

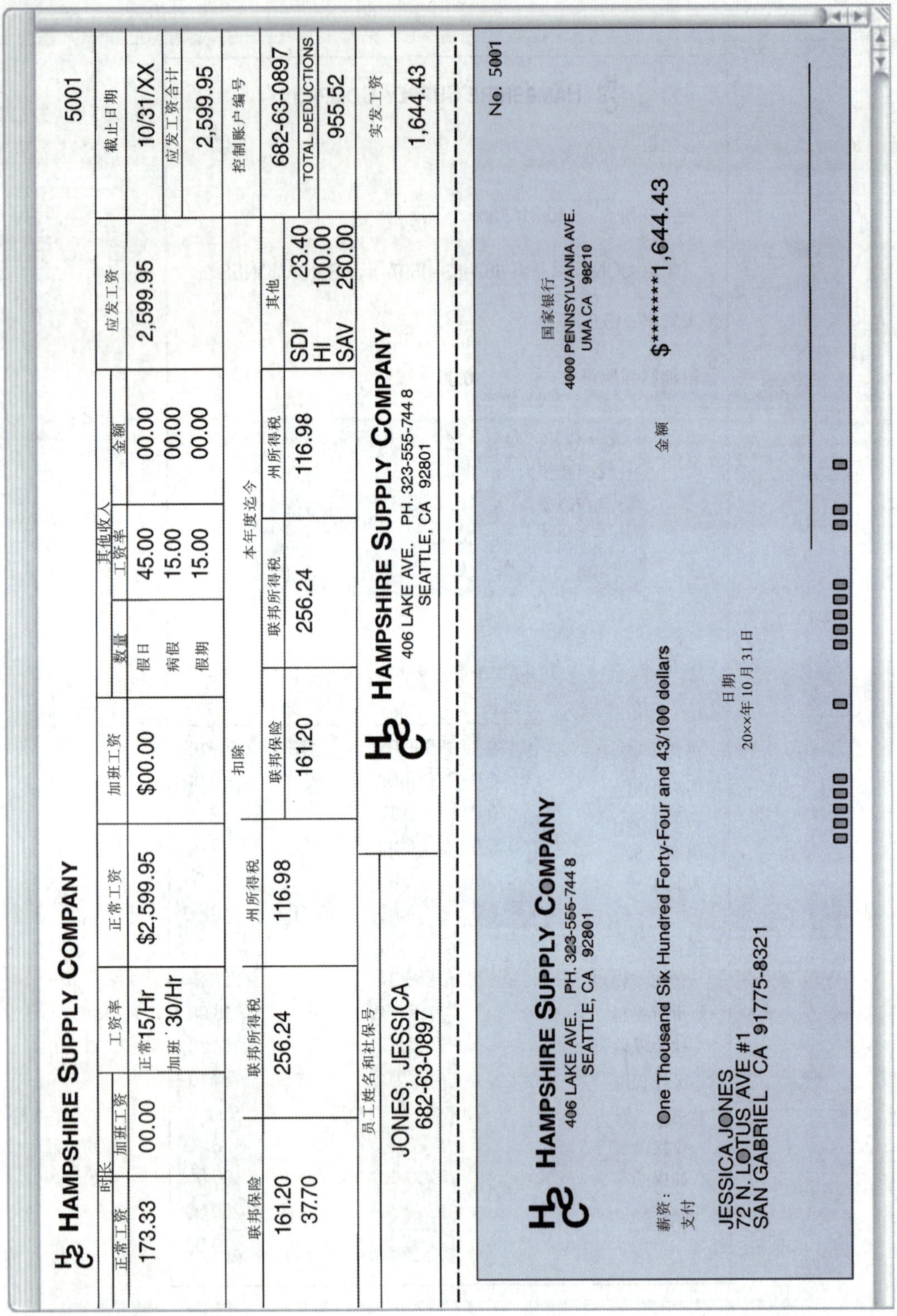

HAMPSHIRE SUPPLY COMPANY　　5001

时长		工资率	正常工资	加班工资	其他收入			应发工资	截止日期
正常工资	加班工资				数量	工资率	金额		
173.33	00.00	正常15/Hr 加班30/Hr	$2,599.95	$00.00	假日 病假 假期	45.00 15.00 15.00	00.00 00.00 00.00	2,599.95	10/31/XX 应发工资合计 2,599.95

扣除			本年度迄今				控制账户编号
联邦保险	联邦所得税	州所得税	联邦保险	联邦所得税	州所得税	其他	682-63-0897
161.20 37.70	256.24	116.98	161.20	256.24	116.98	SDI 23.40 HI 100.00 SAV 260.00	TOTAL DEDUCTIONS 955.52

员工姓名和社保号		实发工资
JONES, JESSICA 682-63-0897	HAMPSHIRE SUPPLY COMPANY 406 LAKE AVE.　PH. 323-555-744 8 SEATTLE, CA　92801	1,644.43

HAMPSHIRE SUPPLY COMPANY
406 LAKE AVE.　PH. 323-555-744 8
SEATTLE, CA　92801

国家银行
4000 PENNSYLVANIA AVE.
UMA CA　98210

No. 5001

薪资：One Thousand Six Hundred Forty-Four and 43/100 dollars　　金额　$*******1,644.43

日期
20××年10月31日

支付
JESSICA JONES
72 N. LOTUS AVE #1
SAN GABRIEL　CA　91775-8321

图6-7　员工工资单

6.1.1.6　准备应付工资

AP 职员审查工资登记簿的正确性，并准备应付工资总额的现金支付凭证副本，然后把凭证金额记录在凭证登记簿，并将凭证包（凭证和工资单登记簿）发送给现金支付功能。现金付款凭证的副本发送到更新总账功能。

6.1.1.7　准备现金支付

现金支付功能收到凭证包后，就工资总额签发一张支票，并将其存入**工资定额备用金账户**。该账户仅用于支付工资，但兑现工资之前必须将资金从普通现金账户转移到该定额备用金账户。然后，职工将支票副本、付款凭证和工资登记簿发送至 AP 部门，予以归档。最后，准备日记账凭证并将其发送到*更新总账*功能。

6.1.2　更新总账

总账功能从成本会计处获得人工成本分配汇总表，从应付账款处获得现金付款凭证，从现金支付部门获得日记账凭证。有了这些信息，总账职员编制以下会计分录：

来自人工成本分配汇总表

	借方	贷方
在制品（直接人工）	×××.××	
工厂间接费用（间接人工）	×××.××	
应付工资		×××.××

来自支付凭证

	借方	贷方
应付工资	×××.××	
现金		×××.××
应付联邦所得税		×××.××
应付州所得税		×××.××
FICA 应付所得税		×××.××
应付团体保险费		×××.××
应付养老基金		×××.××
应付工会会费		×××.××

这些账户的借方和贷方必须相等。如果不相等，则人工成本分配或工资单的计算存在错误。核对无误后，归档凭证和人工成本分配汇总表。

6.2　物理工资单系统

在本节中，将研究物理工资单系统。首先要审查与基本技术系统相关的操作特性和控制问题。然后，回顾先进技术集成系统的功能和控制。

6.2.1　基本技术工资单系统

图 6-8 显示了基本技术工资单系统的流程图。流程图显示了以下关键任务：

（1）分别来自人事部门和生产部门的人事行动表和考勤信息，启动工资核算流程。

（2）工资部门核对这些信息，计算工资，并将工资支票发送给工资主管以分发给员工。

（3）成本会计接收有关生产中每项工作所花费时间的信息。这用于过账到WIP明细账。

（4）应付账款从工资部门收到工资汇总信息（工资登记簿），并授权现金支付部门在提取工资的银行定额备用金账户中存入与工资总额相同的单张支票。

（5）总账部门核对来自成本会计和应付账款的汇总信息。总账账户会更新以反映这些交易。

6.2.2　先进技术工资单系统

对于中型和大型组织，工资处理通常集成在**人力资源管理（HRM）系统**中。人力资源管理系统捕获和处理范围广泛的与人事相关的数据，包括员工福利、劳动力资源规划、员工关系、员工技能、内部培训、人事行为（工资率、扣除额等）和工资单。人力资源管理系统提供对人事档案的实时访问，以便直接查询并在员工状态发生变化时对其进行更改。图6-9说明了一个集成工资和人力资源管理系统。接下来介绍系统工资单组件的主要操作特性。

6.2.2.1　人力资源

人力资源文员从终端实时将数据输入员工记录文件中。这包括新员工的增加、解雇员工的删除、被抚养人的变化、扣缴税款变化以及职位和工资率等工作状态的变化。

6.2.2.2　成本核算

成本核算部门实时录入作业成本数据，创建劳动力使用档案。

6.2.2.3　员工计时

现代企业的特点是远程办公的员工在国内和国际的多个地点工作。在这种动态环境中捕获和维护准确的时间和考勤数据是一项挑战，可以通过先进的硬件和软件技术来解决。图6-9展示了员工如何直接实时输入考勤数据生成**考勤文件**。下面概述了为此任务开发的几种技术。

生物识别时钟通过使用指纹或手静脉扫描技术来验证员工的身份。为了保护员工隐私，这些设备使用数学算法进行验证，而不是将实际指纹存储在数据库中。

磁卡刷卡就像信用卡一样工作。每位员工都会获得一张ID卡，上面有一个包含员工信息的磁条。员工通过在打卡器上刷卡记录工作的开始和结束时间。为了进一步验证，可能会要求员工输入密码或个人身份识别号码（PIN）。

感应卡类似于磁卡，但不需要用户将卡滑过读卡器。相反，员工将卡片放在读卡器前以记录出勤时间。优点是这些卡可以通过钱包、皮夹和持卡人读取。

移动远程设备允许员工使用手持设备（平板电脑或手机）或笔记本电脑上的网络浏览器打卡。此选项在员工需要到访各地的客户企业以及与外国员工开展全球业务的公司中很受欢迎。

生产　　　　　　　成本会计　　　　　　　　　　　　工资

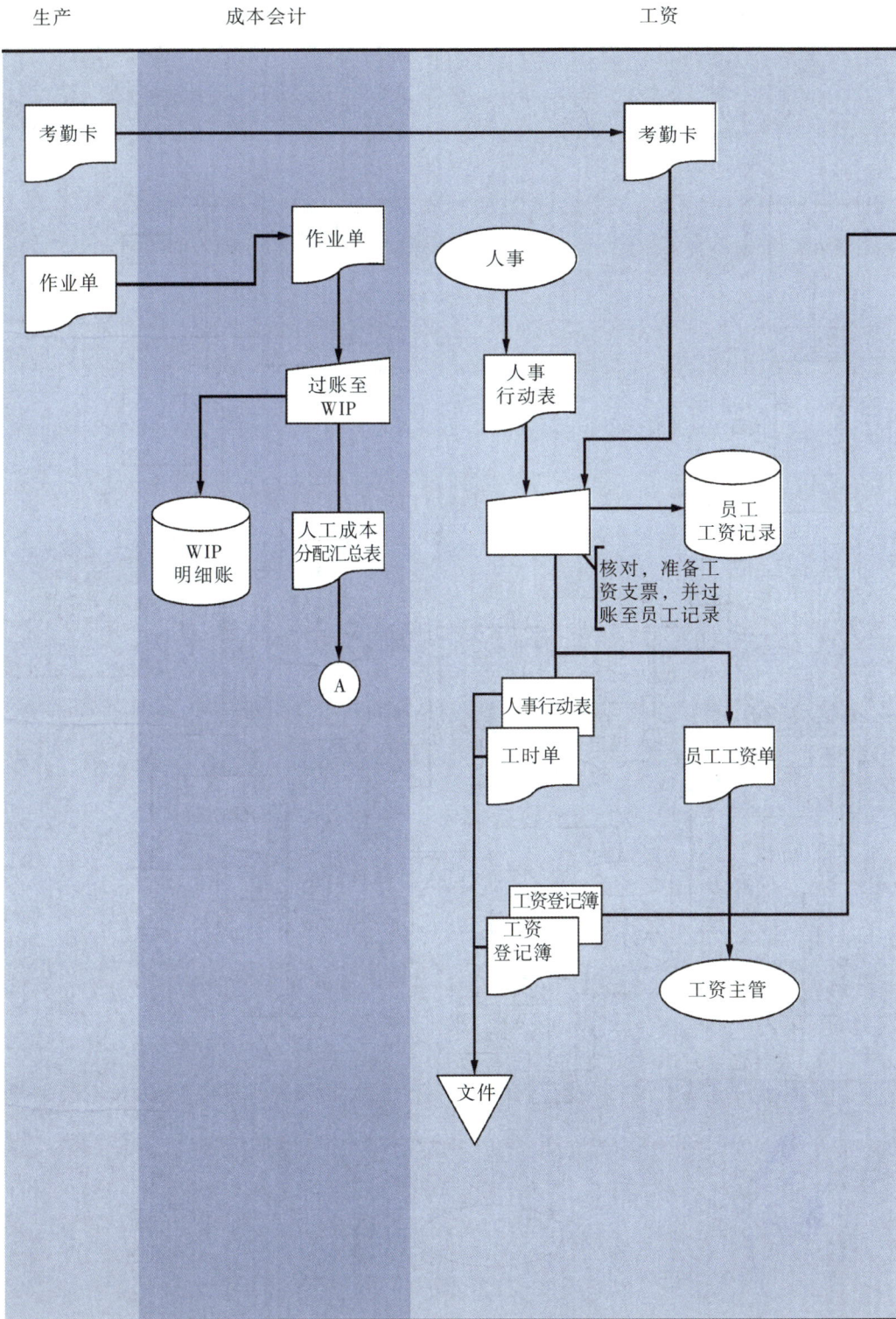

图6-8　基本技术工资单系统

图6-8 基本技术工资单系统（续）

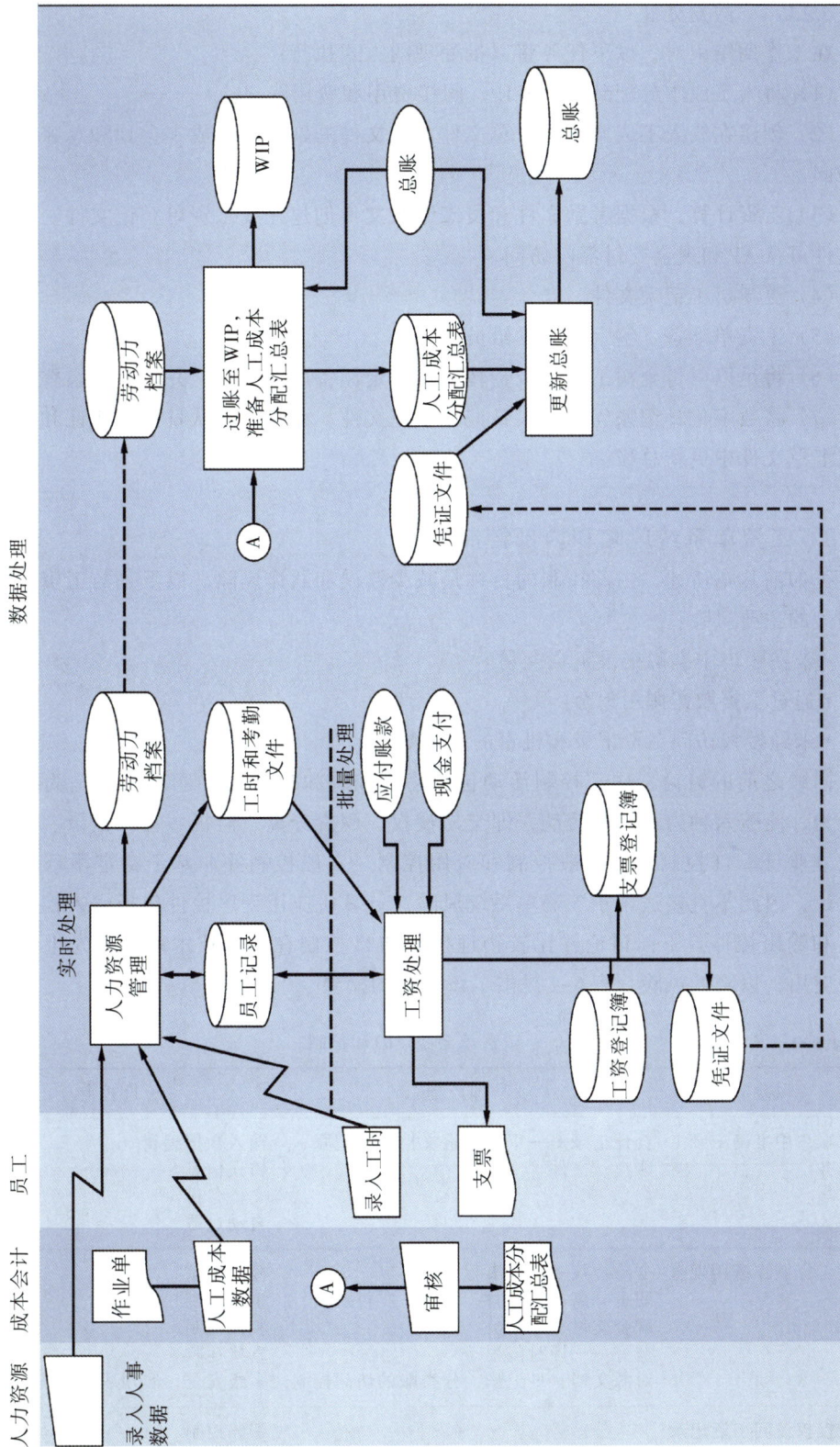

图6-9　集成工资和人力资源管理系统

6.2.2.4 数据处理

在工作期结束时，以下任务将以批处理的方式执行：

（1）将人工成本分配到各个 WIP、间接费用和费用账户。

（2）创建在线人工成本分配汇总文件。该文件的副本可从成本会计和总账部门的终端访问。

（3）工资计算，根据考勤文件和**员工记录文件**创建在线工资单登记文件。工资单登记文件可从 AP 和现金支付部门访问。

（4）更新员工记录文件。

（5）工资单准备、签字并分发给员工。

（6）将足以支付全额工资的资金转入工资定额备用金账户，并记入支票登记簿。

（7）将数字化日记账凭证录入日记账凭证文件。系统自动从日记账凭证和人工成本分配汇总文件中更新总账。

6.2.3 工资单系统风险和内部控制

正如前几章所述，内部控制的目标是减少错误和欺诈风险。以下是与工资单系统业务相关的主要风险：

- 未在账户中准确记录工资交易。
- 通过工资欺诈挪用现金。
- 未经授权访问工资记录和机密的员工数据。

回顾之前的讨论，内部控制活动包括物理控制和 IT 控制。物理控制是为了控制人的行为，涵盖六种内部控制活动，即交易授权、职责分离、监督、会计记录、访问控制和独立验证。IT 控制包括一般控制和应用控制。一般控制并非基于特定循环或子系统而设计，因此不直接适用于工资单系统风险。计算机应用程序控件包括输入控件、处理控件和输出控件。下面讨论并比较物理控制和 IT 控制在基本技术系统和先进技术系统中的应用，以降低风险。表6-1提供了该材料的摘要。

表6-1   工资单系统风险和控制

风险	物理控制	IT控制
未在账户中准确记录工资业务	会计记录——审计线索文档、日记账、账户、文件	输入数据编辑 错误信息 文件备份 自动过账
通过工资欺诈挪用现金	交易授权——人事行动表 职责分离——计时、人事、应付账款、现金支付、出纳员 监督——计时流程 对源文档、日记账、分类账的访问控制	极限测试 生物识别扫描仪 验证控制 直接存款 多级安全，实现职责分离
未经授权访问工资记录和机密的员工数据		密码控制 多级安全，防止未经授权访问数据

6.2.3.1 未准确记录交易的风险

不准确的记录可能有多种形式。以下概述了一些可能的工资单系统错误：

• 时间和出勤数据计算不正确。

• 应付工资没有记录或记录在错误的时期。

• 员工收入和现金支付不准确地过账到员工记录或过账给错误的员工。

• 工资单登记簿、应付账款和现金支付金额错误地过账到各自的总账账户。

6.2.3.1.1 物理控制

会计记录。会计记录的控制目标是提供审计线索，从而可以对某一交易从源文档追踪到财务报表。工资单的审计线索包括以下文件：

（1）考勤卡、作业单和支付凭证。

（2）日记账信息，来自人工成本分配汇总表和工资单。

（3）明细账账户，包含员工记录、WIP和各种费用账户。

（4）总账账户，包含工资控制账户、现金账户和工资结算（周转）账户。

审计师对工资单处理程序的关注是工资义务被准确、完整地记录并与适当的时期相匹配。

独立验证。以下是工资单系统中独立验证控制的示例。

（1）考勤。在向工资单处理程序提交考勤卡之前，主管必须验证其准确性并签名。

（2）应付账款。AP职员在创建将资金转移到定额备用金账户的支付凭证之前验证工资登记簿的准确性。

（3）总账。总账部门通过核对人工成本分配汇总表和工资支付凭证对整个流程进行验证。

6.2.3.1.2 IT控制

数据输入编辑。回想一下，假设交易数据是"脏的"并且包含各种错误。在工资处理程序中，考勤和员工行为数据可能包含颠倒的数字、无效的员工编号、无效的工资率和其他文书错误。如果在处理数据之前未检测到，这些错误将损坏系统的主文件。

输入控件验证输入应用程序的交易数据的完整性。错误的工资单数据可能会损坏WIP账户、员工记录和工资单登记簿。在员工直接将考勤数据输入系统的移动和/或分布式劳动力环境中，数据输入错误尤其是个问题。包括缺失数据检查、数字字母数据测试、无效数据值测试以及员工编号检查在内的输入控件编辑将降低职员和远程员工数据输入错误的风险。

以下处理控制程序与工资单应用程序逻辑有关：

错误信息。将考勤卡或人事行为数据发布到员工记录时的任何不匹配都会向计算机操作员发送错误信息。

文件备份。需要制定备份程序以降低因文件被破坏和/或损坏而导致数据丢失的风险。

自动过账到账户。记录保存功能在基本技术系统中更多地依赖于人的参与，而在先进技术系统中则实现了自动化。在人工环境中，计时、人事、AP、现金支付和总账功能之间的职责分离是一项重要的物理控制，旨在防止或检测人为错误和欺诈。在先进技术系统中，计算机应用程序执行这些任务。消除人为因素可减少出错的可能性，并显著提高操作效率。同样，我们注意到这些好处取决于应用程序的完整性，这是控制良好的系统开发过程中的产物。

6.2.3.2 通过工资欺诈挪用现金的风险

工资欺诈有两种一般形式：

（1）第一种是收到薪水的员工不存在。这种欺诈涉及组织中的某人（主管或以上）创建一个虚假员工，为该员工提交考勤卡，并最终收到工资。虚假员工可能完全是虚构的，也可能是离开组织但仍保留在员工档案中的前员工。

（2）第二类工资欺诈涉及多付员工工资。这通常是通过夸大考勤卡上的工作时间来实现的，在员工自我报告和/或监督控制不足的情况下尤其会出现这类问题。以下控制措施可降低工资欺诈的风险。

6.2.3.2.1 物理控制

交易授权。人事行动表有助于工资文档中的员工记录保持最新的状态。该文档描述了员工档案的添加、删除和其他更改，并作为重要的授权控制程序，确保仅处理当前有效员工的考勤卡。

职责分离。以下职责分离可降低各种形式的工资欺诈风险：

（1）计时职能和人事功能应分开。人事功能为工资单功能提供批准的小时工工资率信息。通常，组织将根据经验、资历和功绩提供一系列有效的工资率。如果生产（计时）部门提供此信息，员工可能会提交更高的工资率并进行欺诈。

（2）出于操作效率的目的，工资单功能执行某些与基本内部控制目标相抵触的任务。具体来说，工资单功能既有资产保管（员工薪水）责任，也有记录保存责任（员工工资单记录）。这似乎为个人创造了机会，让其为自己（或同谋）设立虚假的工资支付责任，批准付款并开具支票。为防止这种情况发生，通过分配应付账款功能审查工资单（工资单登记簿）功能完成的工作和批准付款的责任将控制权返给系统。根据此批准责任，现金支付功能随后会开出一张支票来支付整个工资单。在工资支票存入银行的定额备用金账户之前，员工个人的工资支票是不可流通票据。

（3）使用独立的工资主管（而不是员工的主管）分发支票有助于验证员工是否存在。由于主管提交了考勤卡，如果他还负责分发工资，他可能会创建不存在的员工。

监督。有时，员工会为另一个迟到或缺勤的员工打卡。主管应观察计时过程，并将考勤卡与实际出勤情况核对。

访问控制。与工资单系统相关的资产是劳动力和现金。两者都可能通过不当访问会计记录而被盗用。正如我们已经讨论过的，不诚实的人可能会歪曲考勤卡上的工时数，从而挪用现金。同样，保持对工资系统中所有日记账、分类账、员工数据和源文档的访问控制很重要，就像在所有交易处理系统中一样。

6.2.3.2.2　IT 控制

在员工自行报告并将考勤数据直接输入系统的移动和/或分布式劳动力环境中，组织面临工资欺诈的风险。降低这些风险的输入控制包括以下内容：

（1）限制测试，以检测每个周期报告的过多工时数。

（2）通过生物识别扫描仪、刷卡和 PIN 确保打卡进入系统的个人是有效员工，以降低工资欺诈的风险。

（3）自动测试，根据有效的、最新的员工档案验证员工考勤卡。

（4）选择将员工的工资直接存入银行。

6.2.3.3　未经授权访问工资记录和机密的员工数据的风险

工资信息面临外部人员和组织员工未经授权访问的风险。访问会计信息的动机包括：

- 破坏或删除工资数据等恶意行为。
- 窃取机密员工信息，如社会保险号、工资率和其他个人数据。
- 企图进行工资欺诈。

IT 控制

密码。应在部门计算机上实施密码控制，以减少未经授权访问工资单文件的风险。系统逻辑应要求并提示用户定期更改密码。应只接受由 8 个或更多字母和数字字符组成的强密码。

多级安全。多级安全性是在集成数据处理环境中实现职责分离的一种手段。在该环境中，多个用户同时访问一个公共的中央应用程序。通过这种技术，HR、AP、现金支付、成本会计和总账人员因分配给他们的权限而受到了访问限制。

6.2.4　外包工资单功能

许多组织通过将所有工资单处理任务转移给第三方提供商来外包其工资单功能。服务提供商收集工时和人事行为数据，计算工资，代扣税款，将资金存入员工账户，并在年底提供 W-2 表格。在传统的公司中，客户公司每周或每两周通过网络向服务提供商提交员工时间数据。或者，分散的员工可以通过笔记本电脑或手持设备直接向服务提供商提交他们的工时和出勤数据。员工还可以在线访问他们的账户并更改预扣税、医疗储蓄账户和退休计划。

为此，服务提供商需要访问敏感的内部信息，如社会保险号、就业表格（W-4s 和 I-9s）以及员工银行账户信息。服务提供商还要求客户公司建立一个银行账户并允许做工资单的公司访问它。存入银行账户的资金包括总工资、向州和联邦税务机关划转的资金以及支付给服务提供商的费用。

与工资外包相关的优势和风险

外包的主要优势是节省成本。通过将此功能转移给第三方，客户组织避免了运行内部工资部门的工资和福利成本。此外，工资人员的继续教育费用也是一项经济负担。内部工资部门需要了解不断变化的一系列法律和技术问题。这种培训具有破坏性且成本高昂，可以通过外包工资单功能来避免。

重大风险也与外包有关。一种风险是服务提供商组织将有权访问极其机密的员工数据和客户公司的财务资源。另一种风险是服务提供商可能无法执行。它的控制可能存在重大缺陷和/或可能因导致重大错误或欺诈发生而不称职。此类失败的财务、法律、运营和政治后果由客户组织和服务提供商承担。一个组织可以外包它选择的任何职能，但它不能外包其实施适当内部控制的责任。

6.3 固定资产系统概述

固定资产是企业运营中使用的不动产、厂房和设备。这些是相对永久性的项目，通常共同代表该组织最大的财务投资。固定资产的例子有土地、建筑物、家具、机械和机动车辆。一个企业的固定资产系统是用来处理固定资产的购置、维护和处置等交易。固定资产系统的具体目标是：

（1）根据需要，按照正式的管理层批准和程序办理固定资产的购置。

（2）维护组织中资产购置、成本、描述和物理位置的适当会计记录。

（3）按照可接受的方法维护准确的资产折旧记录。

（4）为管理层提供信息，帮助规划未来的固定资产投资。

（5）妥善记录固定资产报废处置情况。

固定资产系统与第5章中介绍的支出循环有一些共同点，但有两个重要的区别将这两个系统区分开来。

第一个区别是，支出循环处理原材料和成品存货的日常采购。固定资产系统为组织中更广泛的用户群体处理非常规事务。组织的几乎所有职能领域的经理都对固定资产进行资本投资，但这些交易的发生频率低于存货采购。由于固定资产交易是独一无二的，它们需要特定的管理层批准和明确的授权程序。相比之下，组织通常会自动执行日常库存采购的授权程序。

这两个系统之间的第二个区别是，组织通常将库存获取视为当期的费用，而将固定资产资本化，从而产生多个时期的收益。由于固定资产的生产寿命超过一年，因此其购置成本在其整个生命周期内分摊并根据会计惯例和法定要求进行折旧。综上，固定资产会计系统包括不属于日常支出系统的成本分配和匹配程序。

6.3.1 固定资产系统的逻辑

图6-10展示了固定资产系统的一般逻辑。该过程涉及三类任务：资产购置、资产维护和资产处置。

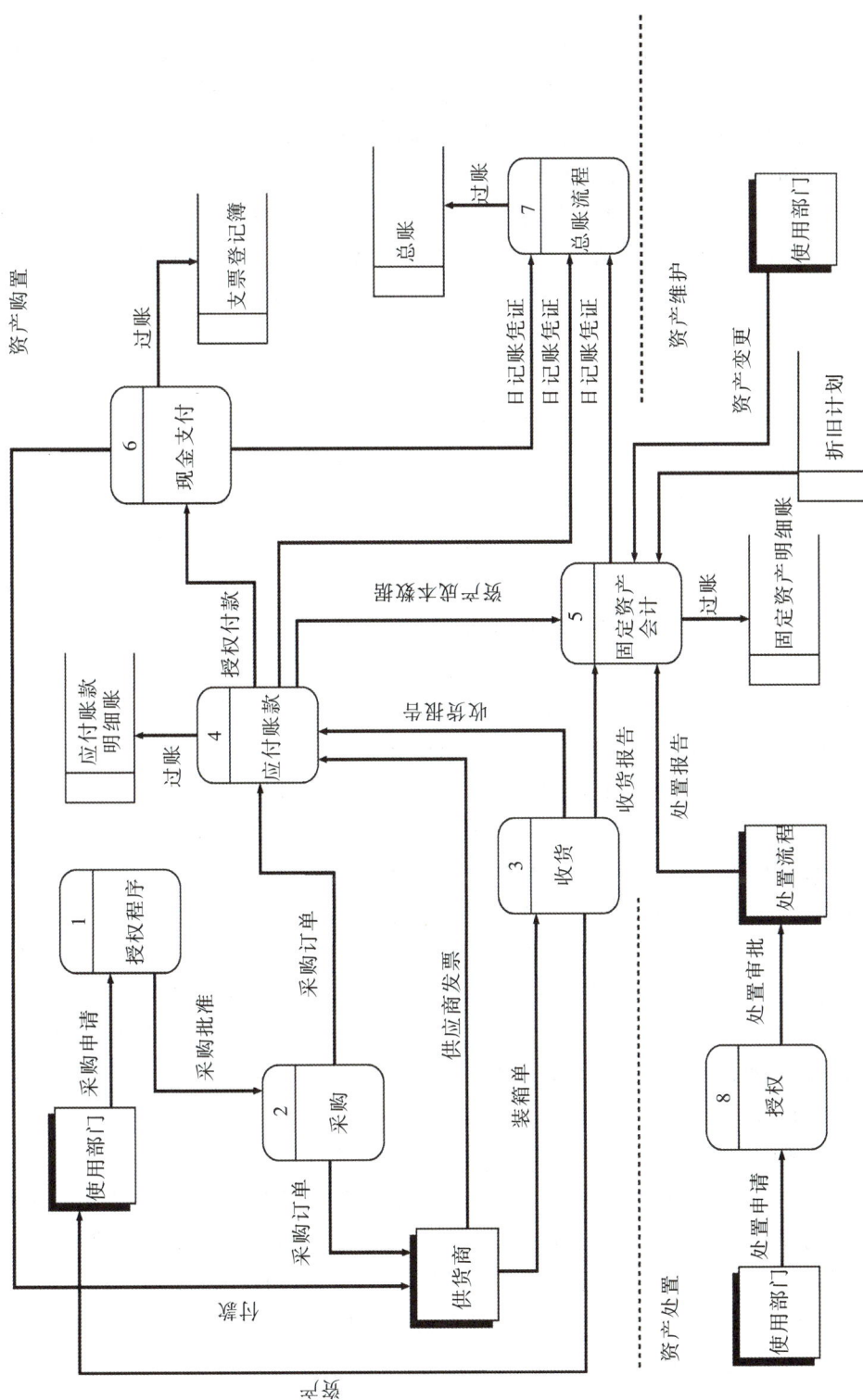

图6-10 固定资产系统DFD

6.3.1.1 资产购置

资产购置通常是从部门经理（固定资产使用者）认为有必要获取一项新资产或更换现有资产时开始的。交易的授权和批准程序将取决于资产的价值。部门经理通常有权批准金额低于特定重要性水平的采购。超出限额的资本支出需要获得更高管理层的批准。这可能涉及正式的成本-收益分析和供应商的正式招标。

一旦请求被批准并选择了供应商，固定资产购置任务就类似于第 5 章中描述的支出循环程序，但有两个值得注意的差别。首先，收货部门将资产交付给用户/经理而不是中央商店或仓库。其次，固定资产部门而非存货控制部门执行记录保存功能。

6.3.1.2 资产维护

资产维护涉及资产（不包括土地）随时间或使用而贬值，需要调整固定资产明细账余额。常用的折旧方法有直线折旧法、年数总和折旧法、双倍余额递减法和生产单位折旧法。折旧方法和使用期限应尽可能反映资产对公司的实际效用下降。会计惯例和美国国税局规则有时会指定要使用的折旧方法。例如，企业必须使用直线法折旧新办公楼，并使用至少 40 年。用于制造产品的固定资产的折旧计入制造费用，然后分配到 WIP。未用于制造产品的资产的折旧费用计入当期费用。

折旧计算是固定资产系统在没有外部事件（源文档）触发操作时必须设计为内部预期的交易。用于启动此任务的重要记录是**折旧计划**。系统将为固定资产明细账中的每项固定资产准备一个单独的折旧时间表，如图 6-11 所示。

折旧计划显示要记录的折旧时间和数量。它还显示何时停止对已全部折旧完毕的资产进行折旧。管理报告中的此信息对于规划资产报废和更换也很有用。

资产维护还涉及调整资产账户以反映提高资产价值或延长其使用寿命的物理改进成本。此类提高本身就是资本投资，作为新资产购置处理。

最后，固定资产系统必须通过跟踪每项资产的实际位置来执行问责制。与通常在安全区域合并库存不同，固定资产分布在整个组织中，并面临被盗和挪用的风险。当一个部门将一项资产托管转移到另一个部门时，应将转移信息记录在固定资产明细账中。每个明细账记录都应指明资产的当前位置。定位和验证固定资产实物存在的能力是审计跟踪的重要组成部分。

6.3.1.3 资产处置

当资产达到使用寿命或管理层决定处置时，必须从固定资产明细账中删除该资产。图 6-10 的左下部分说明了资产处置过程。它从负责经理发出处置资产的请求开始。与任何其他交易一样，资产的处置需要适当的审批程序。公司面临的处置选择是出售、拆解、捐赠或报废资产。将描述资产最终处置的处置报告发送给固定资产会计部门，以授权将其从明细账中删除。

OZMENT'S INDUSTRIAL SUPPLY
资产清单，附有折旧计划
从 200 到 200

代码	类型	折旧	月#	折旧费用	累计折旧	账面价值
200	办公与家具					
	办公室家具					
	折旧方法：年数总和法					
	使用寿命：5 年					
	购置日期：2/01/20××					
	处置日期					
	成本	5,500.00				
	残值	500.00				
	累计折旧	2,222.23				
			1	138.89	138.89	5,361.11
			2	138.89	277.78	5,222.22
			3	138.89	416.67	5,083.33
			4	138.89	555.56	4,944.44
			5	138.89	694.45	4,805.55
			6	138.89	833.34	4,666.66
			7	138.89	972.23	4,527.77
			8	138.89	1,111.12	4,388.88
			9	138.89	1,250.01	4,249.99
			10	138.89	1,388.90	4,111.10
			•	•	•	•
			•	•	•	•
			•	•	•	•
			52	27.78	4,777.80	722.20
			53	27.78	4,805.58	694.42
			54	27.78	4,833.36	666.64
			55	27.78	4,861.14	638.86
			56	27.78	4,888.92	611.08
			57	27.78	4,916.70	583.30
			58	27.78	4,944.48	555.52
			59	27.78	4,972.26	527.74
			60	27.78	5,000.04	499.96

所列资产数量：1

图6-11 折旧计划

6.3.2 物理固定资产系统

由于固定资产系统中的许多任务在概念上与第 5 章中介绍的采购系统相似，因此我们将重点介绍固定资产处理特有的操作特征和控制。图 6-12 展示了一个具有实时处理功能的固定资产系统。

流程图的上部为固定资产购置程序，中部为固定资产维护程序，下部为资产处置程序。为了简化流程图并专注于系统的主要功能，省略了应付账款和现金支付的处理步骤。

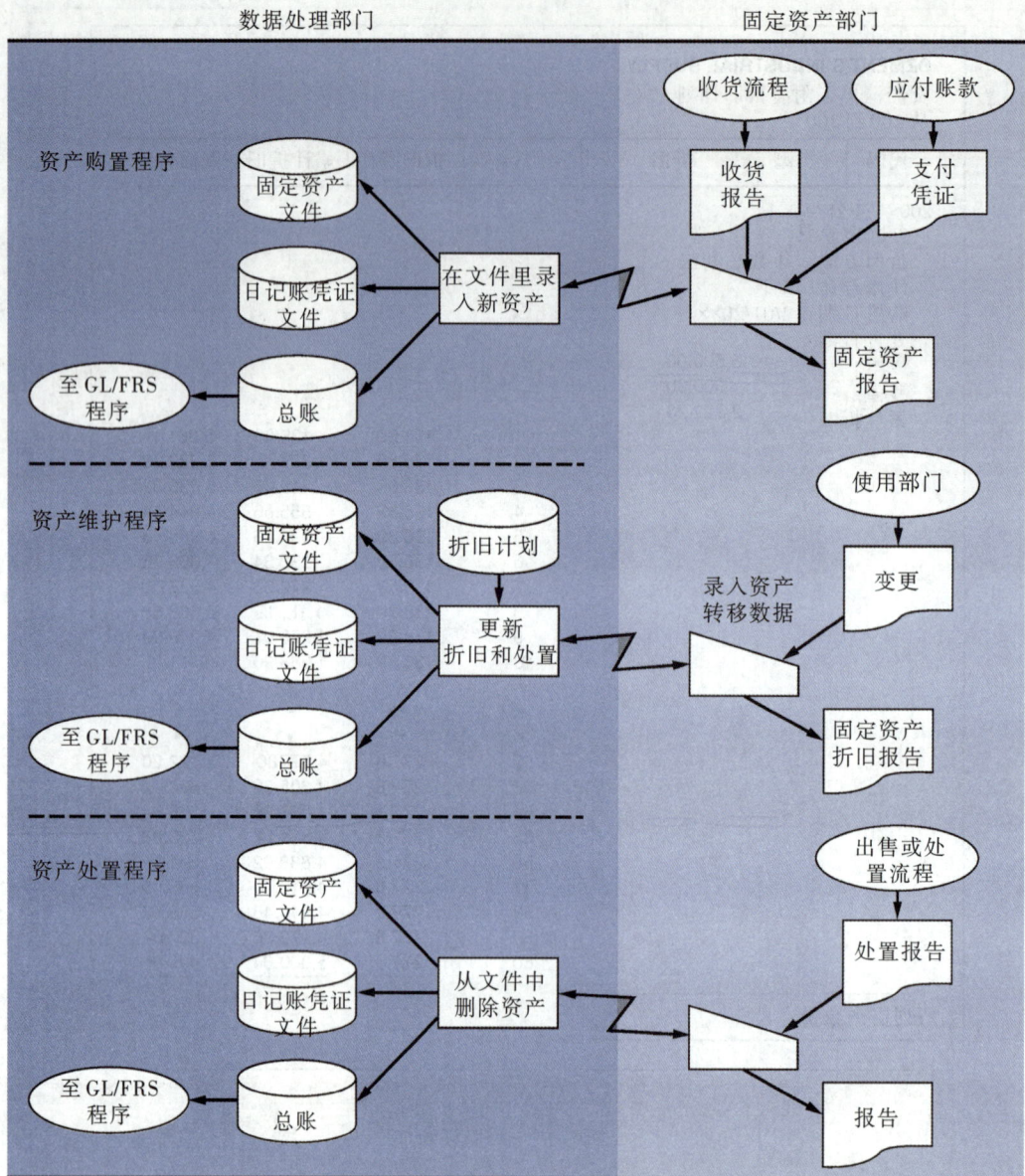

图6-12 基于计算机的固定资产系统

6.3.2.1 资产购置

当固定资产会计职员收到收货报告和现金付款凭证时，该流程开始。这些文件提供了公司实际收到资产并显示其成本的证据。从计算机终端，该职员在固定资产明细账中创建资产记录。图 6-13 显示了该文件的可能记录结构。

请注意，除了历史成本信息外，记录还包含说明资产使用寿命、残值（残值）、所使用的折旧方法以及资产在组织中的位置的数据。固定资产系统自动更新总账中的固定资产控制账户，并为总账部门准备日记账凭证作为分录凭证。该系统还为会计管理生成报告。图 6-14 列示了固定资产的状况报告，显示了公司每项固定资产的成本、累计

项目编号	位置	描述	资产类型	资产寿命/月	成本	残值	折旧方法	期间/月	处置日期	累计折旧	账面价值
200	Rm. 182	Photocopier	Off&F	60	5,500.00	500.00	SYD	5	N/A	694.45	4,805.55

图6-13 固定资产记录结构

折旧（如果有）和残值。根据固定资产记录中包含的折旧参数，系统在最初记录购置时为每项资产准备了折旧计划。该计划存储在计算机磁盘上，以便将来进行折旧计算。

OZMENT'S INDUSTRIAL SUPPLY
资产清单

代码	类型	描述
100	办公与家具	
	计算机系统	
	折旧方法：直线法（SL）	
	使用寿命：5	
	购置日期：1/01/20XX	
	处置日期	
	成本	40,000.00
	殖值	4,000.00
	累计折旧	10,800.00
200	办公与家具	
	办公室家具	
	折旧方法：直线法	
	使用寿命：5	
	购置日期：1/01/20XX	
	处置日期	
	成本	5,500.00
	残值	500.00
	累计折旧	2,222.23
300	机器	
	吹雪机	
	折旧方法：双倍余额递减法（DDB）	
	使用寿命 5	
	购置日期：2/01/20xx	
	成本	1,000.00
	残值	0.00
	累计折旧	499.96
400	机器	
	卡车	
	折旧方法：直线法	
	使用寿命：3	
	购置日期：12/01/20XX	
	处置日期	
	成本	2,000.00
	残值	0.00
	累计折旧	2,333.31

图6-14 固定资产状况报告

6.3.2.2 资产维护

固定资产系统使用折旧计划自动记录期末折旧交易。具体任务包括：（1）计算当期折旧；（2）更新明细账中的累计折旧和账面价值字段；（3）将折旧总额记入受影响的总账账户（折旧费用和累计折旧）；（4）通过在日记账凭证文件中添加记录来记录折旧交易。最后，将固定资产折旧报告（如图6-15所示）发送至固定资产部门进行审核。

	OZMENT'S INDUSTRIAL SUPPLY		
	截至20××年6月30日的折旧计算		
	过账到批次#1327		
代码	折旧方法	描述	折旧费用
100	直线法 5 yr	计算机系统	3,600.00
200	年数总和法 5 yr	办公室家具	694.44
300	双倍余额递减法 5 yr	吹雪机	133.33
400	直线法 3 yr	送货卡车	0.00
500	直线法 3 yr	送货卡车	0.00
600	直线法 3 yr	卡车	2,333.31
所列资产总数量：6		合计	6,761.08
总账汇总：			
615	折旧费用	6,761.08	
151	累计折旧		6,761.08
	设备		

图6-15　固定资产折旧报告

部门经理向固定资产部门报告资产保管或状况的变化。职员通过计算机终端在固定资产明细账中记录此类变化。

6.3.2.3 处置程序

处置报告正式授权固定资产部门从明细账中删除使用部门处置的资产。当职员从固定资产明细账中删除记录时，系统会自动：（1）将调整分录过账到总账中的固定资产控制账户；（2）记录与处置相关的损失或收益；（3）准备日记账凭证。包含删除详细信息的固定资产状况报告将被发送到固定资产部门进行审查。

6.3.3 固定资产系统的风险和控制

由于与第5章中介绍的采购/现金支付系统相似，固定资产系统具有许多相同的风险和控制问题，这些问题已经讨论过了。然而，固定资产在整个组织中的物理分布使得它们比仓库中的存货更容易被盗和挪用。以下控制问题是针对此风险的。

6.3.3.1 授权控制

固定资产购置应正式且有明确授权。每项交易都应该由用户或部门的书面申请启动。在物品价值较高的情形中，授权过程应包括一个独立的批准过程来评估申请的价值。

6.3.3.2 监督控制

管理监督是固定资产实物安全的重要组成部分。主管必须确保按照组织的政策和业务惯例使用固定资产。例如，为个别员工购买的微型计算机应固定在适当的位置，未经明确批准不得从场地搬走。轮值结束时，公司车辆应停放在组织的停车场上，除非得到相应主管的授权，否则不得将其带回家供个人使用。

6.3.3.3　独立验证控制

内部审计师应定期审查资产购置和审批程序，以确定此类决策中使用的因素的合理性。其中包括资产使用寿命、原始财务成本、购置资产所带来的计划成本节约、使用的贴现率以及分析中使用的资本预算方法。

内部审计师应对照明细账中的固定资产记录核实组织固定资产的位置、状况和公允价值。此外，还应对固定资产计算的折旧费用进行审核并验证其准确性。错误计算的折旧可能导致运营费用、报告收益和资产价值出现重大错报，并可能导致过早处置原本可用的资产。

总结

本章从工资核算程序的检查开始。讨论的重点是基本任务、职能部门，以及构成工资系统的文件、日记账和账户，解释了工资活动中固有的风险以及降低风险的控制措施。6.1 节和 6.2 节回顾了基本技术和先进技术工资系统的操作特点。它以对许多公司追求的工资外包选项的评价结束。

6.3 节介绍了固定资产制度的典型特征。固定资产会计涉及三类程序：资产购置、资产维护和资产处置。我们检查了构成固定资产系统的文件、程序和报告。我们通过审查系统中的主要风险和控制措施来结束我们的讨论。

关键术语

资产购置	劳动力使用档案
资产处置	磁卡刷卡
资产维护	移动远程设备
生物识别时钟	工资单
折旧计划	工资定额备用金账户
员工工资记录	工资登记簿
员工记录文件	人事行动表
固定资产	感应卡
人力资源管理（HRM）系统	考勤文件
作业单	考勤卡
人工成本分配汇总表	

复习题

1. 成本会计部门使用哪个文件将直接人工费用分配给在制品？
2. 哪个部门被授权更改员工工资率？
3. 为什么员工的主管不应该发工资？
4. 为什么员工的工资要从一个特殊的支票账户中提取？

5. 为什么要监督员工上下班打卡？

6. 什么是人事行动表？

7. 工资职员在收到生产部门的工时数据后会执行哪些任务？

8. 工资单审计跟踪中包含哪些文件？

9. 什么是生物识别时钟？

10. 什么是感应卡？

11. 固定资产系统的目标是什么？

12. 固定资产系统与采购系统有何不同？

13. 固定资产系统的三项任务是什么？

14. 折旧表上有哪些信息？ 如何验证这些信息？

15. 为什么向固定资产部门通报资产改进和处置对财务报表的完整性至关重要？

16. 审计师在固定资产系统中的作用是什么？

17. 哪个部门负责固定资产的正式备案？

18. 什么文件表明固定资产完全折旧了？

19. 固定资产处置由谁授权？

20. 用于生产的资产存放在仓库中，固定资产由谁保管？

讨论题

1. 作业单的重要性是什么？ 说明该文件及其信息从开始到对财务报表产生影响的流程。

2. 工资单系统中通常记录遇到的经济事件是否存在时间滞后？ 如果是这样，它们是什么？ 讨论会计专业人士对这个问题的看法，因为它与财务报告有关。

3. 有远程办公员工的组织管理层担心员工正在为实际上不在工作的其他人打卡。哪些控制措施可以降低这种风险？

4. 讨论工资外包的主要优势。

5. 讨论信息系统可以减少时间滞后的一些具体例子，以及公司如何受到这种时间滞后的积极影响。

6. 讨论一些可能要求其工人使用工单的服务行业。

7. 与工资外包相关的风险是什么？

8. 如果出售或处置未完全折旧的资产，但不调整固定资产记录，对财务报表有何影响？

9. 讨论与原材料和制成品不同的固定资产相关的基本风险和控制问题。

10. 描述一种内部控制措施，该内部控制措施可以防止员工搬走计算机并将其报告为报废。

11. 描述一种内部控制，该控制会阻止为不再由公司所有的汽车支付保险费。

12. 描述一种内部控制，以防止向维护部门收取现在位于工程部门并由工程部门使用的清扫车的折旧费用。

13. 描述一种内部控制，以防止购买公司不需要的办公设备。

14.当固定资产记录里包括公司不再拥有的资产时，会产生什么负面影响？

多项选择题

1.以下（　　）职能部门负责提交员工工资变化资料。

a.工资　　　　　　　　　　　　b.财务主管

c.现金支出　　　　　　　　　　d.人事

e.以上均无

2.以下（　　）不是工资系统的内部控制。

a.主管核实员工考勤卡的准确性

b.人事部门向工资部门提交人事行动表

c.工资支票由独立的工资主管发放

d.应付账款部门在将工资资金转入普通支票账户前核实工资登记簿的准确性

e.以上都是工资系统的内部控制

3.工资系统中的独立验证控制是（　　）。

a.生产部门将工单上报告的工时数与考勤卡上报告的工时数进行比较

b.总账部门将从成本会计处获得的人工成本分配汇总表与从应付账款处获得的支出凭证进行比较

c.人事部门将有权领取工资的员工人数与准备的工资支票数量进行比较

d.工资部门将人工成本分配汇总表与考勤卡上报告的工时数进行比较

4.下面（　　）最有可能发放工资。

a.工资主管　　　　　　　　　　b.计时员

c.人事职员　　　　　　　　　　d.监督人员

5.以下（　　）文件记录了工人在每项生产工作上花费的总时间。

a.考勤卡　　　　　　　　　　　b.工单

c.人事行动表　　　　　　　　　d.人工成本分配表

e.以上均无

6.以下（　　）不是固定资产系统的任务。

a.授权购置固定资产　　　　　　b.记录折旧费用

c.计算处置固定资产的收益和/或损失　　d.以上都是任务

e.a和b不是任务，c是

7.以下控制措施可能适用于固定资产系统，除了（　　）。

a.采购申请的正式分析　　　　　b.审查资本预算模型中使用的假设

c.经济订购量模型的改进　　　　d.预期成本节约的估计

8.以下数据项可包含在固定资产记录中，除了（　　）。

a.资产的剩余价值　　　　　　　b.资产的账面价值

c.使用的折旧方法　　　　　　　d.资产所在地

e.以上所有内容都可能包括在内

9.以下是固定资产系统可处理的交易，除了（　　　）。

a.原材料采购　　　　　　　　　　b.购买建筑物

c.设备维修　　　　　　　　　　　d.出售公司面包车

e.全部为固定资产交易

10.以下（　　　）文件记录了单个工人在工作地点花费的总时长。

a.人工成本分配表　　　　　　　　b.工单

c.人事行动表　　　　　　　　　　d.考勤卡

e.以上均无

问题

1.工资欺诈

John Smith在一家大型建筑供应公司的堆场工作。有一天，他出人意料地去了加利福尼亚，再也没有回来。他的工头抓住机会，继续向工资部门提交John的考勤卡。每周，作为他正常职责的一部分，工头从工资系统中收到员工的工资支票，并将其分发给轮值的工人。由于John不当场领取他的工资支票，工头伪造了John的名字并将支票兑现。

要求：描述防止或检测这种欺诈计划的两种控制技术。

2.工资控制

参见问题2的流程图（图P.1）。

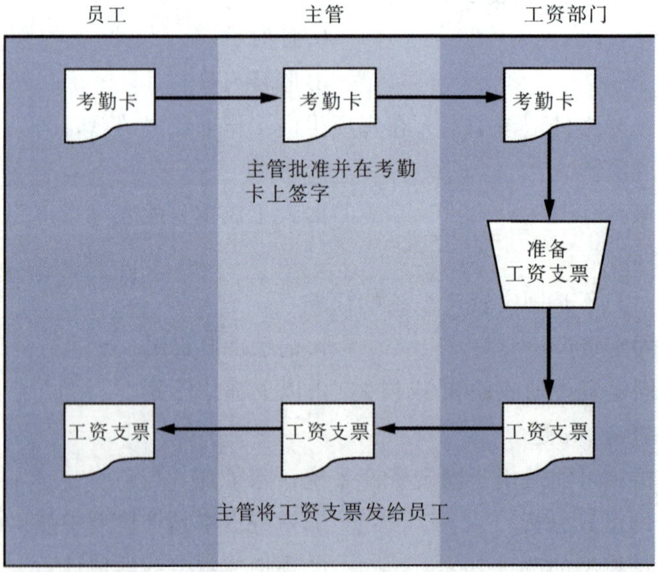

图P.1　问题2：工资控制

要求：

a.流程图中描述的工资核算流程有哪些风险

b.讨论两种可以减少或消除风险的控制技术

3. 工资——风险和控制

Sherman公司有8个独立的部门，雇用了400名生产、维护和清洁工人。除监督业务外，各部门的主管还负责在其职责范围内招聘、雇用和解雇工人。该组织吸引了临时工，每年的员工流动率高达20%~30%。

员工每天上下班打卡，以在考勤卡上记录他们的出勤情况。每个部门都有自己的打卡时钟，位于远离主要生产区域无人看管的房间内。每周，主管收集考勤卡，检查其准确性，签字并提交给工资单部门进行处理。此外，主管提交人事行动表以反映新雇用和被解雇的员工。根据这些文件，工资员准备工资支票并更新员工记录。工资部门的主管在工资单上签字，从普通现金账户中提取，然后将其发送给部门主管，由主管分发给员工。工资单将被发送到归档的现金支付部门。

要求：

a.准备 Sherman 工资系统的流程图

b.讨论 Sherman 公司工资系统中工资欺诈的风险

c.你将实施哪些控制措施来降低风险

4. 流程图分析

讨论在问题 4 的流程图（图 P.2）中发现的任何控制弱点，提出更改建议。

5. 职责分离

人力资源管理系统要求工资和人事部门的员工都可以访问机密的员工数据。

要求：

a.分别列出人事和工资部门员工应该和不应该执行的任务

b.描述这样一个系统中敏感和机密的数据类型

c.IT 控制将提供哪些必要的职责分离程序以限制对功能和数据的访问

6. 工资流程图分析

讨论问题 6 的工资系统流程图（图 P.3）所描述的风险。描述降低这些风险所需的系统内部控制改进措施。

7. 综合流程图分析

讨论问题 7 的支出循环流程图（图 P.4）中的内部控制弱点。根据 COSO 的控制活动来解释你的答案。

8. 固定资产系统——风险和控制

Turner Brothers 公司的固定资产购置程序如下。用户部门的主管确定其固定资产需求，并直接向承包商、供应商提交标书或订单。在竞标的情况下，用户最终选择供应商并协商支付的价格。资产直接送到用户区域。用户检查并正式接收资产。他们将发票提交给现金支付部门进行支付。

要求：讨论与此过程相关的风险。描述为降低这些风险而应实施的控制措施。

9. 固定资产系统——欺诈潜力

Holder公司为其服务人员和销售人员维护着庞大的汽车、卡车和货车车队。各部门主管保存着这些车辆的保养、维修和里程信息。

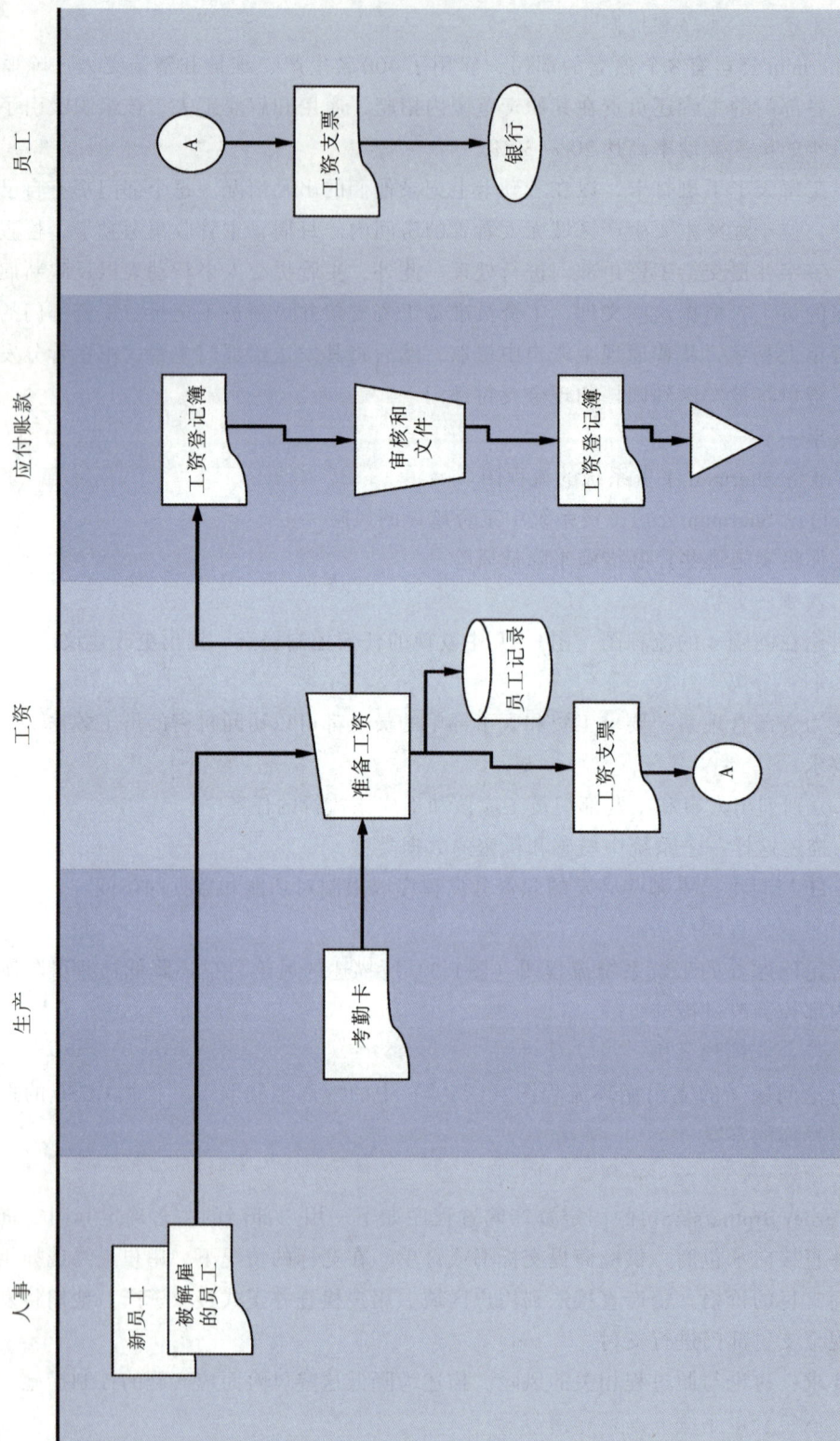

图P.2　问题4：流程图分析

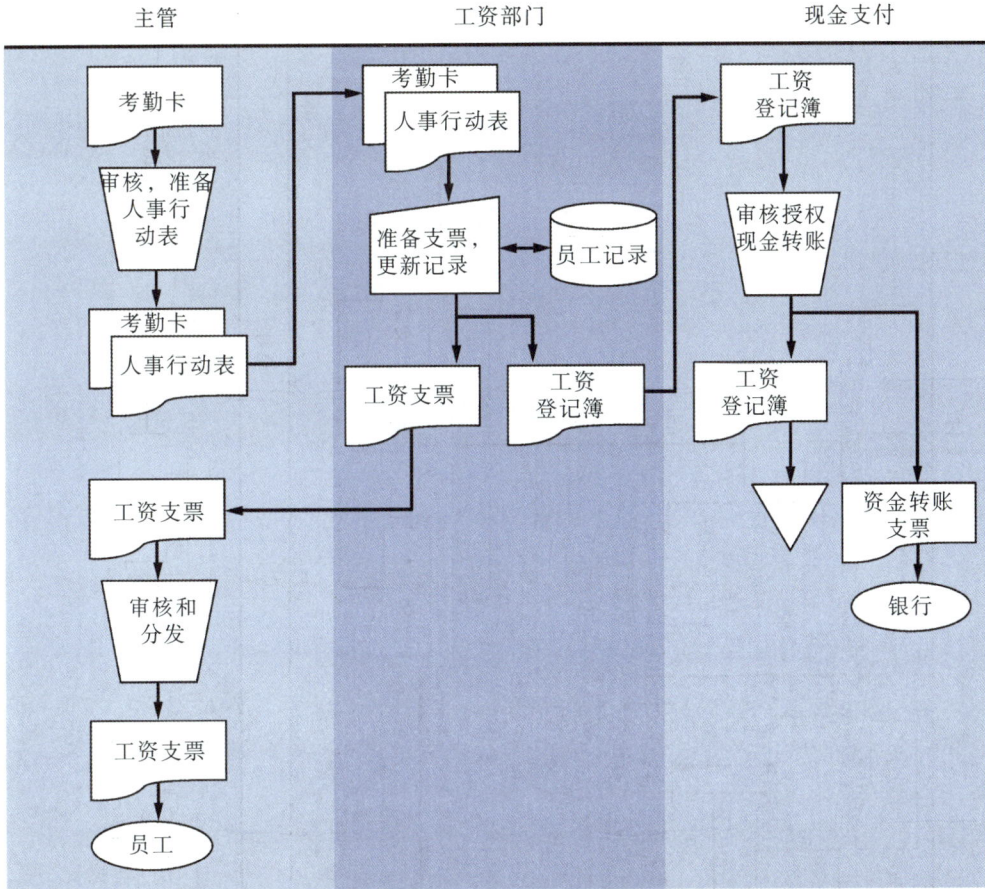

图P.3 问题6：工资流程图分析

此信息会定期提交给固定资产部门，后者使用它来计算车辆的折旧。为确保车队安全可靠，公司会在车辆累计行驶80 000英里时进行处置。根据使用情况，一些车辆比其他车辆更快地达到这一标准。当车辆行驶达到80 000英里时，主管有权将其更换成新的车辆，私下出售旧车。公司员工可以优先选择对替换下来的车辆进行投标。车辆处置后，主管向固定资产部门提交处置报告，由固定资产部门核销资产。

要求：讨论本系统中滥用和欺诈的可能性。描述为降低风险而应实施的控制措施。

10.固定资产流程图分析

讨论问题10的固定资产系统流程图（图P.5）描述的风险。描述降低这些风险所需的系统内部控制改进。

11.工资核算程序

下面描述了Albright制造公司的工资核算程序。

在每个班次开始和结束时，小时工在位于工厂偏远角落的打卡机上记录他们的考勤数据。选择这个位置是为了让考勤活动不干扰小工厂车间的工作流程。每个星期五，位于独立行政大楼内的考勤员会取回考勤卡并将其提交给工资部门职员。

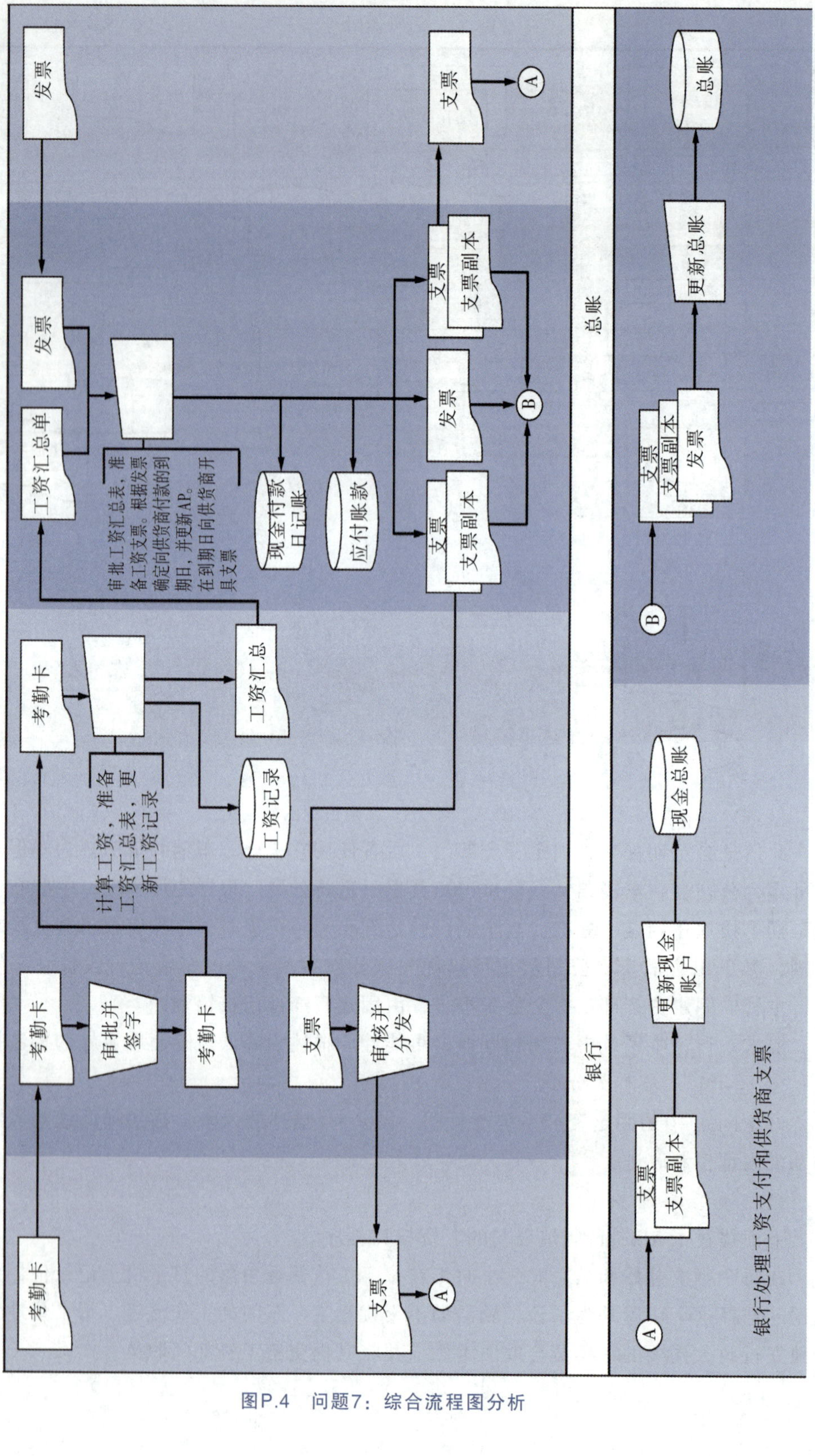

图P.4　问题7：综合流程图分析

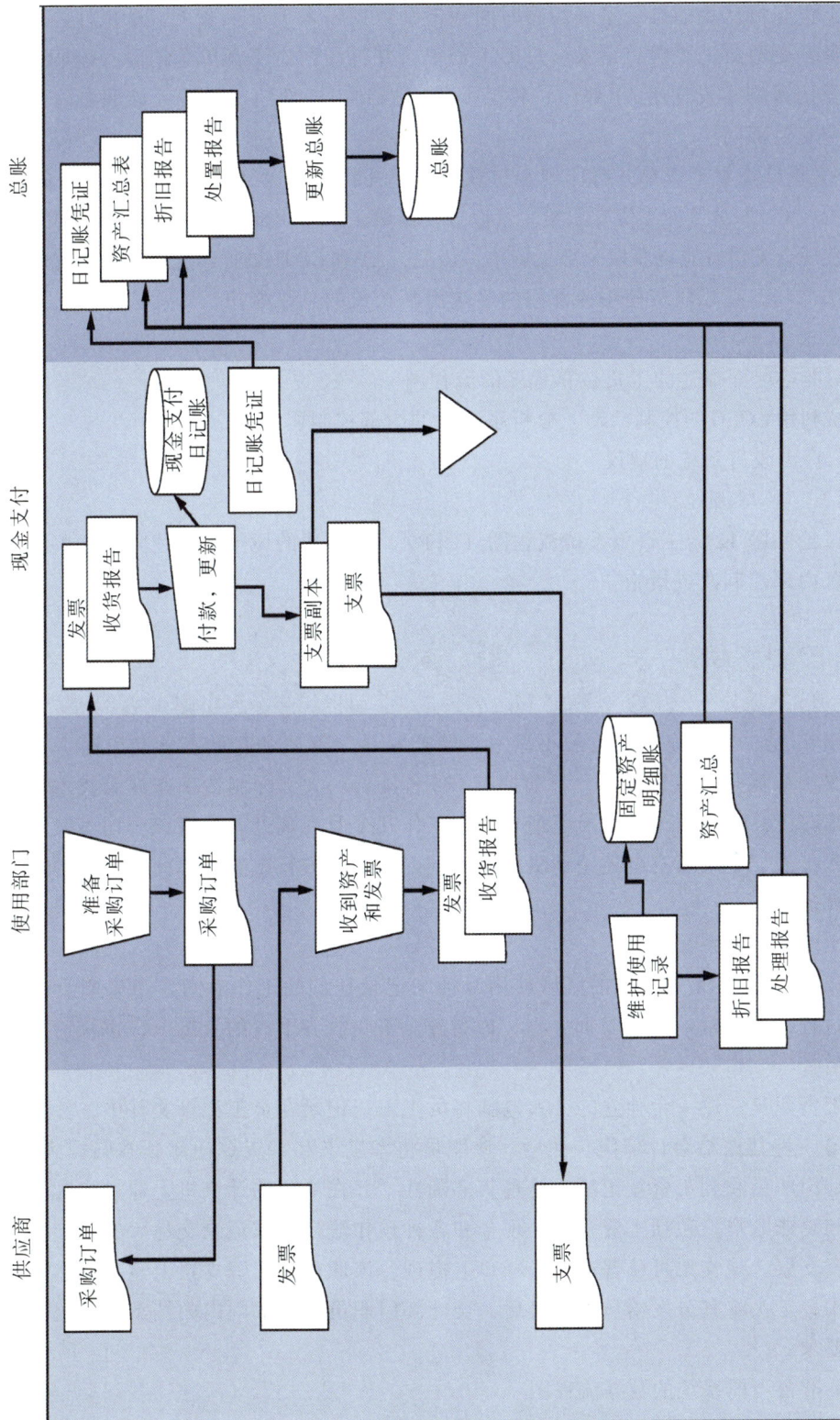

图P.5 问题10：固定资产流程图分析

工资职员从她的办公室终端将时间和出勤数据输入工资单系统。系统计算每个员工的工资，更新员工工资单记录，打印工资单，并打印两份工资单登记簿。该职员将一份工资登记簿副本发送给AP部门，将另一份归档到工资部门。最后，该职员将工资单送至现金支付部门。

AP职员查看工资单并打印现金付款凭证，并将其发送给现金支付（CD）部门。CD凭证授权CD职员签发工资支票给主管以分发给员工。使用部门中的终端，CD职员随后更新数字现金支付日志以获取全部工资单。最后，AP和CD职员打印交易汇总表并将其发送到总账部门，总账职员使用该部门的终端更新相关的总账账户。

要求：

a.准备前面描述的工资核算程序的流程图

b.利用COSO的控制活动，分析系统中的内部控制弱点

c.提出改进系统的建议

12. 工资单流程图分析

讨论问题12的工资单系统流程图（图P.6）所描述的风险。描述降低这些风险所需的系统内部控制改进措施。

内部控制案例

1.Holly公司——工资单系统（小型公司：手动程序与个人电脑相结合）

Holly是一家由家庭经营的小型木制园艺家具、棚屋和存储容器制造商。该公司位于宾夕法尼亚州匹兹堡郊外，目前拥有185名员工。大部分制造工作涉及伐木场和锯木厂的临时工。工作很辛苦，员工通常会在工作几个月后离开。尽管该公司不发布经审计的财务报表，但其所有者还是请贵公司对其内部控制进行审查。你此时审查的重点是工资核算流程。

工资单处理系统

Holly员工在无人监管的区域使用时钟来记录他们的工作时间。考勤职员试图监控这个过程，但经常被其他职责分心。每周五，工头收齐下属的考勤卡，审核后，交给工资职员。

工资职员使用一台独立的个人电脑将员工工资记录在员工记录文件中，并打印工资登记簿，将其送给会计部门。然后，该职员将考勤卡和工资登记簿副本归档到本部门。会计部门职员收到工资登记簿，检查其准确性，并在部门的计算机上通过将其过账到子公司和总账账户（包括工资费用、现金和各种预扣账户）来记录交易。然后，该职员打印工资支票，该支票可从普通现金账户上提现。该职员在工资支票上签字，然后将其送给工头，工头将其分发给员工。最后，会计部门职员在本部门内归档工资登记簿。

要求：

a.准备当前系统的数据流程图

b.准备现有系统的系统流程图

c.描述与当前设计的该系统相关的不受控制的风险

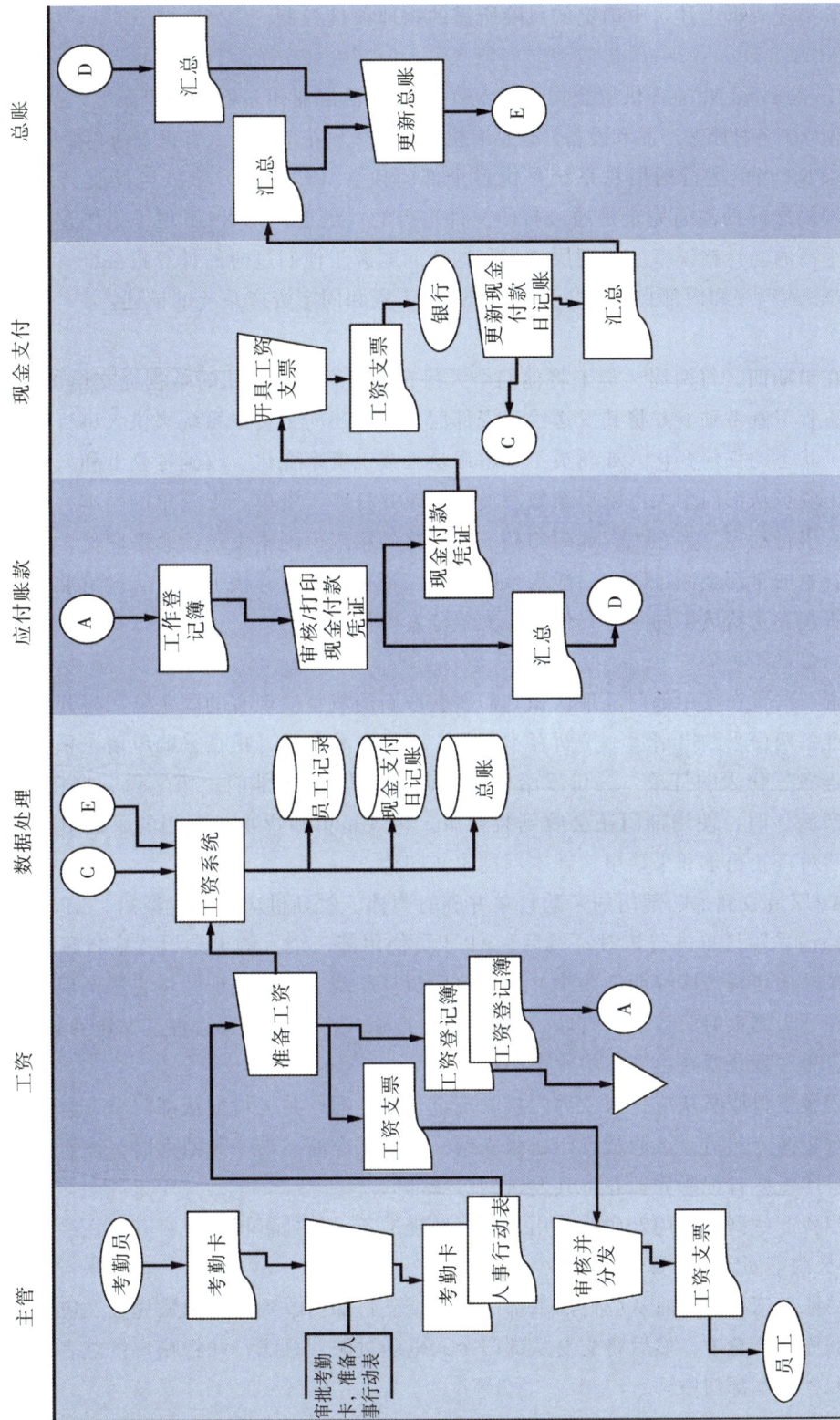

图P.6 问题12

d. 描述降低上述 c. 中确定的风险所需的物理和 IT 控制

2.Green Pond Nursery 供应公司（独立个人电脑会计系统）——绿色产品

Green Pond Nursery 供应公司（GPNS）是宾夕法尼亚州东部的一家园艺产品批发商，销售和分销各种园艺产品和设备，包括有机肥料、优质花草种子、有机农药和播种机等。

GPNS 当前运行的信息系统是由各个部门独立（非联网）个人电脑支持的手动程序。部门之间的沟通完全是通过打印文件进行的。最近，GPNS 出现了很严重的运行问题和很高的会计错误率。管理层认为，这些问题源于他们过时的计算机系统。你受雇评估 GPNS 的程序和内部控制。以下是 GPNS 的工资和固定资产系统的描述。

工资系统

在星期四，每两周，员工将他们个人保存的考勤卡中的工时数据提交给部门主管，部门主管审查考勤卡并将其发送给工资部门。主管还向工资单系统提供人事行动表，记录员工状态的任何变化，如新员工、解雇员工或工资率变化。收到考勤卡和人事行动表后，工资员从部门个人电脑更新数字员工记录并打印工资单。工资单的副本，连同考勤卡和人事行动表，都在工资部门归档。工资单的第二份副本发送给总账职员，总账职员将工资单的全部金额过账到一般现金账户和工资费用账户。接下来，工资员准备工资支票并将其发送给员工的主管，他们将支票分发给员工。

固定资产系统

资产购置在使用部门经理认识到需要获取新的或替换现有的固定资产时开始。经理手动准备两份采购申请：一份暂存本部门，一份送采购部。根据采购申请，采购部职员手工准备三份采购订单：一份发给供应商，一份发给 AP 部门，第三份归档在本部门。当资产到达时，使用部门还会收到装箱单。将装箱单和货物与存档的采购申请进行核对，然后将装箱单和采购申请在本部门永久归档。

AP 职员收到采购部门的采购订单并临时归档。收到供应商的发票后，AP 职员将其与存档的采购订单进行核对。然后，AP 职员使用部门个人的电脑设置应付账款并将资产记录在固定资产库存明细账中。随后该职员打印现金付款凭证并将它送至现金支付部门。在一天结束时，该职员打印 AP 和固定资产账户汇总表，然后将其发送到总账部门。采购订单和发票留在本部门中永久归档。

现金支付职员从应付账款部门接收现金付款凭证，并将付款从部门个人电脑过账到支票登记簿。然后，该职员打印一张支票，寄给供应商。当一天结束时，该职员从个人电脑打印纸质日记账凭证并将其发送到总账部门。

当资产达到其使用寿命时，用户部门经理准备一份处置报告并将其发送给 AP 职员，AP 职员调整固定资产库存记录。

总账部门职员核对从应付账款部门和现金支付部门收到的日记账凭证、应付账款汇总表和库存汇总表，然后将交易从部门个人电脑过账到总账，并将账户汇总表和日记账凭证归档在本部门中。

要求：

a. 准备当前工资单系统和固定资产系统的数据流程图

b. 为工资系统和固定资产系统准备系统流程图

c. 描述与这些系统当前设计相关的不受控制的风险

d. 描述降低上述 c.中确定的风险所需的物理和 IT 控制

3.Turner Patio Furniture（手动和独立个人电脑系统）

2002 年，Thomas Turner 在宾夕法尼亚州马里斯维尔成立了 Turner 露台家具（TPF）公司。该公司一开始只有 3 名员工（Thomas 和他的两个儿子），十多年来已经从一家为当地社区服务的小企业发展成为一家拥有 156 名制造、销售和行政人员的私营公司。TPF 现在为美国东北部的园艺中心和家居装修公司提供高品质的露台家具。

然而，TPF 的成功导致该公司超出其信息系统所能承载的规模，该信息系统由每个部门的独立（非联网）个人电脑支持的手动程序组成。你受雇评估 TPF 与其工资单和固定资产系统相关的程序和内部控制，如下所述。

工资单系统

每周生产部门主管将员工考勤卡提交给工资部门进行处理。主管还将工单发送到成本会计部门，成本会计部门使用工单将人工和制造间接成本分配到 WIP 账户。工资部门职员收到考勤卡并使用部门个人电脑更新员工工资记录。该职员还打印员工工资支票和工资登记簿。工资登记簿的副本被发送到 AP 部门，工资支票经签字后发送给主管，以分发给员工。工资登记簿和考勤卡的副本在 AP 部门存档。

AP 部门使用工资单手动准备两份现金付款凭证。将凭证和工资登记簿的一份副本发送到现金支付部门。凭证的第二份副本发送到总账部门。

现金支付部门使用工资单登记簿和现金付款凭证手动准备总工资的支票。总工资支票经签字后存入银行的工资预付金账户。凭证、总工资支票副本和工资登记簿在本部门存档。

总账使用现金支付凭证从部门的个人电脑上更新数字总账工资账户，然后归档凭证。

固定资产系统

用户区的固定资产系统管理员向采购部门提交固定资产采购申请。采购部门职员收到采购申请后，手动创建采购订单并发送给供应商。采购申请在采购部门备案。固定资产装运后，供应商将发票发送给 AP 部门，并将固定资产直接发送给用户部门，用户部门将固定资产与装箱单核对并投入使用。然后用户部门将装箱单发送到固定资产部门。

收到供应商的发票后，AP 职员计算付款到期日，并使用部门的个人电脑在 AP 明细账中记录负债。然后，该职员在打开的 AP 文件中归档发票。AP 职员会定期审核打开 AP 文件。当应付账款到期时，职员访问部门个人电脑，打印纸质现金付款凭证，并将其发送到现金支付部门。然后，该职员从数字 AP 明细账中解除负债。最后，该职员将纸质发票归档在已结 AP 文件中。

收到现金支付凭证后，现金支付职员访问部门的个人电脑，打印开给供应商的支票，并记录于数字支票登记簿。然后，该职员将支票发送给供应商，并将纸质现金付款凭证发送给总账部门。

固定资产部门职员收到资产使用部门送来的装箱单后，访问部门个人电脑，将资产记录在固定资产明细账中，并且定期准备一份固定资产明细账汇总表，发送到总账部门。注意，固定资产部门有额外的程序对固定资产进行维护和处置。这些程序不属于此任务。

总账职员收到现金支付部门的现金付款凭证和固定资产部门的账目汇总表。然后，总账职员访问部门个人电脑并将交易过账到现金账户、应付账款控制账户和固定资产控制账户。

最后，总账职员将凭证和账目汇总表归档到本部门。

要求：

a. 准备当前工资单系统和固定资产系统的数据流程图

b. 为工资单系统和固定资产系统准备系统流程图

c. 描述与这些系统当前设计相关的不受控制的风险

d. 描述降低上述c.中确定的风险所需的物理和IT控制

4.Generators R Us（手动和独立电脑程序）

Generators R Us（GRU）是一家领先的为民用和私人救灾提供紧急电力的可分离式发电机的制造商。GRU的总部和制造基地都位于得克萨斯州达拉斯，在那里其总共雇用了125名生产工人和行政人员。

尽管该公司的大部分会计系统都采用了先进技术，但其工资单系统和固定资产系统都依赖于由独立个人电脑支持的手动程序。

最近，他们的计算机系统出现了操作问题，公司的管理层已聘请你的会计师事务所来评估其操作和内部控制程序。

工资单系统

在GRU的生产部门，每个工人通过打卡机打卡来记录他或她每天的工时数。主管监督这一过程，并每周将纸质考勤卡发送到工资部门。工资部门职员使用独立的个人电脑输入考勤卡数据并打印工资支票。此过程会自动更新员工工资单数字记录。工资部门职员将考勤卡归档在本部门，并将工资支票送给主管审核后分发给员工。他还要打印三份工资登记簿，其中一份送给AP部门，一份送给总账部门，第三份在本部门存档。收到工资登记簿后，AP职员核算工资总额，手工签发一张支票，并将其存入银行的工资预付金账户。支票的副本连同工资登记簿都在AP部门归档。根据工资登记簿，总账部门职员使用部门的个人电脑过账到相应的总账控制账户，并归档工资登记簿。

固定资产系统

资产购置是当资产使用部门经理认识到有必要获得一项新资产或更换现有资产时才开始的。资产使用者手工填制两份采购申请，一份在资产使用部门备案，一份发给采购部门。采购部门根据采购申请，创建采购订单，一式三份，其中一份送给供应商，一份送给AP部门，第三份与采购申请一起归档于本部门。

AP职员收到采购部门的采购订单、供应商的资产发票、收货码头的装箱单。AP职员核对采购订单与装箱单和发票。然后，使用部门的个人电脑，该职员将负债过账到AP明细账，并将资产记录在固定资产库存明细账中。采购订单和装箱单在AP部门归档。接下来该职员准备一张现金付款凭证，连同发票一起发送给现金支付职员。在一天结束时，打印 AP 汇总表和固定资产明细账的汇总表，然后将其送到总账部门。

在收到现金支付凭证和发票后，现金支付职员使用部门的个人电脑签发支票并将相关数据过账到支票登记簿；然后，打印支票并将其送给供应商；最后，将现金付款凭证和发票送到总账部门。

资产使用部门经理负责资产的维护和处置。他们计算折旧并批准报废资产的处置，还要准备折旧和资产处置报告，并将其送给 AP 职员，AP 职员会更新相应的固定资产账户。最后，总账部门职员收到并核对供应商发票、现金支付凭证、AP 汇总表、固定资产明细账汇总表。之后，该职员使用部门的个人电脑，将交易过账到相应的总账账户，并将这些文件归档到总账部门。

要求：

a.准备当前工资单和固定资产系统的数据流程图

b.为工资单系统和固定资产系统准备系统流程图

c.描述与这些系统当前设计相关的不受控制的风险

d.描述降低上述 c.中确定的风险所需的物理和 IT 控制

5.户外探险公司：漂流和露营用品（联网计算机系统和手动程序）

户外探险公司坐落于蒙大拿州，是一家为美国西北地区的户外运动零售商提供漂流和露营设备的批发商。户外探险公司聘请你评估他们的流程、风险和内部控制。

以下段落描述了户外探险公司的工资单系统和固定资产系统。

户外探险公司的员工每天都会在考勤卡上记录他们的工作时间，他们的主管会检查其正确性，并在工作周结束时提交给工资部门。使用连接到位于数据处理部门的中央工资系统的终端，工资职员输入考勤卡数据，打印工资支票，打印两份工资登记簿，并录入数字员工记录。工资职员在工资部门归档考勤卡，并将员工工资支票发送给各个主管，以供其审核并分发给各自部门的员工。然后，工资职员将一份工资登记簿发送给 AP 部门，并将另一份与工资部门的考勤卡一起归档。

AP 部门职员审查工资登记簿并手工填制付款凭证，然后将付款凭证和工资登记簿送到总账部门。随后，AP 职员根据工资总额签发一张支票，并将其存入银行的工资预付金账户。最后，AP 部门归档支票副本。

总账职员收到支付凭证和工资登记簿后，通过部门终端将其过账到总账，并将凭证和工资登记簿在本部门归档。

固定资产系统

资产取得是当资产使用部门经理认识到有必要获得新资产或更换现有资产时才开始的。部门经理准备两份采购申请，其中一份在本部门内备案，另一份送至采购部门。采购部门职员根据采购申请手工创建采购订单，一式三份，其中一份送给供应商，一份送给 AP 部门，第三份留在本部门归档。

AP 职员从供应商处收到装箱单和发票，并将它们与从采购部门收到的采购订单进行核对。业务员将信息输入部门计算机终端并设置应付账款负债。AP 职员随后使用计算机终端更新采购日记账，打印纸质日记账凭证，将其发送给总账部门，并将现金付款凭证与供应商发票一起发送给现金支付部门。AP职员在本部门归档装箱单和采购订单。

使用供应商发票和现金付款凭证中的信息，现金支付职员从其终端打印一张支票，然后将其记录在数字支票登记簿中。该职员将支票发送给供应商，将现金付款凭证发送给总账部门。

资产使用部门经理负责资产维护和资产处置。经理随着时间的推移调整固定资产明细账户余额以匹配资产折旧计划。当资产达到其使用寿命时，经理会出具处置报告。经理向总账部门发送固定资产汇总表。

总账部门职员核对现金付款凭证、日记账凭证、固定资产汇总表，从部门终端过账到总账账户，将剩余的文件归档。

要求：

a. 准备当前工资单和固定资产系统的数据流程图

b. 为工资单系统和固定资产系统准备系统流程图

c. 描述与这些系统当前设计相关的不受控制的风险

d. 描述降低上述c. 中确定的风险所需的物理和IT控制

6.Classic Restorations公司（手动和独立计算机处理）

Classic Restorations公司专门销售产于20世纪六七十年代的经典跑车和高性能赛车的原件或替代件。Classic Restorations的总部位于加利福尼亚州洛杉矶，目前有95名全职员工，包括销售人员、销售代表和行政人员。

Classic Restorations使用的是老旧的会计系统，即各个部门的独立个人电脑与人工操作相结合。最近，该公司遭受了由其过时的会计系统引起的业务效率低下。Classic Restorations的管理层已聘请你审查其程序是否符合有效的内部控制标准。该公司的工资和固定资产系统如下所述。

工资程序

员工在考勤表上手动登记他们的工作时间。每个星期五下午，他们将考勤表提交给部门主管以供批准。然后，主管将考勤表转发给工资职员，后者手动为每个员工的批准后的考勤表准备支票。该职员使用笔记本电脑，把工资记录到数字员工记录中。然后，该职员将支票邮寄给员工，并在部门中归档支票副本。最后，该职员从他的电脑上打印出两份工资单汇总表。他将其中一份发送到AP部门，另一份发送到总账部门。

AP职员收到工资单汇总表，批准后手写一张含有工资单总额的支票。然后，职员将支票送到银行，将其存入银行的工资定额备用金账户。

总账职员使用部门个人电脑接收工资总额并将其过账到数字总账中的相关账户。

固定资产程序

各个资产使用部门将它们的固定资产需求口头报告给各自的经理。如果申请被批准，经理手工准备一份固定资产采购申请并提交给采购部门。采购部职员收到固定资产采购申请后，手工准备两份采购订单，一份送给供应商，另一份在本部门归档。最后，采购部职员手工编制一份固定资产变动报告，送至固定资产部门。收到固定资产时，收货职员将货物与装箱单和发票核对，然后手工编制收货报告，并将货物送到使用部门，并将装箱单、发票和收货报告送给AP部门。

AP职员核对收到的文件，手动向供应商开具支票，并手动准备日记账凭证，然后将其发送到总账部门。总账职员使用部门的个人电脑将日记账凭证过账到数字总账。

要求：

a. 准备当前工资单系统和固定资产系统的数据流程图

b. 为工资单系统和固定资产系统准备系统流程图

c. 描述与这些系统当前设计相关的不受控制的风险

d. 描述降低上述c.中确定的风险所需的物理和IT控制

第 7 章

转换循环

学习目标

学习本章后，你应该：

- 了解传统生产过程的基本要素和程序。
- 了解传统成本会计系统中的数据流和程序。
- 熟悉传统环境中的会计控制。
- 了解精益制造的原则、运营特点和技术。
- 了解传统会计方法在世界级环境中的缺点。
- 熟悉基于活动的成本核算和价值流会计的主要特征。
- 熟悉与精益制造和世界级公司相关的信息系统。

公司的转换循环（conversion cycle）将原材料、劳动力和额外费用等投入资源转换为可销售的成品或服务。转换循环在概念上存在于所有的组织中，包括服务和零售行业组织。然而，这一点在制造企业中最为正式和明显，这是本章的重点。我们首先回顾一下传统的批量生产模式，它包括四个基本流程：（1）计划和控制生产；（2）实施生产活动；（3）控制库存；（4）执行成本核算。讨论的重点是与这些传统流程相关的活动、文档和控制。本章接着讨论制造企业的技术和世界级公司的技术。许多追求世界级地位的公司都遵循精益制造（lean manufacturing）的理念。这种方法是从丰田生产系统（Toyota Production System，TPS）演变而来的。精益制造的目标是提高产品设计、供应商互动、工厂运营、员工管理以及客户关系的效率和有效性。成功的精益制造的关键是实现制造的灵活性，这涉及生产设施的物理组织和自动化技术的使用，包括计算机数控（computer numerical controlled，CNC）机器、计算机集成制造（computer integrated manufacturing，CIM）、全自动立体存取系统（automated storage and retrieval systems，AS/RS）、机器人技术、计算机辅助设计（computer-aided design，CAD）和计算机辅助制造（computer-aided manufacturing，CAM）。

本章随后研究了在高度自动化的环境中与应用标准成本会计技术相关的问题，讨论了两种替代会计模型的主要特征：（1）作业成本法（activity-based costing，ABC）；（2）价值流会计。本章最后讨论了与精益制造和世界级公司相关的信息系统。物料需求计划（materials requirements planning，MRP）系统用于确定完成生产订单需要多少原材料。制造资源计划（manufacturing resources planning，MRP Ⅱ）从 MRP 演变而来，将附加功能集成到制造过程中，包括销售、营销和会计。企业资源计划（enterprise resource planning，ERP）系统通过将业务的所有方面集成到一组使用通用数据库的核心应用程序，使 MRP Ⅱ 更进一步。

7.1 传统制造环境

转换循环包括与制造待售产品相关的物理活动和信息活动。图7-1结合上下文背景的数据流图（data flow diagram，DFD）说明了转换循环的核心作用及其与其他业务循环的交互。生产是由收入循环中的客户订单和/或营销中的销售预测触发的。这些输入值用于设定生产目标并制订生产计划，从而推动生产活动。满足生产目标所需原材料的采购申请被发送到采购流程（支出循环），该流程为供应商准备采购订单。生产中使用的劳动力被传输到工资单系统（支出循环）进行工资处理。与中间在制品和制成品（finished goods，FG）相关的制造成本发送到总账（general ledger，GL）和财务报告系统。

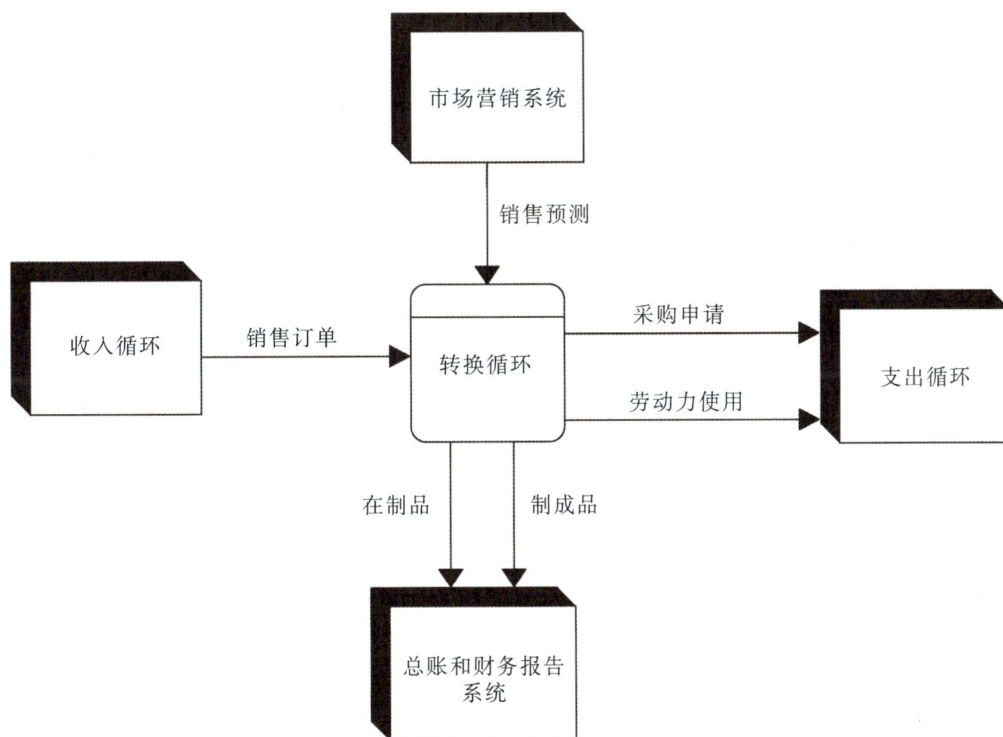

图7-1 转换循环与其他循环的关系

根据所制造产品的类型，公司将采用以下生产方法中的一种：

（1）连续加工通过一系列连续的标准程序生产均质的产品。这种制造方法用于生产水泥和石化产品。通常，在这种方法下，公司试图将成品库存维持在满足预期销售需求所需的水平。销售预测与当前库存水平的信息相结合，触发了这一过程。

（2）定制加工涉及根据客户所需规格去制造离散产品。这个过程是由销售订单而不是由库存水平大幅降低启动的。

（3）批处理产生离散的产品组（批次）。批次中的每个项目都是相似的，并且需要相同的原材料和操作。为了证明为每个批次运行设置和重新加工的成本是合理的，每个批次中的产品数量往往很大。这是最常见的生产方法，用于制造汽车、家用电器、罐头食品、汽车轮胎和教科书等产品。本章的讨论基于批处理环境。

7.1.1 批处理系统

图 7-2 中的 DFD 提供了批处理系统 （batch processing system）的概念概览，该系统由四个基本过程组成：计划和控制生产、实施生产活动、控制库存和执行成本核算。与前几章一样，概念系统的讨论旨在实现技术中立。本节中描述的任务可以通过手动或计算机执行。图 7-2 还描述了整合这些活动并将它们链接到其他循环和系统的主要信息流（文档）。同样，系统文档是技术中立的，可以是打印件或数字文档。我们从审查这些文档的目的和内容开始对批处理进行研究。

7.1.1.1 批处理系统中的文档

如图 7-2 所示的制造过程可以由收入循环中的单个销售订单或营销系统提供的销售预测触发。出于讨论的目的，我们将假设是后者。销售预测显示了给定时期对公司制成品（FG）的预期需求。对于一些公司，营销可能会产生按产品划分的年度需求预测。对于销售额有季节性波动的公司，预测将是较短的时期（季度或月度），可以根据经济状况进行修改。

•**生产计划**是开始生产的正式计划和授权。该文件描述了要制造的具体产品、每批要生产的数量以及开始和完成生产的制造时间表。图 7-3 包含一个生产计划的示例。

•**材料清单**（bill of materials，BOM）的一个例子如图 7-4 所示，它说明了用于生产单个制成品的原材料（raw material，RM）和部件的类型、数量。整个批次的 RM 需求是通过将 BOM 乘以批次中的项目数来确定的。

•图 7-5 所示的**路线表**显示了特定批次产品在制造过程中遵循的生产路径。它在概念上类似于 BOM。虽然 BOM 说明了材料要求，但路线表说明了操作顺序（加工或装配）和分配给每个任务的标准时间。

•**工作订单**（或生产订单）从材料清单和路线表中提取，以指定每个批次的原材料和生产（加工、装配等）。这些与搬运工作单（如下所述）一起启动了生产部门的制造过程。图 7-6 显示了一个工作订单。

•如图 7-7 所示，**搬运工作单**记录每个工作中心完成的工作，并授权将作业或批次从一个工作中心转移到下一个工作中心。

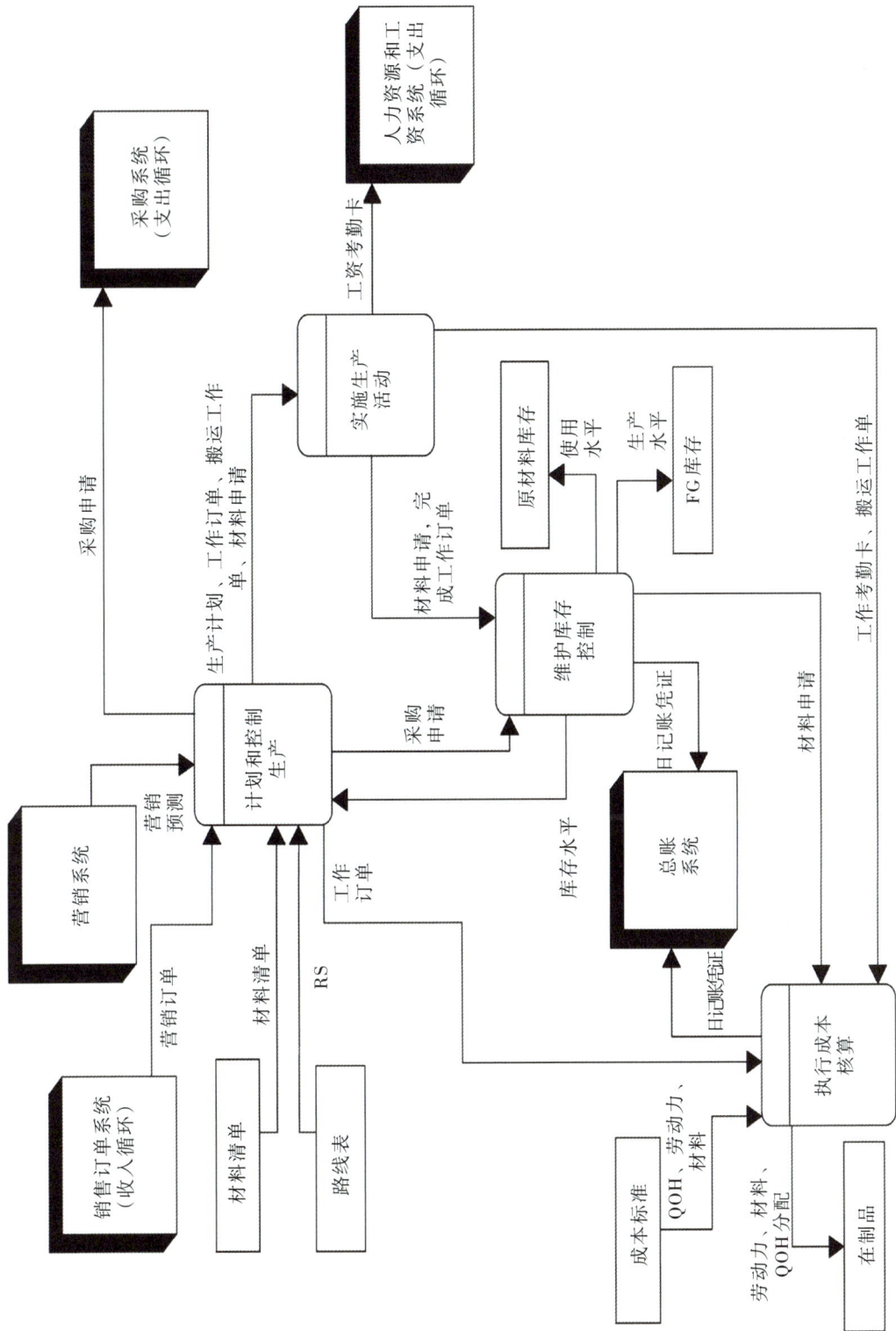

图7-2　批量生产过程的DFD

		操作#1		操作#2		操作#3	
批次	数量	开始	完成	开始	完成	开始	完成
1237	800	1/2/XX	1/5/XX			1/8/XX	1/23/XX
1567	560	1/3/XX	1/8/XX	1/9/XX	1/15/XX	1/16/XX	1/18/XX
1679	450			1/2/XX	1/5/XX	1/8/XX	1/10/XX
4567	650	1/5/XX	1/10/XX	1/11/XX	1/15/XX	1/16/XX	1/23/XX
5673	1,000	•	•	•	•	•	•
•	•	•	•	•	•	•	•
•	•	•	•	•	•	•	•

ABC公司生产计划20××年1月

图7-3　生产计划

材料清单

产品 引擎 TR6 250 CC		普通批次 数量 100
材料 项目编号	描述	登记数量/单位产品
28746	曲轴	1
387564	主轴承组	4
735402	活塞	6
663554	连杆	6
8847665	杆轴承组	6
663345	核心塞 2"	6
663546	核心塞 11/2"	4

图7-4　材料清单

路线表

产品 引擎 TR6 250 CC				
工作中心	操作		标准	
装配	加工/过程	描述	时间/单位	
101	1a	磨块和配合螺柱	.6	1.6
153	4a	清洁缸体并安装曲柄	.3	1.5
154	1	安装活塞和轴承	.1	.7
340	2	安装水泵、燃油泵、油泵和 气缸盖	.1	1.4

图7-5　路线表

工作订单#5681

零件名称：		曲轴图纸#							
发动机		CS-87622							

材质：
曲柄铸件

工作中心	操作					实际过程	完工数量	报废数量	检查#
装配	加工过程	描述		标准工时					
184	21	从仓库提取铸件		—	2.2	2.5	100	0	
186	23	根据说明转动轴颈和主轴承		2.3	14.9	16.00	99	1	
156	01	平衡曲柄		4.0	21.5	32.00	99	0	
•	•	•		•	•	•	•	•	•
•	•	•		•	•	•	•	•	•

图7-6 工作订单

搬运工作单

批次：	**1292**
数量：	**100**

移至：	工作中心	153
操作：	4a	
开始日期：	1/8/XX	
完成日期：	1/10/XX	
收到数量：	100	
签收人：	_____	

图7-7 搬运工作单

• **材料申请**授权仓库管理员向生产过程中的个人或工作中心发放物料（和配件）。该文件通常仅指定标准数量。超过标准数量所需的材料需要单独申请，这些申请可以明确标识为额外材料申请。它允许通过突出显示额外的材料使用来更密切地控制生产过程。在某些情况下，生产中使用的原材料少于标准数量。当发生这种情况时，工作中心将未使用的材料退回库房，并附有材料返回票。图7-8展示了一种可以满足这三个目的的格式。

7.1.1.2 批量生产活动

图 7-9 中的流程图展示了一个物理批量处理系统。该流程图描述了所涉及的组织部门、每个部门执行的任务以及每个任务触发或产生的文档。为了更清楚地说明流程中的信息流，文档在图 7-9 中表示为打印件。然而，许多组织以数字方式传输数据并使用条形码扫描仪来跟踪整个过程中的生产搬运。在本节中，我们将研究图 7-2 中 DFD 描述的四个转换循环过程中的三个。成本会计程序将在后面讨论。

图7-8　材料申请、额外材料申请和材料返回票

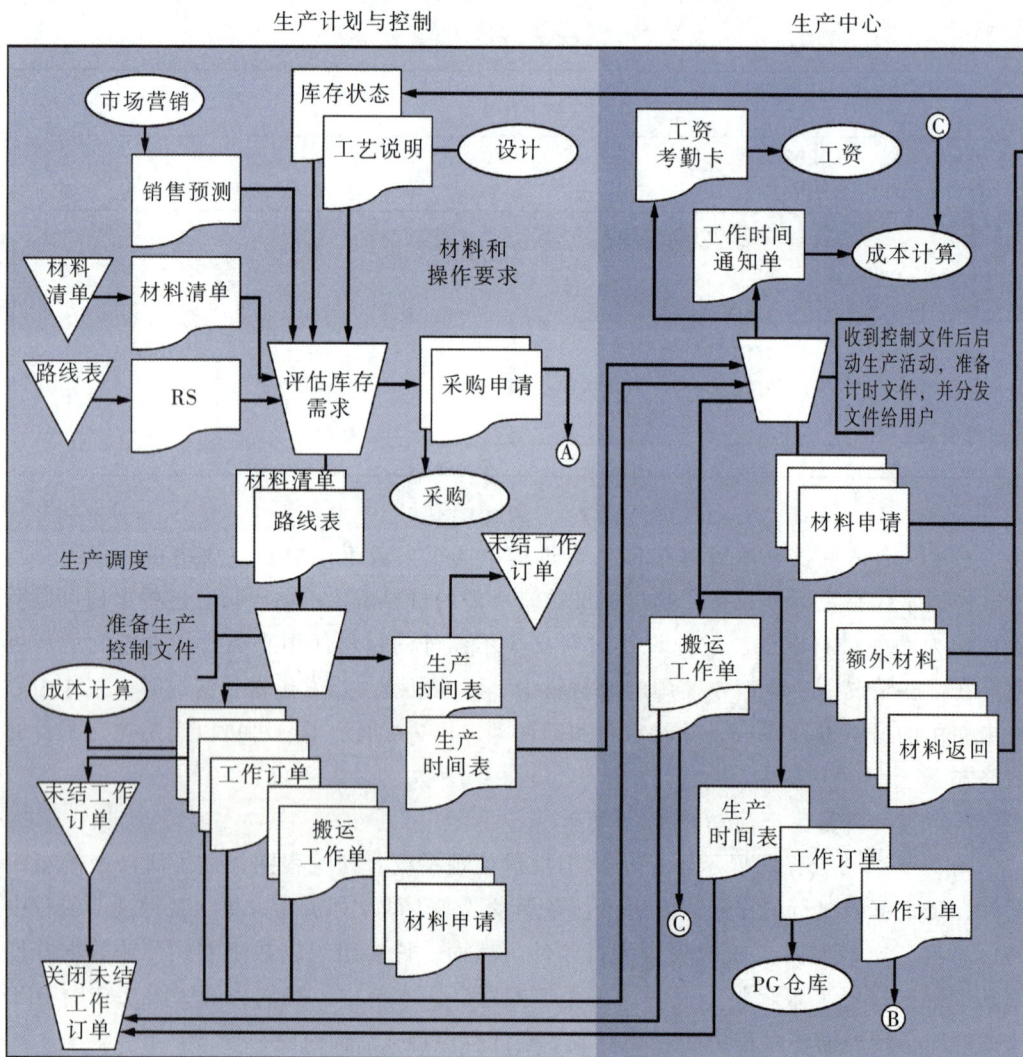

图7-9　批量生产过程

生产计划和控制。我们先检查生产计划和控制功能。这包括两个主要活动：（1）说明材料和操作要求；（2）生产计划。

材料和操作要求。任何给定产品批次的 RM 需求是 RM 库存中需要的产品和可用的产品之间的差异。此信息来自对现有库存、销售预测、工艺说明（如果有）和购物清单的分析。此活动的一个结果是为其他 RMs 创建采购申请。准备采购订单和获取库存的程序与第 5 章中描述的相同。分批处理的操作要求涉及产品的组装和/或制造活动。这是通过评估路线表要求来确定的。

生产计划。生产计划和控制功能的第二个活动是生产计划。生产运行的主计划协调许多不同批次的生产。时间表受时间、批量大小以及根据 BOM 和路线表提出的要求的影响。计划任务还为生产运行中的每个批次生成工作订单、搬运工作单和材料申请。每个工作订单的副本都会发送给成本会计，以便为该批次设置一个新的在制品（WIP）账户。工作订单、搬运工作单和材料申请进入生产流程，按照路线表流经各个工作中心。为了简化图 7-9 中的流程图，只显示了一个工作中心。

工作中心和仓库保管。当工人提交材料申请从仓库获得原材料时，实际的生产操作就开始了。这些材料，以及制造产品所需的劳动力，均按照工作订单进行投入。当任务在特定工作中心完成时，主管或其他授权人员在搬运工作单上签字，授权该批次在制品进入下一个工作中心。为了证明某个生产阶段已经完成，搬运工作单的副本被发送回生产计划和控制部门以更新未结工作订单文件。收到最后环节的搬运工作单后，未结工作订单文件将关闭。成品连同一份工作订单副本被发送到 FG 仓库。此外，工作订单的副本被发送到库存控制功能以更新 FG 库存记录。

工作中心在记录劳动时间成本方面也发挥着重要作用。该任务由工作中心主管处理，他们在每个工作周结束时分别将员工考勤卡和作业单发送到工资核算和成本核算部门。

库存控制。库存控制功能包括三项主要活动。首先，它通过制成品和原材料库存的状况报告提供生产计划和控制。其次，库存控制功能不断地更新来自材料申请、额外材料申请和材料返回单的原材料库存记录。最后，在收到上一个工作中心的工作订单后，库存控制功能通过更新成品库存记录来记录完成的生产。

库存控制的一个目标是最大限度地降低总库存成本，同时确保有足够的存货以满足当前的需求。用于实现这一目标的库存模型有助于回答两个基本问题：

（1）何时应该购买存货？

（2）应该购买多少存货？

常用的库存模型是**经济订货量**（economic order quantity，EOQ）模型。然而，该模型基于简化的假设，可能无法反映经济现实。这些假设如下：

（1）对产品的需求是恒定的并且是确定的。

（2）提前期——从下订单到货物到达之间的时间——是已知的并且是恒定的。

（3）订单中的所有存货同时到达。

（4）每年总订购成本是一个变量，随着订购数量的增加而降低。订购成本包括准备文件、联系供应商、处理存货收据、维护供应商账户和开具支票的成本。

（5）每年持有库存的总成本（持有成本）是一个变量，随着订购数量的增加而增加。这些成本包括投资的机会成本、存储成本、财产税和保险。

（6）没有数量折扣。因此，本年度存货的总采购价格是不变的。

EOQ模型的目标是降低总库存成本。该模型中的重要参数是持有成本和订购成本。图7-10说明了这些成本与订购数量之间的关系。随着订购数量的增加，订购次数减少，从而导致年度订购总成本降低。然而，随着订购数量的增加，持有的平均库存增加，导致年度总库存持有成本增加。因为库存的总采购价格是恒定的（假设6），我们通过最小化总持有成本和总订购成本来最小化总库存成本。组合总成本曲线在总订购成本曲线和总持有成本曲线的交点处达到最低点，这就是EOQ模型。

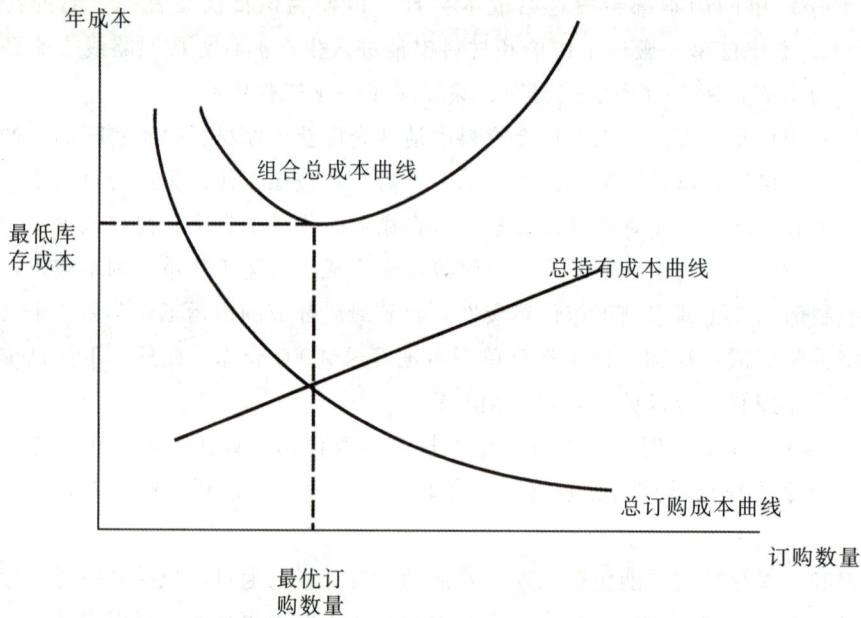

图7-10 存货总成本与订货量的关系

以下等式用于确定 EOQ：

$$Q = \sqrt{\frac{2DS}{H}}$$

其中：Q = 经济订货量，D = 单位年需求，S = 下单的固定成本，H = 每年每单位的持有成本或保管成本。

为了说明该模型的使用，请考虑以下示例：

一家公司的年需求量为 2 000 件，每件订单的成本为 12 美元，每件持有成本为 40 美分。使用这些值，我们计算 EOQ 如下：

$$Q = \sqrt{\frac{2DS}{H}}$$

$$Q = \sqrt{\frac{2 \times 2\,000 \times 12}{0.40}}$$

$Q = \sqrt{120.000}$

$Q = 346$

现在我们知道要购买多少存货，让我们考虑第二个问题：我们什么时候购买？**再订购点**（reorder point，ROP）通常表示如下：

$ROP = I \times d$

其中：$I =$ 提前期，$d =$ 日需求（总需求/工作日数）。

在简单模型中，假设 I 和 d 都是确定已知的并且是常数。例如，如果：$d = 5$ 个单位，$I = 8$ 天，则 $ROP = 40$ 个单位。

EOQ 模型假设产生了锯齿状的存货使用模式，如图 7-11 所示。每种存货的 Q 和 ROP 值分别计算。每次存货因销售减少或用于生产时，都会将其新的持有存货数量（QOH）与其 ROP 进行比较。当 QOH = ROP 时，订货量为 Q。

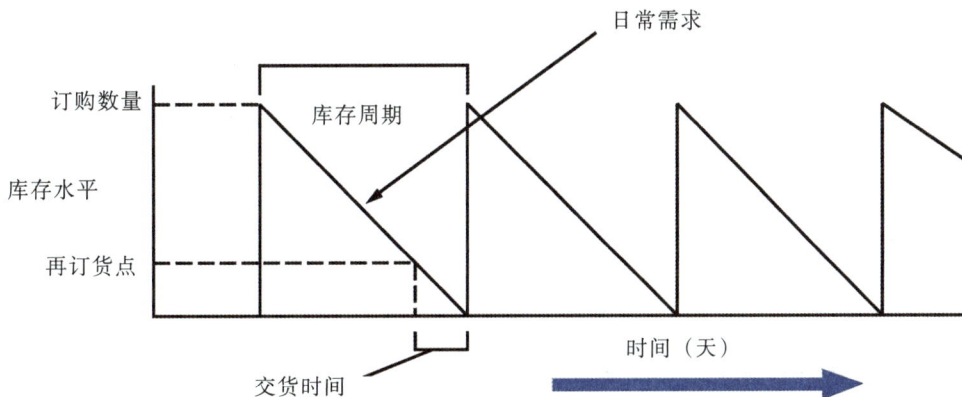

图7-11　存货使用情况

在我们的示例中，当库存降至 40 件时，公司订购了 346 件存货。

如果参数需求和时间稳定，组织应该在手头存货数量达到零时收到订购的存货。但是，任一参数或两个参数都可能发生变化，因此必须将称为**安全库存**（safety stock）的这一库存添加到再订购点，以避免意外缺货事件。图 7-12 显示了额外 10 个单位的安全库存，以使公司度过可能从 8 天到 10 天不等的交货时间。新的再订购点是 50 个单位。缺货会导致销售损失或延期交货。延期交货是由于缺货而无法履行客户订单，并且在供应商收到补货之前保持未履行状态。

当组织的库存使用和交付模式明显偏离 EOQ 模型的假设时，可以使用更复杂的模型，如延期交货数量模型和生产订单数量模型。然而，对这些模型的讨论超出了本书的范围。

7.1.1.3　成本会计活动

转换循环的成本会计活动记录生产过程中发生的物理事件的财务影响。图 7-13 表示典型的成本会计信息任务和数据流。当生产计划和控制部门将原始工作订单的副本发送给成本核算部门时，则设定的生产运行成本核算流程就开始了。这通过将新记录添加到 WIP 文件来标记生产事件的开始，该文件是总账中 WIP 控制账户的明细账。

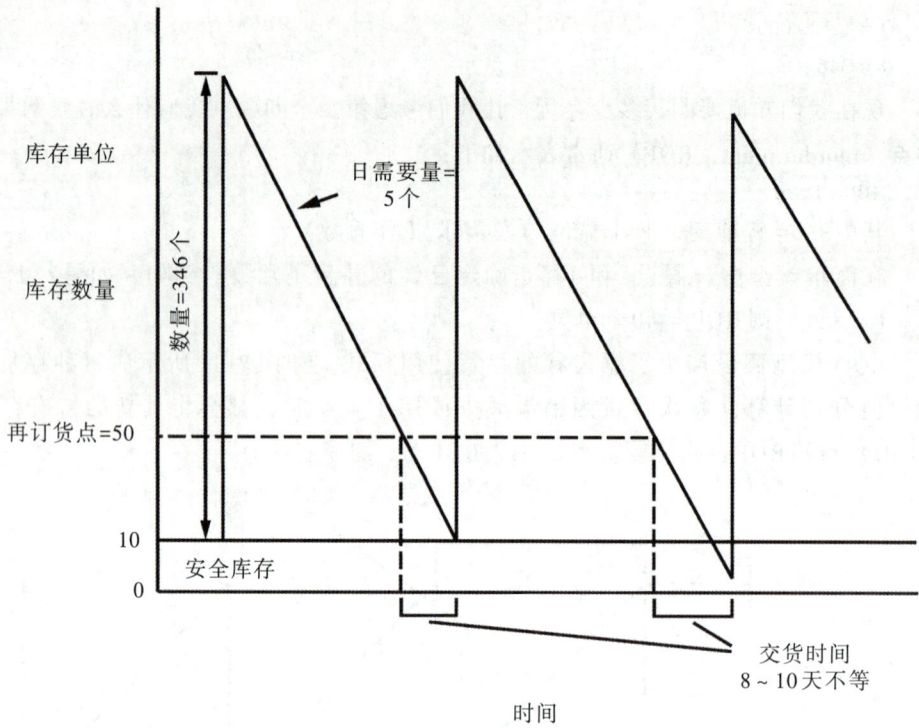

图7-12　使用安全库存防止缺货

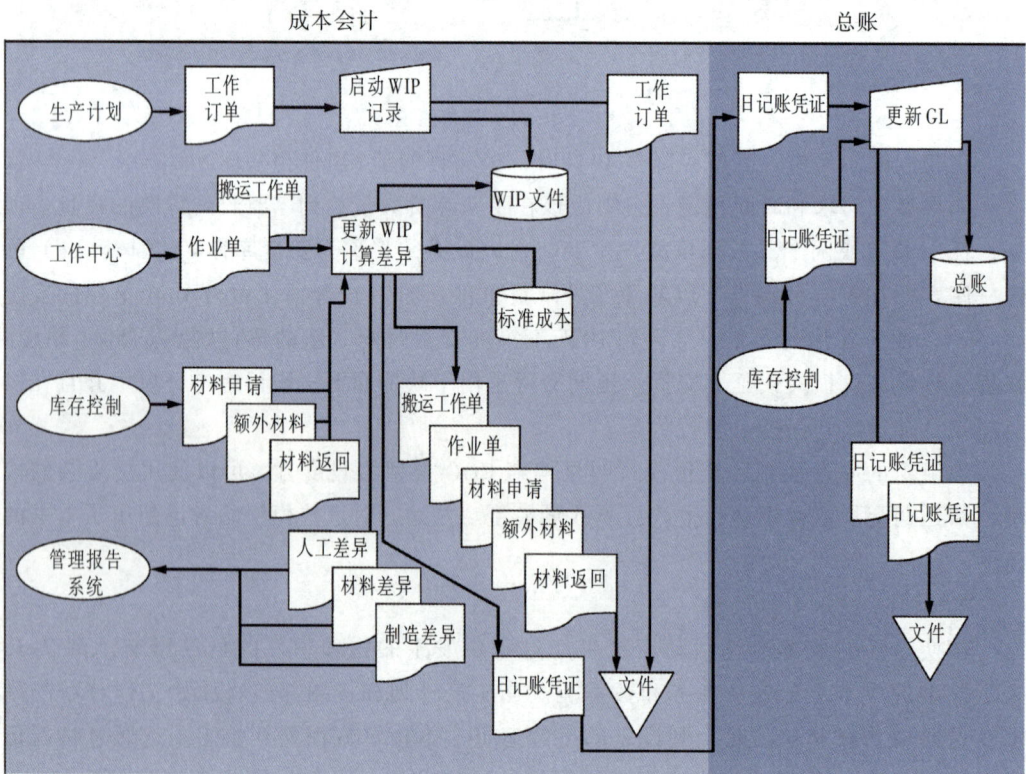

图7-13　存货总成本与订货量的关系

随着在整个生产过程中添加材料和人工，反映这些事件的文档会流向成本会计部门。库存控制功能发送材料申请、额外材料申请和材料返回的副本。各个工作中心发送工作订单和已结搬运工作单。这些文档以及标准成本文件提供的标准使成本会计能够使用直接人工、材料和制造费用的标准费用来更新受影响的 WIP 账户。记录与标准使用的偏差导致产生材料使用、直接人工和制造费用差异。

收到特定批次的最后搬运工作单表明生产过程的完成以及，定期在 WIP 上汇总。产品从 WIP 向 FG 库存转移。此时，成本会计关闭 WIP 账户。有关在制品的费用（借方）、减少（贷方）和差异的汇总信息定期记录在日记账凭证上，并发送到 GL 部门以过账到控制账户。

7.1.2 传统环境中的控制

表 7-1 中总结的 IT 控制适用于批量生产环境。这些控制措施及其解决的风险已在前几章中讨论过，无须赘述。表 7-2 总结了针对转换循环的物理控制，并在下一节中进一步解释。

表7-1 信息技术应用控制概要

控件类别	转换循环
输入控制	编辑控制，检测输入数据中的书写错误
	检查数字，验证账号是否有误
处理控制	错误信息，表示账户不匹配
	密码控制，防止未经授权访问系统
	备份程序，保护数字文件
	多级安全（角色），限制访问数据文件和程序模块
	自动发送至子公司和总账账户
输出控制	生产文件和管理报告的分发安全

表7-2 转换循环的物理控制概述

控制类别	系统中的控制点
交易授权	工作单、搬运工作单和材料申请
职责分离	1.库存控制与 RM 和 FG 库存保管分离 2.成本会计与工作中心分开 3.GL 与其他会计职能分开
监督	主管监督 RM 的使用以及考勤
访问控制	限制访问 FG、RM 库存和生产流程程序 使用正式的程序和文件将材料投入到生产中
会计记录	工作订单、成本单、搬运工作单、工单、材料申请、WIP 记录、FG 库存文件
独立验证	成本核算功能审核所有生产成本 GL 功能审核整个系统

7.1.2.1 交易授权

以下几点描述了转换循环中的交易授权过程。

（1）在传统的制造环境中，生产计划和控制功能通过正式的工作订单授权生产活动。该文件反映了生产要求，即产品的预期需求（基于销售预测）与现有 FG 库存之间的差异。

（2）由主管在每个工作中心搬运工作单上签字，授权每个批次的活动以及将产品搬运至各个工作中心。

（3）材料申请和额外材料申请授权仓库管理员将物料发到工作中心。

7.1.2.2　职责分离

该控制程序的一个目标是分离交易授权和交易处理的任务。因此，生产计划和控制部门在组织上与工作中心分离。另一个控制目标是将记录保存与资产保管职责分开。

以下职责分离适用于转换循环：

（1）存货控制功能维护 RM 和 FG 存货的会计记录。此活动将材料库房功能和 FG 仓库功能分开，后者负责保管这些资产。

（2）同样，成本核算功能对在制品进行核算，在生产过程中应与工作中心分开。

（3）为了保持 GL 功能作为验证步骤的独立性，GL 部门必须与保留明细账的部门分开。因此，GL 部门在组织上与库存控制和成本会计分离。

7.1.2.3　监督

以下监督程序适用于转换循环：

（1）工作中心的监督员监督生产过程中 RM 的使用。这有助于确保从仓库发放的所有材料都用于生产，并最大限度地减少浪费。

（2）监督员还要注意和审核上班打卡活动，确保员工考勤卡和作业单的准确性。

7.1.2.4　访问控制

转换循环允许直接和间接访问资产。

直接访问资产。实物产品的性质和生产过程会影响所需的访问控制类型。

（1）公司通常会限制进入敏感区域，如储藏室、生产工作中心和 FG 仓库。使用的控制方法包括 ID 卡、保安、监控设备以及各种电子传感器和警报器。

（2）标准成本的使用提供了一种访问控制。通过说明每种产品批准的材料和劳动力数量，公司限制对这些资源的未经授权访问。要获得额外的数量，需要有特别授权和正式文件。

间接访问资产。有时通过访问源文档可操纵资产（如现金和库存）。在转换循环中，关键文件包括材料申请、额外材料申请和员工考勤卡。支持审计跟踪的一种控制方法是使用预先编号的文档。

7.1.2.5　会计记录

正如我们在前几章中看到的，这种控制技术的目标是为每笔交易建立审计线索。在转换循环中，这是通过使用工作订单、成本表、搬运工作单、工单、材料申请、WIP 文件和 FG 库存文件来完成的。通过对源文档进行预编号并在 WIP 记录中引用这些文件，公司可以将 FG 库存的每一项从生产过程追溯到源头。这对于检测生产和所保存的记录中的错误、定位生产中丢失的某批次产品以及执行定期审计至关重要。

7.1.2.6 独立验证

转换循环中的验证步骤执行如下：

（1）成本核算将从材料申请和作业单中提取的材料和人工使用费用与规定的标准进行核对。成本会计人员随后可以识别出与规定标准的偏差，这些偏差被正式报告为差异。在传统的制造环境中，计算出的差异是管理报告系统的重要数据来源。

（2）GL部门还通过检查产品从WIP到FG的总搬运量来执行重要的验证功能。这是通过将成本会计中的日记账凭证与存货控制中的存货明细账汇总表核对来完成的。

（3）最后，内部和外部审计师通过实物盘点定期验证现有的RM和FG库存。他们将实际数量与库存记录进行比较，并在必要时对记录进行调整。

7.2 世界级公司和精益制造

上一节中描述的传统转换循环代表了当今有多少制造公司在运营。然而，在过去的30年里，消费者需求的快速波动、产品生命周期的缩短和全球竞争从根本上改变了市场规则。为了应对这些变化，制造商开始以截然不同的方式开展业务。"世界级"一词定义了这个现代商业时代。追求世界级的地位是一场没有终点的旅程，因为它需要不断的创新和不断的改进。最近对企业高管进行的一项调查显示，80%的人声称他们所奉行的原则将使他们的公司达到世界级的地位。然而，怀疑论者认为，只有10%或20%的公司真正走上了正确的道路。

7.2.1 什么是世界级公司？

世界级公司具有以下特点：

• 世界级公司必须保持战略敏捷性并能够盈利。高层管理人员必须密切关注客户需求，而不是故步自封和抵制范式的变化。

• 世界级的公司像珍惜资产一样激励和对待员工。为了激发每个人的才能，决策被推行到组织的最底层。结果是形成一个扁平且响应迅速的组织结构。

• 一家世界级的公司在盈利的同时满足其客户的需求。它的目标不仅仅是满足客户的需求，更是积极地取悦他们。这不是做一次就止步的事情。随着竞争对手积极寻求扩大市场份额的新方法，世界级公司必须继续取悦客户。

• 客户满意的理念贯穿于世界级公司。它的所有活动，从原材料的采购到成品的销售，形成了一个客户链。每项活动都致力于为客户服务，它是流程中的下一项活动。最后的客户付费是客户链中的最后一环。

• 最后，获得世界级地位的制造企业遵循**精益制造**的理念。这包括事半功倍、消除浪费和缩短生产周期。

以下部分回顾了精益制造的原则。本章的其余部分将研究支持它的工艺、技术、会计程序和信息系统。

7.2.2 精益制造的原则

精益制造从**丰田生产系统**（Toyota production system，TPS）演变而来，该系统基于**即时制**（just-in-time，JIT）生产模型。这种制造方法与传统制造恰恰相反，传统制造的典型特征是库存水平高、生产批量大、流程效率低下和浪费。精益生产的目标是提高每个领域的效率和有效性，包括产品设计、供应商互动、工厂运营、员工管理以及客户关系。精益制造包括将正确的产品在正确的时间以正确的数量送到正确的地点，同时最大限度地减少浪费并保持灵活性。成功在很大程度上取决于员工对精益制造原则的理解和接受程度。事实上，这种哲学文化与其采用的机器和方法同样重要。以下原则是精益制造的特征。

7.2.2.1 拉式加工

顾名思义，拉式加工（pull processing）涉及从消费者端（需求）拉动产品，而不是从生产端（供应）推动产品。在精益方法下，每天库存少量多次地从供应商处送到，正好赶上生产。随着下游产能的释放，材料被投入生产。与传统的推送流程不同，这种方法避免了在瓶颈处创建不同批次的半成品库存。

7.2.2.2 完美的质量

拉式处理模型的成功需要 RM、WIP 和 FG 库存的零缺陷。低质量对公司来说成本是非常高的，要考虑报废、返工、计划延误和额外库存以补偿有缺陷的零件、保修索赔和现场服务的成本。在传统的制造环境中，这些成本可能占产品总成本的 25%~35%。此外，质量是世界级制造商竞争的基础。质量不再是与价格的取舍。消费者寻求高质量、低价格的产品。

7.2.2.3 浪费最小化

所有不能增加价值和最大限度地利用稀缺资源的活动都必须被淘汰。浪费涉及财务、人力、库存和固定资产。以下是传统环境中的浪费示例，精益制造力求将其最小化。

- 产品生产过剩，包括生产超出需要和/或提前生产。
- 产品运输距离超出合理范围。
- 等待进入下一个生产步骤的产品瓶颈。
- 随着生产瓶颈的消除，闲置的工人正在等待工作。
- 工人在完成分配的任务时必须多走路，他们的动作效率低下。
- 因与上游或下游流程无关的独立流程而产生的技术孤岛。
- 不需要额外付出精力来检查和/或纠正的生产缺陷。
- 造成人员受伤、工时损失和相关费用的安全隐患。

7.2.2.4 减少库存

精益制造企业的标志是它们成功地减少了库存。这样的公司经常会经历每年 100 次的年库存周转率。虽然其他公司有数周甚至数月的库存，但精益公司只有几天甚至几个小时的库存。接下来概述的三个常见问题解释了为什么减少库存很重要。

（1）库存占用资金。它们是对材料、劳动力和间接费用的投资，只有出售才能得到回报。库存也包含隐性成本。它们必须在整个工厂内运输。它们必须被处理、存储和计数。此外，库存会因过时而失去价值。

（2）库存伪装生产问题。制造过程中的瓶颈和产能不平衡导致 WIP 库存积聚在瓶颈处。当客户订单和生产不同步时，库存也会增加。

（3）保持库存的意愿会导致生产过剩。由于设置成本的限制，公司倾向于大批量生产过剩库存以吸收分配的成本并造成高效率的景象。这种功能失调活动的真正成本隐藏在过剩的库存中。

7.2.2.5　生产灵活性

冗长的机器设置程序会导致生产延误并鼓励过剩生产。精益公司努力将设置时间缩短到最低限度，这使它们能够快速生产更多样化的产品，而不会在产量较低的情况下牺牲效率。

7.2.2.6　与供应商建立关系

精益制造公司必须与供应商建立合作关系。针对延迟交货、有缺陷的原材料或不正确的订单，企业将立即停止生产，因为这种生产模式不允许动用库存储备。

7.2.2.7　团队态度

精益制造在很大程度上依赖于参与过程的所有员工的团队态度。这包括采购、收货、制造、运输中的每个人。每位员工必须警惕威胁生产线连续流水作业的问题。

精益制造需要保持连续的质量控制状态以及立即采取行动的权力。当丰田首次引入 TPS 时，其生产员工有权在发现缺陷时关闭生产线。在早期，生产线经常被关闭以引起人们对问题的关注。无论是由供应商的缺陷部件还是单元中的故障机器引起的，问题都得到了适当的解决，因此它不会再次发生。经过一段时间的调整，生产过程趋于稳定。

7.3　促进精益制造的工艺和技术

现代消费者想获得优质的产品，并快速地获得它们，他们希望有多样化的选择。这种需求状况与传统制造商产生了根本性的冲突，传统制造商的结构化和不灵活的定位使其在这种环境下效率低下。相比之下，精益制造公司通过实现**制造柔性**来应对现代消费主义的挑战。本节探讨精益制造公司为实现制造灵活性而采用的工艺和技术。

7.3.1　生产设施的物理重组

多年来，传统的制造设施从零碎的方式演变成蛇形活动序列。产品在车间之间来回搬运，并通过不同的部门上下楼梯。图 7-14 显示了传统的工厂布局。这种布局固有的低效率增加了制造过程的处理成本、转换时间，甚至库存。此外，由于生产活动通常是按职能组织的，这种结构往往会在员工之间造成狭隘主义，助长他们之间的对抗心态，这与团队精神背道而驰。

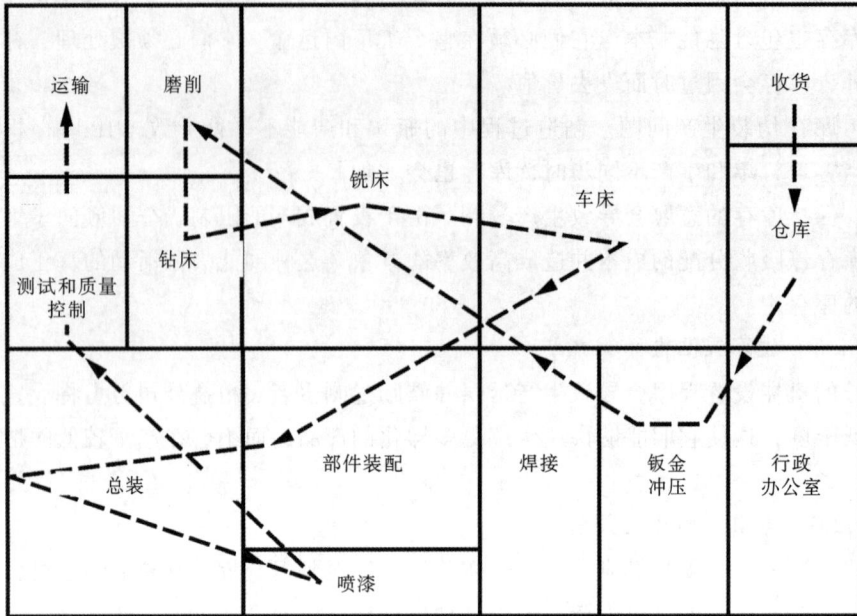

图 7-14　传统的工厂布局

图 7-15 显示了一个非常简化的设施，它支持柔性生产。柔性生产系统被组织成流畅的活动流。构成流的数控机床、机器人和手动任务在物理上被分组到所谓的工厂单元中。这种安排缩短了活动之间的物理距离，从而减少了设置和处理时间、处理成本和流经设施的存货。

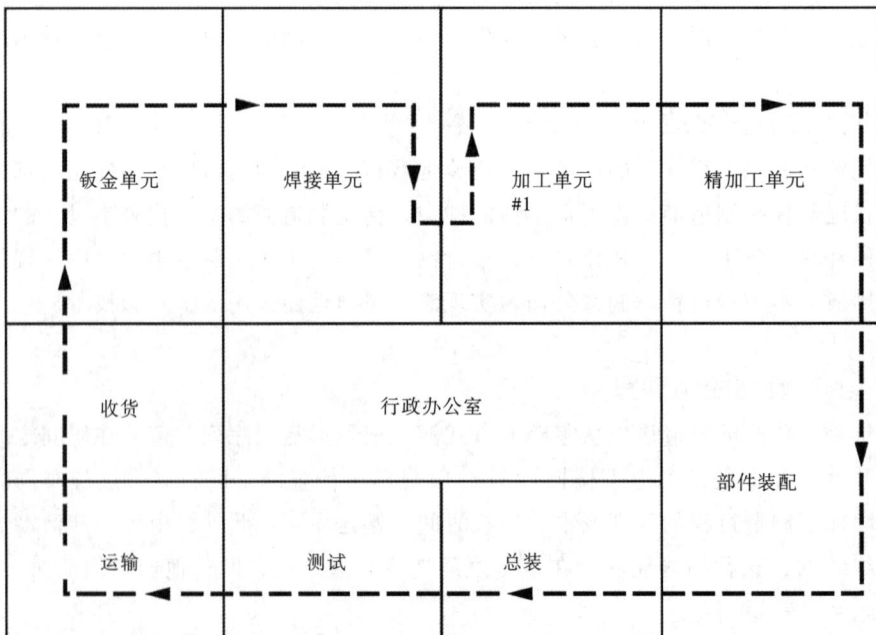

图7-15　柔性生产系统

7.3.2 制造过程的自动化

自动化是精益制造理念的核心。通过用自动化代替人工，公司可以减少浪费，提高效率和质量并增加灵活性。然而，自动化的部署在制造公司之间差异很大。图 7-16 将自动化描绘成一个连续体，一端是传统制造模型，另一端是计算机集成制造模型。

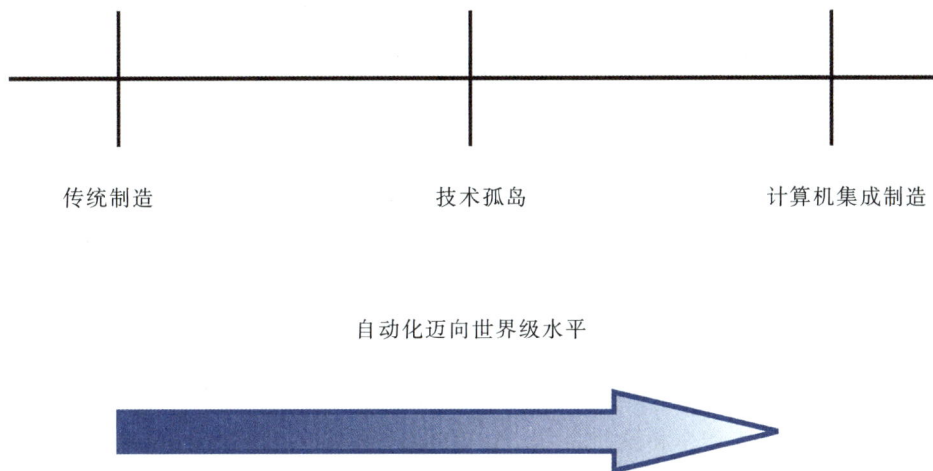

图7-16　自动化连续体

7.3.2.1 传统制造

传统制造环境由一系列不同类型的机器组成，每台机器都由一个操作员控制。由于这些机器需要大量的设置时间，设置成本必须由大批量生产来吸收。机器及其操作员被组织成功能部门，如铣削、磨削和焊接。WIP 按照循环路线，通过工厂车间的不同操作环节。

7.3.2.2 技术孤岛

技术孤岛（islands of technology）一词描述了现代自动化以孤岛形式存在于传统背景的环境中。这些岛屿采用**计算机数控**（computer numerical controlled，CNC）机器，可以在很少人参与的情况下执行多项操作。CNC 机器包含机器制造的所有零件的计算机程序。在 CNC 配置下，仍然需要人来调试机器。然而，CNC 技术的一个特别重要的好处是，从一种操作更改为另一种操作只需很少的设置时间（和成本）。

7.3.2.3 计算机集成制造

计算机集成制造（computer-integrated manufacturing，CIM）是一个完全自动化的环境，其目标是消除非增值活动。CIM 设施利用由各种类型的 CNC 机床组成的技术单元在一个位置从头到尾生产整个零件。除了数控机器外，该过程还采用了全自动立体存取系统以及机器人技术。CIM 通过允许更快地开发高质量产品、更短的生产周期、更低的生产成本和更少的交货时间来支持柔性制造。图 7-17 描绘了一个 CIM 环境，并显示了所采用的各种技术之间的关系。

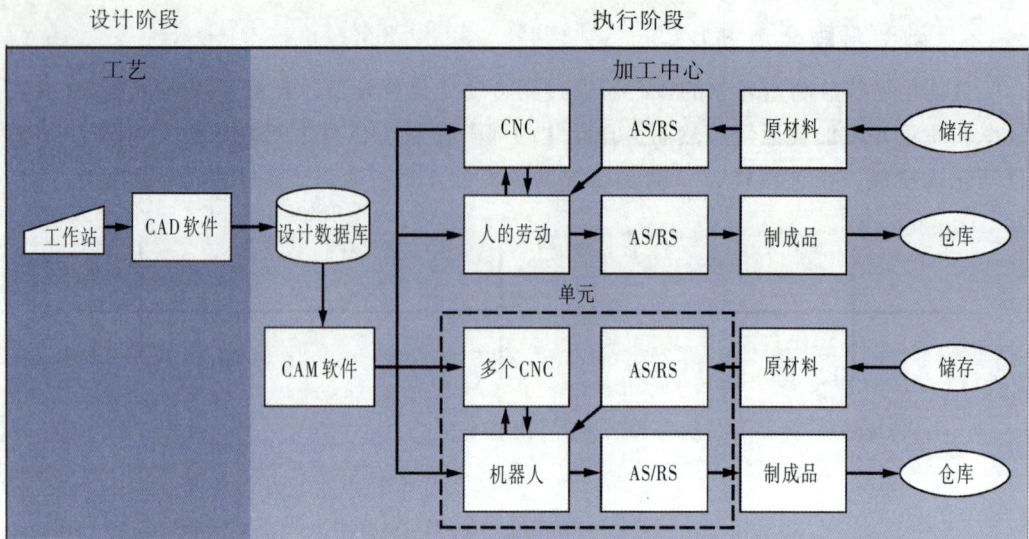

图7-17　计算机集成制造系统

全自动立体存取系统。许多公司通过用**全自动立体存取系统**取代传统的叉车及其人工操作员，提高了生产率和盈利能力。AS/RS是计算机控制的输送系统，将原材料从仓库运送到车间，再将成品运送到仓库。AS/RS技术相对于手动系统的操作优势包括减少错误、改进库存控制和降低存储成本。

机器人。制造机器人经过编程，可以高精度地反复执行特定动作，并广泛用于工厂执行焊接和铆接等工作。它们也可用于危险环境或执行容易导致事故的危险和单调的任务。

计算机辅助设计。工程师使用**计算机辅助设计**（CAD）更快地设计出更好的产品。CAD系统提高了工程师的工作效率，通过自动执行重复的设计任务来提高准确性，并使公司能够更好地响应市场需求。产品设计通过CAD技术发生了革命性的变化，该技术于20世纪60年代初首次应用于航空航天工业。

CAD技术大大缩短了初始设计和最终设计之间的时间间隔。这使公司能够根据市场需求的变化迅速调整生产。它还允许公司响应客户对独特产品的要求。CAD系统通常具有与外部网络的接口，以允许制造商与其供应商和客户共享其产品设计说明。该通信链接还允许制造商以电子方式从其客户和供应商处接收供其审查的产品设计说明。先进的CAD系统可以同时设计产品和工艺。因此，在CAD的帮助下，管理层可以评估产品的技术可行性并确定其"可制造性"。

计算机辅助制造。**计算机辅助制造**（CAM）使用计算机来辅助制造过程。CAM专注于车间和物理制造过程的控制。CAD系统的输出（见图7-17）被送入CAM系统。因此，CAD设计通过CAM转换为一系列生产过程，如CNC机床的钻孔、车削或铣削。CAM系统监控产品通过单元的生产过程和路线。部署CAM技术的好处包括提高生产率、改进成本和时间估算、改进过程监控、改进工艺质量、减少设置时间和降低劳动力成本。

7.3.2.4 价值流图

构成公司生产过程的活动要么是必不可少的，要么不是。基本活动增加价值；不必要的活动没有增加价值，应该被淘汰。公司的**价值流**包括对生产产品至关重要的流程中的所有步骤。这些是客户愿意为其买单的步骤。例如，平衡生产线上每辆汽车的车轮是必不可少的，因为客户需要一辆行驶平稳的汽车并且愿意为此平衡付出代价。

追求精益制造的公司经常使用一种称为**价值流图**（value stream map，VSM）的工具来以图形表示它们的业务流程，以识别其中浪费和应该删除的流程。VSM 标识了实施对产品（批量或单个项目）的处理所需的所有操作，以及有关每个操作项的关键信息。具体信息将根据所审查的流程而有所不同，但可能包括总工作时间、加班时间、完成任务的周期时间和错误率。图 7-18 显示了从收到订单到将产品运送给客户的生产过程的 VSM。在每个处理步骤下，VSM 逐项列出加班时间、人员配备、工作轮值、流程正常运行时间和任务错误率。VSM 显示每个处理步骤所需的总时间和各步骤之间所需的时间。它还识别各步骤之间花费的时间类型，如出站批处理时间、运输时间和入站排队时间。

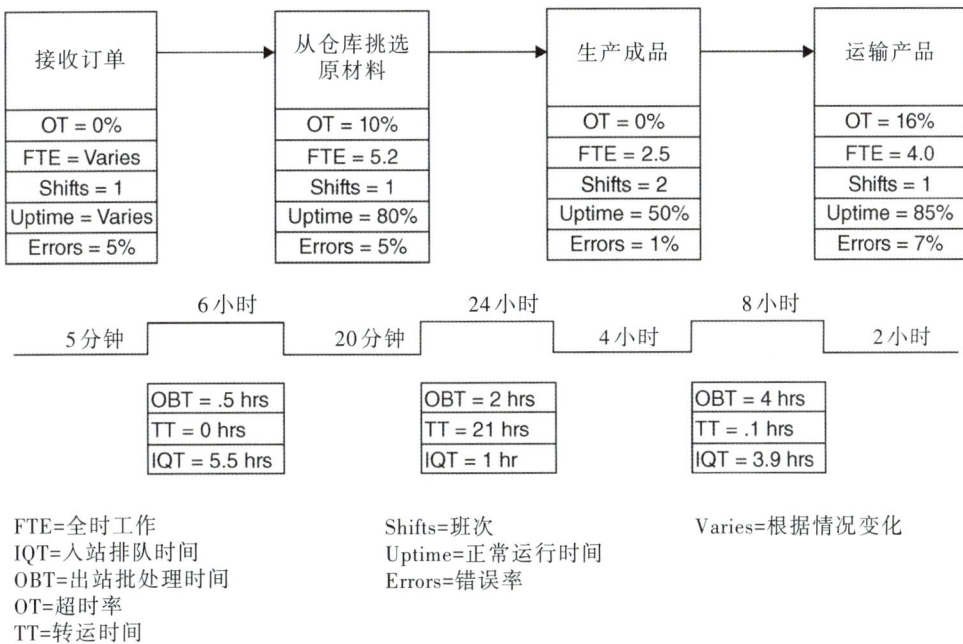

接收订单	从仓库挑选原材料	生产成品	运输产品
OT = 0%	OT = 10%	OT = 0%	OT = 16%
FTE = Varies	FTE = 5.2	FTE = 2.5	FTE = 4.0
Shifts = 1	Shifts = 1	Shifts = 2	Shifts = 1
Uptime = Varies	Uptime = 80%	Uptime = 50%	Uptime = 85%
Errors = 5%	Errors = 5%	Errors = 1%	Errors = 7%

6小时　24小时　8小时

5分钟　20分钟　4小时　2小时

OBT = .5 hrs	OBT = 2 hrs	OBT = 4 hrs
TT = 0 hrs	TT = 21 hrs	TT = .1 hrs
IQT = 5.5 hrs	IQT = 1 hr	IQT = 3.9 hrs

FTE=全时工作　　　　　Shifts=班次　　　　　Varies=根据情况变化
IQT=入站排队时间　　　Uptime=正常运行时间
OBT=出站批处理时间　　Errors=错误率
OT=超时率
TT=转运时间

图7-18 价值流图

图 7-18 中的 VSM 表明，在处理步骤之间浪费了大量的生产时间。特别是，原材料从仓库到生产单元的运输时间对整个周期时间有很大影响。此外，运输功能似乎效率低下且浪费，超时率为 16%，错误率为 7%。为了减少整个周期时间，也许应该缩短仓库和生产单元之间的距离。运输功能的加班费可能是由瓶颈情况造成的。高错误率实际上可能是由于传递给下游功能的上游接单功能存在错误。

一些商业 VSM 工具同时生成当前状况图和未来状况图，描绘了一个更精简的流程，大部分浪费时间的流程被移除。从这张未来状况图中，可以确定行动步骤以消除流程中的非增值活动。因此，未来状况的 VSM 是精益制造实施计划的基础。VSM 最适用于高度集中、大批量的流程，在这些流程中，即使将重复流程减少少量的时间，也能获得真正的好处。在员工经常在多个任务之间切换的小批量工艺流程中，这种技术在消除浪费方面不太有效。

7.4　精益制造环境中的会计

精益制造环境对会计有着深远的影响。在传统会计技术下产生的传统信息不足以支持精益制造公司的需求。它们需要新的会计方法和信息：

（1）显示对客户重要的内容（如质量和服务）。

（2）识别有利可图的产品。

（3）识别有利可图的客户。

（4）识别改进运营和产品的机会。

（5）鼓励在组织内采用增值活动和流程，并识别那些不增值的活动和流程。

（6）有效地支持多个用户的财务和非财务信息。

在本节中，我们将研究正在进行的会计变化的性质。讨论回顾了与标准成本会计相关的问题，并概述了两种替代方法：（1）作业成本法；（2）价值流会计。

7.4.1　传统会计信息有什么问题？

传统的标准成本核算技术强调财务绩效而不是制造绩效。传统制造中使用的技术和惯例不支持精益制造公司的目标。以下是标准会计系统最常被提及的缺陷。

7.4.1.1　不准确的成本分配

标准成本核算的假设是所有间接费用都需要分配给产品，并且这些间接费用与制造产品所需的劳动力数量直接相关。自动化的一个结果是制造成本模式的重组。图 7-19 显示了不同自动化水平下直接人工、直接材料和间接费用之间的变化关系。在传统制造环境中，直接劳动力在总制造成本中的占比远高于 CIM 环境。同时，间接费用是自动化制造下成本的一个重要因素。应用标准成本法会导致精益制造环境中的产品成本扭曲，导致某些产品的成本似乎更高，而另一些产品的成本似乎低于实际成本；可能会导致有关定价、估值和盈利能力的错误决策。

7.4.1.2　促进非精益行为

标准成本计算会引发运营中的非精益行为。标准成本核算中使用的主要绩效衡量标准是生产工人的个人效率、制造设施的有效利用以及生产吸收的间接费用程度。此外，标准成本法隐藏了间接费用分配中的浪费，这很难被检测到。为了提高个人绩效指标，管理和操作员工倾向于大批量生产产品并建立库存。这种内在动机与精益制造相冲突。

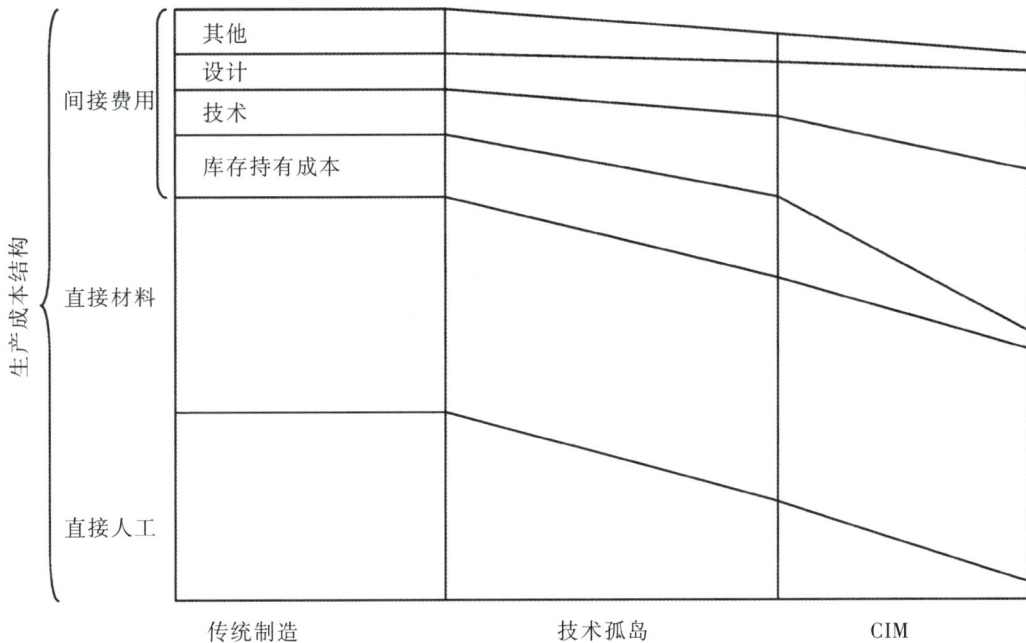

图7-19　不同制造环境的成本结构变化

7.4.1.3　时间滞后

管理报告的标准成本数据本质上是历史数据。假设可以在事后实施控制以纠正错误，则数据落后于实际制造活动。然而，在精益制造环境中，车间经理需要有关异常偏差的即时信息。他们必须实时了解机器故障或机器人失控情况。得知事后信息为时已晚，无法发挥作用。

7.4.1.4　财务导向

会计数据使用美元作为标准计量单位，用于比较被评估的不同项目。然而，与产品或工艺的功能、提高产品质量和缩短交货时间有关的决策，不一定能为通过标准成本技术产生的财务信息提供很好的服务。事实上，将这些数据强加于通用财务指标的尝试可能会扭曲问题并促成错误的决策。

7.4.2　作业成本法

许多精益制造公司已通过**作业成本法**（activity-based costing，ABC）会计模型来寻求解决这些问题的方法。ABC 是一种将成本分配给产品和服务以促成更好的计划和控制的方法。它通过对资源的使用为活动分配成本，并根据活动的用途为成本对象分配成本来实现这一点。

这些术语的定义如下：

*活动*描述了在公司中执行的工作。准备采购订单、准备运输产品或操作车床都是活动的例子。

*成本对象*是执行活动的原因。其中包括产品、服务、供应商和客户。例如，准备销

售订单（活动）的任务是因为客户（成本对象）希望下订单而执行的。

ABC 的基本假设与标准成本会计假设形成鲜明对比。传统会计假设产品会导致成本。ABC 假设活动产生成本，而产品（和其他成本对象）产生活动需求。

实施 ABC 的第一步是确定活动的成本。然后通过**活动动因**将活动成本分配给相关成本对象。该因子按成本对象衡量活动消耗。例如，如果在钢板上钻孔是活动，则孔数是活动动因。

传统的会计系统通常只使用一种活动驱动因素。例如，间接费用被汇集到单个成本池中，并根据直接工时分配给产品。使用 ABC 的公司可能有几十个活动成本池，每个池都有一个独特的活动驱动程序。图 7-20 说明了 ABC 下产品的间接成本分配。

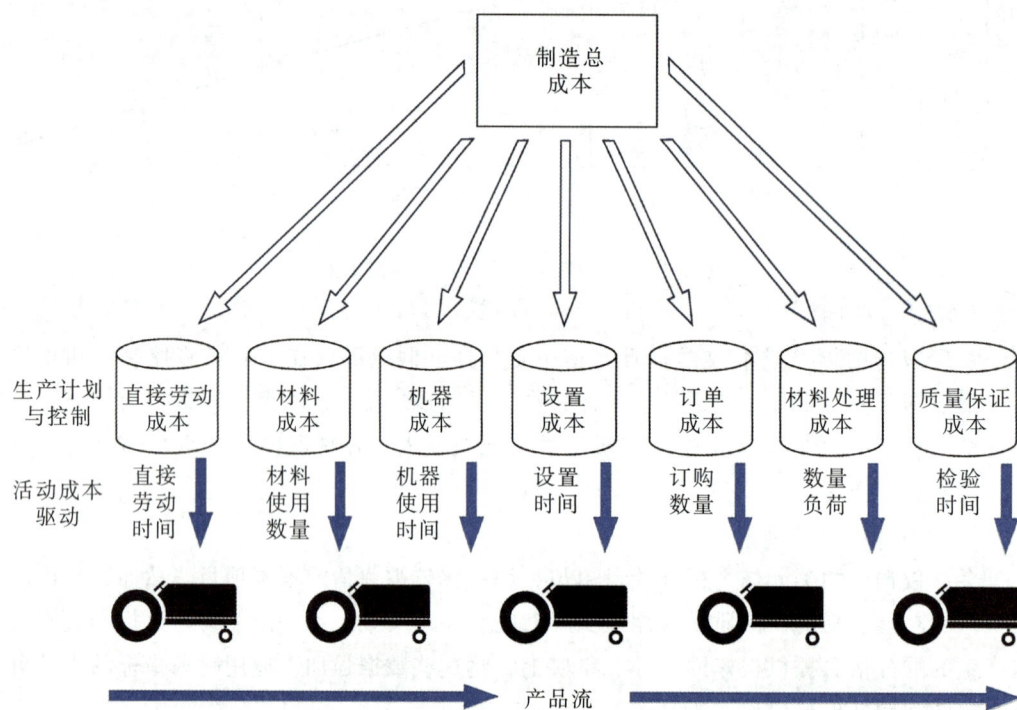

图7-20　ABC下产品的间接成本分配

Source：Adapted from P. B. Turney, *Common Cents: The ABC Breakthrough* (Hillsboro, OR: Cost Technology, 1991), 96.

7.4.2.1　ABC 的优势

ABC 允许经理比标准成本法更准确地将成本分配给活动和产品。它具备的一些优势如下：

- 更准确地计算产品/服务、客户和分销渠道的成本。
- 识别利润最高和最低的产品和客户。准确跟踪活动和流程的成本。
- 使管理人员利用成本信息推动持续改进。
- 促进更好的营销组合。

• 识别浪费和非增值活动。

7.4.2.2 ABC 的缺点

ABC 因在持续一段时间内对实际应用来说过于耗时和复杂而一直被诟病。识别活动成本和成本动因的任务可能是一项重大任务,如果未完成就无法被重视。随着产品和流程的变化,相关的活动成本和驱动因素也会发生变化。除非投入大量资源来维持活动成本的准确性和驱动因素的适当性,否则成本分配会变得不准确。批评者指责 ABC 没有促进持续改进,而是在组织内部制造了复杂的官僚机构,这与流程简化和消除浪费的精益制造理念相冲突。

7.4.3 价值流会计

ABC 的复杂性导致许多公司放弃这种方法,转而采用一种更简单的会计模型,即所谓的**价值流会计**。价值流会计按价值流而不是按部门或活动记录成本,如图 7-21 所示。

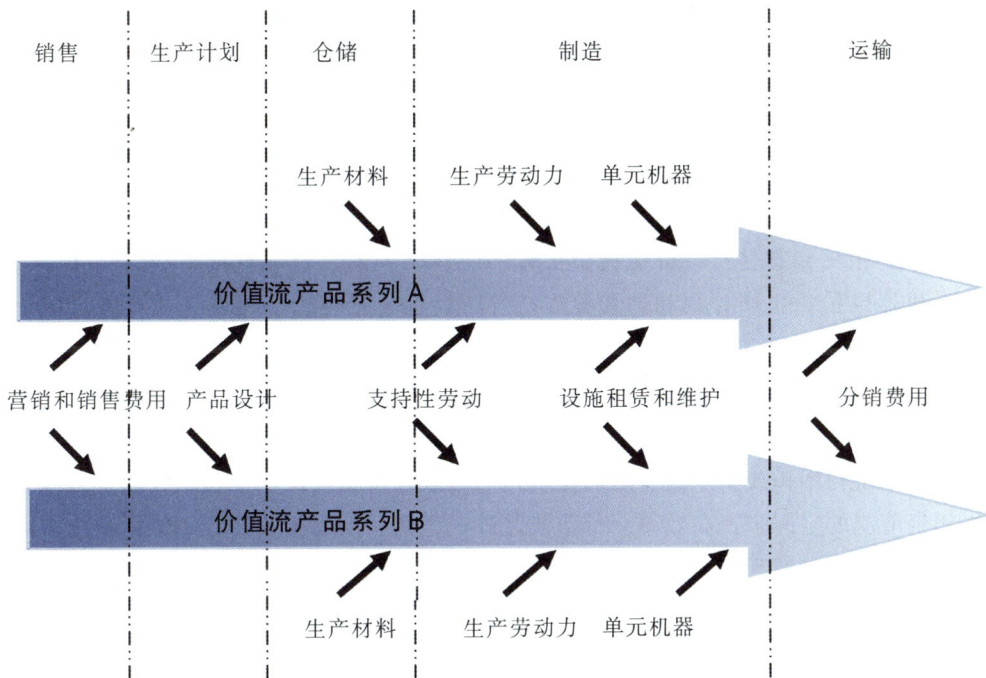

图7-21 价值流会计的成本分配

请注意,价值流跨越职能和部门界限,包括与营销、销售费用、产品设计、工程、材料采购、分销等相关的成本。实施价值流会计的一个重要方面是定义**产品系列**。大多数组织生产不止一种产品,但这些产品通常属于产品的自然系列。从下订单到将制成品运送给客户,产品系列共享相同的流程。图 7-22 说明了如何将多个产品分组到产品系列中。

产品	产品系列	过程				
		弯管		焊接单元	装配	包装和运输
		机器	劳动力	劳动力	劳动力	劳动力
QRM 180 V	A			X	X	X
QRM 192 V	A			X	X	X
RKX 45 F	B	X	X	X	X	X
LOC 67 Y	C		X	X	X	X
RKX 65 AF	B	X	X	X	X	X
RKX 95 XF	B	X	X	X	X	X

图7-22　按系列对产品进行分组

价值流会计包括与产品系列相关的所有成本，但不区分直接成本和间接成本。原材料成本是根据为价值流购买了多少材料来计算的，而不是跟踪原材料对特定产品的投入。因此，总价值流材料成本是该期间购买的所有物品的总和。这种简化（精益）会计方法之所以有效，是因为现有的 RM 和 WIP 库存很低，可能只有一两天的库存。这种方法在传统的制造环境中效果不佳，在这种环境中，几个月的库存可能会从一个时期转移到另一个时期。

在价值流中工作的员工其劳动力成本包括他们设计、制造或只是将产品从一个单元运送到另一个单元。人工成本不会以传统方式（花费在特定任务上的时间）分配给单个产品。相反，支付给在价值流中工作的所有个人的工资和直接福利的总和计入价值流，机器维护、生产计划和销售等支持性劳动也包括在内。因此，只要有可能，每个员工都应该被分配到一个单一的价值流中，而不是将他或她的时间分配到几个不同的价值流中。

通常，价值流中唯一分配的成本是价值流生产设施的每平方英尺费用。该分配将包括租金和建筑物维护成本。这背后的逻辑是通过鼓励价值流团队成员最大限度地减少用于操作价值流的空间来提高效率。价值流之外产生的一般间接费用，不能由价值流团队控制，不属于产品系列。因此，价值流没有尝试完全吸收设施成本。尽管必须考虑公司的间接费用，但它们并未分配到价值流中。

7.5 支持精益制造的信息系统

在本节中，我们将讨论通常与精益制造和世界级公司相关的信息系统。首先是对**物料需求计划**（MRP）的审查。顾名思义，MRP 系统的重点有限，旨在确定完成生产订单需要多少原材料。然后，我们审查**制造资源计划**（MRP Ⅱ）。这些系统从 MRP 演变而来，将附加功能集成到制造过程中，包括销售、营销和会计。最后，我们研究了**企业资源规划**（ERP）系统的一些关键特性。ERP 通过将所有业务功能集成到一组使用通用数据库的核心应用程序中，使 MRP Ⅱ 更进了一步。

7.5.1 物料需求计划

MRP 是一种用于支持库存管理的自动化生产计划和控制系统。其运营目标是：

- 确保为生产过程提供充足的原材料。
- 保持尽可能低的现有库存水平。
- 制定生产和采购计划以及控制生产所需的其他信息。

图 7-23 说明了 MRP 系统的主要特征。根据现有的制造流程，MRP 系统的输入将包括销售额、销售预测、现有 FG 库存、现有 RM 库存和材料清单。MRP 是一种计算方法，旨在确定需要多少原材料以及何时订购它们以完成生产订单。通过将现有 FG 库存与所需水平（基于销售预测）进行比较，MRP 计算总生产需求和所需的单个批次规模大小。由此，BOM 被分解为产生生产所需的原材料清单，并与现有的原材料进行比较，不同之处在于将从供应商处订购的数量。MRP 系统的主要输出是发送到采购系统的 RM 采购申请。此外，MRP 系统输出可能包括生产计划、管理报告和日常生产文档，如工作订单和搬运工作单。

7.5.2 制造资源计划

MRP II 是 MRP 的扩展，已经超越了库存管理的范围。它既是一种系统，也是一种协调广泛的制造活动的理念。MRP II 集成了产品制造、产品设计、销售订单处理、客户计费、人力资源和相关会计功能。图 7-24 显示了在 MRP II 环境下的功能集成。

MRP II 系统将为产品生成 BOM，将产品的生产纳入主生产计划，根据机器和劳动力的可用性制订粗略的产能计划，为工厂设计最终产能计划，并管理 RM 和 FG 库存。此外，MRP II 将生成一个物料需求计划，该计划将在 JIT 的基础上安排原材料的配送。原材料的订购必须与制造过程相协调，以避免浪费（提前到达），同时确保缺货情况不会中断生产过程。制造企业可以从高度集成的 MRP II 系统中获得可观的收益。其中包括：

- 改善客户服务
- 减少库存投资
- 提高生产率
- 改善现金流
- 协助实现长期战略目标
- 助推管理变革（例如，为客户或供应商开发新产品或专业化产品）
- 提高生产过程的柔性

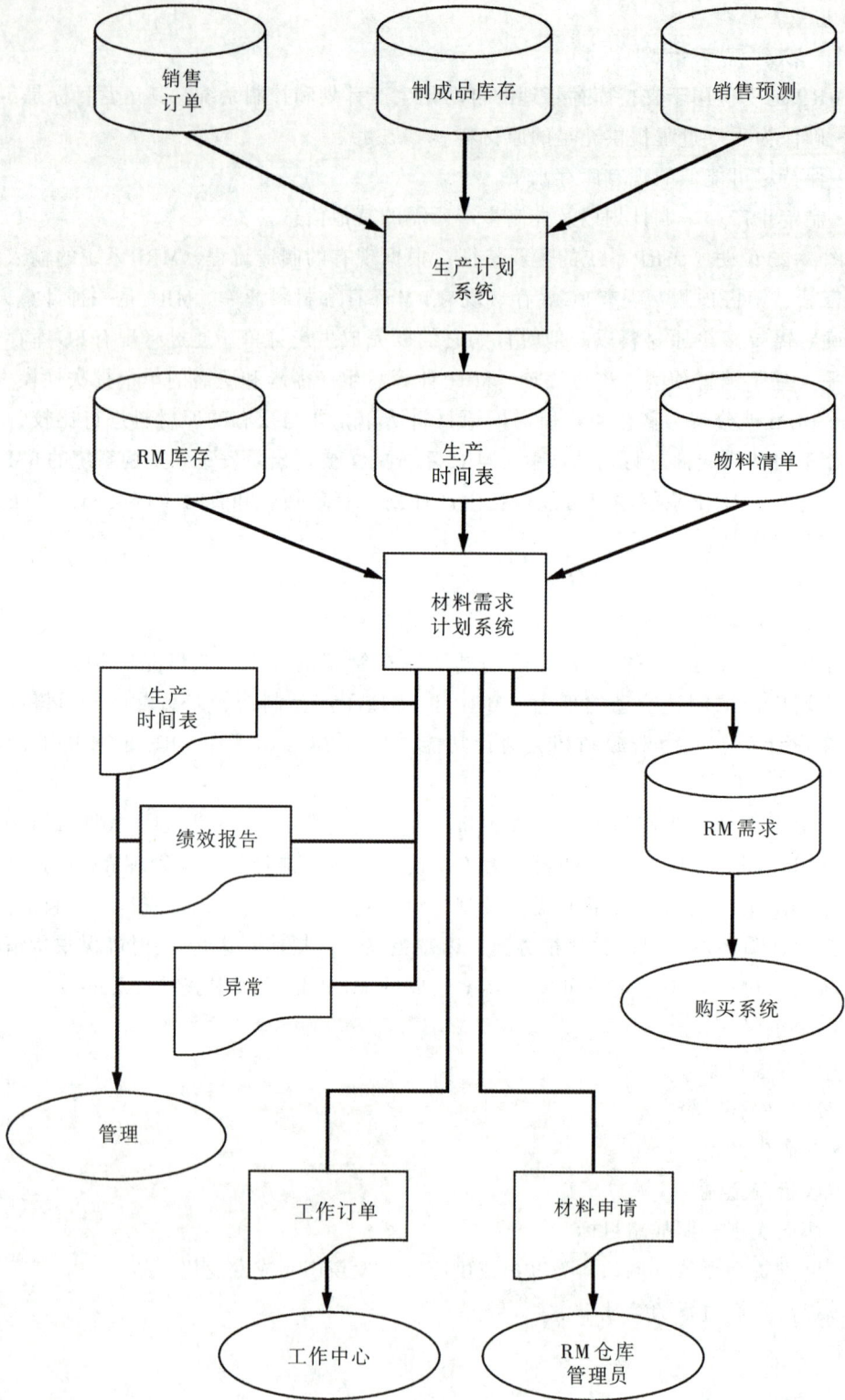

图7-23 MRP系统概述

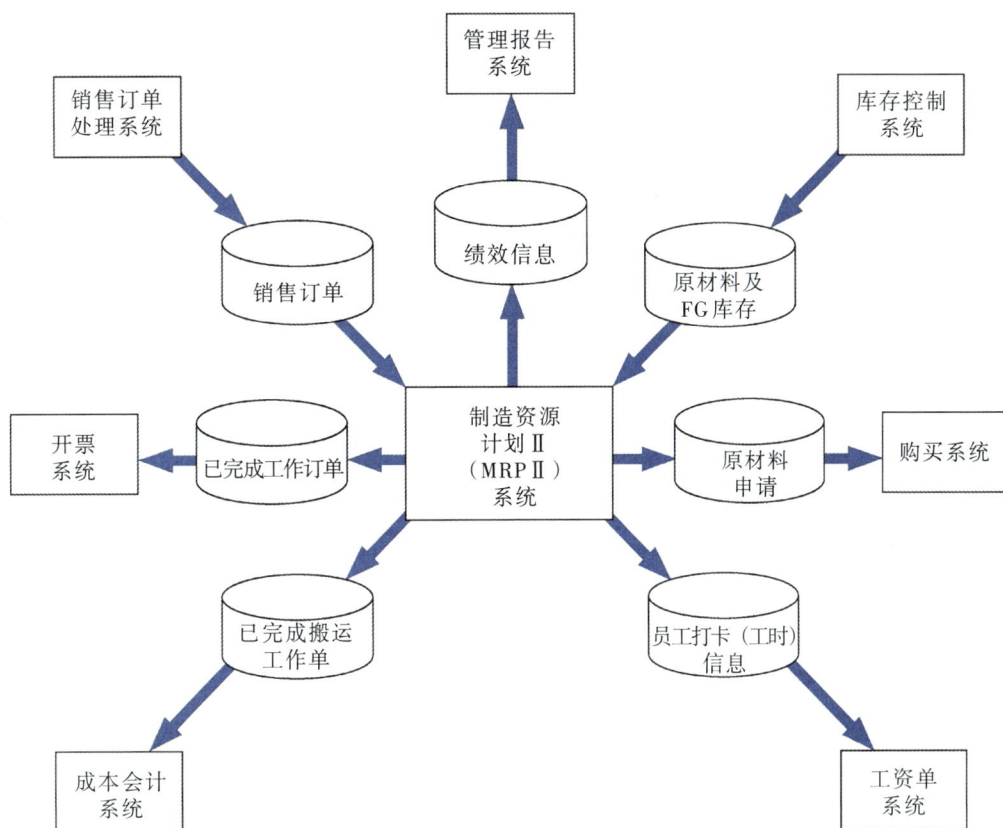

图7-24 MRP Ⅱ环境下制造和财务系统的集成

7.5.3 企业资源规划系统

近年来，MRP Ⅱ 已发展成为所谓的 ERP 系统的大型软件套件。ERP 将整个公司的部门和职能整合到一个集成应用程序系统中，该系统连接到单个通用数据库。这使各个部门能够共享信息并相互沟通。ERP 系统由反映行业最佳实践的特定功能模块组成。这些商业包旨在与其他模块（例如，应收账款、应付账款和采购）交互，支持整个组织的信息需求，而不仅仅是制造功能。ERP 可以计算资源需求、安排生产、管理产品配置的更改、允许未来计划的产品更改以及监控车间生产。此外，ERP 还提供订单输入、现金收入、采购和现金支付功能以及完整的财务和管理报告功能。

精益制造公司将拥有一个 ERP 系统，该系统能够通过**电子数据交换**（electronic data interchange，EDI）与其客户和供应商进行外部通信。EDI 通信链接（通过互联网或直接连接）将允许公司以电子方式接收客户的销售订单和现金收入，向客户发送发票，向供应商发送采购订单，以及从供应商处接收发票并付款。EDI 是许多电子商务系统的核心元素。我们将在第 12 章重新讨论这个重要的话题。

ERP 和 MRP Ⅱ 系统之间的功能相似性非常明显。一些人认为这两个概念之间几乎没有真正的功能差异。事实上，在将高端 MRP Ⅱ 系统与低端 ERP 软件包进行比较时，相似之处最为明显。然而，它们的一个主要的区别是，ERP 已经远不止在制造公司中使用，还成为非制造公司选择的系统。同时，有怀疑者认为，将 MRP Ⅱ 更改为 ERP，能够使软件供应商向非制造公司销售 MRP Ⅱ 软件包。

多年来，ERP 系统市场受到高成本和复杂性的限制，仅由大型公司和少数软件供应商主导，如 SAP、J.D. Edwards、甲骨文和 PeopleSoft。近年来，随着许多面向中小型客户的小型供应商的进入，该市场得到了极大的扩展，而 ERP 系统更便宜且更易于实施。ERP 相关现象的重要性需要另行阐述，这超出了本章的范围。因此，在第 11 章中，我们将研究 ERP 系统和相关主题，包括供应链管理和数据仓库。

总结

本章讨论了转换循环，即公司将投入资源（材料、劳动力和资本）转化为适销对路的产品和服务。主要目的是突出当代商业世界不断变化的制造环境，并展示它如何从传统的商业组织和活动形式向世界级的商业方式转变。我们看到了试图获得世界级地位的公司如何追求精益制造理念。

精益制造成功的关键是实现制造灵活性，这涉及生产设施的物理组织和自动化技术的使用。我们还看到，精益制造与传统的标准成本核算技术大相径庭。针对传统会计方法的缺陷，精益制造公司采用了替代会计模型，包括作业成本法和价值流会计。本章最后讨论了通常与精益制造相关的三个信息系统：（1）物料需求计划；（2）制造资源计划；（3）企业资源计划 。

关键术语

活动	制造柔性
活动动因	制造资源计划 （MRP Ⅱ）
作业成本法 （ABC）	物料需求计划 （MRP）
全自动立体存取系统 （AS/RS）	材料申请
材料清单\物料清单（BOM）	搬运工作单
计算机辅助设计 （CAD）	产品系列
计算机辅助制造 （CAM）	生产计划
计算机集成制造 （CIM）	拉式加工
计算机数控 （CNC）	再订购点 （ROP）
成本对象	路线表
经济订货量 （EOQ）模型	安全库存
电子数据交换 （EDI）	丰田生产系统 （TPS）
企业资源规划 （ERP）	价值流
技术孤岛	价值流会计
即时制 （JIT）	价值流图 （VSM）
精益制造	工作订单

复习题

1. 定义转换循环。

2. 批处理系统涉及哪些活动?

3. 区分连续加工、批量加工和定制加工。

4. 哪些文件触发和支持批处理系统?

5. 材料和操作要求的主要决定因素是什么?

6. 生产过程中库存控制的目标是什么?

7. 什么文件触发了设定的生产运行成本核算流程的开始?

8. 成本核算职员更新标准费用的在制品账户需要哪些文件?

9. 成本会计系统编制了哪些类型的管理报告?

10. 什么文件标志着生产过程的完成?

11. 将记录保存与资产托管分开,应该分离哪些功能?

12. 举例说明转换循环中的以下控制活动:交易授权、职责分离和访问控制。

13. 区分计算机辅助设计和计算机辅助制造。

14. "库存掩盖生产问题,可能导致生产过剩"是什么意思? 如果你已经拥有原材料,过度生产有什么问题?

15. 精益制造的主要目标是什么?

16. 区分作业成本法中的活动和成本对象。

17. 区分基本活动和非基本活动。

18. 技术孤岛是什么意思?

19. 定义 *计算机集成制造*。

20. 定义术语 *价值流*。

讨论题

1. 讨论对成本会计部门而言搬运工作单的重要性。

2. 经济订货量模型的假设有多现实? 分别讨论每个假设。

3. 解释为什么经济订货量是订购成本曲线和持有成本曲线的交点。

4. 工作中心的主管监督生产中原材料的使用情况,解释为什么工作中心不保存在制品的记录。

5. 解释预先编号的文件如何有助于提供对资产的间接访问控制。

6. 总账部门在转换循环中起什么作用?

7. 描述一家世界级公司的特点。

8. 自动化如何帮助实现制造柔性?

9. 确定消费者直接使用计算机辅助设计软件应用程序来辅助设计产品的三个领域。

10. 劣质产品对公司来说为什么会变得昂贵,尤其是如果使用低成本原材料来降低销售成本并提高净收入?

11. 讨论以传统成本会计信息衡量的对成本中心财务绩效的重视如何导致生产产出低效和无效。

12. 如何使用作业成本法将业务活动的管理从托管任务转变为持续改进活动？

13. 传统制造环境和计算机集成制造环境这两者的成本结构有何根本上的不同？

14. 企业如何对制造过程中使用过多的原材料进行控制？

15. 什么是价值流图？

16. 讨论作业成本法的优点。

17. 讨论作业成本法的缺点。

18. 解释为什么传统的成本分配方法在计算机集成的制造环境中会失败。

19. 解释产品系列的概念及其与价值流会计的关系。

20. 解释 MRP Ⅱ 和 ERP 之间的关系。

多项选择题

1. 以下描述不正确的是（　　　）。

a. 路线表显示特定产品的制造路径

b. 材料清单显示生产单件产品的成本

c. 搬运工作单授权一个批次产品从一个部门搬运到另一个部门

d. 材料申请授权店员发放物料

2. 以下选项中（　　　）不是与标准成本会计相关的问题。

a. 标准成本核算激励管理层生产大批量产品并建立库存

b. 应用标准成本核算会导致精益制造环境中的产品成本扭曲

c. 标准成本核算数据与降低其有用性的过度时间滞后相关

d. 标准成本核算的财务导向可能会促成错误的决策

e. 以上都是标准成本核算的问题

3. 以下选项中（　　　）不是精益制造的原则。

a. 实现高库存周转率

b. 必须消除所有不能增加价值和不能最大限度地利用稀缺资源的活动

c. 产品从生产端推送给客户

d. 精益制造公司必须与供应商建立合作关系

问题 4 到 6 基于图 P.1，它代表了 EOQ 模型。

4. 下列线段代表再订货提前期的是（　　　）。

a. DC　　　　　　　b. B　　　　　　　c. F　　　　　　　d. AE

e. AD

5. 下列线段标识维护的安全库存数量的是（　　　）。

a. DC　　　　　　　b. AD　　　　　　　c. AE　　　　　　　d. EG

6. 下列线段代表需求的是（　　　）。

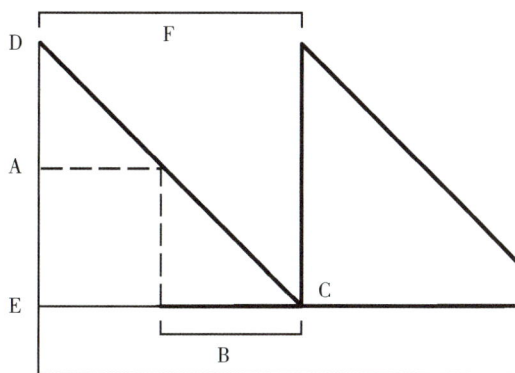

图 P.1 问题 4 至问题 6 的 EOQ 模型

a. DE   b. AE   c. AC   d. DC

e. B

7. 基本的 EOQ 模型（   ）。

a. 提供了在再订货周期中波动的交货时间

b. 侧重于生产成本和持有成本之间的权衡

c. 对需求、采购成本和持有成本的错误相对不敏感

d. 本质上是随机的

e. 最好与定期库存系统结合使用

8. 下列陈述中（   ）描述了企业系统的演变。

a. MRP Ⅱ 从 MRP 演变而来，MRP Ⅱ 演变为 ERP

b. MRP 直接从 ERP 演变而来

c. ERP 演变成 MRP，MRP 演变成 MRP Ⅱ

d. 以上都不对

9. 以下关于传统会计的说法正确的是（   ）。

a. 传统会计无法为 JIT 环境中的管理人员提供及时的信息

b. 财务观点允许有效地测量不同的项目

c. 间接费用分配可能导致成本扭曲

d. 以上陈述都正确

e. 选项 a 和 c 是对的，选项 b 不对

10. 参考正文中 EOQ 的公式。福特当地经销商 Car Country 公司每年销售 1 280 辆小型越野车（SUV）。在停车场停放一辆汽车每月花费 Car Country 200 美元，因此该公司更愿意在经济可行的情况下订购尽可能少的 SUV。但是，每次下订单时，公司都会产生 300 美元的总成本。在这 300 美元中，240 美元是固定的，60 美元是可变的。确定公司的经济订货量为（   ）。

a. 8   b. 56   c. 18   d. 16

e. 62

问题

1. 文档流程图

准备一个流程图，说明准备以下源文档的顺序。

a. 材料清单   b. 工作订单

c. 销售预测   d. 材料申请

e. 搬运工作单   f. 生产计划

g. 路线表

2. 经济订单量

Generators R Us（GRU）是一家为民用和私人救灾提供应急电力的可分离式发电机的领先制造商。它每年生产 16 000 台 HI-360 型号发电机。该型号产品使用了公司从外部供应商处购买的两个轴承。对会计和使用记录的审查揭示了以下信息：安装轴承的人工 = 8 美元/台发电机；轴承的单位成本 = 25 美元；每笔订单的运费 = 5 美元；每个订单的处理成本 = 6 美元；每个订单的邮寄费用 = 2 美元；全年在仓库中存放一个轴承的估计成本 = 35 美分。GRU 还发现，从下订单到收到商品平均需要 4 天时间。

要求：

a. 计算经济订货量

b. 计算再订货点。假设 HI-360 型号发电机每年生产 350 天

3. 世界级公司

使用关键字"世界级公司"和"制造"进行在线搜索。找出 5 家自称为世界级的制造公司，并说明这些公司为成为世界级公司而进行的创新。

4. 内部控制

检查问题 4 的流程图（图 P.2）并找出所有控制威胁。具体来说，讨论控制问题、可能的危险以及你建议的任何纠正程序。

5. 设计并记录制造过程

设计并记录具有系统流程图的基于计算机的制造过程，该过程具有图 7-9 和图 7-13 所示的手动系统的信息流。假设制造过程由每月销售预测触发，该预测以数字形式由营销部门定期收到。此外，假设所有功能区域（工作中心、存储、库存控制等）都使用联网到集中数据处理功能的终端。你的系统设计应尽量减少打印件。

6. 零缺陷流程

Northern 拖拉机公司是一家商用和消费型园艺拖拉机制造商。在其 30 年的运营中，Northern 遵循传统的制造流程，包括保持大量的原材料库存。为了简化制造流程并降低库存持有成本，Northern 的首席执行官希望改用 JIT 制造流程。生产顾问告知 CEO，转向 JIT 需要新的理念，其中一个方面是向零缺陷制造迈进。在这种理念下，如果检测到来自失控过程的缺陷部件，则在纠正过程之前不应生产更多产品。顾问估计，生产过程可能偶尔会在 30 分钟到几个小时内关闭。讨论这种新方法的优点和缺点。

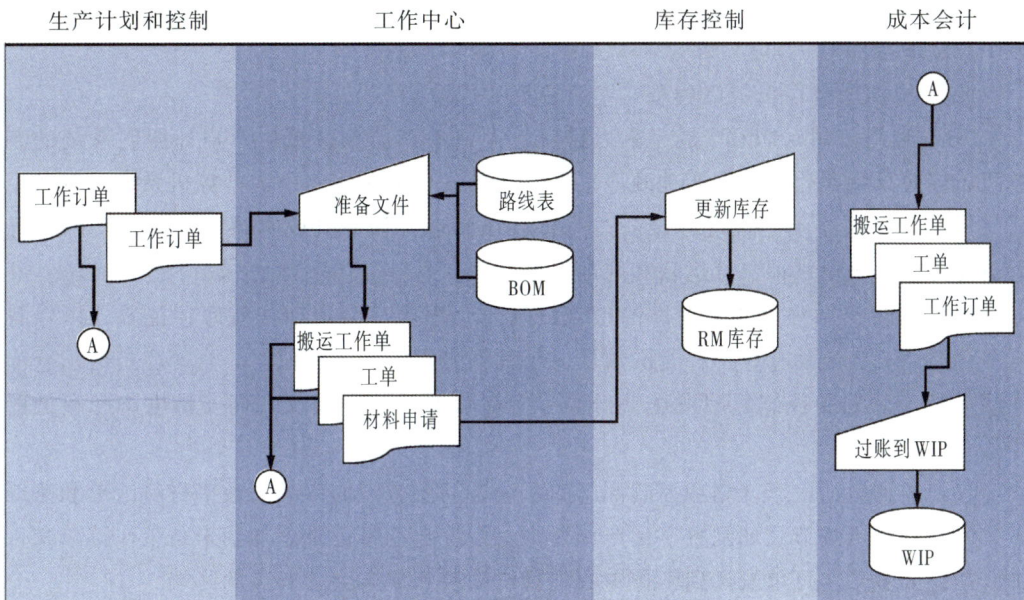

图P.2 问题4：内部控制

7.作业驱动

Cut It Up公司是一家通过厨房连锁店销售木制砧板的制造商。多年来，该公司一直根据机器总小时数分配间接费用。最近对间接费用的评估表明，这些成本现在已超过公司总成本的40%。为了更好地控制费用，Cut It Up正在采用作业成本法系统。每块砧板都要经过以下工序：

a.切割——从库存中挑选板材并切割成所需的宽度和长度，找出并去除木板的缺陷（例如，结和裂缝）

b.组装——将切割好的木板放在夹子上，每块木板都涂上一层胶，然后将胶合的木板夹在一起，直到胶凝固

c.整形——一旦胶凝固，木板就会被送到整形流程，在那里它们被切割成特定的形状

d.打磨——定型后的砧板必须打磨光滑

e.整理——打磨过的砧板会涂上一层矿物油，以有助于保护木材

f.包装——完工的砧板放在 12 个一盒的盒子里。这些盒子被密封，编辑好地址，然后送到其中一家厨房商店

要求：你认为这家公司的管理费用的构成部分是什么？确定每个流程的逻辑成本动因。

8.精益制造原则

写一篇文章，概述精益制造的关键原则。

内部控制案例

1. Utica 照明公司（带有分布式终端的集中式系统）

Utica 照明公司（ULC）是一家为露台、人行道和公共区域生产户外照明系统的制造商。它向景观美化公司和当地政府推销其产品。ULC采用集中式计算机系统，在各个部门具有分布式终端。最近，该公司一直存在制造延误并且成本超支的问题。ULC已聘请你的审计公司来评估其运营和内部控制程序。

ULC的转换循环由成品仓库的报告触发。仓库职员会定期查看库存记录，以寻找低库存商品。当成品仓库中存货的数量低于其预先设定的最小值时，仓库职员会从仓库终端向生产计划和控制部门发送一份数字库存状况报告，建议它们安排生产库存低的产品。

收到报告后，生产计划和控制部门的职员访问要生产的产品的数字材料清单和路线表文件，将生产细节添加到数字生产计划中。系统自动将记录添加到未结工作订单文件中，并将数字工作订单发送到工作中心主管的终端和成本会计职员的终端。

工作中心主管从他的终端访问工作订单，并为生产过程中的每个阶段打印搬运工作单和材料申请。生产员工将材料申请交给仓库管理员，并确保执行生产任务所需的组件、部件和原材料搬运到位。如果需要超出标准数量的额外材料，主管需要准备额外的材料申请。员工还在流程的每个阶段之后填写工作时间表，以反映在工作上花费的时间。当员工完成他们的任务时，他们会将搬运工作单和工作时间表发送给成本会计部门。

仓库管理员收到材料申请并将物料投入生产。然后，他更新原材料库存记录并将申请发送到成本会计部门。当零部件和原材料的库存降到公司的再订购点时，仓库管理员准备采购订单并将其发送给各自的供应商。供应商将原材料库存直接送到库房，此时库房职员对其进行检查并更新数字原材料明细账。每天，仓库管理员准备日记账凭证并将其过账到总账原材料控制账户。

成本会计职员收到数字工作订单并为该批次启动一个新的WIP账户。在生产过程中，记账员收到来自工作中心的搬运工作单、材料申请和作业单打印件，该职员使用这些单据来更新WIP账户。生产完成后，该职员关闭这一批次的在制品账户并将其转移到成品库存明细账。

在一天结束时，成本会计职员准备一份反映WIP状态以及从WIP到成品库存的任何转移的数字日记账凭证。然后，该职员将日记账凭证过账到WIP和FG总账控制账户。

要求：

a. 准备当前系统的数据流程图

b. 准备现有系统的系统流程图

c. 描述内部控制的弱点

2. Excelsior 草坪家具公司（带有独立电脑支持的手动系统）

Excelsior 草坪家具公司（ELF）生产铝制户外家具，向批发和零售客户销售。 ELF

的流程从生产计划和控制部门开始，仓库职员根据营销部门的销售预测和库存状态报告确定材料和操作要求。生产计划和控制职员审查此信息并准备一份采购申请打印件，她将其发送给采购部门。然后，该职员通过本部门的个人电脑访问材料清单和路线表文件，并打印以下文档：工作订单、搬运工作单和材料申请。每份文件准备三份，将工作订单、搬运工作单和材料申请各一份发送给成本会计部门。剩余的副本发送给工作中心主管。

收到这些文件后，工作中心主管启动生产流程。生产员工向库存仓库提交材料申请的副本，以换取必要的原材料。当在制品需要额外的原材料时，仓库职员会根据要求提供。超过生产所需的材料被保存在工作中心并用于未来的生产。当所有生产阶段完成时，工作中心主管将制成品发送到制成品仓库。他将工作订单、搬运工作单和材料申请各一份归档，并将剩余的工作订单和搬运工作单发送至成本会计部门。主管审核工作订单和员工考勤卡，并将其分别录入成本会计和工资单系统。

仓库职员接受工作中心员工的材料申请，并将原材料发放到工作中心。他在电脑上更新原材料库存记录，并在库房中归档材料申请。当一天结束时，他创建了一个日记账凭证并将其发送到总账部门。

成本会计职员收到以下单据：生产计划部门的工作订单、搬运工作单、材料申请；来自工作中心的作业单、工作订单和搬运工作单。该职员使用这些来启动 WIP 账户并随着工作更新 WIP。当天工作结束时，成本会计职员准备反映 WIP 状态的日记账凭证，并将所有文件归档到本部门。

总账职员收到日记账凭证，将其过账到相应的总账账户，并将日记账凭证归档到本部门。

要求：

a. 创建当前系统的数据流图

b. 创建现有系统的系统流程图

c. 分析系统中的物理内部控制弱点。根据 COSO 内部控制模型中指定的六类物理控制活动对你的答案建模

d.（可选）准备一个重新设计的基于计算机的系统流程图，以解决你发现的控制弱点问题。解释你的解决方案

3. Law Wizard公司（带有独立电脑支持的手动系统）

Law Wizard公司（LWI）是一系列手推式汽油割草机的制造商，其产品销往园艺中心和家居装修中心。

LWI 采用批量生产流程，其库存管理、生产计划和会计程序由独立（非联网）电脑技术支持的手动活动组合而成。该公司正在经历生产延误和成本超支的问题。其首席执行官已聘请贵公司审查其程序并提出改进其运营的建议。

批量生产过程是通过收到单独的客户订单来启动的，这些订单被分批组合在一起进行生产。生产计划和控制职员登录其部门的个人电脑，将订单输入到数字生产计划中，并打印两份工作订单。他将其中一份发送给成本会计部门，另一份发送到生产部门。

生产部门主管将工作订单输入个人电脑应用程序。系统自动创建未结工作订单记录并打印搬运工作单和材料申请。

生产部门主管将搬运工作单和两份采购申请分发到生产过程中涉及的每个工作中心。工作中心员工将已完成批次产品所需的装配零件和其他材料的材料申请提交主管。如果超出标准数量需要额外的零件或材料，生产部门主管会发出额外的材料申请。随着每个工作中心的生产完成，员工将每批产品的劳动时间记录在纸质工作卡上，并与搬运工作单一起发送给成本会计。最后，在这批产品处理完成后，主管关闭未结工作订单文件。

仓库职员在部门内归档一份材料申请，并从他办公室的计算机上更新原材料库存文件。然后，经理将材料申请的第二份副本发送到成本会计部门。在一天结束时，经理准备一份纸质日记账凭证，并将其发送到总账部门。

成本会计职员接收工作订单并为该批次产品设置 WIP 账户。在整个生产期间，该职员还会收到搬运工作单、作业单和材料申请，其根据这些材料过账到 WIP。每天结束时，成本会计职员准备一份日记账凭证打印件，将其发送到总账部门。日记账凭证反映在制品的总价值和制成品库存的转移。

总账职员接收日记账凭证，将其过账到相应的总账账户，并将日记账凭证归档到本部门。

要求：

a. 创建现有系统的系统流程图

b. 当前设计的系统存在哪些风险

c. 描述降低风险所需的更改

4. Triumph 汽车电子设备公司（带有分布式终端的集中式系统）

Triumph 汽车电子设备公司（TAE）是针对售后市场的汽车电子设备制造商，其产品包括交流发电机、LED 照明系统和仪表板。它的主要客户是向汽车维修店和 DIY（自己动手）消费者销售汽车用品的商店。

TAE 采用由部门分布式终端的集中式计算机系统支持的批处理程序。最近，它遇到了质量控制和预算问题，所以它的首席执行官聘请你审查公司的运营和内部控制程序。下面介绍 TAE 的制造过程。

生产过程由对预期销售额的三个月的营销预测触发，该预测将发送给生产计划和控制职员。该职员从她的终端更新数字生产计划，包括下一季度要生产的一批产品。利用 BOM 和路线表文件中的数据，系统每周自动准备数字工作订单、搬运工作单和材料申请，并将其发送到工作中心主管的终端。

工作中心主管访问数字文档并打印工作订单、搬运工作单和材料申请。主管将搬运工作单和两份采购申请分发到生产过程中的每个工作中心。

员工向仓库提交材料申请以换取原材料。如果超出标准数量需要额外的原材料，主管会发出额外的材料申请。随着每个工作中心的生产完成，员工将搬运工作单发送到成本会计部门，以标记该批次生产阶段的完成。员工还将每批产品花费的劳动时间在纸质工作卡上记录下来，然后发送给成本会计部门。最后，在批处理完成后，主管关闭未结工作订单文件。

仓库职员归档一份材料申请，并从他的办公室终端更新原材料库存文件。然后，该职员将材料申请的第二份副本发送到成本会计部门。在一天结束时，仓库主管准备数字日记账凭证并将其过账到总账控制账户。

成本会计职员访问数字工作订单并为此批次产品设置 WIP 账户。该职员还在整个生产过程中收到搬运工作单、工单和材料申请，她使用这些信息将其过账到 WIP 明细账。在每天结束时，成本会计职员准备一份数字日记账凭证并将其过账到总账控制账户，以反映 WIP 的状态并记录 WIP 向制成品库存的转移。

要求：

a. 创建当前系统的数据流图

b. 创建现有系统的系统流程图

c. 当前设计的系统存在哪些风险

d. 描述降低风险所需的改进

5. AJAX 制造公司（具有分布式终端的集中式系统）

下面描述了 AJAX 制造公司的转换循环过程，该公司在部门中采用具有分布式终端的集中式计算机系统。

AJAX 目前的批量生产流程是从对本季度预期销售额的营销预测开始的。生产计划和控制职员使用它来创建本季度要生产的各个批次产品的数字生产计划。根据这个时间表，系统会自动生成数字工作订单。

生产部门主管从他的终端访问工作订单并打印必要的搬运工作单和材料申请。

搬运工作单和两份材料申请在生产过程中被分发到每个工作中心。员工向仓库提交材料申请以换取材料和组件。如果超出标准数量需要额外的原材料，主管会发出额外的材料申请。工作中心员工在纸质工作卡上记录每批产品的劳动时间，然后将其发送给成本会计部门。在每个工作中心完成生产后，将搬运工作单提交给成本会计部门。最后，在批处理完成后，主管关闭未结工作订单文件。

仓库经理归档一份材料申请，并从他办公室的计算机上更新原材料库存文件。然后，经理将材料申请的第二份副本发送到成本会计部门。在一天结束时，经理准备一个数字日记账凭证并将其过账到总账控制账户。

成本会计职员访问数字工作订单并为该批次产品设置 WIP 账户。在整个生产期间，该职员还会收到搬运工作单、作业单和材料申请，她使用这些材料过账到 WIP。在每天结束时，成本会计职员准备数字日记账凭证并将其过账到总账控制账户，以反映 WIP 的状态并记录 WIP 向制成品库存的转移。

要求：

a. 创建当前系统的数据流图

b. 创建现有系统的系统流程图

c. 当前运行的系统存在哪些风险

d. 描述降低风险所需的改进

第 8 章

财务报告系统和管理报告系统

学习目标

学习本章后，你应该：

- 了解总账系统（GLS）、财务报告系统（FRS）和管理报告系统（MRS）的操作特点。
- 了解影响管理报告系统设计的因素。
- 了解责任会计系统的要素。
- 熟悉有关 XBRL 的财务报告问题。
- 熟悉数据分析的概念和数据分析的技术。

本章开头先回顾两个相关系统的目标、操作特征和控制问题：总账系统和财务报告系统。本章阐述了总账系统作为通过正式信息流连接到交易处理系统的枢纽系统核心作用。交易循环处理记录在特种日记账和明细账中的单个事件。这些交易的日记账凭证和账户汇总信息流入总账系统，为财务报告系统提供输入值。财务报告流程以多步骤活动的形式呈现，从获取交易开始，到编制财务报表结束。本章还探讨了管理报告系统的主要特点，该系统在某个关键方面与财务报告系统不同：财务报告是强制性的，而管理层报告则由企业酌情考虑是否设置。计划和控制业务活动需要管理报告信息。组织管理层根据内部用户需求自行决定使用管理报告系统应用程序。本章探讨了推动此类应用程序设计的要素。

8.1 总账系统

图 8-1 将总账系统解释为通过信息流辐条连接到公司其他系统的枢纽。交易循环处理记录在特种日记账和明细账中的单个事件。这些交易的汇总信息流入总账系统并成为管理报告系统和财务报告系统的输入来源。进入总账系统的大部分流量来自交易处理子系统。但请注意，该信息也作为反馈从财务报告系统流入总账系统。稍后我们将更深入地探讨这一点。在本节中，我们回顾了总账系统的关键要素。

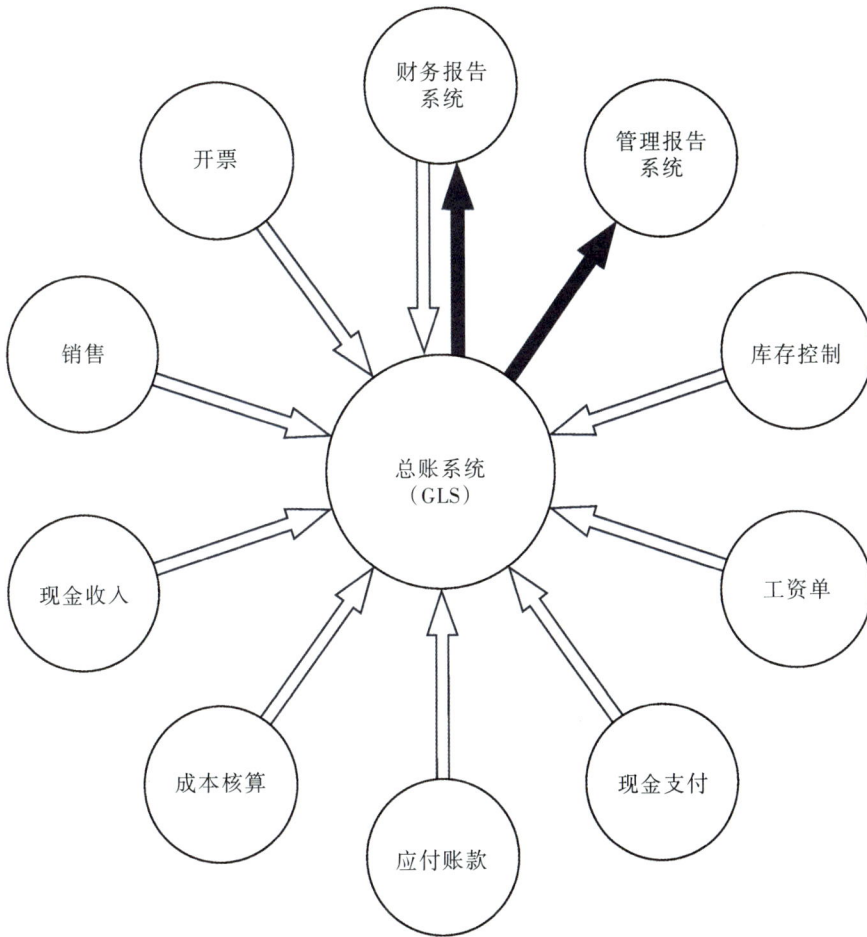

图8-1 GLS与其他信息子系统的关系

8.1.1 日记账凭证

总账的输入来源是日记账凭证，如图 8-2 所示。

日记账凭证编号：JV6-03

日期：_6/26/xx_

账号	账户名称	金额	
		借方	贷方
130	Accts Rec.	$5,500	
502	Sales		$5,500

说明：记录6月26日的赊销售额。

批核人：
J. A. Martin

记账人：
S. D. Smith

图8-2 总账主文件的日记账凭证记录布局

日记账凭证可用于表示类似交易或单笔交易的概况，用于识别财务金额和受影响的总账账户。日常交易、调整分录和结算分录都通过日记账凭证记入总账。因为财务主管必须审核日记账凭证，所以主管对未经授权的总账分录拥有一定程度的控制权。

8.1.2 总账系统数据库

总账系统数据库包括各种文件。尽管这些文件因公司而异，但以下示例具有代表性。

总账主文件是总账系统数据库中的主体文件。该文件基于组织发布的**会计科目表**。总账主文件中的每条记录要么是单独的总账账户（例如，销售），要么是交易处理系统中相应明细账的控制账户（例如，应收账款——控制账户）。图8-3说明了一个典型的总账主文件的结构。财务报告系统利用总账账户主文件编制公司的财务报表。管理报告系统也使用此文件来支持内部信息报告。

账号	账户说明	账户分类 A=资产 L=负债 R=应收账款 E=费用 OE=所有者权益	正常余额 D=借方 C=贷方	期初余额	本期借方合计	本期贷方合计	本期余额

图8-3 总账主文件的记录布局

总账历史文件与总账主文件具有相同的格式。其主要用于比较财务报告提供的历史财务数据。

日记账凭证文件是本期处理的日记账凭证的汇总文件。该文件提供了所有总账交易的记录，并取代了传统的总账。

日记账凭证历史文件包含过去期间的日记账凭证。这些历史信息支持管理层承担对资源利用的管理责任。当前日记账凭证和历史日记账凭证文件都是公司审计跟踪中的重要环节。

责任中心文件包含组织中每个责任中心的收入、支出和其他资源使用数据。管理报告系统利用这些数据作为管理层编制责任报告的输入数据。

最后，**预算主文件**包含责任中心的收入、支出和其他资源的预算金额。这些数据与责任中心文件一起，是责任核算的基础，本章稍后将讨论。

8.1.3 总账系统程序

正如我们在前几章中看到的，总账系统更新过程的某些方面是作为单独的操作或集成操作在交易处理系统中执行的。我们下一节的重点是总账系统和财务报告之间的相互关系。这涉及以冲销、调整和关闭分录形式进行的其他更新。现在让我们把注意力转向财务报告系统。

财务报告系统

法律规定管理层有责任向外部各方提供管理信息。由财务报告系统履行该报告义务。提供的大部分信息采用标准财务报表、纳税申报表和证券交易委员会等监管机构要求的文件形式。

财务报表信息的主要接收者是外部用户，如股东、债权人和政府机构。一般来说，信息的外部用户对整个组织的绩效感兴趣。因此，他们需要能够让他们观察一段时间的绩效趋势并在不同组织之间进行比较的信息。

鉴于这些需求的性质，所有组织必须以外部用户普遍接受和理解的方式准备和提供财务报告信息。

8.1.4　具有同质信息需求的成熟用户

由于外部用户群体庞大，他们的个人信息需求可能会有所不同，因此财务报告针对的是一般受众。它是基于这样一个命题准备的，即受众包括具有相对同质信息需求的**成熟用户**。换言之，假设财务报告的使用者理解所应用的惯例和会计原则，并且财务报告具有有用的信息内容。

8.1.5　财务报告流程

财务报告是从交易循环开始的整个会计流程的最后一步。图 8-4 显示了与其他信息子系统相关的财务报告系统。下一节将简要讨论图中所示的步骤和编号。

该过程从新财政年度开始时的一张白纸开始。只有资产负债表（永久）账户从上一年结转。从这一点开始，将发生以下步骤：

（1）记录交易。在每个交易循环内，交易记录在相应的交易文件中。

（2）记录在特种日记账上。每笔交易都录入特种日记账。经常发生的交易类别（如销售）记录在特种日记账中，那些不经常发生的记录记在普通日记账中或直接记录在日记账凭证上。

（3）过账到明细账。每笔交易的详细信息都过账到受影响的明细账。

（4）过账到总账。定期编制日记账凭证，汇总特种日记账和明细账的分录，并将其过账到总账账户。对总账的更新频率将取决于系统集成的程度。

（5）准备未经调整的试算表。在会计期结束时，总账中每个账户的期末余额都放在工作表中，并对其进行总体评估以确保借方与贷方相等。

（6）调整分录。进行分录调整以更正错误并反映期间未记录的交易，如折旧。

（7）记录并将调整分录过账。为调整分录准备日记账凭证并将其过账到总账中的相应账户。

（8）准备调整后的试算表。根据调整后的余额，准备一个试算表，其中包含应在财务报告中反映的所有分录。

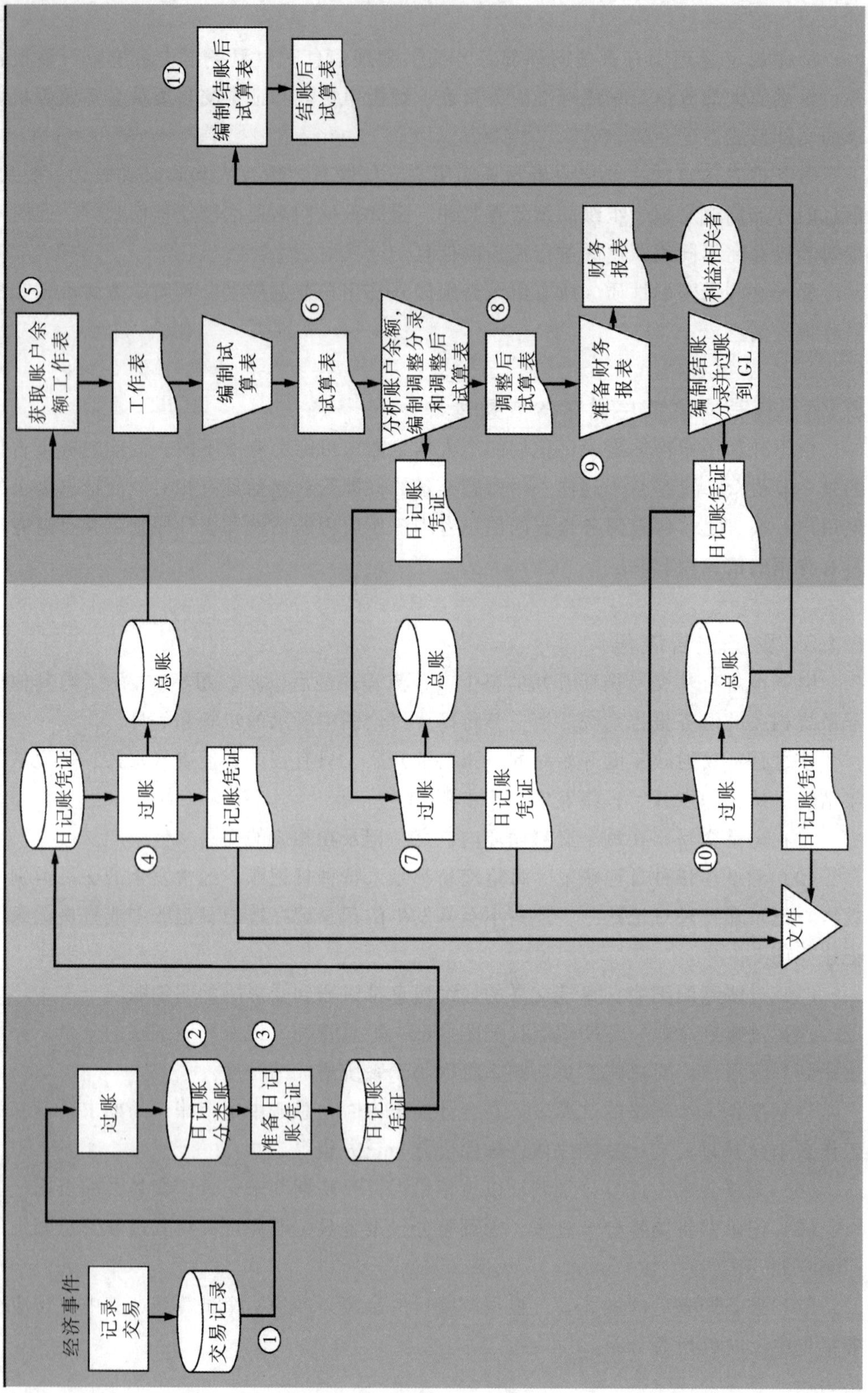
TPS，日常程序
GLS，定期（每小时、每日等）
FRS，期末
经济事件
记录交易
交易记录
①
过账
日记账分类账
②
准备日记账凭证
③
日记账凭证
日记账凭证
过账
④
日记账凭证
总账
获取账户余额工作表
⑤
工作表
编制试算表
试算表
⑥
分析账户余额，编制调整分录和调整后试算表
日记账凭证
过账
⑦
日记账凭证
总账
调整后试算表
⑧
准备财务报表
⑨
财务报表
利益相关者
编制结账分录并过账到GL
日记账凭证
过账
⑩
日记账凭证
总账
文件
编制结账后试算表
⑪
结账后试算表

图8-4 财务报告流程

（9）编制财务报表。资产负债表、损益表和现金流量表使用调整后的试算表编制。

（10）记录并过账。日记账凭证是为关闭损益表（临时）账户并将收入或损失转移到留存收益而准备的。最后，将这些分录过账到总账账户。

（11）准备结账后的试算表。现在可以准备一个仅包含资产负债表的试算表，以显示结转至下一个会计期间的余额。

在大多数组织中，财务报告的定期性质使其使用批处理程序，如图 8-4 所示。对于具有多个收入和费用交易流的大型组织来说，通常是这种情况，这些交易需要在过账到总账之前进行调整。然而，许多组织已转向实时总账或财务报告系统，可在短时间内生成财务报表。图 8-5 显示了实时总账或财务报告系统的流程图。该系统的一个显著特点是日记账凭证的角色发生了变化。在批处理总账系统中，交易处理应用程序在日记账凭证中汇总和记录被保存、审核并随后过账到总账的交易。在此类系统中，日记账凭证是所有总账过账的权威和来源。相比之下，实时总账系统将每笔交易直接过到总账并同时创建日记账凭证。该系统中的日记账凭证并不具有批准传统意义上的总账分录功能。相反，它提供过账参考和审计线索，将总账汇总账户余额与特定交易联系起来。

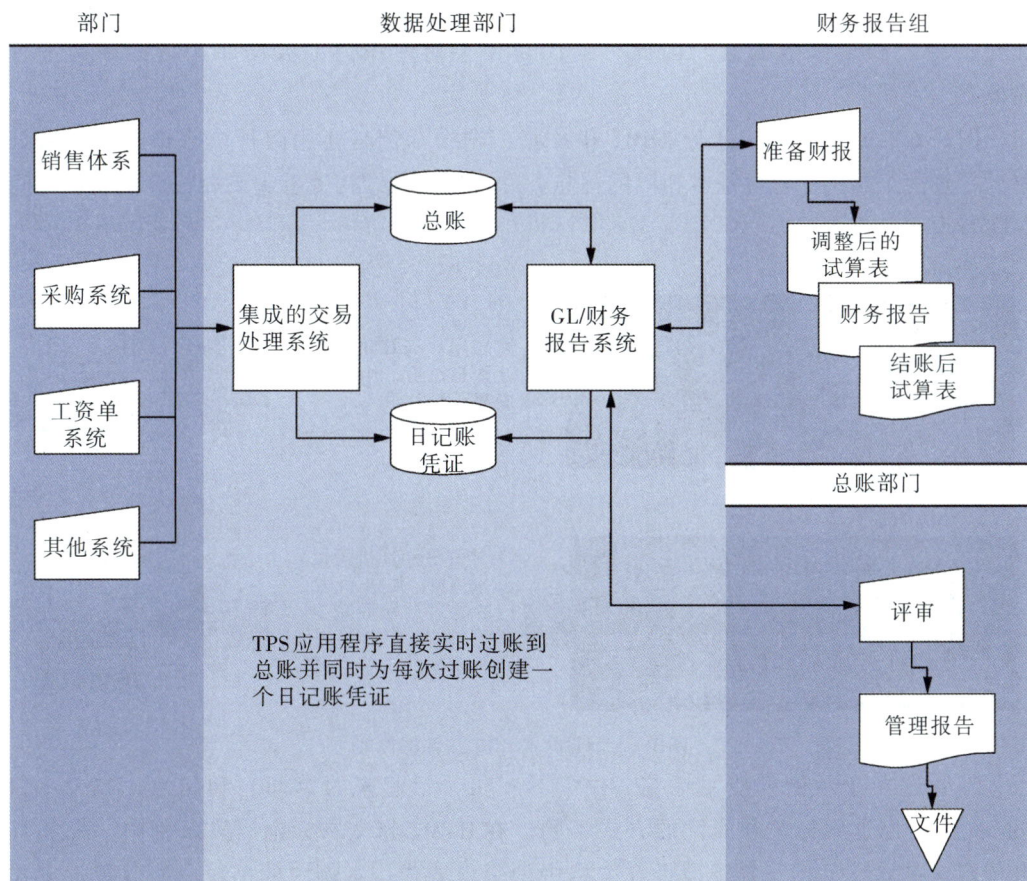

图 8-5 实时总账和财务报告系统

8.2 XBRL——重新设计财务报告

在线报告的财务数据已成为上市公司体现竞争力的必需品。近年来，组织通过将其财务报表和其他财务报告作为超文本标记语言（Hyper Text Markup Language，HTML）文档放在各自的网站上来实现这一点。然后，证券交易委员会、金融分析师和其他相关方等用户可以下载这些文件。然而，HTML报告并不能通过 IT 自动化方便地处理。对报告中包含的数据进行任何分析都需要将它们手动输入用户的信息系统中。

这个问题的解决方案在**可扩展业务报告语言**（extensible Business Reporting Language，XBRL）中找到，它是专门为业务报告和信息交换设计的网络标准。XBRL的目标是促进财务和商业信息的发布、交换和处理，是另一种被称为**可扩展标记语言**（extensible Markup Language，XML）的网络标准的衍生物。

8.2.1 XML

XML是一种用于描述标记语言的元语言。*可扩展*一词意味着可以使用XML创建任何标记语言。这包括创建能够以关系形式存储数据的标记语言，其中标记（或格式化命令）映射到数据值。因此，XML可用于对组织内部数据库的数据结构进行建模。

图 8-6 中的示例用于区分 XBRL 和 XML，图中示例是使用两种语言格式的书店订单。尽管两个示例中包含基本相同的信息，并且它们在结构上看起来相似，但它们之间存在着重要差异。

部分HTML图书订单

```
<H1>Book Order</H1>
<BOLD>Understanding XML</BOLD>
<H2>Doe, John</H2>
<ITALIC>1</ITALIC>
<BOLD>9.95</BOLD>
<H2>Standard UPS </H2>
```

终端用户计算机不能处理HTML，并且只能显示该格式

部分XML图书订单

```
<ORDERTYPE>Book Order</ORDERTYPE>
<TITLE>Understanding XML</TITLE>
<AUTHOR>Doe, John</AUTHOR>
<QUANTITY>1</QUANTITY>
<PRICE>9.95</PRICE>
<SHIPPING>Standard UPS </SHIPPING>
```

终端用户计算机可以识别 XML 并进行相应的处理，从而减少了当前在 Web 服务器上占据的一些空间

图8-6 HTML和XML文件的比较

尽管这两个示例都使用标签（由符号< 和 >括起来的单词）和属性，如 Doe 和 John，但使用这些标签和属性的方式不同。在 HTML 超文本标记语言示例中，标签具有预定义的含义，用于描述属性在文档中的呈现方式。本例中的书单只能以视觉方式查看（类似于传真），必须进入书店的订单录入系统进行手动处理。在用 XML 编写的订单中，标签则是为用户定制的，用户的应用程序可以读取和解释标记的数据。因

此，以 XML 编写的书店订单程序以关系形式呈现订单属性，可以自动导入书商的内部数据库。

8.2.2　XBRL

认识到 XML 的潜在好处，美国注册会计师协会鼓励研究创建一种针对会计的标记语言。XBRL 是一种基于可扩展标记语言的语言，它将为财经界提供一种用于准备、发布和自动交换财务信息（包括上市公司的财务报告）的标准化方法。

图 8-7 概述了 XBRL 报告流程，其关键要素将在以下部分中讨论。

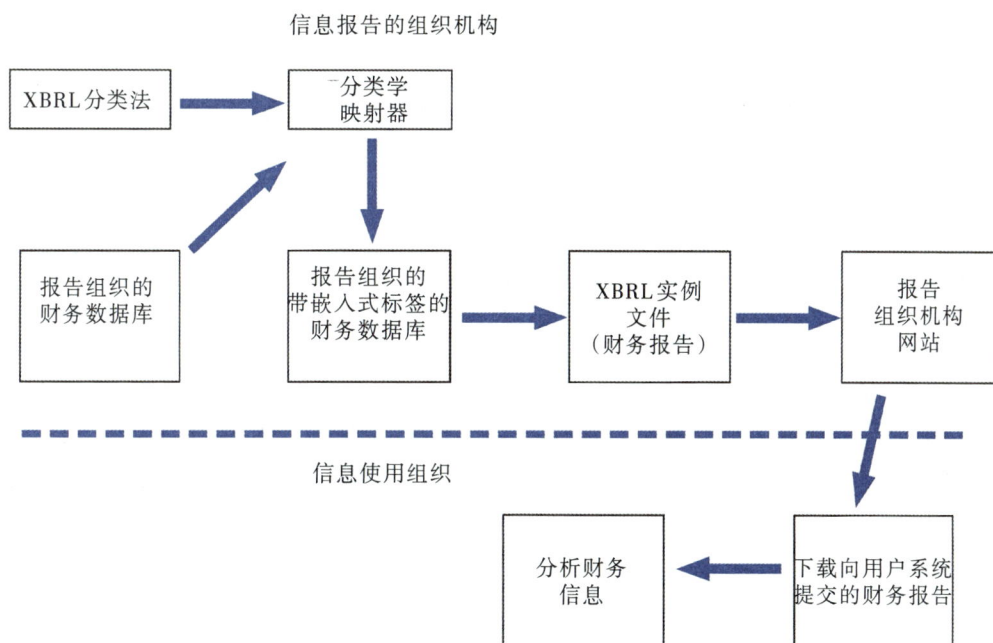

图 8-7　XBRL 报告流程的概述

该过程的第一步是选择**可扩展业务报告语言分类标准**。分类标准符合 XBRL 说明的分类方案，用于完成特定的信息交换或报告目标，如向证券交易委员会提交文件。从本质上讲，XBRL 分类指定了要包含在交换或报告中的数据。XBRL 标准委员会创建了多种分类标准以供广泛使用。图 8-8 到图 8-11 中的插图用于商业和工业公司财务报告的 XBRL 分类标准，称为 CI 分类标准。

下一步是报告组织总账中的每个账户都可交叉引用适当的 XBRL 分类元素（标签）。假设图 8-8 展示了公司内部数据库的一部分。此快照显示了各种总账账户及其总账账户值。目前，这些数据是根据报告公司的内部需求和惯例进行组织和标记的。为了使数据对外部人员有用并与其他公司进行比较，需要以所有 XBRL 用户普遍接受的方式组织、标记和报告这些数据。这涉及将组织的内部数据映射到 XBRL 分类元素。

FullAccount	TrialBalanceDate	Amount	AccountDescription
000-1100-00	5/31/20xx	$608,637.31	Cash - Operating Account
000-1101-00	5/31/20xx	$8,957.84	Cash in Bank - Canada
000-1102-00	5/31/20xx	$18,302.17	Cash in Bank - Australia
000-1103-00	5/31/20xx	$6,007.94	Cash in Bank - New Zealand
000-1104-00	5/31/20xx	$7,909.80	Cash in Bank - Germany
000-1105-00	5/31/20xx	$12,697.77	Cash in Bank - United Kingdom
000-1106-00	5/31/20xx	$7,501.90	Cash in Bank - South Africa
000-1107-00	5/31/20xx	$6,963.24	Cash in Bank - Singapore
000-1110-00	5/31/20xx	$139,080.67	Cash - Payroll
000-1120-00	5/31/20xx	$345.32	Cash - Flex Benefits Program
000-1130-00	5/31/20xx	$319.54	Petty Cash
000-1140-00	5/31/20xx	$16,316.12	Savings
000-1200-00	5/31/20xx	$1,740,867.12	Accounts Receivable
000-1205-00	5/31/20xx	$3,871.03	Sales Discounts Available
000-1210-00	5/31/20xx	($45,963.30)	Allowance for Doubtful Accounts
000-1220-01	5/31/20xx	$22,500.00	Credit Card Receivable-American Express
000-1230-00	5/31/20xx	$250.00	Interest Receivable
000-1240-00	5/31/20xx	$5,000.00	Notes Receivable
000-1260-00	5/31/20xx	$250.00	Employee Advances
000-1271-00	5/31/20xx	$26,757.58	Accounts Receivable - Canada
000-1272-00	5/31/20xx	$11,164.46	Accounts Receivables - Australia
000-1273-00	5/31/20xx	$9,381.79	Accounts Receivable - New Zealand
000-1274-00	5/31/20xx	$2,716.40	Accounts Receivable - Germany

Record: 1 of 231

图8-8　公司内部数据库

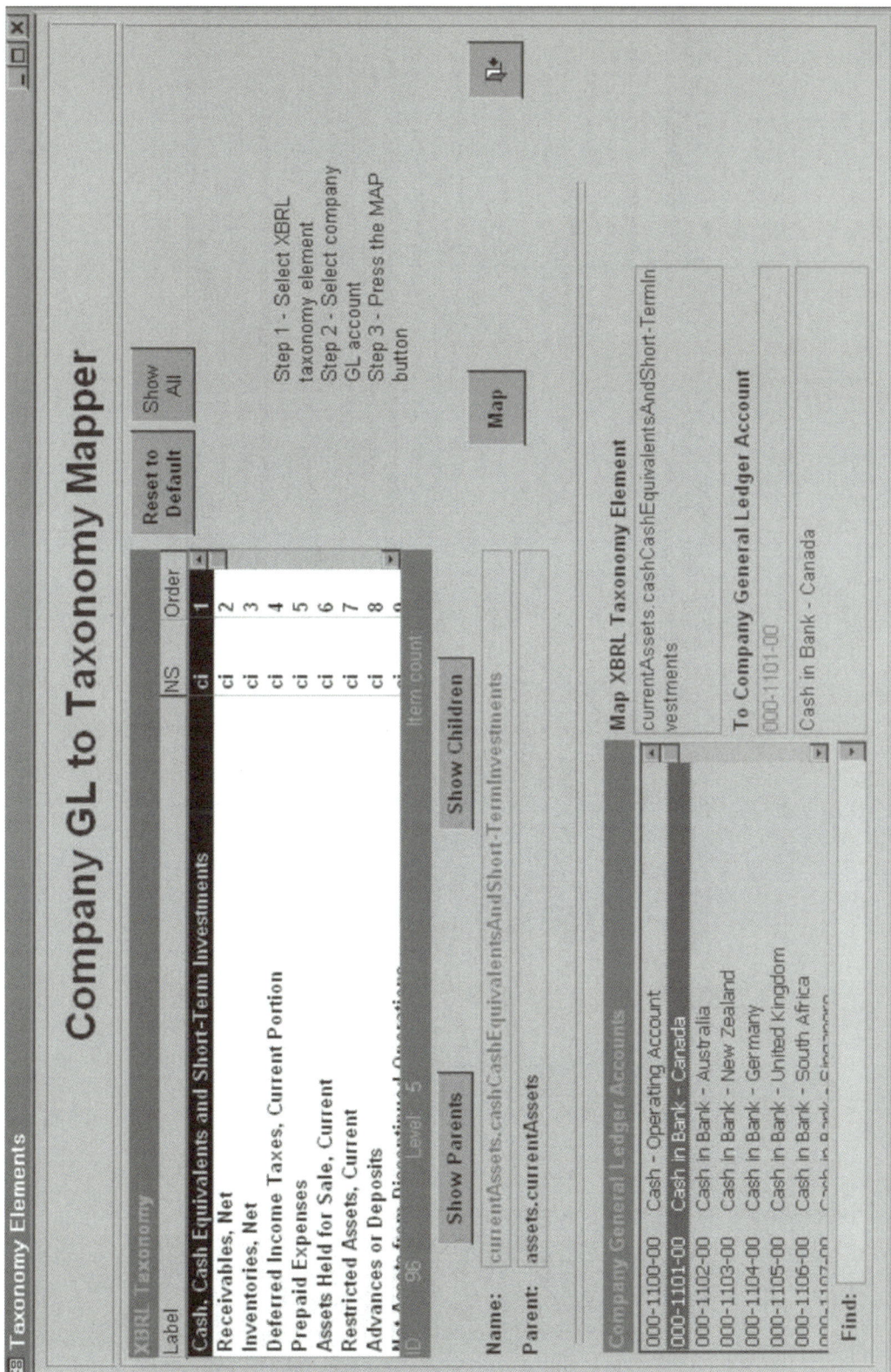

图8-9　总账到分类映射器图

FullAccount	TrialBalanceDate	Amount	AccountDescription	TaxonomyElement
000-1100-00	5/31/20xx	$608,637.31	Cash - Operating Account	cashAndCashEquivalents.cash
000-1101-00	5/31/20xx	$8,957.84	Cash in Bank - Canada	currentAssets.cashCashEquivalentsAndShortTermInvestments
000-1102-00	5/31/20xx	$18,302.17	Cash in Bank - Australia	currentAssets.cashCashEquivalentsAndShortTermInvestments
000-1103-00	5/31/20xx	$6,007.94	Cash in Bank - New Zealand	currentAssets.cashCashEquivalentsAndShortTermInvestments
000-1104-00	5/31/20xx	$7,909.80	Cash in Bank - Germany	currentAssets.cashCashEquivalentsAndShortTermInvestments
000-1105-00	5/31/20xx	$12,697.77	Cash in Bank - United Kingdom	currentAssets.cashCashEquivalentsAndShortTermInvestments
000-1106-00	5/31/20xx	$7,501.90	Cash in Bank - South Africa	currentAssets.cashCashEquivalentsAndShortTermInvestments
000-1107-00	5/31/20xx	$6,963.24	Cash in Bank - Singapore	currentAssets.cashCashEquivalentsAndShortTermInvestments
000-1110-00	5/31/20xx	$139,080.67	Cash - Payroll	currentAssets.cashCashEquivalentsAndShortTermInvestments
000-1120-00	5/31/20xx	$345.32	Cash - Flex Benefits Program	currentAssets.cashCashEquivalentsAndShortTermInvestments
000-1130-00	5/31/20xx	$319.54	Petty Cash	currentAssets.cashCashEquivalentsAndShortTermInvestments
000-1140-00	5/31/20xx	$16,316.12	Savings	currentAssets.cashCashEquivalentsAndShortTermInvestments
000-1200-00	5/31/20xx	$1,740,867.12	Accounts Receivable	accountsReceivableTradeNet.accountsReceivableTradeGross
000-1205-00	5/31/20xx	$3,871.03	Sales Discounts Available	accountsReceivableTradeNet.allowanceForDoubtfulAccounts
000-1210-00	5/31/20xx	($45,963.30)	Allowance for Doubtful Accounts	accountsReceivableTradeNet.allowanceForDoubtfulAccounts
000-1220-01	5/31/20xx	$22,500.00	Credit Card Receivable-American Express	accountsReceivableTradeNet.allowanceForDoubtfulAccounts
000-1230-00	5/31/20xx	$250.00	Interest Receivable	receivablesNet.otherReceivablesNet
000-1240-00	5/31/20xx	$5,000.00	Notes Receivable	receivablesNet.notesReceivableNet
000-1260-00	5/31/20xx	$250.00	Employee Advances	relatedPartyReceivablesNet.employeeReceivablesNet
000-1271-00	5/31/20xx	$26,757.58	Accounts Receivable - Canada	currentAssets.receivablesNet
000-1272-00	5/31/20xx	$11,164.46	Accounts Receivables - Australia	currentAssets.receivablesNet

图8–10 带有XBRL标签的数据库结构

```
http://www.xbrlsolutions.com/Public/Demos/FinancialHighlights/Template.xml - Microsoft Internet Explorer

File   Edit   View   Favorites   Tools   Help

Address  http://www.xbrlsolutions.com/Public/Demos/FinancialHighlights/Template.xml

<?xml version="1.0" encoding="utf-8" ?>
<!-- Created: 10/22/00 6:04:33 PM -->
<!-- By: CharlesHoffman@xbrlsolutions.com -->
<group xmlns:ci="http://www.xbrl.org/core/xbrl-2000-07-31"
xmlns:ci="http://www.xbrl.org/us/gaap/ci/2000-07-31"
entity="FauxCom, Inc. and Subsidiaries"
schemaLocation="http://www.xbrl.org/us/gaap/ci/2000-07-31" ID="Demo"
http://www.xbrl.org/us/gaap/ci/2000-07-31/us-gaap-ci-2000-07-31.xsd"
scaleFactor="0" precision="9" type="ci:statements" unit="ISO4217:USD"
decimalPattern="#.#" formatName="">
<!-- SECTION:  Financial Highlights -->
<group type="ci:statements.financialHighlights">
- <group type="ci:financialHighlights.balanceSheetHighlights">
 - <group type="ci:assets.currentAssets">
   <label href="xpointer(..)" xml:lang="en">Current Assets</label>
   <item period="2000-12-31">100000</item>
   <item period="1999-12-31">100001</item>
   <item period="1998-12-31">100002</item>
   <item period="1997-12-31">100003</item>
   <item period="1996-12-31">100004</item>
  </group>
 - <group type="ci:balanceSheet.assets">
   <label href="xpointer(..)" xml:lang="en">Total Assets</label>
```

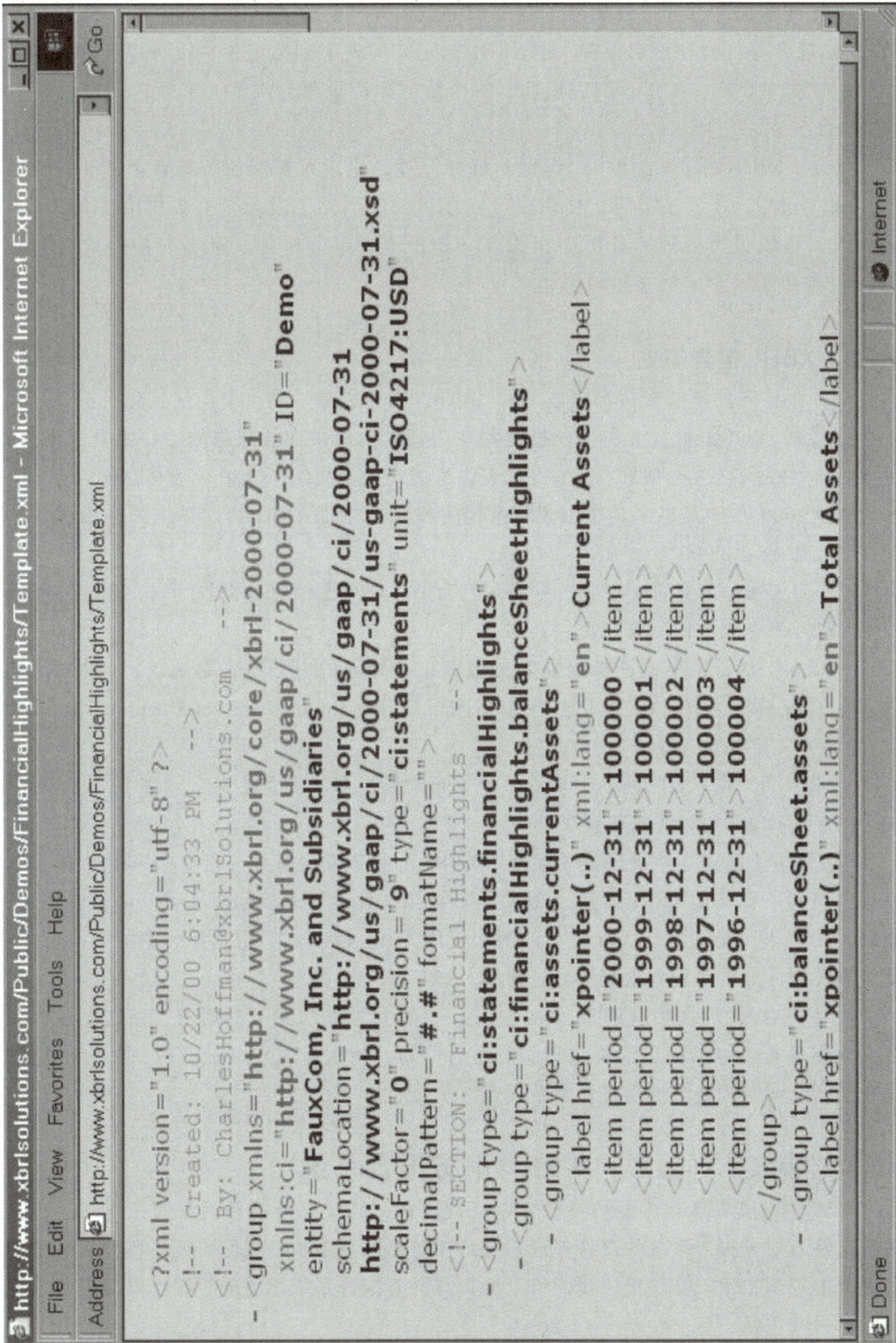

图8-11　XBRL实例文档

映射过程是通过分类映射器工具完成的，图8-9描绘了一个示例。请注意标记为"现金、现金等价物和短期投资"的XBRL标记如何映射到标记为"银行现金——加拿大"的数据库账户。映射过程完成后，每个数据库记录都会收到一个标签，如图8-10中的分类元素字段所示。

从这个新的数据库结构中，识别和解释标签，生成**可扩展业务报告语言实例文档**（实际财务报告）。这些实例文档现在可以在组织的网站上发布，并提供给将XBRL文档导入其系统进行处理和分析的相关方（如投资者、分析师、证券交易委员会等）。图8-11给出了一个实例文档的示例。

8.2.3　XBRL报告简史

财务报告界的所有成员都应该了解XBRL，因为它是一种重要的信息交换技术。在不久的将来，XBRL可能会成为向投资者和监管机构提供商业报告的主要工具。最近，世界各国都在研究这一课题，并取得了重大进展。此处总结了其中一些发展：

• 自2005年10月以来，美国银行业监管机构要求以XBRL提交季度"催缴报告"。这一要求影响了8 000多家银行。

• 2005年4月，美国证券交易委员会启动了一项自愿性财务报告计划，允许注册人使用XBRL来补充他们所需的文件。

• 2006年9月，美国证券交易委员会宣布了其新的电子报告系统以接收XBRL文件。新系统被称为IDEA，是交互式数据电子应用（Interactive Data Electronic Application）的英文首字母缩写。

• 2008年5月，美国证券交易委员会发布规则，要求大型上市公司在12月15日之前采用XBRL以满足财务报告要求。

• 在国际上已经发生鼓励或要求使用XBRL的类似发展事件。自2003年初以来，东京证券交易所已接受XBRL信息。2007年，加拿大证券管理机构建立了一项自愿计划，以帮助加拿大市场获得有关准备、归档和使用XBRL信息的实用知识。中国、西班牙、荷兰和英国的监管机构要求某些公司使用XBRL。

此外，XBRL的使用有助于满足《萨班斯-奥克斯利法案》的要求，该法案是针对社会对财务报告标准的广泛关注和质疑而通过的。特别是，XBRL支持根据《萨班斯-奥克斯利法案》的要求提前报告财务报表。

8.3　控制 GL（总账）/FRS（财务报告系统）

《萨班斯-奥克斯利法案》要求管理层设计和实施对财务报告流程的控制。这包括将数据输入财务报告系统的交易处理系统。在前面的章节中，我们研究了各种交易系统所必需的控制技术。在这里，我们将只检查与财务报告系统相关的控制。财务报告系统的潜在风险包括：

（1）有缺陷的审计线索。

（2）未经授权访问总账。

（3）总账与明细账金额不相等。

（4）由于未经授权或不正确的日记账凭证导致的总账账户余额不正确。

如果不加以控制，这些风险可能会导致财务报表和其他报告发生错误，从而误导这些信息使用者，潜在后果是诉讼、公司的重大财务损失以及《萨班斯-奥克斯利法案》规定的制裁。

8.3.1　COSO 控制问题

对总账或财务报告系统控制活动的讨论遵循 COSO 框架，你现在已经熟悉了。我们首先回顾相关的物理控制，然后简要检查 IT 应用控制。

8.3.1.1　交易授权

日记账凭证是授权总账分录的凭证。日记账凭证有许多来源，如现金收入处理、销售订单处理和财务报告。日记账凭证必须由来源部门的负责经理适当授权，这对会计记录的完整性至关重要。

8.3.1.2　职责分离

在前面的章节中，我们已经了解了总账如何为会计流程提供验证控制。为此，更新总账的任务必须与组织内的所有会计和资产保管职责分开。因此，有权访问总账账户的个人不应：

（1）对特种日记账或明细账负有记录保存责任

（2）准备日记账凭证

（2）保管实物资产

请注意，在图 8-5 中，交易被授权、处理并直接过账到总账。为了弥补这种潜在风险造成的错误，系统应向最终用户和总账部门提供日记账凭证和账户活动报告的详细列表。这些文件建议用户系统采取自动操作，以便可以识别需要调查的错误和异常事件。

8.3.1.3　访问控制

未经授权访问总账账户可能会导致财务报表出现错误、欺诈和虚假陈述。《萨班斯-奥克斯利法案》通过要求组织实施将数据库访问权限限制为仅授权个人的控制措施，明确消除了这一领域的风险。第 15 章介绍了一些为实现此目的而设计的 IT 一般控制。

8.3.1.4　会计记录

审计跟踪记录了交易通过交易处理的输入、处理和输出阶段所经历的路径。这涉及一个文档、日记账和分类账网络，旨在确保可以通过系统准确跟踪从开始到最终处置的交易。当数据文件按逻辑组织时，审计跟踪有助于防止错误和纠正错误。此外，构成审计跟踪的总账和其他文件应该足够详细和丰富，如：（1）提供回答查询的能力，如来自客户或供应商的查询；（2）在文件被完全破坏或部分破坏时能够重建；（3）提供审计人员要求的历史数据；（4）履行政府规定；（5）提供防止错误、检测错误和纠正错误的方法。

8.3.1.5　独立验证

前几章将总账账户功能描述为会计信息系统中的独立验证步骤。财务报告系统生成两份运营报告——日记账凭证列表和总账变更报告——来证明该流程的准确性。**日记账凭证列表**提供了有关过账到总账账户的每个日记账凭证的相关详细信息。**总账变更报告**显示日记账凭证过账到总账账户产生的影响。图 8-12 和图 8-13 展示了这些报告的示例。

日期	日记账凭证编号	描述	账号	借方	信用证
6/26/xx	JV6 - 01	Cash receipts	10100 20100 10600 10900	$109,000	$50,000 $44,000 $15,000
6/26/xx	JV6 - 02	Credit sales	20100 50200	$505,000	$505,000
6/26/xx	JV6 - 03	Inventory usage	30300 17100	$410,000	$410,000
•	•	•	•	•	•
•	•	•	•	•	•
•	•	•	•	•	•
6/26/xx	JV - 12	Cash disbursements	90310 10100	$102,100	$102,100
				$6,230,000	$6,230,000

图8-12　日记账凭证列表

日期	访问	描述	日记账凭证编号	均衡	借方	贷方	净变化	期末余额
6/26/xx	10100	现金收入	JV6 - 01 JV6 - 12	$1,902,300	$109,000	$102,100	$6,900	$1,909,200
6/26/xx	20100	现金收入 赊销	JV6 - 01 JV6 - 02	$2,505,600	$505,000	$50,000	$455,000	$2,960,600
•	•	•	•	•	•	•	•	•
•	•	•	•	•	•	•	•	•
•	•	•	•	•	•	•	•	•
6/26/xx 6/26/xx	90310 17100	现金支付 专利使用	JV6 - 12 JV6 - 03	$703,500 $1,600,500	$102,100	$410,000	$102,100 $410,000	$805,600 $2,010,500

Control Totals:	借方	贷方
期初金额	$23,789,300	$23,789,300
净变化	$6,230,000	$6,230,000
当前余额	$30,019,300	$30,019,300

图8-13　总账变更报告

8.3.1.6　IT 应用程序控件

前面章节中介绍的 IT 应用程序控件也适用于总账账户或财务报告系统。以编辑和校验位形式输入的控件可确保进入总账的数据（日记账凭证）不会出现可能损坏总账账户的数据输入错误。处理控件（如错误消息、密码和多级安全性）在总账账户系统中的目标与交易处理应用程序中的目标相同。同样，需要实施输出控件以确保财务报告系统生成的财务报表和其他管理报告达到其预期目的。

然而，与自动直接过账到总账账户相关的处理控件问题是总账账户或财务报告系统特有的，值得进一步讨论。向总账账户的实时交易过账绕过了传统的人工对账和日记账凭证的审查。这种方法有一些好处，但也将风险引入了财务报告流程。通过消除总账账户过账活动中的人为因素，可以减少某些错误的可能性并提高操作效率。风险在于应用程序可能出现逻辑错误，这些错误会以错误的金额和（或）错误的账户将交易错误地过账到总账账户。此类错误将是系统性的（不像人为错误那样孤立），并且可能对财务报告系统产生广泛而毁灭性的影响。通过有效的系统开发和程序更改步骤确保应用程序的完整性对于降低这种风险至关重要，这也是第 16 章的主题。

8.3.2　XBRL 的内部控制影响

尽管 XBRL 和相关网络技术的潜在好处已被广泛研究，但对使用 XBRL 的潜在控制影响却很少受到关注。这里讨论三个具体的关注领域。

8.3.2.1　分类标准创建

分类标准可能会不正确地生成，导致数据和分类标准元素之间的映射不正确，从而可能导致财务数据的重大误报。必须设计并实施控制以确保正确生成 XBRL 分类标准。

8.3.2.2　分类映射错误

将内部数据库账户映射到分类标签这一过程需要被施加控制。正确生成的 XBRL 标签可能会错误地分配给内部数据库账户，从而导致财务数据出现重大误报。

8.3.2.3　实例文档的验证

如前所述，一旦映射完成并且标签已存储在内部数据库中，就可以生成 XBRL 实例文档（报告）。需要建立独立的验证程序来验证实例文档，以确保在发布到 Web 服务器之前应用了适当的分类和标签。

8.4　管理报告系统

管理报告通常被称为酌情报告，因为它不是强制性的，财务报告也是如此。然而，人们可能会对*酌情*一词提出异议，并认为有效的管理报告系统是由《萨班斯-奥克斯利法案》规定的，该立法要求所有上市公司监控和报告财务报告内部控制的有效性。事实上，管理报告长期以来一直被认为是组织内部控制结构的关键要素。及时引导管理层关注问题的管理报告系统可促进有效管理，从而支持组织的业务目标。

8.4.1 影响管理报告系统的因素

设计一个有效的管理报告系统需要了解管理者处理他们面临的问题所需的信息。本节研究了几个主题，通过这些主题可以深入了解影响管理信息需求的因素。它们分别是管理原则，管理职能、级别和决策类型，问题结构。

8.4.1.1 管理原则

管理原则提供对管理信息需求的观察。最直接影响管理报告系统的原则是任务的形式化、责任和权力、控制范围和例外管理。

任务的正式化。任务的正式化原则表明，管理层应该围绕所执行的任务而不是围绕具有独特技能的个人来组建公司。根据这一原则，组织领域被细分为代表全职工作职位的任务。每个职位都必须有明确的职责范围。

任务正式化的目的是避免组织结构中组织的绩效、稳定性和持续存在取决于特定的个人。图8-14中的**组织结构图**显示了制造公司的一些典型职位。

尽管公司最宝贵的资源是其员工，但它并不拥有该资源。迟早，关键人物会离开并带走他们的技能。通过正式确定任务，公司可以更轻松地招聘人员来填补离职人员留下的空缺职位。此外，任务的正式化促进了内部控制。随着员工职责的正式化和明确化，管理层可以构建一个避免将不相容的任务分配给一个人的组织。

对MRS（管理报告系统）的影响

公司任务的正式化允许对支持任务所需的信息进行正式规范。因此，当发生人事变动时，新员工所需的信息与其前任员工基本相同。信息系统必须专注于任务，而不是执行任务的个人。否则，要求在任命每个新人担任该职位时重新评估信息要求。此外，通过根据任务定义的要求而不是用户的突发奇想或愿望来限制信息，从而内部控制得到了加强。

责任和权力。责任原则是指个人实现预期结果的义务。责任与权力原则密切相关。如果经理将责任委托给下属，他（她）还必须授予下属在该责任范围内做决定的**权力**。在商业组织中，经理通过组织层次结构从上级到下级向下委派责任和授予权力。

对MRS的影响

责任和权力原则定义了公司的垂直报告渠道，信息通过这些渠道流动。经理在报告渠道中的位置会影响报告信息的范围和细节。更高级别的经理通常需要更多的汇总信息，较低级别的经理会收到更详细的信息。在设计报告结构时，分析师必须考虑经理在报告渠道中的地位。

控制范围。管理者的**控制范围**是指其直接控制的下属人数。跨度的大小对组织的物理结构有影响。控制范围狭窄的公司，直接向经理汇报的下属较少。这些公司的结构往往又陡又窄，管理层有好几层。具有广泛控制范围的公司（更多的下属向每个经理报告）往往具有很宽的结构，管理层次更少。图8-15说明了控制范围和组织结构之间的关系。组织行为研究表明，更广泛的控制是可取的，因为它们允许员工在决策中拥有更多的自主权。这可能会转化为员工更高的士气和更大的动力。设置控制范围的一个重要考虑因素是任务的性质。任务越常规化和结构化，一位经理可以控制的下属就越多。因

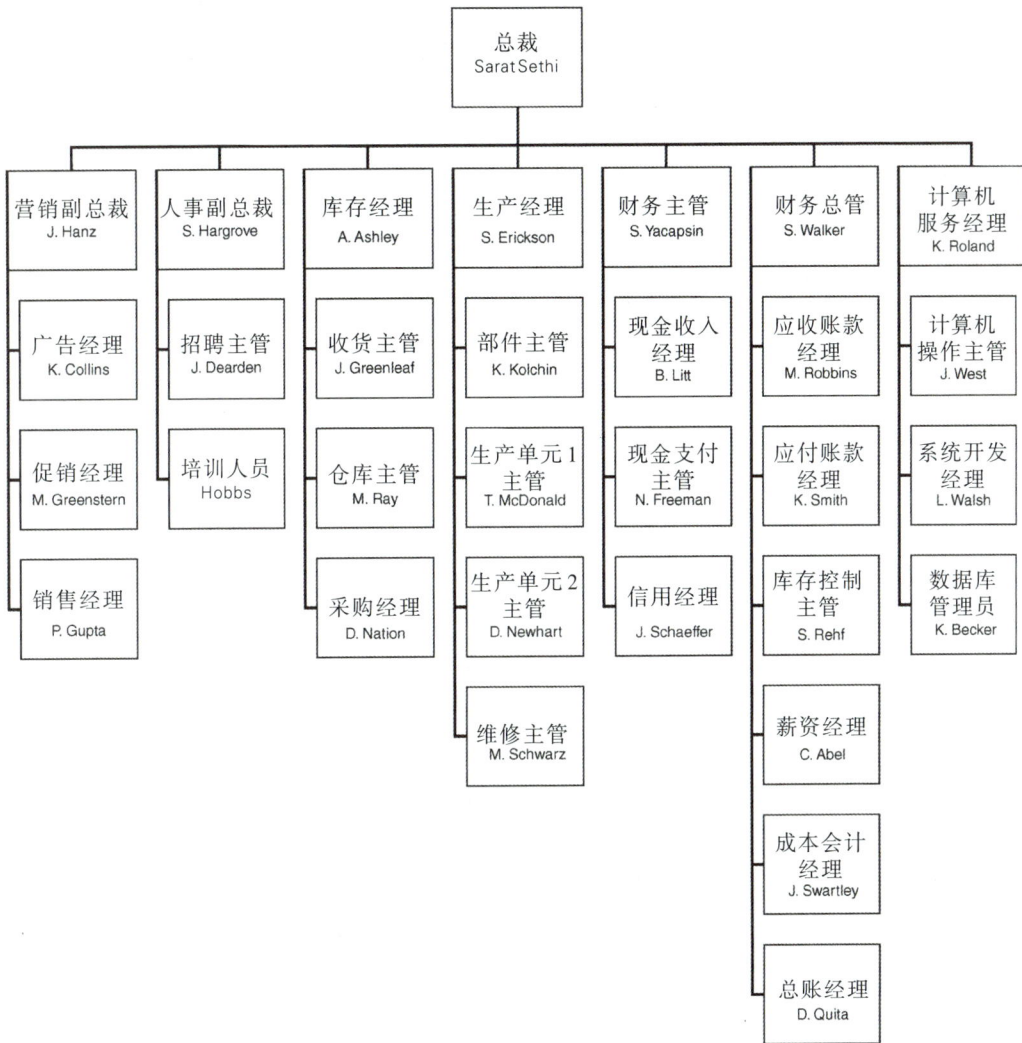

图 8-14　一家制造公司的组织结构图

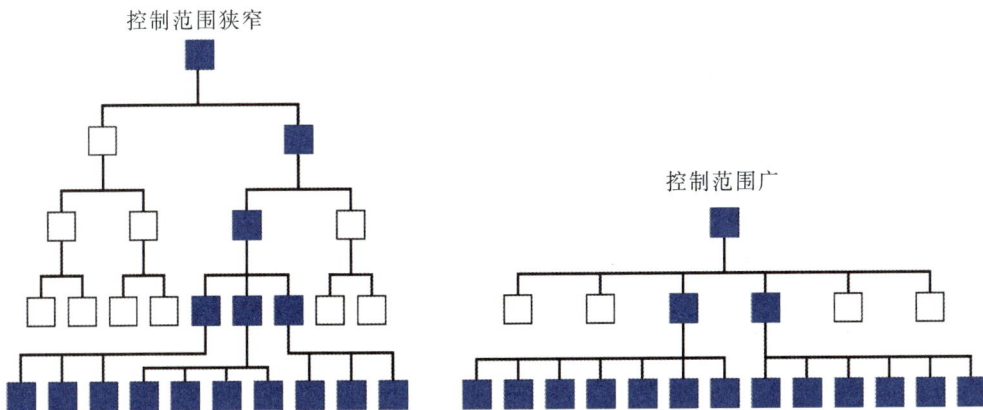

图 8-15　控制跨度对组织结构的影响

此，日常任务往往与广泛的控制范围相关联。较少结构化或高度技术性的任务通常需要管理人员大量参与与任务相关的问题。这种密切的互动缩小了经理的控制范围。

对 MRS 的影响

控制范围狭窄的管理人员密切参与运营的细节和具体决策。广泛的控制范围使经理从这些细节中脱离。经理将更多的决策权委托给下属。不同的管理方法需要不同的信息。控制范围狭窄的经理需要详细的报告；而具有广泛控制责任的管理人员使用汇总信息可更有效率地工作。

例外管理。**例外管理**原则建议管理者将注意力限制在潜在的问题领域（即例外），而不是参与每一项活动或决策。因此，管理人员可以保持控制，而不会被细节所淹没。

对 MRS 的影响

管理人员需要能够识别处于失控风险中的运营或资源的信息。报告应通过关注潜在问题症状中关键因素的变化来支持例外管理。不必要的细节可能会分散人们对重要事实的注意力，应排除在报告之外。例如，库存异常报告可用于识别周转速度较慢或比正常情况更频繁缺货的库存项目。管理层的注意力必须集中在这些例外管理上。大多数在正常水平范围内波动的库存项目不应包含在报告中。

8.4.1.2　管理功能、级别和决策类型

计划和控制的管理功能对管理报告系统有深远的影响。计划功能与对组织未来活动的决策有关。计划可以是长期的，也可以是短期的。长期规划通常包括1~5年的时间，但因行业而异。例如，公用事业公司可能会提前15年规划新电厂的建设，而计算机制造商仅在1年或2年的时间范围内规划新产品。长期规划涉及多种任务，包括设定公司的目标和目的、规划公司的增长和最佳规模，以及决定公司产品的多样化程度。

短期计划涉及实现长期计划目标所需的具体计划的**实施**。例如，计划新产品的营销和促销、准备当月的生产计划，以及为部门负责人提供未来3个月的预算目标。

控制功能确保公司的活动符合计划。这需要根据预定标准评估操作过程（或个人），并在必要时采取纠正措施。有效控制发生在当前时间范围内，并由反馈信息触发，该信息向经理提供有关受控操作状态的建议。

计划和控制决策通常分为四类：战略计划、战术计划、管理控制和运营控制。图 8-16将这些决策与管理层级联系起来。

战略规划决策。高层管理者制定的**战略规划决策**包括：

· 设定公司的目标。

· 确定业务活动的范围，如期望的市场份额、公司希望进入或放弃的市场、增加新产品线和终止旧产品线，以及并购决策。

· 确定或修改组织的结构。

· 设定管理理念。

战略规划决策具有以下特点：

· 具有长期的时间框架。因为它们处理的是未来信息，所以战略决策的管理者需要支持预测的信息。

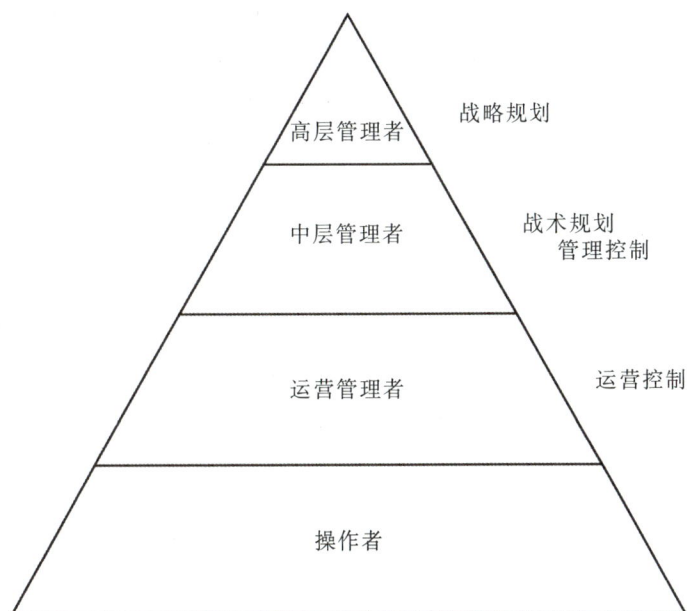

图8-16 管理层级和决策类型

- 它们需要高度概括的信息。战略决策侧重于总体趋势,而不是针对具体细节的活动。
- 它们往往是非经常性的。战略决策通常是一次性事件。因此,几乎没有历史信息可用于支持具体决定。
- 战略决策具有高度不确定性。决策者必须依靠洞察力和直觉。判断往往是决定成功与否的核心。
- 其范围很广,对公司有深远的影响。战略决策一旦作出,就会永久性地影响组织的各个层面。
- 战略决策需要外部和内部信息来源。

战术规划决策。**战术规划决策**从属于战略决策,由中层管理者制定(见图 8-16)。与战略决策相比,战术规划决策的决策期限更短、更具体,并反复出现,具有更多确定的结果,对公司的影响更小。例如,假设一家制造公司的总裁作出战略决策,销售额和产量比上一年增加 100 000 台。必须由此产生的一项战术决策是制订每月生产计划以实现战略目标。

管理控制决策。管理控制涉及激励所有职能领域的管理者尽可能高效地使用资源,包括材料、人员和金融资产。主管经理将他(她)的下属经理的绩效与预先制定的标准进行比较。如果下属不符合标准,主管将采取纠正措施。当下属达到或超出预期时,他(她)可能会得到奖励。

不确定性围绕着**管理控制决策**,因为很难将经理的绩效与他(她)的运营部门的绩效分开。我们经常缺乏说明管理控制标准的准则和衡量绩效的客观技术。例如,假设一家公司的高层管理人员让他们公司最有效率和最有能力的中层经理负责一个业绩不佳的业务部门。经理的任务是激活单位的运营,而这样做需要大量的资源投入。该部门将在一段时间内处于亏损状态，直到在市场上站稳脚跟。在短期内衡量这位经理的绩效可能很困难。传统的利润衡量标准，如投资回报率（衡量运营单位本身的业绩），并不能真正反映经理的业绩。我们将在本章后面更深入地研究这个主题。

运营控制决策。 运营控制确保公司按照预先制定的标准运营。图 8-16 显示了运营管理者行使运营控制权。**运营控制决策** 比战术决策更狭窄、更集中，因为它们与运营的日常任务有关。运营控制决策比管理控制决策更具结构化，比计划决策更依赖细节，并且比战术或战略决策具有更短的时间框架。运营控制决策具有相当大的确定性。换句话说，已识别的症状往往是根本问题的良好指标，而纠正措施往往是显而易见的。这种程度的确定性使为衡量绩效建立有意义的标准变得更加容易。运营控制决策具有三个基本要素：设定标准、评估绩效和采取纠正措施。

设定标准

标准是管理者认为可以达到的预先确定的绩效水平。标准适用于经营的各个方面，如销量、质量控制、生产过剩、库存项目的成本、产品生产中的材料使用以及生产中的劳动力成本。一旦建立，这些标准就成为评估绩效的基础。

评估绩效

决策者将相关操作的绩效与标准进行比较。两者之间的差额是**差异**。例如，库存项目的价格差异是预期价格（标准）与实际支付价格之间的差额。如果实际价格大于标准，则差异是不利的。如果实际价格低于标准，则差异是有利的。

采取纠正措施

将绩效与标准进行比较后，经理采取措施补救任何失控的情况。然而，回想一下第3章，我们在采取纠正措施时必须格外小心。对绩效衡量的不恰当响应可能会产生不良结果。例如，为了获得有利的价格差异，采购商可能会寻求低价的原材料供应商并牺牲质量。如果低质量的原材料由于高于正常水平的浪费而导致在生产中使用的数量过多，那么公司将经历不利的材料使用差异。不利的材料使用差异可能会完全抵消有利的价格差异，从而产生不利的总差异。

表 8-1 根据时间框架、范围、详细程度、重复性和确定性对战略规划、战术规划、管理控制和运营控制决策进行了分类。

表8-1　　　　　　　　　　　　根据决策特征对决策类型进行分类

决策	决策特征			
	战略规划	战术规划	管理控制	运营控制
时间框架	长期的	中期的	中期的	短期的
范围	高冲击	中等影响	最低影响	最低影响
详细程度	高度总结	详细说明	适度总结	非常详细
重复性	非经常性	定期重复	定期重复	频繁重复
确定性	不确定的	非常确定的	不确定的	非常确定的

8.4.1.3　问题结构

问题的结构反映了决策者对问题的理解程度。结构包含三个要素。[1]

---

[1]　F. L. Luconi, T. W. Malone, and M. S. Scott Morton, "Expert Systems: The Next Challenge for Managers," *Sloan Management Review* (Summer 1986). Reprinted in P. Gray, W. R. King, E. R. McLean, and H. J. Watson, *MOIS: Management of Information Systems* (Chicago: Dryden Press, 1989), 69–84.

（1）数据——用于表示与问题相关的因素的值。

（2）程序——用于解决问题的步骤顺序或决策规则。

（3）目标——决策者希望通过解决问题获得的结果。

当所有三个要素都确定时，问题是结构化的。工资计算是**结构化问题**的一个示例：

（1）我们可以确定地识别用于该计算的数据（工作时间、小时费率、税率等）。

（2）工资核算程序众所周知：

工资总额=工时×工资率

净工资=工资总额−税金−扣缴款项

（3）工资核算的目的是履行公司对员工的财务义务。

结构化问题不会向决策者呈报独特的情况，并且由于可以预期其信息需求，结构化问题非常适合传统的数据处理技术。实际上，说明程序和编码程序的设计者解决了这一问题。

非结构化问题。当前面确定的三个特征中的任何一个不确定时，问题就是非结构化的。换句话说，**非结构化问题**是我们没有掌握精确解决技术的问题。要么是数据要求不确定，要么没有指定程序，要么没有完全制定解决方案的目标。这样的问题通常很复杂，并且会使决策者陷入独特的境地。在这些情况下，系统分析师无法完全预测用户对信息的需求，从而导致传统数据处理技术无效。

图8-17说明了问题结构和组织层级之间的关系。从图中我们可以看出，较低级别的管理人员更多地处理完全结构化的问题，而高层管理人员则处理非结构化的问题。中层管理者倾向于处理部分结构化的问题。请记住，这些结构分类是概括性的。高层管理者也处理一些高度结构化的问题，而低层管理者有时会面临非结构化的问题。

图8-17还显示了不同管理层对信息系统的使用情况。传统的信息系统能最有效地处理完全结构化的问题。因此，运营管理和战术管理从这些系统中受益最大。

由于管理控制和战略规划决策缺乏结构，作出这些决策的管理者往往无法单独从传统系统中获得足够的支持。

8.4.2　管理报告的类型

报告是向管理者传达信息的正式工具。"报告"一词往往意味着在纸上呈现的书面信息。实际上，**管理报告**可能是显示在计算机终端上的打印文档或数字图像。报告可以由口头、数字、图形形式或这些形式的任意组合表达信息。

报告目标。第1章区分了信息和数据。回想一下，信息会引导用户采取行动。因此，为了有用，报告必须有**信息内容**。它们的价值在于它们对用户的影响，这体现在两个一般报告目标中：（1）降低与决策者面临的问题相关的不确定性水平；（2）以积极的方式影响决策者的行为。未能实现这些目标的报告缺乏信息内容，没有价值。事实上，依赖此类报告可能会导致行为异常（稍后讨论）。出于讨论的目的，本章将管理报告分为两大类：程序化报告和通过数据分析技术生成的临时报告。临时报告组稍后在数据分析和临时报告部分下定义。

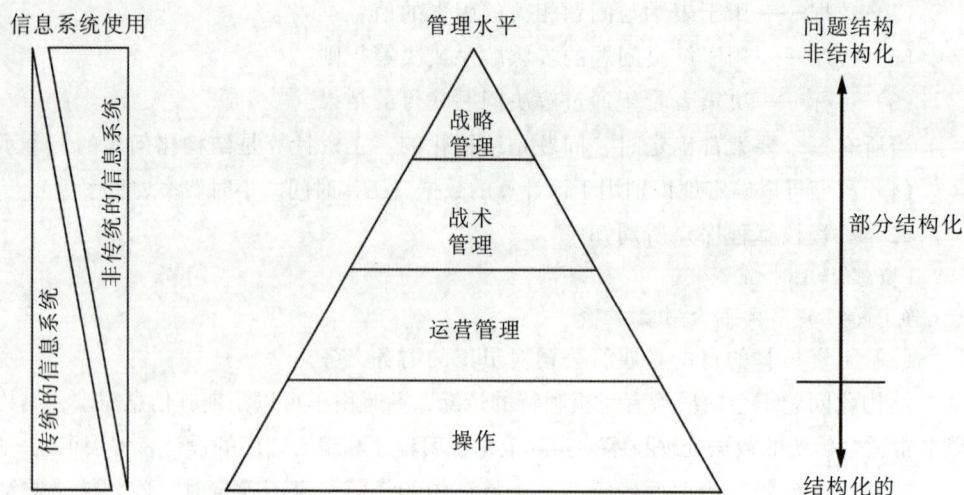

图8-17 问题结构——管理层级和信息系统的使用情况

程序化报告提供信息以解决用户预期的问题。程序化报告有两个子类：计划报告和按需报告。管理报告系统根据既定的时间范围生成**定时报告**。定时报告可以是每天、每周、每季度等。此类报告的示例包括每日销售清单、每周工资报告和年度财务报表。**按需报告**由事件触发，而不是由时间的流逝触发。例如，当库存下降到预先确定的再订货点时，系统会向采购代理发送一份库存再订货报告。另一个例子是应收账款经理通过电话回应客户问题。经理可以根据需要在计算机屏幕上显示客户的账户历史记录。

表 8-2 列出了典型的编程报告示例，并将它们标识为计划报告或按需报告。

报告属性。为了有效，报告必须具备以下属性：相关性、总结性、异常导向性、准确性、完整性、及时性和简洁性。

表8-2 程序化报告示例

报告类型	计划报告	按需报告
规划报告		
财务预算	×	
材料要求报告		×
销售预测报告	×	
生产计划		×
预计现金流量报告	×	
控制报告		
成本中心报告	×	
利润中心报告	×	
按产品线划分的盈利能力	×	
质量控制报告		×
劳动力分配报告	×	
库存异常报告		×
设备使用报告	×	

以下部分将讨论这些**报告属性**。

相关性

报告中的每个信息元素都必须支持经理的决定。不相关性会浪费资源，甚至可能会分散经理对报告信息内容的注意力，从而导致功能失调。

总结性

报告应根据组织层次结构中的经理级别进行总结。一般来说，随着信息从较低的管理层向上流向最高管理层，概括的程度会变得更大。

异常导向性

控制报告应识别有失控风险的活动，并应忽略受控的活动。例如，假设采购代理负责 10 000 种不同物品的库存项目订购。如果代理收到包含每个项目的实际余额的每日报告，他（她）将搜索 10 000 个项目以确定需要重新订购的一些项目。面对异常的报告，代理将仅识别那些已降至再订购水平的库存项目。从这份报告中，代理可以轻松地准备采购订单。

准确性

报告中的信息必须没有重大错误。重大错误将导致用户作出错误的决定（或未能作出必要的决定）。我们经常为了信息的及时性而牺牲准确性。在需要快速响应的情况下，经理必须将这种权衡因素纳入**决策制定过程**。

完整性

信息必须尽可能完整。在理想情况下，报告中不应遗漏任何对决策至关重要的信息。就像准确性的属性一样，我们有时必须牺牲完整性来支持信息的及时性。

及时性

如果管理者能够获得全部的信息，他们可能永远不会作出错误的决定。然而，管理者不能总是等到掌握了所有的事实之后才采取行动。足够完整和准确的及时信息比来不及使用的完美信息更有价值。因此，管理报告系统必须为管理者提供及时的信息。通常，信息不能早于它所属的时期。例如，如果经理每周根据每周库存状态报告决定库存采购，则报告中的信息应不超过一周。

简洁性

报告中的信息应尽可能简明扼要。报告应使用编码方案来表示复杂的数据分类，并为用户提供所有必要的计算（例如，延长期和差异）。此外，信息应清楚地显示所有值的标题。

8.4.3　责任会计

管理报告的很大一部分涉及**责任会计**。这个概念意味着影响组织的每一个经济事件都是由单个经理负责的，并且可以追溯到单个经理。责任会计系统通过告知经理"这是你的原始预算，这就是你在该期间的绩效与预算的比较情况"，从而使绩效个性化。大多数组织围绕公司的责任领域构建其责任报告系统。这个概念的一个基本原则是责任区域经理只对他们控制的项目（成本、收入和投资）负责。

责任制会计系统的信息流通过信息渠道时既是向下的又是向上的。图 8-18 说明了这种模式。这些自上而下和自下而上的信息流代表了责任会计的两个阶段：（1）创建一组与经理职责相关的财务绩效目标（预算）；（2）衡量绩效并报告绩效，从而与这些目标相比较。

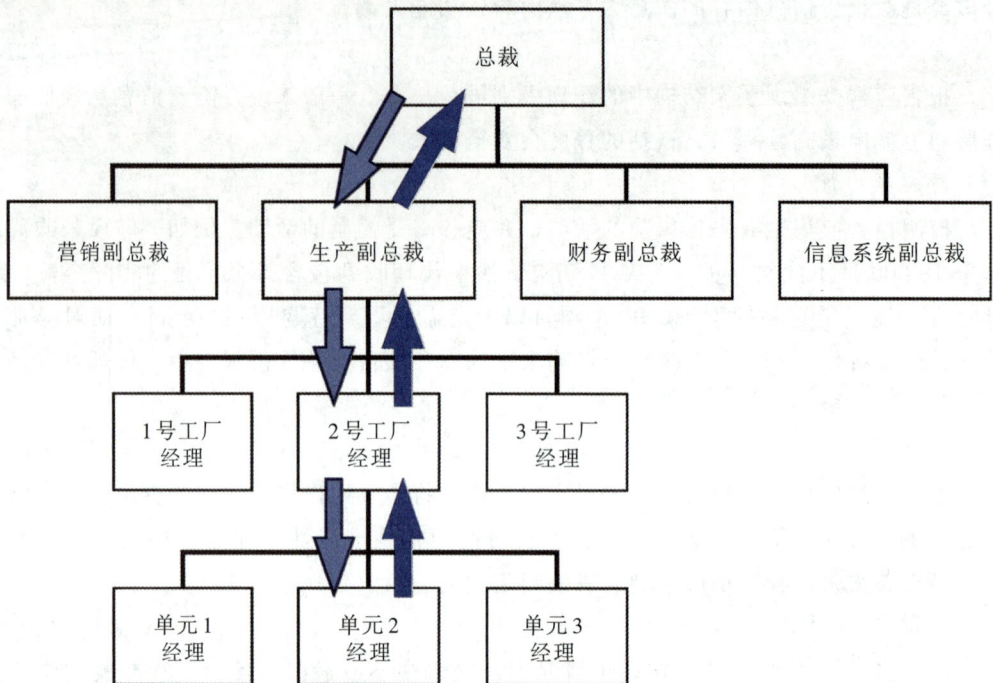

图8-18　信息的上下流动

创建财务目标：预算过程。**预算**过程通过为每个组织部门建立可衡量的目标来帮助管理层达成其财务目标。这种机制向部门经理传达了高级经理将用于衡量其绩效的标准。预算信息向下流动，并随着转移到较低的管理层级而变得越来越详细。图8-19显示了预算信息在三个管理层级的分布。

衡量绩效和报告绩效。绩效衡量和报告发生在公司的每个运营部门。当向高级管理层报告责任时，这些信息会向上流动。图8-20显示了不同级别**责任报告**之间的关系。请注意报告中的信息如何在每个更高级别的管理中变得越来越概括。

责任中心。为了实现问责制，业务实体经常将其业务组织称为**责任中心**。责任中心最常见的形式是成本中心、利润中心和投资中心。

成本中心

成本中心是在预算范围内负责成本管理的组织单元。例如，生产部门可能负责履行其生产义务，同时将生产成本（劳动力、材料和间接费用）控制在预算金额内。成本中心经理的绩效报告通过关注预算成本、实际成本和与预算的差异来反映其可控的成本行为。图8-21显示了成本中心绩效报告的示例。绩效衡量不应考虑经理无法控制的成本，如工厂设备投资和建筑物折旧。

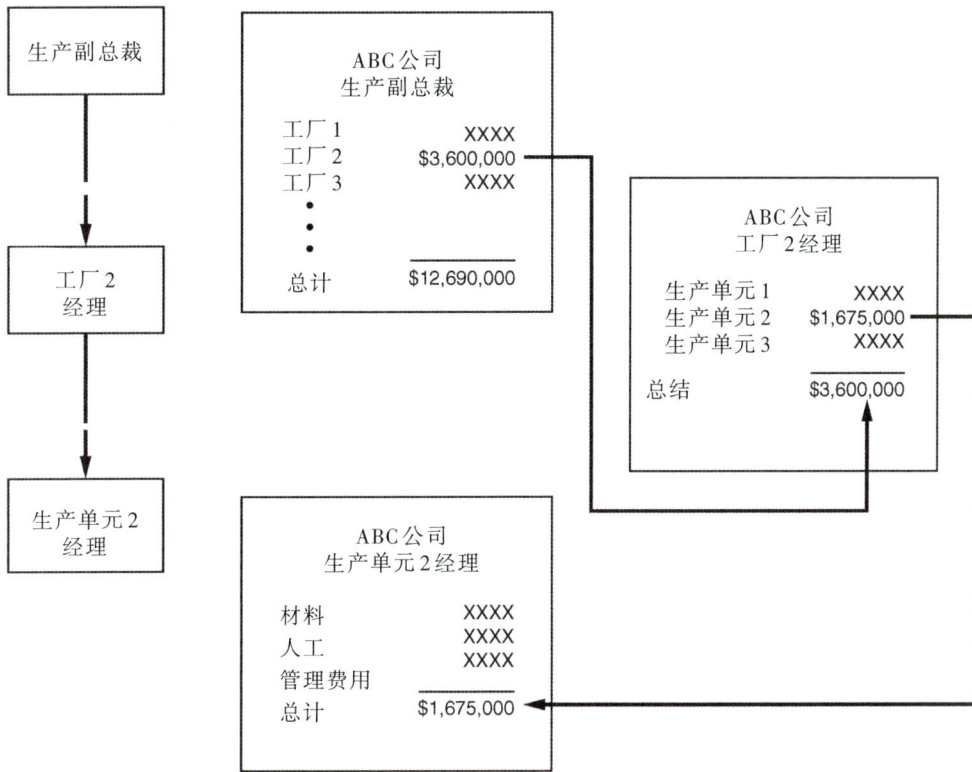

图8-19 自上而下的预算信息流

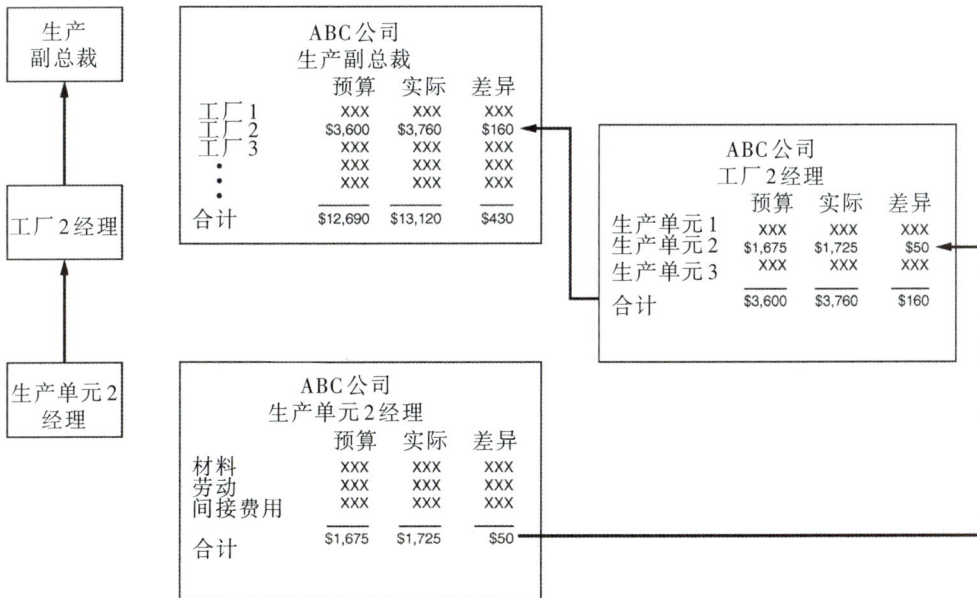

图8-20 自下而上的绩效信息流

工厂2 可控成本报告			
全厂可控成本			
	预算	实际	差异
材料			
钻孔部	XXX	XXX	XX
铣削部	XXX	XXX	XX
组装运送	XXX	XXX	XX
直接人工			
钻孔部	XXX	XXX	XX
铣削部	XXX	XXX	XX
组装运送	XXX	XXX	XX
可控费用			
钻孔部	XXX	XXX	XX
铣削部	XXX	XXX	XX
组装运送	XXX	XXX	XX
总可控成本	XXXXX	XXXXX	XXX

图8-21　成本中心绩效报告

利润中心

利润中心经理负责成本控制和创收。例如，一家全国性连锁百货公司的当地经理可能负责有关以下事项的决策：

- 仓库中要有存货的商品项目。
- 要收取的价格。
- 产品促销活动的种类。
- 广告水平。
- 员工规模和员工招聘。
- 建筑物维护和有限的资本状况改善。

利润中心经理的绩效报告与成本中心经理的绩效报告不同。尽管如此，两者的报告重点都应该放在可控项目上。图8-22是利润中心绩效报告的示例。虽然只有可控项目用于评估经理的绩效，但利润中心本身是通过其在扣除不可控成本后的贡献来评估的。

投资中心

投资中心的经理有权作出对组织产生深远影响的决策。假设公司的一个部门是一个投资中心，其目标是投资资产的回报最大化。部门经理的职责范围包括成本管理、产品开发、营销、分销，以及将资金投资于获得理想回报率的项目。图 8-23 显示了投资中心绩效报告。

8.4.4　行为考虑

目标一致性。在本章前面，我们谈到了权力、责任和任务正式化的管理原则。当这些管理原则在组织内正确运用时，可以促进**目标一致性**。追求自己目标的下层管理

<table>
<tr><td colspan="3" align="center">XYZ公司利润表</td></tr>
<tr><td>销售</td><td></td><td>XXX</td></tr>
<tr><td>减：</td><td></td><td></td></tr>
<tr><td>　　销售货物成本</td><td>XXX</td><td></td></tr>
<tr><td>毛利</td><td></td><td>XXX</td></tr>
<tr><td>减去可控成本</td><td></td><td>XXX</td></tr>
<tr><td>　　可控间接费用</td><td>XXX</td><td></td></tr>
<tr><td>　　可控操作费用</td><td>XXX</td><td></td></tr>
<tr><td>可控营业利润</td><td></td><td>XXX　　（衡量管理绩效）</td></tr>
<tr><td>　　不可控固定资产折旧</td><td>XXX</td><td></td></tr>
<tr><td>　　扣除不可控成本后的贡献</td><td></td><td>XXX　　（衡量利润中心绩效）</td></tr>
</table>

图8-22　利润中心绩效报告

<table>
<tr><td colspan="3" align="center">XYZ公司部门损益表</td></tr>
<tr><td>销售额</td><td></td><td>XXX</td></tr>
<tr><td>减：</td><td></td><td></td></tr>
<tr><td>　　销货成本</td><td>XXX</td><td></td></tr>
<tr><td>毛利</td><td></td><td>XXX</td></tr>
<tr><td>减去可控成本：</td><td></td><td>XXX</td></tr>
<tr><td>　　可控间接费用</td><td>XXX</td><td></td></tr>
<tr><td>　　不可控固定资产折旧</td><td>XXX</td><td></td></tr>
<tr><td>可控营业利润</td><td></td><td>XXX　　（衡量管理绩效）</td></tr>
<tr><td>减去不可控成本</td><td></td><td></td></tr>
<tr><td>　　部门间接费用</td><td>XXX</td><td></td></tr>
<tr><td>　　分摊的集中化费用</td><td>XXX</td><td></td></tr>
<tr><td></td><td></td><td>XXX　　（衡量投资中心绩效）</td></tr>
<tr><td>税前净收入</td><td></td><td></td></tr>
</table>

图8-23　投资中心绩效报告

者以积极的方式为上级的目标作出贡献。例如，通过控制成本，生产主管帮助部门经理实现盈利目标。因此，当个人管理者为自己的最大利益服务时，他们也为组织的最大利益服务。

精心构建的管理报告系统在促进和保持目标一致性方面发挥着重要作用。同时，设计不当的管理报告系统可能会导致与组织目标背道而驰的功能失调行为。导致管理者行为失常的两个陷阱是信息超载和**不恰当的绩效衡量标准**。

信息超载。当经理收到的信息太多以至于他（她）无法吸收时，就会发生**信息超**

载。当报告系统的设计者没有正确考虑经理的组织级别和控制范围时，就会发生这种情况。例如，考虑一下如果报告没有适当地汇总，流向负责人的信息量会有多少（参见图 8-18）。底层管理人员要求的细节将很快使总裁的决策过程超负荷。尽管报告可能具有前面讨论过的许多信息属性（完整性、准确性、及时性和简洁性），但如果没有正确总结，它可能毫无用处。

信息超载导致管理者忽视他们的正式信息并依赖非正式线索来帮助他们作出决策。因此，正式的信息系统被启发（经验法则）、提示、预感和猜测所取代。由此产生的决策极有可能出现次优和功能失调。

激发符合公司目标的行为。但是，当使用**不恰当的绩效衡量标准**时，报告可能会产生相反的效果。让我们看看如何使用一个通用的绩效衡量标准——投资回报率（return on investment，ROI）——来实现这一点。假设一个组织的企业管理层仅根据投资回报率来评估部门管理绩效，每个经理的目标是投资回报率最大化，自然地，该组织希望通过谨慎的成本管理和提高利润率来实现这一目标。然而，当投资回报率被用作衡量绩效的单一标准时，标准本身就成为关注的焦点和操纵的对象。我们用图 8-24 中的多期投资中心报告来说明这一点。请注意 2014 年的实际投资回报率如何上升，并在 2016 年超过 2017 年预算投资回报率。从表面上看，这是不错的表现。然而，对成本和收入数据的更仔细分析给出了不同的描述。实际销售额低于 2017 年的预算销售额，但收入的减少被可自由支配运营成本（员工培训和工厂维护）的减少所抵消。通过减少对存货和工厂设备（固定资产）的投资以降低资产基数，进一步提高了投资回报率。

年份	实际			预算
	2014	2015	2016	2017
销售额	1,780.0	2,670.0	3,204.0	3,560.0
减去分部可变成本：				
材料	445.0	667.5	801.0	890.0
劳动力	89.0	133.5	89.0	178.0
供应	35.6	53.4	64.1	71.2
减去可自由支配运营成本：				
员工培训	53.4	62.3	44.5	71.2
工厂维护	89.0	97.9	71.2	106.8
减去分部承诺成本：				
折旧	213.6	284.8	284.8	356.0
租金	142.4	178.0	195.8	249.2
总成本	1,068.0	1,477.4	1,550.4	1,922.4
贡献	712.0	1,192.6	1,653.6	1,637.6
资产投资				
应收账款	178.0	267.0	320.4	356.0
存货	356.0	534.0	480.6	712.0
固定资产	2,830.2	4,565.7	4,984.0	6,016.4
减去应付账款	(267.0)	(400.5)	(623.0)	(534.0)
净投资	3,097.2	4,966.2	5,162.0	6,550.4
投资回报率	23%	24%	32%	25%

图8-24　多期投资中心报告

经理采取了提高投资回报率但对组织不起作用的行动。通常，这种策略只能在短期内取得成功。随着工厂设备开始磨损，客户的不满情绪渐长（由于缺货），员工的不满情绪开始蔓延。投资回报率数字将开始反映经济现实。然而，到那时，经理可能已经基于对其良好绩效的看法而被提拔，他（她）的继任者将接着处理遗留的问题。

使用任何单一标准的绩效衡量标准都可能将个人目标强加给与组织目标相冲突的经理，并导致功能失调的行为。

考虑以下示例：

（1）使用价格差异来评估采购代理会影响所购买物品的质量。

（2）使用配额（例如，生产的件数）来评估主管会影响质量控制、材料使用效率、劳资关系和工厂维护。

（3）使用投资回报率、净收入和边际贡献等利润指标会影响工厂投资、员工培训、库存水平、客户满意度和劳资关系。

绩效衡量应考虑经理职责的所有相关方面。除了衡量一般绩效（如投资回报率）外，管理层还应衡量关键变量的趋势，如销售额、销售成本、运营费用和资产水平。产品（品牌）领导力、个人发展、员工态度和公共责任等非财务指标也可能与评估管理绩效相关。

8.5　数据分析和临时报告

数据分析与上一节中讨论的传统结构化报告有很大不同。管理者不能总是预测他们的信息需求。对于高层和中层管理人员来说尤其如此，因为他们面临的问题需要大量的、非结构化格式的、来自多个来源的且在短时间内临时通知的信息。

本节介绍了两种用于解决这类问题的数据分析方法：**小数据分析**和**大数据分析**。

8.5.1　小数据分析

术语"小数据分析"说明了使用数据的技术，这些数据的格式和容量允许使用传统技术对其进行分析和操作。通常，小数据分析会产生针对解决特定问题或回答特定问题的信息。小数据的业务示例包括库存周转报告、客户购买偏好、网站上的客户搜索历史和供应商服务报告。计算能力的提高、交易点扫描仪以及数据存储成本的不断降低，使组织能够积累大量的原始数据。小型数据分析计划的一个核心特征是归档数据的**数据仓库**。数据仓库由一个集中式关系数据库组成，该数据库与组织的运营数据分开，专门为满足数据分析的需求而设计。该仓库包含有关当前交易以及多年来发生的事件的操作数据的副本。数据经过详细编码存储在仓库中，并以不同的聚合级别存储，以帮助识别重复出现的模式和趋势。通过我们所熟知的**数据挖掘**的概念，这些数据被用于支持管理报告。数据挖掘是选择、探索并进行数据建模以揭示关系和总体模式的过程。数据挖掘技术采用两种通用模型：验证模型和发现模型。

验证模型使用向下挖掘的技术来验证或拒绝用户的假设。例如，假设营销经理需要确定最佳目标市场，作为组织整个客户群的一个子集，以指导新产品的广告活动。数据挖掘软件将检查公司的历史客户销售数据和人口统计信息，以揭示可比销售额和这些购买者共有的人口统计特征。然后使用该客户群子集聚焦于促销活动。

发现模型使用数据挖掘技术来发现隐藏在数据中的以前未知但重要的信息。该模型采用归纳学习方法,通过搜索反复出现的模式、趋势和概述情况,从详细数据中推断信息。这种方法与验证模型根本不同,因为搜索数据时没有特定假设驱动该过程。例如,公司可以应用发现技术来识别客户购买模式并更好地了解客户的动机和行为。

通过数据挖掘可以大大增强管理决策能力,但前提是适当的数据已经被识别、收集并存储在数据仓库中。因此,与数据挖掘和仓储相关的许多重要问题都需要了解关系数据库技术。第 9 章和第 11 章将进一步探讨这些主题。

8.5.2 大数据分析

大数据的概念于 1941 年被引入,但此后经历了多次重新定义。它当前由三个 V 来表征和定义:必须以极大*容量*(volumes)的数据,很快的*速度*(velocity)处理数据,并且需要经过整合的*多样性*(variety)的结构化和非结构化数据。下面将逐个讨论这些特征。

8.5.2.1 容量

容量是与大数据最相关的"V",通常涉及太字节(terabyte,TB)、拍字节(pet-abytes,PB)甚至艾字节(exabytes,EB)级的数据。这些海量数据来自客户销售记录、语音和文本日志文件、存储的图像,以及呼叫中心录音中的语音转文本数据等来源。大数据分析的行业应用示例包括:

- 医疗保健:预测患者再次入院的可能性、预测急诊室就诊次数以及患者监测
- 保险:预测未来索赔率以对保险风险进行定价
- 金融服务:欺诈监测和欺诈模式识别
- 能源:油井数据的实时分析处理
- 横向比较:分析市场篮子、细分客户、预测设备故障
- 预测世界事件

商业组织中大数据的主要用户是营销、高管和财务人员。

8.5.2.2 速度

速度是指被分析的大数据的速度。海量数据和对快速分析不断增长的需求,特别是随着大数据分析扩展到机器学习和人工智能领域,创造了独特的计算基础设施需求。大数据分析的容量和速度要求可能会压垮传统的数据挖掘和存储基础设施。一种解决方案对许多组织来说不是一个可行的选择,即获得并运用数百台或数千台并行工作的服务器的存储和处理能力,以完成大数据分析项目。然而,其所需的大量投资是许多组织不愿承担的。另一种解决方案是转向公共云计算进行大数据分析。我们在第 1 章中看到,可扩展性是云计算的一个决定性特征。云提供商因此可以临时使用数千台服务器的存储和计算能力来满足大数据项目的需求。对客户组织的好处是它只为实际使用的存储和处理资源付费。

8.5.2.3　多样性

尽管容量是与大数据最相关的"V"，但**多样性**是容量的主要驱动力。传统观点估计，80%的大数据是非结构化数据，包括音频、视频、时间序列数据，实时流数据，外部网络数据，外部社交媒体以及由大量不断增加的物联网（internet of things，IoT）设备提供的各种数据。物联网是指具有用于互联网连接的 IP 地址的物理对象网络。这些设备将网络连接扩展到传统笔记本电脑、台式机和平板电脑之外。物联网的例子包括恒温器、汽车、来自个人家庭和商业建筑的环境数据、安全系统、用电传感器、水表和手机。为了充分利用大数据，先进的技术平台需要整合这些不同的数据源和格式。

8.5.2.4　大数据报告系统

由于大数据管理报告系统从多个非结构化和结构化交易来源中提取隐藏的模式和关系，因此它可以提供高质量的商业智能，从而针对业务性质提供丰富的洞察力。商业智能的四种来源如下：规范性分析、预测性分析、描述性分析和诊断性分析。

规范性分析告诉用户针对特定问题*应该*采取什么行动。例如，一些公司使用预测分析来优化交易促销手段。规范性分析可帮助企业确定要运行哪些活动以及针对哪些产品。另一个用途是支持产品分类优化。因此，业务经理可以确定使公司总价值最大化的优质、高端、中等价格和低价格商品的最佳组合。该分析利用结构化数据（如商品价格及其基线需求）以及非结构化数据（如替代效应）。例如，如果公司没有产品"X"，客户将购买产品"Y"或离开商店。在石油和天然气勘探以及医疗保健行业可以看到规范分析的其他成熟应用。

预测性分析包含多种统计技术，这些技术利用当前和过去的数据来计算未来情景发生的统计可能性。例如，在医疗保健行业，预测分析被用于护理中心以确定患者是否有患心脏病、糖尿病和其他严重疾病的风险。在企业中，预测模型用于分析潜在客户的当前和历史数据，以根据他们可能的未来表现对他们进行排序，例如他们的信誉（他们支付账单的可能性）和他们对特定报价或产品推广作出反应的可能性。信用卡公司使用预测模型来实时检测当前交易是否存在欺诈的可能性。在娱乐领域，网飞（Netflix）公司设计了一个名为 CinematchSM 的电影推荐系统。它根据人们喜欢或不喜欢其他电影的程度来预测某人是否会喜欢一部电影。然后，该系统会根据每个客户的独特品位推荐适合他（她）的电影。

描述性分析是一个数学过程，它描述现实世界的事件以及造成这些事件的因素之间的关系。这种分析形式有助于管理层从有关历史活动和事件的数据中学习，并了解它们如何影响未来的结果。在这种情况下，"历史"数据是指在事件发生的任何时间点生成的数据，这可能是几年或几秒钟前的事。描述性分析可用于报告数据，如客户销售额、供应商平均采购量、库存周转率和销售水平。与规范性和预测性分析不同，描述性分析不会解释数据并向用户提供答案。相反，它会创建历史数据的摘要，由用户解释或作为输入值提交以供进一步分析。接下来讨论的诊断性分析可以更深入地了解事件和行为的根本原因。

诊断性分析查看过去的表现以确定为什么事情会以这种方式发生。这些工具可帮助管理人员了解系统范围内的"路径"问题，并向他们展示系统中各个团队的表现。管理层通常看不到"问题"。相反，他们看到了问题的症状。例如，期间销售额下降不是问题，这是一个症状。销量下滑的原因是根本问题，可能被症状所掩盖。通过使用诊断分析来深入分析提单、运输日志和销售退货等结构化数据，以及来自客户呼叫中心的语音转文本数据和网站搜索数据等非结构化数据，经理可以使用商业可视化软件（例如，Tableau、Zoho 和 Chartio）来发现根本问题。在这个假设的案例中，销售额下降可能是由于运输部门的问题导致了过多的延迟交货，从而导致客户不满意和销售损失。经理一旦确定了潜在的问题，他（她）就能够向团队安排解决问题需要做的事情。

8.5.2.5 大数据分析风险和控制

组织在数据分析上投入了大量时间和资源，因为由此产生的信息对其具有战略价值。此类信息对商业竞争对手和网络犯罪分子也很有价值。与任何其他资产一样，需要控制大数据以降低挪用、盗窃和腐败带来的风险。本节讨论风险和控制问题。

数据安全。大数据为黑客提供了一个大目标。最近发生的许多引人瞩目的事件都证明了风险的存在。因此，公司需要确保数据免受外部威胁和内部威胁。将大数据分析和存储外包给基于云服务提供商的公司就面临着更多的风险。第 1 章将云计算定义为与位置无关的计算，它涉及并行工作的服务网络和子服务提供者。这意味着客户公司的数据可能分布在网络上的许多匿名子服务提供商中。这些地点的安全程序成为一个明显的控制问题。安全性涉及技术和程序组合的大量材料。以下部分概述了其中一些主题，但第 15 章进行了深入的讨论。

防火墙。控制外部黑客的核心组件是电子防火墙工具，其将组织的内部网络和存储的数据与网络上的外部入侵者隔离开来。防火墙强制执行访问控制，以确保只有经过授权的流量才能在组织和外部个人之间通过。经过验证的用户被定向到他们需要的应用程序或数据。那些未通过验证测试的人将被拒绝，并且此类失败的尝试应由内部安全组记录和调查。

并非所有的安全威胁都来自网络。有时，计算机犯罪分子已经隐藏在公司内部。来自内部人员的控制威胁涉及许多可能的工具。

访问权限。有时，个人被错误地授予对内部网络和数据的过多访问权限。为了解决这个问题，组织应实施正式的程序来分配访问权限，并应定期审查现有的员工权限。

密码控制。大多数组织采用可重复使用的密码系统。如果计算机罪犯可以猜到或以其他方式观察到密码，他（她）就可以使用密码来访问系统。最好的密码控制很大程度上依赖于常识和执行密码的程序。例如，应该要求员工创建强密码。此外，应定期更改密码，以减少入侵者知悉密码的机会。

为了避免这种风险，一些组织使用一次性密码系统，其中每 60 秒随机生成一个新密码，并且在一分钟的时间范围内只能使用一次。这种方法已被证明是一种非常有效的访问控制方法。

系统审计线索。系统审计线索是记录系统、应用程序和用户级别活动的日志。它们有很多用途，但作为一种安全设备，它们可以以最低的细节级别监控用户活动。这种能力通常会阻止非法行为并防止未经授权的访问。当个人知道他们的行为记录在审计日志中时，他们就不太可能违反组织的安全策略。审计日志可以设置为执行高级监控，记录访问系统的所有用户的 ID、用户会话的时间和持续时间、会话期间执行的程序以及文件、数据库、打印机和其他资源访问。审计日志还可以捕获击键级别的详细数据。这种形式的日志可以在事后用作取证工具来重建事件的细节或用作实时控制以防止未经授权的入侵。

外包控制。大数据外包活动不是没有风险的活动，客户组织将其数据交给第三方服务提供商，然后由他们进行分析，或者反过来将数据外包给子服务提供商。结果存在很多风险。首先，来自互联网黑客和服务提供商或子服务提供商内部员工的安全风险仍然存在。其次，另一个风险是未能执行。简单地说，这意味着服务提供商根本没有交付或提供给客户组织不可靠的结果。与此相关的是失去战略优势的风险。有缺陷的信息可能与公司的战略业务规划不一致，从而导致有缺陷的战略决策。为降低这些风险，服务提供商和子服务提供商的外部审计师可能会向客户公司的审计师发布《第 16 号鉴证业务标准声明》（Statement on Standards for Attestation Engagements，SSAE 16）报告。SSAE 16 是客户公司的审计师用来确定第三方服务提供商的控制是否存在重大缺陷的最终标准。第 14 章探讨了 SSAE16 问题，作为更广泛的外包讨论的一部分。

总结

本章首先研究了总账账户系统和财务报告系统，这两个在操作上相互依赖的系统对组织的经济活动至关重要。我们首先关注标准总账账户系统程序和构成总账账户系统数据库的文件。然后，转向财务报告系统，我们研究了如何通过多步骤报告流程向外部和内部用户提供财务信息，以及支持该流程的技术，包括 XBRL。

本章随后研究了构成管理报告系统的酌情报告系统。全权委托报告不受管理非全权委托财务报告的正式准则和法律法规的约束。相反，它是由包括管理原则在内的因素驱动的，包括管理职能、报告级别和决策类型、问题结构。本章研究了每个因素对管理报告系统设计的影响。本章最后概述了数据分析的概念和技术。

关键术语

权力	决策制定过程
大数据分析	描述性分析
预算	诊断性分析
预算主文件	发现模型
会计科目表	任务的正式化
成本中心	总账变更报告
数据挖掘	总账历史文件
数据仓库	总账主文件

目标一致性	责任会计
实施	责任中心文件
不恰当的绩效衡量标准	责任中心
信息内容	责任报告
信息超载	定时报告
投资中心	小数据分析
日记账凭证文件	成熟用户
日记账凭证历史文件	控制范围
日记账凭证列表	战略规划决策
例外管理	结构化问题
管理控制决策	战术规划决策
管理报告	非结构化问题
按需报告	差异
运营控制决策	多样性
组织结构图	速度
预测性分析	验证模型
规范性分析	容量
利润中心	可扩展业务报告语言实例文档
程序化报告	可扩展业务报告语言分类标准
报告属性	可扩展标记语言（XML）
责任	

复习题

1. 日记账凭证中包含哪些信息？

2. 日记账凭证如何作为控制机制？

3. 总账主文件包含哪些信息？

4. 总账历史文件的用途是什么？

5. 责任中心档案的目的是什么？

6. 列出财务报告系统的主要用户，并讨论他们的信息需求。

7. 按顺序列出财务报告流程的11个步骤。

8. 对财务报表的外部使用者做了什么假设？

9. 何时调整分录，其目的是什么？什么时候录入相应的凭证？

10. 总账职员不能做哪些工作？

11. 财务报告系统生成的两份运营报告是什么，可以证明流程的准确性？

12. 解释财务报告系统的四种潜在风险中的哪一种可以通过仔细检查日记账凭证列表得到更好的控制。

13. XML 代表什么？

14. XBRL 代表什么?

15. 什么是 XBRL 分类标准?

16. 什么是 XBRL 实例文档?

17. 什么是 XBRL 标签?

18. 解释任务的形式化如何促进内部控制。

19. 解释为什么将责任和权力适当地分配给员工很重要。

20. 区分狭窄和广泛的控制范围。举一个适合每种类型的任务的例子。

21. 异常管理如何帮助管理者减少信息超载?

22. 指出反馈在帮助控制活动方面变得无用的实例。

23. 通过五个决策特征——时间框架、范围、详细程度、重复性和确定性来对比四种决策类型——战略规划、战术规划、管理控制和运营控制。

24. 区分结构化和非结构化问题的三个要素是什么?举例说明每种类型的问题。哪种类型的问题更适合交易处理系统?

25. 哪些管理层更可能处理非结构化问题?哪些管理层更可能处理结构化问题?为什么?

26. 使报告被认为有用的两个目标是什么?

27. 列出并定义七个报告属性。

28. 什么是责任会计?

29. 责任会计分为哪两个阶段?

30. 最常见的三种责任中心形式是什么?

31. 什么是目标一致性?

32. 什么是数据挖掘?

33. 什么是数据仓库?

34. 什么是信息超载?

35. 解释可能导致经理功能失调的一些报告技巧。

36. 解释异常报告对信用部门经理的价值。

37. 在成本中心报告中发现哪些类型的差异?解释每项差异衡量的是什么以及为什么这些信息很重要。

38. 区分利润中心和投资中心。画出成本、利润和投资中心之间的关系图。

39. 定义小数据分析。

40. 定义大数据分析。

41. 什么是 SSAE 16 报告?

讨论题

1. 讨论任何必要的职责分离,以控制对总账的未经授权的事项。还应采用哪些其他关于总账的控制程序?

2. 讨论财务报告系统输出的各种数据来源以及如何将这些数据处理为不同外部用户

的信息（输出）。

3.解释错误的日记账凭证如何导致公司诉讼和重大财务损失。

4.审计追踪的最终目的是跟踪交易——从输入到处理，最后到财务报表，反之亦然？解释你的答案。

5.描述日记账凭证在批处理和实时总账系统中的作用。

6.控制仅与它们所基于的预定标准一样好。讨论这一说法并举例说明。

7.讨论 XBRL 的三个审计影响。

8.尽管 HTML 和 XML 文档看起来非常相似并且都使用标签，但请解释它们作为财务报告媒介有何显著差异。

9.如果管理控制和战略规划决策没有得到传统信息系统的高水平支持，那么它们如何获得支持？

10.在决策能力方面，你认为一般来说哪种报告更重要——定时报告还是按需报告？解释你的答案，并举例说明每种类型的报告。

11.定时报告可能包含一些与某些决策相关但与其他决策无关的信息。为什么有些定时报告是以这种方式设计的，而不是为各种决策目的生成多个报告？

12.有时必须在信息准确性和及时性之间进行权衡。举一个例子，现在必须作出估计，而不是等待几个星期得到确切的数字。

13.图 8-18 说明了向上和向下的信息流。什么是向下流动，其目的是什么？向上的流动呢？向下和向上的流动是否相关？

14.区分数据挖掘的验证模型和发现模型方法。

15.解释数据仓库中的数据库在本质上与交易处理数据库有何不同。

16.为什么成本中心比利润中心更适合生产部门？

17.解释用于评估主管的生产配额如何对质量控制、材料使用效率和劳资关系产生不利影响。

18.解释并举例说明经理如何在短期内操纵投资回报率。从长远来看，为什么这些操纵对公司不利？提出一些替代的绩效评估和薪酬方案。

19.评论以下陈述："信息多总比少好，信息永远不会太多。"

20.规范性分析和预测性分析、描述性分析有何不同？

21.讨论大数据安全的两个内部威胁。

22.讨论大数据分析的三个 V。

多项选择题

1.以下最能描述利润中心的是（　　）。

a.将原材料、直接劳动力和其他生产要素组合成最终产品的责任

b.有权作出影响利润主要决定因素的决策，包括选择市场和供应来源

c.有权作出影响利润主要决定因素的决策，包括选择市场、供应来源和对投资资本金额的重大控制

d. 有权对最重要的运营成本作出决策，包括选择供应来源

e. 有权向组织内其他单位提供专业支持

2. 以下陈述最正确的是（　　　）。

a. 日记账凭证授权实时管理报告系统中的所有总账账户过账

b. 调整和冲销总账分录不需要日记账凭证，因为这些分录不是账户的交易分录

c. 日记账凭证的批处理对于具有多个交易来源的大型组织很常见

d. 日记账凭证用于捕获多个交易的汇总，不用于捕获单个交易

3. 以下不是财务报告系统输出报告的是（　　　）。

a. 纳税申报　　　　　　　　　　　b. 差异分析报告

c. 现金流量表　　　　　　　　　　d. 比较资产负债表

4. 以下陈述最正确的是（　　　）。

a. 大数据和小数据的主要区别在于大小

b. 由于组织的非结构化数据对外部人员几乎没有价值或没有价值，因此大数据分析的安全性不是问题

c. 大数据外包活动并非没有风险的活动

d. 在四种商业智能来源中，规范性分析技术和描述性分析技术最为相似

e. 诊断性分析告诉用户应该采取什么行动

5. XBRL 实例文档是（　　　）。

a. 用于生成网页的文档格式　　　　b. 最终产品（报告）

c. 一个分类方案　　　　　　　　　d. 存储在每个数据库记录中的标签

6. 以下不属于数据分析安全问题的是（　　　）。

a. 网络入侵　　　　　　　　　　　b. 外包给服务提供商

c. 拥有过多访问权限的员工　　　　d. 以上都是安全问题

e. 以上都不是安全问题

7. Hercules 公司使用绩效报告系统，向主管呈报每个下属员工的数据、期间发生的实际成本、预算成本以及与预算有差异所在的那个下属部门。该报告系统的名称是（　　　）。

a. 贡献会计　　　　　　　　　　　b. 方案预算

c. 灵活的预算　　　　　　　　　　d. 成本-收益会计

e. 责任会计

8. XBRL 分类法是（　　　）。

a. 分类方案页面　　　　　　　　　b. 最终产品（报告）

c. 用于生成网页的文档格式　　　　d. 存储在每个数据库记录中的标签

9. 以下说法正确的是（　　　）。

a. 汇总交易活动的日记账凭证从各个业务部门流入管理报告系统，在总账账户系统中进行单独对账并过账到总账账户

b. 汇总交易活动的日记账凭证从会计部门流入总账账户系统，在总账账户系统中单

独对账并过到总账账户

c.日记账凭证详细说明了从各个业务部门流入总账账户系统的交易活动,在总账账户系统中它们被单独对账并过账到日记账凭证历史文件中

d.汇总从业务部门到总账账户系统的交易活动流的日记账凭证要单独对账,并过账到日记账凭证历史文件中

10.以下预算过程最不可能激励管理者实现组织目标的是( )。

a.将预算目标设定在可达到的水平

b.让下属参与预算过程   c.使用例外管理

d.让下属对他们控制的项目负责 e.让最高管理层设定预算水平

11.战略规划通常会考虑( )。

a.设定12%的销售回报率目标 b.维护公司作为行业领导者的形象

c.确定流通股的每股市场价格 d.分发部门差异分析的月度报告

e.选项a.和c.

12.长期规划职能在( )级别管理中最重要。

a.员工   b.最高管理层

c.中层管理人员   d.较低的管理层

e.直线职能部门

13.责任会计的根本目的是( )。

a.差异分析   b.定价

c.预算   d.动机

e.权限

14.( )为比较财务报告提供历史财务数据。

a.总账历史文件   b.日记账凭证历史文件

c.责任档案   d.预算主文件

15.以下陈述中( )最好地描述了投资中心。

a.有权作出影响利润主要决定因素的决策,包括选择市场和供应来源

b.有权作出影响利润主要决定因素的决策,包括选择市场和供应来源,以及对投资资本数量的重大控制

c.有权对最重要的运营成本作出决策,包括选择供应来源

d.有权向组织内其他单位提供专业支持

e.组织产品开发和销售市场的责任

问题

1.总账系统概述

画一张图,描述总账主文件、控制账户、子辅助文件和财务报表之间的关系。

2.财务报告流程

以下包含财务报告流程的各个步骤。以正确的顺序排列这些步骤,并指出每个步骤

是否为交易处理系统、总账账户系统或财务报告系统的功能。

- 在特种日记账中记录交易
- 进行分录调整
- 记录交易
- 准备结账后的试算表
- 准备调整后的试算表
- 准备财务报表
- 调整分录记录和过账
- 过账到明细账
- 过账到总账
- 记录并宣布关账
- 准备未经调整的试算表

3. XBRL

Ozment公司的特殊项目和分析主管 John Ozment 负责准备公司财务分析和月度报表，并负责审查和向高层管理人员演示拟议战略的财务影响。此类财务分析的数据是 Ozment 部门员工从运营和财务数据库中直接查询获得的。用于演示的报告和图表之后由手工准备并打印，有多个副本并被分发给不同的用户。随着对越来越多最新信息的需求增加，Ozment 团队面临的压力越来越大。必须找到解决此报告问题的方法。

系统部门想要开发一个专有软件包来自动生成报告。该项目需要公司进行大量的编程投资。Ozment 关注自动生成的报告中数据的准确性、完整性和时效性。他听说过一种称为 XBRL 的报告系统，并想知道基于该技术的新系统是否会更加有效和可靠。

要求：

a. 研究 XBRL 的现状并确定该技术是否适用于诸如此类的内部报告项目

b. 确定公司可以通过使用 XBRL 实现的对当前信息和报告的改进

c. 讨论任何与 XBRL 相关的数据完整性、内部控制和报告问题

4. 内部控制

Ram System 公司的会计职员收到采购订单、销售发票和供应商发票等源文档，她使用这些文件准备总账分录的日记账凭证，每天将日记账凭证过账到总账和相关明细账。该职员每个月都会将明细账与总账中的控制账户对账，以确保它们的平衡。

要求：讨论与此方案相关的所有控制弱点和风险。

5. 数据库总账账户系统——批处理

Crystal公司使用批处理程序处理其日记账凭证，该批处理程序类似于正文中图 8-4 列出的过程。为了提高客户满意度，销售系统将转换为实时系统。重新绘制图 8-4 以反映财务报告流程中的这种变化。

6. 数据库总账账户系统——实时

Olympia公司的高层管理团队希望能够实时访问总账。目前，总账通过批处理系统

每晚更新一次，类似于正文中图8-4所示的系统。调整图8-4以满足高层管理人员的这一要求，假设每晚更新总账就足够了。

7. 内部控制

承接正文中的图8-5，将日记账凭证列表和总账变更报告作为控制机制。还要讨论它们对系统施加的特定控制。

8. 组织结构图

为你的大学准备一个组织结构图（你的校园电话目录可能会有所帮助）。

9. 决策级别

将以下决策分为战略规划、战术规划、管理实际控制或运营控制。

- 确定今年生产的产品组合
- 检查制造的不良品数量是否在一定范围内
- 将产品线扩展到海外
- 确定最佳配送路线
- 检查原材料成本是否控制在一定范围内
- 检查人员开发成本是否上升
- 今年采用更多的自动化制造
- 检查废料量是否可接受
- 建设新工厂
- 检查员工态度是否改善
- 检查生产水平是否在预期范围内
- 与新供应商签订采购协议
- 今年通过购买更高效的机器提高产能
- 关闭工厂

10. 报告分类

将以下报告分为定时报告或按需报告。

- 现金支出清单
- 加班报告
- 客户账户历史记录
- 库存缺货报告
- 应收账款账龄清单
- 重复性的工资报告
- 现金收入清单
- 机器维护报告
- 供应商交货记录报告
- 日记账凭证列表
- 投资中心报告
- 维护成本超限报告

11.组织结构和控制范围

对于问题 11，请参阅图 P.1 中标有结构 A 和结构 B 的组织结构图。

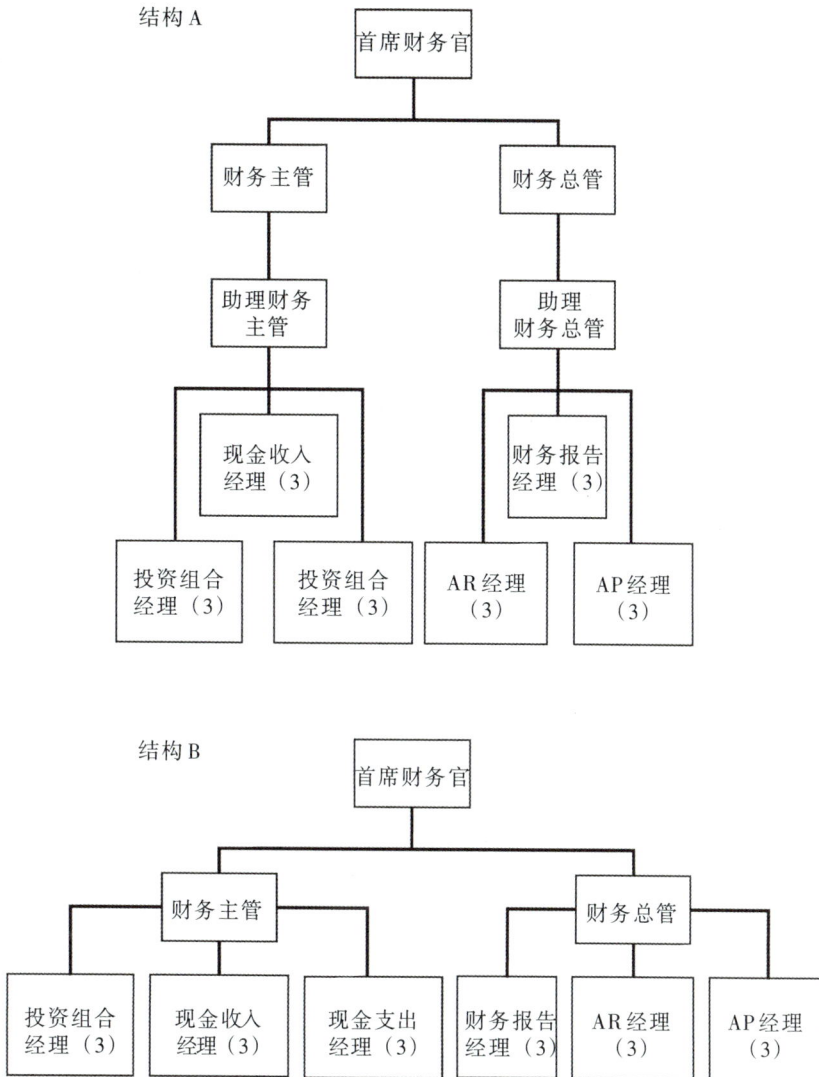

图 P.1　问题 11：组织结构和控制的范围

要求：

a. 对于组织结构 A，描述：

- 这种结构的优点和缺点
- 由此产生的控制范围的影响
- 对员工行为的可能影响

b. 对于组织结构 B，描述：

- 这种结构的优点和缺点
- 由此产生的控制范围的影响

- 对员工行为的影响

c. 在确定适当的控制范围时，讨论应考虑的因素

12. 组织结构和控制范围

问题 12 参见图（P.2）中标有结构 A 和结构 B 的组织结构图。

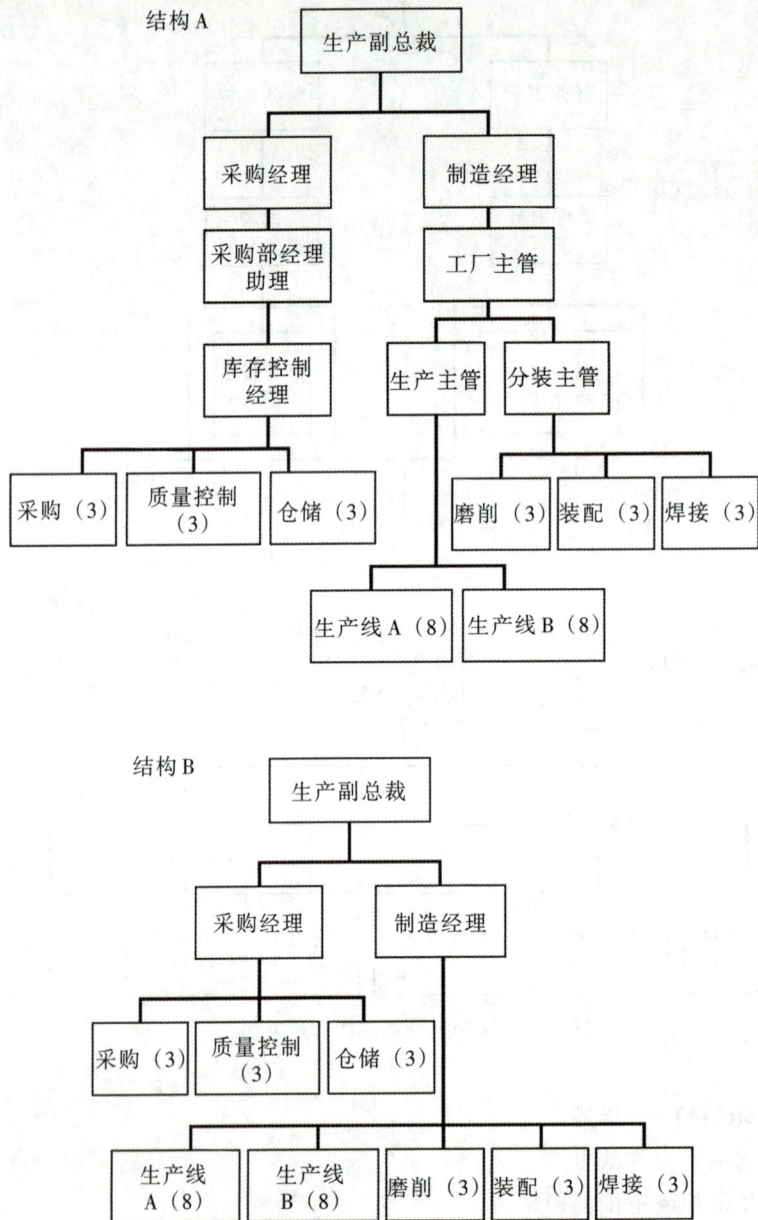

结构 A

```
                    生产副总裁
              ┌──────────┴──────────┐
           采购经理              制造经理
              │                     │
          采购部经理              工厂主管
            助理           ┌────────┴────────┐
              │         生产主管          分装主管
          库存控制      
            经理
     ┌────────┼────────┐         ┌────────┼────────┐
   采购（3） 质量控制  仓储（3）  磨削（3）装配（3）焊接（3）
            （3）
              ┌──────┴──────┐
         生产线 A（8）  生产线 B（8）
```

结构 B

```
                    生产副总裁
              ┌──────────┴──────────┐
           采购经理              制造经理
     ┌────────┼────────┐
   采购（3） 质量控制  仓储（3）
            （3）
     ┌────────┬────────┼────────┬────────┐
   生产线    生产线   磨削（3）装配（3）焊接（3）
   A（8）    B（8）
```

图P.2 问题12：组织结构和控制范围

要求：

a. 对于组织结构 A，描述：

- 这种结构的优点和缺点

· 由此产生的控制范围的影响

· 组织结构对员工行为的影响

b. 对于扁平的组织结构 B，描述：

· 该组织结构的优点和缺点

· 由此产生的控制范围的影响

· 组织结构对员工行为的影响

c. 在为公司确定适当的控制范围时，讨论应考虑的因素

13. 适应 CMA 的组织结构

为获得计算机工程学位而上夜校时，Stan Wilson 在 Morlot Container Company（MCC）担任装配线主管。MCC 位于 Wilson 的家乡附近，多年来一直是该地区的杰出雇主。MCC 的主要产品是牛奶盒，产品遍布于中西部牛奶加工厂。MCC 的技术稳定，装配线受到严密监控。MCC 采用标准成本系统，因为成本控制被认为很重要。操作流水线的员工一般都是在公司工作多年的非技术工人，这些工人中的大多数属于地方工会。Wilson 很高兴他几乎完成了学业，因为他发现在 MCC 的工作是重复枯燥的，即使作为主管也是如此。主管几乎与一线工人一样受到密切监控，必须遵循适用于大多数情况的标准政策和程序。MCC 的大多数管理层都在公司工作了几年，他们相信明确的权力界限和明确的职责。Wilson 知道自己的表现不符合公司的标准，他也知道公司晋升或大幅增加薪酬的机会可能很小。

获得学位后，Wilson 进入 Alden Computers 的研发部门工作，这是一家成立五年的公司，专门为小学提供教育计算机系统。该公司以客户为导向，愿意根据最终用户的需求定制其计算机系统。其系统的定制，加上技术的不断变化，导致公司生产设施以车间作业为导向。组装 Alden 系统的员工是与工程人员密切合作的熟练技术人员。

Wilson 对他将新获得的知识和技能用于 Alden 而获得的尊重和权力感到满意。如果他的专业领域需要改变，Wilson 会经常就工作应该如何进行提出建议，并参与新产品开发的决策。

公司管理团队经常在生产出现问题时"撸起袖子"与技术人员一起工作。权威的界限有时难以区分，而且往往由专家当场作出决定。

Wilson 相信他的技能在 Alden 得到了赏识，他的专业知识将得到公平的补偿。

要求：

a. MCC 和 Alden Computers 代表两种不同类型的组织结构。根据以下各点，解释 MCC 与 Alden Computers 的不同之处。

· 总体组织结构和氛围

· 权力基础

· 评估标准

· 薪酬基础

b. 这两种结构都有潜在的好处或会产生的问题。讨论：

- 可能使 MCC 受益的 Alden Computers 所使用的结构的特征
- 可能会给 Alden Computers 带来的麻烦
- 可能使 Alden Computers 受益的 MCC 结构

14. 适应 CMA 的绩效指标

Royal Industries公司的 Star 纸业分部位于洛杉矶附近。2015 年 4 月，该部门唯一一家工厂完成大规模扩建。扩建包括对现有建筑物的扩建、生产线机械的增加以及取代过时的设备和完全折旧的设备（即不再有效或不划算的设备）。

2015 年 5 月 1 日，George Harris 成为 Star 公司的经理。Harris 与 Royal Industries 的运营副总裁 Marie Fortner 会面，后者向 Harris 解释说，公司根据总资产回报率考核部门和部门经理的绩效。当 Harris 询问是否与总资产回报率一起使用了其他考核标准时，Fortner回答说："Royal Industries 的高层管理人员更喜欢使用单一的绩效考核标准。Star公司今年应该会做得很好，因为它已经扩建并更换了所有旧设施。超过部门的历史水平应该没有问题。我会在每个季度末与你碰一下，看看你们的进展如何。"Fortner 在第一季度业绩完成后打电话给 Harris，因为 Star 公司的总资产回报率远低于该部门的历史水平。Harris 告诉 Fortner，他并不认为总资产回报率是 Star 公司的有效绩效考核指标。Fortner 表示，她将与总部的其他人讨论这个问题，然后回复 Harris。但是，她没有进一步讨论总资产回报率的使用，只报告了第二季度和第三季度末的部门业绩。现在财政年度已经结束，Harris 已经收到了如图 P.3 所示的备忘录。

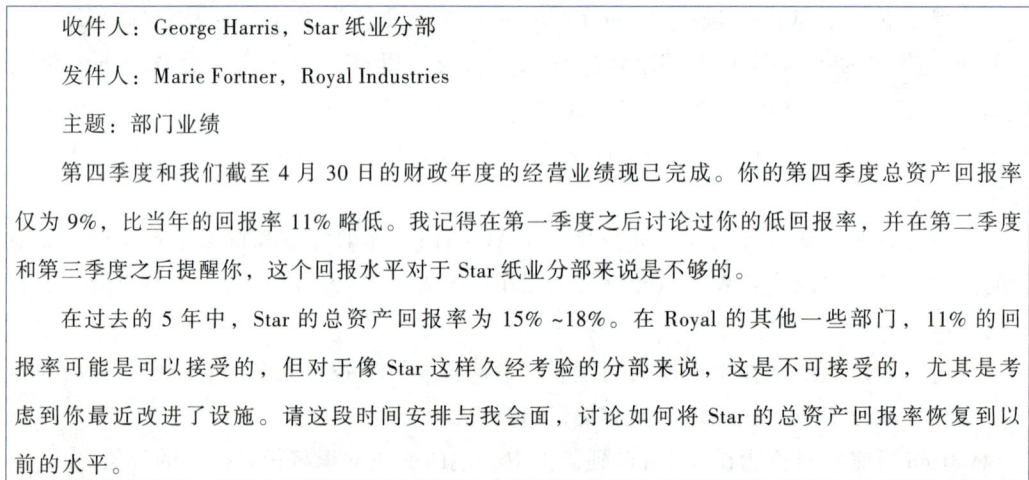

收件人：George Harris，Star 纸业分部

发件人：Marie Fortner，Royal Industries

主题：部门业绩

第四季度和我们截至 4 月 30 日的财政年度的经营业绩现已完成。你的第四季度总资产回报率仅为 9%，比当年的回报率 11% 略低。我记得在第一季度之后讨论过你的低回报率，并在第二季度和第三季度之后提醒你，这个回报水平对于 Star 纸业分部来说是不够的。

在过去的 5 年中，Star 的总资产回报率为 15% ~18%。在 Royal 的其他一些部门，11% 的回报率可能是可以接受的，但对于像 Star 这样久经考验的分部来说，这是不可接受的，尤其是考虑到你最近改进了设施。请这段时间安排与我会面，讨论如何将 Star 的总资产回报率恢复到以前的水平。

图P.3 问题14：绩效指标

Harris 期待与 Fortner 会面，因为他计划继续讨论总资产回报率作为 Star 绩效考核标准的适当性。虽然 Star 公司的总资产回报率低于历史水平，但该部门今年的利润高于以往任何时候。Harris 建议将总资产回报率替换为评估绩效的多个标准——美元利润、应收账款周转率和库存周转率。

要求：

a. 确定在选择绩效指标以考核运营经理时应使用的一般标准

b. 描述 Star 纸业分部在截至 4 月 30 日的财政年度内总资产回报率下降的可能原因

c. 根据 Fortner 和 Harris 之间的关系以及 Fortner 的备忘录，讨论 Royal Industries 绩效考核过程中的明显弱点

d. 讨论 Harris 建议的多重绩效考核标准是否适用于对 Star 纸业分部的评估

15. 问题识别

将以下各项问题或症状分类。如果它是一种症状，请给出两个可能的潜在问题的例子。如果它是一个问题，请给出两个可能检测到的可能症状的示例。

a. 利润下降

b. 有缺陷的生产过程

c. 劣质原料

d. 现金余额短缺

e. 市场份额下降

f. 应付账款部门员工短缺

g. 中西部干旱导致原材料短缺

h. 训练有素的工人

i. 客户满意度在下降

16. 例外管理

各种量化措施被用于评估员工绩效，包括标准成本、财务比率、人力资源预测和运营预算。

要求：

a. 讨论标准成本系统的以下方面

• 讨论应该具备哪些特征以激发员工的积极性

• 讨论应该如何实施该系统来积极激励员工

b. 使用差异分析通常会导致例外管理

• 解释例外管理的含义

• 讨论例外管理的行为含义

c. 解释当将实际与预算的比较用作绩效评估的基础时，员工的行为会受到什么不利因素的影响

17. 数据分析——云服务提供商

Halifax 公司的首席执行官 Harry Jones 最近听说了很多关于大数据分析的事情，并希望在该公司启动一项数据分析计划。该公司拥有大量的历史结构化和非结构化数据，公司从未适当利用。由于 Halifax 公司缺乏在内部进行有意义分析的计算基础设施，因此 CEO 决定与云服务提供商签订合同以进行分析并获得结果信息。Halifax 公司的内部审计师 George Smith 对向外包公司提供数据存有疑虑，并对服务提供商设施的内部控制和安全措施表示担忧。然而，Jones 驳回了审计师的担忧，理由是所涉及的数据与公司的财务报表无关，因此不属于内部控制问题。

要求：

为内部审计师写一份给 CEO 的备忘录，内容如下：

- 描述 CEO 的认知风险
- 描述与外包相关的风险的性质
- 解释内部审计师如何解决他对服务提供商内部控制担忧的问题

第三部分　会计系统的先进技术

第9章

数据库管理系统

学习目标

学习本章后，你应该：

• 了解平面文件数据管理方法中固有的操作问题，这些问题导致数据库概念的诞生。

• 了解数据库环境各元素定义之间的关系。

• 了解非规范化数据库引起的异常现象以及数据规范化的必要性。

• 熟悉数据库设计的各个阶段，包括实体识别、数据建模、构建物理数据库和准备用户视图。

• 熟悉分布式数据库的操作特性，并认识到在决定特定数据库配置时需要考虑的问题。

本章介绍管理组织数据资源的数据库方法。数据库模型是一种特殊的哲学，其目标由特定的策略、技术、硬件和软件支持，它们与平面文件环境相关的策略、技术、硬件和软件非常不同。

第1章区分了两种通用的数据管理方法：平面文件模型和数据库模型。由于展示数据库模型优点的最佳方式是与平面文件模型进行对比，因此本章的9.1节将探讨如何在数据库方法下解决传统平面文件问题。本章后面将介绍现代关系数据库的重要特性。9.2节描述了数据库环境下四个主要元素的功能及关系：用户、数据库管理系统（database management system，DBMS）、数据库管理员（database administrator，DBA）和物理数据库。9.3节重点介绍关系数据库模型的关键特性。9.4节介绍了一些数据库设计主题，包括数据建模、从实体关系（entity relationship，ER）图导出关系表、创建用户视图和数据规范化技术。9.5节是分布式数据库问题的讨论，研究了分布式环境中三种可能的数据库配置：集中式数据库、分区数据库和复制数据库。

9.1 平面文件与数据库方法概述

许多所谓的遗留系统的特点是采用**平面文件**（flat file）方法进行数据管理。在此环境中，用户拥有自己的数据文件。数据的独占所有权是与遗留系统时代相关的两个问题的自然结果：第一个问题是企业文化，这在组织单位之间设置了障碍，阻碍了实体范围内的数据集成；第二个问题是平面文件管理技术的局限性，它要求数据文件的结构满足主要用户的独特需求。因此，如果不同用户使用数据的方式略有不同，相同的数据就可能需要在不同的物理文件中重新构造和复制。图9-1说明了该模型。

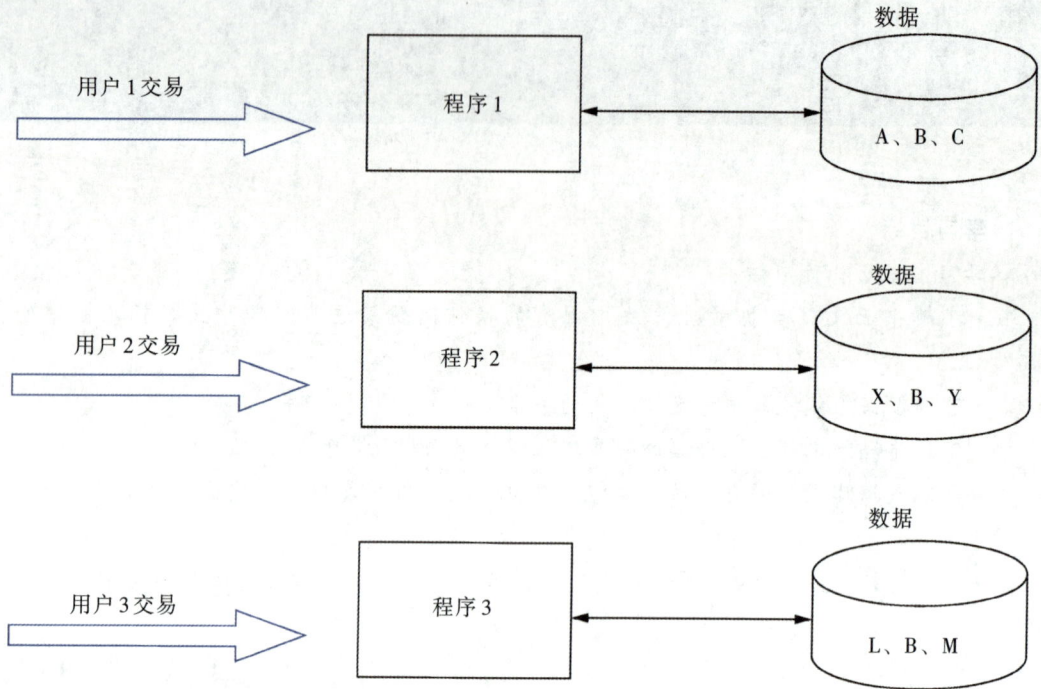

图9-1 平面文件数据管理

在图9-1中，文件内容在概念上用字母表示。每个字母可以表示单个**数据属性**（字段）、记录或整个文件。还要注意，数据元素B存在于所有用户文件中，这称为**数据冗余**。数据冗余是导致**数据存储**、**数据更新**和**信息流**等三种数据管理问题的原因，第四个问题是**任务-数据依赖性**，它与数据冗余没有直接关系。下面将研究其中的每一个问题。

9.1.1　数据存储

第1章说明了一个高效的信息系统只捕获和存储一次数据，并使所有需要它的用户都可以使用这个单一的数据源。这在平面文件环境中是不可能的。为了满足用户的私有数据需求，组织必须承担多重收集和多重存储过程的成本。事实上，一些常用数据可能会被复制几十次、数百次甚至数千次，从而产生过多的存储成本。

9.1.2　数据更新

组织在主文件和参考文件中存储了大量数据，需要定期更新以反映运营和经济变化。例如，客户的名称或地址必须反映在相应的主文件中。这条信息对于组织中的几个用户部门可能都很重要，如销售、开票、信贷、客户服务、促销和目录销售。当用户维护单独的文件时，必须为每个用户单独进行任何此类更改。这大大增加了数据管理的成本。

9.1.3 信息流

与执行多个更新相反的是没能更新受数据改动影响的所有用户的文件。如果更新的消息未正确传播，则某些用户可能不会更改记录，将根据过时的数据履行其职责并作出决策。

9.1.4 任务-数据依赖性

平面文件方法的另一个问题是，当用户的需求发生变化时，用户无法获得额外的信息。这个问题称为任务-数据依赖性。用户的信息集受其拥有和控制的数据的约束。例如，在图9-1中，如果用户1的信息需求更改为包含数据L，则用户1的程序将无法访问这些数据。尽管数据L存在于另一个用户的文件中，但请记住此环境的文化。用户不作为用户社区的成员进行交互，他们独立行动。因此，用户1可能不知道组织中的其他地方存在数据L。在这种环境下，很难建立正式共享数据的机制。因此，需要从头开始重新创建数据L。这将需要时间，阻碍用户1的执行，增加数据冗余，并进一步提高数据管理成本。

9.1.5 数据库方法

图9-2（a）简单概述了数据库方法，用户和数据要求与图9-1相同。与平面文件模型相比，最明显的变化是将数据汇集到一个由所有用户共享的公共数据库中。

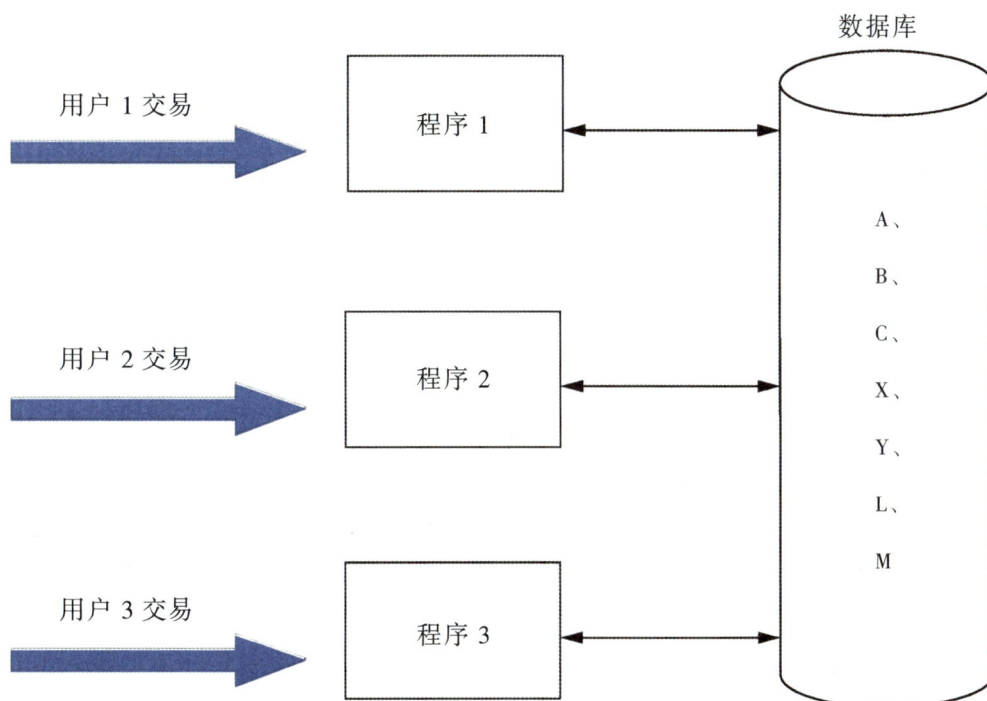

图9-2（a） 数据库概念

9.1.6 解决文件问题

数据共享（缺乏所有权）是数据库方法的核心概念。让我们看看它是如何解决已发现的问题的。

• 无数据冗余。每个数据元素只存储一次，因此消除了数据冗余并降低了存储成本。

• 单独更新。因为每个数据元素只存在于一个位置，所以它只需要一个更新过程。这减少了使数据库处于最新状态的时间和成本。

• 当前值。任何用户对数据库所做的更改都会为所有其他用户生成当前数据值。例如，当用户1记录客户地址更改时，用户3可以立即访问这条最新的信息。

• 任务-数据独立性。用户可以访问公司可用的全部数据域。随着用户的信息需求扩展到其目前的领域之外，新的需求比平面文件方法更容易被满足。只有公司可用数据（整个数据库）的局限性以及用户访问数据的合法性可以限制用户。

9.1.7 控制对数据库的访问

由于数据库方法将公司的所有信息都放在一个篮子里，因此必须非常小心地保管好篮子。图9-2（a）中的示例没有对数据库访问控制作出规定。假设数据X包含只有用户3有权访问的敏感、保密或私密信息。组织如何防止其他人未经授权访问它？

9.1.8 数据库管理系统

图9-2（b）在图9-2（a）中添加了一个新元素。**数据库管理系统**（DBMS）位于用户程序和物理数据库之间。DBMS的目的是提供对数据库的受控访问。DBMS是一种特殊的软件系统，通过编程可以知道每个用户有权访问哪些数据元素。用户程序向DBMS发送数据请求，DBMS验证并根据用户的权限级别授权用户访问数据库。DBMS将拒绝用户未经授权的访问数据请求。正如人们可以想象的那样，组织的准则、规则和分配用户权限的程序是会计师考虑的重要控制问题。

9.1.9 三个概念模型

多年来，几种不同的体系结构代表了数据库方法。早期数据库模型与现代数据库模型的区别就像它们与传统平面文件的区别一样。

用于业务信息系统最常见的数据库方法是**分层模型**、**用户**（users）和**关系模型**。由于某些概念上的相似性，层次数据库和网状数据库被称为**导航模型**或**内部视图**。这些早期数据库系统中的数据组织方式迫使用户使用预定义的结构化路径在数据元素之间导航。关系模型更加灵活，允许用户通过数据库创建新的和独特的路径来解决更广泛的业务问题。

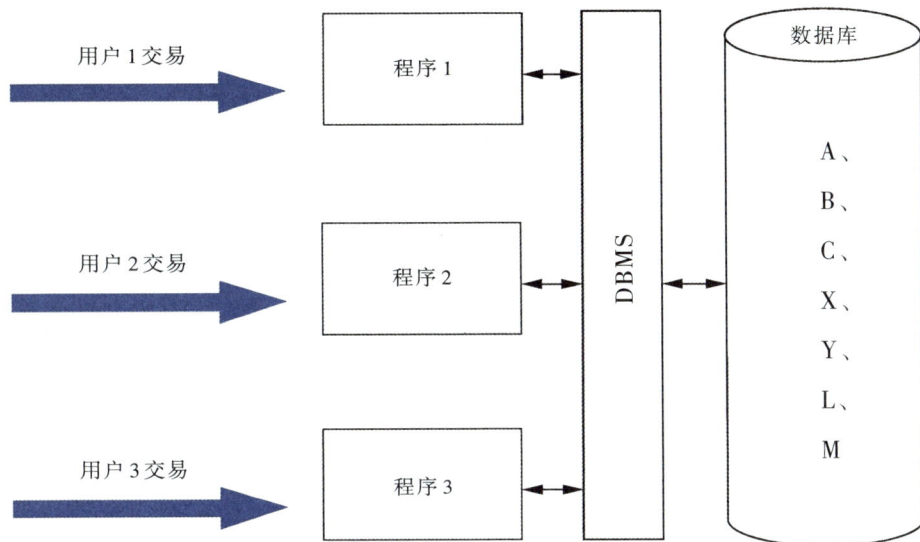

图9-2（b）　数据库概念

尽管层次和网络模型的局限性非常大，最终消亡是不可避免的，但在一些公司中，它们仍然作为支持关键任务功能的遗留系统存在。然而，大多数现代系统都使用关系数据库。本章的正文主要关注关系模型。结构化数据库模型的关键特征在附录中概述。

9.2　数据库环境的元素

图 9-3 将数据库环境分解为四个主要元素：用户、DBMS、数据库管理员和物理数据库。在本节中，我们将检查这些元素中的每一个。

9.2.1　用户

图 9-3 显示了用户如何通过两种方式访问数据库。第一种是通过系统专业人员准备的用户应用程序。这些程序向 DBMS 发送数据访问请求（调用），DBMS 验证请求并检索数据进行处理。在这种访问模式下，DBMS 的存在对用户是透明的。销售、现金收入和采购等交易的数据处理过程（批处理和实时处理）与平面文件环境中的数据处理过程基本相同。

第二种数据库访问方法是通过直接查询，它不需要正式的用户程序。DBMS 具有内置的查询功能，允许授权用户独立于专业程序员处理数据。查询工具提供了一个友好的环境，用于集成和检索数据以生成临时管理报告。这一特性一直是用户采用数据库方法的一个有吸引力的动机。

9.2.2　数据库管理系统（DBMS）

图 9-3 中描述的数据库方法的第二个元素是 DBMS。DBMS 提供了一个受控环境，以帮助（或阻止）用户访问数据库，并有效地管理数据资源。每个 DBMS 模型实现这些目标的方式不同，但一些典型特征包括：

（1）项目开发。DBMS包含应用程序开发软件。程序员和最终用户都可以使用此功能创建访问数据库的应用程序。

（2）备份和恢复。在处理过程中，DBMS会定期备份物理数据库。如果发生导致数据库不可用的灾难（例如，磁盘故障、程序错误和恶意行为），DBMS可以恢复已知正确的早期版本。虽然可能会发生一些数据丢失，但如果没有备份和恢复功能，数据库很容易遭到彻底破坏。

（3）数据库使用情况报告。此功能捕获有关正在使用哪些数据、何时使用以及谁使用这些数据的统计信息。数据库管理员使用此信息确定对用户的授权并维护数据库。我们将在本节后面讨论数据库管理员的角色。

（4）数据库访问。DBMS最重要的特性是允许授权用户访问数据库。图9-3显示了促进此任务的三个软件模块。它们是数据定义语言、数据操作语言和查询语言。

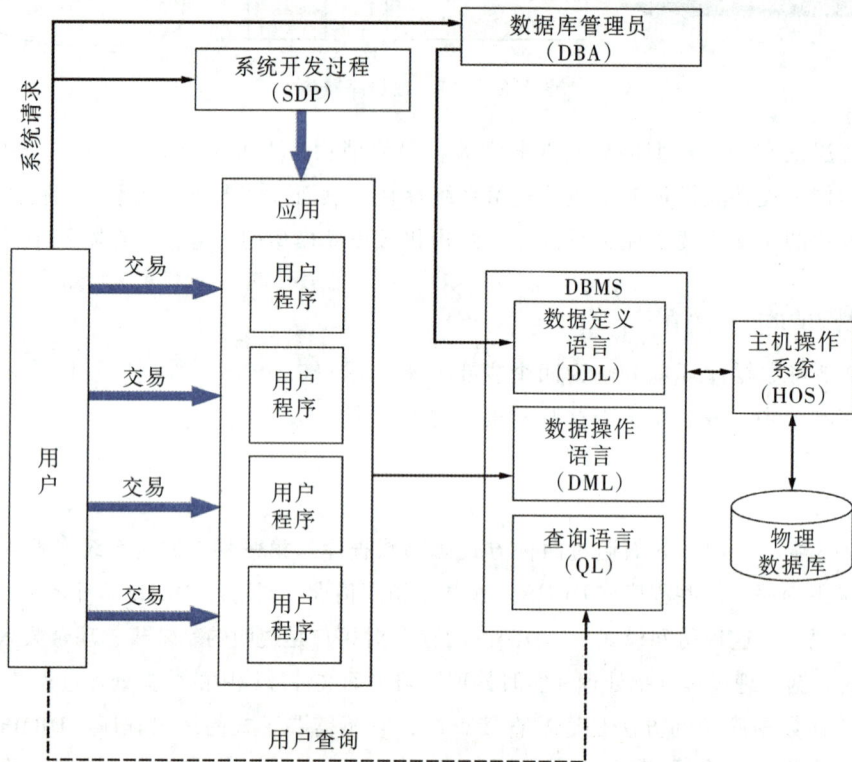

图9-3　数据库概念元素

9.2.2.1　数据定义语言

数据定义语言（data definition language，DDL）是一种编程语言，用于向DBMS定义物理数据库，该定义包括所有数据元素、记录等的名称和关系，以及构成数据库的文件。数据定义语言在三个层次上定义数据库，这三个层次均被称为视图（views），即内部视图、概念视图（模式）、用户视图（子模式）。图9-4表示了这些视图之间的关系。

主存储器

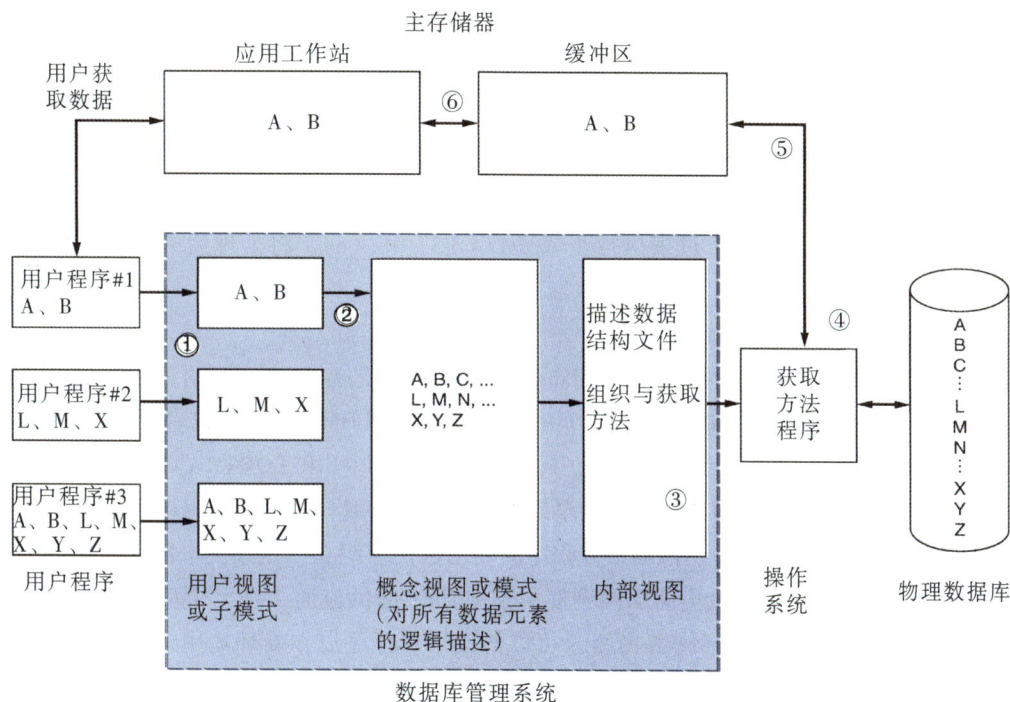

图9-4 数据库管理系统操作总览

内部视图。内部视图显示数据库中记录的物理排列。这是最低级别的表示，它是从物理数据库中移除的一个步骤。内部视图描述了记录的结构、它们之间的联系以及文件中记录的物理安排和顺序。数据库只有一个内部视图。

概念视图（模式）。概念视图或**模式**以逻辑和抽象的方式（而不是以物理存储方式）表示数据库。此视图允许用户的程序调用数据，而无须知道或说明数据的排列方式或数据在物理数据库中的位置。数据库只有一个概念视图。

用户视图（子模式）。**用户视图**定义了特定用户如何查看他或她有权访问的那一部分数据库。对于用户来说，用户视图就是数据库。与内部视图和概念视图不同，存在许多不同的用户视图。例如，人事部门的用户可能将数据库视为员工记录的集合，而没有意识到库存控制部门的用户看到的则是供应商和库存记录。

数据库管理系统操作。为了说明这些视图的作用，让我们看看通过DBMS访问数据时发生的一系列典型事件。以下描述是假设性的，省略了某些技术细节。

（1）用户程序向DBMS发送数据请求（调用）。调用是用嵌入用户程序中的特殊数据操作语言（稍后讨论）编写的。

（2）DBMS通过将调用的数据元素与用户视图和概念视图相匹配来分析请求。如果数据请求匹配，则对其进行授权，操作进入步骤（3）。如果与视图不匹配，则拒绝访问。

（3）DBMS从内部视图确定数据结构参数，并将其传递给操作系统，操作系统执行实际的数据检索。数据结构参数描述用于检索请求数据的组织和**访问方法**（操作系统实用程序）。

（4）使用适当的访问方法，使操作系统与磁盘存储设备交互，以从物理数据库检索数据。

（5）然后，操作系统将数据存储在由DBMS管理的主存缓冲区中。

（6）DBMS将数据传输到主存中用户的工作位置。此时，用户的程序可以自由访问和操作数据。

（7）当操作完成时，反过来执行步骤（4）、（5）和（6），将处理后的数据恢复到数据库中。

9.2.2.2　数据操作语言

数据操作语言（data manipulation language，DML）是专有的编程语言，特定DBMS使用它来检索、处理和存储数据。整个用户程序可以用DML编写，或者可以将选定的DML命令插入用通用语言编写的程序中，如PL/1、COBOL和FORTRAN。插入DML命令可以轻松地将最初为平面文件环境或早期类型的DBMS编写的遗留应用程序切换为在当前数据库环境中工作的程序。标准语言程序的使用也使组织在一定程度上独立于DBMS供应商。如果组织决定将其供应商切换到使用不同DML的供应商，则无须重写所有用户程序。通过用新命令替换旧的DML命令，可以修改用户程序以在新环境中运行。

9.2.2.3　查询语言

DBMS的查询功能允许最终用户和专业程序员直接访问数据库中的数据，而无须运行常规程序。IBM的**索引顺序文件**（indexed sequential file，SQL，发音为sequel）已成为大型机和微型机DBMS的标准查询语言。SQL是第四代非程序语言，具有许多命令，允许用户轻松地输入、检索和修改数据。SELECT命令是检索数据的强大工具。图9-5中的示例说明了如何使用SELECT命令从名为Inventory的数据库中生成用户报告。

SQL是一种高效的数据处理工具。虽然SQL不是正常的英语，但与许多其他编程语言相比，它需要的计算机概念培训和编程技能要少得多。事实上，许多数据库查询系统根本不需要SQL知识。用户通过指向并单击所需的属性来直观地选择数据。然后，可视化用户界面自动生成必要的SQL命令。此功能将临时报告和数据处理能力置于用户/经理手中。通过减少对专业程序员的依赖，管理者能够更好地处理出现的问题。

9.2.3　数据库管理员

请参阅图9-3并注意**数据库管理员**的管理职位。此职位在平面文件环境中不存在。DBA负责管理数据库资源。让多个用户共享一个公共数据库，需要利用组织、协调、规则和准则来保护数据库的完整性。

在大型组织中，DBA职能部门可能由DBA下属的所有技术人员组成。在较小的组织中，计算机服务组中的某个人可能承担DBA责任。DBA的职责分为以下领域[1]：数据库规划、数据库设计、数据库实施、数据库操作和维护，以及数据库更改和扩大。表9-1列出了这些广泛领域内的具体任务。

---

[1]　改编自 F. R. McFadden and J. A. Hoffer, *Database Management*, 3rd ed. (Redwood City, CA: Benjamin/Cummings Publishing, 1991), 343.

供选择的属性（字段）

存货

Item	Desc	On-Hand	W-House-Loc	Unit-Cost	Ven-Num
1567	Bolt 3/8	300	Chicago	1.34	1251
1568	Nut 1/4	500	Chicago	.85	1195
1569	Flange	65	Denver	56.75	1251
1570	Disc	1000	Tulsa	22.00	1893
1571	End Pipe	93	Denver	7.35	7621
1572	In-Pipe	93	Denver	18.20	1251
1573	Pump	603	Chicago	85.00	1195

选出的记录（结果）

SQL命令

SELECT Item, Desc, On-Hand,
W-House-Loc, Ven-Num

FROM Inventory

WHERE On-Hand > 300

Item	Desc	On-Hand	W-House-Loc	Ven-Num
1568	Nut 1/4	500	Chicago	1195
1570	Disc	1000	Tulsa	1893
1573	Pump	603	Chicago	1195

生成报告

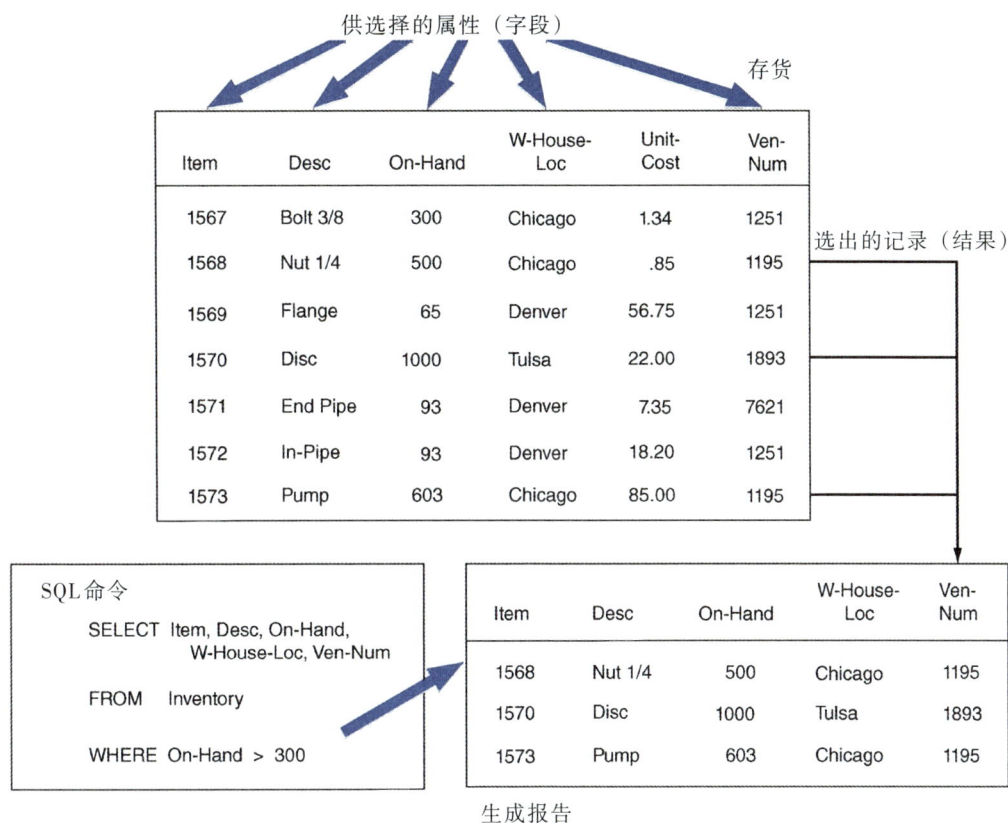

图9-5 用于查询库存数据库的SELECT命令示例

表9-1 数据库管理员的职能

数据库规划	数据库实施
开发组织的数据库策略	确定访问策略
定义数据库环境	实施安全控制
定义数据需求	规定测试程序
开发数据字典	建立编程标准
数据库设计	**数据库操作和维护**
逻辑数据库（模式）	评估数据库性能
外部用户视图（子模式）	根据用户需求重新组织数据库
数据库内部视图	审查标准和程序
数据库控件	
	数据库更改和扩大计划
	更改与扩大计划
	评估新技术

9.2.3.1 DBA 的组织交互

图9-6显示了DBA的一些组织交互。特别重要的是DBA、终端用户和组织的系统专业人员之间的关系。在检查该关系时，再次参考图9-3。

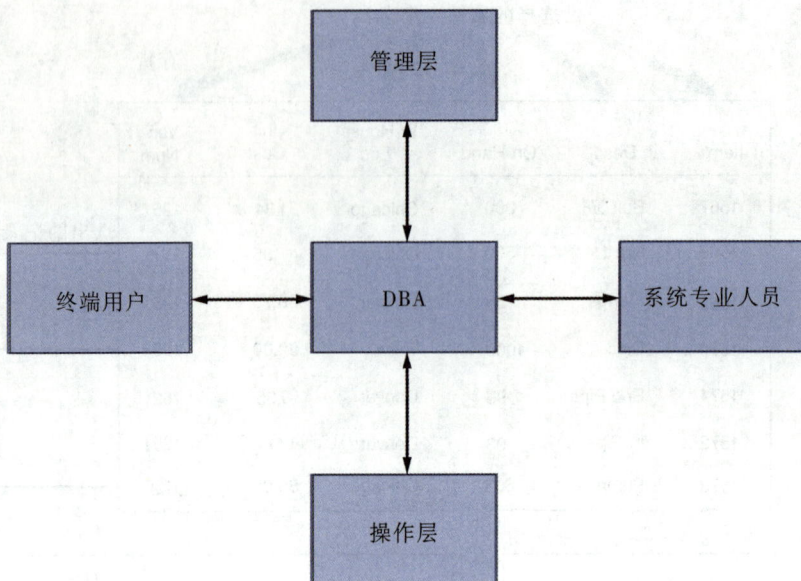

图9-6 DBA的组织交互

随着信息需求的增加，用户向组织的系统专业人员（程序员）发送正式的计算机应用程序请求。这些请求是通过正式的系统开发过程来处理的，这些过程会生成已编程的应用程序。图9-3显示了从用户模块到系统开发过程模块的线条关系。用户请求也会转到DBA，由DBA评估这些请求以确定用户的数据库需求。一旦这些建立起来，DBA通过编程用户视图（子模式）授予用户访问权限。这种关系显示为DBMS中用户和DBA之间以及DBA和DDL模块之间的线条关系。

通过将访问权限与系统开发（应用程序编程）分开，组织能够更好地控制和保护数据库。当这两个小组独立工作时，更有可能发现有意和无意的未经授权访问尝试。职责分离的基本原理见第14章。

9.2.3.2　数据字典

DBA的另一个重要职能是创建和维护**数据字典**。数据字典描述数据库中的每个数据元素。这使所有用户（和程序员）能够共享数据资源的公共视图，并极大地方便了对用户需求的分析。

9.2.4　物理数据库

如图9-3所示，数据库方法的第四个主要元素是**物理数据库**。这是数据库的最低层级。物理数据库由磁盘上的磁点组成。数据库的其他层级（例如，用户视图、概念视图和内部视图）是物理层级的抽象表示。

在物理层，数据库是记录和文件的集合。关系数据库基于**索引顺序文件**结构。如图9-7所示，该结构将索引与顺序文件组织结合起来使用。它方便了对单个记录的直接访问和对整个文件的批处理。可以使用多个索引创建一个称为**倒排列表**的交叉引用，它允许更灵活地访问数据。两个指标如图9-7所示。其中一个包含用于在文件中唯一定位记录的雇员代码（主键）。第二个索引包含按年初至今收益排列的记录地址。使用此非唯一字段作为辅助键，可以根据收入按升序或降序查看所有雇员记录。或者，可以显示具有选定收入余额的单个记录。关系数据库可以为文件中的每个属性创建索引，允许从多个角度查看数据。

雇员代码索引

关键值	记录地址
101	1
102	2
103	3
104	4
105	5

雇员表

雇员代码	姓名	地址	技术代码	最近一年的收益
101	L. Smith	15 Main St.	891	15000
102	S. Buell	107 Hill Top	379	10000
103	T. Hill	40 Barclay St.	891	20000
104	M. Green	251 Ule St.	209	19000
105	H. Litt	423 Rauch Ave.	772	18000

最近一年的收益索引

关键值	地址
20000	3
19000	4
18000	5
15000	1
10000	2

图9-7 索引顺序文件

下一节将介绍关系模型的基本原理，以及从索引顺序文件创建关系表的技术、规则和过程。你还将看到如何将表链接到其他表以允许使用复杂的数据表现形式。

9.3 关系数据库模型

埃德加·弗兰克·科德（E.F.Codd）最初在20世纪60年代末提出了关系模型的原则。[1] 形式化模型的基础是关系代数和集合论，它们为大多数的数据操作提供了理论基础。

从纯粹主义者的角度来看，完全关系系统符合科德概述的12条严格规则。[2] 然而，作为一个实际问题，并非所有规则都同等重要。因此，其他理论家提出了评估系统关系地位的不那么严格的要求。[3] 因此，如果一个系统符合下面的条件，就是有关系的。

（1）以二维表的形式表示数据，如图9-8所示的名为顾客的数据库表。

（2）支持限制、投影和连接的关系代数函数：

限制：从指定表中提取指定行。该操作如图9-9（a）所示，创建一个虚拟表（物理上不存在的表），该表是原始表的子集。

投影：从表中提取指定的属性（列）以创建虚拟表，如图9-9（b）所示。

连接：从两个表中获取满足一定条件的有联系的元组构建一个新的物理表，如图9-9（c）所示。

尽管不是完整的关系函数集，但限制、投影和连接的子集满足了大多数业务信息需求。

[1] C. J. Date, *An Introduction to Database Systems*, Vol. 1, 4th ed. （Reading, MA: Addison-Wesley, 1986），99.
[2] 有关这些规则的完整讨论，请参阅 McFadden and Hoffer, *Database Management*, 698－703.
[3] C.J.Date, *An Introduction to Database Systems*: 320－26.

属性

表名=顾客

Cust Num (Key)	Name	Address	Current Balance
1875	J. Smith	18 Elm St.	1820.00
1876	G. Adams	21 First St.	2400.00
1943	J. Hobbs	165 High St.	549.87
2345	Y. Martin	321 Barclay	5256.76
●	●	●	●
●	●	●	●
●	●	●	●
5678	T. Stem	432 Main St.	643.67

元组（记录）

图9-8 一个名为顾客的关系数据库表

（a）限制

（b）投影

（c）连接

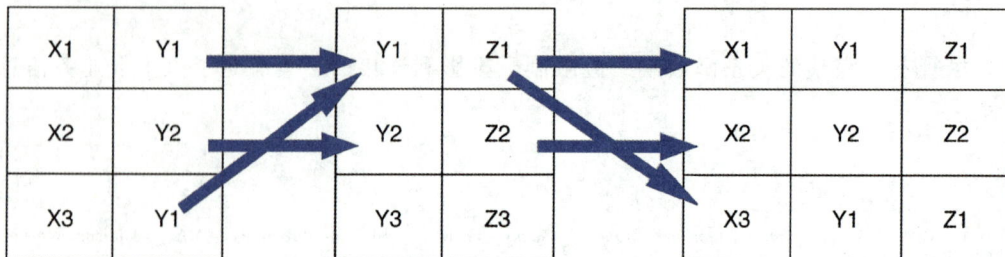

图9-9 关系代数函数：限制、投影、连接

9.3.1 数据建模的概念

在本节中，我们将回顾数据建模的概念。**数据模型**是组织数据的可视化表示。该模型表示数据的性质并指明使用这些数据的业务规则。数据模型类似于房屋的蓝图（平面图）。蓝图由建筑师根据潜在业主提出的要求创建。一旦同意，蓝图将指导房屋的实际建造。类似地，数据库开发人员使用完成的数据模型（通常以实体关系图的形式）来构建物理数据库表并按规定进行编码。理论上，数据模型是以**自上而下方法**设计的，这需要对组织的信息需求进行详细分析。实际上，商业DBMS提供了基于业务最佳实践的预定义数据模型和表。然后，客户组织的数据库开发人员可以修改模型以满足公司的特定需求。这通常被称为**自下而上方法**。

会计师和审计师在日常活动中广泛使用数据库。无论是编制财务报表、标记XBRL报告的数据属性，还是在进行审计测试期间从表格中提取财务数据，会计师和审计师都需要了解数据的结构。因此，本节的目的是解释数据建模的基础知识，这将有助于指导会计师执行与数据库相关的任务。为此，后面的小节将介绍关系概念、数据库术语和数据库设计技术。最后一小节采用自上而下方法从头开始开发数据模型。

9.3.1.1 实体、关系、事件和属性

实体（entity）是组织希望捕获的任何数据。实体可以是物理实体，如库存、客户和员工。它们也可能是概念性的，如应收账款和应付账款。数据库开发人员识别实体并准备实体模型，如图9-10所示。用于描述模型的图形技术称为**实体关系图**（ER图）。ER图中表示的每个实体对应于物理数据库中的一个表。图9-10是**实体层级**（entity-level）ER图的示例。这是整体模式的高级透视图，仅显示关键实体及其关系；它不显示实体中包含的数据类型和键。术语**关系**描述了一个实体中的数据如何与另一个实体中的数据相关。这种关系在图9-10中由实体之间的连接线表示。我们将在后面讨论附在这些连接线上的符号和含义。

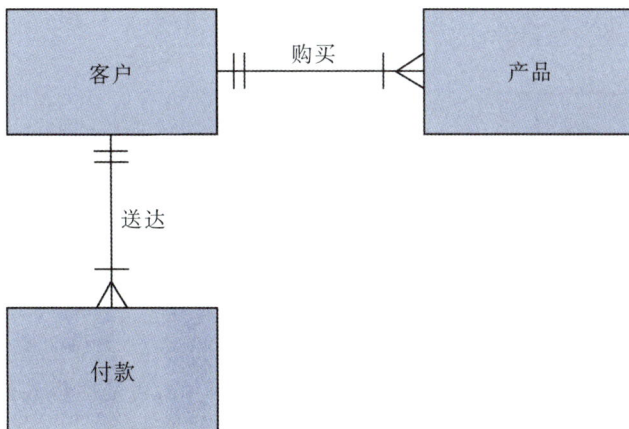

图9-10 关系代数函数：限制、投影、连接

按照惯例，实体以单数名词形式命名，如顾客而不是顾客们。术语**事件**（或称实

例）用于描述与实体关联的项目数量。例如，如果一个组织有100名雇员，则雇员实体由100个事件或实例组成。**属性**是定义实体的数据元素。例如，雇员实体可以由以下部分属性集定义：姓名、地址、工作技能、服务年限和小时工资率。雇员实体中的每个事件都由相同类型（类）的属性定义，但每个属性的值因事件而异。例如，每个雇员一定程度上由地址属性定义，但地址值将因每个雇员而异。

9.3.1.2 联系与基数

术语**联系**描述了关系中两个实体之间功能性连接的性质。在ER图中，该关联由连接线上的动词标签表示，如装运、请求和收款。**基数**是两个实体之间的关联程度。简单地说，基数描述了一个表中与相关表中单个事件相关联的可能出现次数。基数有四种基本形式：零或者一个（0，1）、一个且只有一个（1，1）、零个或多个（0，M）以及一个或多个（1，M）。这些组合用于描述关系中实体之间的基数。当确定关系中的基数时，考虑关系一侧上的单个事件，并回答以下问题：在相关实体中，可能与此单一事件相关联的最小和最大事件数是多少，图9-11给出了实体基数和关联的几个示例，下面将讨论这些示例。

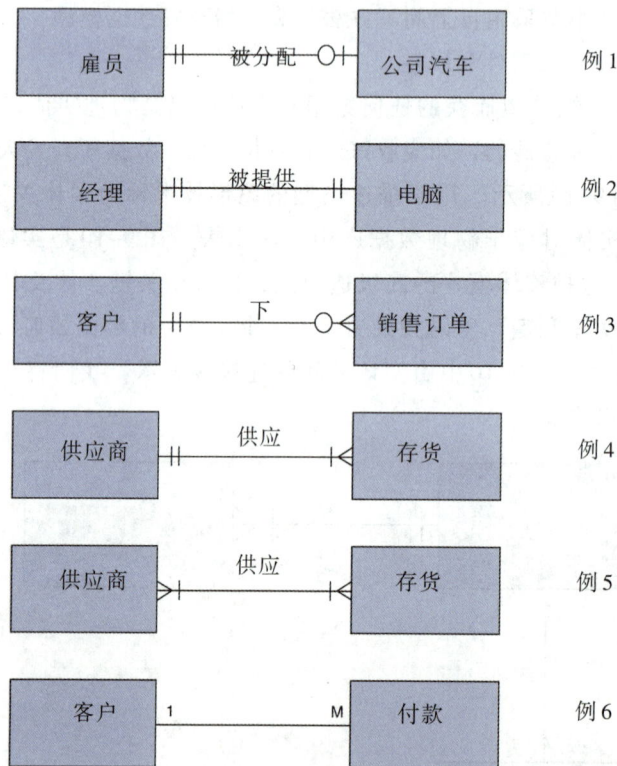

图9-11 实体联系示例

例1。假设一家公司有1 000名雇员，但其中只有100名是销售人员。还假设每个销售人员都得到了一辆公司分配的汽车，但非销售人员没有。

图9-11中的例1显示，在公司汽车实体中，对于雇员实体中的每一个事件，可能出现零个或一个事件。

比如，选择雇员实体中的一个假设事件，并查看公司汽车实体，只有两个基数值是可能的。如果所选雇员记录为销售人员，则公司为其分配一辆（且仅一辆）汽车。因此，上（最高）基数值为 1。但是，如果选定的雇员记录是非销售人员，则将不分配汽车给该个体，则较低的基数值为零。在相关的公司汽车实体一侧，一个圆圈和一条与关联线相交的短线描述了（0，1）基数。现在，选择一个公司的汽车记录并查看员工实体。因为每个公司的汽车只分配给一名员工，所以雇员实体中的最小和最大发生次数都是一次。关联线雇员端的两条短相交线表示此基数。

例 2。例 2 说明了一种情况，其中一个实体中的每个事件始终与关联实体中的一个（且仅一个）事件关联。在这种情况下，每个公司的笔记本电脑只分配给一名经理。在两端与连接线相交的两条短线描绘了这种基数。

例 3。例 3 显示了客户和销售订单实体之间的关系。请注意，每个客户的销售订单出现次数的最小值为零，最大值为很多。这种基数的存在是因为客户是一个超越当前会计期间的实体。某一客户可能已经是多年的客户了。销售订单实体表示一个期间内发生的事件。因此，一个特定的客户可能在这段时间内购买了很多次，或者根本没有购买，因此，零基数或多基数是可能的。鱼尾纹符号（它给出了这种形式的符号的名称）描述了关联行（association line）销售订单端的许多（上）基数。但是，从销售订单实体的角度来看，每次发生（销售）都与一个且仅一个客户关联。

例 4。例 4 表示这样一种情况：每个特定的库存项目由一个且仅一个供应商提供，并且每个供应商向公司提供一个或多个不同的库存项目。将此关联与例 5 中的类似情况进行对比。

例 5。再次使用供应商和库存实体，例 5 说明了公司策略要求从多个供应商处采购相同类型库存的情况。管理层可以这样做，以确保获得最佳价格，或避免依赖单一供应商。在这种策略下，每个供应商事件与一个或多个库存事件关联，每个库存事件与一个或多个供应商事件关联。

例 4 和例 5 演示了基数如何反映组织内的业务规则。数据库设计师必须彻底了解客户公司和特定用户如何开展业务，以正确设计数据模型。如果数据模型错误，则生成的数据库表也会出现错误。例 4 和例 5 都是有效的，但不同的业务选项，如我们将看到的，需要不同的数据库设计。

例 6。例 1 到例 5 中所示的基数表示法称为鱼尾纹标记法。另外还使用了几种替代方法。一种方法是在关联行上明确写出上下基数。另一种是简写版本，它只记录上基数，如 1∶1、1∶M 和 M∶M，如例 6 所示。对于家庭作业而言，你的老师会建议你这是首选的方法。

9.3.1.3　物理数据库表

如前所述，数据模型是构成数据库的物理数据库表的蓝图。这些表是根据模型中的实体规范构建的。属性形成列，属性名称位于每列的顶部。事件形成横穿列的行，在它们的交点处是属于事件的属性值。术语**元组**（tuple）是表中一行的正式名称，科德在首次引入该术语时给出了精确的定义。因此，设计合理的表格具有以下四个特点：

（1）每个元组中至少有一个属性的值必须是唯一的。此属性是**主键**。行中其他（非主键）属性的值不必是唯一的。

（2）任何列中的所有属性值必须属于同一类。

（3）给定表中的每一列都必须具有唯一的名称。但是，不同的表可能包含同名的列。

（4）表必须符合规范化规则。这意味着它们必须没有结构性依赖，包括重复组（repeating groups）、部分依赖（partial dependencies）和可传递依赖（transitive dependencies）（完整的讨论请参见本章附录）。

9.3.1.4　关系表之间的链接

逻辑关系表需要物理链接，以实现数据模型中描述的关联。这是通过使用**外键**（foreign keys）实现的，如图9-12所示。在本例中，外键被嵌入关系表中。例如，客户表的主键（Cust Num）作为外键嵌入销售发票和现金收入表中。与之类似，销售发票表中的主键（Invoice Num）是行项目表中嵌入的外键。请注意，行项目表使用的复合主键由Invoice Num和Item Num组成。需要用这两个字段的值才能唯一地标识表中的每个事件，但只有该复合主键的Invoice Num部分给销售发票表提供了逻辑链接。外键并不总是像图9-12所示的那样嵌入。关系表之间的基数级别决定了用于分配外键的方法。这些方法将在后面进行研究。

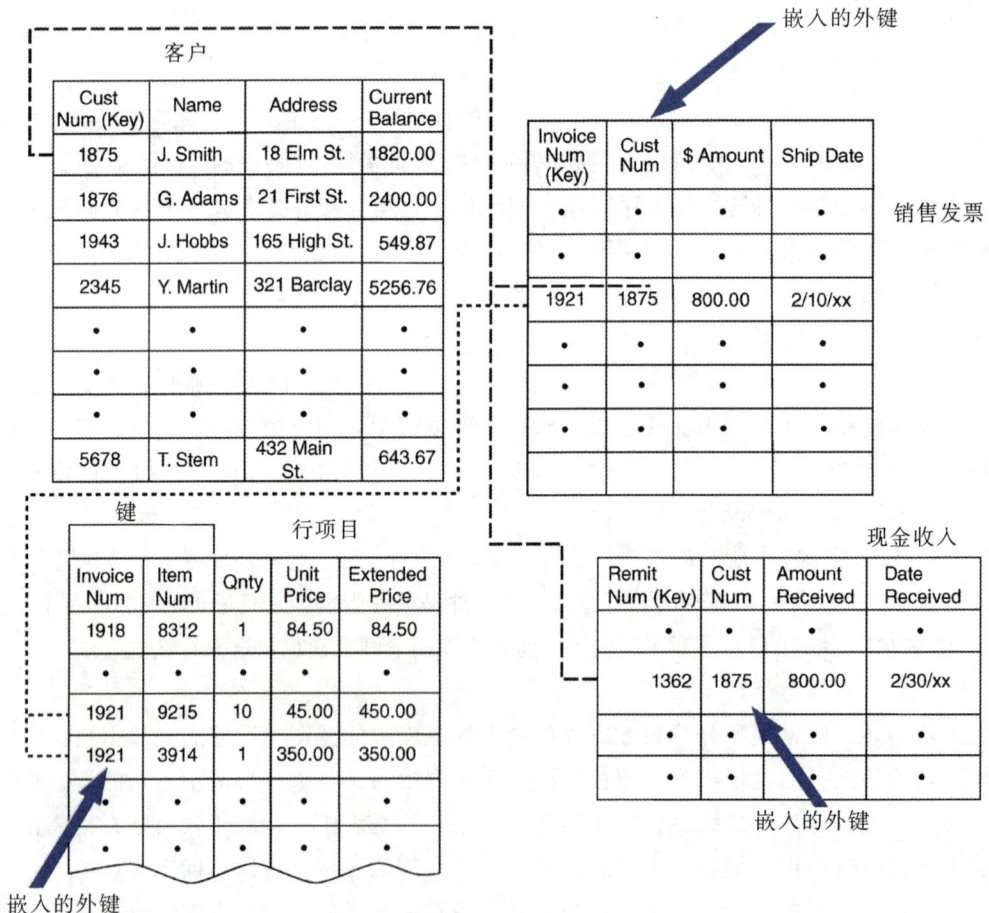

图9-12　关系表之间的联系

外键就位后，可以编写一个计算机程序，在数据库的表之间导航，并向用户提供支持其日常任务和决策责任所需的数据。例如，如果用户需要客户 1875 的所有发票，程序将在销售发票表中搜索外键值为 1875 的元组。我们从图 9-12 中可以看出，只有一张编号为 1921 的此类事件发票。要获取此发票的行项目详细信息，程序将使用外键值 1921 搜索行项目表，并检索出两个元组。

9.3.1.5　用户视图

用户视图在前面定义为特定用户看到的数据集。用户视图的示例是用于输入或查看数据、管理报告或源文档（如发票和采购订单）的计算机屏幕。视图可以是数字或打印件，但在所有情况下，它们都来自底层数据库表。简单视图可以用单个表构造，而更复杂的视图可能需要多个表。此外，单个表可能只向一个或多个不同视图提供数据。如图 9-13 所示的简化表格和视图说明了这种关系。

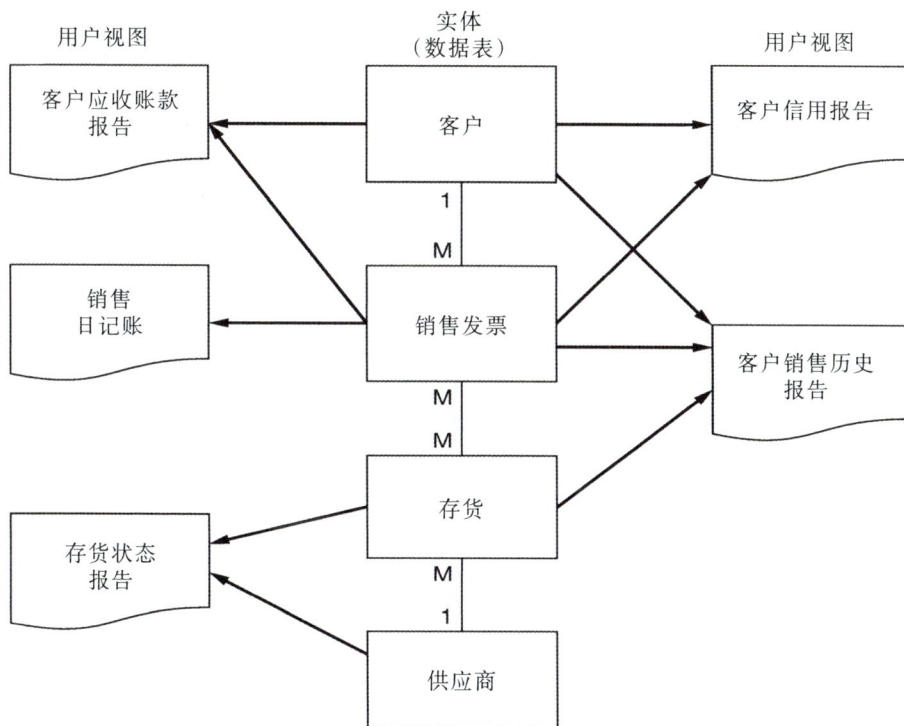

图9-13　用户视图与实体间的关系

一个大型组织将拥有数千个用户视图，这些视图由数千个单个表支持。识别所有视图并将其转换为规范化的表是数据库设计人员的重要责任，因为它具有内部控制含义。接下来将研究与此任务相关的问题和技术。

9.3.2　异常、结构依赖性和数据规范化

本节讨论为什么需要规范化数据库表。换句话说，为什么组织的数据库需要形成一个复杂的规范化表网络，将这些表链接在一起，如图 9-12 所示。相反，为什么我们不能简单

地将一个（或多个）用户的视图合并到一个公共表中，从而满足所有的数据需求?

9.3.2.1　数据库异常

对上一节中提出的问题的答案是，不正确的规范化的表可能会触发DBMS审核问题，从而限制甚至拒绝用户访问他们所需的信息。此类表格显示了称为**异常**的负面运行症状。具体来说，包括更新异常、插入异常和删除异常。这些异常中的一个或多个将存在于非规范化或规范化程度较低的表格中，如**第一范式**（first normal form，1NF）和**第二范式**（second normal form，2NF）。为了避免异常，必须将表规范化为**第三范式**（third normal form，3NF）级别。

我们将用图9-14中的用户视图演示异常的负面影响。此库存状态报告将用于向采购代理提供有关待订购库存物品以及这些物品的各种供应者（供应商）的信息。如果该视图是从一个表中生成的，它将类似于图9-15中所示的视图。虽然这样的表确实可以存储数据以生成视图，但它将显示下面描述的异常情况。

Ajax生产制造公司
库存状态报告

编号	描述	库存量	再订货点	供应商代码	供应商名称	地址	电话
1	Bracket	100	150	22 24 27	Ozment Sup Buell Co. B&R Sup	123 Main St. 2 Broadhead Westgate Mall	555-7895 555-3436 555-7845
2	Gasket	440	450	22 24 28	Ozment Sup Buell Co. Harris Manuf	123 Main St. 2 Broadhead 24 Linden St.	555-7895 555-3436 555-3316
3	Brace	10	10	22 24 28	Ozment Sup Buell Co. Harris Manuf	123 Main St. 2 Broadhead 24 Linden St.	555-7895 555-3436 555-3316
⋮	⋮	⋮	⋮	⋮	⋮	⋮	⋮

图9-14　库存状态报告

存货表

主键　　　　　　　　　　　　　　　　　非码属性

编号	描述	库存量	再订货点	供应商代码	供应商名称	地址	电话
1	Bracket	100	150	22	Ozment Sup	123 Main St.	555-7895
1	Bracket	100	150	24	Buell Co.	2 Broadhead	555-3436
1	Bracket	100	150	27	B&R Sup	Westgate Mall	555-7845
2	Gasket	440	450	22	Ozment Sup	123 Main St.	555-7895
2	Gasket	440	450	24	Buell Co.	2 Broadhead	555-3436
2	Gasket	440	450	28	Harris Manuf	24 Linden St.	555-3316
3	Brace	10	10	22	Ozment Sup	123 Main St.	555-7895
3	Brace	10	10	24	Buell Co.	2 Broadhead	555-3436
3	Brace	10	10	28	Harris Manuf	24 Linden St.	555-3316

图9-15　非规范化数据库表

更新异常。**更新异常**是非规范化表中数据冗余的结果。为了说明，请注意供应商代码 22 提供了图 9-15 所示的三个库存项目（编号 1、2 和 3）。因此，与供应商代码 22（供应商名称、地址和电话）相关的数据属性在供应商代码 22 提供的每个库存项目中都有重复。供应商名称、地址或电话号码的任何变更必须对表中的每条记录进行修改。在本例中，这意味着三种不同的更新。为了更好地理解更新异常的影响，考虑一个更现实的情况，供应商提供 10 000 个不同的库存项目。对供应商属性的任何更新都必须进行 10 000 次。

插入异常。为了演示**插入异常**的影响，假设新供应商已进入市场。该组织尚未从新供应商处采购，但将来可能希望这样做。同时，组织希望将新供应商添加到数据库中。但是，这是不可能的，因为库存表的主键是编号。因为供应商没有向组织提供任何库存项目，所以无法将供应商数据添加到表中。

删除异常。**删除异常**涉及无意中从表中删除数据。举例来说，假设供应商代码 27 仅向公司提供一项：编号 1。如果组织停止该存货项目并将其从表中删除，则与供应商代码 27 相关的数据也将被删除。尽管公司可能希望保留供应商的信息以备将来使用，但当前的表格设计阻止它这样做。

删除异常的存在不太明显，但可能比更新和插入异常的后果更严重。有缺陷的数据库设计会阻止记录的插入或要求用户执行过多的更新，因此很快就会引起注意。然而，删除异常可能无法被检测到，让用户无法意识到重要数据的丢失，等到发现为时已晚。这可能导致关键会计记录的无意丢失和审计线索被破坏。因此，正确的表设计不仅仅是一个操作效率问题，它具有会计人员需要认识到的内部控制意义。

9.3.2.2 规范化关系数据库中的表

本章前面描述的数据库异常是表中称为依赖项的结构问题的症状。具体来说，这些被称为**重复组**、**部分依赖**和**可传递依赖**。规范化过程涉及从建模的表中识别和删除结构依赖项，以使生成的第三范式（3NF）表设计满足两个条件：

（1）表中的所有非（数据）属性都依赖于主键（由主键定义）。

（2）所有非码属性都独立于其他非码属性。

换句话说，第三范式（3NF）表是由表的主键完整且唯一地定义表中的每个属性。此外，表的属性中没有一个属性是由主键以外的属性定义的。

图 9-16 以图形的方式说明了规范化过程，它从一个非规范化表，随着每个类型的依赖性问题的解决，朝着第三范式（3NF）表的方向发展。该过程从用户视图开始，如输出报告、源文档和输入屏幕。用户视图的图像可以使用文字处理器、图形包或简单的铅笔和纸来准备。在这一点上，视图仅仅是用户在项目完成后最终将拥有的一组数据的图形表示。为了演示规范化过程，我们将使用图 9-17 所示的客户销售发票和样本数据。这里的基本问题是：我们能否将此视图所需的所有数据存储在一个表中，同时该表也满足两个第三范式条件？

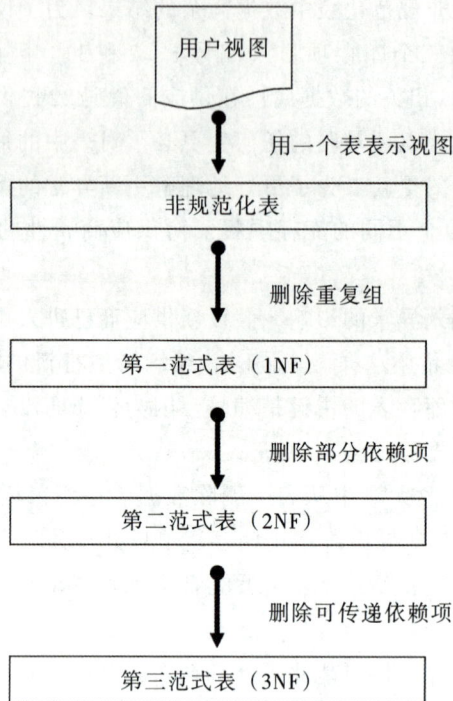

图9-16 规范化过程中的步骤

销售发票

发票号码：16459
订单日期：09/22/20xx
装运日期：09/27/20xx
发货方式：UPS

客户编号：**1765**
客户名称：**ABC Associates**
街道地址：**132 Elm St.**
城市：**Bethlehem**
州：**PA**
电话号码：**610-555-6721**

产品代码	描述	数量	单价	出厂价格
r234	Bolt cutter	2	$42.50	$85.00
m456	Gear puller	1	$16.50	$16.50
W62	Electric welder	1	$485.00	$485.00
			应付总额	**$586.50**

图9-17 一个用户视图

9.3.3　将视图表示为单个表

下一步是将视图表示为包含所有视图属性的单个表。图 9-18 显示了一个包含图 9-17 中样本数据的单表结构。由于该表包含客户发票，因此发票号码将用作逻辑主键。请注意，图 9-18 中突出显示了"出厂价格"和"应付总额"属性。可以存储或计算这些属性的值。由于"出厂价格"是其他两个属性（数量和单价）的乘积，而"应付总额"是所有"出厂价格"值的总和，因此可以根据现有存储的属性计算它们，而不是将它们直接存储在数据库表中。因此，为了简化此示例，我们假设系统将计算这些属性，而这些属性不属于此分析的一部分。

主键　　　　　　　　　　销售发票的单表结构

发票号码	订单日期	装运日期	发货方式	应付总额	客户编号	客户名称	街道地址	城市	州	电话号码	产品代码	描述	数量	单价	出厂价格
16459	09/22/xx	09/27/xx	UPS	586.50	1765	ABC Assoc	132 Elm St	Bethlehem	PA	610-555-6721	r234	Bolt cutter	2	42.50	85.00
16459	09/22/xx	09/27/xx	UPS	586.50	1765	ABC Assoc	132 Elm St	Bethlehem	PA	610-555-6721	m456	Gear puller	1	16.50	16.50
16459	09/22/xx	09/27/xx	UPS	586.50	1765	ABC Assoc	132 Elm St	Bethlehem	PA	610-555-6721	W62	Elec welder	1	485.00	485.00

　　　　　　　　冗余数据　　　　　　　　　　　　　　　　重复组数据

图9-18　支持用户视图的非规范化表

现在我们有了一个基础表，规范化过程中接下来的几个步骤涉及识别和消除任何存在的结构依赖关系。如果存在依赖关系，则纠正依赖关系涉及将原始单表结构拆分为两个或多个较小且独立的第三范式表。以下各节概述了每个结构依赖项以及识别和删除它们的技术。

9.3.4　删除重复组数据

更正结构依赖关系的第一步是确定正在审阅的表是否包含重复组。当特定元组中存在特定属性的多个值时，会产生重复组数据。例如，图 9-17 中的销售发票包含产品代码、描述、数量和单价（我们忽略出厂价格）属性的多个值。这些重复组表示发票的交易明细。我们在许多业务用户视图中看到重复组数据，如采购订单、收货报告和提单。关系数据库理论禁止构造每个元组（表中的一行）表示一个属性（表中的一列）的多个值的表。因此，要在单个表中表示重复组值，需要多行，如图 9-18 所示。请注意，发票属性（重复组数据的每次出现都通用）也将多次出现。例如，订单日期、装运日期、客户名称和街道地址与产品代码、描述、数量和单价的每个唯一匹配项一起存储。为避免此类数据冗余，需要从表中删除重复组数据，并将其放置在单个表中。图 9-19 显示了结果表。其中一个称为销售发票表，发票编号作为主键。第二个表包含发票的交易明细，称为行项目表。

请注意，行项目表的主键是由两个属性组成的**复合键**：发票号码和产品代码。请记住，此表将包含示例发票的交易详细信息以及数千名客户发票的交易详细信息。关系数据库理论要求表的主键唯一地标识存储在表中的每个元组。

仅产品代码无法做到这一点，因为特定的产品，如r234（断线钳），很可能已销售给许多其他客户，其交易也在表中。但是，通过将产品代码与发票号码组合，我们可以唯一地定义每个事件，因为该表永远不会包含具有相同组合、相同发票号码和产品代码的两个事件。

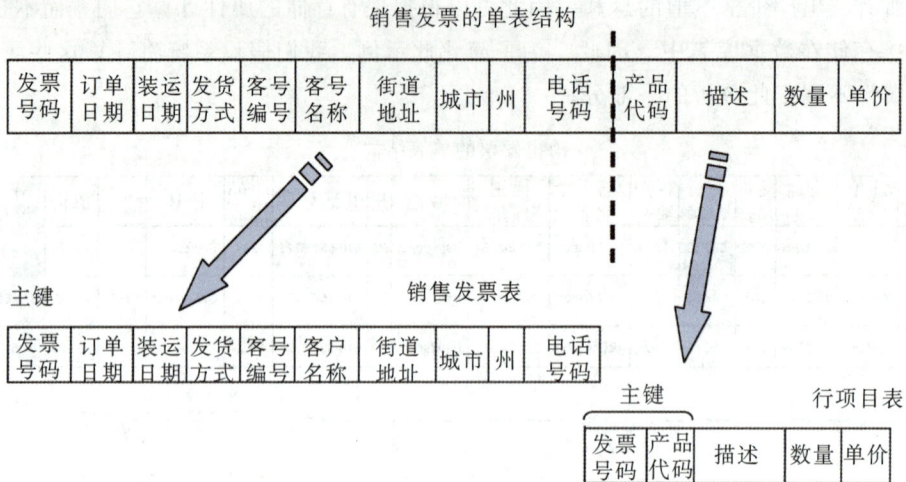

图9-19　删除重复组和计算字段的结果表

9.3.5　删除部分依赖项

接下来，我们检查结果表是否包含部分依赖项。当一个或多个非码属性仅依赖（被定义的）主键的一部分而不是整个键时，会发生部分依赖。这只能发生在具有复合（两个或多个属性）主键的表中。由于销售发票表具有单个属性主键，因此在分析的这一步中可以忽略它。此表已在第二范式中。但是，行项目表需要进一步检查。图9-20说明了其中的部分依赖关系。

在行项目表中，发票号码和产品代码一起定义已售出"数量"属性。但是，如果我们假设r234的价格对于所有客户都是相同的，那么单价属性对于涉及产品r234的所有交易都是通用的。同样，名为描述的属性对所有此类事件也是通用的。这两个属性不依赖于复合键的发票号码组件。相反，它们仅由产品代码定义，因此部分依赖于主键，而不是完全依赖主键。

我们通过将表格一分为二来解决这个问题，如图9-20所示。生成的行项目表现在只剩下一个非码属性"数量"。产品的描述和单价数据放在一个名为存货表的新表中。请注意，存货表将包含不属于此用户视图的其他属性。典型的存货表可能包含诸如再订购点、库存量、供应商代码和仓库位置等属性。这里演示了如何使用单个表来支持许多不同的用户视图。稍后我们将回到这个问题。

此时，图9-20中的两个表格均为第三范式表。行项目表的主键（发票号码、产品代码）完全定义了属性"数量"。类似地，在存货表中，"描述"和"单价"属性完全由主键"产品代码"定义。

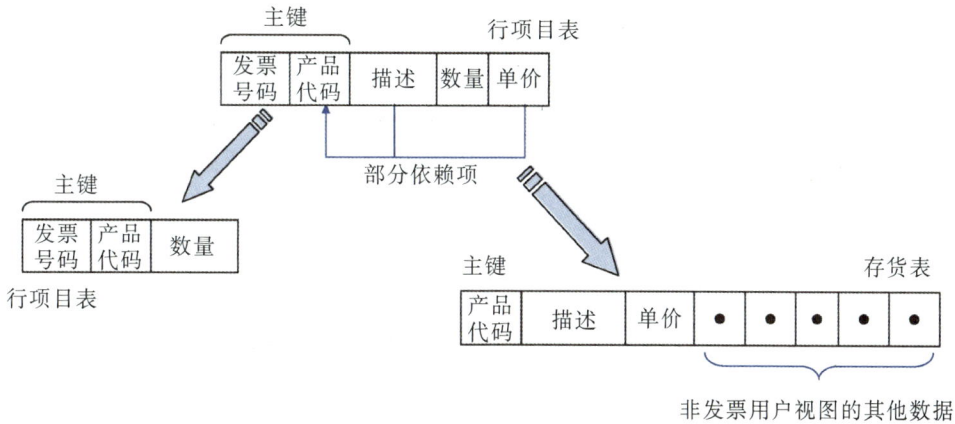

图9-20 删除部分依赖项的结果表

9.3.6 删除可传递依赖项

解决结构依赖关系的最后一步是删除可传递依赖关系。非码属性依赖于另一个非码属性且独立于主键的表中会出现可传递依赖关系。图9-21中的销售发票表举例说明了这一点。主键发票号码唯一且完整地定义了由订单日期、装运日期和发货方式等属性表示的经济事件。但是，该键并不能唯一定义客户属性。客户名称、街道地址等属性定义了独立于特定发票记录捕获的特定交易的实体（客户）。例如，假设在此期间，该公司在10个不同的场合向特定客户销售产品。这将导致表中出现10张不同的发票。使用当前的表结构，每个事件都将捕获与相应业务唯一相关的数据，以及所有10项业务共有的客户数据。因此，主键在表中不唯一定义客户属性。事实上，它们独立于主键。

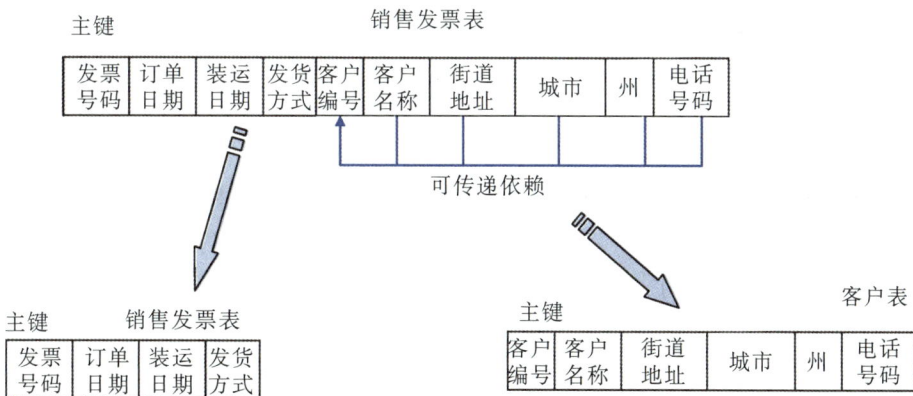

图9-21 删除可传递依赖项的结果表

我们通过拆分客户数据并将它们放在一个名为客户的新表中来解决这种可传递的依

赖关系。此表的逻辑键是客户编号，它是前一个表中的非码属性，其他非码客户属性依赖于该表。解决此依赖关系后，修订后的销售发票表和新的客户表都在第三范式中。

9.3.7 链接规范化表

此时，原始的单表结构已简化为如图 9-22 所示的四个规范化但独立的表。这些表包含图 9-18 所示的原始单表结构中使用的样本数据。请注意原始单表结构中的数据冗余是如何从这里表示的更高效的结构中消除的。但是，要在物理数据库中协同工作，此数据模型中的表需要通过外键链接。这需要首先确定表之间的基数，然后分配外键。

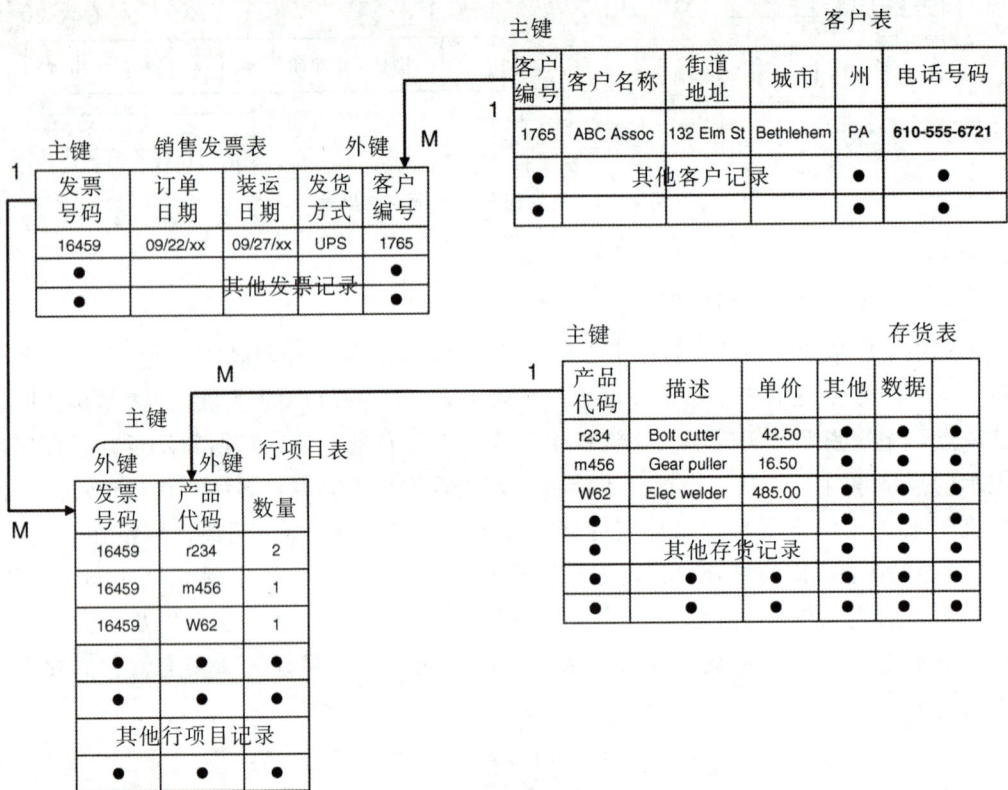

图 9-22　链接规范化表

9.3.7.1　确定基数

在我们的示例中，四个表之间的基数是一对多（1：M），如下所述：

（1）每个客户（客户表）可能与一个或多个销售事件（销售发票表）关联，但每张发票都是针对单个客户的。

（2）每个销售发票记录与一个或多个行项目记录关联，但每个行项目仅与一张销售发票关联。

（3）每个库存记录都与一个或多个行项目相关联（特定产品已多次销售给许多客户），但每个行项目记录仅代表一个库存项目。

如图9-22所示，在1：M关系中进行链接时，数据库设计者将使用关系1侧表中的主键，并将其作为外键嵌入M侧表中。请注意，在行项目表、发票表和存货表之间的关系中，行项目表有复合键（这种情况就是）。但是，需要修改销售发票表，使其包含客户编号作为外键，从而将其链接到客户表。接下来将讨论在（1：1，1：M或M：M）关系中链接规范化表的规则。

1：1基数关系中的键。如果表之间存在真正的1：1基数，则可以将其中一个（或两个）主键作为外键嵌入相关表中。同时，当关系一侧的较低基数值为0（1，1：0，1）时，可以通过将一侧（1，1：）表的主键作为外键放置在0或1（：0，1）表中来实现更高效的表结构。使用图9-11中的员工/公司汽车示例，我们可以看到此键分配规则的重要性。想象一下，通过将公司汽车（0，1侧）表的主键放入雇员（1，1侧）表来反用规则。由于大多数员工没有分配公司汽车，因此员工表中的大多数外键将只有空值。虽然这种方法可行，但在表搜索过程中可能会出现技术问题。正确应用键分配规则可以解决此问题，因为所有公司车辆事件都将有一名员工被分配，并且外键中不会出现空值。

1：M基数关系中的键。如果存在1：M基数（1，1：0，M，以及1，1：1，M），则1侧的主键嵌入到M侧的表中。图9-23通过一个示例和一些基于图9-11示例4的数据说明了这一点。在本例中，供应商提供许多不同类型的存货，但每种类型的存货仅由一个供应商提供。因此，1侧主键（供应商编号）作为外键嵌入M侧存货表中。

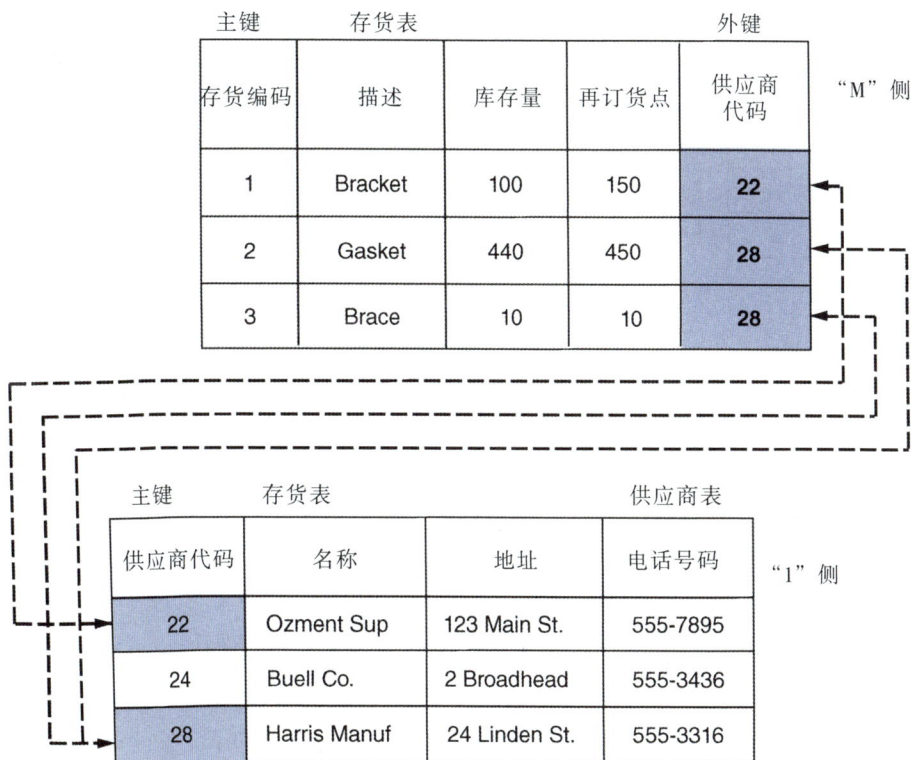

主键	存货表			外键	
存货编码	描述	库存量	再订货点	供应商代码	"M"侧
1	Bracket	100	150	22	
2	Gasket	440	450	28	
3	Brace	10	10	28	

主键	存货表	供应商表		
供应商代码	名称	地址	电话号码	"1"侧
22	Ozment Sup	123 Main St.	555-7895	
24	Buell Co.	2 Broadhead	555-3436	
28	Harris Manuf	24 Linden St.	555-3316	

图9-23　1：M键分配规则的应用

M：M基数关系中的键。M：M关系如图9-24所示，该关系基于图9-14所示的存货状态报告。在这种情况下，业务规则指定每个供应商向公司提供许多存货项目，每个项目可能由许多不同的供应商提供。例如，Ozment 供应公司提供项目 1、2 和 3，Harris 制造公司也提供项目 2 和 3。由于 M：M 关系没有 1 侧，因此关系中的两个表都不能向另一个表提供嵌入的外键。因此，解决方案是创建第三个链接表，其中包含其他两个表的主键，从而在三个表之间建立两个 1：M 关系。存货表和供应商表为 1 侧表，链接表为 M 侧表。

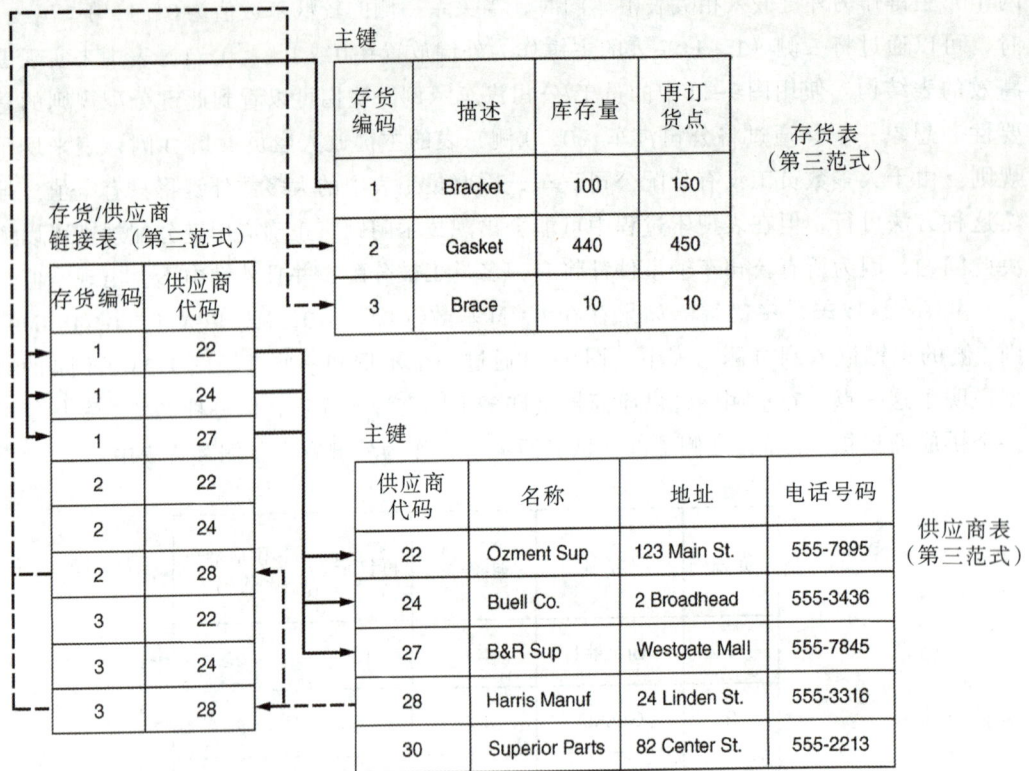

主键

存货表（第三范式）

存货编码	描述	库存量	再订货点
1	Bracket	100	150
2	Gasket	440	450
3	Brace	10	10

存货/供应商链接表（第三范式）

存货编码	供应商代码
1	22
1	24
1	27
2	22
2	24
2	28
3	22
3	24
3	28

主键

供应商表（第三范式）

供应商代码	名称	地址	电话号码
22	Ozment Sup	123 Main St.	555-7895
24	Buell Co.	2 Broadhead	555-3436
27	B&R Sup	Westgate Mall	555-7845
28	Harris Manuf	24 Linden St.	555-3316
30	Superior Parts	82 Center St.	555-2213

图9-24 规范化的数据库表

通过链接表，每个存货项目都可以链接到该项目对应的供应商，每个供应商都可以链接到其供应的存货项目。例如，通过在存货表中搜索存货编号 1，我们可以看到供应商 22、24 和 27 提供了该项目。从相反方向搜索，供应商编号 28 提供零件 2 和 3。链接表包含供应商/存货关联的每个（唯一）事件的元组。例如，如果供应商 24 提供 500 个不同的存货项目，那么链接表将包含 500 个元组来描述这些关联。

9.3.7.2 会计与数据建模

尽管大多数会计师不会直接负责组织数据库的规范化，但他们应该了解流程，并能够确定财务数据是否被正确地规范化以避免异常。例如，更新异常会在会计账户中生成冲突且（或）过时的数据库值，插入异常会导致未记录的交易和不完整的审计线索，删除异常会导致会计记录丢失和审计线索毁灭。此外，许多财务审计程序的执行涉及访问存储在标准化基表中的数据，类似于图 9-22 中的数据。一个组织的财务数据库可能由数千个规范表组成，在这样的网络中导航需要了解数据结构。

9.4 自上而下的关系数据库设计方法

本节将介绍使用自上而下方法创建关系数据库所涉及的步骤。请记住，数据库设计是一个更大的系统开发过程的一个元素，该过程涉及对用户需求的广泛分析，目前章节还没有涉及这一点。这是第13章和第14章的主题。因此，我们的出发点通常是在大量准备工作之后，详细说明正在开发的系统的关键要素。根据这一提示，重点将放在数据库设计的以下阶段，这些阶段统称为**视图建模**：

（1）确定要建模的视图。

（2）规范化数据模型并添加主键。

（3）确定基数并添加外键。

（4）构建物理数据库。

（5）准备物理用户视图。

9.4.1 确定要建模的视图

视图建模首先确定相关业务功能的相关视图。这涉及用户访谈和其他技术，以确定用户要做什么以及他们需要什么信息来支持他们的任务。为了演示如何确定视图，我们将分析简化采购功能的以下关键功能：

（1）采购代理审查库存状态报告，以确定需要再订货的存货。

（2）采购代理从其终端选择供应商并准备数字采购订单。

（3）采购代理打印采购订单的副本并将其发送给供应商。

（4）供应商将存货发送给公司。到货后，收货职员检查到货情况并准备数字收货报告。计算机系统自动更新库存记录。

此说明确定了三种视图：（1）库存状态报告；（2）采购订单；（3）收货报告。图9-14、图9-25a和图9-25b分别规定了视图中使用的数据属性。请注意，采购订单合计成本和总计成本的属性可以通过其他属性计算，并且不包括在模型中。图9-26显示了表示这些视图的非规范化实体。

图9-26中的每个实体都被分配了一个名称和一个主键。主键应在逻辑上定义非码属性，并唯一标识实体中的每个事件。有时，这可以通过使用简单的顺序编码来实现，如发票号码、支票号码和采购订单号。然而，顺序编码并不总是合适的键，也可以指定块代码、组码、字母编码和助记码为主键。第2章详细讨论了这些技术。我们示例中实体的主键是存货编码、采购订单号和收货报告号。

9.4.2 规范化数据模型和添加主键

图9-27显示了规范化数据模型。以下部分描述了生成此模型的规范化过程：

a.

采购订单			采购订单号	
供应商名称				
供应商地址				
			电话号码	
订单日期 / /	交货日期 / /	供应商代码	条款	
存货编码	描述		订货数量	单价	合计
					总计:

b.

收货报告			收货报告号	
收货日期	采购订单号	承运商代码	提单号码	
运费 预付 | 到付	供应商名称			
	电话号码			
供应商地址				
存货编码	描述	收货数量	状态码	

图9-25　采购系统的采购订单与收货报告

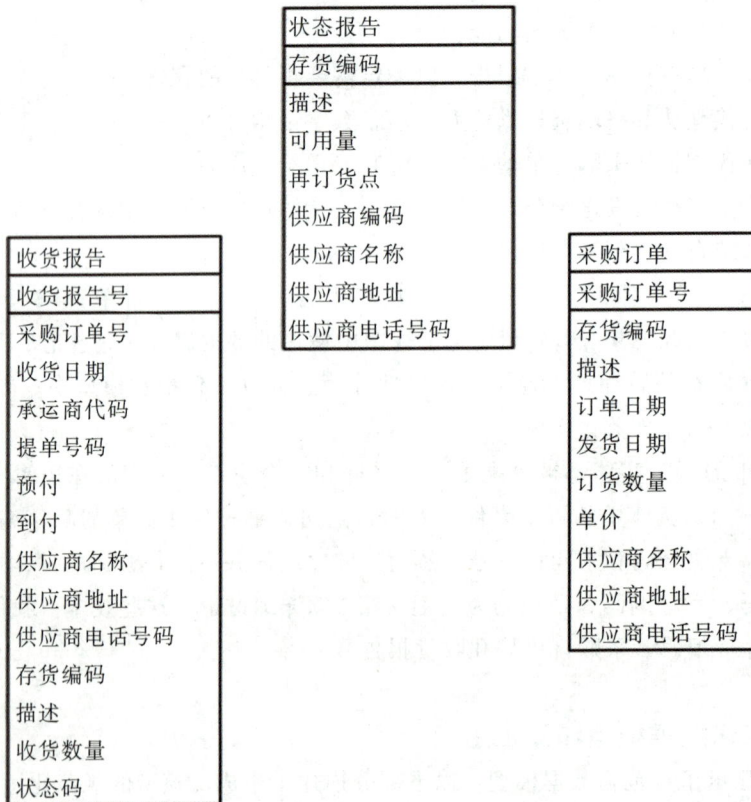

状态报告
存货编码
描述
可用量
再订货点
供应商编码
供应商名称
供应商地址
供应商电话号码

收货报告
收货报告号
采购订单号
收货日期
承运商代码
提单号码
预付
到付
供应商名称
供应商地址
供应商电话号码
存货编码
描述
收货数量
状态码

采购订单
采购订单号
存货编码
描述
订单日期
发货日期
订货数量
单价
供应商名称
供应商地址
供应商电话号码

图9-26　主键与属性的非规范化数据模型

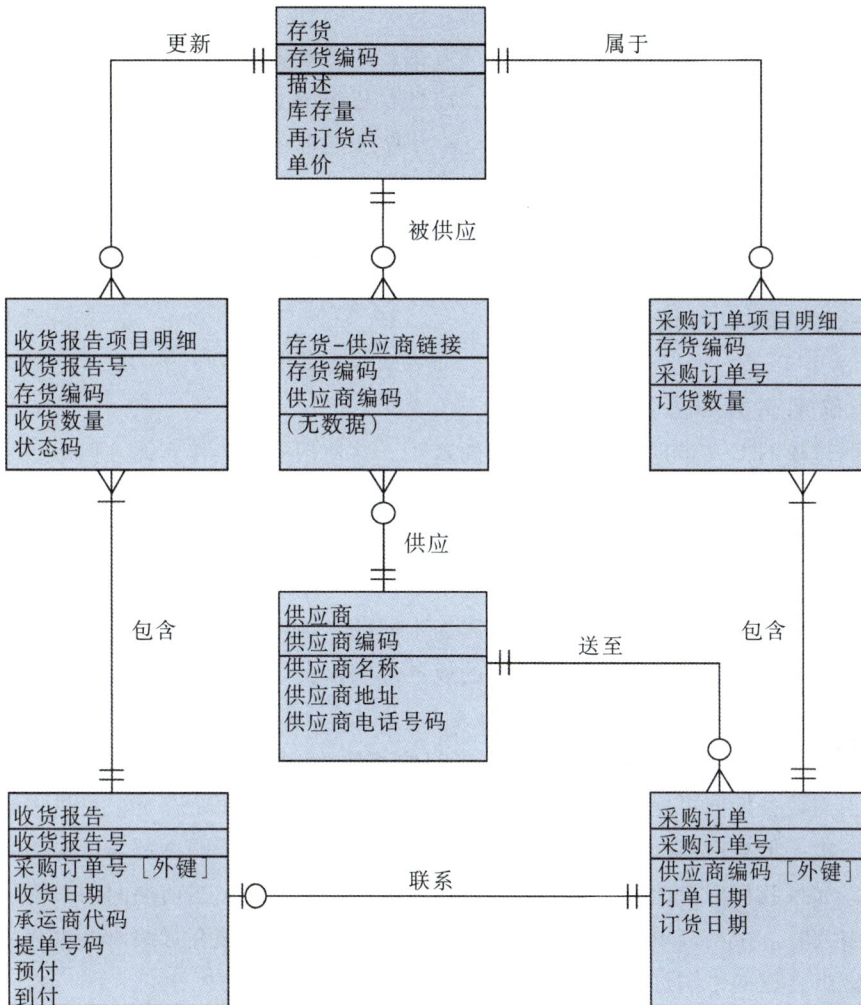

图9-27　规范化数据模型

（1）状态报告实体中的重复组数据。供应商编号、供应商名称、供应商地址和供应商电话号码等非码属性是状态报告中的重复组数据。这些数据被删除并放在一个名为供应商的新表中，并分配了一个供应商编码主键。余下的仅包含存货属性的实体被重命名为存货。

（2）采购订单实体中的重复组数据。存货编码、描述、订单数量和单价等属性是重复组数据。为了解决这个问题，这些属性数据被删除并列入一个名为采购订单项目明细（PO item detail）的新实体中，该实体被分配了一个主键，该主键是存货编码和采购订单号的组合。

（3）采购订单项目明细实体中的部分依赖项。对采购订单项目明细实体的分析表明，其复合主键仅定义订单数量。描述和单价的属性仅依赖于存货编码，因此被删除。将订货数量保留为唯一的非码属性。单价已添加到存货实体中，描述已经是存货实体的属性。

（4）采购订单实体中的可传递依赖项。供应商名称、供应商地址和供应商电话号码的属性是传递依赖项，由供应商编码定义。因此，这些属性已从采购订单实体中删除。

（5）收货报告实体中的重复组数据。属性存货编码、收货数量和状态码是收货报告实体中的重复组数据，已被删除并列入名为收货报告项目明细（rec report item detail）的新实体中。分配了一个由存货编码和收货报告号组成的复合键。

（6）收货报告实体中的可传递依赖项。供应商名称、供应商地址和供应商电话号码的属性由供应商编码定义，而不是由主键采购订单号定义。它们是供应商实体属性，因此从采购订单实体中删除。

9.4.3 确定基数并添加外键

视图建模的下一步是确定实体之间的基数，并使用外键链接实体。回想一下，基数表示业务规则。有时，规则是显而易见的，对所有组织都是一样的。例如，客户实体和销售订单实体之间的正常基数为 1：M。这表示一个客户可能在一个销售期间下多个订单。基数永远不会是 1：1。这意味着组织将每个客户限制为一次销售，这是不合逻辑的。

有时，实体之间的基数并不明显，因为不同的组织可能适用不同的规则。如果数据库要正常运行，其设计者需要了解组织的业务规则以及个人用户的特定需求。下面将解释示例中的基数和基本业务规则。

（1）采购订单项目明细与存货实体之间的基数为 1，1：0，M。这意味着每个存货项目在当前业务期间可能已订购多次或从未订购过。显然，每个存货项目过去必须至少购买过一次，但重申前面提到的一点，交易实体，如销售和采购，都与特定的时间框架相关联。如果我们假设此系统的采购订单项目明细实体仅表示当前期间的采购记录，则基数下限为零。采购订单明细实体的复合键包括存货编码，该存货编码提供存货实体的链接。该组合键的采购订单号链接到采购订单实体。

（2）将存货状态报告实体拆分为存货和供应商实体，创建 1，M：1，M 基数。这意味着每个存货项目由一个或多个供应商提供，每个供应商提供一个或多个存货项目。通过创建名为 Inventory - Supplier Link 的链接实体来解决这个似乎不可行的关系，该链接实体包含两个表的主键，并创建两个 1：M 关系。

（3）供应商和采购订单实体的基数为 1，1：0，M。这意味着在当前期间，每个供应商可能收到零份或多份采购订单，但每个订单仅发送给一个供应商。此关系要求供应商编码作为外键嵌入采购订单实体中。

（4）采购订单和收货报告实体的基数为 0，1：1，1。让我们首先检查关联线的收货报告端的基数上限值"1"。这意味着每个采购订单将全部收到，不存在延期订单。就本例而言，这是一个简化的假设。实际上，延期订单确实会发生，并且需要特殊的程序，这里没有介绍。收货报告端较低的基数值"0"表示在任何时间点都存在尚未接收的采购订单。例如，假设采购订单事件在 6 月 1 日创建，但订单上的存货项目直到 6 月 30 日才到达。对于 6 月份，采购订单表中将存在与收货报告表中的事件不关联的事件。采购订单末尾的1，1 基数表示每个收货报告与单个采购订单关联，并且多个采购订单不会合并到单个收货报告中。此关系要求主键"采购订单号"作为外键嵌入收货报告实体中。

（5）收货报告项目明细和存货实体之间的基数为 1，1：0，M。这表示在一段时间内，存货项目可能已收到多次，或者根本没有收到。例如，滞销的或季节性存货项目可能在此期间未订购，因此未收到存货。每个收货报告项目明细事件与一个且仅一个存货事件关联。复合键中的存货编码链接到存货实体，收货报告号链接到收货报告实体。

本章前面描述的视图建模过程只涉及一个业务功能——采购系统和由此产生的示例实体仅构成该系统的一小部分。一家现代化的公司会使用成千上万个视图。将所有用户的数据需求合并到单个实体范围的模式中称为**视图集成**（view integration）。这涉及将所有用户视图中的属性合并为一组满足以下条件的通用规范化实体：

（1）*一个实体必须由两个或多个事件组成。*

（2）*两个实体不能具有相同的主键。例外情况是，具有复合键的实体包含其他实体的主键。*

（3）*非码属性不能与多个实体关联。例如，如果客户地址是客户实体的属性，则它不能也是另一个实体的属性。所有使用客户地址的视图都将从客户实体检索该地址。*

9.4.4　构建物理数据库

图 9-28 说明了物理数据库的第三范式表结构。虚线表示链接表的主键和外键。以下几点值得进一步阐述。

收货报告项目明细表中的每个事件表示收货报告中的单个项目。该表有一个复合键，由收货报告号和存货编码组成。此复合键用于唯一标识每个物料明细记录的收货数量和状态属性。该键的收货报告号（Rec Rept Number）部分提供指向收货报告表的链接，该表包含有关收货事件的常规数据。键的存货编码部分用于访问存货表，以便于从收货报告项目明细表的收货数量字段更新库存量字段。

采购订单项目明细表使用由采购订单号和存货编码组成的复合主键来唯一标识订单数量属性。复合键的采购订单号提供了采购订单表的链接。键的存货编码部分是存储描述和单价数据的存货表的链接。

下一步是创建物理表并用数据填充它们。这是一个复杂的步骤，必须仔细规划和执行，在大型安装中可能需要数月的时间。需要编写程序将当前存储在组织平面文件或遗留数据库中的数据传输到新的关系表。当前存储在纸质文档中的数据将手动输入数据库表。完成此操作后，就可以生成物理用户视图。

9.4.5　准备物理用户视图

规范化的表应该足够丰富，以支持所建模系统所有用户的视图。例如，图 9-28 中的采购订单（可能是采购员的数据输入屏幕）是由多个表中的属性构成的。为了说明这种关系，用户视图中的字段通过带圈数字交叉引用支持表中的属性。请记住，这些表还可能提供此处未显示的许多其他视图的数据，如收货报告、请购单列表、库存状态报告和供应商采购活动报告。

	⑨	⑩	⑫	

存货

Part Number	Desc.	Quantity on Hand	Unit Cost

采购订单项目明细

Combined Key ⑪

Part Number	PO Number	Order Quantity

采购订单

①		⑤	⑥
PO Number	Supplier Number	Order Date	Requested Delivery Date

收货报告

Rec Rept Number	PO Number	Date Received	Carrier Code	Bill of Lading Number	Pre-Paid	Collect

记录收货项目明细

Combined Key

Rec Rept Number	Part Number	Quantity Received	Condition Code

存货供应商链接

Combined Key

Part Number	Supplier Number

供应商

⑦	②	③	④	⑧
Supplier Number	Supplier Name	Supplier Address	Supplier Tel Number	Terms

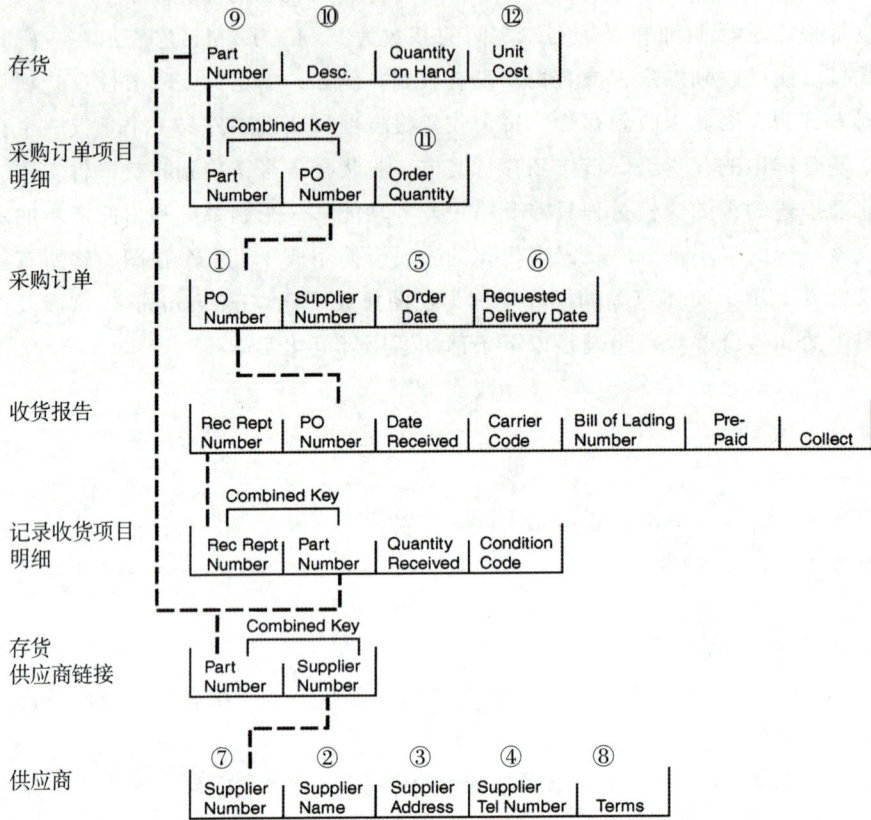

用户视图——采购订单

采购订单			① PO 39763	
Supplier Name ②				
Supplier Address ③				
			Tel No. ④	
Order Date ⑤ / /	Date Required ⑥ / /	Supplier Number ⑦	Terms ⑧	
Part Number	Description	Order Quantity	Unit Cost	Extended Cost
⑨	⑩	⑪	⑫	Calculated Field
⑨	⑩	⑪	⑫	
⑨	⑩	⑪	⑫	
⑨	⑩	⑪	⑫	
⑨	⑩	⑪	⑫	
			Total Cost ( )	

Calculated Field

图9-28 规范化的表

数据库开发人员使用SQL确定要使用哪些表以及要选择哪些属性来创建用户视图。我们示例中的收货报告、采购订单和存货状态报告视图都将以这种方式创建。生成如图9-14所示的存货状态报告所需的SQL命令如下所示：

SELECT inventory. part-num，description，quantity-on-hand，reorder-point，EOQ，inventory-supplier，part-num，inventory-supplier.supplier-number，supplier.supplier-number，name，address，tele-num，FROM inventory，part-supplier，supplier

WHERE inventory. part-num = inventory-supplier. part-num AND inventory-supplier.supplier-number = supplier.supplier-number AND quantity-on hand < reorder-point.

- SELECT命令标识出视图中包含的所有属性。
- FROM命令标识出创建视图时使用的表。
- WHERE命令指定如何匹配存货表、存货-供应商表和供应商表中的行以创建视图。在这种情况下，三个表在主键存货编码和供应商编码上以代数方式连接。
- 多个表达式可以与AND、OR和NOT运算符连接。在本例中，最后一个表达式使用AND来限制要选择的记录，其中逻辑表达式是库存量<再订货点。只有库存量已降至或低于其再订货点的记录才会被选择查看，用户将看不到数千个具有足够库存量的其他库存项目。

这些SQL命令将保存在被称为查询的用户程序中。要查看库存状态报告，采购代理将执行查询程序。每次完成此操作时，查询都会使用存货表和供应商表中的当前数据构建一个新视图。通过向用户提供他或她的个人查询程序，而不是允许访问下层的基表，用户仅限于使用授权数据。

报告程序用于使视图具有视觉吸引力和易于阅读。可以添加列标题以生成类似于图9-14中原始用户报告的打印件或计算机屏幕报告。报告程序将禁止视图中出现不必要的数据，如存货/供应商链接表中的重复字段和键值。这些键是构建视图所必需的，但在实际报告中不需要。

9.4.6 商业数据库系统

在从头开始创建实体范围的数据库时，对数千个用户视图的数据需求进行建模是一项艰巨的任务。为了简化这项任务，现代商业数据库系统配备了一个核心模式、标准化表和用于数千个视图的模板。商业系统的设计符合经验证的行业最佳实践，并满足不同客户组织的最常见需求。例如，向客户销售产品的所有组织都需要存货表、客户表、供应商表等。这些表中的许多属性和键对于所有组织都是通用的。因此，通过使用商业数据库包，开发人员可以专注于配置预定义视图，以适应其组织内的特定用户需求，而不是从头开始。

然而，数据库供应商无法提前预测所有用户的信息需求。因此，可能需要将新实体和新属性添加到核心模式中。以这种方式配置核心数据库远比从头开始工作效率高，并且目标是相同的。数据库设计者必须生成一组集成表，这些表没有更新、插入和删除异常，并且足够丰富，能够满足所有用户的需求。

9.5 分布式环境中的数据库

第1章介绍了**分布式数据处理**（distributed data processing，DDP）的概念，作为集中式方法的替代方法。大多数现代组织使用某种形式的分布式处理和网络来处理交易。有些公司以这种方式处理所有交易。在规划分布式系统时，一个重要的考虑因素是组织数据库的位置。在解决这个问题时，规划者（planner）有两个基本选项：数据库可以是集中式的，也可以是分布式的。分布式数据库分为两类：**分区数据库**（partitioned database）和复制数据库。本节探讨在决定数据库如何分布时应仔细评估的问题、特性以及所作的权衡。

9.5.1 集中式数据库

在**集中式数据库**方法下，远程用户通过终端向中心站点发送数据请求，中心站点处理请求并将数据回传给用户。中心站点执行文件管理器的功能，以满足远程用户的数据需求。集中式数据库方法如图9-29所示。

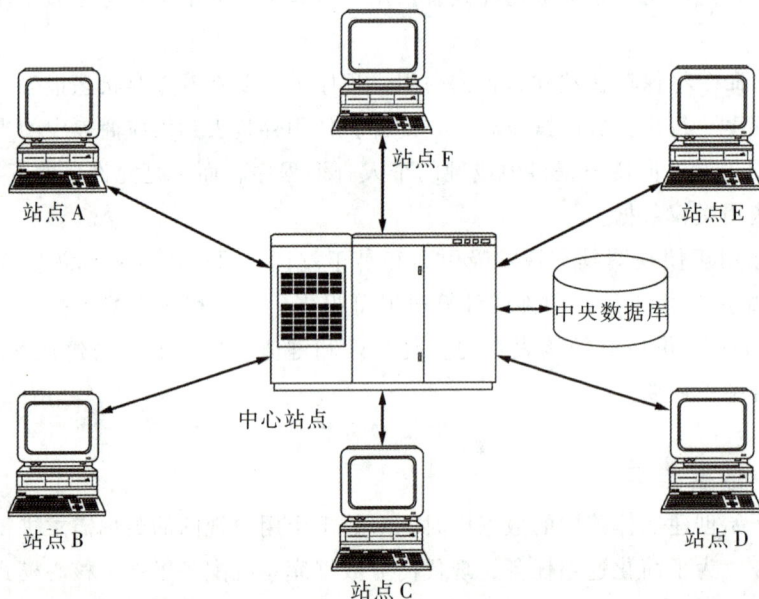

图9-29 集中式数据库

本章前面介绍了数据库方法的三个主要优势：降低数据存储成本、消除多个更新程序和建立**数据通用性**（data currency，即公司的数据文件准确反映其交易的结果）。实现数据通用性对于数据库的完整性和可靠性至关重要。然而，在DDP环境中，这可能是一项具有挑战性的任务。

9.5.1.1 DDP环境中的数据通用性

在数据处理过程中，账户余额会经历**暂时不一致**的状态。在这种状态下，账户余额

的值被错误地表示。这发生在任何会计交易的执行过程中。比如赊销 2 000 美元给客户
Jones，计算机记录该业务的逻辑如下：

INSTRUCTION		DATABASE VALUES	
START		AR–Jones	AR–Control
1. Read AR–Sub account （Jones）		1 500	
2. Read AR–Control account			10 000
3. Write AR–Sub account （Jones） +$2 000		3 500	
4. Write AR–Control account+$2 000			12 000
END			

　　在执行第 3 号指令之后，执行第 4 号指令之前，应收账款总账账户与明细账户价值
暂时不一致，差异总计为 2 000 美元。这种不一致性只有在整个交易完成后才能解决。
在 DDP 环境中，此类临时不一致可能导致数据库永久损坏。

　　为了说明潜在的损害，请看一个稍微复杂一点的例子。使用与前面相同的计算机逻
辑，考虑从两个远程站点处理两项单独的交易：交易 1（T1）是从站点 A 向客户 Jones
销售 2 000 美元；交易 2（T2）是从站点 B 向客户 Smith 赊销 1 000 美元。以下逻辑显示
了两个处理任务可能存在的交叉情况以及对金额数据的影响。

INSTRUCTION			DATABASE VALUES		
			Central Site		
SITE A	SITE B				
T1	T2	START	AR–Jones	AR–Smith	AR–Control
		START			
1		Read AR–Sub account （Jones）	1 500		
	1	Read AR–Sub account （Smith）		3 000	
2		Read AR–Control account			10 000
3		Write AR–Sub account （Jones） +$2 000	3 500		
	2	Read AR–Control account			10 000
4		Write AR–Control account+$2 000			12 000
	3	Write AR–Sub account （Smith） +$1 000		4 000	
	4	Write AR–Control account+$1 000			11 000
		END			

　　请注意，站点 B 在不一致状态下获取 10 000 美元的应收账款总账余额，通过使用该
值处理其交易，站点 B 实际上销毁了站点 A 处理的交易记录 T1。因此，新的应收账款总
账余额错报为 11 000 美元，而不是正确的 13 000 美元。

9.5.1.2　数据库锁定

　　为了获得正确的数据货币，需要防止多个站点同时访问单个数据元素。这个问题的
解决方案是使用**数据库锁定**（database lockout），这是一个软件控件（通常是 DBMS 的一
个功能），可以防止对数据同时进行多次访问。前面的示例可以用来说明这种技术：在

从站点A接收到应收账款总账（T1，指令号2）的访问请求后，中心站点DBMS立即锁定应收账款——控制账户，以防止从其他站点访问，直到这项交易T1完成。因此，当站点B请求访问应收账款——控制账户（T2，指令号2）时，它处于等待状态，直到解除锁定。只有这样，站点B才能访问应收账款——控制账户并完成交易T2。

9.5.2 分布式数据库

分布式数据库可以使用分区或复制技术进行分配。

9.5.2.1 分区数据库

分区数据库方法将中央数据库拆分为多个段或分区，这些段或分区分配给其主要用户。这种方法的优点是：

- 在本地站点存储数据可提高用户的控制能力。
- 允许本地访问数据并减少站点之间必须传输的数据量，从而减少交易处理响应时间。
- 分区数据库可以减少发生灾难的可能性。由于数据位于多个站点，单个站点的丢失不能终止组织的所有数据处理。

分区方法（如图9-30所示）最适用于需要在远程站点的用户之间进行极少的数据共享的组织。在远程用户共享数据的情况下，与集中式方法相关的问题仍然存在。主用户现在必须管理来自其他站点的数据请求。为分区选择最佳主机位置将最大限度地减少数据访问问题。这需要对最终用户的数据需求进行深入分析。

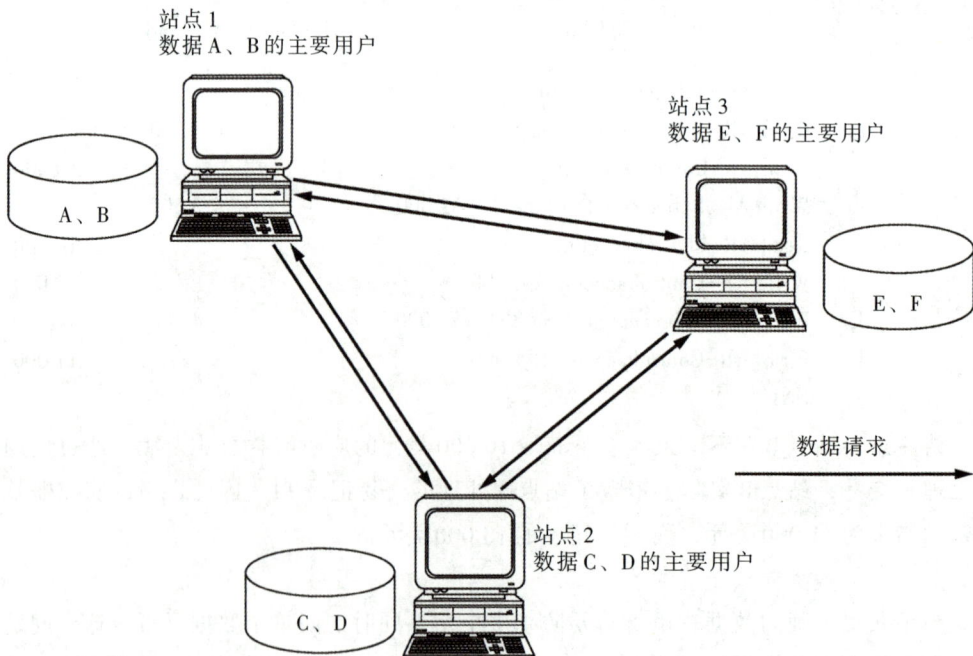

图9-30 分区数据库方法

（1）**死锁**（deadlock）现象。在分布式环境中，多个站点可能会相互锁定，从而阻止每个站点处理该项业务。例如，图 9-31 说明了三个站点及其相互之间的数据需求。请注意，站点 1 已请求（并锁定）数据 A，正在等待解除对数据 C 的锁定以完成该交易。站点 2 在 C 上有一个锁，正在等待 E。最后，站点 3 在 E 上有一个锁，正在等待 A。这里会发生死锁问题，是因为数据互斥，该项交易处于等待状态，直到锁被解除。这可能会导致业务处理不完整和数据库损坏。死锁是一种永久性的情况，必须由专门的软件来解决，该软件分析每个死锁情况以确定最佳解决方案。由于对交易处理有影响，会计师应了解与死锁解决相关的问题。

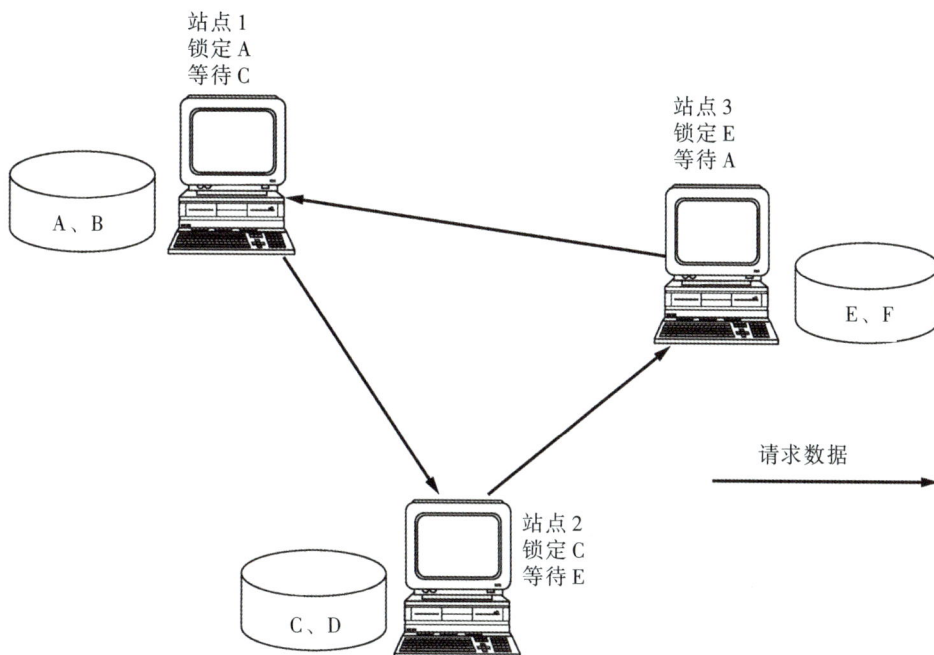

图 9-31　死锁情况

（2）死锁问题解决。解决死锁问题通常需要牺牲一个或多个交易。必须终止这些交易才能完成死锁中其他交易的处理。然后重新启动被抢占的交易。在抢占交易时，死锁解决软件试图最小化破解死锁的总成本。虽然自动化不是一项容易的任务，但影响此决策的一些因素如下：

①当前投入交易的资源。这可以通过交易已经执行并且在交易终止时必须更新的次数来衡量。

②交易的完成阶段。通常，死锁解决软件将避免终止接近完成的交易。

③与交易关联的死锁数。因为终止交易会打破所有死锁，所以软件应该尝试终止属于多个死锁的交易。

9.5.2.2　复制数据库

在某些组织中，整个数据库在每个站点上复制。在存在高度数据共享但没有主要用户的公司中，**复制数据库**是有效的。由于在每个站点复制公共数据，因此站点之间的数据流量大大减少。图9-32说明了复制数据库模型。

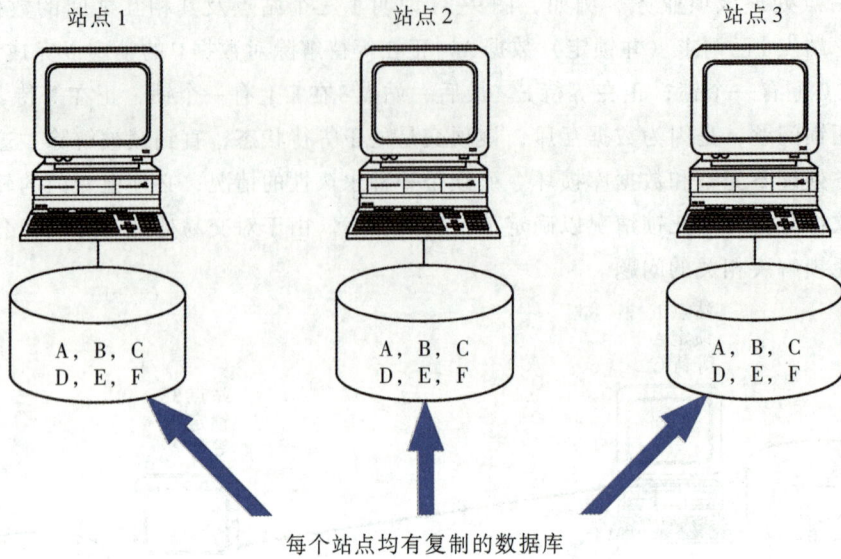

图9-32　复制数据库方法

　　复制数据库的主要理由是支持只读查询。通过在每个站点复制数据，可以确保用于查询目的的数据访问，并且最小化由于网络流量导致的锁定与延迟。但是，当本地站点还需要使用交易更新复制的数据库时，会出现一个问题。

　　由于每个站点只处理其本地业务，不同的业务将更新每个站点复制的公共数据属性。因此，每个站点在各自的更新后将拥有唯一不同的值。使用前一个示例中的数据，图9-33说明了处理Jones在站点A和Smith在站点B赊销的效果。处理交易后，显示的通用应收账款总账账户的值不一致（站点A为12 000美元，站点B为11 000美元），并且两个站点的值都不正确。

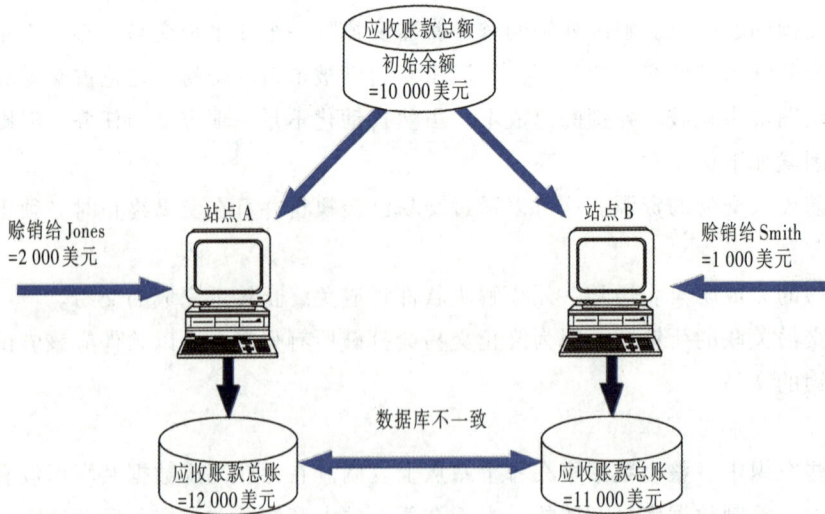

图9-33　分别更新复制数据库

9.5.2.3 并发控制

数据库并发是指在所有远程站点上都存在完整而准确的数据。系统设计人员需要采用各种方法，确保在每个站点处理的交易准确反映在所有其他站点的数据库中。这项任务虽然有问题，但对会计记录有影响，也是会计人员关心的问题。

并发控制（concurrency control）常用于对交易进行序列化。这涉及用两个标准标记每项交易。首先，特殊软件将交易分组到类中，以识别潜在的冲突。例如，只读（查询）交易不会与其他类别的交易冲突。同样，应付账款（AP）和应收账款（AR）交易不太可能使用相同的数据，也不会发生冲突。但是，涉及读写操作的多个销售订单交易可能会发生冲突。

其次，控制流程给每项交易加上时间戳。系统范围的时钟用于使所有站点（其中一些站点可能位于不同的时区）保持在同一逻辑时间。每个时间戳都通过加入站点的标识号而变得唯一。当每个站点收到这项交易时，首先检查它们是否存在潜在冲突。如果存在冲突，则将该交易输入序列化计划。根据交易时间戳和类，使用一种算法来调度对数据库的更新。此方法允许在每个站点处理多个交叉交易，就像它们是串行事件一样。

9.5.2.4 分布式数据库与会计师

采用分布式数据库的决定应该深思熟虑。有许多问题需要权衡考虑。需要解决的一些最基本问题如下：

- 组织的数据应该集中还是分散？
- 如果需要数据分散，是否应对数据库进行复制或分区？
- 如果复制，数据库是完全复制还是部分复制？
- 如果要对数据库进行分区，应如何在站点之间分配数据段？

每个问题中涉及的选择都会影响组织维护数据库完整性的能力。审计线索的保存和会计记录的准确性是关键问题。显然，现代会计师应该理智地理解并影响对这些问题所作的决策。

总结

本章研究了数据管理的数据库方法，并展示了这种方法如何使企业组织解决数据冗余以及相关的问题，这些问题是采用平面文件方法管理数据难以解决的。数据库概念由四个动态相关的组件组成：用户、DBMS、DBA 和物理数据库。DBMS 位于物理数据库和用户群之间。它的主要功能是为数据库提供一个受控和安全的环境。这是通过软件模块实现的，如查询语言、数据定义语言和数据操作语言。DBMS 还通过各种备份和恢复功能对处于人为错误和自然灾害下的数据提供安全保证。

数据库模型是关于实体、事件和活动及其在组织内关系的数据的抽象表示。我们关注的焦点是关系模型。本章讨论了许多数据库设计主题，包括数据建模、数据规范化和从物理数据库表创建用户视图。最后，本章介绍了与分布式数据库相关的一些问题。研究了分布式环境中三种可能的数据库配置：集中式、分区式和复制式数据库。

附录　结构化数据库的特征

9A.1　层次数据库模型

　　最早的数据库管理系统是基于层次数据模型的。这是一种流行的数据呈现方法，因为它或多或少忠实地反映了一个具有层次关系的组织的许多方面。此外，对于高度结构化的问题而言，它是一个有效的数据处理工具。图9-34是一个数据结构图，显示了一个层次结构数据库的一部分。

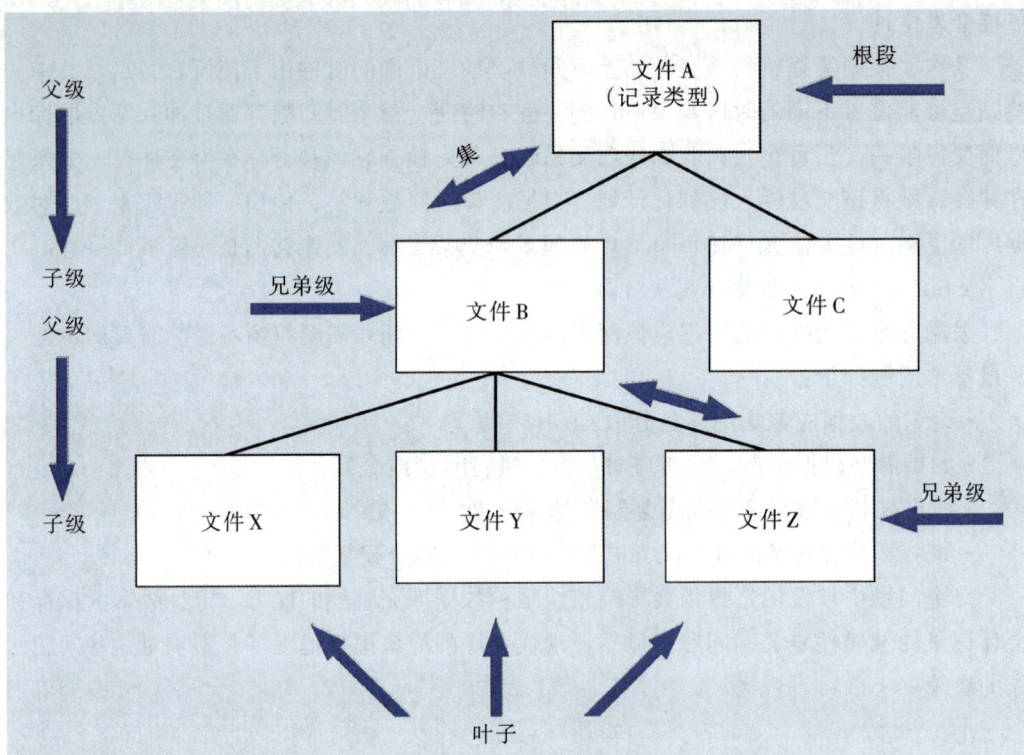

图9-34　层次数据模型

　　层次模型是由文件集构建的。每个集合包含一个父级和一个子级。注意，第二层的文件B既是一个集合中的子级文件，也是另一个集合中的父级文件。具有相同父级的同一级别的文件被称为兄弟（姐妹）文件。这种结构也被称为树构造。在树中聚合最多的文件是根段，在一个特定的分支中，最详细的级别被称为叶子。

9A.1.1　导航数据库

　　层次数据模型被称为导航数据库，因为遍历它需要遵循一个预定义路径。这是通过指针（详见第2章的附录）在相关记录之间创建显式链接建立的。访问树结构中较低级别的数据的唯一方法是从根节点开始，通过指针向下的导航路径到达所需的记录。例如，请考虑图9-35中的部分数据库。要检索发票行项目记录，DBMS必须首先访问客户记录（根）。该记录包含一个指向销售发票记录的指针，该指针指向发票行项目记录。

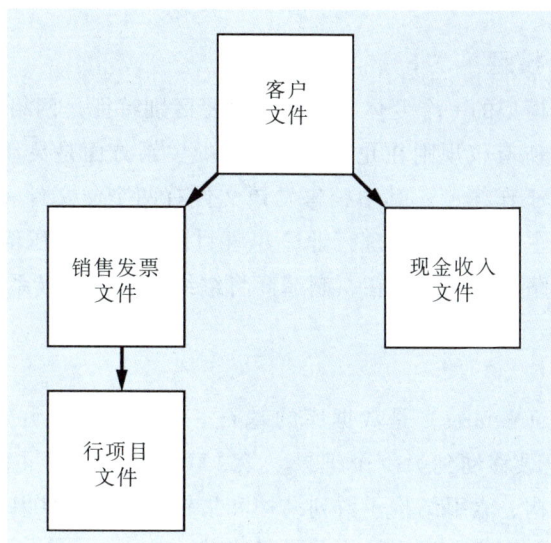

图9-35　层次数据库（部分）

9A.1.2　层次结构模型的局限性

层次结构模型提供了对数据关系的有限视图。基于业务关系是分层（或者也可以分层表示）的提议，这个模型并不总是反映现实。管理分层模型的以下规则揭示了其操作约束条件：

（1）父记录可能有一个或多个子记录。例如，在图 9-35 中，客户是销售发票和现金收入的父级。

（2）子记录只可以有一个父记录。这条规则通常是限制性的，并限制了层次模型的有用性。许多公司需要一个允许多个父记录的数据关联的视图，如图 9-36（a）所示。在这个例子中，销售发票文件有两个自然父文件：客户文件和销售人员文件。特定的销售订单是客户购买活动和销售人员努力销售的产物。管理层希望通过客户和销售人员跟踪销售订单，在逻辑上将销售订单记录看作双亲的孩子。这种关系虽然合乎逻辑，但却违反了单亲关系层次结构模型的规则。图 9-36（b）显示了解决此问题的最常见方法。凭借复制销售发票文件，两个独立的层次表示被创建。不过，这个改进的功能需要以产生数据冗余为代价。接下来我们考察的网络模型将更有效地处理这个问题。

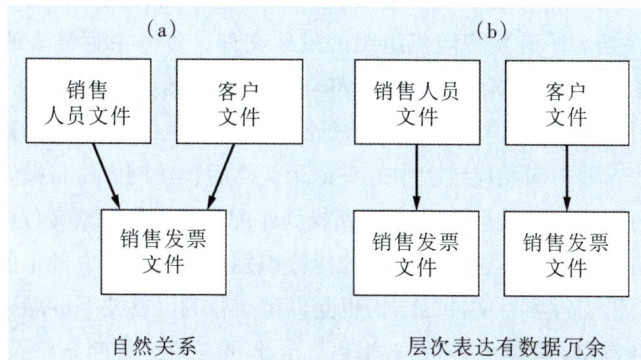

图9-36　多父节点联系

9A.2 网络数据库模型

网络模型是层次模型的一个变体。两者的主要区别特征是网络模型允许一个子记录有多个父记录。多重所有权规则在允许表示复杂的关系方面是灵活的。图9-36（a）展示了一个简单的网络工作模型，其中销售发票文件有两个父文件——客户和销售人员。导航系统DBMS多年主导着数据处理行业，尽管目前的趋势是压倒性地转向关系模型。许多层次化系统和网络系统仍然存在，制造商将继续维护并升级系统。

9A.3 数据结构

数据结构（data structures）是数据库的基石。数据结构允许定位、存储和检索记录，并允许从一个记录移动到另一个记录。第2章研究了平面文件系统常用的数据结构，其中包括顺序结构、索引结构、散列结构和指针结构。这些基本结构为下一步讨论的更复杂的层次结构和网络数据库结构奠定了基础。

9A.3.1 层次模型数据结构

图9-37显示了图9-35中部分数据库的数据结构和文件之间的链接。因为目的是说明数据结构的导航性质，所以记录的内容已经简化。

假设此系统的用户正在使用查询程序为客户John Smith（客户编号1875）检索与特定销售发票（发票号1921）相关的所有数据。这种情况下使用的访问方法是**分层索引直接访问方法**。在这种方法下，数据库的根段（客户文件）组织为索引文件。访问较低级别的记录（例如，销售发票、发票行项目和现金收入记录）使用链表的指针。这既可以高效地处理任务的根记录，如更新应收账款并向客户开票，也可以直接访问详细记录。

采用分层索引直接访问方法，检索用户通过查询程序输入主键客户编码1875，并将其与根段的索引进行比较。将关键字与索引匹配后，它将直接访问John Smith的客户记录。请注意，客户记录只包含汇总信息。目前的余额数字代表John Smith所欠的美元总额（1 820美元）。这是该客户的所有销售总额与账户上收到的所有付款现金之间的差额。有关这些交易的详细信息包含在较低级别的销售发票和现金收入记录中。为了响应用户查询与发票号1921有关的数据，访问方法遵循发票记录指针指向销售发票文件原则。

销售发票文件是为所有客户随机组织的发票文件，以一系列链表的形式排列。每个链表中的记录都有一个公共属性，即它们都与特定客户相关。列表中的第一条记录——头记录——有一个指向列表中下一条记录的指针（如果存在），依此类推。客户记录中的指针提示访问方法，并指向相应链表中的头记录。然后，访问方法将搜索的键值（发票号1921）与列表中的每条记录进行匹配，直到找到匹配项。销售发票文件中的记录仅包含有关销售交易记录的摘要信息。这些记录中的指针识别发票行项目文件中的支持性详细记录（已销售的特定项目）。行项目文件的结构也是以链表排列。从头（head）记录开始，访问方法根据发票号1921检索整个行项目列表。在此列表中，有两条记录。销售发票和行项目记录将被返给用户的应用程序进行处理。

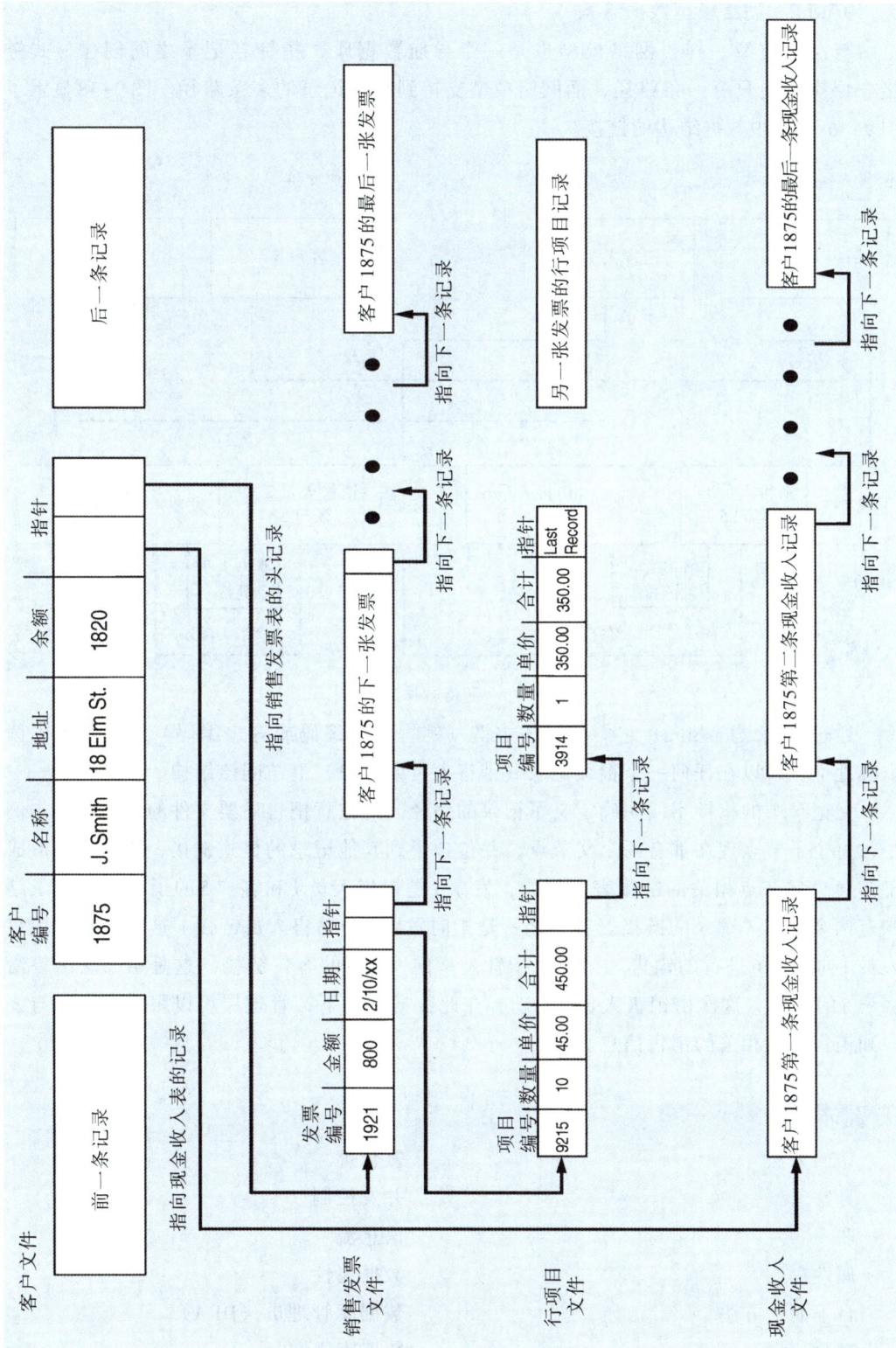

图9-37 层次数据库文件之间的链接

9A.3.2 网络模型数据结构

与层次模型一样，网络模型也是一个导航数据库，指针在记录之间创建显式链接。层次模型只有一条路径，而网络模型支持到特定记录的多条路径。图9-38显示了图9-36（a）中数据结构的链接。

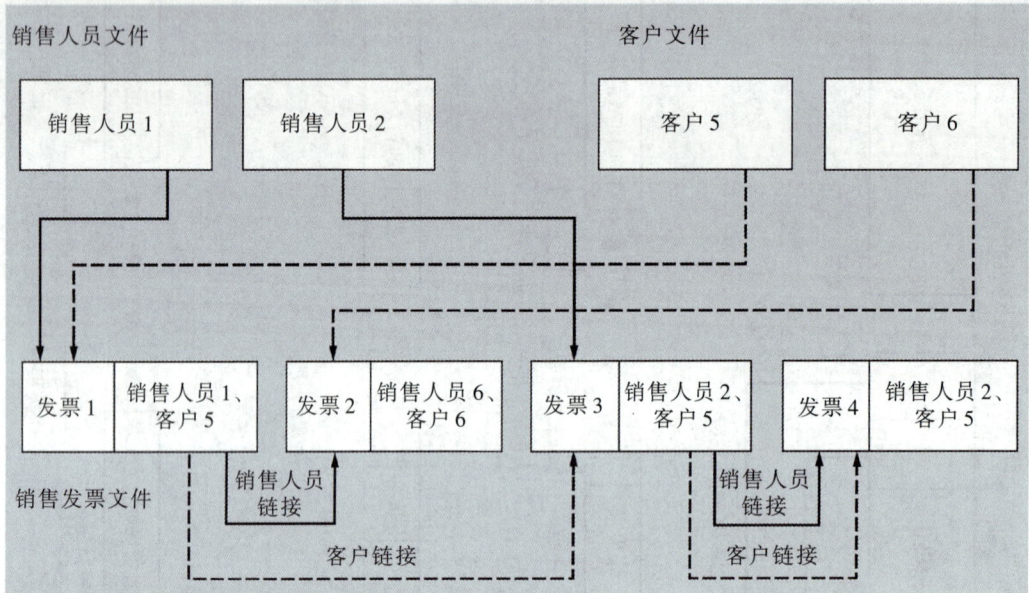

图9-38 网络数据库链接

通过散列（hashing）它们各自的主键（销售人员编码或客户编码）或从索引中读取其地址，可以在任何一个根级记录（销售人员或客户）上访问该结构。

父记录中的指针字段明确定义子记录的路径。请注意销售发票文件的结构。在本例中，每个子节点现在都有两个父节点，并包含了到其他记录的显式链接，这些记录形成了与每个父节点相关的链接表。例如，发票1是销售人员1和客户5的子项。此记录结构有两个到相关记录的链接。其中之一是指向发票2的销售人员链接。这代表了由销售人员1向客户6进行的销售。第二个指针是指向发票3的客户链接。这是第二次出售给客户5的销售，这次由销售人员2处理。在此数据结构下，管理层可以跟踪和报告与客户和销售人员相关的销售信息。

关键术语

访问方法	复合键
异常	并发控制
联系	信息流
属性	数据属性
自下而上方法	数据库管理员（DBA）
基数	数据库锁定
集中式数据库	数据库管理系统（DBMS）

数据通用性

数据定义语言（DDL）

数据字典

数据操作语言（DML）

数据模型

数据冗余

数据存储

数据结构

数据更新

死锁

删除异常

分布式数据库（DDP）

分布式数据处理

实体

实体层级

实体关系图（ER图）

第一范式（1NF）

平面文件

外键

分层索引直接访问方法

分层模型

索引顺序文件

插入异常

内部视图

倒排列表

连接

导航模型

事件

部分依赖

分区数据库

物理数据库

主键

投影

关系

关系模型

重复组

复制数据库

限制

模式

第二范式（2NF）

任务-数据依赖

暂时不一致

第三范式（3NF）

自上而下方法

可传递依赖

元组

更新异常

用户

用户视图

视图集成

视图建模

复习题

1. 给出数据库管理员的五项一般职责。

2. 数据库环境的四个主要元素是什么？

3. 网络模型和层次模型有何不同？

4. 使用数据库概念解决了哪些平面文件数据管理问题？

5. 数据库管理系统提供受控环境以管理用户访问和数据资源的四种方式是什么？

6. 解释数据定义语言的三个级别之间的关系。作为用户，你最感兴趣的是哪一个级别？

7. 什么是主键？

8. 什么是外键？

9. 什么是数据字典，它有什么用途？

10. 说出分区数据库的具体应用。

11. 什么是实体？

12. 为复制数据库给出一个应用。

13. 讨论并举例说明以下类型的基数：（1：0，1），（1：1），（1：M）和（M：M）。

14. 区分关联和基数。

15. 解释在多对多基数关系里一个单独的链接表如何工作。

16. 正确设计的关系数据库表的四个特征是什么？

17. 关系特征限制、投影和连接意味着什么？

18. 第三范式的条件是什么？

19. 解释SELECT和WHERE命令如何帮助用户查看多个数据库文件（表）中的必要数据。

20. 什么是数据模型？

21. 设计糟糕的数据库如何导致关键记录的意外丢失？

22. 什么是用户视图？

23. 用户视图是否总是需要多个表来支持它？请解释。

24. 有效实体必须满足哪三个条件？

25. 两个不同的实体可以具有相同的定义属性吗？请解释。

讨论题

1. 在平面文件数据管理环境中，据说用户拥有自己的数据文件。所有权概念是什么意思？

2. 讨论作为一名学生，由于你的大学使用平面文件数据管理环境（即注册、图书馆和停车场有不同的文件），你可能面临的潜在恶化环境。

3. 讨论为什么在数据库方法下对数据资源访问的控制过程比在平面文件环境下更为重要。DBMS在帮助控制数据库环境方面扮演什么角色？

4. 数据库表和用户视图之间的关系是什么？

5. 解释如何实现关系表之间的链接。

6. 解释ER图在数据库设计中的用途。

7. 据说SQL将权力交给了用户。这句话是什么意思？

8. 讨论数据库管理员角色的重要性。在平面文件环境中，为什么不需要这样的角色？DBA执行哪些任务？

9. 当用户确定新的计算机应用程序需求时，必须向系统程序员和DBA发送请求。为什么这两个组执行不同的功能很重要？这些功能是什么？

10. 当相关表之间存在M：M关联时，为什么需要单独的链接表？

11. 作为一名会计师，你为什么需要熟悉数据规范化技术？

12. 数据库锁定如何有助于财务数据的完整性？

13. 并发控制如何促进财务数据的完整性？

14. 在关系数据库环境中，某些会计记录（例如日记账、明细分类账和总账）可能不存在。这是为什么？

15. 解释如何以 1∶1 基数链接表。为什么这在 1∶0，1 基数中可能有所不同？

16. 讨论与不正确规范化表相关的更新、插入和删除异常的会计影响。

17. 举三个例子说明基数如何反映组织的基本业务规则。

18. 讨论在划分企业数据库时要考虑的关键因素。

19. 区分数据库锁定和死锁。

20. 复制数据库会产生大量数据冗余，这与数据库概念相冲突。请解释这种方法的合理性。

多项选择题

1. 在以下选项中，（   ）将成为存货表中最佳主键的属性。

a. 存货名称   b. 存货供应商

c. 存货成本   d. 存货位置

e. 存货编号

2. 使用分区数据库方法的优点包括（   ）。

a. 减少死锁现象的可能性   b. 用户控制得以强化

c. 减少了业务处理时间   d. 发生大规模灾难的可能性降低了

e. 这些都是分区数据库的优点

3. 部分依赖（   ）。

a. 是用户在分区数据库环境中同时请求相同数据的结果

b. 是由非规范化数据库表导致的三个异常之一

c. 只能存在于具有复合主键的表中

d. 可能存在于在 2NF 级别的规范化表中

e. 以上都不对

4. 重复组数据（   ）。

a. 不能存在于 2NF 级别的规范化表中

b. 作为数据冗余的一种形式出现在分布式数据库环境中的复制数据库中

c. 只能存在于具有复合主键的表中

d. 请参阅非规范化数据库表导致的三种异常之一

e. 以上都不对

5. 术语（   ）描述以下数据项：存货编码、描述、库存量和再订货点。

a. 实体   b. 属性

c. 关系   d. 事件

6. 创建关系数据库的第一步是（   ）。

a. 执行视图集成   b. 规范化表格

c. 使用SQL构造物理用户视图　　　　d. 创建系统中实体的数据模型

e. 识别属性并添加外键

7. 数据模型中的实体（　　　）。

a. 可能包含零次或多次事件　　　　b. 在ER图中表示为动词

c. 对于特定的用户视图是唯一的　　　d. 可能代表有形资产和无形现象

e. 通常由定义其他实体的公共属性定义

8. 以下选项中（　　　）最不可能是规范化数据库中雇员表的属性。

a. 员工姓名　　　　　　　　　　　b. 员工地址

c. 员工编号　　　　　　　　　　　d. 员工主管姓名

e. 所有这些都是规范化数据库中雇员表的属性

9. 分区数据库在（　　　）的情况下最有效。

a. 数据的主要用户可以清楚地识别　　b. 每个站点都需要只读访问

c. 系统需要共享公共数据　　　　　d. 所有这些

10. 关于可传递依赖项，以下选项中（　　　）是正确的。

a. 是通过专用监控软件解决数据库出现的状况

b. 是由非规范化数据库表导致的三个异常之一

c. 只能存在于具有复合主键的表中

d. 不能存在于处在2NF级规范化表中

e. 以上这些都不是真的

11. 数据库管理系统的安装可能对（　　　）的影响最小。

a. 数据冗余　　　　　　　　　　　b. 实体范围内共享公共数据

c. 数据的独占所有权　　　　　　　d. 在应用程序中解决问题所需的逻辑

e. 对数据访问的内部控制

12. 以下选项中（　　　）最能描述数据库管理员的功能。

a. 数据库规划、数据输入准备和数据库设计

b. 数据库设计、数据库实现和数据库规划

c. 数据库设计、数据库操作和设备操作

d. 数据输入准备、数据库设计和数据库操作

e. 数据库操作、数据库维护和数据输入准备

13. 数据通用性的获得方式是（　　　）。

a. 在远程站点实施分区数据库

b. 阻止多个同时访问的数据库锁定

c. 确保数据库安全，防止意外进入

d. 外部审计师对来自多个站点的报告进行对账

e. 使用数据清理技术

14. 以下选项中（　　　）是正确的。

a. 每个视图至少需要一个对它而言唯一的表

b. 数据库异常会导致结构性依赖关系

c. 删除重复组会将表置于 1NF 中

d. 可传递依赖项只能存在于具有复合主键的表中

e. 以上都是正确的

15. 以下选项（　　）是正确的。

a. 链接 1 ∶ M 关系需要将 M 侧的主键放入 1 侧的表中

b. 链接表包含键但不包含数据

c. 一个表可以有一个或多个事件

d. ER 图中的基数描述了关系的性质

e. 以上这些都不对

16. 以下选项中，（　　）是正确的。

a. 用户视图限制对数据库的访问

b. 关系数据库使用表中包含的显式链接

c. 关系数据库系统中的所有数据都是由所有用户共享的

d. 以上都是正确的

17. 下列选项中陈述是不正确的是（　　）。

a. 数据库系统具有数据独立性，也就是说，除了处理期间以外，数据和程序是分开维护的

b. 数据库概念称为单用户视图，因为数据驻留在一组表中

c. 数据库系统包含一种数据定义语言，这有助于描述每个模式和子模式

d. 数据库管理员是通过与操作系统交互来检索数据的软件包

e. 数据库系统的主要目标是使数据冗余最小化

18. 特定用户有权访问的数据属性由（　　）定义。

a. 系统设计视图　　　　　　　　　b. 用户视图

c. 数据库模式　　　　　　　　　　d. 操作系统视图

e. 应用程序

问题

1. 分布式数据库

Mega 供应公司有三个部门，即位于南卡罗来纳州哈特菲尔德的商业产品部门，位于加利福尼亚州的帕洛阿尔托消费品部门以及位于俄克拉何马州塔尔萨的公司办公室。商业产品部门向商业组织销售工业产品和用品。消费品部门向个人消费者销售非工业产品。这两个部门分别在哈特菲尔德和帕洛阿尔托有专门的仓库。由于商业产品部门和消费品部门产品线的性质不同，它们不共享客户或供应商。

目前，Mega 公司使用集中式数据库，该数据库位于公司办公室所在地——塔尔萨。一些相关的数据库表和属性如图 P.1 所示。

当客户联系各自的销售部门时，销售人员将登录公司数据库，检查客户信用，确定

产品可售性，并创建销售发票。公司办公室通常在3天或4天内向客户开票，并将期限延长至30天。库存控制、应收账款处理、现金收入、从供应商处采购，以及应收账款处理和现金支出由公司办公室执行。

客户表

客户编号	客户分类	账单地址	收货地址	信用额度

销售发票（应收账款）

销售发票编号	客户编号	产品编号	发票金额	发票日期

存货表

产品编号	存货分类	库存量	单位成本	供应商编号

采购发票（应付账款）

采购发票编号	供应商编码	产品编号	发票金额	发票日期

供应商编号	供应商地址	电话号码

说明：客户分类：值1=商业，值2=消费者
　　　存货分类：值1=工业品，值2=消费品

图P.1　问题1

由于Mega公司的快速增长，其销售和采购交易显著增加，导致中央数据库处理交易过度延迟。由于客户服务包括对客户查询的快速响应和销售订单处理，是Mega公司商业模式的基石，这些延迟是不可接受的。

要求：

Mega公司希望公司的部分数据库采取分布式，同时其他部分采取集中式，从而减少响应时间。

a. 为Mega公司开发一个分布式数据库。根据需要添加新表和属性，但将架构限制为支持销售、现金收入、采购/应付账款和现金支出所需的表。在你的架构中，指出这些表是集中的、复制的还是分区的

b. 解释新系统将如何运行

2. DBMS与平面文件处理

Werner制造公司有一个平面文件处理系统，信息处理设施非常庞大。不同的应用程序（如订单处理、生产计划、库存管理、会计系统、工资单和营销系统）使用单独的

磁带和磁盘文件。该公司最近聘请了一家咨询公司，调查切换到数据库管理系统的可能性。为Werner公司的最高管理团队准备一份备忘录，解释DBMS的优势。另外，讨论数据库管理员的必要性以及该人员将执行的工作职能。

3.数据库设计——设备租赁

Lester租车公司位于俄亥俄州辛辛那提市。该公司为小型场合和大型婚礼提供帐篷、桌子、椅子、床单和瓷器等派对设备租用服务。他们还出租各种家庭装修工具和承包商设备，包括发电机、研磨机、电锤和钻机。该公司为大约5 000名回头客提供服务，并有1 200多种库存物品可供出租。Lester从45家不同的供应商那里购买替代品。每个供应商提供不同的物品，但Lester可以从不同的供应商处购买相同的物品。其他业务规则包括：（1）每种库存都有多个可用存货；（2）客户使用其电话号码来唯一标识自己的租赁业务；（3）客户可以租用同一类型的多个物品。

要求：为Lester租车公司创建一个规范化数据模型，包括主键、数据属性和外键。

4.数据规范化——兽医报告

使用兽医机构指定的视图（图P.2 问题4），将数据规范化为所需的第三范式规范化表。显示每个规范化表的记录结构，并指出主键和嵌入的外键。请注意，主人可能拥有一种以上的动物。

患病动物ID号	患病动物名称	主人ID号	主人姓	主人名	地址1	地址2	日期	动物代码	动物描述	服务代码	服务描述	费用
417	Beau	Magel	Magee	Elaine	23 Elm St	Houston, TX	1/4/xx	GR	Golden Retriever	238	Rabies Shot	15.00
417	Beau	Magel	Magee	Elaine	23 Elm St	Houston, TX	1/4/xx	GR	Golden Retriever	148	Flea Dip	25.00
417	Beau	Magel	Magee	Elaine	23 Elm St	Houston, TX	1/4/xx	GR	Golden Retriever	337	Bloodwork	20.00
632	Luigi	Cocil	Cociolo	Tony	8 Oak St	Houston, TX	1/9/xx	DN	Dalmatian	238	Rabies Shot	15.00
632	Luigi	Cocil	Cociolo	Tony	8 Oak St	Houston, TX	1/9/xx	DN	Dalmatian	500	Kennel–Medium	9.00
632	Luigi	Cocil	Cociolo	Tony	8 Oak St	Houston, TX	1/24/xx	DN	Dalmatian	500	Kennel–Medium	9.00
632	Luigi	Cocil	Cociolo	Tony	8 Oak St	Houston, TX	2/1/xx	DN	Dalmatian	148	Flea Dip	25.00
168	Astro	Jetsl	Jetson	George	3 Air Rd	Sprockley, TX	2/2/xx	MX	Canine Mixed	368	Ear Cleaning	17.00

图P.2 问题4

5.数据库死锁

锁定与死锁有何不同？给出一个记账示例来说明为什么需要数据库锁定以及死锁是如何发生的。在示例中提供有意义的表名。

6.数据库设计——园艺供应

Premium园艺产品（PGP）公司为美国东北部的园艺爱好者和商业园艺中心提供各种园艺设备和产品。它的库存范围广泛，包括罐式喷雾器、手推车、化肥、植物和杀虫剂等物品。对商业客户（园艺中心）的销售采用赊账形式，而对消费者的销售采用现金交易（银行信用卡/借记卡）。宾夕法尼亚州斯克兰顿的总公司可通过电子邮件或电话收到销售订单。对于商业客户的销售，PGP销售职员通过检查客户表中的可用信用来验证客户的信用价值。然后，销售职员从存货表查看产品的可售性并在销售发票表中创建一条记录以记录销售。接着，销售职员将库存放行通知发送到离客户最近的配送中心，即产品的发货地。货物由两个配送中心进行配送：一个位于斯克兰顿，另一个位于马里兰州。商业客户被给予30天内付款条件。他们以支票付款，然后通过将客户支票号码写在发票的"付款"字段中，将打开的销售发票标记为已付款。对消费者客户的销售处理类似，但不执行信用检查，销售发票记录通过将客户信用卡号的最后四位数字放在"付款"字段中，在销售时标记为"已付款"。

PGP从全美100多个苗圃和园艺产品生产商处上货。当库存水平下降到预定的再订货点时，计算机系统会自动在采购订单表中创建一条记录，并向供应商发送一份采购订单打印件。当产品到达配送中心时，收货职员登录到主办公计算机，并在收货报告表中创建记录。供应商将其发票发送给应付账款职员，应付账款职员将记录添加到供应商发票表中。在到期日，现金支付职员在应付账款的支付功能开具支票，并通过在"已付"字段中输入支票号码来标记供应商发票已支付。

要求：设计一个部分关系数据库，以支持问题中已描述的PGP流程。标记数据库表并为每个表分配有意义的属性。根据需要分配主键和外键。假设发票、采购订单和收货报告可能包含许多项目。

7. 分布式数据库——只读目的

XYZ公司是在一个地理上分散的组织，在全国各地有多个站点。这些站点的用户需要快速访问用于只读目的的公共数据。在这种情况下，哪种分布式数据库方法最好？解释你的理由。

8. 分布式数据库——业务处理

ABC公司是在一个地理上分散的组织，在全国各地有多个站点。这些站点的用户需要快速访问数据以进行交易处理。这些地点是自治的，它们不共享相同的客户、产品或供应商。在这种情况下，哪种分布式数据库方法最好？解释你的理由。

9. 数据规范化——图书借阅报告

图书馆的图书借阅报告如图P.3所示。将此报表规范化为第三范式表，以便在关系数据库中使用。图书馆的计算机程序设置借阅日期为14天。写出规范化报告所需的步骤，与本章中的程序类似，并显示相关表（主键和外键）之间的联系。作出以下假设：书号是图书的唯一号码，而不是图书借阅事件的唯一号码。还假设图书馆中可能一种书有多本，并且这些书都有相同的书号。

学生 ID	学生名	学生姓	出借数量	书号	书名	借阅日期	应还日期
678-98-4567	Amy	Baker	4	hf351.j6	Avalanches	09-02-xx	09-16-xx
678-98-4567	Amy	Baker	4	hf878.k3	Tornadoes	09-02-xx	09-16-xx
244-23-2348	Ramesh	Sunder	1	i835.123	Politics	09-02-xx	09-16-xx
398-34-8793	James	Talley	3	k987.d98	Sports	09-02-xx	09-16-xx
398-34-8793	James	Talley	3	d879.39	Legal Rights	09-02-xx	09-16-xx
678-98-4567	Amy	Baker	4	p987.t87	Earthquakes	09-03-xx	09-17-xx
244-23-2348	Ramesh	Sunder	1	q875.i76	Past Heroes	09-03-xx	09-17-xx

图P.3 问题9：数据规范化

10. 数据规范化——书店

大学书店将所有记录保存在索引卡上。事实证明，这是一项非常烦琐的工作，经理要求你设计一个数据库来简化这项任务。索引卡是预印的，包含以下标签：

标题：   售价：

作者：   现存数量：

版本：   教授：

出版商：   班级：

出版商地址：   学期：

出版商电话：   年份：

本书成本：   教授电话：

利用你对大多数大学和大多数大学书店中存在的业务规则的理解，准备将索引卡信息转换为书店工作数据库所需的基本表（第三范式）。

11. 数据标准化——存货

以第三范式准备基本表，以便能生成图P.4所示的用户视图。

用户视图									
存货编码	描述	库存量	再订货点	经济订货批量	单位成本	供应商编码	供应商名称	供应商地址	电话
132	Bolt	100	50	1000	1.50	987	ABC Co.	654 Elm St	555 5498
143	Screw	59	10	100	1.75	987	ABC Co.	654 Elm St	555 5498
760	Nut	80	20	500	2.00	742	XYZ Co.	510 Smit	555 8921
982	Nail	100	50	800	1.00	987	ABC Co.	654 Elm St	555 5498

图P.4 问题11：数据规范化

12. 数据规范化——存货报告

准备第三范式基表，以生成图P.5中的用户视图。

13. 数据规范化——销售报告

准备第三范式基表，以生成图P.6所示的销售报告视图。

14. 数据规范化——采购订单

Acme胶合板公司使用图P.7所示的采购订单。Acme业务规则如下：

（1）一个供应商可以提供多种存货，一种存货只由一个供应商供应。

（2）一张采购订单可以列示多种存货，一种存货可以列示在多张采购订单上。

用户视图									
存货编码	描述	库存量	再订货点	经济订货批量	单位成本	供应商编码	供应商名称	供应商地址	电话
132	BOLT	100	50	1000	1.50	987	ABC Co.	654 Elm St	555 5498
					1.55	750	RST Co.	3415 8th St	555 3421
					1.45	742	XYZ Co.	510 Smit	555 8921
982	NAIL	100	50	800	1.00	987	ABC Co.	654 Elm St	555 5498
					1.10	742	XYZ Co.	510 Smit	555 8921
					1.00	549	LMN Co.	18 Oak St	555 9987

图P.5 问题12：数据规范化

销售报告

客户编码： 19321
客户姓名： Jon Smith
地址　　 ： 520 Main St., City

发票号	日期	金额	存货编码	数量	单价	合计
12390	11/11/xx	$850	2	5	$20	$100
			1	10	50	500
			3	25	10	250
12912	11/21/xx	$300	4	10	$30	$300

总计： $1,150

** * *** * *** * *** * *** * *** * ** *

客户编码： 19322
客户姓名： Mary Smith
地址　　 ： 2289 Elm St., City

发票号	日期	金额	存货编码	数量	单价	合计
12421	11/13/xx	$1,000	6	10	$20	$200
			1	2	50	100
			5	7	100	700
12901	11/20/xx	$500	4	10	$30	$300
			2	10	20	200

总计： $1,500

** * *** * *** * *** * *** * *** * ** *

下一个客户
·
·
·
下一个客户

图P.6　问题13：数据规范化

Purchase Order

Acme Plywood Co.
1234 West Ave.
Somewhere, OH 00000

P.O. #
Date: __/__/__

Vendor: _____
_____
_____

Ship Via: _____ Please refer to this P.O. number on all correspondence.

Prepared by: _____

Item #	Description	Quantity	Cost	Extension

图p.7　问题14：数据规范化

（3）一名员工可以完成多个采购订单，但一张采购订单只能由一名员工填写。
准备生成此采购订单所需的第三范式基表。

15.表格链接

根据图 P.8 中的内容解决此问题。

16.实体关系图——业务规则

图 P.9 显示了采购系统的部分实体关系图。描述由图中的基数表示的业务规则。

17.修改 ER 图

请参阅图 P.9 中的实体关系图。修改图表以处理购买商品的付款。解释由图中的基数表示的业务规则。

18.ER 图——收入循环

为收入循环准备实体关系图，包括实体、基数，并反映以下业务规则：

• 在此期间，客户下了许多订单
• 每个销售订单由一个或多个存货行项目组成。
• 客户在这段时间内购买的商品，每月会收到两次账单。
• 客户每月支付一次款项以结算其账户。

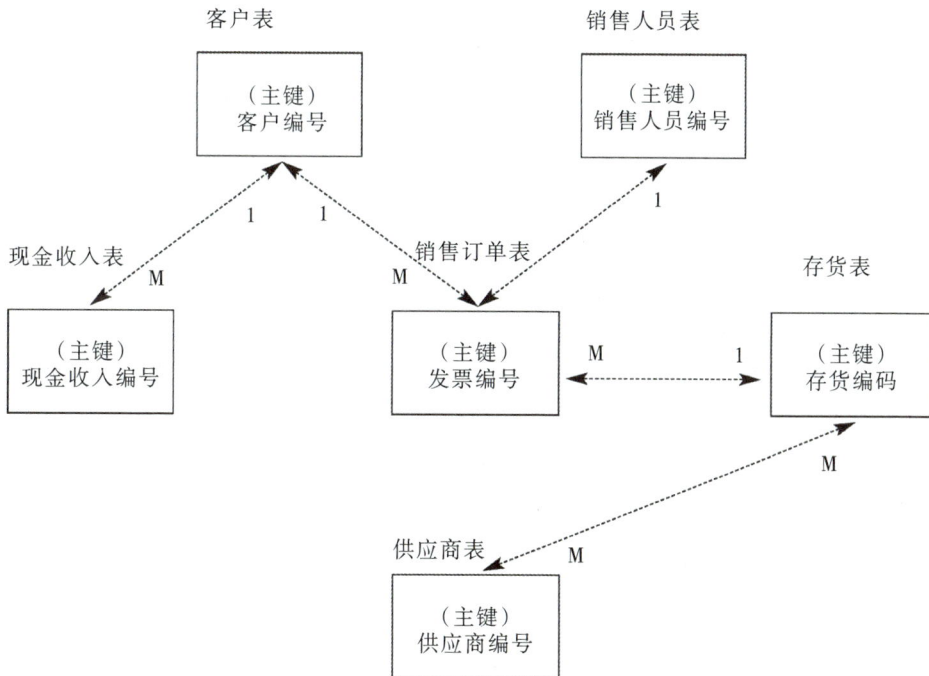

图 P.8　问题 15：链接表

19.数据建模——收入循环程序

销售程序

以下介绍了一家小型零售商的收入循环手动程序。当客户通过电话或传真向销售代表下订单时，该流程就开始了，该订单由销售部门职员转录到销售订单中。它们的分发方式如下：会计部门收到一份销售订单副本；仓库收到两份销售订单副本，其中一份用作库存放行单；装运部门收到两份副本（装运通知和装箱单）。销售职员将销售订单的一份副本存档。

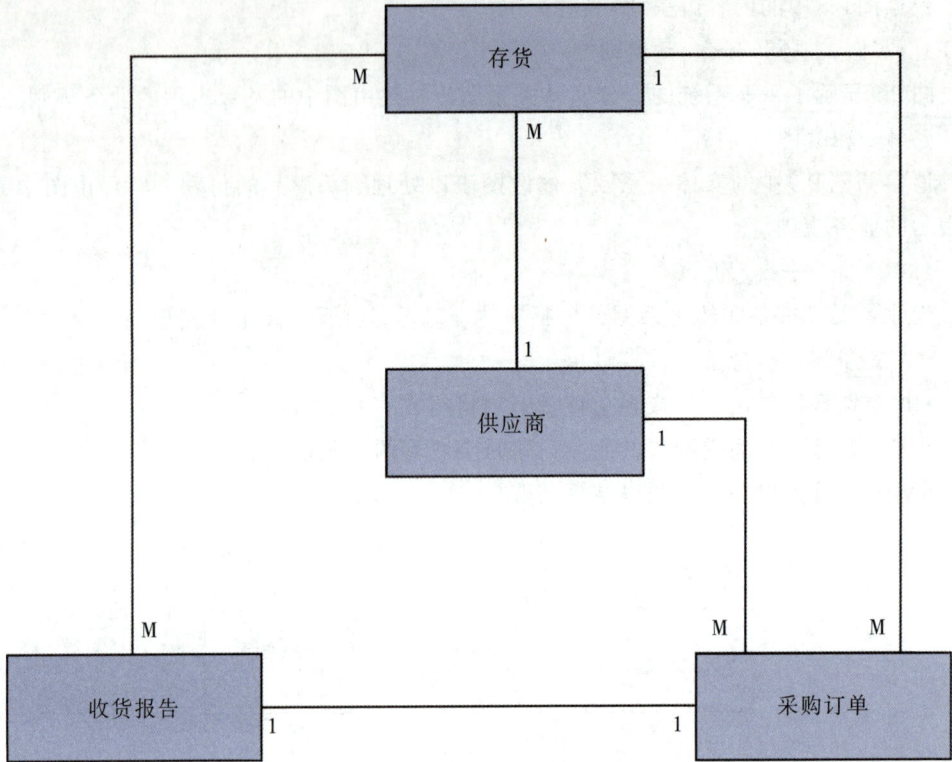

图P.9　问题16：实体关系图

收到销售订单后，会计部门职账员将价格添加到销售订单以创建发票。然后，该职员使用销售订单中的数据将销售记录在销售日记账和应收账款明细账中，并将发票发送给客户。在一天结束时，该职员准备日记账凭证，并将其发送给总账部门，以便过账到销售和应收账款总账账户。

在收到销售订单和仓库发货单后，仓库职员挑选商品并将其与仓库发货单一起发送给装运部门。仓管职员随后更新库存记录，以反映现有库存的减少。在一天结束时，仓管职员准备一份存货账户汇总表的打印件，并将其发送给总账部门，以便过账到存货总账和销售商品成本账户。

从仓库收到仓库发货单后，发货职员准备两份提单副本。提单和装箱单随产品一起发送给承运人。然后，装运部门将发货单存档。

现金收入程序

邮件收发室的员工打开邮件并根据汇款通知对支票进行分类。汇款通知发送给会计部门，会计部门职员在会计部门更新客户应收账款明细账，以反映应收账款的减少。在一天结束时，该职员准备一份账户汇总表，并将其发送给总账部门进行过账。

邮件收发室职员将支票发送到现金收入部门，现金收入职员在每张支票上背书"仅用于存款"字样，接下来该职员将现金收入记录在现金收入日记账中。最后，该职员准备一张存款单并将其和支票发送到银行。

要求：假设所描述的过程将使用关系数据库系统实现自动化。你可能需要假设某些自动化活动将如何执行。完成以下任务：

a. 创建一个3NF数据模型，该模型将支持案例中描述的流程

b. 显示实体之间的基数

c. 向每个实体添加数据属性

d. 包括主键和外键

20.数据建模——支出循环程序

以下描述了一家公司的采购和现金支付程序，该公司当前的信息系统包括由各部门的独立（非联网）个人电脑支持的手动程序。各部门之间的沟通完全通过打印文件进行。

采购流程

采购代理收到来自库存控制部门的库存状态报告，该报告确定了需要再订货的项目。采购代理选择供应商，将此信息输入计算机终端以创建数字采购订单，然后打印三份采购订单。他向供应商发送一份副本，另一份副本交给应付款部门暂时存档，第三份副本留在采购部门存档。

收货时，收货部门使用附在货物上的装箱单进行检查和验收。收货职员手工准备两份收货报告的打印件。一份副本随货物一起送到仓库，第二份副本被发送给采购代理，采购代理关闭未结采购订单。然后，采购代理将收货报告转发给库存控制职员。

库存控制职员收到收货报告并更新存货明细账。营业结束时，该职员编制一份存货汇总表，并将其发送给总账职员。

应付账款和现金支付程序

应付账款职员收到供应商的发票，并将其与临时文件中的采购订单进行核对。该职员在她的计算机终端的采购日记账中记录采购，并通过在应付账款明细账中添加记录来记录负债，然后将采购订单和发票归档。

每一天，应付账款职员都会从其终端搜索应付账款明细账，以查找到期应付的发票。该职员准备支票并将其记录在数字支票登记簿中。支票邮寄给供应商，并将支票副本存档。然后，该职员关闭应付账款明细分类账中的负债，并准备记账凭证，将其发送给总账职员。

收到存货汇总表和记账凭证后，总账职员更新存货总账、应付账款总账和现金账户。

要求：假设所描述的系统将使用关系数据库系统实现自动化。准备以下模型：

a. 实体级数据模型，仅包含实体，并显示它们之间的基数（不需要属性），这将支持所描述的任务和用户视图

b. 描述属性、主键、外键和基数的3NF模型。你可能需要假设某些自动化活动将如何执行

21.数据建模——工资单

Harvest 设备公司的员工在每班开始和结束时将他们的工作时间记录在插在时钟机

里的纸质考勤卡上。周五，主管会收集考勤卡，审核并签字，然后将其发送给工资员。工资员计算每个员工的工资并更新员工收入文件。这涉及为每个员工在支付期间添加一个新记录，该记录反映了该员工在该期间的总工资、已扣减税款和其他预扣费用。然后，工资员为每位员工准备一张工资支票，并将其记录在工资支票登记簿中。工资登记簿反映了该期间每位员工的净收入。然后，工资员编制工资汇总表，并将汇总表和工资支票发送给现金支付职员。现金支付职员审核并更新现金支付日记账，以记录工资总额。然后，该职员为总金额准备一张支票，并将支票存入工资定额备用金账户。最后，现金支付职员在工资单上签字，并将其分发给员工。

要求：假设所描述的手动系统将使用关系数据库系统实现自动化。准备一个实体级数据模型，该模型只包含实体并显示它们之间的基数（不需要属性），它将支持所描述的任务和用户视图。你可能需要假设某些自动化活动将如何执行规范化模型。

22.数据建模——固定资产程序

Classic Restorations（CR）公司专门销售经典跑车的原厂件和修复部件。他们的信息系统由位于各个部门的独立个人电脑支持的手动程序组成。公司的固定资产程序如下所述。

需要物料的部门经理创建采购订单，并将其发送给供应商。供应商将资产交付给收货员，由其编制收货报告。每周，固定资产职员审查固定资产收货报告汇总表，并为每次收货创建固定资产库存记录。固定资产职员负责维护库存记录和折旧计划。供应商随后向应付账款部门职员提交发票，由其创建发票记录。该职员将发票与收货报告和采购订单进行核对，然后根据交易条款创建在未来日期付款的义务。在到期日，支票被自动准备并发送给供应商，付款记录在支票登记簿中。每天结束时，该职员向应付账款经理发送一份付款汇总报告供其审查。

要求：假设所描述的手动系统将使用关系数据库系统实现自动化。准备以下模型：

a.实体级数据模型，仅包含实体，并显示它们之间的基数（不需要属性），这将支持所描述的任务和用户视图

b.具有属性、键和基数的规范化模型

23.数据建模——总账更新

要求：为总账更新流程准备3NF数据模型。以销售订单系统为基础，该系统可从销售发票功能实时将销售交易记录更新到总账。该模型应允许审计跟踪，将总账中的汇总账户链接到特定的交易记录。显示所有属性、主键和辅助键。

24.数据建模——业务规则

给定以下业务规则，构造一个ER图，以便为数据库捕获每个规则。假设每一条规则都是单独处理的。为每个规则构造一个ER图。

a.零售公司为客户的购买准备销售订单。客户可以进行多次购买，但销售订单是为单个客户编写的

b.零售公司使用采购订单订购存货。一个存货项目可以多次订购，并且可以为多个存货项目创建采购订单

c.一家公司出售高端古董艺术品，包括绘画、雕塑和其他同类物品。出于保险原

因，单个销售订单上只能列出一个项目

d.体育用品商店通过内部分配的客户编号识别回头客户。该编号的目的是通过创建跟踪客户所购买存货的通用产品代码（UPC）的数据库来识别个人客户的购买偏好。客户可以从商店购买任意数量的商品，每个UPC代码可能与许多不同的客户关联

e.一家设备租赁店为DIY客户提供电锯、电钻、发电机和其他物品的租赁服务。该公司唯一地识别其每个存货项目，以便跟踪哪些客户租用了哪些设备项目。客户一次可以租用多个项目，但每个项目一次只能由一个客户租用

25.综合案例

经典修复公司

Classic Restorations（CR）公司有一个遗留的会计系统，它采用由各个部门的独立个人电脑支持的组合手动程序。CR公司聘请你来设计一个关系数据库系统，该系统将允许公司对流程进行自动化改造。公司的收入循环和支出循环程序参见以下段落。

销售订单程序

CR公司的销售部门位于洛杉矶总部。所有客户订单都通过销售代表进行，销售代表访问其销售区域内的现有和潜在客户。订单在每天结束时由销售代表传真、邮寄或亲自送达销售部门。

当收到订单时，销售人员通过对客户信用历史运行验证应用程序，从计算机终端检查客户的信用价值。信用检查计划确定客户的账户最新的付款信息没有超过其信用限额。应用程序中的计算机控制阻止进一步处理未通过信用检查的任何交易。在某些情有可原的情况下，信用经理可以否决验证控制结果。确认后，销售人员从计算机终端准备一份由三联副本组成的销售订单打印件。销售人员将销售订单副本发送给催款部门，将出库单副本发送给仓库，并将装箱单副本发送给装运部门。原始客户订单在销售部门存档。

收到销售订单后，销售职员使用部门个人电脑将销售记录在数字销售日志中，然后打印发票，并发送给客户。接下来，该职员将销售订单发送给应收账款部门进行进一步处理。在一天结束时，销售职员从个人电脑上打印一份销售日记账凭证，并将其发送到总账部门。

仓库职员使用出库单副本从货架上拣货，然后使用仓库个人电脑更新数字库存明细账。接下来，仓库职员将货物和出库单交给运输部门。在工作日结束时，仓库职员从个人电脑上打印一份库存汇总报告，并将其发送到总账部门。

发货职员将销售部发送的装箱单与仓库发出的出库单和收到的货物进行核对。如果一切都是正确的，发货职员手工准备一份打印提单。然后，他将装箱单和提单随附在货物上，货物由承运人交付给客户。最后，发货职员在本部门归档出库单。

应收账款职员收到来自开票部门的销售订单，并使用它在部门的个人电脑上更新数字化应收账款明细账，然后将销售订单归档。当一天结束时，该职员从个人电脑上打印一份应收账款汇总表，并将其发送给总账部门。

现金收入流程

客户付款信件进入收发室，在那里，收发室职员打开信封，将支票和汇款通知单发

送给应收账款部门。应收账款职员将汇款通知单与支票进行核对，并更新数字应收账款明细账中的客户账户。然后，该职员将汇款通知单归档到本部门，并将支票发送到现金收入部门。如前所述，在一天结束时，应收账款职员从部门的个人电脑上打印一份应收账款汇总表，并将其发送给总账部门。

现金收款职员收到支票后将客户付款记录在数字现金收款日记账中。然后，收款职员手动准备一份存款单打印件，并将支票和存款单发送给银行。在一天结束时，收款职员从部门个人电脑上打印现金收入日记账凭证，并将其发送到总账部门。

支出循环

当某一特定存货的库存量降至较低水平时，仓库职员会选择一个供应商并手动准备两份采购订单打印件。该职员将采购订单的一份副本发送给供应商，另一份发送给收货部门。当货物从供应商处到达时，收货职员将货物中的装箱单与仓库职员先前发送的采购订单进行核对。如果一切正常，收货职员在采购订单上签字并将其发送给会计部门。然后，收货职员手工准备一份收货报告打印件，并将其与货物一起发送到仓库。仓库职员登录部门的个人电脑使用收货报告更新库存明细账，以反映收货情况。

随后，会计部门的应付账款职员收到供应商的发票，并将其与之前从收货职员处收到的采购订单进行匹配和对账。然后，应付账款职员从其部门的个人电脑上更新数字应付账款明细账，以反映新负债，并将事件记录在数字采购日记账中。

现金支付程序

会计部门的应付账款职员通过从部门的个人电脑上搜索应付账款明细账来审查到期负债。然后，该职员为每个应付款项打印一份现金付款凭证，将现金付款凭证发送给现金支付部门进行支付。在一天结束时，该职员从部门的个人电脑上打印一份应付账款汇总表，并将其发送给总账部门。

现金支付职员使用现金付款凭证在数字支票登记簿中记录付款，然后打印三联支票。该职员在支票的正联签字并将其发送给卖方，将另一联支票副本在部门存档，将最后一联支票副本连同原始现金付款凭证一起发送给会计部门应付账款记账员。在一天结束时，现金支付职员打印支票登记簿的汇总表，并将其发送给总账部门。

从会计部个人电脑端，应付账款职员使用支票副本和现金付款凭证在凭证登记簿中记录付款，并在应付账款明细账中结清负债。然后，该职员将现金付款凭证打印件归档，并在部门内检查副本。

总账职员从各部门接收日记账凭证和账户汇总表，核对这些文件，并使用部门电脑将其过账到数字总账中的相应账户。最后，总账职员将汇总表和日记账凭证归档到本部门。

要求：假设所描述的过程将使用关系数据库系统实现自动化。执行任务 a. 到 d.。你需要假设某些自动化活动将如何执行。

a. 在 3NF 中创建一个数据模型，以支持案例中描述的过程

b. 显示实体之间的基数

c. 向每个实体添加数据属性

d. 包括主键和外键

第 10 章

数据库建模的 REA 方法

学习目标

学习本章后，你应该：

- 认识资源、事件和代理（REA）模型的经济基础。
- 了解传统实体关系建模和 REA 建模之间的主要区别。
- 了解 REA 图的结构。
- 能够通过将视图建模步骤应用于业务案例来创建 REA 图。
- 能够通过将视图集成步骤应用于业务案例来创建实体范围的 REA 图。

本章研究资源、事件和代理（resources，events，and agents，REA）模型，并将其作为说明和设计满足组织中所有用户需求的会计信息系统的一种手段。本章由三节组成。10.1 节介绍了 REA 方法并评论了与传统会计实践相关的一般问题，这些问题可以通过 REA 方法解决。在这一节介绍 REA 模型并描述 REA 图的结构。

基本的 REA 模型由三种实体类型（资源、事件和代理）和一组链接它们的关联组成。资源是对组织具有经济价值的事物，是与贸易伙伴进行经济交换的对象。REA 事件分为两大类：经济事件和支持事件。经济事件是影响资源变化（增加或减少）的现象。支持事件包括与经济事件相关但不直接影响资源变化的控制、计划和管理活动。代理是参与经济事件的组织内部和外部的个体。REA 的一个关键特征是经济二元性的概念。每个经济事件都反映在相反方向的另一个事件中。这些双重事件构成了经济交换的给予事件和接收事件。

10.2 节介绍了创建 REA 模型的视图建模的多步骤过程。这里的重点是对整个数据库的单个视图进行建模。涉及的步骤如下：（1）识别要建模的事件实体；（2）识别被事件改变的资源实体；（3）识别参与事件的代理实体；（4）确定实体之间的关联和基数。

10.3 节，也是最后一部分，介绍了视图集成的任务，其中将几个单独的 REA 图集成到一个单一的企业范围的模型中。视图集成涉及的步骤如下：（1）合并单个模型；（2）定义主键、外键和属性；（3）构建物理数据库并产生用户视图。这一节最后讨论了 REA 在竞争方面的优势。

10.1 REA 方法

数据库理念的核心是认识到企业数据应该支持组织中所有用户的信息需求。因此，数据建模的一个重要方面是创建一个忠实反映组织物理现实的模型。当组织内的不同人员以不同的方式查看和使用相同的数据时，这并不容易实现。

我们已在第9章中了解到，**用户视图**是特定用户完成指定任务所需的一组数据。例如，总账职员的用户视图将包括组织的会计科目表，但不包括详细的交易数据。销售经理的视图可能包括按产品、地区和销售人员整理的客户销售详细数据。生产经理的视图可能包括现有成品库存、可用制造能力和供应商交货时间。

当不适合实体目的的单一视图主导交易和资源数据的收集、汇总、存储和报告时，在满足这些多样化需求方面就会出现问题。长期以来，会计行业一直因过于狭隘地关注会计信息的作用而被诟病。如今，许多研究人员鼓励该行业将重点转移，从借方、贷方、复式记账法和公认会计原则（generally accepted accounting principle，GAAP）转向为决策提供有用信息并帮助组织识别和控制业务风险。

现代管理人员需要格式化和聚合级别的财务和非财务信息，而传统的基于公认会计原则的会计系统通常无法提供这些信息。许多组织对占主导地位的单一会计信息视图的反应是创建单独的信息系统来支持每个用户的视图。这导致具有多信息系统的组织功能性的中断。通常，在一个系统中输入的数据需要在其他系统中重新输入。随着数据的普遍重复，准确性和数据通用性出现了严重的问题。

这种担忧导致许多数据库研究人员开发**语义模型**或框架，以设计支持多用户视图的会计信息系统。语义模型捕获用户数据的操作含义并提供对其的简明描述。一个对会计非常重要的例子是REA模型。1982年，REA最初被提出作为会计理论框架。[①]然而，从那时起，它作为传统会计系统的实用替代方案而受到了广泛关注。

10.1.1 REA模型

REA模型是一个会计框架，用于对组织的关键资源、事件和代理以及三者之间的关系进行建模。与一些传统的会计系统不同，REA系统允许识别、捕获和存储会计和非会计数据，并将其存储在中央数据库中。在这个存储库中，组织可以构建满足其所有用户需求的视图。REA模型可以在关系或面向对象的数据库架构中实现。出于本章讨论的目的，我们将假设一个关系数据库，因为这是业务应用程序更常见的架构。

图10-1说明了基本的REA模型，它是实体关系（entity relationship，ER）图的独有版本，由三种实体类型（资源、事件和代理）和一组链接它们的关联组成。从这一点开始，我们将这种文档技术称为REA图。

第9章中讨论的用于描述关联、分配基数和规范化表的传统ER图也适用于REA图。

REA模型资源的要素

经济**资源**是对组织具有经济价值的事物。它们被定义为既稀缺又受企业控制的对象。资源用于与贸易伙伴的经济交换，并因交易而增加或减少。

---

① W. E. McCarthy, "The REA Accounting Model: A Generalized Framework for Accounting Systems in a Shared Data Environment," *The Accounting Review* (July 1982), 554 – 577.

事件。REA 建模包含两类事件：经济事件和支持事件。**经济事件**是影响资源变化（增加或减少）的现象，如图 10-1 中的**库存流量**关系所示。它们来自诸如向客户销售产品、从客户那里收取现金以及从供应商处购买原材料等活动。经济事件是会计系统的关键信息元素，必须尽可能以分解（高度详细）的形式记录，以提供丰富的数据库。

支持事件（图 10-1 中未显示）包括与经济事件相关但不直接影响资源变化的控制、计划和管理活动。支持事件的示例包括：（1）在进行销售之前确定客户的库存可用性；（2）在向供应商支付现金之前验证支持信息（进行三方匹配）；（3）在处理销售信息之前检查客户信用。

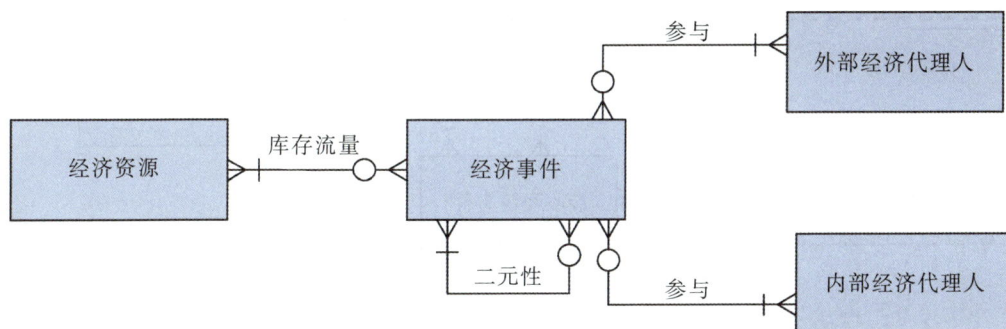

图10-1　基础REA模型

代理。经济**代理**是参与经济事件和支持事件的个人和部门。他们是组织内部或外部的各方，具有使用或处置经济资源的自由裁量权。每个经济事件都与至少一个参与交换的**内部代理**和一个**外部代理**相关联。内部代理和外部代理在与外部交易中各自扮演的角色通常是显而易见的。例如，在销售交易中，内部代理是公司的各部门员工，外部代理是客户。然而，对于纯粹的内部交易，内部代理和外部代理的作用可能并不那么明显。REA 建模中的惯例是将此类交易视为销售。例如，在将产品从在制品转移到制成品库存时，在制品职员被视为将产品销售给制成品职员。因此，放弃控制并减少资源的职员（在制品职员）是内部代理，而控制并增加资源的业务员（制成品职员）是外部代理。

内部代理和外部代理也参与支持事件，但交换涉及的是信息而不是经济资源。例如，检查产品价格的客户（外部代理）从提供信息的销售职员（内部代理）那里接收信息。以这种方式将内部代理与事件联系起来可以促进管理并允许组织评估其员工所采取的行动。

双重性。REA 的语义特征来源于经济交换的要素。经济交换背后的基本原理是两个代理人各自给对方一种资源以换取另一种资源。实际上，交换是两个（a pair of）经济事件，通过图 10-1 所示的**双重性**关联来表示。换句话说，每个经济事件都反映在相反方向的相关经济事件中。图 10-2 扩展了基本的 REA 模型来说明这些双重性事件之间的联系：**给予事件**和**接收事件**。从建模的组织功能的角度来看，交换的一半减少了经济资源，比如流出关联。接收交换的一半增加了经济资源，以流入关联为代表。图 10-3 展示了与收入、支出和转换循环相关的给予事件和接收事件的几个示例。

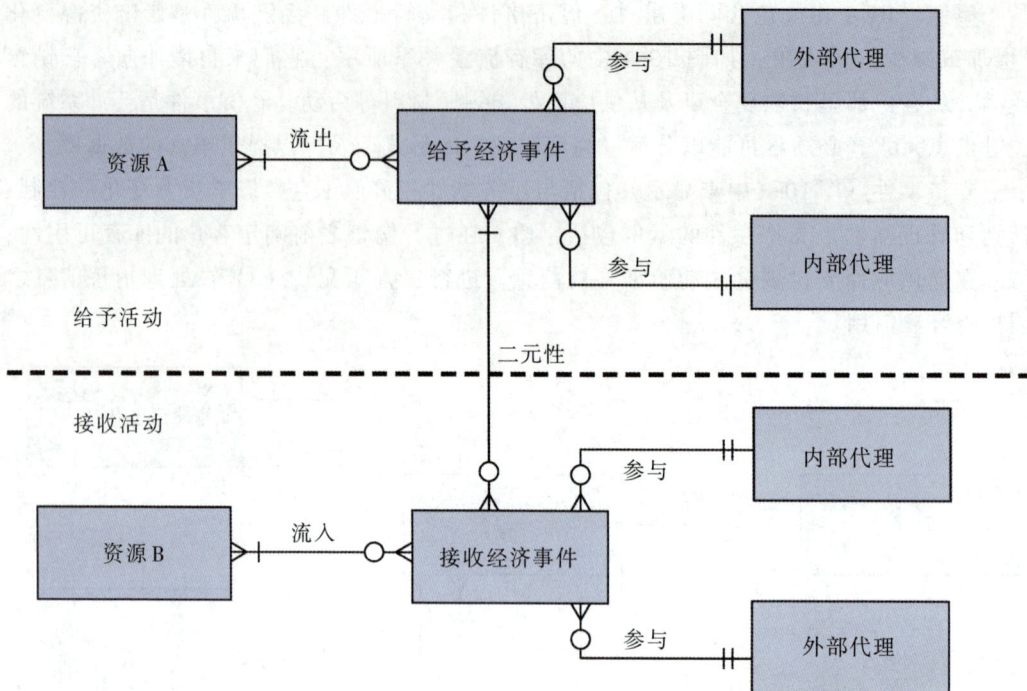

图10-2 REA模型显示了给予和接收交换的双重性

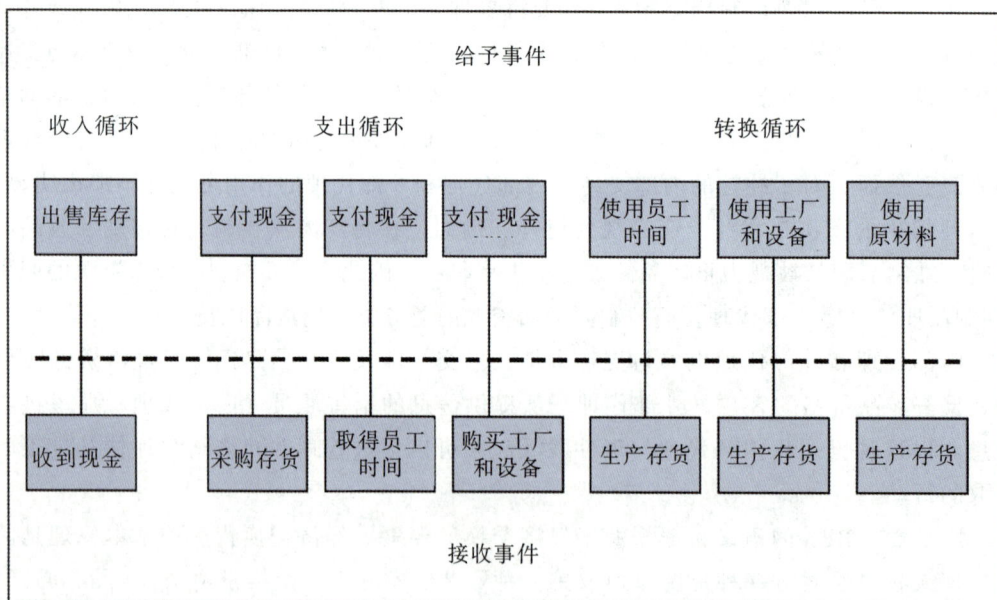

图10-3 给予事件和接收事件的例子

请注意，经济交换不需要双重性事件同时发生。例如，向客户销售会立即减少库存，但现金可能在几周内不会因为客户汇款而有所增加。REA模型适应基于信用的交易和相关的时间滞后，但不采用传统机制，如AR和AP分类账来说明这些事件。事实上，REA拒绝对任何会计工作的需求，包括日记账、分类账和复式记账。如前所述，

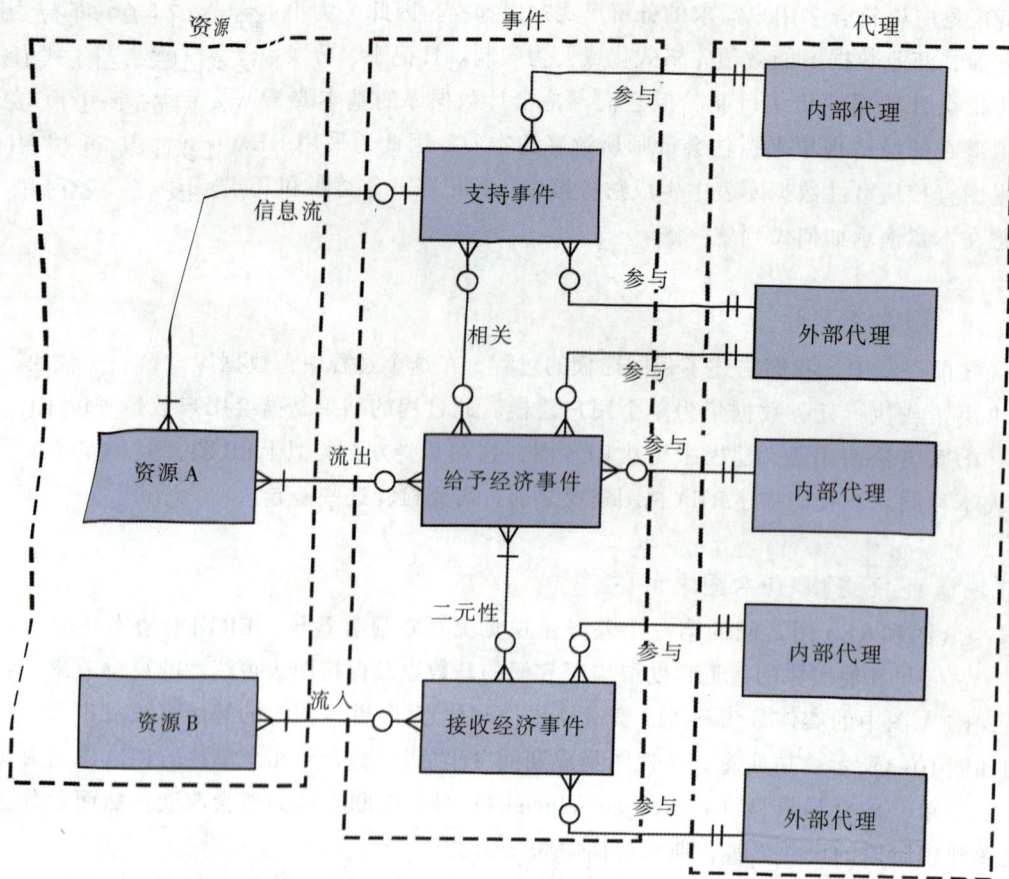

图10-4　REA图中实体的排列

　　这些过程为每个建模的组织功能所执行。结果是几个单独的REA图。建模过程在视图集成阶段（稍后描述）完成，其中各个模型被合并为一个全局模型。

　　为了说明REA视图建模，我们将使用收入循环过程进行简单描述。以下是它的主要特点：

　　Apex供应公司是费城市中心的一家电气产品批发商，向电气零售商销售产品。它拥有大约10 000件物品库存。客户通过电话下订单并凭借与Apex的信用额度安排进行赊购。典型的交易涉及客户首先联系客户服务部门以验证可售性并检查所查找的一个或多个项目的价格。如果客户决定购买，他（她）将被转接到接受订单的销售代理处。发货职员通过公共承运人将产品发送给客户。开票员将销售记录在销售日记账中，准备发票并将其发送给客户，客户有30天的付款时间。AR职员还会收到发票副本并将其记录在AR分类账中。

　　随后（30天内），客户向Apex发送支票和汇款通知单。现金收入职员收到支票，将其记录在现金收入日记账中，并更新现金账户。

　　汇款通知单发送给AR职员，后者会更新（减少）客户的应收账款。

10.2.2.1　步骤 1. 识别事件实体

开发 REA 模型的第一步是识别建模函数中的事件实体。此收入循环示例中的事件可以视为 Apex 员工采取的增值行动。这些实体包括验证可用性、接受订单、运送产品和接收现金。一个 REA 模型必须至少包括两个经济事件，这些经济事件构成了交换中减少和增加经济资源的给予和接收活动。此外，它可能包括不直接改变资源的支持事件。接下来，我们将检验每个已识别的事件，以确定是否应将其归类为经济事件或支持事件。

验证可用性。验证可用性事件是一个支持事件，因为它不直接增加或减少资源。将该实体添加到模型中的决定取决于管理层对有关客户查询的信息的需求。这些信息可以帮助公司确定客户最常需要的库存物品。这可能与 Apex 实际向客户销售的产品不同。例如，对未下订单的查询进行分析可能表明客户正在四处寻找 Apex 竞争对手的更优惠价格。因此，我们将假设验证可用性是一项应在 REA 图中建模的增值活动。

接受订单。根据具体情况，接受订单可能是经济事件或支持事件。接受订单通常只涉及卖方向客户销售商品的承诺。它甚至可能涉及调整（减少）可供销售的库存，以防止其被出售或承诺给其他客户。然而，这一承诺不会导致库存的真正减少，也不是经济交换。此外，如果客户随后在发货前取消订单，则不会发生经济交换。同时，如果接受订单导致买方消耗资源则代表客户要获取或制造产品，那么就会发生经济事件。出于本示例的目的，我们将假设接受订单事件不会直接产生经济后果，因此它是一个支持事件。

运送产品。运送产品是一个经济事件。这是经济交换的一半，直接减少了库存资源。

接收现金。同样，接收现金事件是一个经济事件。这是为增加现金资源而进行交换的接收部分。

无效的实体类型。REA 建模侧重于**价值链**事件。这些活动使用现金获取资源，包括设备、材料和劳动力，然后利用这些资源赚取新的收入。记账任务，例如在日记账中记录销售和设置应收账款，不是价值链活动。这些是无效的实体类型，不应包含在 REA 图中。

REA 的一个基本原则是拒绝会计工作，包括日记账、账簿和复式记账。获得足够详细的交易数据足以满足传统的会计要求。例如，应收账款是向客户进行销售与支付货款所收到的现金之间的差额。因此，分析与发货产品（销售）和接收现金事件有关的数据可以满足与前面介绍的 Apex 案例中描述的应收账款和开票功能相关的信息需求。

在有效事件实体被识别并分类为经济事件或支持事件之后，它们被放置在 REA 图上。REA 规定将这些实体按照它们在图上出现的顺序从上到下排列。图 10-5 按发生顺序显示了前面描述的四个事件。

事件

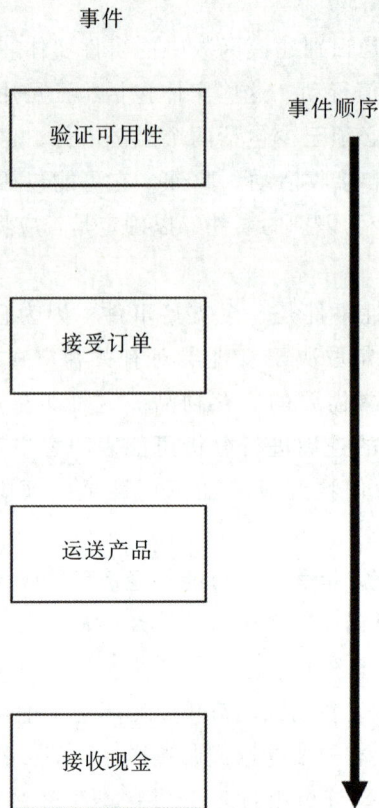

图10-5　按发生的顺序排列事件实体

10.2.2.2　步骤 2. 识别资源实体

创建 REA 图的下一步是区分受选定要建模的事件影响的资源。REA 模型中的每个经济事件都必须至少与一个资源实体相关联，该资源实体的经济价值会因该事件而减少或增加。支持事件也与资源有关，但不影响资源值的变化。

可以提出这样的理论上的论点，即所有员工操作，包括诸如验证可用性和接受订单之类的支持事件，都会消耗一种被称为员工服务的资源。事实上，这种资源随着员工向组织提供服务而增加，同时随着这些服务被用于执行任务而减少。在员工服务被跟踪到特定项目或产品的情况下，该实体将提供有意义的数据并应包含在 REA 模型中。因为我们可以假设 Apex 不是这种情况，所以不会对员工服务进行建模。

在 Apex 收入循环中，经济事件仅改变两种资源。运送产品事件减少库存资源，接收现金事件增加现金资源。验证可用性和接受订单这两个支持事件也与库存相关联，但它们不会改变它。资源和相关的事件实体如图 10-6 所示。

10.2.2.3　步骤 3. 识别代理实体

REA 图中的每个经济事件实体都与至少两个代理实体相关联。其中一个是内部代理，另一个是外部代理。在 Apex 案例中与所有四个事件关联的外部代理是客户。此外，四个内部代理与四个事件相关联：

资源	事件	代理
库存	验证可用性	客户服务职员 / 客户
库存	接受订单	客户 / 销售代表
库存	运送产品	发货职员 / 客户
库存	接收现金	客户 / 现金收入职员

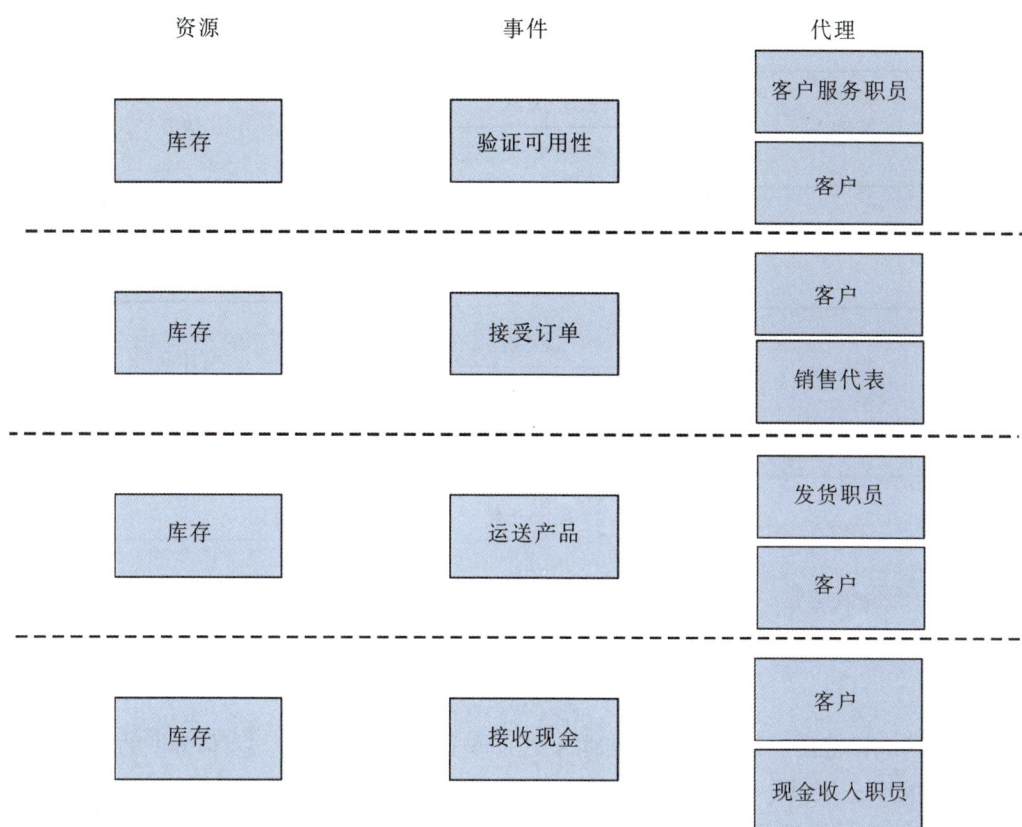

图10-6　显示事件、相关资源和代理的REA模型

（1）参与验证可用性事件的客户服务职员。

（2）参与接受订单活动的销售代表。

（3）参与运送产品活动的发货职员。

（4）参与收款活动的现金收入职员。

请注意，这些内部代理中的每一个实际上都是员工实体类型的实例。

为了在 REA 图上进行说明，我们将员工的每个实例（例如，销售代表和发货职员）标识为一个单独的实体。然而，最终在此模型中出现的数据库将使用单个员工表，并且模型中显示的每个实例都将是该表中的一行。图 10-6说明了 Apex 案例中事件与外部代理和内部代理之间的关联关系。

10.2.2.4　步骤 4. 确定实体之间的关联和基数

我们在第 9 章详细讨论了实体关联和基数的主题。本节假定你熟悉这些主题，这些主题只是简要回顾。

关联是两个实体之间关系的性质，正如连接它们的标记线所代表的那样。**基数**（实体之间的关联程度）描述了一个实体中与相关实体中的单个事件相关联的可能事件的数量。可能有四种基本形式的基数：0或1（0，1），1且仅1（1，1），0或多（0，M）以及1或多（1，M）。

图 10-7 展示了在 REA 图中表示基数的三种替代方法。替代方案1介绍了第9章中

替代方案1

实体A　　关联　　实体B

- -

替代方案2

实体A　1,1　关联　0,M　实体B

- -

替代方案3

实体A　1　关联　M　实体B

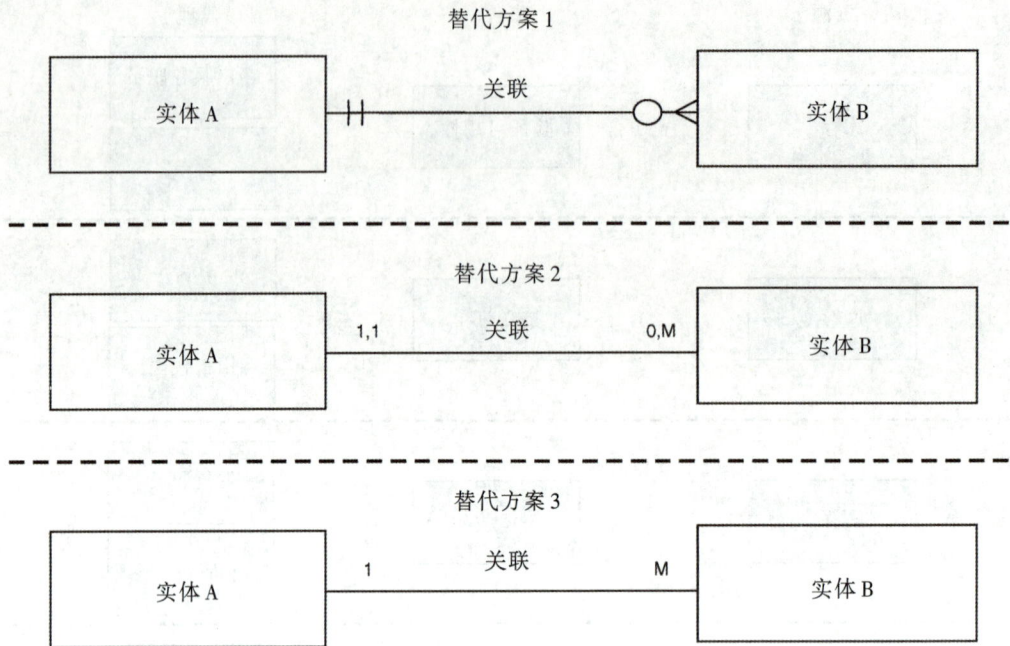

图10-7　表示基数的替代技术

讨论的鱼尾纹标记法。该示例说明实体A中的单个出现（记录）与实体B中的零个或多个出现相关联。因此，可能最低的基数是零，最高的是多个。从另一个方向（direction）看，该符号表示实体B中的一个事件与实体A中的一个且仅一个事件相关联。有时，下基数和上基数明确写在实体之间的关联线上，如图10-7中替代方案2所示。其简写版本为替代方案3，它仅显示上基数并假定下基数为零。每个实体的上基数定义了整体关联。例如，图10-7中的实体被称为具有1∶M关联。其他可能的关联是1∶1和M∶M。

图10-8显示了Apex的修订数据模型。请注意，通过消除图10-6中描述的客户和库存实体的冗余实例，它已被简化以提高可读性。此外，图10-8显示了使用鱼尾纹标记法的实体之间的关联和基数。基数反映了对特定组织起作用的业务规则。有时规则很明显并且对所有组织都是相同的。例如，客户和接受订单实体之间的正常基数是1，1和0，M。这表示特定客户在销售期间可能没下订单或下了多个订单，并且每个订单仅针对一个客户。这些实体之间的关联是1∶M并且永远不会是1∶1，因为这意味着组织将每个客户限制在一个订单的上限，这是不合逻辑的。内部代理和事件实体之间的关联遵循相同的模式。一个组织会期望其员工随着时间的推移参与许多事件，而不仅仅是一个。图10-8中的大多数基数反映了这一不言自明的规则。接下来介绍需要进一步解释的几点。

验证可用性和接受订单实体之间的基数。验证可用性实体的每次出现都是客户查询的结果。然而，我们从案例描述中得知，并非所有查询都会产生客户订单。同时，我们将做一个简单的假设，即每次订单发生都是查询的结果。因此，关系的接受订单端的基数是 0，1，而验证可用性端的基数是 1，1。

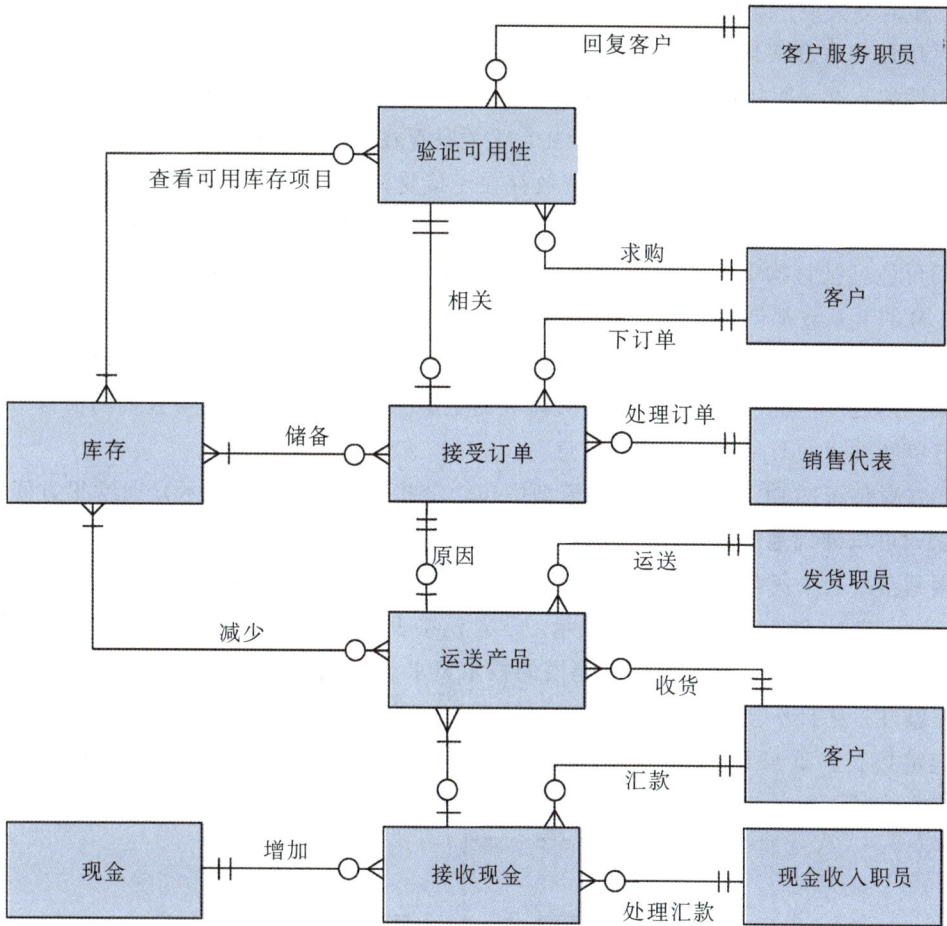

图10-8　REA图中的关联和基数

　　接受订单和运送产品实体之间的基数。关系的运送产品端的 0，1 基数反映了接受订单和发货之间的时间差。因为销售不是即时处理的，我们可以假设存在（接受订单）尚未发货的订单（没有运送产品）。此外，在发货前取消订单也将导致未创建运送产品记录。

　　运送产品和接收现金实体之间的基数。商业贸易条款和支付政策差异很大。向消费者进行赊销的公司通常会随着时间的推移接受部分付款。这将导致单次装运发生多次现金收入。同时，客户是其他企业的，通常希望在到期时全额付款。然而，企业客户可以在一次现金付款中合并多张发票，以少写支票。由于 Apex 公司是为企业客户提供服务的批发商，我们将假设债务已全额支付（没有多次分期付款），并且 Apex 客户可以用一张现金支票支付多批货物。图 10-8 中的基数反映了这个业务规则。

　　现金和接收现金实体之间的基数。一个组织的现金资源由几个不同的账户组成，如一般经营账户、工资周转金账户和零用现金。一般经营账户、工资周转金账户和零用现金在财务报告中合并到一个账户，但单独使用和跟踪。这种关系中描述的基数表示从许多客户那里收到现金并存入一个账户。

多对多关联。图10-8中的模型描述了 M∶M 关联的三个示例。其中第一个是在验证可用性和库存实体之间。1，M 基数存在于关联的（库存）端，0，M 基数位于验证可用性端。这表明特定客户查询可能涉及一个或多个库存项目，并且每个项目在该期间可能已被查询零次或多次。第二个 M∶M 关联存在于接受订单和库存实体之间。1，M 基数存在于关联的库存端，0，M 基数存在于接受订单端。这意味着特定订单可能包含一个或多个不同的库存项目，并且特定项目可能从未被订购过（可能是新产品）或在此期间可能已被订购多次。运送产品和库存实体之间也存在类似的情况。在每一种情况下，M 的上基数都创建了一个 M∶M 关联，我们从第9章中知道它必须被调整。这些情况是重复组数据的结果，这些数据需要在关系数据库中执行模型之前进行规范化。解决方案是创建三个链接表，其中包含关联表的主键。链接表还将包含与查询的项目、接受的订单和发货的产品有关的详细信息。

在对传统的ER图建模时，在模型中包含链接表（如第9章所示）通常很方便，这样它就可以准确地反映实际的数据库。然而，在REA图中包含链接表会与事件实体应连接到至少一个资源和至少两个代理实体的规则产生冲突。图10-9显示了Apex REA图的一部分在插入链接表时将如何显示。尽管链接表是在关系数据库中实现 M∶M 关联的技术要求，但它们不是对数据库建模的技术要求。在REA图中包含链接表会破坏其视觉完整性，并且不会有助于对概念模型的理解。最终，在实施过程中，数据库设计者将创建链接表。事实上，没有它们，数据库就无法运行。然而，关于REA图表的目的，链接表只需要通过 M∶M 关联来说明。

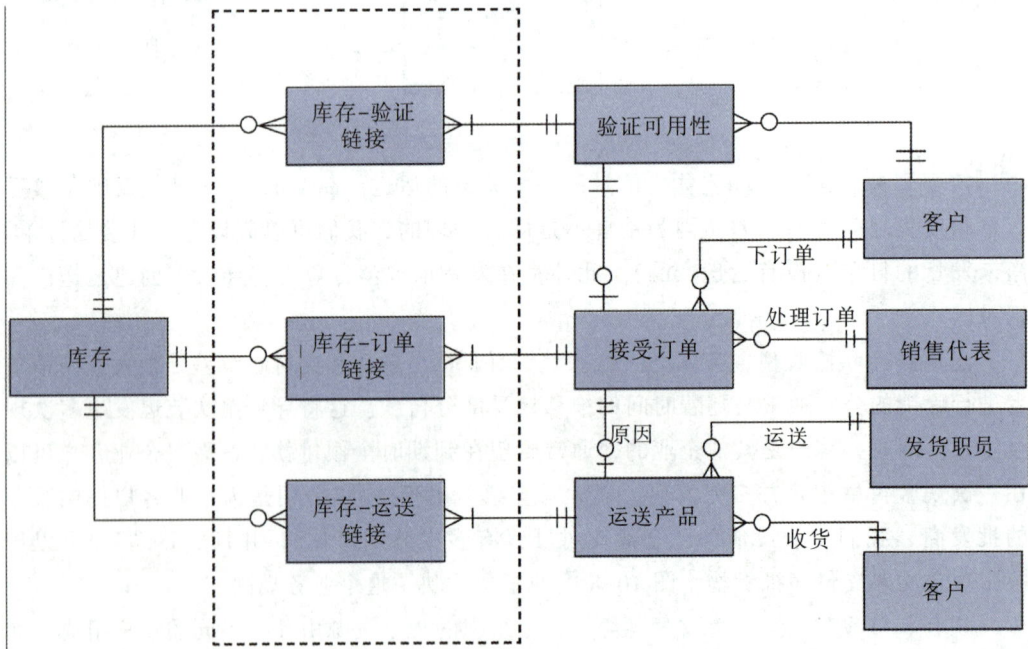

图10-9　REA关系图中的链接表

10.3　视图集成：创建企业范围的 REA 模型

上一节中描述的视图建模过程为 Apex 公司的收入循环生成了一个单独的 REA 模型。本节说明如何将多个 REA 图（每个图在其视图建模过程中创建）集成到一个全球或企业范围的模型中。

然后，该部分解释了如何使企业模型在关系数据库中生效以及如何构建用户视图。**视图集成**过程涉及三个基本步骤：

（1）合并各个模型。

（2）定义主键、外键和属性。

（3）构建物理数据库并制作用户视图。

10.3.1　步骤 1. 整合各个模型

因为 Apex 是一家没有生产设施的批发供应公司，所以该公司的模型整合将包括先前开发的收入循环模型（见图 10-8）以及采购/现金支付和工资的支出循环模型，分别如图 10-10 和图 10-11 所示。

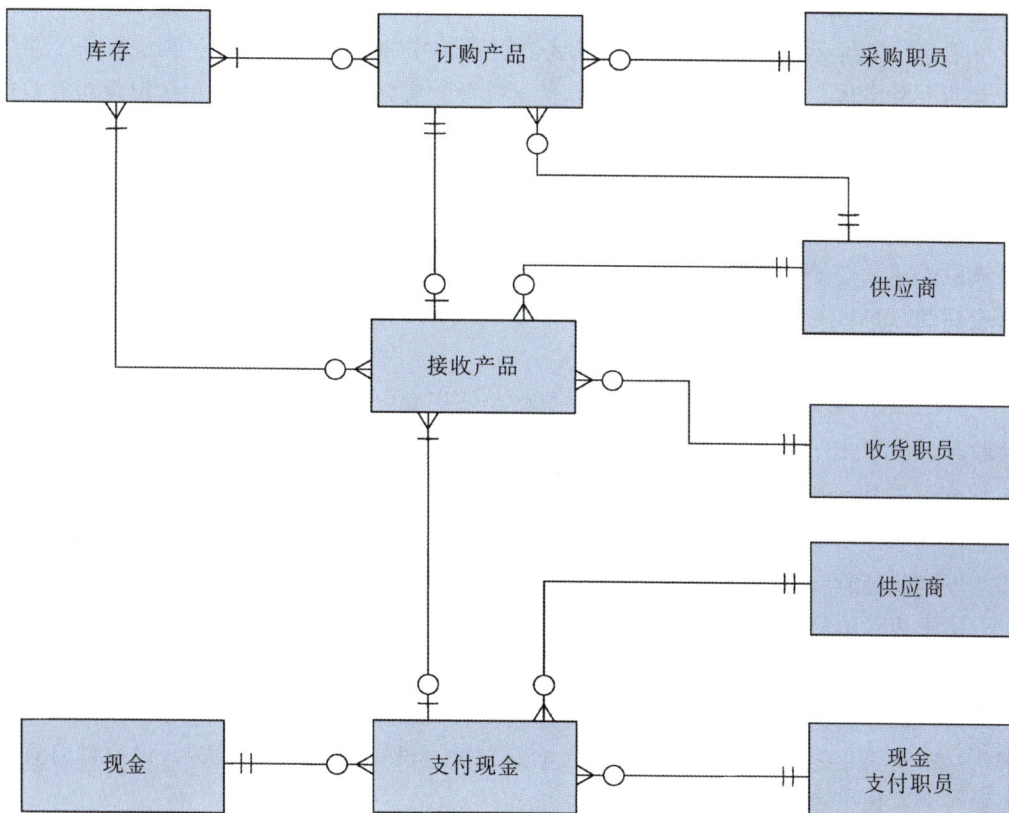

图 10-10　采购和现金支付程序的 REA 图

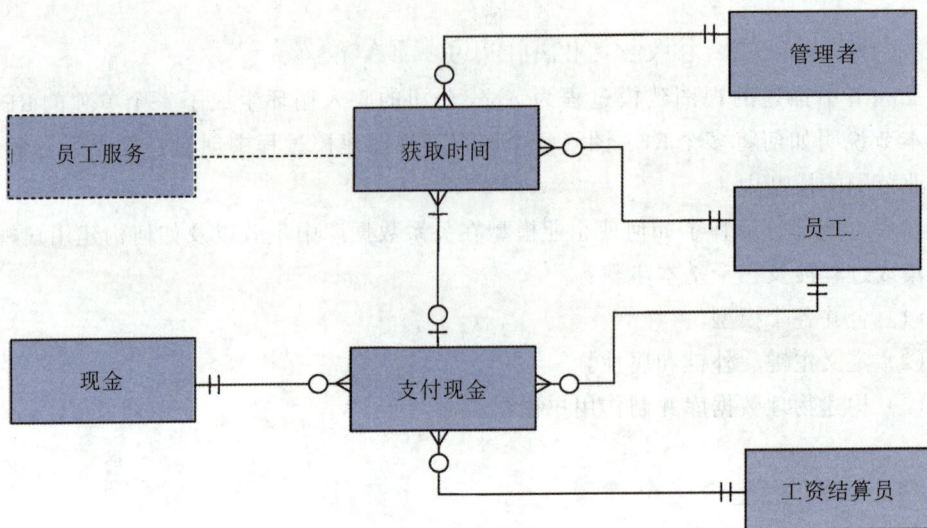

图10-11 工资程序的REA图

接下来提供两个支出循环模型的资源、事件、代理和基数的简要说明。

10.3.1.1 采购和现金支付程序

图 10-10 显示了 Apex 的采购和现金支付系统中的三个事件实体。其中第一个事件是订购产品实体，是一个不直接增加库存（资源）实体的支持事件。在认识到对客户的销售（收入循环）耗尽库存后，采购职员（内部代理）选择供应商（外部代理）并下订单。该行为不构成经济事件，而是购买承诺。从事件实体到库存实体的链接提示将调整记录以显示被提及的项目正在订购中。但是，目前可用量不会增加。订购信息将防止物品被意外重新订购，并帮助客户服务人员告知客户库存状态和缺货物品的预计到期日。供应商和订单产品之间的 1：M 关联表明每个订单只发给一个供应商，并且特定供应商在此期间可能收到零个或多个订单。

第二个事件实体是接收产品，它是导致经济资源发生变化的经济事件。它是交换的接收部分，增加了库存。从供应商处收到货物，由收货职员处理。这涉及点货、验货、将货物运送到仓库、将所有权转移到 Apex 以及更新库存记录。订购产品和接收产品实体之间关联中的 0，1 基数意味着在任何时间点可能存在尚未收到的订单（发生产品订购）（没有收到产品）。

图中表示的第三个事件是支付现金。这是构成一半经济交换的经济事件。在这种情况下，它会导致现金资源减少。与供应商实体的 1：M 关联意味着每次付款仅针对一个供应商，但每个供应商在此期间可能会收到零次或多次付款。支付现金和接收产品之间的 1：M 关联意味着每张产品收据都已全额支付（没有多次分期付款），但可以将许多收据合并并通过单次支付以少写支票。

请注意，订单产品和库存实体之间以及接收产品和库存实体之间存在 M：M 关联。这说明向供应商下达并从他们那里收到的订单可能包含一件或多件商品。从相反的角度来看，这些关联表明每个库存项目在该期间可能已被订购和接收零次或多次。如前所述，每个 M：M 关联都需要通过添加链接实体来解决。链接实体的表最终在数据库中创建，但实体不会包含在 REA 图中。还要记住，内部代理在 REA 图中表示为单独的实体。这样做是为了更清楚地说明它们各自的作用。实际上，这些代理是员工实体的实例，将在最终数据库中被折叠到单个员工表中。

10.3.1.2 工资核算程序

图 10-11 中的 REA 图描述了 Apex 公司工资核算程序的数据模型。

该模型仅包含两个经济事件：获取时间和支付现金。获取时间事件是经济交换的接收部分。这涉及一个工人（内部代理）放弃他（她）的时间，这由员工服务资源表示。主管（外部代理）承担对资源的控制。与现金和存货等有形经济资源不同，时间不具有存货流动要素，也无法储存。获取时间事件增加时间，各种任务执行事件同时减少时间。在本章的前面部分，员工服务资源被认为是在 Apex 数据库中建模的可能资源。在员工服务直接跟踪到生产的产品或提供给客户的服务（即咨询、法律服务和公共会计）的情况下，对这种资源进行建模是有意义的。由于 Apex 不会跟踪员工在服务单个客户或接受订单等活动上的时间，因此将此实体转换为物理数据库表没有任何意义。然而，为了与每个事件必须链接到一个资源的 REA 建模规定保持一致，员工服务仅作为影子资源（虚线）包含在图 10-11 中。它不会在最终的企业范围的 REA 图中建模。

获取时间事件通过计时机制（例如电子时钟）收集员工每天的时间分配实例。对于受薪员工来说，时间收集过程可能只涉及时间的流逝。获取时间与员工以及管理者实体之间的关联中的零基数反映了某些员工在此期间没有贡献时间的可能性。例如，新员工或病假员工。

支付现金事件是经济交换的一半。这涉及将现金分配给员工（现在是外部代理）以获得所提供的服务。工资结算员（内部代理）参与此事件，减少了现金资源。支付现金和获取时间事件之间的关联反映了员工放弃时间和收到付款之间的时间差异，因为他们通常不是每天都获得报酬。通常，员工在获得报酬之前工作一周、两周甚至一个月。因此，关联的获取时间侧的 1，M 基数意味着每个支付现金实例将存在至少一个并且可能多个获取时间实例。关联的支付现金端的 0，1 基数意味着在某个时间点（周中），将存在尚未支付的获取时间实例。但是，每个获取时间实例仅支付一次。

10.3.1.3 合并单独的 REA 图

在创建和解释完单独的 REA 图之后，我们现在准备将它们合并成一个单一的企业范围的图（见图 10-12）。通过翻转支出循环图，形成镜像效果，库存和现金的共同资源在图中居中。它们的两侧是两个系列事件，它们有增有减。在图中代理形成外围一系列事件。

为了简化图表，冗余的事件、代理和资源实体已尽可能合并为单个实体。例如，支付现金事件是 Apex 的工资单和采购/现金支付程序的一个元素，在合并模型中仅表示一次。此外，现金和库存实体仅在合并日期图上出现一次。为了保持对内部代理所扮演角色的看法，他们被描述为单独的实体，而不是集体地描述为员工。最后，为了避免实体之间的关联线交叉，供应商和客户代理在图中出现了不止一次。

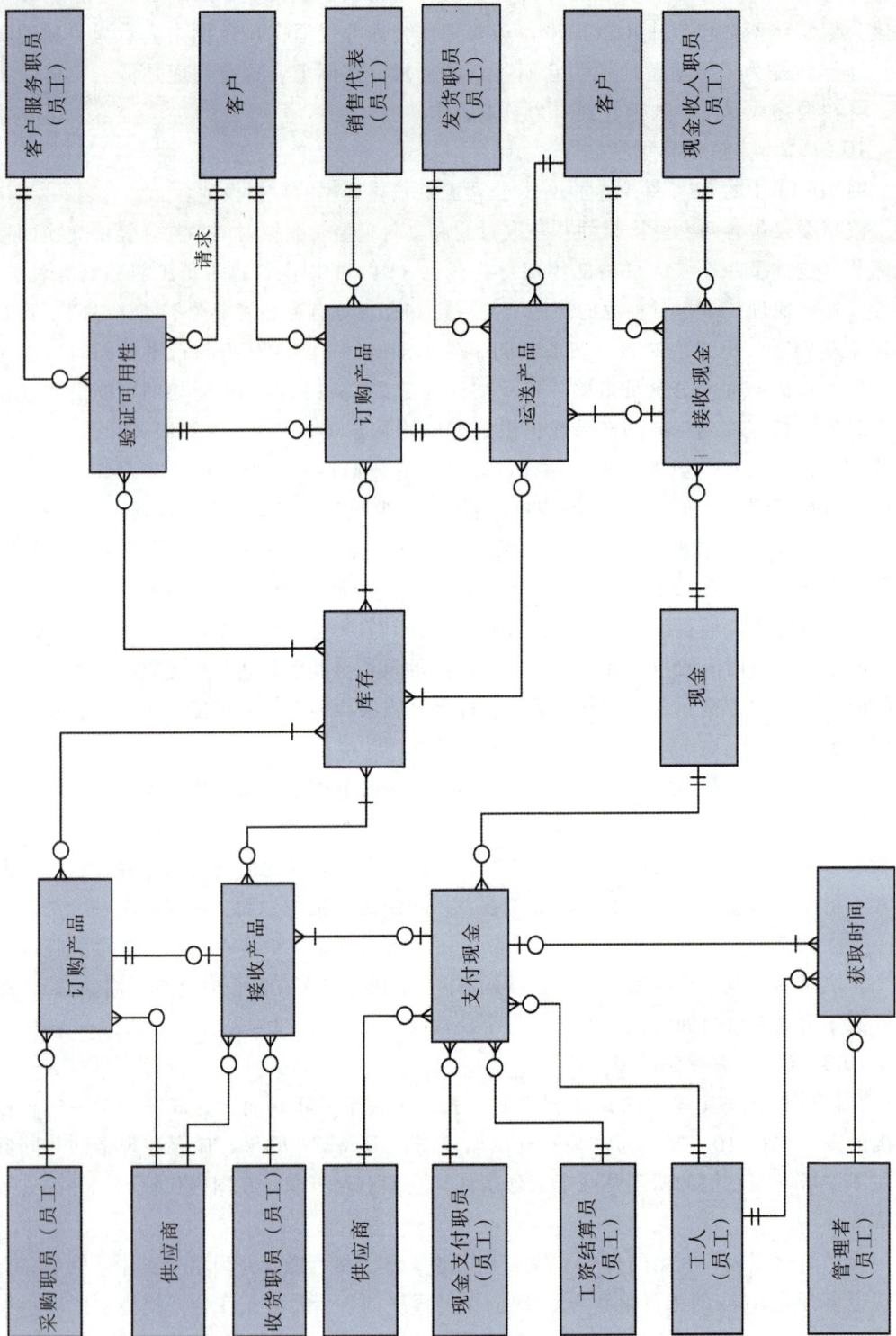

图10-12 集成的REA图（一）

10.3.2　步骤 2. 定义主键、外键和属性

随着数据模型的构建，我们现在可以设计关系数据库表了。这包括确定主键、分配外键和定义表的属性。我们将为图 10-12 中的 REA 集成图中的每个有效实体构建一个单独的表。这需要 18 个表，将在以下段落中进行解释：

- 图 10-12 中表示的 10 个内部代理将被折叠成一个员工表。
- 两个外部代理（客户和供应商）将各自需要一个单独的表。
- 库存和现金这两种资源都各需要一个表格。
- 8 项事件每项都需要一张表。
- 图中表示的 5 个 M：M 关系每个都需要一个链接表。

10.3.2.1　主键和属性规则

表 10-1 显示了 Apex 数据库中的 18 个表，以及它们的主键、外键和属性。主键和属性的确定来自对每个表的用途的理解，这是对用户需求的详细分析。数据库设计者应该选择一个主键在逻辑上唯一地定义表中非码属性。在某些情况下，这是通过一个简单的顺序编码来完成的，如发票编号、支票编号和采购订单编号。在其他情况下，块代码、组码、字母编码和助记码是更好的选择。我们在第 2 章详细讨论了各种编码技术的优缺点。

某些表的属性对所有组织都是通用的，可以从常识和对最佳实践的遵循中得出。其他属性是特定应用程序所独有的，只能从对单个用户视图的彻底和详细分析中得出。但是，分配给表的每个属性都应直接或间接（计算值）出现在一个或多个用户视图中。如果存储在表格中的数据未用于以某种方式报告的文档、报告或计算中，它们则没有任何用途，也不应该成为数据库的一部分。

表10-1　　　　　　　　　　　　Apex数据库中的表、键和属性

表格名称	关键字	外键	属性
库存	项目编号		描述、仓库位置、库存量、再订购点、已订数量、可供销售量、供应商编号、单位成本、零售价格、周转率、交货期、使用率、经济订货量、库存历史、报废历史
现金	账号		余额
验证可用性	查询号码	客户编号 员工编号	日期、开始时间、结束时间
订购产品	订单编号	查询号码 客户编号 员工编号	订单日期、承诺日期、贸易条件
运送产品	发票编号	订单编号 客户编号 员工编号	发票金额、发货日期、截止日期、结束日期
接收现金	汇款编号	客户编号 员工编号 账号	客户支票编号、日期、金额

表格名称	关键字	外键	属性
订购产品	采购订单编号	供应商编号 员工编号	订购日期、预期交货日期、预期总价
接收产品	接收报告编号	供应商编号 员工编号 采购订单编号 支票编号	收货日期、承运人、截止日期
支付现金	支票编号	供应商编号 现金支付职员（EMPL） 工人（EMPL） 工资结算员（EMPL） 账号	金额、日期
获取时间	考勤卡编号	支票编号 管理者（EMPL） 工人（EMPL）	工资周期：第1天上班，第1天下班，第2天上班，第2天下班，第7天上班，第7天下班
客户	客户编号		姓名、地址、信用额度、可用信用额、当前余额、上次付款日期
供应商	供应商编号		名称、地址、贸易条件、供应商交货期、使用的承运人、准时交货记录、不完整发货记录、货损记录、价格纠纷记录
员工	员工编号		社会保险号、姓名、地址、出生日期、职位名称、聘用日期、工资率、累计休假时间
库存-验证链接	项目编号 查询号码		求购数量、库存量、销售、意见
库存-订单链接	项目编号 订单编号		已订购数量
库存-发货链接	项目编号 发票编号		装运数量、实际价格
订单-产品-存货链接	项目编号 采购订单编号		订单数量
收货-产品-存货链接	项目编号 收货报告编号		收货数量、实际单位成本、条件

10.3.2.2　外键规则

表之间的关联程度（即 1：1、1：M 和 M：M）决定了如何分配外键。我们在第 9 章讨论了链接表的键分配规则，本节将简要回顾它们。

1：1 关联中的键

在 1：1 关联中，关联的一侧通常具有最小基数零。

在这种情况下，基数为 1，1 的表的主键应作为外键嵌入基数为 0，1 的表中。反用此规则将创建一个表结构，其中 1，1 基数表包含具有空（空白）值的外键实例。虽然这样的链接会起作用，但它是一个糟糕的表格设计，可能导致效率低下和处理错误。然而，通过遵循规则，表中关联的 0，1 基数一侧的所有外键值都将是非空的。例如，我们可以从表 10-1 中看到，验证可用性表的主键（查询号码）作为外键分配给接受订单表。

1：M 关联中的键

当表之间存在 1：M 关联时，1 侧的主键嵌入 M 侧的表中。例如，员工表的主键（EMPLOYEE NUMBER）已作为外键分配给验证可用性、接受订单和运送产品表。

M：M 关联中的键

M：M 关联中的表不能接受来自相关表的嵌入外键。相反，数据库设计者必须创建一个单独的链接表来包含外键。通过在原始表之间插入一个链接表，M：M 关联被转换为两个 1：M 关联（见图 10-9）。链接表现在可以接受两个新关联的 1 侧表的主键。此过程产生一个组合（复合）键，该键用作定义链接表中的属性（如果有）的主键。复合键的每个组成部分还用作外键，用于在关联表中定位相关记录。表 10-1 中显示了五个链接表：库存-验证链接、库存-订单链接、库存-发货链接、订单-产品-存货链接和收货-产品-存货链接。

10.3.2.3　规范化表

为关系表分配主键和属性必须始终遵守第 9 章中讨论的规范化规则。回想一下，非规范化的表会表现出异常的负面操作现象，包括更新异常、插入异常和删除异常。这些异常中的一个或多个将存在于未标准化到**第三范式**（3NF）层级的表中。这些异常是由称为重复组、部分依赖和传递依赖的表中的结构问题引起的。规范化涉及系统地识别并从正在审查的表中删除这些依赖关系。3NF 中的表将没有异常，并且将满足两个条件：

（1）所有非码属性将完全且唯一地依赖于主键。

（2）任何非码属性将不会依赖于其他非码属性。

表 10-1 中的数据库表属于 3NF，但只包含最少的属性。请记住，数据库不是静态的。随着用户需求的变化和其他用户视图的开发，可能需要在数据库中包含其他属性，也许还有其他表。

这些属性的添加必须符合规范化规则，以保持表的结构完整性并避免异常。有关异常、依赖性和规范化技术的完整讨论，请查看第 9 章及其附录的相应部分。

10.3.3　步骤 3.构建物理数据库并生成用户视图

此时，数据库设计人员已准备好根据表 10-1 中的描述创建物理关系表。表构建完成后，其中一些表格必须填充数据。资源和代理表必须使用数据值进行初始化，如可用库存数量、客户姓名和地址以及员工数据。新系统将根据这些表的属性的初始值开始操作。相反，事件表一开始是空的，将通过实际的交易处理活动来填充。

生成的数据库信息应该足够完善以支持正在建模的系统所有用户的信息需求，包括会计师、运营人员和管理人员的需求。构成这些视图的报告、计算机屏幕和文档源自**结构化查询语言**命令和计算机程序，它们访问数据库中的规范化表并使用外键作为链接来导航。在本节中，我们将介绍一些可以从事件表生成报告的示例。

生成财务报表和其他会计报告

在传统系统中，财务报表通常由总账账户编制，其值来自日记账凭证过账。然而，会计工件，包括日记账、分类账和复式记账，不是 REA 模型中的实体。相反，这些传统的记账机制是从事件表中复制出来的。为了说明，图 10-13 展示了 Apex 数据库中几个关系表的结构。这些表结构对应于表 10-1 中列出的表，但为了简化图，省略了一些属性。该图展示了如何从基础事件数据构建财务报表会计数据。计算如下：

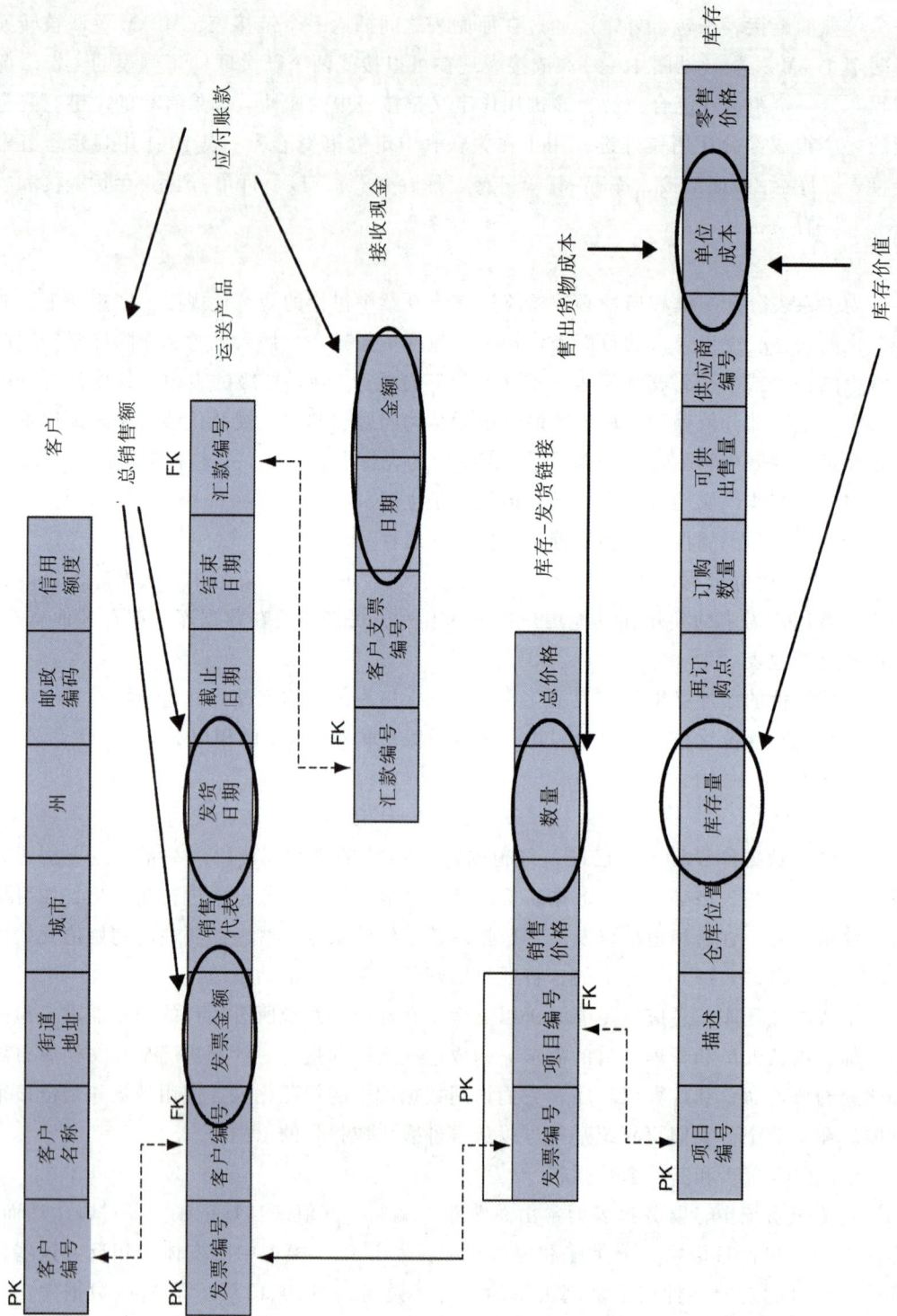

图10-13 集成的REA图（二）

总销售额：在年终截止日期或之前发运的所有商品的发货产品表中的发票金额属性的总和。

应收账款：总销售额减去在年终结算日或之前收到的所有汇款的接收现金表的"金额"属性的总和。

已售商品成本：库存-发货链接表中的已售数量总和乘以库存表中的单位成本属性。

库存：库存表中的现有数量属性乘以单位成本属性。

以这种方式从 REA 表中提取的会计数据可用于编制损益表、资产负债表，甚至日记账分录，日记账凭证报告如图 10-14 所示。

日记账凭证报告

日记账编号	日期	标题	账号	借方	贷方
1	2/14/XX	现金 应收账款 销售	101 103 401	1000 2000	 3000
2	2/14/XX	售出货物成本 库存	501 108	2500	 2500
⋮	⋮	⋮	⋮	⋮	⋮

图10-14　从区域表中复制日记账分录

从 REA 表生成管理报告。REA 的一个关键目标是创建一个能够支持多个用户视图的数据库。在此说明 Apex 可以从其数据库生成的非会计用户报告的示例。图 10-15 描述了公司采购代理将使用的库存状态报告。该报告确定了要订购的项目和相应的供应商。本报告的数据来自表 10-1 中的库存和供应商表。图 10-16 是按客户和产品组织的销售活动报告，销售经理将使用该报告。该报告由客户、运送产品、库存-发货链接和存货表中的数据构成。图 10-17 为客户查询报告。此报告的目的是根据实际销售额跟踪客户查询情况。该报告指出每个客户查询花费了多少时间以及它是否导致了销售。客户、验证可用性、库存验证链接、存货和接受订单表为报告提供数据。

项目编号	描述	库存量	预订数量	供应商编号	姓名	地址	电话
At78	Bracket	100	150	22	Ozment Sup	123 Main St.	555-7895
Y24	3 Way Sw	95	150	24	Buell Co.	2 Broadhead	555-3436
TW23	120 V outlet	100	150	27	B&R Sup	Westgate Mall	555-7845
RT12	Toggle switch	440	450	22	Ozment Sup	123 Main St.	555-7895
Pp56	Gasket	400	450	24	Buell Co.	2 Broadhead	555-3436
qr2	Meter	442	450	28	Harris Manuf	24 Linden St.	555-3316
yu88	Brace	10	10	22	Ozment Sup	123 Main St.	555-7895

图10-15　库存状态报告

```
                              Apex销售报告
        客户编号：19321
        客户名称：ABE Electric
        地      址：520 Main St., City

    发票#          日期        发票总额    零件编号    数量      单价      总价
    12390        11/11/XX     $850       Y24       5        $20      $100
                                         T W23     10       50       500
                                         Ey43      25       10       250

    12912        11/11/XX     $300       rw34      10       $30      $300

        客户总计：    $1,150

            * * *    * * * *    * * * *    * * * *    * * * *    * * * *    * * *

        客户编号：19322
        客户名称：ARK Electronics
        地      址：2289 Elm St., City

    发票#          日期        发票总额    零件编号    数量      单价      总价
    12421        11/13/XX     $1,000     TW23      10       $20      $200
                                         Fr23      2        50       100
                                         LI45      7        100      700

    12901        11/20/XX     $500       TE67      10       $30      $300
                                         Ht12      10       20       200

        客户总计：    $1,500

            * * *    * * * *    * * * *    * * * *    * * * *    * * * *    * * *

        下一个客户
            •
            •
        下一个客户
```

图10-16　从REA表构建管理销售报告

客户查询报告××年2月14日××年—7月14日										
查询编号	日期	客户编号	开始时间	结束时间	产品	求购数量	库存量	销售	员工编号	评论
483	2/14	19334	9:22	9:30	TW23	5	61	是	5	无
					TW67	18	4	否	7	看看其他的
					RB14	20	80	否	3	太贵了
484	2/14	18325	9:38	9:42	HTI2	8	22	是	7	无
485	2/14	12325	10:03	10:20	NW34	1	6	否	7	看看其他的

图10-17　客户查询报告

10.3.4　REA和价值链分析

从价值链的角度可以最清楚地看到组织采用REA方法的竞争优势。这些是为组织的产品和服务增加价值或实用性的活动。为了保持竞争力，组织必须区分其各种业务活动，根据它们在实现组织目标方面的价值对其进行优先排序。这意味着组织对环境变化具有适应性和响应能力，包括它们与供应商、客户和其他影响绩效的外部实体的关系。现代决策者需要信息系统来帮助他们越过内部运营，关注贸易伙伴的运营。

为此目的采用的一种方法称为**价值链分析**。该分析区分了主要活动和支持活动：主要活动创造价值；支持活动有助于完成主要活动。通过应用价值链分析，组织可以超越自身并最大限度地发挥其创造价值的能力。例如，将客户的需求纳入其产品中，或在安排生产时适应供应商的灵活性。

传统的信息系统不太适合支持价值链活动。应用价值链分析的组织通常在传统会计信息系统之外通过将此类信息单独提供给决策者来进行。

这通常涉及创建单独的信息系统，这会导致数据冗余、数据并发和系统集成问题。作为能够收集通用和细粒度（fine-grained）数据的单一信息系统框架，REA 可以克服这些问题，并能够提供以下优势：

（1）通过对业务流程建模的 REA 方法，可帮助管理者关注经济事件的关键要素，并识别可以从运营中消除的非增值活动。因此，提高各个部门的运营效率会产生过剩的产能，这些产能可以被重新定向以提高公司的整体生产力。

（2）将财务和非财务数据存储在一个通用数据库中，减少了对多个数据收集、存储和维护过程的需求。

（3）以详细的表格存储有关业务事件的财务和非财务数据，通过支持多个用户视图，可以作出更广泛的管理决策。

（4）REA 模型为管理者提供更相关、更及时和更准确的信息。这将转化为更好的客户服务、高质量的产品和灵活的生产流程。

10.3.5　REA 在实践中的妥协

运营效率、系统集成和价值链分析方面的优势引起了人们对 REA 作为系统和数据库设计理论模型的极大关注。然而，作为一个实际问题，较大型的组织经常为了财务报表报告的目的而采取了折中的办法。尽管可以从事件数据中提取传统的财务信息（如图 10-13 所示），但从数百万个单独的事件记录中提取这些信息可能会有问题。相反，大多数实施 REA 模型的公司会出于运营、计划和控制目的创建事件数据库，并在后台单独维护传统的总账系统以进行财务报告。我们将在下一章中讨论企业资源规划系统，举例说明基于事件计划的成功整合和在单个系统中进行传统数据库设计。

总结

本章将 REA 模型作为一种说明和设计服务于组织中所有用户需求的会计信息系统的方法进行了研究。它首先定义了 REA 的关键元素。基本模型采用了一种称为 REA 图的独特形式——ER 图，它由三种实体类型（资源、事件和代理）和一组链接它们的关联组成。然后详细解释并说明了开发 REA 图的规则。

REA 图中的每个事件都链接到至少一个资源和至少两个代理。该模型的一个重要方面是经济二元性的概念，它规定每个经济事件必须由一个相关的经济事件在相反方向上反映。这些双重性事件构成了经济交换中的给予和接收事件。

本章10.2节继续说明了假设为一家公司开发REA数据库，该过程遵循称为视图建模的多步骤过程。涉及的步骤如下：（1）识别要建模的事件，（2）识别由事件改变的资源，（3）识别参与事件的代理，以及（4）确定实体之间的关联和基数。此过程的结果是单个组织功能的REA图。

本章的10.3节解释了如何将多个REA图（收入循环、采购、现金支付和工资单）集成到全球或企业范围的模型中。然后将企业范围的模型用于关系数据库结构中，并构建用户视图。视图集成过程涉及三个步骤：（1）合并单个模型；（2）定义主键、外键和属性；（3）构建物理数据库并产生用户视图。

本章最后讨论了REA建模如何通过允许管理层专注于公司运营的增值活动来提高竞争优势。然而，出于财务报表报告的目的，许多公司针对REA模型采取了折中的办法，即仍维护传统的总账系统。

关键术语

代理	资源
关联	语义模型
基数	库存流量
双重性	结构化查询语言
经济事件	支持事件
外部代理	第三范式
给予事件	用户视图
内部代理	价值链
REA图	价值链分析
REA模型	视图集成
接收事件	视图建模

复习题

1. 什么是用户视图？
2. 什么是语义数据模型？
3. 什么是REA图？
4. 什么是经济资源？
5. 什么是经济事件？
6. 什么是支持事件？
7. 什么是经济代理人？
8. 定义二元性。
9. 什么是视图建模？

10.REA 图中连接实体的标记线表示什么?

11.为什么日记账和分类账不在 REA 图中建模?

12.定义关联。

13.定义基数。

14.说出基数的四种基本形式。

15.什么是视图集成?

16.列出视图集成中涉及的步骤。

17.在 1∶1 关联中分配外键的规则是什么?

18.在 1∶M 关联中分配外键的规则是什么?

19.在 M∶M 关联中分配外键的规则是什么?

20.定义价值链。

讨论题

1.从组织的角度,解释二元性,因为它与经济交换的给予和接受事件有关。

2.解释基数和关联之间的关系。

3.讨论为数据库表分配主键的规则。

4.讨论将事件链接到 REA 图中的资源和代理的规则。

5.对于纯粹涉及内部交换的交易(如原材料进入生产),如何在 REA 图中对外部和内部代理进行建模?

6.解释 REA 数据库在不使用日记账和分类账的情况下如何支持财务报表报告。

7.区分经济事件和支持事件,请分别举出示例。

8.描述 REA 图必须包括的事件的最小数量和类型。

9.为什么传统会计事件,如在日记账中记录交易并过账到分类账,没有在 REA 图中建模?

10.ER 图通常包括模型中的链接表以解析 M∶M 关联,REA 图通常不显示链接表。请解释。

11.员工时间是一种经常使用的资源,但并不总是在 REA 图中建模。解释并举例说明。

12.数据何时以 3NF 格式显示?

多项选择题

1.REA 图中的每个经济事件总是(　　　)。

a.链接到至少两个资源实体

b.与另一经济事件有关

c.链接到两个外部代理

d.链接到两个内部代理

e.链接到支持活动

2.以下(　　　)不是经济主体的特征。

a.每个经济事件至少有两个经济代理参与

b.他们参加经济事件和支持事件。内部代理是系统正在建模的公司的员工

c.外部代理不是系统正在建模的公司的员工

d.以上描述的都是代理

3.以下（　　）事件最不可能在REA图中建模。

a.客户查询　　　　　　　　　b.向客户销售

c.现金　　　　　　　　　　　d.应付账款

e.所有这些事件都将被建模

4.以下（　　）关联最有可能描述内部代理与经济事件之间的关系。

a.1：M　　　　　　　　　　b.1：1

c.M：M　　　　　　　　　　d.0：M

e.以上选项都没有

5.以下（　　）表最有可能具有复合键。

a.点菜　　　　　　　　　　　b.运送货物

c.库存-发货链接　　　　　　　d.现金

e.以上选项都没有

6.以下（　　）关联需要数据库中有一个单独的表。

a.1：1　　　　　　　　　　　b.1：M

c.M：M　　　　　　　　　　d.所有这些

7.在1：1关联中指定外键时（　　）。

a.每个表的主键应作为外键嵌入相关表中

b.关系0，1侧的主键应作为外键嵌入1，1侧

c.关系1，1侧的主键应作为外键嵌入0，1侧

d.必须创建一个链接表以接受两个表的外键

e.以上这些都不对

8.在1：M关联中分配外键时（　　）。

a.关系1，1侧的主键应嵌入0，M侧的外键

b.每个表的主键应作为外键嵌入相关表中

c.关系0，M侧的主键应作为外键嵌入1，1侧

d.必须创建一个链接表以接受两个表的外键

e.以上这些都不对

9.双重性的概念意味着REA图必须包括（　　）。

a.两件事，一件是经济事件，另一件是支持事件

b.两个代理，一个是内部代理，另一个是外部代理

c.同一事件导致两种资源一种增加，另一种减少

d.所有这些

e.以上都不是

10. 以下（　　）是正确的。

a. REA 图实体按实体类型排列

b. ER 图展示了底层业务现象的静态画面

c. ER 关系图中的实体名称始终为名词形式

d. REA 图中的事件实体名称采用动词形式

e. 以上说法都是正确的

问题

1. REA 图

描述 REA 图和 ER 图之间的三个区别。

2. REA 协会——销售活动

Bentley 修复公司修复和销售高端经典和古董汽车。它的大多数客户都是私人收藏家，但也有一些是购买多辆汽车并持有以进行转售的投资者。Bentley 不允许赊销，所有销售都是用现金支付。

要求：

P.1 图中的哪些关系正确地模拟了 Bentley 的实体关联？请给出你的答案。

3. REA 关联——接收现金事件

根据问题 2 中的数据，图 P.2 中的以下哪些关系正确地模拟了 Bentley 的实体关联？请给出你的答案。

4. REA 关联

根据问题 2 中的数据，图 P.3 中的哪些关系正确地模拟了这种情况下的实体关联？请给出你的答案。

5. REA 模型摘录

准备一个描述将原材料发放到制造过程中的 REA 模型。区分资源、事件和代理实体。显示实体之间关联的基数。

6. REA 模型——Cryogenics 的固定资产系统

Cryogenics 公司是箱体、可搬运容器和拖车的领先开发商、设计者和制造商，用于最有效地储存和配送液态氦和氢。Cryogenics 在 1960 年由工业学家 William Hodges 创立，最初是一家私人公司。自上市以来，它已发展壮大，在俄克拉何马州塔尔萨和捷克共和国布拉格有 250 名员工，以满足全球对液态氦和氢储存的需求，并在业内具有最高的绩效评级。下面介绍 Cryogenics 的固定资产系统。

当部门经理认识到需要获取或更换现有固定资产时，资产购置就开始了。经理准备两份采购申请；一份在本部门备案，一份送到采购部门。采购部门使用采购申请准备三份采购订单。一份采购订单发送给供应商，一份发送给 AP 部门，一份提交给采购部门。供应商将订购的物品连同装箱单一起送到 Cryogenics 的收货部门。然后收货职员准备三份收货报告。收货报告的一份副本发送给 AP 部门，一份发送给本部门经理，一份发送给库存部门职员，后者使用它来更新库存记录。

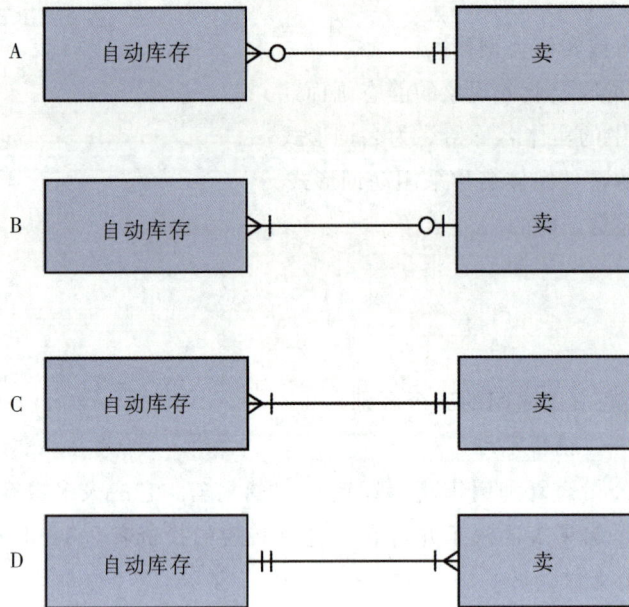

图P.1　问题2：REA图

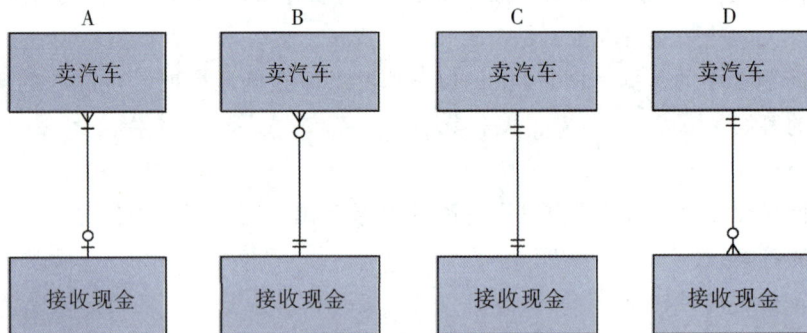

图P.2　问题3：REA关联图

几天后，供应商向AP职员发送发票，该职员将采购订单和收货报告进行核对。AP职员将信息输入计算机终端，记录负债，更新采购日记账，并打印日记账凭证和现金付款凭证。日记账凭证发送给总账部门，现金付款凭证和供应商发票发送给现金支付部门。

采购订单和收货报告在AP部门归档。使用供应商发票和现金付款凭证中的信息，现金支付职员准备一份打印支票以支付负债，将支票发送给供应商，并将其过账到支票登记簿。最后，现金支付职员将现金付款凭证发送到总账部门。部门经理定期调整固定资产库存明细账余额以反映资产折旧并将资产状态汇总表发送到总账部门。总账部门职员核对现金付款凭证、日记账凭证和资产状态汇总表，并过账到总账账户。

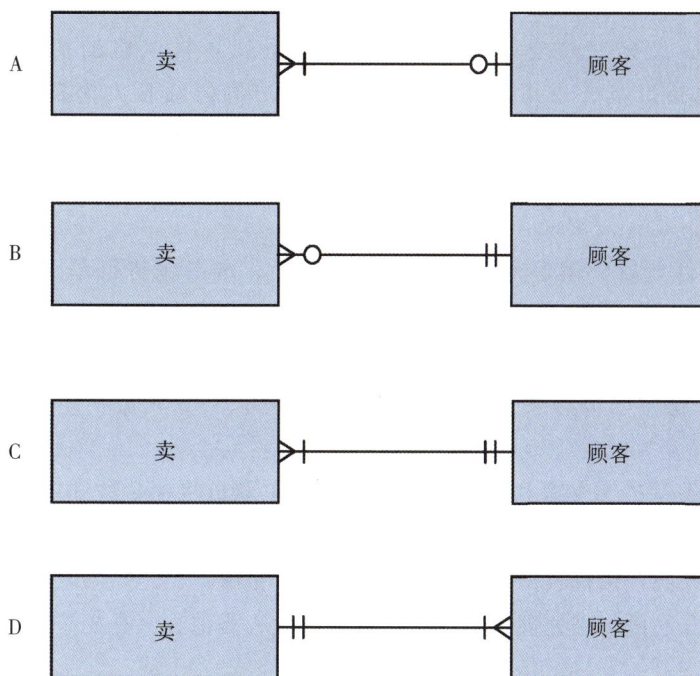

图P.3 问题4：REA关联图

要求：

a.准备 REA 模型以支持固定资产程序

b.显示所有关联的基数

c.列出在关系数据库中实现此模型所需的表、键和属性

7.REA 模型——Cryogenics 的工资单系统

根据在问题 6 中介绍的 Cryogenics 公司的一般信息，以下描述了公司使用 Tulsa OK 软件运行的工资单程序。

Cryogenics 的员工每月两次将考勤卡提交给各自的主管，主管对其进行审核、批准并将其提交给工资部门。届时，人力资源职员也向工资结算员提交人事行动表。工资结算员将这些源文档中的信息输入员工记录中，然后将员工工时添加到反映员工工资率、扣除额和工作分类的工资单登记簿中。一份工资登记簿连同考勤卡一起提交给工资部门，一份发送给 AP 部门。接下来，工资结算员准备员工工资和工资登记簿，并将其发送到现金支付部门。

现金支付职员在支票上签字，然后将其发送给工资出纳员，以分发给员工。然后，现金支付职员根据工资单开出一张支票，并将其存入工资定额备用金账户。然后，职员将日记账凭证发送到总账部门，以便过账到总账。

要求：

a.准备 REA 模型以支持工资核算流程

b.显示所有关联的基数

c.列出在关系数据库中实现此模型所需的表、键和属性

8.REA 模型——Adirondacks

Adirondacks 经典家具公司（ACF）生产一系列乡村风格的椅子、草坪家具和室内家具，包括灯具、书桌和床架。ACF 的客户群包括私人消费者和零售店。客户采取现金或信用卡支付，但商业客户可以获得信用额度。新的商业客户在获得信用额度之前会接受信用检查。所有销售均采取在线、传真或纸质订单邮寄方式。

收到信用订单后，销售人员验证库存可用性，准备销售订单，并将库存放行副本发送给仓库职员，后者负责挑选货物并安排装运。然后他准备提单并将装运通知单的副本发送给开票部门和库存控制部门。开票部门更新销售日记账并向客户发送发票。然后，仓库职员将发货通知发送到 AR 部门，AR 职员在该部门更新 AR 子分类账。

客户向收发室提交支票和汇款通知单。收发室职员将汇款通知单发送至 AR 部门，将支票发送至现金收入部门。在一天结束时，现金收入职员准备存款单并将支票存入公司的银行账户，归档银行收据，并更新现金收入日记账。

现金销售交易的物理处理过程与此处描述的过程类似，只是支票或信用卡账号与原始订单一起提交。

要求：

a. 准备 REA 模型以支持销售/收款流程

b. 显示所有关联的基数

c. 列出在关系数据库中实现此模型所需的表、键和属性

9.REA 模型——Just Say No to Rugs

Just Say No to Rugs 是一家高品质预制木地板制造商。其客户群包括私人消费者、建筑和供应零售商以及建筑公司。该公司从众多供应商处购买未加工异国木材、染色剂和饰面。下面介绍本公司的采购和现金支付流程。

库存控制职员监控原材料和成品库存水平。当原材料下降到预设的再订购点时，该职员准备一份采购申请，将其发送给采购代理，采购代理准备五份采购订单。两份副本直接发送给供应商。一个用于过账到采购日记账，然后放在未结采购订单文件中。AP 和接收部门也各自收到一份临时归档的采购订单副本。每周，采购代理从采购日记账中准备一张日记账凭证，并将其发送到总账部门进行过账。

收到原材料后，收货部门职员制作四份收货报告。一份发给原料仓库，一份发给 AP 部。一份副本被发送到库存控制部门，用于更新库存记录。最后一份副本将发送到归档的采购部门。供应商将他们的发票发送到 AP 部门，AP 职员将发票与收货报告和采购订单进行核对。然后，AP 职员在 AP 明细账中创建一条 AP 记录。

在 AP 到期日，AP 职员将采购订单、收货报告和发票发送给现金支付职员，后者准备支票并将其发送给供应商。准备好支票后，将支持文件发送回 AP 部门。每周，AP 职员向总账部门发送日记账凭证，以便过账到控制账户。

要求：

a. 准备 REA 模型以支持购买和现金支付流程

b. 显示所有关联的基数

c. 列出在关系数据库中实现此模型所需的表、键和属性

10.REA 模型——Let's Go Camping

Let's Go Camping（LGC）是一家户外设备零售商，销售露营、钓鱼、划船和其他户外用品。在其商店中拥有大量库存，并为其犹他州仓库中有商店中没有的商品提供在线搜索功能。顾客进入 LGC 商店，浏览货架，选择购买的商品，然后带到收银台。在收银台，他们还可以搜索仓库库存情况，为商店中当前没有的商品下订单，以及为之前订购的产品取货和付款。LGC 不允许赊销，所有销售都用现金支付。

要求：为 LGC 数据库准备 REA 模型，显示关联中的所有基数。

第 11 章

企业资源规划（ERP）系统

学习目标

学习本章后，你应该：

• 了解 ERP 系统的一般功能和关键要素。

• 了解 ERP 配置的各个方面，包括服务器、数据库和附加软件的使用。

• 了解数据仓库作为一种战略工具的目的，并认识到与数据仓库的设计、维护和操作相关的问题。

• 认识到与 ERP 实施相关的风险。

• 了解与 ERP 实施相关的关键注意事项。

• 了解与 ERP 相关的内部控制和审计问题。

　　直到最近，大多数大中型公司都在内部设计和编程自定义信息系统。这就产生了一系列独立系统，这些系统旨在满足用户的独特需求。尽管这些系统有效地处理了它们指定的任务，但它们并没有在企业层面提供战略决策支持，因为它们缺乏跨组织边界传输信息所需的集成。今天，信息系统的趋势是实现高度集成的、面向企业的系统。这些不是为特定组织设计的定制包。相反，它们是包含最佳业务实践的通用系统。组织使用预编码的混合搭配软件组件，以组装最能满足其业务需求的**企业资源规划**（enterprise resource planning，ERP）系统。这意味着组织可能需要改变其开展业务的方式以充分利用 ERP。

　　本章由五节组成。11.1 节通过比较传统平面文件或数据库系统与 ERP 系统的功能和数据存储技术，概述了通用 ERP 系统的关键特征。11.2 节描述了与服务器、数据库和插接软件相关的各种 ERP 配置。11.3 节的主题是数据仓库。数据仓库是支持**在线分析处理**（online anaytical processing，OLAP）的关系数据库或多维数据库。11.4 节探讨与 ERP 实施相关的关键风险。11.5 节回顾了与 ERP 相关的内部控制和审计问题，讨论如何遵循 COSO 框架。

11.1　什么是 ERP?

　　ERP 系统是主要从传统制造资源规划（manufacturing resource planning，MRP Ⅱ）系统演变而来的多模块软件包。Gartner 集团创造了 ERP 这一术语，近年来已被广泛使用。ERP 的目标是整合组织的关键流程，如订单录入、制造、采购和应付账款、工资单和人力资源。通过这样做，一个单一的计算机系统可以满足每个功能领域的独特需求。设计一个为每个人服务的系统是一项艰巨的任务。在传统模式下，每个职能领域或部门都有自己的计算机系统，以优化其日常业务操作的方式。企业资源规划将所有这些结合到一个单一的综合系统中，该系统可访问单一数据库，实现信息共享，并改善整个组织的沟通。

为了说明这一点，考虑图 11-1 所示的制造公司的传统模型。该公司采用**封闭式数据库系统结构**，这在概念上类似于基础的平面文件模型。在这种方法下，数据库管理系统用于提供与平面文件系统相比的最小技术优势。数据库管理系统只是一个私有但功能强大的文件系统。与平面文件方法一样，数据仍然是应用程序的属性。因此，存在不同、单独和独立的数据库。与平面文件系统结构一样，在封闭的数据库环境中存在高度的数据冗余。

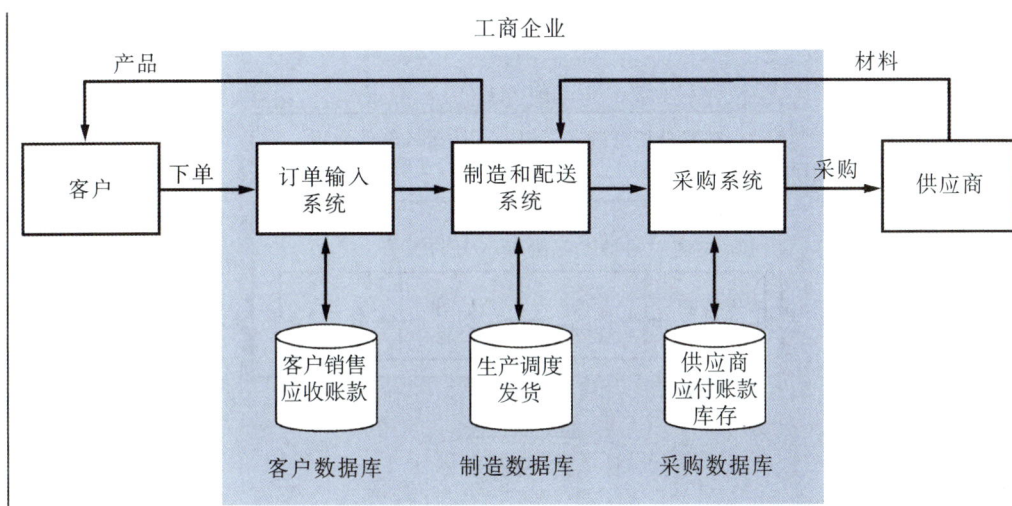

图11-1　传统信息系统

当客户下订单时，订单将在公司内开始一个基于纸质文件传递的旅程。订单将被输入并重新输入多个不同部门的系统中。这些冗余任务会导致延迟和订单丢失，并导致数据输入错误。在通过各种系统传输期间，订单的状态在任何时间点都可能是未知的。例如，在响应客户查询时，营销部门可能无法查看生产数据库以确定订单是否已生产和发货。相反，受挫的客户被告知给制造部门打电话。同样，从供应商处采购原材料在到达制造阶段之前，不会与客户订单挂钩。这要么是因为制造部门等待所需材料的到来而导致延迟，要么是因为投入过多库存以避免缺货。

在传统模型中，系统之间缺乏有效的沟通通常是系统设计过程支离破碎的结果。每个系统的设计往往是为了解决特定的运营问题，而不是作为整体战略的一部分。此外，由于内部设计的系统是独立创建并随着时间的推移而出现的，因此它们通常构建在不同且不兼容的技术平台上。因此，需要创建特殊的过程和程序，以便使用平面文件的较旧大型机系统可以与使用关系数据库的较新分布式系统联通。还需要特殊的软件补丁，以使来自不同供应商的商业系统能够相互联通以及与内部开发的定制系统联通。虽然这种大杂烩式的系统之间的联通是可能的，但它是高度分散的，不利于高效的操作。

11.1.1 ERP核心应用程序

ERP功能分为两大类：核心应用程序和业务分析应用程序。**核心应用程序**是那些在操作上支持企业日常活动的应用程序。如果这些应用程序失败，则企业也会失败。典型的核心应用程序包括但不限于销售和配送、业务规划、生产规划、车间控制和物流。核心应用程序也称为**在线交易处理**（online transaction processing，OLTP）应用程序。图11-2说明了应用于制造企业的这些功能。

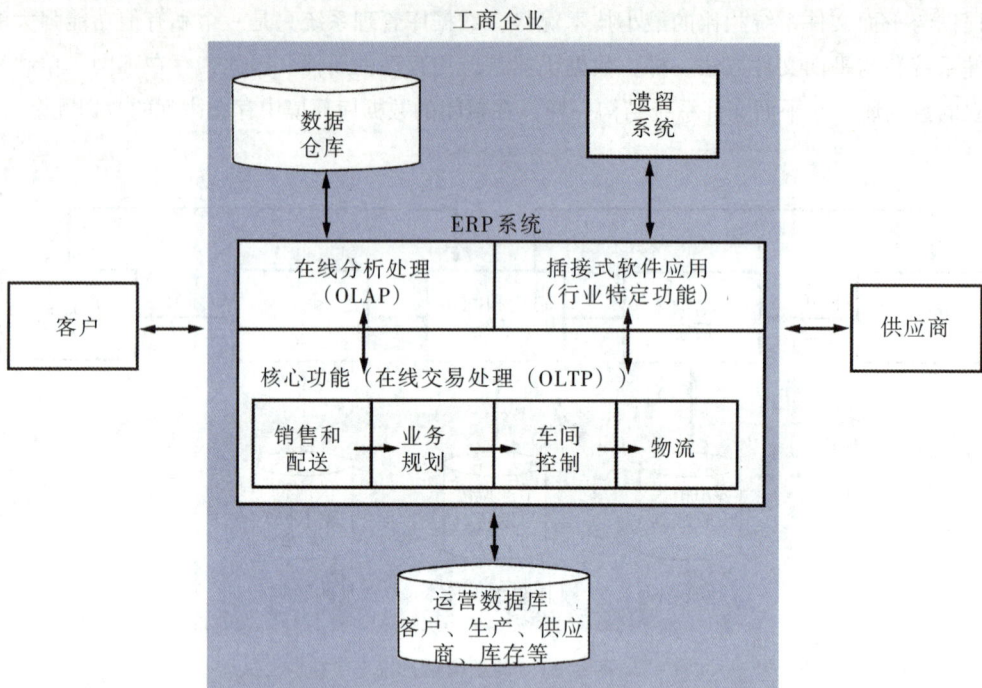

图11-2　ERP系统

销售和配送程序处理订单输入和交货计划。这包括检查产品可用性，以确保及时交付，并验证客户信用限额。与前面的示例不同，客户订单只输入ERP一次。因为所有用户都访问一个公共数据库，所以可以在任何时候确定订单的状态。事实上，客户可以通过互联网连接直接查看订单。这种集成减少了手动活动，节省了时间，并减少了人为错误。

业务规划程序包括预测需求、规划产品生产以及详细描述实际生产过程的顺序和阶段的路线信息。产能计划和生产计划可能非常复杂，因此，一些ERP提供模拟工具，帮助管理者确定如何避免材料、劳动力或工厂设施短缺。主生产计划完成后，数据将输入物料需求计划（materials requirements planning，MRP）模块，该模块提供三个关键信息：异常报告、物料需求列表和库存申请。异常报告确定了可能导致重新安排生产计划的潜在情况，如延迟交付材料。物料需求列表显示了供应商发货的详细信息以及订单所需产品和组件预期款项。库存申请用于触发供应商的物料采购订单，以获取无库存的物料。

车间控制程序涉及与实际生产过程相关的详细生产计划、调度和作业成本计算活动。

最后，物流应用程序负责确保及时交付给客户。这包括库存和仓库管理以及运输。大多数企业资源规划还将其采购活动纳入物流职能。

11.1.2　在线分析处理

ERP不仅仅是一个复杂的交易处理系统，它还是一种决策支持工具，为管理层提供实时信息，并允许及时作出提高绩效和实现竞争优势所需的决策。在线分析处理包括决策支持、建模、信息检索、临时报告/分析和假设分析。一些ERP通过其自身的行业特定模块支持这些功能，这些模块可以添加到核心系统中。其他ERP供应商设计了他们的系统，以接受第三方供应商提供的插接式连接包并与之联通。有时，用户组织的决策支持需求非常独特，公司需要将内部遗留系统集成到ERP中。无论是获取业务分析应用程序还是派生业务分析应用程序，它们都是成功实现数据仓库功能的核心。**数据仓库**是为快速搜索、检索、特殊查询和易于使用而构建的数据库。数据通常定期从运行数据库或公共信息服务中提取。ERP系统可以在没有数据仓库的情况下存在；类似地，尚未实施ERP的组织也可以部署数据仓库。然而，现在的趋势是，想取得竞争优势的组织会同时部署这两者。ERP实施的推荐数据架构包括单独的操作和数据仓库数据库。在本章后面，我们将研究与数据仓库的创建和操作相关的问题。

11.2　企业资源规划系统配置

11.2.1　服务器配置

大多数ERP系统都基于**客户机–服务器**模型，这将在第12章中详细讨论。简而言之，客户机–服务器模型是一种网络拓扑形式，其中用户的计算机或终端（客户机）通过所谓的服务器的主机访问ERP程序和数据。服务器可能是集中的，但客户机通常位于整个企业的多个位置。服务器有两种基本架构，分别是两层模型和三层模型，如以下各节所述。

11.2.1.1　两层模型

在典型的**两层模型**中，服务器同时处理应用程序和数据库任务。客户端计算机负责向用户呈现数据，并将用户输入的信息传回服务器。一些ERP供应商在局域网（LAN）应用程序中使用这种方法，对服务器的需求仅限于相对较少的用户群。该配置如图11-3所示。

11.2.1.2　三层模型

数据库和应用程序功能在**三层模型**中分离。这种体系结构是使用广域网（wide area networks，WAN）实现用户间连接的大型ERP系统的典型。满足客户端请求需要两个或多个网络连接。客户机先与应用程序服务器联通。然后，应用服务器启动与数据库服务器的第二个连接。图11-4显示了三层模型。

第一层

用户
展示层

第二层

应用程
序和数
据库层

应用程序

数据库

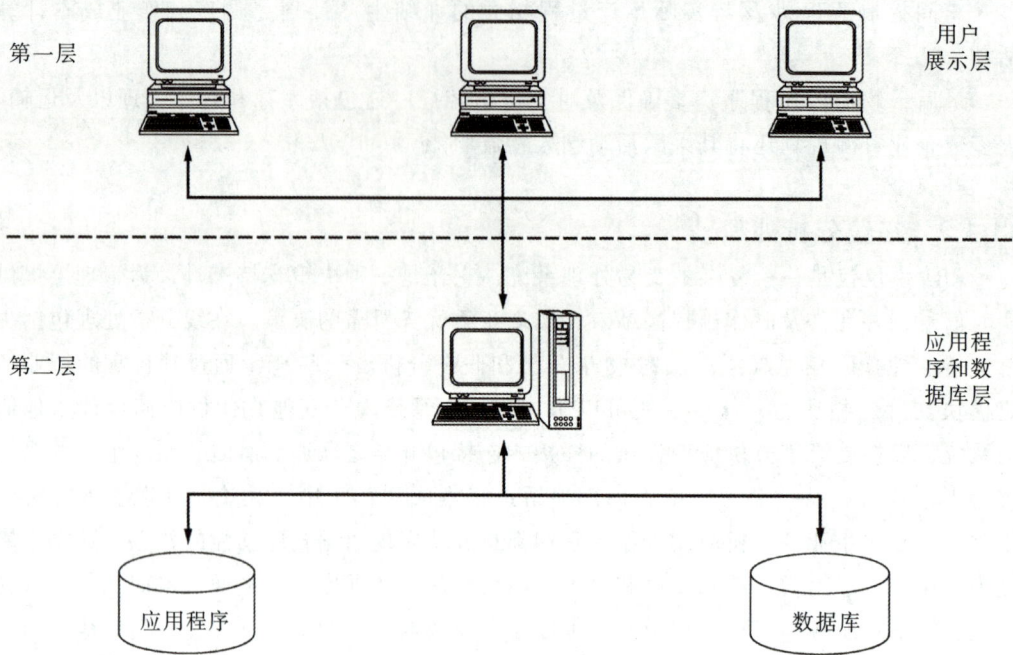

图11-3　两层客户端服务器

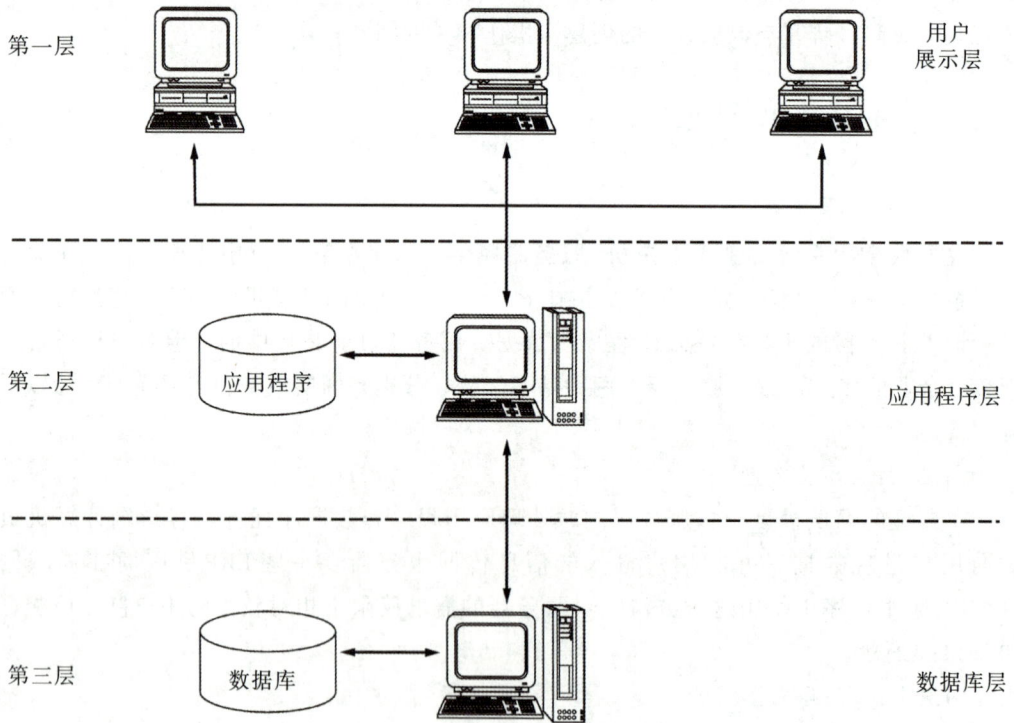

第一层

用户
展示层

第二层

应用程序层

应用程序

第三层

数据库层

数据库

图11-4　三层客户端服务器

11.2.2　OLTP 与 OLAP 服务器

　　在实施包含数据仓库的 ERP 系统时，需要明确区分相互冲突的数据处理类型：OLTP 和 OLAP。OLTP 事件由大量相对简单的交易组成，如更新存储在多个相关表中的会计记录。例如，订单输入系统检索与特定客户相关的所有数据以处理销售交易。从客户表、发票表和具体的行项目表中选择相关数据。每个表都包含一个嵌入式键（即客户编号），用于关联不同表之间的行。交易处理活动涉及更新客户的当前余额，并将新记录插入发票和行项目表。此类 OLTP 交易中各记录之间的关系通常很简单，在单个交易中实际被检索或更新的记录很少。

　　OLAP 被描述为在线交易，它可以：

- 访问大量数据（例如，几年的销售数据）。
- 分析多种交易要素之间的关系，如销售、产品、地理区域和营销渠道。
- 汇总数据，如销售额、预算美元和支出美元。
- 比较各时间段内的总数据（例如，每月、每季度、每年）。
- 从不同角度呈现数据，如按地区、按分销渠道或按产品划分的销售额。
- 进行数据元素之间的复杂计算，如作为特定地区每种类型销售渠道销售收入函数的预期利润。
- 快速响应用户请求，以便他们能够执行分析性思维程序，而不会受到系统延迟的阻碍。

　　OLAP 的一个示例是按区域、产品类型和销售渠道汇总销售数据。OLAP 查询可能需要访问多年期间的大量销售数据，以查找每个地区内每种产品的销售额。用户可以进一步具体查询，按产品确定指定区域内每个销售渠道的销售量。最后，用户可以决定对每个销售渠道进行年度或季度比较。OLAP 应用程序必须能够以快速响应在线分析。

　　OLAP 和 OLTP 之间的区别可以总结如下。OLTP 应用程序通过简单的操作数据库查询来支持任务型关键任务。OLAP 应用程序通过分析数据仓库中捕获的复杂数据关联来支持管理型关键任务。OLAP 和 OLTP 可解决具有直接冲突的特殊需求。图 11-5 显示了客户机-服务器体系结构如何使组织能够部署独立的专用应用程序和数据库服务器，以解决这些存在冲突的数据管理需求。OLAP 服务器支持常见的分析操作，包括整合、钻取、切片和切块。

　　整合是数据的聚合或汇总。例如，销售办事处数据可以上传到地区，地区可以上传到地区。

　　钻取允许分解数据，以揭示解释某些现象的基本细节。例如，用户可以从一段时间内的销售退货总额中钻取数据，以确定实际退货的产品及其退货原因。

　　切片和切块使用户能够从不同的角度检查数据。一部分数据可能显示每个地区的销售额。另一部分可能会显示各地区的产品销售额。切片和切块通常沿时间轴进行，以描述趋势和模式。

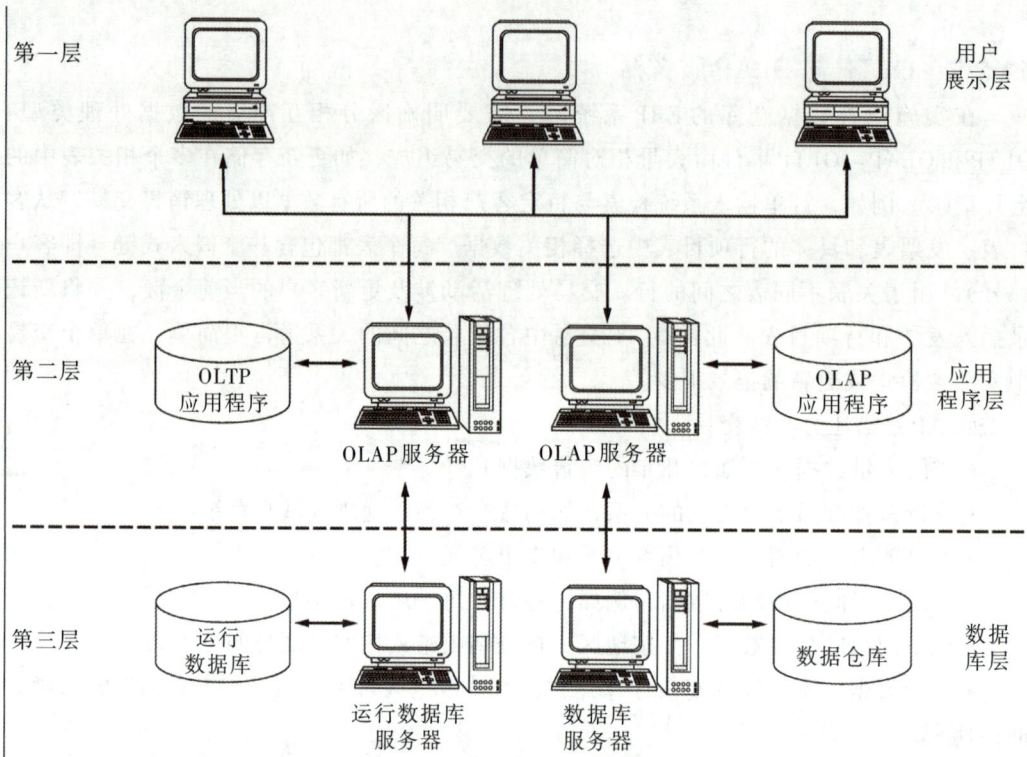

图11-5　OLTP和OLAP客户端服务器

OLAP服务器允许用户分析复杂的数据关系。物理数据库本身的组织方式可以跨多个维度快速检索相关数据。因此，OLAP数据库服务器需要高效存储和处理多维数据。在本章的后面，将研究提高数据仓库效率的数据建模和存储技术。相反，用于操作的关系数据库被建模和优化以处理OLTP应用程序。它们专注于可靠性和交易处理速度，而不是决策支持需求。

11.2.3　数据库配置

ERP系统由数千个数据库表组成。每个表都与编码到ERP中的业务流程相关联。ERP实施团队包括关键用户和信息技术（IT）专业人员，通过在系统中设置开关来选择特定的数据库表和流程。要确定如何为给定配置设置所有交换机，需要深入了解业务运营中正在使用的流程。然而，通常情况下，选择表设置涉及重新设计公司流程的决策，以使其符合使用中的最佳业务实践。换句话说，公司通常会改变其流程以适应ERP，而不是修改ERP以适应公司。

11.2.4　插接式软件

许多组织已经确定，ERP软件本身无法驱动公司的所有流程。这些公司使用第三方供应商提供的各种**插接式软件**。是否使用插接式软件需要仔细考虑。大多数领先的ERP供应商已与提供专门功能的第三方供应商签订了合作协议。风险最小的方法是选择ERP

供应商认可的插接式软件。然而，有些组织采取了更加独立的方法。达美乐（Domino）比萨就是一个很好的例子。

11.2.4.1　达美乐比萨

1998 年，达美乐在美国的配送渠道共销售了 3.38 亿份比萨。该公司在其 18 个美国配送中心每周平均生产 420 万磅面饼。160 辆卡车将面饼以及其他食品和纸制品运往 4 500 家特许经营店。达美乐对订购其产品没有截止时间。因此，即使卡车已经驶离配送中心，特许经营公司也可以呼叫并调整其订单。为了帮助预测需求，达美乐使用 Precient 系统公司提供的预测软件，该软件与 PeopleSoft ERP 系统相连。此外，它还使用 Manugistics 公司的系统来安排送货卡车的时间和路线。每辆卡车都有一个车载计算机系统，将数据输入 Kronos 公司的考勤系统，该系统连接到 PeopleSoft 人力资源模块。达美乐还有一个庞大的数据仓库。为了预测市场，达美乐使用 Cognos 公司和 Hyperion Solutions 公司的软件进行数据挖掘。

达美乐在实施 ERP 之前一直在使用这些和其他应用程序。该公司不想淘汰现有的应用程序，但发现遗留系统需要 ERP 没有提供的数据字段。例如，路线系统告诉卡车司机要去哪些商店以及行车路线。ERP 系统没有用于说明送货停车顺序的数据字段。然而，仓储系统需要这些信息来告诉卡车司机放什么以及按什么顺序放。由于对其内部 IT 员工充满信心，达美乐的管理层决定采取相对激进的步骤，修改 ERP 软件以包括这些领域。

11.2.4.2　供应链管理

关于插接软件问题的另一个发展是 ERP 和插接软件功能之间的快速融合。**供应链管理**（supply chain management，SCM）软件就是一个很好的例子。供应链是将商品从原材料阶段转移到消费者手中的一系列活动。这包括采购、生产计划、订单处理、库存管理、运输、仓储、客户服务和预测货物需求。SCM 系统是一类支持此任务的应用软件。有效的 SCM 系统会协调并将这些活动集成到一个无缝流程中。除了组织内的关键功能领域外，供应链管理还将链中的所有合作伙伴连接起来，包括供应商、运营商、第三方物流公司和信息系统供应商。通过比竞争对手更有效地将其供应链中的活动联系起来，一个组织可以获得竞争优势。

企业资源规划系统和供应链管理系统现在正走在融合的道路上。许多 ERP 供应商已经果断地将 SCM 功能添加到各自的 ERP 产品中。同时，SCM 软件供应商正在扩展其功能，使其看起来更像 ERP 系统。随着较大的 ERP 供应商进入中型公司市场，较小的 SCM 和 ERP 供应商可能会被淘汰。

11.3　数据仓库

数据仓库是当今企业发展最快的 IT 问题之一。毫不奇怪，数据仓库功能正被纳入所有领先的 ERP 系统。数据仓库是一种关系型或多维数据库，可能占用数百 GB 甚至 TB 的磁盘存储空间。当为单个部门或职能组建数据仓库时，它通常被称为**数据集市**。数据集市可能只有几十 GB 的数据，而不是包含整个企业数百 GB 的数据。除了大小之外，我们不区分数据集市和数据仓库。本节讨论的问题适用于这两种情况。

实施数据仓库的过程涉及从ERP和遗留系统中提取、转换组织的运营数据并将其标准化，进而将其加载到一个中央档案库——数据仓库中。一旦加载到仓库中，数据就可以通过用于数据挖掘的各种查询和分析工具被访问。第8章介绍的数据挖掘是对大量数据进行选择、探索和建模的过程，以发现存在于大型数据库中但隐藏在大量事实中的关系和全局模式。这涉及使用数据库查询和人工智能从仓库收集的数据中模拟真实世界现象的复杂技术。

大多数组织实施数据仓库是对ERP系统执行战略性IT计划的一部分。要创建一个成功的数据仓库需要安装一个持续收集数据的处理程序，将其组织成有意义的信息，并将其交付给评估程序。实施数据仓库的过程有以下几个基本阶段：

- 为数据仓库数据建模
- 从运行数据库中提取数据
- 清理提取的数据
- 将数据转换为仓库模型
- 将数据加载到数据仓库数据库中

11.3.1　数据仓库的数据建模

第9章和第10章强调了数据规范化对于消除三种严重异常的重要性：更新异常、插入异常和删除异常。规范化操作数据库中的数据对于准确反映实体之间的动态交互是必要的。数据属性不断更新，新属性被添加，并且将过时的属性定期删除。尽管完全规范化的数据库将产生在这种动态操作环境中支持多个用户所需的灵活模型，但它也增加了复杂性，并进而转向性能效率低下。

非规范化数据仓库

由于数据仓库的规模巨大，性能效率低下可能是灾难性的。大型数据仓库中数千个表之间的三向连接可能需要很长时间才能完成，而且可能是不必要的。在数据仓库模型中，属性之间的关系不会改变。因为历史数据本质上是静态的，所以通过构造带有动态链接的规范化表，什么也得不到。

例如，在操作数据库系统中，产品X可能是本月A部门在制品（work-in-process，WIP）的一个要素，下个月是B部门在制品的一部分。在正确规范化的数据模型中，将部门的WIP数据作为记录产品X订单的销售订单表的一部分是不正确的。只有产品项目编号会作为外键包含在销售订单表中，将其链接到产品表。关系理论要求在销售订单表和产品表之间建立连接（链接），以确定产品的生产状态（即产品当前所在的部门）和其他属性。从运行的角度来看，遵守关系理论很重要，因为随着时间的推移，产品在不同的部门中搬运，关系会发生变化。关系理论不适用于数据仓库系统，因为销售订单/产品关系是稳定的。

因此，在可能的情况下，可以将与选定事件相关的规范化表合并到非规范化表中。图11-6说明了如何将销售订单数据简化为一个非规范化的销售订单表，以便存储在数据仓库系统中。

A. 操作数据库系统的规范化展示

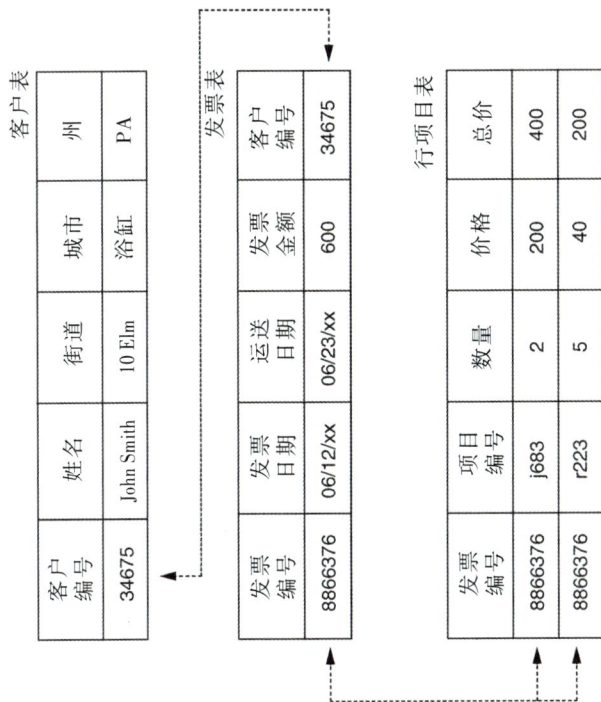

客户表

客户编号	姓名	街道	城市	州
34675	John Smith	10 Elm	浴缸	PA

发票表

发票编号	发票日期	运送日期	发票金额	客户编号
8866376	06/12/xx	06/23/xx	600	34675

行项目表

发票编号	项目编号	数量	价格	总价
8866376	j683	2	200	400
8866376	r223	5	40	200

B. 数据仓库系统的非规范化展示

销售订单表

客户编号	名字	街道	城市	州	发票编号	发票日期	运送日期	发票金额	项目编号	数量	价格	总价
34675	John Smith	10 Elm	浴缸	PA	8866376	06/12/xx	06/23/xx	600	j683	2	200	400
34675	John Smith	10 Elm	浴缸	PA	8866376	06/12/xx	06/23/xx	600	r223	5	40	200

图11-6　非规范化数据

11.3.2 从操作数据库中提取数据

数据提取是从运行的数据库、平面文件、档案和外部数据源收集数据的过程。在进行数据提取时，运行的数据库通常需要停止使用，以避免数据不一致。由于数据量大，而且需要快速传输以最大限度地减少停机时间，因此此时很少或根本不进行数据转换。一种称为**变更数据捕获**的技术可以通过只捕获新修改的数据来显著缩短提取时间。提取软件将当前运行的数据库与上次向仓库传输数据时采集的数据图像进行比较。只捕获在此期间已修改的数据。

提取快照与稳定数据

随着经济事件的展开，存储在运营数据库中的交易数据会经历几个阶段。例如，销售交易首先进行信用审批，然后运送产品，接着进行开票，最后收到付款。这些事件中的每一个都会改变交易和关联账户的状态，如库存、应收账款和现金。数据仓库的一个关键特性是，其中包含的数据处于非易失性、稳定状态。通常，只有当这些活动已完成时交易数据才会加载到仓库中。然而，在此稳定状态下捕获的数据中可能缺少实体之间潜在的重要关系。例如，有关已取消销售订单的信息可能不会反映在已发货并在将其存放仓库之前付款的销售订单中。反映这些动态的一种方法是以时间为单位提取操作数据。这些数据提供业务活动的快照。例如，决策者可能希望观察在不同时间点批准、发货、开票和付款的销售交易，以及每个州的库存水平快照。这些数据可能有助于描述审批信用或运送货物的平均时间趋势，这可能有助于解释销售损失。

11.3.3 清理提取的数据

数据清理涉及在将无效数据存储到仓库之前过滤或修复这些数据。由于许多原因，操作数据不干净。文书、数据录入和计算机程序等错误会产生不合逻辑的数据，如负库存量、拼写错误的名称和空白字段。数据清理还涉及使用标准数据值。数据通常来自多个系统，这些系统使用略微不同的拼写来表示通用术语，如 cust、cust_id 或 cust_no。一些操作系统可能使用完全不同的术语来表示同一实体。例如，持有存单和未偿还贷款的银行客户可能被一个系统称为贷款人，而被另一个系统称为借款人。出于多种原因，源应用程序可能会使用晦涩难懂的术语。例如，一些旧的遗留系统是在编程规则对数据属性的命名和格式设置了严格限制的时候设计的。此外，商业应用程序可能会为数据仓库用户分配过于通用的属性名称。购买商业数据（如竞争绩效信息或市场调查）的企业需要从外部数据源提供的任何格式提取数据，并根据数据仓库中使用的约定对其进行改造。因此，在清理过程中，需要将来自多个系统的属性转换为统一的标准业务术语。这往往是一项昂贵且劳动密集型的活动，但对于在仓库中建立数据完整性至关重要。图11-7说明了数据清理在构建和维护数据仓库中的作用。

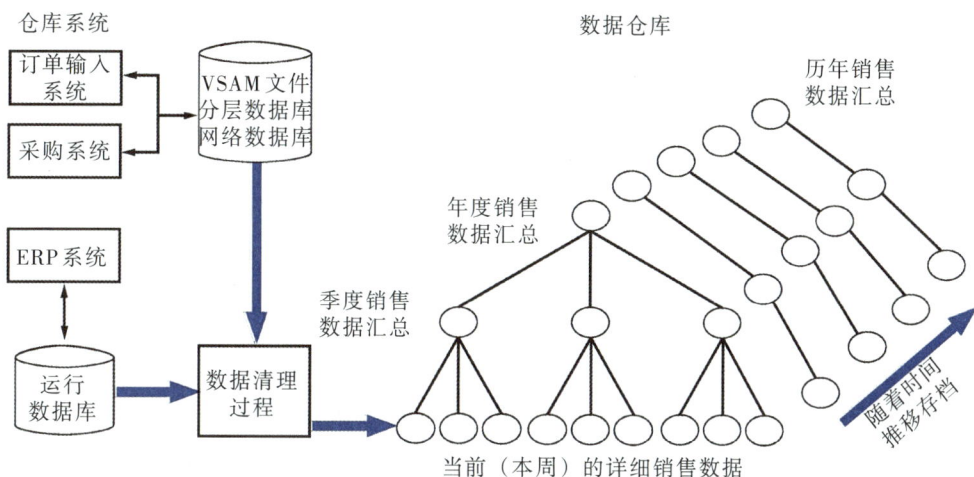

图11-7 数据仓库系统

11.3.4 将数据转换为仓库模型

数据仓库由详细数据和汇总数据组成。为了提高效率，可以在将数据加载到仓库之前将其转换为摘要视图。例如，许多决策者可能需要查看每周、每月、每季度或每年汇总的产品销售数据。每次用户需要时，从详细数据中汇总信息可能并不实际。包含最常请求的数据摘要视图的数据仓库可以减少分析期间的处理时间。再次参考图11-7，我们可以看到随着时间的推移摘要视图的创建。这些通常是围绕业务实体（如客户、产品和供应商）创建的。它与操作视图不同，操作视图本质上是虚拟的，具有底层基表，数据仓库视图是物理表。然而，大多数 OLAP 软件将允许用户在细节数据不存在时，利用细节数据构建虚拟视图。

数据仓库通常会基于相同的详细数据（如客户或产品）提供多个摘要视图。例如，可以从销售订单明细数据生成多个不同的摘要视图；这些可能包括按产品、客户和地区列出的摘要。从这些视图中，分析人员可以深入查看基本的细节数据。许多业务问题需要审核细节数据，以全面评估汇总报告中显示的趋势、模式或异常。此外，细节数据中的单个异常可能在不同的摘要视图中以不同的方式表现出来。

11.3.5 将数据加载到数据仓库数据库中

大多数组织都发现，数据仓库的成功需要数据仓库与操作（事务处理）数据库分开创建和维护。这一点将在下一节中进一步阐述。

11.3.5.1 内部效率

使用单独数据仓库的一个原因是，交易处理和数据挖掘系统的结构和操作要求根本不同，因此在同一数据库中同时保存操作（当前）数据和归档数据是不切实际的。交易处理系统需要支持性能的数据结构，而数据挖掘系统需要以允许广泛检查和检测潜在趋势的方式组织数据。

11.3.5.2　遗留系统的集成

遗留系统的持续影响是数据仓库需要独立于操作的另一个原因。20世纪70年代，大量的业务应用程序继续在大型机环境中运行。据估计，大公司70%以上的业务数据仍然驻留在大型机环境中。这些系统采用的数据结构通常与现代数据挖掘工具的体系结构不兼容。因此，存储在导航数据库和采用虚拟存储访问方法（VSAM）系统中的交易数据通常最终存储在与决策过程隔离的大型磁带库中。一个单独的数据仓库提供了一个场所，用于将遗留系统和当代系统中的数据集成到支持实体范围分析的通用结构中。

11.3.5.3　全球数据的整合

最后，全球性经济的出现带来了企业组织结构的根本性变化，并深刻改变了企业实体对信息的需求。独特业务的复杂性对全球性公司的决策者提出了挑战。例如，他们需要评估在多个货币波动的国家生产和销售产品的盈利能力。这些挑战增加了数据挖掘的复杂性。单独的集中式数据仓库是收集、标准化和吸收来自不同来源的数据的有效手段。

总之，创建独立于操作系统的数据仓库是一个基本的数据仓库概念。许多组织现在认为数据仓库系统是其信息系统战略的关键组成部分。因此，它们会分配大量资源，与正在实施的操作系统同时构建数据仓库。

11.3.6　数据仓库支持的决策

数据仓库应尽可能灵活和友好，如此许多最终用户才可以访问它。数据仓库支持的某些决策与传统数据库支持的决策没有根本区别。其他信息用途，如多维分析和信息可视化，在传统系统中是不可能的。数据仓库的一些用户需要系统提供基于传统查询方式的常规报告。如果可以提前预测标准报告，则可以将其作为定期产品自动提供。标准信息的自动生成减少了针对数据仓库的访问活动，并将提高数据仓库处理更复杂需求的效率。

钻取功能是与数据挖掘相关联的一种有用的数据分析技术。深入分析从前面描述的数据摘要视图开始。当观察到异常或有趣的趋势时，用户会深入到较低层级的视图，并最终深入到底层细节数据。

显然，这种分析不能像标准报告那样被预测。钻取功能是用户可用的数据挖掘工具的OLAP功能。数据挖掘工具正在迅速发展，以满足决策者了解业务部门与关键实体（包括客户、供应商、员工和产品）相关行为的需要。从摘要视图生成的标准报告和查询可以回答许多（是什么）问题，但钻取功能可以回答（为什么）和（怎么样）问题。表11-1总结了数据挖掘在决策支持中的一些应用。

11.3.7　从数据仓库支持供应链决策

数据仓库的主要目的是优化业务性能。许多公司相信，通过外部共享数据可以获得更多的战略利益。通过在客户和供应商需要时向其提供所需信息，公司可以改善与这两者的关系并提供更好的服务。给予公司的潜在收益体现在更具响应性和效率的供应链中。通过使用互联网技术和OLAP应用程序，一个公司可以与其贸易伙伴共享其数据仓库，并将其视为公司的部门。例如，计算机部件制造商已授权供应商访问其数据仓库，

表11-1   数据挖掘的应用

业务范围	应用
银行/投资	检测欺诈性信用卡使用模式 识别忠诚的客户，并预测那些可能改变信用卡隶属关系的客户 检查历史市场数据，以确定投资者的股票交易规则 预测关键客户群的信用卡消费 识别不同财务指标之间的相关性
保健和医疗保险	通过对患者行为历史的分析来预测就诊行为 识别针对不同疾病的成功且经济的医学疗法 确定哪些医疗程序有索赔的可能 预测哪些客户会购买新保单 识别与高风险客户相关的行为模式 识别欺诈行为的指标
营销	根据历史客户数据确定购买模式 确定客户人口统计数据之间的关系 预测对各种形式的营销和促销活动的反应

以查看故障呼叫中心的性能数据、故障分析系统的数据以及客户站点和服务中心的现场测试数据。因此，该公司依赖其供应商作为产品开发的战略合作伙伴。向供应商提供性能数据，使其能够参与设计制造过程并对产品进行改进。

11.4 与ERP实施相关的风险

ERP带来的好处是巨大的，但对公司来说并不是没有风险的。ERP系统并不是仅仅凭借其存在就能解决组织问题的万能钥匙。如果是这样的话，ERP就永远不会失败，但依然有很多失败的例子。本节将探讨一些需要考虑的风险问题。

11.4.1 大爆炸与分阶段实施

实施ERP系统更多的是改变一个组织的经营方式，而不是技术。因此，大多数ERP实施失败是企业内部文化问题的结果，这些问题与流程再造的目标背道而驰。为实现这一目标而实施ERP系统的战略遵循两种一般方法：大爆炸法和分阶段实施法。

在这两种方法中，**大爆炸**方法耗资更大且有风险。采用这种方法的组织试图在一次事件中将其旧的遗留系统切换到新系统，从而在整个公司实施ERP。虽然这种方法有某些优点，但它与许多系统故障有关。因为新的ERP系统意味着开展业务的新方式，让整个组织参与进来并保持同步可能是一项艰巨的任务。在实施的第一天，本公司内没有人有使用新系统的经验；也就是说，公司里的每个人都是学习新工作的实习生。

新的ERP系统最初会遭到反对，因为使用它需要妥协。公司中的每个人都熟悉的遗留系统经过多年的磨炼，可以满足确切的需求。在大多数情况下，ERP系统既没有达到其所替代的遗留系统的功能范围，也没有达到对像遗留系统那样的熟悉程度。此外，由于现在只有一个系统为整个组织提供服务，因此负责数据输入的人通常会发现自己输入的数据比以前更小心，使用的遗留系统输入的数据要多得多。

因此，新系统的运行速度经常受到影响，并导致日常运行中断。每当实施任何新系统时，通常都会遇到这些问题。问题的严重程度是大爆炸方法下的问题，公司中的每个人都受到影响。然而，一旦最初的调整期过去，新的文化出现，ERP就成为一种有效的运行和战略工具，为企业提供竞争优势。

由于与大爆炸相关的破坏，**分阶段**的方法已经成为一种流行的替代方法。它特别适合于部门不共享公共流程和具有多样化数据的组织。在这些类型的公司中，随着时间的推移，可以在每个业务部门安装独立的ERP系统，以适应同步化所需的调整期。通用流程和数据（如总账功能）可以在整个组织内集成，而不会使整个公司的运行中断。

不具有多元化的组织也可以采用分阶段的方法，通常从一个或多个关键流程开始，如订单输入。目标是让ERP与遗留系统同时启动和运行。随着本组织更多的职能转变为ERP，遗留系统将系统性地退出。在此期间，ERP与遗留系统连接，而作为ERP模型基础的系统集成和流程再造的目标（暂时）无法实现。为了充分利用ERP，仍然需要进行流程再造。否则，该组织将只是用一个非常昂贵的新系统替换其旧的遗留系统。

11.4.2 反对企业文化变革

为了取得成功，组织的所有职能部门都需要参与确定企业文化并定义新系统的需求。企业是否愿意和有能力改变ERP实施的规模是一个重要的考虑因素。如果企业文化不允许或不希望改变，那么ERP实施将不会成功。

组织还必须评估技术文化。缺乏新系统技术支持人员或用户群不熟悉计算机技术的组织将面临更为陡峭的学习曲线，并可能对其员工接受该系统造成更大的障碍。

11.4.3 选择错误的ERP

由于ERP系统是预制系统，用户需要确定特定的ERP是否适合其组织文化及其业务流程。系统故障的一个常见原因是ERP不支持一个或多个重要的业务流程。在一个例子中，印度的一家纺织制造商实施了一个ERP，但后来发现它不能满足基本需求。

这家纺织公司有一项政策，即对其出售的每种存货实行两个价格。一个价格用于国内市场，另一个价格高出四倍，用于出口销售。用户实施的ERP设计不允许同一库存项目有两种不同的价格。运行ERP所需的更改既多又贵。这一疏忽导致了严重的系统中断。此外，修改ERP程序和数据库可能会引入潜在的处理错误，并使系统更新到更高版本变得困难。

11.4.3.1 拟合优度

管理层需要确保其选择的ERP适合公司。没有一个单一的ERP系统能够解决所有组织的所有问题。例如，SAP的R/3主要针对具有高度可预测流程的制造企业而设计，这些流程与其他制造商的流程相对类似。对于一个非常需要通过互联网与客户进行相关活动的以服务为导向的组织来说，这可能不是最好的解决方案。

找到一个好的功能匹配系统需要一个类似漏斗的软件选择过程，这个过程从广泛的范围开始，而后系统性地变得目标更加明确。它从大量潜在的软件供应商开始。组织反复多次向供应商提出评估问题。从大量供应商和少量高级限定问题开始，供应商数量最终减少到可管理的几个。通过适当的提问，超过一半的供应商只需回答10到20个问题就退出了竞争。在接下来的每一轮中，提出的问题都会变得更加具体，供应商的数量也会减少。

当企业确实有独特的流程时，必须对ERP系统进行修改，以适应行业特定（插接）软件或使用定制的遗留系统。一些组织，如电信服务提供商，拥有现成的ERP系统无法满足的独特计费操作系统。在开始ERP之旅之前，组织的管理层需要评估是否能够并且应该围绕一个标准化模型重新设计其业务实践。

11.4.3.2　系统可扩展性问题

如果一个组织的管理层期望在ERP系统的生命周期内业务量大幅增加，那么就需要解决可扩展性问题。**可扩展性**是指随着用户需求的增加，系统能够平稳、经济地扩大。本书中的术语*系统*指的是技术平台、应用软件、网络配置或数据库。平稳、经济地扩大是指能够以每单位容量可接受的增量成本扩大系统容量，而不会遇到需要系统升级或更换的限制。用户需求与活动的容量有关，如交易处理容量、数据输入容量、数据输出容量、数据存储容量或用户数量的增加。

为了说明可扩展性，可扩展性的四个维度很重要：大小、速度、工作负载和交易成本。在评估组织的可扩展性需求时，必须根据最佳的线性扩展考虑这些维度中的每一个。

大小。在没有对系统进行其他更改的情况下，如果数据库大小增加了X倍，那么在可扩展系统中，查询响应时间将增加不超过X倍。例如，如果业务增长导致数据库从100 GB增加到500 GB，那么以前只需1秒钟的交易和查询现在应不超过5秒钟。

速度。在可扩展系统中，硬件容量增加到X倍将使查询响应时间至少减少到1/X。例如，将输入终端（节点）的数量从1增加到20将按比例增加交易处理时间。在具有线性扩展的系统中，以前需要20秒的交易现在不会超过1秒。

工作负载。如果可扩展系统中的工作负载增加了X倍，则可以通过将硬件容量增加不超过X倍来维持响应时间或容量。例如，如果交易量从每小时400增加到每小时4 000，在线性可扩展的系统中，可以通过将处理器数量增加10倍来实现先前的响应时间。

交易成本。在可扩展系统中，工作负载的增加不会增加处理成本。因此，组织不需要以超过需求的速度扩大系统容量。例如，如果在一个只有一个处理器的系统中处理交易的成本为10美分，那么当处理器数量增加以处理更大数量的交易时，处理交易的成本仍不应超过10美分。

ERP系统的供应商有时宣传可扩展性，好像它是一个单一的维度因素。事实上，这是一个多方面的问题。一些系统比其他系统更好地适应用户数量的增长。一些系统可以扩展，以便在业务量增长时用户可更高效地访问大型数据库。但是，所有系统都有其扩展限制。因为无限的可扩展性是不可能的，潜在用户需要评估他们的需求，并确定他们想要预先购买多少可扩展性，以及应该采取什么形式。关键是在进行ERP投资之前以及在问题变成现实之前预测特定的可扩展性问题。

11.4.4　选择错误的咨询公司

实施ERP系统是大多数公司只会经历一次的事件。项目的成功取决于内部具备通常不具备的技能和经验。因此，几乎所有ERP实施都涉及外部咨询公司，该公司协调项目，帮助公司确定其需求，撰写ERP需求说明，选择ERP包，并管理转换。ERP咨询已发展成为每年200亿美元的市场。典型实施的费用通常是ERP软件许可成本的3~5倍。

拥有大型ERP实践经验的咨询公司有时极度缺乏人力资源。20世纪90年代中后期尤其如此，当时成千上万的客户在新千年到来之前急于实施ERP系统，以避免Y2K（2000年）问题。随着ERP实施需求的增长超过了有资质的咨询公司数量，越来越多的拙劣项目的故事成为现实。

一个常见的抱怨是，咨询公司承诺派遣有经验的专业人员，但派遣了不称职的学员。咨询公司被指控使用诱饵这种花招来获得合同。在最初的聘用面谈中，咨询公司介绍了其顶尖顾问，他们成熟、才华横溢、富有说服力。客户同意与该公司进行交易，但错误地认为这些个人或其他具有类似资质的人将实际实施该系统。

这一问题等同于航空业普遍存在的超售航班。一些人认为，不想拒绝业务的咨询公司有超额预订咨询人员的过错。然而，其后果远比错过航班带来的不便更为严重——免费的酒店房间和膳食无法弥补所造成的损失。因此，在聘请外部顾问之前，管理层应做到以下几点：

- 采访项目拟用员工，并起草详细合同，规定咨询团队的哪些成员将被分配完成哪些任务。
- 以书面形式确定如何处理员工变动。
- 对拟聘用的工作人员进行推荐人检查。
- 针对项目中的某些重要阶段，通过协商绩效付费方案，使咨询公司的利益与组织的利益保持一致。例如，支付给咨询公司的实际金额可能在合同费用的85%到115%之间，这取决于成功的项目实施是否低于或超过进度。
- 为咨询公司设定一个明确的截止日期，以避免咨询安排变得无休止，导致依赖性和无休止的费用。

11.4.5　高成本和成本超支

ERP系统的总持有成本（total cost of ownership，TCO）因公司而异。对于中型到大型系统的实现，成本从几十万美元到几亿美元不等。TCO包括硬件、软件、咨询服务、内部人员成本、安装以及实施后前两年的系统升级和维护。风险以低估和未预料到的成本的形式出现。一些比较常见的问题发生在以下领域。

训练。培训成本总是高于估计，因为管理层主要关注指导员工使用新软件的成本。这只是所需培训的一部分。员工还需要学习新的程序，这在预算编制过程中经常被忽视。

系统测试和集成。理论上，ERP是一个整体模型，由一个系统驱动整个组织。然而，现实情况是，许多组织将其ERP作为一个主干系统，与支持公司独特需求的遗留

系统和其他插接系统相连。将这些不同的系统与 ERP 集成可能需要编写特殊的转换程序，甚至修改 ERP 的内部代码。集成和测试是在个案的基础上进行的，因此成本极难提前估算。

*　　**数据库转换**。一个新的 ERP 系统通常意味着一个新的数据库。数据转换是将数据从遗留系统的平面文件传输到 ERP 的关系数据库的过程。当遗留系统的数据可靠时，可通过自动化程序完成转换过程。即使在理想情况下，也需要进行高强度的测试和手动调节，以确保传输的完整性和准确性。更常见的情况是，遗留系统中的数据不可靠（有时称为脏数据）。空字段和损坏的数据值会导致转换问题，需要人工干预和数据重新键入，而且更重要的是，遗留数据的结构可能与新系统的重新设计流程不兼容。根据所涉及的流程再造的程度，可能需要通过手动操作数据输入程序转换整个数据库。*

制定绩效衡量标准

由于 ERP 实施成本极高，许多管理者往往对短期内明显成本没有节约感到失望。事实上，对 ERP 相对成功的大量批评与它们是否提供了超过成本的收益有关。

为了评估收益，管理层首先需要知道其希望从 ERP 中得到什么和需要什么。然后，IT 部门应制定关键绩效指标，如反映其预期的库存水平、库存周转率、缺货和平均订单履行时间的减少。为了监控这些关键领域的绩效，一些组织建立了一个独立的价值评估小组，向最高管理层报告。虽然 ERP 的财务收支平衡需要数年时间，但通过制定重点明确、可衡量的绩效指标，可以从运营角度看待其成功。

11.4.6　操作中断

ERP 系统可能会对安装它们的公司造成严重破坏。在德勤咨询公司对 64 家《财富》500 强公司的调查中，25% 的受访公司承认，在实施后的一段时间内，它们的绩效出现了下降。ERP 实施过程中经常伴随的业务流程重组，是绩效出现问题最常见的原因。从操作上讲，当业务在 ERP 系统下开始处理时，所有事务的外观和工作方式都与传统系统不同。每个人都需要一段适应期，才能在学习曲线上达到一个状况良好的点。根据组织文化和公司内部对变革的态度，一些公司的调整可能需要比其他公司更长的时间。经历过严重破坏的主要组织包括陶氏化学、波音、戴尔电脑、苹果电脑、惠而浦公司和废物管理公司。

媒体上众所周知的案例是好时食品公司（Hershey Foods Corporation），该公司在通过新的 ERP 系统处理订单时遇到困难，无法发货。由于这些干扰，好时集团 1999 年第三季度的销售额与上年同期相比下降了 12.4%，利润下降了 18.6%。好时公司的问题归因于与系统实施相关的两个战略错误。首先，由于工作计划超时，它决定在旺季切换到新系统。SAP 的 R/3 等复杂系统实施过程中不可避免的障碍更容易在业务萧条时期处理。其次，许多专家认为，好时试图在一次实施中做得太多。除了 R/3 系统外，它还实施了一个客户关系管理系统和来自两个不同供应商的物流软件，这些软件必须与 R/3 连接。ERP 和这些插接组件都是使用大爆炸方法执行的。

11.5 对内部控制和审计的影响

与任何系统一样，ERP系统的内部控制和审计也是一个问题。接下来将在COSO框架内研究关键问题。

11.5.1 交易授权

ERP系统的一个主要优点是其紧密集成的模块体系结构。然而，这种结构也给交易授权带来了潜在的问题。例如，物料清单（BOM）驱动了许多制造系统。如果未正确配置创建BOM的过程，则使用BOM的每个组件都可能受到影响。需要在系统中内置控件，以便在其他模块接受并执行交易之前验证交易。由于ERP的实时性，系统更依赖于编程控制而不是人工干预，与遗留系统的情况一样。审计师在验证交易授权方面面临的挑战是掌握ERP系统配置的详细知识，以及对业务流程和系统组件之间的信息流的透彻理解。

11.5.2 职责分离

基于ERP的组织其运营决策被推到尽可能接近事件来源的位置。因此，需要职责分离的手动流程通常在ERP环境中被取消。例如，车间主管可以向供应商订购存货，码头收货职员可以实时将库存收据过账到库存记录中。此外，ERP将许多不同的业务功能整合在一个单一的集成系统中，如订单录入、开票和应付账款。使用ERP系统的组织必须建立新的安全、审计和控制工具，以确保职责适当分离。这种控制的一个重要方面是*角色*分配，这将在后面的章节中讨论。

11.5.3 监督

ERP实施的一个经常被提及的陷阱是，管理层没有充分理解其对业务的影响。通常，在ERP启动并运行之后，只有实施团队知道它是如何工作的。由于其传统职责将发生变化，监管人员需要对新系统有全面的技术和操作理解。通常，当一个组织实施ERP时，许多决策责任被推到车间层面。ERP的员工授权理念不应消除（作为内部控制）监督。相反，它应该提供显著的效率效益。主管应该有更多的时间来管理车间，并通过改进监控能力，增加其控制范围。

11.5.4 会计记录

ERP系统能够简化整个财务报告流程。事实上，许多组织每天都可以并且确实关闭它们的账簿。可以快速操作OLTP数据，为内部和外部用户生成分类账分录、应收账款和应付款汇总以及财务合并报表。在许多情况下，不再需要传统的批处理控制和审计跟踪。通过使用默认值、交叉检查和指定的用户数据视图，提高数据输入的准确性，降低了财务报表陈述失实的风险。尽管有ERP技术，会计记录准确性仍可能存在一些风险。由于与客户和供应商密切联系，一些组织面临着从这些外部来源传递损坏或不准确数据并损坏 ERP 会计数据库的风险。此外，许多组织需要将数据从遗留系统导入其 ERP 系统。这些数据可能存在问题，如重复记录、不准确的值或不完整的字段。因此，严格的数据清理是一项重要的控制措施。特殊的清洗程序用作 ERP 和出口系统之间的接口程序，以降低这些风险，并确保收到最准确、最新的数据。

11.5.5 独立验证

由于 ERP 系统采用 OLTP，传统的、独立的验证控制，如协调批次控制编号（在第3章中讨论）没有什么作用。同样，为提高效率而进行的流程再造也改变了独立验证的性质。例如，采购订单、收货报告和发票的传统三方匹配，以及随后的支票书写，可以在 ERP 环境中完全自动化。因此，独立验证的重点需要从单个交易级别重新定向到查看整体性能的级别。ERP 系统带有固定控制，可配置生成性能报告，该报告应用作评估工具。内部审计师在这种环境中也发挥着重要作用，需要掌握全面的技术背景并对 ERP 系统有全面的了解。只有精通 ERP 技术的团队才能进行持续的独立验证工作。

11.5.6 访问控制

访问安全是 ERP 环境中最关键的控制问题之一。ERP 访问控制的目标是维护数据的机密性、完整性和可用性。安全缺陷可能导致交易错误、违规、数据损坏和财务报表失实。此外，不受控制的访问会使组织暴露于网络罪犯面前，他们窃取并随后将关键数据出售给竞争对手。因此，安全管理员需要控制对处理或以其他方式操纵公司敏感数据的任务和操作的访问。

11.5.6.1 传统的访问控制模型

传统上，系统资源（数据、功能和处理）的所有者根据用户的信任级别和工作描述分别向用户授予访问权限。访问控制通常通过用户应用程序中的访问控制列表（或访问令牌）实现。**访问控制列表**指定用户 ID、用户可用的资源以及授予的权限级别，如只读、编辑或创建。尽管此模型允许向个人分配特定的访问权限，但它非常不灵活。在现代 ERP 环境中，访问权限需求的巨大数量和多样性带来了巨大的管理负担。任何访问权限授予模式都必须有效地跟上新员工、晋升和人员从一个部门转移到另一个部门以及人员的解聘所带来的现有特权的变化。为了满足这些需求，现代 ERP 系统采用**基于角色的访问控制**（role-based access control，RBAC），这将在下面讨论。

11.5.6.2 基于角色的访问控制

角色是一种根据用户执行分配任务所需的系统资源将用户分组的正式技术。例如，系统管理员可以为销售部门人员创建销售角色，该角色仅允许访问 ERP 的销售模块和某些文档，如客户订单、销售订单和客户记录。当员工加入销售部门（新员工或从另一个部门调任）时，他或她将被分配到销售角色，并通过该角色访问预先指定的资源。图 11-8 说明了 RBAC 和传统访问控制列表方法之间的区别。

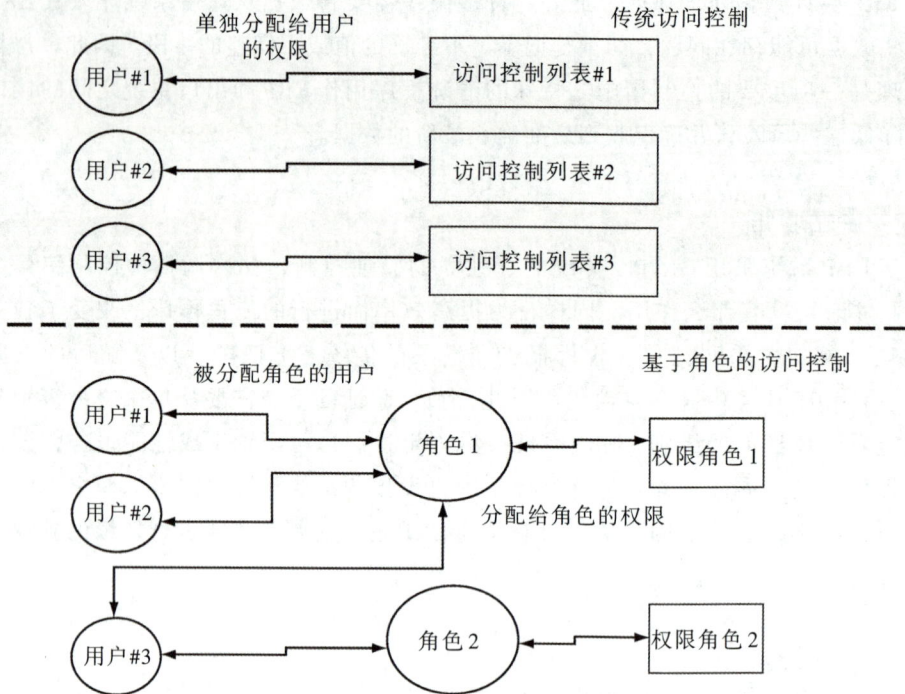

图11-8　访问控制列表与RBAC

请注意，从图中可以看出，此技术如何将访问权限分配给个人在组织中扮演的角色，而不是直接分配给个人。因此，可以为一个角色和一组预定义的访问权限分配多个人。此外，个人可以被分配多个角色，但一次只能以一个角色登录系统。因此，RBAC可以方便地处理用户和权限之间的多对多关系，并有助于高效地处理大量员工的工作。

ERP具有预定义的角色和预先分配的权限。管理员和部门经理还可以创建新角色、修改现有角色以及删除不再需要的角色。创建角色涉及定义以下角色属性：

（1）要在角色内执行一组规定的业务职责

（2）履行职责所需的技术能力

（3）履行所述职责所需的特定交易（权限）

图11-9显示了假设组织中应付账款角色的SAP角色定义。分配给此角色的个人在访问特定SAP程序模块（在本例中为AP）和模块内特定活动时受角色定义SAP安全注意事项部分中交易代码列表的控制。

11.5.7　与ERP角色相关的内部控制问题

尽管RBAC是一种有效管理访问控制的优秀机制，但创建、修改和删除角色的过程是管理层和审计师都关心的一个内部控制问题。以下几点突出了关键问题：

（1）创建不必要的角色

（2）最小访问权限规则应适用于权限分配

（3）监控角色创建和权限授予活动

ERP角色名称：应付账款处理　　　地点：应付账款部门

角色目标： 供应商发票和支票申请的数据输入

知识、技能： 了解从收货到付款的发票处理以及相关的财务和采购SAP模块、供应商主数据、P卡流程。理解IRS 1099报告和处理要求

职责/任务：

- 审核并验证已保存的发票，并提交给应付账款部门
- 保存非采购订单发票（支票申请）
- 将已收到货物的发票输入SAP；付款发票代码（保存）

SAP安全注意事项：

AP	交易类型		
	显示文档	FB04	显示更改
FBD3	显示重复分录	FBL1	
FBL1N	显示供应商商品	FBL3N	账户行项目显示
FBV2	更改保存的文档	FBV3	显示搁置的文件
FCH1	显示支票信息	FCH2	显示付款文件检查
	支票登记簿	FK1	供应商余额显示
FV60	保存/编辑发票	PV65	存放/编辑贷项通知单
MIR4	显示发票文档	MIR5	显示发票列表

图11-9　SAP角色定义

11.5.7.1　创建不必要的角色

RBAC的基本目标是根据组织的需求提供访问权限，这些需求来自定义的任务，而不是个人的需求。然而，ERP环境中的管理人员在为个人创建新角色方面具有很大的自主性。对于需要访问特殊和/或一次性项目资源的员工，可以照这样做。这种访问授权需要与判断相协调，以防止角色数量增加到功能失调的程度，从而产生控制风险。事实上，ERP环境中经常提到的一个问题是，角色往往会扩充到某个程度，其数量实际上超过了组织中的员工数量。需要制定适当的策略，以防止创建不必要的新角色，并确保在临时分配角色的原因终止时删除临时分配的角色。

11.5.7.2　最小访问权限规则应适用于权限分配

访问特权（权限）应仅在需要了解的基础上授予。然而，ERP用户往往会随着时间积累不必要的权限。这通常是由两个问题引起的：

（1）管理者在分配权限（作为其角色授予权限的一部分）时没有充分注意。因为管理者并不总是内部控制方面的专家，他们可能不会意识到授予个人的权限过多。

（2）管理者往往更善于授予特权而不是删除特权。因此，个人可能会保留以前工作分配中不必要的访问权限，这在与新分配的角色结合时会造成违反职责分离的情况。

应制定相关政策，要求经理在为分配角色权限时尽职尽责，以避免授予过多不必要的访问权限。他们应该根据现有的任务分配权限，并了解可能造成控制冲突的个人已有

权限。

11.5.7.3 监控角色创建和权限授予活动

有效的 RBAC 管理需要监控角色创建和权限授予的程序，以确保符合内部控制目标。然而，在 ERP 环境中验证所有应用程序和用户的角色遵从性是一个高度复杂的技术问题，不适合手动技术。**基于角色的治理**系统可用于此目的。这些系统允许管理人员：

- 查看角色、授予的权限以及分配给角色个人的当前和历史清单。
- 识别不必要或不适当的访问权限和违反职责划分的行为。
- 验证角色和权力的变更已成功实施。

这些系统可以持续监控风险，并在检测到违规行为时发出警报，以便采取补救措施。此外，基于角色的治理可以维护审计跟踪功能，以提供违规记录和合规证据。

11.5.7.4 应急计划

ERP 的实施创造了一个单点故障环境，使组织面临设备故障、破坏或自然灾害的风险。为了控制这一风险，组织需要一个有效的应急计划，以便在发生灾难时能够快速调用。接下来将概述两种通用方法，但第 15 章将在更广泛的 IT 治理背景下进行深入的讨论。

具有高度集成的业务部门的集中化组织可能需要一个全球性 ERP 系统，该系统可通过互联网或世界各地的专用线路访问，以整合子系统的数据。此模式下的服务器故障可能导致整个组织无法处理交易。为了控制这一点，可以在冗余备份模式下连接两个有链接的服务器。所有生产处理都在一台服务器上完成。如果失败，将自动转移到另一台服务器。需要更多安全性和弹性的组织可以将服务器安排在一个由三个或更多个服务器组成的集群中，动态地共享工作负载。如果集群中的一个或多个服务器出现故障，可以重新分配待处理业务。

公司的各组织单位是自治的，不共享共同的客户、供应商或产品线，这些公司通常选择安装区域服务器。这种方法允许独立处理并分散与服务器故障相关的风险。例如，BP Amoco 将 SAP 的 R/3 分为 17 个独立的业务组。

总结

本章首先比较了传统平面文件或数据库系统与 ERP 系统的功能和数据存储技术。OLTP 和 OLAP 应用程序之间有一个重要的区别。同样，还讨论了 ERP 业务数据库和数据仓库之间的差异。然后，研究了与服务器、数据库和插接软件相关的 ERP 配置。我们将 SCM 作为有争议的一个领域进行了讨论。ERP 供应商正在迅速提供 SCM 功能。同时，SCM 供应商正在侵占传统的 ERP 领域。数据仓库是 11.3 节的主题。数据仓库是支持 OLAP 的关系数据库或多维数据库。这一节讨论了一些数据仓库问题，包括数据建模、从操作数据库提取数据、数据清理、数据转换和将数据加载到数据仓库。

11.4 节研究了与 ERP 实施相关的常见风险。其中包括与大爆炸方法相关的风险、内部反对改变公司经营方式、选择错误的 ERP、选择错误的咨询公司、成本超支问题以及操作中断。针对实施 ERP，还提出了一些要考虑的问题。这些包括选择一个适合组织的系统，理解术语可扩展性对不同的人可能意味着不同的事情，与定制软件相关的潜在问题，分配绩效指标的需要，以及控制外部咨询公司的需要。本章最后回顾了与 ERP 相关的内部控制和审计问题。

关键术语

访问控制列表	在线分析处理（OLAP）
大爆炸	在线交易处理（OLTP）
插接式软件	分阶段
变更数据捕获	角色
客户机–服务器模型	基于角色的访问控制（RBAC）
封闭数据库系统结构	基于角色的治理
整合	可扩展性
核心应用程序	切片和切块
数据集市	供应链管理（SCM）
数据仓库	三层模型
钻取	两层模型
企业资源规划（ERP）	

复习题

1. 定义 ERP。
2. 什么是封闭数据库系统结构？
3. 定义核心应用程序，并给出一些例子。
4. 定义 OLAP，并给出一些例子。
5. 什么是客户机–服务器模型？
6. 描述两层客户机–服务器模型。
7. 描述三层客户机–服务器模型。
8. 什么是插接式软件？
9. 什么是 SCM 软件？
10. 什么是变更数据捕获？
11. 什么是数据仓库？
12. 什么是数据挖掘？
13. 数据清理意味着什么？
14. 为什么在数据仓库中使用非规范化表？
15. 什么是钻取方法？
16. 什么是大爆炸方法？
17. 什么是可扩展性？
18. 什么是角色？

19. 什么是访问控制列表？

20. 访问控制列表方法与RBAC有何不同？

21. 整合的OLAP操作是什么？

22. 钻取的OLAP操作是什么？

23. "切片和切块"一词是什么意思？

讨论题

1. OLTP和OLAP有何不同？举出一些例子来解释。

2. 区分两层和三层客户机–服务器模型。请描述每一项什么时候使用。

3. 为什么ERP系统需要插接式软件？给出一个插接式软件的例子。

4. 你的组织正在考虑为你的ERP系统购买插接式软件。你可以采取什么方法？

5. 解释为什么数据仓库需要与操作数据库分开。

6. 数据仓库中的数据处于稳定状态。解释这如何会妨碍数据挖掘分析。一个组织可以做些什么来缓解这个问题？

7. 本章强调了在构建关系数据库时数据规范化的重要性。那么，为什么数据仓库中的数据非规范化很重要呢？

8. 数据清理步骤试图解决哪些问题？

9. 数据仓库中的摘要视图与操作数据库中的摘要视图有何不同？

10. 在一个拥有数百家供应商的大型组织中，深入调查是不是识别采购代理和供应商之间异常业务关系的有效审计工具？请解释。

11. 操作中断是实施ERP的常见弊端。解释这一现象的主要原因。

12. ERP系统在设计其应用程序时使用最佳实践方法，但在选择ERP时，拟合优度被认为是一个重要问题。客户不应该只使用ERP系统提供的任何应用程序吗？

13. 解释与可扩展性相关的大小、速度、工作负载和交易成本等问题。

14. 解释SAP如何利用角色来改进内部控制。

15. 在一个高度集中的组织中，你将如何处理文件服务器备份问题？

16. 在一个分散的组织中，你将如何处理文件服务器备份问题？该组织拥有自治部门，不共享公共操作数据。

17. 区分OLAP操作中的整合、钻取。

18. 什么时候切片和切块才是合适的OLAP工具？举个例子。

19. 解释与创建不必要角色相关的风险以及为什么会发生。

20. 最小访问权限规则背后的基本概念是什么？解释为什么这是ERP环境中的一个潜在问题。

21. 基于角色的治理软件的目的是什么？

多项选择题

1. 封闭式数据库系统结构是（　　）。

a.一种旨在防止贸易伙伴未经授权进入的控制技术

b.传统信息系统固有的限制，阻止数据共享

c.防止不干净的数据进入仓库的数据仓库控件

d.一种用于限制访问数据集市的技术

e.许多主要ERP用于支持OLTP应用程序的数据库结构

2.除了（   ）外，以下每一项都是成功存储数据的必要元素。

a.清洗提取的数据　　　　　　　　b.转换数据

c.建模数据　　　　　　　　　　　d.正在加载数据

e.所有这些都是必要的

3.以下（   ）通常不是ERP的OLAP应用程序的一部分。

a.决策支持系统　　　　　　　　　b.信息检索

c.特别报告/分析　　　　　　　　　d.后勤

e.假设分析

4.有许多风险可能与ERP实施相关。以下（   ）在本章中未被列为风险。

a.实施后公司绩效下降，因为公司的外观和工作方式与使用遗留系统时不同

b.实施公司发现，ERP咨询公司雇用的员工在实施新系统方面没有足够的经验

c.实施公司未能选择支持其业务活动的适当系统

d.选定的系统不足以满足采用该系统的企业的经济增长

e.ERP太大、太复杂、太通用，无法很好地融入大多数公司文化

5.（   ）说法不正确。

a.在典型的两层客户机-服务器结构中，服务器同时处理应用程序和数据库任务

b.客户端计算机负责向用户呈现数据，并将用户输入数据传回服务器

c.两层结构适用于局域网应用程序，其中对服务器的需求仅限于相对较少的用户群

d.数据库和应用程序功能在三层模型中分离

e.在三层客户机-服务器结构中，第一层用于用户展示，第二层用于数据库和应用程序访问，第三层用于互联网访问。

6.（   ）说法不正确。

a.钻取功能是用户可用的数据挖掘工具的OLAP功能

b.数据仓库应与操作系统分开

c.数据的非规范化包括将数据划分为支持细节分析的非常小的表

d.数据仓库支持的某些决策与传统数据库支持的决策没有根本区别

e.数据清理涉及将数据转换为具有标准数据值的标准业务术语

7.（   ）说法最不准确。

a.实施ERP系统更多的是改变一个组织的经营方式，而不是技术

b.分阶段实施ERP方法特别适合于部门不共享公共流程和数据的多元化组织

c.由于实施ERP主要是为了规范和整合操作，因此不共享通用流程和数据的多元化组织不会受益，也不会实施ERP

d. 为了充分利用 ERP 流程，需要进行再造

e. ERP 失败的一个常见原因是 ERP 不支持组织的一个或多个重要业务流程

8. 以下（　　）不是 ERP 系统中的典型核心应用程序。

a. 销售和配送　　　　　　　　b. 商业计划

c. 生产计划　　　　　　　　　d. 在线分析处理（OLAP）

e. 后勤

9. ERP 系统审计师（　　）。

a. 不必担心职责分离，因为这些系统拥有强大的计算机控制功能

b. 关注输出控制，如独立验证，以协调批次合计

c. 担心管理者在分配权限时没有足够谨慎

d. 根本不需要将数据仓库视为审计或控制问题，因为财务记录没有存储在那里

e. 无须查看授予用户的访问级别，因为这些级别是在系统配置时确定的，并且从不更改

10. 以下（　　）陈述是正确的。

a. 一个角色只能分配一个人

b. 角色是一种正式的技术，用于根据用户执行分配的任务所需的系统资源将用户分组

c. RBAC 为个人分配特定的访问权限

d. 由于使用了角色，在 ERP 环境基本消除了访问安全问题

e. 以上这些都不正确

问题

1. 数据仓库访问控制

你是一家大型组织的首席执行官，该组织实施了用于公司数据内部分析的数据仓库。运营经理给你写了一份备忘录，建议向你的供应商和客户开放数据仓库。解释这项建议的优点。有哪些控制问题（如果有）？

2. 项目实施

你的组织正计划实施 ERP 系统。组织中的一些管理者支持采用大爆炸方法。其他人则主张分阶段实施。首席执行官要求你作为项目负责人写一份备忘录，总结每种方法的优缺点，并提出建议。这是一个传统的组织，具有强大的内部层级结构。该公司是在两年前的一次合并中被收购的，ERP 项目是母公司在整个组织内实施标准化业务流程和报告的一个努力方向。在此之前，组织一直在使用 1979 年获得的总账软件包。大多数交易处理是手动和批处理的组合。大多数员工认为遗留系统运行良好。目前，实施项目落后于计划。

3. OLTP 与 OLAP 服务器

对于以下每项交易处理，请说明 OLTP 或 OLAP 是否合适，以及原因。

a. 为本地销售检索客户信息、发票信息和库存信息的订单输入系统

b. 一个订单输入系统，用于检索客户信息、发票信息、库存信息以及有关客户和库存项目的几年销售信息

c. 一个订单输入系统，用于检索客户信息、发票信息、库存信息以及比较当前销售额与跨多个地理区域销售额的信息

d. 一个订单输入系统，用于检索一个营销区域内销售客户信息、发票信息、库存信息和应收账款信息

e. 一家保险公司需要一个系统，该系统允许它按地区确定索赔总额，索赔与气象现象之间是否存在关系，以及为什么一个地区似乎比另一个地区更有利可图

f. 一家制造公司只有一家工厂，但这家工厂雇用了数千名员工，每年的收入接近 10 亿美元。该公司认为没有理由对其业务进行年度或各流程间的比较。其信息需求主要集中在运营上，但它保留了上一年运营活动的备份。对上一年度财务报告的审查表明，该公司虽然盈利，但盈利额没有增长，投资回报率正在下降。业主对这种情况并不满意

4. 选择顾问

你是一家决定实施 ERP 系统的中型企业首席信息官。首席执行官根据俱乐部一位私人朋友的推荐会见了一家 ERP 咨询公司。在采访中，咨询公司的总裁介绍了公司的首席顾问，他很有魅力，也很有风度，看起来很有学问。首席执行官的第一反应是与这个顾问签订合同，但他决定推迟，直到收到你的意见。

要求：给首席执行官写一份备忘录，说明与顾问相关的问题和风险。此外，概述一套可作为选择顾问指南的程序。

5. 审计 ERP 数据库

你是一名独立审计师，参加与客户约定的业务面谈。客户组织最近建立了一个数据仓库。管理层担心你执行的审计测试会中断操作，并建议你从数据仓库中提取数据，用于分析审查和实质性细节测试，而不是针对实时运行的数据库实行测试。管理层指出，运营数据每周都会复制到仓库中，你需要的一切都包含在那里。这将使你在不中断常规操作的情况下执行测试。你同意对此进行考虑，然后将你的答案反馈给客户。

要求：起草一份备忘录给客户，概述你对客户建议的回应。提及你可能关心的任何问题。

6. 大爆炸与分阶段方法

内华达州机动车管理局（DMV）是负责内华达州驾驶员和车辆许可的机构。直到最近，遗留系统还用于两种许可需求。传统的驾照系统维护了每个持照驾驶人的以下信息：姓名、年龄、地址、违规情况、驾照分类、器官捐赠和限制。车辆牌照系统维护每辆车的信息，包括成本、税费、车辆识别号（VIN）、重量、保险和所有权。1999 年夏天，在为期三天的周末，两个遗留系统的信息被转移到一个新的 ERP 系统。全州的每一个 DMV 都安装了 ERP 和新的硬件，当员工们从漫长的周末返回岗位时，一个全新的系统已经就位。

DMV 员工没有接受过关于新系统的良好培训，系统本身也存在一些缺陷。由于这些障碍，DMV 的门前排起了很长的队，等待时间也延长了，一些员工因为对系统的不

满以及难以与愤怒的顾客打交道而干脆辞职。由于知道等待时间太长,许多司机干脆拒绝续签驾照或领取新驾照。假设DMV管理层选择的ERP配置正确,能够满足DMV的所有要求;考虑数据仓库的含义、企业文化的影响,以及对操作的干扰;并讨论与采用大爆炸方法和分阶段实施方法推行新系统的决策相关的优缺点。

7.ERP故障

当ERP实施失败时,谁该负责?是软件制造商、客户公司还是实施策略?

要求:研究这个问题,并写一篇简短的论文概述关键问题。

8.ERP市场增长

由于许多大公司在2000年之前实施了ERP系统,ERP市场的增长将朝着什么方向发展?

要求:研究这个问题,并写一篇简短的论文概述关键问题。

9.ERP顾问

在互联网上搜索有关ERP顾问的投诉。写一篇关于最常见投诉的报告,并举出例子。

10.ERP插接式软件

访问10家提供插接式软件的公司网站。编写一份包含URLs(统一资源定位符)的报告,简要描述软件功能及其与特定ERP系统的兼容性。

第 12 章

电子商务系统

学习目标

学习本章后，你应该：

• 熟悉用于实现互联网连接的拓扑结构。

• 对协议有概念性的了解，并了解几种互联网协议所服务的特定目的。

• 了解与互联网商务相关的商业利益，并了解几种互联网商业模式。

• 熟悉与内联网（Intranet）和因特网电子商务相关的风险。

• 了解与电子商务有关的安全、保证和信任问题。

• 熟悉电子商务对会计行业的影响。

很多人一听到电子商务这个词，就会想到在网上浏览电子目录或在虚拟商店网购物。这可能是电子商务的主要组成部分，但并不是全部。

电子商务涉及数据的电子处理和传输。这个广泛的定义涵盖了许多不同的活动，包括商品和服务的电子买卖、数字产品的在线交付、电子资金转移、股票电子交易和直接消费者营销。电子商务并不是一个全新的现象。数十年来，许多公司一直在通过专用网络进行电子数据交换（electronic data interchange，EDI）。

然而，在互联网革命的推动下，电子商务在近几年急剧扩张并发生了翻天覆地的变化。这种快速变化的环境催生了一系列创新市场和贸易社区。虽然电子商务为消费者和企业带来了巨大的机遇，但其有效实施和控制是组织管理层和会计师面临的重大挑战。

为了正确评估这种环境中的潜在风险，现代会计师必须熟悉电子商务背后的技术和技巧。硬件故障、软件错误和来自远程位置的未经授权的访问可能会使组织的会计系统面临特别威胁。例如，交易可能在传输过程中丢失并且从未被处理过，被数字化改变并改变其财务影响，被传输线上的瞬态信号破坏，并转移给欺诈者或由欺诈者发起。

在本章及本章附录中，我们讨论电子商务的五个方面：（1）组织内网络和EDI；（2）互联网商务；（3）与电子商务相关的风险；（4）安全、保证和信任；（5）对会计行业的影响。我们研究了这些领域中电子商务的技术、拓扑和应用。

12.1　组织内网络和EDI

局域网（local area networks，LAN）、广域网（wide area networks，WAN）和EDI是我们使用了几十年的电子商务技术。因此，这些主题经常出现在信息技术入门课程的主题中。由于许多会计和信息系统专业的学生在学习会计信息系统课程之前就已经熟悉了这些主题，因此本章附录将介绍这些材料。本章的主体介绍与基于互联网的电子商务有关的重要问题。

然而，没有接触过网络和EDI拓扑和技术的学生应该在继续学习之前查看附录，因为本章中的处理设定了这个背景。

12.2　互联网电子商务

互联网电子商务使成千上万个各种规模的企业以及数以百万计的消费者能够在一个全球性的虚拟购物中心聚集和互动。然而，伴随着巨大的机遇，电子市场也带来了独特的风险。本章的这一部分探讨了与互联网电子商务相关的技术、优势、风险和安全问题。

12.2.1　互联网技术

互联网最初是为美国军方开发的，后来被广泛用于学术和政府研究。近年来，它已发展成为一条全球性的信息高速公路。这种增长归因于三个因素。首先，1995年，MCI、Sprint和UUNET等国家级商业电信公司控制了网络的骨干元素，并不断加强其基础设施。大型互联网服务提供商（Internet service providers，ISPs）可以连接到这些骨干网以连接其用户，而较小的互联网服务提供商可以直接连接到国家骨干网或一个较大的互联网服务提供商。其次，CompuServe和America Online等在线服务公司通过电子邮件连接到网络，使不同服务商的用户能够相互通信。最后，基于图形的网络浏览器的发展，如微软的IE浏览器，使访问互联网成为一项简单的任务。互联网因此成为拥有个人计算机的普通人的领域，而不仅仅为科学家和计算机黑客独占。因此，网络呈指数级增长，并且每天都在继续增长。

12.2.1.1　分组交换

互联网采用基于**分组交换**的通信技术。图12-1说明了这种技术，将消息分成小数据包进行传输。同一消息的各个数据包可能采用不同的路由器到达其目的地。每个数据包都包含地址和序列码，因此它们可以在接收端重新组合成原始的完整消息。传输路径的选择是根据实现长途线路最佳利用的标准来确定的，包括线路上的交通拥堵程度、端点之间的最短路径以及路径的线路状态（如工作状态、连接失败或遇到错误）。网络交换机仅在传递消息期间为寻址数据包提供物理连接；然后该线路可供其他用户使用。广域分组交换网络的第一个国际标准是X.25，它是在所有电路都是模拟的并且非常容易受到噪声影响时定义的。随后的分组技术，如帧中继和交换式多兆位数据服务（switched multimegabit data service，SMDS），专为当今几乎无差错的数字线路而设计。

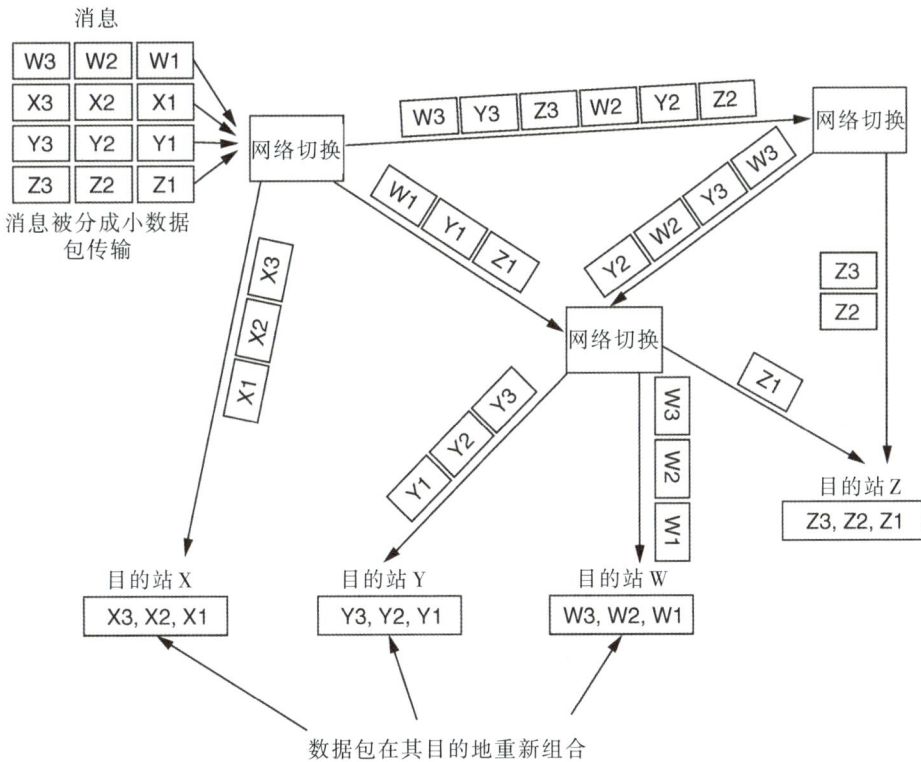

图12-1 消息分组交换

12.2.1.2 虚拟专用网络

虚拟专用网络（virtual private network，VPN）是公共网络中的专用网络。多年来，普通运营商已经构建了虚拟专用网络，从客户的角度来看，这些虚拟专用网络是私有的，但在物理上与其他用户共享主干干线。虚拟专用网络建立在 X.25 和帧中继技术之上。

今天，基于互联网的虚拟专用网络引起了极大的兴趣。不过，在此设置中维护安全性和隐私性需要的加密和身份验证控制，本章稍后讨论。

12.2.1.3 外联网

互联网技术的另一个变体是**外联网**。这是一个为私人用户而非普通公众提供密码控制的网络。外联网用于提供对贸易伙伴内部数据库的相互访问。包含供私人消费的信息的互联网站点经常使用外联网配置。

12.2.1.4 万维网

万维网（World Wide Web）是一种连接本地和世界各地用户站点的互联网设施。1989 年，日内瓦欧洲核研究中心的蒂姆·伯纳斯-李（Tim Berners-Lee）开发了网络，作为在互联网上共享核研究信息的一种手段。万维网的基本格式是一种称为**网页**的文本文档，其中嵌入了**超文本标记语言**（hyper text markup language，HTML）代码，这些代码提供页面的格式以及指向其他页面的超文本链接。链接的页面可能存储在同一台服务器上或世界任何地方。HTML代码是简单的字母数字字符，可以使用文本编辑器或文字处理器键入。大多数文字处理器都支持允许将文本文档转换为HTML格式的万维网发布功能。

在**网站**上维护网页，这些网站是支持**超文本传输协议**（hyper text transfer protocol，HTTP）的计算机服务器。这些页面是通过网络浏览器（例如 Internet explorer）访问和阅读的。为了访问网站，用户在网络浏览器中输入目标网站的**统一资源定位符**（uniform resource locator，URL）地址。当互联网用户访问一个网站时，他（她）的入口点通常是该网站的**主页**。该HTML文档用作站点内容和其他页面的目录。通过浏览器，网络提供了对世界上最大的在线信息集合的点击访问。网络也成为支持音频、视频、视频会议和三维动画的多媒体传输系统。通过浏览器创建网页和导航的便利性推动了网络的空前增长。1994年，全世界大约有500个网站；今天有数百万。

12.2.1.5　互联网地址

互联网使用三种类型的地址进行通信：（1）电子邮件地址，（2）URL地址，以及（3）连接到网络的各个计算机的互联网协议（Internet protocol，IP）地址。

电子邮件地址。电子邮件地址的格式为 USER NAME@DOMAIN NAME。

例如，这本教材作者的地址是 jahO@lehigh.edu。任何单词之间都没有空格。用户名（或者在这种情况下，用户标识（ID）是 jahO。域名是组织的唯一名称与顶级域名（top-level domain，TLD）名称的组合。在上面的示例中，唯一名称是 lehigh，顶级域名是 edu。以下是顶级域名名称的示例：

.net 网络提供商

.org 非营利组织

.edu 教育和研究

.gov 政府

.mil 军事机构

.int 国际/政府间

在美国以外，顶级域名名称由国家或地区代码组成，例如 .uk 代表英国，.es 代表西班牙。互联网特设委员会引入了一个被称为通用顶级域名的类别，其中包括以下内容：

.firm 企业

.store 商品出售

.web WWW 活动

.arts 文化/娱乐

.rec 娱乐

.info 信息服务

.nom 个人

互联网电子邮件寻址系统允许用户直接向所有主要在线服务用户的邮箱发送电子

邮件。

URL 地址。URL用于定义网络上设施或文件路径的地址。

URL 被输入到浏览器中以访问网站主页和单个网页，并且它们可以嵌入到网页中以提供到其他页面的超文本链接。URL的一般格式是**协议前缀**、**域名**、**子目录名称**和**文档名称**。它并不总是需要整个**统一资源定位符**。例如，访问西南出版集团主页，只需要以下协议和域名：

http：//www.cengage.com/accounting/hall

协议前缀为 http：//，域名为 www.cengage.com/accounting/hall。从这个主页出发，用户可以根据需要激活到其他页面的超链接。用户可以通过提供完整地址并用斜杠分隔地址组件来直接进入链接页面。例如，

http：//www.cengage.com/accounting/hall

子目录可以有几个级别。要引用它们，每个都必须用斜线分隔。例如，接下来描述假设的体育用品公司以下 URL 的元素。

http：//www.flyfish.com/equipment/rods/brand_name.html

http：//	协议前缀（如果不键入前缀，大多数浏览器默认使用HTTP）
www.flyfish.com/	域名
equipment/	子目录名称
rods/	子目录名称
brand_name.html	文档名称（网页）

IP 地址。每个连接到网络的计算机节点和主机都必须有一个唯一的 IP 地址。对于要发送的消息，必须提供发送节点和接收节点的 IP 地址。目前，IP 地址由 32 位数据包表示。一般格式是用句点分隔的四组数字。将代码分解为不同的组成部分取决于它所分配到的类。A 类、B 类和 C 类编码方案分别用于大型、中型和小型网络。为了说明编码技术，IP 地址 128.180.94.109 转换为：

128.180	里海大学
94	商学院教师服务器
109	教师办公室计算机（节点）

12.2.2　协议

在本节中多次使用**协议**一词。现在让我们仔细看看这个术语的含义。协议是管理硬件和软件设计的规则和标准，允许不同供应商生成的网络用户进行通信和共享数据。网络社区对协议的普遍接受为硬件和软件制造商提供了标准和经济激励。不符合现行协议的产品对潜在客户几乎没有价值。

数据通信行业从外交界借用了*协议*一词。外交协议定义了国家代表在社交和官方活动中进行沟通和协作的规则。这些正式的行为规则旨在避免因误解外交双方之间传递的模棱两可的信号而可能出现的国际问题。最大的潜在错误自然存在于文化和行为习惯截然不同的国家之间。通过外交界所有成员都理解和实践的协议建立行为标准，可以最大

限度地减少不同文化国家之间沟通不畅的风险。

可以对数据通信进行类比。通信网络是计算机用户的社区，它们还必须建立和维护明确的通信线路。如果所有网络成员都有同质的需求并运行相同的系统，这将不是什么大问题；然而，网络的特点是异构系统组件。通常，网络用户使用各种供应商生产的硬件设备（个人电脑、打印机、监视器、数据存储设备、调制解调器等）和软件（用户应用程序、网络控制程序和操作系统）。在这样的多供应商环境中，有效地将消息从设备传递到设备需要基本规则或协议。

12.2.2.1　协议执行什么功能？

协议服务于多种网络功能。第一，它们促进了网络设备之间的物理连接。通过协议，设备能够向其他设备表明自己是合法网络实体并启动（或终止）通信会话。

第二，协议同步物理设备之间的数据传输。这包括定义发起消息的规则、确定设备之间的数据传输率以及确认消息接收。

第三，协议为错误检查和测量网络性能提供了基础。这是通过将测量结果与预期进行比较来完成的。例如，与存储设备访问时间、数据传输速率和调制频率有关的性能指标对于控制网络功能至关重要。因此，错误的识别和纠正取决于定义可接受性能的协议标准。

第四，协议促进了网络设备之间的兼容性。为了成功传输和接收数据，特定会话中涉及的各种设备必须符合相互可接受的操作模式，例如同步、异步和双工或半双工。如果没有提供这种一致性的协议，设备之间发送的消息将被扭曲并变成乱码。

第五，协议促进了灵活性、可扩展性和具有成本–收益的网络设计。用户可以通过从各种供应商的最佳产品中进行选择来自由更改和增强他们的系统。当然，制造商必须按照既定协议构建这些产品。

12.2.2.2　网络协议的分层方法

第一个网络使用了几种不同的协议，这些协议以相当随意的方式出现。这些协议通常在设备之间提供较差的接口，实际上会导致不兼容。此外，早期的协议是结构化且不灵活的，因此通过使系统更改变得困难来限制网络增长。网络上一个节点的架构变化可能会对另一个节点上不相关的设备产生不可预知的影响。诸如此类的技术问题可能会转化为未记录的交易、被破坏的审计线索和被损坏的数据库。

在这种情况下，出现了分层协议的当代模型。分层协议模型的目的是创建一个模块化环境，以降低复杂性并允许对一层进行更改而不会对另一层产生不利影响。

数据通信社区通过国际标准化组织①开发了一套称为**开放系统接口**（open system interface，OSI）的分层协议。OSI模型提供了标准，通过这些标准，不同制造商的产品可以在用户级别以无缝互连的方式相互连接。这个七层协议模型将在附录中详细讨论。

---

① 国际标准组织（ISO）是一个非政府组织，由来自其成员方所在的标准化组织的代表组成。国际标准化组织致力于建立数据加密、数据通信和协议的国际标准。

12.2.3 互联网协议

传输控制协议或互联网协议（transfer control protocol，TCP/Internet protocol，IP）是允许互联网站点之间通信的基本协议。它是由温顿·瑟夫和罗伯特·卡恩（Robert E. Kahn）根据美国国防部的合同发明的，用于将不同的系统联网。该协议控制单个数据包的格式化、传输和接收方式。这被称为可靠协议，因为它保证所有数据包传递到目的地。如果传递因硬件或软件故障而中断，数据包将自动重传。

协议的 TCP 部分确保接收到传输的所有数据字节。IP 组件提供路由机制。TCP 或 IP 网络中的每台服务器和计算机都需要一个 IP 地址，该地址要么是永久分配的，要么是在启动时动态分配的。TCP/IP 包含一个网络地址，用于将消息路由到不同的网络。

尽管 TCP/IP 是互联网的基本通信协议，但以下是一些用于特定任务的更常见的协议。

12.2.3.1 文件传输协议

文件传输协议（file transfer protocol，FTP）用于通过网络传输文本文件、程序、电子表格和数据库。**远程登录协议**（TELNET）是在基于 TCP/IP 的网络上使用的终端仿真协议。

它允许用户从远程终端或计算机运行程序和查看数据。TELNET 是 TCP/IP 通信协议的固有部分。虽然这两种协议都处理数据传输，但 FTP 可用于从网络下载整个文件。TELNET 可用于仔细阅读数据文件，就好像用户实际上在远程站点一样。

12.2.3.2 邮件协议

简单网络邮件协议（simple network mail protocol，SNMP）是用于传输电子邮件消息最流行的协议。其他电子邮件协议是**邮局协议**、简单网络邮件以及**互联网消息访问协议**。

12.2.3.3 安全协议

安全套接字层（secure sockets layer，SSL）是一种低级加密方案，用于保护更高级别超文本传输协议格式的传输。**私有通信技术**（private communications technology，PCT）是一种通过网络提供安全交易的安全协议。私有通信技术对传输的消息进行加密和解密。大多数 Web 浏览器和服务器都支持私有通信技术和其他流行的安全协议，例如 SSL。**安全电子传输**是由技术公司和银行（Netscape、Microsoft、IBM、Visa、Master-Card 等）联合开发的一种加密方案，用于保护信用卡交易。通过互联网进行信用卡消费的客户将其加密的信用卡号发送给商家，然后商家将号码发送给银行。银行向商家返回一个加密的确认信息。客户不必担心不法商家会解密客户的信用卡号并滥用信息。**隐私增强邮件**（privacy enhanced mail，PEM）是互联网上安全电子邮件的标准。它支持加密、数字签名和数字证书以及私钥和公钥方法（稍后将讨论）。

12.2.3.4 网络新闻传输协议

网络新闻传输协议（network news transfer protocol，NNTP）用于连接到互联网上的 Usenet 组。Usenet 新闻阅读器软件支持网络新闻传输协议。

12.2.3.5　HTTP 和 HTTP-NG

HTTP 控制访问网络的网络浏览器。当用户点击网页链接时，建立连接并显示网页，然后断开连接。**下一代超文本传输协议**（HTTP-NG）是 HTTP 的增强版本，它在保持 HTTP 简单性的同时增加了安全性和身份验证等重要功能。

12.2.3.6　HTML

HTML 是用于生成网页的文档格式。HTML 定义了页面布局、字体和图形元素，以及指向网络上其他文档的超文本链接。HTML 用于以吸引人的方式对信息进行布局，如在杂志和新闻报纸上看到的信息。布局文本和图形（包括图片）的能力对于一般用户的吸引力很重要。更相关的是 HTML 对文本和图形中的超文本链接的支持，使读者能够虚拟地跳转到位于万维网上任何地方的另一个文档。

互联网技术和连通性的进步使公司倾向于以与标准网络浏览工具兼容的形式披露公司财务信息。通过这种方式，投资者和分析师可以访问当前的公司信息。然而，基于 HTML 的财务报告的传播仅限于展示。如果接收组织希望对这些信息进行计算机分析，如比较一个行业内几家公司的业绩，它必须手动将财务数据输入其系统进行处理。

与 XML 和 XBRL（在第 8 章讨论的）不同，HTML 不支持以关系形式交换信息，这种信息可以自动导入接收组织的内部数据库并进行分析。

12.2.4　互联网商业模式

几乎所有企业都参与某种形式的互联网商务以实现以下一项或多项优势：

- 访问全球客户和（或）供应商群。
- 减少库存投资和持有成本。
- 迅速建立商业伙伴关系，以填补出现的市场利基。
- 通过降低营销成本降低零售价格。
- 降低采购成本。
- 更好的客户服务。

获得的实际收益取决于组织对互联网业务战略的承诺程度。以下部分描述了互联网活动的三个层面。

信息层面。在活动的**信息层面**，组织使用互联网显示有关公司及其产品、服务和业务策略的信息。这个层面只涉及创建一个网站，它是大多数公司进入互联网市场的第一步。当客户访问网站时，他们通常首先访问主页。这是通过其他网页对网站内容的索引。大型组织经常在内部创建和管理它们的网站。较小的公司将其站点托管在由互联网服务提供商维护的服务器上。

交易层面。参与交易层面的组织使用互联网接受来自客户的订单和（或）将订单发送给他们的供应商。这涉及与来自世界偏远地区的陌生人进行商业活动。这些陌生人可能是客户、供应商或潜在的贸易伙伴。本章后面讨论的许多风险都与电子商务的这一个（以及下一个）层面有关。该领域的成功涉及通过解决下列关键问题

来创建信任环境:

- 确保交易中使用的数据不会被滥用。
- 验证潜在客户、合作伙伴或供应商使用的业务流程的准确性和完整性。
- 验证潜在客户、合作伙伴或供应商的身份和实际存在性。
- 确定潜在客户、合作伙伴或供应商的声誉。

分销层面。在**分销层面**运营的组织使用互联网向客户销售和交付数字产品。其中包括订阅在线新闻服务、软件产品和升级以及音乐和视频产品。除了传统的消费产品之外,近年来,一系列计算服务的销售和分销也快速增长,这些服务被统称为**云计算**。这一概念的关键要素将在下一节中介绍。

12.2.5 云计算

云计算有许多定义。本节基于以下内容:

云计算是一种模型,用于实现对可快速提供的可配置计算资源(例如,网络、服务器、存储、应用程序和服务)的共享池的便捷、按需访问,并以最少的管理工作或服务提供商交互发布。[①]

该定义所隐含的云计算的主要特征如下:

- 客户公司可以根据需要从供应商处获取信息技术资源。这与传统的信息技术外包模式(见第14章)形成鲜明对比,传统的信息技术外包模式严格按照合同规定的服务和时间框架向客户公司提供资源。
- 资源通过网络(专用或互联网)提供,并通过网络访问客户端位置的终端。
- 资源获取快速且可无限扩展。客户几乎可以立即并且经常自动地扩展和缩小所需的服务范围。
- 汇集计算资源以满足多个客户公司的需求。然而,这样做的结果是单个客户无法控制或了解所提供服务的物理位置。

云计算提供三类主要的计算服务。这就是*软件即服务*(Software-as-a-Service,SaaS)、*基础设施即服务*(Infrastructure-as-a-Service,IaaS)和*平台即服务*(Platform-as-a-Service,PaaS)。

软件即服务(Saas)是一种软件分发模型,其中服务提供商通过专用网络或互联网为客户组织管理应用程序。20世纪90年代出现了所谓的应用服务提供商(application service providers,ASP)的商业软件托管组织。软件即服务是这个概念的延伸。一个关键的区别是托管的软件产品的性质。ASP利用集中管理的设施为客户提供应用、服务器托管、管理及租赁等服务。ASP软件根据客户组织的独特需求进行配置,并且需要在客户的内部计算机上安装软件。SaaS供应商通常开发和管理他们自己的基于Web的软件,该软件具有通用性,旨在为多个企业和用户提供服务,并且只需要连接互联网即可访问。

---

① 国际标准技术研究所对云计算的定义,Peter Mell and Tim Grance,10-7-09,http://csrc.nist.gov/groups/SNS/cloud-computing/index.html.

ASP 和 SaaS 之间的另一个区别是使用的许可模式和支付模式。ASP 合同通常是固定期限或一次性许可协议。SaaS 供应商通常采用订阅模式，客户根据使用情况按需付费。SaaS 应用程序可以直接从供应商处或从捆绑各种 SaaS 产品并将其作为一套资源提供的第三方整合商处获得。

基础设施即服务（IaaS）是为从台式电脑访问它的客户公司提供计算能力和磁盘空间。客户公司可以因存储、网络和其他计算需求配置基础设施，包括运行操作系统和数据处理应用程序。对客户的好处是 IaaS 提供商拥有、容纳和维护设备，客户按使用量付费。另一个优势是可扩展性，即快速响应使用变化的能力。IaaS 提供商，如亚马逊网络服务（Amazon web services，AWS），提供的基础设施容量几乎可以随着组织的需求变化而立即增长和收缩。

平台即服务（PaaS）使客户公司能够使用 PaaS 供应商提供的设施开发和部署到云基础架构（消费者生成的应用程序）上。PaaS 工具包括用于应用程序开发、程序测试、程序实施、系统文档和安全性的设施。对客户组织的优势在于，它可以在内部专业知识有限的情况下快速构建和部署网络应用程序。

12.2.5.1　虚拟化

释放云计算的技术是**虚拟化**。在传统（非虚拟）计算环境中，一台计算机运行一个操作系统和一个实时应用程序。这导致大量的物理硬件容量未使用。虚拟化通过创建具有独立操作系统的计算机的虚拟（软件）版本来使物理系统的有效性成倍增长，这些操作系统位于相同的物理设备中。换句话说，虚拟化是在一台物理计算机上运行多个"虚拟计算机"的概念。由于每个虚拟系统都运行自己的应用程序，因此不需要额外的硬件投资，总计算能力就会成倍增长。

除了虚拟计算机之外，虚拟化已经发展到信息技术的另外两个领域，这使得云计算的概念在最近几年获得了关注：网络虚拟化和存储虚拟化。

网络虚拟化通过将其划分为独立的通道来增加有效的网络带宽，然后将这些通道分配给单独的虚拟计算机。网络虚拟化优化了网络速度、灵活性和可靠性；最重要的是，它提高了网络的可扩展性。网络虚拟化在经历突然、大规模和不可预见的使用量激增的网络中特别有效。

存储虚拟化是将多个网络存储设备中的物理存储功能汇集到一个看似单一的虚拟存储设备中。然后从中央服务器管理该设备。存储虚拟化通过允许多台服务器将其私有数据整合到一系列磁盘上来提高存储容量利用率。存储虚拟化可加速数据访问并随着需求的增加动态扩展存储容量。

12.2.5.2　云计算实施问题

尽管云计算具有便利性和节省成本的潜力，但并不是所有的公司都可以选择。对于小型企业、初创公司和一些新的应用程序，云概念是内部计算的一个有前途的替代方案。然而，由于以下几个原因，大公司的信息需求经常与云解决方案发生冲突。

•首先，大公司通常已经在设备、专有软件和人力资源方面进行了大量投资。这些组织不见得会放弃它们的投资并将其整个信息技术运营移交给云供应商。

·其次，许多大型企业在已有数十年历史的遗留系统上运行关键任务功能。这些系统继续存在，因为它们继续增加价值。将遗留系统迁移到云端的任务需要新的架构和大量的重新编程。鉴于它们通常具有较高的利用率、性能和吞吐量，云替代方案的成本/收益值得商榷。

·再次，云计算的核心工作是信息技术，信息技术是一种万能的商品资产的理念。事实上，云供应商实现的规模经济取决于所有客户的解决方案标准化。云供应商将所有工作负载和所有客户端视为商品，不提供某些组织要求的特殊处理程序。较大的公司更有可能拥有机密的信息需求，并通过信息技术系统追求战略优势。商品供应方法与对独特战略信息的需求不相容。

·最后，内部控制和安全问题是将信息技术外包给云计算的各种规模的公司所关心的问题。当一个组织的关键数据位于其公司之外时，它就处于危险之中。客户公司别无选择，只能信任供应商的道德、能力和内部控制。相关风险问题包括一系列广泛的主题，如云中的技术故障、分布式拒绝服务（distributed denial of service，DDoS）攻击、黑客攻击、供应商利用、供应商未能执行以及失去战略优势。本章稍后将讨论互联网风险，第15章介绍了降低此类风险的安全和控制措施。第14章介绍了外包（传统外包和云外包）风险和控制措施。

12.2.5.3 动态虚拟组织

也许从电子商务中获得的最大潜在好处是公司能够与其他组织建立动态业务联盟，以便在机会出现时填补独特的市场利基。这些可能是长期的合作伙伴关系或一次性合作企业。商业企业的电子合作形成了一个**动态虚拟组织**，有利于所有相关方。

例如，考虑一家通过互联网销售数百万种不同产品（包括书籍、音乐、软件和玩具）的公司。如果这是一个为到店客户提供服务的传统组织，它将需要一个庞大的仓库来存储其销售的各种实物产品。它还必须对库存和人员进行大量财务投资，以维持库存、满足客户订单和控制环境。虚拟组织不需要这种物理基础设施。图12-2说明了虚拟组织中可能存在的合作关系。

销售组织维护一个用于宣传产品的网站。产品本身并非由卖方实际保管，而是存储在贸易伙伴（例如制造商、出版商或分销商）的设施中。卖方向客户提供产品描述、消费者报告、价格、可用性和预期交货时间。此信息来自有互联网连接的贸易伙伴。卖方验证通过网站下达的客户订单，并自动将这些订单发送给实际运送产品的贸易伙伴公司。

虚拟组织可以通过简单地增加贸易伙伴或减少贸易伙伴来扩展、收缩或转移其产品线和服务。为了充分利用这种灵活性，组织经常与完全陌生的人建立关系。两家公司的经理都需要快速确定潜在合作伙伴的能力、兼容性和履行职责的能力。这些和其他与安全相关的风险是电子商务的潜在障碍。

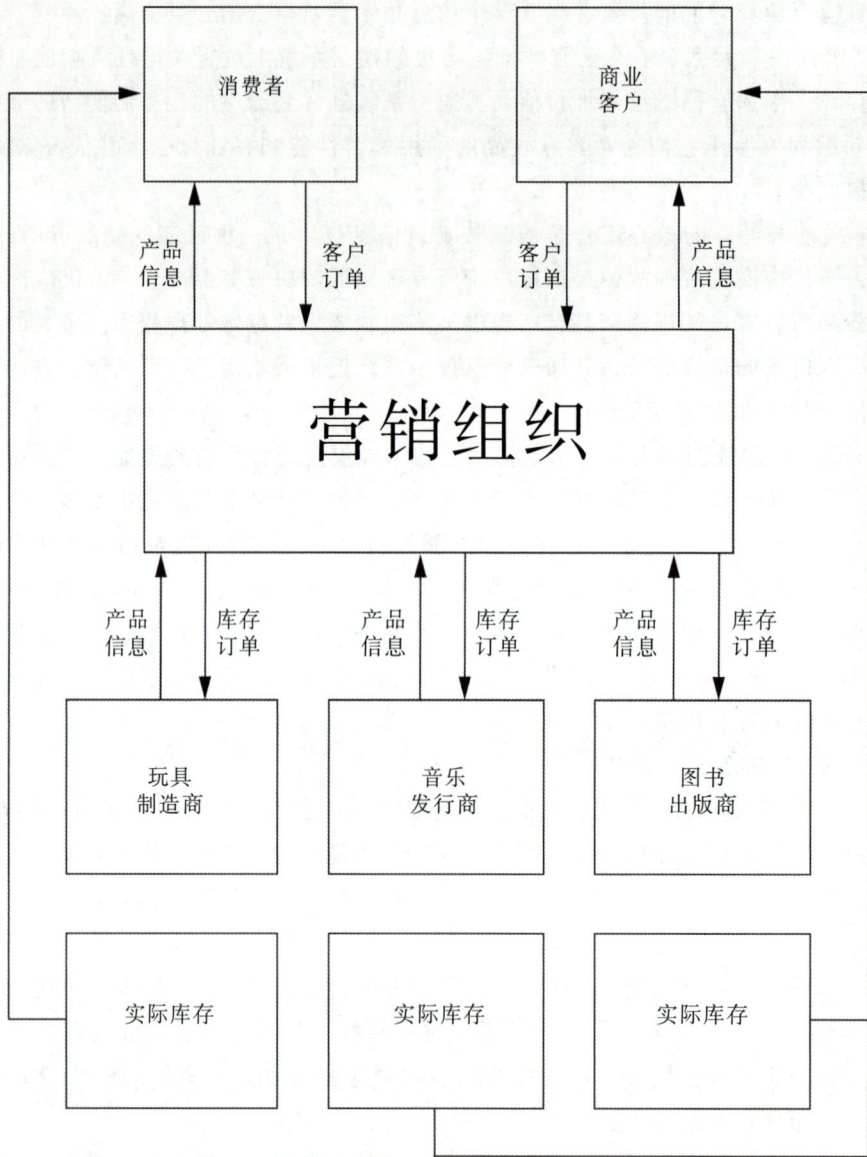

图12-2　动态虚拟组织

12.3　与电子商务相关的风险

对电子商务的依赖会引起对未经授权访问机密信息的担忧。随着局域网成为关键任务应用程序和数据的平台，专有信息、客户数据和财务记录都面临风险。通过网络与其客户和商业合作伙伴连接的组织尤其容易受到影响。如果没有足够的保护，公司就会向内部和世界各地的计算机黑客、破坏者、窃贼和工业间谍敞开大门。

网络的悖论是网络的存在是为了向用户提供对共享资源的访问，但任何网络最重要的目标是控制这种访问。因此，对于每个支持远程访问的生产力论点，都有一个反对它的安全论点。组织管理层不断在增加的访问权限和相关的商务风险之间寻求平衡。

一般而言，**商务风险**是可能降低或消除组织实现其目标的能力的损失或伤害。在电子商务方面，风险与数据的丢失、被盗或破坏以及对组织的财务损害或物理损害的计算机程序的使用有关。以下部分涉及各种形式的风险。这包括不诚实的员工所带来的内部网络风险（这些员工拥有技术知识和实施欺诈的职位），以及威胁消费者和企业实体的互联网风险。

12.3.1　内联网风险

内联网由小型局域网和大型广域网组成，可能包含数千个单独的节点。内联网用于连接单个建筑物内的员工、同一物理园区的建筑物之间的员工以及地理位置分散的员工。典型的内联网活动包括电子邮件发送、业务部门之间的交易处理以及与外部互联网的链接。

未经授权和非法的员工活动在内部会产生内联网威胁。他们实施伤害的动机可能是对公司的报复、试图入侵未经授权的文件，或者从出售商业机密或挪用资产中获利。来自员工（现任和前任）的威胁很大，因为他们对系统控制有深入的了解和（或）系统缺乏控制。被解雇的员工或在有争议的情况下离职的员工应引起特别的关注。员工可以访问的商业秘密、运营数据、会计数据和机密信息面临的风险最大。

12.3.1.1　网络消息拦截

大多数内联网上的各个节点都连接到一个共享通道，通过该通道可以获取游客（travel user）身份信息、密码、机密电子邮件和财务数据文件。网络上的节点未经授权拦截此信息称为嗅探。当内联网连接到外部互联网时，曝光度就更大了。网络管理员通常使用商用嗅探器软件来分析网络流量并检测瓶颈。但是，嗅探器软件也可以从互联网下载。在计算机犯罪分子手中，嗅探器软件可用于拦截和查看通过共享内联网通道发送的数据。

12.3.1.2　有权访问公司数据库的特权员工

连接到中央公司数据库的内联网增加了员工查看、破坏、更改或复制数据的风险。局外人可能会贿赂有权访问数字财务账户的员工以注销应收账款或出售敏感信息，如社会保险号、客户列表、信用卡信息、食谱、配方和设计说明。

12.3.1.3　不愿起诉

促成计算机犯罪的一个因素是许多受害者组织由于害怕负面宣传而不愿起诉犯罪分子。通过在公共法庭上提起诉讼，受害组织必然会将其在政策、程序和内部控制方面的弱点暴露给其客户、供应商和其他商业合作伙伴。除了此类披露可能会引起公众批评外，客户可能会放弃公司，贸易伙伴可能会对其施加极大限制性的商业行为。

许多计算机罪犯是惯犯，对潜在员工进行背景调查可以显著降低组织的招聘风险并避免犯罪行为。过去，员工背景调查很难实现，因为前雇主害怕法律诉讼，不愿向未来雇主披露负面信息。"不予置评"政策盛行。

过失雇佣责任的法律原则正在改变这一点。这一原则实际上要求雇主调查雇员的背景。如果背景调查可以预防犯罪，法院会越来越多地要求雇主对雇员在工作内外的犯罪行为负责。许多州已通过法律保护前雇主在提供前雇员的工作相关表现信息时免受法律诉讼，前提是：（1）来自未来雇主的询问；（2）信息基于可信事实；（3）提供的信息没有恶意。

12.3.2　互联网风险

本节着眼于与互联网商务相关的一些更重大的风险。首先，检查与消费者隐私和交易安全相关的风险。然后审查欺诈行为和恶意行为给企业实体带来的风险。

12.3.3　消费者面临的风险

随着越来越多的人上网，互联网欺诈行为也在增加。正因为如此，许多消费者认为互联网是一个不安全的经商场所。特别是，他们担心留在网站上的信用卡信息的安全性和交易的机密性。此处讨论了网络犯罪分子对消费者的一些更常见威胁。

信用卡号码被盗。在互联网上用信用卡购物不安全的观点被认为是电子商务的最大障碍。一些互联网公司在收集、使用和存储信用卡信息的方式上存在疏忽甚至欺诈。一名黑客成功地从一家互联网服务提供商的客户档案中窃取了10万个信用卡号码，总信用额度为10亿美元。当他试图将信息出售给一名卧底联邦调查局特工时，他被捕了。

另一种欺诈计划涉及建立一个捕获信用卡信息的欺诈性业务操作。例如，某公司可能会在母亲节接受订单送花。当这一天到来时，该公司倒闭并从网络上消失。当然，鲜花永远不会送达，犯罪者要么出售信用卡信息，要么使用信用卡信息。

密码被盗。有一种形式的互联网欺诈涉及建立一个网站来窃取访问者的密码。要访问网页，访问者需要注册并提供电子邮件地址和密码。许多人对不同的应用程序使用相同的密码，如ATM服务、电子邮件和雇主网络接入。为了使网站访问者陷入这种预期的行为模式，网络犯罪分子使用捕获的密码侵入受害者的账户。

消费者隐私。对缺乏隐私的担忧阻碍了许多消费者进行网上购物。隐私的一个方面涉及网站捕获和使用缓存文件的方式。

缓存文件（cookie）是包含用户信息的文件，由所访问站点的网络服务器创建。然后将缓存文件存储在访问者的计算机硬盘上。它们包含访问站点的URL。当网站被重新访问时，用户的浏览器会将特定的缓存文件发送到网络服务器。缓存文件的初衷是提高要求用户处理注册服务的网站回访效率。例如，在用户第一次访问特定网站时，URL和用户ID可能会被存储为缓存文件。在随后的访问中，网站会检索用户ID，从而避免访问者重新输入信息。

缓存文件允许网站卸载有关大量访问者存储的常规信息。网络服务器从存储在用户计算机上的缓存文件中检索此信息比搜索存储在网站上的数百万条此类记录要高效得多。大多数浏览器都有禁用缓存文件或在接受缓存文件之前提示用户进行偏好选择。

关于缓存文件的隐私争议与捕获的信息和使用方式有关。例如，缓存文件可用于创建用户偏好配置文件以用于营销目的。该配置文件可以基于访问的页面或站点访问期间选择的选项、白天的访问时间或晚上的访问时间以及在站点上花费的时间长度。个人资料还可能包括用户的电子邮件地址、邮政编码、家庭电话号码以及用户愿意提供给网站的任何其他信息。

这种类型的信息对于在线营销公司向数以千计的互联网公司发布广告很有用。用户配置文件使营销公司能够定制广告并将其定位到互联网消费者。为了浅显易懂，我们假设访问在线书店的用户浏览跑车和赛车列表。此信息存储在缓存文件中并传输到在线营销公司，然后该公司将一般汽车产品的 JavaScript 广告发送到书店的网页，以吸引访问者点击广告。每次消费者访问该网站时，缓存文件的内容都将用于触发相应的广告。用户档案信息也可以被编译成一个邮件列表，以传统的方式进行销售和招揽。

企业面临的风险

企业实体也面临来自互联网商务的风险。互联网协议（Internet protocol，IP）欺骗、拒绝服务攻击（SYN 洪水攻击）是重要问题。

IP 欺骗。IP 是一种伪装形式，在未经授权的情况下访问网站服务器和（或）在不透露个人身份的情况下实施非法行为。为此，犯罪者会修改原始计算机的 IP 地址以伪装其身份。犯罪分子可能使用 IP 欺骗使消息看起来来自受信任或授权，从而混入旨在接受来自某些（受信任）主机的传输并阻止其他主机的控制系统。该技术可用于侵入企业网络以进行欺诈、间谍活动或破坏数据。例如，黑客可能会使用看似来自合法客户的虚假销售订单来欺骗制造公司。如果欺骗未被发现，制造商将承担生产和交付从未订购过的产品的成本。

拒绝服务攻击。拒绝服务攻击（denial of service attack，DoS）是对网站服务器的攻击，以阻止其为合法用户提供服务。尽管此类攻击可以针对任何类型的网站，但它们对无法接收和处理来自客户的商业交易的企业实体尤其具有破坏性。三种常见的拒绝服务攻击类型是：SYN 洪水攻击、蓝精灵（smurf）攻击和分布式拒绝服务（DDoS）攻击。

（1）SYN 洪水攻击。当用户通过传输控制协议或互联网协议在互联网上建立连接时，会发生三次握手。连接服务器向接收服务器发送一个称为 SYN（SYNchronize，同步）数据包的启动代码。然后，接收服务器通过返回一个**同步确认**（SYNchronize-ACKnowledge，SYN-ACK）数据包来确认请求。最后，发起主机响应一个确认字符包代码。**SYN 洪水攻击**是通过不向服务器的 SYN-ACK 响应发送最终确认来完成的，这会导致服务器不断发出确认信号，直到服务器超时。

实施 SYN 洪水攻击的个人或组织将数百个同步序列编号数据包传输到目标接收器，但从未以确认字符响应来完成连接。结果，接收方服务器的端口被不完整的通信请求阻塞，从而阻止了合法交易的接收和处理。因此，可能会使受到攻击的组织连续数天接收不到网络消息。

如果目标组织可以识别发起攻击的服务器，则可以对防火墙（稍后讨论）进行编程以忽略来自该站点的所有通信。然而，此类攻击很难预防，因为它们使用 IP 欺骗来伪装消息的来源。犯罪者编写 IP 欺骗程序使攻击者的源地址随机化，并在网络上公开分发。因此，对于接收站点，传输似乎来自整个网络。

（2）蓝精灵攻击。**蓝精灵攻击**涉及三方：犯罪者、中间人和受害者。它是通过利用所谓的**因特网包探索器**（packet Internet groper，PING）的网络维护工具来完成的，该工具用于测试网络拥塞状态并确定特定主机是否已连接并在网络上可用。PING 通过向主机发送回声请求消息（如声呐 PING）并侦听响应消息（回声回复）来工作。PING 信号被封装在一个消息包中，其中还包含发送者的返回 IP 地址。正常运行且可用的主机必须返回一条包含在回声请求消息包中接收到的确切数据的回声应答消息。

蓝精灵攻击的肇事者使用程序创建一个 PING 消息包，其中包含受害者计算机的假 IP 地址（IP 欺骗），而不是实际源计算机的 IP 地址。然后将 PING 消息发送到中介，中介实际上是计算机的整个子网。通过将 PING 发送到网络的 **IP 广播地址**，犯罪者确保中介网络上的每个节点自动接收回声请求。因此，每个节点都会向 PING 消息发送回声响应，这些响应会返回到受害者的 IP 地址，而不是源计算机的 IP。由此产生的洪水回声可能会淹没受害者的计算机并导致网络拥塞，使其无法用于合法流量。图 12-3 说明了蓝精灵攻击。

蓝精灵攻击的中介是不情愿和不知情的一方。事实上，中介也是受害者，并且在某种程度上遭受与目标受害者相同类型的网络拥塞问题。击败蓝精灵攻击的方法之一是禁用每个网络防火墙的 IP 广播地址选项，从而消除中介的作用。然而，为了应对这一举措，攻击者开发了一些工具来搜索不禁用广播地址的网络。这些网络随后可能被用作蓝精灵攻击的中介。

此外，犯罪者还开发了工具，使他们能够同时从多个中介网络发起蓝精灵攻击，从而使受害者受到极大影响。

（3）分布式拒绝服务攻击。**分布式拒绝服务**（DDoS）攻击可能采用 SYN 洪水攻击或蓝精灵攻击的形式。DDoS 攻击的显著特征是事件的绝对范围。DDoS 攻击的犯罪者可能使用所谓的**僵尸**计算机或机器人计算机的虚拟军队来发动攻击。由于需要大量毫无戒心的中间人，因此攻击通常涉及一个或多个**因特网中继聊天**（Internet relay chat，IRC）网络作为僵尸源。IRC 是因特网上流行的交互式服务，它让来自世界各地的成千上万的人通过他们的计算机进行实时通信。

IRC 网络的问题在于它们的安全性往往很差。因此，犯罪者可以轻松访问 IRC 并上传包含 DDoS 攻击脚本的恶意程序，如特洛伊木马（请参阅第 15 章中的附录了解定义）。该程序随后被下载到访问 IRC 站点的成千上万人的个人电脑上。攻击程序在新的僵尸计算机的后台运行，这些计算机现在处于犯罪者的控制之下。这些受感染计算机的集合称为**僵尸网络**。图 12-4 说明了这种技术。

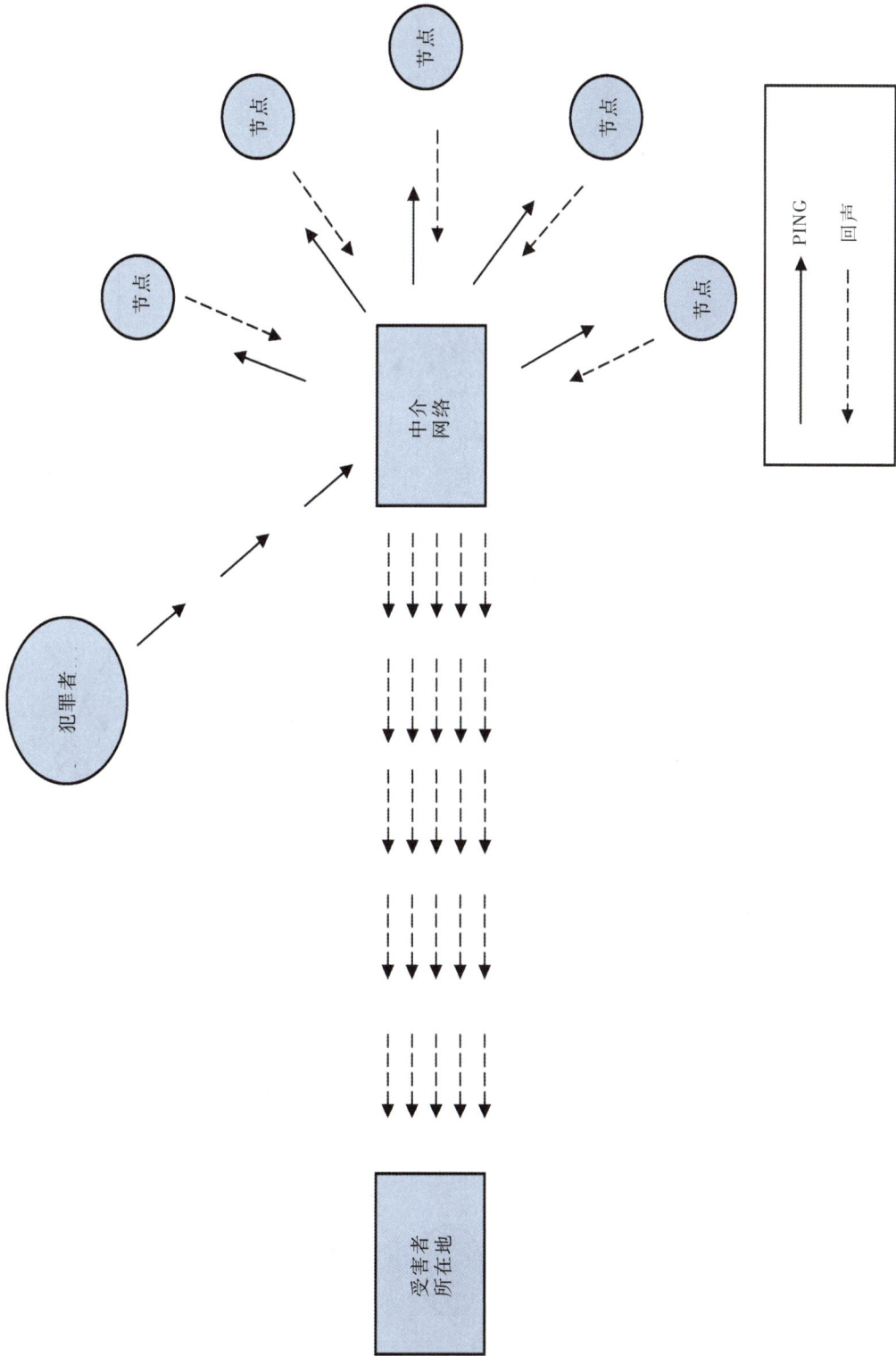

图12-3　蓝精灵攻击

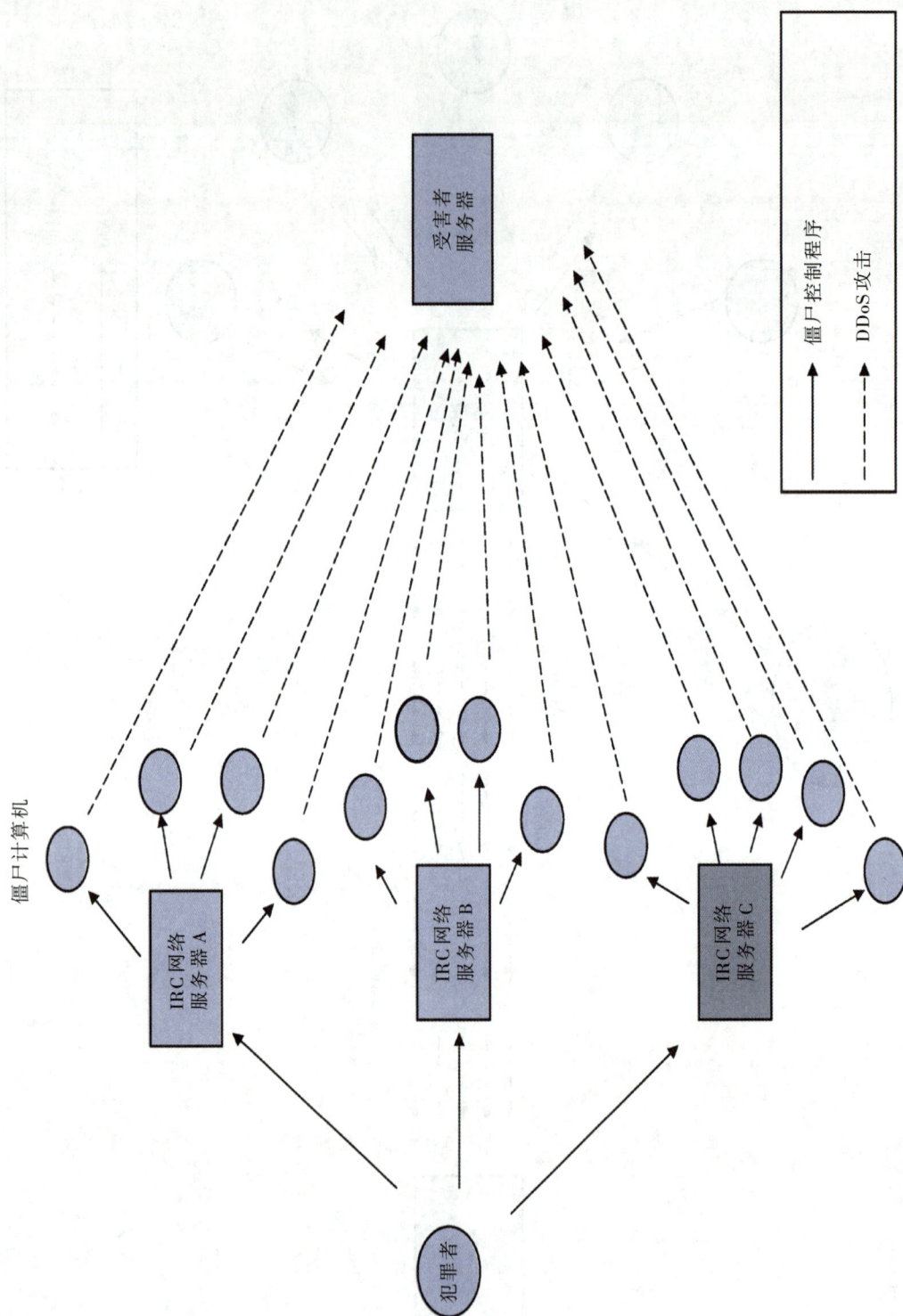

图12-4 分布式拒绝服务攻击

通过僵尸控制程序，犯罪者有权将 DDoS 定向到特定的受害者，并随意开启或关闭攻击。与传统的 SYN 洪水攻击或蓝精灵攻击相比，DDoS 攻击对受害者构成的威胁要大得多。例如，来自数以千计分布式计算机的 SYN 洪水攻击造成的破坏比来自单台计算机的洪水攻击要大得多。此外，来自中介计算机子网的蓝精灵攻击都来自同一台服务器。在此时，可以通过对受害者的防火墙进行编程以忽略来自攻击站点的传输来定位和隔离服务器。另外，DDoS 攻击实际上来自网络上的所有站点。数以千计的个人攻击计算机更难追踪和关闭。

DDoS 攻击背后的动机。DDoS 攻击背后的动机最初可能是犯罪者为了发泄对组织的不满，或者只是为了获得吹牛的资本。如今，DDoS 也是为了经济利益而实施的。特别依赖互联网接入的金融机构一直是主要目标。威胁要发动毁灭性袭击的有组织犯罪分子敲诈了多家机构，包括苏格兰皇家银行。典型的场景是犯罪者发起一次短暂的 DDoS 攻击（一天左右），以展示如果该组织与网络隔离，生活会是什么样子。在此期间，合法客户无法访问他们的在线账户，该机构也无法处理许多金融交易。遭到攻击后，该组织的首席执行官接到电话，要求将一笔钱存入离岸账户，否则攻击将继续。与潜在的客户信心损失、声誉受损和收入损失相比，赎金似乎是一个很小的代价。DDoS 攻击相对容易执行，并且可能对受害者造成毁灭性影响。许多专家认为，对 DDoS 攻击的最佳防御是实施具有多检测点能力的分层安全程序。我们将在第 15 章重新讨论这个问题，以研究处理 DDoS 攻击的方法。

其他恶意程序。病毒和其他形式的恶意程序，如蠕虫、逻辑炸弹和特洛伊木马，对互联网和内联网用户都构成威胁。这些可通过破坏用户操作系统、破坏公司数据库或捕获使黑客能够侵入系统的密码来破坏计算机网络。然而，恶意程序不只涉及电子商务问题；数据库管理、操作系统安全和应用程序完整性也受到威胁。由于具有广泛的影响，此类风险将在第 15 章中详细研究。

12.4　安全、保证和信任

信任是维持电子商务的催化剂。消费者和企业都会被公认为有诚信的组织所吸引。组织必须传达一种感觉，即它们有能力与它们的客户、贸易伙伴和员工公平地开展业务。这是两方面的问题。首先，公司必须实施必要的技术基础设施和控制措施，以提供足够的安全性。其次，公司必须向潜在客户和贸易伙伴保证，适当的保护措施已经到位并且有效。很大一部分数据安全涉及数据加密、数字认证和防火墙。这些安全技术在下一节中进行概述，但在第 15 章中有更详细的介绍。本节最后回顾了促进电子商务信任的保证技术印章。

12.4.1　加密

加密是将数据转换为密码以存储在数据库中并通过网络传输。发送者使用加密算法将原始消息（称为明文）转换为编码等效项（称为密文）。在接收端，密文被解码（解密）回明文。

最早的加密方法被称为**凯撒密码**，据说尤利乌斯·凯撒曾用这种方法向战场上的将军发送编码信息。与现代加密一样，凯撒密码有两个基本组成部分：密钥和算法。

密钥是发送者选择的数学值。该**算法**是将明文消息中的每个字母移动到键值指示的位置数的过程。因此，+3 的键值会将每个字母向右移动三个位置。例如，明文中的字母 A 将在密文消息中表示为字母 D。密文消息的接收者反转该过程以对其进行解码并重新创建明文，在这种情况下，将每个密文字母向左移动三个位置。显然，消息的发送者和接收者都必须知道密钥。

然而，现代加密算法要复杂得多，加密密钥的长度可能高达 128 位。密钥中的位数越多，加密方法越强。今天，不少于 128 位的算法被认为是真正安全的。两种常用的加密方法是私钥和公钥加密。

高级加密标准（advanced encryption standard，AES），也称为分组密码（Rijndael），是一种**私钥**（或**对称密钥**）加密技术。美国政府已将其作为加密标准。为了对消息进行编码，发送者向加密算法提供密钥，从而生成密文消息。它被传输到接收者的位置，在那里使用相同的密钥对其进行解码以产生明文消息。由于编码和解码使用相同的密钥，因此对密钥的控制成为一个重要的安全问题。需要交换加密数据的个人越多，入侵者知道密钥的机会就越大，入侵者可以截获消息并阅读、更改、延迟或销毁消息。

为了克服这个问题，设计了**公钥加密**。这种方法使用两种不同的密钥：一个用于编码消息，另一个用于解码消息。接收者有一个用于解码的私钥，该私钥是保密的。编码密钥是公开的并发布给所有人使用。这种方法如图 12-5 所示。

接收者永远不需要与发送者共享私钥，这降低了它们落入入侵者手中的可能性。最受信任的公钥加密方法之一是 Rivest-Shamir-Adleman（RSA）加法算法。然而，这种方法计算量大，而且比私钥加密慢得多。有时，私钥和公钥加密在所谓的**数字信封**中一起使用。

12.4.2 数字身份验证

仅靠加密无法解决所有安全问题。例如，客户（发送方）购买了 1 000 份产品的订单（消息），供应商（接收方）如何确定黑客没有拦截并更改为 10 万份？如果这种更改未被发现，供应商将承担订单的劳动力、材料、制造和分销成本。无辜当事人之间可能会发生诉讼。

数字签名是一种电子身份验证技术，可确保传输的消息源自授权的发件人，并且在应用签名后不会被篡改。数字签名来自已用发送者私钥加密的文档经数学计算的摘要。数字签名和文本消息都使用接收者的公钥加密并传输给接收者。在接收端，使用接收者的私钥对消息进行解密，以产生数字签名性质（加密摘要）和消息的明文版本。最后，接收方使用发送方的公钥解密数字信号以生成摘要。接收器使用原始散列算法对明文重新计算摘要，并将其与传输的摘要进行比较。如果消息是真实的，则两个摘要值将匹配。如果在传输过程中消息的单个字符发生了变化，则摘要数字将不会相等。

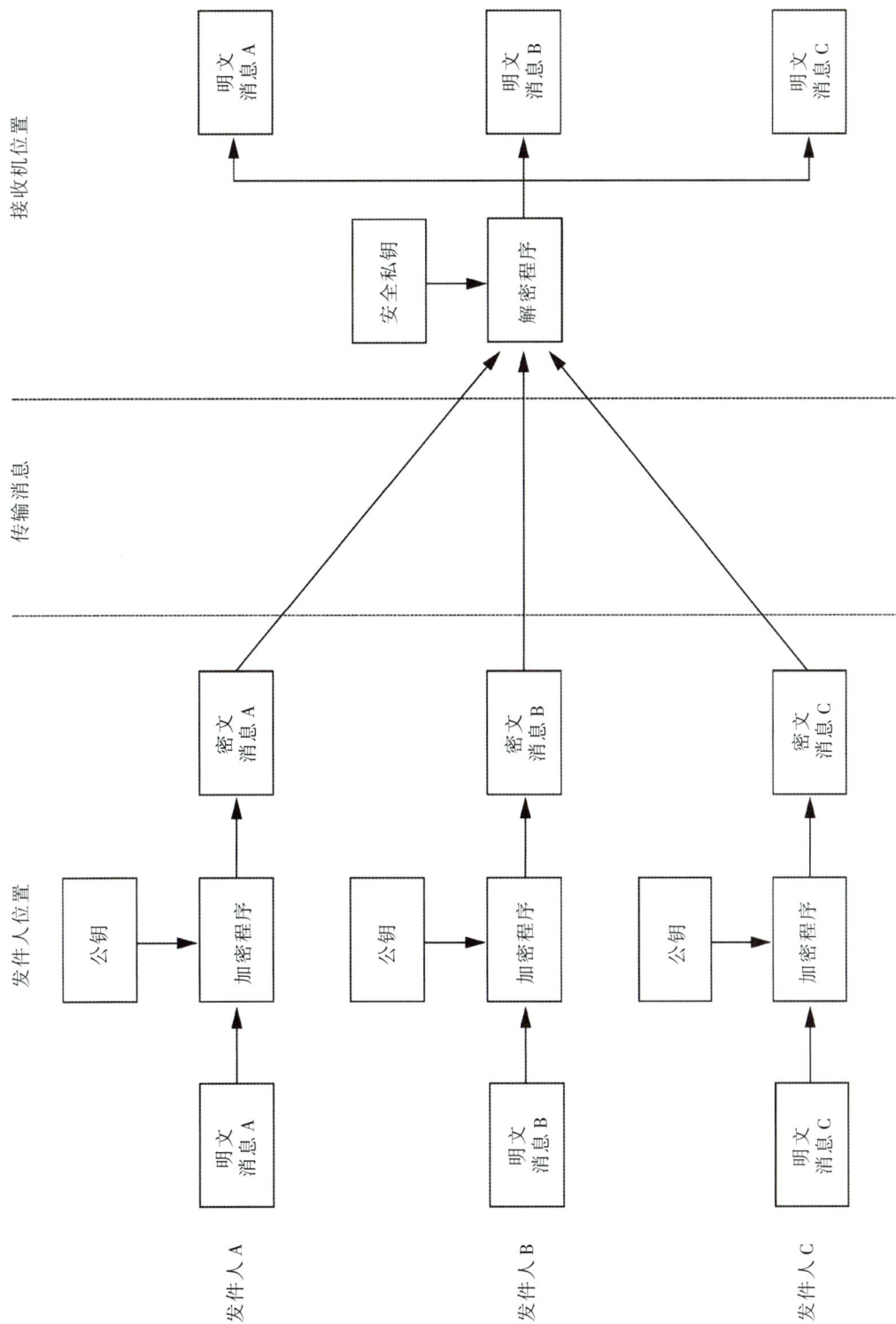

图12-5 公钥加密

接收者面临的另一个问题是确定预期的发送者是否真的发起了一条消息。例如，假设供应商收到来自客户 A 的 10 万份产品的采购订单，该订单实际上是一个未知的计算机犯罪分子发送的。再一次，如果供应商执行此欺诈性订单，将产生大量成本。

数字证书就像一张电子身份证，与公钥加密系统配合使用，以验证消息发送者的真实性。被称为**认证机构**（certification authority，CA）（如威瑞信公司）的受信任第三方颁发数字证书，也称为数字 ID。数字证书实际上是认证机构做过数字签名的发送者公钥。数字证书与加密消息一起传输以验证发送者的身份。

接收方使用认证机构的公钥解密发送者的公钥，该公钥附加到消息中，然后使用发送者的公钥解密实际消息。

因为公钥加密是数字认证的核心，所以公钥管理成为一个重要的内部控制问题。**公钥基础设施**（public key infrastructure，PKI）构成了管理此活动的政策和程序。公钥基础设施系统包括：

（1）颁发和撤销数字证书的认证机构。

（2）验证证书申请人身份的登记机构。该过程因所需的认证级别而异。它涉及使用正式文件确定一个人的身份，如驾驶执照、公证书、指纹，以及证明一个人对公钥的所有权。

（3）证书存储库，这是一个可公开访问的数据库，其中包含有关当前证书的当前信息和已被吊销的证书吊销列表以及吊销的原因。

12.4.3 防火墙

防火墙是用于将组织的内联网与互联网隔离的系统。它可用于验证网络的外部用户，验证他（她）的访问权限级别，然后将用户引导至所请求的程序、数据或服务。除了将组织的网络与外部网络隔离外，防火墙还可用于保护局域网免受未经授权的内部访问。

一个常见的配置使用两个防火墙：一个网络级防火墙和一个应用程序级防火墙。**网络级防火墙**提供对低安全性消息（如电子邮件）的基本筛选，并根据附加的源地址和目标地址将它们发送到目的地。**应用程序级防火墙**提供高级别的网络安全。这些防火墙被配置为运行所谓的代理人安全应用程序，这些应用程序执行复杂的功能，如验证用户身份。

12.4.4 保证印章

为响应消费者对基于网络的企业值得信赖的证据的需求，许多受信任的第三方组织正在提供企业在其网站主页上可以显示的保证印章。为了合法地加盖印章，公司必须证明它符合某些商业惯例、能力和控制要求。本节回顾了六个授予印章的组织：商业改善局（Better Business Bureau，BBB）、TRUSTe、威瑞信公司、国际计算机安全协会（International Computer Security Association，ICSA）、AICPA/CICA WebTrust 和 AICPA/CICA SysTrust。

12.4.5 商业改善局

商业改善局是一家非营利组织，自 1912 年以来一直通过自我监管来促进道德商业实践。商业改善局已通过一家名为 BBBOnline 公司的全资子公司将其使命延伸到互联网。为了获得 BBBOnline 印章的资格，一个组织必须：

- 成为商业改善局的成员。
- 提供有关公司所有权、管理、地址和电话号码的信息。这可以通过对公司场所的实际访问来验证。
- 至少经营一年。
- 及时回应客户投诉。
- 同意对与客户之间未解决的争议进行有约束力的仲裁。

BBBOnline 提供的保证主要涉及对商业政策、道德广告和消费者隐私的关注。BBBOnline 不验证对交易处理完整性和数据安全问题的控制。

12.4.6 TRUSTe

TRUSTe 成立于 1996 年，是一家致力于改善互联网企业和网站的消费者隐私实践的非营利组织。要获得 TRUSTe 印章的资格，一个组织必须：

- 同意遵守 TRUSTe 的隐私政策和披露标准。
- 在网站上发布隐私声明，披露所收集信息的类型、收集信息的目的以及与谁共享信息。
- 及时回应客户投诉。
- 同意由 TRUSTe 或独立第三方进行现场合规审查。

TRUSTe 专门解决消费者隐私问题，并提供一种机制来发布消费者对其成员的投诉。如果发现成员组织不符合 TRUSTe 标准，其展示信任印章的权利可能会被撤销。

12.4.6.1 威瑞信公司

威瑞信公司成立于 1995 年，是一家营利性组织。它为传输数据的安全性提供保证。组织不会验证存储数据的安全性或解决与业务策略、业务流程或隐私相关的问题。其使命是提供数字证书解决方案，以实现可靠的贸易和通信。其产品允许客户传输加密数据并验证传输的来源和目的地。威瑞信公司向个人、企业和组织颁发三个级别的证书。要获得这三个级别资格的认证，个人、企业或组织必须提供第三方确认的姓名、地址、电话号码和网站域名。

12.4.6.2 国际计算机安全协会

国际计算机安全协会（International Computer Security Association，ICSA）于 1996 年建立了其网络认证计划。国际计算机安全协会认证解决了数据安全和隐私问题。它不处理有关业务政策和业务流程的问题。有资格展示国际计算机安全协会印章的组织已经接受了外部黑客对防火墙安全性的广泛审查。组织必须每年重新认证，并且每年至少接受两次突击检查。

12.4.6.3 AICPA/CICA WebTrust

美国注册会计师协会 （American Institute of Certified Public Accountants，AICPA）和加拿大特许会计师协会（Canadian Institute of Chartered Accountants，CICA）于 1997年建立了 WebTrust 计划。为了展示 AICPA 或 CICA WebTrust 印章，该组织根据 CICA 的《第 1 号鉴证业务标准》，对通过专门网络认证的注册会计师（certified public accountant，CPA）或特许会计师（chartered accountant，CA）进行考试。考试侧重于业务实践（政策）、交易完整性（业务流程）和信息保护（数据安全）等领域。印章必须每 90 天更新一次。

12.4.7 AICPA/CICA SysTrust

1999 年 7 月，AICPA 或 CICA 引入了一份征求意见稿，描述了一种所谓的 SysTrust 的新保证服务。它旨在提高管理层、客户和贸易伙伴对支持整个业务或特定流程的系统的信心。保证服务涉及公共会计师根据四个基本标准评估系统的可靠性：可用性、安全性、完整性和可维护性。

SysTrust 的潜在用户是贸易伙伴、债权人、股东和其他依赖系统完整性和能力的人。例如，Virtual 公司正在考虑将其一些重要职能外包给第三方组织。Virtual 需要保证第三方系统可靠且足以提供合同规定的服务。作为外包合同的一部分，Virtual 公司要求服务组织每三个月生成一份清洁的 SysTrust 报告。

从理论上讲，SysTrust 服务将使组织能够从竞争对手中脱颖而出。那些接受 SysTrust 参与的组织将被视为有能力的服务提供商并值得信赖。他们将更能适应环境中的风险，并提供必要的控制措施来应对风险。

12.5 对会计行业的影响

本章讨论的问题对审计师和公共会计行业有很多影响。由于库存采购、销售处理、发货通知和现金支付等关键任务功能是自动、数字化和实时执行的，审计师面临着开发新技术来评估控制充分性和验证经济事件的发生和准确性。以下描述了在电子商务时代对审计师越来越重要的问题。

12.5.1 隐私违规

隐私与组织部门管理客户和贸易伙伴数据时采用的保密级别有关。隐私也适用于网站从非客户访问者那里收集的数据。具体问题包括：

- 组织是否有明确的隐私政策？
- 制定了哪些机制来确保始终如一地执行所述隐私政策？
- 公司获取了哪些关于客户、贸易伙伴和访客的信息？
- 组织是否共享或出售其客户、贸易伙伴或访客信息？
- 个人和企业实体能否验证和更新其获取的有关他们的信息？

1995 年实施的《安全港协议》强调了隐私的重要性。美国和欧盟之间的双向协议确立了信息传输的标准。欧盟委员会于 2000 年 7 月批准的安全港原则基本上使美国公司能够通过建立被认为足够的隐私保护水平在欧盟开展业务。尽管该文件仍在不断更新完善，但它制定了隐私法规，即公司需要加入《安全港协议》或提供证据证明它们遵守其中的规定。不合规的组织可能会被严厉禁止在欧盟开展业务。遵守《安全港协议》要求公司满足以下描述的六个条件。

通知。组织必须向个人明确告知"其收集和使用个人信息的目的、向其披露信息的第三方类型以及如何联系公司进行查询或投诉"。

选择。在收集任何数据之前，组织必须让其客户有机会选择是否共享他们的敏感信息（例如，与健康、种族或宗教等因素相关的数据）。

继续转移。除非获得个人的许可，否则组织只能与属于《安全港协议》或遵循其原则的第三方共享信息。

安全和数据完整性。组织需要确保它们维护的数据是准确的、完整的和最新的，因此可以放心地使用。它们还必须通过防止信息丢失、信息被滥用、未经授权访问信息、信息被披露、信息被更改和信息被破坏来确保信息的安全。

使用权。除非它们会有过度负担或侵犯他人的权利，否则组织必须让个人"访问有关他们自己的个人数据，并提供更正、修改或删除此类数据的机会"。

执法。组织必须"强制合规，为认为其隐私权受到侵犯的个人提供追索权，并对不合规的员工和代理人实施制裁"。

12.5.2　持续审计

需要开发持续审计技术，使审计师能够以更短的时间间隔或在交易发生时对其进行审查。为了有效，这种方法需要使用**智能控制代理**（计算机程序），这些代理体现了审计师定义的启发式方法，用于搜索电子交易中的异常情况。在发现异常事件后，控制代理将首先搜索类似事件以识别模式。如果无法解释异常，代理会通过警报或异常报告提醒审计师。

12.5.3　电子审计跟踪

在电子数据交换（electronic data interchange，EDI）环境中，客户的贸易伙伴的计算机自动生成电子交易，这些交易通过**增值网络**（value-added network，VAN）进行中继，并且客户的计算机无须人工干预即可处理交易。在这种情况下，审计可能需要扩展到交易中所有各方的关键系统。验证电子数据交换交易可能涉及客户及其贸易伙伴以及连接它们的增值网络，可以直接审查这些系统或贸易伙伴的审计师与增值网络之间合作的形式。

12.5.4　数据的机密性

随着系统设计变得越来越开放以适应贸易伙伴的交易，关键任务信息面临着暴露给来自组织内部和外部的入侵者的风险。会计师需要了解用于保护存储和传输机密性数据的加密技术。他们需要评估使用的加密工具的质量以及特许会计师使用的密钥管理程序的有效性。此外,*关键任务*一词定义了一组超出会计师传统财务问题的信息。这个更广泛的集合需要更全面的方法来评估确保数据机密性的内部控制。

12.5.5 认证

在传统系统中,商业单据决定了来自贸易伙伴或客户的销售订单的真实性。在电子商务系统中,确定客户的身份并不是一项简单的任务。身份验证无须审查和批准物理表格,而是通过数字签名和数字证书完成的。会计师为了履行他们的保证职能,必须具备理解这些技术及应用所需的技能。

12.5.6 不可否认性

会计师负责评估构成客户销售、应收账款、采购和负债等交易的准确性、完整性和有效性。贸易伙伴可以单方面拒绝的交易可能导致无法收回收入或法律诉讼的后果。在传统系统中,签署的发票、销售协议和其他实物文件提供了交易已经发生的证据。与认证问题一样,电子商务系统也可以使用数字签名和数字证书来促进不可否认性。

12.5.7 数据完整性

来自真实贸易伙伴的不可否认的交易仍可能被截获并在重大方面变得不准确。在基于纸质文件的环境中,这种更改很容易检测到。然而,数字传输带来了更多的问题。为了评估数据完整性,会计师必须熟悉计算文档摘要的概念以及数字签名在数据传输中的作用。

12.5.8 访问控制

需要采取控制措施来防止或检测对组织信息系统未经授权的访问。系统连接到网络的组织面临来自外部入侵者的最大风险。会计师事务所需要成为评估客户访问控制的专家。许多公司现在正在执行渗透测试,旨在通过模仿黑客和破解者使用的已知技术来评估其客户访问控制的充分性。

12.5.9 不断变化的法律环境

传统上,会计师通过评估风险(商业和法律),设计降低风险和控制风险的技术来为客户服务。互联网商务极大地扩展了这种风险评估的作用,在充满新的风险和不可预见的风险的商业环境中,其法律框架仍在不断发展。为了估计客户在这种情况下承担的法律责任,公共会计师必须了解客户通过电子商务系统处理的交易的潜在法律影响(国内和国际)。例如,客户从其订购商品的网页向国内和国际商业社区开放组织系统,并将其暴露于多种且可能相互冲突的法律法规中。与税收、隐私、安全、知识产权和诽谤有关的法律问题给会计行业带来了新的挑战,会计行业必须就广泛的法律问题为其客户提供快速准确的建议。

总 结

本章重点关注互联网商务，包括企业对消费者的关系和企业对企业的关系。

互联网商务一直是引起强烈兴趣的源头，因为它使成千上万各种规模的商业企业和数百万的消费者聚集在一起并参与全球商务活动。本章研究了互联网技术，包括分组交换、万维网、互联网寻址和协议。回顾了互联网商务的几个优势，包括进入全球市场、减少库存、建立业务伙伴关系、降低价格和更好的客户服务。

电子商务也与独特的风险有关。内联网提出的主要问题（在附录中讨论）来自员工。互联网风险被描述为一系列威胁消费者隐私以及传输数据和存储数据安全的特定欺诈计划。本章审查了几项可以降低风险并促进安全和信任环境的措施。其中包括数据加密、数字证书、防火墙和网站的第三方保证印章。

本章最后总结了互联网商务对会计师和行业的影响。涵盖的问题包括隐私问题、持续流程审计、电子审计跟踪，以及审计人员需要新的技能来处理被重新定义的传统审计问题的高度技术性、证据性问题。

附录　组织内电子商务

第 1 章介绍了分布式数据处理模型，作为集中式模型的替代方案。大多数现代组织使用某种形式的分布式处理模型来处理它们的交易。一些公司以这种方式处理它们的所有交易。拥有或租用内部网络来处理交易的组织使用内联网。下一节将介绍几种用于网络控制的内联网拓扑和内联网技术。

12A.1　网络拓扑

网络拓扑是网络组件（例如节点、服务器和通信链路）的物理布局。在本节中，我们将研究五种基本网络拓扑的特征：星形、层次、环形、总线和客户端—服务器。大多数网络都是这些基本模型的变体或组合。但是，在继续之前，将给出一些将在以下内容中使用的术语的工作定义。

12A.1.1　局域网和广域网

区分网络的一种方法是其分布式站点所覆盖的地理区域。网络通常分为局域网（LAN）或广域网（WAN）。局域网通常被限制在建筑物中的一个房间内，或者它们可能连接相近地理区域内的多个建筑物。然而，一个局域网可以覆盖几英里的距离并连接数百个用户。连接到局域网的计算机被称为节点。

当网络超出局域网的地理限制时，它们被称为广域网。由于涉及的距离和电信基础设施（电话线和微波通道）的高成本，广域网通常是组织租用的商业网络（至少部分是）。广域网的节点可能包括微机工作站、小型机、大型机和局域网。广域网可用于连接单个组织在地理上分散的分支机构或连接贸易伙伴中的多个组织。

12A.1.2　网络接口卡

工作站与局域网的物理连接是通过网络接口卡（network interface card，NIC）实现的，该卡安装在微型计算机的一个扩展槽中。该设备提供节点间通信所需的电子电路。网络接口卡与网络控制程序一起工作，通过网络发送和接收消息、程序和文件。

12A.1.3 服务器

局域网节点通常共享程序、数据和打印机等公共资源，这些资源通过所谓的服务器这类专用计算机进行管理，如图 12-6 所示。当服务器接收到对资源的请求时，这些请求被放入一个队列中并按顺序进行处理。

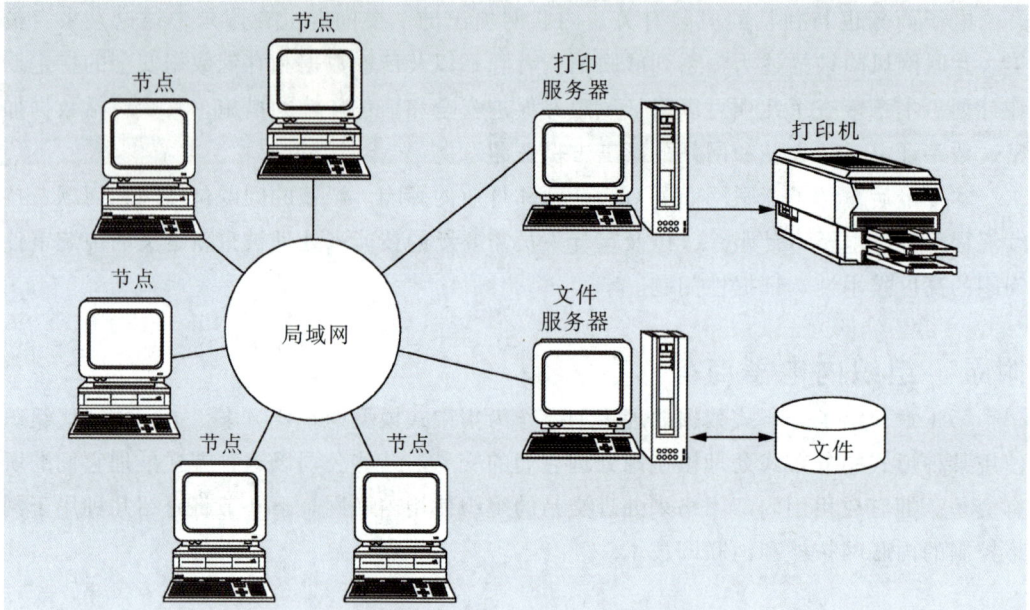

图12-6　带有文件和打印服务器的局域网

在分布式环境中，经常需要链接网络。例如，某个局域网用户可以与不同局域网用户共享数据。网络通过被称为网桥和网关的硬件和软件设备的组合进行链接。图 12-7 说明了这种技术。网桥提供了一种链接相同类型局域网的方法。例如，将 IBM（International Business Machine，美国国际商用机器公司）令牌环链接到另一个 IBM 令牌环。网关连接不同类型的局域网，也用于将局域网链接到广域网。考虑到这些定义，我们现在将注意力转向五种基本网络拓扑。

12A.1.4 星形拓扑

图 12-8 中所示的星形拓扑描述了一个计算机网络，在集线器上有一台大型中央计算机（主机），它直接连接到较小计算机的外围设备。星中节点之间的通信由主机站点管理和控制。

星形拓扑通常用于广域网，其中中央计算机是大型机。星形的节点可以是微机工作站、小型机、大型机或它们的组合。这种方法下的数据库可以是分布式的，也可以是集中式的。一个常见的模型是将本地数据分区到节点并集中公共数据。例如，考虑一家发行自己的信用卡的百货连锁店。每个节点代表不同大都市区的一家商店。

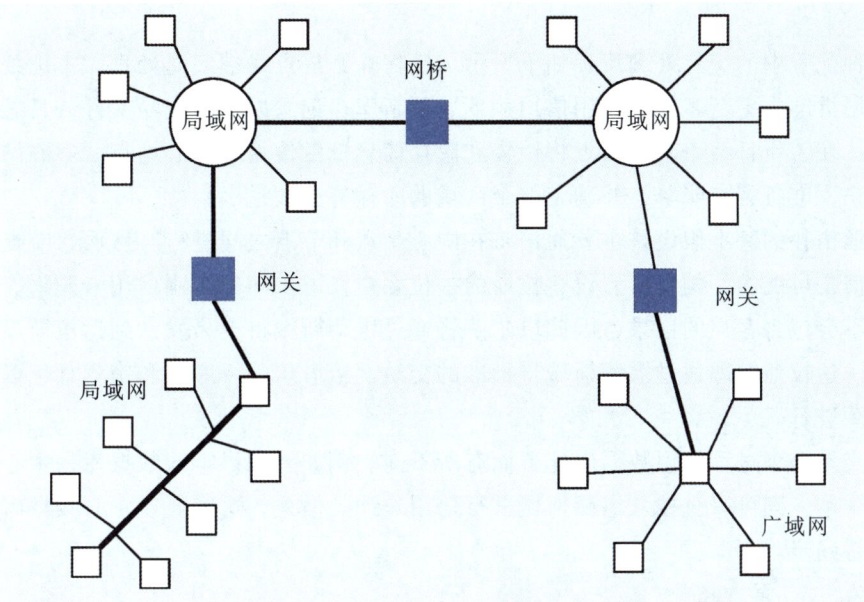

图12-7 连接局域网和广域网的网桥和网关

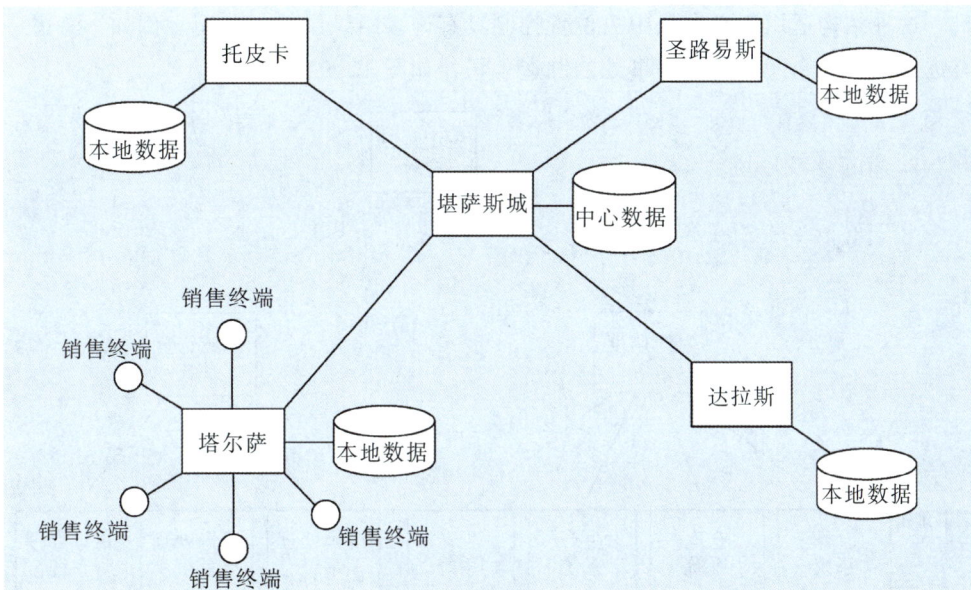

图12-8 星形拓扑

在图 12-8 中，它们是达拉斯、圣路易斯、托皮卡和塔尔萨。节点维护本地数据库，如持有在其所在地区发行的信用卡的客户的记录和本地库存水平的记录。中心站点——堪萨斯城——维护整个区域通用的数据，包括客户账单、应收账款和整体库存控制的数据维护。每个本地节点本身就是一个局域网，销售点（point-of-sales，POS）终端连接到商店的小型计算机。

如果星形网络中的一个或多个节点发生故障，其余节点之间仍然可以通过中心站点进行通信。但是，如果中心站点发生故障，单个节点可以在本地运行，但无法与其他节点通信。

这种配置中的交易处理流程如下所示。销售在销售点终端实时处理。本地处理包括获得信用批准、更新客户的可用信用额度、更新库存记录以及在交易文件（日志）中记录交易。在工作日结束时，节点将销售和库存信息批量传输到中心站点。中心站点更新控制账户，准备客户账单，并确定整个区域的库存补充数量。

星形拓扑的基本假设是主要通信将在中心站点和节点之间进行。然而，节点之间的有线通信是可能的。例如，假设达拉斯的一位客户在塔尔萨商店刷信用卡购物。塔尔萨数据库不会包含客户的记录，因此塔尔萨将通过堪萨斯城将交易发送到达拉斯以进行信用审批。达拉斯随即通过堪萨斯城将批准的交易返给塔尔萨。库存和销售日记账更新将在塔尔萨进行。

此交易处理过程会因数据库配置而有所不同。例如，如果本地数据库是中心数据库的部分副本，则可以直接从堪萨斯城进行信用查询。但是，这需要使中心数据库与所有节点保持同步。

12A.1.5 层次拓扑

层次拓扑是这样一种拓扑，其中主机计算机以主从关系连接到多个从属、较小的计算机。这种结构适用于必须从中央位置控制具有许多组织层级的公司。例如，考虑一家拥有远程工厂、仓库和销售办事处的制造公司，如图 12-9 所示。

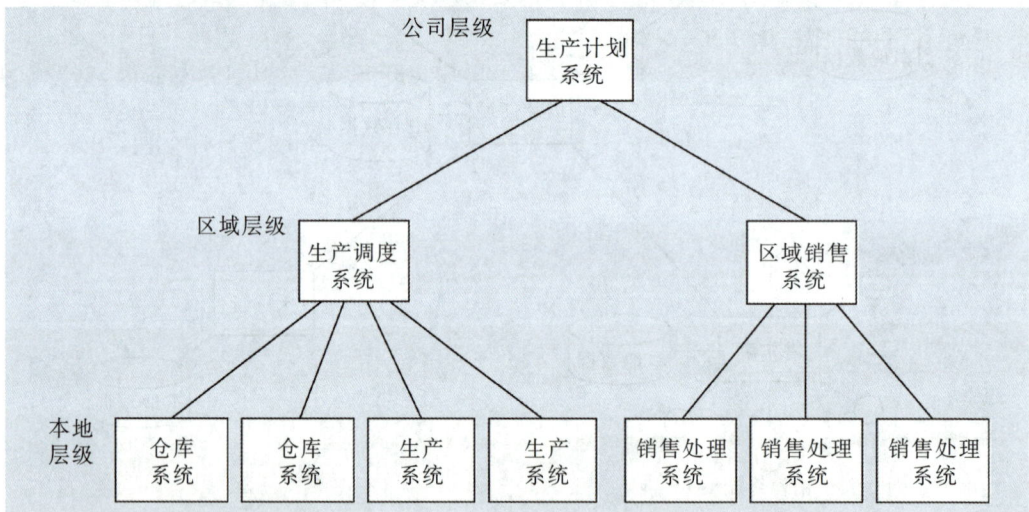

图12-9　层次拓扑结构

来自当地销售部门的销售订单被传输到区域层级，在那里它们被汇总并上传到公司层级。销售数据与来自制造的库存和工厂产能数据相结合，用于计算该期间的生产需求，并将其下载到区域生产调度系统。在这个层级，准备生产计划并分发给当地的生产部门。已完成生产的信息从生产部门上传到区域层级，在区域层级准备生产汇总表并传输到公司层级。

12A.1.6 环形拓扑

图 12-10 所示的环形拓扑消除了中心站点。这是一种点对点的安排，其中所有节

点的地位都是平等的，因此管理通信的责任分布在节点之间。环上的每个节点都有一个唯一的电子地址，该地址附加到诸如信封上的地址之类的消息中。如果节点 A 希望向节点 D 发送消息，则节点 B 和 C 接收、重新生成并传递消息，直到它到达目的地。这是局域网流行的拓扑类型。对等节点在本地管理私有程序和数据库。但是，文件服务器也是网络环上的一个节点，可以集中和管理所有节点共享的公共资源。

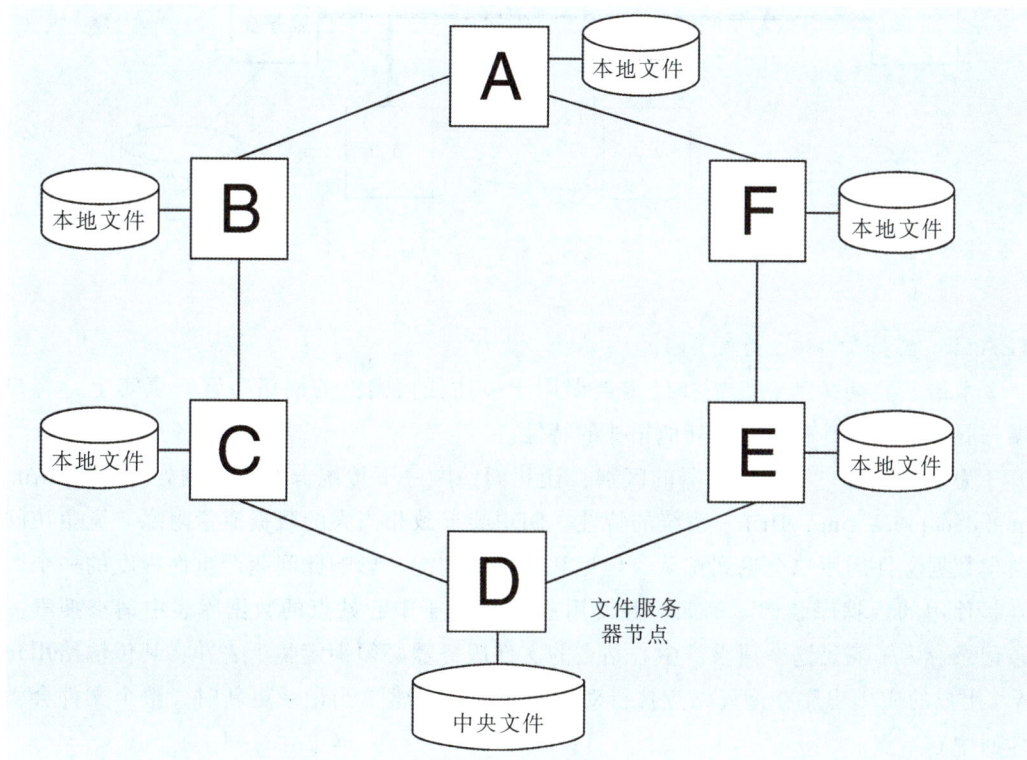

图12-10 环形拓扑

环形拓扑也可以用于广域网，在这种情况下，数据库可以是分区的，而不是集中的。例如，考虑一家拥有广泛分散的仓库的公司，每个仓库都有不同的供应商和客户，并且每个仓库都处理自己的发货业务和收货业务。在这种情况下，在公共数据很少的情况下，分布式数据库比集中管理更有效。但是，当一个仓库的库存不足以满足订单时，它可以通过网络进行通信以定位另一个有库存的仓库。

12A.1.7 总线拓扑

图 12-11 所示的总线拓扑是局域网最流行的拓扑类型。之所以如此命名，是因为节点都连接到一条公共电缆——总线。一台或多台服务器集中控制工作站之间的通信和文件传输。与环形拓扑一样，总线上的每个节点都有一个唯一的地址，一次只能有一个节点进行传输。该技术已经使用了 20 多年，它简单、可靠，而且安装成本通常低于环形拓扑。

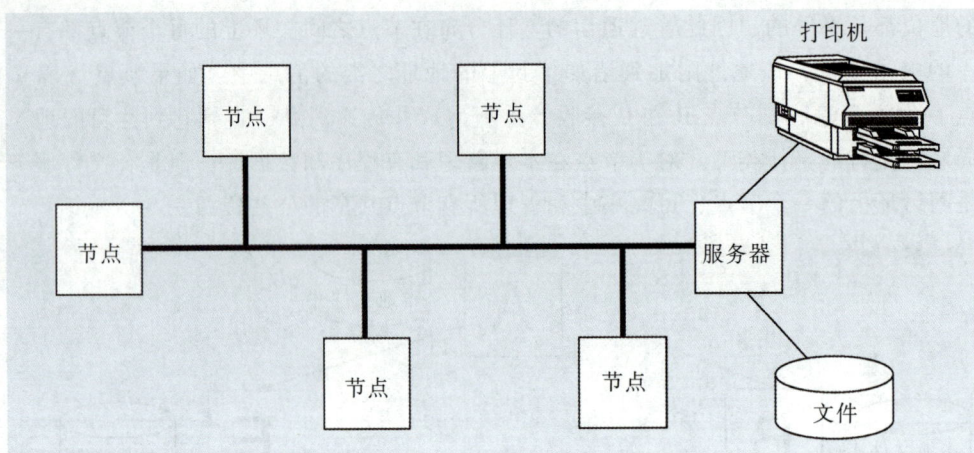

图12-11 总线拓扑结构

12A.2 客户端—服务器拓扑

术语*客户端—服务器*拓扑经常被误用于描述任何类型的网络布置。事实上，客户端—服务器拓扑具有区别于其他拓扑的特性。

为了解释客户端—服务器的区别，让我们回顾一下传统分布式数据处理（distributed data processing，DDP）系统的特性。DDP会导致相当大的数据流量阻塞。竞争访问共享数据文件的用户会遇到排队、延迟和锁定的情况。影响此问题严重性程度的一个因素是使用的数据库结构。例如，假设用户A从位于中心站点的数据库表中请求搜索一条记录。为了满足这个请求，中心站点的文件服务器必须锁定整个表并将其传输给用户A。用户的应用程序在远程站点执行对特定记录的搜索。当记录更新时，整个文件会被传回中心站点。

客户端—服务器模型在用户A的（客户端）计算机和中心站点的文件服务器之间分配处理。两台计算机都是网络的一部分，但每台计算机都分配了其执行最佳的功能。例如，应用程序的记录搜索部分放在服务器上，而数据操作部分放在客户端计算机上。因此，只有一条记录，而不是整个文件，必须被锁定并发送到客户端进行处理。处理后，记录返回给服务器，服务器将其恢复到表中并解除锁定。这种方法减少了流量并允许更有效地使用共享数据。将客户端应用程序的记录搜索逻辑分发给服务器允许其他客户端同时访问同一文件中的不同记录。客户端服务器方法可以应用于任何拓扑（例如，环形、星形或总线）。图12-12说明了应用于总线拓扑的客户端—服务器模型。

12A.3 网络控制

在本节中，我们将研究控制连接到网络的物理设备之间的通信方法。网络控制存在于网络架构中的多个点。

大多数网络控制不仅存在于主机中的软件，还存在于节点处的服务器和终端以及整个网络中的交换机。网络控制的目的是执行以下任务：

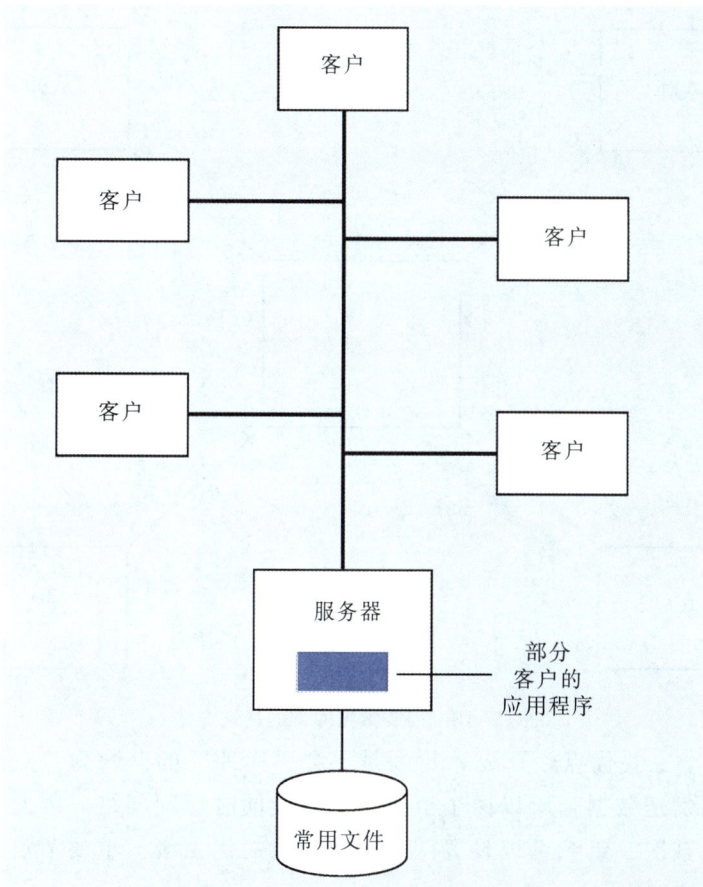

图12-12 客户端—服务器拓扑

（1）在发送方和接收方之间建立通信会话。

（2）管理跨网络的数据流。

（3）检测并解决竞争节点之间的数据冲突。

（4）检测线路故障或信号退化导致的数据错误。

数据冲突

为了实现有效的网络控制，必须在发送节点和接收节点之间建立专有链路或会话。一次只有一个节点可以在一条线路上传输消息。同时传输的两个信号或多个信号将导致**数据冲突**，从而破坏两个消息。发生这种情况时，必须重新传输消息。管理会话和控制数据冲突的技术有多种，但其中大多数是三种基本方法的变体：轮询、令牌传递和载波侦听。

（1）轮询

轮询是在广域网中建立通信会话的最流行的技术。一个站点被指定为主机，主机轮询从机站点以确定它们是否有数据要传输。如果从机的响应是肯定的，则主机站点在传输数据时锁定网络。其余的站点必须等到它们被轮询后才能传输。图 12-13 所示的轮询技术非常适合星形和层次拓扑。

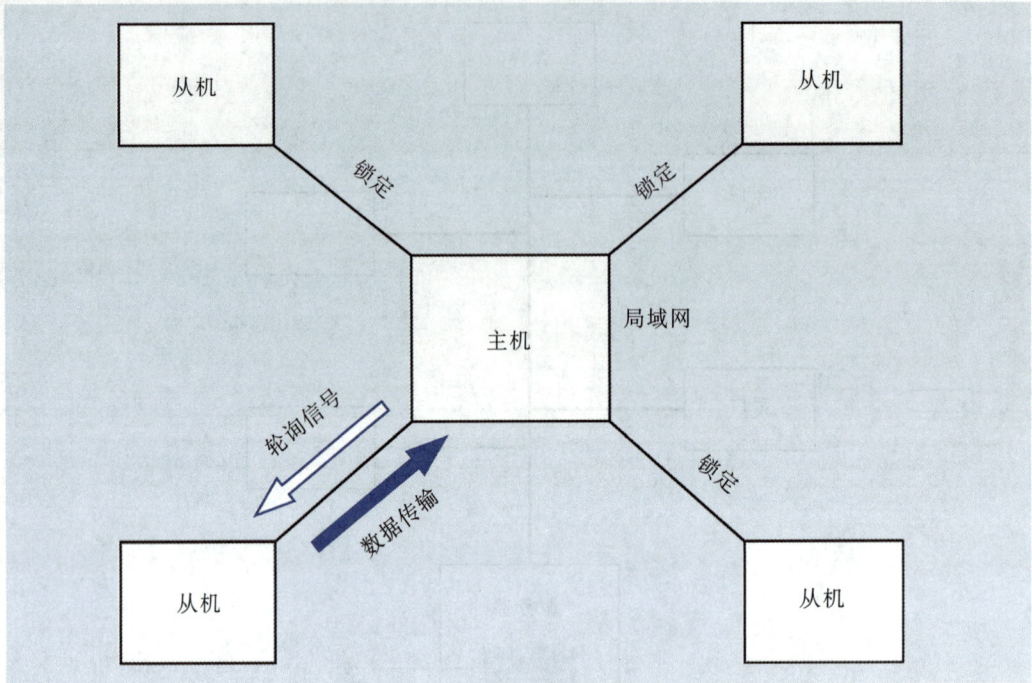

图12-13　控制数据冲突的轮询方法

轮询有两个主要优点。首先，轮询是不会引起冲突的。因为节点只有在主机节点请求时才能发送数据，所以两个节点永远不能同时访问网络。因此，轮询可以防止数据冲突。其次，组织可以设置网络数据通信的优先级。重要节点可以比不太重要的节点更频繁地轮询。

（2）令牌传递

令牌传递涉及在网络中以特定顺序从一个节点到另一个节点传输一个特殊信号——令牌。网络上的每个节点都接收到令牌，重新生成它，并将其传递给下一个节点。只有拥有令牌的节点才被允许传输数据。

令牌传递可用于环形或总线拓扑。在环形拓扑中，节点物理连接的顺序决定了令牌传递的顺序。对于总线，顺序是逻辑的，而不是物理的。令牌以预定的顺序从一个节点传递到另一个节点以形成一个逻辑环。令牌总线和令牌环配置如图 12-14 所示。

因为节点只有在拥有令牌时才被允许进行传输，所以希望通过网络发送数据的节点在收到令牌时会抓住令牌。持有令牌会阻止其他节点传输并确保不会发生数据冲突。发送数据的节点发送消息到接收节点，在收到接收节点的确认信号后，释放令牌。然后顺序中的下一个节点可以选择获取令牌并传输数据或将令牌传递给环形拓扑中的下一个节点。

令牌传递的一个主要优点是它的确定性访问方法，它避免了数据冲突。这与载波侦听的随机接入方法（在以下段落中讨论）形成对比。IBM 版的令牌环网正在成为行业标准。

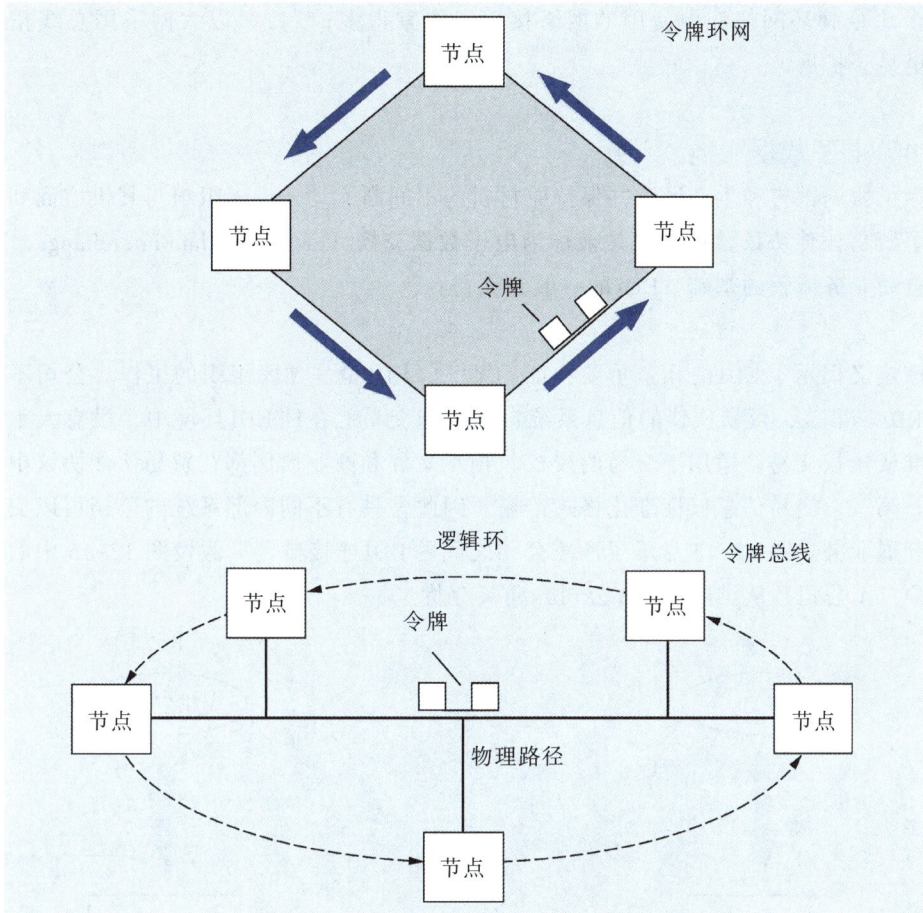

图12-14 控制数据冲突的令牌传递方法

（3）载波侦听

载波侦听是一种随机访问技术，可在冲突发生时对其进行检测。这种技术被正式标记为带有冲突检测的载波侦听多路访问（carrier-sense multiple access with collision detection，CSMA/CD），与总线拓扑一起使用。希望发送消息的节点监听总线以确定它是否在使用中。如果它检测到没有正在进行的传输（无载波），则节点将其消息发送到接收节点。这种方法不像令牌传递那样安全。当两个或多个节点不知道彼此的传输意图时，当它们独立地认为线路是畅通的时候这样做，就会发生冲突。发生这种情况时，网络服务器会指示每个节点等待一个唯一且随机的时间段，然后重新传输消息。在繁忙的网络中，更容易发生数据冲突；因此，它会导致节点重新传输它们的消息时出现延迟。令牌传递方法的支持者指出，它的冲突避免特性是优于CSMA/CD模型的主要优势。

以太网是使用CSMA/CD标准的最著名的局域网软件。施乐公司在20世纪70年代开发了以太网模型。1980年，美国数码设备公司与英特尔公司合资，发布了基于以太网模型的局域网规范。以太网的最大优势在于它成熟可靠，网络专家对此非常了解。与令牌环网相比，以太网还具有许多经济优势：（1）该技术相对简单，非常适合使用成本较低的双绞线电缆，而令牌环网最适合使用更昂贵的同轴电缆；（2）以太网使用的网络接口卡比令牌环网拓扑中使用的网络接口卡便宜得多；（3）以太网采用总线拓扑结构，更易于扩展。

12A.4　电子数据交换

为了协调销售和生产运营并保持原材料的不间断流动，许多组织与其供应商和客户签订了贸易伙伴协议。该协议是被称为**电子数据交换**（electronic data interchange，EDI）的全自动业务流程的基础。EDI的一般定义是：

以标准格式在公司间交换计算机可处理的业务信息。

该定义揭示了EDI的几个重要特征。第一，EDI是一项跨组织的工作。公司不自行从事EDI。第二，贸易伙伴的信息系统自动处理交易。在纯EDI环境中，没有人工中介来批准或授权交易。适用于交易的授权、相互义务和商业惯例都在贸易伙伴协议中事先规定。第三，交易信息以标准化格式传输。因此，具有不同内部系统的公司可以交换信息并开展业务。图12-15显示了两家公司之间的EDI连接概览。假设图12-15中的交易是客户（A公司）从供应商（B公司）购买存货。

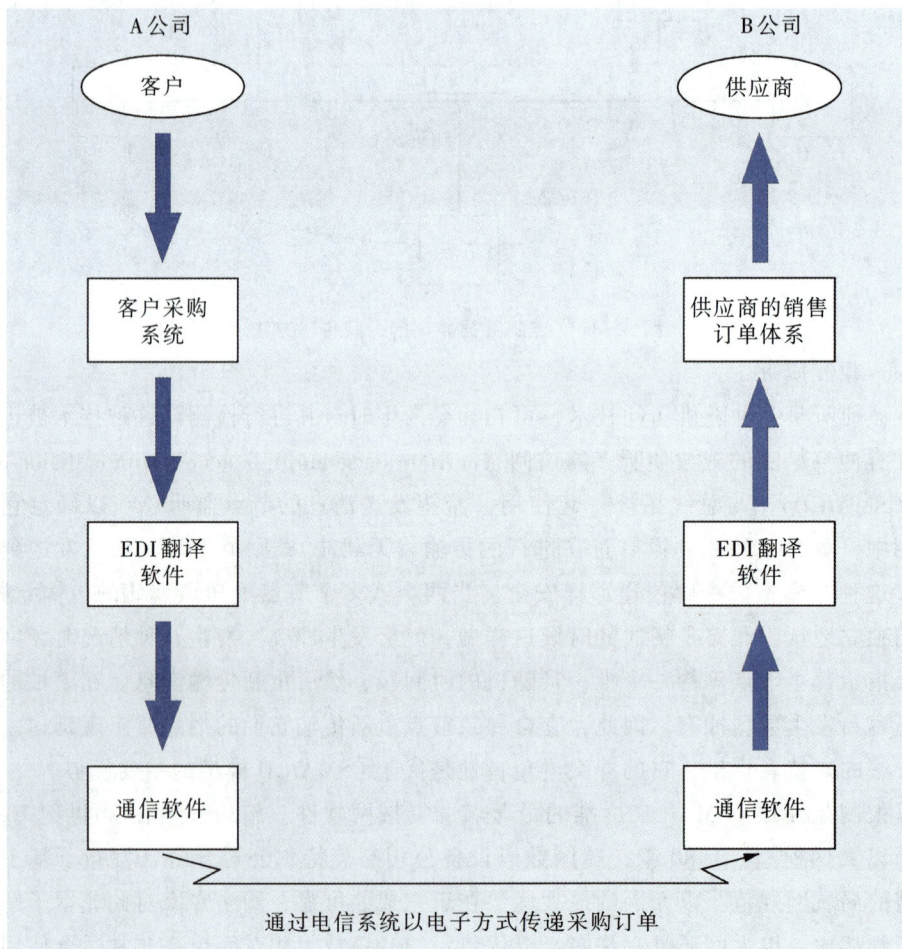

图12-15　EDI概述

A 公司的采购系统自动创建电子采购订单（purchase order，PO），并将其发送到其翻译软件。在这里，采购订单被转换成标准格式的电子信息，以备传输。该消息被传输到 B 公司的翻译软件，在该软件中被转换为供应商的内部格式。B 公司的销售订单处理系统收到客户订单，并自动处理。

图 12-15 显示了公司之间的直接通信链接。但许多公司选择使用第三方增值网络（value-added network，VAN）连接到它们的贸易伙伴。图 12-16 说明了这种安排。始发公司将其 EDI 消息传输到 VAN，而不是直接传输到贸易伙伴的计算机。VAN 将每个电子数据交换定向传输到其目的地，并将消息存放在适当的电子邮箱中。邮件一直保留在邮箱中，直到接收公司的系统检索到它们。VAN 通过管理贸易伙伴之间的消息分发来提供服务。VAN 还可以为 EDI 交易提供非常重要的控制。我们将在第 15 章研究 EDI 控制问题。

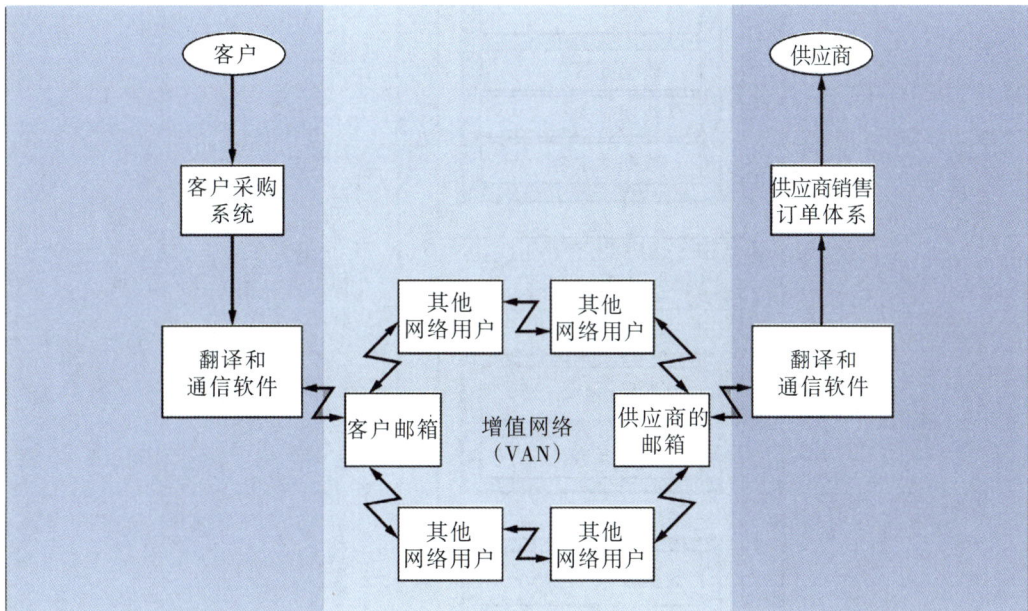

图12-16　VAN和EDI

12A.4.1　电子数据交换标准

电子数据交换成功的关键是在不同系统之间使用标准格式进行消息传递。

多年来，无论是在美国还是在国际上，都提出了多种格式。美国的标准是美国国家标准协会（American National Standards Institute，ANSI）X.12 格式。国际上使用的标准是用于管理、商业和运输的 EDI（EDIFACT）格式。图 12-17 说明了 X.12 格式。

电子信封包含接收方的电子地址、通信协议和控制信息。这是传统纸质信封的电子版。功能组是特定业务应用程序的交易集（电子文档）的集合，例如一组销售发票或采购订单。交易集是电子文档，由数据段和数据元素组成。图 12-18 将这些术语与传统文档相关联。

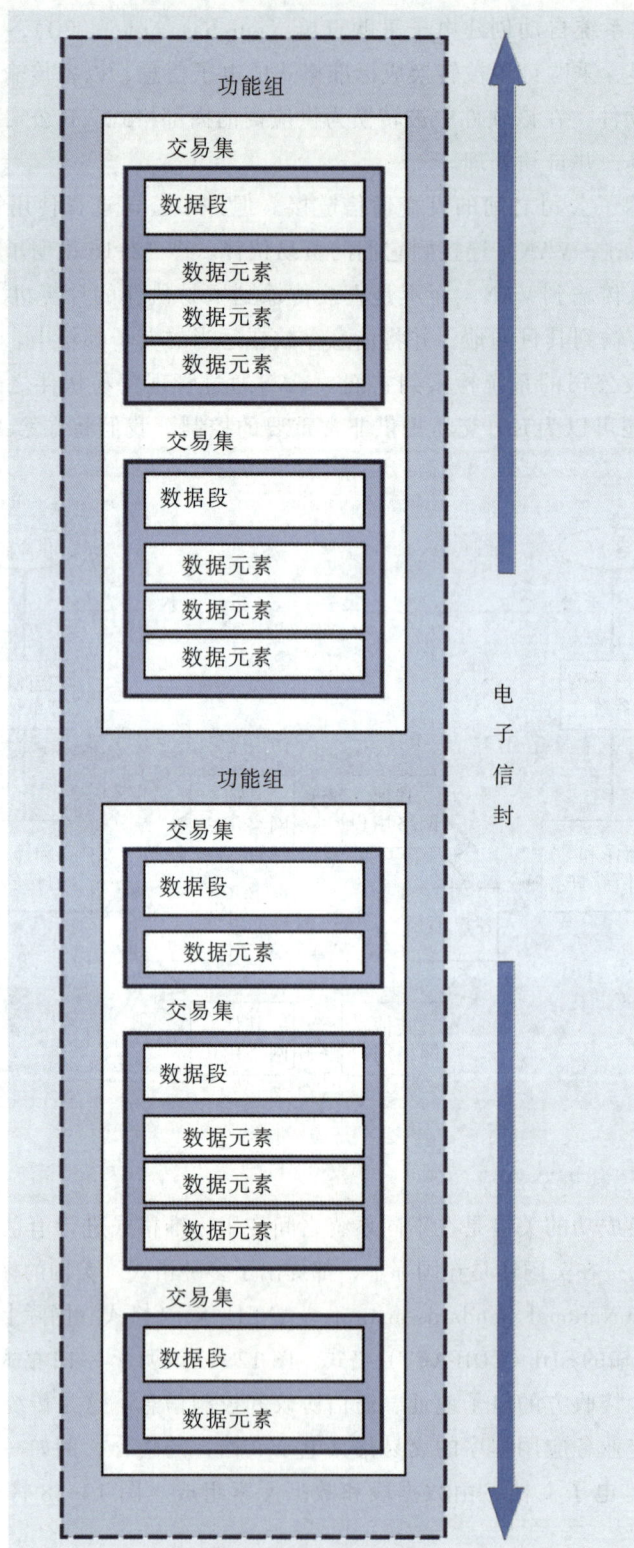

图12-17 X.12格式

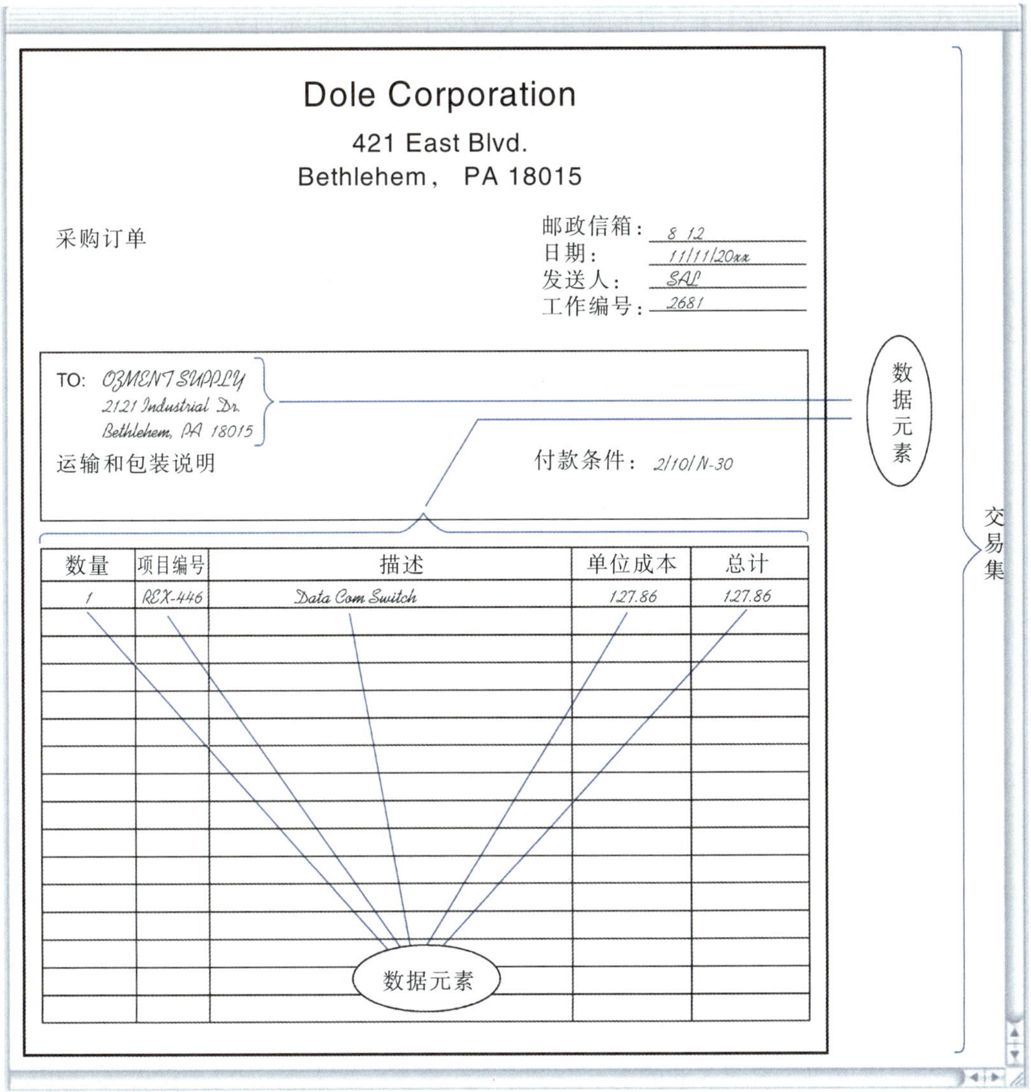

Dole Corporation

421 East Blvd.
Bethlehem，PA 18015

采购订单

邮政信箱：_8 12_
日期：_11/11/20xx_
发送人：_SAL_
工作编号：_2681_

TO: _OZMENT SUPPLY_
2121 Industrial Dr.
Bethlehem, PA 18015

运输和包装说明

付款条件：_2/10/N-30_

数据元素

数量	项目编号	描述	单位成本	总计
_1_	_REX-446_	_Data Com Switch_	_127.86_	_127.86_

数据元素

交易集

图12-18　X.12格式与传统源文档之间的关系

Source：J. M. Cathey，"Electronic Data Interchange：What the Controller Should Know，" *Management Accounting*（November 1991）：4.

每个数据段都是文档上的一个信息类别，如部件号、单价或供应商名称。数据元素是与段相关的特定数据项。在图 12-18 的示例中，这些包括诸如 REX-446、127.86美元 和 Ozment Supply 之类的项目。

12A.4.2　电子数据交换的好处

电子数据交换已在许多行业取得了相当大的进展，包括汽车、杂货、零售、医疗保健和电子产品。以下是证明该方法合理的一些常见 EDI 成本节约。

• 数据键控（data keying）。电子数据交换减少甚至消除了数据输入的需要。

• 减少错误。使用 EDI 的公司发现数据录入错误、人工解释和分类错误以及归档（丢失文件）错误有所减少。

- 减少纸张。电子信封和文件的使用大大减少了系统中的纸质表格。
- 邮资。邮寄文件被更便宜的数据传输所取代。
- 自动化程序。EDI将与采购、销售订单处理、现金支付和现金收入相关的手动活动自动化。
- 减少库存。通过根据需要直接从供应商处订购，EDI减少了导致库存积压的滞后时间。

12A.4.3　金融电子数据交换

使用电子资金转账（electronic funds transfer，EFT）进行现金支付和现金收入处理比使用EDI进行采购和销售活动更复杂。EFT需要贸易伙伴之间有中介银行。这种安排如图12-19所示。买方的EDI系统收到采购发票并自动批准付款。在付款日期，买方系统自动向其发起银行（originating bank，OBK）进行EFT。发起银行从买方账户中取出资金，并将其以电子方式传输到自动清算所（automatic clearing house，ACH）银行。ACH银行是为其成员银行开立账户的中央银行。ACH银行将资金从发起银行转移到收款银行（receiving bank，RBK），而RBK又将资金转入卖方的账户。

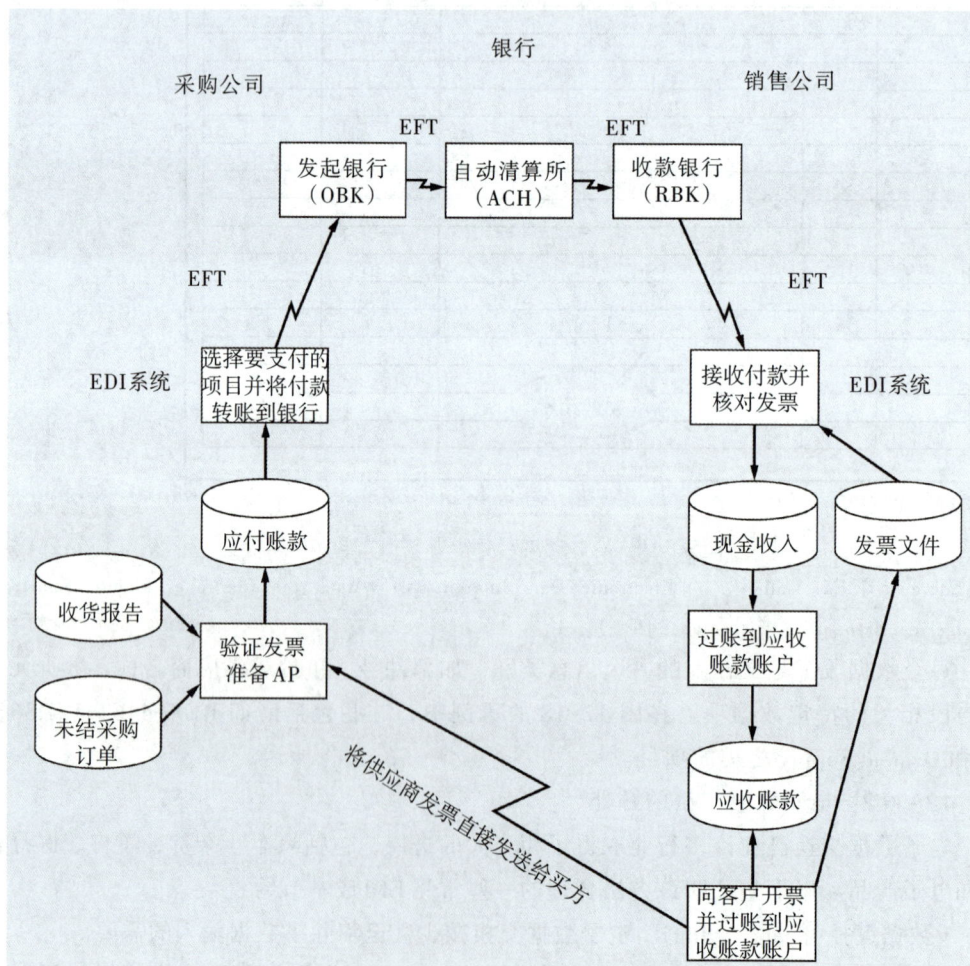

图12-19　贸易伙伴之间的电子转账交易

通过 EFT 转移资金没有什么特别的问题。支票可以很容易地用 X.12 格式表示。问题出现在支票随附的汇款通知信息上。

由于交易的复杂性，汇款通知信息通常非常广泛。支票可能用于支付多张发票或仅支付部分发票。由于价格分歧、货物损坏或交付不完整，可能会出现金额争议。在传统系统中，修改汇款通知和（或）附上解释付款的信可以解决这些争议。

将汇款信息转换为电子形式可能会产生非常庞大的记录。要求 ACH 银行系统的成员仅接受和处理最多 94 个字符的数据的 EFT 格式——记录大小仅足以处理非常基本的消息。并非 ACH 银行系统中的所有银行都支持 ANSI 820。在这种情况下，汇款信息必须通过单独的 EDI 传输或传统邮件发送给卖方。然后，卖方必须实施单独的程序，以匹配银行和客户的 EDI 传输，将付款转到客户账户。

认识到所需服务与 ACH 银行系统提供的服务之间存在空白，许多银行已将自己确立为增值银行 （value-added bank，VAB）以在该市场参与竞争。VAB 可以接受来自其客户的任何格式的电子支付和汇款通知。它将 EDI 交易转换为 ANSI X.12 和 820 格式以进行电子处理。在非 EDI 交易的情况下，VAB 将传统支票付给债权人。VAB 提供的服务允许它们的客户使用单一的现金支付系统，该系统可以同时容纳 EDI 和非 EDI 客户。

12A.5 开放系统接口网络协议

开放式通信系统互联 （open system interconnection，OSI）模型提供标准，不同制造商的产品可以通过这些标准在用户层级无缝互连。图 12-20 显示了七层 OSI 模型。OSI 标准具有以下一般特征。首先，模型中的每一层都是独立的，这允许专门为每一层开发单独的协议。其次，每个节点的层与节点之间的对应层进行逻辑通信。数据和参数的物理流在层之间传递。每一层都执行特定的子任务，这些子任务支持它上面的层，反过来又得到它下面的层的支持。最后，该模型区分了数据通信和数据操作的任务。前四层专用于数据通信任务，是硬件设备和特殊软件的功能。最后三层支持数据操作，这是用户应用程序和操作系统的功能。每一层的具体功能将在以下段落中描述。

12A.5.1 各层功能

物理层

物理层是协议中的第一层和最底层，它定义了设备与电子电路的物理互联标准。此层涉及设备的引脚连接、工作站的布线和布线标准。这一层标准的一个例子是几乎所有微型计算机制造商都使用 RS-232 连接器电缆。

数据链路层

数据链路层协议涉及基于工作站地址从节点到节点的数据包传输。这包括消息发起、消息接收确认以及错误检测和重传。

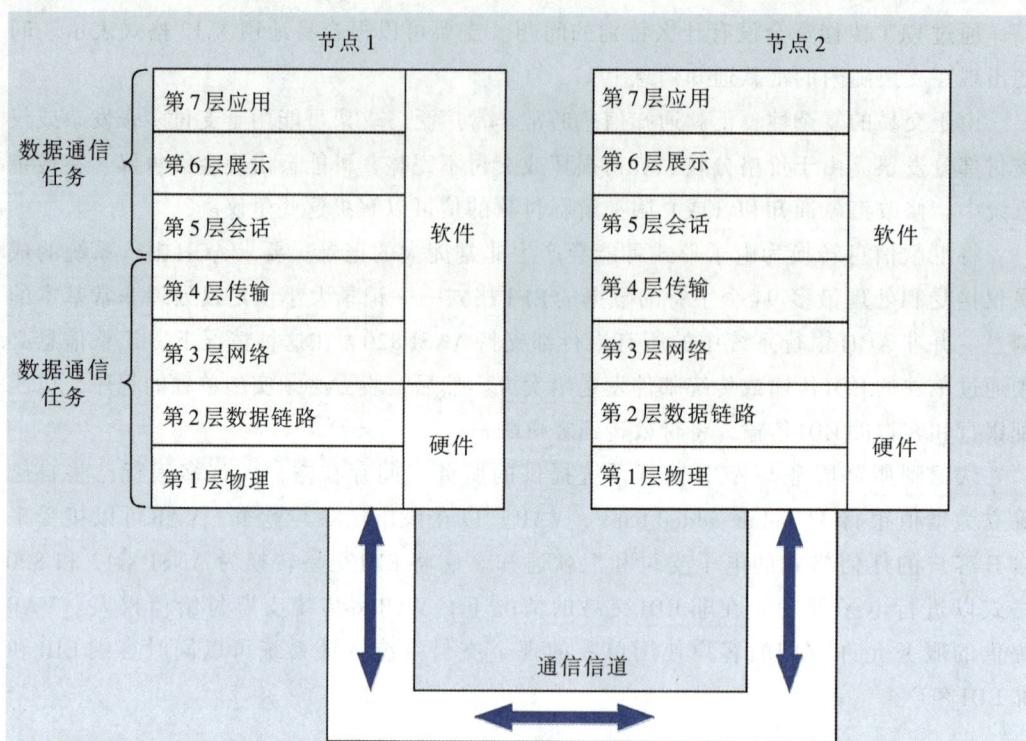

图12-20　OSI协议

网络层

　　网络层协议根据网络地址将数据路由和中继到不同的局域网和广域网。它们说明了如何识别网络上的节点并规定了向节点发送消息的顺序。此外，第3层描述了分组数据如何在具有不同架构的网络之间传输，从而允许数据同步。

传输层

　　传输层的目的是确保跨单个网络和多个网络传递整个文件或消息，而不管所涉及的不同设备的数量和类型如何。如果检测到传输错误，该层定义重传的方法以确保消息的完整和准确传递。

　　此外，传输层在用户之间寻找最能满足用户对消息分组和多路传输消息需求的连接。这些协议提供了将长消息分割成更小的单元的逻辑，并在接收端将数据包重新组合成原始消息。

会话层

　　会话层是网络上两个用户或实体之间的特定连接。该层的目的是保证正确、同步的连接。在此层，用于启动会话的协议可能需要用户密码来使连接合法。协议还可以确定会话的优先级以及中断会话并重新建立会话的规则。例如，较高优先级的传输可能会中断大型文档的传输。会话协议定义了这种中断的规则和恢复原始传输的程序。

展示层

　　在展示层中，传输中的数据通常采用与用户应用程序所需的格式大不相同的格式。在传输过程中，展示层会压缩数据以提高传输速度，阻止数据以提高效率，加密数据以确保安全。展示协议为用户系统提供编辑、格式化、转换和显示数据的规则。

应用层

应用层为用户或用户的应用程序访问网络提供整体环境。该层提供所谓的通用应用程序服务。这些服务——所有通信应用程序——包括网络管理、文件传输和电子邮件协议。用户应用程序的独特性使得这一层最不符合一般标准。就其本质而言，此层的协议会影响应用程序的结构和功能。因此，这些是定义最不严格的规则。这里的大多数协议往往是供应商定义的。例如，个别供应商的数据库管理系统可能提供用于管理文件传输的应用层协议。

关键术语

高级加密标准（AES）	基础设施即服务（IaaS）
算法	智能控制代理
应用程序级防火墙	国际标准组织
僵尸网络	互联网消息访问协议
凯撒密码	互联网中继聊天（IRC）
认证机构（CA）	IP 广播地址
云计算	IP 欺骗
缓存文件	密钥
数据冲突	网络新闻传输协议 （NNTP）
拒绝服务（DoS）攻击	网络虚拟化
数字证书	网络级防火墙
数字信封	开放系统接口（OSI）
数字签名	分组交换
分布式拒绝服务（DDoS）	因特网包探索器（PING）
分销层面	平台即服务（PaaS）
文档名称	轮询
域名	邮局协议
动态虚拟组织	隐私
电子数据交换（EDI）	隐私增强邮件（PEM）
外联网	私有通信技术（PCT）
文件传输协议（FTP）	私钥
防火墙	协议
主页	协议前缀
超文本标记语言（HTML）	公钥加密
超文本传输协议（HTTP）	公钥基础设施（PKI）
下一代超文本传输协议（HTTP-NG）	风险
信息层面	Rivest-Shamir-Adleman（RSA）加密算法

《安全港协议》	远程登录协议（TELNET）
安全电子传输	交易层面
安全套接字层（SSL）	传输控制协议/互联网协议（TCP/IP）
简单网络邮件协议（SNMP）	统一资源定位符（URL）
蓝精灵攻击	增值网络
软件即服务（SaaS）	虚拟专用网络（VPN）
存储虚拟化	虚拟化
子目录名称	网页
对称密钥	网站
SYN 洪水攻击	僵尸
同步确认（SYN-ACK）	

复习题

1. 什么是分组交换？

2. 什么是 VPN？

3. 说出互联网上使用的三种地址。

4. 描述电子邮件地址的要素。

5. 没有协议，网络将无法运行。解释它们的重要性和它们执行的功能。

6. TCP/IP 的 TCP 部分的用途是什么？

7. HTTP 是做什么的？

8. HTTP 和 HTTP-NG 有何不同？

9. 什么是虚拟化？

10. 定义 *IP 欺骗*。

11. 什么是缓存文件？

12. 什么是网络虚拟化？

13. 蓝精灵攻击的三方是谁？

14. 什么是 PING，它是如何工作的？

15. 什么是保证印章？

16. 什么是 VAN？

17. 什么是 LAN？

18. 什么是 WAN？

19. 什么是服务器？

20. 云计算服务分为哪三类？

21. 什么是软件即服务（SaaS）？

22. 给出基础设施即服务（IaaS）的两个优势。

23. 什么是 OSI？

讨论题

1. 协议的目的是什么？

2. 解释 TCP/IP 的两个元素的用途。

3. 区分 FTP 和 TELNET 协议。

4. 讨论互联网商业模式的三个层次。

5. 什么是动态虚拟组织？

6. 给出 ASP 和 SaaS 的两个区别。

7. 为什么云计算不是所有公司的最佳选择？

8. 什么是缓存文件，为什么要使用它们？

9. 缓存文件有哪些安全问题？

10. IP 欺骗如何支持互联网犯罪？

11. 描述分布式拒绝服务（DDoS）攻击。

12. 什么是数字信封？

13. 什么是数字签名？

14. 什么是数字证书？它与数字签名有何不同？

15. 区分网络级防火墙和应用程序级防火墙。

16. 什么是认证机构，对会计行业有何影响？

17. 讨论以下五个印章授予组织的关键方面：BBB，TRUSTe，威瑞信公司，ICSA，AICPA/CICA WebTrust。

18. 区分 LAN 和 WAN。你的大学或学院有其中的一个还是两个都有？

19. 解释 OSI 协议模型中每一层的目的。

多项选择题

1. DDoS 攻击（　　）。

a. 比 DoS 攻击更密集，因为它来自单一来源

b. 将目标受害者的计算机变成无法访问互联网的僵尸

c. 之所以如此命名，是因为它同时影响了许多分布在互联网上的受害者

d. 可能采取 SYN 洪水或蓝精灵攻击的形式

e. 以上都不对

2. 数字签名是消息发送者姓名的加密数学值，（　　）。

b. 是发送者数字证书的计算摘要

c. 来自已用发送者的公钥加密的文档的摘要

d. 来自已用发件人的私钥加密的文档的摘要

e. 以上都不对

3. 以下（　　）是正确的。

a. 虚拟专用网络（VPN）是公共网络中的专用网络

b. 云计算允许客户公司严格按照长期合同规定的服务从供应商处获取 IT 资源

c. 一个数据包将多个用户的消息组合成一个单元进行传输。在接收端，数据包被分解成单独的消息并分发给用户

d. 云计算优于传统外包的一个优势是内部控制和安全问题不是客户公司关心的问题，而是云服务提供商的责任

e. 以上都不对

4. 以下关于缓存文件的说法正确的是（　　　）。

a. 缓存文件最初旨在为网络广告提供便利

b. 缓存文件允许网站卸载访问者存储的信息

c. 缓存文件始终包含加密数据

d. 缓存文件是文本文件，从不包含加密数据

e. 以上都不对

5. 被设计成看似来自可信或授权来源的消息称为（　　　）。

a. DDoS 攻击   b. 数字签名伪造

c. 一个 SYN-ACK 数据包   d. 网址伪装

e. 互联网协议欺骗

6. 以下（　　　）是正确的。

a. TCP/IP 是允许互联网站点之间通信的基本协议

b. TCP/IP 控制访问网络的网络浏览器

c. TCP/IP 是用于生成网页的文档格式

d. TCP/IP 用于通过互联网传输文本文件、程序、电子表格和数据库

e. TCP/IP 是一种低级加密方案，用于保护高级（HTTP）格式的传输

7. 一个 PING 信号是（　　　）。

a. 用于进行 URL 伪装   b. 一个互联网维护工具

c. 用于互联网协议欺骗   d. 一种互联网协议

e. 一个 SYN-ACK 数据包

8. 连接分布在广阔地理区域的组织内部用户的计算机系统是一个（　　　）。

a. 局域网   b. 互联网

c. 去中心化网络   d. 内联网

e. 多点网络

9. 客户端—服务器模型（　　　）。

a. 用于总线拓扑时最有效，因为它的确定性访问方法避免了冲突并防止了传输过程中的数据丢失

b. 最适合令牌环网拓扑，因为此拓扑使用的随机访问方法可检测到数据冲突

c. 比总线或环形拓扑更有效，因为它将整个记录文件传输到请求节点，而不仅仅是单个记录

d. 将数据和处理任务分配给服务器节点。客户端—服务器模型可以使用总线或环形

拓扑

　　e. 不与总线或环形拓扑结合使用

10. 关于嗅探器软件，（　　　）的陈述是正确的。

　　a. 恶意网站使用它来嗅探存储在用户硬盘上的缓存文件中的数据

　　b. 它是一种非法软件，用于对通过共享互联网通道传输的加密消息进行解码

　　c. 网络管理员使用它来分析网络流量

　　d. 总线拓扑内部网使用它在传输消息之前嗅探载波以避免数据冲突

　　e. 以上都不对

问题

1. 加密

下面的加密信息是布鲁图斯发给罗马元老院的加密信息。它是使用凯撒密码方法产生的，其中每个字母移动固定数量的位置（由密钥值确定）。

OHWV GR MXOLXV RQ PRQGDB PDUFK 48 GUHVV：WRJD FDVXDO　（EBRG）

要求：确定用于生成编码消息并对其进行解码的密钥。

2. 加密

　　a. 开发一个稍微复杂一点的凯撒密码类型的加密算法。例如，该算法可以交替地将明文字母正负移动一定数量的键值。这方面的变化是无限的

　　b. 选择一位数字键

　　c. 使用算法和密钥对短消息进行编码

　　d. 向你的导师解释算法、密钥、明文和密文

　　e. 可选：你的讲师将随机向班级重新分配在上面 c 选项中完成的密文消息。你将解码收到的消息作为额外的任务

3. 保证印章

访问 10 个销售产品或服务的网站，并为每个网站记录以下内容：

　　a. 网址

　　b. 网站给你发缓存文件了吗

　　c. 该网站是否发布了隐私政策

　　d. 该网站是否保留分发或出售客户数据的权利

　　e. 该网站是否使用加密算法传输个人/财务数据

4. 认证机构许可

研究美国和欧洲认证机构许可的现状。简短写一份你的研究报告。

5. 云计算

撰写一篇关于云计算对大小公司的相对好处的文章。

6. EDI

一家公司的采购订单是另一家公司销售订单的源文档。考虑为两家公司存储的以下采购订单和销售订单数据元素。讨论在两家公司之间传输信息时可能存在的所有问题

差异。

采购公司：

GH BETTIS

A Division of Galveston-Houston Corp.

1200 Post Oak Blvd

P.O. Box 4768

Houston，TX 77637-9877

数据元素：

供应商编号 供应商名称 供应商地址 供应商城市 供应商州 供应商国家/地区 供应商邮政编码 采购订单编号 日期 装运 目的地 代码 供应商 零件编号 项目 描述 订购数量 单价

总销售公司：

Oakland Steel Company

469 Lakeland Blvd.

Chicago，IL 60613-8888

数据元素：

客户编号 客户名称 客户地址 客户城市 客户州 客户国家 客户邮政编码 采购订单号 销售订单编号 日期 运输公司 供应商零件编号 项目 描述 订购数量 单价 总折扣 税费 运费

7. 虚拟化

虚拟化技术被认为是云计算爆发的关键。写一篇文章解释虚拟化及其对云计算的影响。

8. 数字欺诈

一起金融欺诈案件中，纽约布鲁克林的市政人员访问了数字数据库，骗取了该市 2 000 万美元。几名员工与前代理税务官勾结，完全取消或减少了 1 300 万美元的财产税和 700 万美元的应计利息。作为这项服务的交换，纳税人向涉案人员支付了其账单的 10% 至 30% 的贿赂。

要求：讨论可以防止或检测这种欺诈的控制技术。

第四部分　系统开发活动

第 13 章　系统开发和程序变更活动

系统开发和程序变更活动

学习本章后，你应该：

- 能够识别 SDLC 的关键阶段。
- 认识到公司的业务战略将如何塑造其信息系统。
- 了解用于评估项目可行性的 TELOS 模型。
- 熟悉与信息系统项目相关的成本–收益分析问题。
- 了解会计师在 SDLC 中的角色。

响应迅速、面向用户的信息系统是现代商业组织的宝贵资产。设计优良的系统可以通过减少库存、消除非增值活动、改善客户服务和协调供应链活动来提高企业绩效。本章探讨了与组织获取信息系统过程相关的几个主题。它首先概述了系统开发生命周期（systems development life cycle，SDLC）。这个多阶段过程通过内部开发和/或购买信息系统来指导组织管理。这一过程的一个重要阶段是评估拟议项目的可行性和选择单个项目进行建设和交付给用户的方法。接下来，本章讨论与系统维护相关的重要活动。SDLC 的这一阶段具有重大的财务和运营风险，这些风险对于管理层、会计师和审计师来说尤为重要。本章最后回顾了会计师在管理 SDLC 中的作用。

13.1 系统开发过程

系统开发过程构成一组活动，组织通过这些活动获得基于 IT 的信息系统。会计师和审计师对这些活动感兴趣的原因有两个。第一个原因，创建一个实体范围的信息系统涉及重大的财务交易。从概念上讲，系统开发与通过一系列阶段生产复杂产品的任何制造过程没有什么不同。此类交易必须经过计划、授权、安排、核算和控制。会计师关心这个过程的完整性，就像他们关心任何涉及财务资源的制造过程一样。

第二个同样重要的原因与系统开发过程中出现的计算机系统有关。组织的财务报表中呈现的会计信息质量与处理和报告它的 AIS 的质量直接相关。存在重大缺陷的财务应用程序可能会损坏财务数据，进而可能会在财务报表中错误地报告这些数据。与非正式且控制不善的系统开发过程相比，正式且控制良好的系统开发过程更有可能产生没有内部控制缺陷的 AIS 应用程序。更强的应用程序控制转化为更低的财务报告风险。

13.2　系统开发的参与者

系统开发的参与者可以分为三大类：系统专业人员、最终用户和利益相关者。

（1）**系统专业人员**是系统分析师、系统工程师、数据库设计师和程序员。这些人实际上构建了系统。他们收集有关当前系统问题的事实，分析这些事实，并制定解决问题的方案。他们努力的产物是一个新的信息系统。

（2）**最终用户**是所构建系统的用户。组织中的各个层级都有许多用户。其中包括来自不同职能领域的经理、运营人员，包括会计师。在系统开发过程中，系统专业人员与主要用户一起工作，以了解用户的问题并清楚地阐述他们的需求。例如，会计师必须指定用于某些交易的会计技术、内部控制要求（例如，审计跟踪）和特殊算法（例如，折旧模型）。

（3）**利益相关者**是对系统感兴趣但不是正式最终用户的个人。其中包括监督系统开发的内部指导委员会和包括 IT 审计师在内的内部审计师，以及担任顾问或担任内部审计师角色的外部审计师。[①] 利益相关者与开发团队合作，以确保满足用户的需求，确保足够的内部控制被纳入正在建设的信息系统中，并且系统开发过程本身得到适当的实施和控制。

13.3　信息系统购置

一个响应迅速、以用户为导向的信息系统是现代企业组织最宝贵的资产。这样的系统可以提高生产率、减少库存、消除非增值活动、改善客户服务、改进管理决策并协调整个组织的活动。

组织通过两种方式获取信息系统：（1）它们通过正式的系统开发活动在内部开发定制系统；（2）它们从软件供应商处购买商业系统。下一节将探讨与这两种备选方案有关的关键问题。我们首先回顾一下商业系统。

13.3.1　商业系统

四个因素促成了商业软件市场的增长：（1）与定制软件相比，通用商业软件的成本相对较低；（2）针对特定类型业务需求的特定行业供应商的出现；（3）规模太小而无法负担内部系统开发人员的企业的需求不断增长；（4）缩减组织单位的趋势和向分布式数据处理的转变使得商业软件选项对更大的组织具有吸引力。事实上，拥有内部系统开发人员的组织通常会在需要时购买商业软件。出于我们的目的，商业软件包分为三个基本类型：交钥匙系统、骨干系统和供应商支持系统。

13.3.1.1　交钥匙系统

交钥匙系统是完全完成并经过测试的系统，可随时实施。这些通常是通用系统或为特定行业定制的系统。交钥匙系统通常仅作为已编译的程序模块出售，用户根据自己的

---

① 如第 1 章所述，SOX 法案立法禁止外部审计师直接参与审计客户的系统开发活动，但可以以此身份为非审计客户服务。

特定需求定制它们的能力有限。一些交钥匙系统具有允许用户通过菜单选择自定义输入、输出和一些处理的软件选项，但此选项最适合具有标准信息需求的客户公司。接下来描述交钥匙系统的一些范例。

- 通用会计系统。**通用会计系统**旨在满足各种用户需求。通过批量生产标准系统，供应商能够将这些系统的单位成本降低到内部开发成本的一小部分。为了提供灵活性，通用会计系统设计成模块，允许用户购买满足其特定需求的模块。典型的模块包括应付账款、应收账款、工资单处理、库存控制、总账、财务报告和固定资产。
- 专用系统。一些软件供应商创建了针对特定经济领域的专用系统。例如，医疗领域、银行业和政府机构有独特的会计程序、规则和惯例，通用会计系统并不总能满足这些需求。
- 办公自动化系统。**办公自动化系统**是提高办公室工作人员工作效率的计算机系统。办公自动化系统包括文字处理包、数据库管理系统、电子表格程序和桌面出版系统。

13.3.1.2　骨干系统

骨干系统提供了一个基本的系统结构，可以在其上构建应用程序。骨干系统带有所有已编程的主要处理模块。供应商设计并编写用户界面程序以满足客户的需求。一些系统，如ERP，提供了大量模块来处理几乎所有可以想象的业务流程，并且所有模块都无缝连接到单个系统中。通过选择合适的模块，客户可以创建一个高度定制的系统。然而，定制商业系统可能既昂贵又耗时。

13.3.1.3　供应商支持系统

供应商支持系统是供应商为客户组织开发和维护的系统。由基于云的服务提供商提供的SaaS、IaaS和PaaS程序就是此类商业软件的示例。在此模型下可能有许多不同的支持，包括：

- 应用程序安装、系统配置、数据转换、人员培训以及故障排除和维护。
- 数据库支持涉及为应用程序开发和维护数据库表。
- 配置服务器和操作系统以托管应用程序和数据库。
- 将供应商支持的应用程序连接到需要在系统之间共享数据的其他内部支持系统。
- 作为组织灾难恢复计划的一部分，程序和数据的备份和恢复。

13.3.2　内部与商业软件问题

13.3.2.1　实施时间

定制的内部系统通常有很长的开发和实施时间。在完全实施定制系统之前，可能需要几个月甚至几年的时间。但是，一旦识别出需求，就可以快速打造商业软件，用户不必等待。

13.3.2.2　成本

单个用户必须完全承担内部开发成本。然而，由于商业软件的成本分散在许多用户身上，因此单位成本降低到内部开发系统成本的一小部分。

13.3.2.3 可靠性

信誉良好的商业软件包在发布到一般消费者市场之前要经过全面测试，因此与同等的内部系统相比，包含逻辑错误的可能性更低。

13.3.2.4 独立性

购买供应商支持的系统会产生对供应商的维护依赖。客户公司冒着供应商将停止支持系统甚至倒闭的风险。

13.3.2.5 对定制系统的需求

内部开发的主要优势是能够生产出符合明确要求的应用程序。这个优点也反映了商业软件的缺点。有时，用户的需求是独特而复杂的，而市售软件要么过于笼统，要么过于僵化。

13.3.2.6 维护

商务信息系统经历了无数和频繁的变化。当用户需求变化时，修改商业软件以适应变化可能是困难的，甚至是不可能的。然而，内部开发为用户提供了可以有效维护的专有应用程序。

内部开发和商业包选项都各有优点和缺点。然而，它们并不是相互排斥的命题。公司可以通过购买商业软件和内部开发其他系统来满足其某些信息需求。这两种方法都通过为决策过程提供结构的正式程序得到增强。接下来描述的系统开发生命周期通常与内部开发相关，但它的许多阶段，尤其是那些涉及需求分析和系统规范的阶段，即使最终系统是从外部供应商处购买的，也会被使用。

13.4 系统开发生命周期

信息系统的生命周期始于对信息问题的认识。这将启动系统开发过程，从而创建和实施新信息系统的系统开发活动。随着时间的推移，由于业务需求和技术创新的变化，信息系统将进行修改以保持最新状态。这个生命周期的所谓维护阶段可能会持续很多年。然而，在某些时候，系统会到达其生命周期的终点，而继续修补它变得不切实际。此时，系统开发生命周期重新开始。

系统开发生命周期（SDLC）的长度因业务组织而异，取决于其行业、竞争压力、技术创新对公司的影响程度以及项目规模。今天，一些公司仍在操作最初在20世纪80年代设计的遗留系统的元素，而其他公司系统的生命周期只有5~10年。

本节中描述的 SDLC 活动在系统社区中被普遍接受为"最佳实践"。但是，阶段的数量和附加的标签会因组织而异。不同的权威机构已经提出了少至 4 项至多 14 项特定活动的 SDLC 模型。从内部控制的角度来看，我们关注流程的实质及其持续的应用，无论它是如何定义的。图 13-1 中的 SDLC 是一个由两个主要阶段组成的八阶段过程：**新系统开发**和程序变更步骤（维护）。

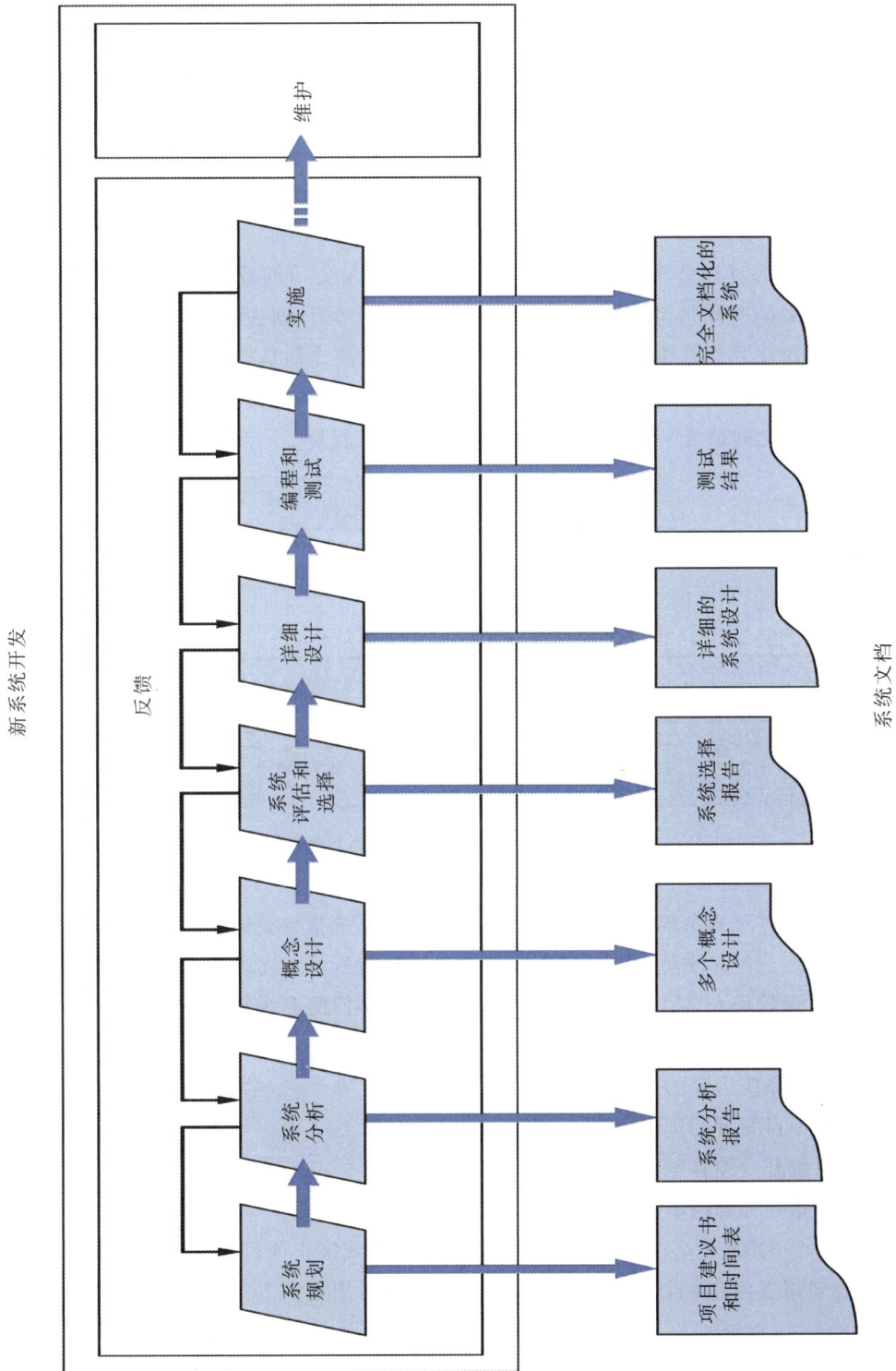

图13-1 系统开发生命周期

　　SDLC 的前七个阶段描述了所有新系统应进行的活动。新系统开发涉及可应用于任何问题解决过程的概念步骤：识别问题，了解需要做什么，考虑替代解决方案，选择最佳解决方案，最后实施方案。SDLC 中的每个阶段都会生成一组必需的文档，这些文档共同构成了关于 SDLC 整体质量的审计证据主体。第八步，**系统维护**，构成了组织的程序变更程序；它在七个阶段完成并且系统完全实施后开始。接下来简要概述 SDLC 每个阶段。

13.4.1　系统规划——第一阶段

　　系统规划的目标是将单个系统项目或应用程序与公司的战略目标联系起来。事实上，系统规划的基础是组织的业务计划，它指定了公司计划去哪里以及如何到达那里。特别是，系统项目是根据 IT 战略计划进行分析的，该计划是根据组织的业务计划制订并与之一致的。图 13-2 说明了这些计划与公司战略目标之间的关系。如果单个系统项目和业务计划之间缺乏一致性，公司可能无法实现其目标。

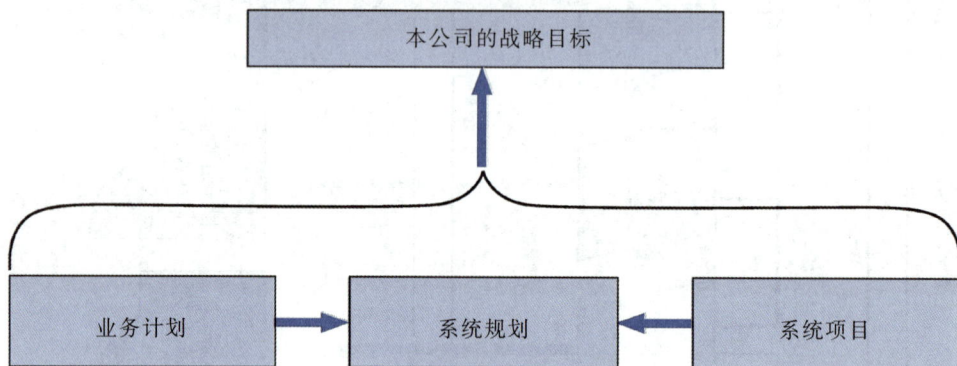

图13-2　系统计划与组织目标之间的关系

13.4.1.1　谁应该做系统规划？

　　大多数认真对待系统规划的公司都会建立一个系统指导委员会来提供指导并审查系统项目的状态。指导委员会的组成可能包括首席执行官、首席财务官、首席信息官、用户领域的高级管理人员、内部审计师和计算机服务部门的高级管理人员。管理顾问等外部各方也可以加入委员会。指导委员会的典型职责包括：

- 解决新系统引起的冲突
- 审查项目并分配优先级
- 为系统开发预算资金
- 审查正在开发的单个项目的状态
- 在整个 SDLC 的各个检查点确定是否继续项目或终止项目

系统规划发生在两个层面：战略系统规划和项目规划。

13.4.1.2　战略系统规划

　　战略系统规划涉及宏观层面的系统资源分配。它通常处理 3~5 年的时间框架。此过程类似于为其他战略活动（如产品开发、工厂扩建、市场研究和制造技术）编制资源预算。

　　从技术上讲，战略系统规划不是 SDLC 的一部分，因为 SDLC 与特定应用程序有关。战略系统计划涉及系统资源的分配，如员工（要雇用的系统专业人员的数量）、硬件（要购买的工作站、服务器和大型机的数量）、软件（分配给新系统项目和系统维护的资金）和电信（分配给网络和 EDI 的资金）。

为什么要执行战略系统规划？ 信息系统规划的特点是不确定性。谁能展望未来 5 年并准确预测系统技术的状态？因此，长期计划可能会发生变化。如此一来，公司如何进行战略系统规划，为什么要这样做？答案可以在以下论点中找到：

• 不断变化的计划总比没有计划好。战略规划描绘了公司实现其信息系统目标的路径。即使这意味着中途进行许多调整，计划也比简单地在荒野中徘徊要好。

• 战略规划减少了系统开发中的危机成分。正式计划是用于识别和优先考虑用户需求的模型。它允许管理层考虑未来的需求，在早期阶段识别问题，甚至在潜在问题的症状出现之前预测需求。在没有计划的情况下，刺激系统开发的触发器是对问题的认识。通常，问题在受到关注之前就达到了危机级别，这会对解决方案的质量产生不利影响。战略规划提供了一种结构化的方法，可以将合法需求与愿望以及需求与问题分开。

• 战略系统规划为 SDLC 提供授权控制。战略系统计划制定了授权规则，以确保开发特定系统的决策与公司的目标一致。投资错误的系统可能与投资错误的工厂和设备一样对公司造成损害。

• 成本管理。从历史上看，系统规划已被证明是管理系统项目和开发应用程序的一种经济有效的方法。

13.4.1.3 项目规划

项目规划（project planning）的目的是在战略规划的框架内为各个应用程序分配资源。这包括确定用户需求的领域、准备提案、评估每个提案的可行性和对业务计划的贡献、确定各个项目的优先级以及安排要完成的工作。项目规划的基本目的是将稀缺资源分配给具体项目。这一阶段的产品包括两个正式文件：项目建议书和项目进度表。

项目建议书（project proposal）为管理层决定是否继续进行该项目提供了依据。正式提案有两个目的。首先，它将迄今为止进行的研究结果总结为对新系统或修改系统的一般建议。这使管理层能够将感知到的问题与建议的系统一起评估为可行的解决方案。其次，提案概述了拟议系统的目标与公司业务目标之间的联系，尤其是 IT 战略计划中概述的那些目标。它表明，提议的新系统补充了公司的战略方向。

项目进度表（project schedule）代表管理层对项目的承诺。项目进度表是 SDLC 所有阶段的时间和成本预算。从系统专业人员、最终用户和其他专家（如会计师和内部审计师）中选出的项目团队将完成这些阶段。团队的组成及其成员的能力和奉献精神对于新系统的成功至关重要。

13.4.2　系统分析——第二阶段

我们现在进入 SDLC 的第二阶段。系统分析实际上是一个两步过程，首先是对当前系统的调查，然后是对用户需求的分析。系统分析师必须充分理解业务问题，然后才能制订解决方案。不完整或有缺陷的分析将导致不完整或有缺陷的解决方案。因此，系统分析是 SDLC 其余部分的基础。此阶段的可交付成果是一份正式的**系统分析报告**，其中介绍了对新系统的分析结果和建议。

13.4.2.1 调查步骤

大多数系统都不是从零开始开发的。通常，某些形式的信息系统和相关程序都已经到位。分析人员通常通过确定当前系统的哪些元素（如果有的话）应该作为新系统的一部分来开始分析。这涉及相当详细的**系统调查**。收集和分析与系统准备工作问题有关的事实。随着分析师对问题的理解更深入，他或她会提出更具体的问题，必须收集更多的事实。这个过程可能会经过多次迭代。当所有相关事实都被收集和分析后，分析师就会对当前系统进行评估。调查当前的系统，既有缺点也有优点。

调查当前系统的缺点

• 当前的物理焦油坑。该术语用于描述分析人员倾向于"吸入"，然后因调查当前恐龙系统的任务"陷入困境"。①

• 在盒子里思考。一些人认为，当前的系统调查扼杀了新想法。通过对旧系统进行研究和建模，分析师可能会对新系统应如何运作形成一个受约束的概念。结果是一个改进的旧系统，而不是一种全新的系统。

调查当前系统的优点

• 确定应该保留旧系统的哪些方面。系统的某些元素可能在功能上是健全的，可以为新系统提供基础。通过充分了解当前系统，分析人员可以确定哪些方面值得保留或修改以用于新系统。

• 迫使系统分析师全面了解系统。当新系统实施时，用户必须经历一个转换过程，即正式脱离旧系统并迁移到新系统。分析师必须确定哪些任务、程序和数据将与旧系统一起逐步淘汰，哪些将继续。要说明这些转换程序，分析师不仅必须知道新系统要做什么，还要知道旧系统要做什么。这需要对当前系统有透彻的了解。

• 找出问题症状的根源。通过调查当前系统，分析师可以最终确定报告的问题症状的原因。也许根本问题根本不是信息系统。它可能是管理或员工问题，无须重新设计信息系统即可解决。如果我们放弃现有系统而不对症状进行任何调查，我们可能无法确定问题的根本原因。

13.4.2.2 收集事实

对当前系统的调查本质上是一项事实收集活动。分析师收集的事实是描述系统关键特征、情况和关系的数据片段。

系统事实分为以下几大类。

• 数据源。这些包括外部实体，如客户和供应商，以及来自其他部门的内部资源。

• 用户。其中包括经理和操作用户。

• 数据存储。数据存储是系统中使用的文件、数据库、账户和源文档。

• 处理。处理任务是人工或计算机操作的，代表由信息触发的决定或动作。

---

① 这也许是反对调查当前系统的最有说服力的论点。

• 数据流。数据流由数据源、数据存储、处理任务和用户之间的文档和报告的移动表示。数据流也可以用统一建模语言 （UML）图表表示。

• 控制。这些包括会计和运营控制，可能是手动程序或计算机控制。

• 交易量。分析师必须获得指定时间段内交易量的衡量标准。许多系统被替换，是因为它们已达到其容量极限。了解系统交易量的特征及其增长率是评估新系统容量需求的重要因素。

• 错误率。交易错误与交易量密切相关。当系统达到容量上限时，错误率会增加到无法容忍的程度。尽管没有系统是完美的，但分析人员必须确定新系统可接受的误差容限。

• 资源成本。当前系统使用的资源包括劳动力成本、计算机时间、材料（例如发票）和直接间接费用。任何在当前系统被淘汰时消失的资源成本称为可逃避成本。稍后，当我们进行成本-收益分析时，可避免的成本将被视为新系统的收益。

• 瓶颈和冗余操作。分析师应注意数据流汇聚在一起形成瓶颈的点。在高峰负荷期间，这些可能会导致延迟并出现更多的处理错误。同样，延迟可能是由冗余操作引起的，如不必要的批准和签字。通过在调查阶段识别这些问题领域，分析师可以避免在新系统的设计中犯同样的错误。

13.4.2.3　事实收集技术

系统分析师采用多种技术来收集先前引用的事实。常用的技术包括观察、任务参与、个人访谈和审查关键文件。

观察。观察涉及被动地观察系统的物理过程。这使分析师能够确定完成了什么、谁执行任务、何时执行、如何执行、为什么执行以及需要多长时间。

任务参与。参与是观察的延伸，分析师在执行用户工作中发挥积极作用。这使分析师能够亲身体验当前系统运行中涉及的问题。例如，分析师可能在销售台工作，接受客户的订单并准备销售订单。分析人员可以确定文档设计不正确，没有足够的时间来执行所需的程序，或者峰值负荷问题会导致瓶颈和处理错误。凭借实践经验，分析师通常可以设计更好的程序来执行任务。

个人访谈。访谈是一种提取有关当前系统的事实和用户对新系统要求的看法的方法。用于收集这些事实的工具可以是开放式问题或正式问卷。

• 开放式问题允许用户详细阐述他们看到的问题并提出意见和建议。这些问题的答案往往难以分析，但它们让分析师对问题的范围有所了解。在这种类型的采访中，分析师必须是一个很好的倾听者，并且能够专注于重要的事实。开放式问题的例子包括："你认为我们的销售订单系统的主要问题是什么？""如何改进系统？"

• 问卷用于提出更具体、更详细的问题并限制用户的回答。这是收集有关特定程序性质、处理的交易量、数据来源、报告的用户和控制问题的客观事实的好方法。

审查关键文件。该组织的文件是有关被调查系统的另一个事实来源，包括：

• 组织结构图　　　　　　• 政策声明

• 职位描述　　　　　　　• 程序说明

• 会计记录　　　　　　　• 财务报表

• 会计科目表　　　　　　• 绩效报告

- 系统流程图
- 源文档
- 交易清单

- 预算
- 预测
- 任务说明

在事实收集阶段，分析师正式记录他或她对系统的印象和理解。其将采取笔记、系统流程图和数据流程图的形式。

13.4.2.4 分析步骤

系统分析是一个与事实收集相结合的智力过程。分析师在收集事实的同时也在进行分析。仅仅对一个问题的认识就需要对规范或期望状态有一定的理解。因此，很难确定调查的结束和分析的开始。

13.4.2.5 系统分析报告

标志着系统分析阶段结束的事件是准备正式的系统分析报告。该报告向管理层或指导委员会介绍调查结果、在当前系统中发现的问题、用户需求以及对新系统的要求。图 13-3 包含此报告的可能格式。

进行系统分析的主要目的是确定用户需求并说明新系统的要求。报告应该详细说明系统必须做什么，而不是如何去做。报告中的需求声明使系统专业人员、管理人员、用户和其他利益相关者之间相互了解彼此的需求。该文件构成一份正式合同，规定了系统的目标和目的。系统分析报告应明确所构建的数据源、用户、数据文件、一般流程、数据流、控制和交易容量。

系统分析报告没有具体说明拟议系统的详细设计。例如，它没有说明设计物理系统所需的处理方法、存储介质、记录结构和其他细节。相反，该报告仍停留在目标层面，以避免对概念设计阶段施加人为限制。几种可能的设计可以满足用户的需求，开发过程必须自由探索所有这些。

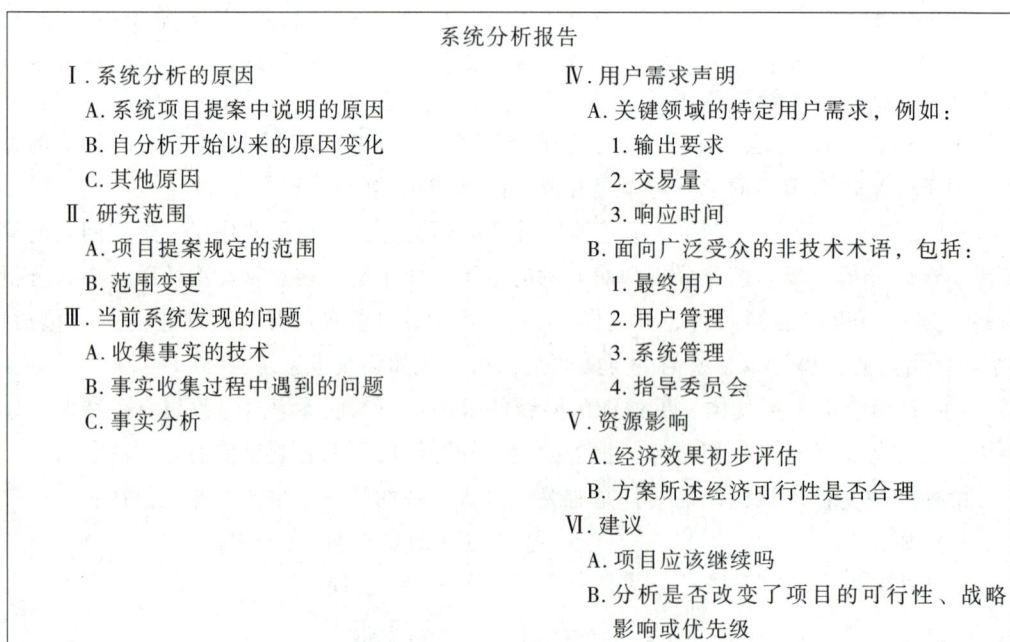

系统分析报告

Ⅰ.系统分析的原因
  A.系统项目提案中说明的原因
  B.自分析开始以来的原因变化
  C.其他原因
Ⅱ.研究范围
  A.项目提案规定的范围
  B.范围变更
Ⅲ.当前系统发现的问题
  A.收集事实的技术
  B.事实收集过程中遇到的问题
  C.事实分析

Ⅳ.用户需求声明
  A.关键领域的特定用户需求，例如：
    1.输出要求
    2.交易量
    3.响应时间
  B.面向广泛受众的非技术术语，包括：
    1.最终用户
    2.用户管理
    3.系统管理
    4.指导委员会
Ⅴ.资源影响
  A.经济效果初步评估
  B.方案所述经济可行性是否合理
Ⅵ.建议
  A.项目应该继续吗
  B.分析是否改变了项目的可行性、战略
    影响或优先级

图13-3 系统分析报告的提纲

13.4.3　概念设计——第三阶段

概念设计阶段的目的是产生几个替代概念系统，以满足在系统分析期间确定的系统要求。通过向用户提供许多合理的替代方案，系统专业人员可以避免对新系统施加先入为主的限制。用户将评估这些概念模型并选择看起来最合理和最吸引人的替代原始模型。然后这些替代设计进入 SDLC 的系统选择阶段，在此比较它们各自的成本和收益，并选择一个最佳设计。

通过在 SDLC 的这些阶段保持系统设计概念，我们最大限度地减少对最终将被拒绝的替代设计的资源投资。脱颖而出的概念系统进入 SDLC 的最后阶段，在那里进行详细设计和实施。

本节描述了概念系统设计的两种方法：结构化方法和面向对象设计的方法。结构化方法自上而下从头开始开发每个新系统。面向对象设计（object-oriented design，OOD）的方法是通过可重用模块的组装自下而上构建系统，而不是从头开始创建每个系统。OOD 方法最常与 SDLC 的**迭代法**相关联，其中的小"块"或模块相当快地通过所有 SDLC 阶段，从开始到结束的时间框架很短。然后以某种适当的方式作为附加模块添加进系统，直到开发出整个系统。

13.4.3.1　结构化方法

结构化方法是一种自上而下设计系统的规范方法。它包括从拟议系统的"大图"开始，逐渐分解成越来越多的细节，直到被完全理解。在这种方法下，设计中的业务流程通常由数据流图和结构图记录。图 13-4 显示了使用**数据流图**（DFDs）和**结构图**来描述假设业务流程的自上而下分解。

我们可以从这些图中看到系统设计者如何遵循自上而下的方法。设计者从系统的抽象描述开始，通过连续的步骤，重新定义这个视图以产生更详细的描述。在我们的示例中，上下文层面 DFD 的过程 2.0 被分解为中间层面 DFD。中间层面 DFD 中的过程 2.3 被进一步分解为基础层面 DFD。这种分解可能涉及多个层面以获得足够的细节。让我们假设在这种情况下三个层面就足够了。最后一步将过程 2.3.3 转换为一个结构图，该结构图定义了构成该过程的程序模块。

概念设计阶段应该强调竞争系统的关键特征之间的差异，而不是它们的相似之处。因此，此时的系统设计应该是通用的。设计应确定区分一种替代方案所需的所有输入、输出、过程和特殊功能。图 13-5 展示了采购系统的两种备选概念设计。

这些设计缺乏实现系统所需的细节。例如，它们不包括以下必要组件：

- 数据库记录结构
- 处理细节
- 特定控制技术
- 输入屏幕和源文档的格式
- 输出报告格式

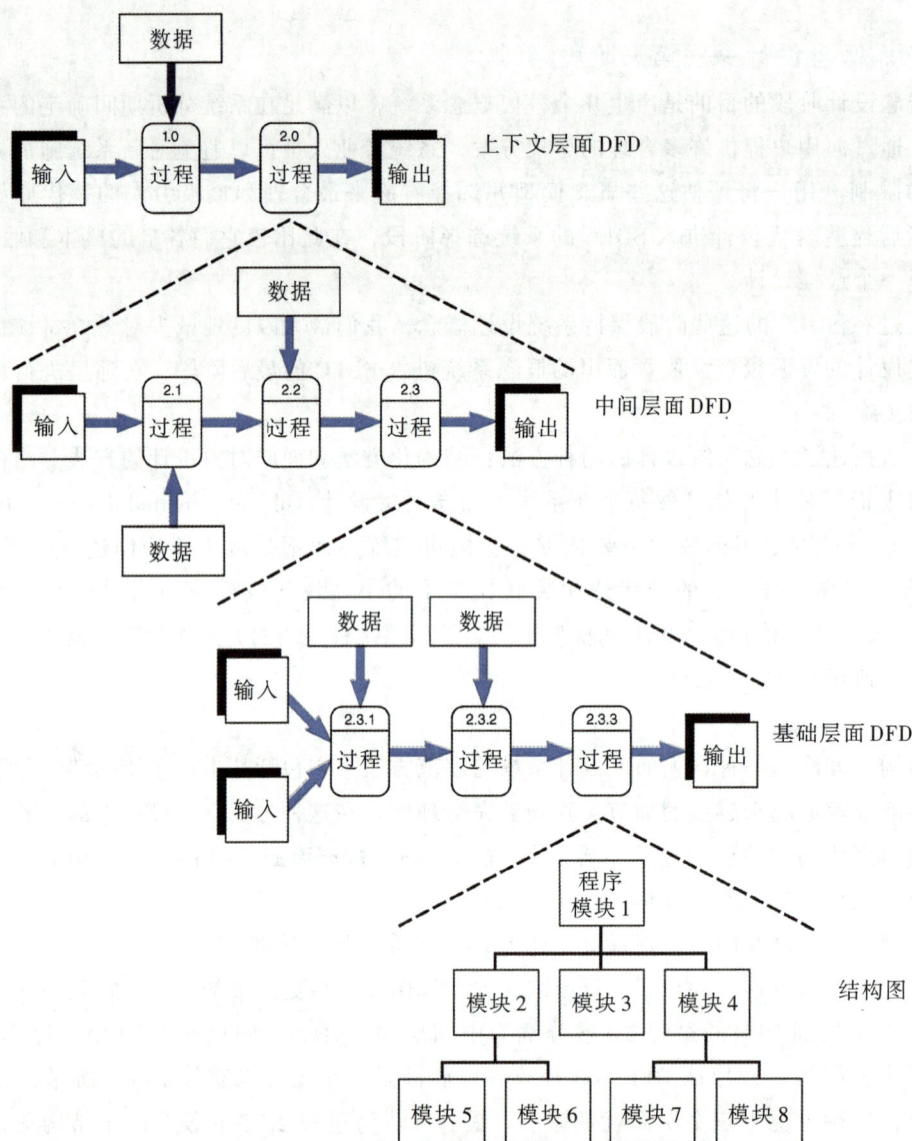

图13-4　结构化方法的自上而下分解

　　然而，这些设计确实拥有足够的细节来展示这两个系统在概念上的功能是如何不同的。为了说明，让我们检查每个系统的一般特征。

　　选项 A 是传统的批处理（采购）系统。该流程的初始输入是来自库存控制的采购申请。当库存达到预定的再订货点时，新库存将根据其经济订货量进行订货。每天通过美国邮政向供应商发送一次采购订单。

　　相比之下，选项 B 采用 EDI 技术。该系统的触发器是来自生产计划的采购申请。采购系统确定数量和供应商，然后通过 EDI 软件在线将订单传输给供应商。

　　两种选择都有优点和缺点。与选项 B 相比，选项 A 的一个好处是其设计简单、易于实施并对系统资源的需求较少。选项 A 的不利方面是它要求公司持有库存。而选项 B

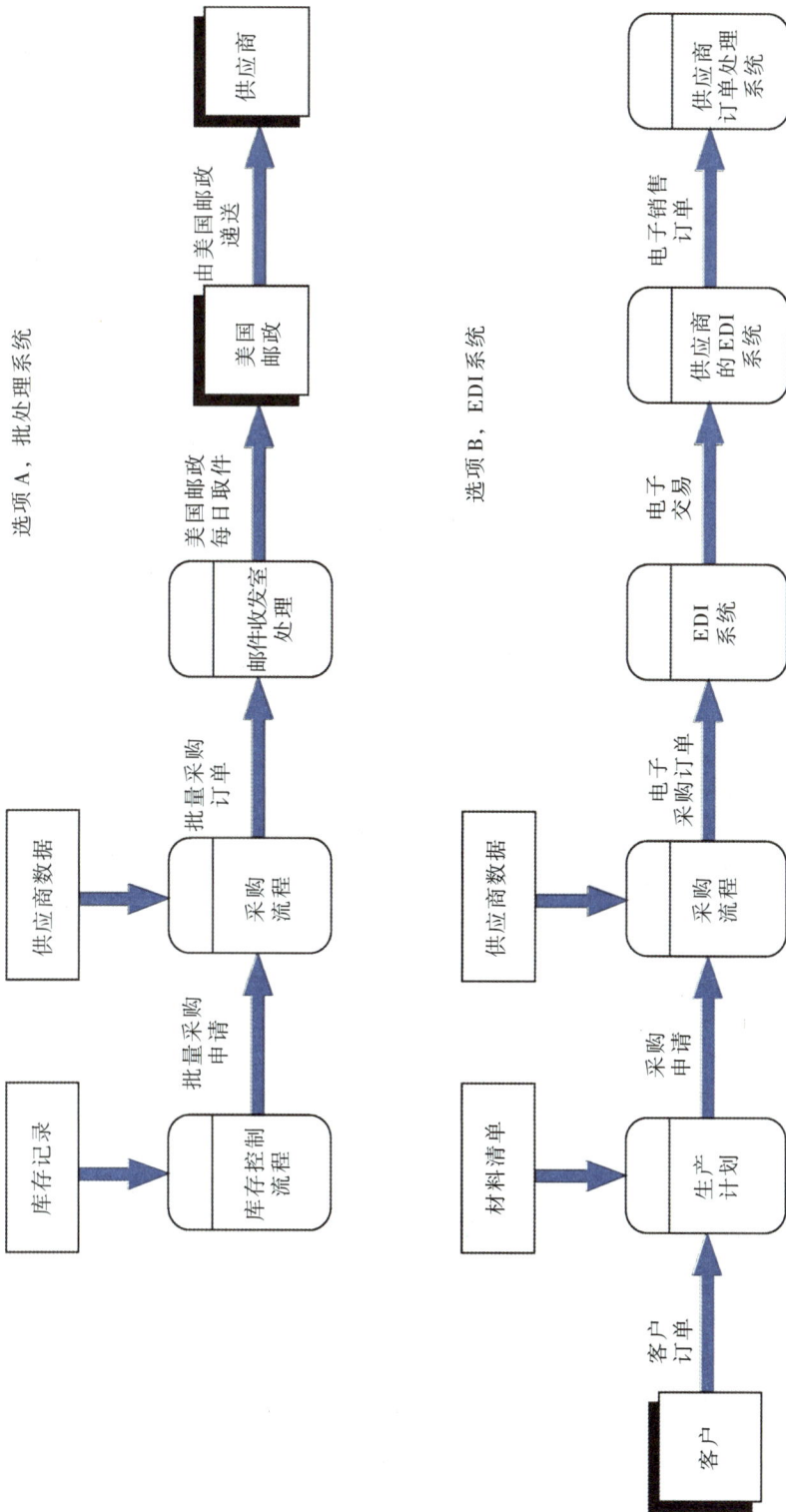

图13-5 采购系统的替代概念设计

可能允许公司减少甚至消除库存。这种优点是以更昂贵和更复杂的系统资源为代价的。在这一点上,试图评估这些替代方案的相对优点还为时过早。这在 SDLC 的下一阶段正式完成。此时,系统设计人员只关心识别合理的系统设计。

13.4.3.2　OOD方法

OOD方法是从可重用的标准组件或对象构建信息系统。这种方法可能等同于制造汽车的过程。汽车制造商不会从头开始创建新车型。新车型实际上是由标准组件构建的,这些组件也适用于其他车型。例如,特定制造商生产的每种汽车型号都可能使用相同类型的发动机、变速箱、交流发电机、后桥、收音机等。汽车的一些部件将是其他制造商使用的行业标准产品。诸如车轮、轮胎、火花塞和前灯之类的东西都属于这一类。事实上,可能唯一真正为新车型从头开始创建的组件就是车身。

汽车行业以这种方式运作以保持竞争力。通过使用标准组件,汽车制造商可以最大限度地降低生产和维护成本。同时,他们可以根据客户的要求通过组合和匹配组件来继续响应消费者对新产品的需求并保持制造的灵活性。

可重用性的概念是OOD方法的核心。一旦创建,标准模块就可以在具有类似需求的其他系统中使用。在理想情况下,组织的系统专业人员将创建一个可供公司内其他系统设计人员使用的模块库(清单)。这种方法的好处包括减少了开发、维护和测试的时间和成本,改进了开发过程中对用户的支持服务和灵活性。

13.4.4　系统评估和选择——第四阶段

SDLC 的下一个阶段是从一组可供选择的概念设计中选择一个系统,然后进入详细设计阶段。**系统评估和选择**阶段是一个优化过程,旨在确定最佳系统。这一决定代表了 SDLC 的关键时刻。在这一点上,系统存在很大的不确定性,一个糟糕的决定可能是灾难性的。正式评估和选择程序的目的是构建决策过程,从而减少不确定性和作出错误决策的风险。评估和选择过程包括两个步骤:

- 进行详细的可行性研究
- 进行成本–收益分析

13.4.4.1　进行详细的可行性研究

以下讨论概述了需要考虑的项目可行性的五个方面。每个竞争项目都将以相同的方式进行评估。通过评估拟议系统的主要限制因素,管理层可以在投入大量财务和人力资源之前评估项目成功的可能性。

首字母缩略词 TELOS 为评估项目可行性提供指导。该术语代表技术(technical)、经济(economic)、法律(legal)、运行(operational)和计划可行性(schedule feasibility)。

技术可行性。**技术可行性**是指系统是否可以在现有技术下开发,或者是否需要新技术。一般来说,市场上的技术远远领先于大多数公司的应用能力。因此,从可用性的角度来看,技术可行性通常不是问题。对于大多数公司来说,真正的问题是它们应用可用技术的愿望和能力。鉴于技术是系统大部分设计功能的物理基础,这方面在很大程度上取决于参与竞争的系统的整体可行性。

经济可行性。**经济可行性**与完成项目的资金可用性有关。在这一点上，鉴于正在考虑的其他竞争性资本项目，我们关注管理层对该项目的财务承诺。可用经济支持的水平直接影响拟议系统的运行性质和范围。随后，使用成本–收益分析来确定成本最佳的系统设计。

法律可行性。**法律可行性**确定了概念系统与公司履行其法律责任的能力之间的任何冲突。在前面的章节中，我们研究了遵守《萨班斯–奥克斯利法案》和 SAS 109 中规定的控制要求的必要性。此外，许多法律和法规都涉及侵犯隐私和存储信息的机密性。决策者必须确定提议的系统在所有法律范围内。

运行可行性。**运行可行性**表明公司现有程序和人员技能与新系统的运行要求之间的兼容性程度。实施新系统可能需要采用新程序并对操作人员进行再培训。必须回答的问题是，是否可以进行适当的程序变更、足够的人员再培训并获得新技能以使系统在运行上可行？

计划可行性。计划可行性与公司在可接受的时间内实施项目的能力有关。这个可行性因素会影响项目的范围以及它是在内部开发还是从软件供应商处购买。如果项目，如概念上所设想的，不能在目标日期之前在内部生产，则必须更改其设计、获取方法或目标日期。

13.4.4.2　进行成本–收益分析

成本–收益分析有助于管理层确定从提议的系统中获得的收益是否（以及在多大程度上）将超过其成本。这种技术经常用于估计商业投资的预期财务价值。但是，在这种情况下，投资的是一个信息系统，成本和收益比传统的资本项目更难以识别和量化。尽管对于这种情况并不完美，但由于其简单且没有明显更好的替代方案，因此采用了成本–收益分析。虽然存在局限性，但成本–收益分析与可行性因素相结合，是比较这些不同系统设计的有用工具。

成本–收益分析包括三个步骤：确定成本、确定收益以及比较成本和收益。我们接下来将讨论这些步骤中的每一个。

确定成本。确定成本的一种方法是将它们分为两类：一次性成本和经常性成本。一次性成本包括开发和实施系统的初始投资。经常性成本包括在系统生命周期内重复发生的运行和维护成本。表 13-1 显示了典型的一次性成本和经常性成本的明细。

表13-1　　　　　　　　　　　一次性成本和经常性成本

一次性成本	经常性成本
*硬件采购	*硬件维护
*场地准备	*软件维护合同
*软件采购	*保险
*系统设计	*补给品
*编程和测试	*人员
*从旧系统到新系统的数据转换	
*培训人员	

一次性成本包括：

• 硬件采购。该成本包括大型计算机、小型计算机、微型计算机和外围设备（如磁带机和磁盘包）的成本。这些成本数据可以从供应商处获得。

• 场地准备。该成本涉及经常被忽视的成本，如建筑改造（例如，增加空调或进行结构更改）、设备安装（可能包括使用重型设备）和运费。这些成本的估算可以从供应商和进行安装的分包商处获得。

• 软件采购。这些费用适用于为提议的系统购买的所有软件，包括操作系统软件（如果未与硬件捆绑）、网络控制软件和商业应用程序（例如会计包）。这些成本的估算可以从供应商处获得。

• 系统设计。这些成本是由执行计划、分析和设计功能的系统专业人员产生的。从技术上讲，到目前为止所产生的此类成本是"沉没成本"，与决策无关。分析师应该只估计完成详细设计所需的成本。

• 编程和测试。编程成本是基于为提议的系统编写新程序和修改现有程序所需的人员时间的估计。系统测试成本涉及将所有单独的程序模块组合在一起以作为一个完整的系统进行测试。如果要使系统有意义，则必须进行严格的测试。进行计划、测试和结果的分析可能需要系统专业人员、用户和系统的其他利益相关者多方参与。公司过去的经验是估算这些成本的最佳依据。

• 从旧系统到新系统的数据转换。这些成本出现在将数据从一种存储介质传输到另一种存储介质时。例如，当系统变为基于计算机时，必须将手动系统的会计记录转换为磁性（magnetic）形式。这可能代表了一项重大任务。估算转换成本的依据是要转换的文件的数量和大小。

• 培训人员。这些成本涉及培训用户操作新系统。内部人员可以通过外部组织在远程站点提供的广泛培训计划或通过在职培训来做到这一点。正规培训的费用很容易获得。内部培训计划的成本包括教学时间、教室设施和生产效率损失。该成本通常是为符合预算的第一个削减项目，而这种行为可能对系统开发造成致命影响（例如，好时公司的 ERP 实施灾难被部分归咎于"上线"之前员工培训的急剧减少）。[①] 会计师和审计师应该意识到削减系统开发这一重要部分的危险。

经常性成本包括：

• 硬件维护。该成本涉及计算机的升级（增加内存）以及计算机和外围设备的预防性维护和维修。组织可能会与供应商签订维护合同，以最大限度地减少这些成本。这些成本的估算可以从供应商和现有合同中获得。

• 软件维护合同。这些成本包括升级和调试操作系统、购买应用程序和内部开发应用程序。与软件供应商的维护合同可相当准确地说明这些成本。内部维护成本的估计可以从历史数据中得出。

• 保险。这笔费用涵盖了火灾、硬件故障、故意破坏和心怀不满的员工破坏等危险和灾难。

---

① ERP 系统在第 11 章中讨论过。

- 补给品。这些成本是通过日常消耗纸张、磁盘、光盘和一般办公用品等物品产生的。
- 人员。人员成本是作为信息系统一部分的个人的工资。一些员工成本是直接且易于识别的，如专门作为所分析系统一部分的操作人员的工资。一些人员参与（例如，数据库管理员和机房人员）对于许多系统来说是常见的。此类人员成本必须根据对系统的预期增量来分配。

确定收益。成本–收益分析的下一步是确定系统的收益。这些可能是有形的和无形的。表 13-2 列出了几种有形收益。

表13-2　　　　　　　　　　　　　　　　　　有形收益

增加收入	降低成本
*增加现有市场的销售额 *扩展到其他市场	*减少劳动力 *降低运营成本（例如，供应和管理费用） *减少库存 *更便宜的设备 *减少设备维护

有形收益分为两类：增加收入的收益和降低成本的收益。例如，假设提议的 EDI 系统将允许组织减少库存，同时通过减少缺货来改善客户服务。减少库存是一种因降低成本而产生的收益。提议的系统将使用比当前系统更少的资源（库存）。这种收益的价值是每年减少库存所节省的持有成本的美元金额。由于更好的客户服务而估计的销售额增长是一项增加收入的收益。

在衡量成本节约时，重要的是在分析中只包括可避免的成本。可避免成本与系统直接相关，当系统不存在时，它们就不再存在。一些对用户来说似乎可以避免的成本并不是真正可以避免的，如果包括在内，可能会导致有缺陷的分析。例如，数据处理（DP）中心经常通过成本分配向用户群体"收取"运行成本。数据处理中心为此使用的收费率包括固定成本（分配给用户）和个人用户活动产生的直接成本。图 13-6 说明了这种技术。

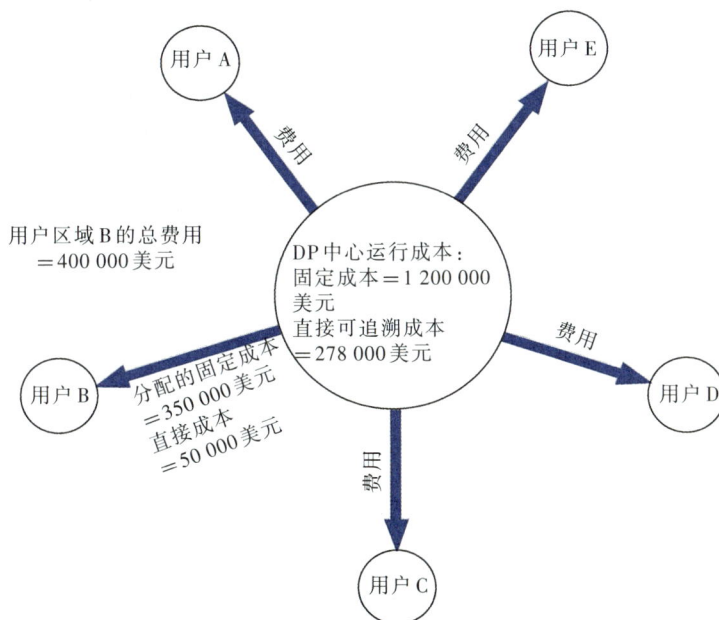

图13-6　DP中心向用户区域"收取"运行成本

假设用户区 B 的管理层提议购买一个计算机系统并在本地进行自己的数据处理。该提案的一个好处是通过绕过当前数据处理中心的收费而节省成本。尽管用户可能会将此视为每年 400 000 美元的费用，但整个组织只能避免直接成本部分（50 000 美元）。如果提案获得批准，剩余的 350 000 美元的收费不会消失。留在当前系统的用户现在必须承担这笔费用。

表 13-3 列出了一些常见的**无形收益**类别。尽管无形收益在信息系统决策中通常具有压倒一切的重要性，但它们不容易衡量和量化。例如，假设建议的百货商店销售点系统将处理客户销售交易的平均时间从 11 分钟减少到 3 分钟。节省的时间可以量化，并以节省运行成本的形式产生切实的好处。无形的好处是提高了顾客满意度；没有人喜欢排长队付款。但这种无形利益对组织的真正价值是什么？顾客满意度的提高可能会转化为销售额的增加。更多的顾客会在商店购买——并且可能愿意多付一点钱来避免排长队。但是我们如何量化这种转化呢？赋值通常是非常主观的。

表13-3	无形收益
*提高客户满意度	*更高效的运行
*提高员工满意度	*更好的内部和外部沟通
*更多最新信息	*改进计划
*改进决策	*运行灵活性
*更快响应竞争对手的行动	*改进控制环境

系统专业人员利用许多资源来尝试量化无形收益并将其转化为财务指标。一些常见的技术包括客户（和员工）意见调查、统计分析、期望值技术和模拟模型。尽管系统专业人员可能成功地量化了其中一些无形的好处，但更多时候他们必须满足于在良好判断允许的情况下简单地陈述这些好处。

因为它们无法精确衡量，无形利益有时会出于政治原因而被利用。通过夸大或低估这些好处，一个系统可能会被其支持者推动或被反对者扼杀。

比较成本和收益。成本-收益分析的最后一步是比较前两个步骤中确定的成本和收益。用于评估信息系统的两种最常用的方法是净现值法和回报法。

在**净现值法**下，成本的现值从系统生命周期内收益的现值中扣除。具有正净现值的项目在经济上是可行的。在比较竞争项目时，最优选择是具有最大净现值的项目。表 13-4 通过比较两个竞争设计来说明净现值法。

该示例基于以下数据：

	设计 A	设计 B
项目完成时间	1 年	1 年
系统的预期使用寿命	5 年	5 年
一次性成本（千美元）	300	140
经常性成本（千美元），从年初到第 1 年	45	55
第 1 年至第 5 年年底产生的年度有形收益（千美元）	170	135

如果仅考虑成本和有形收益，则将选择设计 A 而不是设计 B。但是，无形收益的价值以及设计可行性得分也必须纳入最终分析。

回报法是盈亏平衡分析的一种变体。当总成本等于总收益时，就达到了**收支平衡点**。图 13-7A 和图 13-7B 使用上一个示例中的数据说明了这种方法。

总成本曲线由一次性成本加上项目生命周期内经常性成本的现值组成。总收益曲线是有形收益的现值。这些线的交点代表项目收支平衡或收回成本的年数。总收益曲线和总成本曲线之间的阴影区域代表系统获得的未来利润的现值。

在选择信息系统时，回报速度往往是决定性因素。随着产品生命周期的缩短和技术的快速进步，信息系统的有效寿命往往很短。使用此标准，将选择投资回收期为四年的设计 B，而不是投资回收期为四年半的设计 A。投资回收期的长度通常优先于无形收益所代表的其他考虑因素。

表13-4		成本–收益分析的净现值法			单位：美元
年份	年初—年末流出	流入	年初—年末流出	年末流出	流入
0	（3 000 000）		0	（140 000）	
1	（45 000）	170 000	1	（55 000）	135 000
2	（45 000）	170 000	2	（55 000）	135 000
3	（45 000）	170 000	3	（55 000）	135 000
4	（45 000）	170 000	4	（55 000）	135 000
5	（45 000）	170 000	5	（55 000）	135 000
净现值流出	（479 672）		净现值流出	（369 599）	
净现值流入	628 428		净现值流入	（369 599）	
净现值	148 810		净现值流入	499 089	
利率	8.00%				

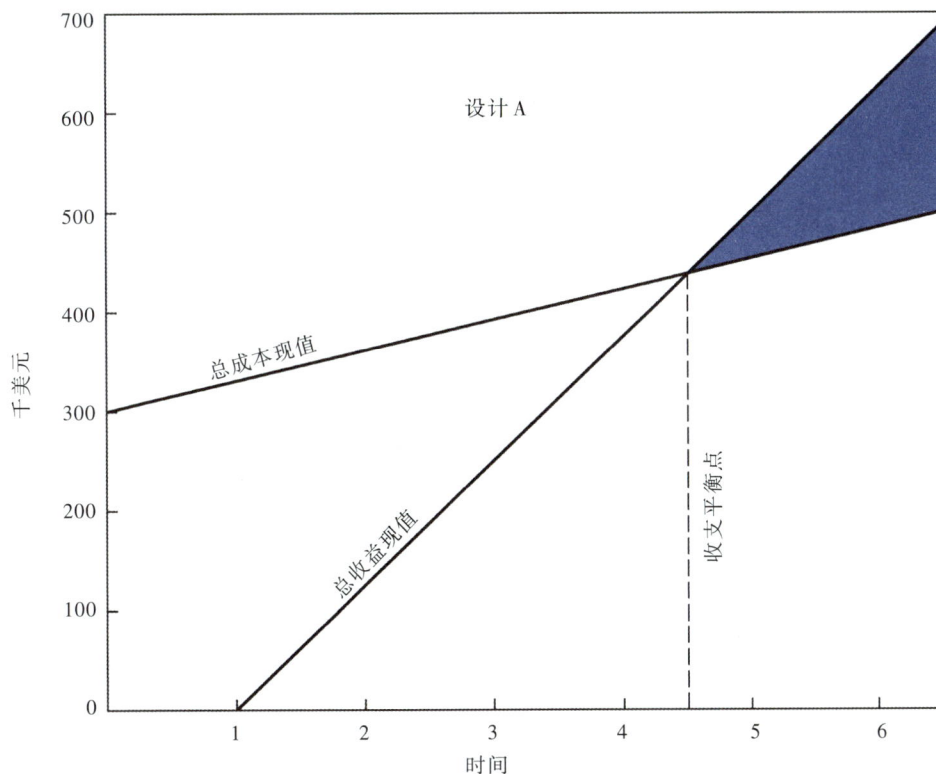

图13-7A　成本–收益分析的折现回收法

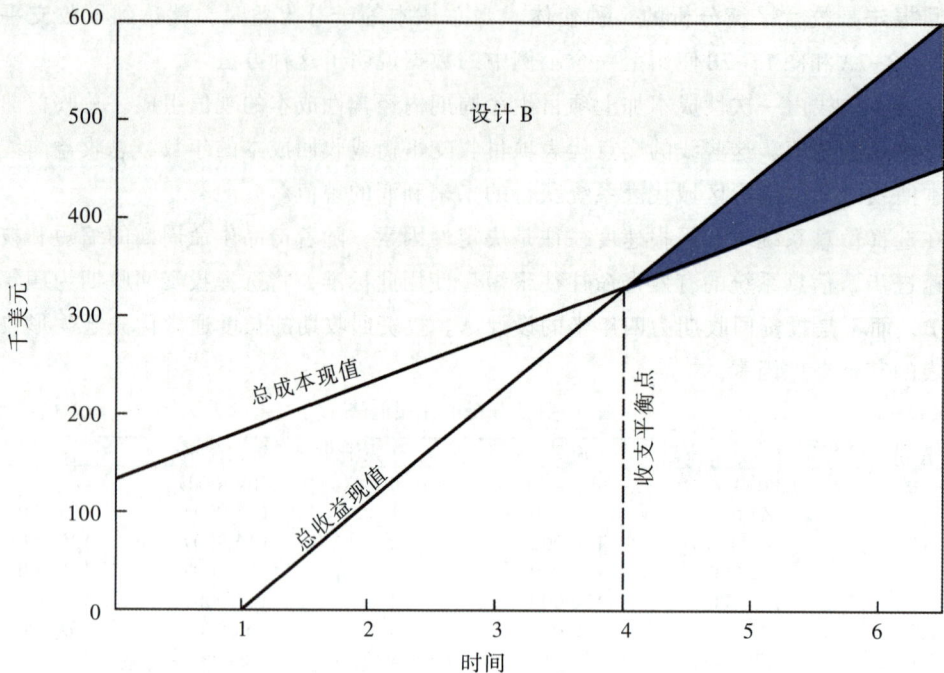

图13-7B　成本–收益分析的折现回收法（续）

13.4.4.3　准备系统选择报告

系统选择过程的可交付产品是**系统选择报告**。该正式文件包括修订后的可行性研究、成本–收益分析以及每个替代设计的无形收益清单和解释。在这份报告的基础上，指导委员会将选择一个单一的系统，该系统将进入 SDLC 的下一阶段——详细设计阶段。

13.4.5　详细设计——第五阶段

详细设计阶段的目的是对提议的系统进行详细描述，既满足系统分析期间确定的系统要求，又符合概念设计。在这个阶段，所有系统组件（用户视图、数据库表、进程和控件）都被明确说明。在此阶段结束时，这些组件将在详细的设计报告中正式呈现。该报告由一组蓝图组成，这些蓝图说明了输入屏幕格式、输出报告布局、数据库结构和流程逻辑。这些完成的计划随后进入 SDLC 的最后阶段——系统实施——系统在此实际构建。

13.4.5.1　进行系统设计演练

完成详细设计后，开发团队通常会进行系统设计**演练**，以确保设计在最终系统中没有出现概念错误。许多公司都由质量保证小组进行正式的、结构化的排查。这个小组是一个独立的小组，由程序员、分析师、用户和内部审计师组成。该小组的工作是模拟系统的操作，以发现设计中的错误、遗漏和歧义。大多数系统错误源于糟糕的设计而不是编程错误。因此，在设计阶段检测和纠正错误可以减少后期成本高昂的重新编程。

13.4.5.2　查看系统文档

详细设计报告记录并描述了到目前为止的系统。该报告包括以下内容：

• 系统的所有屏幕输入和源文档的设计。

• 所有屏幕输出、报告和操作文档的设计。

• 数据库表的规范化数据，说明所有数据元素。

• 数据库结构和图：描述系统中数据关系的实体关系（ER）图、整个系统的上下文关系图、特定系统进程的低级数据流程图、系统中程序模块的结构图——包括每个模块的伪代码描述。

• 描述数据库中每个数据元素的已更新数据字典。

• 处理逻辑（流程图）。

质量保证小组仔细检查这些文件，检测到的任何错误都会记录在排查报告中。根据系统错误的程度，质量保证小组将提出建议。系统设计将：不加修改地被接受，接受但会修改小错误，或因材料错误而被拒绝。

在这一点上，开发团队将决定要么返回系统进行额外设计，要么继续进入下一阶段——系统编码和测试。假设设计继续进行，设计报告中的文档构成了指导应用程序程序员和数据库设计人员构建物理系统的蓝图。

13.4.6　编程和测试——第六阶段

13.4.6.1　对应用程序软件进行编程

SDLC 的下一阶段是从各种可用且适合应用程序的语言中选择一种编程语言。尽管 Java、C++ 和 .NET 等更现代的编程语言越来越受欢迎，但 COBOL 仍被广泛用于工资单、会计和其他业务应用程序。无论使用哪种编程语言，业务应用程序通常都遵循模块化方法。这种技术生成执行狭义任务的小程序。以下三个好处与模块化编程相关。

（1）编程效率。模块可以独立编码和测试，这大大减少了编程时间。一家公司可以将多个程序员分配给一个系统。程序员并行工作，每个人设计几个模块。然后将它们组装到完整的系统中。

（2）维护效率。小模块更易于分析和更改，减少了程序维护时的启动时间。大量的更改可以同时分配给多个程序员，以缩短维护时间。

（3）控制。通过使模块小型化，它们不太可能包含欺诈逻辑的重大错误。由于每个模块都独立于其他模块，因此错误只包含在一个模块中。

13.4.6.2　测试应用软件

所有程序模块在实施之前都必须经过全面的测试。系统开发人员应遵循一些经过验证的测试概念，并由审计师在进行审计时考虑。

测试方法。该过程本身具有要遵循的结构化步骤。图 13-8 显示了一个程序测试过程，包括创建假设的主文件和由被测试模块处理的交易文件。然后将测试结果与预定结果进行比较，以识别编程和逻辑错误。例如，在测试图 13-8 所示的 AR 更新模块的逻辑时，程序员可能会为 John Smith 创建一个当前余额为 1 000 美元的应收账款主文件记录和 100 美元的销售订单交易记录。在执行更新测试之前，程序员得出结论，应该创建 1 100 美元的新余额。为了验证模块的内部逻辑，程序员将运行得到的实际结果与预先确定的结果进行比较。这个例子是一个简单的程序测试。实际测试将是广泛的，并且会涉及测试模块逻辑各个方面的许多交易。

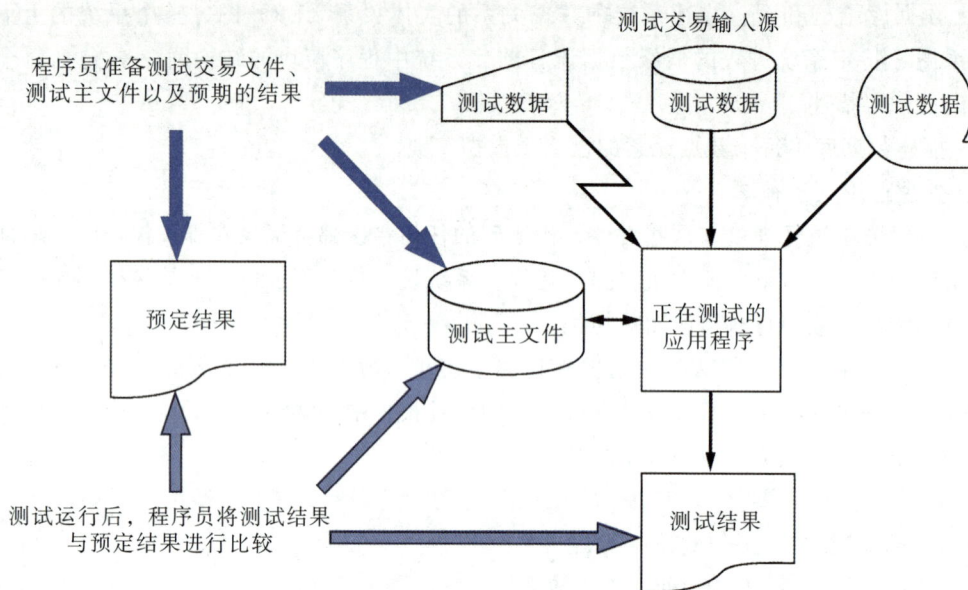

图13-8　程序测试操作流程

在线部署之前离线测试。测试中至关重要的第一点是在在线部署系统之前永远不要低估离线测试的原则。在没有离线测试的情况下实施系统是一场灾难。一家在线电子商务公司倒闭了，因为它在没有先离线测试的情况下在线实施了一个系统，并且不小心受到黑客的攻击。黑客窃取了数千个信用卡号码，最终在线业务失败了。

测试数据。创建有意义的测试数据是程序测试的一个极其耗时的方面。但是，在需要程序测试的情况下，此活动可以在审计期间为未来提供好处。为便于未来的测试，在实施阶段准备的测试数据应保留以供重复使用。该测试数据将为审计师提供设计和评估未来审计测试的参考框架。例如，如果一个程序自最初实施以来没有进行任何维护更改，则审计的测试结果应该与原始测试结果相同。有了比较的基础，审计师就可以快速验证程序代码的完整性。但是，如果发生了变化，原始测试数据可以提供有关这些变化的证据。因此，审计师可以将注意力集中在这些领域。维护测试数据及其结果也是一项重要的控制功能，因为未来的系统开发可以使用测试数据和结果来测试应用软件的未来变化。

13.4.7　系统实施——第七阶段

在系统开发过程的**系统实施**阶段，创建数据库结构并填充数据，购买和安装设备，培训员工，记录系统，并安装新系统。实施过程需要设计师、程序员、数据库管理员、用户和会计师共同努力。此阶段的活动需要大量成本，并且通常比 SDLC 的所有其他实施前阶段的总和还要多。

13.4.7.1　测试整个系统

当所有模块都经过编码和测试后，必须将它们放在一起并作为一个整体进行测试。用户人员应指导系统范围的测试，作为正式系统实施的前奏。该过程涉及通过系统处理假设数据。然后将系统的输出与预定结果进行核对，并记录测试结果以提供系统性能的证据。最后，当进行测试的人员对结果感到满意时，他们应该完成一份正式的验收文件。这是用户明确确认所讨论的系统满足规定的要求。在系统的实施后审查期间，用户验收文件在协调差异和分配责任方面变得很重要。

13.4.7.2　记录系统

系统的文件为审计师提供了有关系统如何工作的基本信息。三个群体——系统设计者和程序员、计算机操作员和最终用户——对文档要求特别重要。

系统设计者和程序员文档。系统设计者和程序员需要文档来调试错误并在系统上实施维护。该小组在技术层面上参与了该系统，这需要一般和详细的信息。其中一些是通过 DFD、ER 图和结构图提供的。此外，系统流程图、程序流程图和程序代码列表都是重要的文档。系统流程图显示了输入文件、程序和输出文件的关系。但是，它并没有揭示构成系统的各个程序的逻辑。程序流程图详细描述了程序的顺序和逻辑操作。系统流程图中的每个程序都由一个单独的程序流程图表示，如图 13-9 所示。通过这些，程序员可以直观地查看和评估程序的逻辑。程序代码本身应与描述每个主要程序段的注释一起记录。

计算机操作员文档。计算机操作员使用被称为**运行手册**的文档，其中描述了如何运行系统。运行手册的典型内容包括：

- 系统名称，如采购
- 运行计划（每天、每周、一天中的某个时间等）
- 所需的硬件设备（磁带、磁盘、打印机或特殊硬件）
- 文件要求，说明系统中使用的所有交易（输入）文件、主文件和输出文件
- 运行指令说明，描述可能出现的错误消息、要采取的措施以及如果系统失败待命程序员的姓名和电话号码
- 接收运行输出的用户列表

出于安全和控制原因，系统流程图、逻辑流程图和程序代码列表不应成为操作员文档的一部分。程序员和操作员的职责和活动应该分开，并且根据这种控制，操作员不应该访问系统内部逻辑的细节。

最终用户文档。用户需要描述如何使用系统的文档。用户任务包括输入交易数据、查询账户余额、更新账户和生成输出报告等。用户文档的性质将取决于用户对计算机和技术的熟练程度。因此，在设计用户文档之前，系统专业人员必须对用户的技能水平进行评估和分类。以下是一种可能的分类方案：

- 新手很少或根本没有使用计算机的经验，并且不好意思提问。新手对分配给他们的任务也知之甚少。为新手提供的用户培训和文档必须广泛而详细。

系统流程图　　　　　　　　程序流程图　　　　　　　　程序代码

销售订单
交易文件

客户主
文件　　文件更新
　　　　程序

销售
日记账

开始

文件
结束　→　结束

读取交易
记录

读取主
记录

匹配　否

是

更新主
记录

```
Open SO File
  IF EOF THEN
    END
  Else
Open Customer File
  IF EOF THEN
    END
  Else
Read Sales Order Record
Read Customer Record
IF Cus_ID = Cus_No THEN
(program code continues)
        •
        •
        •
        •
```

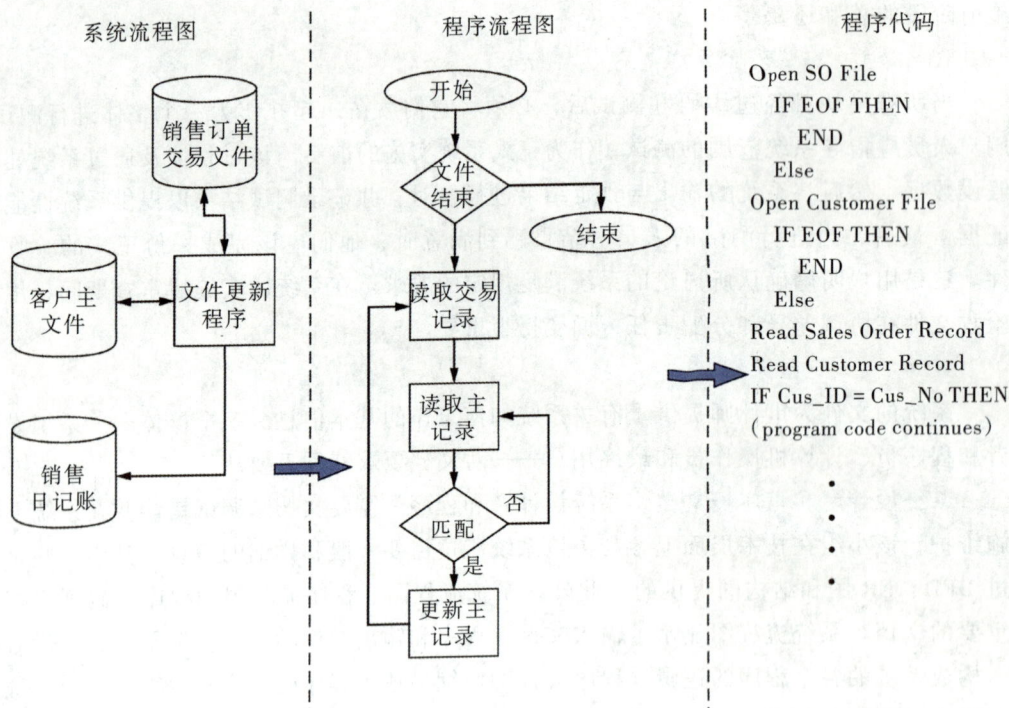

图13-9　系统设计师和程序员文档

• 有些许经验的用户曾经了解过系统，但忘记了一些基本的命令和程序。与新手相比，他们需要少一些的培训和文档。

• 频繁的轻度用户熟悉系统的有限方面。尽管能够运用，但他们往往不会透过表面往下进行探索，并且缺乏深度知识。这类用户组只知道其需要知道的内容，需要针对其不熟悉的领域进行培训和记录。

• 经常使用的高级用户了解现有系统，并且很容易适应新系统。他们不能容忍浪费时间的详细说明。他们喜欢寻找快捷方式并使用宏命令来提高性能。这类用户只需要简短的文档。

用户手册。考虑到这些类型的用户，用户文档通常采用**用户手册**和在线文档的形式。典型的用户手册将包含以下内容：

• 系统概述及其主要功能

• 入门说明

• 步骤说明以及逐步可视化参考

• 输入屏幕示例和输入数据说明

• 完整的错误消息代码和描述列表

• 运行系统的命令参考手册

• 关键术语表

• 服务和支持信息

在线文档将以交互方式指导用户使用系统。一些常见的在线功能包括教程和帮助功能。

教程。在线教程可用于培训新手或临时用户。这种技术的成功取决于教程的真实程度。教程不应限制用户访问合法功能。

帮助功能。在线帮助功能从简单到复杂。一个简单的帮助功能可能只不过是屏幕上显示的错误消息。用户必须"遍历"屏幕以寻找问题的解决方案。更复杂的帮助与上下文相关。当用户出错时，系统会发送消息"你需要帮助吗？"帮助分析用户在出错时正在执行操作的上下文，并为该特定功能（或命令）提供帮助。

13.4.7.3　转换数据库

数据库转换是实施阶段的关键步骤。这是将数据从其当前形式传输到新系统所需的格式或介质。转换的程度取决于从旧系统到新系统的技术飞跃。一些转换活动非常耗费人力，需要手动将数据输入新数据库。例如，从手动系统到计算机系统的转变需要将文件从纸质文件转换为磁盘或磁带。在其他情况下，可以通过编写特殊的转换程序来完成数据传输。一个典型的例子是将数据库的文件结构从顺序访问文件更改为直接访问文件。无论如何，数据转换是有风险的，必须小心控制。应采取以下预防措施：

（1）验证。转换前必须验证旧数据库。这需要分析每一类数据，以确定是否应该在新数据库中重现这些数据。

（2）核对。转换操作后，新数据库必须与原始数据库进行核对。有时必须手动完成，逐个记录和逐个字段核对。在许多情况下，这个过程可以通过编写一个程序来自动比较两组数据。

（3）备份。必须保留原始文件的副本作为备份，以防止转换后的数据出现差异。如果当前文件已经是磁性文件，可以方便地备份和存储。但是，纸质文件可能会产生存储问题。当用户对新数据库的准确性和完整性有信心时，他或她可能会销毁纸质文档。

13.4.7.4　切换到新系统

从旧系统转换到新系统的过程称为切换。系统切换通常采用以下三种方法之一：冷火鸡、分阶段或并行操作。

冷火鸡切换。在**冷火鸡切换**方法（也称为"大爆炸"方法）下，公司切换到新系统并同时终止旧系统。在实施简单系统时，这通常是最简单且成本最低的方法。对于更复杂的系统，它是最危险的。冷火鸡切换类似于没有备用降落伞的跳伞。只要主降落伞功能正常，就没有问题。但事情并不总是按照它们既定的方式运作。在演练和测试步骤期间未检测到的系统错误可能会意外发生。如果没有备份系统，组织可能会发现自己无法处理交易以履行对客户和债权人的义务。

分阶段切换。有时，整个系统不能或不需要立即切换。**分阶段切换**开始以模块的形式运行新系统。例如，图13-10显示了我们如何实现一个系统，从销售子系统开始，然后是库存控制子系统，最后是采购子系统。

通过在模块中逐步引入新系统，我们降低了破坏性系统故障的风险。但是，分阶段的方法可能会在新子系统和尚未替换的旧子系统之间造成不兼容。这个问题可以通过实施在转换期间提供临时接口的特殊转换系统来过渡。

并行操作切换。并行操作切换涉及在一段时间内同时运行旧系统和新系统。图 13-11 说明了这种方法，它是三种方法中最耗时和最昂贵的。并行运行两个系统实质上会使资源消耗加倍。在切换期间，两个系统消耗的资源是单个系统的两倍。这包括两倍的源文档、两倍的处理时间、两倍的数据库和两倍的产出。

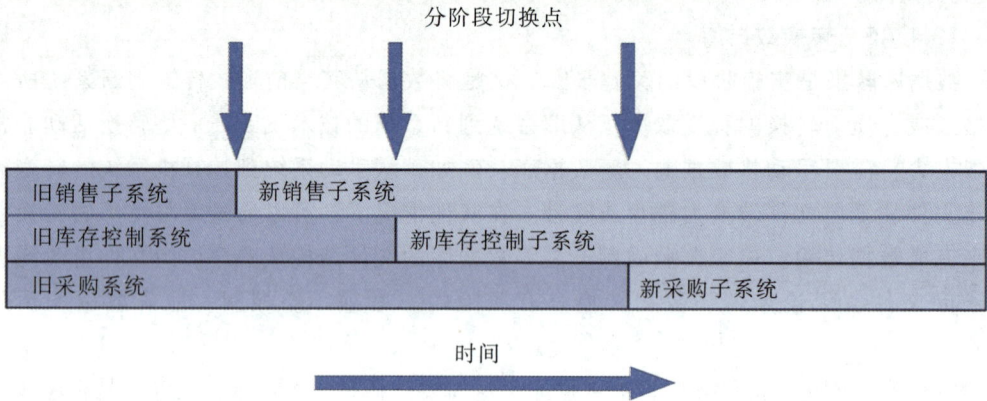

图13-10　分阶段切换点

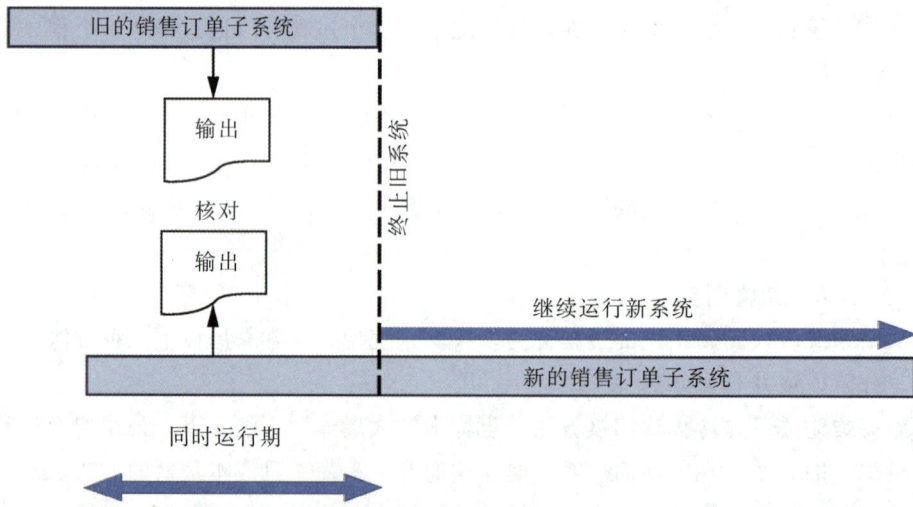

图13-11　并行操作切换

并行切换的优点是降低了风险。通过运行两个系统，用户可以在单独运行新系统之前核对输出结果以识别错误并修正错误。并行操作通常应延长一个业务周期，如一个月。这允许用户在循环结束时核对两个输出结果，作为对系统功能的最终测试。

13.4.7.5　实施后审查

实施阶段中最重要的步骤之一实际上发生在几个月后的实施后审查中。审查由独立团队进行，以在尘埃落定后判断系统和流程的成功与否。尽管系统专业人士努力创建符合预算、准时并满足用户需求的系统，但这一目标并不总能实现。新安装系统的实施后审查可以为管理人员提供有关改进未来系统流程方法的见解。它还可以为审计师（内部和外部）提供证据，证明 SDLC 的通用性以及与特定系统相关的风险。以下是有价值的实施后论证的示例。

系统设计充分性。应审查系统的物理特性，以确定它们是否满足用户需求。审查者应寻求以下问题的答案：

- 系统输出是否具有相关性、及时性、完整性、准确性等信息特征？
- 输出格式是不是用户最有用和最需要的（例如，表格、图表、电子版、打印机等）？
- 数据库是否准确、完整和可访问？
- 数据是否因转换过程而丢失、损坏或重复？
- 输入表单和屏幕是否设计合理并满足用户需求？
- 用户是能否正确使用系统？
- 处理是否正确？
- 用户能否正确访问和执行所有程序模块，或者用户是否曾陷入循环？
- 用户文档是否准确、完整且易于理解？
- 系统是否为用户提供足够的帮助和教程？

时间、成本和收益估算的准确性。为系统提案估算时间、成本和收益的任务因不确定性而变得复杂。对于涉及许多活动和长时间框架的大型项目尤其如此。过程中的变量越多，估计出现重大错误的可能性就越大。历史往往是此类决策的最佳老师。因此，与预算金额相比，对实际绩效的审查为未来的预算决策提供了关键输入。从这些信息中，我们可以了解在哪里犯了错误以及下次如何避免这些错误。以下问题提供了一些见解：

- 实际成本是否与预算成本一致？
- 哪些领域严重偏离了预算？
- 在短期内偏离预算是可控的（内部）还是不可控的（例如，供应商问题）？
- 对程序代码行数的估计是否准确？
- 由于设计和编码错误导致的返工程度是否可以接受？
- 用户能否从系统中获得预期收益？
- 赋予有形收益，尤其是无形收益的价值是否准确？

13.4.8　系统维护——第八阶段

一旦实施，系统将进入其生命周期的最后阶段。然而，在此期间，它们不会保持静止。相反，它们经常发生重大变化，涉及远远超过系统原始成本的重大财务支出。系统维护是一个正式的过程，通过它可以进行程序更改以适应用户需求的变化。一些应用程序更改是微不足道的，如修改系统以生成新的报告以及更改数据字段的长度。维护也可能很广泛，如更改程序逻辑和重新设计用户界面。根据应用程序的性质，系统维护期可以持续五年或更长时间。在竞争激烈的商业环境中，系统的寿命要短得多。当组织继续维护一个老化的系统不再可行时，它就会被废弃，并开始一个新的系统开发生命周期。

除了财务支出外，SDLC 的维护阶段也对生产应用程序的完整性构成重大风险。

如果控制没有延续到该阶段，则在系统维护期间可能会很快失去控制新系统开发所获得的好处。出于维护目的访问系统增加了逻辑被意外引入错误或出现故意欺诈行为破坏系统的可能性。为将潜在风险降至最低，所有维护操作至少应具有以下四个控制程序：

（1）要求对所有应用程序更改进行正式授权；（2）要求对所需更改进行技术规范；（3）更改后重新测试系统程序；（4）更新文档以反映更改。换句话说，维护活动应与新开发系统基本相同。变更的程度及其对系统的潜在影响应决定所应用的控制程度。除了本章前面讨论的控制程序之外，降低项目变更风险还涉及第 15 章的先进技术控制主题。

13.5　会计师的作用

会计师在 SDLC 活动中发挥着重要作用。大多数系统故障是由设计不当和实施不当造成的。作为所有财务系统的主要利益相关者，会计师在 SDLC 的各个方面提供专业知识来指导和塑造最终系统。具体而言，这种参与体现在以下领域。

13.5.1　提供技术专长

详细设计阶段涉及系统中要使用的程序、规则和约定的精确规范。对于 AIS，这些规范必须符合美国公认会计原则、公认审计准则、证券交易委员会法规和国税局行为规范。未能如此遵守可能会导致公司面临法律风险。例如，选择正确的折旧方法或资产估值技术需要系统专业人员不一定具备的技术背景。会计师必须为系统设计过程提供这种专业知识。

13.5.2　说明文件标准

在实施阶段，会计师在说明系统文件方面发挥作用。由于必须定期对财务系统进行审计，因此必须对其进行充分记录。会计师必须积极倡导遵守有效的文件标准。

验证控制充分性

SDLC 产生的应用程序必须拥有符合 SAS 109 规定的控制要求。这需要会计师参与详细设计和实施阶段。控制可以是编程或手动程序。一些控制是系统日常操作的一部分，而另一些是在日常处理之前、之后或监督的特殊操作。控制技术的范围本章无法介绍完。我们将在接下来的三章专门研究控制概念和设计。

总结

本章研究了组织获取、设计和实施其信息系统所依据的 SDLC。它首先描述了参与系统开发的参与者的角色，包括系统专业人员、用户和利益相关者。然后，它概述了与 SDLC 相关的关键活动。这个过程包括两组主要的活动：新系统的开发和维护。前者用于指导许多组织信息系统的开发，包括系统规划、系统分析、概念设计、系统选择、详细设计、系统编程和测试以及系统实施。一个正常运行的系统开发过程可以确保只创建需要的应用程序，它们被正确说明和控制，并且它们在实施之前经过彻底的测试。实施后，新系统进入系统维护阶段，在此阶段它们会经历不同程度的修改以保持最新状态，直到最终被替换。系统维护过程确保仅对应用程序进行合法更改，并且在实施之前已对这些更改进行测试。

关键术语

骨干系统	项目建议书
收支平衡点	项目进度表
冷火鸡切换	运行手册
概念设计	进度可行性
切换	利益相关者
数据库转换	战略系统规划
数据流图 （DFD）	系统实施
详细设计	结构图
详细设计报告	系统分析报告
经济可行性	系统开发生命周期 （SDLC）
最终用户	系统评估和选择
通用会计系统	系统维护
无形收益	系统规划
迭代法	系统专业人员
法律可行性	系统选择报告
净现值法	系统调查
新系统开发	有形收益
办公自动化系统	技术可行性
运行可行性	用户手册
回报方法	供应商支持系统
分阶段切换	演练
项目规划	

复习题

1.区分系统专业人员、最终用户和利益相关者。

2.会计师在 SDLC 中的作用是什么？为什么会要求会计师参与非会计信息系统的开发？

3.根据你在本章中所学习的内容，说明可能会导致系统故障的一些问题是什么？

4.由于信息系统往往涉及超出典型用户知识水平的先进技术，用户是否应该在

SDLC中发挥积极作用？ 如果是，他们应该如何参与？

5. 谁应该参加系统指导委员会？ 指导委员会的典型职责是什么？

6. 什么是战略系统规划，为什么要做？

7. 项目规划的目的是什么，各个步骤是什么？

8. 对于新系统，会计师和审计师需要哪些其他利益相关者通常不需要的文件？

9. 系统调查中需要收集哪些类别的事实？

10. 主要的事实收集技术有哪些？

11. 当前系统调查的相对优点和缺点是什么？

12. 解释系统程序员文档的重要性。

13. 在当前系统调查中可能会审查哪些关键文件？

14. 系统分析的目的是什么，系统分析报告中应包含哪些类型的信息？

15. 概念系统设计阶段的主要目标是什么？

16. 概念系统设计的两种方法是什么？

17. 概念设计阶段需要多少设计细节？

18. 内部审计师在系统概念设计中的主要作用是什么？

19. 什么是运行可行性，管理层必须解决哪些问题才能实现？

20. 是什么让信息系统的成本–收益分析比组织可能进行的大多数其他投资更困难？

21. 将以下各项分类为一次性成本或经常性成本：

a. 培训人员

b. 初始编程和测试

c. 系统设计

d. 硬件成本

e. 软件维护费用

f. 场地准备

g. 设施租金

h. 从旧系统到新系统的数据转换

i. 保险费用

j. 安装原始设备

k. 硬件升级

22. 区分交钥匙系统和骨干系统。哪个更灵活？

23. 讨论内部开发与商业软件的相对优势。

24. 为什么模块化编程优于自由编码？

25. 为什么测试数据使用后要保存？

讨论题

1. 评论以下说法："SDLC的主要维护阶段涉及进行微不足道的更改以适应用户需求的变化。"

2.讨论仓促完成系统的需求阶段可能会延迟甚至导致系统开发过程的失败。相反，讨论在这个阶段花费太长时间可能会导致"分析瘫痪"。

3.一个好的战略计划是否注重细节？

4.在测试数据过程中，开发人员为什么要费心测试不良数据？

5.系统项目提案有什么用途？对这些提案是如何评估和优先考虑的？优先排序过程是客观的还是主观的？

6.大多数公司将 SDLC 的成本和时间要求低估了 5%。你认为为什么会出现这种情况？ 你认为低估在哪个阶段最为显著？

7.缺乏高层管理人员的支持导致许多新系统项目在实施阶段失败。为什么你认为管理层的支持如此重要？

8.许多新系统项目严重低估了交易量，仅仅是因为它们的设计者没有考虑到新的、改进的系统如何适应实际增加的需求。解释这是如何发生的，并举例说明。

9.讨论与模块化编程相关的三个好处。

10.无形收益通常极难准确量化。一些设计师辩解说，如果你低估它们，就会产生保守的估计。任何额外的好处都将受到极大的欢迎，但不是新系统成功所必需的。这种观点有什么危害？

11.讨论应考虑的各种可行性措施。分别举一个例子。

12.讨论当审计公司也为新系统的开发和选择提供咨询意见时的独立性问题。

13.如果系统进度落后，每个程序模块都进行了测试，没有发现问题，是否需要将所有模块相互结合测试？为什么需要或者为什么不需要？

14.计算机操作员的运行手册在理论上类似于飞机飞行员用于起飞和着陆的检查表。解释为什么这些很重要。

15.由谁进行实施后审查？应该在什么时候进行？如果聘请外部咨询公司来设计和实施新系统，或者购买固定的软件包，实施后审查是否仍然有用？

16.讨论让会计师参与详细设计和实施阶段的重要性。他们应该执行什么任务？

多项选择题

1.用户测试和验收是 SDLC（   ）的一部分。

a.通用系统设计   b.项目规范和实施计划

c.详细的系统设计   d.实施

2.确定项目是否可以在可接受的时间范围内完成的 TELOS 研究是（   ）。

a.及时的可行性研究   b.进度可行性研究

c.时间框架可行性研究   d.经济完成可行性研究

e.合同可行性研究的长度

3.在 TELOS 首字母缩略词所代表的含义中，技术可行性是指是否 （   ）。

a.系统经理可以协调和控制系统部门的活动

b.在现有技术的情况下，可以实现所提议的系统

c.建议的系统有一个适当的计算机站点

d.拟议的系统将产生超过其成本的经济收益

e.该系统将在一个组织的运行环境中得到有效使用

4.（　　）步骤不属于本系统调查的一部分。

a.对各种计算机制造商销售的设备的性能、成本和可用性进行了审查

b.与操作人员和管理人员进行面谈

c.获得并审查了系统的完整文档

d.为每个操作获得处理量的指标

e.进行工作测量研究以确定完成各种任务或工作所需的时间

5.一个新的计算机系统的可行性研究应该（　　）。

a.包括内部审计部门的报告，该报告评估了每个计划应用的内部控制功能

b.提供转换现有人工系统和文书操作的初步计划

c.考虑按应用领域分析的成本、节约、控制、利润增加和其他收益

d.向管理层提供来自有资质的独立顾问的保证，即使用计算机系统似乎是合理的

6.以下所有人都可能是 SDLC 参与者，除了（　　）。

a.会计师　　　　　　　　　　b.程序员

c.管理　　　　　　　　　　　d.股东

e.上述所有的

7.从广泛的组织目标和组织高管作出的决策类型开始的系统开发方法称为（　　）法。

a.自下而上　　　　　　　　　b.网络

c.自上而下　　　　　　　　　d.战略

e.按顺序

8.以下（　　）不是一次性费用。

a.保险　　　　　　　　　　　b.数据转换

c.软件获取　　　　　　　　　d.场地准备

9.以下（　　）不是商业软件的优势。

a.成本　　　　　　　　　　　b.独立

c.实施时间　　　　　　　　　d.可靠性

e.内部控制

10.以下（　　）最不可能成为会计师在 SDLC 中的角色。

a.审计师　　　　　　　　　　b.用户

c.顾问　　　　　　　　　　　d.程序员

e.所有这些都是可能的角色

11.以下（　　）是规划系统变更时最重要的因素。

a.有一名审计师作为设计团队的成员

b.涉及高层管理人员和使用该系统的人员

c.使用最先进的技术

d.专注于软件而不是硬件

e.选择一个用户来领导设计团队

12. TELOS 首字母缩写词通常用于确定是否需要更改系统。在可行性研究类型之后的系统开发活动中，（ ）是 TELOS 的要素。

a.法律、环境和经济　　　　　　b.环境、运营和经济

c.技术、操作和经济　　　　　　d.技术、经济、法律和实践

e.实用的、技术的和可操作的

f.会计的回报率法

13. 在进行成本-收益分析时，通常对其精确值具有最小不确定性的估计类别是（ ）。

a.无形成本　　　　　　　　　　b.无形收益

c.有形成本　　　　　　　　　　d.有形收益

e.以上都不是，因为它们都正确

14. 以下（ ）代表问题解决的正确顺序。

a.识别问题、定义问题、说明系统目标、进行可行性研究并准备项目提案

b.定义问题，识别问题，说明可行性研究，说明系统目标并准备项目建案

c.识别问题，定义问题，进行可行性研究，说明系统目标并准备项目提案

d.定义问题，识别问题，说明系统目标，进行可行性研究并准备项目提案

15. 成本-收益研究的以下（ ）对其精确值具有最大的不确定性。

a.无形成本　　　　　　　　　　b.无形收益

c.有形成本　　　　　　　　　　d.有形收益

16. 系统开发的一次性成本包括以下所有费用，除了（ ）。

a.场地准备　　　　　　　　　　b.硬件获取

c.编程　　　　　　　　　　　　d.硬件维护

e.数据转换

f.以上都不是，因为它们都正确

17. 在 SDLC 的（ ）阶段纠正错误的成本最高。

a.编程　　　　　　　　　　　　b.概念设计

c.实施　　　　　　　　　　　　d.分析

18. 使用公司的最低期望回报率将项目在其生命周期内的税后现金流贴现到零时期的货币时间价值技术的名称是（ ）。

a.回报法　　　　　　　　　　　b.资本分配法

c.净现值法　　　　　　　　　　d.平均回报率法

578 会计信息系统

问题

1.宣布创建一个新的信息系统

AJAX 公司正在考虑实施一个新的会计系统，该系统将自动执行销售处理、现金收入、应付账款和现金支付程序。

AJAX 的首席信息官 Roger Moore 向 AJAX 工作群发送了一封公告信。Moore 在信中说："我已与 Spartan Consulting Group 签约，由它负责需求分析、系统选择和设计工作。编程和实施将使用现有的 IT 部门员工在内部执行。由于 Spartan 知道需要做什么，因此开发过程对用户部门来说并不受影响。它们将在后台独立工作，不会因耗时的面谈、调查和问卷调查而扰乱部门和内部审计工作流程。这个系统有望成为一个有效的处理程序，将产生一个所有用户都会欢迎的系统。"

要求：为内部审计总监 George Jones 起草备忘录，以回应 Moore 的信。

2.系统开发和实施

Kruger 设计公司三个月前聘请了一家咨询公司重新设计建筑师使用的信息系统。建筑师将能够使用最先进的 CAD 程序来帮助设计产品。此外，他们能够将这些设计存储在网络服务器上，他们和其他建筑师可以在该服务器上调用它们，以便将来使用类似组件进行设计。Kruger 已指示咨询公司在不干扰建筑师的情况下开发系统。事实上，高层管理人员认为，最好的方法是开发系统，然后在培训课程中将其"介绍"给建筑师。管理层不希望建筑师花费宝贵的赚钱时间来测试新系统或推迟工作直到新系统运行。因此，顾问们被关在房间中进行工作。

要求：

a.你是否认为管理层正在为新系统的发布采取了最佳行动？为什么

b.你赞成这种开发过程吗？为什么

3.系统分析

考虑以下系统专家 Joe Pugh 和针对新信息系统的部门经理 Lars Meyer 之间的对话：

Pugh：进行分析的方法是首先检查旧系统，如检查关键文件和观察工人执行任务过程。然后，我们可以确定哪些方面运行良好，哪些应该保留。

Meyer：我们以前经历过这些类型的项目，但最终结果是我们没有得到承诺我们的新系统；我们得到的只是旧系统的修改版本。

Pugh：嗯，我可以向你保证，这一次不会发生。我们只是想彻底了解哪些方面运作良好，哪些方面运作不佳。

Meyer：如果我们首先列出我们的要求，我会感觉更舒服。我们应该花一些时间预先确定我们希望系统为我的部门做什么。然后，你的系统人员可以进来，如果你愿意，可以确定要挽救哪些部分。只是不要将我们限制在旧系统中！

要求：

a.显然，这两位工作人员对系统分析阶段如何进行有不同的看法。阐述你最支持谁的立场

b. 你建议他们采取什么方法？为什么

4. 系统设计

ACME 建筑供应商征信部门的经理 Robin Alper 对三个月前安装的新系统极为不满。她的抱怨是开票部门和 AR 部门的数据流没有按照最初要求的方式显示。此外，对数据库文件的更新并没有她想象的那么频繁。因此，新系统提供更多最新和及时信息的目标并未实现。她声称系统分析师花了三天时间采访她和其他工人。在那段时间里，她和其他工人认为他们已经清楚地表达了他们的需求。她觉得好像他们的需求被忽视了，他们的时间被浪费了。

要求：系统设计过程中出了什么问题？你对未来的项目有什么建议？

5. 概念设计

为应付账款系统和应收账款系统准备两个可供选择的概念设计。讨论不同设计之间的概念差异。从成本的角度来看，哪个更经济？从收益的角度来看，哪个更可取？你更喜欢哪种设计，为什么？

6. 系统设计

Robert Hamilton 六个月前被聘为一家小型石油和天然气勘探开发公司 Gusher 公司的主管，该公司的总部位于得克萨斯州的博蒙特。在去 Gusher 工作之前，Hamilton 是一家位于达拉斯的大型石油公司 Eureka 石油公司的财务总监。

Gusher 的计息和固定资产会计联合系统已经过时，经常发生问题和错误。Hamilton 立即意识到了这些问题，并告知总裁 Barton 先生，安装新系统至关重要。Barton 同意并会见了信息系统（IS）高级经理 Hamilton 和 Sally Jeffries。Barton 指示 Jeffries 创建 Hamilton 希望在她的部门中优先考虑的新系统。基本上，他告诉 Jeffries 尽快交付系统以满足 Hamilton 的需求。

Jeffries 离开会议室时感到不知所措，因为 IS 部门目前正在处理另外两个非常大的项目，一个用于生产部门，另一个用于地质部门。第二天，Hamilton 给 Jeffries 发了一份备忘录，上面写着一个他 100% 信任的系统的名称——Amarillo Software——他还表示他非常希望尽快购买这个系统。他表示，在他上一份工作的 4 年中，该系统的使用取得了很大的成功。

购买商业软件时，Jeffries 通常会在对公司的需求进行仔细分析后，向至少六个不同的供应商发出提案请求。然而，一想到与总裁会面时的气氛和过度劳累的系统工作人员，她决定听从 Hamilton 的意见，只发送了一份征求建议书（RFP），发给了 Amarillo 软件公司。Amarillo 迅速交还了填好的问卷。购买价格（75 000 美元）在预算金额之内。Jeffries 联系了 Amarillo 提供的四位推荐人，并对他们的评论感到满意。此外，她感到心情舒畅，因为该系统是为 Hamilton 设计的，而他已经使用该系统四年了。

公司计划是在 7 月份安装系统，并在 8 月份的交易循环中试用。但是，在安装阶段遇到了问题。该系统在 Gusher 拥有的硬件平台上处理速度极慢。当 Jeffries 问 Hamilton 在 Eureka 公司是如何处理这个问题时，他回答说他不记得有过这样的问题。他给 Eureka 的系统经理打了电话，发现 Eureka 拥有比 Gusher 更强大的大型机。进一步调查显示，Gusher 在其大型机上运行的应用程序比 Eureka 多，而 Eureka 使用了两个大型机的分布式处理平台。

此外，数据传输并不顺利。存储在系统中的一些数据元素在 Amarillo 系统中作为选项不可用。Jeffries 发现 Amarillo 的工作人员给她打电话时非常友好，但他们并不总能通过电话找出问题所在。他们真的需要到现场进行调查。Hamilton 对要求 Amarillo 顾问到现场和他或她实际到达之间的延迟感到惊讶。Amarillo 解释说，每次出差都必须派一名工作人员从达拉斯飞往博蒙特。在 10 月份艰苦的财政年度结束后，该系统终于在 1 月份开始运行得比较顺利。Hamilton 的下属认为该项目在操作上有些不便。有一次，两名会计人员威胁要辞职。额外的咨询费为 35 000 美元。此外，Gusher 的系统部门在实施过程中花费的时间比预期多 500 小时。这些额外的时间导致其他项目落后于计划。

要求：讨论在设计阶段可以做哪些不同的事情。为什么会遇到这么多问题？详细的可行性研究如何提供帮助？

7. 系统选择

你的公司 Kitchen Works 正在为其新的信息系统使用 SDLC。该公司目前正在进行多项可行性研究，包括经济可行性研究。经济可行性研究草案已提交给你，供你审查。你被要求确定是否仅使用了可避免成本、现金流的现值是否准确、一次性和经常性成本是否正确、是否使用了实际的使用寿命以及研究中列出的无形收益是否合理。尽管你是开发团队的一员，因为你拥有强大的会计背景，但你对某些成本是否可以避免、用于执行现值分析的利率以及已使用的估计使用寿命有疑问。你会如何解决你的问题？

8. 程序测试

当程序模块被编码和测试后，它们必须放在一起并作为一个整体进行测试。阐述测试整个系统的重要性。

9. 数据库转换

什么是数据库转换？为什么这是一项有风险的活动，应采取哪些预防措施？

10. 系统切换

讨论系统切换的三种常见方法。阐述每种方法的优缺点。

11. 事实收集技术

你的公司 Tractors 正在将 SDLC 用于新的信息系统。由于你强大的会计背景，你被选为开发团队的成员。这种背景包括对财务和管理会计概念以及所需数据的良好理解。你还对内部控制活动有深入的了解。然而，你并没有完全理解内部审计师需要系统具备什么组件才能遵守《萨班斯-奥克斯利法案》第 404 条。列出你可能使用的事实收集技术，以增加你对新系统的这一重要组件的理解。

12. 成本-收益分析

问题 7 的图中列出了与两个竞争项目相关的成本和收益的一些概率估计。

a. 计算每个备选方案的净现值。将成本预测四舍五入到最接近的月份

b. 对回报方法重复步骤 a

c. 你认为哪种方法提供了最好的信息来源？为什么

资本成本=0.14	A		B	
	概率	数额	概率	数额
项目完成时间	0.5	12个月	0.6	12个月
	0.3	18个月	0.2	18个月
	0.2	24个月	0.1	24个月
	0.6	4 年	0.5	4 年
	0.25	5 年	0.3	5 年
预期使用寿命	0.15	6 年	0.2	6 年
	0.35	$200,000	0.2	$210,000
	0.4	250,000	0.55	250,000
	0.25	300,000	0.25	260,000
一次性费用	0.1	$ 75,000	0.4	$ 85,000
	0.55	95,000	0.4	100,000
	0.35	105,000	0.2	110,000
	0.3	$220,000	0.25	$215,000
经常性费用	0.5	233,000	0.5	225,000
	0.2	240,000	0.25	235,000

图P.1　问题7：成本-收益分析的净现值法

第五部分　计算机控制和 IT 审计

第 14 章

审计 IT 控制 I：《萨班斯–奥克斯利法案》和 IT 治理

学习目标

学习本章后，你应该：

- 熟悉财务审计的结构和 IT 审计组件的作用。
- 了解《萨班斯–奥克斯利法案》（SOX 法案）第 302 条和第 404 条的主要特点。
- 了解第 302 条和第 404 条规定的管理层和审计师职责。
- 了解不兼容功能的风险以及如何构建 IT 功能。
- 熟悉确保组织计算机设施安全所需的控制和预防措施。
- 了解灾难恢复计划的关键要素。
- 熟悉与 IT 外包相关的好处、风险和审计问题。

本章介绍 IT 审计的主题。14.2 节概述了审计的关键组件。14.4 节转向与 SOX（Sarbanes-Oxley）法案第 302 条和 404 条相关的内部控制和审计问题。14.4 节回顾了 SOX 法案下的管理和审计职责。14.4 节最后讨论了计算机欺诈问题。本章的 14.5 节至 14.8 节介绍了与 IT 治理相关的风险和控制。组织内 IT 职能的结构以及不适当的结构可能产生的风险是值得关注的问题。回顾计算机中心的威胁和控制，其中包括防止自然灾害、火灾、温度和湿度。讨论与灾难恢复相关的重要问题，包括提供第二站点备份、识别关键应用程序、执行备份和异地存储程序以及评估灾难恢复计划的审计程序等。还探讨了围绕 IT 外包日益增长的趋势问题。这种流行的做法与突出的好处和风险有关，这些都得到了解决。本章 14.9 节讨论了与外包相关的审计问题，包括 SSAE 16 报告标准。

14.1 审计概述

外部审计是由一个独立的认证机构的专家（审计师）对财务报表提出意见。此鉴证服务由注册会计师（CPA）执行，他们来自独立于被审计客户组织的公共会计师事务所。审计目标始终是确保财务报表呈报的公允性。因此，这些审计通常被称为*财务审计*。美国证券交易委员会（Securities and Exchange Commission，SEC）要求所有上市公司每年都要接受财务审计。进行此类审计的注册会计师代表外部人的利益：股东、债权人、政府机构和公众。

注册会计师的职责是收集和评估证据，从而提出意见。这个过程中的关键概念是*独立性*。法官（judge）必须在其审议中保持独立，并且不能在审判中成为任何一方的辩护人，必须根据现有证据公正地选择适用法律。同样，独立审计师（independent auditor）收集和评估证据，并根据证据发表意见。在整个审计过程中，审计师必须始终独立于客户组织。公众对公司内部编制的财务报表可靠性的信心直接取决于独立审计师对其进行的评估。

外部审计师在进行财务审计时遵循严格的规则。这些权威规则已由 SEC、财务会计准则委员会（Financial Accounting Standards Board，FASB）、美国注册会计师协会（American Institute of Certified Public Accountants，AICPA）和联邦法律（2002 年《萨班斯－奥克斯利法案》，SOX 法案）定义。随着 SOX 法案的通过，国会成立了上市公司会计监督委员会（Public Company Accounting Oversight Board，PCAOB），该委员会在很大程度上取代了 FASB 的职能，以及 AICPA 的一些职能（例如，针对于被判犯有某些罪行或被判犯有某些违规行为的注册会计师，制定标准和发布谴责及处罚）。无论如何，根据联邦法律，SEC 拥有财务审计的最终权力。

14.2　财务审计组件

财务审计最终是一份正式的书面报告，就财务报表是否符合《公认会计原则》（generally accepted accounting principles，GAAP）发表意见。财务报表的外部使用者依赖审计师对财务报表的可靠性意见进行决策。为此，用户必须信任审计师的能力、专业性、诚信和独立性。表 14-1 中列出的 10 项《公认审计准则》（10 generally accepted auditing standards，GAAS）指导审计师履行其职业责任。

表14-1　　　　　　　　　　　　　　　《公认审计准则》

一般准则	实际工作准则	报告准则
1.审计师必须经过充分的技术培训并达到熟练的程度	1.审计工作必须有充分的计划	1.审计师必须在报告中说明财务报表是否按照《公认会计原则》编制
2.审计师必须具有独立自主的精神态度	2.审计师必须充分了解内部控制结构	2.报告必须查明那些不适用《公认会计原则》的情况
3.审计师在执行审计工作和编写报告时必须保持应有的专业谨慎	3.审计师必须获得充分的、有法律效力的证据	3.报告必须指出没有充分披露信息的任何项目 4.该报告应表达审计师对财务报表整体的意见

审计准则

审计准则分为三类：一般准则、实际工作准则和报告准则。尽管 GAAS 建立了规范审计师行为的框架，但它还不够详细，无法在特定情况下提供有意义的指导。为了提供具体指导，AICPA 发布了《审计准则声明》（Statements on Auditing Standards，SAS）作为 GAAS 的权威解释。

SAS 1 由 AICPA 于 1972 年发布。从那时起，SAS 发布了许多准则，为审计师提供一系列主题的指导，包括调查新客户的方法、从律师那里收集有关客户或有负债索赔信息的证据，以及获取客户行业背景信息的技术。

SAS 被视为权威声明，因为该行业的每个成员都必须遵循他们的要求，或者能够说明为什么 SAS 不适用于特定情况，证明偏离 SAS 的责任则落在了个别审计师身上。

14.3 审计结构

实施审计是一个系统的、合乎逻辑的过程，它包括三个概念阶段：审计计划、控制测试和实质性测试。图 14-1 说明了这些阶段所涉及的步骤。**IT 审计**涉及专门的程序，这些程序针对客户系统的相关技术方面，从而增加了审计的复杂性。例如，IT 环境中的交易处理涉及由计算机程序和存储在关系数据库中的数字源文档、日志和分类账执行的自动化程序。由于现代会计信息系统采用大量技术，因此 IT 审计通常构成整体财务审计的重要组成部分。

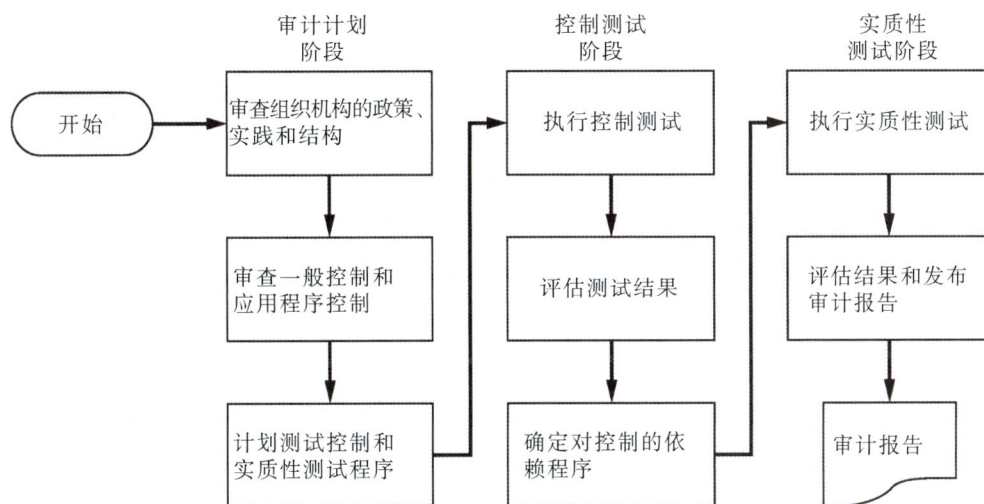

图14-1 审计阶段

14.3.1 审计计划阶段

审计的第一阶段是**审计计划**。在审计师能够确定要执行的测试的性质和范围之前，他或她必须彻底了解客户的业务。此时，审计师的目标是获得关于公司的充分信息，以计划审计的其他阶段。在这一阶段，审计师尽力去了解组织的政策、实践和结构。审计师还需要识别财务上重要的应用程序，并试图识别和了解如何对这些处理交易的应用程序进行控制。

在此阶段收集证据的技术包括管理层问卷调查、与管理层面谈、审查系统文档和观察日常活动。然后审计进入下一阶段，审计师测试控制是否符合预先制定的标准。

14.3.2 控制测试阶段

控制测试阶段的目标是确定是否有足够的内部控制并正常运行。此阶段使用的证据收集技术包括手动技术以及像**计算机辅助审计工具和技术**（computer-assisted audit tools and techniques，CAATT）这种专门计算机审计技术。第 16 章详细讨论了这些技术。在控制测试阶段结束时，审计师通过说明**控制风险**（control risk）水平来评估内部控制的质量。内部控制的风险水平将影响第三阶段进行的实质性测试的性质和范围。控制风险将在本节后面讨论。

14.3.3 实质性测试阶段

审计过程的第三阶段侧重于收集与财务数据有关的证据。此阶段涉及通过所谓的实质性测试对特定账户余额和交易进行详细调查。例如，函证是用于验证应收账款余额的**实质性测试**。审计师选择客户账户样本并直接与这些客户联系，以确定应收账款中所述的金额是否正确以及是否为良好客户所欠。这样，审计师就确定了样本的准确性，并就财务报表中列报的整个应收账款的公允价值得出结论。

实质性测试往往是体力劳动密集型活动，如清点现金、清点仓库中的库存以及验证保险箱中是否存有股票。执行实质性测试所需的大部分数据（例如，账户余额和客户姓名和地址）以数字形式存储在数据文件中，并且必须使用 CAATT 软件提取。性质（检查内容）、时间（何时检查），以及实质性测试的范围（检查多少项目）是由管理层声明和审计风险概念驱动的审计决策。这些主题将在以下各节中讨论。

14.3.4 管理层声明

管理层声明是指管理层对其发布的财务报表内容所作的声明。管理层声明账户余额和相关交易不存在重大错误，并且是完整的、有效的和准确的。审计师通过实质性测试收集证据来检验管理层声明的有效性，一般分为以下几类：

（1）关于审计期间交易和事件类别的声明：

①发生。记录的交易和事件已经发生并与公司有关。

②完整性。应记录的所有交易和事件均已记录。

③准确性。与交易和事件有关的金额和其他数据已被适当记录。

④截止期。交易和事项已记录在正确的会计期间。

⑤分类。交易和事件已记录在适当的账户中。

（2）关于期末账户余额的声明：

①实有资产。存在资产、负债和股权。

②权利和义务。该实体持有或控制资产的权利，负债是该实体的义务。

③完整性。应记录的所有资产、负债和股权均已记录。

④估值和分配。资产、负债和股权以适当的金额记录在财务报表中，并且由此产生的估值或分配调整都有记录。

（3）关于呈报和披露的声明：

①发生、权利和义务。已披露的事件和交易已发生并与该公司有关。

②完整性。应包括在财务报表中的所有披露均已包括在内。

③分类和可理解性。财务信息得到恰当的呈报和描述，并且披露得到了清晰的表达。

④准确性和估值。财务和其他信息以适当的金额公平披露。

审计师制定**审计目标**并设计**审计程序**，以收集证实或反驳管理层声明的证据。表14-2提供了一些例子来说明管理层声明、审计目标和审计程序之间的关系。

表14-2　　　　　　　　　　　基于管理层声明的审计目标和审计程序

管理层声明	审计目标	审计程序
实有资产	资产负债表上列出的存货是存在的	观察实物库存的盘点
完整性	应付账款包括当期对供应商的所有债务	比较当期和下期期初的收货报告、供应商发票、采购订单和日记账
权利和义务	列在资产负债表上的工厂（plant）和设备属于公司所有	审查采购协议、保险单和相关文件
估值和分配	应收账款按可变现净值列示	审查公司的账龄，并评估备用金的充分性
分类和可理解性	未在财务报表中报告的可能意外事件在附注中适当披露	从公司律师处获取有关诉讼状况和潜在损失估计的信息

14.3.5　审计风险

审计风险是审计师对由于未发现的错误或违规行为而实际上存在重大错误陈述的财务报表发表无保留（干净）意见的可能性。这种错误是无意的错误。不规范行为是与欺诈行为相关的故意不实陈述，如挪用有形资产和试图欺骗财务报表使用者。

14.3.5.1　审计风险的组成

审计师的目标是达到可接受的审计风险水平。审计师根据审计风险模型的组成部分——固有风险、控制风险和检测风险——的事前价值来估计可接受的审计风险（acceptable audit risk，AR）。

14.3.5.2　固有风险

固有风险（inherent risk，IR）与客户的业务或行业的独有特征相关。处于衰退行业的公司比处于稳定或繁荣行业的公司具有更大的固有风险。同样，现金交易量大的行业比没有现金交易的行业具有更高水平的固有风险。此外，与存货价值更客观的情况相比，当存货类型由于其性质而难以估价时，具有更高的固有风险。例如，钻石估值本质上比汽车轮胎估值的风险更大。审计师不能降低固有风险水平。即使在一个受到良好控制保护的系统中，财务数据和财务报表也可能出现重大错报。

14.3.5.3　控制风险

控制风险（control risk，CR）是控制结构存在缺陷的可能性，即因为控制缺失或不足以防止或检测账户中的错误[1]。为了说明控制风险，请考虑以下部分客户销售记录，该记录由销售订单系统提供。

数量	单价	总计
10 件	20 美元	2 000 美元

假设记录中的数量和单价字段正确显示，2 000 美元的总计金额值是错误的。具有充分控制的 AIS 应防止或检测出此类错误。如果缺少控制，且在处理之前未检查每条记录中的总计值，那么输入数据文件中未检测到的错误的风险就会增加。

14.3.5.4　检测风险

检测风险（detection risk，DR）是审计师承担的风险，即控制结构未检测到或未预防的错误在审计师执行实质性测试时也不会被审计师发现。审计师预先确定了可接受的检测风险水平（称为计划检测风险），这会影响他们必须执行的实质性测试的水平。例如，计划检测风险为 10%，需要更多实质性的测试，而检测风险设置为 20%。正如我们接下来将看到的，内部控制越可靠，审计师承担的计划检测风险就越大，需要的实质性测试就越少。

14.3.5.5　审计风险模型

审计师使用下面给出的模型中的审计风险组件来确定实质性测试的范围、性质和时间安排。

$$AR=IR \times CR \times DR$$

假设可接受的 AR 评估为 5%，与统计相关的 95% 置信区间一致。此外，假设 IR 评估为 40%，CR 评估为 60%。那么需要什么级别的计划 DR 才能实现 5% 的 AR？

$$5\%=40\% \times 60\% \times DR$$

$$DR=0.05/0.24$$

$$DR=0.21$$

现在让我们将 CR 值降低到 40% 并重新计算 DR：

$$5\%=40\% \times 40\% \times DR$$

$$DR=0.31$$

请注意，为了在第一个例子中达到 AR 水平，审计师必须将计划 DR（20%）设置为低于第二个示例（31%）。这是因为第一个例子中的 CR（60%）比第二个例子（40%）风险更大。这种更大的风险需要更多的实质性测试，以确保审计师不会发现任何重大错误。

总之，通过控制测试确定的内部控制结构越强，控制风险就越低，审计师必须进行的实质性测试就越少。这种关系是真实的，因为当控制很强时，会计记录出错的可能性就会降低。因此，当控制到位且有效时，审计师可以减少实质性测试。相反，内部控制结构越弱，控制风险越大，审计师必须进行更多的实质性测试，以降低总体审计风险。

---

[1]　Auditing Standards Board，*AICPA Professional Standards*（New York：AICPA，1994），AU Sec. 312.20.

因此，薄弱的控制证据迫使审计师扩大实质性测试，以寻找虚假陈述。

14.3.5.6　审计报告

审计完成后，审计师向董事会审计委员会提交**审计报告**。审计报告包括对财务报表公允列报的意见和对财务报告内部控制质量的意见。内部控制存在单一重大缺陷要求审计师就财务报告的内部控制发表保留意见。但是这并不意味着审计师对财务报表的意见也必须是有所保留的。审计师如果可以通过额外的测试得出内部控制缺陷没有导致财务报表重大错报的结论，就可以对财务报表出具无保留（干净）意见，同时对内部控制出具保留意见。

14.4　SOX 法案第 302 条和第 404 条概述

2002 年 SOX 法案为在 SEC 注册的上市公司制定了公司治理法规和标准。尽管该法案包含许多部分，但本章和随后的两章侧重于第 302 条和第 404 条的内部控制和审计责任。

第 302 条要求公司管理层，包括首席执行官（CEO），对公司的季度和年度报告中包含的财务和其他信息进行认证。该规则还要求公司管理层对财务报告的内部控制进行认证。认证人必须设计内部控制流程，或促使设计这种控制流程，并就财务报告过程的可靠性提供合理保证。此外，他们必须披露公司内部控制在最近一个财务季度发生的任何重大变化。

第 404 条要求上市公司的管理层评估其组织对财务报告内部控制的有效性。根据该法案的这一部分，管理层必须提供一份年度报告，说明以下几点：

（1）足够详细地描述交易流程，包括 IT 方面，以确定可能识别出错报的点。

（2）使用基于风险的方法，评估与重大账户相关的内部控制的设计和执行有效性。

（3）评估系统中存在欺诈的可能性并评估旨在预防或检测欺诈的控制措施。

（4）对财务报表报告过程控制的充分性进行评估并得出结论。

（5）评估与 COSO 内部控制框架相对应的公司范围（一般）的控制。

关于最后一点，SEC 特别提到 COSO 作为推荐的控制框架。此外，PCAOB《审计准则声明第 5 号》支持使用 COSO 作为控制评估的框架。尽管已经发布了其他合适的框架，但使用的任何框架都应包含 COSO 的所有一般主题。

14.4.1　IT 控件与财务报告之间的关系

信息技术推动了现代组织的财务报告流程。系统自动启动、授权、记录和报告财务交易的影响。因此，它们是 SOX 法案认为的财务报告流程中不可分割的元素，并且必须加以控制。COSO 模型确定了两大类 IT 控件：应用控件和一般（通用）控件。正如我们在前几章中看到的，**应用控件**确保了财务交易的有效性、完整性和准确性。这些控件被设计为专门用于应用程序。示例包括以下内容：

• 现金支付批处理流程，用于验证向供应商支付的总付款与应付账款明细账的总过账是否一致。

- 一种 AR 校验位程序，用于验证销售交易中的客户账号。
- 工资单系统限制检查，用于识别报告工时超过预定正常工时的员工考勤卡记录。

这些示例说明了应用程序控制如何对通过各种交易处理系统并进入财务报告流程的数据的完整性产生直接影响。**IT 通用控件**之所以如此命名，是因为它们不是专门用于应用程序的，而是适用于所有系统。一般控件在其他框架中有其他名称，**包括通用计算机控件和信息技术控件**。无论使用什么名称，它们都包括 IT 治理、IT 基础设施、网络和操作系统安全、数据库访问、应用程序获取和开发以及程序更改的控件。

虽然通用控件不控制特定交易，但它们对交易完整性有影响。例如，考虑一个数据库安全控制较差的公司，在这种情况下，即使是由具有足够内置应用程序控制的系统，其处理的数据也可能面临来自绕过数据库安全的个人风险（直接或通过恶意程序），他们更改、窃取或损坏存储的交易数据。因此，需要通用控件来支持应用控制功能发挥作用的环境，并且两者都需要确保生成准确的财务报告。

14.4.2 第 302 条和第 404 条的审计影响

在 SOX 法案发布之前，外部审计师不需要将内部控制作为其鉴证职能的一部分进行测试。他们需要熟悉客户组织的内部控制，但可以选择不依赖它们，因此不执行控制测试。因此，审计可以而且经常使用实质性测试。

SOX 法案通过强制外部审计师鉴证内部控制的质量，极大地扩展了外部审计师的作用。这构成在对财务报表公允性发表意见的基础上发表单独的审计意见。该附加审计意见的标准很高。事实上，如果仅发现内部控制存在一个重大缺陷，审计师就不能发表无保留（干净）意见。如上节所述，对内部控制发表保留意见并不一定意味着对财务报表发表保留意见。当审计师通过实质性测试得出控制缺陷不会导致财务报表出现重大失实陈述的结论时，允许审计师同时对控制发表保留意见和对财务报表发表无保留意见。

作为鉴证责任的一部分，PCAOB《审计准则声明第 5 号》特别要求审计师了解交易流程，包括与如何启动、授权、记录和报告交易有关的控制。这包括首先选择对财务报告有重大影响的财务账户，并确定与这些账户相关的应用程序控制。如前所述，应用程序控制的可靠性取决于支持它们的 IT 通用控件。其中包括对数据库、操作系统和网络的访问控制。这些应用程序控制和通用控件的总和构成了需要审查的财务报告的相关内部控制。图 14-2 说明了这种 IT 控制关系。

第 404 条要求管理层在其控制有效性报告中向外部审计师提供与选定重大账户相关的运行控制的书面证据。组织的内部审计部门或专门的 SOX 法案小组可能会运行这些测试。

第 302 条还对审计师产生重大影响。除了对内部控制的有效性发表意见外，审计师还对管理层对内部控制的季度认证负责。具体而言，审计师必须每季度执行以下程序，以识别对财务报告控制的任何重大修改：

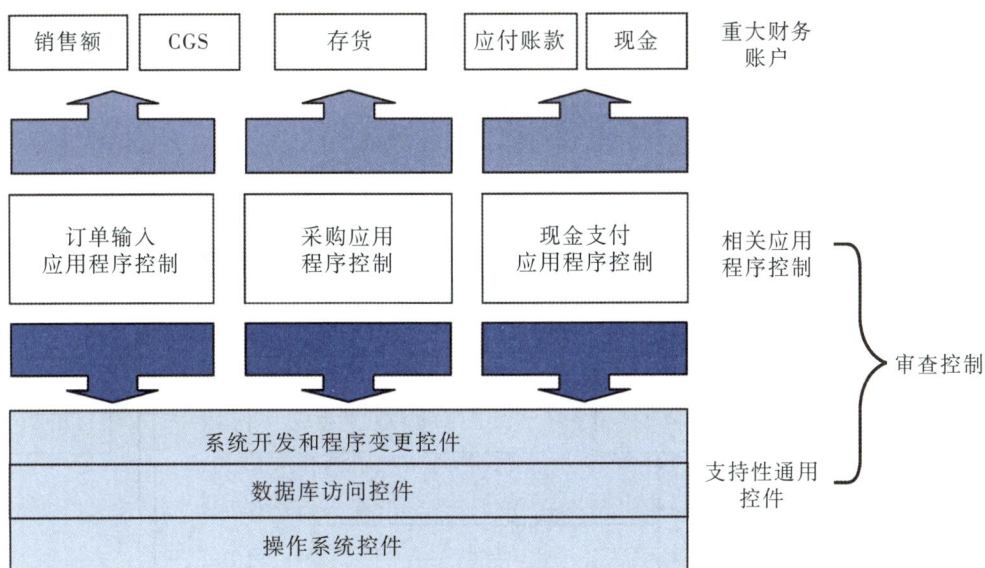

图14-2　IT控制关系

（1）就上一次年度审计或中期财务信息审查后发生的内部控制设计或运行的任何重大变化与管理层面谈。

（2）评估审计师在与有效内部控制相关的中期审查中发现的错报的影响。

（3）确定内部控制的变化是否可能对财务报告的内部控制产生重大影响。

最后，SOX法案将发现欺诈活动的责任交给审计师，强调旨在防止或发现可能导致财务报表重大错报的控制欺诈的重要性。管理层负责实施此类控制，并且特别要求审计师对其进行测试。由于计算机是现代组织会计和财务报告系统的核心，因此**计算机欺诈**的主题属于SOX法案规定的管理和审计职责。以下部分列出几种处理计算机欺诈的问题。

14.4.2.1　计算机欺诈

我们在第 3 章中看到，2012 年的欺诈损失估计为 3.5 万亿美元。很难说其中有多少可以归咎于计算机欺诈。不确定的一个原因是计算机欺诈没有明确定义。例如，我们在第 3 章的道德一节看到，有些人认为复制商业计算机软件既不道德也不违法。而软件供应商认为此类行为是犯罪行为。无论计算机欺诈的定义有多狭隘或广泛，它都是一个迅速增多的现象。出于我们讨论的目的，计算机欺诈包括以下内容：

- 通过更改计算机记录和文件来盗取、滥用或挪用资产。
- 通过更改计算机软件的逻辑来盗取、滥用或挪用资产。
- 盗取或非法使用计算机可读信息。
- 盗取、损坏、非法复制或故意破坏计算机软件。
- 盗取、滥用或盗用计算机硬件。

图 14-3 所示的会计信息系统的通用模型在概念上描绘了信息系统的关键阶段。其模型中的每个阶段——数据收集、数据处理、数据库管理和信息生成——都是一个潜在的存在计算机欺诈风险的领域。在本节中，我们只考察风险的一般性质；本章后面和

其余两章将讨论降低风险所需的专门控制技术。

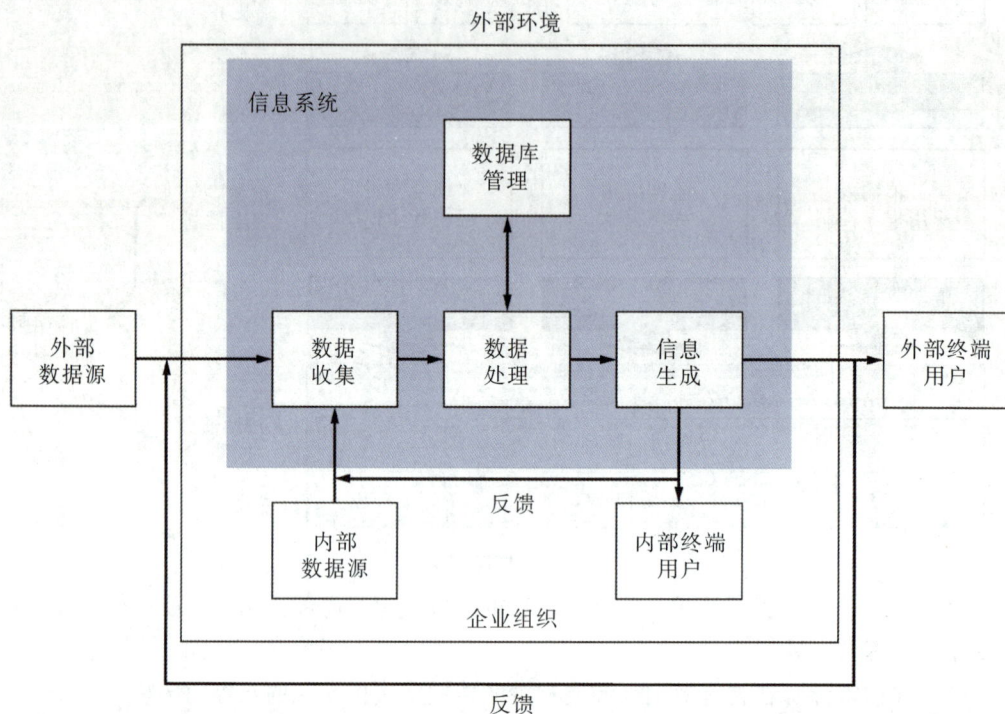

图14-3 会计信息系统的通用模型

数据收集。数据收集是信息系统的第一个操作阶段，目标是确保进入系统的事件数据有效、完整且没有重大错误。在许多方面，这是系统中最重要的阶段。如果错误的或欺诈的交易未经检测就通过数据收集，则系统会处理交易并出现影响财务报表的风险。

进行计算机欺诈最常见的阶段是在数据收集阶段。这种类型的欺诈对欺诈者来说几乎不需要或根本不需要计算机技能，但它们确实需要设计不良的控制。策划者只需要了解系统的工作原理和系统的控制弱点即可。欺诈行为涉及将伪造的数据输入系统。这可能涉及删除、更改或创建交易信息。例如，为了实施工资欺诈，犯罪者可能会在合法交易中插入欺诈性工资交易。除非有内部控制来检测这类插入，否则系统将为有心者提供渠道。此类欺诈的一种变体是更改其他合法工资单交易中的"工作时间"字段以增加薪水金额。

这类欺诈还有一种变体是用现金支付虚假的应付账款。通过在应付账款系统的数据收集阶段输入欺诈性支持文件（采购订单、收货报告和供应商发票），犯罪者可以欺骗系统为不存在的采购创建应付账款记录。一旦创建记录，系统将假定它是合法的，并在到期日将资金付给犯罪者以支付虚假账单。

联网系统使组织面临来自远程位置的交易欺诈。伪装、捎带和黑客攻击是此类欺诈技术的典型。伪装涉及犯罪者通过伪装成授权用户从远程站点访问系统。这通常需要首先获得登录密码。捎带是一种技术，其中远程站点的犯罪者接入通信线路并锁定正在登录系统的授权用户。一旦进入系统，犯罪者可以冒充为授权用户。黑客攻击可能涉及捎带或伪装技术。黑客不同于其他计算机罪犯，因为他们的动机通常不是为了经济利益、盗窃资产而欺诈，而是挑战入侵系统。但是，黑客通过破坏和更改企业数据给企业造成重大损失。

数据处理。数据收集完成后，数据通常需要处理以生成信息。数据处理中的任务包括用于生产调度应用程序的数学算法（如线性规划模型）、用于销售预测的统计技术以及用于会计应用程序的过账和汇总程序。数据处理欺诈分为两类：程序欺诈和操作欺诈。

程序欺诈（program fraud）包括以下技术：（1）创建可以访问数据文件以更改、删除或将值插入会计记录的非法程序；（2）使用计算机病毒破坏程序逻辑；（3）更改程序逻辑导致应用程序错误地处理数据。例如，银行用来计算其客户账户利息的程序通常会产生舍入误差，因为利息计算的精度高于报告精度。因此，计算到小数点后几位的利息数字产生的值只有 1 美分的一小部分，为了报告目的，必须四舍五入为整数。利息计算程序通常有一个标准的舍入程序来跟踪舍入误差，以便银行的总利息费用等于各个贷方的总和。这涉及将每次计算剩余的小数暂时放置在内部存储器累加器中。当累加器中的金额总计为 1 美分（正负）时，金额将添加到当时正在处理的特定客户的账户中。换句话说，1 分钱会随机添加到客户账户中（或从中扣除）。一种意大利的程序欺诈形式涉及修改程序的舍入逻辑，使其不再随机添加 1 美分。相反，修改后的程序总是将金额添加到犯罪者的账户中，但它仍然随机添加负 1 美分。这可以将大量现金转移给犯罪者，但会计记录仍保持平衡，掩盖了犯罪行为。

操作欺诈（operations fraud）是指滥用或盗窃公司的计算机资源。这通常涉及使用计算机进行个人业务。例如，程序员可能会利用在公司的上机时间来编写他用于销售的商业软件。财务总监办公室的注册会计师可以使用公司的计算机为她的私人客户准备纳税申报表和财务报表。同样，拥有执业资格的公司律师可以使用公司的计算机在商业数据库中搜索法庭案件和判决。访问数据库的费用由组织承担，并隐藏在合法费用中。

数据库管理。组织的数据库是其财务和非财务数据的物理存储库。**数据库管理欺诈**（database management fraud）包括更改、删除、破坏或窃取组织的数据。对数据库文件的访问是这种欺诈的基本要素，所以它通常与交易或程序欺诈有关。一种常见的欺诈技术是从远程站点访问数据库并浏览文件以获取可以复制并出售给竞争对手的有用信息。

众所周知，心怀不满的员工破坏公司数据文件只是为了损害组织。一种方法是在程序中插入一个被称为逻辑炸弹的破坏性程序。在指定时间，或满足某些条件时，逻辑炸弹会擦除程序访问的数据文件。例如，一个心怀不满的程序员打算离开一个组织，他在工资系统中插入了一个逻辑炸弹。几周后，当系统检测到程序员的名字已从工资单文件中删除时，逻辑炸弹被激活并清除了整个工资单文件。

信息生成。信息生成是对信息进行编译、排列、格式化和呈报给用户的过程。信息可以是操作文档，如销售订单、发送到计算机屏幕的报告和已发布的财务报表。

信息生成阶段计算机欺诈的一种常见形式是窃取、误导或滥用计算机输出信息。一种称为**清除**（scavenging）的低劣但有效的技术涉及在计算机中心的垃圾中搜索丢弃的文件。有时，纸张未对齐或在打印过程中略有乱码的输出报告会被丢弃到垃圾箱中。犯罪者可能会从在处理过程中被拒绝的打印报告中获得有用的信息。

另一种称为**窃听**（eavesdropping）的欺诈形式涉及通过远程通信线路监听输出的信息，犯罪者能够拦截未受保护的电话线和微波信道发送的消息，这种技术是现成的。大多数专家认为无法确定犯罪者访问数据通信的具体渠道。然而，数据加密能够有效降低这种数据被捕获的可能性。

有了这个背景，就可以设置背景来查看SOX法案下可能需要的控制技术和控制测试。PCAOB《审计准则声明第5号》强调，管理和审计人员应使用基于风险的方法，而不是一刀切的方法来设计和评估控制。换句话说，在确定必要的控制的性质和范围时，需要考虑组织的规模和复杂性。因此，读者应该认识在本章的其余部分和接下来的两章中介绍的控件。

14.5　IT治理控制

IT治理是一个宽泛的概念，涉及决策权和责任，以鼓励在IT使用中的合法行为。尽管这很重要，但并非IT治理的所有要素都与SOX解决的控制问题以及COSO框架中概述的控制问题特别相关。在本章中，我们考虑了IT职能的组织结构、计算机操作中心安全和控制以及灾难恢复计划的三个治理问题。

对这些治理问题中的每一个讨论都从风险性质的解释和降低风险所需的控制的描述开始。然后，提出审计目标，确定需要验证的有关控制功能的内容。最后，提供控制测试的示例，描述审计师如何收集证据以满足审计目标。这些控制目标和相关测试可由内部审计师（提供管理层遵守SOX法案的证据）或外部审计师（鉴证职能的一部分）执行。在这一方面，我们没有区分这两个角色。

14.6　组织结构控制

前面的章节强调了在生产过程中区分不兼容的职责的重要性。具体而言，操作任务应划分为：

（1）将交易授权任务与交易处理分离。

（2）将记录库存与资产保管分开。

（3）在个人之间划分交易处理任务，使得欺诈需要两个人或多个人相互配合。

IT环境中的趋势是整合活动。单个应用程序可以授权、处理和记录交易的所有方面。因此，职责分离控制的重点从操作级别（计算机程序现在执行的交易处理任务）转移到IT功能更高级别的组织关系。系统开发、应用程序维护、数据库管理和计算机操作活动之间的相互关系尤其值得关注。

下一节将在两个通用模型（集中式模型和分布式模型）的情境中检查组织控制问题。出于讨论的目的，这些是作为备选结构呈现的；在实践中，大多数公司的IT环境都具备这两种要素。

14.6.1　集中式模型公司内部的职责分离

图 14-4 展示了集中式 IT 功能的组织结构图。第 1 章提供了一个类似的组织结构图，为讨论 IT 任务提供了基础。在这里重新检查以研究分离这些任务背后的控制目标。如果对此图中表示的职位不熟悉，你应该在继续之前查看第 1 章中的相关部分。

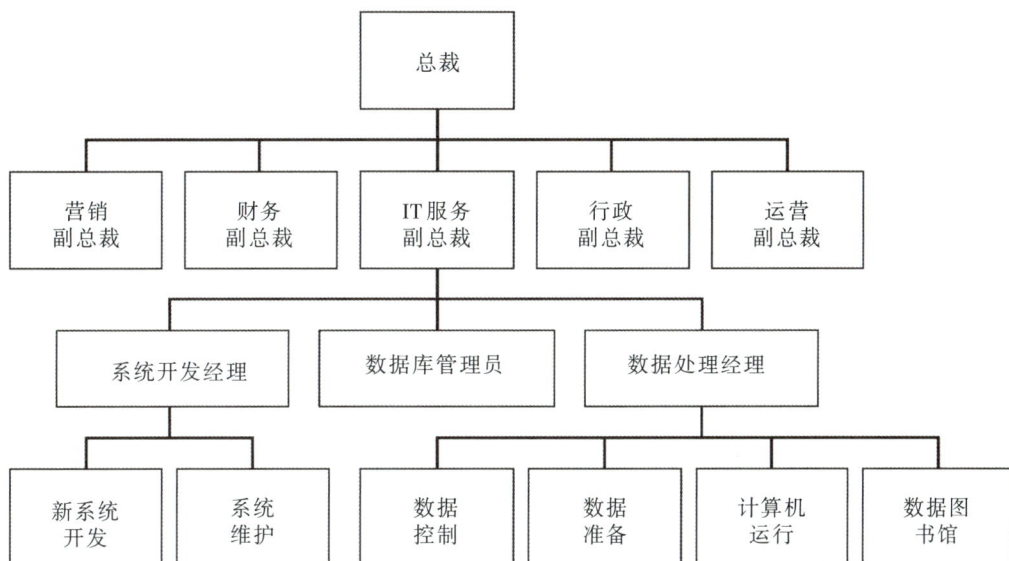

图14-4　集中式模型IT功能的组织结构图

14.6.1.1　将系统开发与计算机操作分开

系统开发（新系统开发和维护）和运行活动的分离非常重要，两者的职责不应混为一谈。系统开发和维护专业人员为用户获取（通过内部开发和购买）和维护系统；运行人员应运行这些系统，并且不参与其设计和实施。合并这些功能会导致欺诈，凭借对应用程序逻辑和控制参数的详细了解以及对计算机操作的访问权限，个人可以在程序执行期间对应用程序逻辑进行未经授权的更改，这种更改可能是暂时的（即时），并且在应用程序终止时会消失，只有很少或根本没有痕迹。

14.6.1.2　将数据库管理员与其他功能分开

另一个重要的组织控制是将数据库管理员（DBA）职能与其他 IT 职能分开。DBA 负责许多与数据库安全相关的关键任务，包括创建数据库模式、创建**用户视图**（子模式）、为用户分配访问权限、监控数据库使用情况以及规划系统未来的扩展。将这些职责委派给执行不兼容任务的其他人会威胁到数据库的完整性。图 14-4 显示了 DBA 职能是如何独立于组织的。

将 DBA 与系统开发分开。程序员创建应用程序来访问、更新和检索数据库中的数据。第 9 章说明了数据库是如何通过创建用户视图来实现控制的，这是 DBA 的职责。因此，为了实现数据库访问，程序员和 DBA 都需要就性质和形式（用户视图）达成一致，以便相关应用程序（或用户）可以利用这些性质和形式（用户视图）。如果处理得当，这将要求对用户数据需求和请求的安全问题进行正式审查。将用户视图定义的责任分配给具有编程责任的个人消除了这种寻求一致的需要，从而有效地削弱了对 DBMS 的访问控制。

14.6.1.3 将新系统开发与维护分开

一些公司将它们的系统开发功能分为两组：系统分析和应用程序编程。这种组织方式如图 14-5 所示。系统分析小组与用户一起进行新系统的详细设计。编程组根据这些设计要求对程序进行编码。在这种方法下，编写原始程序的程序员也在系统开发生命周期的维护阶段维护它们。虽然这是一种流行的做法，但这种做法会引发两个潜在问题：文件不足和程序欺诈。

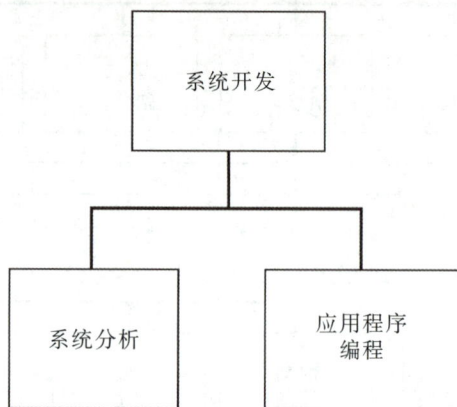

图14-5　系统开发的备选组织

文件不足。对于许多寻求遵守 SOX 法案的组织来说，质量差的系统文档是一个长期存在的 IT 问题和重大挑战。对于这种现象，至少有两种原因。第一，记录将文件录入系统不如设计、测试和运行系统有趣。系统专业人士更喜欢继续一个令人兴奋的新项目，而不是向一个刚刚完成的项目录入文件。第二个可能原因是工作保障。当系统文档记录不充分时，就很难解释、测试和调试。因此，了解系统的程序员（编写代码的人）具有重要地位，变得相对不可或缺。然而，当程序员离开公司时，新的程序员承担了对记录不完整系统的维护责任。根据其复杂性，过渡期可能很长且成本高昂。

程序欺诈。当系统的创始程序员也被分派维护责任时，欺诈的可能性就会增加。程序欺诈涉及以非法行为为目的对程序模块进行未经授权的更改。创始程序员可能已经成功地将欺诈代码隐藏在数千行合法代码和构成系统的数百个模块中。为了使欺诈成功，该程序员必须通过对应用程序的独占和不受限制的访问来控制情况。程序员需要保护欺诈代码不被其他执行维护任务的程序员或测试应用程序控制的审计师意外检测到。因此，全权负责维护是欺诈程序员计划中的一个重要因素。通过这种维护权限，程序员可以自由地访问系统，在审计期间禁用欺诈代码，然后在审计期过后再恢复代码。这种欺诈行为可能会持续数年而不被发现。

14.6.1.4 系统开发的优越结构

图 14-4 展示了一个优越的组织结构，其中系统开发功能被分成两个独立的组：新系统开发和系统维护。新系统开发组负责设计、编程和实施新系统项目。成功实施后，系

统持续维护的责任就落在了系统维护组身上。这种结构有助于解决前面所说的两个问题。

首先，文档记录标准得到改进，因为维护小组将需要足够的文档来履行其维护职责。如果没有完整的文档，就无法将系统责任从新系统开发正式转移到系统维护。

其次，拒绝创始程序员将来访问应用程序代码可以阻止程序欺诈。应用程序中的欺诈代码超出了犯罪者的控制，增加了欺诈被发现的风险。控制的成功取决于是否存在限制、防止和检测对程序的未经授权访问的其他控制。这些控制将在第 15 章中讨论。虽然组织（职责）分离本身并不能保证不会发生计算机欺诈，但它们对于创建降低风险所需的控制环境至关重要。

14.6.2　分布式模型公司内部的职责分离

集中式模型的替代方案是**分布式数据处理**（distributed data processing，DDP）的概念。DDP 的主题相当广泛，涉及终端用户计算、商业软件、网络和办公自动化等相关主题。简单地说，DDP 涉及将 IT 功能重组为小单元，这些小单元分发给最终用户并置于它们的控制之下。图 14-4 中表示的所有 IT 活动都可能是分布式的。图 14-6 显示了将所有数据处理任务分配给最终用户区域后可能出现的新组织结构。

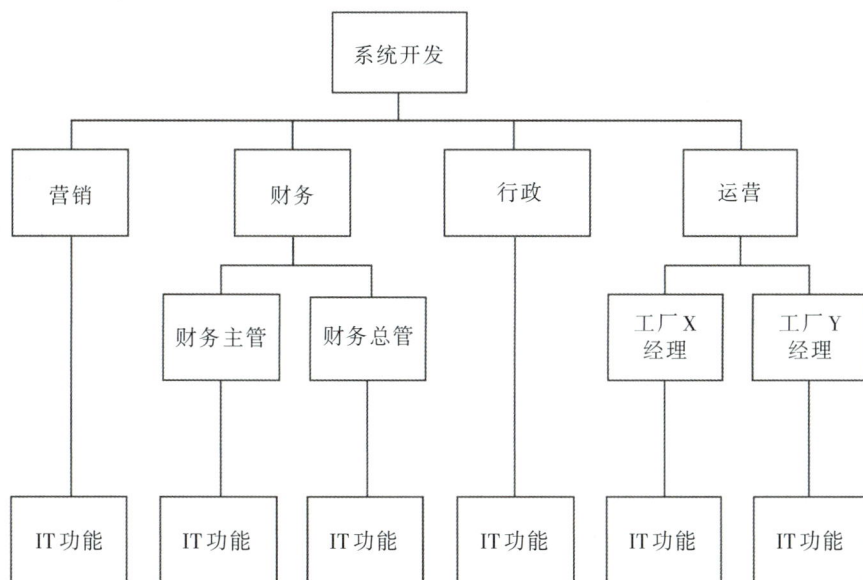

图14-6　分布式系统的组织结构

请注意，IT 的核心功能已从组织结构中删除。单个 IT 单元现在都执行此功能。近年来，DDP 已成为一种经济和运行可行性，已经彻底改变了业务运营。然而，DDP 是一个既有优点又有缺点的混合包。

14.6.2.1　DDP 的优势

DDP 最常被提及的优势与降低成本、提高用户满意度和提高运行效率有关。具体问题将在下一节中讨论。

降低成本。实现规模经济是集中式方法的主要理由。数据处理的经济性有利于大型、昂贵、功能强大的计算机。集中式系统满足的广泛需求需要高度通用化并采用复杂操作系统的计算机。功能强大但价格低廉的小型计算机系统可以经济高效地执行专业功能，极大地改变了数据处理的经济性。此外，数据存储的单位成本（曾经是在中央位置整合数据的理由）不再是首要考虑因素。此外，转向 DDP 可以降低其他两个方面的成本：（1）可以在本地输入和编辑数据，从而消除了数据转换和数据控制的集中处理任务；（2）可以降低应用程序的复杂性，进而降低开发和维护成本。

改进成本控制责任。管理人员对其企业的财务成功负有责任，这要求他们获得适当的授权，以便对影响其整体成功的资源作出决策。因此，如果信息处理能力对企业运营的成功至关重要，那么管理层是否应该控制这些资源？

提高用户满意度。DDP 最常被提及的好处是提高了用户满意度，这源于集中式方法经常无法满足三个需求领域：（1）如前所述，用户希望控制影响其盈利能力的资源；（2）用户需要系统专业人员（分析师、程序员和操作者）；（3）用户希望更积极地参与开发和实施他们自己的系统。DDP 的支持者认为，提供更多定制化支持（仅在分布式环境中可行）对用户和生产力有直接的好处。

备份。支持 DDP 的最后一个观点是备份计算数据的能力，以防止潜在的灾难，如火灾、洪水、破坏和地震。一种解决方案是在每个 IT 单元中构建富余的容量，如果灾难破坏了单个站点，则其信息可以由其他站点处理。这需要决策者之间密切协调，以确保他们不会在其站点实施不兼容的硬件和软件。

14.6.2.2 分布式数据处理（DDP）的缺点

本讨论侧重于会计人员应认识到的具有控制影响的重要问题。失控是 DDP 最严重的缺点之一。其他潜在问题包括资源使用效率低下、审计线索被破坏、职责分离不充分、编程错误和系统故障的可能性增加，以及缺乏标准。具体问题将在下一节中讨论。

组织范围内的资源管理不善。一些人认为，当组织范围内的资源超过阈值时，例如，总运营预算的 5%，应集中控制和监控资源。这一论点反驳了前面提出的支持组织范围内资源分配的观点。信息处理服务（例如，计算机操作、编程、数据转换和数据库管理）代表了许多组织的重大支出。反对 DDP 的人认为，分配这些资源的责任将不可避免地导致它们的管理不善。

硬件和软件不兼容。将购买硬件和软件的责任分配给用户管理层可能会导致决策不协调和考虑不周。独立工作时，决策者可能会选择不同且不兼容的操作系统、技术平台、电子表格程序、文字处理器和数据库包。这种硬件和软件不兼容会降低和破坏组织单位之间的通信。

冗余任务。分布在整个公司的自治系统开发活动可能导致每个用户重新创建流程。例如，由一个用户创建的应用程序，其他人可能很少使用或根本不作修改，而是从头开始重新设计，没有共享。同样，可能会为每个用户重新创建许多用户共有的数据，从而导致高度的数据冗余。

整合不相容的活动。将 IT 功能分配到各个用户区域会导致创建许多非常小的单元，这些单元或许不能对不兼容的功能进行必要分离。例如，在单个 IT 单元内，同一个人可以编写应用程序、执行程序维护任务、将交易数据输入计算机以及操作计算机设备。这种情况就从根本上违反了内部控制要求。

聘请合格的专业人员。最终用户经理可能缺乏评估申请计算机专业人员职位的候选人的技术证书和相关经验的知识。此外，如果新员工进入的组织单位较小，个人成长、继续教育和晋升的机会可能会受到限制。由于这些原因，最终用户经理有时难以吸引高素质的人员，这增加了编程错误和系统故障的风险。

缺乏标准。由于在DDP环境中实行责任分配，开发和记录系统、选择编程语言、获取硬件和软件以及评估性能的标准可能执行不一致或不执行。DDP的反对者认为，与数据处理系统的设计和操作相关的风险只有在这些标准得到一致执行的情况下才能接受，这需要集中实施标准。

14.6.3 创建企业IT功能

完全集式和完全分布式模型代表了一系列结构选择的极端情况，大多数公司的需求介于这些情况之间。对于这些公司，与DDP相关的控制问题在某种程度上可以通过实施**公司IT功能**来克服。图14-7说明了这种组织方法。

公司IT功能是一个更精简的单元，其任务不同于图14-4所示的集中式IT功能。该小组向各个领域提供技术建议和专业知识的分布式IT功能，如图14-7中的虚线所示。以下部分介绍了所提供的一些支持服务。

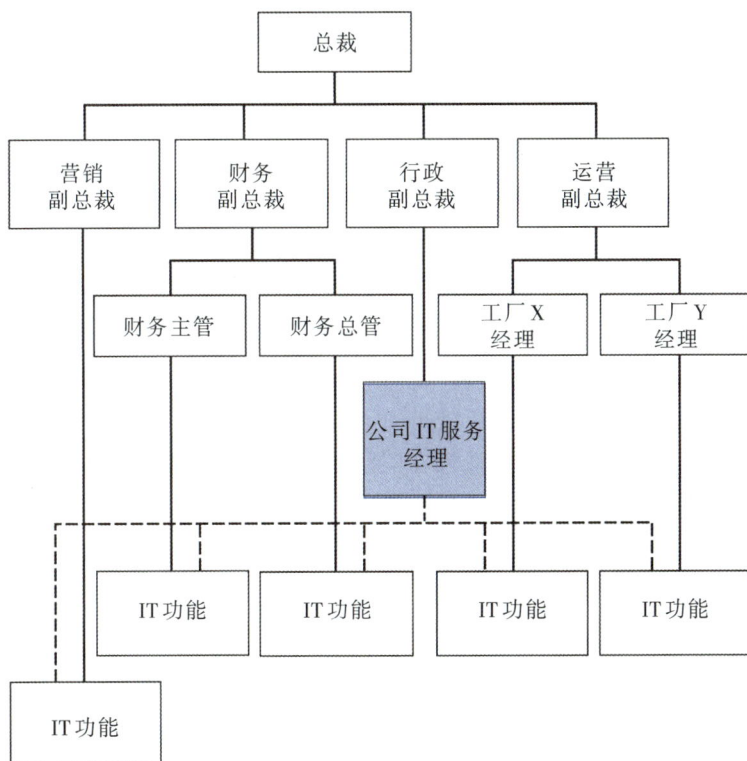

图14-7 具有IT功能的分布式组织

14.6.3.1 商业软件和硬件的集中测试

企业 IT 团队能够更好地评估竞争供应商软件和硬件的优点。像这样一个在技术上精通的核心小组可以最有效地评估系统特性、控制以及与行业和组织标准的兼容性。经过测试，他们可以向用户提出建议，为采购软件决策提供指导。

14.6.3.2 用户服务

企业集团的一个有价值的特点是它的用户服务功能。此服务功能在安装新软件以及解决硬件和软件问题时为用户提供技术帮助，为用户创建电子公告板是分享有关常见问题的信息并允许与组织中的其他人共享用户开发程序的绝佳方式。用户服务人员经常为终端用户讲解技术课程，提高了用户知识水平，促进了技术人员的继续教育。

14.6.3.3 标准制定机构

建立标准制定机构可以改善分布式模型常见的相对较差的控制环境。公司集团可以建立和分发适当的系统开发、编程和文档标准，以符合 SOX 法案要求。

14.6.3.4 人员审查

公司集团比用户更有能力评估系统专业人员的潜在技术资质。尽管有望成为公司 IT 员工的专业人员将为分布式用户组工作，但企业集团参与招聘决策制定可以为组织提供有价值的服务。

14.6.4 与组织结构相关的审计目标

审计师的目标是确定在不相容领域服务的个人是否按照可接受的风险水平和有助于工作环境的方式进行职责分离。

14.6.5 与组织结构相关的审计程序

以下审计测试将为实现审计目标提供证据：

（1）获取并审查公司有关计算机安全的政策。验证安全策略是否已传达给负责的员工和主管。

（2）查看相关文档，包括当前的组织结构图、责任说明和关键职能的工作描述，以确定个人或团队是否在执行不兼容的职能。

（3）查看应用程序样本的系统文档和维护记录。验证分配给特定项目的维护程序员不是最初的设计程序员。

（4）通过观察，确定职责分离政策在实践中得到遵守。查看操作室访问日志，以确定程序员是否因系统故障以外的原因进行操作。

（5）查看用户角色以验证程序员是否具有与其工作描述一致的访问权限。

14.7 计算机中心安全和控制

火灾、洪水、风、破坏、地震甚至停电都会破坏组织的数据处理设施，并使计算机执行或辅助功能停止。尽管发生此类灾难性事件的可能性很小，但对组织造成的后果可能很严重。如果发生灾难，组织不仅会失去对数据处理设施的投资，更重要的是，它还会失去开展业务的能力。

本节的目的是介绍有助于创建计算机中心控制的安全环境。我们将首先了解旨在预防和检测对计算机中心造成威胁的控制措施。然而，无论在控制上投入多少，有些灾难根本无法预料和预防。公司如何为此类活动进行准备？它将如何恢复？这些问题是该组织灾难恢复计划的核心。下一节专门讨论与制订灾难恢复计划有关的问题。

14.7.1　电脑中心控制

计算机中心安全方面的弱点对与财务报告流程相关的应用程序控制功能具有潜在影响。因此，这种物理环境是遵循 SOX 法案的控制问题。以下是一些直接有助于计算机中心安全的控制功能。

14.7.1.1　物理位置

计算机中心选择的物理位置会产生灾难风险。计算机中心应尽可能远离人为和自然灾害，如加工厂、天然气和自来水总管、机场、高犯罪率地区、洪泛区和地质断层。

14.7.1.2　建筑

在理想情况下，计算机中心应位于具有受控访问权限的单层实心建筑中（将在下一节中讨论）。公用设施（电源和电话）和通信线路应位于地下。建筑物的窗户不应打开。应安装能够排除花粉和尘螨的空气过滤系统。

14.7.1.3　可访问性

计算机中心的访问权限应仅限于操作员和在那里工作的其他员工。偶尔需要纠正程序错误的程序员和分析师应该及时登录和退出。计算机中心应保留所有此类事件的准确记录，以验证访问控制的功能。计算机中心的主要入口应该是一道带警报消防出口的大门。为了实现更高级别的安全性，应有闭路摄像头和视频记录系统监控访问。

14.7.1.4　空调

计算机在有空调的环境中运行最佳。对于大型计算机，有充足的空调通常是供应商保修的一项要求。计算机在 70℉~75℉[①] 的温度范围和 50% 的相对湿度下运行最佳。当温度明显偏离此范围时，计算机硬件可能会出现逻辑错误。此外，当湿度下降时，静电损坏电路的风险也会增加。而高湿度会导致霉菌生长和纸制品（例如源文档）受潮和设备堵塞。

14.7.1.5　灭火

公司计算机设备最常见的威胁是火灾。半数遭受火灾的公司因丢失应收账款等关键记录而倒闭。实施有效的灭火系统需要咨询专家，下一节列出了此类系统的一些主要功能：

（1）自动和手动警报应放置在装置周围的位置，这些警报器应连接到始终有人员值班的消防站。

（2）必须有一个自动灭火系统，为该地点分配适当类型的灭火剂（二氧化碳）。例如，在计算机上喷水和某些化学物质会造成与火灾一样大的损害。

---

① ℉ 表示华氏度，华氏温度（℉）和摄氏温度（℃）之间的换算关系为：华氏度=32+摄氏度×1.8。

（3）手动灭火器应放置在醒目位置。

（4）建筑物的结构应能承受灭火设备造成的伤害。

（5）火灾发生时，消防通道应有清晰的标志和照明。

14.7.1.6　容错控制

容错是当系统的一部分由于硬件故障、应用程序错误或操作员错误而发生故障时系统继续运行的能力。运行冗余系统组件可以实现各种级别的容错。独立磁盘冗余和不间断电源是两个常见的例子。

独立磁盘冗余（redundant arrays of independent disks，RAID）涉及使用包含数据和应用程序冗余元素的并行磁盘。如果一个磁盘发生故障，丢失的数据会自动从存储在其他磁盘上的冗余组件中重建。

*不间断电源*有助于防止数据丢失和系统损坏。在电源发生故障的情况下，提供短期备用电源以使系统在受控方式下关闭。实施容错控制可确保只有在多个组件发生故障的情况下系统才会完全损坏，单点系统故障不会导致系统损坏。

14.7.1.7　与计算机中心安全相关的审计目标

审计目标是确定（1）控制计算机中心安全的措施是否足以合理地保护组织不受物理损害或损失；（2）设备的保险范围足以补偿组织计算机中心遭受破坏或损失；（3）操作员文件足以处理系统故障并执行日常操作。

14.7.1.8　评估物理安全控制的审计程序

以下是物理安全控制的测试：

物理结构测试。审计师应了解建筑及建筑规划以确定计算机中心是用防火材料坚固建造的。活动地板下应有足够的排水系统，以便在上层火灾或其他来源造成水灾时自动排水。此外，审计师应评估计算机中心的物理位置，设施应位于火灾、内乱和其他危险发生概率最低的区域。

火灾探测系统的测试。审计师应确定手动和自动火灾探测及灭火设备已到位并定期进行测试。火灾探测系统应探测烟雾、热源和可燃烟雾，可以通过查看存储在计算机中心的消防队长的测试记录来获取证据。

访问控制测试。审计师必须确定对计算机中心的例行访问权限只授权于特定员工。有关访问者访问的详细信息（有程序员和其他人），如到达和离开时间、目的和访问频率，可以通过查看访问日志获得。为了确定文件的真实性，审计师可能会暗中观察授权访问的过程。

14.7.1.9　容错控制测试

独立磁盘冗余（RAID）测试。许多 RAID 提供图形映射。从这个映射中，考虑到与磁盘故障相关的业务风险级别，审计师应该确定现有的 RAID 级别是否足以满足组织的需要。如果组织没有采用 RAID，则可能存在单点系统故障的可能性，审计师应与系统管理员一起审查从磁盘故障中恢复的替代程序。

电源备份。审计师应从测试记录中验证计算机中心人员是否定期对备用电源进行测试，以确保其有足够的空间运行电脑和空调。这些重要的测试和结果也应当一起记录。

14.7.1.10　验证保险范围的审计程序

审计师应每年审查组织对其计算机硬件、软件和物理设施的保险范围。审计师应核实政策中是否列出了所有新收购的设备，并且删除过时的设备和软件。保险单应反映管理层在承保范围方面的需求。例如，公司可能希望部分自保并寻求保险成本最低。同时公司可能会寻求重置成本完全得到覆盖。

14.7.1.11　验证操作员文档充分性的审计程序

计算机操作员使用称为运行手册的文档来运行系统的某些方面。特别是，大批量系统通常需要操作员特别注意。在一天中，计算机操作员可能会执行数十个计算机程序，每个程序可能会处理多个文件并生成多个报告。为了实现有效的数据处理操作，运行手册必须足够详细，以指导操作员完成任务。审计师应审查运行手册的完整性和准确性。运行手册的主要内容包括：

- 系统名称，例如"采购系统"
- 运行计划（每天、每周、一天中的时间）
- 所需的硬件设备（磁带、磁盘、打印机或特殊硬件）
- 说明所有交易的（输入）文件、主文件和系统中使用的输出文件的要求
- 运行时的指令，描述可能出现的错误消息、要采取的措施以及在系统出现故障时待命的程序员的姓名和电话号码
- 从运行中接收输出信息的用户列表

此外，审计师应验证一些不是运营文档的系统文档，如系统流程图、逻辑流程图和程序代码清单。由于前面讨论的原因，操作员不应该访问系统内部逻辑的操作细节。

14.8　灾难恢复计划

有些灾难是无法预防或避免的。最近发生的事件包括飓风、大范围洪水、地震和 2001 年 9 月 11 日的事件。受灾难影响的公司的生存取决于它的反应方式。通过严密的应急计划，可以消除灾难的全部影响，组织仍得以恢复。

灾难恢复计划（disaster recovery plan，DRP）是对在灾难之前、期间和之后要采取的所有行动的综合声明，以及将确保操作文件化、经过测试的程序。尽管每个计划的细节都因组织的需求而异，但所有可行的计划都具有共同的特征。本节的其余部分专门讨论以下控制问题：提供第二站点备份、识别关键应用程序、执行备份和**异地存储**程序、创建灾难恢复团队以及测试 DRP。

14.8.1　提供第二站点备份

DRP 的一个必要组成部分是在遭遇灾难后提供重复的数据处理设施。可行办法包括空壳、恢复运营中心和内部提供备份。

14.8.1.1　空壳

空壳（empty shell）或冷站点计划是公司购买或租赁用作数据中心的建筑物的一种安排。在发生灾难时，空壳可接收临时用户运行基本系统所需的任何硬件。然而，这种

方法有一个致命的弱点。恢复取决于能否及时提供必要的计算机硬件来恢复数据处理功能，管理层必须从硬件供应商那里获得保证（合同），即在发生灾难时，供应商将优先考虑公司的计算需求。在这个关键时刻出现意想不到的硬件供应问题可能是致命的打击。

14.8.1.2　恢复运营中心

恢复运营中心（recovery operations center，ROC）或热站点是许多公司共享的设备齐全的备份数据中心。除了硬件和备份设施外，ROC 服务提供商还为其客户提供一系列技术服务，用户需支付年费以获得支持。如果发生重大灾难，用户可以利用该场所，并在几个小时内恢复处理关键应用程序。

2001 年 9 月 11 日，是对 ROC 方法的可靠性和有效性的真正考验。主要的 ROC 提供商 Comdisco 有 47 名客户，这些客户在袭击当天宣了 93 个不同的灾难。所有 47 家公司都从 Comdisco 的恢复中心搬离。其中一次，有 3 000 名客户员工在这些中心外工作。在最初的 24 小时内为客户的需求配置了数千台计算机，并且系统恢复团队在警察允许进入的情况下在现场工作。到 9 月 25 日，近一半的客户能够使用功能齐全的系统返回其设施。

这种方法的一个问题是用户之间可能会争夺 ROC 资源。一场大范围的自然灾害，如洪水和地震，可能会破坏位于同一地理区域的多个 ROC 的数据处理能力。所有受害者都会发现自己在争夺使用同样有限的设施。由于一些 ROC 服务提供商以 20：1 的比例进行超卖，这种情况类似于救生艇数量不足而出现沉船。

灾难后的混乱时期不是协商知识产权归属的理想时机。因此，在进入 ROC 安排之前，管理层应考虑当前成员过度拥挤和地理聚集的潜在问题。

14.8.1.3　内部提供备份

拥有多个数据处理中心的大型组织通常更喜欢在内部创建富余容量来进行备份。这使公司能够开发标准化的硬件和软件配置，从而确保其数据处理中心之间的功能兼容性，并在发生灾难时最大限度地减少切换问题。

Pershing 是 Donaldson，Lufkin & Jenrette Securities Corporation 的一个部门，每天处理超过 3 600 万笔交易，大约每秒 2 000 笔。Pershing 管理层认识到 ROC 供应商无法提供他们想要和需要的恢复时间。因此，该公司建立了自己的远程**镜像数据中心**（mirrored data center）。该设施配备了能够存储超过 20 TB 数据的大容量存储设备和两台运行高速复制软件的 IBM 大型机。主系统处理的所有交易都通过光纤电缆实时传输到远程备份设施。在任何时间点，镜像数据中心都反映了公司当前的经济事件。镜像系统将 Pershing 的数据恢复时间从 24 小时缩短到 1 小时。

14.8.2　识别关键应用程序

DRP 的另一个基本要素涉及识别要恢复公司的关键应用程序和数据文件的程序。最终，必须恢复所有应用程序和数据到灾前商业活动水平。但是，立即恢复工作应侧重于恢复对组织短期生存至关重要的应用程序和数据。在任何灾难情景中，短期生存能力都决定了长期生存能力。

对于大多数组织来说，短期生存需要恢复那些产生足以履行短期义务的现金流的功

能。例如，假设以下功能影响特定公司的现金流状况:
- 客户销售和服务
- 履行法律义务
- 应收账款维护和催收
- 生产和分销
- 采购
- 分支机构或代理机构之间的沟通
- 公共关系

直接支持这些功能的计算机应用程序至关重要。因此，这些应用程序应在恢复计划中明确并优先考虑。

应用程序的优先级可能会随着时间而改变，这些决策必须定期重新评估。系统不断修订和扩展，以反映用户需求的变化。同样，必须更新 DRP 以反映新的发展并确定关键应用程序。最新的优先事项很重要，因为它们会影响战略计划的其他方面。例如，应用程序优先级的变化可能会导致第二站点备份要求和特定备份程序的性质和范围发生变化。

识别关键应用程序并确定其优先级的任务需要管理层、用户部门和内部审计师的积极参与。很多时候，该任务被错误地认为是 IT 的问题并委派给 IT 专业人员。尽管需要系统人员的技术协助，但这主要是一项业务决策，应当由有能力理解业务问题的人作出决定。

14.8.3　执行备份和异地存储程序

执行关键功能所需的所有数据文件、应用程序文档和用品都应在 DRP 中说明。数据处理人员应定期执行备份和存储程序，以保护这些关键资源。

14.8.3.1　备份数据文件

数据库备份的最新技术是远程镜像站点，如前所述，它提供完整的数据流通。并非所有组织都愿意或能够投资于此类备份资源。但是，至少应该每天将数据库复制到磁带或磁盘上，并进行异地保护。如果发生中断，数据库的重建是通过使用后续交易数据更新的最新备份版本来实现的。同样，主文件和交易文件也应受到保护。

14.8.3.2　备份文档

关键应用程序的系统文档应以与数据文件大致相同的方式进行备份和异地存储。所涉及的大量材料和不断的应用程序升级使任务复杂化。通过使用计算机辅助软件工程（computer-aided software engineering，CASE）可以提高该程序的效率。

14.8.3.3　备份用品和源文档

公司应维护关键应用中用品和源文档的备份档案，如检查库存、发票、采购订单和任何其他无法立即获得的特殊用途表格。

14.8.4 创建灾难恢复团队

从灾难中恢复取决于平时及时的纠正措施。未能执行基本任务（例如，获取关键应用程序的备份文件）会延长恢复期并使成功恢复大打折扣。为避免在应急计划实施过程中出现严重遗漏或重复工作，必须明确界定个人任务责任并与相关人员沟通。

图 14-8 展示了一个组织结构图，描述了灾难恢复团队的可能组成成员。团队成员应该是他们所在领域的专家并执行任务分配的责职。灾难发生后，团队成员会将子任务委派给他们的下属。应该注意的是，传统的控制问题不适用于这种情况。灾难造成的环境可能需要打破正常控制流程，如职责分离、访问控制和监督。此时，业务连续性是首要考虑因素。

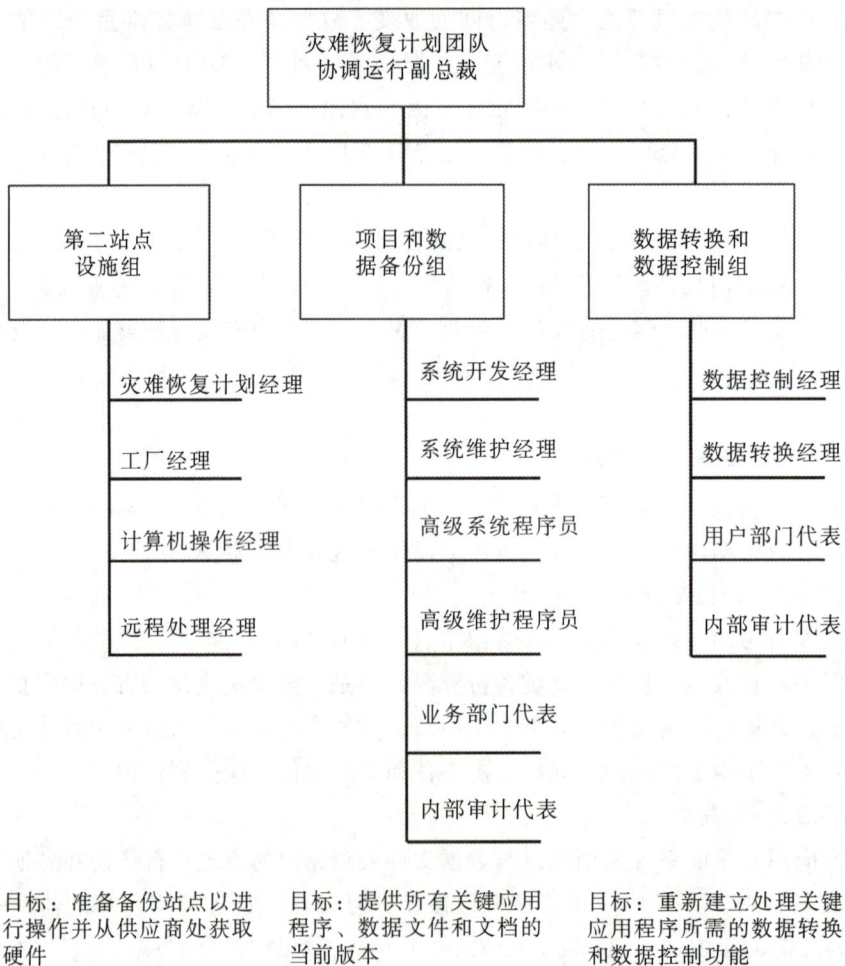

图14-8 灾难恢复团队

14.8.5 测试DRP

应急计划中最被忽视的方面是计划测试。然而，DRP 测试很重要，应该定期进行。测试提供了人员准备情况的指标，并确定了计划中的遗漏或瓶颈。测试以意外模拟中断的形式最为有用。当宣布模拟灾难时，应记录其影响的所有程序的状态，这为后续的绩效评估提供了基准。该计划应在经济可行的范围内实施，在理想情况下，包括使用备用设施和用品。

14.8.6　审核目标：评估灾难恢复计划

审计师应验证管理层的灾难恢复计划对于处理可能剥夺组织计算资源的灾难是否充分且可行。

14.8.7　评估灾难恢复计划的审计程序

以下审计程序侧重于与本章前面讨论的审计目标相关的最受关注的领域。

14.8.7.1　第二站点备份

审计师应评估备份站点安排的充分性。客户应与供应商签订合同，以保证及时将设备交付到第二站点。对于ROC成员，审计师应获取有关成员总数及其地理分布的信息，广泛的灾难可能会产生备份设施无法满足的情况。

14.8.7.2　关键应用清单

审计师应审查关键应用清单并确保其是最新的和完整的。丢失的应用程序可能会导致无法恢复，而恢复非关键应用程序会将稀缺资源转移到非生产性任务上。

14.8.7.3　关键应用程序和关键数据文件备份

对于关键应用程序和异地数据，审计师应验证组织是否有适当的程序来备份。这方面的证据可以通过选择数据文件和程序的样本并确定它们是否按要求进行备份来获得。

14.8.7.4　耗材、源文档和文档备份

恢复和运行关键应用程序所需的系统文档、耗材和源文档应在异地进行备份和存储。审计师应验证DRP中指定的项目类型和数量是否置于安全位置。

14.8.7.5　灾难恢复团队

DRP应清楚地列出灾难恢复团队成员的姓名、地址和紧急电话号码。审计师应确认团队成员是否为在职员工，并了解他们的职责。有一次，在审查一家公司的DRP时，作者发现计划中列出的一名团队负责人已经去世9个月。

灾难恢复的当前趋势。对于缺乏必要的IT资源来实施和管理这些任务的中小型公司而言，本书前面描述的内部DRP方法通常不适合。对于此类组织，将灾难恢复外包给基于云的服务提供商已成为一种流行的选择。回想一下前面的讨论，云计算是一种实现方便的按需访问网络的模型，可以通过最少的管理工作或服务提供商交互进行快速配置和使用。云计算的主要特点如下：

- 客户公司可以根据需要从供应商处获取IT资源。
- 资源通过网络（专用或互联网）提供，并通过客户端位置的网络终端访问。
- 资源获取快速且可无限扩展。因此，客户几乎可以立即自动扩展和收缩所需的服务。
- 汇集计算资源以满足多个客户公司的需求。然而，这样做的结果是单个客户无法

控制或了解所提供服务的物理位置。

传统上通过云计算提供的服务有软件即服务（Software-as-a-Service，SaaS）、基础设施即服务（Infrastructure-as-a-Service，IaaS）和平台即服务（Platform-as-a-Service，PaaS）。第 12 章详细讨论了这些服务。**灾难恢复服务**（Disaster Recovery-as-a-Service，DRaaS）是云计算的一种变体，它利用这些传统服务来提供计算和备份服务。该模型通过提供所有云存储数据和应用程序的完整复制和备份，使用云资源来保护组织免受灾难和其他服务中断的影响。

然而，这种方法对客户公司而言并非没有风险。在这种模式下，客户组织将其数据交给第三方服务提供商，这些第三方服务提供商通常会进一步将数据外包给子服务提供商。重申第 1 章中提出的观点，该概念等同于将电力输送到私人住宅的方式。房主与当地公用事业公司签订合同，按需使用电力。公用事业公司可能会生产一些电力，但在高需求时期，它将连入国家电网，以利用全国其他发电机的生产能力。同样，当计算需求超过服务提供商的 IT 能力时，它会从通过互联网连接的"云"中的其他数据中心获得额外的能力。客户公司的一个潜在风险是不一定知道其数据存储在何处以及在何种安全级别下存储，就像房主不知道他或她的电力从哪里输送来的一样。然而，只要电力是60 赫兹和 110 伏特，房主并不关心电力是从哪里输送来的。一个组织可能会对其财务和其他机密数据的存储和安全持有不同的看法，出于任何目的外包数据的潜在风险有很多。

14.9　外包 IT 职能

能够有效地维护公司的 IT 功能的成本、风险和责任是巨大的。因此，许多高管选择将其 IT 职能外包给第三方供应商，第三方供应商负责管理 IT 资产、员工并提供 IT 服务，如数据输入、数据中心运营、应用程序开发、应用程序维护和网络管理。**IT 外包**的好处包括提高核心业务绩效、提高 IT 绩效（由于供应商的专业知识）和降低 IT 成本。通过将 IT 设施转移到劳动力成本较低的地区和/或通过规模经济（通过合并多个客户的工作），供应商可以比客户公司更便宜地执行外包功能。然后将由此产生的成本节省传递给客户组织。此外，许多 IT 外包安排涉及将客户公司的 IT 资产（包括人力和机器）出售给供应商，然后客户公司将其租回，从而获得了大量一次性现金。

IT 外包背后的逻辑来自**核心竞争力理论**（core competency theory），该理论认为组织应该专注于其核心业务能力，同时允许外包供应商有效地管理非核心领域，如 IT 职能。但是，这个前提忽略了商品和特定 IT 资产之间的差异。

IT 资产商品（commodity IT assets）不是特定组织独有的，因此很容易在市场上获得。其中包括网络管理、系统操作、服务器维护和服务台功能等。正如我们在第 12 章中看到的，即使是 IT 基础设施和应用软件也分别通过 IaaS 和 SaaS 的云计算选项作为商品提供。相比之下，**特定的 IT 资产**（specific IT assets）对组织来说是独一无二的，并支持其战略目标。由于它们的特殊性质，特定资产在其当前用途之外几乎没有价值。此类资产可能是有形资产（计算机设备）、智力资产（计算机程序）或人力资源。特定资产的示例包括系统开发、应用程序维护、数据仓库以及经过培训以使用组织特定软件的技术熟练的员工。

交易成本经济学（TCE）理论与核心能力学派相冲突，它建议公司在内部保留某些特定的非核心 IT 资产。由于其重要性，一旦在外包安排中放弃特定资产，就无法轻易更换。因此，如果组织决定取消与供应商的外包合同，它可能无法恢复到外包前的状态。而 TCE 理论支持商品资产的外包，这些资产很容易被替代供应商替换或获得。

当然，首席执行官对 IT 资产商品的看法在 IT 外包决策中起着重要作用。通常，这归结为定义和解释的问题。例如，大多数首席执行官会将其 IT 职能定义为非核心商品，除非他们从事开发和销售 IT 应用程序的业务。因此，所有 IT 都可以并且应该接受大型服务组织管理的信念趋于盛行。这种误解部分反映了高管缺乏这方面的经验和局部传播有关 IT 外包优点的错误信息。①

14.9.1　IT 外包固有的风险

大规模 IT 外包活动是冒险的尝试，原因一方面是这些财务交易的规模巨大，另一方面是因为它们的性质。风险水平与外包职能的资产专用性程度有关。以下部分概述了一些问题。

14.9.1.1　未能提供服务

一旦客户公司外包了特定的 IT 资产，它的业绩就会与供应商的业绩挂钩。这种依赖影响了大型外包供应商 Electronic Data Systems（EDS）公司的财务。为了削减成本，EDS 公司解雇了 7 000 名员工，这影响其为其他客户服务的能力。在股价跌至 11 年来的最低点后，EDS 股东对该公司提起集体诉讼。显然，遇到如此严重的财务和法律问题的供应商也威胁到其客户的生存能力。

14.9.1.2　供应商剥削客户

大规模 IT 外包涉及将"特定资产"转移给供应商，如对组织生存至关重要的独特业务应用程序的设计、开发和维护。特定资产虽然对客户有价值，但除了与客户的约定条款外，对供应商的价值很小。事实上，如果客户公司倒闭，它们很可能毫无价值。由于供应商通过收购资产承担风险，并且无法通过在其他地方来实现规模经济，因此客户组织将通过支付溢价的方式将此类功能转移给第三方。此外，一旦客户公司剥离了此类特定资产，它就变得受制于供应商。供应商可以通过将服务费率提到过高的水平来利用这种依赖性。客户的 IT 需求随着时间的推移而超出原始合同条款发展，它面临针对新的或增量服务将以溢价谈判的风险。这种依赖性可能会威胁到客户的长期灵活性、敏捷性和竞争力，并导致更大的供应商依赖性。

14.9.1.3　外包成本超过收益

IT 外包一直受到批评，理由是会产生意料之外的成本，并且可能无法实现预期收益。一项调查显示，在接受调查的 66 家公司中，有 47% 的公司表示 IT 外包的成本超

---

① 这种对 IT 外包的认知脱节并非一家之言；参见 Ramiller and Swanson in their research on how executives respond to what is termed *organizing visions* for IT.

过了收益。造成这种情况的一个原因是外包客户通常无法预测供应商选择、合同签订以及将 IT 运营转移给供应商的成本。

14.9.1.4 安全性降低

将 IT 外包给境外供应商的信息引发了有关内部控制和敏感个人数据保护的独特而严重的问题。当公司财务系统在海外开发和托管时，程序代码是通过与托管公司网络的接口开发的，美国公司就有失去对其信息控制的风险。在很大程度上，美国公司依赖外包供应商的安全措施、数据访问政策和东道国的隐私法。例如，巴基斯坦的一名妇女从旧金山的加州大学医学中心获得了敏感的患者医疗数据。她从她工作的医疗转录供应商那里获得了数据。这位女士威胁说，如果她没有得到加薪，她就会在互联网上公布这些记录。亚洲和中东的恐怖主义引发了意料之外的公司境外外包技术安全问题。例如，2005 年 3 月 5 日，印度德里警方逮捕了一个涉嫌恐怖活动的团伙，他们计划袭击印度班加罗尔的外包公司。

14.9.2 失去战略优势

IT 外包可能会导致公司的 IT 战略规划与其业务规划职能不一致。战略性地使用 IT 的组织必须使业务战略和 IT 战略保持一致，否则就会面临业务绩效下降的风险。为了促进这种一致性，公司需要对组织业务有深入了解的 IT 经理和首席信息官（CIO）。一项针对金融服务行业 213 名 IT 经理的调查证实，公司的 IT 领导力需要与公司的竞争战略紧密结合。事实上，有些人认为，在促进战略一致性方面，CIO 的业务能力比他们的 IT 能力更重要。

为了实现这种一致性，企业管理层和 IT 管理层之间需要建立密切的工作关系，同时制定业务和 IT 战略。然而，当 IT 规划在地理上重新部署到国内甚至海外时，则很难实现。此外，由于 IT 外包的收支取决于供应商能否实现规模经济，因此供应商自然会寻求可能被许多客户使用的通用解决方案，而不是为每个客户创建独特的解决方案。IT 外包的这一基本原则与客户对市场战略优势的追求不一致。

14.9.3 IT 外包的审计影响

管理层可以外包其组织的 IT 职能，但不能外包其在 SOX 下的管理职责，以确保足够的 IT 内部控制。PCAOB 在其《审计准则声明第 2 号》中明确指出，使用服务机构不会减少管理层维持有效财务报告内部控制的责任。因此，如果审计客户公司将其 IT 功能外包给供应商，由其处理交易、关键数据或执行其他重要服务，审计师将需要对供应商组织的控制进行评估，或者从供应商组织获得《鉴证业务准则公告第 16 号》（SSAE 16）要求的审计师报告。

SSAE 16 是一份国际公认的第三方鉴证报告，专为 IT 外包供应商等服务组织而设计。SSAE 16 由 AICPA 的审计准则委员会（Auditing Standards Board，ASB）颁布并于 2011 年 6 月 15 日取代了《审计准则声明第 70 号》。其目的是替代自 1992 年以来一直在使用的过时的 SAS 70，更重要的是，跟上全球公认的国际会计准则。

SSAE 16 是最终标准，客户组织的审计师可以据此确定第三方供应商的流程和控制是否足以防止或检测可能影响客户财务报表的重大错误。根据 SSAE 16 编制的报告由服务提供商的审计师准备，证明了供应商系统的功能及其内部控制的充分性。通过这种方式，外包供应商可以获得一份可供其客户审计师使用的单一证明报告，从而避免了每个客户公司审计师都对供应商组织的设施和内部控制自行审计。

图 14-9 说明了根据 SSAE 16 编制的报告如何与供应商、客户公司及其各自的审计师联系起来。外包供应商为客户 1、2、3 和 4 提供各种 IT 服务。外包服务的系统流程和内部控制由供应商负责。它们由供应商的审计师进行审计，他们发表声明并出具符合 SSAE 16 要求的报告。每个客户公司分别由不同的审计师 A、B、C 和 D 进行审计，作为各自审计的一部分，它们依赖供应商的报告，因此不必单独测试供应商的控制。鉴于供应商可能有数百甚至数千个客户，SOX 法案下的单独测试将对供应商的运营造成高度破坏，对客户而言成本高昂且不切实际。

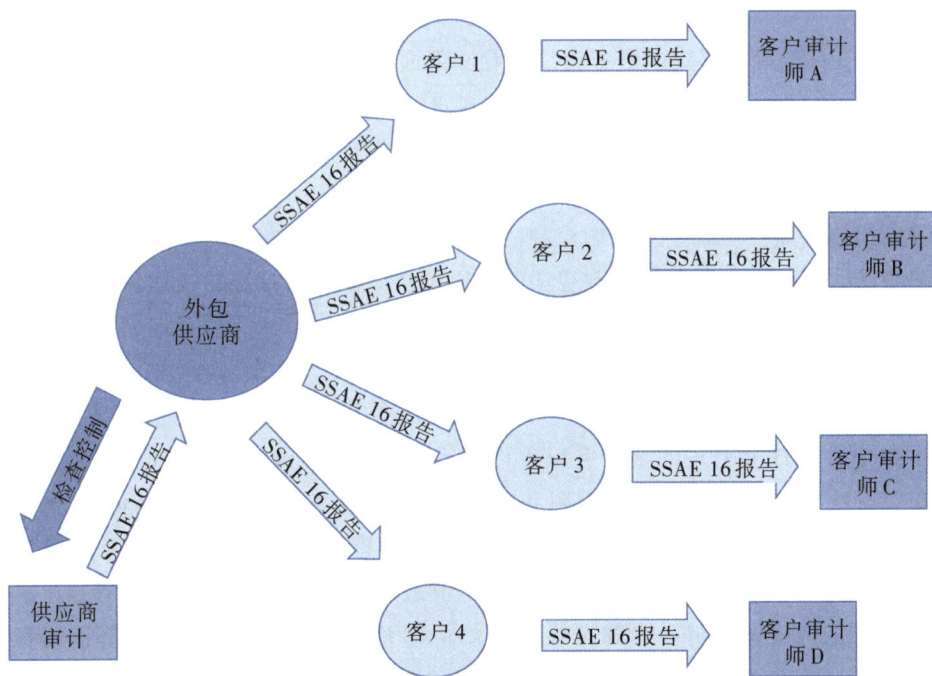

图14-9　根据SSAE16编制的报告

服务提供商审计师发布两种类型的符合 SSAE 16 要求的报告，类型 1 和类型 2：
第 1 类报告证明供应商管理层对其系统的描述以及控制设计的适用性。
第 2 类报告证明管理层对其系统的描述、控制设计的适用性以及控制运行的有效性。
第 1 类报告是两者中较不严格的，仅评论控制设计的适用性。第 2 类报告更进一步，根据供应商组织的审计师进行的测试评估控制是否有效运行。由于 SOX 法案第 404 条要求对控制进行明确测试，提交符合 SSAE 16 要求的第 2 类报告对于进行财务报表审计的客户公司是必要的。

14.9.4 SSAE 16 要求报告的内容

SSAE 16 要求报告提供对服务供应商系统的描述，包括如何处理交易以及如何将结果传达给其客户组织的详细信息。报告还要描述符合 COSO 控制模型的相关内部控制问题，包括控制环境、风险评估、信息和通信系统、控制活动和控制监控。此外，该报告规定了控制目标和旨在实现这些目标的控制。

对于第 1 类和第 2 类报告，服务供应商的审计师将评估供应商管理层是否使用适当的标准来评估控制设计是否适合实现控制目标。对于第 2 类报告，审计师还将证明控制是否在整个指定期间有效运行。

服务提供商，尤其是云服务提供商，可能会将其工作任务外包给其他服务提供商。例如，假设 A 公司，一家零售公司将其 AP 功能外包给 B 公司，B 公司将实际的支票打印和邮寄外包给 C 公司。在这种情况下，A 公司是客户公司，B 公司是服务供应商，并且 C 公司是一个子服务组织。C 公司的制度和控制在这种关系中的重要性是显而易见的。SSAE 16 标准旨在解决子服务组织问题。下面概述了两种报告技术。

剥离法（carve-out method）。当使用剥离法时，服务供应商管理层会将子服务组织的相关控制目标和相关控制从其系统描述中排除。但描述包括子服务组织所提供服务的性质。通常，服务供应商会从子服务组织获得符合 SSAE 16 要求的报告，并且必须有适当的控制措施来监控子服务组织的控制措施的有效性。

包容法。当使用子服务组织包容法时，服务供应商对其系统的描述包括子服务组织所提供的服务。此外，报告将包括子服务组织的相关控制目标和相关控制。

总结

本章介绍了 IT 审计的主题，并以审计概述开始，其中讨论了审计的关键组成部分，包括审计标准、审计结构、管理声明和审计风险模型。接下来，本章转向与 SOX 法案第 302 条和第 404 条相关的内部控制和审计问题，首先审查了 SOX 法案下的管理和审计责任。然后，检查了与 IT 控制的关系。本节最后讨论了计算机欺诈问题，介绍了与 IT 治理相关的风险和控制。它首先简要定义了 IT 治理，并确定了它对内部控制和财务报告的影响。然后讨论了组织内 IT 职能的结构以及不适当的结构可能产生的风险。接下来，本章回顾了计算机中心的威胁和控制措施，包括防止自然灾害、火灾、温度和湿度造成的损害和破坏，随后介绍了灾难恢复计划的关键要素。在这样的计划中需要考虑几个因素，包括提供第二站点备份、识别关键应用程序、执行备份和异地存储过程、创建灾难恢复团队以及测试 DRP。本章的最后一节围绕 IT 外包探讨了日益增长的趋势问题。特别是回顾了外包的理论基础和预期收益，IT 外包也与重大风险相关，这些风险已得到解决。本章最后讨论了与外包相关的审计问题，包括符合 SSAE 16 要求的报告标准。

关键术语

访问控制   应用控制

审计目标	通用控件
审计计划	包容法
审计程序	信息技术控件
审计报告	固有风险
审计风险	IT审计
剥离法	IT外包
IT资产商品	管理层声明
计算机辅助审计工具和技术（CAATTs）	镜像数据中心
计算机欺诈	异地存储
控制风险	操作欺诈
核心竞争力理论	程序欺诈
公司IT功能	恢复运营中心（ROC）
数据库管理欺诈	独立磁盘冗余（RAID）
检测风险（DR）	清除
灾难恢复服务（DRaaS）	特定IT资产
灾难恢复计划（DRP）	《鉴证业务准则公告第16号》（SSAE 16）
分布式数据处理（DDP）	实质性测试
窃听	控制测试
空壳	交易成本经济学（TCE）理论
容错	不间断电源
一般计算机控件	用户视图

复习题

1.SOX法案包括很多条款。哪些条款是本章的讨论焦点？

2.定义审计风险。

3.区分错误和不合规行为。

4.区分固有风险和控制风险。内部控制如何影响固有风险和控制风险（如果有的话）？检测风险的作用是什么？

5.什么是控制测试和实质性测试？

6.定义一般控制。

7.什么是计算机欺诈，它包括哪些类型的活动？

8.会计信息系统的通用模型哪个阶段最容易实施计算机欺诈？

9.自动授权程序和人工授权程序有什么不同？

10.解释为什么某些在手动系统中被认为不兼容的职责可以在基于计算机的信息系统环境中合并。举个例子。

11.必须分开的三项主要IT功能是什么？

12.IT环境中的数据整合会带来哪些风险？

13.区分一般控制和应用控制。分别举两个例子。

14.操作职责分离的主要原因是什么？

15.将应用程序编程和维护任务都分配给一个职位可能会出现什么问题？

16.为什么低质量的系统文档是一个普遍存在的问题？

17.一个公司计算机服务部门的职责是什么？这与其他职责有什么不同？

18.分布式数据处理的五个控制含义是什么？

19.列出直接影响计算机中心环境安全的控制功能。

20.什么是容错？

21.什么是RAID？

22.审计的目的是什么？

23.在审计的背景下讨论独立性的概念。

24."证明服务"一词的含义是什么？

25.什么是鉴证（保证）服务？

26.什么是审计的概念阶段？它与一般审计和IT审计有什么不同？

27.区分内部审计师与外部审计师。

28.审计定义中描述的四个关键要素是什么？

29.解释重要性的概念。

30.在审计计划阶段审计师执行什么任务，使用什么技术？

31.区分控制测试和实质性测试。

32.什么是审计风险？

33.区分错误和不合规。你认为审计师最关注这两者中的哪一个？

34.控制测试和实质性测试两者之间有什么关系？

35.列出四个一般控制区域。

36.审计师在审查测试组织的结构控制时使用什么类型的文档？为什么观察实际行为也很重要？

37.物理安全控制有哪些测试？

38.经常被提及的IT外包的好处是什么？

39.定义IT资产商品。

40.定义特定IT资产。

41.列出与IT外包有关的五种风险。

讨论题

1.讨论SOX法案第302条的关键特征。

2.讨论SOX法案第404条的关键特征。

3.第404条要求管理层声明，确定用于进行内部控制评估的控制框架。讨论所选择的控制框架。

4.解释一般控制如何影响交易整合和财务报表处理。

5. 在颁布SOX法案之前，外部审计师必须熟悉客户组织的内部控制，但不能对其进行测试。请解释原因。

6. 对财务报告系统内部控制发表的保留意见是否需要在财务报表上披露？请解释原因。

7. PCAOB《审计准则声明第5号》特别要求审计师在设计控制测试时了解交易流程。这需要采取哪些步骤？

8. SOX法案对审计师规定了哪些欺诈检测责任（如果有）？

9. 至少列举三种计算机欺诈形式。

10. 位于加利福尼亚的一家银行有13个分支机构，遍布于北加利福尼亚，每个分支有自己的小型计算机用于存储数据。另一家银行有10个分支机构，遍布于加利福尼亚，数据被存储在位于旧金山的大型机中。你认为哪个系统更容易受到未经授权的访问？灾难会造成过度损失吗？

11. 比较和对比以下灾难恢复选项：空壳、恢复操作中心和内部提供备份。将它们从风险最高到风险最低，以及从成本最高到成本最低进行排序。

12. 应该由谁来确定关键应用程序及其优先级？应该如何实施？多久实施一次？

13. 讨论证明功能与鉴证服务有何不同。

14. 定义管理层对存在或发生、完整性、权利和义务、估值或分配，以及呈报和披露的声明。

15. 组织的内部审计部门通常被认为是评估组织内部控制结构的有效控制机制。Birch公司的内部审计职能部门直接向财务总管报告。请评价这种组织结构的有效性。

16. 讨论为什么区分IT审计和财务审计是没有意义的。

17. 讨论在IT环境中获取审计证据的过程与在手动系统中获得审计证据的内在区别。

18. 有些内部控制是可以客观检验的。讨论一些你认为在充分性方面相对更主观的内部控制。

19. 除了本章中的例子外，再举一个具体的例子来说明风险、控制、审计目标和控制测试之间的关系。

20. 讨论计算机中心安全审计的主观性。

21. 解释外包未能履行的风险。

22. 解释供应商的利用。

23. 解释为什么安全性降低是外包的风险。

24. 解释IT外包如何会导致失去战略优势。

25. 解释SSAE 16报告在审查内部控制中的作用。

26. SSAE如何区分第1类报告和第2类报告。

27. 关于子服务组织采用剥离法和包容法这两种报告技术有什么不同。

多项选择题

1. 以下（　　）不是在审计计划阶段执行的任务。

a. 审查组织的政策和做法

b. 确定对控制的依赖程度

c. 规划实质性测试程序

d. 审查一般控制

2. 以下（　　）是应用程序控制目标的最佳示例。

a. 确保销售交易的有效性、完整性和准确性

b. 在发生灾难时提供备用设施

c. 防止未经授权访问公司数据库

d. 确保计算机操作系统有效运行

3. 以下（　　）说法是正确的。

a. 美国证券交易委员会和 PCAOB 都要求使用 COSO 框架

b. SEC 和 PCAOB 都要求使用 COBIT 框架

c. 美国证券交易委员会推荐使用 COBIT 框架，PCAOB 推荐使用 COSO 框架

d. 可以使用包含 COSO 所有一般主题的任何框架

e. 以上都不对

4. 以下（　　）不是分布式数据处理环境中的控制问题。

a. 冗余

b. 聘用合格的专业人员

c. 不兼容

d. 缺乏标准

e. 以上均为控制问题

5. 在发生大范围自然灾害的情况下，以下（　　）灾难恢复技术可能是最不理想的。

a. 空壳

b. 内部提供备份

c. ROC

d. 它们都同样有益

6. 以下（　　）不是对计算机硬件和外围设备的潜在威胁。

a. 二氧化碳灭火器

b. 低湿度

c. 高湿度

d. 喷水灭火器

7. 以下（　　）不是 SOX 法案第 302 条的要求。

a. 审计师必须就自上次审计以来内部控制的设计或运作发生的重大变化与管理层进

行面谈

　　b.公司管理层（包括首席执行官）必须每月和每年证明其组织对财务报告进行了有效内部控制

　　c.审计师必须确定内部控制的变化是否已经或正在受到重大影响，可能对财务报告的内部控制产生重大影响

　　d.管理层必须披露发生在最近一个财政季度的公司内部控制的任何重大变化

　　e.以上均为要求

　　8.以下（　　）不是管理层报告中关于财务报告内部控制有效性的要求。

　　a.一份声明，说明该组织的内部审计师已就管理层对公司内部控制的评估发表了证明报告

　　b.充分详细地描述业务流程，指出可能出现错报的地方

　　c.应 COSO 框架要求所做的企业范围控制的评估

　　d.关于财务报告内部控制有效性的明确书面结论

　　e.以上均为要求

　　9.以下（　　）与行业的独特特征有关。

　　a.检测风险

　　b.固有风险

　　c.控制风险

　　d.以上均无

　　10.关于 SSAE 16 报告，以下选项（　　）不对。

　　a.是第三方认证报告

　　b.它取代了《审计准则声明第 70 号》（SAS 70）

　　c.在使用剥离法时，服务提供商管理层将排除子服务组织的相关控制

　　d.服务提供商根据其每个客户公司的需求编制单独的 SSAE 16 报告，客户审计师依赖该报告

　　e.以上都对

问题

1.审计阶段：弥补性通用控制

　　在客户财务审计的计划阶段，来自安达信公司的注册会计师事务所发现程序和计算机操作功能之间缺乏职责分离。因此，审计师扩大了审计的控制测试阶段。审核后，审计师在其最终报告中得出结论，充分的弥补性通用控制为实现内部控制目标提供了合理保证。

　　要求：最有可能实施哪些弥补性控制？

2.数据中心安全

　　位于俄克拉何马州塔尔萨的一家金融投资公司的审计师对其客户的计算设施非常担忧。他们指出以下关键问题：

（1）该公司的数据中心位于一栋租来的建筑物的地下室。公司管理层认为该位置足够安全，可以保护他们的数据免受物理威胁。

（2）服务器安装在一个带有烟雾探测器和相关洒水装置的房间内。

（3）客户投资和账户信息存储在这些服务器上。这些信息包括投资组合的总价值、投资类型、每个客户的收入结构以及相关的应纳税额。

审计师担心这些做法是不充分的，应该探索更安全的替代方案。管理层对购买新设备和搬迁数据中心的高成本表示反对。

要求：

a.目前存在哪些审计师关注的风险

b.描述有助于计算机中心物理安全的控制功能

c.讨论一些对公司开放的选择，这些选择可能会降低其运营成本并提供审计师寻求的安全性

3.分布式处理系统

一家制造公司的内部审计部门对该公司的分布式计算机设施进行了例行检查。审计报告批评了在购买部门使用的个人电脑系统和软件方面缺乏协调。该公司使用了几种不同的硬件平台、操作系统、电子表格包、数据库系统和网络应用程序。

作为对内部审计报告的回应，信息服务部副总裁 Marten 先生在未与部门用户就其当前和未来系统需求进行协商的情况下，向所有员工发布了一份备忘录，说明以下新政策：

（1）Micromanager Spreadsheet 软件包已被选为公司的标准，所有员工必须在一个月内切换到这个软件包。

（2）以后购买的所有个人电脑必须与 Megasoft 兼容。

（3）所有部门必须转换为 Megasoft Entree 数据库包。

（4）信息服务副总裁办公室必须批准所有新的硬件和软件采购。

其他运营部门的几位经理对 Marten 的建议颇有微词。

要求：

a.关于在分布式处理环境中设置系统标准，请讨论与以下相关的因素：计算机硬件和软件注意事项；控制注意事项；

b.讨论在公司各部门之间配置标准化硬件和软件的好处。

c.讨论建议清单可能为公司中的分布式用户带来的隐忧。

4.关于灾难恢复计划的争议

灾难恢复计划（DRP）与财务报表审计的相关性是一个有争议的问题。一些人认为 DRP 的存在与审计无关。也有人认为，这是一项重要的控制，需要在内部控制评估方面加以考虑。

要求：为本次辩论的双方提供一个合乎逻辑的论据：反方说明为什么不应在审计方面考虑 DRP，正方说明为什么 DRP 是一项重要的控制，并应在财务审计过程中进行审查。

5.职责分离

在组织内将人员从一个岗位转移到另一个岗位是 Arcadia Plastics 的理念。管理层认为，工作轮换可以防止员工感到自己的工作停滞不前，并促进员工对公司有进一步的了解。计算机服务人员通常作为操作员工作六个月，作为系统开发人员工作一年，作为数据库管理员工作六个月，以及一年的系统维护工作。最后，他们被分配到一个固定岗位。

要求：讨论信息系统部门内职责分离的重要性；Arcadia Plastics 怎样才能兼顾工作轮换和职责分工？

6.灾难恢复服务提供者

解释与服务提供者和子服务提供者相关的 DRaaS 的概念。

7.灾难恢复计划

Hexagon 是一家销售异国风味食品的在线零售商，包括来自世界各地的香料、罐装酱汁和预先包装好的烤饼，如玉米饼和印度烤饼。该公司 100% 的业务是通过互联网向消费者提供的，并与零售贸易伙伴建立链接。最近，Hexagon 将其销售和业务总部职能搬到了旧金山郊区的一个仓库。在搬迁之前，该公司聘请了一名建筑师来重新设计该设施，使其既现代又符合建筑物的原始特征。在改造仓库时，建筑师保留了木屋顶和木房梁。包含服务器和联网终端的数据处理中心位于一个有高天花板和天窗的大型开放区域。该中心可供其他员工使用，以符合公司消除障碍和鼓励团队合作的理念。在搬进新设施之前，城市检查人员宣布该建筑符合所有相关建筑规范。

在最近的合规审计中，Hexagon 的审计人员建议公司管理层制订灾难恢复计划。为此，该公司与该地区其他几家拥有类似技术系统的公司签订了互助协议。这些公司都口头同意在发生灾难或紧急情况时相互提供紧急援助。此外，Hexagon 实施了一个数据备份系统，其中所有文件每天都被复制到磁带和磁盘中，并且每周将备份存储设备带到一个异地设施进行保存。包含有关如何恢复系统的说明的操作员手册与关键 IT 专业人员的姓名和电话号码列表一起存储在主数据处理区域中，以便在紧急情况下联系有关人员。

要求：

a.描述 Hexagon 存在的内部控制缺陷；

b.列出应该包含在 Hexagon 等公司的灾难恢复计划中的组成部分；

c.除了计划本身包含的因素外，公司在制订灾难恢复计划时还应考虑哪些因素？

8.内部控制和分布式系统

ABC 公司正在从其传统的集中式系统转换为完全分布式的系统。在新模式下，所有员工都将在连接到局域网的个人电脑上工作。

要求：

a.概述行动计划，以确保对硬件、软件、数据、人员、程序和文档进行适当的控制；

b.讨论如果设计的计划没有实施，公司可能面临的任何风险。

9.外包 IT 的内部控制责任

解释为什么外包 IT 职能的经理可能也可能不外包 IT 控制责任。在就内部控制的充分性发表意见时，审计师有哪些选择？

10.与外包有关的竞争学派

解释外包的核心能力论点，并将其与 TCE 理论进行比较/对比。为什么在作出外包决策时，一种理论往往胜过另一种？

11.分布式数据处理

解释为什么一个组织会选择安装分布式而不是集中式计算机系统。

12.服务和子服务提供商审计

去年，Johnson 工业公司与 Cloud Systems 公司签订合同，提供 SaaS 应用程序来运行关键任务金融交易。SaaS 应用程序在 IaaS 服务器上运行，云系统将其外包给子服务提供商。Johnson 工业公司的注册会计师事务所正在进行公司的年度财务报表审计。

要求：解释会计师事务所将如何评估与这些关键任务交易相关的内部控制。

13. Evergreen 公司内部控制

Evergreen 公司最近聘请了一位在关系管理方面有进步想法的 CIO。他不喜欢 IT 职能部门的关键职责之间的严格分离所导致的分离效应。为了解决这个问题并在 IT 员工中建立一种主人翁意识，CIO 重组了 IT 运行业务，包括以下做法：将个别 IT 专业人员专门分配给特定"客户"的业务职能，如销售处理、开票和客户账户维护。每个专业人员为其各自的客户提供一系列 IT 服务，包括必要时的数据输入、计算机操作、程序更改和记录系统（记录结构、系统流程图和程序列表）。他们还协调计算机输出报告和交易错误日志业务。

要求：

a.识别并解释你对新操作的任何控制问题；

b.这种操作方法允许哪些潜在的计算机欺诈？

审计 IT 控制 II：安全和访问

这一章继续把一般的 IT 控制作为 COSO 管理框架描述。本章的重点是遵循 SOX 法案关于操作系统、数据管理系统和通信网络的安全和管控。本章研究了为履行合规性或鉴证责任而可能执行的风险、控制、审计目标和控制测试。

操作系统是计算机的控制程序。它允许用户及其应用程序共享和访问公共计算机资源，如处理器、主存储器、数据库和打印机。为了达到操作系统的完整性，个别会计应用程序中的控制也可能会被绕过或中和。因为操作系统对所有用户都是通用的，所以计算机设备越大，潜在损坏的规模就越大。因此，随着越来越多的用户社区共享越来越多的计算机资源，操作系统的安全成为重要的管理问题。

15.1 操作系统目标

操作系统执行三个主要任务。首先，它将高级语言（如 COBOL、C++、BASIC 和 SQL）翻译成计算机可以执行的机器语言。

该操作系统被称为**编译器**和**解释器**。第 16 章探讨了语言翻译的控制含义。

其次，操作系统将计算机资源分配给用户、工作组和应用程序。这包括为应用程序分配内存工作空间（分区）和授权用户访问终端、电信链接地址、数据库以及打印机。

最后，操作系统管理作业调度和多道程序的任务。在任何时候，许多用户应用程序（作业）都在寻求对操作系统控制下的计算机资源的访问。作业以三种方式提交到系统：（1）直接由系统操作员提交，（2）从各种批处理作业排队提交，以及（3）通过远程工作站的电信链接提交。为了高效和有效地使用有限的计算机资源，操作系统必须根据既定的优先级安排提交处理工作，并平衡竞争应用程序之间的资源使用。

为了始终如一且可靠地执行这些任务，操作系统必须实现五个基本控制目标。

（1）操作系统必须保护自己免受用户的伤害。用户应用程序不得以任何方式控制或损坏操作系统，从而导致其停止运行或破坏数据。

（2）操作系统必须相互保护用户。一个用户不得访问、损坏另一用户的数据或程序。

（3）操作系统必须保护用户彼此不受伤害。用户的应用程序可能由存储在不同内存位置的多个模块组成，每个模块都有自己的数据。不允许一个模块损坏另一个模块。

（4）操作系统必须进行自我保护。操作系统也由单独的模块组成。不应允许任何模块损坏另一个模块。

（5）必须保护操作系统免受其环境的影响。在电源故障或其他灾难的情况下，操作系统应该能够使活动在受控的条件下终止，以后可以恢复。

15.1.1 操作系统安全

操作系统安全涉及策略、程序和控制，它们决定了谁可以访问操作系统、他们可以访问哪些资源（文件、程序、打印机），以及他们可以采取什么操作。在安全操作系统中可以找到以下安全组件：登录程序、访问令牌、访问控制列表和自主访问权限。

15.1.1.1 登录程序

正式的**登录程序**是操作系统防止未经授权访问的第一道防线。当用户启动进程时，会出现一个对话框，请求输入用户的 ID（身份标识号码）和密码。系统会将 ID 和密码与有效用户的数据库进行比较。如果系统找到匹配项，则通过身份验证。但是，如果密码或 ID 输入不正确，则登录失败，并向用户返回一条消息。该消息不应显示是密码或还是 ID 导致了失败。系统应允许用户重新输入登录信息。在指定的尝试次数（通常不超过 5 次）之后，系统应该将用户锁定。

15.1.1.2 访问令牌

如果登录成功，操作系统将创建一个**访问令牌**，其中包含有关该用户的密钥信息，包括用户 ID、密码、用户分组和授予该用户权限访问令牌中的信息，用于批准用户在会话期间所尝试的所有操作。

15.1.1.3 访问控制列表

分配给每个资源的**访问控制列表**控制对系统资源的访问，如目录、文件、程序和打印机。这些列表包含定义该资源的所有有效用户的访问权限的信息。当用户尝试访问资源时，系统会将访问令牌中包含的 ID 和特权与访问控制列表中包含的权限进行比较。如果有匹配项，则授予该用户访问权限。

15.1.1.4 自主访问权限

中央系统管理员通常确定谁被授予访问特定资源的权限并维护访问控制列表。然而，在分布式系统中，最终用户可以控制（拥有）资源。此设置中的资源所有者可能会被授予**自主访问权限**，这允许他们将访问权限授予其他用户。例如，作为总账所有者的控制者可以将只读权限授予预算部门的经理。然而，应付账款经理可能被授予对账本的每个任务的读取和写入权限。预算经理添加、删除或更改总账的任何尝试都将被拒绝。

自由访问权限的使用需要受到严密监督，以防止由于自由使用而导致的安全漏洞。

15.1.2　对操作系统完整性的威胁

操作系统控制目标可能无法实现，因为操作系统中存在被意外或有意利用的缺陷。意外威胁包括导致操作系统崩溃的硬件故障。操作系统无法解释的用户应用程序错误也会导致操作系统故障。意外的系统故障可能会导致整个内存区被转存到磁盘和打印机，从而导致机密信息的意外泄露。

对操作系统的故意威胁最常见的是试图非法访问数据或侵犯用户隐私以获取经济利益。然而，越来越大的威胁是破坏性程序，但并没有从中获得明显的收益。这些威胁有三个来源：

（1）滥用职权的特权人员。系统管理员和系统程序员需要无限制地访问操作系统来执行维护任务和从系统故障中恢复数据。此类个人可以使用此权限访问用户的程序和数据文件。

（2）组织内部和外部的个人，他们浏览操作系统以识别和利用安全漏洞。

（3）故意（或意外）将计算机病毒或其他形式的破坏性程序插入操作系统的个人。

15.1.3　操作系统的控件和控制系统的测试

本节介绍了用于保持操作系统完整性的各种控制技术。如果操作系统的完整性受到损害，那么影响财务报告的个别会计应用程序中的控件也可能受到损害。因此，这些控件的设计和评估是遵循 SOX 法案合规性问题。在本节中，将检查以下区域的控制和相关测试：访问权限、密码控制、软件控制和审计跟踪控制。

15.1.3.1　控制访问权限

用户访问权限被分配给个人和被授权使用该系统的整个工作组。权限决定个人或团队可以访问哪些目录、文件、程序和其他资源。权限还决定了可以采取的操作类型。回想一下，系统管理员或资源所有者可以分配权限。管理层应关注个人不会被授予与其分配的职责不兼容的特权。例如，一个现金收入职员，他被授予访问和更改应收账款文件的权利。

总体而言，分配访问权限的方式会影响系统的安全性。因此，应仔细管理和密切监控特权，以确保其符合组织政策和内部控制原则。

与访问权限相关的审计目标。审计师的目标是验证访问权限的授予方式是否符合分离不兼容职责的要求，并符合组织的政策。

与访问权限相关的审计程序

•审查组织分离不兼容职责的政策，并确保它们促进合理的安全性。

•查看选定用户组和个人的权限，以确定他们的访问权限是否适合他们的工作描述和职位。审计师应根据个人被授予的权限验证是否超过其访问权限。

•审查人事记录，以确定特权员工是否按照公司政策接受了充分的安全检查。

•查看员工记录以确定用户是否已正式承认他们有责任维护公司数据的机密性。

• 查看用户允许的登录时间。许可应与正在执行的任务相称。

15.1.3.2 密码控制

密码是用户为访问系统、应用程序、数据文件或网络服务器而输入的密码。如果用户不能提供正确的密码，则操作系统应拒绝访问。虽然密码可以提供一定程度的安全性，但当强加给不具有安全意识的用户时，密码程序可能导致最终用户的行为实际上绕过安全性。最常见的反安全行为包括：

• 忘记密码并被系统锁定。

• 未能频繁地更改密码。

• 便利贴综合征，即密码被写下来并被其他人看到。

• 电脑罪犯很容易预料到的简单的密码。

可重用密码。最常见的密码控制方法是**可重用密码**。用户定义系统密码，然后重新使用它以获得将来的访问权限。

可重用密码提供的安全质量取决于密码本身的质量。如果密码与用户的个人信息有关，如孩子的名字、宠物的名字、出生日期或头发颜色，计算机犯罪分子通常可以推断出来。即使密码来自非个人数据，它也可能很弱。例如，一串击键（如 A-S-D-F）或多个同一字母很容易被破解。包含随机字母和数字的密码很难破解，但用户也更难记住。

为了提高访问控制性，管理层应要求定期更改密码并禁止使用弱密码。有软件可以自动扫描密码文件并通知用户他们的密码已过期并需要更改。这些系统还使用广泛的已知弱密码数据库来验证新密码并禁止使用弱密码。可重用密码的另一种标准选择是一次性密码。

一次性密码。**一次性密码**旨在解决上述问题。在这种方法下，用户的密码不断变化。该技术采用信用卡大小的智能卡，其中包含一个用算法编程的微处理器，该算法每60秒生成并以电子方式显示一个新的唯一密码。

该卡与位于大型机或网络服务器计算机上的特殊身份验证软件结合使用。每个用户的卡都与身份验证软件同步，以便智能卡和网络软件在任何时间点都为同一用户生成相同的密码。

要访问网络，用户输入个人密码（personal identification number，PIN），然后输入卡上显示的当前密码。密码只能使用一次。如果智能卡落入计算机犯罪分子手中，没有 PIN 就无法访问。

另一种一次性密码技术使用质询/响应方法来达到相同的目的。当用户尝试登录时，网络身份验证软件会发出一个六字符代码（挑战），卡可以通过光学方式扫描该代码，也可以通过其内置键盘将代码输入卡中。然后，卡的内部算法会生成一个一次性密码（响应），用户通过远程终端的键盘输入该密码。如果防火墙识别出当前密码，则允许访问。

与密码相关的审计目标。审计师的目标是确保组织有足够有效的密码策略来控制对操作系统的访问。

与密码相关的审计程序。审计师可以通过执行以下测试来实现这一目标：

- 验证所有用户都需要有密码。
- 验证新用户是否已了解密码的使用以及密码控制的重要性。
- 查看密码控制程序以确保定期更改密码。
- 查看密码文件以确定弱密码已被识别和禁止。这可能涉及使用软件扫描密码文件以查找已知的弱密码。
- 验证密码文件是否已加密以及密钥是否得到适当保护。
- 评估密码标准的充分性，如长度和到期间隔。查看账户锁定政策和程序。大多数操作系统允许系统管理员定义在一定次数的登录尝试失败后要采取的操作。审计师应确定在账户被锁定之前允许多少次失败的登录尝试。

还需要确定锁定的持续时间。这可能从几分钟到正式重新激活账户之前的永久锁定。

15.1.3.3　恶意软件控制

恶意软件由恶意的和破坏性的程序组成，每年造成数百万美元的公司损失。损失以数据损坏和破坏、计算机性能下降、硬件损坏、侵犯隐私以及用于修复损坏的工时作为衡量标准。这类程序包括病毒、蠕虫、逻辑炸弹、后门和特洛伊木马。由于这些已成为近年来流行的新闻术语，因此我们在此不再赘述。然而，本章的附录包含对此材料的详细讨论。通过技术控制与行政程序的结合，可以大大减少来自破坏性程序的威胁。以下示例与大多数操作系统相关。

- 只从信誉良好的供应商处购买软件，并且只接受原厂密封包装中的产品。
- 发布有关使用未经授权的软件或版权软件的非法（盗版）副本的企业范围的政策。
- 使用前检查供应商软件的所有升级是否有病毒。
- 使用前检查所有公共领域软件是否感染病毒。
- 建立企业范围的程序以更改生产程序。
- 建立教育计划，以提高用户对病毒和恶意程序威胁的认识。
- 在独立计算机上安装所有新应用程序，并在大型机或局域网（LAN）服务器上实施之前使用杀毒软件对其进行彻底测试。
- 定期备份存储在大型机、服务器和工作站上的关键文件。
- 尽可能规定用户只有读取和执行权限。这允许用户提取数据并运行授权的应用程序，但不允许用户直接写入大型机和服务器目录。
- 要求协议明确调用操作系统的登录程序来绕过特洛伊木马。一个典型的场景是用户坐在已经显示登录屏幕的终端前并继续输入他或她的 ID 和密码。但是，这可能是特洛伊木马而不是合法程序。一些操作系统允许用户通过输入组合按键（例如 CTRL + ALT + DEL）直接调用操作系统登录程序。然后用户知道屏幕上的登录过程是合法的。
- 使用杀毒软件（也称为疫苗）检查应用程序和操作系统程序是否存在病毒并将其从受影响的程序中删除。杀毒程序用于保护大型机、网络服务器和个人计算机。大多数杀毒程序在主机后台运行，并自动测试上传到主机的所有文件。但是，该软件仅适用于已知病毒。如果病毒经过轻微修改（突变），则无法保证其会起作用。因此，保持当前版本的杀毒软件至关重要。

15.1.3.4 与恶意软件有关的审计目标

计算机病毒控制的关键是通过严格遵守防止病毒感染的组织政策和程序来预防病毒感染。审计师的目标是验证是否有有效的管理政策和程序，以防止破坏性程序的引入和传播，包括病毒、蠕虫、后门、逻辑炸弹和特洛伊木马。

与恶意软件有关的审计程序

•通过面谈，确定操作人员接受过有关计算机病毒的教育，并了解可能引入和传播病毒及其他恶意程序的危险实践。

•确认新软件在主机或网络服务器上应用之前在独立工作站上进行了测试。

•确认服务器上安装了当前版本的杀毒软件，并且定期将升级软件下载到工作站。

15.1.3.5 审计线索控制

系统审计线索是记录在系统、应用程序和用户级别活动的日志。操作系统允许管理人员选择要记录在日志中的审计级别。他们需要确定在信息和不相关的事实之间的界限。有效的审计政策将获取所有重要的事件，不会因琐碎的活动而使日志混乱。审计线索通常由两种类型的审计日志组成：（1）个人的详细日志；（2）面向事件的日志。

击键监控。击键监控包括记录用户的击键和系统的响应。这种形式的日志可以在事后用来重建事件的细节，或作为一种实时控制，以防止未经授权的入侵。击键监控相当于电话窃听。虽然在某些情况下可以证明这种程度的监视是合理的，但击键监控也可能被视为侵犯隐私。在实施这种类型的控制之前，管理层和审计师应考虑可能产生的法律、伦理和行为影响。

事件监控。事件监控总结了与系统资源相关的关键活动。事件日志通常记录访问系统所有用户的ID、用户会话的时间和持续时间、在会话期间执行的程序，以及所访问的文件、数据库、打印机和其他资源。

15.1.3.6 设置审计跟踪目标

审计跟踪可以通过三种方式来支持安全目标：（1）检测对系统未经授权的访问；（2）重建的事件；（3）个人责任。

检测对系统未经授权的访问。检测未经授权的访问可以实时或事后进行。实时检测的主要目标是保护系统免受试图破坏系统控制的外部人员的影响。实时审计跟踪也可用于报告系统性能的变化，这些变化可能表明系统遭到病毒或蠕虫的侵扰。根据记录的以供审查的活动的数量，实时检测可能会显著增加操作成本并降低性能。事后检测日志可以电子方式存储，定期或根据需要进行审查。如果设计得当，它们可用于确定是否已经进行了未经授权的访问，或者是否尝试过但失败了。

重建事件。审计跟踪分析可用于重建导致系统故障或个人违反安全等事件的步骤。了解引发系统故障的条件可用于落实责任并避免将来出现类似情况。

个人责任。审计跟踪可用于在底层监控用户活动。这种能力是一种可以影响行为的预防性管理。当个人知道他们的行为记录在审计日志中时，他们就不太可能违反组织的安全策略。系统审计日志还可以用作检测管理，根据所采取的行动（例如滥用职权）追究个人责任。例如，考虑一个有权访问客户记录的应收账款职员。审计日志可能会显示职员打印了过多的记录，这可能表明职员出售客户信息的行为违反了公司的隐私政策。

15.1.3.7 实施系统审计跟踪系统

审计日志中包含的信息有助于会计师衡量与应用程序错误、滥用权限或外部入侵者未经授权的访问相关的潜在损害和财务损失。然而，审计日志可以生成非常详细的数据。

重要信息很容易在不必要的日常操作细节中丢失。因此，设计不佳的日志实际上可能会出现功能障碍。保护可能造成重大财务损失的风险敞口应该促使管理层决定监控哪些用户、应用程序或操作，以及记录多少细节。与所有控制一样，审计日志的好处必须与实施它们的成本保持平衡。

与系统审计跟踪相关的审计目标。审计师的目标是确保已建立的系统审核跟踪足以预防和检测滥用、重建系统故障之前的关键事件以及规划资源分配。

与系统审计跟踪相关的审计程序

• 大多数操作系统都提供某种形式的审计管理器功能来说明要审计的事件。审计师应验证审计跟踪是否已根据组织政策激活。

• 许多操作系统提供审计日志查看器，允许审计师扫描日志以查找异常活动。这些可以在屏幕上查看或通过归档文件以供后续查看。

审计师可以使用通用数据提取工具来访问归档日志文件以搜索系统定义的条件，例如：

• 未经授权或终止的用户
• 不活动期间
• 用户、工作组或部门的活动
• 登录和注销时间
• 登录尝试失败
• 访问特定文件或应用程序

• 组织的安全组负责监控和报告安全违规行为。审计师应选择安全违规案例样本并评估其处置情况，以评估安全组的有效性。

15.2 控制数据库管理系统

对数据库管理的控制分为两大类：访问控制和备份控制。**访问控制**旨在防止未经授权的个人查看、检索、破坏或破坏实体的数据。**备份控制**确保在由于未经授权的访问、设备故障或物理灾难而导致数据丢失的情况下，组织可以恢复其文件和数据库。

15.2.1 访问控制

企业数据库面临的风险包括数据损坏、盗用、滥用和破坏。这些威胁来自未经授权的入侵者和超出其访问权限的授权用户。以下部分回顾了一些降低这些风险的数据库控制功能。

15.2.1.1 用户视图

用户视图或子模式是整个数据库的一个子集，它定义了用户的数据域并相应地限制其对数据库的访问。图 15-1 说明了用户视图的角色。数据库管理员通常负责定义用户视图。审计师关注此类访问权限与用户的合法需求是否相称。尽管用户视图可以限制用户访问有限的数据集，但它们不定义任务特权，如读取、删除或写入。通常，多个用户可能共享一个用户视图，但具有不同的权限级别。例如，图 15-1 中的用户 Smith、Jones 和 Adams 都可以访问同一组数据：账户编号、客户名称、账户余额和信用额度。假设所有人都有读取权限，但只有 Jones 有权修改和删除数据。要实现这一级别的限制，需要额外的安全措施，接下来将讨论。

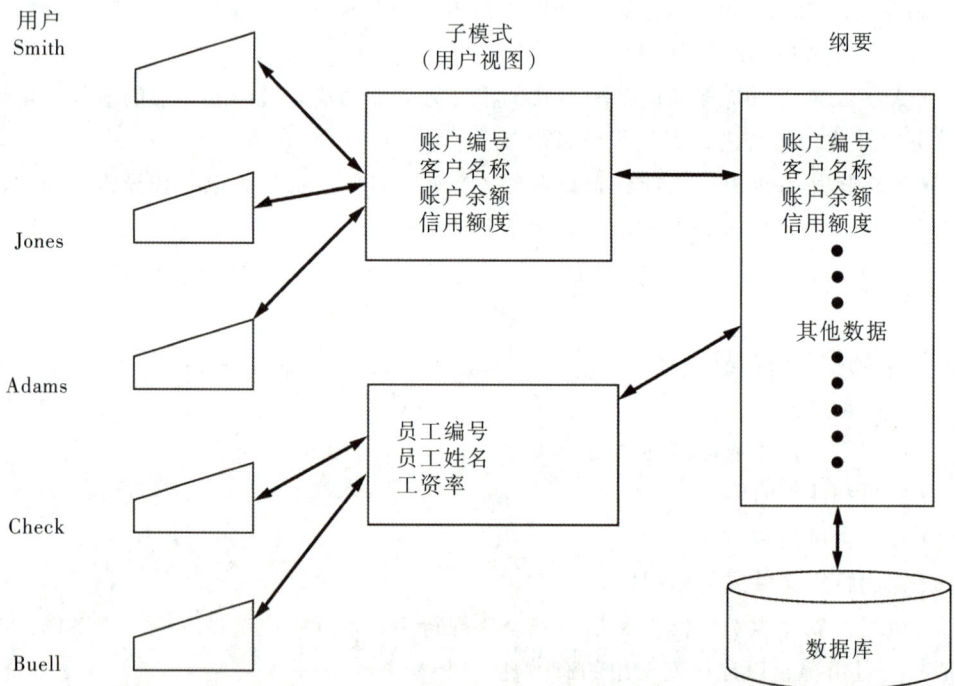

图15-1 重构访问数据库的子模式

15.2.1.2 数据库授权表

数据库授权表包含限制用户可执行操作的规则。每个用户都被授予某些权限，这些权限都被编码，可查权限表，用于验证用户的操作请求。例如，图 15-2 中的授权表显示，在三个用户中，只有 Jones 具有修改和删除数据的权限。

部门	账户记录			开票	
用户	Jones	Smith	Adams	Check	Buell
口令	****	****	****	****	****
权限 读取 插入 修改 删除	Y Y Y Y	Y N N N	Y Y N N	Y Y Y N	Y N N N

图15-2　数据库授权表

15.2.1.3　用户定义的程序

用户定义的程序允许用户创建个人安全程序或例行程序，以提供比密码更可靠的 ID。例如，除了安全密码之外，安全程序还会询问一系列个人问题（比如用户母亲的娘家姓），这些问题只有合法用户知道。

15.2.1.4　数据加密

许多数据库系统使用加密程序来保护高度敏感的数据，如产品配方、员工工资率、密码文件和某些财务数据。**数据加密**使用一种算法来打乱选定的数据，从而使浏览数据库的入侵者无法读取这些数据。除了保护存储的数据外，加密还用于保护跨网络传输的数据。我们将在本章后面讨论各种加密技术。

15.2.1.5　生物识别设备

用户认证程序的最后一步是使用**生物识别设备**，它可以测量各种个人特征，如指纹、声纹、视网膜指纹或签名特征。这些用户特征被数字化并永久存储在数据库安全文件或用户携带的 ID 卡上。当一个人试图访问数据库时，一个特殊的扫描设备会捕获他或她的生物特征，并将其与存储在内部或 ID 卡上的个人资料数据进行比较。如果数据不匹配，则拒绝访问。

15.2.1.6　与数据库访问相关的审计目标

审计师的目标是验证：（1）被授权使用数据库的个人是否仅限于访问履行职责所需的数据；（2）未经授权的个人被拒绝访问数据库。

15.2.1.7　测试访问控制的审计程序

权限表和子模式的责任。审计师应验证数据库管理人员是否独自负责创建权限表和设计用户视图。合规性证据有三个来源：（1）审查公司政策和职位描述，其中明确了这些技术职责；（2）检查程序员权限表以获取对数据定义语言（data definition language，DDL）命令的访问权限；（3）与程序员和数据库管理人员面谈。

适当的访问权限。审计师可以选择用户样本并验证他们存储在权限表中的访问权限是否与其组织职能一致。

生物特征控制。审计师应评估生物识别控制的成本和收益。通常，当非常有限数量的用户可以访问高度敏感的数据时，这些将是最合适的。

加密控制。审计师应验证敏感数据（例如密码）是否已正确加密。这可以通过将文件内容打印出来验证。

15.2.2 备份控制

来自外部的黑客、心怀不满的员工、磁盘故障、程序错误、火灾、洪水和地震的恶意行为可能会损坏数据。为了从此类灾难中恢复，组织需要将数据库恢复到故障前状态。首先仅当正确备份数据库时才能执行此操作。因此，组织必须实施政策、运行程序和提升技术，才能系统和常规地提供关键数据的备份副本。本节检查数据库环境中使用的备份控制功能。使用平面文件结构的旧系统出现了一系列不同的问题，这些问题已在第3章中讨论过。

大型数据库管理系统采用类似于图15-3所示的备份和恢复过程。该系统提供四种备份和恢复功能：数据库备份、交易日志、检查点和恢复模块。下一节将介绍这四方面内容。

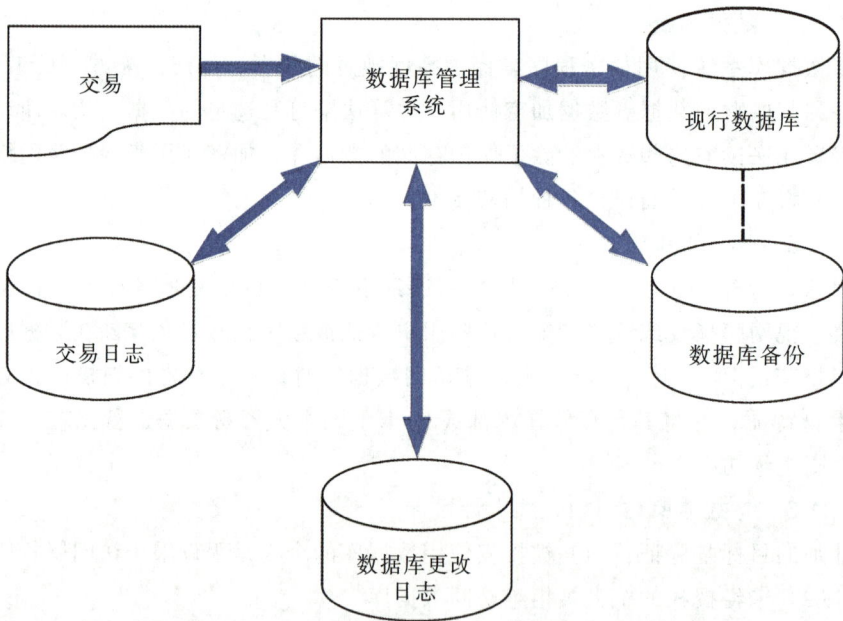

图15-3　数据备份与恢复

15.2.2.1 数据库备份

备份功能对整个数据库进行定期备份。这是一个自动程序，应该每天至少执行一次。因此，备份副本应存储在一个安全的远程区域中。

15.2.2.2 交易日志（日记账）

交易日志功能提供所有已处理交易的审计跟踪。它在交易日志文件中列出交易，并在单独的数据库更改日志中记录对数据库的更改。

15.2.2.3 检查点功能

检查点功能暂停所有数据处理，同时系统检查交易日志和更改数据库日志。此时，系统处于安静状态。检查点每小时自动发生几次。如果发生故障，通常可以从最后一个检查点重新开始处理。因此，只需重复几分钟的交易处理。

15.2.2.4 恢复模块

恢复模块使用日志和备份文件在发生故障后重新启动系统。

15.2.2.5 与数据库备份相关的审计目标

审计师的目标是验证数据库备份控制是否方便恢复丢失或损坏的数据。

15.2.2.6 测试备份控制的审计程序

数据库备份应该是一项例行活动。

- 审计师应从系统文档中验证生产数据库是否定期复制（可能每小时数次）。
- 审计师应通过文档和观察来验证数据库的备份副本是否存储在异地以支持灾难恢复程序。

15.3 控制网络

第12章检查了互联网和内联网通信中使用的几种网络拓扑的操作特性。网络拓扑由以下各种配置组成：（1）通信线路（双绞线、同轴电缆、微波和光纤）；（2）硬件组件（调制解调器、多路转接器、服务器和前端处理器）；（3）软件（协议和网络控制系统）。网络通信技术面临两种一般形式的风险：

（1）来自颠覆性威胁的风险。这些包括但不限于截获发送者和接收者之间传输的消息的计算机罪犯、未经授权访问组织网络的计算机黑客以及来自互联网远程位置的拒绝服务攻击。

（2）设备故障风险。例如，通信系统中的设备故障可能会中断、破坏或损坏发送方和接收方之间的传输。设备故障还可能导致存储在网络服务器上的数据库和程序丢失。

15.3.1 控制由颠覆性威胁产生的风险

15.3.1.1 防火墙

连接到互联网或其他公共网络的组织通常会使用电子防火墙，以将其内部网与外部入侵者隔离开来。**防火墙**是在两个网络之间实施访问控制的系统。要做到这一点：

- 外部网络和组织内部网之间的所有流量都必须通过防火墙。
- 根据正式安全策略的规定，只有组织与外部之间的授权流量才能通过防火墙。
- 防火墙必须不被组织内外的入侵者穿透。

防火墙可用于验证网络的外部用户，验证他或她的访问权限级别，然后将用户引导至所请求的程序、数据或服务。除了将组织的网络与外部网络隔离之外，防火墙还可用于将组织的部分内联网与内部访问隔离。例如，控制财务数据访问的局域网可以与其他内部局域网隔离。一些商用防火墙提供高级别的安全防护，而另一些不太安全但更有效。防火墙可以分为两种一般类型：网络级防火墙和应用程序级防火墙。

网络级防火墙提供高效但安全性较低的访问控制。这种类型的防火墙由一个**筛选路由器**组成，该路由器检查附加到传入消息数据包的源地址和目标地址。防火墙根据已编入其中的过滤规则接受或拒绝访问请求。防火墙将传入呼叫（incoming call）定向到正确的内部接收节点。网络级防火墙是不安全的，因为它们旨在促进信息的自由流动而不是限制它。此方法不会验证外部用户。

应用程序级防火墙提供了更高级的可定制网络安全服务，但它们增加了连接的开销。这些系统被配置了可以运行有代理之称的安全应用程序，这些应用程序允许电子邮件等日常服务通过防火墙，但它们可以执行复杂的功能，如针对特定任务的用户身份验证。应用程序级防火墙还提供了全面的传输日志记录和审计工具来报告未经授权的活动。

使用双归属系统可以实现高水平的防火墙安全性。如图 15-4 所示，该方法有两个防火墙接口。一个筛选来自互联网的传入请求；另一个提供对组织内联网的访问。与互联网的直接通信被禁用，并且这两个网络被完全隔离。强制执行单独登录程序的代理应用程序将执行所有访问。

正确的防火墙的选择需在方便性和安全性之间进行权衡。最终，组织管理者必须与内部审计和网络专业人员合作，应对可接受的风险。然而，防火墙提供的安全性越高，授权用户通过它开展业务就越不方便。

15.3.1.2　控制拒绝服务攻击

第 12 章介绍了三种常见的拒绝服务攻击形式：SYN 洪水攻击、蓝精灵攻击和分布式拒绝服务（DDoS）攻击。这些技术对受害者都有相似的影响。通过生成欺诈性信息阻塞受害者服务器的互联网端口，目标公司将无法处理合法交易，并在攻击期间与互联网完全隔离。

在发生蓝精灵攻击的情况下，一旦确定了攻击者的 IP 地址，目标组织就可以对其防火墙进行编程，以忽略来自攻击站点的所有通信。然而，使用 IP 欺骗从而掩盖源头的 SYN 洪水攻击是一个更严重的问题。虽然攻击实际上可能来自一个伪装的网站，但受害者的主机电脑认为这些传输来自整个互联网。IT 和网络管理可以采取两种措施来抵御这种攻击。首先，互联网主机必须接受社会责任策略，通过对防火墙进行编程来阻止包含无效内部 IP 地址的出站数据包。这将防止攻击者在目标站点隐藏其位置，并确保潜在的中间主机的管理人员不会从他们的站点发起未检测到的攻击。然而，这一策略并不会阻止来自（拒绝屏蔽传输的）互联网站点的攻击。其次，安全软件可用于扫描半开连接的目标站点。该软件会查找没有被 ACK 数据包跟踪的 SYN 数据包。然后，可以恢复阻塞的端口，以允许合法连接使用它们。

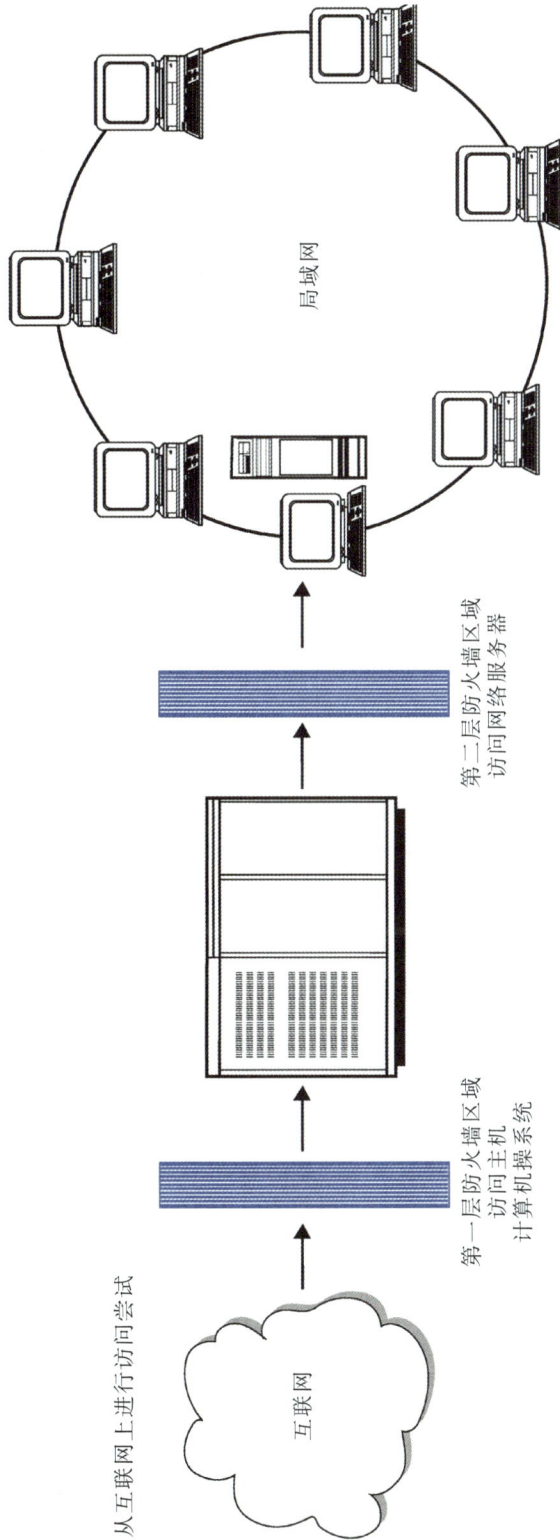

图15-4　双层防火墙

DDoS是这三种攻击中最难对付的一种。受害者的网站被来自在互联网上传播的数千个僵尸网站的信息所淹没。该公司无能为力，因为它不能有效地阻止来自如此多不同地点的传输。

许多组织投资**入侵防御系统**（intrusion prevention systems，IPS）作为应对DDoS攻击的对策，该系统采用**深度数据包检测**（deep packet inspection，DPI）来确定攻击何时进行。DPI使用各种分析和统计技术来评估消息包的内容。它搜索单个数据包以查找不符合协议的情况，并使用预定义的标准来决定一个数据包是否可以继续运行到达其目的地。这与仅检查数据包的标题部分以确定其目的地的数据包是否正常形成对比。通过更深入地检查数据包的有效负载或主体，IPS可以根据已知攻击特征识别和区分恶意数据包。一旦被归类为恶意，该数据包就可以被阻止并重新送到安全团队和/或网络报告代理处。

IPS与网络外围的防火墙同步工作，作为一个过滤器，在恶意数据包影响服务器和网络之前就将它们移除。IPS也可以在防火墙后面使用，以保护特定的网段和服务器。这为在不受保护的网络环境工作时无意感染特洛伊木马或蠕虫的粗心笔记本电脑用户提供了额外的保护。IPS技术还可以通过检查出站数据包并在恶意流量到达互联网之前阻止恶意流量来保护组织免于成为僵尸网络的一部分。

15.3.1.3　加密

加密是将数据转换为不可理解的编码形式，存储在数据库中并通过网络进行传输。现在的讨论与传输的数据有关，但这些基本原则也适用于存储的数据。发送者使用加密算法将原始消息（也称为明文）转换为编码的等效项，称为密文。在接收端，密文被解码（解密）回明文。加密算法使用密钥，该密钥是长度通常为56到128位的二进制数。密钥中的位数越多，加密算法就越复杂。今天，不少于128位的算法被认为是真正安全的。两种通用的加密方法分别是**私钥加密**和**公钥加密**。

私钥加密。**高级加密标准**（advanced encryption standard，AES）是一种128位加密技术，已成为美国政府的私钥加密的标准。高级加密标准算法使用发送和接收消息者都已知的单一密钥。为了对消息进行编码，发送者向加密算法提供密钥，该密钥用于生成密文消息。消息进入通信信道并被传输到接收者的位置，并存储在那里。接收方使用与发送方相同的密钥的解密程序对消息进行解码。图15-5说明了这种技术。

三重DES加密是一种被称为数据加密标准（DES）的旧加密技术的增强版。与大多数单一加密技术相比，三重DES改进大，安全性更高。三重DES的两种形式分别是EEE3和EDE3。EEE3使用三个不同的密钥对消息进行三次加密。EDE3使用第一个密钥来加密消息。第二个密钥被用来对其进行解码。生成的消息是乱码，因为用于解码的密钥与加密它的密钥不同。第三个密钥用于加密乱码。使用多个密钥大大减少了破解密码的机会。三重DES被公认为非常安全，各大银行都使用它来传输交易。不幸的是，它非常慢。EEE3和EDE3技术如图15-6所示。

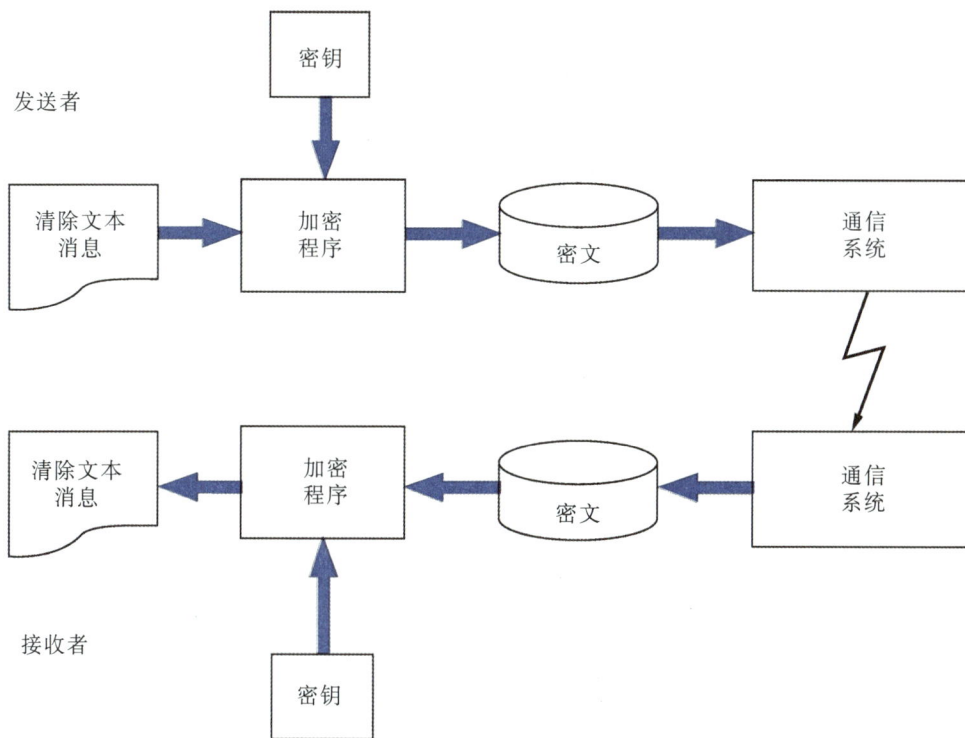

图15-5　先进的加密标准技术

所有的私钥技术都有一个共同的问题：需要知道密钥的人越多，它落入坏人手中的可能性就越大。如果犯罪者发现了密钥，他或她就可以截获和破译编码信息。因此，加密在大量相对陌生人之间传输的数据（如企业和客户之间的互联网交易）需要不同的方法。这个问题的解决方法是公钥加密。

公钥加密。公钥加密使用两种不同的密钥：一种用于编码消息，另一种用于解码消息。每个收件人都有一个保密的私钥和一个公开的公钥。消息的发送者使用接收者的公钥对消息进行加密。然后，接收者会使用他或她的私钥来解码消息。用户永远不需要共享他们的私钥来解密消息，从而减少了它们落入犯罪分子手中的可能性。

公钥加密算法（rivest-shamir-adleman，RSA）是一种高度安全的公钥加密方法。然而，这种方法计算量大，比标准数据加密标准加密慢得多。有时，DES和RSA一起用于所谓的数字信封中。实际消息使用DES进行加密以提供最快的解码。解密消息所需的DES私钥使用RSA进行加密，并与消息一起传输。接收方首先解码DES密钥，然后使用该密钥进行消息解码。

15.3.1.4　数字签名

数字签名是指不能伪造的电子认证。它确保发送者传输的消息或文档在应用签名后不被篡改。图15-7阐述了这个过程。发送者使用单向散列算法来计算文本消息的摘要。**摘要**是根据消息的文本内容计算得出的数学值。然后使用发送者的私钥对摘要进行加密，以生成数字签名。接下来，使用接收者的公钥对数字签名和文本消息进行加密，

EEE3 技术

EDE3 技术

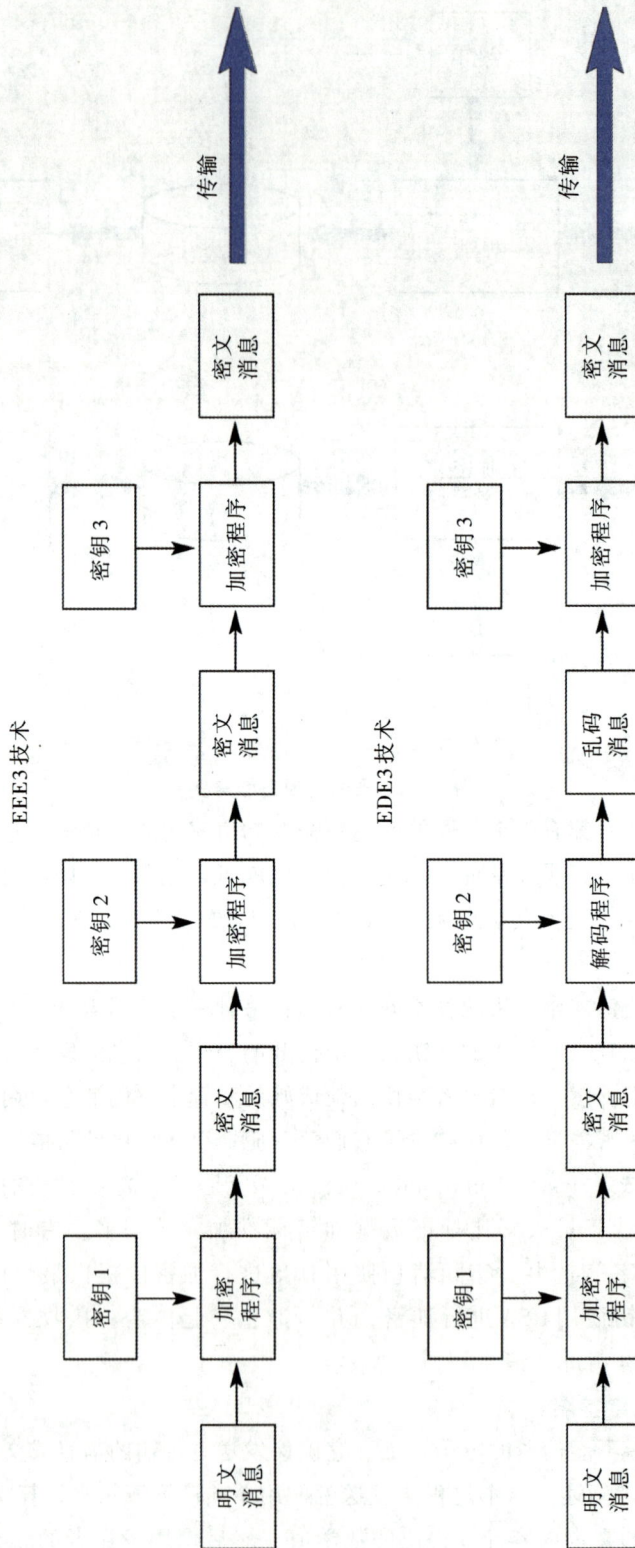

图15-6　EEE3和EDE3加密

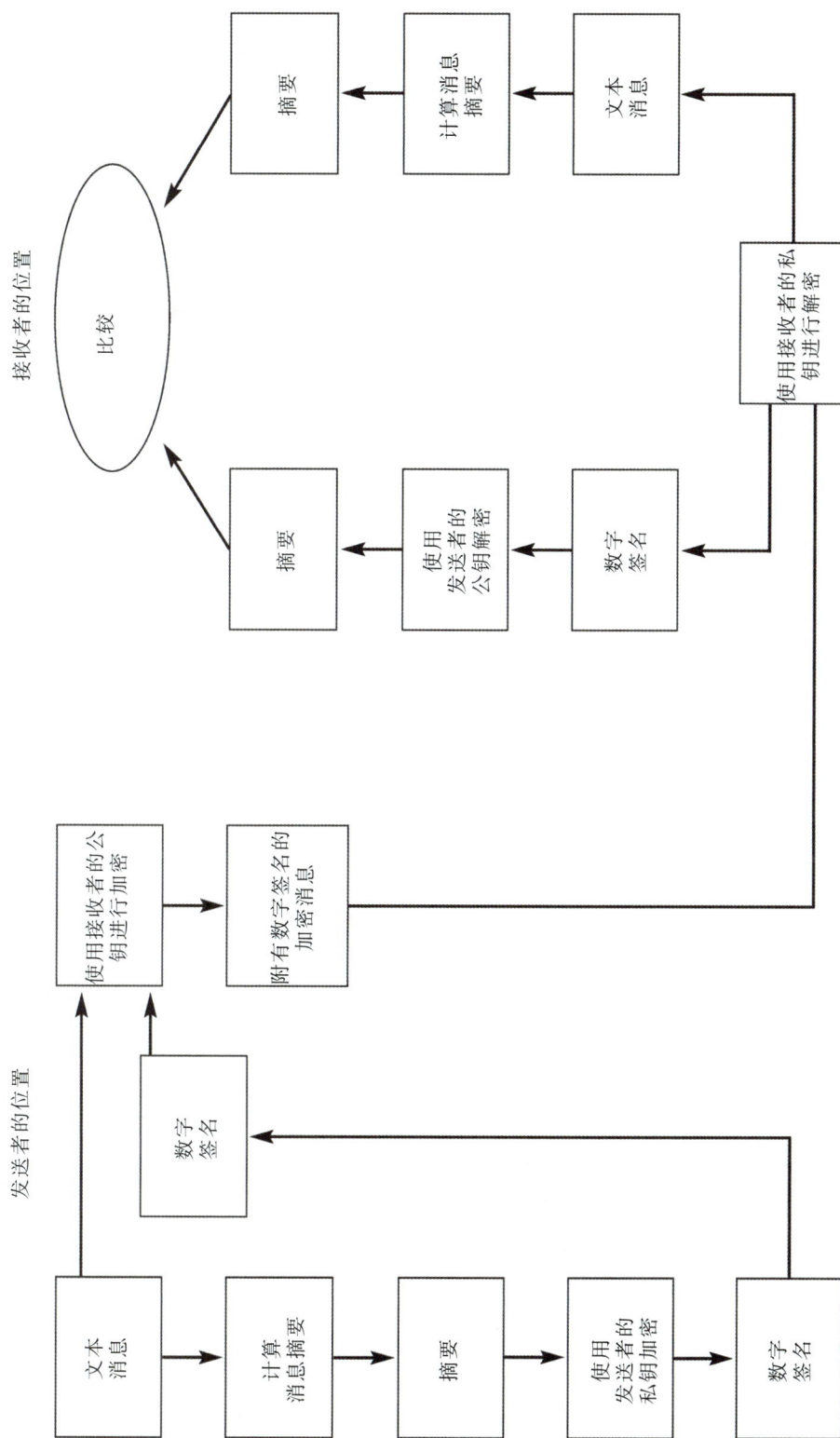

图15-7 数字签名

并传输给接收者。在接收端，使用接收者的私钥对消息进行解密，以生成数字签名（加密摘要）和消息的明文版本。然后，接收者使用发送者的公钥来解密数字信号，以生成摘要。最后，接收者使用原始散列算法从明文开始重新计算摘要，并将其与解码的摘要进行比较。如果该消息是真实的，则这两个摘要值将匹配。如果消息的单个字符在传输过程中发生更改，摘要值将不相等。

15.3.1.5　数字证书

上述过程证明接收到的消息在传输过程中没有被篡改。然而，它并不能证明发送者就是他或她声称的人。发送者可以是冒充的人。验证发送者的身份需要一个**数字证书**，它由受信任的第三方颁发，称为**认证机构**（certification authority，CA）。数字证书与公钥加密系统结合使用，以验证消息发送者的身份。认证的过程因所需的认证级别而异。它包括使用正式文件，如驾照、公证书和指纹，证明自己对公钥的所有权。在验证所有者的身份后，认证机构将创建认证，即所有者的公钥，以及认证机构已经进行数字签名的其他数据。

数字证书与加密的消息一起传输，以验证发送者的身份。接收者使用公开的认证机构的公钥来解密附加到消息上的发送方公钥。然后，使用发送者的公钥来解密消息。

15.3.1.6　消息序列编号

通信通道中的入侵者可能尝试从消息流中删除消息、更改接收消息的顺序或复制消息。通过**消息序列编号**，在每条消息中插入一个序列号，任何这样的尝试都会在接收端变得明显。

15.3.1.7　消息交易日志

入侵者可以通过尝试不同的密码和用户 ID 组合来成功地入侵系统。因此，所有传入和传出的消息以及尝试（失败）的访问，都应记录在**消息交易日志**中。日志应记录用户 ID、访问时间以及访问发起的终端位置或电话号码。

15.3.1.8　请求-响应技术

入侵者可能试图阻止或延迟接收发送者的消息。当发送者和接收者不经常联系时，接收者可能不知道通信信道是否被中断，消息是否被转移。使用**请求-响应技术**，以定期同步间隔发送来自发送方的控制信息和来自接收方的回复。消息的发收时间应遵循随机模式，入侵者将难以确定从而避开入侵者。

15.3.1.9　回叫设备

正如我们所见，网络可以配备安全功能，如密码、认证设备和加密。所有这些技术的共同弱点是它们是在犯罪分子连接到网络服务器后才应用安全措施。许多人认为，安全的关键是从一开始就让入侵者远离网络。

回叫设备要求拨号用户输入密码并能被识别。然后，系统断开连接，以执行用户身份验证。如果呼叫者被授权，回叫设备将拨打呼叫者的号码以建立一个新的连接。这限制了对授权终端或电话号码的访问，并防止入侵者伪装成合法用户。

15.3.1.10　与颠覆性威胁相关的审计目标

审计师的目标是通过确定网络控件，（1）防止和检测内部和互联网的非法访问；（2）使罪犯成功捕获的任何数据变得无用；（3）保护连接到网络的数据的完整性和物理安全性。

15.3.1.11　与颠覆性威胁相关的审计程序

为实现这些控制目标，审计师可执行以下控制测试：

（1）根据组织的业务目标和潜在风险，审查防火墙的充分性，以实现控制和便利之间的适当平衡。评估防火墙有效性的标准包括：

• *灵活性*。防火墙应足够灵活，以便在组织的安全需求发生变化时适应新服务。

• *代理服务*。应该有足够的代理应用程序来为敏感的服务、应用程序和数据提供明确的用户身份验证。

• *过滤*。应该设计强大的过滤技术来拒绝所有未明确允许的服务。换句话说，防火墙应该只拒绝不被允许访问的服务而不是那些被允许访问的服务。

• *系统隔离*。不需要公共访问的系统，应与互联网隔离。

• *审计工具*。防火墙应提供一套完整的审计和日志记录工具，以识别和记录可疑活动。

• *探查弱点*。为了验证安全性，审计师（或专业的安全分析师）应该定期探测防火墙的弱点，就像计算机互联网黑客所做的那样。目前有许多软件产品可用于识别安全漏洞。

（2）验证具有深度数据包检测（deep packet inspection，IPS）的入侵防御系统（intrusion prevention systems，DPI）是否适用于易受 DDoS 攻击的组织，如金融机构。

（3）审查管理数据加密密钥的安全程序。

（4）通过发送测试消息并检查发送位置和接收位置之间的通道沿线各个点的内容来验证加密过程。

（5）查看消息交易日志以确认所有消息都按正确的顺序接收。

（6）通过从设备外部拨打未经授权的呼叫来测试回叫功能的操作。

15.3.2　控制设备故障造成的风险

15.3.2.1　线路错误

数据通信中最常见的问题是由于**线路错误**造成的数据丢失。消息的位结构（bit structure）可能会因通信线路上的噪声而损坏。噪声是由随机信号组成的，当它们达到一定的水平时，会干扰消息信号。电动机、大气条件、故障线路、设备中有缺陷的组件或从邻近通信信道溢出的噪声可能导致这些随机信号产生。如果未检测到这些随机信号，传输数据的位结构变化可能对公司来说是灾难性的。例如，在数据库更新程序的情况下，出现线路错误可能导致不正确的交易值过账到账户。以下两种技术通常用于在处理这些数据错误之前对其进行检测和纠正。

回声检查。回声检查涉及消息的接收方将消息返回给发送者。发送者将返回的消息与存储的原始消息副本进行比较。如果返回的消息与原始消息之间存在差异，表明传输错误，则重新传输消息。这种技术将通信通道上的吞吐量减少了一半。使用允许双方同时传输和接收的双向通道可以提高吞吐量。

奇偶校验。在创建或传输位字符串时，**奇偶校验**将附加位（奇偶位）合并到位字符串的结构中。奇偶校验可以是垂直的和水平的。图15-8说明了这两种类型的奇偶校验。当字符被编码并以数字形式存储时，垂直奇偶校验将奇偶校验位添加到消息中的每个字符。例如，计算每个字符的位结构中的1位的数量。如果数字是偶数（例如，在给定的8位字符中有4个1位），系统将奇偶校验位赋值为1。如果1位的数目为奇数，则在位结构中添加一个0奇偶校验位。

需要注意的是，在传输过程中，1位被转换为0位，反之亦然，从而破坏了字符的位结构完整性。换句话说，原始字符被错误地呈现为不同但有效的字符。此类错误如果未被发现，可能会改变财务数字。奇偶校验可以检测到接收端处的错误。系统再次计算1位，该位应始终等于一个奇数。如果在传输过程中在位结构中添加或删除1位，则字符的1位数将为偶数，这将意味着错误。

单独使用垂直奇偶校验的问题是，一个错误可能会同时改变结构中的2位，从而保留这个字符的奇偶校验。事实上，一些判断表明，线路噪声有40%~50%的可能性会在一个字符内破坏超过1位。将水平奇偶校验与垂直奇偶校验结合使用可以减少此类问题的发生。在图15-8中，请注意每个字符块后面的奇偶校验位。垂直和水平奇偶校验的组合提供了更高程度的防止线路错误的保护。

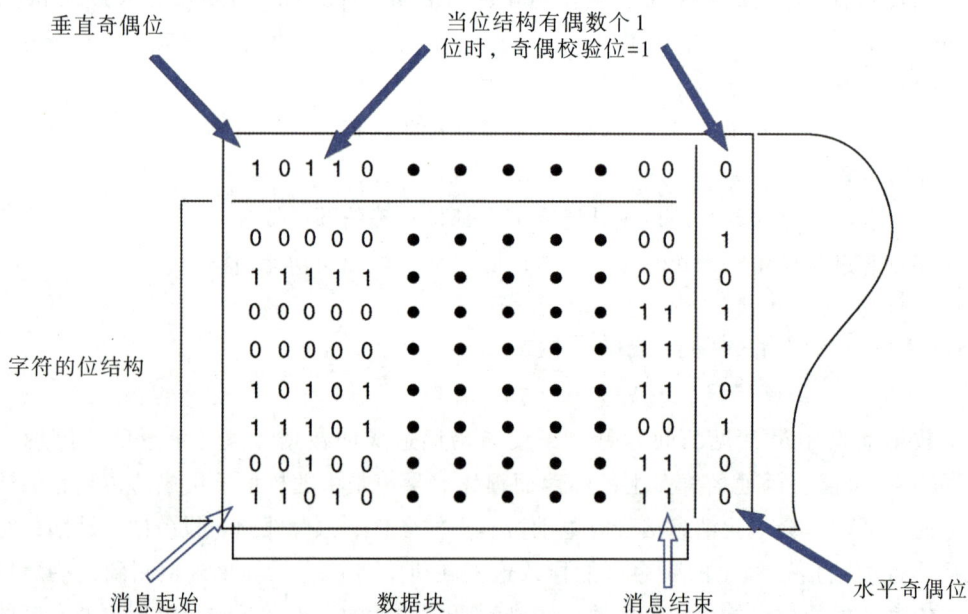

垂直奇偶位　　　当位结构有偶数个1位时，奇偶校验位=1

字符的位结构

1 0 1 1 0	● ● ● ●	0 0	0
0 0 0 0 0	● ● ● ●	0 0	1
1 1 1 1 1	● ● ● ●	0 0	0
0 0 0 0 0	● ● ● ●	1 1	1
0 0 0 0 0	● ● ● ●	1 1	1
1 0 1 0 1	● ● ● ●	1 1	0
1 1 1 0 1	● ● ● ●	0 0	1
0 0 1 0 1	● ● ● ●	1 1	1
1 1 0 1 0	● ● ● ●	1 1	0

消息起始　　　数据块　　　消息结束　　　水平奇偶位

图15-8　使用奇偶校验的垂直和水平校验

15.3.2.2　有关设备故障的审计目标

审计师的目标是通过确定是否有控制措施来检测和纠正由于设备故障导致的信息损失，从而验证电子商务交易的完整性。

15.3.2.3　与设备故障相关的审计程序

为了实现此控制目标，审计师可以从交易日志中选择一个消息样本，并检查它们是否存在线路噪声导致的乱码内容。审计师应验证所有损坏的消息是否都已成功地重新传输。

15.4　电子数据交换控制

EDI极大地改变了公司的经营方式，并产生了会计师需要认识到的独特的控制问题。在研究这些问题之前，让我们先回顾一下EDI的概念。图15-9说明了通过EDI系统的基本元素的数据流，该系统连接了两个贸易伙伴——客户（A公司）和供应商（B公司）。

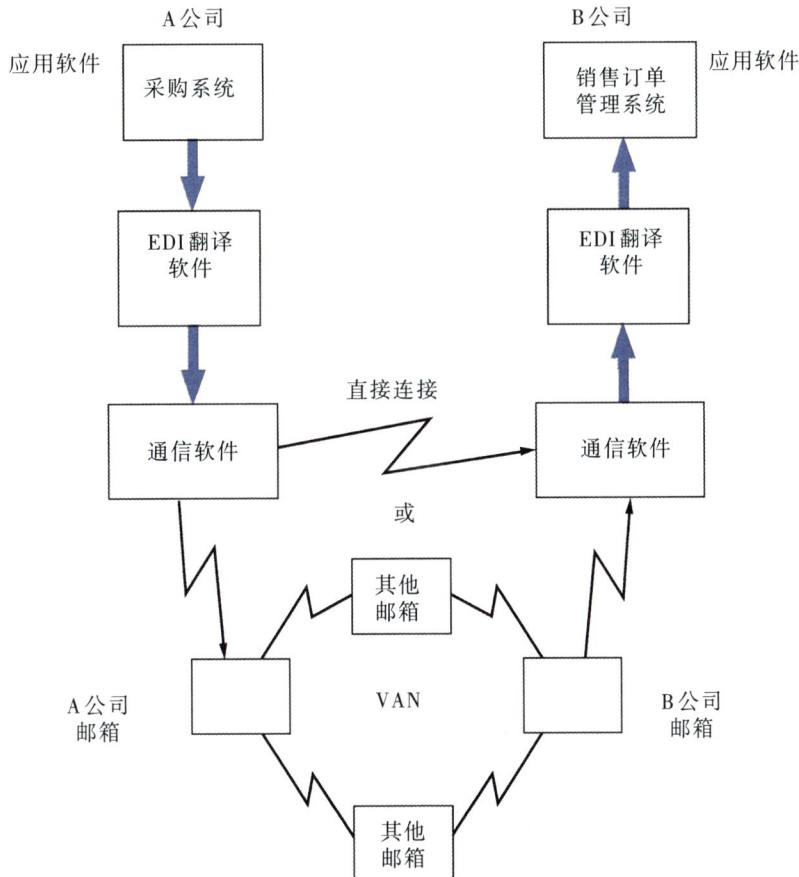

图15-9　EDI系统

当A公司希望向B公司下订单时，A公司的采购系统会自动创建电子采购订单并将其发送到EDI翻译软件。翻译软件将采购订单从A公司的内部格式转换为标准格式，如ANSI X.12。接下来，通信软件将协议添加到消息中，以准备通过通信通道进行传输。传输可以是贸易伙伴之间的直接连接，也可以是通过增值网络（VAN）间接连接。在B公司，流程反过来，产生B公司内部格式的销售订单，系统会自动处理其销售订单。

在这一过程中缺乏人工干预给传统控制问题带来了独特的变化，包括确保交易得到授权并有效，防止对数据文件的未经授权访问，以及保持对交易的审计跟踪。以下技术将用于处理这些问题。

15.4.1 交易授权和验证

客户和供应商都必须确定正在处理的交易是发往（或来自）有效的贸易伙伴，并获得授权。这个过程可以通过三个点完成。

（1）一些增值网络能够通过将供应商的密码和 ID 代码与有效的客户文件进行匹配来验证它。增值网络拒绝任何未经授权的交易伙伴在进入供应商系统之前进行交易。

（2）在转换之前，翻译软件可以根据公司数据库中的验证文件来验证贸易伙伴的身份和密码。

（3）在处理之前，贸易伙伴的应用程序软件会参考有效的客户和供应商文件来验证交易。

15.4.2 访问控制

为了顺利运作，EDI 贸易伙伴必须允许在一定程度上访问传统环境中被禁止的私人数据文件。贸易伙伴协议将确定适当的访问控制的程度。例如，它可能允许客户的系统访问供应商的库存文件，以确定库存是否可用。此外，贸易伙伴可能同意采购订单上的价格对双方均有约束力。因此，客户必须定期访问供应商的价目表文件，以使定价信息保持最新。或者，供应商可能需要访问客户的价目表以更新价格。

为了防止未经授权的访问，每个公司都必须建立有效的供应商和客户档案。因此，可以验证针对数据库的查询，并且可以拒绝未经授权的访问尝试。还可以建立用户权限表，限定允许贸易伙伴访问的程度。例如，可以授权合作伙伴读取库存或定价数据，但不能更改数值。

15.4.3 EDI 审计跟踪

在 EDI 交易中因为没有源文档而排除了传统的审计跟踪，并限制了会计人员验证交易的有效性、完整性、时间性和准确性的能力。恢复审计跟踪的一种技术是维护控制日志，该日志记录了通过 EDI 系统的每个阶段的交易流。图 15-10 说明了如何使用这种方法。

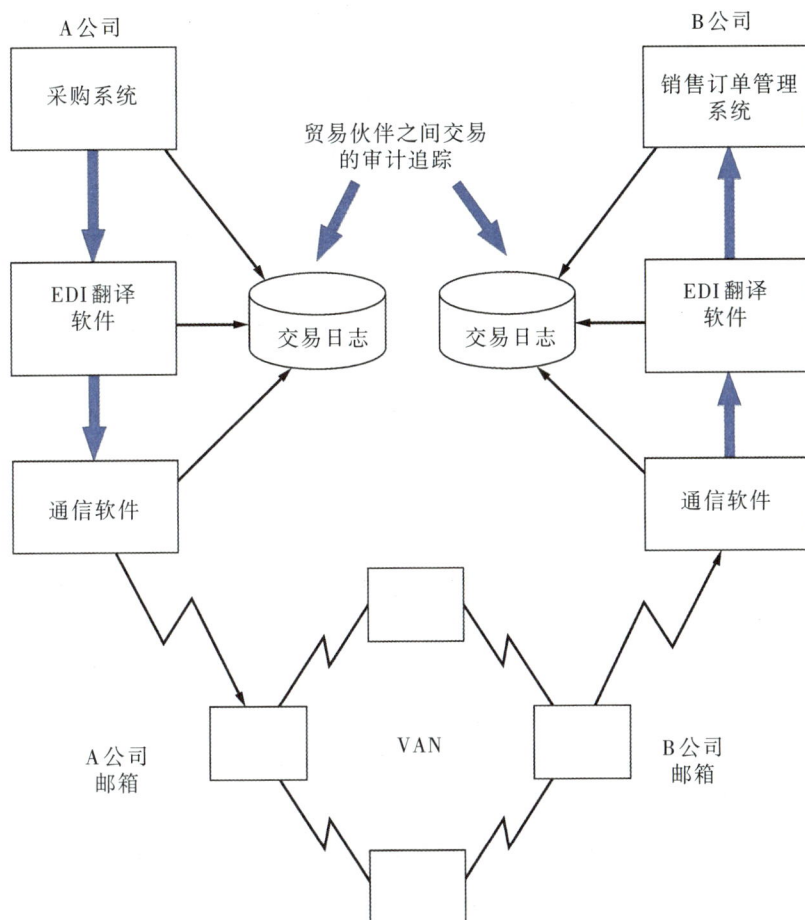

图15-10   使用交易控制日志进行审计跟踪的EDI系统

由于在流程的每个阶段都接收交易，因此会在日志中创建一条记录。在客户的系统中，可以对交易日志进行核对，以确保采购系统发起的所有交易都被正确地翻译和传达。同样，在供应商的系统中，控制日志将确定销售订单系统正确翻译并处理了通信软件接收到的所有消息。

15.4.3.1   与EDI相关的审计目标

审计师的目标是确定：（1）所有EDI交易都被授权、验证，并符合贸易伙伴协议；（2）没有未经授权的组织访问数据库记录；（3）授权的贸易伙伴只能访问经批准的数据；（4）有足够的控制措施，以确保对所有EDI交易进行全面的审计跟踪。

15.4.3.2   与EDI相关的审计程序

为了实现这些控制目标，审计师可以执行以下控制测试。

授权和验证控制的测试。 审计师应确定在处理交易之前已对交易伙伴识别代码进行验证。为了实现这一点，审计师应该：（1）审查与VAN设施的协议，以验证交易，并确保有关有效贸易伙伴的信息是完整的、正确的；（2）检查组织的有效贸易伙伴文件的准确性和完整性。

访问控制的测试。有效的贸易伙伴文件和数据库的安全性是EDI控制框架的核心。审计师可以通过以下方式验证控制的充分性：

（1）审计师应确定对有效供应商或客户文件的访问仅限于授权员工。审计师应验证密码和权限表能否控制对此文件的访问，以及数据是否已加密。

（2）交易协议将决定贸易伙伴对该公司的数据库记录（如库存水平和价格表）的访问程度。审计师应根据贸易伙伴在数据库权限表中规定的访问特权来解释交易协议的条款。

（3）审计师应模拟贸易伙伴样本的访问，并尝试违反访问权限。

审计跟踪控制的测试。审计师应验证电子数据交换系统是否生成交易日志，以跟踪所有处理阶段的交易。通过选择交易样本并在整个过程中进行跟踪，审计师可以验证关键数据值在每个点上的记录是否正确。

总结

本章继续接着第14章讨论IT一般控制和审计测试。它检查了对操作系统、数据库管理系统、网络和EDI系统的风险和控制。对操作系统的主要威胁包括：（1）未经授权的访问；（2）有意或无意的病毒侵入；（3）由于系统故障导致的数据丢失。

通过使用精心设计的用户视图、授权规则、用户定义的程序和数据加密，可以有效地控制对数据库的未经授权的访问。备份和恢复技术可用于保护数据免受系统故障的影响。网络和通信链路容易受到犯罪者颠覆和设备故障的影响。可以通过各种安全和访问控制措施（包括防火墙、IPS、DPI、数据加密和回叫设备）将颠覆性威胁降至最低。设备故障通常表现为线路错误，由通信线路中的噪声引起。这些可以通过回声检查和奇偶校验有效地减少。讨论随后转向EDI，其中公司面临着与缺乏人工介入授权或审查交易的环境相关的各种风险。EDI环境中的控制主要通过程序化程序来实现，以授权交易、限制对数据文件的访问，确保系统处理的交易有效。

附录 恶意和破坏性程序

15A.1 病毒

病毒是一种程序（通常是破坏性的），它附着在合法程序上以侵入操作系统并破坏应用程序、数据文件和操作系统本身。

病毒的一个危险方面是它能够在实施其破坏性行为之前传播到整个宿主系统和其他系统。通常，病毒将有一个内置计数器，只有在将自身复制到其他程序和系统指定次数后才会触发其破坏性作用。病毒因此呈几何级数增长，这使得追踪其来源变得极为困难。

个人电脑是病毒侵入的主要对象。当连接到网络或大型机时，受感染的电脑可以将病毒上传到主机系统。一旦进入主机，病毒就可以在整个操作系统中传播，并传播给其他用户。病毒程序通常会将它们自身附加到以下类型的文件中：

（1）.EXE 或 .COM 程序文件

（2）OVL（覆盖）程序文件

（3）磁盘的引导扇区

（4）设备驱动程序

程序传播病毒包括电子邮件附件、从互联网下载公共域程序以及使用非法盗版软件。由于电脑操作系统普遍缺乏控制，连接到大型机的微型计算机也对大型机环境构成严重威胁。

15A.2　蠕虫

"蠕虫"这个术语可以与病毒互换使用。蠕虫是一种软件程序，它实际上可以钻入计算机的内存，并将自身复制到空闲内存区域。蠕虫会系统地占用空闲内存，直到内存耗尽，系统出现故障。从技术上讲，蠕虫与病毒的不同之处在于，复制的蠕虫模块与控制其生长的原始蠕虫保持联系，而复制的病毒模块则独立生长。

15A.3　逻辑炸弹

逻辑炸弹是一种破坏性的程序，比如病毒，由某些预定事件触发。通常，某个日期（比如13日、星期五、愚人节或7月4日）将是逻辑炸弹的触发器。公众不怎么关注的事件，比如解雇员工，也可触发这些炸弹。例如，在通常的两周离职期间，一个被解雇的程序员可能会在系统中嵌入一个逻辑炸弹，在他或她离开公司6个月后被激活。

15A.4　后门

后门（也称为活板门）是一种软件程序，允许未经授权访问系统，而无须通过正常的（前门）登录程序。程序员想要为自己提供无限访问为用户研发的系统权限，可能会创建一个登录程序，该程序将接受用户的私人密码或他们自己的密码，从而创建一个系统的后门。后门的目的可能是提供方便的访问来执行程序维护工作，也可能是为了实施欺诈或将病毒植入系统。

15A.5　特洛伊木马

特洛伊木马是一个程序，其目的是从毫无戒心的用户那里获得账号和密码。这些程序旨在模拟操作系统的正常登录过程。当用户输入其账号和密码时，木马会将它们的副本存储在一个秘密文件中。在以后的某些时候，该木马的作者使用这些账号和密码来访问系统，并伪装成授权用户。

关键术语

访问控制列表	数据库授权表
访问控制	深度数据包检测（DPI）
访问令牌	摘要
高级加密标准（AES）	数字证书
应用程序级防火墙	数字信封
备份控制	数字签名
生物识别设备	自主访问权限
回叫设备	回声检查
认证机构（CA）	EDE3
检查点功能	EEE3
编译器	加密
数据加密	事件监控
防火墙	密码
解释器	私钥加密
入侵防御系统（IPS）	公钥加密
击键监控	恢复模块
线路错误	请求–响应技术
登录程序	可重用密码
消息序列编号	公钥加密算法（RSA）
消息交易日志	筛选路由器
网络级防火墙	系统审计跟踪
一次性密码	交易日志
操作系统	三重DES加密
操作系统安全	用户视图
奇偶校验	用户定义的程序

复习题

1. 操作系统的五个控制目标是什么？
2. 操作系统执行的三个主要任务是什么？
3. 访问控制列表的目的是什么？
4. 病毒可以用来感染系统的四种技术是什么？
5. 什么是访问令牌？
6. 解释任意访问权限。
7. 什么是事件监控？
8. 什么是击键监控？

9.什么是杀毒软件，它的局限性是什么？

10.数据库管理系统必须具备的四个基本备份和恢复功能是什么？简要说明每一项。

11.颠覆性威胁有哪些风险？

12.设备故障有哪些风险？

13.什么是防火墙？

14.区分网络级和应用程序级防火墙。

15.最常见的反安全行为形式有哪些？

16.怎样才能抵御 DDoS 攻击？

17.公钥加密是如何工作的？

18.什么是数字信封？

19.什么是数字签名？

20.将以下各项分类为设备故障控制或未经授权的访问控制：

a.消息认证　　　　　　　　b.奇偶校验

c.回叫设备　　　　　　　　d.回声检查

e.线路错误　　　　　　　　f.数据加密

g.请求-响应技术

21.什么是 DPI？

22.在 EDI 交易和验证过程中的哪三个点可以完成授权和验证？

讨论题

1.为什么人类行为被认为是对操作系统完整性最大的潜在威胁之一？

2.如果系统程序员在日常任务中可以访问该程序，那么为什么要创建一个后门呢？

3.讨论在实施击键监控之前需要考虑的问题。

4.说明如何使用访问令牌和访问控制列表来批准或拒绝访问。

5.解释如何使用特洛伊木马渗透系统。

6.讨论通过技术控制和管理程序的结合，可以显著减少破坏性程序威胁的六种方法。

7.解释审计跟踪可用于支持安全目标的三种方式。

8.解释设计不佳的审计跟踪日志实际上是如何功能失调的。

9.许多权威机构认为，有90%的计算机欺诈行为雇主并没有起诉。你认为很少起诉的原因是什么？讨论制定对安全违规行为采取纪律（或法律）行动的正式政策的重要性。

10.为什么允许程序员创建用户子模式并向用户分配访问权限是有风险的呢？当程序员不被允许为用户分配访问权限时，他们有时会使用什么不道德的技术呢？

11.访问控制是平面文件环境还是数据文件环境更受关注？

12.密码是如何绕过安全性呢？可以采取哪些措施来减少这种情况？

13.解释一次性密码方法的工作原理。

14.终端用户计算在分布式数据处理组织中已经变得非常流行。终端用户喜欢它，是因为认为他们可以更轻松地设计和实现自己的应用程序。这种类型的环境是否总是能促进更高效的应用程序开发？解释你的答案。

15.区分数据访问和访问权限。以数据库授权表为例进行设计和解释。

16.审计人员在审计数据管理方面的目标是什么？

17.什么是数据通信控制的测试？

18.解释如何控制蓝精灵攻击和SYN洪水攻击。

19.讨论设备故障的风险以及如何控制这些风险。

20.每个有局域网的组织都需要防火墙吗？

21.阐述IPS可用于抵御DDoS攻击的三种方法。

22.所有私钥加密技术的共同问题是什么？

23.什么是RSA加密？

24.解释被称为EEE3和EDE3的三重DES加密技术。

25.区分数字签名和数字证书。

26.在数字签名的背景下描述摘要。

27.什么是数字信封？

28.为什么职责分离不充分是个人计算机环境中的一个问题？

29.为什么请求-响应技术很重要？讨论入侵者可能希望阻止或延迟接收消息的原因。

30.备份冗余是否效率低下？

31.讨论笔记本电脑和计算机的广泛使用是如何使数据加密标准更容易被入侵的。

32.讨论EDI所产生的独特的控制问题。

33."在EDI系统中，只有客户需要验证所下的订单是否来自有效的供应商，反之亦然。"你同意这个说法吗？为什么同意或为什么不同意呢？

34.讨论EDI如何创建一个环境，其中敏感信息，如库存数量和价格数据，不再是私人的。如果没有适当的控制措施，会存在什么潜在危险？举个例子。

多项选择题

1.当有人伪装互联网信息的来源，使它似乎来自不同的来源时，这被称为（   ）。

a.深度包检测   b.消息包切换

c.双主信令   d.知识产权筛选

e.以上都不是

2.一个附加到另一个合法程序并将自己复制到空闲内存区域的程序被称为（   ）。

a.病毒   b.特洛伊木马

c.蠕虫   d.逻辑炸弹

e.以上都不是

3.检查点程序的目的是方便在（   ）之后重新启动。

a.操作系统故障　　　　　　　b.数据输入错误

c.未能按时准备好所有的输入数据　　d.计算机操作员的干预

e.以上都不是

4.用户的应用程序可以由存储在不同的存储器位置中的几个模块组成，每个模块都有自己的数据。不能允许一个模块销毁或损坏另一个模块。这是（　　）的目标。

a.EDI控制　　　　　　　　b.网络控制

c.操作系统　　　　　　　　d.应用程序控制策路

e.以上都不是

5.支持应用程序并方便它们对指定资源的访问的集成程序组称为（　　）。

a.公用系统　　　　　　　　b.数据库管理系统

c.操作系统　　　　　　　　d.设施系统

e.以上都不是

6.以下（　　）不是网络控制目标。

a.维护关键的应用程序列表

b.防止非法访问

c.纠正因设备故障而导致的信息丢失

d.使犯罪者成功捕获的任何数据变得无用

e.以上都不是网络控制的目标

7.查看数据库权限表是以下（　　）例子。

a.操作资源控制　　　　　　b.组织结构控制

c.数据资源控制　　　　　　d.以上都不是

8.单个用户有权访问的数据库属性在以下（　　）答案中被定义。

a.操作系统　　　　　　　　b.用户视图

c.用户手册　　　　　　　　d.数据库模式

e.应用程序列表

9.传输大量SYN包到目标接收者，但不响应ACK，是（　　）。

a.DES消息　　　　　　　　b.回叫设备

c.请求-响应技术　　　　　　d.拒绝服务攻击

e.以上都不是

10.以下（　　）不是操作系统的目标。

a.操作系统必须保护自己免受用户的伤害

b.操作系统必须保护用户免受其自身的伤害

c.操作累统必须不受其环境的影响

d.操作系统必须相互保护用户

e.以上所有这些都是操作系统的目标

问题

1.网络控制

一家制造公司有一支销售队伍，在其指定的销售区域远程访问客户。销售人员通过笔记本电脑访问公司的中央计算机系统，以提交销售发票、查询客户信用和销售数据，并检查电子邮件。

要求：请描述在此环境中降低潜在风险所需的控制类型。

2.系统风险和控制

去年ACME制造公司委托 Fly By-Night Consulting （FBNC）公司监督新信息系统的实施。基于FBNC建议建立一个具有更高效工作流程的"开放"环境，ACME 的 IT专业人员为用户提供了对计算机中心和应用程序的相对免费访问。

自系统实施以来，病毒、蠕虫和特洛伊木马等恶意程序几乎就一直困扰着公司，并造成轻微的数据损坏。然而，最近，系统问题和硬件故障导致更严重的中断并导致操作系统崩溃。ACME的CEO还被告知，由于系统崩溃，公司机密信息可能已被打印出来并被丢弃在垃圾箱中。此外，重要的数字文档似乎已从存储介质中删除。

要求：

a.描述 ACME 的运行风险

b.描述为降低风险而需要实施的控制措施

3.内部控制和供应商欺诈

Mary Scott拥有计算机科学硕士学位和网络工程师经验。然而，在过去的两年里，她一直在 Hoffman公司工作担任应付账款职员。在申请职员职位时，她并没有在简历上透露自己的技术背景。在早期，Mary给人勤奋、热情和可靠的印象，为自己建立了好声誉。她经常工作到很晚，努力把工作做好。她深夜出现在公司成了一种普遍现象，起初她的老板很欣赏她，后来几乎没有人注意到这个现象。

由于工作到很晚，Mary用她的计算机技能在内联网安装了一个嗅探程序，以捕获员工的账号和密码。根据她收集的信息，Mary能够扮演许多角色，并将自己定位为供应商、收款职员、现金支付职员和总账职员。凭借这一权力和她的合法角色，Mary实施了一项供应商欺诈计划，她已经实施了一年多，给Hoffman公司造成了25万美元的损失。

要求：

描述一下本可以阻止Mary实施这类欺诈行为的控制措施。

4.欺诈和文件控制

Stephanie Baskill是一名失业的会计人员，她住在离Cleaver制造公司一个街区远的地方。去年在遛狗时，她注意到垃圾箱里有一些ERP手册。出于好奇，她把这些手册带回家了。她发现手册中的文件日期是两个月前的，所以她认为信息一定是最新的。在接下来的一个月里，Stephanie在她的遛狗期间继续从垃圾箱里收集各种类型的使用手册。Cleaver制造公司显然正在更新其所有的文档手册，并将它们放到网上。最终，Stephanie找到了关键库存再订购点公式、开票系统、销售订单系统、应收账款系统和操作系统的手册。Stephanie 去了当地的图书馆，尽可能多地阅读关于这个特殊操作系统的内容。

为了进入该组织，她选择了不显眼的清洁女工职位，让她可以进入大楼的所有区域。工作时，Stephanie 在办公室里窥探，偷看工作较晚输入密码的人，然后猜出他们的密码。她最终使用特洛伊木马病毒打印出了用户账号和密码列表，从而获得将自己设置为供应商、客户、系统操作员和系统管理程序的所有必要密码。

作为客户，她订购了足够多的商品来触发自动库存采购系统，购买更多的原材料。然后，作为供应商，Stephanie 将按指定的价格交货。然后，一旦支付账单，她就会调整交易日志以掩盖她的踪迹。Stephanie 平均每月能挪用 12.5 万美元。在她为 Cleaver 工作大约 16 个月后的某天晚上，财务总管看到她现身一家非常昂贵的法国餐馆，开的是一辆美洲虎车。他让内部审计师密切监视她，并当场抓住了她。

要求：

a. 该组织的控制结构中一定存在哪些弱点才会发生这种类型的挪用公款

b. 有哪些具体的控制技术和程序有助于预防或发现这种欺诈行为

5. 输入控制和网络

一家全球性的制造公司在全球有 100 多家子公司，每月向其公司总部报告。报告单位按规定格式编制基本财务报表和其他关键财务数据，并通过电子邮件或传真发送至公司总部。然后将财务数据输入公司数据库，从而整合报表以供内部进行规划和决策。

目前的报告政策要求子公司在每月的第 10 个工作日前提供上个月的报告。会计部门人员记录并将报告输入数据库。大约 15% 的报告单位拖欠提交报告，需要三到四天的时间将所有数据输入数据库。在将数据加载到系统后，将运行数据验证程序，以检查总额、交叉报告数据的一致性和美元金额限制。数据中的任何错误都将被跟踪和纠正，并通过电子邮件通知报告单位中的所有错误。

该公司已决定用新系统来升级其计算机通信网络，以支持公司总部更及时地接收数据。公司总部的 IT 部门负责新系统的整体设计和实施。它将使用当前的计算机通信技术，并在所有报告单位安装局域网、个人电脑和服务器。

新系统将允许远程站点的职员通过互联网向公司办公室发送财务数据。所需的模板表格将连同数据验证程序一起下载到远程站点。

职员将在表格中输入数据，以创建临时文件，数据验证程序将检查错误。因此，可以在将数据传送到总部之前进行所有更正。要么数据将立即传输到公司总部，要么公司总部的计算机根据需要从远程站点的存储磁盘中检索数据。因此，公司总部使用的数据不会出错，可以进行整合。

公司主管对新系统的前景表示满意，该系统可将报告期限缩短三天。然而，他对传输过程中的安全性和数据完整性感到担忧。他已安排与系统部门的主要人员开会讨论这些问题。

要求：

讨论在报告单位和公司总部之间传输数据时公司可能会遇到的数据安全和完整性

问题。

a.识别并解释可能发生的数据安全和完整性问题

b.对于每个识别的问题，描述一个可以用来最小化或消除问题的控制程序。使用以下格式来呈现你的答案

问题的识别和说明　　控制程序及说明

6.预防性控制

这里列出了5个场景。对于每个场景，讨论可能发生的损害。建议预防控制。

a.入侵者侵入电信设备，检索ATM持卡人的识别码和个人识别号（用户随后将这些信息编码到磁性编码设备上，并将此条放在一块硬纸板上）

b.由于传输线路上偶尔出现噪声，接收到的电子信息极其混乱

c.由于传输线路上偶尔出现的噪声，被传输的数据会丢失或出现乱码

d.入侵者正在通过电信线路暂时延迟重要战略信息

e.入侵者在用户接收电子信息之前就对其进行了修改

7.操作系统风险和控制

这里列出了四种情形。对于每种情形，讨论潜在的后果，并给出预防技术。

a.一家公司最近安装了一个新的计算机网络。新网络管理员所采用的操作理念是建立一个开放的系统，以促进工作组数据共享，灵活访问并将网络用户不便降到最低。为了实现这一目标，数据管理员根据部门和职能部门的隶属关系，而不是根据特定的任务，为员工分配数据访问权限

b.Mary是一名系统程序员，她被告知由于其表现不佳将在三周内被解雇，并被要求在这三周内完成她所有的项目。两周后，Mary制造了一枚逻辑炸弹，设置在她离开三个月后启动。随后，炸弹摧毁了她前雇主的应收账款发票文件中的数百份记录

c.Robert在互联网上发现了一个新的敏感性分析公共领域程序。他把软件下载到家里的笔记本电脑上，在办公室连接公司网络时也用这些软件。该程序包含一种病毒，并传播到该公司的大型机

d.Murray是一名值得信赖的员工和系统工程师，他可以访问网络访问控制列表和用户密码。该公司的竞争对手最近高薪雇用了他。离开后，Murray继续浏览他的前雇主的数据，比如价目表、客户名单、工作报价等。他把此信息传递给了他的新雇主

8.工资单的数据库授权表

以下信息存储在两个关系数据库文件中：

员工主文件：社会保险号 姓名 地址 聘用日期 小时工资率 婚姻状况 免税额 豁免次数
每周工资单：社会保险号 工作时间 扣除额 奖金

要求：

a. Bogey从事人事工作，Bacall从事工资单工作。准备一个你认为适合Bogey和Bacall的数据库授权表

b.讨论如果控制不到位，或者Bogey和Bacall勾结的潜在风险

9. 安全与控制评估

Better Business 公司（BBC）正在计划引入更先进的基于计算机的信息系统。BBC 的咨询公司 Slavish & Moore 有限责任合伙公司最近收到了 BBC 提出的计划的概述：

为确保系统按需运行，BBC 信息系统（better business company information system，BBCIS）将根据其员工意见而创建。系统构建将从原型设计、计算机辅助软件工程技术和甘特图开始。从这一点出发，作为 BBC 的全职员工的 IT 专业人员和系统管理员将创建业务流程的数据模型、定义概念性用户视图、设计数据库表并说明系统控制。每个部门的用户将向 IT 专业人员提交其信息需求和有关业务问题的书面描述，然后由他们进行可行性研究。系统的每个方面都将按照最佳实践和标准进行记录。

系统管理员将确定访问权限，并维护访问控制列表和数据库授权表。管理员将只能访问交易日志，该交易日志将用于记录对数据库表所做的所有更改。管理员的角色是检测未经授权的访问、重建事件，并促进个人问责制。系统管理员还将负责确保杀毒软件是最新的。管理员的另一项重要任务是确保数据库和应用程序被充分备份，并将磁盘和磁带存储在安全的异地位置。

每个需要访问计算机的员工将被分配一个用户账号和密码，登录系统时将输入该用户账号和密码。如果计算机终端闲置超过 5 分钟，系统将关闭该会话，用户将需要重新登录。此外，用户将被要求每年更改一次密码。硬件将在内部系统开发人员的建议下从 Bell 计算机公司购买。除了基本的应用程序外，用户部门被允许购买其所需要的额外软件，这些软件将被添加到系统中。

BBCIS 将在位于该公司行政大楼内的计算机中心的一个中央服务器上运行。计算机机房入口处将安排两名保安。要访问计算机中心，员工必须在大门的门锁上刷身份证。该系统将记录每次进出中心的时间。该数据中心将采用先进的空调和空气过滤系统来消除粉尘。还将有一个喷水灭火系统，以减少火灾损失。

要求：根据 BBC 实施新计算机系统的计划，描述潜在的风险和所需的控制。根据 COSO 框架的相关领域对其进行分类。

10. 网络访问控制

Ajax 汽车公司支持位于东海岸的零售汽车中心，为其提供高质量的汽车和卡车零部件，如刹车片、机油滤清器、水泵等。该公司的 123 名销售代表专门在现场工作，访问客户公司所在的地点，并通过互联网连接到特拉华州的公司办公室提交销售订单。Ajax 的所有销售订单都以这种方式接收。客户账户、销售历史记录、库存和现金收入记录都存储在公司站点的中央服务器上。客户被公司办公室收取净 30 美元的数字开票费用。

要求：概述适用于这种情况的访问控制措施。解释为什么这些控制是必要的。

11. 内部控制和欺诈

John Martin 是一位计算机高手，拥有计算机科学硕士学位，他在 Kent 制造公司做一份低调的晚间看门人工作。由于该职位属于低级别职位，因此不需要进行安全审查或背景调查。在晚上工作时，John 在办公室里窥探有关系统操作、内部控制和可能触发特别审查的交易门槛的财务机密信息。他偷看到那些工作到很晚的员工输入的密码，并设法在系统上安装了一个特洛伊木马病毒，以获取其他员工的账号和密码。在几周的时间里，John获得了必要的身份和密码，将自己设置为系统中的供应商、客户和系统管理员，这使他可以访问会计系统的大部分功能。

John以客户的名义订购了存货，运到租来的大楼然后卖掉。作为系统管理员，他批准了他的赊销订单，并伪造了付款记录，以使货物看起来已经付款。他还为自己生成采购订单，并创建虚假的收货报告和供应商发票，作为供应商欺诈计划的一部分。他以这类手法欺骗系统，为自己设立应付账款，并为公司从未收到过的库存项目开出支票。

John小心翼翼地确保他所有的交易都略低于引发特别审查的财务重要性阈值。然而，他的欺诈计划每月让Kent制造公司损失了大约10万美元，而且在一年半里都未被发现。然而，John在他的生活方式上变得过于自信和粗心大意。一天晚上，加班到很晚的内部审计师发现John开着一辆昂贵的跑车来上班，这对一个收入微薄的保安来说似乎不合理。审计师发起了一项调查，揭露了John的行为。他被逮捕并被指控犯有计算机欺诈罪。

要求：

a. 是什么控制弱点让John实施了这些欺诈行为

b. 解释为降低欺诈风险而采取的控制措施

12. 与应付账款的数据库授权表相关的一些数据库表和属性在问题12的图（图P.1）中给出。

要求：

a. 为应付账款职员创建一个数据库授权表。针对以下示例组织你的答案。

权限级别	表1名称	表2名称	表…	
读取	Y	Y	Y	
插入	Y	N	N	
修改	Y			
删除				

指出应付账款职员可以访问的每个表的名称和访问权限，定义如下：

读取表中的现有记录

在表中**插入**新记录

修改或编辑表中的现有记录

删除表中的现有属性值或整个记录表

b. 解释一下你对上述 a. 题的回答。

库存表	**现金收入表**
产品编号	现金收据编号
库存量	客户编号
单位成本	支票编号
销售价格	销售发票编号
供应商编号	支票金额
	日期
供应商表	**采购订单表**
供应商编号	PO 编号
供应商地址	供应商编号
电话号码	产品编号
	数量
	订购日期
收货报告表	**供应商发票表（AP）**
PO 编号	供应商发票编号
产品编号	供应商编号
收货数量	产品编号
状态码	发票金额
收货日期	发票日期
现金支付表	
支票编号	
供应商编号	
支票金额	
日期	

图 P.1 问题 12

13. 销售职员的数据库授权表

要求：

a. 利用问题 12 中提供的数据库表和属性结构，为销售职员创建一个数据库授权表。对类似于问题 12 中提供的示例组织你的答案

b. 解释一下你对上述 a. 的答案

第 16 章

审计 IT 控制 Ⅲ：系统开发、程序更新和应用程序审计

学习目标

学习本章后，你应该：

- 熟悉与系统开发过程相关的控制和审计测试。
- 了解与程序变更过程相关的风险和控制，以及源程序库的角色。
- 了解用于验证应用程序控制的有效功能的审计技术（CAATTs）。
- 了解用于在 IT 环境中执行实质性测试的审计技术。

　　本章分为四节。16.1 节主要说的是一般信息技术控制的处理方式，对 COSO 控制框架进行了概述。重点是关于系统开发活动和程序变更过程的 SOX 法案遵循。本节审查风险、控制、审计目标和为满足合规性或履行鉴证责任而可能执行的控制测试。本章的其他三节论述了信息技术环境中的应用控制测试和实质性测试。这几节介绍了几种用于测试应用控制的计算机辅助审计工具和技术（computer-assisted audit tools and techniques，CAATTs），最后讨论了用于实质性测试的嵌入式审计模块和通用审计软件。

16.1 系统开发控制

　　第 13 章介绍了系统开发生命周期（SDLC），它是一个多阶段的过程，组织通过它来满足其正式的信息需求。最关键的一点是 SDLC 的具体步骤将因公司而异。在审查特定系统开发方法的有效性时，会计师应关注所有系统开发方法所共有的可控活动。以下部分对此进行了概述。

16.1.1 控制系统开发活动

　　本节和后面的一节检查了几个区分有效系统开发过程的可控活动。讨论的六项活动涉及新系统的授权、开发和实施。下一节将介绍对应用程序更改的控制。

16.1.1.1 系统授权的活动

　　所有制度都应得到适当授权，以确保其经济合理性和可行性。这需要一个正式的环境，在这个环境中，用户以书面形式向系统专业人员提交请求。

16.1.1.2 用户规范活动

　　用户需要积极参与系统开发过程。系统的技术复杂性不应阻止用户的参与。不管涉

及什么技术，用户都应该创建一个详细的描述他或她的需求的书面记录。用户规范文档的创建通常需要用户和系统专业人员的共同努力。但是，该文档必须始终是用户需求的声明。它应该描述用户对问题的看法，而不仅仅是系统专业人员的看法。

16.1.1.3　技术设计活动

技术设计活动将用户要求转换为一套详细的技术说明，以满足用户的需要。这些活动的范围包括系统分析、可行性分析和详细的系统设计。这些活动的充分性是由每个阶段产生的文件的质量来衡量的。文件既是一种控制，也是控制的证据，它对系统的长期成功至关重要。我们在第 13 章中讨论了特定的文档需求，包括设计人员、操作人员、用户和审计师的文档。

16.1.1.4　内部审计参与

为了满足 SOX 法案管理下与治理相关的要求，组织的内部审计部门需要是独立的、客观的，并且在技术上是合格的。因此，内部审计师可以在系统开发活动的控制中发挥重要作用。内部审计师可以作为用户和系统专业人员之间的联络人，以确保知识的有效传递。在 SDLC 的所有阶段，一个精通计算机技术并对要解决的业务问题有切实把握的内部审计小组对组织来说是无价的。因此，内部审计师应在系统开发过程开始时正式参与，监督对用户需要、要求和适当控制的定义。此外，这种参与应贯穿开发和维护活动的所有阶段。

16.1.1.5　程序测试

所有程序模块在实施之前都必须进行彻底的测试。图 16-1 显示了一个程序测试过程，涉及创建假想的主文件和交易文件。

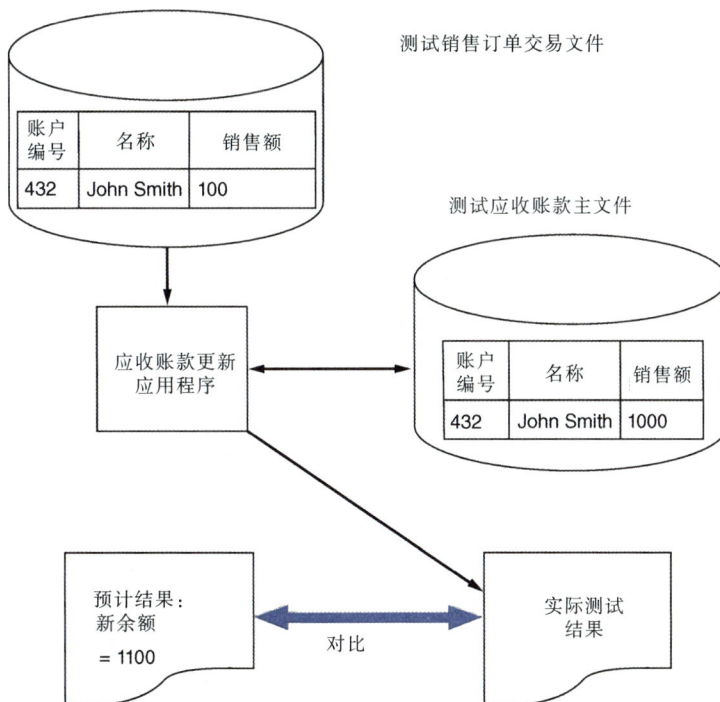

图16-1　程序测试步骤

然后将测试结果与预计结果进行比较，以识别编程和逻辑上的错误。例如，测试AR更新模块逻辑的程序员可能会为 John Smith 创建一个当前余额为 1 000 美元的应收账款主文件记录，以及 100 美元的销售订单交易记录。在执行更新测试之前，程序员得出结论，应该产生 1100 美元的新余额。为了验证模块的内部逻辑，程序员将测试得到的实际结果与预计结果进行比较。这是一个非常简单的程序测试示例，旨在说明这个概念。实际的测试将是广泛的，包括许多测试模块逻辑的所有方面的交易。

创建有意义的测试数据这项任务是耗时的。然而，这不应该被认为是一次性的活动。正如我们稍后将看到的，应用程序控制测试需要测试数据。为支持未来的审计需要，应保存系统实施期间准备的测试数据。这将为审计师设计和评估未来的审计测试提供一个参考框架。例如，如果一个程序自实施以来没有进行维护更改，来自审计的测试结果应该与原始测试结果相同。有了比较的基础，审计师就可以快速验证程序代码的完整性。然而，如果发生了变更，原始的测试数据可以为评估变更的影响提供基础。审计师因此可以将应用控制的测试集中在计算机逻辑发生变化的区域。

16.1.1.6　用户测试和验收程序

在系统实施之前，系统的各个模块需要作为一个整体进行正式和严格的测试。测试团队应该由用户、系统专业人员和内部审计师组成。需要正式记录并分析所执行测试的细节及结果。一旦测试团队对系统满足其声明的需求感到满意，系统就可以移交给用户。

许多人认为正式的测试和验收事件是系统开发过程中最重要的控制。这是用户可以在系统投入使用之前确定其可接受性的最后一点。虽然在这个关键时刻发现一个重大缺陷代价高昂，但在以后的日常操作中发现它可能是毁灭性的。

16.1.1.7　与系统开发有关的审计目标

审计师的目标是确保：（1）系统发展活动符合管理层的政策，持续应用于所有系统发展项目；（2）系统在最初实施时没有重大错误和舞弊；（3）系统在 SDLC 的各个检查点被认为是必要的、合理的；（4）系统文件足够准确和完整，以方便审计和维护活动。

16.1.1.8　系统开发控制测试

审计师应选择已完成项目的样本，并审查文件，以证实系统开发符合政策规定。审查的具体要点应包括确定：

- 用户和计算机服务管理适当授权的项目。
- 初步可行性研究表明，该项目具有一定的价值。
- 对用户需求进行了详细分析，从而产生了可供选择的概念设计。
- 使用合理准确的值进行了成本-收益分析。
- 详细的设计恰当而准确地解决了用户的问题。
- 测试结果表明，该系统在实施前在单个模块和整个系统层面都进行了全面的测试。（为了确认这些测试结果，审计师可能决定重新测试应用程序的选定元素。）
- 有一个清单，列出了在转换期间发现的具体问题，以及在维护阶段得到纠正的证据。
- 系统文档符合组织的要求和标准。

16.1.2 控制程序变更活动

在实施后，信息系统进入SDLC的维护阶段。这是SDLC中最长的一段时间，通常跨越数年。大多数系统在此期间不会保持静态。相反，它们经历了重大的变化，以美元计算，这些变化的金额往往是它们最初实施成本的许多倍。

如果控制没有持续到维护阶段，那么设计和实现对系统开发活动的控制就没什么用了。对系统无限制的维护访问增加了应用程序逻辑被意外或蓄意欺诈破坏的风险。为了将风险最小化，所有的维护活动至少应该要求实施四项控制：正式授权、技术规范、测试和文档更新。换句话说，维护活动应该得到与新开发基本相同的对待。变化的程度及其对系统的潜在影响应决定所应用的控制程度。当维护导致程序逻辑的大量更改时，额外的控制，如内部审计师的参与和额外的用户测试，以及验收过程可能是必要的。

16.1.3 源程序库控件

即使有正式的维护程序，获得对程序的未经授权访问的个人也会威胁到应用程序的完整性。本节的其余部分将讨论降低这种风险的控制技术和程序。

在较大的计算机系统中，应用程序模块以源代码格式存储在磁盘存储库中，即源程序库（source program library，SPL）中。图16-2说明了SPL与运行环境的其他关键组件之间的关系。本材料假定你了解程序编写过程。如果你不确定*源程序、编译器和加载模块*的含义，请查看该书网页上关于语言翻译器的部分，网址为www.cengagebrain.com。

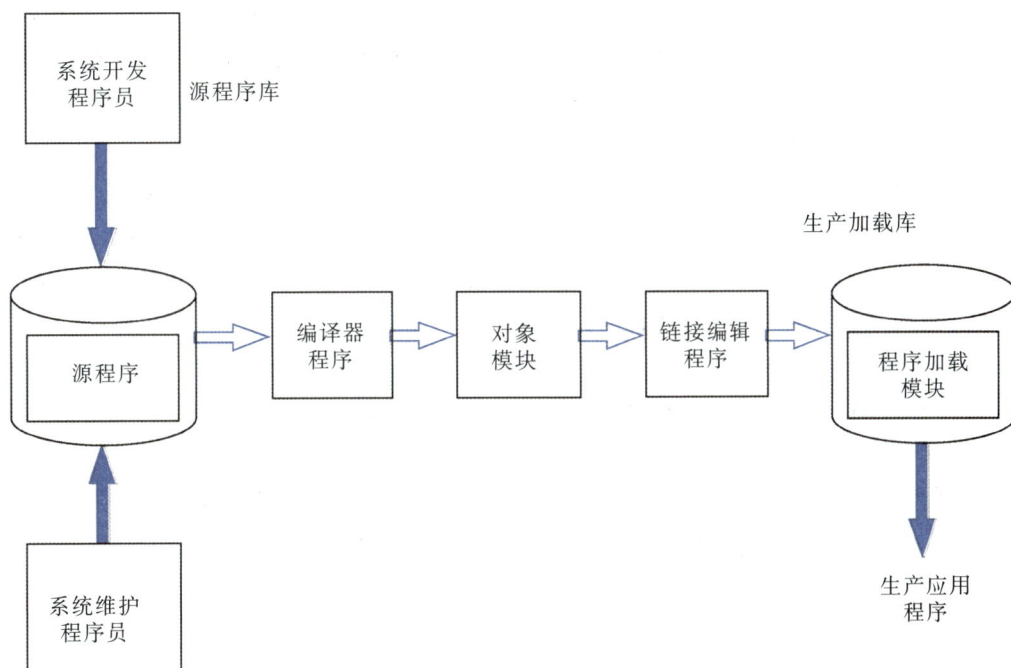

图16-2 不受控制地访问源程序库

执行生产应用程序需要编译源代码并将其链接到计算机可以处理的加载模块。实际上，处于编译状态的程序是安全的，不会受到未经授权的修改的威胁。此时，运行应用程序不需要源代码。事实上，如果将来不需要对应用程序进行任何更改，我们可以销毁它。然而，要更改程序，首先需要更改SPL上源代码的逻辑。然后将其重新编译并链接，以创建一个新的加载模块，该模块合并了更改后的代码。显然，保护SPL上的源代码是保护生产应用程序的核心。

16.1.4　最坏的情况:失控

无控制SPL外观如图16-2所示。在这种情况下，对应用程序的访问完全不受控制。合法的维护程序员和其他人可以访问存储在库中的任何程序，库中没有检测未经授权的入侵的规定。因为这些程序对未经授权的更改是开放的，所以没有依据可以依赖所设计的控制的有效性。即使测试这些控制也只能证明它们现在有效，但却不能说明它们上周或上个月的运行情况。换句话说，如果不控制对SPL的访问，程序在审查期间的完整性就无法建立。

16.1.5　受控的SPL环境

控制SPL需要有SPL管理系统（SPL management system，SPLMS）软件。图16-3演示了这种方法。SPL周围的黑盒子表示SPLMS，它控制着四个关键功能：（1）在SPL上存储程序；（2）检索用于维护目的的程序；（3）从库中删除过时的程序；（4）记录程序更改以提供对更改的审计跟踪。

你可能已经注意到SPLMS与数据库管理系统（database management system，DBMS）之间的相似之处。这是一个有效的类比，区别在于SPLMS管理程序文件，DBMS管理数据文件。计算机制造商可以提供SPLMS软件作为操作系统的一部分，也可以通过第三方供应商购买该软件。

单是SPLMS的存在并不能保证程序的完整性。我们可以再一次与DBMS进行类比。为了实现数据完整性，必须正确部署DBMS；控制不是自动生成的，它必须经过计划。同样，SPL需要特定的计划和控制技术来确保程序的完整性。下面一节讨论的控制技术针对的是最脆弱的区域，应该被认为是最低限度的SPL控制。

16.1.5.1　密码控制

对SPL的密码控制类似于DBMS中的密码控制。存储在SPL中的每个财务上重要的程序都应该分配一个单独的密码。

如前所述，密码控制也有缺点。当多个人员被授权访问一个程序时，保护共享密码的机密性是一个问题。因为共享密码的保密责任在于团体而不是个人，所以个人的责任就小了。

16.1.5.2　分离测试库

图16-3展示了通过为每个程序员创建单独的密码控制库（或目录）对共享密码方法的改进。根据这一概念，SPL中需要维护的生产程序和正在开发的生产程序之间保持严格的分离。生产程序被复制到程序员的库中，只是为了维护和测试目的。对生产SPL

的直接访问仅限于批准修改、删除和复制程序的所有请求的特定库管理员组。

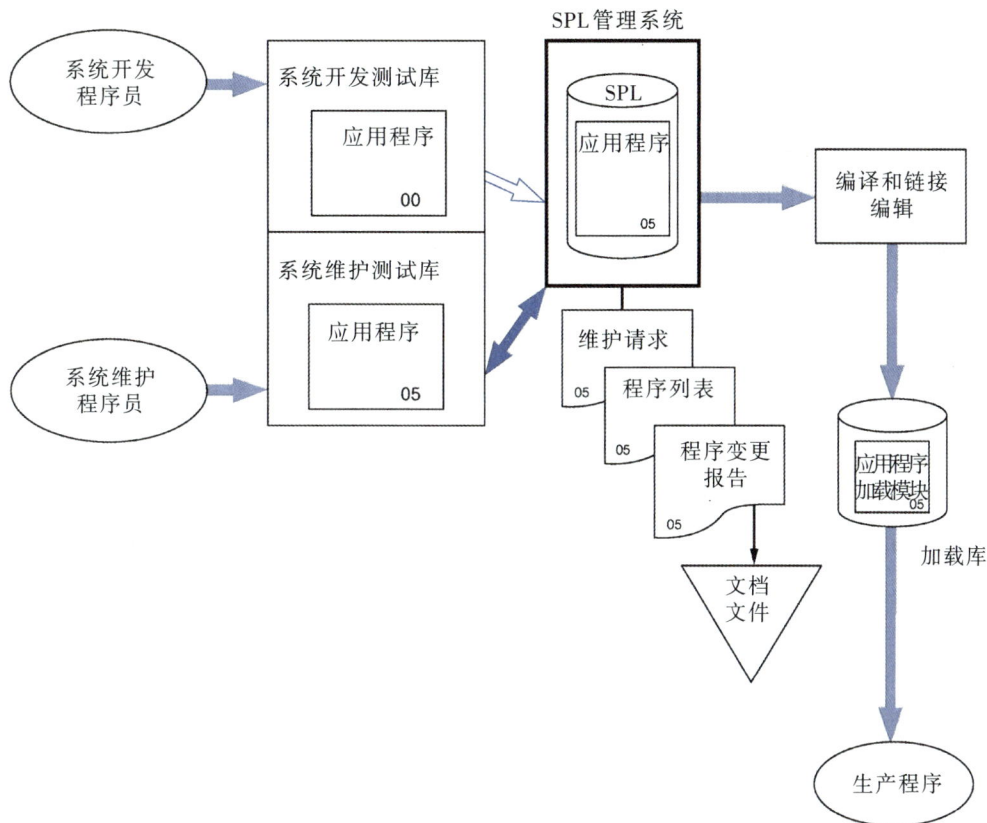

图16-3 不受控制地访问源程序库

对这个控制特性的一个强调是实行按约定命名程序。分配给程序的名称清楚地将它区分为测试程序或生产程序。当一个程序从生产SPL复制到程序员的库中时，它会被赋予一个临时的测试名。当程序返回到SPL时，它将被重新命名为原来的产品名称。这种技术大大降低了意外地在生产程序的位置运行程序的未测试版本的风险。

16.1.5.3 审计跟踪和管理报告

SPL管理软件的一个重要特性是创建报表，以强化管理控制并支持审计功能。其中最有用的是程序修改报告，它详细描述了每个模块的所有程序更改（添加和删除）。这些报告应该成为每个应用程序文档文件的一部分，以形成应用程序生命周期中程序更改的审计跟踪。在审计期间，可以将报告与程序维护请求进行核对，以验证只实施了批准的更改。例如，如果程序员试图利用合法的维护工作机会实施程序欺诈，那么未经授权的代码更改将记录在程序修改报告中。这些报告可以是打印件或数字文件，可以通过密码控制进行管理，从而限制了管理人员和审计师的访问。

16.1.5.4 程序版本号

SPLMS自动为存储在SPL上的每个程序分配一个版本号。当程序第一次被放在库中时（在实现时），它们被分配版本号0。对程序每进行一次修改，版本号就增加1。例如，在经过5次授权的维护更改之后，生产程序将是版本05，如图16-3所示。当与审计跟踪报告结合使用时，该特性为检测对应用程序的未经授权的更改提供了基础。未经授权的更改由生产加载模块上的版本号发出，该版本号与授权更改的版本号不一致。例如，如果授权了10个变更，但生产程序是版本12，那么可能发生了2个控制违规：（1）授权变更发生了，但由于某种原因没有记录；（2）未经授权的变更，增加了版本号。我们稍后将更详细地讨论这个问题。

16.1.5.5　控制维护命令的访问

大多数库系统都有强大的维护命令，可以用来更改或消除程序密码，更改程序版本号，临时修改程序，而不生成修改记录。

系统设计人员有时必须使用这些命令，他们有许多合理的技术原因。然而，如果不加以控制，维护命令就可能导致未经授权的，甚至没有文档记录的程序修改。因此，对维护命令本身的访问应该受到密码控制，管理层或IT安全组应该控制使用它们的权限。

16.1.5.6　与系统维护相关的审计目标

审计师的目标是确定：（1）维护程序能够保护应用程序不受未经授权的更改；（2）应用程序不受重大错误的影响；（3）程序库不受未经授权的访问。

下面一节将审查实现上述每个目标所需的**控制测试**。讨论假设组织使用SPL软件来控制程序维护工作。如果没有这种软件，实现审计目标可能是不可能的。这里描述的过程如图16-4所示。

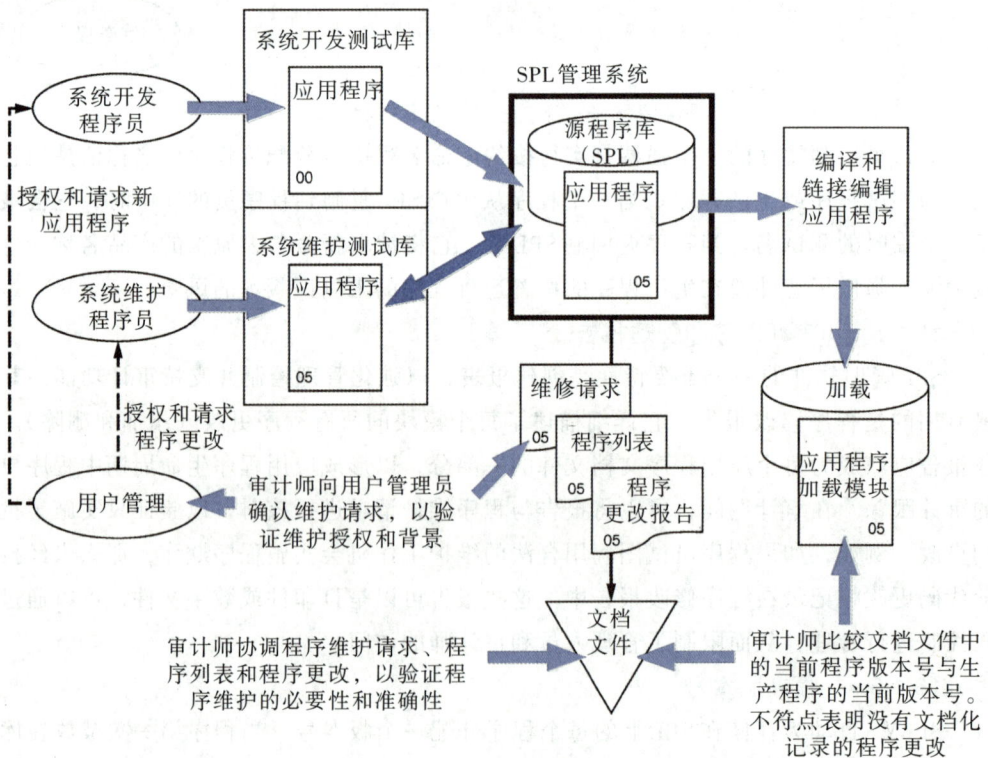

图16-4　审计SPL软件系统

16.1.5.7 识别未经授权的程序更改的审计程序

为了确定程序更改是被授权的，审计师应该检查已经过维护的应用程序样本的程序变更的审计线索。审计师可以执行以下测试以确认程序更改是被授权的。

核对程序版本号。应用程序的永久文件应该包含与生产应用程序的当前版本号相对应的程序更改授权文档。换句话说，如果生产应用程序是第10个版本，那么永久文件中应该有10个程序更改授权作为支持文档[①]。

系统开发、程序更改和应用程序审计版本号和支持文档之间的任何差异都可能表明发生了未经授权的变更。

确认程序维护授权。程序维护授权应说明所请求更改的性质和更改的日期。计算机服务部门和用户部门的相应管理部门也应签字批准。审计师应确认程序维护授权中包含的事实，并向相关的管理人员验证授权签名。

16.1.5.8 识别应用程序错误的审计程序

审计师可以执行三种类型的控制测试——核对源代码、审查测试结果和重新测试程序——以确定程序没有重大错误。

核对源代码。每个应用程序的永久文件应该包含当前程序列表和对应用程序所做的所有更改的列表。这些文件详细描述了应用程序的维护历史。此外，程序变更的性质可以在程序变更授权文件上明确说明。审计师应选择申请样本，并将每次计划变更与相应的授权文件进行核对。系统设计的模块化方法（创建包含许多小的离散程序模块的应用程序）极大地促进了这种测试技术。这些模块复杂性的降低提高了审计师识别指示错误、遗漏和潜在欺诈性编程代码的违规行为的能力。

审计测试结果。每一个程序变更在实施之前都应该经过彻底的测试。程序测试程序应根据测试目标、测试数据和处理结果适当地编制成文件。审计师应对每一次重大的程序变更进行审核，以确定测试是否足够严格，能够识别出任何错误。

重新测试程序。审计师可以重新测试应用程序，以确认其完整性。我们将在本章后面讨论应用程序测试的几种技术。

16.1.5.9 测试库访问的审计程序

安全程序库的存在对于防止错误和程序欺诈至关重要。一种控制方法是只将程序库访问权限分配给系统库管理员。管理员的功能是从程序库中检索应用程序进行维护，并将修改后的程序恢复到程序库中。因此，维护程序的管理员在他们的私有库中测试应用程序，但不能直接访问程序库。审计师可以执行以下一系列控制来评估程序库的安全性。

检查程序员权限表。审计师可以抽取一个程序员样本，并检查他们的访问权限。程序员的权限表将指定程序员可以访问的库。这些授权应该与程序员的维护权限相匹配，以确保不存在违规行为。

测试权限表。为了测试程序员的访问权限，审计师可能会在试图访问未经授权的库

---

① 虽然GAS可以用于测试内部控制，但它主要是一种实质性的测试技术。出于这个原因，下面讨论实质性测试的部分将讨论这项技术。

时违反授权规则。操作系统应该拒绝任何这样的尝试。

16.2 IT应用控制测试和实质性测试

除了一般的IT控制外，SOX法案还要求管理人员和审计师考虑与财务报告相关的应用控制。这些控制的控件可分为三大类：输入控件、处理控件和输出控件。前几章讨论了这个应用程序与特定系统相关的控制，如销售订单处理、采购、现金支付和工资系统。根据所审查的制度及其财务相关性，审计师将制定具体的审计目标。一旦制定出来，要实现审计目标就需要执行审计程序，通过对应用控制和对交易明细和账户余额进行实质性测试来收集证据。第14章介绍了涉及管理层声明、控制测试和实质性测试的审计过程。本章的其余部分将讨论执行应用程序IT控制测试和实质性测试的几种技术。

16.2.1 设计应用程序控制的测试

审计师设计IT控制测试，以验证特定应用程序的计算机逻辑。然而，这些测试可以分为以下一般类别：

（1）**访问测试**验证试图访问系统的个人、程序或消息（如EDI传输）是真实有效的。访问测试包括对用户ID、密码、有效供应商代码和权限表的验证。

（2）**有效性测试**确保系统只处理符合规定公差的数据值。示例包括范围测试、现场测试、极限测试和合理性测试。有效性测试也适用于交易审批，如验证应用程序是否正确执行了信用检查和AP三方匹配。

（3）**准确性测试**确保数学计算是准确的，并将其发送到正确的账户。例如，重新计算控制账户总额和过账到明细分类账的交易金额。

（4）**完整性测试**可以识别单个记录中缺失的数据和一批记录中缺失的全部记录。执行的测试类型包括现场测试、记录序列测试以及散列账户合计和财务控制合计的重新计算。

（5）**冗余测试**确保应用程序只处理每条记录一次。冗余测试包括审查记录合计数，重新计算散列账户合计额和财务控制账户合计额。**审计跟踪测试**确保应用程序创建足够的审计线索。测试包括获取证据，证明应用程序在交易日志（日记账）中记录所有交易，将数据值过账到适当的账户，生成完整的交易清单，以及生成所有异常的错误文件和报告。

图16-5说明了用于测试应用程序控件的一般方法。这个过程的步骤如下：

（1）审计师必须首先获得正在审查的应用程序的当前版本，或者从服务中删除生产应用程序，以便它可以直接测试。

（2）接下来，审计师创建包含假设（虚拟）记录的测试主文件。

（3）然后，审计师准备通过应用程序的逻辑来处理的测试交易。这些交易应该既包括正确的记录，也包含错误的记录。错误记录的设计应该使嵌入在应用程序中的内部控制能够检测和拒绝它们。如果应用程序实时处理数据，审计师将通过终端提交交易（图16-5中选项"A"）；如果是批处理系统，那么交易数据将采用交易文件的形式（图中选项"B")。

（4）下一步是让审计师根据分配给测试数据的交易文件和主文件来检查程序处理的预计结果。

（5）最后，审计师进行测试，并将得到的结果与预计结果相协调。

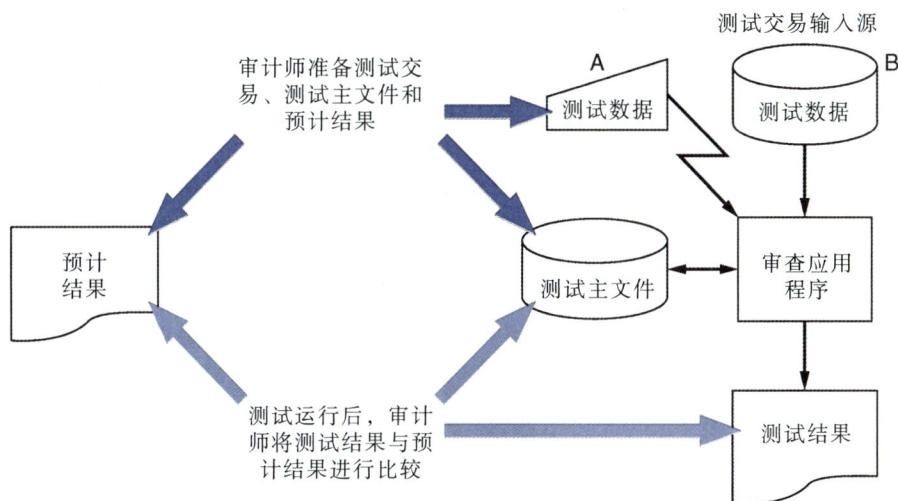

图16-5　测试数据技术

虽然这些给定的步骤在概念上看起来很简单，但执行起来在技术上是复杂和耗时的。因此，为了促进这项活动，几个计算机辅助审计技术已经开发出来了，我们将在本章后面讨论。在这一点上，我们把注意力转向回顾应用程序控制测试的具体例子。

IT 应用控制测试示例

本节介绍控件应用于特定应用程序时的测试示例。这些测试具有代表性，不打算被视为一个完整的集合，但这里概述的一般技术可以应用于各种交易处理任务。

测试客户的信用审批。为了测试销售订单系统中的信用审批控件，审计师将创建一个客户记录的主文件（AR），并设置信用限额。交易将包括销售发票金额，这些金额将导致客户余额超过主文件中的信用限额。如果控制正常运行，记录将被标记以供管理部门批准或拒绝。销售发票还应包括不超过信用限额的金额。应用程序应该根据主文件账户批准和处理这些交易。

测试向客户账户过账的准确性。这个测试可以与之前的测试相结合，只需要很少的额外努力，并使用相同的测试数据。已批准的交易（通过信用限额测试的交易）应该准确地过账到测试主文件中的客户账户中。审计师将通过审查销售订单申请产生的账户余额报告来验证其准确性，并将其与预计结果进行核对。差异表明数学计算中存在逻辑错误，或者将交易记录到错误的账户上。

测试三方匹配。这个测试包括创建两个测试主文件：采购订单文件和收货报告文件。在这种情况下的交易是供应商的发票，基于公司政策，测试数据应该被设计成包含可接受的差异。当发票信息输入后，应付账款系统应匹配这三个文件（创建一个数字应付款包），并将订购的数量与收到的数量进行核对，并将发票金额与预计价格进行核对。审计师将对拒收和接受的发票进行核对，以确定该控制是否符合公司政策。

测试采购/ AP 系统中的多级安全和访问权限。这个测试将涉及创建几个主文件：采购订单文件；库存文件；收货报告文件；现金总账、库存控制和应付账款控制。

然后，审计师将以不同的角色登录到系统中，并尝试执行任务和访问不同角色没有被授权的数据。未能检测到或阻止这种尝试表明系统中存在控制弱点。

测试在金融系统中的舍入错误。计算银行账户利息支付或抵押贷款和其他贷款费用的金融系统采用了特殊的舍入误差应用程序。当计算中使用的精度级别大于报告中使用的精度级别时，就会出现舍入错误。例如，对银行账户余额的利息计算可能精确到小数点后5位，而对余额只报告小数点后2位。如果只是简单地删掉剩下的三位小数，则报告的账户总数的总利息将不等于个人计算的总和。

舍入错误的处理逻辑如图16-6所示。这种技术使用一个累加器来跟踪计算余额和报告余额之间的舍入差异。

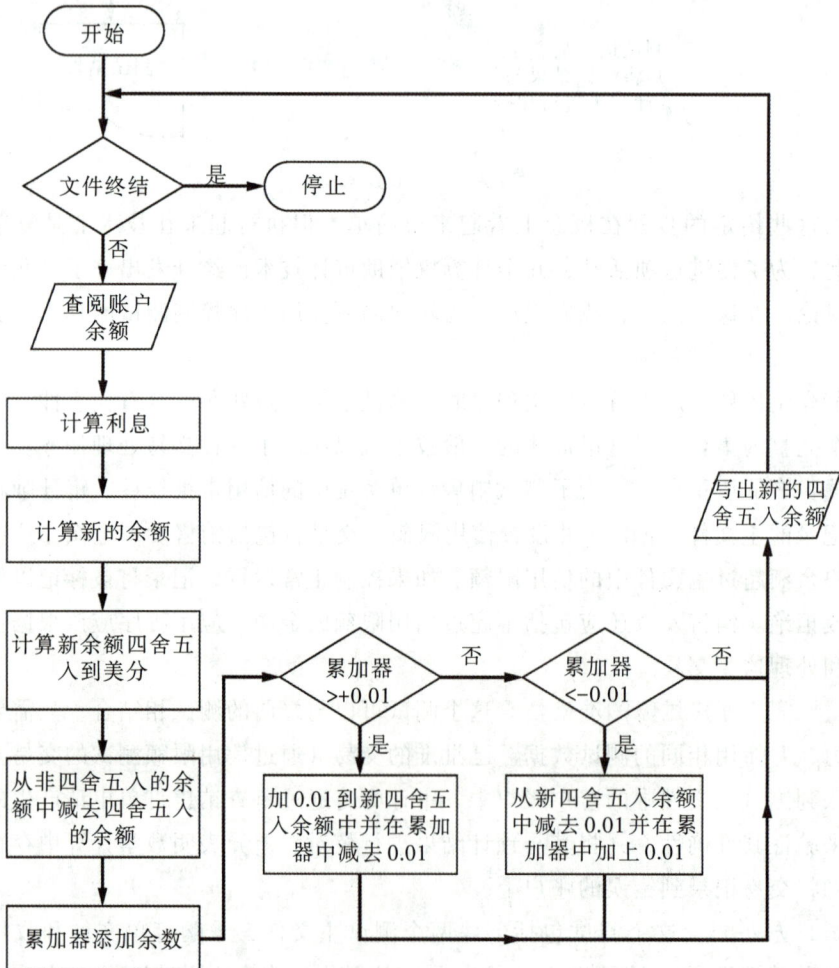

图16-6 舍入误差算法

请注意累加器中的符号和金额的绝对值如何因四舍五入对客户账户产生影响。为了说明这一点，我们将四舍五入逻辑应用于三个假设的银行账户余额（见表16-1）。利息的计算是基于5.25%的利率。

如未能正确地解释四舍五入之差，可能会导致每个账户的总数（控制）数字与子账户相加总数不相等。舍入误差也是欺诈的一个机会。

意大利蒜味腊肠欺诈。四舍五入项目特别容易受到所谓的"**腊肠欺诈**"的影响。

这种欺诈行为影响了大量的受害者，但每个人所受的影响都很小。这个骗局的名字来源于一个类比：把一个大腊肠（整个骗局）切成许多薄片。每个受害者都得到了这些小碎片中的一片，并且没有意识到自己被欺骗了。例如，一个程序员或可以访问图16-6所示四舍五入程序的人，可以修改四舍五入逻辑来实施一个"腊肠欺诈"，如下所示：在这个过程中，算法应该增加当前客户的账户（即累加器值为> +0.01），但程序却向犯罪者的账户增加了1美分。虽然每笔欺诈交易的绝对金额很小，但考虑到处理的数十万个账户，随着时间的推移，欺诈的总金额会变得很大。

表16-1　　　　　　　　　　　　　　　　样本数据

记录1

累加器期初余额	0.00861
账户期初余额	2 741.78
累计利息	143.94345
新账户余额	2 885.72345
四舍五入后账户余额	2 885.72
调整后的累加器余额	0.01206　（0.00345 + 0.00861）
期末账户余额	2 885.73　（四舍五入到1美分）
期末累加器余额	0.00206　（0.01206 – 0.01）

记录2

累加器期初余额	0.00206
账户期初余额	1 893.44
累计利息	99.4056
新账户余额	1 992.8456
四舍五入后账户余额	1 992.85
调整后的累加器余额	−0.00234　（0.00206 – 0.0044）
期末账户余额	1 992.85　（没有变化）
期末累加器余额	−0.00234

记录3

累加器期初余额	−0.00234
账户期初余额	7 423.34
累计利息	389.72535
新账户余额	7 813.06535
四舍五入后账户余额	7 813.07
调整后的累加器余额	−0.00699　（−0.00234 −0.00465）
期末账户余额	7 813.07　（没有变化）
期末累加器余额	−0.00699

舍入误差控制的测试需要专门的审计软件来检测过度的文件活动。在"腊肠欺诈"的案例中，会有数千笔小额资金转到犯罪者的个人账户上，审计软件应该会检测到这些记录。然而，"聪明"的程序员可能会通过几个临时账户来掩盖这些入账记录。这些账户稍后被到过账几个中间账户，最后进到程序员的个人账户。通过以这种方式使用许多临时账户，任何单个账户的活动都减少了，而且审计软件可能无法检测到它。审计师还可以使用审计软件检查系统审计跟踪日志（第15章），以检测是否存在未经授权的（虚假的）文件，这些文件包含在此类欺诈中使用的中间账户。

16.3　内部控制测试技术

上一节描述了审计师可能执行的应用程序控制测试的类型。我们现在研究执行此类测试的技术。我们首先看一下黑盒方法，然后回顾几种围绕计算机使用的技术。

16.3.1　黑盒方法

黑盒方法（也称围绕计算机进行的审计）不需要审计师创建测试文件或获取应用程序内部逻辑的详细信息。相反，审计师分析流程图，并与客户组织中相关人员面谈，以了解应用程序的功能特征。了解了应用程序应该做什么之后，审计师通过核对实际处理的生产交易与应用程序输出结果来测试应用程序。分析输出结果以验证应用程序是否符合其功能需求。黑盒方法如图16-7所示。

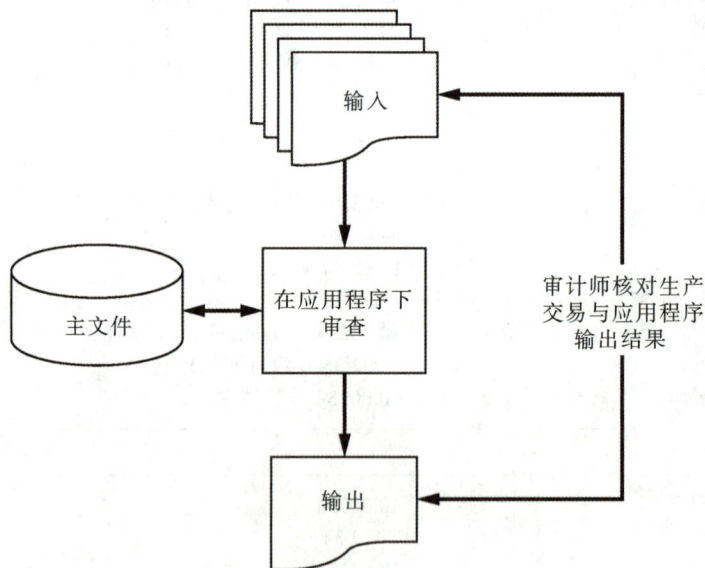

图16-7　围绕计算机进行审计——黑盒方法

这种技术的一个优点是不需要将应用程序从服务中删除并直接测试。黑盒测试对于输入和输出容易协调的相对简单的应用程序是可行的。然而，更复杂的应用程序经常从多个源获取输入数据，执行各种复杂的操作，并产生多个输出结果。这些应用程序需要更密集的计算机测试，以向审计师提供应用程序完整性的证据。

16.3.2　通过计算机进行审计的方法

通过计算机进行的测试采用了**计算机辅助审计工具和技术**（CAATTs，并要求深入了解所审查应用程序的内部逻辑。本节描述了五种CAATTs的关键特性：测试数据的方法、基本案例系统评估、跟踪、集成测试设施和并行模拟。

16.3.2.1　测试数据的方法

前面介绍了**测试数据方法**（参见图16-5），以说明测试应用程序控件的一般方法。要采用这种方法，审计师需要详细的和最新的系统文档：（1）程序流程图，描述应用程序的内部逻辑，并允许审计师确定要测试的逻辑分支；（2）记录描述业务和主文件结构的布局图，这将允许审计师创建测试数据。

创建测试数据。测试数据应该包括一套完整的有效和无效的转换。不完整的测试数据可能无法探索应用程序逻辑和错误检查流程的关键分支。测试任务应设计为测试所有可能的输入错误、逻辑流程和与审计目标相关的违规行为。

获得应用程序内部逻辑的足够知识来创建有意义的测试数据意味着相当大的时间投资。然而，通过在系统开发期间详细的计划，这项任务的效率得到了提高。系统设计师应该保存他们在SDLC的实现阶段创建的测试数据。然后，这些数据可以用于未来的审计任务。如果应用程序自最初实施以来没有发生任何变化，那么当前的审计测试结果应该与实施时获得的原始测试结果相等。如果应用程序已经被更改，审计师只需要创建额外的测试数据，专注于程序变化的领域。

测试结果将以常规输出报告、交易清单和错误报告的形式出现，这些通常是由应用程序产生的。此外，审计师必须检查更新的主文件，以确定账户余额是否已正确更新。然后将测试结果与审计师的预期结果进行比较，以确定应用程序是否正常运行。这种比较可以手工进行，也可以通过使用专用软件进行。

以销售订单系统为例，图16-8说明了审计师将准备的假设交易和AR记录的种类。该图还显示了被拒绝交易的错误报告（错误用"X"标记），以及更新的AR主文件的列表。实际结果与审计师预计结果之间的任何偏差都可能表明存在逻辑错误或控制问题。

16.3.2.2　基本案例系统评估

基本案例系统评估（base case system evaluation，BCSE）是测试数据方法的一种变体。BCSE测试是通过一组包含所有可能的交易类型的测试交易进行的。这些交易在系统开发测试期间通过反复验证，直到获得一致且有效的结果。这些经过验证的结果成为基本案例。当在维护期间对应用程序进行后续更改时，将通过比较当前结果与基本案例结果来评估其效果。

测试交易文件

记录编号	客户编号	客户姓名	零件编号	描述	数量	单价	总价
1	231893	Smith, Joe	AX-612	Water Pump	1	20.00	20.00
2	231893	Azar, Atul	J-912	Gear	3	15.00	45.00
3	245851	Jones, Mary	123-LM	Hose	20	20.00	400.00
4	256519	Lang, Tony	Y-771	Spacer	5	2.00	10.00
5	259552	Tuner, Agnes	U-734	Bushing	5	25.00	120.00
6	175995	Hanz, James	EA-74	Seal	1	3.00	3.00
7	267991	Swindle, Joe	EN-12	Rebuilt Engine	1	1,220.00	1,220.00

原始测试应收账款主文件

客户编号	客户姓名	客户地址	信用额度	当前余额
231893	Smith, Joe	1520 S. Maple, City	1,000.00	400.00
256519	Lang, Tony	18 Etwine St., City	5,000.00	850.00
267991	Swindle, Joe	1 Shady Side, City	3,000.00	2,900.00

更新后的测试应收账款主文件

客户编号	客户姓名	客户地址	信用额度	当前余额
231893	Smith, Joe	1520 S. Maple, City	1,000.00	420.00
256519	Lang, Tony	18 Etwine St., City	5,000.00	860.00
267991	Swindle, Joe	1 Shady Side, City	3,000.00	2,900.00

错误报告

记录编号	客户编号	客户姓名	零件编号	描述	数量	单价	总价	错误说明
2	231893	Azar, Atul X	J-912	Gear	3	15.00	45.00	客户姓名与客户编号不一致
3	245851 X	Jones, Mary	123-LM	Hose	20	20.00	400.00	客户编号字段数字错误
5	259552	Tuner, Agnes	U-734	Bushing	5	25.00	120.00 X	总价错误
6	175995 X	Hanz, James	EA-74	Seal	1	3.00	3.00	记录顺序错误
7	267991	Swindle, Joe	EN-12	Rebuilt Engine	1	1,220.00 X	1,220.00 X	信用额度错误

图16-8　测试数据和测试结果示例

16.3.2.3　跟踪

另一种类型的测试数据技术称为**跟踪**，它对应用程序的内部逻辑执行电子测试。跟踪过程包括以下三个步骤：

（1）被审查的申请首先要经历一个特殊的编译过程来激活跟踪功能。

（2）创建测试数据任务。

（3）跟踪针对程序的所有处理阶段交易数据的测试，并生成在测试期间执行的所有编程指令的列表。

图16-9演示了使用工资单应用程序的一部分逻辑的跟踪过程。示例显示了来自两

个工资单文件的记录，其中一条记录显示了工时，另一个记录来自一个主文件，显示了工资率。图16-9底部的跟踪列表标识了所执行的程序语句和执行的顺序。对跟踪选项的分析表明，0001到0020命令被执行。此时，应用程序被转移到命令0060。发生这种情况是因为记录的员工编号（键）与主文件中第一个记录不匹配。然后执行命令0010~0050。

工资文件

考勤卡	员工编号	姓名	年份	工资支付期	工时	加班工时
8945	33456	Jones, J.J.	2007	14	40.0	3.0

工资主文件

员工编号	工资率	本年迄今收益	从属单元	本年迄今扣缴	本年迄今社会保障税
33276	15	12,050	3	3,200	873.62
33456	15	13,100	2	3,600	949.75

计算机程序逻辑

```
0001   Read Record from Transaction File
0010   Read Record from Master File
0020   If Employee Number (T) = Employee Number (M)
0030       Wage = (Reg Hrs + [OT Hrs x 1.5] ) x Hourly Rate
0040       Add Wage to YTD Earnings
0050       Go to 0001
0060   Else Go to 0010
```

跟踪列表
0001, 0010, 0020, 0060, 0010, 0020, 0030, 0040, 0050

图16-9 跟踪技术

测试数据技术的优势。测试数据技术有三个主要优势。首先，它们采用计算机测试，从而为审计师提供有关应用程序功能的明确证据。其次，如果计划得当，测试可以在对组织运行的干扰最小的情况下使用。最后，对审计师来说，他们只需要很少的计算机专业知识。

测试数据技术的缺点。最后测试数据技术的第一个缺点是审计师依赖于客户的IT人员来获得被审查的生产应用程序的副本。这里的风险是，IT人员可能有意或无意地向审计师提供错误版本的应用程序。独立收集的审计证据比客户提供的证据更可靠。第二个缺点是，这些技术在单个时间点产生静态的完整的应用程序。它们不便于收集正在运行的应用程序功能性证据。第三个缺点是实现成本高。了解程序逻辑并创建测试数据是非常耗时的。下面的内容介绍了设计用来解决这些问题的技术。

16.3.2.4　集成测试设施

集成测试设施（integrated test facility，ITF）方法是一种自动化技术，使审计师能够在其正常运行期间测试应用程序的逻辑和控制。ITF涉及在系统开发过程中为应用程序设计特殊的审计模块。此外，企业生产数据库被设计为包括测试主文件记录。在正常运行期间，测试交易被合并到常规（生产）交易的输入数据中，并根据数据库中的虚拟文件进行处理。图16-10说明了ITF的概念。

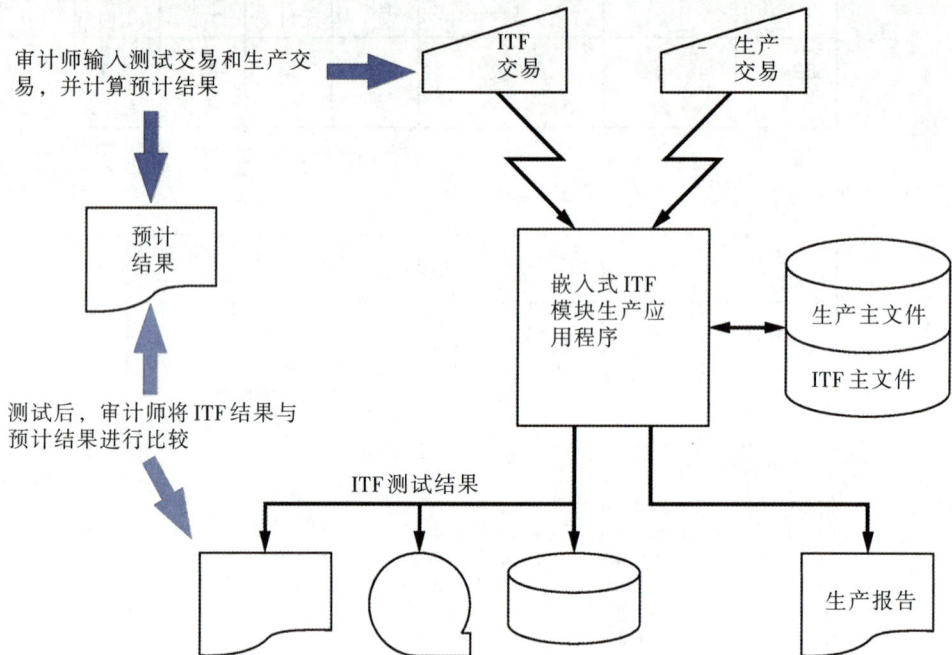

图16-10　ITF技术

ITF审计模块的设计是为了区分ITF交易和生产数据。这可以通过多种方式来实现。最简单和最常用的一种方法是将唯一的键值范围专门分配给ITF。例如，在一个销售订单处理系统中，2000至2100之间的账户编号是为ITF交易保留的，不会分配给实际的客户账户。通过这种方式将ITF交易与合法交易分离开来。ITF测试数据不会破坏常规的输出报告。测试结果以数字或打印件的形式单独产生，并直接分发给审计师。与传统的测试数据技术一样，审计师将ITF结果与预计结果放在一起进行分析。

ITF的优点。与测试数据技术相比，ITF技术有两个优势。首先，ITF支持持续监测控制，这是COSO的建议。其次，ITF增强的应用程序可以在不干扰用户操作、不需要计算机服务人员干预的情况下经济性地进行测试。因此，ITF提高了审计的效率，增加了收集到的审计证据的可靠性。

ITF的缺点。ITF的主要缺点是有可能用测试数据破坏公司数据库，这些数据可能最终会出现在财务报告过程中。需要采取措施，以确保ITF测试交易不会与有效交易混合，从而对财务报表产生重大影响。这个问题可以通过调整分录来纠正，以消除ITF对总账余额的影响。

16.3.2.5　并行模拟

并行模拟包括创建一个程序来模拟审查中的应用程序的关键特性或过程。然后使用模拟的应用程序重新处理相同的交易。图 16-11 说明了这种技术。将模拟得到的结果与原始生产运行的结果进行核对，如果一致，说明应用过程和控制正常运行。

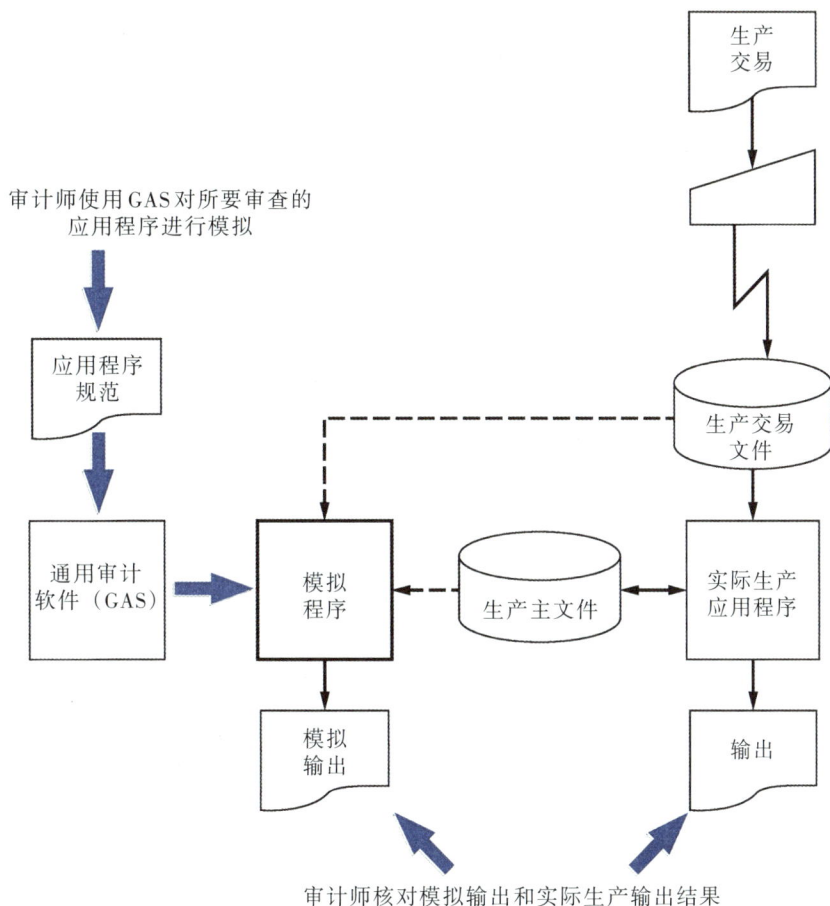

图 16-11　平行模拟技术

创建模拟程序。模拟软件包在商业上是可用的，有时是通用审计软件（generalized audit software，GAS）的一个特性。下一节概述了执行并行模拟测试所涉及的步骤。

（1）审计师首先必须彻底了解所审查的应用程序。构建一个精确的模拟程序需要完整和最新的文档。

（2）审计师必须在应用程序中识别那些与审计目标相关的流程和控制。这些是要模拟的流程。

（3）审计师使用特殊用途的商业软件创建模拟程序。

（4）审计师使用生产交易和主文件运行模拟程序，以产生一组结果。

（5）最后，审计师将测试结果与先前创建的生产结果进行核对比较。

模拟应用程序没有它们所表示的生产应用程序复杂，因为它们只包含与特定审计目标相关的过程、计算和控制。审计师因此必须仔细查找测试结果和生产结果之间的差异。产生差异的原因有两个：第一，模拟程序固有的粗糙性；第二，应用程序的过程或控制存在实际缺陷，模拟程序使之变得明显。

16.4　实质性测试技术

实质性测试之所以这样命名，是因为它们用于证实账户余额中的美元数额。实质性测试包括但不限于以下内容：

（1）确定正确的存货价值。

（2）确定预付款和应计款项的准确性。

（3）与客户确认应收账款。

（4）查找未记录的负债。

要执行实质性测试，审计师必须首先从公司数据库和文件中提取账户数据。本节审查的两个CAATTs协助审计师选择、访问和组织数据进行实质性测试。

16.4.1　嵌入式审计模块

嵌入式审计模块（embedded audit module，EAM）技术使用嵌入在主机应用程序中的一个或多个编程模块来选择满足预定条件的交易。这种方法如图16-12所示。

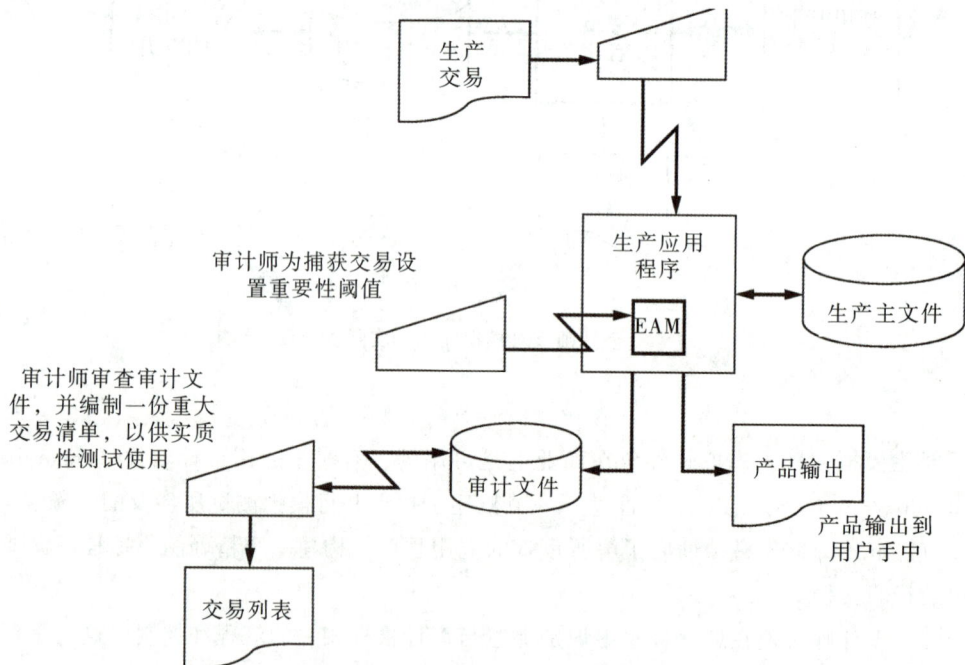

图16-12　嵌入式审计模块技术

当主机应用程序处理选定的交易时，它的一个副本存储在一个审计文件中，以供后续检查。EAM方法允许在整个审计期间捕获重大交易。审计师在期末或期间的任何时间点检索捕获的交易，从而大大减少了审计师为实质性测试识别重要交易所必须完成的工作量。

为了开始捕获数据，审计师向 EAM 指定要捕获的交易的参数和重要性阈值。例如，假设审计师为 AP 系统中的供应商建立了一个 50 000 美元发票额度。金额等于或大于 50 000 美元的发票将被复制到审计文件中。从这组交易中，审计师将选择一个子集用于实质性测试。EAM 将忽略低于此阈值的交易。

虽然 EAM 主要是一种实质性的测试技术，但也可以按照 COSO 框架的建议，用于连续监测应用程序控制。例如，可以对选定的交易进行审查，以确保正确的授权、处理的完整性和准确性，以及正确的过账。

EAM 的缺点

EAM 方法有两个明显的缺点。第一个与操作效率有关，第二个与 EAM 的完整性有关。

操作效率。从用户角度出发，EAM 会降低操作效率。在主机应用程序中存在审计模块可能会造成处理延迟，特别是在测试级别很高的情况下。从系统中减轻这种负担的一种方法是为审计师设计可以打开和关闭的模块。这样做当然会降低 EAM 作为持续审计工具的有效性。

EAM 的完整性。在高水平的程序维护环境中，EAM 方法可能不是一种可行的审计技术。当主机应用程序发生频繁变化时，嵌入主机中的 EAM 也需要频繁修改。本章前面提到的关于应用程序维护的完整性问题同样适用于 EAM。EAM 的完整性直接影响审计的质量。因此，审计师必须评估 EAM 的完整性。这将以测试主机应用程序控件相同的方式完成。

16.4.2　通用审计软件

通用审计软件是一种广泛使用的 IT 审计 CAATT，它允许审计师访问数字化数据文件，并对内容进行各种操作。ACL 和 IDEA 是目前 GAS 的主导产品，但也有其他具有类似功能的产品。可以使用 GAS 执行以下审计任务：

（1）对整个文件或选定的数据项进行审计。

（2）选择和报告文件中包含的详细数据。

（3）从数据文件中选取分层统计样本。

（4）将测试结果格式化为报告。

（5）以标准化或特殊用词打印确认书。

（6）筛选数据，有选择地包括或排除项目。

（7）比较两个文件并识别任何差异。

（8）重新计算数据字段。

广泛流行的 GAS 有四个因素：（1）GAS 语言易于使用，审计师不需要太多的技术背景；（2）GAS 可以用于任何类型的计算机，因为它是独立硬件；（3）审计师可以执行他们的测试数据，而独立于客户 IT 专业人员；（4）GAS 可用于审计许多不同的应用程序的数据文件（与EAM相比，这是特定的应用程序）。

16.4.2.1 使用GAS访问简单结构

访问平面文件结构（如文本文件）是一个简单的过程，如图16-13所示。

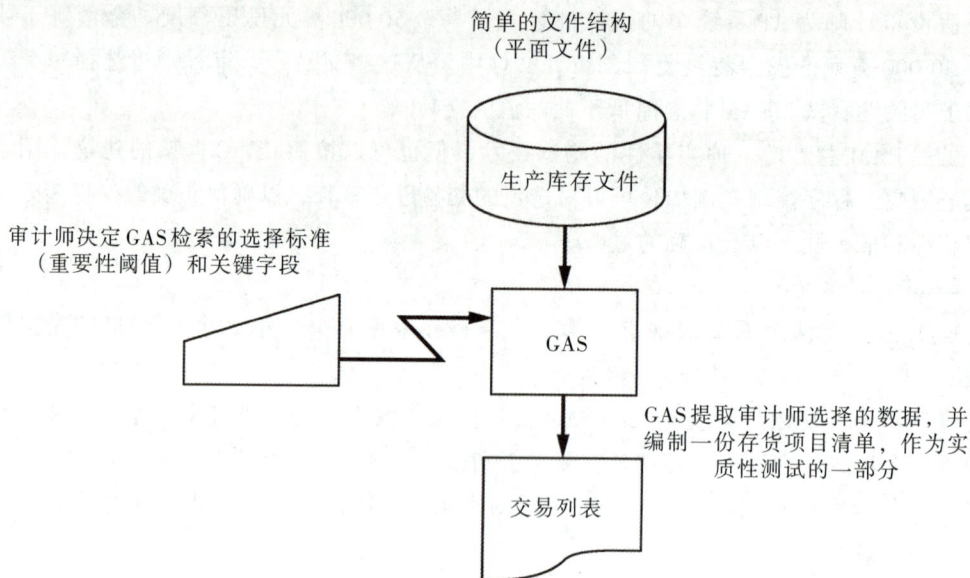

图16-13 使用GAS访问简单的文件结构

在本例中，将一个库存文件直接读入GAS，该GAS被配置为提取审计所需的关键信息，包括库存数量、美元价值和每个库存项目的仓库位置。审计师的任务是对现有存货的一个有代表性的样本进行实际清点，以核实存货是否存在及其价值。因此，在审计师提供的重要性阈值的基础上，GAS选择样本记录并准备一份包含关键信息的报告。

16.4.2.2 使用GAS访问复杂的结构

访问复杂的结构，如虚拟存储访问方法（VSAM）文件和关系数据库表，会给审计师带来更多的问题。然而，大多数DBMSs都具有实用功能，可以将复杂的结构重新格式化为平面文件或电子表格，然后GAS可以访问这些文件或电子表格。该技术如图16-14所示。

为了说明文件扁平化过程，请考虑图16-15中所示的复杂数据库结构。数据库结构使用指针在层次模型中集成三个相关文件：客户文件、销售发票文件和行项目文件。使用GAS直接从如此复杂的结构中提取审计证据将是困难的，但并非不可能。图16-16展示了该结构的一个更简单的平面文件版本。产生的单个文本文件将三种记录类型表示为具有可变长度记录的顺序结构，GAS可以很容易地做到这一点。

复杂的文件结构

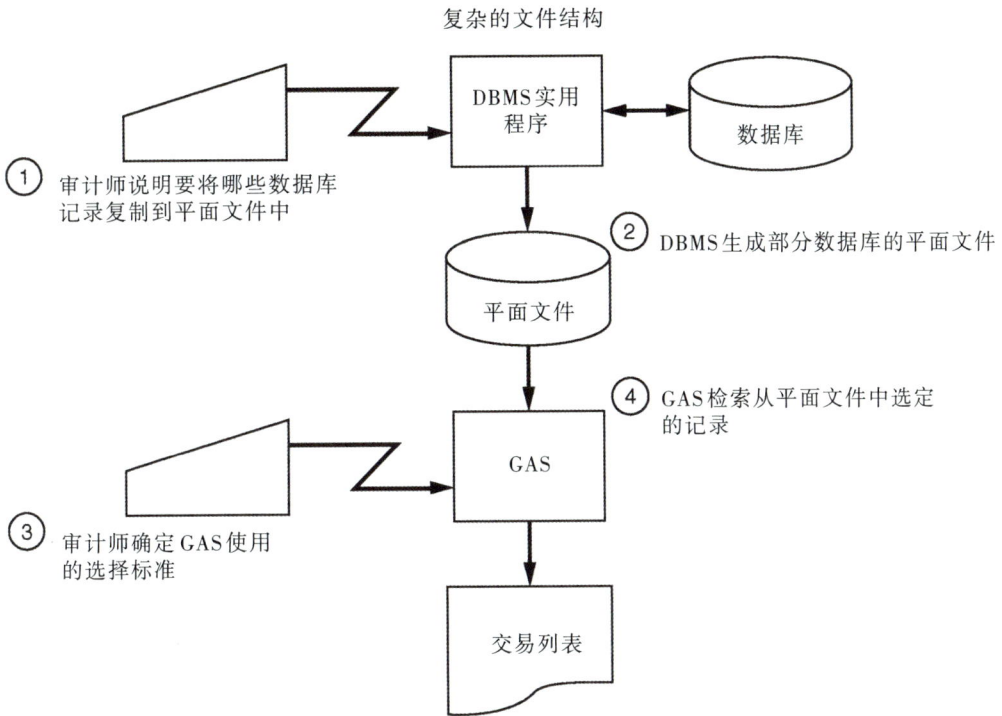

① 审计师说明要将哪些数据库记录复制到平面文件中

② DBMS生成部分数据库的平面文件

④ GAS检索从平面文件中选定的记录

③ 审计师确定GAS使用的选择标准

图16-14 使用GAS访问复杂的文件结构

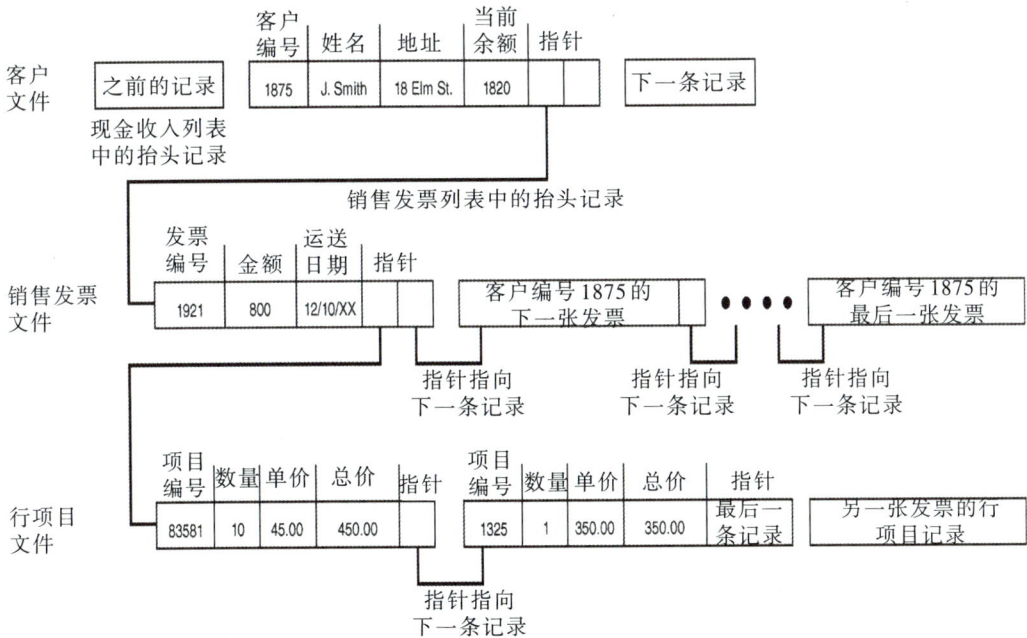

图16-15 文件扁平化过程

平面文件结构

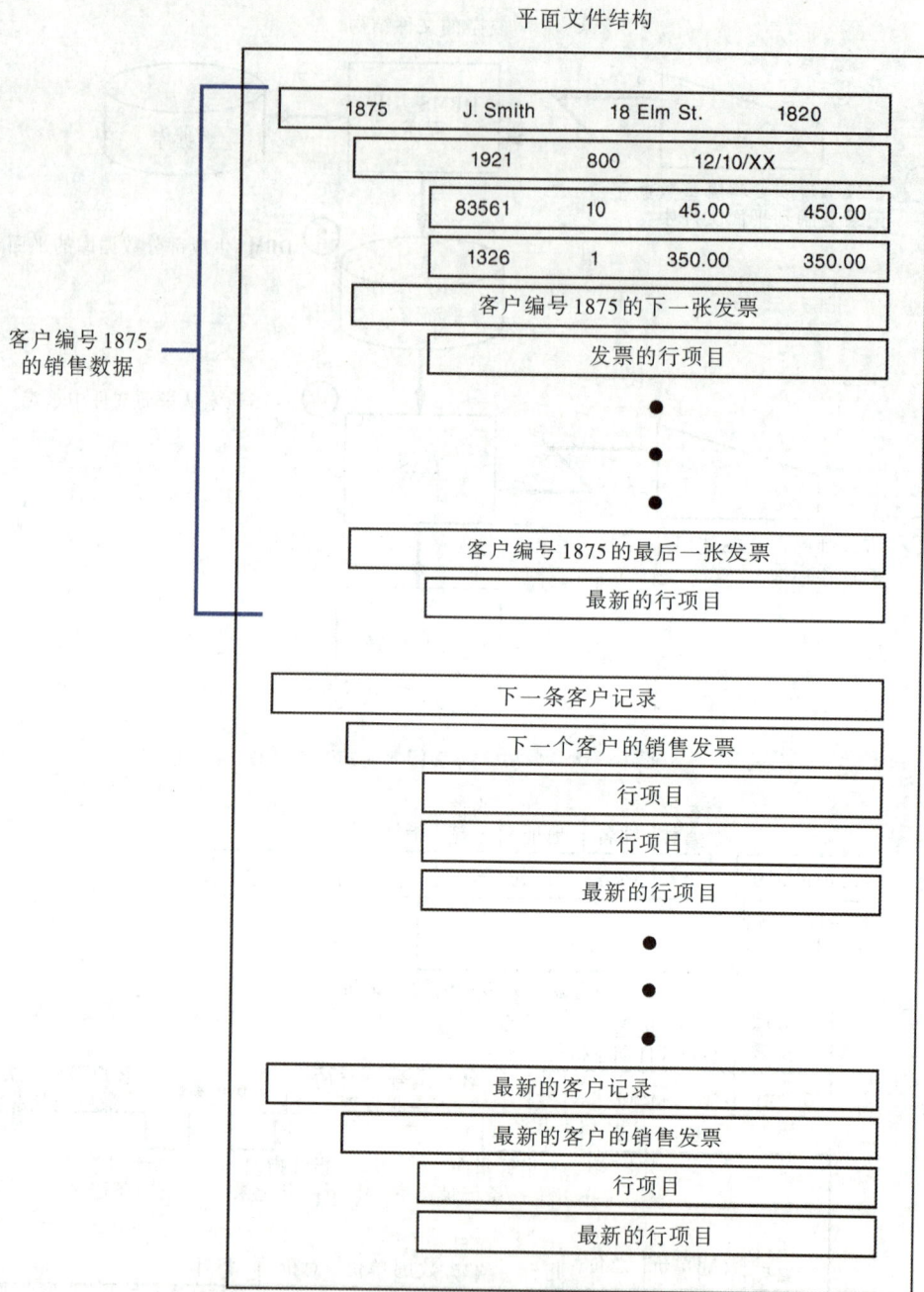

图16-16 复杂文件结构的平面版本

16.4.2.3 关于创建平面文件的审计问题

当审计师依赖客户IT人员从他们的数据库生成平面文件时，他们面临数据库完整性被破坏的风险。例如，如果审计师正在确认应收账款，那么在提供给审计师的平面文件中可能会有意省略原始数据库中的某些欺诈性账户。精通关系数据库和对象数据库技术的审计师可以避免这个问题。毫不奇怪，公共会计公司正在积极寻找具有强大计算机技能的员工来配合他们的会计培训。

总结

本章涉及业务风险、IT控制，以及与SOX法案相关的三个领域的控制测试：系统开发、程序更改过程和计算机应用程序。

财务数据的完整性直接依赖于处理这些数据的应用程序的准确性。同样，那些应用程序的完整性依赖于产生它们的系统开发过程的质量，以及被修改了的程序的质量。对这些领域缺乏控制，或者它们的功能不一致，可能会导致无意的应用程序错误和程序欺诈。

本章所描述的系统开发和维护控制以及控制测试都适用于管理层遵循SOX法案的目标和审计师的鉴证责任。要测试特定的应用程序控件，审计师（内部和外部）使用几种CAATTs，包括测试数据方法、集成测试设施和并行模拟。本章最后讨论了两种常用的实质性测试的CAATTs（嵌入式审计模块和通用审计软件）。

关键术语

访问测试	集成测试设施（ITF）
准确性测试	并行模拟
审计跟踪测试	冗余测试
基本案例系统评估（BCSE）	腊肠欺诈
黑盒方法	实质性测试
完整性测试	测试数据方法
计算机辅助审计工具和技术（CAATTs）	控制测试
嵌入式审计模块（EAM）	跟踪
通用审计软件	有效性测试

复习题

1. 列出本章所提到的六个系统开发控制。列出两个系统维护控制。
2. 解释程序测试是如何进行的，解释测试数据的重要性。
3. 为什么用户规范活动很重要？
4. 内部审计师在系统开发中的角色是什么？
5. SDLC中程序测试的目的是什么？
6. 给出一个校验位控件检测到的错误的例子。
7. 为什么程序变更程序对审计师很重要？
8. SPL的重要性是什么？
9. SPLMS控制什么功能？
10. 为什么要对正在进行维护的程序进行重命名？
11. 什么是程序版本号？
12. 可以进行哪些测试来识别未经授权的程序更改？
13. 有什么测试可以用来鉴别应用程序错误？

14. 围绕计算机进行的审计和通过计算机进行的审计是什么意思？为什么这一点如此重要？

15. 什么是利用电脑的技术？

16. 什么是嵌入式审计模块？

17. 请解释GAS是什么，以及为什么它在大型会计师事务所中如此受欢迎。讨论GAS相关的独立性问题。

18. 列出审计师设计的IT应用程序控制测试的一般类别。

19. 范围检查的目的是什么？

20. 什么是合理性测试？

讨论题

1. 讨论受控的SPL环境如何帮助阻止未经授权的程序更改。使用维护命令可以减少这些控制吗？

2. 在大学环境中，哪些类型的输出会被认为是极其敏感的？举三个例子，并解释为什么这些信息会被认为是敏感的。讨论谁应该和不应该访问每种类型的信息。

3. 什么是用户测试和验收程序？

4. 什么是舍入误差程序，为什么使用它们？

5. 意大利腊肠欺诈是如何得名的，它是如何运作的？

6. 讨论黑盒方法，并解释它与通过计算机测试应用程序控制的方法有何不同。

7. 讨论与创建测试数据相关的问题以及如何缓解它。

8. 为什么依赖客户IT人员提供生产应用程序的副本是一种潜在风险？

9. 系统开发生命周期是一种方法论。为什么审计师负责评估在这个过程中的控制？

10. 你认为哪些因素可能导致审计团队在测试上花费比平均水平更多的时间识别应用程序错误？对于未经授权的程序更改呢？

11. 解释嵌入式审计模块是如何工作的。

12. 根据成本–收益比较和对比以下技术：

• 测试数据方法

• 基本案例系统评估

• 跟踪

• 集成测试设施

• 并行模拟

13. 依赖客户IT人员向审计师提供来自复杂数据结构的平面文件有哪些风险（如果有）？

多项选择题

1. 以下测试数据技术（用于测试应用程序控制）的说法不正确的是（　　）。

a. 实施测试成本高且劳动强度大

b. 可以直接测试应用程序而无须从服务中删除

c.该测试仅提供应用程序完整性的静态证据

d.该测试提供了应用功能的明确证据

e.以上说法都是正确的

2.下列（　　）不是常见的通过计算机测试控制的一般类别。

a.完整性测试　　　　　　　　　b.有效性测试

c.推理测试　　　　　　　　　　d.冗余测试

e.以上都是

3.以下（　　）不是 SDLC 可控活动。

a.外部审计参与　　　　　　　　b.用户规范

c.系统授权　　　　　　　　　　d.用户测试和验收程序

e.以上都是 SDLC 控制

4.以下（　　）说法不正确。

a.可以直接对加载模块进行应用程序逻辑更改

b.实际上，处于编译状态的程序是安全的，不会受到未经授权的更改的威胁

c.执行生产应用程序需要编译源代码并将其链接到加载模块

d.编译应用程序后，源运行应用程序不需要代码

e.以上说法都是正确的

5.以下（　　）说法不正确。

a.EAM 在处理期间捕获交易，而无须从服务中删除应用程序

b.EAM 支持对控制的持续监控

c.EAM 有可能损坏企业数据库

d.EAM 会降低运行绩效

e.以上说法都是正确的

6.跟踪是一种关于（　　）的技术。

a.审查利息计算以识别意大利腊肠欺诈

b.执行计算逻辑数据库的电子演练

c.允许将测试数据与生产数据合并并在数据库中跟踪效果

d.以上都不是

7.下列（　　）不是识别应用程序控制错误的测试。

a.访问测试　　　　　　　　　　b.用户验收测试

c.实地测试　　　　　　　　　　d.范围测试

e.以上都是

8.下列（　　）关于 GAS 技术用于实质性测试的陈述是不正确的。

a.GAS 在处理过程中捕获数据，而不将应用程序从服务中移除

b.GAS 语言易于使用，不需要多少 IT 背景

c.GAS 技术仅限于平面文件和关系数据库表

d.复杂的文件结构需要在 GAS 读取之前被平面化

e.以上说法都是正确的

9.以下（　　）不是审计期间的SDLC控制问题。

a.用户和计算机服务管理适当地授权于项目

b.初步可行性研究表明该项目有价值

c.使用合理准确的值进行成本-收益分析

d.详细的设计是对用户问题的适当和准确的解决方案

e.以上都是具体的审查要点

10.下列关于ITF测试技术的陈述（　　）是不正确的。

a.应用程序可以直接测试，不需要从服务中删除

b.ITF支持持续监测管制

c.ITF有可能破坏企业数据库

d.正常运行时，测试交易被合并到常规（生产）交易的输入数据中

e.以上说法都是正确的

问题

1.应用程序控件的测试

要求：

描述审计师将创建的测试数据（交易文件和主文件），以及审计师将执行的测试以评估收货部门库存收据的准确性。

假设如下：

·收货职员从收货部门的终端记录收入。

·库存由集成系统自动更新。

·审计师拥有应用程序和文档的当前副本。

使用本章中的IT控件测试示例作为你的回答框架。

2.电脑欺诈及控制

对于许多组织来说，来自外部渗透的安全威胁是明显的；然而，许多欺诈威胁是来自内部的，包括：（1）更改输入数据；（2）更改程序；（3）更改文件；（4）窃取数据；（5）破坏。

要求：

请解释这五种类型的欺诈是如何发生的。此外，确定一种针对每种欺诈的保护方法，而不是对多种欺诈使用相同的保护方法。使用以下格式。

欺诈的类型	解释	描述保护方法
a.		
b.		
c.		
e.		

3.SPL风险与控制

JD Associates（JDA）公司采用内部开发的定制软件。公司所处的行业市场环境变化频繁，形成了一个应用不断变化和发展的IT环境。为了有效地管理工作负荷，资讯科技总监已把系统开发和维护的职能合并到一个部门。这使得新应用程序的程序员也可以维护这些应用程序。其直接效果是增加了工作流程，即程序员为了减少启动时间，而去熟悉系统所做的更改。它还减少了花费在系统文档上的时间。因为设计师和维护程序员是同一个人，所以不需要非常详细和标准化的文档。为了实现交叉培训，程序员还维护最初由其他IT人员编写的应用程序。这导致了一种"开放"库策略，允许程序员访问存储在SPL中的所有程序，并将它们下载到个人计算机进行维护。

要求：

a.就与这种情况有关的效率与控制之间的取舍问题发表意见

b.讨论与JD Associates的项目变更程序相关的潜在风险

c.讨论为减少b选项所述风险采取的控制措施

4.办公室设备公司的风险识别和行动计划

两年前，一家外部审计公司监督指导了Pre-vits办公设备公司的嵌入式审计模块的编程。在今年的审计过程中，外部审计师要求将所有的交易日志复制到审计文件中。外部审计师注意到在将交易日志复制到审计文件的日期和时间上有很大的差距。当他们询问这个问题时，他们被告知，处理待交易的增加给Mainframe系统带来了负担，操作人员经常不得不关闭EAM，以便及时处理重要的业务。此外，在过去的一年中，对应用程序进行了大量的维护。

要求：概述任何潜在的风险，并确定外部审计师应采取的行动方针。

5.Brown电气公司的风险识别和计划

Brown电气公司的内部审计师向财务总管报告。由于在过去一年中对一些交易处理程序进行了更改，内部审计师创建了一个新的测试数据集。外部审计师要求仍运行旧的数据集。内部审计师尴尬地解释说他们对原来的测试数据集进行了覆盖。

要求：概述任何潜在的风险，并确定外部审计师应采取的行动方针。

6.系统开发和程序变更

位于新泽西州帕西帕尼的Winston金融服务公司（WFS）为中小型企业提供金融咨询服务。其主要业务是为医疗保健行业的客户提供投资组合管理和金融服务。每个客户都有一般的业务和财务信息，它们存储在位于Parsippany的总公司服务器上。客户投资信息存储在位于俄克拉何马州塔尔萨的数据中心的一个单独的服务器上。这包括投资组合的总价值、所做的投资类型、每个客户的收入结构，以及相关的纳税义务。

WFS购买了专门的资产管理软件VIEW，该软件可以对客户的投资组合进行分析，并对市场趋势进行模拟。VIEW的定制和实现是由来自Cutting Edge解决方案（CES）咨询公司的IT专业团队完成的。

与CES的合同要求他们培训WFS员工在VIEW系统执行后维护VIEW。为此，WFS从系统维护组中选择了一名程序员，他随后接受了VIEW专有语言及其所有功能和控制方面的培训。

在 VIEW 运行两年之后，WFS 管理层现在正在考虑投资对该系统进行重大的自定义升级。此外，由于 WFS 与 CES 的合同已经到期，他们已经决定将升级任务分配给在 CES 接受过 VIEW 培训的内部维护程序员。一旦项目完成，程序员将被重新派到维护组。WFS 管理团队认为这是最可行和最经济的方法。

要求：

a.讨论与系统开发方法相关的风险

b.在这种方法中明显的控制弱点是什么

7.审计目标及程序

你正在对 AR 文件进行实质性测试，以验证其准确性。该文件很大，你决定对其中的记录进行抽样测试。由于数据库结构的复杂性，你不能直接访问它。客户的系统程序员编写了一个生成平面文件的特殊应用程序，他（她）提供的该文件用于测试目的。

要求：

讨论你作为审计师所担心的问题和你将采取的行动。

8.风险识别和行动计划

作为外部审计团队的经理，你意识到嵌入式审计模块只将重要发票写入审计文件，用于应收账款确认过程。你立即担心今年以及使用此 EAM 的前几年的 AR 账户可能被大幅夸大。

要求：解释你为什么会有这种担心，因为所有的"重要"发票都是需要客户确认的。制订一个确定应收账款是否夸大的计划。

9.计算机辅助审计工具和技术（CAATTs）

要求：

a.解释使用 GAS 协助 IT 审计的优点，并举例说明如何使用 GAS。

b.描述在使用下列 CAATTs 时促进的审计目的和应遵循的程序步骤：

（1） ITF

（2） EAM

（3） 并行模拟

10.审计系统发展

Balcar 公司的外部审计师正在制订一项审计计划，以审查公司的系统开发程序。他们的审计目标是确保：

（1） 在 SDLC 的各个检查点，该系统被认为是必要和合理的

（2） 系统开发活动应按照管理层的政策，一致地应用于所有系统开发项目

（3） 最初实施的系统没有重大错误和欺诈

（4） 系统文件足够准确和完整，以方便审计和维护活动

以下六个可控活动被确定为满足这些目标的审计证据来源：系统授权、用户说明、技术设计、内部审计参与、程序测试以及用户测试和验收。

要求：

a.说明这六项活动对促进有效控制的重要性

b.概述审计师为达到审计目标将采取的控制测试

11.工资单应用程序控制

使用下面的补充信息，分析问题11中的流程图。

人事部门决定所有员工的工资率。为了启动该流程，人事部门向工资协调员George Jones发送了一个授权表单，用于将员工添加到工资表中。在Jones将这些信息输入系统后，计算机自动确定个人的加班和值班津贴，并更新工资单主文件。

员工用打卡钟记录工作时间。每周一早上，George Jones收集上一周的考勤卡，然后开始对工资单信息进行计算机化处理，以便在下周五开出工资支票。

然后，Jones检查考勤卡，以确保正确合计工作时间；系统决定加班和/或任何值班津贴。Jones执行流程图上显示的所有其他过程。系统会自动分配一个连续的数字给每一张工资支票。支票存储在计算机打印机旁边的一个盒子里，以便随时可取。支票打印出来后，Jones拿出锁在保险箱里的自动支票签名机，员工在签名板上签名。

支票处理完成后，Jones将支票分发给员工，并将未发放的支票留给第二和第三班的员工与相应的轮班主管。然后，Jones通知数据处理部门，他完成了每周的处理工作，数据处理部门为工资主管做一个备份，存储在计算机房。

要求：

识别和描述

a.工资单处理系统中内部管制不充分的领域

b.工资单系统中系统控制令人满意的两个领域

12.审计计划——颠覆性的威胁

要求：描述与来自组织外部的颠覆性威胁相关的审计目标和程序。

13.审计计划用户访问权限

要求：描述与内部用户访问数据和应用程序有关的审计目标和程序。

14.审计计划——密码政策

要求：描述与组织已建立的密码政策相关的审计目标和程序。

15.审核来自病毒和恶意软件的安全威胁

要求：描述与病毒和恶意软件威胁相关的审计目标和程序。

16.审计计划——自动审计跟踪

要求：描述与监控用户和事件的自动审计跟踪相关的审计目标和程序。

17.审计计划系统的开发和程序变更

要求：描述与系统开发和程序变更相关的审计目标和程序，以确保应用程序的完整性。

18.审计计划——组织结构

要求：描述与组织结构和IT职能分离相关的审计目标和程序。

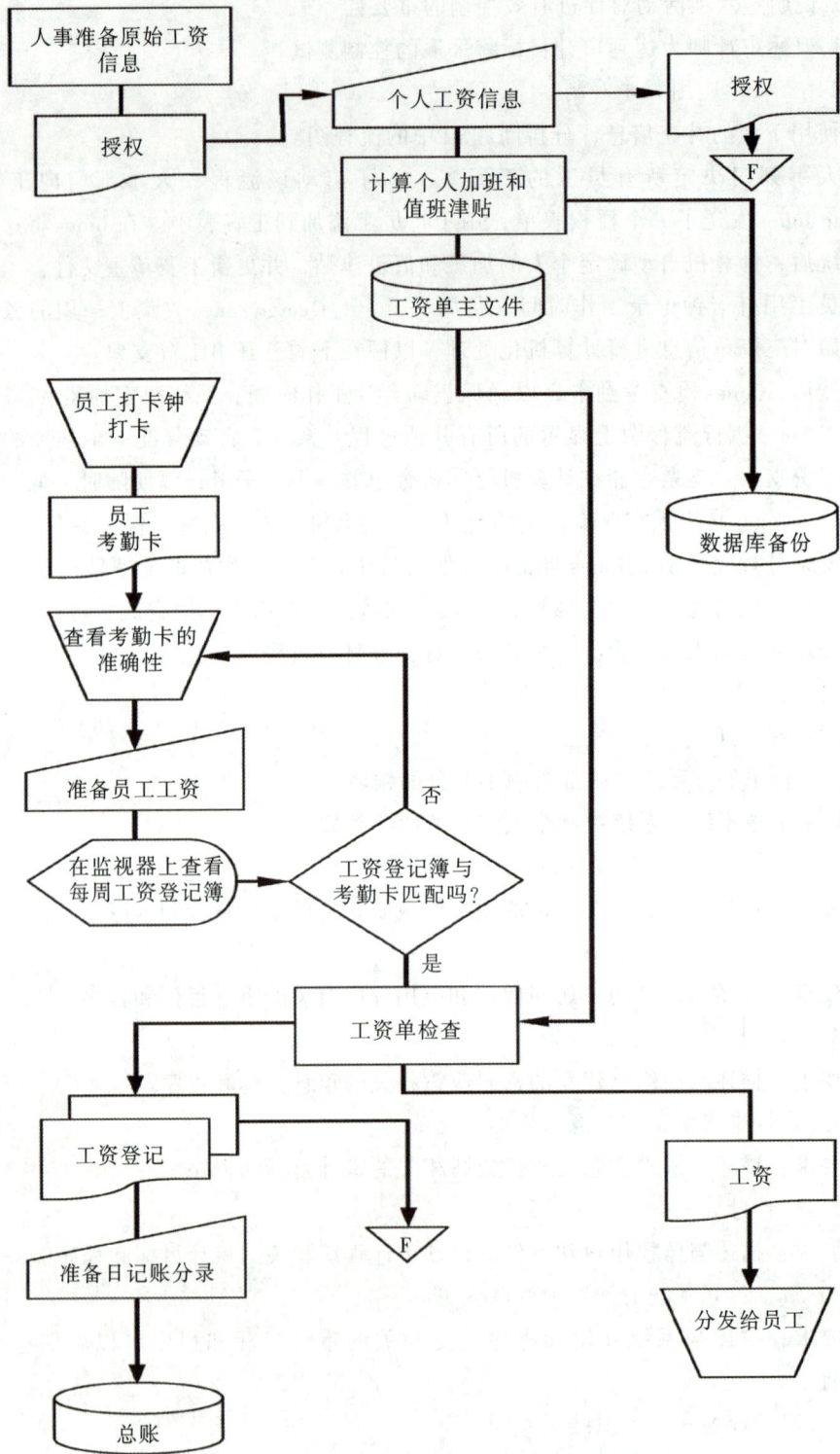

图1 问题11：工资单应用程序控制